제3판

특허판례연구

한국특허법학회 편

박영사

"특허판례연구" 제3판 발간에 즈음하여

저희 사단법인 한국특허법학회는 지난 2009년 특허판례연구 초판을, 그리고 2012년 개정판을 각각 발간한 이래 계속하여 다수의 회원을 영입하고 특허판례에 관한 연구를 진행해 왔습니다. 특히 2015년부터는 매년 3월에 지난 1년간 선고된 특허판례 중 선례로서의 가치가 높은 10개의 판결을 선정하여 "TOP10 특허판례 세미나"를 개최하고 있습니다. 금번에 발간되는 특허판례연구 제3판은 그동안 진행된 정기세미나와 공개학술발표회를 통해 발표된 내용들을 집대성한 것입니다. 지난번의 특허판례연구 초판에는 27명의 저자에 의하여 작성된 총 84편의 평석이 수록되었고, 개정판에는 44명의 저자에 의하여 작성된 총 121편의 평석이 수록되어 있습니다. 제3판에서는 39명의 저자에 의하여 작성된 총 102편의 평석을 수록하였습니다. 제3판은 초판과 개정판에 수록된 평석 중에서 여전히 선례로서의 가치를 가지는 것들을 엄선하여 현행법의 체계에 맞게 재정리하고, 개정판 이후의 연구내용들을 총망라함으로써, 연구자나 실무자뿐 아니라 학생이나 수험생들의 교재로도 활용할 수 있도록 하였습니다.

개정판 이후 5년이 경과하는 등 제3판 작업이 다소 지연된 점이 있습니다만 그간 대법원 전원합의체에서 몇 건의 중요 판결들이 선고되었고 이를 총망라하기 위한 작업에 시간이 필요했다는 점을 널리 헤아려주실 것을 부탁드립니다. 제3판을 준비하는 지난 5년 동안, 김기영, 정차호, 신혜은 3명의 전·현직 회장과 임원진, 저자 등 저희 학회의 모든 구성원뿐만 아니라 출판을 맡은 박영사의 관계자 여러분께서도 수고해 주셨습니다. 특히 제3판 준비 작업은 회원들의 자원을 받아 구성된 "특허판례연구 출간위원회(위원장 김관식)"에서 수고해 주셨습니다.

초판과 개정판 그리고 제3판을 준비하면서, 우리나라 특허법 연구수준이 단순히 외국의 사례를 무비판적으로 도입하는 종전의 단계를 넘어서서 우리나라 특유의 상황에 부합하는 법리가 새롭게 개발되는 등 그 연구수준이 더욱 높아지고 있음을 저희 회원 모두는 피부로 느끼고 있습니다. 저희들이 준비한 이 책자가 특허법 관련 실무에서 참고서 및 지침서의 역할을 할 뿐만 아니라 우리나라 특허법학 연구의 발전에 미력하나마 기여하기를 기대하면서 회원 모두의 정성과 노력을 모아서 특허판례연구 제3판을 세상에 내보냅니다.

대단히 감사합니다.

2017년 8월

사단법인 한국특허법학회 회원 일동

"특허판례연구" 개정판 발간에 즈음하여

    저희 사단법인 한국특허법학회에서는 지난 2009년 특허판례연구 초판을 발간한 이래로 지난 3년간 다수의 회원을 영입하고, 20여 회의 연구발표회 및 공개학술발표회를 가진 바 있습니다. 금번에 지금까지의 연구 결과를 반영하여 특허판례연구 개정판을 발간하게 된 점을 매우 뜻깊게 생각합니다. 지난번의 특허판례연구 초판에는 27명의 저자에 의하여 작성된 총 84편의 평석이 수록되었는데, 금번 개정판에는 44명의 저자에 의하여 작성된 총 121편의 평석이 수록되어 있습니다. 추가된 평석 중에는 최근 대법원 전원합의체에서 선고된 판결의 평석도 포함되어 있는 등 초판에 수록되지 아니한 중요한 판결을 가능한 한 많이 포함하기 위하여 노력을 다하였습니다.

    본 개정판을 준비하는 지난 3년 동안, 설범식, 홍정표, 김관식 3명의 전·현직 회장과 임원진, 저자 등 저희 학회의 모든 구성원뿐만 아니라 출판을 맡은 박영사의 관계자 여러분께서 수고를 하셨습니다. 특히 개정판의 원고가 거의 완성 단계에 이른 시점에서 대법원에서 매우 의미 있는 판결이 선고되고 이를 이번 기회에 싣지 않는다면 개정판 발간의 의의가 퇴색될 수밖에 없다는 염려에서 책자 발간의 시기를 불가피하게 연기하는 우여곡절을 겪기도 하였습니다만 이를 계기로 시의성(時宜性)과 완성도가 더욱 높은 평석집이 될 수 있었다고 생각합니다.

    초판에서도 피력한 바 있습니다만 우리나라 특허법 연구수준이 단순히 외국의 사례를 무비판적으로 도입하는 종전의 단계를 넘어서서 우리나라 특유의 상황에 부합하는 법리를 새롭게 개발하는 수준으로 한층 높아지고 있음을 저희 회원 모두는 피부로 느끼고 있습니다. 저희들이 준비한 이 책자가 특허법 관련 실무에서 참고서 및 지침서의 역할을 할 뿐만 아니라 우리나라 특허법학 연구의 발전에 조금이나마 기여하기를 기대하면서 회원 모두의 정성과 노력을 모아서 특허판례연구 개정판을 세상에 내보냅니다.

    대단히 감사합니다.

2012년 3월
사단법인 한국특허법학회 회원 일동

"특허판례연구"를 발간하며

　'한국특허법학회'는 지금으로부터 약 4년 전 특허법원 판사와 기술심리관을 중심으로 한 연구모임으로 출범한 이래 판례 평석의 형식을 빌려 특허법에 관련된 다양한 쟁점에 관한 연구와 토론을 꾸준히 해 왔습니다. 그와 같은 회원 전원의 노력과 지난 2년간 학회 회장으로서 학회를 이끌어주신 정차호 교수님의 열의의 결과로 특허법 전체를 망라하는 상당한 분량의 자료가 축적되기에 이르렀고, 이제 회원들의 총의를 모아 그 결과를 책으로 묶어 내게 되었습니다.

　특허법에 관한 우리나라의 연구 수준도 이제는 외국의 사례를 단순히 도입하는 단계를 넘어 이를 비판적으로 수용하고 우리의 실정에 맞추어 발전시키는 단계에 이르렀다고 믿습니다. 그리고 앞으로는 우리의 현실을 반영하고 해결하는 독자적 법리를 정립하는 단계, 나아가 이를 외국에 전파하는 단계로 전진해가야 할 것입니다. 잘 정비된 법령, 훌륭한 판결, 풍부한 학설이 함께 어우러져 발전해 나가는 과정에서 그러한 우리의 바람이 현실로 다가올 것입니다.

　이러한 공감대를 바탕으로 함께 공부하고 논쟁한 지난 4년은 우리 회원 모두에게 행복하고 보람된 시간이었습니다. 이 책에서 각 필자가 전개한 설명이나 논리는 그 필자가 속하였거나 속하는 조직의 공식적인 입장과는 무관한 개인적인 견해입니다. 때로는 다양한 논의를 유도하기 위하여 다소 과감한 주장이 의도적으로 펼쳐지기도 하였으며, 한편 그와 같은 창의적 노력이 이 책의 가치를 더욱 높이고 있기도 합니다.

　실무를 바탕으로 우리의 특허판례를 체계적으로 재조명한 저서로는 국내 최초라고 자부하는 이 책이 우리나라 특허법리의 발전에 기여하는 바가 분명히 있으리라 믿습니다. 아울러 앞으로도 한국특허법학회는 지속적인 연구와 토론을 통해 판면의 개정을 포함하여 특허법리의 발전을 위한 다양한 후속 작업을 계속해 나갈 것입니다.

2009년 2월

한국특허법학회 회원 일동

집필진 명단(가나다순)

강춘원	특허심판원 심판장
곽부규	법무법인 광장 변호사, 전 특허법원 판사
김관식	한남대학교 법학부 교수, 전 대법원 재판연구관
김기영	서울동부지방법원 부장판사
김동준	충남대학교 법학전문대학원 교수
김병국	대전지법 논산지원 판사
김상은	김·장 변리사, 전 특허청 정밀화학심사과 과장
김승조	법무법인 율촌 변리사, 전 특허심판원 심판관
김 신	전주지방법원 부장판사, 전 특허법원 판사
김종석	김·장 법률사무소 변호사
김지수	국가지식재산위원회 지식재산진흥관
김철환	법무법인 율촌 변호사, 전 특허법원 판사
김태현	대구고등법원 고법판사
남 현	서울서부지방법원 판사
노갑식	변호사, 전 부산지방법원 부장판사
문선영	숙명여대 법학부 교수
박길채	특허법인 태평양 변리사
박병민	수원지법 판사
박영규	명지대학교 법과대학 교수
박원규	서울중앙지방법원 부장판사, 전 특허법원 판사
박정희	법무법인 태평양 변호사
박종학	서울남부지방법원 부장판사
박창수	김·장 법률사무소 변호사
박태일	대전지방법원 부장판사, 전 대법원 재판연구관
서을수	특허심판원 심판장
신혜은	충북대학교 법학전문대학원 교수
염호준	사법정책연구원 선임연구위원, 전 특허법원 판사
유영선	김·장 법률사무소 변호사, 前 서울고등법원 고법판사

윤경애	법무법인 율촌 변리사, 전 특허심판원 심판관
이규홍	서울중앙지방법원, 부장판사
이금욱	김·장 변리사
이미정	특허심판원 수석심판관
이 헌	대법원 재판연구관
정차호	성균관대학교 법학전문대학원 교수
정태호	원광대학교 법학전문대학원 교수
조명선	특허심판원 수석심판관
차상육	경북대학교 법학전문대학원 교수
최승재	세종대학교 법학부 교수, 대한변협 법제연구원장 변호사
홍정표	국민대학교 교수

차   례

Ⅰ. 총   칙

Ⅱ. 특허실체요건

Ⅲ. 특허출원

Ⅳ. 특 허 권

V. 특허권자의 보호

VI. 심 판

Ⅶ. 심결취소소송

Ⅷ. 직무발명

I. 총 칙

1. 발명과 자연법칙의 이용성

[대법원 2003. 5. 16. 선고 2001후3149 거절사정(특)]

김태현(대구고등법원 고법판사)

Ⅰ. 사실의 개요

1. 사건의 경과

X(원고, 상고인)는 1997년 명칭을 "생활쓰레기 재활용 종합관리방법"으로 한 이 사건 출원발명을 특허출원하였다가, 특허청으로부터 '산업상 이용할 수 있는 발명에 해당하지 않는다'는 이유로 거절결정을 받고, 특허심판원 2000. 6. 30.자 99원1988호 심결에서 자연법칙을 이용한 기술적 사상이라고 볼 수 없다는 이유로 심판청구가 기각되었으며, 특허법원 2001. 9. 21. 선고 2000허5438 판결에서도 같은 이유로 청구가 기각되자, 상고를 제기하였다.

2. 이 사건 출원발명의 요지

쓰레기 분리수거를 위한 생활쓰레기 재활용 종합관리방법에 관한 것으로, 그 특허청구범위는 "배출자 신상정보가 입력된 바코드 스티커와, 배출 쓰레기가 표시된 달력지는 관할 관청에서 각 배출자에게 배포하고 각 배출자들은 정해진 규정에 의해 정확하게 분리된 쓰레기를 규정 쓰레기봉투에 담아서 배출하되……, 수거자는 배출된 쓰레기를 요일별로 정확하게 분리수거하여……, 잘못 분류된 쓰레기봉투는 전면에 부착된 바코드를 판독하여 해당 배출자에게 시정명령을 지시하는 각 과정에서 얻어지는 자료들을 축적한 통계로 생활쓰레기를 종합관리하도록 하는 생활쓰레기 재활용 종합관리방법"이다.

Ⅱ. 판   시

상고 기각.

출원발명은 전체적으로 보면 그 자체로는 실시할 수 없고 관련 법령 등이 구비되어야만 실시할 수 있는 것으로 관할 관청, 배출자, 수거자간의 약속 등에 의하여 이루어지는 인위적 결정이거나 이에 따른 위 관할 관청 등의 정신적 판단 또는 인위적 결정에 불과하므로 자연법칙을 이용한 것이라고 할 수 없으며, 그 각 단계가 컴퓨터의 온라인(on-line) 상에서 처리되는 것이 아니라 오프라인(off-line) 상에서 처리되는 것이고, 소프트웨어와 하드웨어가 연계되는 시스템이 구체적으로 실현되고 있는 것도 아니어서 이른바 비즈니스모델 발명의 범주에 속하지도 아니하므로 이를 특허법 제29조 제1항 본문의 '산업상 이용할 수 있는 발명'이라고 할 수 없다.

Ⅲ. 해   설

1. 문제의 제기

우리나라 특허법은 '자연법칙의 이용성'을 기준으로 한 발명의 정의 규정을 두고 있다. 이러한 기준은 유형(有形)의 물건을 제작, 사용하는 제조업 중심의 산업화시대를 배경으로 탄생한 발명 개념을 차용한 것인데, 21세기로 오면서 급격하게 발전한 디지털이나 생명공학 기술과 함께 사회나 산업의 패러다임이 바뀌면서 위와 같은 발명 개념의 타당성에 대한 재검토가 요구되고 있다.

출원발명도 일부 디지털 기술이 포함된 영업 내지 관리방법을 발명의 대상으로 삼은 것으로 위와 같은 시대변화와 무관하지 않은데, 대상 판결은 이러한 종류의 출원과 전통적 법리를 대표하는 '자연법칙의 이용성'이라는 요건을 어떻게 조화시켜 해석할 것인가 하는 문제에 대한 대법원의 판단에 해당한다.

2. 우리나라 특허법상 발명의 개념

가. 특허법 제2조 제1호는 '자연법칙을 이용한 기술적 사상의 창작으로서 고도한 것'을 발명이라고 정의하고, 제29조 제1항은 '산업상 이용할 수 있는 발명으로서 신규성, 진보성이 부정되지 않는 것'에 대하여 특허 부여하도록 특허요건을

규정하고 있다.

여기에서 '자연법칙'은 '자연계에서 경험에 의해 발견되는 법칙'을 말하고, '기술'이란 '일정한 목적을 달성하기 위한 구체적 수단'으로서 보편성, 반복성 및 객관성을 가지고 소기의 성과, 즉 기술적 효과를 발생하는 것이어야 한다고 해석되고 있다.[1]

나. 이와 같이 '자연법칙의 이용성'을 발명의 요건으로 하게 된 것은, 특허권의 본질에 관하여 무체재산권설을 주장하면서 인간의 창작물 중 자연을 제어하고 자연력을 이용한 것에 한하여 발명의 개념에 포함시킨 19C 말~20C 초 독일 법학자 "Josef Kohler"의 견해에 입각한 일본의 입법례를 따른 것인데, 이러한 입법례는 우리나라와 일본을 제외하고는 찾아보기 어렵다.

이러한 특허대상의 제한은 전통적인 의미의 자연법칙을 이용하였다고 보기 어려운 새로운 형태의 발명에 대응하기 어렵다는 한계가 있지만, 다른 한편, 기술의 발전을 촉진하여 산업발전에 이바지하기 위한 목적 아래 독점권이라는 인센티브를 부여하는 특허법의 보호대상이 독점권을 부여하기 곤란한 법칙, 인간의 정신활동 등으로 무한정 확장되는 것을 예방하는 기능을 담당하고 있다.

다. 이에 관한 우리나라 판례로서는, 영구기관과 같이 에너지보존법칙에 위배되는 것은 자연법칙을 이용한 발명에 해당하지 않는다고 한 사례,[2] 종래의 인쇄기를 이용하여 색상의 배열이 다른 일련의 파일 묶음을 인쇄함에 있어서 생산 공정의 단순화라는 목적을 달성하기 위한 구체적인 수단으로서 단위별 및 색상별 순차 인쇄라는 인쇄 공정을 개시하고 있다는 논거로 자연법칙의 이용성을 인정한 사례,[3] 소프트웨어를 구동시켜 하드웨어인 수치제어장치에 의하여 기계식별·제어·작동을 하게 하는 것일 뿐만 아니라 하드웨어 외부에서의 물리적 변환을 야기해 그 물리적 변환으로 인하여 실제적 이용가능성이 명세서에 개시되어 있다는 이유로 컴퓨터 프로그램 관련 발명에 자연법칙의 이용성을 인정한 사례,[4] 수학적인 연산을 통하여 변환되는 데이터를 이용하여 특정한 기술수단의 성능을 높인다

---

1) 특허법원 지적재산소송 실무연구회, 지적재산소송실무(박영사, 2010), 139면; 송영식 지적소유권법(상)(육법사, 2008), 224-228면; 정상조·박성수 편, 특허법주해 I(김관식 집필부분)(박영사, 2010), 25면 이하; 吉藤幸朔, 特許法槪說(제13판, 대광서림, 유미특허법률사무소 역, 2005), 76면 이하 등 참조.
2) 대법원 1998. 9. 4. 선고 98후744 판결 등.
3) 대법원 2004. 4. 16. 선고 2003후635 판결.
4) 대법원 2001. 11. 30. 선고 97후2507 판결.

거나 제어함으로써 유용하고 구체적이고 실용적인 결과를 얻을 수 있는 기술적인 장치나 방법이라는 이유로 "인터넷상에서의 원격교육방법 및 그 장치"에 대하여 자연법칙의 이용성을 인정한 사례5) 및 컴퓨터상에서 소프트웨어에 의한 정보 처리가 하드웨어를 이용하여 구체적으로 실현되고 있지 않다는 이유로 영업방법 (BM) 발명의 성립성을 부정한 사례,6) 명칭을 '제3의 신뢰기관의 도움 없이 공개 키에 대한 상호 인증 및 키 교환 방법 및 그 장치'로 하는 출원발명이 '피투피 (P2P) 통신에 의한 인증 채널을 통해 수신측에 일회용 패스워드를 제공하는 단계' 로 하는 구성을 포함하고 있다고 하더라도, 이는 '이미 인증이 완료된 피투피 통신에 의한 인증 채널을 통해 일회용 패스워드를 수신측에 제공하는 단계'의 구성일 뿐, 상대방을 확인하여 인증 채널을 형성하는 절차까지 포함하지는 않는다고 할 것이므로, 청구항 전체로 볼 때 자연법칙을 이용하지 않은 순수한 인간의 정신적 활동에 의한 것이라고 할 수는 없다고 한 사례7) 등이 있다.

3. 주요 나라의 상황8)

가. 미국은 특허법(Title 35) 제101조에서 '신규하고 유용한 발명 내지 발견'을 특허대상(Subject matter)으로 규정하고 있을 뿐, 발명의 정의 규정이나 '자연법칙을 이용한 기술적 사상의 창작'의 요건은 두지 않고, 판례의 해석에 맡기고 있다. 기본적으로, 연방대법원이 1980년 *Diamond vs. Chakrabarty* 판결에서 선언한 "태양 아래 인간이 만든 어떤 것이라도 특허의 대상이다"는 전제에서 출발하고 있는데, 특허상표청(PTO)의 심사지침에는 판례상 확립된 추상적 아이디어, 자연현상 및 자연법칙 그 자체만 법정특허대상에서 제외하고 있을 뿐이고, 실용적 응용 (practical application)이 있는 경우, 즉 물리적인 변환이 발생하거나 유용하고

---

5) 특허법원 2002. 12. 18. 선고 2001허942 판결(확정).
6) 대법원 2008. 12. 24. 선고 2007후265 판결, 특허법원 2006. 12. 21. 선고 2006허4697 판결 (대법원 심리불속행 기각으로 확정), 2007. 6. 27. 선고 2006허8910 판결(확정).
7) 대법원 2010. 12. 23. 선고 2009후436 판결.
8) 자세한 내용은, 특허청 전기전자심사본부, 컴퓨터 관련 발명의 성립성에 대한 해외 판례연구집(2006); 이두형, "비즈니스 모델의 발명으로서의 성립성", 특허소송연구 제2집(특허법원, 2001), 385면; 박성수, "영업방법 특허에 관한 연구", 사법논집 제34집(법원도서관, 2002), 140 면; 김관식, "특허대상 여부의 판단기준으로서 발명의 성립성과 subject matter patentability", 사법 제16호(사법연구지원재단, 2011. 6.), 91면 이하; 竹田 稔·角田芳末永·牛久健司 編, ビジネス方法特許(靑林書院, 2004), 27면; 竹田 稔 監修, 特許審査·審判の法理と課題(發明協會, 2002), 353, 374면 등 참조.

(useful) 구체적이며(concrete) 실체적인(tangible) 결과를 가져오는 경우에는 특허대상으로 삼고 있다.

나. 유럽 특허청(EPO)은 유럽특허조약(EPC)과 그 시행규칙에 따라 특허심사 및 심판을 하고 있고, EPC 제52조에서 특허대상을 규정하고 있으나, 발명의 정의 규정이나 '자연법칙을 이용한 기술적 사상의 창작'의 요건은 규정되어 있지 않다. 다만, EPC 제52조 제2항에서 컴퓨터 프로그램 등을 특허대상에서 명문으로 제외하고 있어 특허대상의 확장을 제약하고 있다. 그러나 유럽 특허항고심판소(EPO Board of Apeal)의 심결례는 "제52조 제2항에 해당하더라도 발명의 내용이 통상적인 물리적 작용을 초과한 추가적인 기술적 효과를 나타내고 있으면 제52조 제3항의 그 범주 자체(as such)에 해당하지 아니하여 특허대상이 될 수 있다"는 이유로 특허대상을 확대하여 왔고, EPO도 이에 따라 기술적 특성(technical character)이 있는 경우에는 특허대상으로 삼고 있다.

다. 일본은 우리나라와 마찬가지로 발명의 정의 규정을 두고 있고, '자연법칙을 이용한 기술적 사상의 창작'임을 요구하고 있다(일본 특허법 제1조, 제2조 제1항, 제29조 제1항).[9]

4. 이른바 'BM 발명'의 성립성에 대하여

가. 의   의

이는 'Business Method' 또는 'Business Model'에 관한 발명으로, 사업 아이디어만으로는 순수한 인간의 정신활동에 불과하므로, 그 아이디어를 구현할 수 있는 구체적 수단으로써 컴퓨터·정보통신기술을 결합시킨 경우에 한하여 BM 발명이라는 이름으로 특허대상으로 인정하는 것이고, 따라서 BM 발명의 성립성에 관한 논의는 컴퓨터·정보통신기술의 핵심인 소프트웨어 관련 발명의 성립성에 관한 논란과 궤를 같이한다.

---

9) 다만, 2002. 4. 개정된 일본 특허법은, 인터넷 등을 통한 프로그램의 침해에 대응하여 무체물인 컴퓨터 프로그램 등을 물건의 발명에 포함시키고, '양도 및 대여'에 있어 물건이 프로그램 등에 해당하는 경우 전기통신회선을 통한 제공을 포함하는 것으로 실시의 정의를 확장함으로써(특허법 제2조 제3항 제1호), 매체에 기록되지 않은 컴퓨터 프로그램 등에 대한 보호를 강화하였다.

나. 소프트웨어 관련 발명의 성립성 인정 여부

소프트웨어는 인간이 머릿속에서 하는 정신적·지능적인 수단 또는 과정의 표현으로서 본질적으로는 하나의 계산방법에 불과한 것이라고 할 수 있으므로, 전통적으로 특허대상이 될 수 있는 발명으로서 취급되지 않았고, 영업비밀로 보호되거나 그 표현(소스 코드 및 기계어로 된 코드)의 창작성에 대하여 저작권법에 의한 보호가 주어졌을 뿐이었다.

종래 특허법의 보호대상으로 인정할 것인지에 관한 학설로는, 긍정성, 부정설 및 절충설이 있지만, 현재는 프로그램의 근본적 성질이 기술적 효과인 자연법칙에 기초한 것이냐에 따라 자연법칙의 이용성을 인정하는 절충설이 통설이자 실무의 대세이다.10)

다. BM 발명의 인정 기준

(1) 외국의 경우

미국11)은 실용적 응용 여부(물리적 변환 또는 유용하고 구체적이며 실체적인 결과), 유럽은 기술적 특성 유무(추가적인 기술적 효과), 일본은 소프트웨어에 의한 정보처리가 하드웨어 자원을 이용하여 구체적으로 실현되고 있는지를 기준으로 판단하고 있다.

(2) 우리나라의 경우

특허청은 2000년 8월 제정된 "전자상거래 관련 발명의 심사지침"과 2005년에 개정된 "컴퓨터 관련 발명의 심사기준"에 따라, '소프트웨어에 의한 정보처리가 하드웨어를 이용하여 구체적으로 실현되고 있는지'12)를 기준으로 삼고 있다.

한편, 판례는 대법원이 2001. 11. 30. 선고 97후2507 판결('수치제어방법' 사건)에서 소프트웨어 관련 발명이라도 하드웨어 외부에서 물리적 변환을 야기하는 경

---

10) 자세한 내용은, 송영식, 앞의 책, 281-305면; 吉藤幸朔, 앞의 책, 197면 참조.

11) 미국 연방대법원이 2010. 6. 28. 선고한 Bilski v. Kappos 판결은, 미국 특허법 제101조의 방법(process)에서 영업방법(business method)의 범주가 제외되는 것은 아니라고 하여 BM 발명의 특허가능성을 인정하면서, CAFC가 방법(process)에 대한 특허대상 여부의 판단기준으로 채택한 machine-or-transformation은 유용하고 중요한 기준이 될 수는 있으나, 특허대상 여부를 판단하는 유일한 테스트 방법은 아니라고 판시하였다.

12) 소프트웨어가 컴퓨터에 읽혀져서 하드웨어와 협동하여 특정한 목적달성을 위한 정보의 처리를 구체적으로 수행하는 정보처리장치 또는 그 동작방법이 구축되는 것을 의미한다고 한다.

우를,[13] 특허법원 2002. 12. 18. 선고 2001허942 판결(확정, '인터넷상에서의 원격교육방법' 사건)이 수학적인 연산을 통하여 변환되는 데이터를 이용하여 특정한 기술수단의 성능을 높인다거나 제어함으로써 유용하고 구체적이고 실용적인 결과를 얻을 수 있는 기술적인 장치나 방법인 경우를 각각 자연법칙의 이용성을 인정한 기준으로 제시하였고, 2003. 5. 16. 선고 2001후3149 판결(대상 판결)은 "컴퓨터상에서 소프트웨어에 의한 정보처리가 하드웨어를 이용하여 구체적으로 실현되고 있어야 한다"는 원심의 판시 내용을 수긍하고 있으며, 그 후 선고된 대법원 2008. 12. 11. 선고 2007후494 판결, 대법원 2008. 12. 24. 선고 2007후265 판결들도 이러한 기준을 따르고 있다.

(3) 판단기준의 해석과 문제점

현재의 판단기준은 종래 요구되었던 컴퓨터 외부에서의 물리적 변환 여부를 묻지 않고 내부의 물리적 변환, 즉 소프트웨어에 의하여 하드웨어라는 장치가 동작하는 것에서 자연법칙의 이용성을 긍정하고 있는 것으로 진일보한 측면이 있다. 다만, 단순히 하드웨어의 범용적인 기능이 이용될 뿐인, 즉 컴퓨터를 사용하는 것만으로 발명성이 인정되는 것을 피하고 특허대상이 무한히 확대되는 것을 막기 위하여, 소프트웨어에 의한 정보처리가 하드웨어와 협동하여 발명의 목적 달성을 위한 구체적인 수단으로 작용하여야 한다는 조건을 붙였다.

물론 이러한 해석방법은 전통적 법리와 정보화시대의 현실을 조화시키기 위한 방법으로 부득이하게 이용되는 측면이 있고, 여전히 소프트웨어와 하드웨어의 협동 내지는 유기적 결합이라는 기준이 명확하지 않다는 점은 남아 있다.

Ⅳ. 대상 판결의 의의

대상 판결의 출원발명은 기본적으로 사람의 행위나 인위적인 결정을 청구하고 있을 뿐, 소프트웨어에 의한 정보처리가 하드웨어를 이용하여 구체적으로 실현되고 있는 것이 아니므로, BM 발명으로 성립할 수 없는 것이다.

대상 판결은 여전히 논란이 되고 있는 '자연법칙의 이용성'과 BM 발명의 성립성에 관한 일응의 기준을 제시한 점에 그 의의가 있다.

---

13) 강동세, "소프트웨어 관련 발명의 발명으로서의 성립성", 대법원판례해설 제39호(2001년 하반기), 277면.

2. 컴퓨터프로그램 발명의 성립성

[대법원 2001. 11. 30. 선고 97후2507 거절사정(특)]

김관식(한남대학교 법학부 교수, 전 대법원 재판연구관)

Ⅰ. 사실의 개요

X(출원인, 상고인)는 "수치제어방법"에 관한 발명을 하여 1990. 6. 23. 특허출원하였으나, 특허청에서는 일부 청구항이 자연법칙을 이용하지 아니하여, 발명으로서 성립이 되지 아니한다는 것을 이유로 1994. 3. 3. 거절사정하였고, 이에 출원인이 특허청 항고심판소에 거절사정불복심판을 청구하였으나 기각되어(1994항원967 심결) 대법원에 상고하였다.[1] 문제가 된 청구항은 다음과 같다.

청구항 5. CPU(1150), 기억부(1151), 입출력인터페이스(1152), 입출력기기(116), CRT 및 입출력프로세서(1153), CRT(11531), 기계입출력 인터페이스(1154), 서보 인터페이스(1155)를 구비한 기계조작반(11532), 주축증폭기군(11541-1~), 주축증폭기군과 접속되는 주축모터군(121,··), 서보증폭기군(1156-1~), 서보증폭기군과 접속되는 서보모터군(120,··) 사이에 제어데이터의 상호통신을 행하는 공작기계·로봇·레이저가공기·용접기·목공기등을 제어하는 수치제어장치는 수치제어입력포맷의 순서번호·준비기능워드·보간파라미터와 각도 디멘션을 포함하는 디멘션워드·전송기능워드·주축기능워드·공구기능워드·보조기능워드에 서브워드를 부가한 수치제어 입력포맷을 사용해서 서브워드에 의해 기계식별·제어·작동시키는 것을 특징으로 한 수치제어방법.

이 사건에서는 기본워드에 서브워드를 부여하여 명령어를 이루는 제어입력포맷을 다양하게 구성하기 위하여 워드의 개수에 따라 조합되는 제어 명령어의 수를 증가시키고자 하는 것이 '인위적인 결정으로서 순수한 인간의 정신적 활동에

---

1) 특허출원 제90-9332호. 본 사건은 특허법원이 설립되기 이전의 사건이어서, 특허청의 거절사정(현 거절결정)에 대한 불복심판이 특허청 항고심판소에서 이루어졌고, 이에 대한 불복이 대법원에서 다루어졌다.

의해 성립된 것으로서 컴퓨터소프트웨어 관련 발명에 자연법칙을 이용한 것으로 볼 수 없는지 여부'(상고이유 제1점)와, 청구항 제5항의 전단부에 기재된 하드웨어가 유기적으로 결합되지 않은 구성요소의 나열에 불과하여 '서브워드가 하드웨어와 특정되게 결합되지 않아 하드웨어 자원이 이용되고 있는 것으로 볼 수 없는지 여부'(상고이유 제2, 3점)가 주된 쟁점이 되었다.

II. 판   시

파기 환송.

"본원은 … 수치제어입력포맷을 사용하여 소프트웨어인 서브워드 부가 가공프로그램을 구동시켜 하드웨어인 수치제어장치에 의하여 기계식별·제어·작동을 하게 하는 것일 뿐만 아니라 하드웨어 외부에서의 물리적 변환을 야기시켜 그 물리적 변환으로 인하여 실제적 이용가능성이 명세서에 개시되어 있으므로 자연법칙을 이용하지 않은 순수한 인간의 정신적 활동에 의한 것이라고 할 수 없다(상고이유 제1점)." "제5항의 전단부에 열거된 것은, 일반적인 수치제어장치를 구성하는 구성요소에 해당하고, 당업자에게는 그 구성의 상호관계를 쉽게 파악할 수 있고, 서브워드가 직접적으로 제어하는 것이 아니라, 수치제어 입력포맷을 사용하여 기계를 제어하므로 서브워드가 하드웨어와 결합이 되어 있다. … 발명의 상세한 설명에는 기본워드에 서브워드를 부가하는 방법이 개시되어 있고, 이들에 의하여 작동, 제어되는 실시예가 기재되어 있어, 하드웨어 외부에서의 물리적 변환을 야기시켜 그 물리적 변환으로 인하여 실제적 이용가능성이 명세서에 공개되어 있음을 알 수 있으므로, 하드웨어 자원이 이용되고 있는 것으로 볼 수 있다(상고이유 제2, 3점)."

III. 해   설

1. 서   론

발명이 특허받기 위해서는 우선 '산업상 이용가능한 발명'이어야 한다.[2] 컴퓨터프로그램은 컴퓨터에서의 이용을 전제로 한 것이므로 일반적으로 산업상 이용

---

2) 특허법 제29조 제1항 본문.

가능성은 인정될 것이므로 '발명'이어야 한다는 요건의 충족 여부가 특별히 문제가 되는데 구체적인 적용에 있어서는 국제적으로 차이가 있다. 우리나라와 일본에서는 발명의 정의 규정 중 '자연법칙'의 이용 여부가 문제가 되고, 이에 대응하는 규정이 없는 미국에서는 특허법상의 특허대상 즉 법정주제(statutory subject-matter)에 해당하는지의 여부가, 유럽특허조약(EPC)에서는 특허 제외 대상으로 규정된 '컴퓨터프로그램 자체'3)의 해석이 문제가 된다.

2. 주요 국가에서 컴퓨터프로그램 발명의 성립성4)

우리나라에서 종전에는 '컴퓨터프로그램'은 컴퓨터를 실행하는 명령에 불과한 것을 이유로 컴퓨터프로그램에 대해서 발명의 성립성을 일률적으로 부정한 바 있는데,5) 현재는 컴퓨터프로그램의 성립성을 일률적으로 부정하지는 않고 일정한 경우에는 그 성립성을 인정한다. 즉 소프트웨어에 의한 정보처리가 하드웨어를 이용하여 구체적으로 실현되고 있는 경우, 해당 소프트웨어와 협동해 동작하는 정보처리 장치, 그 동작 방법 및 해당 소프트웨어를 기록한 컴퓨터로 읽을 수 있는 매체는 자연법칙을 이용한 기술적 사상의 창작으로 인정하여 발명으로 성립하는 것으로 하고 있다.6) 다만 청구항의 형식에 관해서, 방법 형식 청구항 및 컴퓨터가 읽을 수 있는 매체 형식의 청구항만을 인정하고 있으며, 특허청구범위에서 '컴퓨터프로그램'을 청구하는 경우에는 발명의 종류가 물건의 발명인지, 방법의 발명인지 불명확하고 따라서 특허법 제42조 제4항 제2호 소정의 발명이 명확하지 않다는 점을 이유로 거절되고 있으나,7) 그 근거에는 의문의 여지가 있다. 한편 특허청의 실무에서는 2014. 7. 1. 이후 출원에 대해서는 "하드웨어와 결합하여 특정 과제를 해결하기 위하여 매체에 저장된 컴퓨터프로그램"의 형식으로 기재된 청구항도 허용하고 있으나,8) 법원의 태도는 통일되어 있지 않다. 서울고등법원 2014. 4. 10.

---

3) 유럽특허조약 제52조 제2항·제3항.

4) 본 해설 부분은, 김관식, "컴퓨터프로그램의 특허법적 보호 : '컴퓨터프로그램 청구항'을 중심으로", 정보화정책(한국정보사회진흥원, 2006. 12.), 108-127면을 축약·수정한 것이다.

5) 특허청, 컴퓨터 관련발명의 심사기준(1998), 9-10면; 특허청, 특허·실용신안 심사지침서(2004), 2107면.

6) 특허청, 컴퓨터 관련발명의 심사기준(2005), 12면.

7) 특허청, 컴퓨터 관련발명의 심사기준(2005), 6면. 여기에서는 범주가 불명확하게 작성되었다고 인정되는 경우로는 이외에도, 프로그램 신호, 프로그램 신호열, 프로그램 제품, 프로그램 산출물 등도 들고 있다.

8) 특허청, 컴퓨터 관련 발명 심사기준(2014. 7.), 2면.

선고 2013나5383 판결에서는 컴퓨터프로그램 청구항을 명시적으로 부정하였으나, 서울고등법원 2015. 10. 8. 선고 2015나2014387 판결에서는 물건발명 특허에 대한 간접침해 성립 여부 판단을 위한 전제로서 컴퓨터프로그램을 특허 받은 이동통신 단말(물건)의 생산에 사용되는 '물건'으로 인정하고 있다.[9]

   미국에서 컴퓨터 프로그램은 유형적인 형태를 띠고 있는 발명 등과 같은 전통적인 발명과는 피상적으로 차이가 있었기 때문에 종전에는 특허로서 보호하지 않았다.[10] 그리하여 1970년대에는 프로그램 코드를 영업비밀로서 보호하였으나, 1980년 컴퓨터프로그램을 '어문저작물'로 보호한다는 취지의 저작권법 개정에[11] 따라 저작권법에 의하여 보호받기 시작하였다. 그러나 *Computer Associates International Inc. v. Altai* 사건에서[12] 비어문(non-literal) 저작물인 구조(structure), 절차(sequence), 조직(organization), 사용자 인터페이스(user interface)[13] 등은 표현이 아니라 사상에 해당한다는 이유로 저작권에 의한 보호가 축소되면서 특허에 의한 보호가 본격적으로 논의되기 시작되었다. *Diamond v. Diehr* 사건에서는[14] 발명의 내용 중에 수학식, 알고리즘 등이 포함되더라도 청구항을 전체로 파악했을 때, 수학식 혹은 알고리즘 자체를 청구하는 것이 아닌 경우에는 특허의 대상으로 인정하였다. *In re Alappat*에서는[15] 청구항을 전체적으로 보면, 알고리즘을 제시하고 이를 해결하려는 것이 아니라, 디스플레이 수단과, 알고리즘에 의하여 계산된 결과가 저장된 ROM과의 관계를 제시하고 있으므로 특허의 대상이 된다고 하여, 프로그램된 범용컴퓨터는 특허될 수 없다는 이전의 태도를 변경하여 그 특허성을 인정하였다. 특히 1998년의 *State Street Bank & Trust Co., v. Signature*

---

9) 판결서에서는 각주의 형식으로 특허청의 심사기준을 언급하고 있다.

10) *Gottschalk v. Besnson* 사건, 409 U.S. 63 (1972)에서는 이진화 십진수(BCD)를 순수한 이진수로 변환하는 방법에 대한 특허 여부가 문제되었는데, 이는 수학적 알고리즘에 해당하므로 특허의 대상이 되지 않는다고 판단하였다.

11) 미국저작권법 (17 U.S.C.) 제101조.

12) 982 F.2d 693 (1992).

13) 특히 사용자 인터페이스가 다툼의 대상이 된 사건으로, *Lotus Dev. Corp. v. Borland Int'l, Inc.*, 49 F.3d 807 (1st Cir. 1995).

14) 450 U.S. 175 (1981). 본 사건에서는 고무를 가황하여 성형하는 공정을 제어하는 컴퓨터 프로그램을 포함하는 방법의 특허성이 문제가 되었다. 본 방법에서는 활성화 에너지 상수(C), 성형틀의 온도(T) 및 성형틀에 의존하는 상수(x)를 이용하여 다음과 같은 아레니우스(Arrhenius) 식을 이용하여 총 성형시간(v)을 결정하였다. $\ln v = CZ + x$

15) 33 F.3d 1526, 31 U.S.P.Q.2d 1545. 디지털 오실로스코프 상에서 표시되는 파형을 부드럽게 표시하는 일종의 anti-aliasing 방법 및 이를 수행하는 rasterizer에 관한 것이다.

Financial Group, Inc. 사건16)에서는 "기계로 일련의 수식계산을 실행함으로써 금액 표시에 대응하는 데이터를 최종 주가로 변환하는 것은, 유용하며(useful), 구체적인(concrete) 동시에 유형의(tangible) 결과를 가져오기 때문에 알고리즘, 공식 또는 계산이 실용적인 응용이라고 할 수 있다"라고 판시하여, 방법 발명의 특허대상 여부 판단시 유용한 결과의 발생에 초점을 두어 성립성의 요건을 완화한 바 있다. 그러나 2008년 *In re Bilski* 사건의 항소심(545 F.3d 943)에서 방법 발명이 특허의 대상이 되는지의 여부 판단시에 중요한 기준으로 사용한 유용한 결과의 발생이라는 기준을 부정하고, 기계와의 결합 혹은 물체의 변형을 요구하는 'machine-or-transformation(MoT)'이라는 기준을 채택하여 성립성의 범위를 축소한 바 있고, 2010년 대법원에서는 특허대상이 되는 방법발명의 기준으로 MoT 기준의 '유일성'은 부정하였으나 매우 유용한 기준이 된다는 점은 부정하지 아니하고, 종전의 유용한 결과 발생의 기준에 대해서는 '심각한 오류를 발생'시키거나, '이를 부정한다'는 의견을 표명하여17) 실질적으로 이 기준을 폐기하여 성립성의 범위를 종전에 비하여 축소하였다.18)

청구항의 형식에 관해서는 물건의 발명으로서 컴퓨터 프로그램이 수록된 '컴퓨터가 읽을 수 있는 매체' 형식의 청구항이 *In re Lowry*19) 및 *In re Beauregard* 사건20)을 거쳐 등장하였고,21) 이보다 좀 더 일반적인 표현을 사용하기 위하여, 하드웨어 또는 하드웨어와 소프트웨어의 결합에 의하여 기계나 제조품의 물리적 구조를 표현하여 청구항에서 유용한 기계나 제조품을 정의하여 이를 법정주제인 물건(product)에 해당하게 한 컴퓨터프로그램 물건(computer program product) 청구항의 형식으로도 출원하고 있고22) '컴퓨터프로그램' 형식의 청구항도 등장하고 있는 등23) 매체로부터 독립하여 컴퓨터프로그램 자체를 청구하는 형

---

16) 149 F.3d 1368, 47 U.S.P.Q.2d 1596.
17) Stevens 대법관 및 Breyer 대법관 각각이 작성한 보충의견. 130 S.Ct. 3218 (U.S., 2010).
18) 이에 대한 상세는 예를 들어, 김관식, "특허대상 여부의 판단기준으로서 발명의 성립성과 subject matter patentability: 영업방법 관련 발명의 특허대상 여부 판단의 궁극적 기준을 모색하며", 사법 제16호(사법발전재단, 2011), 111면 이하 참조.
19) 32 F.3d 1579 (Fed. Cir. 1994). 이는 컴퓨터 메모리에 기억된 데이터 구조에 관한 것이다.
20) 53 F.3d 1583 (Fed. Cir. 1995). 이는 그래픽 표시장치에서 다각형의 내부를 채우는 알고리즘에 관하여 방법 형식의 청구항은 특허를 받았으나, 컴퓨터프로그램이 기록된 매체 형식의 청구항에 대해서 거절이 된 사건이다.
21) 이는 우리나라에서도 인정되고 있는 형식이다.
22) 이는 2011년 현재 우리나라에서는 인정되지 않는 형식이다.
23) 예를 들어, U.S. Patent No. 6,748,378 (2004. 6. 8.)의 청구항 7 A computer program···.

식으로 점차 변모하여 컴퓨터프로그램 발명의 인정에 가장 적극적인 자세를 보이고 있다.

한편 일본에서는 한국과 동일하게 컴퓨터프로그램은 특허의 대상으로 인정하지 않았으나,[24] 1997년 심사기준의 개정으로 컴퓨터소프트웨어 발명에 대하여 순서를 기재된 방법 및 '프로그램을 기록한 컴퓨터 판독 가능한 기록 매체'를 허용하였으며, 2000. 12. 28.에는 소프트웨어가 매체에 기록되지 않고, 네트워크 상에서 유통되고 있음을 고려하여 컴퓨터가 수행하는 복수의 단계를 특정하는 '프로그램'을 '물건의 발명'으로 청구할 수 있게 심사지침서를 개정한 바 있는데,[25] 이는 특허법의 물건이 민법상의 물건의 개념인 유체물을 의미하는 것[26]과 달리 유체물로 한정하지 않는다는 점을 명확히 한 것이다. 그 후 2002. 4. 17. 특허법의 개정으로 특허법상의 물건에 컴퓨터프로그램이 포함됨을 명확하게 하여, 매체에 기록되지 않은 형태로서의 컴퓨터프로그램과 같이 유체물이 아닌 프로그램의 생산, 사용, 전송 행위를 침해로 볼 수 있는 근거를 명확하게 하였으며,[27] 현재 컴퓨터프로그램 청구항 형식으로 다수 출원되고 있다.

유럽에서는 유럽특허협약, 즉 EPC 제52조에 특허의 대상이 되지 않는 발명으로 '컴퓨터프로그램 그 자체'가 규정되어 있고[28] 컴퓨터 프로그램과 관련하여 1978년에 최초로 제정된 심사가이드라인에는 발명은 '기술적인 특징(technical character)'을 가질 것을 요구하고 있으며, EPC 제52조 제2항에 기재된 발명은 기술적인 특징이 없는 것으로 인정하고 그 예로서 컴퓨터프로그램 자체(a computer program by itself) 및 매체에 기록된 컴퓨터 프로그램(a computer program recorded on a carrier)을 들고 있다. 여기서 기술적인 특징에 대해서는 선행기술에의 신규한 기여를 요구하고 있다.[29] 이와 같은 기여접근법(contributory approach)

및 U.S. Patent No. 6,886,014 (2005. 4. 26.)의 청구항 8 A program…. 참조.
24) 特許庁, マイクロコンピュータ応用技術に関する発明について審査基準運用指針(1982); 特許庁, コンピュータ・ソフトウェア関聯発明の審査基準(1993). 다만 컴퓨터프로그램을 이용하여 실시하는 방법은 특허대상이 됨을 명확하게 하고 있다.
25) 특허청, 일본 컴퓨터·소프트웨어 관련발명 심사기준 및 비즈니스 관련 발명 사례집(2002), 3면.
26) 일본민법 第八十五条 本法ニ於テ物トハ有体物ヲ謂フ. 이러한 규정의 개정 여부에 대한 논의는 内田 貴, 民法I 総則·物権総論(第4版, 東京大学出版部, 2008), 354면 이하 참조.
27) 일본특허법 제2조 제3항 제1호 및 제3항 제4호.
28) EPC §52-(2), §52-(3).
29) 즉 선행기술과 비교하여 기여하는 부분을 기술적 특징으로 파악하고, 선행기술에 비하여 기여하는 부분이 없는 경우 기술적 특징이 결여된 것으로 보아, 특허의 대상인 발명이 되지

의 적용에 따라 한동안 컴퓨터프로그램은 특허의 대상이 되지 않는 것으로 이해되어 왔다. 그 후 1999년의 IBM 사건에서, 모든 컴퓨터프로그램은 전기적인 구성요소 상에서 작동하기 위하여 전류를 발생시킨다는 점에서 기술적인 효과(technical feature)가 있다고 한 후, 통상적인 물리적 상호작용 이외의 추가적인 기술적 효과(further technical effect)를 발생하면 EPC 제52조 제3항의 컴퓨터 프로그램 그 자체(computer program as such)는 아닌 것으로 판단하였고,30) 2000년에 기여접근법은 특허대상의 판단이 아닌 진보성의 판단에서 사용되어야 한다는 점을 명확하게 하여 기여접근법을 명시적으로 폐기하였다.31) 이와 같이 EPC 상의 불특허 대상인 '프로그램 그 자체'의 범위를 일련의 과정32)을 거치면서 점차 축소하는 방향으로 운용하고 있다.33)

3. 본 사건 발명의 성립성 및 의의

본 판결의 대상이 된 발명은 일종의 수치제어(NC) 방식으로 제어하는 각종 공작기계 등에 입력하는 데이터의 형식을 특정한 데이터 형식을 이용한 수치제어 방법에 관한 것으로, 수치제어 방식으로 제어되는 공작기계는 CPU와 기억부, 입출력 인터페이스를 구비하고 있어 일종의 컴퓨터에 해당하고, 수치제어를 위하여 입력하는 가공프로그램은 일종의 프로그램에 해당한다.

수치제어 방식의 공작기계는 외부로부터 입력되는 제어프로그램에 의하여 작동이 된다. 제어 프로그램의 일부 제어워드의 내용을 일정한 방식으로 규정하고 있으며 본건에서는 일본 JIS 규격에 의한 제어워드가 복잡한 공작기계의 제어에 불충분한 경우, 그 명령워드를 일정한 방식으로 확장하여 복잡한 공작기계의 제어를 가능하게 하고 있다. 제어워드는 공작기계에 의하여 해독되어 제어워드에 해당

아니한 것으로 보는 것이다. 이러한 이론은 발명의 성립성과 특허요건으로서의 신규성을 구별하여 판단하고 있지 않다는 점에서 후진적인 모습을 보여주고 있다.

30) IBM T1173/97, 1. 7. 1998 및 T0935/97, 4. 2. 1999.

31) T0931/95, 8. 9. 2000. Improved pension benefits system.

32) 이와 관련하여, E.P.O.가 Software에 대해서 특허를 주지 않는다고 생각하는 것은 오해의 소산이라고 한다. E.P.O., *Computer-implemented Inventions and Patents Law and Practice at the European Patent Office* (2005), p. 7.

33) 따라서, 유럽에서도 예전과는 달리 일본 등에서와 마찬가지로 컴퓨터프로그램을 청구하는 것 자체는 거절이유가 되지 아니한다. 예를 들어, EP 1001373 B1 (2005. 2. 16.) 청구항 1. <u>A computer program ····</u>. 참조. 이는 매체를 포함하는 형식으로 청구한 다음 형식보다 진일보한 형식이다. EP 2020096 B1 (2003. 10. 29.) 청구항 5. <u>A computer program product</u> for ····, comprising <u>a computer usable medium</u> having ····.

하는 동작을 수행한다. 따라서 제어워드 자체가 어떤 동작을 수행하는 것이 아니라, CPU와 메모리 입출력 장치의 개입에 의하여 이러한 해독이 수행되고, 해독의 결과 공작기계의 가공 위치 설정 및 일정한 동작을 수행한다. 따라서, 제어워드와 공작기계의 물리적 부분은 밀접하게 결합이 되어 있다(쟁점 2), 제어워드의 해독에 따라 하드웨어의 물리적 작동을 수행하므로 하드웨어 자원이 이용되고 있다(쟁점 3). 이러한 제어프로그램의 제어워드의 구성 방식은 기계에 독립된 인간의 순수한 창작행위에 해당하는 것이 아니며, 그 자체가 자연법칙 자체 혹은 수학적 알고리즘에 해당하지도 않는다. *Gottschalk v. Benson* 사건에서의 방법은 기계의 도움 없이 순수 정신활동에 의한 수학적 방식의 적용에 의하여도 동일한 결과물의 생성이 가능하지만, 본건 발명과 같은 결과는 인간의 순수한 정신적 작용으로는 도출할 수 없다. 결국, 본 발명에 대하여 자연법칙을 이용하지 아니하였다고 할 수 없으며(쟁점 1), 결국 특허의 대상인 발명으로 성립한다고 보아야 함이 타당하다.

　본 판결은 컴퓨터프로그램과 관련된 발명이더라도 하드웨어 외부에서 수치제어기계의 동작에 따르는 물리적 변환을 야기하는 경우에는 자연법칙을 이용한 것으로 인정하여 발명으로서 성립된다는 점을 확인한 최초의 사례이며,[34] 본 판결 후인 2005년, 매체에 기록되지 않은 컴퓨터프로그램의 성립성을 부정한 1998년의 컴퓨터 관련 발명의 심사기준을 개정하여, 성립성 판단을 소프트웨어에 의한 정보처리가 하드웨어를 이용하여 구체적으로 실현되고 있어야 한다는 점을 중심으로 판단하도록 하였다.[35]

---

34) 한편, 특허법원 2001. 9. 21. 선고 2000허5438 판결과 그 상고심인 대법원 2003. 5. 16. 선고 2001후3149 판결에서는 영업방법 관련 발명에 관한 것이나, 소프트웨어에 의한 정보처리가 하드웨어를 이용하여 구체적으로 실현되고 있을 것을 성립성 판단의 기준으로 제시한 바 있다.

35) 한편, 본원에서 문제가 된 청구항은 방법의 발명이어서 '컴퓨터프로그램' 청구항의 인정 여부에 대해서는 판단이 되지 않았다. 장기적으로는 청구항의 형식을 불문하고, 발명으로서 성립하는지의 여부의 자체를 판단하는 것이 바람직할 것이다. E.P.O.에서는 1993년의 IBM T110/90 사건에서는 컴퓨터프로그램 형식의 청구항은 절대 특허될 수 없다고 하였으나, IBM T1173/97 (1998) 및 T935/97 (1999)에서는 청구항의 형식은 특허대상 여부 판단과는 무관함을 밝히고 있다.

3. 유전자 관련 발명의 성립성과 명세서 기재요건

[특허법원 2002. 5. 30. 선고 2001허1006 판결(확정)]

김관식(한남대학교 법학부 교수, 전 대법원 재판연구관)

I. 사실의 개요

　　X(심판청구인, 원고)는 명칭을 "세포질적 웅성-번식 불능성을 부여하는 DNA 서열, 이 서열을 포함하는 미토콘드리아 게놈, 핵 게놈, 미토콘드리아 및 식물 및 잡종 제조 방법"으로 하고 특허청구범위 제1항을 "a) 제1도의 뉴클레오티드 번호 928 내지 2273의 DNA 서열을 갖거나, 또는 b) 상기 서열과 90% 이상의 상동성을 갖는 서열을 가지며, 식물의 미토콘드리아 게놈 내에 존재시 그 식물에 세포질적 웅성-번식불능성을 부여하는 오구라(Ogura) 번식불능성 DNA 서열"로 하여 1993. 3. 22. 특허출원을 하였는데, 특허청에서는 이 사건 출원발명이 "~이상의 상동성을 가지며"라는 광범위한 표현을 사용하고 있어 구성이 불명확하다는 이유를 들어 거절사정하였고, 특허심판원(특허심판원 99원1918)에서도 심판청구를 기각하였다.

　　이에 대하여 원고는 심결취소소송에서 "가. 이 사건 제1 내지 4항 발명은, 특정된 기준 서열과 90% 이상의 상동성을 가짐과 동시에 '웅성번식 불능성 부여'라는 기능을 가지는 DNA 서열로 청구범위를 한정하고 있는 것이므로, 청구범위가 불명확하지 않다. 나. DNA에 있어 '코돈의 축퇴성'과 '아미노산의 치환 유연성'이라는 특성 때문에 DNA관련 발명에서는 서열이 특정되어 명시된 DNA뿐 아니라 원래의 서열과 상동성을 가지면서 원래의 DNA의 기능을 그대로 보유하는 서열 역시 발명의 범위에 포함시켜야 발명자를 실질적으로 보호할 수 있고, 이러한 경우 '~의 염기서열과 ~% 이상의 상동성을 가지는'이라는 형식으로 청구항을 기재하는 것은 불가피한 표현방식이며, 예컨대, 이 사건 제1항 발명에서 '제1도의 뉴클레오티드 번호 928~2273(1346개)의 서열과 90% 이상의 상동성을 갖는 서열'이란,

'1346개의 뉴클레오티드 중 90%인 1211개 이상이 동일하다.'는 것을 의미하는 것으로서, 당업자가 그 의미를 이해하는데 아무런 어려움이 없을 뿐 아니라, 뉴클레오티드의 어느 것에도 돌연변이 등에 의한 서열변화가 일어날 수 있는 것이므로, 이들 모두에 대한 실험을 통해 서열변화가 일어날 수 있는 부분을 구별하여 발명의 상세한 설명에 기재한다는 것은 불가능하다"는 취지의 주장을 하였다.

Ⅱ. 판 시

청구 기각.

"하나의 DNA 서열이 바뀜에 의해 기능이 상이한 단백질이 생성될 수도 있음을 특징으로 하는 유전자 관련 발명에 있어, 유전자는 염기서열로 특정하여야 하며, 막연히 특정의 기준서열과 '~%의 상동성을 갖는 염기서열'과 같은 표현을 청구항에 사용하는 것은 원칙적으로 허용되지 아니한다. 다만, 새로운 유용성을 가지는 DNA 서열을 발견한 경우, 그 변이체가 가지는 DNA 서열이 위 특정 서열과 어느 정도의 상동성을 가지고 있을 때 동일한 기능을 보유하는지에 관한 구체적 근거를 발명의 상세한 설명에서 제시한다면 청구항에 특정서열과 '~%의 상동성을 갖는 서열'이란 표현을 사용하여 특허청구의 범위를 확장하더라도 청구항의 기재가 불명확하다고 할 수는 없다""이 사건 발명은 …기본 서열과 90% 이상 상동성을 가지면서 동일한 기능을 유지하는 변이체의 대한 예시 등 상동성의 한계를 90%로 설정한 근거를 밝히고 있지 아니할 뿐 아니라 심지어 '90% 이상의 상동성'이란 기재조차 찾을 수 없으므로, 결국 이 사건 제1 내지 4항 출원발명은 청구항이 명확하게 기재된 것으로 볼 수 없고, 아울러 상세한 설명에 의하여 뒷받침되지도 아니하였다."

Ⅲ. 해 설

1. 산업상 이용가능한 발명

가. 발명의 성립성

유전자 관련 발명의 특허의 대상이 되는 발명으로서 성립하는지의 여부와 관련하여 미국에서는 많은 논의가 있어 왔는데, 유전자 자체는 자연에 이미 존재하는 것으로 볼 수 있고 이러한 점에서 자연에 존재하는 물질자체와 특허대상으로서 자연에 존재하는 물질의 정제물의 구분을 중심으로 논의가 되어 왔다.

초기에는 자연물을 정제한 경우 특허성을 부정한 사례가 많으나,[1] *Kuehmasted v. Farbenfabriken of Elberfeld Co.* (1910) 사건[2]에서 정제의 결과가 사소한 것이 아니라 인류에게 유익한 의약품을 제공하였다는 점을 이유로 아세틸살리실산(아스피린)에 대한 특허성을 인정한 이래로 자연 상태에 비록 존재하는 물질이라 하더라도 이를 정제한 경우에는 특허대상이 될 수 있다고 판시한 이래 다수의 사건[3]을 통하여 이 원칙을 확인하였다. 유전자 관련 발명의 경우 미국 연방순회구항소법원(CAFC)은 *Amgen Inc. v. Hoechst Marion Roussel Inc.* (2003) 사건[4]에서 재조합 DNA를 이용하여 제조된 에리스로포이에틴(erythropoietin)에 관하여 자연의 산물이 아닌 인공적으로 생산된 조성물로 제한되어 특허성이 부정되지 않는다는 취지의 판단을 하여 유전자 관련 발명에 대해서도 자연물의 원칙이 적용될 수 있음 확인하였다.

한편 2010. 3. 29. *Association for Molecular Pathology v. U.S.P.T.O.* 사건[5]에서 미국 뉴욕남부지구연방지방법원은 유방암을 유발하는 분리된 유전자 및 당해 유전자 서열 분석 방법의 특허성에 대하여, BRCA1과 BRCA2 유전자는 자연적인 유전자에 비하여 "충분히 상이하지 않으므로(markedly different)" 특허대상이 될 수 없다고 판단하고 분리 DNA(iDNA) 및 상보 DNA(cDNA)에 대한 성립성을 모두 부정하였으나, 이에 대한 항소심[6]에서 CAFC는 분리된 DNA 서열과 cDNA는 그 분자의 구체적인 결합관계 등의 분자 구조가 자연 상태의 DNA와는 상이하므로 분리된 DNA 서열은 cDNA로 한정여부에 관계없이 모두 특허대상이 된다고 판단하였다.[7] 그 후 미국대법원에서는 2013. 6. 13. 자연계에 존재하는 DNA와 동일한

---

1) 셀룰로스에 관한 American Wood-Paper Co. v. Fibre Disintegratin Co., 90 U.S. 566 (1874) 사건, alizarine 염료에 관한 Cochrane v. Badische Anilin & Soda Fabrik, 111 U.S. 293 (1884) 사건 등이 있다.

2) 179 F. 701 (7th Cir. 1910).

3) 아드레날린에 대한 Parke-Davis & Co. v. H.K. Mulford Co., 189 F. 95(S.D.N.Y. 1911) 사건, 특정한 균류(菌類)의 발효를 통하여 생산된 비타민 B12에 관한 Merck & Co. v. Olin Mathieson Chemical Corp., 253 F.2d 156(4th Cir. 1958) 사건, 정제된 prostaglandin에 관한 In re Bergstrom, 427 F.2d 1394(1970) 사건 등이 있다.

4) 314 F.3d 1313 (C.A.Fed. (Mass.), 2003).

5) Association for Molecular Pathology v. U.S.P.T.O., 702 F.Supp.2d 181(2010).

6) 653 F.3d 1329, 2011 WL 3211513 (C.A.Fed.(N.Y.) Jul 29, 2011).

7) 원심에서는 이러한 차이점보다는 동일한 정보를 전달한다는 공통점에 지나치게 주목하여

DNA는 자연계의 DNA로부터 '분리'되었다는 사실만으로는 특허대상이 될 수 없으나 이에 반하여 cDNA는 자연계에 존재하지 않으므로 특허대상이 된다고 하여, 하급심과 달리 DNA의 종류에 따라 그 특허성을 구분하여 판시한 바 있다.8)

우리나라의 경우 유전자 관련 발명의 성립성을 직접적으로 언급한 사례는 보이지 않고9) 간접적으로 언급한 사례로는 특허법원 2008. 9. 26. 선고 2007허5116 판결을 들 수 있는데, 여기에서는 컴퓨터프로그램을 이용하여 기존의 기능이 알려진 유전자와 일정한 상동성(homology)을 갖는 단리된 DNA에 대하여 "특정의, 구체적이고 실질적인 유용성(specific utility & substantial utility)에 대하여 신뢰할 수 있을 정도로(credible) 명세서에 기재가 되어 있어야 비로소 산업상 이용가능성이 있는 완성된 발명이라는 특허요건을 구비하게 된다"고 하여 유용성이 결여되는 경우 발명이 완성되지 아니하였다고 볼 여지를 두고 있다.10)

특허청의 심사 실무에서는 유전자관련 발명의 성립성이 부정되는 경우로는 생명체에 존재하는 유전자와 같이 단순한 발견에 해당하는 것과 이러한 유전자, DNA 단편, SNP 등의 입수 방법 및 생산 수단 등이 명세서에 상세히 기재되어 있지 않은 경우에 발명의 성립성이 부정되는 것으로 보고 있으므로,11) 생명체에 존재하는 유전자가 아닌 분리된 DNA, 자연상태로 존재하지 않는 cDNA 등은 당연히 성립성이 인정되는 것으로 보고 있다.

잘못된 결론에 이르게 되었다고 지적하였다. *Id.* at 15. 한편 DNA 서열을 비교·분석하는 방법에 관한 청구항에 대해서는 "추상적인 정신적인 단계(abstract mental steps)"에 지나지 않는다는 점을 이유로 원심을 유지하고(*Id.* at 21), 유방암 유발 가능 세포를 추출하는 방법에 대해서는 세포의 성장, 성장률 결정과정에 의하여 Bilski 대법원의 MoT 요건을 충족한다고 판단하여 특허성을 인정하였다. *Id.* at 23.

8) 569 U.S. _____(2013); 133 S.Ct 2017(2013). 다만 cDNA에 대하여 iDNA와 달리 특허성을 인정하는 점에는 의문이 있다. 김관식, "미국 대법원의 AMP v. Myriad 사건 판결을 계기로 본 DNA 관련 발명의 성립성", 특허소송연구 제7집, 특허법원(2017), 75-97면 참조.

9) 외래유전자의 염기서열이 명확하지 아니하고 유전자를 지정기관에 기탁하지 아니한 이유로 인용발명의 성립성을 부정한 사례로 대법원 1992. 5. 8. 선고 91후1656 판결이 있다.

10) 이종우, "핵산(cDNA) 및 그에 의해 코딩되는 단백질에 관한 출원발명이 특정적이고 실질적이며 신뢰할 만한 유용성이 없으므로 산업상 이용가능성이 없는 발명 또는 기재불비에 해당하여 특허를 받을 수 없다고 판단한 사례", 지적재산권(지적재산권법제연구원, 2009년 3월), 72면, 각주 14 참조. 다만 본 판결문의 소결부분에서는 '산업상 이용가능성이 없는 발명'이라고 결론짓고 있다. 특허법원 2008. 9. 26. 선고. 2007허5116 판결, 17면.

11) 특허청, 산업부분별심사기준 생명공학분야(2010년 1월), 12면.

나. 산업상 이용가능성

유전자 발명에 관한 최초의 사례로 1991년 미국의 국립보건원(NIH)에서는 Human Genome Project의 수행결과로 아직 기능이 알려지지 않은 DNA 서열 337개에 대하여 특허출원하여 미국 특허법상 유용성(utility)의 충족여부가 쟁점이 되었는데, 여기서는 유용한 합성물의 제조를 위한 중간 합성물로서 그 자체의 유용성이 입증되지 아니하는 경우에는 유용성 요건이 충족되지 않는다고 하여 실질적 유용성(substantial utility)의 엄격한 기준을 설시한 1966년의 *Brenner v. Manson* 사건12)의 유용성 기준에 의하여 결국 특허가 거절되었다. 그 후 1995년 미국 특허청에서는 엄격하게 해석한 유용성의 기준을 당업자가 신뢰할 만한(credible) 유용성의 기준으로 완화하여 질병과 관련된 유전자에 대한 탐침(probe)으로서의 유용성을 인정하는 기준을 발표하였는데 이러한 심사지침에 대해서는 상기 판시와 부합하지 않는다는 비판이 있었고, 이에 따라 2001년 구체적이고(specific) 실질적인(substantial) 유용성을 우월한 증거(preponderance of evidence) 원칙에 의하여 입증할 것을 요구하여 단순히 전장 DNA(full length DNA)의 탐색을 위한 용도만을 밝힌 EST나 유전자 단편의 유용성은 충족되지 않고, 특정한 질병에 대한 실제적인 치료의 가능성을 요구하고 있다.13) 이러한 엄격한 유용성 판단의 기준은 2005년의 *In re Fisher* 사건14)에서 기능이 알려지지 않은 옥수수 EST의 유용성을 부정하여 재확인되었다.

앞서의 특허법원 2008. 9. 26. 선고 2007허5116 판결에서는 유전자 관련 발명에 대하여 산업상 이용가능성이 긍정되기 위해서는 특정의, 구체적이고, 실질적인 유용성이 신뢰성이 인정되도록 명세서에 기재되어 있을 것을 요구하고 있어,15) 미국에서의 유용성(utility)의 기준과 거의 동일한 기준을 채택하고 있다. 우리나라 특허청의 심사 실무에서는 유전자나 DNA 단편 등의 발명에 대해서는 "특정적이고, 실질적이며 신뢰성 있는 유용성"이 기재되어 있지 않거나, 그 유용성을 유추할 수 없는 경우에는 산업상 이용가능성을 부정한다고 하여 미국의 경우와 거의 동일한 기준으로 운용하고 있다.16) 이에 따라 DNA 단편을 단순히 전장 DNA의

---

12) Brenner v. Manson, 383 U.S. 519 (1966). 쥐와 그 동족체(homologue)에 대해서 진통효과가 확인된 신규한 스테로이드 제조방법에 관한 것이다.

13) Dept. of Comm., Utility Examination Guidelines, 66 Fed. Reg. 1092 (Jan. 5, 2001).

14) 421 F.3d 1365 (Fed. Cir. 2005).

15) 특허법원 2008. 9. 26. 선고 2007허5116 판결, 8면.

취득을 위한 프로브로서 사용할 수 있다는 점만으로는 유용성이 인정되지 아니한다. 또한 전장 cDNA의 기능을 공지의 DB의 상동성 검색을 통하여 특정 단백질의 유전자임을 단순히 추정한 경우에도 유용성이 부정된다고 하여 앞서의 특허법원 판례의 취지와 동일하다.

2. 명세서 기재요건

유전자 관련 발명에서 유전자의 염기서열을 명시하면 청구범위가 명확하여지겠지만 권리의 범위가 협소해지는 단점이 있으므로 출원인은 특정 염기서열과 일정한 상동성을 보이며 동일한 특성을 발휘하는 형식으로 기재하여 권리범위의 확장을 시도하게 된다. 이러한 확장의 시도는 기재불비의 위험에 직면하게 되는데 대상판결이 이러한 사례의 대표적인 예이다.

이 사건의 청구범위 제1항에서는 특정 서열과 90% 이상의 상동성을 가지는 DNA 서열을 청구하고 있는데, 판결에서는 90% 이상의 상동성을 가진다는 의미가 서열의 개수의 90% 이상이 동일하다는 것을 의미한다는 점은 알 수 있으나, 동일한 구체적인 염기 서열을 알 수 없고, 90%로 한정한 근거가 무엇인지 알 수 없다는 점을 이유로 청구항이 불명확하고, 상세한 설명에 의하여 뒷받침되지도 않는다고 판시하였다. 결국 청구항에 기재된 '문언 자체의 의미'는 명확하게 해석되지만 그 수치를 한정한 '임계적 근거'가 확인되지 않으므로 결국 발명이 불명확하다고 판단한 것이고, 이러한 수치의 기재에 대응하는 기재를 발명의 상세한 설명에서 찾아 볼 수 없으므로, 청구항이 발명의 상세한 설명에 의하여 뒷받침되지 않는다고 판단한 것이다.

그런데 상기 청구항에서 90% 이상의 상동성을 가지는 염기서열의 의미가 불명확한 경우에는 발명이 불명확하다고 할 수 있겠지만, 판결문에서 밝힌 바와 같이 그 의미 자체는 명확함에도 특정한 수치로 한정한 이유[17]가 불명확하다는 점을 이유로 청구범위에 기재된 발명이 불명확하다고 하는 것에는 의문이 있을 수 있다.[18] 수치한정에 대응하는 기재가 상세한 설명에서 찾아 볼 수 없다면 청구범

16) 특허청, 산업부분별심사기준 생명공학분야, 2010년 1월, 13면.
17) 판결문에서는 "임계적 의미"라는 용어를 사용하고 있다. 위 판결문 6면.
18) 상동성의 수치가 일정한 수치 이상으로 한정된 점에서 일종의 선택발명, 수치한정발명으로 볼 여지도 있을 것인데, 이 경우에도 수치한정은 신규성이나 진보성의 문제가 될 수는 있지만 그 의미 자체가 명확한 경우에는 청구범위 기재불비가 되지는 않을 것이다.

위의 발명이 상세한 설명에 의하여 뒷받침되지 않게 될 것이고, 그 이유를 찾아볼 수 없다면 결과적으로 그 목적, 효과 등도 확인이 곤란하게 될 것이므로 결국 발명의 상세한 설명의 기재불비로 귀착될 뿐이기 때문이다.

대상판결과 유사한 사례로 앞서의 특허법원 2008. 9. 26. 선고 2007허5116 판결이 있다. 이 사건에서는 특정한 아미노산 서열(맹독성 뱀독과 아미노산 서열이 유사하지만 그 기능은 확인되지 아니한 폴리펩티드 PRO1186)[19]을 코딩하는 염기서열과의 상동성이 80% 이상인 단리된 핵산 등을 청구하였다.

판결에서는 단백질은 아미노산의 서열의 차이에 의하여 그 입체적 구조에 차이가 생기고 기능이나 용도에 차이가 발생할 수 있으므로, 뱀독 단백질과 79%의 서열 유사성을 가진다는 이유만으로는 PRO1186에 대해서도 뱀독단백질과 동일, 유사한 기능을 가진다고 추정할 수 없으므로 결국 청구되는 염기서열에 대해서 신뢰할만한 '유용성'을 인정할 수 없다고 보아 결국 산업상 이용가능한 발명으로 볼 수 없다고 판단한 후, PRO1186의 기능 및 이로 제조된 혈청의 생산 여부 및 그 효과 등이 확인되지 않아 결국 출원발명은 통상의 기술자가 용이하게 실시할 수 없어 법 제42조 제3항의 기재불비도 있다고 판단하였다.

미국의 경우 유전자에 대한 발명의 기재불비가 문제가 된 사건의 예로 *Carnegie Mellon University v. Hoffman-La Roche Inc.* 사건이 있다.[20] 이 사건에서 CMU의 특허는 재조합 플라스미드(recombinant plasmid)에 관한 것인데, 이는 박테리아에서 대량의 "DNA polymerase Ⅰ" 효소를 발현(expression)하는 "pol A" 유전자를 포함하는 재조합 플라스미드에 관한 것이었다. CMU의 특허는 단지 하나의 박테리아(E. coli)에서 추출된 polA 유전자를 개시하였는데 청구항에서는 박테리아의 종류를 한정하지 아니하였다. 이에 대하여 CAFC에서는 명세서에서 단지 하나의 박테리아에서 추출된 polA 유전자 코드의 서열을 개시하고 있을 뿐으로 다른 박테리아 종으로부터 추출된 polA 유전자 서열을 개시하거나 설명하고 있지 않다는 점을 이유로 미국 특허법 제112조의 서면서술(written description) 요건을 충족하지 아니하여 무효로 판단하였다.[21]

또한 *Regents of University of California v. Eli Lilly* 사건[22]에서는 척추동물

---

19) 서열의 동일성은 62%, 서열 유사성은 79%. 상기 판결문 12면.

20) 541 F.3d 1115 (Fed. Cir. 2008).

21) 541 F.3d 1115, 1125 (Fed. Cir. 2008).

22) 119 F.3d 1559 (Fed. Cir. 1997). cert. denied, 523 U.S. 1089.

에서 인슐린을 코딩하는 cDNA[23]를 포함하는 재조합 플라스미드에 관하여 청구하였는데, 특허출원당시에는 쥐에 대한 cDNA만이 확인되었을 뿐이고 인간에 대한 cDNA를 얻을 수 있는 방법에 대하여 기재하고 있었지만 실제로 이를 구현한 것은 출원일로부터 2년이 경과한 시점이었다. 법원에서는 cDNA의 구체적인 구조가 명시되지 않고 cDNA에 의하여 생성되는 결과물로서 cDNA를 한정하는 것은 다수의 유전자에 의하여 인슐린의 생성이라는 결과를 생성할 수 있다고 하면서, 인슐린의 생성으로 cDNA를 한정하는 것은 발명의 내용을 서술하는 것이 아니라 발명의 결과에 대한 서술에 지나지 않는다고 하여, 결국 서면서술요건을 충족하지 아니하였다고 판단하였다.[24]

미국특허법상 서면서술요건은 발명의 설명 부분에 의하여 청구항 발명의 내용이 뒷받침되는지의 여부로 볼 수 있고, 이는 결국 우리나라의 특허법 제42조 제4항 제1호 소정의 기재불비로 판단한 것으로 볼 수 있다.

3. 이 사건 판결의 의의

이 사건은 유전자 관련 발명이 명세서 기재요건을 충족하기 위해서는 원칙적으로 유전자의 서열을 구체적으로 명시하여야 하고 유전자의 서열이 특정한 유전자 서열과 상동성의 수치를 제한하는 방식으로는 서술할 수 없음을 명시적으로 판시한 사례이다. 한편 발명의 성립성과 관련하여 특정 염기서열은 생명체 내에서 특정한 기능을 가질 수밖에 없고 그 수가 제한된다는 점을 상기하면 특정기능을 하는 염기서열은 일종의 자연법칙 혹은 자연현상에 준하는 것으로 볼 수 있을 것이어서 유전자 관련 발명의 성립성에 대한 재검토가 필요하다.[25]

---

23) 청구항 제1항에는 "reverse transcript of an mRNA"라고 되어 있다. *Id.* at 1563.
24) 한편 이 사건에서는 서면서술요건의 적용에 관하여 전통적인 견해와 달리 최초출원서 청구범위와 발명의 설명 부분 상호간에서도 적용될 수 있다고 판시한 바 있는데 Ariad Pharmaceuticals, inc. v. Eli Lilly Co. 598 F.3d 1336 (Fed. Cir. 2010)에서 확인되었다.
25) 김관식, 전게서(각주 8) 참조.

4. 영업방법(business method) 발명의 성립성

[대법원 2008. 12. 24. 선고 2007후265 판결]
박원규(서울중앙지방법원 부장판사, 전 특허법원 판사)

Ⅰ. 사실의 개요

X(출원인, 원고, 상고인)는 2002. 8. 9. '가상 아이템과 인센티브 제공을 통한 마케팅 방법 및 시스템'이라는 명칭의 발명1)을 특허출원하였다가, 출원발명이 특허법 제29조 제1항 본문에 규정된 '발명'에 해당하지 아니한다는 이유로 특허출원을 거절하는 결정을 받고 불복심판을 청구하였다. 특허심판원은 2006. 1. 26. 출원발명은 데이터베이스 등을 도구로써 이용한 인위적 결정 자체일 뿐 자연법칙을 이용한 것이 아니어서 특허법 제29조 제1항 본문에 규정된 '발명'으로 성립되었다고 볼 수 없어 특허를 받을 수 없다는 이유로 원고의 청구를 기각하다. X는 이에 불복하여 특허법원에 위 심결의 취소를 청구하였다.

원심은,2) 출원발명의 기술적 과제를 실현하기 위한 핵심적 구성요소는 사용자의 생활설계 기초 정보를 분석, 비교한 후 그 결과를 이용하여 생활설계 결과를 산출하는 구성(청구항 1. 중 밑줄 친 부분의 구성, 이하 '출원발명의 핵심적 구성'이라 한다)인데, 그 청구범위와 발명의 상세한 설명에는 사용자의 생활설계 기초 정보에 대한 분석, 비교, 및 생활설계 결과의 산출이 소프트웨어와 하드웨어가 어떻게

---

1) 청구항 1. 네트워크를 기반으로 상품 구매 정보 및 가상 아이템 정보를 이용하여 아이템 서버에서 컨설팅 정보를 제공하는 방법에 있어서, 사용자로부터 생활설계 요청을 수신하는 단계; 데이터베이스로부터 미리 저장된 상기 사용자의 상품 구매 정보, 획득 아이템을 추출하는 단계-여기서, 상기 획득 아이템은 사용자의 상품 구매에 상응하여 보유된 사용자의 가상 아이템임-; 상기 상품 구매 정보 및 상기 획득 아이템을 이용하여 상기 사용자의 생활설계 기초 정보를 도출하는 단계; 상기 사용자의 생활설계 기초 정보를 분야별, 영역별로 분석하거나 미리 저장된 생활설계 기준 정보와 비교하는 단계; 상기 분석 또는 비교 결과를 이용하여 상기 사용자의 생활설계 결과를 산출하는 단계; 및 상기 생활설계 결과를 상기 사용자에게 전송하는 단계를 포함하는 상품 구매 정보 및 가상 아이템 정보를 이용한 컨설팅 제공 방법.
2) 특허법원 2006. 12. 14. 2006허1742 판결.

협동함으로써 실현되는지에 대하여 구체적이고 명확하게 기재되어 있지 않으므로, 위 구성은 사람이 생활설계 기초 정보를 분석, 비교하여 결과를 판단하는 과정으로 해석할 수밖에 없어 출원발명은 과제를 실현하기 위한 핵심적 부분에 사람의 정신적 판단이 개입되어 자연법칙을 이용하고 있다고 볼 수 없고, 출원발명이 자연법칙을 이용하고 있는 것으로 볼 수 있다고 하더라도, 그 청구범위와 발명의 상세한 설명에 생활설계 기초 정보에 대한 분석, 비교, 및 생활설계 결과의 산출이 소프트웨어와 하드웨어가 어떻게 협동함으로써 실현되는지에 대하여 구체적으로 명확하게 기재되어 있지 않은 이상 이를 실시하기 위한 방법의 전부 또는 일부를 결여한 미완성 발명에 해당한다는 이유로, X의 청구를 기각하는 판결을 하였다.

Ⅱ. 판   시

상고기각.

특허법 제2조 제1호는 자연법칙을 이용한 기술적 사상의 창작으로서 고도한 것을 '발명'으로 정의하고 있으므로, 출원발명이 자연법칙을 이용한 것이 아닌 때에는 구 특허법 제29조 제1항 본문의 '산업상 이용할 수 있는 발명'의 요건을 충족하지 못함을 이유로 그 특허출원이 거절되어야 하는바, 특히 정보 기술을 이용하여 영업방법을 구현하는 이른바 영업방법(business method) 발명에 해당하기 위해서는 컴퓨터상에서 소프트웨어에 의한 정보처리가 하드웨어를 이용하여 구체적으로 실현되고 있어야 하고, 한편 출원발명이 자연법칙을 이용한 것인지 여부는 청구항 전체로서 판단하여야 하므로, 청구항에 기재된 발명의 일부에 자연법칙을 이용하고 있는 부분이 있더라도 청구항 전체로서 자연법칙을 이용하고 있지 않다고 판단될 때에는 특허법상의 발명에 해당하지 않는다. 출원발명은 영업방법 발명의 범주에 속하는 것으로, 그 구성요소 중 발명의 기술적 과제를 실현하기 위한 핵심적 부분은 사용자의 생활설계 기초 정보를 분석, 비교한 후 그 결과를 이용하여 생활설계 결과를 산출하는 구성이라 할 것인데, 그 부분 청구범위의 기재만으로는 통상의 기술자가 컴퓨터상에서 소프트웨어에 의한 정보처리가 하드웨어를 이용하여 구체적으로 어떻게 실현되는지 알 수 없고, 이는 발명의 상세한 설명이나 도면 등 다른 기재를 참작하여 보더라도 마찬가지이므로, 위 보정 전 이 사건 제1항 발명은 전체적으로 볼 때 이를 구 특허법 제29조 제1항의 '산업상 이용할 수 있는 발명'이라고 할 수 없다.

III. 해   설

1. 들어가는 말

영업방법(business method) 발명은 정보통신기술을 이용하여 구축한 새로운 영업방법 또는 그 시스템에 관한 발명을 말한다. 영업방법 발명은 '영업방법에 관한 아이디어'와 그 영업방법에 관한 아이디어를 구현하기 위한 '정보통신기술'을 요소로 하는바, 그러한 정보통신기술로서는 통상 영업방법에 관한 아이디어를 실행하기 위하여 제작된 소프트웨어와 그 소프트웨어를 탑재하여 구동하는 하드웨어(컴퓨터)가 채용되고 있으므로, 실무상으로는 소프트웨어 관련 발명의 한 형태로 취급되고 있다.3)

컴퓨터와 인터넷을 통한 온라인 영업활동이 1990년을 전후하여 급격히 확대되면서 막대한 이윤을 창출할 수 있게 되자, 영업방법 발명이 특허로 보호될 수 있는지 여부가 각국에서 매우 중요한 쟁점으로 떠올랐다.4) 이에 관해서는 단순한 영업방법이라도 산업상 유용하고 구체적인 결과를 낳는다면 이를 특허로 보호함으로써 그러한 영업방법의 창출을 장려해야 한다는 입장과 추상적 아이디어에 가까운 영업방법을 특허로 보호하는 것은 사업자에게 지나친 독점권을 부여하는 결과를 초래하여 산업발전을 저해하므로 허용되어서는 아니 된다는 입장이 대립되고 있다. 하지만 우리나라를 포함한 대부분의 국가는 영업방법에 관한 발명이라도 일정한 요건 아래 특허의 대상이 될 수 있음을 인정하고 있다.5) 우리나라의 경우 영업방법 발명이 특허의 대상인 '발명'에 해당하는지에 관한 문제는 이른바 '영업방법 발명의 성립성'의 문제로 다루어져 왔다.

아래에서는 영업방법 발명의 성립성에 관한 일반이론, 실무례 및 판례에 대하여 간략히 살펴보고, 대상판결에 관하여 검토하기로 한다.

---

3) 박성수, "영업방법 특허에 관한 연구-이른바 BM특허의 성립성에 관하여-", 사법논집(34집), 법원도서관(2002), 145면; 김태현, "영업방법(BM) 발명의 특허요건과 권리범위에 관한 실무적 고찰", 사법논집(46집), 법원도서관(2008), 292면; 박준석, "영업방법 발명 등 컴퓨터프로그램 관련 발명의 특허법적 보호에 관한 비교법적 고찰", 비교사법(46호), 한국비교사법학회(2009), 481면.
4) 박준석, 앞의 논문, 481면.
5) 박준석, 앞의 논문, 458-477면.

2. 영업방법발명의 성립성

특허법 제29조 제1항 본문은 산업상 이용할 수 있는 '발명'이 특허를 받을 수 있다고 규정하고 있으므로 어떤 발명이 특허를 받기 위해서는 우선 '특허법상의 발명'에 해당해야 하는바, 영업방법 발명이 특허법상의 발명에 해당될 수 있는지 여부의 문제가 곧 '영업방법 발명의 성립성' 문제이다.

특허법 제2조 제1호는 특허법상의 '발명'을 "자연법칙을 이용한 기술적 사상의 창작으로서 고도한 것"으로 정의하고 있으므로, 출원된 영업방법 발명이 위 특허법 규정상 '발명'에 해당하기 위해서는 그것이 ① 자연법칙을 이용한 것이어야 하고(자연법칙 이용성), ② 기술적 사상의 창작이어야 하며(기술적 사상의 창작성), ③ 그 창작의 정도가 고도한 것(창작의 고도성)이어야 하고, ④ 발명으로서 완성된 것(발명의 완성)[6]이어야 한다.[7]

특허법상 발명으로 성립하기 위해서는 먼저 자연법칙을 이용한 것이어야 한다. 자연법칙은 자연계에 있어서 경험을 통해 찾아낸 과학기술상의 원리나 인과율을 말한다. 따라서 인간의 정신활동, 논리법칙, 경제법칙을 그대로 이용한 것이거나 자연법칙 그 자체(그 이용성이 결여된 것)는 자연법칙을 이용한 발명에 해당하지 아니하여 특허법상의 발명에 해당하지 아니한다. 대법원과 특허법원 판례는 대부분 영업방법 발명의 성립성을 특허법 제2조 제1호에 정한 '자연법칙의 이용'이라는 요건을 충족하는지의 문제로 파악하고, 이를 충족하지 못하는 영업방법 발명은 특허법 제29조 제1항 본문에 규정된 산업상 이용할 수 있는 '발명'에 해당하지 아니하는 것으로 보고 있다.[8] 학설도 영업방법 발명의 성립성 문제를 대체로 자연법칙 이용성의 면에서 다루고 있다.[9]

또한 특허법상의 발명은 기술적 사상의 창작이어야 한다. '기술'은 일정한 목적을 달성하기 위한 구체적인 수단으로서 실제로 이용할 수 있고 반복하여 재현

---

6) 우리나라의 실무상 발명의 완성 여부는 발명의 성립성 문제로 다루어지고 있다[특허법원 지적재산 소송실무연구회, 지적재산소송실무(제3판, 박영사, 2014), 147-148면 참조].

7) 발명의 개념을 특허법에 규정된 '자연법칙을 이용한', '기술적 창작'이라는 요건에 억지로 끼워맞추는 것은 실익이 없다는 견해가 있다. 이에 관해서는 조영선, 특허법(개정판, 박영사, 2009). 8-9면 참조.

8) 대법원 2003. 5. 16. 선고 2001후3149 판결, 특허법원 2007. 6. 27. 선고 2006허8910 판결 등.

9) 정상조, 박성수 편, 특허법 주해 (Ⅰ)(박영사, 2010), 26, 86면; 김태현, 앞의 논문, 293면; 박준석, 앞의 논문, 476면 등.

할 수 있는 성질을 가진 것을 말한다.10) 따라서 제3자에 의하여 실시될 수 없는 것이거나,11) 제3자에 의하여 동일한 방법으로 실시될 수 있더라도 그로 인하여 객관적으로 동일한 결과를 얻을 수 있는 확실성이 없는 것은 특허법상의 발명에 해당하지 아니한다. 또한 기술적 사상(idea) 그 자체는 특허법상의 발명이 될 수 없고 그 기술적 사상이 구체적 수단으로서 창작된 것(application)만이 특허법상의 발명에 해당한다. 단순한 발견(發見)도 특허법상의 발명이 될 수 없다. 결국 '기술적 사상의 창작'이란 일정한 목적을 달성하기 위한 이용가능성과 반복재현성을 가진 구체적 수단으로서 창작된 것을 의미한다.

대법원 판례나 특허법원 판례 가운데 영업방법 발명의 성립성에 관한 문제를 기술적 사상의 창작의 문제로서 직접적으로 다룬 것은 없는 것으로 보인다. 다만 특허청의 컴퓨터 관련 발명 심사기준(이하 '심사기준'이라고 한다)은 컴퓨터 관련 발명과 영업발명의 성립성을 '자연법칙의 이용성'만으로 심사하지 않고, '자연법칙을 이용한 기술적 사상의 창작' 전체로서 심사하도록 하고 있다.12)

또한 특허법상의 발명은 자연법칙을 이용한 기술적 사상의 창작 중 '고도'한 것이어야 한다. 이러한 '고도성' 여부는 특허의 대상과 실용신안의 대상을 구분하는 기준으로서 의의를 갖는다. 그러나 자연법칙을 이용한 기술적 사상의 창작의 '고도성' 여부는 실무상 진보성 판단에 흡수되고,13) 발명의 성립성 여부를 판단함에 있어서 고려되는 경우는 없다.

끝으로 특허법상의 발명은 완성된 것이어야 한다. 완성된 발명이란 그 발명이 속하는 분야에서 통상의 지식을 가진 자가 반복 실시하여 목적하는 기술적 효과를 얻을 수 있을 정도까지 구체적, 객관적으로 구성되어 있는 발명으로 그 판단은 특허출원의 명세서에 기재된 발명의 목적, 구성 및 작용효과 등을 전체적으로 고려하여 출원 당시의 기술수준에 입각하여 판단하여야 한다.14)

---

10) 정상조, 박성수 편, 앞의 책, 36-37면.
11) 형식적으로는 자연법칙을 이용한 것처럼 보이나 실제로는 자연법칙에 반해서 실시할 수 없는 발명은 '자연법칙 이용성'이 없는 것으로 보는 것이 일반적이나, 일정한 목적을 달성하기 위한 구체적인 수단으로서의 실시가능성이 없어 발명에 해당하지 아니하는 것으로 보아야 할 것이다.
12) 특허청, 컴퓨터 관련 발명 심사기준(2014), 13-15면.
13) 정상조, 박성수 편, 앞의 책, 37면.
14) 대법원 1994. 12. 27. 선고 93후1810 판결.

3. 대상판결에 대한 검토

가. 대상판결은, 출원발명이 자연법칙을 이용한 것이 아닌 때에는 구 특허법 제29조 제1항 본문의 '산업상 이용할 수 있는 발명'의 요건을 충족하지 못함을 이유로 그 특허출원이 거절되어야 하는바, 특히 정보 기술을 이용하여 영업방법을 구현하는 이른바 영업방법(business method) 발명에 해당하기 위해서는 컴퓨터상에서 소프트웨어에 의한 정보처리가 하드웨어를 이용하여 구체적으로 실현되고 있어야 한다고 판시하였다.

그러므로 대상판결은 ① 영업방법 발명의 성립성을 자연법칙 이용성에 관한 판단의 문제로 보고, ② '컴퓨터상에서 소프트웨어에 의한 정보처리가 하드웨어를 이용하여 구체적으로 실현'될 것을 그 요건으로 삼고 있다고 할 것이다.

이와 같이 대상판결이 영업방법 발명의 성립성을 특허법 제2조 제1호에 규정된 '자연법칙의 이용'이라는 요건을 충족하는지의 문제로 파악하고 있는 것은 종래의 대법원 및 특허법원 판례의 태도를 같이하는 것이다.

또한 대상판결이 영업방법 발명의 성립요건으로 요구하고 있는 '컴퓨터상에서 소프트웨어에 의한 정보처리가 하드웨어를 이용하여 구체적으로 실현'되고 있어야 한다는 요건은 종래 대법원 판결도 이와 유사한 내용이 언급된바 있었고,[15] 원심 판결을 비롯한 특허법원 판결[16]과 특허청의 심사기준[17]이 이미 영업방법 발명의 성립요건으로 삼고 있었던 것인바, 대상판결은 대법원 판결로서는 최초로 이를 영업방법 발명의 성립요건으로 직접적이고 명확하게 선언하였다.

나. 다만, 대상판결은 '컴퓨터상에서 소프트웨어에 의한 정보처리가 하드웨어를 이용하여 구체적으로 실현'된다는 것이 무엇을 의미하는지에 대해서는 밝히고 있지 않다.

이에 관하여 특허청의 심사기준은 "소프트웨어가 컴퓨터에 읽혀지는 것에 의해 소프트웨어와 하드웨어가 협동한 구체적 수단으로 사용목적에 따른 정보의 연

---

15) 대상판결 이전 영업방법 발명에 관하여 다룬 유일한 판례였던 대법원 2003. 5. 16. 선고 2001후3149 판결은 당해 사건의 출원발명이 구성요소인 각 단계가 하드웨어 및 소프트웨어의 결합을 이용한 구체적 수단을 내용으로 하고 있지 아니하고, 소프트웨어의 결합을 이용한 구체적 수단을 내용으로 하고 있지 아니할 뿐만 아니라, 그 수단을 단지 도구로 이용한 것으로 인간의 정신활동에 불과하여 자연법칙을 이용한 것이라고 할 수 없다고 판시한 바 있다.
16) 특허법원 2006. 12. 21. 선고 2005허11094 판결, 2007. 6. 27. 선고 2006허8910 판결 등.
17) 앞의 심사기준, 12-13면.

산 또는 가공을 실현함으로써 사용목적에 부응한 특유한 정보처리장치(기계) 또는 그 동작방법이 구축되는 것을 말한다"라고 규정하고 있고,[18] 특허법원 판결 중에는 "소프트웨어가 컴퓨터에 의하여 단순히 읽혀지는 것에 그치지 않고, 소프트웨어가 컴퓨터에 읽혀져서 하드웨어와 구체적인 상호 협동 수단에 의하여 특정한 목적 달성을 위한 정보의 처리를 구체적으로 수행하는 정보처리장치 또는 그 동작 방법이 구축되는 것을 말한다"고 판시한 것이 있다.[19] 그러나 구체적인 사건에서 영업방법 발명의 성립요건으로서 컴퓨터상에서 소프트웨어에 의한 정보처리가 하드웨어를 이용하여 구체적으로 실현되고 있는지 여부를 판단하는 일은 쉬운 일이 아니다.

　　다. 대상판결은 영업방법 발명의 성립성을 자연법칙 이용성에 관한 판단의 문제로 보고, '컴퓨터상에서 소프트웨어에 의한 정보처리가 하드웨어를 이용하여 구체적으로 실현'되고 있는지 여부를 자연법칙 이용성의 문제로 다루고 있다.

　　이와 같이 대상판결이 영업방법 발명의 성립성 문제를 자연법칙 이용성의 문제로 본 것은 종래의 주류적 학설 및 판례와 입장을 같이한 것이다. 종래의 주류적 학설 및 판례가 영업방법 발명의 성립성을 자연법칙 이용성의 판단문제로 다루었던 것은 이에 관하여 선구적이고 활발한 논의가 이루어진 미국의 학설과 판례로부터 영향을 받았기 때문으로 보인다. 그러나 '발명'에 관한 정의 규정을 두고 있지 아니한 미국 특허법과는 달리 우리나라 특허법은 '발명'의 성립요건으로 '자연법칙 이용성'뿐만 아니라 '기술적 창작성'을 명문으로 규정하고 있고, 실무상 '발명의 완성 여부'가 발명의 성립성의 문제로 다루어지고 있는 점에 비추어 보면, 영업방법 발명의 성립성을 자연법칙 이용성의 문제로만 파악하기보다는, '자연법칙 이용성', '기술적 사상의 창작성' 및 '발명의 완성'이라는 여러 관점에서 종합적으로 파악하는 것이 바람직할 것으로 생각된다.[20]

---

18) 앞의 심사기준, 13면.
19) 특허법원 2007. 6. 27. 선고 2006허8910 판결.
20) 이에 관한 구체적인 내용은 박원규, "영업방법발명의 성립성에 대한 판단방법", law& Technology(7권 2호), 서울대학교 기술과 법 센터(2011. 3.) 56면 이하 참조.

Ⅳ. 결   론

대상판결은 영업방법 발명의 성립성을 자연법칙 이용성에 관한 판단의 문제로 보고, 대법원 판결로는 최초로 '컴퓨터상에서 소프트웨어에 의한 정보처리가 하드웨어를 이용하여 구체적으로 실현될 것'을 영업방법 발명의 성립요건으로 직접적이고 명확하게 선언하였다는 점에서 의의를 갖는다.

5. 특허권과 영업비밀의 관계

[대법원 2004. 9. 23. 선고 2002다60610 판결]
김철환(법무법인 율촌 변호사, 전 특허법원 판사)

I. 사건의 개요

X(원고, 상고인 겸 피상고인)는 1996. 9. 1. 그 대표이사가 보유하고 있는 '이동식 교각'에 관한 특허권을 사용하는 계약을 체결한 후(나중에는 X 앞으로 전용실시권 등록을 받음) 이를 이용하여 일체형 이동식 교각을 생산, 판매하여 왔다.

그런데 이동식 교각의 제작과는 전혀 무관한 Y회사가 1997. 6.경 이동식 교각의 생산, 판매 등에 관여하고 있던 X회사 직원 4명(설계실장, 책임공장장, 기술구매 담당, 영업 담당)을 한꺼번에 고용한 후 불과 2개월 여 만에 이동식 교각을 제작, 판매하기 시작하여 1997. 9.경부터 2000. 4.경까지 총 30대의 이동식 교각을 제작, 판매하였다. 또한 Y는 독일 슈라데의 제품설명서 및 X의 제품설명서를 참조하여 Y의 제품설명서를 만들었는데, 그 과정에서 X의 제품설명서상 상품사진을 X상호를 지우고 필름을 거꾸로 인화하는 방법으로 도용하였고, 제품설명서 발송 봉투에 X의 제품설명서의 만화캐릭터를 그려 넣었다.

Y가 고용한 위 직원 4명은 모두 X회사에 입사하면서 X와 같은 업종의 개발, 제작, 생산, 영업 등의 업무에 종사하지 않고 또 그 정보를 누설하지 않겠다는 각서를 작성하여 제출한 바 있음에도 불구하고, X에게 알리지 않은 채 1997. 6.경 Y회사에 입사하였고 그 후 X회사의 사무실에 출근하여 계속 업무를 보면서 Y의 이동식 교각의 생산에 관여하였다.

X는 Y를 상대로 특허침해 및 영업비밀침해를 이유로 손해배상청구소송을 제기하였고, 제1심은 특허침해 및 영업비밀침해를 구체적으로 따지지 않고 Y가 이동식 교각에 관한 설계정보 및 제조기술을 이용하여 X 제품과 유사한 제품을 제조하였고 또 X의 사진을 도용하였다는 이유로 손해배상청구를 인용하였다.

제2심은, 영업비밀 침해 주장에 대하여(특허침해 부분은 생략한다.[1]), 특허로 출원하여 공개한 기술상의 정보는 비공지성을 인정할 수 없어 영업비밀에 해당한다고 할 수 없으나 그 기계를 구성하는 개개 부품의 규격이나 재질, 가공방법, 그와 관련된 설계도면 등이 비공지성, 경제적 가치성, 비밀관리성 있는 정보라면 부정경쟁방지 및 영업비밀 보호에 관한 법률(이하 '부정경쟁방지법') 소정의 영업비밀에 해당할 수 있다는 전제에서, 위 사실관계에 비추어 Y가 X의 설계도면 등의 정보를 이용하지 않고서는 불과 3개월의 기간 동안에 생산설비를 갖추어 이동식 교각을 생산하기는 거의 불가능하였으므로, 비록 이동식 교각의 작동원리나 구성이 특허출원으로 공지되었다고 하더라도 구체적인 X의 설계도면 등 생산방법에 대한 기술상의 정보는 비공지성을 갖춘 영업비밀에 해당하고, Y는 비밀유지의무가 있는 위 직원 4명을 통하여 이를 취득한 후 X의 제품과 동일 또는 유사한 이동식 교각을 제작, 판매하였으므로, 그로 인한 손해를 배상할 책임이 있다고 하여 손해배상청구를 인용하였다.

이에 X가 불복하여 대법원에 상고를 제기하였다.[2]

Ⅱ. 판　시

파기 환송.

특허출원을 하기 위한 특허출원서에는 발명의 명세서와 필요한 도면 및 요약서를 첨부하여야 하고, 발명의 상세한 설명에는 그 발명이 속하는 기술분야에서 통상의 지식을 가진 자가 용이하게 실시할 수 있을 정도로 그 발명의 목적·구성 및 효과를 기재하여야 하며, 특허청구범위에는 발명이 명확하고 간결하게 그 구성

---

1) 특허침해 주장에 대해서는 Y의 이동식 교각은 모두 공지, 공용의 기술일 뿐만 아니라 X의 특허 구성요소 중 일부가 결여되었다는 이유로 배척하였다.

2) 영업비밀 침해에 관한 상고이유는, 이동식 교각 기술은 공지, 공용의 기술이고, 특허권자가 특허로 출원·등록하여 스스로 공개한 것이므로 영업비밀이 아니며, 이동식 교각의 규격 및 재질, 가공방법 등이 특수한 것을 요하는 것이 아니라 기계제작업무에 종사하는 사람이면 시판되는 기계를 보고 누구나 쉽게 육안으로 그 재질을 알 수 있고, Y는 X의 설계도면 자체를 부정한 방법으로 취득한 적이 없으며, 이동식 교각은 그 구성이 복잡하거나 작동원리가 매우 복잡한 장비가 아니므로 누구라도 시중에 나와 있는 제품을 육안으로 보아 쉽게 알 수 있고 역설계를 통하여 쉽게 설계도면을 작성할 수 있고, X가 이동식 교각 제작기술을 비밀로 유지하기 위한 노력을 하지도 않았으므로, 그것은 영업비밀이 아니다. 설사 설계정보가 영업비밀이라 하더라도 Y는 X의 특허제품과는 다른 제품을 생산하였으므로 이를 침해하였다고 볼 수 없다는 것이다.

에 없어서는 아니되는 사항을 기재하여야 하므로(특허법 제42조 제2항, 제3항, 제4항 참조), 그 기술분야에서 통상의 지식을 가진 자라면 누구든지 공개된 자료를 보고 실시할 수 있다 할 것이니, 특허출원된 발명에 대하여 영업비밀을 주장하는 자로서는 그 특허출원된 내용 이외의 어떠한 정보가 영업비밀로 관리되고 있으며 어떤 면에서 경제성을 갖고 있는지를 구체적으로 특정하여 주장·입증하여야 한다.

이 사건 이동식 교각은 공개된 특허공보의 기재와 도면을 보고 육안으로 그 기술구성이 쉽게 파악되고, 그 규격이나 재질, 부품 및 가공방법 등에서 특수성을 찾기 어려우며, 제반 사정에 비추어 볼 때 X의 이동식 교각의 생산, 판매에는 특허출원으로 공개된 기술 이외의 다른 설계정보 및 생산방법 등의 기술상의 정보가 있을 여지가 없어 보임에도, 원심은 X가 이 사건 특허출원으로 공개된 제조기술 이외의 영업비밀로 주장하는 기술상 정보가 구체적으로 무엇인지 특정·밝히지 아니한 채 만연히 이동식 교각에 대한 생산방법에 대한 정보를 영업비밀이라고 인정·판단하고 말았으니, 원심판결에는 부정경쟁방지법상의 영업비밀에 관한 법리를 오해하여 심리를 다하지 않은 위법이 있다.

Ⅲ. 해   설

1. 문제의 소재

새롭게 창작하거나 구조·성능 등을 개량한 기술정보에 대하여, 현행법상 법적 장치는 특허제도(실용신안제도)가 대표적이다. 특허법은 일정한 요건을 갖춘 발명에 대해 이를 공개하는 조건으로 그 발명자에게 일정기간 동안 독점권을 부여하고 있으므로, 특허권자는 특허제도를 이용하여 자신의 발명을 특허로 출원하여 등록을 받음으로써 특허법이 보장하는 강력한 독점권을 행사할 수 있다. 그러나 실제로 특허권의 보호대상이 되기 위해서는 산업상 이용가능성, 신규성, 진보성 등의 까다로운 요건을 갖추어야 하므로, 특허권으로 보호될 수 있는 기술정보는 매우 제한적이다. 더구나 발명자는 기술정보의 공개를 꺼려하여 특허권에 의한 보호를 원하지 않을 수도 있다. 이러한 경우 가능한 법적 보호 중의 하나로서 대표적인 것이 바로 부정경쟁방지법상 '영업비밀'(Trade Secrets)에 의한 보호이다.

'영업비밀'이란 일반적으로 기술적인 노하우나 고객 리스트 등과 같이 영업상 비밀로 관리되고 있어 경제적 가치 있는 기술상 또는 경영상의 비밀정보를 말한다.3) 특허제도와 영업비밀은 모두 기술적 정보를 보호할 수 있는 제도임에도 불구하고 현행법상 여러 가지 차이점이 있기 때문에 그 관계를 어떻게 설정하여야 하는지가 종종 문제된다. 이 사건 대법원 판결은 특허출원된 발명을 별도로 영업비밀로 보호할 수 있는지에 관하여 판시하고 있다. 이하에서는 특허권과 영업비밀에 의한 보호제도의 대비를 통하여 그 공통점 및 차이점 등을 살펴본 후, 하나의 기술정보가 특허와 영업비밀로서 중첩적으로 보호될 수 있는지 및 영업비밀에 대한 주장 및 입증의 정도에 관하여 살펴본다.

2. 특허권과 영업비밀 보호제도의 비교

가. 특허제도와 영업비밀 보호제도

특허권(실용신안권)은 출원, 공개, 등록 등의 과정을 거친 특정한 발명 또는 고안 등에 대하여 일정한 기간 동안 독점적, 배타적으로 이용하고 타인의 이용을 배제할 수 있는 권리인 반면, 영업비밀 보호제도는 기술상 또는 경영상 정보 그 자체에 대하여 직접적으로 배타적인 권리를 부여하고 이를 보호하는 것이 아니라, 불법행위법의 연장선상에 있는 부정경쟁방지법에 의해 신의칙과 공서양속에 반하는 부정한 경쟁행위로 지목하여 이를 규제하고 보호하는 것으로서 단순히 재산보호라고 하는 개인의 이익옹호에 그치는 것이 아니라 공정한 경쟁질서의 유지라고 하는 공익적 측면도 가지고 있다. 이에 특허법 및 부정경쟁방지법은 발명과 영업비밀에 대하여 각각 그 보호대상, 보호요건, 보호기간 등에 관하여 전혀 다른 관점에서 보호하고 있다.

나. 보호대상

특허권의 보호대상이 될 수 있는 것은 발명인데, 발명은 자연법칙을 이용한 기술적 사상의 창작으로서 고도한 것을 말하기 때문에(특허법 제2조 제1호), 특허권의 보호대상은 반드시 기술적 사항에 관한 것이라야 한다. 그리고 이러한 발명 중에서 특허권의 보호대상이 되는 것은 산업상 이용가능성, 신규성 및 진보성 등 특허법 제29조의 요건을 모두 갖추고 있는 것이라야 한다. 그 반면 영업비밀의 보호대상은 공공연히 알려져 있지 아니하고 독립적인 경제적 가치를 가지는 것으로서, 상당한 노력에 의하여 비밀로 유지된 생산방법, 판매방법, 그 밖에 영업활동에

---

3) 송영식 외 6인 공저, 송영식 지적소유권법(하), 육법사(2008), 447.

유용한 기술상 또는 경영상의 정보로서(부정경쟁방지법 제2조 제2호),4) 매우 광범
위하다. 영업비밀은 기술상 정보뿐만 아니라 고객 리스트, 생산계획, 판매계획, 제
품원가 등 각종 경영상의 정보도 보호대상이 될 수 있는 것이 특징이다.

다. 보호절차

특허권적 보호받기 위해서는 당해 발명이 일정한 실체적 요건을 구비하는 외
에 반드시 특허출원서를 통하여 특허청에 특허출원을 한 후 일정한 심사결과를
거쳐 등록을 받아야 하는 반면, 영업비밀은 이러한 출원, 심사 및 등록 절차가 필
요 없다.

라. 보호의 개시 및 존속기간

특허권의 존속기간은 특허권의 설정등록이 있는 날부터 특허출원일 후 20년
이 되는 날까지이나(특허법 제88조 제1항), 영업비밀은 부정경쟁방지법이 정하는
요건에 해당하는 한 그것이 형성되면 곧바로 보호가 개시되고, 별도로 존속기간이
라는 개념 자체가 없으며, 영업비밀이 그 법적 요건을 그대로 유지하는 한 일정한
기간 제한 없이 영구적으로 보호될 수 있다. 그러나 침해행위가 있는 경우 영구적
이 아니라 일정한 기간의 범위 내에서 금지청구권이 인정되는 것은 아니고 일정
한 기간의 범위 내에서 인정된다.5)

마. 처분 및 실시의 보호

특허권은 물권에 준하는 재산권으로서 이를 자유롭게 제3자에게 양도하여 처
분할 수 있고, 또 제3자에게 유상 또는 무상으로 통상사용권, 전용실시권을 설정
할 수 있는 반면, 영업비밀 역시 일정한 재산으로서 당사자 사이의 계약에 의하여
자유롭게 양도 및 실시허락을 할 수 있으나, 그것에 대한 별도의 법적 보호는 이
루어지지 않는다.

---

4) 이를 비공지성, 경제적 가치성, 비밀유지성, 정보성으로 분리하여 설명한다.
5) 침해시 행사할 수 있는 금지청구권 등의 내용은 일정한 기간으로 제한되고, 영구적 금지청
   구는 허용되지 않는다(대법원 1996. 12. 23. 선고 96다16605 판결, 대법원 1998. 2. 13. 선고
   97다24528 판결 등). 실제 판례들을 보면 대개 종업원의 퇴직시점을 기준으로 1~2년 정도의
   기간 동안 금지청구를 구할 수 있다고 판시하고 있다.

바. 법적 구제 수단

특허권자에게는 침해금지청구권, 손해배상청구권, 신용회복청구권, 부당이득 반환청구권과 같은 권리를 부여하고 있고, 영업비밀 침해행위가 있는 경우에도 특허의 경우와 마찬가지로 대체로 마찬가지이다. 그러나 영업비밀침해를 이유로 한 금지청구의 경우에는 특허침해금지청구권과는 달리 3년 또는 10년의 소멸시효제도가 규정되어 있다(부정경쟁방지법 제14조). 또한 특허침해의 경우 특허권의 존속기간 내에서는 그 금지를 명할 수 있는 반면, 영업비밀 침해의 경우에는 영구적으로 금지를 명하는 것이 아니라 판례상 보호기간이라고 하는 시간적 범위 내에서 금지를 명하게 된다.

3. 특허권과 영업비밀로서의 중첩적 보호 가능성

위에서 본 바와 같이 특허권과 영업비밀은 각각 별개의 독립된 제도로서 여러 차이점이 있으므로, 만일 하나의 기술정보가 위 2가지 요건을 모두 충족한다면 이론상 위 2가지 제도에 의해 중첩적으로 보호될 여지가 있다.

그러나 특허제도는 기술을 공개한 대가로 일정기간 동안 독점적, 배타적 권리를 갖는 제도인 반면, 영업비밀은 어떤 정보를 비밀로 유지하려는 노력에 대해 보호가 주어진다는 점을 고려할 때, 출원공개되지 않은 기술이라면 몰라도,[6] 공개된 특허 기술에 대해 다시 이를 영업비밀에 의해 보호된다고 보는 것은 영업비밀제도의 본질상 문제가 있다고 생각된다. 특허로 공개된 기술 그 자체는 특허로써 보호하면 충분하고 그와 별도로 영업비밀 보호제도에 의해 별도로 보호할 필요는 없을 뿐만 아니라, 현행법상의 영업비밀 보호제도에 비추어 볼 때 영업비밀로서 중복하여 보호하는 것이 가능하지도 않을 것이다.

이 사건 대상 판결 역시 이와 동일한 입장에 서 있는 것으로서 타당하다고 보인다.

4. 영업비밀에 대한 주장 및 입증의 정도

만일 특허로 공개된 기술 이외에 어떤 '특별한 기술정보'가 더 존재한다면, 이는 동일한 정보에 대한 중복 보호가 아니라 별도로 영업비밀로서의 보호가 가능

---

6) 출원공개되기 전까지는 특허심사를 위한 제출에 지나지 않으므로 비공지성을 유지한다고 보아야 하고, 따라서 공개되기 전의 특허 기술정보는 영업비밀이 될 수 있다.

할 것이다. 대법원 1998. 11. 10. 선고 98다45751 판결도 같은 취지로 판시한 바 있고,7) 이 사건 대상 판결 역시 이러한 전제에서 "특허출원된 발명에 대하여 영업비밀을 주장하는 자로서는 그 특허출원된 내용 이외의 어떠한 정보가 영업비밀로 관리되고 있으며 어떤 면에서 경제성을 갖고 있는지를 구체적으로 특정하여 주장, 입증하여야 한다"고 판시하고 있다.

그런데, 영업비밀은 그 종류나 범위가 천차만별이기 때문에 그 기준을 일률적으로 정하기는 어렵고, 개개의 사건에서 구체적으로 결정하여야 하되, 개개의 영업비밀은 오로지 자신의 경제적 이익을 위하여 이를 비밀로 유지 및 관리하여 온 사실적 상태가 보호되는 것이기 때문에 영업비밀을 특허에 비하여 더 두텁게 법적으로 보호하는 것은 형평상 문제가 될 수 있고, 또 기판력이 미치는 범위 및 집행시에 의문이 생기지 않아야 한다는 점 등을 고려하여 영업비밀의 내용을 자세하게 기재할 필요는 없다고 하더라도 최소한 영업비밀의 존재 및 그 범위를 개괄적으로 파악할 수 있는 정도는 되어야 할 것으로 생각된다.

대상 판결의 경우, 이동식 교각 기술에 대해서는 그 기술 구성이 비교적 단순하고 복잡하지 않다는 등 제반 사정을 이유로 특허출원으로 공개된 기술 외에 다른 영업상 비밀이 존재할 가능성은 거의 없다고 판단하였는데, 파기 환송 후 원심법원의 심리과정에서 X가 특허기술 외에 각종 정보를 구체적으로 적시하면서 영업비밀이라고 주장하였지만, 원심법원은 대법원과 동일한 이유로 그와 같은 정보가 불특정 다수인에게 알려져 있지 않기 때문에 보유자를 통하지 아니하고는 그 정보를 통상 입수할 수 없다는 의미의 영업비밀에 해당한다고 인정하기에 부족하다는 이유로 X의 청구를 기각하고 있다. 그러나 이 사건의 경우 Y가 X의 설계도면 등의 정보를 이용하지 않고서는 이동식 교각과 관련 있는 제품을 생산한 경험도 없이 그 생산을 위한 어떠한 연구나 투자도 하지 않고 불과 3개월의 기간 동안에 생산설비를 갖추어 이동식 교각을 생산하기는 거의 불가능하다고 보이는 사정이 있으므로, 법원이 영업비밀의 특정 및 성립요건을 너무 엄격하게 본 것은 아닌지 하는 생각이 든다.

---

7) 이 판결은 "비록 기계의 기본적인 작동원리나 구성이 이미 공연히 알려져 있기 때문에 그 자체는 영업비밀에 해당한다고 할 수 없다 할지라도 그 기계를 구성하는 개개 부품의 규격이나 재질, 가공방법, 그와 관련된 설계도면 등이 공연히 알려져 있지 아니할 때에는 영업비밀에 해당한다고 보아야 한다"고 판시하고 있다.

Ⅳ. 판결의 의미

이 사건 대상 판결은 출원된 기술에 대해 특허 외에 영업비밀로서 보호가 가
능한지 및 특허로 출원된 기술 이외에 영업비밀로서 보호받기 위한 주장, 입증 책
임의 정도에 관하여 구체적으로 판시하고 있다는 점에서 큰 의미가 있다. 다만,
영업비밀의 주장, 입증 요건을 지나치게 엄격하게 보는 것은 영업비밀의 보호제도
가 형해화될 우려가 있기 때문에 적절한 균형을 잡을 필요가 있다.

Ⅱ. 특허실체요건

6. 미생물의 기탁과 발명의 완성

[대법원 2005. 9. 28. 선고 2003후2003 판결]

김동준(충남대학교 법학전문대학원 교수)

I. 사실의 개요

이 사건 특허발명(특허번호 제101875)[1]은 특허협력조약에 의한 국제출원(PCT/US85/02405, 86-700525)(이하 '원출원'이라 한다)의 분할출원이며 그 명칭을 '에리트로포이에틴(Erythropoietin)의 제조방법'으로 하는 미생물을 이용한 발명이다. 원출원발명은 국제기탁기관인 미국의 유전자은행(American Type Culture Collection, ATCC)에 이 사건 미생물을 기탁하였고, 국내에서는 출원번역문 제출기준일(1986. 8. 4.) 이후이고 출원공개일(1987. 2. 28.) 이전인 1986. 9. 12.에 한국종균협회에 이 사건 미생물을 기탁하였지만, 위 기탁일 이후에 원출원발명에서 분할되어 출원된 이 사건 특허발명의 출원서에 위 기탁사실을 증명하는 서면이 별도로 첨부된 바는 없다.

Y(원고, 피상고인)는 특허권자인 X(피고, 상고인)를 피청구인으로 확인대상발명은 X의 특허발명의 권리범위에 속하지 않는다는 취지의 소극적 권리범위확인심판을 청구하였고 Y의 청구를 기각하는 특허심판원 심결(1998. 7. 22. 96당1069 심결)에 불복하여 특허법원에 심결취소소송을 제기하면서 미생물 기탁요건을 충족하지 못한 이 사건 특허발명은 그 권리범위를 주장할 수 없다는 주장을 심결취소사유에 추가하였다.

원심(특허법원 2003. 7. 24. 선고 2002허7230 판결)은 특허협력조약에 의한 국제출원의 경우 국제기탁기관에 기탁하였더라도 출원번역문 제출기준일까지 국내기탁기관에 재기탁하고 그 기탁사실을 증명하는 서면을 출원서에 첨부하였어야 함

---

1) 이 사건 특허발명은 대상판결 선고 직후인 2005. 12. 3. 존속기간이 만료되었으나 특허심판원 2002당3021사건 심결에 의해 2006. 2. 16. 미생물 미기탁에 의해 미완성발명이라는 이유로 결국 무효로 되었다.

에도 기준일 이후인 1986. 9. 12.에 이르러서야 국내기탁기관인 한국종균협회에 미생물을 재기탁하였을 뿐 아니라, 원출원발명으로부터 분할출원된 별개의 출원인 이 사건 특허발명은 분할출원서에 재기탁사실을 증명하는 서면을 첨부하거나 원출원시 제출한 서면을 원용한다는 기재가 있어야 함에도 그와 같은 서면을 첨부하거나 원용한다는 기재가 없어 미생물기탁요건을 충족하지 못하였으므로 이 사건 특허발명은 미완성발명으로 그 권리범위가 유효하지 아니한 것이어서 확인대상발명은 이 사건 특허발명의 권리범위와 대비할 필요도 없이 그 권리범위에 속하지 아니한다는 판결을 하였고 X가 이에 불복하여 상고하였다.

II. 판   시

상고 기각.

구 특허법시행령 제1조 제2항이 정한 '기탁사실을 증명하는 서면'은 미생물의 수탁기관이 발행하는 미생물수탁번호통지서나 수탁증 등과 같이 당해 미생물의 기탁사실을 객관적으로 증명하는 서면을 말하는 것이므로, 특허발명의 출원 시에 제출된 명세서에 당해 미생물의 기탁번호·기탁기관의 명칭 및 기탁연월일을 기재하였다고 하더라도, 이는 구 특허법시행규칙 제31조의2 제1항의 명세서 기재요건을 충족한 것으로 볼 수 있을 뿐, 이러한 출원서의 제출을 들어 위 시행령 제1조 제1항의 '기탁사실을 증명하는 서면'이 제출되었다고 할 수는 없다.

미생물의 기탁에 관한 요건을 충족하지 못한 이 사건 특허발명은 미완성발명에 해당하고, 미완성발명의 경우는 특허무효심결의 확정 전이라도 그 권리범위를 인정할 수 없다.

III. 해   설

1. 들어가는 말

미생물관련발명의 경우 극미의 세계에 존재하는 미생물의 성질상 그 발명의 반복재현을 위해 그 미생물의 현실적 존재가 확인되어야 하고 이를 재차 입수할 수 있다는 보장이 있어야 그 발명을 실시할 수 있는 것이므로[2] 특허법 시행령

---

2) 대법원 2002. 11. 8. 선고 2001후2238 판결.

(2017. 5. 29. 대통령령 제28066호로 개정된 것, 시행 2017. 6. 3.)은 미생물 기탁제도를 두어 관련 미생물을 통상의 기술자가 용이하게 입수할 수 있는 것이 아닌 이상, 출원인은 특허출원 전에 해당 미생물을 기탁한 후 특허출원서에 그 취지를 적고, 미생물의 기탁 사실을 증명하는 서류를 첨부하도록 하고 있고(제2조), 명세서에는 수탁번호를 기재하도록 하고 있다(제3조).3) 만일 미생물관련발명이 위와 같은 미생물기탁요건을 충족하지 못한 경우 우리 대법원4)은 이를 미완성발명으로 보고 있는데 이하에서는 미완성발명과 관련된 주요 쟁점들을 간단히 살펴본다.

2. 발명의 완성과 거절이유

특허청 심사실무5)에서는 발명의 과제해결을 위한 구체적 수단이 결여되어 있거나 또는 제시된 과제해결수단만으로는 과제의 해결이 명백하게 불가능한 것은 발명으로서 완성되지 아니한 것이어서 특허법 제29조 제1항 본문의 '산업상 이용할 수 있는 발명'이 아니라는 이유로 거절하고 있고,6) 대법원도 미완성발명7)의 개념을 인정하고 있으며,8) 특허법원은 미완성발명의 개념을 구체화하고 있다.9)

---

3) 미생물기탁의 법리는 특허출원은 서면으로 하여야 한다는 서면주의의 보완 또는 예외로 인정하고 있기는 하나, 시행령 제2조 및 제3조의 근거를 모법인 특허법에서 쉽게 찾을 수는 없다.

4) 대법원 2002. 12. 27. 선고 2000후327 판결, 2002. 9. 6. 선고 2000후2248 판결, 1997. 3. 28. 선고 96후702 판결, 1997. 3. 25. 선고 96후658 판결, 1992. 5. 8. 선고 91후1656 판결 등.

5) 특허청, 특허·실용신안 심사기준(2017. 3.), 3106면.

6) 미완성발명을 '산업상 이용할 수 있는 발명'이 아니라는 이유로 거절하는 것은 '산업상 이용가능성'이 없는 발명을 거절하는 이유와 구별되지 않으므로, 미완성발명에 대해서는 '제29조 제1항 본문에 규정된 발명에 해당하지 않는다'는 이유로 거절해야 한다는 비판이 있다{이재웅, "발명의 완성개념에 대하여 ―화학·약품·생명공학관련 분야의 주요 쟁점을 중심으로―", 지식재산 21(특허청, 2003. 9.), 123면 각주 7 참조}.

7) "자연법칙을 이용한 기술적 사상의 창작으로서 고도한 것"이라는 특허법상 발명의 정의에 부합하지 않는 '비발명'과 일단 발명다운 외관을 갖고 있으나 발명으로서의 구체성, 객관성이 결여된 '미완성발명'은 개념상 구별된다{中山信弘, 工業所有權法(上) 特許法(法文社, 한일지재권연구회 역, 2001), 115면; 이재웅, 앞의 논문(주 6), 122면에서 재인용}.

8) 대법원 1994. 12. 27. 선고 93후1810 판결("특허를 받을 수 있는 발명은 완성된 것이어야 하고 완성된 발명이란 그 발명이 속하는 분야에서 통상의 지식을 가진 자가 반복 실시하여 목적하는 기술적 효과를 얻을 수 있을 정도까지 구체적·객관적으로 구성되어 있는 발명으로 그 판단은 특허출원의 명세서에 기재된 발명의 목적, 구성 및 작용효과 등을 전체적으로 고려하여 출원 당시의 기술수준에 입각하여 판단하여야 할 것").

9) 특허법원 2001. 7. 20. 선고 2000허7038 판결(확정)("① 발명이 복수의 구성요건을 필요로할 경우에는 어느 구성요건을 결여한 경우, ② 해결하고자 하는 문제에 대한 인식은 있으나그 해결수단을 제시하지 못한 경우, ③ 해결과제·해결수단이 제시되어 있어도 그 수단으로실행하였을 때 효과가 없는 경우, ④ 용도를 밝히지 못한 경우, ⑤ 발명의 기술적 사상이 실

이처럼 발명의 '완성' 여부에 대해 판단하고 미완성으로 판단되었을 때 특허법 제29조 제1항 본문에 규정된 발명에 해당되지 않는다는 이유로 거절하는 것은 일본의 실무와 판례를 우리가 그대로 받아들인 것으로 보인다.10)

3. 발명의 미완성과 명세서 기재불비

앞의 대법원판결에 비추어 보면, 미완성발명의 경우 특허법 제42조 제3항의 명세서 기재요건도 충족하지 않은 것으로 볼 수 있어 두 개념 사이의 관계정립이 문제된다.

일본의 경우 발명의 완성 여부와 명세서 기재불비를 개념적으로 구분하고 이들의 법률적 효력을 달리 보려는 견해11)와 발명의 완성, 미완성은 본질적으로 명세서 기재 이전의 발명의 실체에 관한 것이므로 발명의 완성 여부에 대한 판단자료는 반드시 명세서의 기재에 한할 필요는 없고 출원인 등에 대한 면접을 통해 얻어진 사실이나 기타 제출된 자료를 이용할 수 있다는 견해12) 및 발명미완성과 명세서 기재불비가 개념적으로는 구별된다 하여도 서면주의에 있어서 그 판단은 명세서의 기재에 의하기 때문에 결국 발명미완성과 명세서 기재불비의 구별이 모호하며 어느 거절이유로 거절하여도 위법이라고 할 수 없다는 견해13) 등이 있다.14)

현가능하도록 완성된 것이지만 그 실시의 결과가 사회적으로 용납되지 않는 위험한 상태로 방치되는 경우 등에 해당되면 일반적으로 미완성발명으로 볼 것").

10) 일본에서는 한때 이러한 실무에 대한 비판이 제기되었고 동경고재(東京高判 1974. 9. 18. 無体例集 6권 2호, 281면)에서 발명의 미완성을 특허출원의 거절이유로 하는 것은 특허법상의 근거가 없어 위법하다고 판시하여 실무상에 혼란이 있었으나, 최고재판소(最高裁 1977. 10. 13. 제1 소법정판결)에서 위 동경고재 판결을 파기하고, 출원발명이 발명으로서 미완성인 경우 법 제29조 제1항 본문에서 말하는 '발명'에 해당하지 않는 것을 이유로 해서 특허출원에 대하여 거절하는 것은 처음부터 법이 당연히 예정하고 또 요청하는 것이라고 판시하여 특허청의 심사관행을 추인하였다고 한다. 篠原勝美(김기영 역), "발명의 완성과 거절이유", 특허판례백선(박영사, 2005), 33면에서 재인용.

11) 발명미완성의 경우 보정에 의해 완성시키는 것이 불가능한데 비해 명세서기재불비는 보정에 의해 그 불비를 보완하는 것이 가능하고, 선원으로서의 지위를 인정할 것인가의 여부에도 관계되기 때문에 두 개념은 본질적인 차이가 있다고 한다(竹田和彦, 特許の知識 理論と實際(第6版, ダイヤモンド社, 1999), 84頁; 이재웅, 앞의 논문(주 6), 125면에서 재인용).

12) 中島和雄, "發明未完成と明細書の開示不十分", 特許管理 44卷 12號(1994); 이재웅, 앞의 논문(주 6), 126면에서 재인용 (이 견해는 '구성되어 있는가'와 '기재되어 있는가'를 구별하고 있다).

13) 中山信弘, 工業所有權法(上) 特許法(法文社, 한일지 재권연구회 역, 2001), 117-119면; 이재웅, 앞의 논문(주 6), 127면에서 재인용.

14) 일본의 학설에 대한 자세한 내용은 이재웅, 앞의 논문(주 6), 125-128면 참조.

 우리나라의 경우 발명미완성과 명세서기재불비를 명확하게 구별하는 것으로 보이는 판결도 있으나,[15] 대법원 2007. 3. 30. 선고 2005후1417 판결 등[16])에서는 발명미완성과 명세서기재불비를 명확하게 구별하고 있지는 않은 것으로 보인다. 출원발명이 미완성이라는 것은 명세서 또는 도면에 기재된 발명이 서면상 미완성이라는 뜻이고,[17] 발명미완성의 경우 명세서에서의 그 개시정도가 현저히 떨어질 것이기 때문에 특허법 제42조 제3항에 위반한다는 거절이유도 동시에 성립할 것이다.[18] 심사실무에서는 명세서기재불비로 인해 발명의 완성 여부가 불분명한 경우에는 우선 명세서기재불비로 거절이유를 통지하는 것을 권장하고 있다.[19]

 미국의 경우 발명의 미완성을 거절이유로 하는 것이 아니라 35 U.S.C §112의 명세서 기재요건 중 실시가능(Enablement) 요건[20])이 충족되지 않은 경우에

15) 특허법원 2001. 7. 20. 선고 2000허7038 판결(확정)("미완성발명과 명세서 기재불비는 법적 근거가 상이한 거절사유일 뿐 아니라, 미완성발명에 해당하는 경우에는 보정에 의해서도 그 하자를 치유할 수 없고, 그와 같은 이유로 거절된 경우에는 선원으로서의 지위도 인정되지 않는 것임에 반하여, 명세서 기재불비에 해당하는 경우에는 보정에 의하여 그 하자를 치유할 수 있는 경우도 있고 그 출원에 선원으로서의 지위도 인정되는 것이어서 법률적 효과가 상이하므로, 양자의 거절사유를 혼용할 수 없다"). 한편, 이러한 구별에 대해, 청구범위상에 미완성된 부분을 삭제하고 완성된 부분만을 청구하여 미완성발명을 보정에 의해 치유하는 것이 가능할 수 있고, 명세서 기재불비의 경우에도 모든 보정이 허용되는 것이 아니며, 미완성발명으로 거절된 특허출원도 개별적으로 검토하여 선원의 지위 인정 여부를 결정하여야 할 것이고, 이와 반대로 명세서 기재불비로 거절되었다는 이유만으로 선원의 지위가 그대로 인정되어서는 안 된다는 비판이 있다(이재웅, "최근의 대법원 판결동향 ― 화학관련분야를 중심으로", 지식재산 21(2003. 1.), 210-213면 참조).
16) 대법원 2006. 2. 23. 선고 2004후2444 판결, 2004. 12. 23. 선고 2003후1550 판결, 2001. 11. 30. 선고 2001후65 판결, 2001. 11. 27. 선고 2000후3142 판결; 특허법원 2002. 10. 10. 선고 2001허4722 판결.
17) 대법원도 발명의 완성 여부의 판단은 "특허출원의 명세서에 기재된 발명의 목적, 구성 및 작용효과 등을 전체적으로 고려하여 출원 당시의 기술수준에 입각하여 판단하여야 할 것"이라고 판시하고 있고(대법원 1994. 12. 27. 선고 93후1810 판결 참조), 특허법원도 "발명이 기술적으로 완성되었는지 여부는 명세서의 기재에 의하여 판단되어지는 것"이라고 판시하고 있다(특허법원 2000. 8. 25. 선고 99허9373 판결).
18) 이재웅, 앞의 논문(주 15), 211면 각주 19 참조('발명미완성으로 인정될 정도로 현저한 기재불비영역(A)'과 '기재불비이지만 발명미완성까지 이르지 않는 영역(E)'을 포함하여 광의의 기재불비영역(C)으로 보고 A영역의 경우 발명미완성 또는 기재불비로 거절할 수 있고 E영역은 기재불비로만 거절하는 것이 합당하다고 한다).
19) 특허청, 특허·실용신안 심사기준(2017. 3.), 3107면.
20) 35 U.S.C. §112 ("The specification shall contain a written description of the invention, and of the manner and process of making and using it, in such full, clear, concise, and exact terms as to enable any person skilled in the art to which it pertains, or with which it is most nearly connected, to make and use the same, and shall set forth the best mode contemplated by the inventor of carrying out his invention").

해당하는 것으로 처리하며,[21] 유럽특허청도 이 경우 명세서 개시불충분으로 취급
한다.[22]

4. 미완성발명의 지위(선원 또는 확대된 선원)

대법원은 2002. 12. 27. 선고 2000후327 판결 등[23]에서 미완성발명은 선원 또
는 확대된 선원의 지위를 가질 수 없다고 판시하고 있으나 그 이유에 대해서는
구체적으로 설시하고 있지 않다.

실무상 동일한 발명에 대해 심사관에 따라 미완성발명인지 기재불비인지 판
단이 다를 수 있고 따라서 미완성발명으로 거절된 경우에도 선원의 지위를 인정
해야 할 경우[24]나, 혹은 이와 반대로 명세서 기재불비로 거절된 경우에도 선원의
지위를 인정할 수 없는 경우가 있을 수 있으므로, 거절의 근거조문에 따라 획일적
으로 선원의 지위를 결정할 것이 아니라 구체적 사안에 따라 판단되어야 할 것이다.

일본의 경우는 미완성발명에 대해 선원 또는 확대된 선원의 지위가 인정되지
않을 뿐 아니라 제1국 출원발명이 미완성인 때에는 제2국 출원이 완성되었다 하
여도 우선권이 인정되지 않고, 원출원발명이 미완성이라면 분할출원의 출원일 소
급이 인정되지 않는다.[25] 다만 미완성발명이 진보성 판단의 대비자료가 될 수 있
는가에 대해 일본은 인용발명은 완성된 것일 것을 요한다고 판시하고 있으나,[26]
우리 대법원은 미완성발명과 대비하여 출원발명의 진보성을 부인할 수도 있다고

---

21) MPEP 2164.06(a) ("It is common that doubt arises about enablement because information is missing about one or more essential parts or relationships between parts which one skilled in the art could not develop without undue experimentation. In such a case, the examiner should specifically identify what information is missing and why the missing information is needed to provide enablement.").

22) EPO Guidelines for Examination in the EPO PART C. CHAPTER II 4.11 ("Occasionally applications are filed in which there is a fundamental insufficiency in the invention in the sense that it cannot be carried out by a person skilled in the art; there is then a failure to satisfy the requirements of Art. 83(Disclosure of the invention) which is essentially irreparable").

23) 대법원 2002. 9. 6. 선고 2000후2248 판결, 1992. 5. 8. 선고 91후1656 판결.

24) 특허법원 2000. 1. 27. 선고 98허10727 판결(선출원발명이 미완성발명으로 거절결정되었다
면 동일한 내용의 후출원발명은 다른 심사관에 의해 완성된 발명으로 판단되더라도 그에 대
하여 특허결정을 하는 것은 선원주의의 취지에 반할 뿐 아니라 선출원자에게도 가혹한바, 이
러한 경우 또는 이와 동일시할 수 있는 경우에는 예외적으로 비록 선출원발명이 미완성발명
으로 거절결정되었더라도 선원으로서의 지위를 인정할 수 있다 할 것이다).

25) 篠原勝美, 앞의 평석, 37면.

26) 東京高判 1998. 9. 29. 判時 1670호, 66면; 篠原勝美, 앞의 평석, 37면 각주 13에서 재인용.

판시하고 있다.27)

5. 미생물기탁요건과 발명의 완성 여부

앞서 본 바와 같이 우리 대법원은 미생물관련 발명에 있어서 그 발명이 속하는 기술분야에서 통상의 지식을 가진 자가 그 미생물을 용이하게 입수할 수 없는 경우에는 미생물기탁을 발명의 완성요건으로 보고 있다.28)

이 사건 출원 당시 시행되던 구 특허법시행령(1981. 7. 30. 대통령령 제10428호)은 미생물의 기탁기관을 특허청장이 지정하는 기관만으로 한정하였기 때문에 국제기탁기관인 미국의 ATCC에 미생물이 기탁되었음에도 국내기탁기관에 재기탁이 요구되었으나, 그 후 개정된 특허법시행령(1987. 7. 1. 대통령령 제12199호)은 미생물기탁기관으로 특허청장이 지정하는 기관 외에 「특허절차상 미생물기탁의 국제적 승인에 관한 부다페스트조약」 제7조의 규정에 의하여 국제기탁기관을 추가하였고, 동 조약이 대한민국에 발효하는 날부터 시행하도록 규정한 부칙 제1항 단서에 의하여 1990. 3. 이후 출원부터는 이 사건에서와 같은 국내 재기탁이 필요 없게 되었다.

한편 원출원에서 분할되어 출원된 이 사건의 경우 분할출원 당시 국내기탁기관인 한국종균협회에 재기탁이 이루어져 있었고 명세서에도 그 기탁기관, 기탁번호 및 기탁연월일을 모두 기재하였지만 단지 출원서에 '기탁사실을 증명하는 서면을 첨부하거나 원출원시 제출한 서면을 원용한다는 기재가 없어' 미생물기탁요건을 충족하지 못한 미완성발명으로 판단하였으나, 이 사건 미생물이 특허청장이 지정하는 국내기탁기관에 기탁되어 있었고 명세서에도 그 기탁기관, 기탁번호 및 기탁연월일이 기재되어 있었다는 점에서 그 미생물의 현실적 존재는 담보될 수 있었으므로 이 사건 발명이 적어도 미완성발명은 아니라는 의문이 든다.

현재 특허청실무는 출원 전에 미생물이 기탁되고 최초 출원시 첨부된 명세서에 미생물 수탁사실 및 수탁번호가 기재된 경우, 추후 수탁증을 제출하는 것을 허용하고 있다.29)

---

27) 대법원 1996. 10. 29. 선고 95후1302 판결.
28) 대법원 2002. 12. 27. 선고 2000후327 판결, 2002. 9. 6. 선고 2000후2248 판결, 1997. 3. 28. 선고 96후702 판결, 1997. 3. 25. 선고 96후658 판결, 1992. 5. 8. 선고 91후1656 판결 등.
29) 특허청, 특허·실용신안 심사기준(2017. 3.), 2604-2606면.

미국30)과 유럽특허청(EPO)31)의 경우 모두 미생물관련발명에서 미생물기탁을 명세서 기재요건으로 다루고 있다. 다만 미국의 경우 출원 전 미생물기탁을 요구하는 우리나라, 일본,32) EPO33)와 달리 특허청의 요청에 의해 출원인이 제시할 수 있는 상태이면 족하고 반드시 출원 전에 이루어져야 하는 것은 아니라고 판시하고 있다.34)

IV. 결   론

대상 판결은 ① 미생물관련발명에서 미생물기탁은 발명의 완성요건이라는 것, ② 분할출원의 기초가 되는 원출원이 미생물기탁요건을 충족하였더라도 분할출원서에 기탁사실을 증명하는 서면을 별도로 첨부하거나 원출원시 제출한 서면을 원용한다는 기재가 없는 경우 상기 분할출원은 미생물기탁요건을 충족하지 못한 미완성발명이라는 것, ③ 미생물기탁요건을 충족하지 못한 미생물관련발명은 미완성발명으로 특허무효심결의 확정 전이라도 그 권리범위를 인정할 수 없다는 것을 명확히 한 점에서 의의가 있다.

---

30) *In re Argoudelis*, 168 USPQ 99 (CCPA, 1970); MPEP 2164.06(a) ("It was determined by the court that availability of the biological product via a public depository provided an acceptable means of meeting the written description and the enablement requirements of 35 U.S.C. 112, first paragraph").

31) EPO Guidelines for Examination in the EPO PART C. CHAPTER II 6.1 ("If an invention involves the use of or concerns biological material which is not available to the public and which cannot be described in the European patent application in such a manner as to enable the invention to be carried out by a person skilled in the art, the disclosure is not considered to have satisfied the requirements of Art. 83 unless the requirements of Rule 31(1), (2), first and second sentences, and Rule 33(1), first sentence, have been met").

32) 日本 特許法 施行規則 第27條の2 1項; 日本 特許庁, 特許・実用新案審査ハンドブック 附属書B 「特許・実用新案審査基準」の特定技術分野への適用例, 第2章 生物関連発明, 7頁.

33) Implementing Regulations to the Convention on the grant of European Patents, Rule 31.

34) *In re Lundak*, 773 F.2d 1216, 1223 (Fed. Cir. 1985); MPEP 2164.06(a) ("To satisfy the enablement requirement a deposit must be made "prior to issue" but need not be made prior to filing the application").

7. 산업상 이용가능성에 대한 고찰

[대법원 2003. 3. 14. 선고 2001후2801 거절결정(특)]

홍정표(국민대학교 교수)

Ⅰ. 사실의 개요

X(원고, 피상고인)는 명칭을 "비-세포(B-cell) 임파종에 대한 이디오타입 예방접종"으로 하는 발명1)(이하 '이 사건 출원발명'이라 한다)에 관하여 조약에 의한 우선권을 주장하며(우선일 1990. 3. 14.) 1992. 9. 14. 우리나라에 특허출원하였으나(출원번호 1992-702206호), 특허청은 1998. 11. 26. 이 사건 출원발명의 수지상 세포를 인체에 적용하기 위해서는 조직 부적합성을 최소화하기 위하여 인체의 비장으로부터 분리된 수지상 세포를 사용하여야 하고 이는 기배출된 세포가 아니라 외과적 수술에 의해서만 얻어질 수 있는 것이어서 이는 실제로 인체를 발명의 구성요건으로 하는 것이므로 산업상 이용할 수 있는 발명으로 볼 수 없다는 이유로 거절결정을 하였다.

위 거절결정 불복사건을 담당한 특허심판원은 이 사건 출원발명의 특허청구범위 제1항 발명(이하 '이 사건 제1항 발명'이라 한다)은 시험관 내에서 이디오타입 단백질에 노출시킨 이디오 타입 펄스된 수지상 세포를 기술적 구성으로 하는 것으로, 이 수지상 세포를 얻기 위해서는 인체의 장기인 비장에서 적출하여야 하는 것이어서 외과적 수술과정을 반드시 거쳐야 하는 것인바, 실질적으로 인체를 발명의 구성요건으로 포함하고 있는 것이므로 산업상 이용가능성이 없다는 이유로 이 사건 심판청구를 기각하는 이 사건 심결2)을 하였다.

---

1) 이 사건 출원발명의 특허청구범위는 아래와 같다.
   1. 포유동물에서 세포막상에 이디오타입 단백질을 발현시키는 병원성 임파구에 대한 효과적인 액소성 및 세포면역 반응을 유발시키기 위한, 시험관 내에서 이디오타입 단백질에 노출시킨 수지상 세포로 이루어지는 이디오타입 펄스된 수지상 세포.
   2 - 8. (생략)
2) 특허심판원 2000. 7. 31. 선고 99원824 심결.

이에, 원심판결3)은 "① 이 사건 출원발명의 실시예에는 수지상 세포를 인간의 비장으로부터 얻는 방법만이 기재되어 있지만 그 명세서에서 수지상 세포의 공급원에 대하여 명시적인 제한을 하고 있지 아니하며, 이 사건 출원발명의 우선권 주장의 기초가 된 출원일(이하 '출원일'이라 한다) 당시에 사람의 비장뿐 아니라 사람의 혈액으로부터 수지상 세포를 얻을 수 있음이 일반적으로 알려진 사실인바, 그 출원일 당시에는 혈액으로부터 수지상 세포를 손쉽게 얻는 것이 곤란하여 비장으로부터 수지상 세포를 분리하는 방법이 일반적으로 사용되었다고 하더라도, 의학 기술의 발전에 따라 장래에 혈액으로부터도 필요한 양의 수지상 세포를 얻는 것이 가능하리라는 것은 그 출원일 당시에도 그 발명이 속하는 기술분야에서 통상의 지식을 가진 자라면 용이하게 생각할 수 있는 것이므로(출원일 이후의 사정을 보면 사람의 혈액으로부터 수지상 세포를 추출하고 이를 이용하여 면역반응을 유발시키는 기술이 적어도 임상적으로 실시되고 있음을 알 수 있다), 이 사건 출원발명의 출원일 당시를 기준으로 장래에 산업상 이용 가능성이 있다고 보아야 할 것이고, ② 의료업에 해당하여 산업상 이용가능성이 부정되는 발명은, 인간의 치료방법, 수술방법, 진단방법, 예방방법 등과 같은 의료행위에 관한 방법의 발명에 한정된다고 보아야 하고, 인체를 구성요건으로 하는 발명으로서 그 발명을 실행할 때 필연적으로 인체를 손상하거나, 신체의 자유를 비인도적으로 구속하는 발명은 특허법 제32조 소정의 '공공의 질서 또는 선량한 풍속을 문란하게 하거나 공중의 위생을 해할 염려가 있는 발명'에 해당될 수 있을 것이다"고 하여 원 거절결정을 유지한 이 사건 심결은 위법하다고 판결하였다.

Ⅱ. 판　시

파기 환송.

"특허출원된 발명이 출원일 당시가 아니라 장래에 산업적으로 이용될 가능성이 있다 하더라도 특허법이 요구하는 산업상 이용가능성의 요건을 충족한다고 하는 법리는 해당 발명의 산업적 실시화가 장래에 있어도 좋다는 의미일 뿐 장래 관련 기술의 발전에 따라 기술적으로 보완되어 장래에 비로소 산업상 이용가능성이 생겨나는 경우까지 포함하는 것은 아니라 할 것인바, 원심도 인정한 바와 같이

---

3) 특허법원 2001. 8. 17. 선고 2000허6387 판결.

이 사건 출원발명의 출원일 당시 수지상 세포는 혈액 단핵세포의 0.5% 미만으로 존재하고 분리된 후에는 수일 내로 사멸하기 때문에 연구하기가 쉽지 않아 혈액으로부터 충분한 양의 수지상 세포를 분리해 내는 것은 기술적으로 쉽지 않고, 출원일 이후 기술의 발전에 따라 사람의 혈액으로부터 수지상 세포를 추출하고 이를 이용하여 면역반응을 유발시키는 기술이 임상적으로 실시되고 있다는 것이므로, 결국 이 사건 출원발명의 출원일 당시를 기준으로 수지상 세포를 사람의 혈액으로부터 분리하여 이 사건 출원발명에 사용하는 기술이 장래에 산업상 이용가능성이 있다고 보기는 어렵다. 따라서, 원심이 이 사건 출원발명의 수지상 세포를 사람의 혈액으로부터 얻을 수 있어 이 사건 출원발명이 산업상 이용가능성이 있다고 판단한 것은 산업상 이용가능성에 관한 법리를 오해하여 판결 결과에 영향을 미친 위법이 있다.”

Ⅲ. 해   설

1. 들어가는 말

특허법은 발명을 보호·장려하고 그 이용을 도모함으로써 기술의 발전을 촉진하여 산업발전에 이바지함을 목적으로 하는 것이므로(특허법 제1조), 발명이 특허를 받기 위해서는 산업상 이용할 수 있는 것이어야 함은 당연하다.

여기서 말하는 ‘산업’이라 함은 제조업, 농업, 광업, 어업, 임업 등을 포함하는 넓은 의미의 산업으로 해석된다.[4] 서비스업은 제외된다는 설도 있으나, 최근 서비스업을 주된 대상으로 삼고 있는 비즈니스모델이 특허되고 있는 것에서 보듯이 서비스업이 산업에서 당연히 제외되는 것이 아니라, 서비스업에는 자연법칙을 이용하고 있는 것이 적기 때문이라고 봄이 타당하다.[5] 다만 인간의 질병을 수술·치료·진단 및 예방하는 의료업은 통상 산업이 아니라고 보고 있다.

‘이용[6] 가능성’의 의미에 대해서는 여러 학설이 있는데, 경영적 즉 반복 계속

---

4) TRIPs(Agreement on Trade-Related Aspects of Intellectual Property Rights) 제27조 제1항은 “특허는 신규성, 진보성 및 산업상 이용가능성을 충족한다면 물건인지 방법인지에 관계없이 모든 기술분야의 모든 발명에 대하여 부여되어야 한다”고 규정하고 있다.
5) 中山信弘, 工業所有權法(上) 特許法(第2版, 弘文堂, 1998), 114面 참조.
6) ‘이용’은 실시를 의미한다고 해석된다. 吉藤幸朔, 特許法槪說(제13판, 대광서림, You Me 특허법률사무소 역, 2000), 93면.

적으로 이용될 수 있는 것을 가리킨다고 하는 설, 어느 산업에 그 발명을 응용하는 것에 의해 새로운 가치를 창조하는 것으로 물건의 생산에 직접 관계가 있는 기술만을 가리킨다는 설, 학문적·실험적으로만 이용하는 것이 가능한 발명을 제외한 취지라는 설, 생산에 반복 이용할 수 있는 발명의 의미로 해석하는 설 등 다양한 견해가 있으나, 이는 원래 무엇 때문에 특허요건에 산업상 이용가능성의 요건이 필요한가 하는 관점에서 고찰해 볼 필요가 있고, 그 근거는 특허법의 목적이 "산업발전에 기여한다"는 점에 있기 때문에(특허법 제1조), 산업상 이용이 불가능한 것을 제외하는 것으로 해석할 수 있다.7)

그렇다면 윤리적인 이유 등으로 그 산업상 이용가능성이 부정되고 있는 수술방법, 치료방법 및 진단방법등 '의료행위' 관련 발명을 제외하고, 산업상 이용가능성이 없는 발명은 ① 학술적·실험적·개인적으로만 이용할 수 있는 발명이나8) ② 현실적으로 명백하게 실시할 수 없는 발명9) 정도가 포함된다고 볼 수 있다.10)

앞서 언급한 바와 같이 '산업'이라는 것이 넓은 의미인 만큼 '산업상 이용가능성' 또한 넓게 해석하여야 할 것이므로 어떠한 산업에서든 이용될 가능성만 있다면 그 요건을 만족한다. 놀이기구와 같이 그것 자체는 불생산적·비공업적이라고 하더라도 그 생산 또는 판매 등에 의한 산업적 효과가 있으면 산업상 이용가능성이 있다.11)

미국에서는 우리나라의 산업상 이용가능성에 대응되는 개념으로서 특허법 제101에서 유용성(utility)12)을 요구하고 있다. 유용성이 없어 거절된 사례로는 (1) 공지의 과학적 원리에 반하는 발명(예 : 영구운동기관), (2) 실현불가능한 결과를 달성하기 위한 수단을 필요로 하는 발명, (3) 필연적으로 지나치게 위험한 발명이 있다.13)

---

7) 中山信弘, 工業所有權法(上) 特許法, 114面.
8) 우리의 특허법 제94조가 "특허권자는 업으로서 그 특허발명을 실시할 권리를 독점한다"고 규정하고 있는 점에서 보더라도, 학술적·실험적·개인적인 목적으로만 이용될 수 있는 발명에 대해서는 특허권이 부여될 필요가 없을 것이다.
9) 예로는, "오존층의 감소에 따른 자외선의 증가를 방지하기 위하여 지구 표면 전체를 자외선흡수 플라스틱으로 둘러싸는 방법"을 들 수 있다.
10) 특허청, 특허·실용신안 심사기준(구 심사지침서), 2014, 3110면 참조.
11) 中山信弘, 工業所有權法(上) 特許法, 115面 참조.
12) 특허된 발명의 유용성(usefulness)을 일컫는 용어이다. *McCarthy's Desk Encyclopedia of Intellectual Property* 2nd ed., p. 471.
13) D. S. Chisum, *Elements of United States Patent Law* 2nd ed., p. 1210.

2. 산업상 이용가능성과 관련된 제 문제

가. 출원시점에 산업에 이용할 수 있어야 하는가 또는 장래에 이용할 수 있는 가능성이 있으면 족한가

산업상 이용가능성은 그 발명이 산업상 실제로 이용되거나 또는 즉시 이용되는 것이 필요하지 않고 장래에 이용될 가능성만 있으면 족하다는 데에 별다른 이설이 없다.[14] 따라서 이용가능성이 인정되는 한은, 비록 출원 또는 특허 당시에는 산업상 이용되지 않는 것이 분명하다고 하더라도 산업상 이용가능성은 인정된다. 발명은 기술적 사상으로서 이를 현실로 실시하기 위해서는 다른 관련분야의 발전을 기다려야 하는 등 생산이나 사업화에 상당한 기간이 소요되는 경우가 많고, 특히 기본발명의 경우 특허제도의 목적에 비추어 그와 같은 발명이야말로 기업화하도록 장려하고 보호함으로써 관련 산업의 발전을 도모할 수 있다는 점을 고려해야 하기 때문이다.[15]

이와 같이 장래의 기술발전의 가능성을 예측하는 것이 곤란하기 때문에 가능성의 요건은 느슨하게 해석해야 하며, 설령 그 발명이 장래 이용할 수 없는 것이라고 하더라도 특허를 부여함에 따른 폐해는 거의 없다.[16]

나. 기술적·경제적 불이익을 수반하는 경우의 산업상 이용가능성

통상 신규 발명은 새로운 효과와 함께 무엇인가 불이익을 수반하는 경우가 많다. 따라서 불이익이 있다고 해서 새로운 효과를 성취하는 발명을 산업상 이용할 수 없는 것이라고 하면, 소위 기본적인 발명은 물론 대부분의 발명은 특허성이 부정되는 것이 되어 부당하며(진보성의 문제는 별론으로 한다), 또한 이러한 불이익은 개량이나 다른 기술적 수단에 의해 제거될 가능성이 있는 것이다.[17]

다만, 불이익이 제거될 가능성이 도저히 없는 발명의 본질적인 것이거나 또는 그 발명의 이익을 훨씬 넘어섬으로써, 결국 그 발명이 실질적으로 이용될 수 없는 것이 명백하다면 산업상 이용가능성이 없는 발명이라고 할 수 있을 것이다.[18]

---

14) 吉藤幸朔, 앞의 책, 97면; 中山信弘, 注解 特許法(第3版, 靑林書院), 228面; 윤선희, 특허법(제5판, 법문사, 2013), 159면.
15) 吉藤幸朔, 위의 책, 97면.
16) 中山信弘, 注解 特許法, 228面 참조.
17) 吉藤幸朔, 앞의 책, 97면.

마찬가지로 안전성의 요건을 엄격히 적용할 필요는 없으며, 특허제도의 목적에 비추어 일부 안전성이 결여되어 있는 발명이라도 오히려 특허를 부여하고 그와 같은 기술을 공개하는 것에 의해 부작용을 막는 개량발명의 출현을 촉진하는 것이 특허제도의 취지에 합치한다.[19]

또한 산업상 이용할 수 있다는 것이 경제적으로 이익을 얻을 수 있다는 것을 의미하지 않으므로, 산업상 이용가능성의 판단에 발명의 경제성 유무는 관련이 없다는 것이 통설이다. 특허법에서 보호대상으로 하는 발명은 기술적인 면만을 판단의 대상으로 하고 있으며, 경제적으로 이익을 얻을 수 있는가의 여부는 당시의 사회적·경제적 상황에 좌우되는 것이고, 발명의 질, 즉 기술적 가치와 반드시 관계가 있는 것은 아니기 때문이다.[20] 예를 들어 석유대체 에너지가 경제적 의미에서 이용가능한가 여부는 석유의 가격에 좌우되지만 석유 가격과 관계없이 산업상 이용가능성은 있다고 보아야 한다.

한편 특허발명을 실시하기 위해 특허청 외에 다른 행정기관의 인허가를 받아야 하는 경우에 있어서, 특허법상 산업상 이용가능성의 판단과 타 기관에서 관장하는 제품생산의 인허가 문제는 별개이다. 이는 특허법의 목적과 다른 행정기관에서 추구하는 행정적 목적이 일치하지 않기 때문이다.

3. 이 사건 대상 판결에 대하여

이 사건의 대법원 판결을 살펴보면, "특허출원된 발명이 출원일 당시가 아니라 장래에 산업적으로 이용될 가능성이 있다 하더라도 특허법이 요구하는 산업상 이용가능성의 요건을 충족한다고 하는 법리는"이라 하여, 산업상 이용가능성은 그 즉시가 아니라 장래에 이용될 수 있으면 족하다고 보고 있으나, "해당 발명의 산업적 실시화가 장래에 있어도 좋다는 의미일 뿐 장래 관련기술의 발전에 따라 기술적으로 보완되어 장래에 비로소 산업상 이용가능성이 생겨나는 경우까지 포함하는 것은 아니다"라는 기재는 선뜻 이해하기 어렵다.

출원일 당시 그 분야에서 통상의 기술자가 보아 관련 기술의 발전에 따라 장

---

18) 위의 책, 98면.
19) 산업상 이용할 수 없는 것이 명백할 정도로 위험한 발명은 산업상 이용가능성이 없다. 예를 들면 발화할 가능성이 매우 높은 플러그, 독성이 강한 식료품 등을 들 수 있다. 中山信弘, 注解 特許法, 227面; 윤선희, 앞의 책, 161면 참조.
20) 吉藤幸朔, 앞의 책, 98면.

래 산업에 이용될 가능성이 있으면 산업상 이용가능성이 있는 것이고, 산업상 이
용가능성이 있는 경우와 장래에 산업상 이용가능성이 생겨나는 경우를 구분하기
는 어렵다고 판단된다.

이 사건 출원발명21)은 실시예에서 비장세포로부터 수지상세포를 얻는 방법이
예시되어 있지만 그 수집원에 대해서는 제한을 하고 있지 않은데, 그 출원일 전에
혈액으로부터도 수지상 세포를 얻을 수 있으며, 이를 농축하기 위한 기술이 개발
되고 있음이 알려져 있었으므로, 통상의 기술자가 보아 최근 생명공학 기술의 눈
부신 발전 등을 고려할 때 장래 혈액으로부터 이 발명의 실시화에 필요한 양의
수지상 세포를 얻을 가능성이 있었다고 볼 수도 있으며(출원일 이후 이 사건 판결
당시에는 사람의 혈액으로부터 수지상 세포를 추출하고 이를 이용하여 면역반응을 유발
시키는 기술이 적어도 임상적으로 실시되고 있었음), 기타 본인 또는 다른 환자의 암
수술 등 불가피한 수술시 비장 등 인체의 장기로부터 수지상 세포를 적출하여 이
용할 수 있는 가능성도 있다.22)

4. 맺음말

앞서 살펴본 바와 같이, 산업상 이용가능성은 그 발명이 산업상 실제로 이용
되거나 즉시 이용되는 것을 필요로 하지 않고 장래에 이용될 가능성만 있으면 되
는 것이며, 장래의 기술발전을 예측하는 것이 곤란하기 때문에 가능성의 요건은
최대한 느슨하게 해석되어야 하고, 설령 그 발명이 장래 이용할 수 없다고 밝혀졌
다고 하더라도 특허를 부여함에 따른 폐해가 별로 없다는 것 등을 고려할 때, 산
업상 이용가능성은 결국 현재뿐 아니라 장래에도 산업상 이용이 불가능하다는 것
이 명백한 발명 정도가 제외되는 것으로 해석함이 타당할 것이다.

---

21) 이 사건 출원발명의 대응특허들은 수지상 세포 및 수지상 세포를 이용하여 포유류에 면역
반응을 일으키는 방법으로 일본, 유럽특허청, 호주, 캐나다 등에서 특허되었다.
22) 현재 심사실무는 인체로부터 채취된 세포, 종양, 조직 등을 청구하는 경우에, 그 입수수단
을 산업상 이용가능성과 결부하여 심사하지 않고 있고, 또한 이들을 처리하는 방법을 청구하
는 경우에는, 그 청구범위가 특별히 수술, 치료 등 의료방법을 포함하고 있지 않는 한 동물의
장기로부터 어떻게 입수되는지 등 그 입수수단에 관계없이 특허요건을 판단하고 있어서 현재
의 심사실무로는 이 사건 출원발명이 산업상 이용가능성이 없다고 거절될 가능성은 없다고
판단된다.

8. 의료행위 관련 발명의 특허성

[대법원 1991. 3. 12. 선고 90후250 거절사정 사건]

김기영(서울동부지방법원 부장판사)

I. 사실의 개요

X(출원인, 항고인, 상고인)는 1983. 2. 17. "왁진조성물" 및 "왁진접종방법"에 관한 발명(총 22개의 청구항으로 이루어져 있다. 이하 '이 사건 출원발명'이라 한다)에 대하여 특허출원을 하였는데, Y(특허청, 피항고인, 피상고인)는 1989. 1. 12. 이 사건 출원발명 중 "왁진접종방법"에 관한 청구항들인 특허청구범위 제3, 4, 8 내지 10항은 산업상 이용가능성이 있는 발명이 아니라는 이유로 이 사건 출원발명에 대하여 거절사정을 하였고, 이에 X가 특허청 항고심판소에 거절사정불복심판청구를 하고 또 그 절차의 계속 중 위 각 청구항의 "왁진접종방법"을 "인간을 제외한 포유동물의 왁진접종방법"으로 정정하는 보정을 하였으나,1) 특허청 항고심판소는 이를 89항원288호로 심리한 후 1989. 12. 30. "비록 '인간을 제외한 포유동물의 왁진접종방법'이라고 기재되어 있으나 실질적으로 의약을 사용하여 사람의 질병을 예방하는 방법의 발명에 해당되는 것으로서 산업상 이용할 수 있는 발명으로 볼 수 없어 특허를 받을 수 없는 발명에 해당한다"는 이유로 X의 청구를 기각하는 내용의 심결을 하였고, 이에 X가 다시 불복하여 대법원에 상고하자 대법원은 아래와 같이 판시(이하 이를 '이 사건 판결'이라 한다)하였다.

---

1) 이와 같이 보정된 청구항 3, 4, 8 내지 10항 중 9항을 옮겨보면 다음과 같다.
　　제9항. 단순포진 비루스 입자 중 1 이상의 성분 단편 유효량이 임무노겐으로 이용되어 단순포진 비루스 질환에 대해 보호성이 있는 면역성을 제공하기 위한 왁진 접종방법에 있어서, 면역학적으로 활성이 있는 단순포진 비루스 형태 2 포락선 당단백질 gD-2 또는 그의 면역학적 활성 또는 그의 면역학적 활성 합성 레플리카를 투여함으로써 단순포진 비루스 형태 1과 단순포진 비루스 형태 2의 질환 모두에 대해 보호성이 있는 면역성을 제공하는 것을 특징으로 하는 인간을 제외한 포유동물의 왁진 접종방법.

Ⅱ. 판   시

원심결 파기·환송.

"사람의 질병을 진단, 치료, 경감하고 예방하거나 건강을 증진시키는 의약이나 의약의 조제방법 및 의약을 사용한 의료행위에 관한 발명은 산업에 이용할 수 있는 발명이라 할 수 없으므로 특허를 받을 수 없는 것이나 다만 동물용 의약이나 치료방법 등의 발명은 산업상 이용할 수 있는 발명으로서 특허의 대상이 될 수 있는바, 출원발명이 동물의 질병만이 아니라 사람의 질병에도 사용할 수 있는 의약이나 의료행위에 관한 발명에 해당하는 경우에도 그 특허청구범위의 기재에서 동물에만 한정하여 특허청구함을 명시하고 있다면 이는 산업상 이용할 수 있는 발명으로서 특허의 대상이 된다고 할 것이다. 이 사건에서 출원인이 당초 특허청구범위의 기재에 있어서 특허청구범위 제3항, 제4항 및 제8항 내지 제10항에 관하여 그 발명이 동물에만 한정됨을 명시하는 취지의 기재를 하지 아니하였으나 특허청 항고심 계속 중 위 특허청구범위에 관하여 '인간을 제외한 포유동물의 왁진접종방법'이라고 보정을 하여 그 특허청구범위를 동물에만 한정하고 있으므로, 비록 그 발명이 실질적으로 사람의 질병의 경우에도 적용될 수 있다 하더라도 이를 산업상 이용할 수 있는 발명이 아니라고 볼 수 없음에도 불구하고 원심이 이 사건 출원발명은 실질적으로 의약을 사용하여 사람의 질병을 예방하는 방법의 발명에 해당한다는 이유로 이 사건 출원발명이 산업상 이용할 수 있는 발명이 아니라고 본 것은 특허요건에 관한 법리를 오해한 위법이 있다할 것이고 이 점을 지적하는 논지는 이유 있다."

Ⅲ. 해   설

1. 서   론

종래 우리나라에서는 인체를 기본 구성요소로 포함하고 있는 진단, 치료 또는 수술과 같은 의료행위에 관련된 발명은 그것이 신규성 또는 진보성을 가지고 있더라도 특허의 보호대상에서 제외되는 것으로 취급하여 왔고 그 근거에 관하여는 '산업상 이용할 수 있는 발명'이 아니라는 것을 드는 것이 일반적이었다.[2] 그러나

---

2) 김병일, "의료방법의 특허성", 창작과 권리 28호(2002년 가을호), 2면 이하, 2면 참조.

최근 생명공학기술의 발전에 따라 인간의 유전자 구조의 해명이 진전됨에 따라 질병에 관련된 유전자나 단백질 배열과 그 기능의 분석 및 줄기세포의 연구가 진행되어 이를 이용한 유전자치료 및 재생의료기술이 큰 발전을 이루는 등 의료기술이 고도화되고 그러한 기술의 개발이 국가의 산업발전 및 경쟁력 향상에 큰 기여를 할 수 있는 것으로 인식되면서 의료행위 관련 발명이 과연 '산업상 이용할 수 없는 발명으로서 특허에 의하여 보호를 받을 수 없는 것인가'에 관하여 많은 논의가 진행되어 왔다.3)

이하에서는 의료행위 관련 발명에 관한 외국 및 우리나라의 종래 실무 및 입법례를 살펴보고 위와 같은 산업구조, 기술 및 투자환경의 변화에 따라 의료행위 관련 발명을 어떠한 방식으로 보호하는 것이 발명자 및 사회 전체의 이익을 위하여 바람직한 것인지에 관하여 살펴본 후 이 사건 판결의 타당성에 관하여 검토하기로 한다.

2. 의료행위 관련 발명의 특허성에 관한 우리나라의 종래 실무의 문제점

가. 문제의 제기

우리 특허법 제1조[목적]는 "이 법은 발명을 보호·장려하고 그 이용을 도모함으로써 기술의 발전을 촉진하여 산업발전에 이바지함을 목적으로 한다"고 규정하고 있고, 같은 법 제29조 제1항[특허요건]은 "산업상 이용할 수 있는 발명으로서 다음 각 호의 1에 해당하는 것을 제외하고는 그 발명에 대하여 특허를 받을 수 있다"고 규정하고 있으며, 같은 법 제32조[특허를 받을 수 없는 발명]는 "공공의 질서 또는 선량한 풍속을 문란하게 하거나 공중의 위생을 해할 염려가 있는 발명에 대하여는 제29조 제1항 및 제2항의 규정에 불구하고 특허를 받을 수 없다"고 규정하고 있는바, 위와 같은 규정에 의하면 우리 특허법상 '산업상 이용할 수 있는 발명으로서 신규성 및 진보성이 있으면 공서양속에 반하지 않는 한 특허를 받을 수 있는 것'으로 볼 수 있다.

그런데, 종래 우리나라의 심사, 심판 및 판례의 태도는 아래에서 살펴보는 바와 같이 대체로 의료행위 관련 발명의 특허성에 대해 부정적인 경향을 보여 왔고, 그 근거로서는 특허법 제29조 제1항의 '산업상 이용가능성'이 없다는 이유를 들어

---

3) 위 같은 곳, 3-4면; 김병일, "의료방법과 특허", 비교사법 11권 4호(통권 27호) 하(2004. 12.), 394-395면 참조.

왔는바, 이러한 태도가 위와 같은 특허법의 규정에 비추어 타당한지 검토할 필요
가 있다.

나. 특허청 심사기준4)

특허청의 특허·실용신안 심사지침서(제3부 제1장 제5절)는 의료행위를 "인간
을 수술하거나 치료하거나 또는 진단하는 방법의 발명"이라고 정의하고, 의료행위
는 산업상 이용가능성이 없는 발명이라 한다.5) 다만, "인간을 수술하거나 치료하
거나 또는 진단에 사용하기 위한 의료기기, 의약품 그 자체", "신규한 의료기기의
발명에 병행하는 의료기기의 작동방법 또는 의료기기를 이용한 측정방법(그 구성
에 인체와 의료기기 간의 상호작용 또는 실질적인 의료행위를 포함하는 경우 제외)",
"인간으로부터 자연적으로 배출된 것(예: 소변, 변, 태반, 모발, 손톱) 또는 채취된
것(예: 혈액, 소변, 피부, 세포, 종양, 조직)을 처리하는 방법이 의료행위와는 분리 가
능한 별개의 단계로 이루어진 것 또는 단순히 데이터를 수집하는 방법인 경우" 및
"수술, 치료, 진단 방법이 인간 이외의 동물에만 한정한다는 사실이 특허청구범위
에 명시되어 있는 경우"에는 산업상 이용 가능한 것으로 취급하고 있다.

이와 같이 특허청의 심사기준은 기본적으로 의료행위를 산업상 이용가능성이
없는 것으로 규정하고 있기는 하나, 그 근본적인 이유는 의료행위는 인류의 생명
과 직결된다는 윤리적(인도적)인 관점에서 특허될 수 없다는 데에 있는 것으로 이
해되고 있다.6)

---

4) 심사지침서 및 심사기준은 특허청 홈페이지에서 찾아볼 수 있다.
5) 나아가, "의사(한의사 포함) 또는 의사의 지시를 받은 자의 행위가 아니라도, 의료기기(예:
   메스 등)를 이용하여 인간을 수술하거나 의약품을 사용하여 인간을 치료하는 방법은 의료행
   위에 해당하는 것으로 본다. 또한, 이화학적 측정 또는 분석, 검사 방법 등 각종 데이터를 수
   집하는 방법의 발명에 있어서, 그 방법이 질병의 진단과 관련된 것이더라도 그 방법 발명이
   임상적 판단을 포함하지 않는 경우에는 산업상 이용할 수 있는 발명으로 인정한다. 다만, 그
   발명의 구성이 인체에 직접적이면서, 일시적이 아닌 영향을 주는 단계를 포함하는 경우에는
   산업상 이용가능성이 없는 것으로 취급한다", "청구항에 의료행위를 적어도 하나의 단계 또
   는 불가분의 구성요소로 포함하고 있는 방법의 발명은 산업상 이용 가능한 것으로 인정하지
   않는다[2004허7142]", "인체를 처치하는 방법이 치료 효과와 비치료 효과(예: 미용효과)를 동
   시에 가지는 경우, 치료 효과와 비치료 효과를 구별 및 분리할 수 없는 방법은 치료방법으로
   간주되어 산업상 이용 가능한 것으로 인정하지 않는다[2003허6104]"고 하고 있다.
6) 김병일, "의료방법과 특허", 397면.

다. 판   례

이 사건 대법원 판결 이전에 의료행위 관련 발명의 특허성에 관하여 직접 언급한 판례는 찾기 어렵다. 이 판결 이후 특허법원은 위 대법원 판결의 취지에 따라 "사람의 질병을 진단, 치료, 경감하고 예방하거나 건강을 증진시키는 의약이나 의약의 조제방법 및 의약을 사용한 의료행위에 관한 발명은 산업에 이용할 수 있는 발명이라 할 수 없으므로 특허를 받을 수 없는 것이다. 다만 동물용 의약이나 치료방법 등의 발명은 산업상 이용할 수 있는 발명으로서 특허의 대상이 될 수 있는 바, 출원발명이 동물의 질병만이 아니라 사람의 질병에도 사용할 수 있는 의약이나 의료행위에 관한 발명에 해당하는 경우에도 그 특허청구범위의 기재에서 동물에만 한정하여 특허청구함을 명시하고 있다면 이는 산업상 이용할 수 있는 발명으로서 특허의 대상이 된다고 할 것이다(대법원 1991. 3. 12. 선고 90후250 판결 등 참조)"라고 판시하였다.7) 대법원도 "이 사건 출원발명은 온구기를 사용하여 사람의 등 부위의 경혈과 배 부위의 경혈을 자극하는 방법에 관한 것으로, 온구기의 시구 순서와 시구시의 몸의 자세 등으로 구성되어 있는바, 이는 사람의 질병을 치료, 경감하고 예방하거나 건강을 증진시키는 의료행위에 관한 것이고, 인체를 필수 구성요소로 하고 있는 것으로서 산업에 이용할 수 있는 발명이라 할 수 없어 특허의 대상이 될 수 없다"고 판시한 특허법원의 판결을 지지하였다.8) 결국 우리 대법원 및 특허법원 모두 의료행위는 산업상 이용가능성이 없어 그 특허성이 부정된다는 태도를 취하여 왔다.9)

라. 종래 실무에 대한 비판적 견해

의료행위가 산업상 이용가능성이 없어 특허를 받을 수 없다는 종래의 실무에 관하여는 첫째, 성형수술, 육모방법, 문신시술방법 등과 같이 질병의 진단 치료와 관련이 없어 보이는 행위까지 의료행위의 범위에 포함되어 특허성이 없는지 명확하지 않고, 둘째, 종래 의료행위의 연구개발이 대학, 대학병원 등에서 영리의 목적

---

7) 특허법원 2016. 4. 8. 선고 2015허5142판결(혈장사혈에 의한 갈렉틴-3 레벨의 감소 사건, 상고 후 심리불속행 확정); 특허법원 2001. 8. 17. 선고 2000허6387 판결(모발의 웨이브방법 사건).

8) 대법원 2006. 8. 25. 선고 2005후1936 판결(특허법원 2005. 6. 23. 선고 2004허7142 판결).

9) 한편, 최근 대법원은 '의약의 투여용법과 투여용량이 의약발명의 구성요소가 될 수 있다'고 판시하였는바(대법원 2015. 5. 21. 선고 2014후768 전원합의체 판결), 위 판결의 의미 등에 관해서는 별도의 평석에서 다룬다.

이 없이 연구행위로서 이루어짐으로써 특허제도에 의한 인센티브를 부여할 필요
성이 높지 않았으나, 현재에는 의료기술의 개발이 반드시 대학 등에서만 이루어지
는 것이 아니고 생명과학기술을 이용한 유전자치료, 재생의료기술과 같이 대기업
의 연구소 등에서 영리 목적으로 큰 비용을 들여 연구되고 있는 경우가 많은데
이러한 현실을 반영하지 못하고 있다는 등의 비판이 있다.10)

나아가 이러한 비판적 견해는 다시 특허 부여를 거절하는 결론적 취급에는
찬성하지만 그 결론을 도출하는 이론구성에 대하여는 의문을 제기하면서 의료행
위에 관한 발명을 산업상 이용가능성이 없다고 무리하게 해석하기 보다는 특허법
제32조의 불특허 사유나 윤리적인 이유로 특허를 부여하지 않는 것이 바람직하다
는 견해11)와 인도적 견지에서 의료행위 관련 발명을 규제하는 것은 인정하지만,
규제방법으로서 특허취득자체를 인정하지 않는 규제방식이 아니라, 특허취득은 인
정하고 그 효력을 제한하는 사후적인 규제방법을 검토할 필요성이 있다는 견해로
나누어지고 있다.12)

3. 외국의 입법례 및 심사기준

가. 일 본

일본의 특허청은 종래 "의료행위를 포함한 인체(그 일부를 포함한다)를 대상으
로 하는 발명(인체를 구성요건으로 하는 발명)은 산업상의 이용가능성이 없다는 해
석 하에 치료·진단방법 등 인체를 대상으로 하는 순(純) 의료적 발명은 물론, 그
이외의 발명의 특허성을 부정함과 아울러 인체로부터 분리 또는 배출한 것(예컨
대, 타액·소변·혈액 등)도 인체의 일부를 구성하는 것으로서, 이를 이용하는 진단
방법의 발명의 특허성도 부정해 왔다."13)

그러나 일본 특허청은 위와 같은 심사지침에 대한 학계의 비판과 함께 생명
공학기술의 발전으로 다양한 첨단기술이 개발되고, 고도의 선진의료기술이 정비되
며, 그 일환으로 재생의료·유전자치료 관련 기술 등 첨단기술이 생겨나 이러한

---

10) 위 같은 곳, 394-395면 참조.
11) 윤권순, "의료발명의 특허성에 대한 비판적 고찰", 창작과 권리(1999년 봄호, 제14호), 4-5
면; 최덕규, 특허법 4정판, 세창출판사, 2000, 192-193면.
12) 中山信弘 외 편, 한국특허법학회 역, 特許判例百選[제4판], 박영사(2014), 49면; 김병일, "의
료방법과 특허", 399면 참조.
13) 吉藤幸朔 저·熊谷健 보정, 특허법개설(제13판, 1998) 69면, 中山信弘 외 편, 비교특허판례
연구회 역, 特許判例百選[제3판], 박영사(2005), 57면에서 재인용.

기술에 대한 특허권의 보호요청이 높아지자 여러 번에 걸쳐 심사기준을 개정하였다. 즉, ⅰ) 인체로부터 분리 또는 배출된 것 ⅱ) 인간으로부터 채취한 것(예: 혈액, 오줌, 피부, 머리카락, 세포, 조직)을 처리하는 방법 또는 이를 분석하는 등 각종 데이터를 수집하는 방법 ⅲ) 인간으로부터 채취한 것을 치료를 위하여 동일인에게 되돌릴 것을 전제로 하고 있더라도 이를 원재료로 하여 의약품 또는 의료재료(예: 배양피부시트, 인공 뼈 등의 신체의 각 부분을 위한 인공적 대용품 또는 대체물)를 제조하기 위한 방법, 의약품이나 의료재료의 중간단계의 생산물을 제조하기 위한 방법(예: 세포분화 유도방법, 세포분리 또는 순화방법) 및 위와 같은 것들을 분석하기 위한 방법 ⅳ) 의료기기의 작동방법, ⅴ) 최종적인 진단을 보조하기 위한 인체의 데이터 수집방법으로서 인체에의 작용공정을 포함하고 있는 것 ⅵ) 세포나 약제의 용법·용량만이 특징을 가지는 의약 용도발명은 특허의 대상이 되는 것으로 하였다.14)

나. 유　럽

유럽에서는 대부분 치료행위 등 의료행위 관련 발명에 대한 특허성을 배제하고 있는데 그 근본적인 이유는 주로 윤리적인 면에 기인한다.15) 특히 독일 연방대법원이 1967년에 얼굴반점을 제거하는 수술방법에 대한 발명을 산업상 이용가능성이 없다는 이유로 특허를 거절하는 판결을 하였는데, 이 판결에서는 공공의 이익이라는 윤리적인 요소가 깊게 검토되었으나 형식상으로는 산업상 이용가능성이 없다는 조항을 인용하였다.16) 이러한 접근방법은 유럽특허조약(European Patent Convention, EPC)을 제정하는 과정에서 수용되어 종전 EPC 제52조 제4항은 "외과적 처치 또는 치료에 의한 인간 또는 동물의 처치방법 및 인간 또는 동물에 실시되는 진단방법은 제52조 제1항에서 말하는 산업상 이용가능성이 없다. 다만, 이 규정은 화합물 또는 조성물을 위 방법으로 사용하는 것에는 적용하지 않는다"라고 규정하고 있었다. 그러나 2007. 12. 13.부터 시행되는 개정 조약에서는 위 제52

---

14) 中山信弘 외 편, 한국특허법학회 역, 特許判例百選[제4판], 박영사(2014), 50면; 일본 특허·실용신안 심사기준(http://www.jpo.go.jp/shiryou/kijun/kijun2/pdf/tukujitu_kijun/03_0100.pdf 에서 검색 가능, 2016. 12. 26. 최종 접속) 참조.

15) 윤권순, 위 같은 글, 9면.

16) BGH GRUR 1968, 142, 145-Glatzenoperation, 박영규, "유전자 치료법을 포함한 의료방법 발명의 특허법적 문제: 유럽에서의 논문을 중심으로", 산업재산권 13호(2003. 5.), 42면에서 재인용.

조 제4항을 삭제하고, 제53조 (c)항에서 의료행위 관련 발명을 불특허 사유의 하나로 규정하고 있다.17)

다. 미 국

미국 특허법 제101조는 "신규하고 유용한(new and useful) 제조방법(process), 기계(machine), 제조물(manufacture), 조성물(composition of matter) 또는 이러한 신규하고도 유용한 것들을 개량시킨 것을 발명 또는 발견한 자는 이 법률에 정한 조건 및 요건에 따라 특허를 받을 수 있다"고 규정하고 있는바, 이러한 법조문에 충실하여 미국 특허법 제287조 (c)(1)항은 사람에 대한 치료·진단·수술방법도 다른 종류의 방법과 마찬가지로 특허의 대상으로 하고, 다만 특허권의 효력은 의사의 실시에는 미치지 않는 것으로 하고 있다. 이것은 1993년에 백내장 수술방법의 특허를 취득한 의사가 다른 의사를 특허권침해로 제소한 사건18)을 계기로 미국의 사협회가 의료방법에 대한 특허로 인하여 "① 특허를 받은 치료방법에 대한 접근이 제한되고, ② 경제적 부담이 증가하며, ③ 환자의 비밀정보가 없어지고, ④ 새로운 치료방법 개발에 대한 인센티브는 특허로 보호되지 않아도 충분하다"고 주장하며, 특허법의 개정을 요구한 것에 기인한다.19) 당초에는 의료행위를 특허의 대상에서 제외한다는 내용의 법안이었으나, 최종적으로는 특허의 대상으로 한 후에 의사 또는 관련건강관리주체가 침해하여도 특허권자는 금지청구나 손해배상청구를 할 수 없는 것으로 규정되었다.20) 여기서 관련건강관리주체는 의사가 의료행위를 행하며 직업상의 제휴관계를 맺고 있는 주체를 의미하며, 전형적으로는 병원, 대학 등을 가리키므로, 특허권자는 의료행위를 한 의사가 근무하는 병원에 대하여도 금지청구나 손해배상청구를 할 수 없다.21)

한편, 미국 특허법 제287조 (c)(2)(A)는 "의료행위란 신체에 대한 의료 또는

---

17) 유럽특허청(EPO) 홈페이지 참조. 유럽특허청의 확대심판부는 당해 불특허사유를 한정적으로 해석하는 운용에 의하여 종래에는 진단방법으로 판단되었던 의사의 판단공정을 포함하지 않는 중간적인 데이터 수집방법도 특허의 대상으로 하고 있고(G1/04 심결, 2005. 12. 16.), 치료방법과 관련하여 의약품의 투여방법(용법·용량)만이 특징을 가지는 의약 용도발명에 대하여도 발명자의 특허취득에 관용적인 판단을 하고 있다(G2/08 심결, 2010. 2. 19.), 中山信弘 외 편, 한국특허법학회 역, 特許判例百選[제4판], 박영사(2014), 51면.
18) Pallin v. Singer, 36 USPQ 2d 1050.
19) 김병일, "의료방법의 특허성", 17-24면 참조.
20) 김병일, "의료방법과 특허", 403면.
21) 35 USC §287 (c)(2).

외과 절차 행위"를 의미하며, "(i) 특허에 관련된 장치, 제조물 또는 조성물을 그 특허에 위반하여 사용하는 것, (ii) 조성물의 사용방법에 관한 특허에 위반하여 실시하는 것, (iii) 생명공학 특허에 위반한 공정(process)의 실시는 제외된다"고 규정함으로써, 의약의 새로운 사용에 관한 특허 및 유전자치료방법 등의 생명공학 분야의 특허를 침해하는 형태의 사용에 대하여는 의사 등이 면책되지 않음을 규정하고 있다.22)

4. 의료행위 관련 발명의 보호방안

가. 문제의 제기

앞에서 본 바와 같이 의료행위 관련 발명의 특허성을 인정할 것인가 및 특허성을 부인하는 경우 그 논거는 무엇인가에 관하여는 많은 논란이 있고 제외 각국의 입법례도 이와 관련하여 다양한 입법 및 실무 태도를 보여주고 있다. 위와 같은 점을 염두에 두고 우리 특허법의 해석 상 그리고 정책적인 견지에서 의료행위 관련 발명의 적절한 보호방안은 무엇인지 생각해본다.

나. 특허법 규정의 해석을 통한 고찰

특허법 제29조 제1항에서 규정하고 있는 '산업'이란 말의 사전적 의미는 상당히 넓은 개념이고,23) TRIPs 제27조 제1항은 "특허는, 신규성, 진보성 및 산업상 이용가능성을 충족한 경우에는 물건, 방법을 묻지 않고 모든 기술분야의 모든 발명에 대하여 차별 없이 부여되어야 한다"고 규정하고 있다.24) 그렇다면 특허법상 "산업"의 의미는 이를 제한할 근거가 없는 한 사전적 의미에 따라 넓게 해석하여야 하고, 의료업도 "산업"에 속한다고 보아야 할 것이며, 만약 그렇게 보는 것이

---

22) 미국 연방대법원은 최근, '인체의 반응을 검사하고 그 결과를 이용하여 환자를 치료하는 것이 특허의 대상인지{Mayo Collaborative Servs. v. Prometheus Labs., Inc., 132 S.Ct. 1289 (2012)}, 분리된 DNA 및 cDNA에 특허적격이 있는지{Association for Molecular Pathology v. Myriad Genetics, Inc., 133 S. Ct. 2107 (2013)}에 관하여 판단하였는바, 이에 관해서는 별개의 평석에서 다룬다.

23) "① 생산을 하는 사업(농업·목축업·임업·수산업·광업·공업·상업·무역·금융업 따위), ② 생산 사업, ③ 공업", 민중 엣센스 국어사전 제4판, 민중서림(1998), 1348면.

24) 경영적 즉 반복 계속적으로 이용될 수 있는 것을 가리킨다고 하는 설, 어느 산업에 그 발명을 응용하는 것에 의해 새로운 가치를 창조하는 것으로 물건의 생산에 직접 관계가 있는 기술만을 가리킨다고 하는 설, 학문적·실험적으로만 이용하는 것이 가능한 발명을 제외한 취지라는 설, 생산에 반복 이용할 수 있는 발명의 의미로 해석하는 설 등이 있다. WTO 홈페이지에서 검색 가능.

인본주의(人本主義) 등에 반하는 문제가 발생하면 이는 다른 방법으로 해결하여야 한다.

나아가 "이용가능성"의 의미에 관하여도 다양한 견해가 있으나,25) 이는 무엇 때문에 산업상의 이용가능성이라는 특허요건이 필요한가라는 관점에서 고찰할 필 요가 있고, 특허법의 목적이 "산업발전에 이바지 한다"라는 점에 있으므로(특허법 제1조) '산업상 이용이 불가능한 것을 제외함'을 뜻하는 것으로 넓게 이해하여야 한다.26)

한편, TRIPs 제27조 제2항은 공서양속(good public order and customs)에 위반 되는 발명은 특허대상에서 제외할 수 있다고 규정하고 있고, 이러한 TRIPs제27조 제2항의 정신을 반영한 것이 우리 특허법 제32조라 할 수 있다.27) TRIPs에서 규 정한 공서양속의 개념은 시대 및 국가에 따라 달라지는데, 우리나라에서는 "공공 의 질서"는 국가사회의 일반적 이익을 의미하고, "선량한 풍속"은 사회의 일반적· 도덕적 관념을 가리킨다. 이에는 발명이 본래 공서양속을 해칠 목적을 가진 경우 뿐만 아니라, 그 공개 또는 사용이 공서양속에 반하는 경우도 포함하나 발명의 본 래 목적 이외에 부당하게 사용한 결과 공서양속을 해칠 염려가 있는 경우까지 포 함하는 것은 아니라 할 것이다. 나아가 공중위생을 해칠 염려가 있는 발명인가도 같은 기준에 의해 판단할 것이다.28) 위와 같은 기준에 비추어 의료행위 관련 발 명이 반드시 특허법 제32조에 해당하여 특허를 받을 수 없다고 보기는 어렵다.

결국, 의료행위 관련 발명이 산업상 이용가능성이 없거나 공서양속에 반하여 특허성이 없다고 보는 것은 문제가 있고, 따라서 그 특허성을 부인하기 위해서는 다른 근거가 있어야 한다.29)

5. 과연 의료행위 관련 발명에 특허를 부여할 것인가?

의료행위 관련 발명의 특허성 문제는 인간이 최신 의료기술의 도움을 받아 건강한 삶을 누려야 한다는 인도적 필요와, 특허라는 독점권을 부여하여 새로운

---

25) 中山信弘 저, 한일지재권연구회 편, 공업소유권법(상), 법문사(2001), 121면 참조.
26) 위 같은 곳. 산업상 이용가능성이라는 용어를 처음 도입한 독일의 Kohler는 이를 "기술의 범용성" 내지 "반복가능성"이라는 의미로 사용하였다 한다. 김병일, "의료방법과 특허", 408면.
27) 윤선희, 특허법, 법문사(2003), 185면.
28) 위 같은 책, 186-187면 참조.
29) 조영선, 특허법 제3판, 박영사(2011), 96쪽; 정상조·박준석, 지적재산권법, 홍문사(2011), 92-93쪽 참조.

의료기술의 개발을 촉진한다는 현실적 필요 사이의 이익형량 또는 조화와 관련되어 있다.30)

앞서 본 바와 같이 종래 의료행위 관련 발명의 특허성을 부인하는 근거로 사용되어온 "산업상 이용가능성의 결여"나 "공서양속 위배" 등은 더 이상 사용되기 어렵다. 의료행위 관련 발명의 특허성을 인도적인 이유로 부인하는 것이라면, 그 특허성 인정 여부를 기존 법 규정(개념)의 억지 적용이 아닌 다른 방안을 생각할 필요가 있다.

그 방안으로는 우선 Trips제27조 (a)(3)항이나 개정된 EPC 제53조 (c)항과 같이 의료행위 관련 발명을 별도의 불특허사유로 규정하되 예외적으로 특허의 대상이 될 수 있는 경우를 규정하는 방법, 일단 특허를 허여하되 법정실시권 제도를 두거나 조제행위와 같이(특허법 제96조 제2항) 특허권의 효력을 제한하는 방법,31) 특허를 허여하고 저작권법상의 저작권집중관리제도와 유사하게 그 실시계약 또는 실시료 징수를 대행하는 기관을 두는 방법 등이 있다.32)

Ⅳ. 결 론

앞에서 본 바와 같이 종래 의료행위 관련 발명의 특허성을 부인하는 근거로 사용되어 온 "산업상 이용가능성의 결여"나 "공서양속 위반"이 그 한계를 드러내고 있는 상황에서 이제는 의료행위 관련 발명에 관한 새로운 보호(규율)방안을 찾아야 할 것인바, 이 사건 판결은 의료행위 관련 발명의 특허성에 관한 설시에 있어서 위와 같은 새로운 환경에 대한 고려 없이 종래의 이론을 그대로 답습한 것이 아닌가 하는 아쉬움이 있다.

---

30) 김병일, "의료방법과 특허", 404-405면 참조.
31) 그 규정형식은 "특허권의 효력은 의사 등이 인간을 진단, 치료, 수술, 처치 또는 예방을 위하여 특허발명을 실시할 경우에는 미치지 않는다"라고 하거나, 미국법과 같이 특허권자의 금지청구권은 제한하되 손해배상청구권은 일정 한도로 제한할 수 있을 것이다.
32) 김병일, "의료방법과 특허", 408-412면 참조.

9. 특허법 제29조 제1항 소정의 공지된 발명의 의미

[특허법원 2010. 6. 11. 선고 2009허9693 판결(심리불속행 상고기각)]

박태일(대전지방법원 부장판사, 전 대법원 재판연구관)

I. 사실의 개요

1. 인정사실

해양경찰청의 '선박 Free-Pass 시스템 구축 사업' 추진에 따라,1) 인천지방조달청이 2006. 6.경 온라인 국가종합전자조달시스템인 '나라장터'에 공고서를 게재함으로써 '선박 Free-Pass 시스템 구축 사업'에 관한 입찰 공고(사업주관기관 : 해양경찰청)를 하였다. 원고는 위 입찰에 참가하여 낙찰받았고, 선박 Free-Pass 시스템을 개발하여 2006. 7.경 해양경찰청에 납품하였다.

2006. 10. 16.자 해양경찰청의 전자신문인 '海 맑은 뉴스' 제123호에는 '해양경찰청이 선박 출입항 자동신고 시스템인 선박 프리패스를 개발하여 2006. 7.경 인천해양경찰서와 속초해양경찰서 관내 5,300여 척을 대상으로 시범운영하였고, 2006. 8.경 위 시범운영에 참가한 어민들을 대상으로 만족도 조사를 실시하였으며, 2006. 9. 21.과 같은 달 22일 이틀간 국방부 및 해양수산부와 합동으로 시스템 점검을 실시하였다.'는 내용의 기사가 게재되었다. 또한 같은 기사 중에는 '선박 프리패스는 모든 출입항 대상 선박에 고유 ID가 내장된 전자태그(RFID)를 부착, 출항과 입항 시 파·출장소 방문신고 없이 자유롭게 항구를 드나들 수 있는 제도이다.'는 내용도 있었다.

---

1) 해양경찰청은 불법조업 외국 어선 등을 식별·통제하고, 해상 치안을 유지하기 위한 목적으로 선박 출입항 정보와 운항 정보를 관리해오고 있는데, 이를 위하여 종래부터 관할 출입항 관리통제소 및 관할 해양경찰서 소속 관할 파출소의 경찰관 또는 출장소의 관리인에 의해 우리나라의 선박 출입항 관리가 이루어져 왔고, 관리 통제 수단은 수기로 작성하는 관리대장과 선박식별 신호포판(信號鋪板, 우리나라 어선임을 확인하는 일종의 신분증) 등을 활용해왔으나, 이러한 종래의 비효율적인 출입항 관리 시스템을 자동화하기 위하여, 소형선박의 운항정보를 실시간으로 관리할 수 있는 무선 통신시스템을 구축하고, 소형선박의 출입항 관리를 자동화할 수 있는 종합시스템을 구축하는 '선박 Free-Pass 시스템 구축 사업'을 추진하게 되었다.

원고는 2006. 11.경 위 시스템을 사용할 해양경찰청 공무원들을 상대로 시스템 사용법 등을 교육하면서, 해양경찰청 명의로 사용자지침서를 작성하여, 교육참석자들에게 배부하였다(위 사용자지침서에는 원고가 개발한 선박 Free-Pass 시스템의 기술내용이 상세하게 기재되어 있으므로, 이하 위 사용자지침서에 기재된 기술을 '비교대상발명'이라 한다). 위 사용자지침서의 내용중에 '대외비' 취지의 기재는 없었다.

한편, 위 선박 Free-Pass 시스템 개발·납품 및 구축사업 수행조건의 내용으로, "본 시스템의 사용에 관한 특허(실용신안 등)는 해양경찰청에서 권리를 갖는다.", "제안사는 입찰제안과 관련하여 습득한 해양경찰행정과 관련한 모든 정보사항에 대하여 입찰기간은 물론 그 이후라도 비밀을 유지해야 하며, 정보유출로 인한 보안사고 발생 시 민·형사상의 모든 책임을 진다"는 사항이 정해져 있고, 위 낙찰로 인하여 원고와 해양경찰청 사이에 체결된 물품구매(제조)계약에 적용되는 물품구매(제조)계약의 일반조건 제29조는, '기술지식의 이용 및 비밀엄수의무'라는 제목 아래 "발주기관은 계약서상의 규정에 의하여 계약상대자가 제출하는 각종 보고서, 정보, 기타자료 및 이에 의하여 얻은 기술지식의 전부 또는 일부를 계약상대자의 승인을 얻어 발주기관의 이익을 위하여 복사, 이용 또는 공개할 수 있다(제1항). 계약상대자는 당해 계약을 통하여 얻은 모든 정보 또는 국가의 기밀사항을 계약이행의 전후를 막론하고 외부에 누설할 수 없다(제2항)"고 규정하고 있다.

또한, 원고는 2006. 11. 시스템 사용법 교육을 실시할 때에, 교육참석자들로 하여금 '소속, 계급, 성명'을 기재하고 서명을 하도록 한 교육참석자 명단을 작성하여 관리하였다. 한편 위 사용자지침서에는 비교대상발명의 기술적인 내용 외에도, 실제 선박의 명칭, 선주와 승선원의 성명과 주소 및 연락처 등 개인정보에 해당하는 사항도 다수 기재되어 있다.

이후 원고는 2007. 1. 11. 비교대상발명을 개량하여, 명칭을 '선박 프리패스 시스템'으로 하는 특허출원을 하고2) 특허 제732710호(이 사건 특허발명)로 등록을 받았다. 피고는 이 사건 특허발명이 비교대상발명 등에 의하여 진보성이 부정된다는 이유로 등록무효심판(특허심판원 2007당2890호)을 청구하였고, 특허심판원은 피고의 심판청구를 인용하는 심결을 하였다. 이에 원고는, 비교대상발명은 이 사건 특허발명의 특허출원 전에 공지된 발명이 아니라고 주장하면서 심결취소의 소를 제기하였다.

---

2) 자기공지 예외 주장 출원을 하지 않고, 일반 출원을 하였다.

2. 비교대상발명의 공지에 관한 피고의 주장

가. 비교대상발명이 기재된 사용자침서는 사용자에게 제공되는 매뉴얼 내지 제품설명서와 같은 성격의 것이고, 그 내용 중에 '대외비' 혹은 '비밀취급을 요한다.'라는 취지의 기재가 없으며, 이를 교부받은 교육참석자들은 일반 사용자에 해당할 뿐 비밀유지의무를 부담하는 지위에 있지도 않으므로, 비교대상발명은 사용자지침서의 발간, 배포에 의하여 공지된 것이다.

나. 이 사건 특허발명 출원 전 해양경찰청 전자신문에, 비교대상발명의 기술내용과 함께, 해양경찰청이 비교대상발명의 시스템을 시범실시하였고, 어민들을 대상으로 만족도 조사를 하였으며, 국방부 및 해양수산부와 합동으로 시스템 점검을 실시한 바 있다는 내용의 기사가 보도된 바 있어, 이 점에서도 비교대상발명은 공지되었거나 공연히 실시된 발명이다.

다. 이 사건 특허발명 출원 전 해양경찰청 공무원이 아닌 민간인 대행신고소장도 비교대상발명의 시스템에 접속하여 그 내용을 인식할 수 있는 상태에 놓여 있었다.

Ⅱ. 판 시

심결 취소.

"가. ① 선박 프리 패스 시스템 구축 사업의 주관 기관인 해양경찰청은 위 사업의 입찰전부터 특허권을 취득할 의향이 있어 관련된 기술내용을 비공개로 유지할 필요성이 있었다고 보이는 점, ② 해안 치안 유지라는 위 시스템의 목적상 사용되는 기술내용을 대외적으로 공개하는 것이 부적절하다고 보이는 점, ③ 더구나 비교대상발명이 기재되어 있는 사용자지침서에는 발명의 기술적인 내용 외에도, 일반 어민의 개인정보에 해당하는 사항도 다수 기재되어 있어 해양경찰청으로서는 이러한 이유에서도 사용자지침서가 대외적으로 일반에 공개되지 않도록 관리할 필요성이 있었다고 보이는 점, ④ 선박 프리 패스 시스템 구축 사업의 계약 조건[물품구매(제조)계약의 일반조건 제29조]상 해양경찰청 소속 공무원은 계약 담당 공무원인지 여부를 떠나 비교대상발명에 대하여 비밀유지 의무가 있다고 할 것인

점, ⑤ 뿐만 아니라 비교대상발명의 내용을 교육받은 교육참석자들은 모두 해양경찰청 소속 공무원들로서 그 기술내용이나 사용자지침서가 대외적으로 일반에 공개되지 않도록 관리할 필요성이 있다는 위와 같은 사정을 잘 알고 있어, 이를 비밀로 취급하는 것이 암묵적으로 요구되고 또한 기대되는 사람들에도 해당한다고 할 것인 점 등에 비추어 보면, 비교대상발명이 기재된 사용자지침서는 비밀유지의무를 지고 있는 특정인에게만 배포된 것이어서, 사용자지침서의 내용중에 '대외비' 등의 기재가 없다고 하더라도 사용자지침서의 발간, 배포에 의해 비교대상발명이 공지되었다고 볼 수 없다.

나. 피고 주장의 해양경찰청의 전자신문에 게재된 기사 내용 중 선박 프리패스 시스템의 기초적인 개요만이 소개된 부분으로는 비교대상발명의 기술 내용이 공개되었다고 볼 수 없고, 위 기사 내용 중 시범운영이나 합동 시스템 점검 실시에 관한 부분 역시 시스템의 기술 교육에 대한 내용은 없이 단순히 어민이나 국방부 및 해양수산부측 인사들이 위 시범운영이나 합동 시스템 점검에 참여하였다는 취지에 불과하여, 위와 같은 시범운영이나 합동 시스템 점검으로 비교대상발명의 기술 내용이 해양경찰청 외부에 어느 정도나 공개되었다는 것인지 나타나 있지 않으므로, 위와 같은 정도의 기사 내용만으로는 비교대상발명이, 불특정다수인이 인식할 수 있는 상태에 놓여 있었다거나, 공연히 알려진 또는 불특정다수인이 알 수 있는 상태에서 실시되었다고 볼 수 없다고 할 것이다(어민들이 송신기를 사용하여 위 시스템의 구축으로 인한 편익을 얻도록 하기 위해 어민들에게 위 시스템의 구체적인 기술 내용을 공개할 필요성은 없으므로, 위 시스템이 널리 이용될 수 있도록 하는 시범운영과 만족도 조사 및 합동 시스템 점검을 실시하는 것과 위 시스템의 구체적인 기술 내용을 일반에 공개하는 것은 별개의 사항이다).

다. 비교대상발명이 이 사건 특허발명의 출원 전에 해양경찰청 공무원이 아닌 민간인인 대행신고소장도 그 내용을 인식할 수 있는 상태에 놓여 있었다거나, 그가 알 수 있는 상태에서 실시되었다고 인정할 만한 증거가 없다.

결국, 비교대상발명은 이 사건 특허발명의 출원 전에 공지된 발명이 아니어서 이 사건 특허발명의 진보성 여부를 판단하는 데 선행기술로 사용될 수 없다."

Ⅲ. 해 설

발명을 공개하는 대가로 독점배타권을 부여하는 특허제도의 본질상 이미 일반에 알려진 발명에 대하여는 특허권이 부여되지 않는다. 이에 따라 특허법 제29조 제1항은 특허출원 전에 국내 또는 국외에서 '공지되었거나 공연히 실시된 발명(제1호)', '반포된 간행물에 게재되거나 대통령령이 정하는 전기통신회선을3) 통하여 공중이 이용가능하게 된 발명(제2호)'을 신규성 상실 사유로 정하고,4) 제2항은 이를 진보성 판단에 사용될 수 있는 선행기술로 원용하고 있다. 실무상 신규성 상실 사유를 '공지', '공용 또는 공연실시', '간행물공지 또는 문헌공지'로 약칭하는 경우가 있고, 이들을 총칭하여 '공지'라고 부르기도 한다.5) 다만 (협의의) 공지, 공용(공연실시), 간행물공지(문헌공지) 어느 경우에 해당하든 신규성 상실 및 진보성 판단 선행기술 적격 획득이라는 효과에는 차이가 없다.6)7)

---

3) 특허법 시행령 제1조의2는 '특허법 제29조 제1항 제2호에서 대통령령이 정하는 전기통신회선이라 함은 「정부·지방자치단체, 외국의 정부·지방자치단체 또는 국제기구」, 「고등교육법 제3조에 따른 국·공립학교 또는 외국의 국·공립대학」, 「우리나라 또는 외국의 국·공립 연구기관」, 「특허정보와 관련된 업무를 수행할 목적으로 설립된 법인으로서 특허청장이 지정하여 고시하는 법인」의 어느 하나에 해당하는 자가 운영하는 전기통신회선을 말한다.'고 규정하고 있다.

4) 신규성이란 용어 자체도 그 의미를 명확하게 정의할 수 없을뿐더러 실제로 어떠한 발명이 신규한 것인지는 그 한계를 법에서 구체적으로 정할 필요가 없기 때문에 특허법은 신규성이 상실되는 사유를 정하고, 이에 해당하지 않는 발명은 신규성이 있는 것으로 인정해준다는 취지로 규정한 것이다[윤선희, 특허법(제4판, 법문사, 2010), 165면].

이치상으로는 공중에게 알려져 있든 아니든 발명의 완성 시를 기준으로 전 세계적으로 전무한 것(절대적 신규성)만을 신규의 발명이라고 해야 할 것이나, 우리 특허법은 일정한 사유에 해당하는 것이 아니라면 신규성이 있다고 하여 상대적 신규성 개념을 채택하고 있다[조영선, 특허법(제3판, 박영사, 2011), 112면].

5) 특허법원 지적재산소송실무연구회, 지적재산소송실무(전면개정판, 박영사, 2010), 149-150면.

6) 이들 개념의 세부적인 차이와 구별에 관하여 논의가 있지만, 특허법 제29조 제1항의 입법취지는 발명의 기술사상이 어떠한 형태로 공개되었든지 상관없이 일반공중에 알려진 경우에는 특허권을 부여하지 않겠다는 것으로 보아야 하고, 일반공중에 알려진 것인지가 불분명한 경우에는 그 공개형식을 불문하고 특허법 해석의 일반적 기준인 통상의 기술자의 입장에서 발명의 기술사상을 알 수 있었는지 여부에 의하여야 한다고 하면서 협의의 공지와 공연실시 및 간행물 공지를 구별할 실익이 없다는 지적이 있다[강경태, "공지의 의의와 비밀유지의무", 특허판례연구(박영사, 2009), 63면].

7) 일본 특허법 제29조 제1항은 신규성 상실 사유에 관하여 '특허출원 전에 일본국내 또는 외국에서 공연히 알려진 발명(제1호)', '특허출원 전에 일본국내 또는 외국에서 공연히 실시된 발명(제2호)', '특허출원 전에 일본국내 또는 외국에서 반포된 간행물에 기재된 발명 또는 전기통신회선을 통하여 공중에게 이용 가능하게 된 발명(제3호)'으로 규정하여 '공지'와 '공연실시'를 별도의 항으로 나누어 규정하고 있으나, 일본 특허법 제29조 제1, 2항의 실질적인 내용은 우리 특허법 제29조 제1, 2항과 같다. 한편, 일본의 구 특허법(大正 10년법)은 제4조 제1

여기에서 '공지되었다'고 함은 반드시 불특정다수인에게 인식되었을 필요는 없다 하더라도 적어도 불특정다수인이 인식할 수 있는 상태에 놓여 있음을 의미하고, '공연히 실시된 발명'이라 함은 발명의 내용이 공연히 알려진 또는 불특정다수인이 알 수 있는 상태에서 실시된 발명을 말하며,8) '반포된 간행물'이라 함은 불특정다수의 일반공중이 그 기재내용을 인식할 수 있는 상태에 있는 간행물을 말한다.9) 또한 발명의 내용을 비밀로 유지할 의무가 없는 사람이라면 그 인원의 많고 적음을 불문하고 불특정다수인에 해당된다.10) 반면 발명의 내용이 계약상 또는 상관습상 비밀유지의무를 부담하는 특정인에게 배포된 기술이전 교육용 자료에 게재된 사실만으로는 공지된 것이라 할 수 없다.11) 이와 관련하여, 대상판결의 사안과 같은 조달물자구매계약에 적용되는 물품구매(제조)계약 일반조건 제29조 제1항은 발주기관으로 하여금 계약상대자가 제출하는 기술상 정보를 공개할 경우 계약상대자의 승인을 얻도록 함으로써 비밀유지의무를 부과한 규정이라고 본 대법원 판결이 있다.12) 다만 비밀유지의무 있는 자가 그 의무를 위반하여 현실

호에서 공지와 공연실시를 '공연히 알려졌고, 또는 공연히 사용된 것'으로 함께 규정하고 있었다.

　　일본 특허법 해석론으로, 제29조 제1항 제1호의 공지로 되기 위해서는 '현실적으로 알려진 상태일 것을 필요로 하는가', 아니면 '알려질 수 있는 상태에 있으면 족한가'에 관하여 학설과 판례가 일치하지 않고 있다. 일본 특허법 제29조 제1항 각호의 문리해석상으로는, 확실히 알려질 수 있는 상태도 제1호의 공지에 해당한다고 본다면, 제2호나 제3호와의 정합성이 문제로 된다고 하겠으나, 현실문제로서는 제3자가 알고 있다는 것을 증명하는 것은 어려운 경우가 많고, 어느 정도 알려질 수 있는 상태로써, 공지로 인정할 수밖에 없을 것이며, 제1호부터 제3호까지 효과는 동일하므로, 각호를 엄격하게 구분할 실익은 없다[中山信弘, 特許法(弘文堂, 2010), 116면].

　　吉藤幸朔 著, 熊谷健一 補訂, 特許法槪說(第13版, 有斐閣, 1998), 78-79면은, 제29조 제1항 제1호의 공지로 되기 위해서는 '현실적으로 알려진 상태일 것을 필요로 한다'고 보는 입장이 타당하다고 하면서도, 다만 증거상 공연히 알려질 수 있는 상태에 있다는 점이 입증되면, 특별히 반증이 없는 한, 공연히 알려졌다는 점도 추정될 수 있고, 더구나 이 추정을 뒤집는 것은 일반적으로 곤란할 것이기 때문에, 실제 문제로서는 공연히 알려질 수 있는 상태에 있으면 대부분의 경우 공연히 알려진 것으로 보아도 괜찮다고 설명하고 있다.

　　이에, 공지와 공연실시(공용)를 구법과 달리 별개의 호에 규정한 현행법하에서도 양자를 엄격하게 구별하는 것은 어렵고, 또 실익도 없으며, 원래 2개의 호로 나뉘어 규정하는 것이 과연 타당한 것인가라는 문제도 있어, 해석상 불필요한 혼란을 초래한 개정이 아닐까 생각한다고 지적되어 있다(中山信弘, 앞의 책, 117면).

8) 대법원 2000. 12. 22. 선고 2000후3012 판결 등 참조.
9) 대법원 1996. 6. 14. 선고 95후19 판결 등 참조.
10) 특허법원 2005. 10. 13. 선고 2005허2328 판결(확정) 참조.
11) 대법원 2005. 2. 18. 선고 2003후2218 판결 등 참조.
12) 대법원 2009. 7. 9. 선고 2006도7916 판결 참조.

적으로 기술의 내용이 공개된 때에는 그 공개 시점에 공지로 된다.13) 공개한 자에게 비밀유지의무가 있다고 하더라도 공개된 사실에 따른 사실상의 효과는 되돌릴 수 없기 때문이다.14)15)

특허법 제29조 제1항 소정의 공지된 발명이라는 점(또는 이에 근거하여 제2항의 진보성이 결여된 발명이라는 점)은 권리장애항변이므로, 특허무효심판청구를 인용하여 특허를 무효로 한 심결에 대한 취소소송에서 심결의 적법을 주장하는 심판청구인이 주장·입증책임을 부담한다(거절결정 불복심판청구 기각심결에 대한 취소소송에서는 특허청장이 주장·입증책임을 부담한다).16) 다만 비밀유지의무의 존재는 공지를 부인하는 특허권자에게 주장·입증책임이 있다.17) 한편 (협의의) 공지 주장과 공용 주장은 서로 동일한 법적 효과(신규성 상실)를 발생시키는 구체적인 근거사실에 관한 주장이 다른 정도의 차이만 있으므로, 특허심판원이나 법원은 당사자가 (협의의) 공지를 주장하더라도 공용에 해당하여 결과적으로 신규성이 상실된다고 판단할 수도 있고, 그 반대도 가능하다고 할 것이다.18)19)

IV. 결   론

대상판결은 비교대상발명의 개발·납품 및 시범운용·합동 시스템 점검, 사용

---

13) 대법원 2002. 9. 27. 선고 2001후3040 판결 참조.

14) 정상조·박성수 공편(박성수 집필 부분), 특허법 주해 I (박영사, 2010), 319면.

15) 예를 들면, 자금조달을 위하여 한정된 몇몇 사람에게 비밀유지를 약속하게 하고 발명을 알려주었으나 상대방이 발명의 내용을 누설하여버린 경우를 들 수 있을 것인데, 이러한 때에는 만일 그 공개시점으로부터 6월이 경과하기 전이라면 특허법 제30조 제1항 제2호의 자기 의사에 반한 공지를 주장하여, 신규성 상실 예외 주장 출원을 할 수 있을 것이다[특허청, 우리나라 특허법제에 대한 연혁적 고찰—조문별 특허법 해설(2007), 190면].

16) 권택수, 요건사실 특허법(진원사, 2010), 98, 102, 105, 110, 147, 148면.

17) 특허법원 지적재산소송실무연구회, 앞의 책, 151면.
    이와 달리 비밀유지의무의 부존재도 공지의 요건에 해당하므로, 역시 공지를 주장하는 자가 비밀이 유지되지 않았던 사정을 입증하여야 한다는 견해도 있다[심준보, "특허법상 공지·공연실시의 의미와 관계", 지식재산21(96호, 특허청, 2006), 106면]. 이 견해에 따르더라도, 비밀유지의무의 존재를 특허권자가 '주장'은 하여야 할 것이고, 그에 대해 무효심판청구인이나 특허청장이 비밀이 유지되지 않았던 사정을 입증함으로써 '공지'를 입증하는 형식이 될 것이라고 본다.

18) 윤선희, 앞의 책, 171면.

19) 공지와 공용이 별개의 호로 나뉘어 규정되어 있는 일본 특허법 제29조 제1항의 해석론으로도 같은 견해가 주장되고 있다[田中秀幸(주기동 역), "공용의 의의와 비밀유지 의무", 특허판례백선(박영사, 2005), 70-71면 참조].

법교육 및 사용자지침서 작성·배포 등의 정황이 인정됨에도 불구하고, 비교대상
발명의 기술내용이 알려진 사람들의 범위가 비밀유지의무가 있는 사업주관기관
소속 공무원들을 넘어선 일반인에게까지 미친다는 점이 입증되지 않아, 비교대상
발명을 위 법조 소정의 공지된 발명으로 볼 수 없다는 점을 밝힘으로써, 특허법
제29조 소정의 공지된 발명으로 인정하기 위해서는, 이를 주장하는 무효심판청구
인이 입증책임을 다하여야 하고, 그 입증의 정도도 비밀유지의무 없는 자가 기술
내용을 알 수 있는 상태로 공개되었고 볼 수 있을 정도에 이르러야 한다는[20] 취
지를 밝힌 데 그 의의가 있다.

---

[20] 이 사건에서 사업주관기관 소속 공무원들에게 비밀유지의무가 있다는 점은 특허권자(원고)
가 주장·입증하여야 하고, 이에 성공한 반면, 무효심판청구인(피고)은 비교대상발명의 시범
운용이나 합동 시스템 점검 과정 등에 기술내용이 위 비밀유지의무 있는 자의 범위를 넘어선
일반에 공개되었다는 점을 제대로 주장·입증하지 못한 것이다.

10. 인터넷 게시물의 선행기술 적합성에 대한 검토

[특허법원 2009. 5. 20. 선고 2008허7850 등록무효(특)][1]
홍정표(국민대학교 교수)

I. 사실의 개요

이 사건 특허발명은 1999. 6. 19. 출원되고 2004. 4. 20. 특허 제429760호로 등록된 "인터넷 웹페이지를 이용한 광고시스템 및 방법"에 관한 것으로서, 청구인은 이 사건 특허발명이 그 출원 전에 공지된 간행물에 의해 진보성이 없다는 등의 이유로 특허심판원에 등록무효심판을 청구하였다.

특허심판원은 청구인이 제출한 자료 중 인터넷 홈페이지(http://taz.net.au/block) 게시물(이하 '비교대상발명 2'라 한다)은 프로그램의 최종 업데이트 일자가 1999년 5월 2일이라는 사실을 확인할 수 있으나, 상기 인터넷 사이트가 공신력이 있다거나 그 게재된 내용의 공지 시점을 객관적으로 입증할 만한 근거도 없다고 하여 선행기술문헌에서 제외하고, 이 사건 특허발명의 등록을 유지하는 심결을 하였다.

원고는 특허법원에 소를 제기하면서, 이 사건 특허발명은 비교대상발명 2와 1999. 6. 1. 한국경제신문에 게재된 신문기사(이하 '비교대상발명 1'이라 한다)로부터 통상의 기술자가 용이하게 발명할 수 있는 것이므로 진보성이 없다고 주장하였다.

II. 판 시

취소 환송.

비교대상발명 2는 인터넷 사이트 "http://taz.net.au/block"에 게시된 것으로서, 배너광고를 차단하고 다른 이미지로 대체할 수 있는 "스퀴드(Squid)"라는 프로

---

1) 이 사건은 상고되었으나 대법원은 2010. 9. 9. 2009후1781호로 상고를 기각하였고, 대법원에서는 이 사건 인터넷 게시물의 선행기술로서의 지위는 쟁점이 되지 아니하였다.

그램에 관한 것이다.

비교대상발명 2는 이 사건 특허발명의 출원일 이후에 해당 인터넷 사이트에 접속하여 출력한 문서에 게재되어 있는 것으로서, 최종 업데이트 일자가 1999. 5. 2.로 표시되어 있다. 그러나 인터넷 문서의 특성상 그 내용이 실제로 인터넷에 공개된 시점이나 일반인의 접근이 가능하게 된 구체적인 시점을 출력된 문서의 내용만으로 인정하기는 어렵고, 또한 인터넷에 최초로 게시된 시점부터 문서로서 출력이 이루어진 시점까지의 기간 동안에 그 내용이 얼마나 어떻게 변경되었는지를 알기 어려운 문제점이 있다.

그런데 갑7호증의 기재만으로는 비교대상발명 2가 게시되어 있던 인터넷 사이트 "http://taz.net.au/block"의 공신력이 인정된다거나 위 사이트에 게시된 내용이나 게시일자가 진실이라는 점을 인정하기 어렵고 달리 이를 인정할 증거가 부족하므로, 결국 비교대상발명 2는 이 사건 특허발명의 신규성과 진보성 판단의 선행기술자료로 쓸 수 없다 할 것이다.

그러나 이 사건 특허발명은 비교대상발명 1과 목적·작용효과가 동일하고 구성에서도 실질적 차이가 없어, 비교대상발명 1에 의해 진보성이 없다.

Ⅲ. 해　설

1. 들어가는 말

최근 정보전달수단의 발달로 인하여 인터넷 등 전기통신회선2)을 통하여 발표되는 선행기술의 양이 급격히 증가하고 있고, 공중의 이용접근성, 전파속도 및 기술수준에 있어서 전통적인 간행물에 비해 뒤지지 않는다. 다만 이들 기술은 인터넷의 특성상 게재 후에 그 게재일 및 내용이 변조될 가능성이 있다는 점에서 전통적인 간행물과 차이가 있다.

판례에 의하면 특허법 제29조 제1항 제2호의 「간행물」은 "인쇄 기타의 기계적, 화학적 방법에 의하여 공개할 목적으로 복제된 문서, 도화, 사진 등"을 말하는 것이어서(대법원 1992. 10. 27. 선고 92후377 판결), 인터넷을 통한 공개를 특허법 제

---

2) 전기통신회선에는 인터넷은 물론 전기통신회선을 통한 공중게시판, 이메일 등이 포함되며, 전기통신회선이라고 하여 반드시 물리적인 회선(line)이 필요한 것은 아니고 유선·무선·광선 및 기타 전기·자기적 방식에 의하여 부호·문언·음향 또는 영상을 송신하거나 수신하는 것을 모두 포함한다. 전기통신기본법 제2조 제1호 참조.

29조 제1항 제2호에서 규정하고 있는 간행물에 기재된 것으로 보기는 어렵다.

2001. 2. 3. 법률 제6411호로 공포된 특허법 제29조 제1항 제2호3)는 특허법시행령 제1조의2에 규정한 인터넷사이트4)를 통하여 공중이 이용가능하게 된 발명에 대해서만 그 게재한 일자나 내용에 대한 신뢰성을 인정하여 간행물을 통하여 공개된 발명과 같은 지위의 선행기술로 인정함으로써, 기타 다른 전기통신회선을 통하여 공중에 이용가능하게 된 발명은 그 발명이 전기통신회선에 실제로 게재된 날이나 그 내용을 확인할 수 있는 경우 특허법 제29조 제1항 제1호의 선행기술에 해당되었다.5)

그런데 2013. 7. 1. 시행된 개정 특허법(법률 제11654호, 2013. 3. 22. 공포) 제29조 제1항 제2호는 "대통령령이 정하는"이라는 문구를 삭제하여 전기통신회선을 통하여 공중이 이용가능하게 된 모든 발명에 대하여 특허법 제29조 제1항 제2호가 적용되도록 개정되었다.6)

다만 게재 후에 그 게재일 및 내용이 변조될 가능성이 있다는 전기통신회선의 특성상 전통적인 간행물과 비교하여 그 게재일이나 내용에 대한 다툼의 여지가 크고 또 입증이 어려울 수 있다.

특허청의 심사기준7)에는 전기통신회선의 인지도, 이용빈도, 운영주체의 신뢰도, 운영기간 등을 참조하여 그 신뢰성이 인정되면 이에 대한 근거를 제시하고 선행기술로 사용하고, 신뢰성에 의문이 있다면 해당 정보게재에 관한 권한이나 책임이 있는 자에 대하여 게재사실을 문의하거나 미국 비영리단체인 인터넷 아카이브가 운영하는 www.archive.org를 이용하도록 기재되어 있다.

2. 각국의 기준 및 사례

가. 일   본

일본은 특허법 제29조 제1항 제3호에서 우리나라와 같은 규정을 갖고 있고,8)

---

3) "특허출원전에 국내 또는 국외에서 반포된 간행물에 게재되거나 대통령령이 정하는 전기통신회선을 통하여 공중이 이용가능하게 된 발명"이라고 규정하고 있다.
4) 정부·지방자치단체, 외국의 정부·지방자치단체 또는 국제기구, 「고등교육법」 제3조에 따른 국·공립학교 또는 외국의 국·공립대학, 우리나라나 외국의 국·공립 연구기관 등이다.
5) 특허청, 특허·실용신안 심사기준(구 심사지침서), 2014, 3207면 참조.
6) "특허출원 전에 국내 또는 국외에서 반포된 간행물에 게재되었거나 전기통신회선을 통하여 공중(公衆)이 이용할 수 있는 발명"으로 개정되었다.
7) 특허·실용신안 심사기준, 앞의 책, 3211면.

일본특허청은 전기통신회선을 통하여 공중에 이용가능하게 된 발명에 관하여 아래 기재와 같이 우리나라와 유사하게 운용하고 있는 것으로 보인다.9)

전기통신회선을 통해 얻어진 기술정보를 선행기술로 사용하기 위해서는 특허출원일 전에 게재되었고 공중이 이용가능 하였어야 한다. 인용하려고 하는 전자기술정보가 기재된 일자에 게재되었다는 점에 대하여 의혹이 극히 적어 심사관이 그대로 선행기술로 사용할 수 있는 인터넷 사이트들에는 "간행물 등을 장기간에 걸쳐 출판해온 출판사의 홈페이지(신문, 잡지 등의 홈페이지, 학술잡지의 전자출판물 등), 학술기관(학회, 대학 등)의 홈페이지, 국제기관의 홈페이지, 공적기관의 홈페이지(성청의 홈페이지, 연구소의 홈페이지)" 등이 있다. 심사관은 인용하려고 하는 전자적 기술정보의 게재일자 및 내용에 관하여 의심이 있는 경우10) 웹사이트에 표시되어 있는 연락처에 문의하여 그 정보들이 변경되었는지의 여부를 조사한 후, 의혹이 해소되면 선행기술로 사용한다.

출원일 이전 공지에 대한 입증으로 인터넷 아카이브(www.archive.org)를 이용하는 것에 대하여 아래와 같이 그 신뢰성을 인정한 판결이 있다.11)

[東京地方裁判所 判決, 平成16年(ワ)제10431호]

피고는 날짜 등의 점에 대하여, 본건 ARCHIVE는 신용성을 결여한다는 요지의 주장을 하고 있으나, 갑22의1 및 2에 의하면, 미국 NPO Internet·Archive는 1996년 전세계 web의 수집을 개시하여 2001년 100 테라바이트, 1600만 사이트 이상의 거대한 collection이 된 본건 ARCHIVE의 공개를 Wayback Machine에 의해 개시한 점, 세계지적소유권기관의 특허협력조약(PCT) 국제출원의 국제조사 및 국제예비조사의 실무를 규정하는 가이드라인은 웹 사이트에 게재된 공개정보의 공개일을 알기 위한 수단의 하나로써, 본 건 ARCHIVE를 예시하고 있음12)이 인정

---

8) 3. 특허출원 전에 일본국내 또는 외국에서 반포된 간행물에 기재된 발명 또는 전기통신회선을 통하여 공중에 이용 가능하게 된 발명.

9) 일본특허청 심사기준 제Ⅲ부제2장(신규성·진보성) 3209. {retrieved on 2016-12-31}. Retrieved from the Internet: <URL: http://www.jpo.go.jp/shiryou/kijun/kijun2/pdf/handbook_shinsa_h27/03.pdf#page=14>.

10) 예를 들어 웹페이지에 명백하게 사실과 다른 내용이 기재되어 있는 경우이다.

11) 반면 상표등록취소사건에서 인터넷아카이브의 Wayback Machine에 기록된 자료의 정확성에 의문을 제기하며 인정하지 아니한 판례도 있다. 知的財産高等裁判所 判決, 平成18年(行ケ)제10358호.

12) PCT 조사보고서 가이드라인에는 개인이나 사적 기관(예를 들면 동호회)의 웹사이트, 상업적 웹사이트(예를 들면 광고등) 등 신뢰할 수 없는 웹사이트에 대해서는 그 공개일을 밝히기 위한 여러 가지 수단중, "상업적인 인터넷 기록보관 데이터베이스에 있는 당해 웹사이트와

된다.

또한 갑20 및 21의 각 1, 2에 의하면, 평성15년 12월 9일 시점의 피고 홈페이지에는 피고제품 1 및 2의 사진에 「*의장등록신청 마침*」이라고 부기되어 있으나, 같은해 2월 27일 시점의 피고홈페이지에서는 피고제품 1 및 2의 사진에 상기와 같은 부기가 없음이 인정되는바, 이는 평성15년 5월 22일 출원된 본건 의장권의 출원경과에 합치한다. 이들 사실로부터, 본건 ARCHIVE가 나타내는 수집내용 및 날짜는 충분히 신용할 수 있는 것으로 인정된다.

나. EPO

유럽특허조약(European Patent Convention)에는 인터넷 정보에 대한 특별한 규정이 없고, "선행기술이란, 해당 유럽 특허출원의 출원일(date of filing) 전에 문서 혹은 구두에 의한 기술, 사용, 혹은 기타의 다른 방법을 통하여 공중에게 입수 가능한 상태로 놓이게 된 모든 것을 포함한다"는 규정만 있다.[13]

EPO 심판원의 심결례를 보면, EPO에서는 인터넷 자료를 선행기술로 사용하려는 자에게 엄격한 증명수준(Strict standard of proof)를 요구하고 있다.[14]

EPO 심판부는 Lexis-Nexis 데이터베이스(인터넷 소스)에서 출력된 문서의 도입부의 앞부분에 언급된 날짜를 배포일과 같이 볼 수는 없다고 하여 인정하지 않았고(T 91/98), 인터넷으로부터 얻어진 PBS 문서의 저술일자나 코드에 새겨진 창작일을 공중이 입수할 수 있었던 날짜를 증명하는 것으로 인정하지 않았다(T 373/03).

다. 미 국

미국 특허법 102(a)(1)조[15]에 따르면 "청구범위에 기재된 발명이 유효출원일(effective filing date) 전에 특허되었거나, 간행물에 기재되었거나, 공용(public use) 또는 판매되었거나 기타 공중에 접근가능하였다면" 특허받을 수 없다.

관련된 입수가능한 정보(예를 들면 "Internet Archive Wayback Machine)를 이용할 것을 고려할 수 있다"고 기재되어 있다. 특허청 刊, "PCT조사보고서 가이드라인", 2007, 151면.
13) EPC § 54(2).
14) EPO 심결 T 1134/06 참조.
15) 미국이 선출원주의로 전환하여 2013. 3. 17. 시행된 AIA(America Invents Act)의 해당조항이다.

미국에서는 인터넷 공개가 간행물(publication)에 해당될 수 있다. 미국 특허청의 MPEP(2128)에는, "온라인 DB나 인터넷 간행물과 같은 전자적 간행물(elctronic publication)도 그 문서가 속한 기술분야에 관련된 자에게 접근 가능하였다면, 35USC § 102(a)(1), AIA 시행전 35 USC § 102(a) 및 (b)의 프린트된 간행물로 간주된다(See In re Wyer, 655 F.2d 221, 227, 210 USPQ 790, 795 (CCPA 1981)"고 기재하고 있다.

인터넷 자료의 공개일에 관하여 MPEP(2128)는 공중에 게시된(publicly posted) 날이 일반에게 접근가능한 날짜이고, 공중에 게시되었는지의 여부 및 게시일자를 알 수 없는 경우, 심사관이 과학기술정보센터 등을 통해 이를 확인할 수 있고, 확인하지 못한 경우 선행기술로 사용할 수 없다고 기재하고 있다.

인터넷 자료의 신뢰성이 의심되고 그 발행일이 분명하지 않은 경우 미국특허상표청의 심사관들은 인터넷 아카이브 웹사이트(www.archive.org)를 많이 이용하고 있고, 미국특허심판원(BPAI)은 인터넷 자료의 공개일을 인터넷아카이브 웹사이트의 Wayback Machine에 의존한 심사관의 거절이유통지를 지지해 주고 있다.16)

3. 우리나라의 판례

특허법원 2006. 4. 7. 선고 2005허4034 판결17)은 "비교대상고안은 이탈리아 소코섬사의 인터넷 홈페이지 출력물 및 제품 사진으로 이 사건 등록고안의 제2 구성에 대응되는 기술구성이 구체적으로 나와있지 아니할 뿐만 아니라 그 실시시기가 이 사건 등록고안의 출원일 이전임을 인정할 만한 증거도 없다"고 하여, 인터넷 출력물을 선행기술로 인정하지 아니하였다.

한편 특허법원 2005. 9. 15. 선고 2004허8039 판결18)은 뉴스보도를 전문으로 하는 http://news.cnet.com 웹사이트의 넷워드라는 시스템의 소개기사(비교대상발명)에 기재된 "August 1, 1997, 5:55 PM PT"을 인터넷 게시일자로 인정하고, 인터

---

16) See BPAI Appeal 2009-009966 (decided on 2010. 7. 18.); 2009-009966 (decided on 2010. 9. 20.). 미국 특허심판PR(특허무효심판)에서도 Wayback Machine의 자료를 선행기술로 인정한 사례가 있다. See Crestron Electronics, Inc. v. Intuitive Building Controls, Inc., Case IPR2015-01460; Par Pharmaceutical, Inc. v. Jazz Pharmaceuticals, Inc., Case IPR2015-00551.

17) 대법원 2006. 6. 29. 선고 2006후923 판결에 의해 심리불속행으로 상고기각됨(대법원에서는 비교대상발명의 선행기술로서의 지위에 대한 다툼은 없었음).

18) 대법원에 상고되어 2007. 7. 12. 2005후2991 상고기각되었음(대법원에서도 비교대상발명의 선행기술로서의 지위를 인정하였음).

넷에 게시된 내용은 특별한 사정이 없는 한 IP(Internet Protocol) 주소(도메인 네임)을 알기만 하면, 우리나라를 포함한 세계 어느 곳에서도 비교적 자유롭게 그 문서의 내용을 열람할 수 있으므로, 비교대상발명은 적어도 이 사건 출원발명의 출원일인 1998. 2. 9. 이전에 국내에서 공지되었다고 할 수 있다고 하여 인터넷 게시물의 게재일 및 공중에 접근가능하게 된 날을 인정하였다.

한편, 이메일과 관련하여서 특허법원은, 2010. 5. 20. 선고 2009허660[19] 판결이나, 2006. 10. 20. 선고된 2005허1027[20] 판결에서 이메일의 기재내용이 부족한 점은 별개로 하고 이메일을 선행기술로서 인정하고 있는 것으로 보인다.

4. 맺음말

인터넷이 선행기술로 사용되기 위해서는 출원발명의 출원일 이전에 인터넷에 게재되었고, 공중에 접근가능했다는 것이 필요하다. 그런데 인터넷 게시물은 그 특성상 게재 후에 그 게재일 및 내용이 변조될 가능성이 있다는 점에서 전통적인 간행물과 동일하게 취급할 수는 없다.

인터넷 게시물의 신뢰도는 사안에 따라 다르고, 개인이나 사적 기관(예를 들면 동호회)의 웹사이트, 상업적 웹사이트(예를 들면 기업 홈페이지, 광고 등) 등으로 그 홈페이지에 대한 신뢰도가 낮은 경우에는 운영자와 연락하여 홈페이지 운영이 제대로 되고 있는지 및 게재된 후 수정이 이루어졌는지 등에 관하여 조사한 후 선행기술로 이용할지를 결정할 필요가 있다.

인터넷 아카이브 웹사이트(www.archive.org)의 Wayback Machine에 기록된 정보도 특허청 심사관의 거절이유통지나 무효심판의 증거로서 사용할 수 있을 것으로 생각된다(물론 이에 대하여 출원인이나 상대편 당사자의 반증이 있다면 결과는 달라진다).[21]

불과 십 수 년 전만 하더라도 선행기술이라면 책자나 간행물들을 의미했었으

---

19) 대법원 2010. 10. 14. 선고 2010후1831호에 의해 심리불속행으로 기각됨.
20) 상고 없이 2006. 11. 10. 판결 확정됨.
21) 특허심판원 사건으로서, 청구인이 특허발명의 출원일 이전에 인터넷(www.renew materials. com)을 통해 구입하였다고 하면서 무효심판의 증거자료로 '맞춤형 실리콘 라이너 제작방법'이 담긴 DVD(비교대상발명 1)를 제출하였는데, 특허심판원은 "심판관 직권으로 Wayback Machine을 이용하여 확인하여 본바, 2007. 4. 27. 위 인터넷사이트에서 비교대상발명 1이 판매되고 있음을 알 수 있어서 비교대상발명 1은 그 반포시기를 특정할 수는 없으나, 이 사건 특허발명의 출원일인 2007. 11. 14. 이전에 반포된 것으로 인정된다"고 판단한 사례가 있다(특허심판원 2010. 11. 26. 선고 2009당1413 심결 참조).

나, 현대의 기술개발자들은 인터넷에 크게 의존하고 있고, 특허청 심사관이 사용하는 선행기술이나 무효심판의 증거로서 인터넷 게시물이 사용되는 빈도도 더욱 증가할 것으로 보인다. 따라서 인터넷 게시물의 선행기술로서의 지위에 관해서는 보다 많은 논의와 연구가 필요하다고 하겠다.

11. 상위개념과 하위개념 발명의 동일성

[대법원 2002. 12. 26. 선고 2001후2375 판결(권리범위확인(특))]

김관식(한남대학교 법학부 교수, 전 대법원 재판연구관)

I. 사실의 개요

1. 사건의 경과

원심 판결(특허법원 2001. 6. 22. 선고 2000허4633 판결)에서는 명칭을 "배합사료용 사료첨가제"로 하는 원고의 이 사건 특허발명(특허번호 제162513호)과 이 사건 특허발명의 출원 전에 국내에 반포된 슈퍼네카라치 제품의 카탈로그에 기재된 내용(이하 '인용발명'이라고 한다)을 대비하여, 양 발명은 모두 탄소질 흡착제 분말에 목초산액을 흡착시켜 얻은 사료첨가제로서 탄소분말과 목초산액의 비율이 동일한 범주에 속하고, 이 사건 특허발명의 구성 중 흡착제인 야자열매껍질로부터 얻은 탄소분말은 인용발명의 흡착제 범위에, 이 사건 특허발명의 구성 중 히코리 나무를 건류하여 얻은 목초액은 인용발명의 목초산액 범위에 각 포함되므로 이 사건 특허발명은 인용발명이 상위개념으로 표현한 구성을 하위개념으로 표현한 이른바 선택발명에 해당되고, 선택발명이 신규성을 인정받기 위해서는 공지된 선행발명에 비하여 예측할 수 없는 현저한 작용효과가 있어야 하는 것이므로 이 사건 특허발명은 결국 신규성이 없는 발명에 해당하여 그 권리범위를 인정할 수 없다고 판결하였다.

이에 대하여 원고는 인용발명에는 본원발명이 구체적으로 개시되어 있지 않음에도 그 효과의 현저성이 없을 경우 신규성도 부정하여 특허발명의 권리범위 자체를 부인한 것은 특허발명의 권리범위에 관한 법리를 오해한 위법이 있다고 주장하였다.

2. 쟁　점

상위개념의 발명에 대한 하위개념의 발명에서 선행발명에 구성요건이 상위개념으로 기재되어 있을 뿐으로 특허발명에 해당하는 하위개념이 '구체적으로 개시되어 있지 아니한 경우'에 하위개념 발명의 신규성이 상실되는 지의 여부가 주요 쟁점 중의 하나이다.

Ⅱ. 판　시

상고 기각.

"선행 또는 공지의 발명에 구성요건이 상위개념으로 기재되어 있고 위 상위개념에 포함되는 하위개념만으로 구성된 특허발명에 예측할 수 없는 현저한 효과가 있음을 인정하기 어려워 그 기술 분야에서 통상의 지식을 가진 자가 공지의 발명으로부터 특허발명을 용이하게 발명해 낼 수 있는 경우라 하더라도 선행발명에 특허발명을 구성하는 하위개념이 구체적으로 개시되어 있지 않았다면 원칙적으로 그 특허발명이 출원 전에 공지된 발명과 동일성이 있는 것이라고 할 수 없고 신규성이 있는 발명에 해당한다."

다만 본 사건에서는 원고 발명의 신규성을 인정하더라도 확인대상발명이 종래기술로부터 당해 기술분야에서 통상의 지식을 가진 자가 용이하게 발명할 수 있는 것이어서 특허발명과 대비할 필요 없이 특허발명의 권리범위에 속하지 않게 되므로 원심의 결론이 정당하다고 하여 원고의 상고를 기각하였다.

Ⅲ. 해　설

1. 상위개념과 하위개념의 발명

현재의 발명은 종래의 기술에서 찾아볼 수 없는 기술적 사상을 독창적으로 개발한 이른바 개척발명보다는 종래의 발명의 개념을 발전시켜 완성하는 개량발명이 다수 존재한다.1) 이러한 개량발명의 기초가 되는 발명과 개량된 발명을 지

---

1) 발명이라고 하여도 무에서 유를 창조하는 것은 아닐 것이고, 결국 종래의 기술을 바탕으로 개발되는 것이므로 궁극적으로는 모든 발명은 결국 개량발명이라고 할 수도 있을 것이다. 개

칭하는 용어로는 여러 가지가 있다. 우리나라와 일본에서는 주로 상위개념,2) 하위
개념에 해당하는 발명으로 사용하고 있으며, 여기서 하위개념 발명을 특별히 선택
발명으로 구별하여 사용하기도 한다.3) 미국의 경우에는 상위개념, 하위개념에 대
응하는 용어로 genus-species(屬種) 관계의 발명이라는 용어로 사용하고 있다.4)
독일이나 영국에서는 선택발명에 해당하는 용어를 사용하고 있으나,5) 미국에서는
선택발명이라는 용어를 genus-species 관계와 별도로 상정하여 사용하고 있지는
않으며, 우리나라와 일본에서 수치한정발명으로 지칭하는 발명을 genus-species
발명에 포함된 개념으로 파악하고 있다.6)

2. 상위개념과 하위개념 발명의 동일성7)

발명의 동일성 문제는 신규성, 선원성 판단을 위한 전제로서 매우 중요한 위
치를 차지하고 있으므로 상위개념과 하위개념 발명의 동일성 문제는 특허법상 주
요한 주제 중의 하나이다. 그런데 양자의 발명이 상위개념과 하위개념의 발명의
관계에 있을 때에는 양 발명의 동일성 판단은 그 시간적 선후관계에 따라 아래와
같이 판단이 상이하게 된다.

척발명이라고 인정되는 라이트 형제의 비행기, 텔레비전 등도 궁극적으로는 그 이전의 기술
을 바탕으로 개발되었다. 따라서 개척발명과 개량발명의 구분도 그리 용이한 것은 아니다.

2) 상위개념은, "同族的 혹은 同類的 사항을 모아서 총괄한 개념 또는 어떤 공통된 성질에 의
하여 복수의 사항을 총괄한 개념을 의미한다." 吉藤幸朔, 特許法槪說(第13版, 대광서림, YOUME
特許法律事務所 譯, 2000), 128면 및 특허청, 특허·실용신안 심사지침서(2006), 2321-2322면.
3) 竹田和彦, 特許의 知識(第8版, 도서출판 에이제이디자인기획, 김관식 외 4인 역, 2011),
202면; 千孝南, 特許法(제11판, 법경사, 2005), 256면; 尹宣熙, 特許法(法文社, 2003), 88면;
박희섭·김원오, 特許法原論(第2版, 세창출판사, 2005), 184면; 中山信弘, 工業所有權法(上)
特許法(法文社, 韓日知財權研究會 譯, 2001), 145면.
4) Janice M. Mueller, *Patent Law* (3rd ed., Aspen, 2009), p.145; Roger Shechter, John
Thomas, *Principles of Patent Law* (2nd ed., Thomson West, 2004), p.80; Donald S.
Chisum, *Elements of United States Patent Law* (2nd ed., Yushodo Press Co. Ltd., 2000),
p. 38.
5) 독일에서의 Auswahlerfindung 및 영국에서의 selection patent. Lionel Bently, Brad
Sherman, *Intellectual Property Law* (Oxford University Press, 2001), p. 436.
6) Donald S. Chisum, *Elements of United States Patent Law* (2nd ed., Yushodo Press Co.
Ltd., 2000), pp. 38-40.
7) 본 해설 부분은, 김관식, "발명의 동일성 ―실질적 동일성과 종·속관계 발명의 동일성을 중
심으로―", 산업재산권 제23호(2007), 277면 이하를 일부 수정 보완한 것이다.

가. 하위개념에 대한 상위개념의 동일성

인용발명이 본원발명의 하위개념에 해당하는 경우에는 본원발명의 신규성은 일반적으로 부정되어 결국, 선행기술에서 종에 해당하는 발명이 개시되어 있으면, 속에 해당하는 발명을 청구할 수 없게 된다.8) 이와 같이 하위개념의 발명이 공개된 경우에 이에 대한 상위개념에 관한 발명의 신규성을 부정하는 이유로 발명을 특정하기 위한 사항으로서 "동족적 또는 동류적 사항 또는 공통된 성질"을 이용한 발명을 인용발명이 이미 나타내고 있는 것을 드는 경우도 있으나,9) 전체적으로 그 이유가 명확한 것은 아니다. 예를 들어 인용발명이 구리로 기재되어 있는 경우에 청구항에 금속에 관한 발명이 기재되어 있다면 청구항에 기재된 발명은 신규성이 없는 것으로 인정하고 있다.10) 그 이유로는 구리 발명의 개시에 의하여 그 상위개념인 금속 발명이 개시되었다고 인정할 수 있으므로 결국 금속발명의 신규성이 상실된다고 해석하고 있는 것으로 보인다. 하지만 구리가 공지된 경우에 공지된 발명이 양성자 및 전자의 수가 29개이고 원자량이 63인 원소의 일종으로서 공지된 것인지, 공지된 발명이 금속의 일종인 구리로서 사용된 것인지, 액체나 기체와 대비되는 개념인 고체의 한 종류로써 단순히 사용된 것인지는 단순히 구리라는 구성만으로 용이하게 파악되는 것이 아니고 목적 및 효과의 유기적인 결합에 의하여 파악될 것이므로, 구리가 공지되었다고 해서 금속에 관한 발명이 항상 공지되었다고 판단할 수는 없다.11) 발명은 그 구성 자체만으로는 발명이 이루고자 하는 기술적 사상을 파악하기 매우 곤란한 경우가 많고, 목적 및 효과의 유기적 결합에 의하여만 발명의 기술적 사상이 파악될 수 있으므로,12) 단순히 하위개념의 발명이 공지되었다고 해서 상위개념의 발명이 당연히 신규성이 상실된다고 보는 것은 무리가 있고 하위개념이 공지된 경우 이에 대응하는 상위개념의 발명이

---

8) Donald S. Chisum, Craig Allen Nard, Herbert F. Schwartz, Pauline Newman, F. Scott Kieff, *PRINCIPLES OF PATENT LAW Cases and Materials* (3rd ed., FOUNDATION PRESS, 2004), p. 419.

9) 吉藤幸朔, 特許法槪說(第13版, 대광서림, YOUME 特許法律事務所 譯, 2000), 127면.

10) 특허청, 특허·실용신안 심사지침서(2011), 3215면; 특허청, 특허·실용신안 심사지침서 (2006), 2322면.

11) 목적 및 효과가 공지된 발명과 동일한 경우에는 구리로부터 금속의 발명을 할 수 있는지의 여부는 진보성의 문제가 될 것이다. 만일 진보성이 긍정되어, 후원인 금속의 발명에 관하여 특허되는 경우, 구리에 관한 발명이 그 특허의 권리범위에 포함되는 것은 일견 문제가 될 것으로 보이지만, 이는 이용·저촉의 법리로 해결할 수 있을 것이다.

12) 구성만으로 발명의 사상이 파악되지 않는 또 다른 예로는 동일한 구성에 의하더라도, 목적 및 효과가 전혀 상이한 소위 용도발명을 들 수 있다.

당연히 공지된 것으로 볼 수 있는지의 여부는 사안별로 신중하게 판단하여야 할 것으로 생각된다. 인용발명이 하위개념으로 개시되어 있으나 결국 본원발명에 해당하는 상위개념이 개시된 것으로 인정할 수 있는 경우에는 상위개념인 본원발명의 신규성이 상실될 수 있으나, 하위개념으로부터 상위개념이 지극히 당연하게 도출되는 것이 아니라 당해 기술분야에 속한 기술자의 지식을 동원하여야 도출이 가능한 정도라면 신규성이 상실되는 것으로 볼 수 없다고 보아야 하고 진보성의 문제로 다루어야 할 것으로 생각된다.

한편 미국에서는 선행기술문헌에 의하여 신규성이 부정되는 지의 여부를 침해 여부 판단과 동일한 방법기준으로 수행한다.[13] 즉 인용발명에 개시된 발명이 만일 출원발명의 특허 후에 존재하는 경우 침해를 구성하게 된다면, 인용발명의 발명이 특허발명일 이전에 존재하는 경우에는 출원발명의 신규성을 부정하는 방법을 사용한다.[14] 이를 '후침해 선신규성 부정의 원칙'[15]이라 한다. 이 원칙의 유효성에 대해서는 일부 비판적 견해도 있으나,[16] 그 자체로[17] 혹은 일부 수정에 의하여[18] 신규성 판단의 기준으로서의 역할을 계속할 수 있다고 인정되고 있어

13) Donald S. Chisum, *Elements of United States Patent Law* (2nd ed., Yushodo Press Co. Ltd., 2000), p. 36. 신규성 판단을 이와 같이 판단하는 것을, 영국에서는 reverse-infringement test라고도 한다. Roger Shechter, John Thomas, *Principles of Patent Law* (2nd ed., Thomson West, 2004), p.420.

14) *Ibid.*

15) "That which infringes, if later, would anticipate, if earlier." 이 원칙은 *Peters v. Active Mfg. Co.*, 129 U.S. 530 (1889) 사건 및 *Knapp v. Morss*, 150 U.S. 221 (1893)에서 천명된 이래로 현재까지 널리 적용되고 있다. 또한, Donald S. Chisum, *Elements of United States Patent Law* (2nd ed., Yushodo Press Co. Ltd., 2000), Sec. 1322의 The infringement Test-Claim Interpretation to Avoid Anticipation
   If an item disclosed in a reference would have infringed had it occurred *after* the patent issued, then that item will anticipate when it comes *before* the inventor's date of invention 참조.

16) Lionel Bently, Brad Sherman, *Intellectual Property Law* (Oxford University Press, 2001), p.421의 각주 51에서 저자는 reverse-infringement test가 신규성의 법리를 정확하게 표현한 것이 전혀 아니라고 한다.

17) Roger Shechter, John Thomas, *Principles of Patent Law* (2nd ed., Thomson West, 2004), p.78.

18) 침해의 경우, 문언적 침해뿐만 아니라, 균등침해가 있으므로, 상기 문구를 "That which would literally infringe if later in time anticipates if earlier than the date of invention"으로 수정할 것을 *Lewmar Marine, Inc. v. Barient, Inc.*, 827 F.2d 744, 747 (Fed. Cir. 1987)에서 제안한 바 있다. Donald S. Chisum, Craig Allen Nard, Herbert F. Schwartz, Pauline Newman, F. Scott Kieff, *PRINCIPLES OF PATENT LAW Cases and Materials* (3rd ed., FOUNDATION PRESS, 2004), p. 419. 이 경우 균등침해에 해당하는 부분은 진보성과 관련이

꾸준히 적용되고 있다. *In re Games Slayter*, 47 C.C.P.A. 849, 276 F.2d 408 (1960)에서는 하위개념 발명에 대한 상위개념 발명의 신규성을 부정하는 이유로는 '후침해 선신규성 부정의 원칙'을 들고 있으며, 여기에서는 "선행기술에 의하여 상위개념에 포함되는 하위개념을 개시하고 있을 때, 상위개념 청구항은 허용되지 않으며, 다시 말하면 후침해이면 선신규성 부정이다"라고 판시하고 있다.19) 이후에도 하위개념에 대한 상위개념 발명의 신규성 부정의 근거로 '후침해 선신규성 부정의 원칙'을 들고 있는 것으로는 이외에도 다수의 판결이 있다.20) 이와 같이 후침해 선신규성 부정의 원칙을 하위개념 발명과 상위개념 발명에 적용하면, 하위개념 발명이 상위개념 발명에 대해서 시간적으로 후가 되면 침해가 될 것이므로, 하위개념 발명이 상위개념 발명에 대하여 선행하는 경우에는 상위개념 발명의 신규성이 부정된다. 이러한 결과는 동일한 자가 하위개념의 발명에 대하여 특허를 먼저 획득한 후, 상위개념 발명에 대하여 특허를 청구하는 경우에도 마찬가지이다.21)

전술한 '후침해 선신규성 부정의 원칙'이 성립된 이유가 명확하지는 않으나 하위개념의 발명이 개시되어 있는 경우에 상위개념의 발명에 대하여 특허를 부여하게 된다면 이미 자유롭게 실시하고 있는 발명에 대하여 특허권을 부여하게 되는 결과가 되므로 하위개념에 대한 상위개념에 대해서 특허의 부여는 허용될 수 없다는 점에 주된 근거를 두고 있는 것으로 보인다. 그러나 특허의 부여를 부정할 수 있는 근거로는 신규성 부정 이외에도 진보성의 부정을 들 수도 있으므로, 이러한 원리를 적용한 효시적인 판결22)이 있던 19세기 후반과 같이 특허요건으로서

있다고 볼 수도 있을 것이다. 同旨, Donald S. Chisum, *Elements of United States Patent Law* (2nd ed., Yushodo Press Co. Ltd., 2000), p. 36의 각주 13 후반부.

19) *In re Games Slayter*, 47 C.C.P.A. 849, 276 F.2d 408 (1960)의 p. 853, p. 412 각각 참조. 이 판결에서는 후침해 선신규성 부정에 관한 이하의 판례를 인용하고 있다. *Peters v. Active Mfg. Co.*, 129 U.S. 530, 9 S.Ct. 389 (1889), *Knapp v. Morss*, 150 U.S. 221, 14 S.Ct. 81, 37 L.Ed. 1059 (1893), *Faries Mfg. Co. v. S. W. Farber Mfg. Co.*, 47 F.2d 571, 8 U.S.P.Q. 323 (2nd. Cir. 1931).

20) *In re Jacques Gosteli, Ivan Ernest and Robert B. Woodward*, 872 F.2d 1008 (1989); *Eli Lilly & Co. v. Barr Laboratories, Inc.*, 222 F.3d 973, 987 (Fed. Cir. 2000).

21) *Eli Lilly & Co. v. Barr Laboratories, Inc.*, 222 F.3d 973, 987 (Fed. Cir. 2000).

22) *Peters v. Active Mfg. Co.*, 129 U.S. 530, 9 S.Ct. 389 (1889)를 필두로 하여, *Knapp v. Morss*, 150 U.S. 221 (1893) 등에서 확인됨. *Peters v. Active Mfg. Co.* 사건에서 대법원은, 원고의 발명이 우선이고 특허되었다면, 피고의 발명은 침해가 되었을 것이고, 반면에 피고의 발명이 특허되었다면, 원고의 발명이 침해가 되었을 것이다. 즉, 후침해이면 선 신규성을 부정한다고 판시하였다. *Peters v. Active Mfg. Co.*, 129 U.S. 530, 9 S.Ct. 389 (1889)의 p. 538,

신규성과 진보성을 구분하지 않고 또한 문언침해와 균등침해를 구분하지 않는 경우에는 발명의 실시에 따른 침해는 결국 양 발명이 동일함을 의미하므로 일견 타당한 결과를 얻을 수도 있을 것이나, 신규성과 진보성의 개념이 구분되어 있고 문언침해와 더불어 균등침해가 인정되는 현재에는 침해가 반드시 양 발명이 동일함을 의미하는 것은 아닐 것이므로 '후침해이면 선신규성 부정' 원칙 적용의 일반적 타당성에는 의문이 있으므로 이러한 원리를 상위개념 발명과 하위개념 발명에 적용하여 하위개념 발명에 대하여 상위개념 발명이 동일하다는 결과를 도출하는 점에는 의문의 여지가 있다.23)

나. 상위개념 발명에 대한 하위개념 발명의 동일성

반면에, 청구항에 기재된 발명이 하위개념으로 표현되어 있고, 인용발명이 상위개념으로 표현되어 있는 경우에는 일률적으로 신규성이 부정되지는 않고 일정한 경우에는 신규성이 인정된다.24) 즉 상위개념에 해당하는 선행기술문헌이 존재할 때 하위개념에 대하여 후출원이 있는 경우, 선행기술문헌에 특허청구된 하위개념 발명이 명확하게 실제로 개시되어 있지 않은 경우에는 신규성이 인정된다.25) 단순히 하위개념 발명이 상위개념 발명에 포함된다는 사실은 하위개념 발명의 진보성을 부정하는 근거가 되지는 않으며,26) 하위개념 발명이 속한 상위개념 발명에서는 예측되지 아니한 특성을 가지는 경우에는 진보성이 인정되어 특허될 수 있게 된다.27) 동일한 자가 상위개념 발명에 대하여 특허를 취득한 후, 하위개념 발명에 대하여 특허를 청구한 경우에는 일정한 경우 특허 받을 수 있다.

---

p. 393 각각 참조.

23) 다만, 신규성 판단시와는 달리, 선출원주의 및 확대된 선출원주의의 적용시에는 진보성 판단을 할 수 없으므로(이는 미국과 상이한 점이다), 선출원주의 적용시에는 발명의 동일성 여부 판단을 신규성 판단시와는 달리 하여야 할 여지가 있다. 특허법원 2016. 9. 30. 선고 2016허3051 판결[등록무효(특)]에서는, 특허법 제36조 제1항 소정의 선출원주의 적용시, 하위개념 발명에 대하여 상위개념 발명이 동일하다고 판단하고 있다.

24) 이 경우가 소위 선택발명에 관한 것이다.

25) *In re Schaumann*, 572 F.2d 312, 197 U.S.P.Q. 5 (C.C.P.A. 1978).

26) *In re Baird*, 16 F.3d 380, 29 U.S.P.Q.2d 1550 (Fed. Cir. 1994).

27) Donald S. Chisum, *Elements of United States Patent Law* (2nd ed., Yushodo Press Co. Ltd., 2000), p. 38.

3. 결   론

상위개념과 하위개념의 발명의 동일성 판단시, 하위개념에 대하여 상위개념 발명은 일반적으로 신규성이 부정되고 있으며 이는 미국에서 널리 사용되고 있는 후침해 선신규성 부정의 원리에 의하여 일정부분 영향을 받은 것으로 보인다. 하지만, 후침해 선신규성 부정의 원리는 그 적용에 근본적인 한계가 있어 보이고, 하위개념 발명으로부터 상위개념 발명이 일률적으로 개시된 것으로 인정할 수 없는 경우도 있을 것이므로, 현재와 같이 일률적으로 신규성을 부정하는 것은 신중하게 행하여야 할 것으로 보인다. 하위개념 발명으로부터 상위개념 발명의 개시가 있는지의 여부를 판단하고 상위개념의 발명이 개시된 것으로 인정이 된다면 당연히 양 발명은 동일하게 되므로 상위개념 발명의 신규성을 부정할 수 있게 된다.

상위개념이 개시되어 있는 경우 하위개념의 발명에 대해서도 상위개념으로부터 하위개념의 발명이 당연히 개시된 것으로 인정할 수 있다면 하위개념 발명의 신규성은 부정될 것이나 그렇지 않은 경우에는 신규성이 인정된다. 본 사건의 경우, 본원발명이 비록 공지의 발명으로부터 용이하게 발명할 수는 있다 하더라도 인용발명에는 본원발명의 구성이 개시되어 있지 아니하므로 양 발명은 동일하지 않다고 판단하였으며 이는 타당한 결과이다.

4. 이 사건 판결의 의의

이 사건 판결의 의의로는, 원심판결에서는 상위개념에 대한 하위개념의 발명의 신규성 판단시 효과의 현저성 여부를 포함시켜 판단하였으나, 본 판결에서는 신규성의 판단시 효과의 현저성 여부의 판단을 제외하여 상위개념에 대한 하위개념의 발명은 그 구성의 차이가 있으므로 상위개념에 대한 발명이 개시되어 있을 때 이에 대한 하위개념의 발명은 원칙적으로 동일하지 않으므로 신규성이 인정된다는 점을 명확하게 한 점을 들 수 있다.

12. 발명의 실질적 동일성(특허법 제29조 제1항)

[대법원 1995. 6. 9. 선고 93후1940 판결 거절사정]
김관식(한남대학교 법학부 교수, 전 대법원 재판연구관)

Ⅰ. 사실의 개요

1. 사건의 경과

원고는 "폴리프로플렌계수지 예비발포입자"에 관하여 특허출원을 하였는데, 특허청구범위 제1항은, 폴리프로필렌계 수지 예비발포된 입자 1~3mg을 시차 주사 열량계로써 10℃/min의 가열속도로 220℃까지 가열하여 얻어진 시차주사열량곡선(DSC곡선)에서, 폴리프로필렌 수지의 특징적인 피이크(특성피이크) 및 특성피이크가 나타나는 온도보다 더 높은 온도에서의 다른 피이크(고온피이크)가 나타남을 특징으로 하는 결정구조를 갖는 폴리프로필렌계 수지 예비발포된 입자에 관한 것이다.

이 출원에 대하여 특허청 심사관은, 용융지수(M.I.)치가 0.1~25, 결정잠열이 28cal/g 이하, 에틸렌 성분이 1~30 중량%인 에틸렌-프로필렌 공중합체를 기재수지로 하는 예비발포입자를 무기가스 혹은 무기가스와 휘발성발포제와의 혼합가스에 의하여 가압숙성하고, 이 입자에 높여진 압력을 부가하고, 그 후 이 입자를 폐쇄할 수 있지만 밀폐할 수 없는 금형에 충전하고 가열 팽창시켜 성형하는 것을 특징으로 하는 폴리프로필렌계 수지 발포성형체의 제조방법에 관한 것이 개시되어 있는 인용발명을 근거로, 본원발명은 인용발명에 개시된 발명과 동일하여 신규성이 인정되지 않는다는 취지로 거절사정[1]을 하였다. 이에 원고는 특허청 항고심판소에 불복하였으나 기각되어 대법원에 상고하였다.

---

1) 현, 거절결정.

2. 쟁　점

본원발명과 인용발명의 구성이 전면적으로 일치하지는 않으나, 그 목적이 동일하고, 발명의 구성에 일부 중복되는 부분이 있을 때, 이를 발명이 동일한 것으로 인정할 수 있는지의 여부가 쟁점이 되었다.

Ⅱ. 판　　시

상고 기각.

양 발명은 그 목적으로 하는 기술적사상 즉 내열성, 내약품성, 기계적강도 등에서 뛰어난 물성을 갖는 폴리프로필렌계 수지 주형-내부(in-mold) 발포성형체의 제조라는 점에서 같고 이를 달성하는 수단인 발명의 구성에 중복되는 부분이 있고 이를 제외한 나머지 부분만으로 별개의 발명을 이루고 있다고 보이지 아니하는 이상 그 특허청구범위 기재의 표현상의 차이에도 불구하고 실질적으로 동일한 발명이라고 하여야 할 것이므로 결국 본원발명은 인용발명과 동일하여 신규성이 없다.

Ⅲ. 해　　설[2]

1. 발명의 동일성

복수의 발명에 대한 동일성의 판단은 특허법상 특허요건인 신규성의 충족여부 및 선원성 판단을 위한 가장 기본적인 문제 중의 하나이다. 또한, 발명의 진보성 판단은 신규성 판단을 전제로 하고 있으므로, 발명의 동일성 판단의 문제는 간접적으로 발명의 진보성 판단에도 중요한 문제가 되며, 이와 더불어, 확대된 선원의 문제, 특허청구범위의 기재 및 분할출원의 적법성 및 특허발명의 기술적 범위의 판단시에도 이와 같은 판단이 중요한 문제가 된다. 이와 같이 발명의 동일성 문제는 특허법 전반에 걸쳐서 그 해석 및 운용이 중요시되는 기본적인 문제의 하나이다.[3]

---

2) 본 해설 부분은, 김관식, "발명의 동일성 —실질적 동일성과 종·속관계 발명의 동일성을 중심으로—", 산업재산권 제23호(2007), 277면 이하를 일부 수정·보완한 것이다.

3) 吉藤幸朔, 特許法概說(第13版, 대광서림, YOUME 特許法律事務所 譯, 2000), 121면.

일반적으로 발명의 대비는 출원발명과 이와 대비되는 발명, 즉 인용발명4)의 대비로 그 절차가 진행된다. 신규성 및 선원성의 판단시 판단의 대상이 되는 발명은 청구항에 관한 발명이다.5) 청구항에 관한 발명의 인정은, 청구항의 기재에 바탕을 두고 하며, 이 때, 특허청구범위 이외의 명세서 및 도면의 기재를 참작하여 청구항에 기재된 발명을 특정한다. 이를 공지, 공용된 발명 및 반포된 간행물에 기재된 발명, 즉 선행기술과 비교하여 발명의 동일성 여부를 판단한다. 이 때, 청구항에 기재된 발명과 인용발명의 구성을 대비하여, 구성의 차이점의 유무를 판단한다. 신규성을 부정하기 위해서는 청구된 발명의 모든 구성이 하나의 선행기술에 존재하여야 한다.6) 구성의 차이점이 없는 경우에는 비교대상 발명은 동일하므로 비교대상 발명의 신규성, 선원성이 부정되고, 구성의 차이점이 있는 경우에는 청구항의 발명은 신규성, 선원성이 인정된다. 다만, 구성의 차이점이 있는 경우에도, 그 차이가 균등물인 경우에 이를 신규성이 부정되는 것으로 해석한 사건도 일부 있으나,7) 점차 문언적 동일의 요건을 엄격하게 해석하여 청구된 발명과 선행기술 사이의 차이가, 사소하거나 비본질적이더라도 신규성 부정의 근거가 될 수 없다고 하여, 신규성 판단시 동일성을 엄격하게 해석하고 있다.8)

선행기술과 관련하여, 당업자에 의해서 파악되는 선행기술의 내용을 확정하기 위해서 선행기술문헌에 개시되어 있는 증거 이외의 외적 증거를 활용할 수도 있다.9) 다만, 이 경우에도, 외적 증거는 선행기술의 내용을 설명하기 위하여 사용되

---

4) 본고에서 사용하는 인용발명은, 선행기술(prior art) 중에서 당해 특허출원발명의 신규성, 선원성 등을 부정하는 근거로서 사용될 수 있는 특정한 선행기술을 의미한다. 구미권에서 사용하는 pertinent prior art에 대응하는 용어이다. 한편, 국내의 판결문에서도 출원발명과 대비되는 기술문헌은 그 내용 및 형식을 불문하고 인용발명으로 통일하여 칭하고 있다. 이는 일본에서도 마찬가지이다.

5) 吉藤幸朔, 앞의 책, 122면.

6) 이와 같이, 하나의 인용발명에 청구된 발명에 기재된 모든 구성요소가 기재되어 있어야 한다는 것은 확립된 기준이다.
   In re Robertson, 169 F.3d 743, 49 U.S.P.Q.2d 1949 (Fed. Cir. 1999); Janice M. Mueller, Patent Law(3rd ed., Aspen, 2009), p.145; 竹田和彦, 特許의 知識(第8版, 도서출판 에이제이디자인기획, 김관식 외 4인 역, 2011), 166면.

7) RCA Corp. v. Applied Digital Data Sys., Inc., 730 F.2d 1440, 221 U.S.P.Q. 385 (Fed. Cir. 1984).

8) PPG Inds., Inc. v. Gurdian Indus. Corp., 75 F.3d 1558, 1566, 37 U.S.P.Q.2d 1618, 1634 (Fed. Cir. 1996). 이 경우, 다만 진보성이 인정되기는 곤란할 것이다. 한편, 한국에서는 이 경우에 실질적 동일로 판단될 수 있다.

9) Scripps Clinic & Research Foundation v. Genentech, Inc., 927 F.2d 1565 (Fed. Cir. 1991).

는 것으로 한정되고, 선행기술의 내용을 확장하기 위하여 사용될 수 없다.[10] 선행기술이 특허출원된 발명의 신규성을 부정하는 근거인 인용발명으로 되기 위해서, 우리나라에서는 그 개시의 정도에 특별한 제한을 가하고 있지는 않아 선행기술문헌에 출원발명과 동일한 결과물만이 개시되어 있더라도, 인용발명이 될 수 있다.[11] 따라서, 특정한 금속 화합물의 구성비가 선행기술문헌에 기재되어 있으나, 당업자가 그 구성을 제조할 수 있는 방법에 대해서는 기재가 되어 있지 않는 경우, 동일한 금속화합물에 대하여 특허가 출원된 경우에도 우리나라에서는 선행기술문헌을 인용발명으로 활용할 수 있다. 반면에, 미국에서는 인용발명에 출원발명과 동일한 구성이 개시되어 있더라도, 그 발명을 당업자가 용이하게 실시할 수 없는 경우에는 인용발명이 될 수 없는 것으로 하고 있다.[12] 즉, 인용발명이 되기 위

---

10) *In re Baxter Travenol Labs.*, 952 F.2d 388, 390 (Fed. Cir. 1991).

11) 우리나라와 일본에서 주로 사용되는 개념인 미완성발명의 경우에는, 출원발명의 신규성을 부정하는 인용발명이 될 수 없다는 점에서, 실시가능요건을 충족하지 못하여 인용발명으로 사용될 수 없는 발명과 일견 일맥상통하는 점도 있으나, 미완성발명은 발명이 추구하는 목적 및 효과를 달성할 가능성이 실질적으로 거의 없는 경우를 일컫는 경우로 매우 제한적으로 해석하고 있으므로 실시가능요건을 충족하지 못한 발명에 비해서는 그 인정이 매우 제한적이라는 점에서 차이가 있다. 미완성 발명이 신규성의 근거로는 인용될 수 없으나, 진보성의 근거로는 인용될 수 있다는 점은 유사한 점이다. 한편, 일본에서는 미완성 발명의 개념을 현행 심사기준에서는 삭제하고, 그 대부분을 실시가능요건에 관한 설명으로 대체하였다. 後藤 麻由子, "特許審査における発明の同一性について", 特技懇 241号, 特許庁技術懇話会(2005), 95면, 각주 7.

12) 소위 실시가능요건(Enablement Requirement)이다. 이는 Seymour v. Osborne, 78 U.S. (11 Wall.) 516, 20 L.Ed. 33 (1870) 사건에서 미국 대법원이 ... anticipation cannot occur unless a prior art reference is enabling - that is, it contains a substantial representation of the patented improvement in such full, clear, and exact terms as to enable any person skilled in the art or science to which it appertains to make, construct, and practice the invention to the same practical extent as they would be enabled to do so if the information was derived form a prior patent이라고 판시한 이래도 오랫동안 인정되어 온 원칙이다.

　　In re Paulsen, 30 F.3d 1475 (Fed. Cir. 1994)은 현재의 모든 휴대용 컴퓨터가 채용하고 있는 화면과 키보드를 접어서 휴대할 수 있는 휴대용 컴퓨터에 대하여, 접이식 전자식 계산기가 선행기술로 사용될 수 있는지의 여부가 쟁점이 된 사건인데, 특허출원인은 인용발명으로 사용된 전자식 계산기는 단순히 계산기 박스만 공개되어 있고, 계산기를 만드는 방법과 사용하는 방법이 개시되어 있지 않으므로, 접이식 컴퓨터의 인용발명이 될 수 없다고 주장하였으나, 재판부는 본원 특허출원 당시의 당업자 기술수준을 감안할 때 접이식 계산기의 박스만으로도 본원 출원의 컴퓨터에 필요한 회로 등을 구성할 수 있으므로, 인용발명으로 인정된다고 판시하였다.

　　인용발명이 갖추어야 할 실시가능요건과, 특허출원발명이 갖추어야 할 실시가능요건에 특별한 차이는 없는 것으로 해석된다. *In re Donohue*, 766 F.2d 531, 533 (Fed. Cir. 1985). 이 사건에서는 인용발명이 갖추어야 할 실시가능요건으로, 명세서가 갖추어야 할 실시가능요건을 차용하여 당업자가 과도한 실험 없이 생산 및 사용이 가능하여야 한다고 판시한 바 있다.

해서는 단순히 발명의 결과만을 기술해서는 충분하지 않고, 그 발명을 어떻게 생산하는지에 대한 정보를 제공하여야 한다는 의미이다. 따라서, 위 사례의 경우 미국에서는 선행기술문헌에 특정 금속 화합물의 구성이 기재되어 있는 경우에, 이러한 특정화합물의 구성을 당업자가 실시할 수 없다고 인정되는 경우에는, 동일한 구성이 선행기술문헌에 기재되어 있는 경우라 하더라도 인용발명으로 사용될 수 없게 된다.[13] 이러한 조건이 요구되는 것은, 선행기술에 의하여 당해 기술분야에 기술적으로 진정한 기여가 없는 경우에 후출원의 특허를 방해한다면, 기술적으로 진정한 기여가 없이 당해 발명에 대한 독점권을 향유하여, 결과적으로 후출원에 의한 기술적 기여를 방해하는 결과가 야기되기 때문이다.[14]

2. 신규성 판단시 발명의 실질적 동일성

특허법 제29조 제1항의 규정에 의한 신규성 판단시의 동일성에 대해서는 기술적 사상의 표현 및 기재형식이 완전히 동일할 것을 요구하는 완전한 동일성으로 보는 견해와[15] 기술적 사상의 표현 및 기재 형식이 상이하여 기술적 사상이 전면적으로 일치하는 경우가 아니더라도, 특허청구범위에 내재하는 기술적 사상의 실체에 착안하여 실질적으로 상호 동일한 범위에 속하는지의 여부를 판단하는 실질적 동일성으로 이해하는 견해가 있다.[16] 실질적 동일성으로 이해하는 경우에서는, 발명의 동일 여부 판단시 기재상의 표현 또는 기재형식의 이동(異同)만을 기준으로 해서는 아니 되며, 특허청구범위에 내재하는 기술적 사상의 실체에 착안하여 판단하여야 한다고 한다.[17]

본 판결에서는 "양 발명의 기술적 사상이 전면적으로 일치하지 않더라도, 그 범위에 차이가 있을 뿐 부분적으로 일치하는 경우라도 그 일치하는 부분을 제외한 나머지 부분만이 별개의 발명을 이루지 않는 한 양 발명은 동일한 발명이라고 하며, 그 기술적 사상이 같고, 이를 달성하는 수단인 구성에 중복되는 부분이 있

---

13) 이와 유사한 사례로서, 선행기술이 실시가능하게 기재되어 있는지의 여부가 쟁점으로 된 사건으로는, *Titanium Metals Corp. of America v. Banner*, 778 F.2d 775, 782 (Fed. Cir. 1985).
14) Roger Shechter, John Thomas, *Principles of Patent Law* (2nd ed., Thomson West, 2004), p. 82.
15) 이수완, "특허성판단과 특허침해판단과의 관계", 창작과 권리 제2권(세창출판사, 1996), 83면.
16) 손경한 편저, 新특허법론(法英社, 2005), 111면.
17) 宋永植 외 2인, 知的所有權法(上)(第6 全訂版, 育法社, 2000), 232-233면.

고, 이를 제외한 나머지 부분만으로 별개의 발명을 이루고 있다고 보이지 아니하는 이상 그 특허청구범위 기재의 표현상의 차이에도 불구하고 실질적으로 동일한 발명이라고 하여야 한다"고 판시하여 기술적 구성에 차이가 있더라도 차이가 나는 부분이 별개의 발명을 이루지 않는 경우에는 두 발명이 동일하다고 판단하였다. 여기에서는 발명의 대비시, 발명을 이루는 기술적 사상의 표현 및 기재형식을 중심으로 발명의 구성요소를 개별적으로 대비하지 않고, 기술적 사상 대 사상으로 대비하면서 차이가 나는 부분이 별도의 사상을 이루지 않으므로 결국 양 발명이 동일하다고 판단하여, 신규성 판단에서 발명의 실질적 동일성의 개념을 인정하였다.

3. 실질적 동일성 개념의 문제점

이와 같이, 구성이 동일하지 않는 경우라 하더라도 발명이 동일한 것으로 인정되는 실질적 동일의 개념은 판례 및 실무에서[18] 인정되고 있으나, 발명이 실질적으로 동일하다는 개념을 신규성의 판단시에 도입하는 점은 문제가 있어 보인다.

앞에서 신규성 판단시 동일한 것으로 인정되는, "구성의 차이가 있으나, 기술적 사상이 동일한 범주에 속하고, 당업자가 보통으로 채용하는 정도의 변경에 지나지 않아 발명의 목적과 작용효과에 격별한 차이가 없는 경우"에는, 당업자가 보통으로 채용하는 정도의 변경에 해당하는 '구성의 차이'가 존재하므로, 발명의 내용이 '그 자체'로 일반 공중의 영역(public domain)에 존재하고 있다고 볼 수는 없다. 이 경우에는 구성의 차이에도 불구하고 기술적 사상이 동일한 범주에 속하고 당업자가 보통으로 채용하는 정도에 지나지 않는 경우에는, 특허법상 당해 기술이 속하는 기술 분야에서 통상의 지식을 가진 자가 종래 발명으로부터 용이하게 발명할 수 있는 경우에 해당한다고 보아 우리나라 특허법상 확립되어 있는 진보성이 상실되는 것으로 보는 것이 타당할 것이다.[19] 특히 실무에서 실질적으로 동일하다고 인정되는 경우인, 표현의 차이, 단순한 효과 인식의 차이, 단순한 목적의

<hr>

18) 특허청, 특허·실용신안 심사지침서(2011), 3406면; 특허청, 특허·실용신안 심사지침서(2006), 2320-2321면, 제2부 제3장 제2절 4. 신규성 판단방법.
　여기서 신규성의 판단을 위한 발명의 동일성 방법의 구체적 기준을 확대된 선원 판단시의 발명의 동일성 판단방법을 참조하고 있어, 결국 동일한 기준을 채용하고 있다.
19) 유럽의 경우에도 구성의 차이가 있고 이것이 통상의 기술자에게는 주지의 균등물에 해당한다고 하더라도, 이는 신규성의 문제가 아니라 진보성의 문제라고 하고 있다. Gerald Paterson, *ELEMENTS OF THE EUROPEAN PATENT SYSTEM The Law and Practice of the European Patent Convention* (Yushodo Press, 1995), p.370.

차이, 단순한 구성의 변경, 단순한 용도의 차이 및 단순한 용도한정의 유무[20] 등은 일반적으로 진보성이 상실되는 경우에 해당하므로 진보성의 상실로 해석하면 될 것을 '실질적으로 동일'하다는 무리한 해석론을 전개하면서까지 신규성이 상실되는 것으로 보는 점은 의문의 여지가 있다. 진보성의 개념은 바로 이와 같은 경우를 상정한 것이다. 특허발명이 유효하기 위하여 발명이 새로울 뿐만 아니라 진보하여야 할 것을 요구한 선구적인 판결이 이루어진 Hotchkiss v. Greenwood, 52 U.S. (11 How.) 248 (1850) 사건에서는 점토 혹은 도자기로 이루어진 도어 손잡이의 재료를 단순히 금속으로 대체한 도어 손잡이 특허의 유효성이 문제되었는데, 본 판결에서 재판부는 손잡이의 재료가 이전과 상이하므로, 발명이 '신규한' 것으로는 인정하였으나, 그 차이가 단순히 형식적인 것에 불과하고 이 기술 분야에 익숙한 통상의 기술자가 변경하여 적용할 수 있는 정도에 지나지 않는다는 점을 근거로 특허를 무효로 판단하였다. 이 사건 이래로 발명이 특허되기 위해서는 특허법상 명시적으로 규정된 신규성 및 산업상 이용가능성뿐만 아니라, 진보성이 보통법(common law) 상으로 요구되는 것으로 이해되어 왔는데[21] 1952년 이래 미국특허법 제103조의 진보성(non-obviousness) 규정은 이를 명시적으로 조문화한 것이다. 또한 전술한 바와 같이 신규성 판단에서 실질적 동일을 인정하면 신규성과 진보성 개념의 구분이 모호해지는 결과도 초래될 것으로 우려된다. 신규성 판단시에 실질적 동일성 개념이 도입된 것은, 1973. 2. 8. 법률 제2505호로 개정되기 전의 특허법에서는 신규성과 진보성의 개념이 구분되지 않았던 점[22]에 의하여 일정 부

---

20) 특허청, 특허·실용신안 심사지침서(2011), 3406-3409면; 특허청, 특허·실용신안 심사지침서(2006), 2321면 및 2514-2517면.

21) Donald S. Chisum, Craig Allen Nard, Herbert F. Schwartz, Pauline Newman, F. Scott Kieff, *PRINCIPLES OF PATENT LAW Cases and Materials* (3rd ed., FOUNDATION PRESS, 2004), p. 533.

22) 1961. 12. 31. 법률 제950호
  第2條 (特許의 對象) 産業에 利用할 수 있는 <u>新規의 發明</u>을 한 者는 그 發明에 對하여 特許를 받을 수 있다.
  第5條 (新規性의 定義) 本法에서 <u>新規의 發明</u>이라 함은 다음 各號의1에 該當하지 아니하는 것을 말한다.
  1. 特許出願前에 國內에서 公知되었거나 또는 公然히 使用된 것
  2. 特許出願前에 國內에서 頒布된 刊行物에 容易하게 實施할 수 있는 程度로 記載된 것 및
  1963. 3. 5. 법률 제1293호
  第2條 (特許의 對象) <u>新規의 發明</u>을 한 者는 그 發明에 對하여 特許를 받을 수 있다.<改正 1963·3·5>
  第5條 (定義) ① 이 法에서 發明이라 함은 自然法則을 이용한 高度의 技術的 創作으로서

분 영향을 받은 것으로 보인다.23) 하지만 신규성 판단시의 실질적 동일성 개념은 진보성 개념의 도입에 의하여 그 존재 의의를 상실하였다고 볼 수 있다. 한편 일본에서도 신규성 판단시의 발명의 동일성 판단시에 실질적 동일성의 개념을 인정한 바 있으나, 현재는 진보성과의 심사기준의 명확화, 권리의 법적 안정성, 국제조화 등의 관점으로부터 신규성 판단시의 실질적 동일성 개념을 삭제하였다.24) 바람직한 개정이다.

4. 결 론

본 판결에서는 신규성 판단을 위한 발명의 동일성 판단시 기술적 사상을 중심으로 비교하는 점을 밝히면서 발명의 구성에 차이가 있더라도 일정한 경우에는 동일하다고 볼 수 있다고 판시하여 실질적 동일성의 견해를 취함을 명확하게 한 점에 의의가 있다.

다만 발명이 동일하지 않기 위해서 차이가 나는 구성 부분이 별개의 발명을 이루어야 할 것을 요구하고 있는 점은 동일성의 범위가 지나치게 확장될 우려가 있고, 신규성의 개념으로부터 진보성의 개념이 분화된 사정과 실질적 동일성의 개념이 진보성의 개념에 포함되는 점을 고려하면, 신규성 판단시의 발명의 실질적 동일성 개념은 더 이상 그 존재 의의를 찾기 힘들 것이므로 그 적용에 신중하여야 할 것으로 생각된다.

産業에 이용할 수 있는 것을 말한다.
　② 이 法에서 <u>新規의 發明</u>이라 함은 다음 各號에 해당하지 아니하는 것을 말한다.
　1. 特許出願前에 國內에서 公知되었거나 또는 公然히 使用된 것
　2. 特許出願前에 國內에서 頒布된 刊行物에 容易하게 實施할 수 있는 程度로 記載된 것 [全文改正 1963·3·5] 참조.
　일본에서도 1959년(昭和 34년)에 개정되기 이전의 특허법에는 현재의 진보성에 대응하는 조문이 규정되어 있지 않아, 당업자가 용이하게 발명할 수 있는 정도에 해당하는 경우에는 발명의 정의 규정을 근거로 거절하였다. 中山信弘, 注解 特許法 上卷(第3版, 靑林書院, 2000), 240면.
23) 같은 취지, 李明揆, "특허법 제36조 제1항에 있어서 '동일한 發明'의 의미", 特許訴訟硏究 第3輯(特許法院, 2005), 64면의 각주 33.
24) 後藤 麻由子, "特許審査における発明の同一性について", 特技懇 241号(特許庁技術懇話会, 2005), 97면 및 100면.

13. 발명의 실질적 동일성(특허법 제36조, 제29조 제3항)

[대법원 1985. 8. 20. 선고 84후30 판결(특허무효)]

김관식(한남대학교 법학부 교수, 전 대법원 재판연구관)

Ⅰ. 사실의 개요

피심판청구인의 특허 제9800호(1979. 11. 29. 출원 1981. 5. 18. 등록)는 '가구용 진주박자개무늬의 제조방법'에 관한 것으로서 그 발명의 요지는[1] "감광지로 된 기지 위에 액상진주박, 투명랙커, 신나, 실리콘오일 및 엠 아이 비 케이(MIBK)로 조성된 진주박도료(백색 또는 은색)을 임의모양으로 도층함을 제1 공정(진주박 도료도 층공정)으로 하고, 그 위에 황색, 적색, 녹색 또는 이와 유사한 색의 안료와 위 진주박도료로 조성된 착색제로 일정한 간격을 두고 줄무늬를 교대로 착색한 후 주요무늬형성 예정부에는 추가 착색제를 보충 도층한 다음 약 40도씨 내외의 온도로 약 30~60분간 가열 건조시킴을 제2 공정(진주무늬 착색공정)으로 하고 피 브이씨(PVC)계수지를 전색제로 하는 흑색 인쇄잉크로 장식무늬를 스크린 인쇄하고 건조 후 호마이카를 약 1~2㎜정도 두께로 도층한 위에 실리콘수지제 필름을 깔고 로울러로 가압한 다음 필름을 제거시킴을 제3 공정(장식무늬 형성공정)으로 하는 3개 공정의 결합을 특징으로 하는 가구용 진주박 자개무늬지의 제조방법"이다.

이에 대하여 심판청구인은 인조자개무늬 형성방법에 관한 특허출원 79년 제3327호(갑 제2호증, 1979. 9. 26. 출원)를 들어 무효심판을 청구하였는데 그 발명의 요지는 "감광지 표면에 강석박(진주박의 속칭), 신나, 엠 아이 비 케이(MIBK), 토로앤, 실리콘, 아세톤 및 수성염료, 유성안료의 혼합액을 락카와 1:1 비율로 희석시킨 용약을 적층도포하고 그 위에 천연자개본연의 색감을 낼 수 있는 다색의 염료 분말을 살포하여 문지르면서 휘저어 다양한 각색의 무늬모양을 형성한 다음 열건조시킨 후 다시 48시간 자연건조시켜 그 위에 임의의 모양을 프린트 인쇄하여서

---

1) 여기서 말하는 '발명의 요지'는 다름 아닌 단항식으로 기재된 특허청구의 범위이다.

된 인조자개무늬 형성방법"이다.

특허항고심판소에서는 본 특허와 인용발명의 구성에 일부 차이가 있는 것을 이유로 전혀 상이한 발명으로 인정하여 무효심판청구를 기각하였고, 심판청구인은 상고하였다.

이 사건에서 쟁점은, 이건 특허와 이건 출원의 구성 중 제1 공정에서 양자는 감광지로 된 기지 위에 진주박도료 조성혼합물을 도포하는 점에서 동일하나 이건 특허에는 이건 출원에서와 같은 위 혼합물에 수성염료와 유성안료를 혼합하고 이를 다시 락카와 1:1 비율로 희석하여 도층하는 기재를 찾아볼 수 없고, 제2 공정에서 위 적층도포한 기지위에 무늬모양을 형성한다는 점은 동일하나 이건 특허는 다색의 안료와 제1 공정에서 사용하는 혼합물인 진주박도료로 조성된 착색제로서 무늬모양을 형성하는 것인데 이건 출원은 1차로 수성염료, 유성안료가 혼합되어 있는 혼합조성물을 도층도포한 위에 다색의 염료분말을 살포하여 무늬모양을 형성하는 것으로서 양자간에 무늬형성방법이나 착색제 조성에 있어서 그 구체적인 기술적 구성이 다르며, 제3 공정에서 장식무늬를 인쇄한다는 점은 동일하나 이건 특허는 그 위에 호마이카를 도층한 위에 실리콘수지계 필름을 깔고 로울러로 가압한 다음 필름을 제거하는 공정이 있는데 이건 출원은 이와 같은 공정의 기재가 없는 등과 같이, '양 발명의 구성에 일부 차이가 있고 이건 발명의 목적과 작용효과에 격별한 차이를 인정할 수 없는 경우에 두 발명이 동일하다고 인정할 수 있는지의 여부'이다.

Ⅱ. 판   시

파기 환송.

구 특허법(1980. 12. 31. 법률 제3325호로 개정되기 전의 것) 제11조는 동일한 발명에 대하여는 최선출원자에 한하여 특허를 받을 수 있다고 규정하고 있는 바, 전후로 출원된 양 발명이 동일하다 함은 그 기술적 구성이 전면적으로 일치하는 경우는 물론 그 범위에 차이가 있을 뿐 부분적으로 일치하는 경우라도 그 일치하는 부분을 제외한 나머지 부분만으로 별개의 발명을 이룬다거나 위 일치하는 부분의 발명이 신규의 발명과 유기적으로 연결되어 일체로서 새로운 발명으로 되는 등의 특별한 사정이 없는 한 양 발명은 동일하다 할 것이고, 비록 "양 발명의 구성에 상이점이 있어도 그 기술분야에서 통상의 지식을 가진 자가 보통으로 채용하는 정도의 변경에 지나지 아니하고 발명의 목적과 작용효과에 격별한 차이를 일으키지 아니하는 경우에는" 양 발명은 역시 동일한 발명이라 할 것이다.

Ⅲ. 해   설

1. 서   론

발명의 동일성 개념은 출원발명의 신규성 판단이나 선후원 판단시에 적용되는 등 특허법 전반에 걸쳐서 사용되는 중요한 개념이다. 본 사안은 선후원 발명의 동일성 판단시에 실질적 동일의 개념을 도입한 초기의 판례로서 대표적인 것이다.2) 신규성 판단시의 발명의 동일성 및 실질적 동일성 개념의 문제에 대해서는 본서에서 별도로 다루고 있으므로, 여기에서는 이른바 확대된 선원의 개념을 포함한 발명의 선후원 판단시의 발명의 동일성에 관하여 실질적 동일성 개념을 중심으로 다루고자 한다.

2. 특허법 제36조 적용시 발명의 실질적 동일

우리나라에서 실질적 동일의 개념은 동일한 발명에 대하여는 최선출원자에게 특허를 부여할 것을 규정한 선출원주의의 적용에 관한 대상 판결에서 최초로 적용된 것으로 보이는데, 여기에서는 "기술구성이 전면적으로 일치하는 경우뿐만 아니라, 그 기술구성의 일부에 차이점이 있더라도 기술적 사상이 동일한 범주에 속하고, 당업자가 보통으로 채용하는 정도의 변경에 지나지 아니하며 발명의 목적과 작용효과에 격별한 차이를 일으키지 아니하는 경우도 포함한다"고 판시하였다. 그 후 고안의 동일성이 문제가 된 대법원 1991. 1. 15. 선고 90후1154 판결에서도 동일한 취지로 판단하여 발명과 고안의 동일성 판단에는 차이가 없음을 알 수 있다. 이러한 판단 기준은 최근 대법원 2009. 9. 24. 선고 2007후2878 판결에서도 "비록 양 발명의 구성에 상이점이 있어도 통상의 기술자가 보통으로 채용하는 정도의

---

2) 단, 본 사안은 1980. 12. 31. 법률 제3325호로 개정되기 전의 구 특허법이 적용되어, 현 특허법 제36조에 대응하는 구 특허법 제11조가 적용되었다. 한편 본 사안은 선출원주의 판단시의 동일성에 관한 것이나, 특허청, 특허·실용신안 심사지침서(2006), 2513면 및 千孝南, 特許法(제11판, 법경사, 2005), 301면 등에서는 이를 확대된 선원에서의 동일성 판단에 관한 것으로 이해하고 있다.

변경에 지나지 아니하고 발명의 목적과 작용효과에 특별한 차이를 일으키지 아니하는 경우에는 양 발명은 역시 동일한 발명이다"고 판시하여 재확인된 바 있다.

　　법원에서는 이와 같이 일부 구성의 차이에도 불구하고 목적·효과에서 '각별한 차이가 인정되지 않는 정도'라면 실질적으로 동일하다고 판단하며, 동일성 판단에 임하여 통상적으로 진보성 판단의 기준으로 사용되는 '통상의 기술자(당업자)'를 기준으로 판단하고 있는 점이 주목된다.

　　동일성 판단의 경우 발명의 범주3)의 동일 여부는 문제가 되지 않는다. 즉, 발명의 범주가 상이하더라도 발명이 동일할 수 있다. 법원에서는 선후원 관계에 있는 발명의 동일성 판단시에 두 발명이 서로 동일한 발명인지의 여부를 판단함에 있어서는 대비되는 두 발명의 실체를 파악하여 따져 보아야 할 것이지 그 발명이 속한 범주 등의 표현양식에 따른 차이가 있는지 여부에 따라 판단할 것이 아니므로, 대비되는 두 발명의 범주가 다르다는 사정만으로 곧바로 동일한 발명이 아니라고 단정할 수는 없다고 판시하여,4) 선후원 발명의 범주가 상이하더라도 발명이 동일한 경우가 있다는 점을 명확하게 하였다. 이와 같은 사정은 일본에서도 마찬가지이다.5)

　　우리나라의 실무에서는 단순한 카테고리의 차이는 단순한 표현의 차이로 이해하여 양 발명이 실질적으로 동일한 것으로 취급한다.6) 실무에서 발명이 실질적으로 동일한 경우로, 단순한 표현의 차이, 단순한 효과의 인식의 차이, 단순한 목적의 차이, 단순한 구성의 변경, 단순한 용도의 차이, 및 단순한 용도한정의 유무 등, 발명의 사상으로서의 실질적으로 아무런 영향이 미치는 것이 없는 비본질적 사항에 차이가 있는 것에 불과한 경우를 들고 있다.7) 일본의 실무도 대체로 유사하다.8)

---

3) 물건의 발명과, 방법의 발명의 구분을 일컫는 용어이다. 발명의 카테고리. 물건의 발명과 방법의 발명의 구분에 관한 전반적인 논의는 金琯植, "物件의 發明·方法의 發明: 分類基準과 適用", 産業財産權 第17號(韓國産業財産權法學會, 2005), 1-30면 참조.

4) 대법원 1990. 2. 27. 선고 89후148 판결; 대법원 2007. 1. 12. 선고 2005후3017 판결. 특히 후자의 사안에서는 같은 날에 출원되어 각각 등록된 실용신안(물건의 발명)과 방법의 발명의 동일성 여부가 쟁점이 되었다. 상세는, 김관식, "동일자 동일인 경합출원의 취급", 특허소송연구 제5집(특허법원, 2011), 18면 이하 참조.

5) 東京高判 昭45. 5. 20. 昭44(行ケ) 93号, 東京高判 昭46. 10. 29. 37(行ナ) 103号, 東京高判 昭53. 5. 31. 昭48(行ケ) 27号.

6) 특허청, 특허·실용신안 심사지침서(2011), 3407면.

7) 특허청, 특허·실용신안 심사지침서(2011), 3407-3408면.

8) 東京高判 平 7. 12. 21. 平6(行ケ) 263号. 일본에서 우리의 제36조에 대응하는 일본특허법 제

3. 특허법 제29조 제3항 적용시 발명의 실질적 동일

우리나라에서 특허법 제29조 제3항 소정의 소위 확대된 선원 판단시의 발명의 동일성 판단시에는 기본적으로 발명의 기술적 구성을 중심으로 판단하지만 발명의 효과도 참작하여 판단하여야 한다고 하면서 그 기술적 구성에 차이가 있는 경우에도 '새로운 효과의 발생이 없는' 경우에는 그 구성의 차이에도 불구하고 동일한 발명으로 보고 있다.

대법원 2001. 6. 1. 선고 98후1013 판결에서는 고안의 동일성에 관하여 "고안의 동일성을 판단하는 데에는 양 고안의 기술적 구성이 동일한가 여부에 의하여 판단하되 고안의 효과도 참작하여야 할 것인바, 기술적 구성에 차이가 있더라도 그 차이가 과제 해결을 위한 구체적 수단에서 주지 관용기술의 부가, 삭제, 변경 등으로 새로운 효과의 발생이 없는 정도의 미세한 차이에 불과하다면 양 고안은 서로 동일하다고 하여야 할 것이다"고 판시하였고 그 후 다수의 사건에서 동일한 취지로 판시하였다.9) 대법원 2008. 3. 13. 선고 2006후1452 판결에서는 "발명의 동일성 여부의 판단은 양 발명의 기술적 구성이 동일한가 여부에 의하되 발명의 효과도 참작하여야 할 것인데, 기술적 구성에 차이가 있더라도 그 차이가 과제해결을 위한 구체적 수단에서 주지·관용기술의 부가·삭제·변경 등으로 새로운 효과의 발생이 없는 정도에 불과하다면 양 발명은 서로 실질적으로 동일하다고 하여야 한다"고 하여 '실질적 동일'이라는 개념을 명시적으로 인정하고 있는 점이 특징이다.

한편 특허법원 2002. 5. 24. 선고 2001허3477 판결(확정)에서는 "그 차이가 과제해결을 위한 구체적 수단에 있어서 주지·관용 기술의 부가 삭제·변경, 단순한 재료의 변경, 단순한 형상의 변경, 단순한 수치의 한정 등 그 기술분야에서 통상의 지식을 가진 자가 보통으로 채용하는 정도의 변경에 지나지 아니하여 새로운

39조의 적용시에 1. 주지·관용기술의 부가, 전환, 삭제 등에 해당하여 새로운 효과를 나타내지 않는 경우, 2. 하위개념의 상위개념화, 3. 단지 카테고리 표현상의 차이에 해당하는 경우에는 실질적 동일로 하고 있다. 일본 特許庁, 特許·実用新案 審査基準(2006), 第Ⅱ部 第4章 3.3(2). 한편, 인용발명이 하위개념인 경우, 상위개념의 출원발명은 신규성이 없는 경우에도 해당한다. 일본 特許庁, 特許·実用新案 審査基準(2006), 第Ⅱ部 第2章 1.5.3(4). 우리나라에서는 하위개념의 상위개념화는 발명이 동일한 것으로 취급한다. 특허청, 특허·실용신안 심사지침서(2011), 3215면(신규성) 및 3508면(선원성) 참조.

9) 대법원 2002. 5. 17. 선고 2000후2255 판결; 대법원 2003. 2. 26. 선고 2001후1624; 대법원 2004. 10. 27. 선고 2002후444 판결.

효과의 발생이 없는 정도의 미세한 차이에 불과하다고 인정되는 경우에는 양 발명은 동일하다"고 판시하였다. 또한 대법원 2011. 4. 28. 선고 2010후2179 판결에서는 "양 발명의 기술적 구성의 차이가 위와 같은 정도(새로운 효과가 발생하지 않는 정도의 미세한 차이)를 벗어난다면 설사 그 차이가 그 발명이 속하는 기술분야에서 통상의 지식을 가진 자가 용이하게 도출할 수 있는 범위 내라고 하더라도 양발명은 동일하다고 할 수 없다"고 판시하였는데, 이는 실질적 동일성의 판단 기준이 통상의 기술자 수준을 고려한 진보성 판단 기준과는 상이함을 명확하게 한 것으로 해석된다.

특허청의 실무에서는 발명이 실질적으로 동일한 것으로, 발명의 차이가 단순히 표현, 효과인식, 목적의 차이에 해당하거나, 단순한 구성의 변경, 단순한 용도의 차이 및 단순한 용도한정의 유무에 해당하여 발명의 사상으로서의 실질적으로 아무런 영향이 미치는 것이 없는 비본질적 사항 즉 부수적 사항에 차이가 있는 것에 불과한 경우에는 실질적으로 동일한 발명으로 취급하고 있으며,10) 특허법 제36조에서의 동일성 판단과 특허법 제29조 제3항에 의한 동일성 판단에 차이가 없다.11)

일본에서는 두 발명 사이에 차이점이 있더라도 그 차이가 주지·관용기술의 부가, 삭제, 전환(轉換) 등에 해당하여, 새로운 효과를 나타내는 것에 해당하지 않는 경우에는 실질적으로 동일한 것으로 취급하여,12) 우리와 유사하다. 다만, 우리나라의 특허법 제29조 제3항에 대응하는 일본특허법 제29조의2의 적용시의 실질적 동일 사유에는, 제39조 적용 사유에는 포함되어 있는 단순한 카테고리의 표현에 차이가 있는 경우가 제외되어 있다.13) 이는 인용발명이 하위개념이고 후원이 상위개념인 경우, 인용발명의 하위개념에 대한 상위개념을 비교대상 발명으로 인정하면 단순한 동일성으로 파악할 수 있기 때문이다.14)

---

10) 특허청, 특허·실용신안 심사지침서(2011), 3407-3409면.
11) 특허청, 특허·실용신안 심사지침서(2011), 3406면. 확대된 선원에서의 동일성 판단방법을 다른 곳에서 준용하는 것으로 하고 있어 동일성 판단이 결국 동일하게 된다.
12) 東京高判 平 9. 6. 18. 平 7(行ケ) 156号, 東京高判 平 15. 2. 13. 平 13(行ケ) 230号, 東京高判 平 16. 2. 19. 平 13(行ケ) 533号. 일본 特許庁, 特許·実用新案 審査基準(2006), 第Ⅱ部 第 3 章 3. 4(1).
13) 일본 特許庁, 特許·実用新案 審査基準(2006), 第Ⅱ部 第 3 章 3.2. 및 3.4(1); 後藤 麻由子, "特許審査における発明の同一性について", 特技懇 241号(特許庁技術懇話会, 2005), 95면.
14) 일본 特許庁, 特許·実用新案 審査基準(2006), 第Ⅱ部 第 3 章 3.2(3)의 신규성 판단 방법 참조.

4. 제36조와 제29조 제3항의 실질적 동일성 기준의 비교

법원에서는 발명의 동일성 판단시 선원규정의 적용시에는 구성의 차이가 "통상의 기술자가 채용할 수 있는 정도의 변경이고 그 목적·효과의 차이가 특별하지 않은 경우"에는 동일하다고 하고, 확대된 선원규정의 적용시에는 그 구성의 차이가 "효과의 차이가 없는 미세한 차이"라는 표현을 사용하고 있고 후자의 기준에 대해서는 진보성의 판단기준과 상이하다는 점을 명시적으로 표명한 바가 있으나 전자에 대해서는 명시적인 판단이 이루어진 바가 없다. 전자의 경우에는 효과의 일부 차이가 있다 하더라도 동일하다고 판단할 여지가 있어 보이므로, 후자에서 효과의 차이가 있는 경우에는 동일하다고 할 수 없다는 기준에 비해서는 전자의 동일성 인정의 범위가 넓다고 볼 여지도 있다.

다만 이와 같이 제36조와 제29조 제3항의 동일성 기준을 달리 적용한다면 후원 청구범위에 기재된 발명이 선원에서 기재되어 있는 위치에 따라서 동일성 판단의 기준이 상이하게 될 것이어서 선원의 청구범위가 확정되기 이전에는 후원의 심사가 불가능해지므로, 이 경우에는 선원의 확대된 선원 규정이 도입된 주된 취지의 하나로서 일반적으로 인정되는 점인 선원의 청구범위가 확정되기 이전의 후원 심사의 착수가 불가능하게 될 것이므로 확대된 선원 규정의 도입 취지가 몰각될 우려가 있다.

Ⅳ. 결   론

선·후원 발명의 동일성 판단시 구성의 차이가 있는 경우에도 일정한 경우에는 선·후원 발명이 실질적으로 동일하다고 하여 후원을 배제하는 것은, 선원성의 문제를 신규성(선후출원인이 상이한 경우) 및 이중특허의 문제(선후출원인이 동일한 경우)로 해결하는 미국에서, 신규성 판단시뿐만 아니라 이중특허 판단시에도 진보성 판단이 이루어지는 점[15])에서 그 취지의 유사성을 일부 찾아 볼 수 있다. 그러

---

15) 우리나라의 제29조 제3항에 해당하는 종전 미국 특허법 §102(e) 또는 2011년 개정 미국 특허법 §102(a)(2)와 우리나라의 선원주의에 대응하는 종전 미국 특허법 §102(g)는 신규성에 관한 조문으로 본 조항의 선행기술은 §103조 소정의 진보성 판단의 근거가 된다. 한편 미국의 이중특허에서 진보성 판단은 obvious-type double patent의 문제이고, 이는 미국 특허법상 명시적 규정은 없고, 공공정책상 판례에 의하여 정립된 것이어서 이를 non-statutory double patenting이라고 한다. Janice M. Mueller, *Patent Law* (3rd ed., Aspen, 2009), p.59;

나 우리나라에서는 그 명확한 근거를 찾아보기 곤란하므로 선후원 판단시의 동일성 판단을 신규성 판단의 동일성과 일치시켜서 선원의 후원 배제력을 동일성의 범위로 한정시키는 것이 바람직해 보인다.

다만 현재의 실질적 동일성의 개념을 적극적으로 활용하여 선후원 판단시에 양 발명의 동일성(신규성)뿐만 아니라 진보성 판단도 수행하도록 하는 방안도 장기적으로 고려할 만한데, 이는 신규성의 부정시 출원인이 선발명의 지식을 실제로 활용하여 발명하였기 때문이 아니라 일반 공중이 그 발명에 관한 지식의 활용이 가능하였는지의 여부에 의하여 결정된다는 점과, 진보성의 개념이 도입된 이유가 공중의 영역에 이미 존재하는 기술을 당해 기술에 종사하는 기술자가 자유롭게 활용하여 시간의 흐름에 따라 자연적으로 이루어지는 기술적 진보의 결과물을 자유롭게 활용할 수 있게 하는 점에 있을 것인데 이러한 취지는 아직 공개되지 않은 선출원 발명과 후출원 발명의 경우에도 동일하게 적용이 가능할 것이라는 점을 고려하고, 진보성이 상호 인정되지 않는 복수의 발명의 경우에 선원의 공개여부에 관계없이 후원에 대하여 진보성 판단을 한다면 후원의 등록 여부가 특허심사 절차 단계에서의 임의의 결과에 불과한 선원의 심사기간의 장단에 따라 상이하게 되는 불합리도 해소할 수 있을 것[16])이기 때문이다.

U.S.P.T.O., *Manual of Patent Examining Procedure* (2000), sec 804. 한편 미국에서 이중특허의 경우에도 진보성 판단을 하는 이유에 대해서는 선원의 특허존속기간이 만료된 시점에서 진보성이 없는 정도의 개량된 부분에 대해서 공중이 사용할 수 있어야 한다는 점을 들고 있다. In re Zickendraht, 319 F.2d 225, 232 (CCPA 1963)(Rich 판사의 보충의견) "공중은 특허의 존속기간 만료시에는 청구된 발명뿐만 아니라, 발명의 기술수준과 특허된 발명에서 청구된 발명 이외의 종래기술을 고려할 때, 발명시에 이 기술이 속하는 기술분야에서 통상의 지식을 가진 자에게 자명한 정도의 개량된 부분에 대해서도 누구나 사용할 수 있어야 한다."
16) 이 점이 공개되지 아니한 특허출원문헌을 인용발명으로 삼을 수 있게 하고 이후에 미국특허법 §102(e)(2011년 개정 특허법 §102(a)(2))로 명문화된 Milburn doctrine이 성립된 근거이다. *Alexander Milburn Co. v. Davis-Bournonville Co.*, 270 U.S. 390, 46 S.Ct. 324, 70 L.Ed. 651 (1926).

14. 특허법 제36조의 동일성 판단 기준

[대법원 2004. 3. 12. 선고 2002후2778 판결]
박길채(특허법인 태평양 변리사)

I. 사실의 개요

상고인X(원고)는 특허 제60571호(출원인 1986. 6. 20., 이하 "원출원 발명"이라 한다)를 먼저 출원한 후, 이로부터 분할하여, 후출원인 특허 제75803호(그 청구범위 제1항을 이하 "이 사건 발명"이라 한다)를 등록받았는데, 그 청구범위를 간략하게 비교하면 아래와 같다.

구분	공정(제조방법)
원출원 발명	물질X" (가수분해) → 물질X (통상의 방법) → 물질VI
이 사건 발명	물질IB + 물질A → 물질IC (통상의 방법) → 물질VI

이에 대해, 피상고인(피고)으로부터 무효심판이 1999당1791호로 제기되어 2001. 11. 30. 제1항 발명에 대하여 무효심결이 되었는데, 그 이유는 두 발명이 동일하게 물질X("물질IB"와 동일)로부터 물질VI을 제조하는 방법에 관한 것이고, 비록 원출원 발명이 이 사건 발명에 비해 물질X"를 가수분해하여 물질X를 제조하는 방법이 부가되기는 하였으나, 이 사건 발명이 물질IB를 제조하는 방법을 한정하고 있지 아니하므로, 원출원발명은 이 사건 발명의 다양한 제조방법중의 하나에 해당되는 것으로 인정되므로, 양 발명은 청구범위가 전체적으로 동일하지 않더라도, 그 일부분의 발명이 동일한 이상, 상호 동일하다는 것이었다.

그 후 특허법원에서는 2002허161 판결로 2002. 10. 25. 원고의 청구를 기각하였는데, 그 이유는, 양 발명이 동일한 실시예를 공유하고 있어서, 이 사건 발명과 원출원 발명은 실질적으로 동일한 공정을 통하여 목적하는 일반식(VI)의 화합물을 얻는 것이라고 할 수 있으므로, 결국 양 발명은 그 기술적 사상 및 기술적 수단이 동일한 발명이라고 할 것이어서, 무효라고 판시하였다.

Ⅱ. 판   시

이에 대해 대법원은 아래와 같이 판시하면서 원심을 파기하였다.[1]

"(일부 생략) 원출원 중 일부 발명이 실시례 등의 상세한 설명에 기재된 것으로서 원출원 발명과 다른 하나의 발명으로 볼 수 있는 경우에는 그 일부를 분할 출원할 수 있으며, 이 경우 그 동일성 여부의 판단은 특허청구범위에 기재된 양 발명의 기술적 구성이 동일한가 여부에 의하여 판단하되 그 효과도 참작하여야 할 것인바, 기술적 구성에 차이가 있더라도 그 차이가 주지 관용기술의 부가, 삭제, 변경 등으로 새로운 효과의 발생이 없는 정도에 불과하다면 양 발명은 서로 동일하다고 하여야 할 것이다(대법원 2001. 6. 1. 선고 98후1013 판결, 2003. 2. 26. 선고 2001후1624 판결 등 참조).

(중략) 원출원 발명에 부가된 X" 화합물 및 중간체 X 화합물은 모두 신규의 물질로서 그 발명의 상세한 설명의 기재를 참작할 때 위 제조 과정은 그 수율 등의 면에서 가장 유효한 화합물(X=IB)을 만드는 필수 구성요소이므로, 이 과정은 이 사건 제1항 발명이 예정하고 있지 않은 새로운 효과를 가진 공정이라고 보아야 하고 이를 단순한 주지 관용기술에 불과하다고 볼 수는 없다고 할 것인바, 따라서 이 점만으로도 이러한 제조 과정을 필수 구성요소로 하지 않는 이 사건 제1항 발명은 원출원 발명과 그 기술적 사상 및 기술 구성이 서로 다른 상이한 발명이라고 할 것이다."

Ⅲ. 해   설

선원주의 또는 이중특허 법리에서 동일성 판단의 유형은 아래와 같이 ① 비중첩형, ② 부분중첩형, ③ 하위발명형, ④ 상위발명형, ⑤ 일치형 등 5가지로 나누어서 생각해 볼 수 있다.[2] 미국에서는 위 유형 ① 내지 ④에 대해 일정한 조건

---

1) 대법원 2014. 3. 12. 선고 2002후2778 판결.
2) Charles L. Gholz, "The law of double patenting in the CCPA by Charls L. Gholz", 제268면(http://www.oblon.com/content/uploads/2015/04/214.pdf, 2015. 9. 9. 방문).

(terminal disclaimer)하에서 이중특허를 허용하므로, 이들을 자명성 타입 이중특허 (Obviousness-type double patenting, OTDP)라 하여, 어떠한 조건하에서도 특허가 허여될 수 없는 신규성 타입 이중특허(Statutory double patenting, 위 유형 ⑤)와 구별하고 있다.

　위 중에서 유형 ④ 및 ⑤는 선원주의 판단에 있어서 모든 국가가 상호 동일한 것으로 판단하고 있다. 반면, 유형 ① 내지 ③에 대해서는 국가별로 판단상 차이가 미미하게 존재한다. 한국은 "실질적 동일성"이라는 판단 잣대를 활용하고 있는데, 특허법원 2004. 9. 10. 선고 2003허4160 판결에서는 "특허법 제36조에서의 (중략) 동일한 발명에는 문언적으로 일치하는 발명뿐만 아니라, 특허청구범위에 기재된 기술사상내용이 실질적으로 동일한 발명도 포함된다"라고 하고 있어서, 위 유형 ① 내지 ③도 기술적 사상의 관점에서 동일하게 판단될 수 있음을 시사하고 있고 대법원 1990. 2. 17. 선고 89후148 판결에서는 카테고리가 다른 발명(유형①)도 기술적 사상이 같으면 동일하다고 판단하고 있다.3)

　다음 유형②를 보면, 발명이 전체적으로 유기적 일체성을 갖는 발명도 있지만, 여러 가지가 단순히 병합되어 있는 경우도 있다. 따라서 발명의 속성이나 실체를 따져 보아서, 권리범위(청구항)가 분리가능한 영역들의 단순한 병합이라고 한다면, 일부 실시형태에서는 당연히 중복된 특허가 될 것이므로, 이런 경우에는 같다고 보아야 한다. 즉, 발명이 영역별로 구분될 수 있는 지의 여부에 따라 판단해야 하는 것이다. 대법원 1985. 8. 20. 선고 84후30 판결에서도 범위가 부분적으로 일치하게 되면, 이러한 발명에 대해서는 동일하다고 판단하고 있다. 위 84후30 판시에서 생각해 볼 점은 ① "그 일치하는 부분을 제외한 나머지 부분만으로 별개의 발명을 이룬다"라는 문구와 ② "위 일치하는 부분의 발명이 신규의 발명과 유기적으로 연결되어 일체로서 새로운 발명으로" 된다는 문구의 의미이다. 위 ①의 경우는 선택발명으로 생각될 수 있다. 즉 선택발명의 경우 새로운 영역을 선택하는 것 자체가 별개의 발명을 이루는 하나의 새로운 기술사상으로 인정되므로, 이러한 경우에 동일하지 않다고 보아야 하는 것으로 해석된다. 또한 ②의 경우는 문언적으로 차이나는 구성이 다른 부분(동일한 구성)과 유기적으로 연결되어 있어 새로운

---

3) 한편 중국전리심사기준에서는 이와 달리 설명하고 있는데, 이는 잘못된 것으로 보인다. 카테고리가 다르더라도 발명의 핵심기술사상이 동일하다면 결국 권리범위가 중첩될 수밖에 없기 때문이다. 따라서 우리의 대법원 판례가 보다 타당하다고 생각된다.

발명에 해당되는 경우 즉, 일체형에 해당되는 경우로 해석된다.

마지막으로 유형 ③에 대해 보면, 통상적으로 우리와 일본의 실무는 후행이 하위개념이면, 구체적으로 발명의 속성을 따져 보지 않고, 다르다고 판단하고 있는데, 미국은 이에 대해 전혀 다르게 판단하고 있다. 동일한 명세서를 공유하고, 청구범위만 후원이 하위인 경우, 양 발명이 개시하는 기술사상이나 공중에 공개하는 기술은 동일한데, 청구범위만 상위개념에서 하위개념으로 변경되고 있는 것이다. 이런 경우는 단순히 후원이 하위개념이기 때문에 다르다고 판단하는 것보다는 신규성 판단과 동일하게 후원이 선택발명으로 신규성, 진보성을 갖는지 여부를 따져 보아야 한다. 즉, 선택발명으로서 구성의 곤란성(선원에 적극적으로 개시하고 있지 않음)이나 작용효과의 현저성(선원에 개시되지 않은 이질적인 효과나 동질이더라도 현저한 효과가 존재함)을 따져서, 이러한 점이 인정된다면, 특허법 제36조상 다른 발명으로 판단하고, 만약 이러한 점이 인정되지 않으면, 동일하다고 판단하여야 한다. 이러한 판단법이 신규성, 보정허부 등의 동일성 판단과도 일관성이 있는 것이다.

미국 연방순회항소법원(CAFC) 2014. 8. 21. 선고 2013-1545 판결(AbbVie Inc. v. Mathilda & Terence Kennedy Institute of Rheumatology Trust 사건)[4]에서는 선출원이 상위이고, 후출원이 하위형인 발명에 대해, 법원은 후출원이, 선출원의 단순히 자명한 변형("merely an obvious variation of an invention disclosed and claimed in the [reference] patent")에 불과하다면, 후출원은 이중특허에 해당되어 무효라고 하면서, 선발명의 상위 개념(genus)에 포함되는 하위 개념(species)이 특허받기 위해서는 해당 하위 개념이 예측하지 못한 속성이나 결과를 야기하여야 한다고 하고 있다.[5] 즉, 한국과 일본의 실무처럼 단순히, 선행 특허가 상위이고, 후행 특허가 하위이면 이중특허의 법리를 회피하는 것이 아니고, 실질적인 기술사상에서 차이가 존재하여야 하는 것이어서, 후행 특허가 (선택발명에서처럼) 선행 특허의 견지에서 예측할 수 없는 결과를 야기하여야 하는 것이다.

따라서 위와 같은 판례에 비추어 볼 때, 일부 권리가 중첩되거나, 선후원이 상하위 개념의 발명에 해당되는 경우로서, 하나의 실시형태가 양 발명의 권리범위

---

4) http://www.oliff.com/wp-content/uploads/2012/03/2013-1545-Court.pdf(2014. 10. 27. 방문).
5) 제24면 마지막 단 : "A species contained in a previously patented genus may be patentable if the species manifests unexpected properties or produces unexpected results."

에 모두 포함되게 되고, 기술사상(또는 수단)이 동일하면, 마땅히 이중특허로 판단하여야 한다. 이렇게 판단하는 것이 미국에서 확립된 "후침해 선신규성 부정의 원칙"에 부합된다고 생각된다.[6]

Ⅳ. 결   론

현행 한국의 심사실무에서 특허법 제36조의 동일성을 판단할 때, 후원이 하위개념이거나 또는 하위개념적인 기술구성을 구비하고 있으면 더 나아가 살펴보지 않고, 동일하지 않다고 보고 있는데, 이는 ① 이중특허가 등록된다는 점, ② 권리 이전시 문제가 야기된다는 점, ③ 동일성 판단기준간의 일관성이 없다는 점 및 ④ 특허권의 에버그린 전략으로 악용될 소지가 있다는 점 등의 문제점이 있다. 특히 이러한 이중특허의 문제는 선행과 후행 특허의 권리자가 다른 경우 더욱 심각해지는데, 우리 특허법은 출원일체 원칙을 고수하고 있고, 예외적인 경우만 특허법 제215조에서 청구항마다 특허가 되거나 특허권이 있는 것으로 보고 있는데, 이 규정에는 특허권의 양도에 관한 제99조나 전용실시권의 설정에 관한 제100조의 규정을 언급하고 있지 않으므로,[7] 특허권의 양도·전용실시권 설정은 청구항별로 이루어지는 것이 아니고, 전체로서 특허권의 양도양수·전용실시권 설정이 수행되어야 한다. 따라서 하나의 특허청구범위에 권리범위가 중첩되는 청구항이 여러 개 존재한다고 하더라도 한꺼번에 권리가 이전되거나 전용실시권이 설정되기 때문에 문제가 되지 않지만, 각기 다른 특허권 사이에 중첩되는 청구항이 존재할 경우에는, 특허권별로 권리가 이전되거나 전용실시권이 설정되므로, 동일한 발명형태에 대해 다중의 특허권자나 실시권자가 존재하게 될 소지가 있어, 결국 이중특허에 따른 권리간 충돌이 발생한다.

따라서, 이러한 문제점을 개선하기 위해서는, 하위개념적 요소를 갖는 구성을

---

6) 미국 CCPA 276 F.2d 408 제20문단 "It is well settled that a generic claim cannot be allowed to an applicant if the prior art disclosed a species falling within the claimed genus; in other words, whatever would infringe if subsequent will anticipate if prior."

7) 제215조 (2 이상의 청구항이 있는 특허 또는 특허권에 관한 특칙) 제65조 제6항·제84조 제1항 제2호·제85조 제1항 제1호(소멸에 한한다)·제101조 제1항 제1호, 제104조 제1항 제1호·제3호 또는 제5호, 제119조 제1항, 제133조 제2항 또는 제3항, 제136조 제6항·제139조 제1항·제181조·제182조 또는 「실용신안법」 제26조 제1항 제2호·제4호 또는 제5호는 2 이상의 청구항이 있는 특허 또는 특허권에 관하여 이를 적용함에 있어서는 청구항마다 특허가 되거나 특허권이 있는 것으로 본다. <개정 2006. 3. 3.>

구비한 후출원에 대해, 그 구성이 갖는 기술적인 가치를 분석하고, 그 가치에 따른 판단을 해 주어야 하며, 선택적 요소나 범위적 구성을 구비하여, 발명의 영역을 나눌 수 있는 권리범위들이 단순히 병합된 형태로 이루어진 청구범위는 중첩되는 영역(실시형태)이 존재하면, 선택발명의 특허요건에 부합되지 않는한, 동일한 것으로 판단하여야 하는 방향으로 실무를 개선하거나, 만약 현행 판단기준을 고수한다면, 법이나 지침을 개정하여 중첩되는 권리범위를 갖는 다중특허에 대해서는 ① 동일한 출원인에게만 특허를 허여하고,8) ② 개별적인 특허권의 이전이나 실시권 설정을 불허하고, 존속기간도 선행특허와 동시에 만료되도록 선언하는 미국의 "Terminal Disclaimer"제도를 도입하고, 만약 특허권자가 Terminal Disclaimer의 규정을 어겼을 경우에는 이를 무효사유에 해당하는 것으로 하는 것이 바람직하다.

또한 판단의 기준과 관련하여, 대상 대법원 판결에서는 기술적 사상 및 기술구성이 다르다고 하고 있는데, 이러한 판시는 오판의 위험을 내포하고 있다. 즉, 발명의 실체가 동일하더라도 문언적으로 기술사상이나 구성이 다른 것처럼 기재한다면,9) 위 대법원 판례로는 이중특허에 해당되지 않는 것처럼 판단될 소지가 크다. 따라서 오히려 특허심판원이나 특허법원처럼 발명의 실시형태중 일부가 중첩되면 이중특허에 해당된다고 보는 것이 타당하다고 생각된다. 만약 [물질X" → 물질IB + 물질A → 물질IC → 물질VI]의 제조공정이 있다면, 이러한 형태는 원출원 발명과 이 사건 발명의 권리범위에 모두 포함되게 되고, 양 발명이 양도·양수 등으로 특허권자가 달라질 경우, 이중특허에 따른 권리의 충돌문제가 필연적으로 발생되게 된다. 따라서 오히려 특허심판원과 특허법원처럼 발명의 실체를 따져서 일부 실시형태가 양 발명의 권리범위에 모두 포함된다면 이중특허로 판단하는 것이 보다 타당하다고 생각되고, 만약 위 판결처럼 "기술적 사상 및 기술구성"이라는 기준으로 판단하고자 한다면, 특허성을 매우 엄격하게 보아야 할 것이다.10)

---

8) 미국의 경우에는 출원인이 달라도 무방하다.
9) 수치한정, 파라미터, 선택발명, 구성추가 등 다양한 수단으로 동일한 실체에 대해 얼마든지 구성과 효과를 달리 표현할 수 있다.
10) 이를 구분하자면 "실체설"과 "기술사상설"이라는 용어로 구분하여 볼 수 있을 것이다.

15. 수치한정발명의 진보성 판단방법론

[대법원 2005. 1. 28. 선고 2003후1000 등록무효(특)]

김태현(대구고등법원 고법판사)

Ⅰ. 사건의 경과 및 판시 내용

1. 사건의 경과

Y(심판청구인, 피고, 피상고인)는 X(심판피청구인, 원고, 피상고인)의 "탄산가스 편면 용접용 세라믹 이면재(裏面材)"라는 명칭의 이 사건 특허발명이 선행발명으로부터 용이하게 발명할 수 있다는 이유로 등록무효심판을 제기하였는바, 특허심판원은 진보성 결여로 등록무효라고 하였고, 특허법원은 진보성이 부정되지 않는다며 심결을 취소하였으나, 대법원은 수치한정발명의 진보성이 부정된다며 원심을 파기하였다.

2. 특허청구범위와 선행발명의 차이

가. 특허발명의 청구범위 : ……로 조성된 일반적인 세라믹 소재에 산화철이 0.01~0.7% 이하로 함유되고 …… 소정의 형태로 관용되는 방법에 의하여 가압 및 가열(1,320~1,380℃)함을 특징으로 하는 탄산가스 편면 용접용 세라믹 이면재.

나. 선행발명의 요지 : 상세한 설명에는 "본 발명은 SiO_2-Al_2O_3-MgO계 조성 중, 융점이 1,350~1,500℃으로 가장 낮은 영역이다."라는 기재가 있고, 효과가 우수한 용접용 이당재로서 SiO_2, Al_2O_3, MgO을 제외한 기타 성분이 0~9% 함유된 경우의 실시예들이 기재되어 있고, "10% 정도의 불순물이 함유되어 있어도 효과는 상실되지 않는다"는 기재가 있다.

3. 대상판결의 판시 요지

가. 특허등록된 발명이 공지된 발명의 구성요건을 이루는 요소들의 수치를 한

정함으로써 이를 수량적으로 표현한 것인 경우, 그것이 그 기술분야에서 통상의 지식을 가진 사람이 적절히 선택하여 실시할 수 있는 정도의 단순한 수치 한정으로서, 그러한 한정된 수치범위 내외에서 이질적(異質的)이거나 현저한 작용효과의 차이가 생기지 않는 것이라면, 그 특허발명은 진보성의 요건을 갖추지 못하여 무효라고 보아야 한다.

나. 이 사건 특허발명의 명세서 기재만으로는 산화철 함량 0.7%를 전후로 한 발명의 효과 차이가 기공률(氣孔率), 산화철 이외의 불순물 등 다른 실험조건과도 상관관계가 있는지 명확하지 아니할 뿐 아니라, 산화철이 용접 결과에 악영향을 미치는 불순물인 이상, …… 이 건 특허발명에서 용접 결함을 개선하기 위하여 산화철의 함량을 그 수치범위 내로 한정한 것은 통상의 기술자가 반복시험을 통하여 그 최적비를 적절히 선택하여 실시할 수 있는 정도의 수치로 한정한 것에 불과하다.

Ⅱ. 문제의 제기

'수치한정발명'은 발명을 특정하기 위한 사항을 수치범위에 의하여 수량적으로 표현한 발명을 말하는데, 그 개념이나 특허적격성에 관하여는 판례나 학설 모두 이를 인정하고 있다. 그러나 실무상 수치한정발명의 진보성이 인정되는 예는 매우 드물다.

통상 수치한정발명을, ① 공지된 발명의 연장선상에 있고 수치한정의 유무에서만 차이가 있는 경우(이른바 임계적 의의, 즉 같은 종류의 효과에서의 현저한 작용효과의 차이가 요구되는 경우), ② 공지된 발명과 수치범위가 중복되지 않고 과제가 다르며 유리한 효과가 이질적인 경우(현저한 작용효과의 차이는 요구되지는 않으나, 이질적 효과가 요구되는 경우) 및 ③ 공지된 발명에 진보성을 인정할 수 있는 새로운 구성요소를 부가하여 수치한정 부분이 보충적인 경우(이질적이거나 현저한 작용효과의 차이가 요구되지 않는 경우) 등이 있는 것으로 분류한 다음,[1] 예외적인 ②, ③의 경우를 제외하고는 대부분 한정된 수치범위 내외에서 임계적 의의가 없다는

---

[1] 박정희, "수치한정발명이 공지된 발명과 과제가 공통되고 수치한정의 유무에서만 차이가 있는 경우, 그 진보성이 부정되지 않기 위하여 출원발명의 명세서에 한정된 수치를 채용함에 따른 현저한 효과 등이 기재되어 있어야 하는지 여부", 대법원판례해설 74호(법원도서관), 206면.

이유로 그 진보성을 부정하고 있는 것으로 보인다.

그러나 양자역학의 지배영역과 같은 특수한 기술분야를 제외하고, 통상의 자연계에서 특정 수치 전후로 동질의 효과가 확연하게 달라지는 경우는 매우 드물기 때문에,[2] 엄격한 의미에서 임계적 의의가 나타나는 발명은 거의 없을 것으로 보인다. 때문에, 기존의 임계적 의의를 핵심으로 하는 효과 위주의 판단방법만으로는 수치한정발명 개념의 실효성이 확보되기 어려울 것이다.[3]

따라서 그 보호방법의 하나로, 수치한정발명에서 효과의 현저성에 비하여 상대적으로 소홀히 취급되었던 구성의 곤란성 부분에도 주목하여야 한다고 생각된다.

Ⅲ. 대법원 판례의 진보성 판단기준 및 판단사례

1. 수치한정발명의 진보성 판단기준

다수의 판례는 수치한정발명의 진보성 판단기준에 관하여, "통상의 기술자가 적절히 선택하여 실시할 수 있는 정도의 단순한 수치한정으로서,[4] 그러한 한정된 수치범위 내외에서 이질적이거나 현저한 작용효과의 차이가 생기지 않는 것이라면[5] 진보성이 부정된다.[6]"는 기준을 제시하고 있다.[7]

수치한정발명은 통상, 선행발명의 구성요소에 적당한 수치를 부여한 형태를

---

2) 猿渡章雄, "數値限定發明についての判例および考察(1)", パテント 51卷 3号(1998), 44면 참조.

3) 대법원 2010. 8. 19. 선고 2008후4998 판결은, "수치한정발명의 경우, 그 특허발명의 과제 및 효과가 공지된 발명의 연장선상에 있고 수치한정의 유무에서만 차이가 있는 경우에는 그 한정된 수치범위 내외에서 현저한 효과의 차이가 생기지 않는다면 그 특허발명은 그 기술분야에서 통상의 기술자가 통상적이고 반복적인 실험을 통하여 적절히 선택할 수 있는 정도의 단순한 수치한정에 불과하여 진보성이 부정된다. 다만, 그 특허발명에 진보성을 인정할 수 있는 다른 구성요소가 부가되어 있어서 그 특허발명에서의 수치한정이 보충적인 사항에 불과하거나, 수치한정을 제외한 양 발명의 구성이 동일하더라도 그 수치한정이 공지된 발명과는 상이한 과제를 달성하기 위한 기술수단으로서의 의의를 가지고 그 효과도 이질적인 경우라면, 수치한정의 임계적 의의가 없다고 하여 특허발명의 진보성이 부정되지 아니한다."고 하여, 임계적 의의를 요하지 않고도 진보성이 인정될 수 있는 길을 열어 놓았다.

4) 구성의 곤란성에 대응한다.

5) 효과의 현저성에 대응한다.

6) 대법원 2005. 4. 15. 선고 2004후448호, 2005. 1. 28. 선고 2003후1000호, 2002. 8. 27. 선고 2001후164호, 2001. 7. 13. 선고 99후1522호 각 판결 등.

7) 물론, 발명에 진보성을 인정할 수 있는 다른 구성요소가 부가되어 있어서 수치한정 부분이 보충적인 사항에 불과한 것일 때에는 위와 같은 기준을 적용할 필요가 없다(대법원 2010. 8. 19. 선고 2008후4998 판결, 대법원 2007. 11. 16. 선고 2007후1299 판결 참조).

취하고 있어 일종의 선택발명적인 성격을 가지고 있고, 실험적으로 수치범위를 최적화하는 것은 통상적인 창작능력의 발휘로 볼 수 있기 때문에, 구성의 곤란성보다는 효과의 현저성(이질적이거나 현저한 작용효과의 차이)에 진보성 판단의 중점이 주어지게 된다.

2. 대법원의 판단사례

위와 같은 판단기준하에서 지난 20여 년간 대법원에서 수치한정발명의 진보성이 문제된 14건을 차례로 살펴보면 아래와 같고, 그 중 진보성이 부정되지 않은 사례는 2건뿐이다.

가. 진보성이 부정된 사례8)

① 대법원 2009. 9. 24. 선고 2007후4328 판결 : "무연땜납합금"-무연땜납합금에 구리, 니켈, 게르마늄 성분을 첨가하거나 그 수치를 한정하는 구성.

② 대법원 2009. 9. 10. 선고 2007후2971 판결 : "송급성이 뛰어난 용접용 솔리드 와이어"-탄성한비를 최종 신선 후의 코일조정롤러에 연속하여 롤러경/와이어경을 40 내지 60으로 하고 종횡롤러를 각 3 내지 8개로 하여 조정하는 구성.

③ 대법원 2007. 11. 16. 선고 2007후1299 판결 : "돼지 질병 관련 바이러스성 약제" : 안정성과 면역효과를 가진 백신 제공을 위하여, 계대배양 횟수를 70회 이상으로 한정.

④ 대법원 2005. 4. 15. 선고 2004후448 판결 : "고무신 성형공정"-계절별 온도차에 의한 강도변화를 줄이고자, PVC 등 성형원료의 조성비, 성형과정에서의 온도, 압력 등의 수치를 특정.

⑤ 대법원 2005. 1. 28. 선고 2003후1000 판결(파기환송) : "탄산가스 편면 용접용 세라믹 이면재"-용접결함을 개선하고자, 소재에 포함된 산화철의 함량을 0.01~0.7%로 한정.

⑥ 대법원 2002. 8. 27. 선고 2001후164 판결(파기환송) : "비점(沸點)이 일정한 불소화 탄화수소 조성물"-광범위한 분야에 사용될 수 있는 R502 대체냉매 조성물을 제공하고자, 펜타플루오로에탄(R125) 및 디플루오로메탄(R32)의 조성비율을 13~61% : 87~39%로 한정.

---

8) 파기환송된 4건(⑤, ⑥, ⑦, ⑩번 판례)은 진보성이 인정된 원심을 파기한 것이다.

⑦ 대법원 2002. 6. 28. 선고 2001후2658 판결(파기환송) : "치수안정성 폴리에스테르사 및 그 제조방법"-고강인도의 치수안정성 섬유사를 제공하고자, 인취단계의 인취속도를 3~15%의 결정도 및 2~10℃의 융점상승을 갖는 속도로 한정.

⑧ 대법원 2001. 7. 13. 선고 99후1522 판결 : "원적외선 발산체를 배합한 베개속" : 피로회복 내지는 인체에 유용한 베개속을 제조하고자, 베개속의 원료로 원적외선 발산체를 사용하고, 그 발산체 입자의 크기와 함량의 수치를 특정.

⑨ 대법원 2000. 11. 10. 선고 2000후1283 판결 : "하수처리용 접촉물"-우수한 하수처리용 접촉물을 제공하고자, 루우프 파일을 구성하는 합성섬유의 중량비를 40~90%로 한정.

⑩ 대법원 1993. 2. 12. 선고 92다40563 판결(파기환송) : "치수복원이 가능한 제품 및 그 제조방법"-내압을 견디는 통신케이블의 접속부 밀봉을 위하여, 중합체성 물질과 복원성 섬유 등 구성요소들의 상대적인 비임반응, 복원응력, 연신율 등의 수치를 특정.

⑪ 대법원 1991. 10. 22. 선고 90후1086 판결 : "담배필터 생산방법"-흡연자로 하여금 특별한 맛을 느끼게 하는 담배 필터를 생산하고자, 필터 성분비율의 수치를 특정.

⑫ 대법원 1989. 10. 24. 선고 87후105 판결 : "미용비누"-피부에 우수한 성능을 발휘하는 미용비누를 제공하고자, 비누혼합물로 맥반석을 채택하고, 맥반석 분말 혼합비율의 수치를 특정.

나. 진보성이 인정된 사례

① 대법원 1997. 10. 24. 선고 96후1798 판결 : "고품질강 플라스틱 사출 금형소재"-합금분야에서는 합금성분의 조성범위와 조직상태, 조성조건에 따라 결과가 달라질 수 있고, 다른 구성요소와의 유기적인 결합관계로 말미암아 물성의 변화가 일어날 수 있으므로, 그 합금의 고유한 성질 및 용도나 작용효과를 살펴보아야 하는바, 출원발명은 비교대상발명과 유황, 알루미늄(Al) 및 칼슘(Ca) 성분에 대한 인식이나 함량이 달라 진보성이 부정될 수 없다.

② 대법원 2010. 8. 19. 선고 2008후4998 판결 : "고휘도의 무전극 저압력 광원 및 이를 작동하는 방법"-특허발명과 비교대상발명은 방전전류가 2암페어 이상인 점에서 차이가 있는데, 비교대상발명은 방전전류를 높게 설정하여 코어 손실을

줄이고자 하는 점에 관한 기재나 암시가 없고, 특허발명은 그 방전전류 범위의 수치한정에 의하여 코어 손실의 감소라는 비교대상발명들과는 명백히 다른 효과가 있으므로, 비록 이 사건 특허발명의 명세서상 그 수치한정의 임계적 의의가 명백히 드러나지는 않는다 하더라도 방전전류 범위 수치한정의 기술적 의의는 부정되지 아니한다.

3. 문제점 검토

판례는, 수치한정발명의 개념과 특허적격성을 인정하고 있고, 그 제시하는 진보성 판단기준은 구성의 곤란성과 효과의 현저성 모두를 고려대상으로 삼고 있는 무난한 기준으로 보이지만, 실제 판단사례에서 진보성이 인정된 경우가 거의 없다는 것이 문제이다. 이는 실제 판단과정이 임계적 의의를 핵심으로 하는 효과 판단 위주로 이루어져 구성의 곤란성이 소홀히 평가되었고, 요구된 효과의 수준 또한 너무 높았기 때문에 나타나는 현상이 아닌가 생각된다.

Ⅳ. 일본 知財高裁의 진보성 판단방법에 관한 논의

1. 岩永利彦 변호사의 분석9)

知財高裁에서의 수치한정발명에 대한 진보성 판단방법을 요약하면, 공지발명에 수치한정이 있는지 여부를 중심으로 판단하여, ① 수치한정이 있는 공지발명에 이것과 다른 수치한정을 하는 등 당해 수치한정발명이 공지발명의 연장선상에 있는 경우에는, 이 수치한정에 임계적 의의가 존재하는 경우와, ② 수치한정이 없는 공지발명에 수치한정을 하는 등 당해 수치한정발명이 공지발명의 연장선상에 있지 아니한 경우에는, 이에 의하여 현저한 효과(이질의 효과 또는 동질이지만 뛰어나게 우수한 효과)가 생기는 경우에 진보성을 긍정한다.

결론적으로, 효과를 중시하고, 공지발명과의 상관관계에 의해 임계적 의의를 판단하는 등은 통설적 견해와 크게 다르지 않다고 한다.

---

9) 岩永利彦, "知財高裁における數値限定發明の進步性の判斷手法について", 知財管理 57卷 7号 (2007), 1049면 이하.

2. 宮前尙祐 변리사의 분석10)

知財高裁는 2005. 4. 1. 개원하여 2009. 2.까지 91건의 수치한정발명 사건을 처리하였는데, 그 중 8건에서 수치한정발명의 진보성을 인정하였다.

분석의 편의상 수치한정발명을 5종류로 분류하면, ㉮ 이질성 요구형(이질적 효과 필요), ㉯ 임계성 요구형(임계적 의의 필요), ㉰ 구조요건 우선형(수치한정 이외의 새로운 구조요건에 의하여 진보성 인정), ㉱ 기술적 의의 평가형(수치한정을 채용한 기술적 이유, 목적 및 당해 수치범위에서의 작용효과 등을 평가), ㉲ 구조요건 결합형(구조요건과 수치한정과의 유기적 결합으로 특유의 기능, 작용효과 발휘)으로 나눌 수 있고, 그 중 ㉮, ㉯형은 선택발명적 수치한정발명의 유형이고, ㉰, ㉱, ㉲형은 비선택발명적 수치한정발명의 유형이다.

위 유형들에 따른 知財高裁의 신규성·진보성 판단방법을 요약하면, ① 공지발명과 본건 발명과의 사이에 수치한정 이외의 구성요건에 있어서 차이점이 있는지(있다면, ㉰형11) 판단 진행), ② 공지발명과의 차이가 수치한정의 유무만일 경우, 구성요건을 개시하는 위 공지예에 본건 발명의 수치항목이 개시되어 있는지(없다면, ㉱12), ㉲형13) 판단 진행), ③ 그 공지예에 위 수치항목에 있어서 본건 발명의 수치범위의 하위개념(species)에 해당하는 수치가 개시되어 있는지(있다면, 신규성 없음 ; 없다면 ㉮, ㉯형 판단14)), ④ 이질의 효과 또는 동질이지만 임계적 효과가 있는지(㉮, ㉯형 판단)를 차례로 테스트한다.

이러한 知財高裁의 판단방법은 ㉱ 기술적 의의 평가형을 고려하는 점 등에서 특허청의 심사기준을 그대로 따르지 않고 있다. 즉, 심사기준은 공지예와의 차이가 수치한정의 유무만에 있는 경우에는 곧바로 이질성이나 임계성을 판단하는 ㉮ 이질성 요구형이나 ㉯ 임계성 요구형의 '선택발명적 테스트'15)를 하지만, 知財高裁는 본건 발명의 수치항목이 공지예에 개시되어 있는지를 판단하여, 개시되어 있지 않다면 ㉱ 기술적 의의 평가형이나 ㉲ 구조요건 결합형의 '비선택발명적 테스

---

10) 宮前尙祐, "數値限定發明の新規性·非容易性を認めた知財高裁判決を讀む", パテント 62卷 6号(2009), 11면 이하.

11) 知財高裁 사건번호 : 2007년(行ケ)제10315호, 제10106호, 2005년(行ケ)제10111호.

12) 知財高裁 사건번호 : 2007년(行ケ)제10298호, 2005년(行ケ)제10111호, 제10091호.

13) 知財高裁 사건번호 : 2005년(行ケ)제10222호, 제10111호.

14) 知財高裁 사건번호 : 2005년(行ケ)제10503호.

15) 과제·효과의 현저성이 요구되는 판단방법이라고 한다.

트'16)로 이행하는 것이다.

공지기술문헌의 개시 정도에 관하여, 미국 심사기준은 "충분한 구체성", 유럽 심사기준은 "기술적 교시의 인식 정도(진지한 기도)"를 묻는 규정들이 있는데, 知財高裁가 공지예의 개시 정도와의 관계에서 발명자의 신규한 착상이나 발견(知見)에 기한 발명 내용을 감안하여 수치한정의 기술적 의의를 신중하게 판단하는 방법이나 방향성에 있어서, 이들과 다르지 않아 보인다고 한다.

Ⅴ. 맺 음 말

수치한정발명의 진보성 판단과정에서 기존의 임계적 의의를 핵심으로 하는 효과 위주의 판단방법만으로는 수치한정발명 개념의 실효성을 확보하기 어려우므로 적절한 '구성의 곤란성'을 함께 고려하여야 할 것이고, 위와 같은 일본에서의 논의는 참고가 될 수 있을 것으로 보인다.

다수의 학설도, '특정된 수치가 종래의 기술상식을 뛰어넘는 경우'에는 반드시 각별한 임계적 의의가 요구되는 것은 아니라고 하고,17) 일본의 사례에서도 '통상의 인식한도를 훨씬 넘어선 수치한정'은 용이하게 도출할 수 없다고 하거나, '기술적 의의 평가형'은 수치한정을 채용한 기술적 이유, 목적 및 당해 수치범위에서의 작용효과 등을 평가하는 등 '구성 곤란성' 판단의 독자성을 간과하지 않고 있다.

---

16) 선택발명적 테스트가 아닌, 일반적인 진보성 테스트가 행해지는 판단방법이라고 한다.
17) 中山信弘, 編, 註解 特許法(上)(第三版)(2000), 250-253면; 박승문, "발명의 진보성에 관한 소고", 특허소송연구(1), 40면; 조영선, "발명의 진보성 판단에 관한 연구", 사법논집(37), 132면 등.

16. 선택발명의 진보성 판단 기준

[대법원 2012. 8. 23. 선고 2010후3424 판결]

남현(서울서부지방법원 판사)

Ⅰ. 사건의 개요

　　명칭이 "약제학적 화합물"인 이 사건 특허발명(특허번호 제195566호)의 특허청구범위 제2항(이하 "이 사건 제2항 발명"이라 함)은 "2-메틸-10-(4-메틸-1-피페라지닐)-4H-티에노[2,3-b][1,5]벤조디아제핀"[1](이하 일반명인 "올란자핀"으로 부름)을 특허청구범위로 하는 화합물 발명이고, 비교대상발명 1은 United States Patent 4,115,574 "BENZODIAZEPINE DERIVATIVES"(벤조디아제핀 유도체)로, 유용한 중추신경계 활성을 갖는 하기 일반식(I)의 티에노[1,5]벤조디아제핀계 화합물 또는 그 산 부가염에 관한 발명이고, 실시예 등에 2-에틸-10-(4-메틸-1-피페라지닐)-4H-티에노[2,3-b][1,5]벤조디아제핀[2](다음부터 일반명인 "에틸올란자핀"으로 부름)이 개시되어 있다.

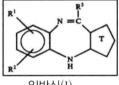

일반식(I)

　　원고는 피고를 상대로 특허심판원에 이 사건 특허발명에 대한 무효심판을 청구하였으나, 특허심판원은 이 사건 특허발명은 비교대상발명 1에 비하여 신규성 및 진보성이 인정되고 그 명세서 기재요건도 충족한다는 이유로 원고의 심판청구를 기각하는 이 사건 심결을 하였고(2009. 12. 31.자 2008당2929 심결), 원고는 이에 불복하여 이 사건 소를 제기하였다. 특허법원은 이 사건 특허발명이 비교대상발명들에 비하여 진보성이 없다는 이유로 위 심결을 취소하는 판결을 하였고(2010. 11. 5. 선고 2010허371 판결), 이에 피고가 상고하였다.

---

1) 2-Ethyl-10-(4-methyl-1-piperazinyl)-4H-thieno[2,3-b][1,5]benzodiazepin (olanzapine)
2) 2-Ethyl-10-(4-methyl-1-piperazinyl)-4H-thieno[2,3-b][1,5]benzodiazepine (ethyl olanzapine)

Ⅱ. 판   시

파기환송.

"이 사건 특허발명의 명세서에는 '… 개의 독성 연구에서, 에틸올란자핀의 경우는 8마리 중 4마리에서 콜레스테롤 농도가 상당히 증가한 반면, 올란자핀의 경우는 콜레스테롤 농도가 전혀 증가하지 않았다'는 취지로 기재되어 있다. 그런데 비교대상발명 1에는 에틸올란자핀이 콜레스테롤 증가 부작용 감소의 효과를 갖는다는 점에 관한 기재나 암시가 없고 그 발명이 속하는 기술분야에서 통상의 지식을 가진 자(이하 '통상의 기술자'라고 한다)가 에틸올란자핀이 당연히 그러한 효과를 가질 것으로 예측할 수 있는 것도 아니므로, 콜레스테롤이 증가되지 않는다는 올란자핀의 효과는 에틸올란자핀이 갖는 효과와는 다른 이질적인 것이고, 통상의 기술자가 비교대상발명 1로부터 콜레스테롤을 증가시켜서는 안 된다는 기술적 과제를 인식할 수 있다고 하여 이와 달리 볼 수 없다.

결국 콜레스테롤 증가 부작용 감소 효과에 관한 이 사건 특허발명의 명세서의 위 기재는 에틸올란자핀이 갖는 효과와의 질적인 차이를 확인할 수 있는 구체적인 내용의 기재로 보아야 할 것이므로, 올란자핀에 실제로 이러한 효과가 있음이 인정되는지 여부를 살펴 이 사건 제2항 발명의 진보성을 판단해야 한다.

(중략) … 등을 종합적으로 고려하여 보면, 올란자핀이 에틸올란자핀과 비교하여 콜레스테롤 증가 부작용 감소라는 이질적인 효과를 가진다고 인정하기에 충분하다.

(중략) 선택발명에 여러 효과가 있는 경우에 선행발명에 비하여 이질적이거나 양적으로 현저한 효과를 갖는다고 하기 위해서는 선택발명의 모든 종류의 효과가 아니라 그 중 일부라도 선행발명에 비하여 그러한 효과를 갖는다고 인정되면 충분하다(대법원 2003. 10. 24. 선고 2002후1935 판결 등 참조).

그런데 위에서 살펴본 바와 같이, 올란자핀은 그 여러 효과들 중에서 에틸올란자핀과 비교하여 콜레스테롤 증가 부작용 감소라는 이질적인 효과를 갖고 있음이 인정되므로, 이 사건 제2항 발명은 비교대상발명 1에 의하여 그 진보성이 부정되지 아니한다."

Ⅲ. 해   설

1. 선택발명의 개념과 요건

가. 선택발명의 개념

선행 또는 공지의 발명에 구성요소가 상위개념으로 기재되어 있고 위 상위개념에 포함되는 하위개념만을 구성요소 중의 전부 또는 일부로 하는 발명을 선택발명이라고 일컫는다. 특허법에서 정하고 있는 발명의 형태가 아니라 이론상으로 인정되는 개념이지만, 현대 특허제도에서 일정한 요건 하에 이를 인정하는 실무가 확립되어 있다.

나. 선택발명의 요건

선택발명의 특허성이 인정되기 위해서는, 첫째, 선행발명이 선택발명을 구성하는 하위개념을 구체적으로 개시하지 아니하고(요건1), 둘째, 선택발명에 포함되는 하위개념들 모두가 선행발명이 갖는 효과와 질적으로 다른 효과를 갖고 있거나, 질적인 차이가 없더라도 양적으로 현저한 차이가 있어야 한다(요건2).[3]

위 요건1과 요건2의 관계에 관하여, 일본에서는, 요건1은 신규성의 문제로 요건2는 진보성의 문제로 나누어 보는 견해와 요건1·2 모두 신규성 내지 진보성의 문제라고 보는 견해가 있다고 하고,[4] 하급심도 그 견해가 엇갈리고 있으나, 우리 대법원은 요건1을 신규성의 문제로, 요건2를 진보성의 문제로 보고 있다.[5] 이하에서는 요건2를 진보성의 문제로 보는 전제에서 이를 검토한다.

2. 선택발명의 진보성 판단

가. 발명의 상세한 설명에 요구되는 효과 기재의 정도

선택발명은 상위개념이 이미 공지된 선행발명에서 그 선행발명에 개시되어 있지 않은 하위개념을 선택한 발명으로서 일정한 요건 하에 특허성이 인정되는 것이므로, 그 '발명의 상세한 설명'의 효과에 관한 기재 또한 통상적인 경우보다 더욱 명확하게 기재할 것이 요구된다. 이는 발명의 상세한 설명의 기재요건과도

---

3) 대법원 2003. 4. 25. 선고 2001후2740 판결, 대법원 2007. 9. 6. 선고 2005후3338 판결 등.
4) 竹田 稔, 앞의 책, 274面.
5) 대법원 2002. 12. 26. 선고 2001후2375 판결.

관련이 있는 부분이지만, 진보성 인정의 면에서도 특수한 취급을 하고 있는 것인데, 출원인이 출원 시에 특허성 인정에 필요한 효과를 인식하였는지 여부를 분명히 함과 동시에, 당초에 인식하지 못하였던 효과를 추후 실험 등을 통하여 발견한 후 이를 선택발명의 효과라고 주장하는 것을 방지하기 위함이다. 즉, 선택발명의 발명의 상세한 설명에는 선택발명이 선행발명과 대비할 때 질적으로 다른 효과 또는 양적으로 현저한 효과가 있음을 구체적으로 확인할 수 있는 비교실험자료 또는 대비결과까지 기재하여야 하는 것은 아니라고 하더라도, 통상의 기술자가 선택발명으로서의 효과를 이해할 수 있을 정도로 명확하게 기재하여야 한다. 이때 '선행발명에 비하여 (매우) 우수하다' 정도의 기재가 있는 것만으로는 부족하고,6)7) 질적으로 다른 효과의 경우 그 구체적인 내용이, 양적으로 현저한 효과의 경우 선행발명과 대비한 정량적인 기재가 나타나 있어야 선택발명의 진보성 판단에 필요한 효과가 명확히 기재되어 있다고 할 수 있다.8) 다만, 후자의 경우로서 선택발명의 출원 시에 선행발명에 대한 선택발명임을 미처 인식하지 못한 때에는 선행발명과 대비하는 기재를 할 수 없겠지만, 그 경우에는 적어도 효과에 관한 정량적인 기재가 있어야 진보성을 인정받을 여지가 있을 것이다.

나. 효과 비교의 대상

위에서 본 바와 같이 발명의 상세한 설명에 발명의 효과가 명확하게 기재가 되었다면, 이제 선행발명과 선택발명을 대비하여 요건2를 충족하는지 여부를 판단할 수 있다.

선택발명에 여러 효과가 있는 경우에 선행발명에 비하여 이질적이거나 양적으로 현저한 효과를 갖는다고 하기 위해서는 선택발명의 모든 종류의 효과가 아니라 그 중 일부라도 선행발명에 비하여 그러한 효과를 갖는다고 인정되면 충분

---

6) 명세서 기재요건에 관한 것이지만, 위 2005후3338 판결도 참조할 만하다: "이 사건 특허발명의 상세한 설명에는 이 사건 특허발명이 … 비교대상발명에 비하여 '매우 우수하다'는 점만을 대비하여 기재하고 있을 뿐임을 알 수 있는바, 이와 같은 기재만으로는 통상의 기술자가 이 사건 제16항 발명이 비교대상발명에 비하여 질적으로 다른 또는 양적으로 현저한 효과를 가진다는 사실을 이해할 수 있을 정도로 명확하고 충분하게 기재하였다고 할 수 없다."

7) 박길채, "선택발명의 명세서 기재요건", 지식재산21(2006년 7월호: 통권 제96호), 특허청, 128면; 김철환, "선택발명의 신규성, 진보성 및 명세서기재", 특허판례연구, 박영사, 113면; 권영모, "선택발명의 명세서 기재요건", 특허법원 개원 10주년 논문집, 235-240면 등.

8) 대법원 2009. 10. 15. 선고 2008후736, 743 판결, 대법원 2010. 3. 25. 선고 2008후3469, 3476 판결 등.

하다. 대법원은 광학이성질체에 관하여 이와 같은 논리를 적용하여 판단한 바가 있었는데,9) 대상 판결은 이를 일반 법리로 설시하였다. 이질적이거나 현저한 효과가 한 가지라도 인정된다면 특허를 부여할 가치를 긍정할 수 있고,10) 선택발명의 모든 효과가 선행발명에 비해 이질적이거나 양적으로 현저한 효과를 갖는다는 것은 사실상 불가능할 것으로 보이므로, 판례의 태도는 타당하다.

선행발명과 선택발명의 효과가 양적으로만 차이가 있는 경우에는, 선행문헌에 개시된 것 중 가장 효과가 뛰어난 실시태양의 효과와, 하위개념에 속하는 실시태양 중에 가장 효과가 열악한 것을 비교하여 판단하는 것이 논리적이다.11)12) 우리 대법원도 '화학식(Ⅳ) 화합물의 효과가 다른 화합물에 비하여 낮을 수 있음이 분명하므로 화학식(Ⅲ) 화합물의 효과에 관한 대비실험자료에 의하여 화학식(Ⅳ) 화합물의 효과까지도 추인하기는 곤란함에도 불구하고, 출원발명의 명세서에서 효과가 뛰어나다고 기재해 놓은 화학식(Ⅲ) 화합물에 대한 대비실험자료만을 가지고 출원발명 전체의 효과를 인정한 원심판결을 파기환송'한 적이 있다.13)

한편, 일반적인 경우14)와는 달리, 선택발명의 진보성 판단 시에는 발명의 상세한 설명에 기재되어 있지 않은 효과는 비록 통상의 기술자가 발명의 상세한 설명의 기재로부터 추론할 수 있는 효과라도 이를 고려하지 않는다. 통상의 기술자가 발명의 상세한 설명의 기재로부터 추론할 수 있는 효과라면 선행발명으로부터도 쉽게 추론할 수 있는 것이어서 특허성의 예외적 인정이라는 선택발명의 본질상 이를 진보성 인정을 위한 근거로 삼을 수 없기 때문이다.

다. 진보성의 판단

선택발명의 효과가 선행발명의 효과와 질적으로 다른 것이라면 그 자체로 진보성을 인정받을 수 있는 요건이 된다. 그러나 효과가 질적으로 다르다고 인정할

---

9) "광학이성질체에 그 용도와 관련된 여러 효과가 있는 경우에 효과의 현저함이 있다고 하기 위해서는, 광학이성질체의 효과 모두를 이에 대응하는 공지의 라세미체의 효과와 대비하여 모든 종류의 효과 면에서 현저한 차이가 있어야 하는 것이 아니라, 광학이성질체의 효과 중 일부라도 이에 대응하는 라세미체의 효과에 비하여 현저하다고 인정되면 충분한 것이고"(대법원 2003. 10. 24. 선고 2002후1935 판결).

10) 강경태, "선택발명의 제문제", 사법논집 제46집(2008), 법원도서관, 49면.

11) 竹田 稔, 앞의 책, 276면.

12) 강경태, 앞의 논문, 50면도 같은 취지로 보인다.

13) 대법원 2003. 4. 25. 선고 2001후2740 판결.

14) 대법원 2002. 8. 23. 선고 2000후3234 판결 등.

수 있는지 여부는 쉽게 결정할 수 있는 문제는 아니다. 선행발명에 선택발명의 효과와 대비되는 효과가 구체적으로 기재되어 있지 않다고 하여 곧바로 선택발명의 이질적 효과가 인정되는 것도 아니다.15) 대상 판결에서는 비교대상발명 1의 에틸올란자핀에서 나타나는 '투여 시 콜레스테롤 증가' 부작용이 이 사건 제2항 발명(올란자핀)에서 제거된 것을 이질적인 효과로 보았는데, 이처럼 선행발명의 악영향이 제거된 것 또한 이질적인 효과로 볼 수 있을 것이다.

　　선택발명의 효과가 선행발명의 효과에 비해 양적으로만 향상된 것이라면, 어느 정도 향상이 되어야 현저한 효과라고 인정할 수 있을지 또한 문제이다. 이를 정량적으로 기재된 수치의 배율 등으로 일률적으로 정하는 것은 타당하지 않고, 통상의 기술자가 선행발명으로부터 예상할 수 있는 양적 범위, 선행발명에 개시되지 않은 새로운 기술과제를 해결한 것인지 여부 등 여러 가지 요소를 고려하여 개별 사건마다 이를 새로운 기술사상으로 인정할 수 있는지를 가려 별도로 정할 수밖에 없을 것으로 생각된다.16)

Ⅳ. 대상 판결의 의의

　　대상 판결은, 선택발명의 진보성 판단에 관한 기존 대법원 판례의 법리들을 재확인함과 아울러, 선택발명에 여러 효과가 있는 경우 선행발명에 비하여 이질적이거나 양적으로 현저한 효과를 갖는다고 하기 위한 요건에 관하여 일반 법리를 설시하였다. 한편, 대상 판결은 '이질적 효과'를 인정하여 선택발명의 진보성이 부정되지 않는다고 한 흔치 않은 판례로서 그 고려의 과정을 구체적으로 드러냄으로써 선택발명의 진보성 판단에 관한 하나의 모델을 제시해 주었다는 의미가 있다 나아가 대상 판결은 선행발명의 악영향을 제거한 것이 이질적 효과에 해당한다는 점을 보여준 판결로서도 의의를 가진다고 할 것이다.

---

15) 대법원 2003. 10. 24. 선고 2002후1935 판결, 대법원 2007. 1. 26. 선고 2005후582 판결 등.
16) 강경태, 앞의 논문, 54면; 정상조·박성수 공편, 특허법 주해 I, 박영사, 386면[조영선 집필 부분]도 같은 취지이다.

17. 결정다형(結晶多形) 발명의 진보성 판단기준

[대법원 2011. 7. 14. 선고 2010후2865 판결[1]]

이미정(특허심판원 수석심판관)

Ⅰ. 사실의 개요

X(원고, 상고인)는 발명의 명칭이 "레르카니디핀 염산의 신규한 결정성 다형 및 그 제조방법"인 이 사건 특허발명[2]의 특허권자이다. Y(피고, 피상고인)는 X를 상대로 이 사건 특허발명이 신규성 및 진보성이 없고, 그 명세서의 기재도 불비하다는 이유로 등록무효심판을 청구하였다. 특허심판원은 이 사건 특허발명의 명세서 기재가 불비하지는 않지만, 레르카니디핀 염산염의 결정형(Ⅰ)은 신규성 및 진보성이 없으므로 이 사건 제24항 발명을 비롯한 일부 청구항은 무효되어야 한다고 심결하였고, X는 심결취소소송을 제기하였다.

원심인 특허법원에서는 비교대상발명에 레르카니디핀 염산염이 결정 상태로 존재한다는 것이 개시되어 있고, 뱃치(batch)간에 레르카니디핀 염산염 결정의 외관, 녹는 점 및 용해도의 차이가 있다고 알려져 있어서 결정다형이 존재할 수 있다는 합리적 의심을 할 수 있었던 바, 결정형(Ⅰ)의 신규성은 인정되지만 의약화

---

1) 이하 '대상판결'이라 한다. 대법원 2011. 7. 14. 선고 2010후2872 판결도 이 사건 특허발명에 대한 무효심결취소소송에 관한 것으로 대상판결과 같은 취지의 판결이다.

2) 이 사건 특허발명의 주요논점이 된 청구항 제24항은 다음과 같다.

청구항 제24항. DSC 분석에 의해 탐지된 197℃ 내지 201℃의 범위의 융점, 파장 Kα에서 X-선 회절 패턴의 유의성 있는 피크의 거리, (I/Io) 비율, 및 2θ 각도가 하기 표와 같은 것을 특징으로 하는 분리된 레르카니디핀 염산 결정형(Ⅰ).

D (Å)	상대 세기 (I/Io)	2θ 각도
16.3	83	5.4
6.2	47	14.2
4.78	29	18.6
4.10	63	21.7
4.06	36	21.9
3.90	100	22.8

합물의 제제설계(製劑設計)를 위해 결정다형의 존재를 검토하는 것은 통상 행하여
지는 일이고, 재결정 조건들을 변화시킴으로써 결정다형이 얻어질 수 있다는 것도
해당 기술분야에 주지된 사실로서, 결정형(Ⅰ)도 통상적인 재결정 방법들을 통해
얻어진 것이므로 구성의 곤란성이 있다고 할 수 없고, 결정형(Ⅰ)의 효과가 종래
의 레르카니디핀 염산염 결정에 비해 현저히 우수하다고 볼 수도 없어서 진보성
이 부정된다고 판단하였다.

Ⅱ. 판　시

상고기각.

대상판결에서는 공지된 화합물과 결정 형태만을 달리하는 특정 결정형의 화
합물을 특허청구범위로 하는 이른바 결정형 발명의 진보성 판단기준을 제시하였
는데, 동일한 화합물에 결정다형이 존재할 수 있고 결정형에 따라서 용해도 및 안
정성 등의 약제학적 특성이 다를 수 있음은 의약화합물 분야에 널리 알려져 있어
의약화합물의 제제설계를 위하여 그 결정다형의 존재를 검토하는 것은 통상 행해
지는 일이므로 특별한 사정이 없는 한 결정형 발명의 구성의 곤란성은 부정되며,
결정형 발명의 효과의 현저성 여부를 판단하는 기준으로는 '선행발명에 공지된 화
합물이 가지는 효과와 이질(異質)의 효과를 갖고 있거나 양적으로 현저한 차이가
있는 동질(同質)의 효과가 있는 경우'를 제시하였고, 대비대상이 되는 효과를 '발명
의 상세한 설명에 선행발명과의 비교실험자료까지는 아니라고 하더라도 위와 같
은 효과가 있음이 명확히 기재되어 있는 효과'로 한정하였으며, 위와 같은 효과에
대한 비교실험결과는 추후에 제출해도 좋다고 판시하였다.

Ⅲ. 해　설

1. 결정다형의 정의 및 특징

화합물은 화학적 구성이 동일하더라도 그 내부 구조가 무정형(amorphous
form)인 경우와 결정형(crystalline form)인 경우로 나누어 볼 수 있고, 결정형으로
존재할 때 결정의 기본단위가 되는 결정격자내의 배열이 2 이상의 상이한 결정형
상태로 존재하는 현상을 다형성(polymorphism)이라 하며, 이러한 결정형들을 (결

정)다형(polymorphs)이라고 한다. 결정격자 내에 용매가 일정한 위치를 갖는 용매화물(solvate), 위 용매가 물인 수화물(hydrate) 등은 의사결정다형(Pseudopolymorphism)이라 한다.

의약 활성을 갖는 많은 유기 화합물들이 다형성을 나타내고, 결정다형 간에는 녹는점, 용해도, 흡습성, 안정성 등과 같은 물성의 차이가 존재한다는 것은 제약 분야에 널리 알려져 있다. 그러나, 어떤 화합물이 다형성을 나타낼 것인지 여부 및 어떤 결정구조를 가진 결정형이 얻어질 것인지를 정확히 미리 예측할 수는 없다.

결정형이 달라진다고 해도 화학구조는 동일하므로 약리활성 자체는 변하지 않지만 결정형에 따라 달라지는 용해도 및 안정성 등의 물성은 의약품으로서의 약효 발현과 밀접한 관계가 있는 생체이용률 또는 저장 안정성 등에 영향을 미치기 때문에, 의약화합물의 제제설계를 위한 프리포뮬레이션(Pre-formulation) 과정에서는 통상적으로 의약화합물의 결정다형의 존재 여부를 검토하고, 만약 결정다형이 존재한다면 어떤 결정형이 가장 적절한 용해도와 안정성 등을 나타내는 것인지를 검토하여 가장 바람직한 결정형을 선택하는 과정을 거치게 된다.

결정형 발명은 최근 수년간 그 출원이 급증하고 있는데, 다국적 제약기업들은 이성질체 발명, 염 발명 등과 함께 오리지널 의약품에 관한 물질 특허의 만료 시점에 사실상 특허권을 연장하기 위한 소위 에버그린(evergreening) 전략으로 활용하고 있으며, 제네릭사에서는 오리지널사의 특허권을 회피하여 조기에 신약 시장에 진입하기 위한 수단으로 활용하기도 한다.

2. 결정형 발명의 진보성 판단 관련 국내외 동향

대상판결 이전까지 우리나라 심사기준에 결정형 발명에 관한 별도의 심사기준이 마련되어 있지는 않았으나, 단순히 해당 화합물의 결정형이 출원 이전에 공지되어 있지 않은 신규한 결정형이라는 이유만으로 그 진보성이 인정되기는 어려웠고, 종래의 결정형에 비해 현저히 우수한 효과가 있다고 볼 수 있는지를 함께 고려하여 진보성을 판단하는 것이 실무의 경향이었다.[3]

유럽, 미국 및 일본 특허청도 결정형 발명에 관한 별도의 심사기준을 가지고 있지는 않다.

유럽 특허청은 선행발명에 아스파탐 화합물이 공지되어 있지만 결정형에 관

---

3) 2008원10103(2010. 3. 31), 2010원823(2010. 6. 29).

한 아무런 기재가 없는 경우에 아스파탐의 결정형 Ⅱa 발명의 진보성을 판단한 사례에서, 아스파탐의 결정형 Ⅱa가 선행발명에 공지되어 있지 않고, 그 결정형의 존재를 예측하기 어렵다는 점 이외에 아스파탐의 결정형 Ⅱa가 선행발명에 비하여 우수한 건조 저장 안정성 효과를 나타낸다는 점을 함께 고려하여 진보성이 있다고 판단하고 있다.[4]

미국 특허청은 결정형을 특정한 파라미터값들의 차이에 따른 신규성만으로 등록되는 경우가 많은데, 미국 특허심판원은 선행발명에 발사르탄의 결정화 방법이 공지되어 있으나 그 결정이 X선 회절분석법 등으로 특정되어 있지 않은 경우에 X선 회절분석법으로 특정된 발사르탄 결정형 Ⅰ형 및 Ⅱ형 발명의 진보성을 판단한 사례에서, 선행발명에서 발사르탄을 정제하기 위해 사용한 재결정 용매와 발사르탄 결정형 Ⅰ형 및 Ⅱ형을 얻기 위한 사용한 용매가 상이하므로 발사르탄 결정형 Ⅰ형 및 Ⅱ형은 선행발명으로부터 용이하게 도출할 수 없다는 이유만으로 효과에 관한 고려 없이 그 진보성을 인정하였다.[5]

일본 법원에서 선행발명에 아프레피탄트를 메탄올로 결정화하고 정제하여 얻은 결정형 Ⅱ형만이 공지되어 있는 경우에 아프레피탄트의 결정형 Ⅰ형 발명의 진보성을 판단한 사례를 살펴보면, 의약화합물의 제제설계 과정에서 결정다형의 존재를 검토하여 보다 바람직한 안정성 및 용해도 등의 물성을 갖는 결정다형을 얻을 목적으로 재결정 조건을 바꿔보는 것은 당업자가 통상 행하는 정도의 일이며, 선행발명에 시사되어 있는 재결정 용매 등을 고려하면 아프레피탄트 결정형 Ⅰ형은 당업자가 보통 시험하는 조건에 의해 얻을 수 있는 것이며, 결정다형간에 용해도가 다르다고 해서 직접적으로 예상외의 현저한 효과를 나타내었다고 인정할 수 없으며, 결정형 Ⅰ형과 Ⅱ형의 용해도비가 1.4 정도인 것은 결정다형에서 예상외의 현저한 효과라고 할 수 없다고 판시하였다.[6]

한편, 보건·무역 및 개발 관련 국제기구들이 2007년 1월 공동으로 발표한 '의약특허 심사 가이드라인(Guidelines for the examination of pharmaceutical patents)'에서는 결정형이 그 화합물에 관한 선행 기본 특허에 기재된 제조방법에 의해 제조될 때 당연히 얻어질 수밖에 없는 것일 때에는 선행발명에 포함되어 있는 것으

---

4) T0509/92(1997. 7. 22).
5) Ex parte Buchi Reddy Reguri and Sudhakar Sunkari, Appeal 2007-0313, 2007 WL 2745815 (B.P.A.I. Sep. 6, 2007).
6) 지재고재 평성18년 제10271호 사건(2007. 7. 4).

로 간주되어 특허받을 수 없고, 나아가 결정다형 현상이 발견되었을 때 다른 결정
형의 발견 가능성도 자명한 것이며,7) 각국의 특허청에서는 활성성분의 물질 특허
에 이어서 수화물 또는 용매화물을 포함한 결정다형에 관한 별도의 특허를 허여
하는 것은 제네릭 약물의 진입을 방해하거나 지연시킬 수 있기 때문에 정당하지
않은 특허권의 연장을 가져올 수 있다는 것을 염두에 두어야 한다고 제안하고 있
는바, 위 국제기구들은 결정다형 특허에 대하여 부정적이거나 적어도 매우 엄격한
기준을 적용해야 한다는 입장을 취하고 있음을 알 수 있다.

3. 우리나라의 결정형 발명의 진보성 관련 주요 판결

대상판결 이전에 우리나라 법원에서 결정형 발명의 진보성을 판단한 주요사
례들을 정리해보면 다음과 같다.

먼저, 선행발명에 무정형 상태의 화합물만이 개시되어 있는 경우에 처음으로
얻은 결정형 화합물 발명(X선 회절분석법 등에 의해 특정되어 있지 않으며, 결정다형
의 존재여부도 알 수 없다)의 진보성을 판단한 사례에서는, 화합물을 용매 중에서
가열하여 용액 상태로 한 다음 냉각하여 결정을 얻는 방법은 주지관용의 기술이
고, 화합물의 결정화 방법도 주지관용의 결정화 기술과 다른 각별한 차이점이 있
다고 볼만한 사정이 없다는 이유로 결정형 화합물의 구성의 곤란성을 인정하지
않았으며, 그 효과도 무정형이 결정화됨으로써 통상적으로 예측되는 효과에 불과
하다는 이유로 진보성을 부정하였다.8)

또한, 선행발명에 화합물이 결정 상태로 존재한다는 것은 개시되어 있으나,
그 결정의 형태 및 결정다형의 존재 여부가 알려져 있지 아니한 경우에 그 화합
물의 특정 결정형 발명의 진보성을 판단한 사례에서도, 결정다형의 존재 여부 및
어떤 결정형을 나타낼 것인지 예측할 수 없다는 이유만으로 진보성이 인정되는
것은 아니라고 하면서, 통상적인 결정화 방법들을 통해서 얻어진 신규한 특정 결
정형은 구성의 곤란성이 인정되지 않으며, 현저히 우수한 효과를 나타낸다는 것을
입증할 만한 자료가 제출되지도 않았다는 이유로 그 진보성을 부정하였다.9)

---

7) polymorphs can be deemed within the prior art—and therefore non-patentable—if they
  are inevitably obtainable following the process of the basic patent on the active
  ingredient. Moreover, the possibility of discovering different crystals is obvious when
  polymorphism is found.
8) 특허법원 2008. 3. 26. 선고 2007허3981 판결(확정).

다음으로, 선행발명에 화합물이 결정 상태로 존재하고 결정다형들의 존재까지 확인되어 있는 경우에 그 화합물의 신규한 특정 결정형 또는 그 화합물의 수화물의 신규한 특정 결정형의 진보성을 판단한 사례들10)11)에서도, 의약화합물의 용해도 및 안정성 등을 개선하기 위해 결정다형의 존재 여부 및 수화물로 할 것인가 무수물로 할 것인가를 검토하는 것은 통상적인 것인바, 통상적인 결정화 방법들을 통해서 얻어진 신규한 특정 결정형은 구성의 곤란성이 인정되지 않고, 용해도 및 안정성 등의 효과의 차이도 통상의 기술자가 예상할 수 있는 범주를 벗어나지 않는 것이라는 이유로 진보성을 부정하였다.

위에서 살펴본 바와 같이 대상판결 이전의 우리 법원의 판례의 태도는 공지 화합물의 신규한 결정형에 관한 발명의 진보성 판단시 구성의 곤란성과 효과의 현저함을 동시에 고려하며, 구성의 곤란성은 결정형을 얻은 방법이 통상적인 방법에 비해서 각별한 차이점이 있는가를 판단기준으로 하고, 효과의 현저성은 결정형의 용해도 및 안정성 등의 물성의 차이가 의약분야에서 통상의 지식을 가진 자에게 주지되어 있는 결정다형간의 물성의 차이의 범주를 벗어나는 정도인지를 판단기준으로 하고 있음을 알 수 있다.

4. 대상판결의 검토

대상판결은 결정형 발명의 구성의 곤란성 여부에 관한 종전의 판례의 태도를 확인하고, 효과의 현저성 여부를 판단하기 위한 기준을 제시한 최초의 대법원 판례라는 점에 그 의의가 있다.

대상판결에서 결정형 발명의 구성의 곤란성은 특별한 사정이 없는 한 부정되었는데, 만약 어떤 공지의 화합물이 통상적인 방법들로는 도저히 결정화가 불가능하여 무정형으로만 존재한다고 알려져 있었는데 그 화합물을 통상적이지 않은 방법에 의해 처음으로 결정화 하는데 성공했다는 것이 인정된다면 특별한 사정이 있는 경우로서 예외적으로 그 결정형 화합물의 구성의 곤란성이 인정될 수도 있을 것으로 생각된다.

대상판결에서 제시한 위 효과의 현저성 판단기준은 선택발명의 효과에 의한

---

9) 특허법원 2009. 6. 12. 선고 2008허3858 판결(대법원 심리불속행 기각으로 확정).
10) 특허법원 2010. 12. 10. 선고 2010허2940 판결(확정).
11) 특허법원 2010. 10. 6. 선고 2009허8904 판결(확정).

진보성 판단기준12)과 대체로 동일하다.

　그런데 대상판결은 결정형 발명의 효과의 대비대상을 '그 화합물의 공지된 결정 또는 다른 결정형'이라고 하지 않고 '화합물' 자체로 하고 있으므로, 대상판결의 법리는 결정형 화합물이 공지된 상태에서 이와 상이한 특정 결정형 발명의 진보성 판단시 뿐만 아니라, 무정형 상태의 화합물이 공지된 상태에서 처음으로 만들어진 결정형 화합물에 관한 발명의 진보성 판단시에도 포괄적으로 적용되는 법리라 할 것인데, 대상 화합물이 결정 상태로 존재한다는 것이 이미 공지되어 있을 경우 신규한 특정 결정형에 관한 발명은 그 하위개념에 해당한다고 볼 수도 있지만 신규한 결정형의 존재가 당연히 예측되는 것이 아니라는 점에서 통상적인 선택발명에서의 하위개념과는 다른 성격을 가진 것이라 하겠고, 더욱이 무정형 상태의 화합물만이 공지되어 있는 상태에서 처음으로 결정형 화합물 발명을 특허청구하는 경우에는 결정형 발명이 무정형 발명의 하위개념에 해당한다고 할 수 없으므로, 결정형 발명의 효과 판단기준이 선택발명의 효과에 따른 진보성 판단기준과 유사하다고 해서 모든 결정형 발명이 선택발명에 해당한다고 보는 것은 적절하지 않다고 생각된다.

　실무상으로 결정형 발명이 이질적인 효과를 나타내는 경우는 거의 없을 것이고, 결정형들이 용해도, 안정성, 흡습성 등의 물성에서 서로 차이를 보인다는 것은 이미 알려져 있으므로, 결국 결정형 발명의 효과의 현저성은 위 물성들이 통상적으로 예상되는 차이를 벗어날 정도의 현저함을 보이느냐에 의해 결정될 것인데, 이 때 단순히 위 물성이 어느 정도의 차이를 보이는가 하는 점에 의해서만 판단할 것이 아니라 그러한 차이가 구체적으로 어떠한 약제학적 가치를 가지는 것인지를 고려하여야 할 것이다.13)

　또한, 대상판결은 선택발명의 경우와 마찬가지로 명세서에 이질적이거나 양적

---

12) 대법원 2009. 10. 15. 선고 2008후736, 743(병합) 판결.

13) 대상판결에는 결정형의 변화로 인하여 5~10배의 용해도 차이를 나타낼 수 있다는 것이 제약분야에 오래전부터 주지되어 있었다는 것이 언급되어 있는데, 이것이 절대적인 기준이 될 수는 없는 것이라 하겠고, 대상화합물 고유의 특성과 결정형이 나타내는 용해도, 안정성, 흡습성 등 여러 효과들을 종합적으로 고려하여 그 효과의 현저성 여부를 판단해야 할 것이다. 예를 들어 신규한 결정형이 종전의 결정형에 비해 화학적 안정성이 5배 증가되었는데, 이로 인해 종전의 결정형들이 저장 안정성이 낮아서 제품화가 불가능하였던 문제가 비로소 해결되었다면 화학적 안정성이 5배 상승되는 효과는 약제학적으로 중요한 의미를 가질 수도 있으나, 종전의 결정형들도 그 저장 안정성이 제품화 하는데 충분한 정도였다면 신규한 결정형이 갖는 약제학적 가치는 크지 않을 것이다.

으로 현저한 차이가 있다고 명확하게 기재되어 있는 효과만을 진보성 판단시 고려대상으로 삼고 있는데, 이 기준에 따른다면 결정형 발명의 명세서에 그 결정형이 갖는 현저한 효과가 무엇인지에 관한 기재가 없이는 구성의 곤란성이 있다고 인정되는 특별한 경우를 제외하고는 사실상 특허등록을 받기 어렵다고 보이므로, 출원인 입장에서는 출원 명세서에 신규한 결정형의 결정구조에 관한 X선 회절분석 등을 통한 특정 및 그 제조방법뿐만 아니라 그 결정형이 갖는 현저한 효과가 무엇인지에 대해서도 반드시 기재하여야 할 것이다.

그런데, 만약 출원인이 결정형 발명이 구성의 곤란성이 있다고 보고 효과에 관한 구체적인 기재 없이 특허출원을 하였는데 추후에 구성의 곤란성이 없다고 판단되었을 경우, 명세서에 명확하게 기재되어 있던 효과만이 대비대상이 될 수 있다고 하는 것은 출원인에게 과도한 부담을 줄 수 있다고 보인다. 물질 특허에서의 선택발명의 경우에는 화합물의 구성이 사실상 선행발명에 개시되어 있는 상태이므로 선택발명으로서의 완성을 담보하기 위해서는 명세서에 현저한 효과에 관한 기재가 필요하며, 명세서에 기재되어 있지 않았던 효과에 관하여 추후에 선행발명과의 비교실험 등을 실시하여 선택발명으로서의 효과를 발견하고 미완성 상태의 발명을 선택발명으로 완성시키는 것을 허용한다면 출원일이 부당하게 소급된 상태로 특허등록을 허용하는 문제점이 발생할 수 있으므로 명세서에 명확하게 기재된 효과만을 대비대상으로 하여야 할 것이나, 결정형 발명은 그 존재가 당연히 예측되는 것이 아니므로, 명세서에 특정 결정형에 대해서 이를 재현할 수 있는 제조방법과 그 결정구조가 X선 회절분석법 등에 의해 구체적으로 특정되어 있다면 물(物) 발명으로서 미완성이라고 하기 어렵다는 점을 고려해 볼 때, 모든 결정형 발명에 대해서 일률적으로 대비대상이 되는 효과는 명세서에 명확하게 기재되어 있던 효과로 한정해야 한다고 볼 것인지에 대해서는 좀더 연구가 필요할 것으로 생각된다.

18. 의약용도발명의 특허요건

[대법원 2003. 10. 24. 선고 2002후1935 판결]

윤경애(법무법인 율촌 변리사, 전 특허심판원 심판관)

Ⅰ. 사실의 개요

원고는 1991. 6. 21. 유럽을 수리관청으로 하는 PCT 국제출원을 하고, 1993. 12. 21. 국내에 번역문을 제출하였다(출원번호 제1993-7003974호, 이하 '이 사건 출원발명'이라 한다). 이 사건 출원발명은 당뇨병 치료제로 공지된 2-에톡시-4 [N-[1-(2-피페리디노페닐)-3-메틸-1-부틸]아미노카보닐메틸]벤조산 화합물의 (S)-와 (R)-에난티오머 중에서 혈당 강하 작용을 보다 오랫동안 지속시키는 특징을 갖는 (S)-에난티오머를 함유하는 당뇨병 치료용 조성물에 관한 의약용도발명으로서 보정된 청구항 제6항에는 "하나 이상의 불활성 담체, 희석제 또는 이들 둘 다와 함께 활성성분으로서 S(+)-2-에톡시-4[N-[1-(2-피페리디노페닐)-3-메틸-1-부틸]아미노카보닐메틸]-벤조산 또는 생리학적으로 허용되는 이의 염을 포함함을 특징으로 하는, 라세메이트와 비교하여, 체내에서 활성 성분의 수준이 불필요하게 높지 않고 불필요하게 장기간 지속되지 않으며 활성 성분의 혈장 수준이 투여량을 이등분함으로써 예측되는 것보다 실질적으로 더 낮은, 장기간의 항당뇨병제(long term antidiabeticum)"를 각 기재하고 있는 등 다수의 청구항으로 되어 있다.

특허청은 1998. 10. 30. 이 사건 출원발명은 그 우선권 주장일 이전에 반포된 간행물(비교대상발명)에 의하여 용이하게 발명할 수 있어 진보성이 없다는 이유로 거절결정을 하였다. 원고는 위 거절결정에 불복하여 특허심판원에 심판을 청구하였으나, 특허심판원 심결(2000. 6. 30. 심결 1999원465호)에서 심판청구가 기각되고, 뒤이은 특허법원 판결(2002. 8. 16. 선고 2000허5490 판결)에서도 같은 이유로 청구가 기각되어 상고를 제기하였다.

II. 판   시

파기 환송.

"광학이성질체 상호간의 생체 내 작용활성이 달라 약물의 흡수, 분포, 대사 등의 약물속도론적 특징 및 약효에 차이가 있을 수 있기 때문에, 어느 특정 광학 이성질체가 라세미체 또는 나머지 광학이성질체에 대하여 우수한 약리효과를 가질 수 있다는 것이 널리 알려져 있기는 하지만, 그렇다고 하더라도 직접 실험을 해 보기 전에는 이 사건 제6항 발명의 (S)-에난티오머가 위 간행물 기재 발명들의 라세미체 또는 나머지 광학이성질체인 (R)-에난티오머보다 우수한 약리효과를 가진다고 예측할 수는 없으므로, 2개의 에난티오머 형태로 분리되지 않은 위 라세미체의 의약적 용도로부터 그 기술분야에서 통상의 지식을 가진 자가 출원시의 기술상식에 기초하여 어려움없이 이 사건 제6항 발명의 의약적 용도를 인식할 수 있다고 보기 어렵다."

"이 사건 제6항 발명의 유효성분은 라세미체, (R)-에난티오머에 비해 체내의 혈장농도가 낮고, 체내에서 신속하게 소실되는 효과 면에서 현저한 차이가 있다. 이 사건 출원발명은 그 화합물의 라세미체가 갖고 있는 다른 효과들, 즉 혈당저하나 독성, 저혈당 발현의 위험 배제 등의 효과를 대비하면 이 사건 출원발명이 라세미체에 비하여 현저한 효과가 있다고 보기는 어렵지만, 장기복용을 전제로 하는 당뇨병 치료제의 특성 및 약물의 장기간 체내 축적으로 인한 독성발현 등의 부작용을 종합하여 보면, 이 사건 출원발명의 앞서 본 정도의 신속한 체내 소실의 효과는 위 간행물 기재 발명들에 비하여 현저하다고 보기에 충분하고, 이와 같이 특정한 효과에 있어서 현저함이 인정되는 이 사건 출원발명은 그 기술분야에서 통상의 지식을 가진 자가 위 간행물 기재 발명들로부터 용이하게 발명해 낼 수 있는 것이라고 할 수 없다."

III. 해   설

1. 의약용도발명의 정의

우리나라 대법원 2004. 12. 23. 선고 2003후1550 판결에서는 '의약의 용도발명에 있어서는 특정 물질이 가지고 있는 의약의 용도가 발명의 구성요건'에 해당하므로1)라고 명시함으로써 의약 용도발명의 구성요건이 활성성분(유효성분)과 용도임을 명백히 하고 있다. 특허청 『화학분야산업부문별 심사기준집』의 '의약분야'에서도 '의약 용도발명이란 물질의 새로운 속성 또는 특성에 근거하여 반드시 질병 또는 약효와 관련된 구체적인 용도에 이른 것이어야 한다2)라고 규정하고 있다.

이와 같이 의약 용도발명은 그 구성요소가 '활성성분(유효성분)' 및 '의약용도'라는 점에 이견이 없으며, 이 때 의약 용도란 물질의 새로운 속성 또는 특성 그 자체가 아니라 그로부터 질병 또는 약효와 관련된 구체적인 의약용도에 이른 경우를 의미하는 것이다. 이러한 의약 용도발명은 신규물질 또는 공지물질의 최초 의약용도 발견에 기인하는 '제1의약용도 발명'과, 의약용도가 이미 알려진 물질에 대하여 새로운 적응증 등의 발견에 기인하는 '제2의약용도 발명'으로 대별되며,3) 이 글에서는 '의약 용도발명'이라 함은 위 두 가지 모두를 포함하는 개념이다.

2. 의약용도발명의 신규성 및 진보성 판단기준

의약 용도발명은 활성성분(유효성분) 자체와 의약용도 두 가지를 발명의 구성 요소로 하고, 신규성 판단 시 물질 및 용도측면에서 신규성을 판단한다. 즉, 특허 청구범위에 기재된 활성성분(유효성분) 자체가 비교대상발명의 물질과 상이하거나, 그 물질의 의약용도와 상이한 경우 신규성이 인정된다. 예를 들면, 혈압 강하작용이 있어 고혈압 치료제로 사용될 수 있는 A 물질이 비교대상발명에 공지된 경우, 후원발명에서 B 물질 또한 혈압 강하작용이 발견되었다면 후원발명은 'B 물질을 활성성분으로 하는 고혈압치료제'라는 의약 용도발명으로 신규성이 인정된다(제1 의약 용도발명). 다만 비교대상발명과 후원발명 물질이 A와 B의 관계가 아니라 A와 A'의 관계, 또는 A와 a의 관계일 때 'A'물질 또는 a물질을 활성성분으로 하는

---

1) 위 판결은 의약용도발명의 청구범위 기재요건과 관련된 판결로, '의약의 용도발명에 있어서는 특정 물질이 가지고 있는 의약의 용도가 발명의 구성요건에 해당하므로 그 이후 발명의 특허청구범위에는 특정 물질의 의약용도를 대상 질병 또는 약효로 명확히 기재하는 것이 원칙이나'라고 기재되어 있다.

2) 특허청, 화학분야산업부분별 심사기준집 중 '의약분야'
   "의약용도의 표시는 원칙적으로 질병 또는 질병의 진단, 치료, 경감, 처치 및 예방에 해당하는 약효로써 표현해야 한다. ※ 1998. 4. 16. 식품의약품안전청예규 제7호 「의약품 등 분류번호에 관한 규정」에 표시된 의약용도 기재는 허용(부록 참조)"

3) (재)지적재산연구소, 산업재산권조사연구보고서 平成 19年(2007), 2-3면 "The Patentability and Scope of Protection of Pharmaceutical Inventions Claiming Second Medical Use", 유럽 심사가이드라인에서도 동일한 취지로 규정하고 있다.

고혈압치료제'라는 용도발명이 신규성을 인정받을 수 있는 지 문제가 된다. 이 경우 후원 용도발명의 신규성 판단은 A와 A' 또는 A와 a의 물질로서의 동일성 여부에 따라 좌우된다 할 것이다.

또한 우울증 치료제로 A 물질이 공지되고 후원발명에서 A 물질에 비만치료효과가 있음을 발견하였다면, 후원발명은 'A 물질을 활성성분으로 하는 비만치료제'라는 의약 용도발명으로 신규성이 인정된다(제2의약 용도발명). 다만 비교대상발명과 후원발명의 용도가 '우울증'과 '비만'이 아니라 '우울증'과 '정신병'의 관계 또는 '우울증'과 '조울증'의 관계라면 'A 물질을 활성성분으로 하는 정신병치료제' 또는 'A 물질을 활성성분으로 하는 조울증 치료제'라는 용도발명이 신규성을 인정받을 수 있는 지 문제가 된다. 이 경우 신규성 판단은 '우울증'과 '정신병' 또는 '우울증'과 '조울증'의 동일성 여부에 따라 좌우된다 할 것이다.

2002후1935 판결은 최초로 의약 용도발명의 신규성 및 진보성을 판단한 점에 그 의미가 있다고 할 수 있으며,[4] 이하, 위 판결의 내용을 구체적으로 살펴보기로 한다.

3. '(S)-에난티오머의 항당뇨병제 용도로서의 구체적 개시'에 대한 검토

가. 활성성분인 '(S)-에난티오머'의 개시 여부

이 사건 대상 판결은 비교대상발명에는 '(S)-에난티오머에 대한 총괄식 개념의 일반식에 해당하는 화합물'이 개시되어 있다고 전제하고 있다. 그러나 비교대상발명에 개시된 '라세미체'는 (S)-에난티오머를 일성분으로 하는 혼합물에 해당할 뿐만 아니라, 상기 비교대상발명에는 '2-에톡시-4[N-[1-(2-피페리디노페닐)-3-메틸-1-부틸]아미노카보닐메틸]-벤조산 화합물'을 기재한 후 "상기화합물은 자신의 생리학적 친화성 첨가염 및 자신의 거울상 이성질체와 같이 유익한 약학적 특성을 갖는, 특히 혈당강하 효과의 특성을 갖는다."라고 기재하여, 'R-에난티오머' 및 'S-에난티오머'라는 기재 대신 '자신의 거울상 이성질체'라는 기재와 그의 당뇨병 치료제로서의 용도를 별도로 기재하고 있기도 하다.

---

4) 의약 용도발명에서 가장 많은 논쟁을 불러일으켰던 내용은 '약리효과 기재요건'에 관한 것으로 특허청구범위에 기재된 의약용도를 확인하는 약리데이터가 명세서에 반드시 구체적인 실험을 통한 데이터로 기재되어 있어야 하는가의 문제였고, 그 다음에 등장한 판례들은 의약 용도발명의 특허청구범위 기재요건을 다룬 판례들이다.

나. '(S)-에난티오머'의 '항당뇨병제'로서의 용도 개시 여부

이 사건 대상 판결에서는 비교대상발명에 "라세미체의 의약적 용도에 관한 기재만 있을 뿐"이라고 판시하였으나, 비교대상발명의 상세한 설명 및 청구항에 "상기화합물은 자신의 생리학적 친화성 첨가염 및 자신의 거울상 이성질체와 같이 유익한 약학적 특성을 갖는데, 다시 말해 중간대사에 대한 작용, 특히 혈당강하 효과의 특성을 갖는다." "청구항 1. 그림 B'과 C'의 IR(KBr)-스펙트럼으로 특정된 2-에톡시-4-N-1-(2-피페리디노페닐)-3-메틸-1-부틸〕아미노카보닐메틸〕벤조산의 2개의 신규 고체 형태, 그 이성질체 및 염", "청구항 6. 제1항 내지 제3항의 화합물 또는 제4항의 생리학적으로 허용가능한 염의 당뇨병 치료용으로서의 용도"로 기재되어 있다.

위 기재에 따르면 비교대상발명에서는 라세미체 및 그 이성질체(에난티오머) 모두가 혈당강하 작용 및 당뇨병 치료용도를 나타내는 것으로 기재된 것이고, 명세서 어디에도 그 중 (S)-이성질체를 배제한다는 기재도 없다. 그렇다면 위 비교대상발명에 개시된 내용을 '라세미체의 의약적 용도에 관한 기재만이 있을 뿐'이라고 한 위 판시내용은 타당하지 않다.

가사, 위 비교대상발명에 '거울상 이성질체' 또는 '이성질체'라는 용어가 전혀 등장하고 있지 않았다 하더라도 당업자 상식으로 비교대상발명의 화합물 자체가 비대칭탄소를 갖는 카이럴 화합물이라는 것을 알 수 있다. 또한 의약분야 당업자는 출원 시 기술상식을 참조하여 비교대상발명을 이해하게 되고, 자연계에 존재하는 활성물질은 대부분 이성질체 형태로 존재하며 일반적으로 비대칭탄소가 약물 특이분자단(pharmacophore)[5]에 위치한 경우 이성질체 형태가 라세미체보다는 활성이 우수하다는 것이 기술상식인 바, 비교대상발명에서 합성한 라세미화합물에 의한 혈당강하효과를 확인하였다면 당업자는 당연히 그 라세미 중 어느 한 이성질체에 의해 혈당강하효과가 보다 우수하리라고 이해할 것이다. 따라서 비교대상발명에는 (S)-에난티오머'의 '항당뇨병제'로서의 용도가 적어도 실질적으로 개시된 것이라 보아야 할 것이다.

다만, 비교대상발명에는 라세미체 및 이성질체의 당뇨병 치료용도가 상세한 설명 및 청구항에 거의 동등하게 기재되어 있다. 차이점은 라세미체의 용도에 대하여는 실시예를 통하여 혈당강하 효과의 확인데이터가 있고 이성질체에 대하여

---

5) 약물의 특이한 생리적 반응을 야기시키는 한 분자의 부분.

는 그러한 확인데이터가 없다는 것이다. 그러나 비교대상발명의 이러한 약리데이터의 기재는 선행발명의 완성여부를 결정하는 것일 뿐 비교대상발명이 후원발명의 신규성, 진보성 부정의 자료로 인정될 수 있는지 여부를 결정하는 것은 아님은 이전 판례들을 통하여 정립된 바와 같다.

다. 소 결 론

따라서 위 판결에서 비교대상발명에 (S)-에난티오머의 당뇨병 치료용도가 구체적으로 개시되어 있지 않다고 한 점은 타당하지 않다.

4. 작용효과 관련 판시 내용 검토

앞서 살핀 바와 같이 비교대상발명의 상세한 설명 및 청구항에 라세미체의 용도와 함께 이성질체의 당뇨병 치료제로의 의약용도가 문언적으로 기재되어 있으므로 비교대상발명에 의해 신규성을 상실하는 것이어서 작용효과의 현저함 여부를 살필 필요도 없이 진보성이 인정되지 않아야 할 것이다. 하지만 위 판결에서 용도발명의 작용효과 현저함에 대해 최초로 설시한 부분이 있으므로 이에 대해 살피고자 한다.

위 판결에서 효과로 판단한 '혈장농도', '혈장농도 지속시간', '혈장으로부터의 소실' 등은, 라세미체(388ZW)를 정맥주사(도1) 또는 경구투여(도2)한 후 혈중농도 프로파일(혈장농도, 혈장최고 농도, 혈중 소실율)을 측정한 수치로서, 이러한 혈중농도 프로파일은 (S)-및 (R)-에난티오머의 물리화학적 성질에 따른 체내 거동을 나타내는 약물동력학적 프로파일로서 약물이 고유적으로 갖고 있는 내재적인 성질에 불과하다.

또한 라세미체라 함은 (S)- 및 (R)-에난티오머의 혼합물이므로, 라세미체를 체내에 투여하면 당연히 (S)- 및 (R)-에난티오머로 분리될 수 밖에 없는 것이서 혈중농도 프로파일의 비교도 공지된 라세미체와 이 건 특허의 (S)-에난티오머를 비교한다는 개념이 있을 수 없고 오로지 라세미체의 또 다른 일 성분인 (R)-에난티오머와 비교할 수 있을 뿐이다.

그런데 위 판시내용에서 현저한 효과라고 하는 것은 모두 (S)-에난티오머 고유의 약물동력학적 성질인 혈중농도프로파일에 관한 것일 뿐, 비교대상발명에 개시된 라세미체와 비교하여 실질적으로 어느 정도 약리효과의 개선을 가져왔는지,

또는 어떠한 부작용을 가져왔는지에 관한 자료는 찾아볼 수 없고 오히려 이러한 효과는 라세미체와 현저한 차이가 없다고 하면서 약물고유의 동력학적 프로파일에 해당하는 '신속한 소실 효과'만을 근거로 현저한 효과라고 잘못 판단하였음을 부정할 수 없다. 따라서 위와 같은 내용만으로 비교대상발명에 개시된 라세미체에 비하여 현저한 효과를 가진다고 할 수 없다.

Ⅳ. 결   론

이상 살펴본 바와 같이 2002후1935 판결은 의약 용도발명의 신규성 및 진보성을 판단한 최초의 판례이나, 라세미체는 광학이성질체를 일성분으로 하는 혼합물임에도 불구하고 라세미체를 광학이성질체에 대한 '총괄적 개념의 일반식 화합물'로 하였을 뿐만 아니라, 약리활성을 나타내는 합성 의약품에서 비대칭탄소가 약물특이분자단(pharmacophre)에 존재하면 그 중 하나의 이성질체에 더 우수한 약리활성이 있다고 하는 것은 당업계의 오랜 상식이라는 점을 간과하였다. 또한 혈중농도 프로파일(혈중농도, 혈중지속시간, 소실률)은 약물 자체와 인체의 상호작용에서 비롯되는 약물고유의 약물동력학적 파라미터에 해당하는 것으로서 그 자체로서 작용효과가 될 수 없으며, 특히 라세미체는 (S), (R)-에난티오머의 혼합물이므로 이 건 발명의 (S)-에난티오머의 혈중농도 프로파일을 비교대상발명에 개시된 라세미체 자체의 혈중농도 프로파일과 비교하여 현저함 여부를 논할 수는 없다 할 것이다.

이건 판시 내용에 의하면 비교대상발명에 발명의 구성요소[6]가 모두 개시되어 있다 하더라도 비교대상발명에 기재되지 않은 약물동력학적 수치에 포함되는 항목[7]을 측정하여 어느 한 쪽이 우수한 데이터를 제출하기만 하면 신규성 또는 진보성이 인정되어 별도의 발명으로 매번 특허받게 되는 결과를 초래할 수 있다. 예를 들어 'S-에난티오머를 포함하는 반감기가 라세미체에 비하여 5배 긴 당뇨병 치

---

6) 여기서는 의약용도발명의 구성요건인 '활성성분의 의약용도' 즉 'S-에난티오머의 당뇨병 치료용도'에 해당한다.

7) 생체에서 일어나는 약물의 이동현상, 즉 약물의 분포, 대사, 흡수 배설에 관하여 약물속도론적으로 규명할 때 사용하는 파라미터로서 신기능평가(Creatinine clearance), 최고혈중농도(Maximum concentration), 반감기, CT(혈장에서 정량가능한 약물의 마지막 농도), 2/λ(말단 제거속도상수), 체내분포용적 등이 있다.

료제'에 이어 'S-에난티오머를 포함하는 혈당강하효과가 라세미체에 비하여 3배인 당뇨병 치료제' 등과 같이 물질과 용도는 동일하여 권리보호에 차이가 없는 동일한 발명들이 무수히 특허받을 수 있게 될 것이다.

향후 의약 용도발명에 대한 진보성 판단기준을 명확히 제시하는 판결 즉, 발명의 구성요소의 상이에 따라 신규성 여부를 우선적으로 판단하고 신규성이 인정되는 발명 즉, 구성요소가 상이한 발명에 대하여만 작용효과를 비교하여 진보성을 판단하는 통상의 판단방법을 적용하는 판결이 조속히 나와 제네릭 개발을 주로 하는 국내 제약산업의 특허전략 또는 회피전략 등의 개발 방향도 제시할 수 있기를 바라는 바이다.

19. 혈중농도 프로파일을 한정한 의약발명의 특허요건 판단

[특허법원 2011. 8. 12. 선고 2010허7488 판결]
윤경애(법무법인 율촌 변리사, 전 특허심판원 심판관)

Ⅰ. 사실의 개요

1. 이 사건 특허발명

가. 발명의 명칭 : 방출억제성 옥시코돈 조성물

나. 국제출원일(우선권주장일)/출원일/등록일/등록번호: 1992. 11. 25.(1991. 11. 27.)/ 1993. 7. 23./2000. 11. 14./제0280973호(청구항 제1~10항)

다. 발명의 취지와 내용

오피오이드계 진통제에 대한 반응성은, 90%의 환자에서 통증을 조절하기 위한 일일투여량 범위가 약 8배 차이가 날만큼 환자들 사이에 다양한 차이가 있어서 적정 투여량이 확정되기까지 며칠 이상 동안 치료효과와 부작용에 대한 평가와 투여량 조정작업이 요구되므로 그 동안 환자를 적절한 통증 제어 없이 방치하게 된다. 오피오이드 진통제로 환자의 통증을 조절하기 위해 요구되는 개인 상호간의 다양한 일일 투여량의 차이를 실질적으로 감소시켜 통증 처치의 효율성과 질을 향상시킬 수 있는 오피오이드 진통제 제형을 제공하는 것에 관하여 이 사건 특허발명으로 출원하여 등록받았다.

라. 특허청구범위(2009. 10. 30. 정정청구되었으며 밑줄친 부분이 정정된 내용임)

청구항 1. 10 내지 40mg의 옥시코돈 염; 및 (a) 조절 방출 코팅으로 코팅된 구상체 또는 (b) 친수성 고분자, 소수성 고분자, 소화가능한 치환 또는 비치환

C8-C50 장쇄 탄화수소, 폴리알킬렌 글리콜, 및 이들의 혼합물로 이루어진 군으로
부터 선택된 서방성 물질을 포함하며, 투여 후 평균 2 내지 4.5 시간대까지에서 6
내지 60ng/ml의 옥시코돈 평균 최대혈중농도를 제공하고, 정상상태 조건을 통해
매 12시간마다 투여를 반복한 후 평균 10 내지 14시간대까지에서 3 내지 30ng/㎖
의 평균 최소혈중농도를 제공하는 것을 특징으로 하는 환자 경구투여용 방출억제
성 옥시코돈 제형.
　　청구항 2~10. (기재 생략)

2. 비교대상발명

　　비교대상발명은 1989. 8. 29. 등록된 미국특허공보 제4861598호에 게재된 '약
제를 위한 방출억제 기제'에 대한 것으로 고급 지방족 알코올 및 아크릴 수지로부
터 제조된 기제 조성물을 사용하여 경구투여 후 5시간 내지 24시간 동안 약물의
서방출을 제공하며, 옥시코돈 함유 방출제어 정제가 실시예 Ⅱ에 구체적으로 기재
되어 있다.
　　실시예 Ⅱ : 옥시코돈 함유 방출제어 정제
　　정제 A(옥시코돈 9.2mg, 방출제어 기제로 스테아릴 알코올 61.2mg, 스테아린산
5.3mg 함유)는 옥시코돈이 100% 용출되는데 5시간이 소요되었으나, 정제 B(정제
A의 방출제어 기제인 스테아릴 알코올의 약 20%를 유드라짓 E30D[아크릴 수지의 30%
수성현탁액에 해당]으로 대체)는 방출제어가 강화되어 100% 용출에 소요되는 시간
이 9시간으로 연장되었음을 보여주었다.

3. 심결 및 판결의 경위와 요지

가. 경   위

　　원고는 2009. 8. 13. 피고의 이 사건 특허발명에 대하여, 명세서 기재 불비이
고 비교대상발명 등에 의하여 신규성 또는 진보성이 부정된다는 이유로 등록무효
심판을 청구하였다. 피고는 2009. 10. 30. 이 사건 특허발명의 특허청구범위를 정
정하는 내용의 정정청구를 하였으며, 특허심판원은 위 심판청구사건을 2009당
1960호로 심리한 후, 2010. 9. 14. 원고의 심판청구를 기각하는 이 사건 심결을 하
였다.
　　이에 원고가 특허법원 2010허7488호로 심결취소소송을 제기하였는데, 위 사

건에서의 주된 쟁점은, ① 이 사건 제1 내지 4, 7 내지 10항 정정발명이 국제특허
출원의 무효심판의 특례 규정에 위배되는지 여부, ② 이 사건 제1 내지 10항 정정
발명의 특허청구범위가 기재 불비인지 여부, ③ 이 사건 제1 내지 10항 정정발명
이 비교대상발명에 의해 신규성 또는 진보성이 부정되는지 여부였다. 특허법원은
2011. 8. 12. 위 쟁점에 관하여 아래와 같은 이유로 원고의 청구를 기각하는 판결
을 하였다.

나. 판결의 요지

(1) 일반적으로 약제학 분야에서 '서방성'이라는 용어와 '방출억제성'이라는 용
어는 혼용되어 서로 같은 의미로 사용되고 있는 사실을 인정할 수 있어 이 사건
제1 내지 4, 7 내지 10항 정정발명의 특허청구범위에 이 사건 정정발명의 국제출
원번역문의 '방출억제성'이 아닌 '서방성'이라는 용어로 기재되어 있다고 하여 이
사건 제1 내지 4, 7 내지 10항 정정발명이 국제출원의 명세서, 청구의 범위 또는
도면과 그 출원번역문에 기재되어 있는 발명에 포함되지 않는다고 볼 수 없다.

(2) 이 사건 정정발명의 특허청구범위에 혈중농도 프로파일을 달성할 수 있는
개별적인 서방성 물질의 선택 및 서방성 제형의 제조방법에 관하여 구체적으로
기재되어 있지 않다고 하더라고 통상의 기술자라면 혈중농도 프로파일과 용출률
을 기준으로 삼고 특허청구범위에 기재된 서방성 물질에 서방성 제형의 제조에
관한 일반적인 기술을 적용함으로써 과도한 실험 없이도 이 사건 정정발명을 재
현할 수 있다고 보이므로 그 특허청구범위가 명확하게 기재되어 있고 발명의 상
세한 설명에 의하여 뒷받침되며, 정정발명의 특허청구범위에 기재된 혈중농도 프
로파일 및 용출률은 모두 이 사건 정정발명의 내용을 한정하는 구성에 해당하므
로 발명의 구성에 없어서는 아니되는 사항에 해당한다.

(3) 제1항 정정발명의 혈중농도 프로파일은 단순히 유효성분, 서방성 물질의
성분 및 함량에 의해 제형에 당연하게 부여되는 내재된 성질이 아니므로 비교대
상발명에 의해 신규성이 부정되지 않으며, 또한 이 사건 정정발명은 비교대상발명
에 대비하여 목적의 특이성, 구성의 곤란성 및 효과의 현저성이 인정되므로 진보
성이 부정되지 않는다.

Ⅱ. 해　설

1. 의약발명의 특수성과 권리보호 범위

의약발명은, 치료방법에 관한 발명에 대하여 산업상 이용가능성의 제한이라는 특허 제도상의 한계 때문에 사실상 발명의 본질은 치료방법에 있음에도 이를 직접 청구항에 표현할 수 없었다. 위와 같은 특허요건상의 장해를 피하기 위하여 특허청구항에 발명의 본질 부분인 치료방법을 기재하는 대신 다양한 기능식 표현을 기재한 의약발명이 등장하게 되었다. 또한 최근 의약으로서 가치 있는 새로운 물질의 발굴이 어려워지자 제약업계는 산업적 난국을 타개하기 위해 이미 공지된 의약에 새로운 투여기간, 투여빈도, 투여용량, 투여대상 및 약물동태학1)적 시험 데이터와 같은 효과·특성을 부가한 의약용도 발명을 출원하는 추세가 증가되고 있다.

의약의 향상된 효능·효과를 발현시키는 방법과 관련된 기능식 표현으로 기재될 수 있는 방법적 요소 중, 투여량 및 투여횟수는 작용부위에 있어서 유효성분의 유효농도 및 약제의 지속성과 밀접하게 관련성이 있는 요건으로, 약제의 체내 동태를 통하여 해당 약제의 용도를 나타내기 위한 「용법 및 용량」의 주요한 요건이다. 그리고 투여순서 및 투여간격은 시간경과에 수반되는 약제의 작용순서나 적정 농도를 유지하여 약효를 나타내기 위한 「용법 및 용량」의 주요 요건으로 이것들은 방법의 시간적 요소라고 할 수 있다. 또한 투여경로는 약제의 작용부위나 대사부위와 관련하는 요건으로서 약제와 생체의 위치관계를 개입시켜 해당 약제의 용도를 나타내기 위한 「용법 및 용량」의 주요 요건으로서 방법의 공간적 요소라고 할 수 있다.2)

위와 같은 치료방법과 관련된 요소들 중 투여주기(투여기간, 투여빈도)와 투여용량에 관하여는 2015. 5. 21. 선고된 대법원 2014후768 전원합의체 판결로 발명의 구성요소로 인정된바 있어 이를 둘러싼 특허법상 논란은 종결이 된 셈이다. 그러

---

1) 약물동태학은 체내에 투여된 약물이 체내에서 진행하는 과정을(약물의 흡수, 분포, 대사, 배설) 시간의 경과에 따라 정량적으로 다루는 학문이다. 약물속도론은 약물투여에서 일정 시간 후의 약물의 혈중 농도를 이론적으로 계산하여 예측하는 것을 목적으로 하는 학문으로 약물의 혈중농도 프로파일이 시간에 따라 약물의 흡수, 분포, 대사, 배설에 따라 달라지는 것을 수학적으로 모델링하여 설명하고 예측하는 연구이다.
2) 바이오테크놀로지 위원회 : 「의료관련 행위의 특허보호에 대하여」의 개요, 지재관련 55, 41-48, 2005.

나 혈중농도 프로파일과 같은 약물동태학적 시험 데이터를 직접 청구항에 발명의 한정사항으로 기재한 경우 이를 발명의 구성요소로 볼 것인지, 구성요소로 보는 경우 선행발명 또는 침해품과는 어떻게 비교를 할 것인지의 해석문제는 여전히 해결해야 할 과제로 남아 있다.

그런데 의약발명에 있어서 혈중농도 프로파일은, 발명의 대상인 의약물질 또는 의약품 자체의 물성이 아니라 이를 인체에 적용하여 나타난 결과이며 일종의 효과라고 볼 수 있으므로, 청구범위에 직접 효과를 기재한 경우에 발생하는 해석의 문제를 당연히 수반한다. 뿐만 아니라 혈중농도 프로파일과 같이, 개인의 약물대사 및 소실 능력에 따라 동일한 제제라도 개인에 따라 차이가 있는 경우에는 발명의 구성을 어떻게 파악하여야 하는지에 관한 문제, 즉 물건 발명으로서 권리범위가 모호해지는 문제점이 있다.

이러한 여러 가지 문제점을 해결하기 위해 기능식 청구항, PBP청구항, 수치한정발명이나 파라미터 발명에 관한 여러 판단기준을 적용할 수 있는지 여부를 검토해 볼 필요가 있다.

2. 혈중농도 프로파일 한정 의약발명의 해석

가. 발명의 구성으로 인정할 것인가

이 사건 특허발명과 같이 특허청구항에 의약용도발명을 구성하는 의약물질(유효성분) 및 제제학적 물질(약제학적 첨가제)과 함께 혈중농도 프로파일을 기재한 경우, 혈중농도 프로파일을 발명의 구성으로 인정할 것인지의 문제를 먼저 결정하여야 한다. 일반적으로 물건발명에 있어서 효과의 기재는 발명의 구성으로부터 도출되는 결과에 불과하므로 이러한 기재가 없다고 하여 발명의 구성을 특정하는데 아무런 문제가 되지 않는다. 즉, 통상적인 발명의 효과는 특별히 발명의 구성으로 인정할 필요가 없는 것이다. 그런데 일정한 효과를 달성하는 데 반드시 필요한 발명의 구성(구조 또는 물성)을 기재하는 대신 그 효과만을 청구항에 기재하였을 경우에는 이를 발명의 구성으로 인정할지 여부에 따라 발명의 본질이 크게 달라질 수 있다.

물건의 발명에 있어서 발명의 구성은 물건의 구조나 물성으로 기재하는 것이 원칙이고, 물건을 제조하는 방법이 어떠한지는 물건발명의 권리범위를 정함에 있어 영향을 미치지 아니하므로 물건발명의 구성이라고 보기 어렵다. 그러나 물건

발명의 구성(구조, 물성)을 기재하는 표현방법 중의 하나로 사용될 경우 발명의 구성으로 인정할 수 있고, 이때 그러한 제조방법으로 제조된 물건의 '구조나 물성'을 발명의 구성으로 파악하는 방법이 최근 대법원 전원합의체 판결3)에 의하여 확립된 바 있다. 이러한 PBP청구항에서의 논리구조를 의약용도발명의 청구항에 기재된 혈중농도 프로파일에 적용하는 것도 가능하다고 생각한다. 즉, 혈중농도 프로파일을 한정(특정)한 기재를 의약품의 구조와 물성의 기재를 대신한 것이라고 본다면, 발명의 구성으로 인정하여 그러한 혈중농도 프로파일을 나타내는 데 필요한 구조와 물성으로 변환한 뒤 이를 선행발명이나 침해품과 대비할 수 있을 것이다.

나. 구조와 물성으로 변환: 기재불비, 실시가능성, 선행발명 또는 침해제품과의 대비

이론적으로는 위와 같은 사고가 가능하겠지만, 구체적으로 혈중농도 프로파일에 따라서 과연 이를 의약품의 구조나 물성으로 변환할 수 있는지 여부는 출원시점 및 판단시점에 따라 구체적, 개별적으로 검토를 하여야 한다. 경우에 따라서는 가능할 수도 있고, 불가능할 수도 있기 때문에 불가능하다고 판단되는 경우에는 당연히 기재불비의 문제가 발생할 것이다. 혈중농도 프로파일을 의약품의 구조나 물성으로 변환가능하다면 변환한 후 이를 선행발명이나 침해제품과 대비하여, 신규성 및 진보성, 침해 여부를 판단하면 된다.

의약제제의 경우, 구조나 물성만이 아니라 투여주기나 투여용량 역시 혈중농도 프로파일에 영향을 미치는 것이므로, 경우에 따라서는 혈중농도 프로파일이 의약제제 자체의 구조나 물성이 아니라 투여주기나 투여용량을 표현한 것이라고 해석할 여지도 있다. 이러한 경우에는 투여주기나 투여용량을 청구한 발명에서의 판단방법으로 판단을 하면 될 것이다.

혈중농도 프로파일이 의약제제의 구조와 물성을 표현한 것인지, 아니면 투여주기나 투여용량을 표현한 것인지는 발명의 상세한 설명을 통해 판단할 수 있을 것으로 보인다.

---

3) 2015. 1. 22. 선고 2011후927 전원합의체 판결과 특허침해가 문제된 사건에 관한 2015. 2. 12. 선고 2013후1726 판결.

다. 권리범위 및 보호범위의 확정

수치한정발명이나 파라미터발명에서처럼 사실상 공지된 의약물질에 단지 혈중농도 프로파일만 추가하여 특허성을 얻으려는 발명이 많다. 따라서 번거로울 수 있겠지만, 선행발명의 혈중농도 프로파일을 분석하여 특허발명과 대비하여 특허성을 판단하는 것이 필요하다.

바람직한 혈중농도 프로파일을 찾아내고 이를 구현하기 위한 다양한 방법 중 오로지 하나의 예만을 발명의 상세한 설명에 제시한 경우도 있을 수 있다. 출원 당시의 기술수준으로는 다른 방법이 없어 발명자도 출원 시에 오직 하나의 방법만을 기재하였는데, 출원 후의 기술발전에 따라 동일한 혈중농도 프로파일을 구현한 제품에 대하여 까지 권리범위가 미치는지의 문제가 있다. '혈중농도 프로파일'은 의약발명의 '구조나 물성'을 대신 표현한 방법에 불과하고, 혈중농도 프로파일 자체에 특허성을 부여한 것은 아니므로(즉, 바람직한 '혈중농도 프로파일'의 제시 자체에 특허성을 인정하여 특허를 부여한 것은 아니다), 비록 발명의 상세한 설명에 기재한 구조나 물성에만 제한되지는 않는다 하더라도 통상의 기술자가 명세서 전체를 통하여 인식할 수 있는 청구항 기재 혈중농도 프로파일을 구현할 수 있는 '구조와 물성'에만 권리범위가 미친다고 보아야 할 것이다(보호범위의 제한).[4]

3. 이 사건 특허발명의 검토

가. 이 사건 제1항 정정발명

이 사건 제1항 정정발명은 '옥시코돈 염 및 조절 방출 코팅으로 코팅된 구상체 또는 서방성 물질을 포함하는 경구투여형 방출억제성 옥시코돈 제형'이라는 공지된 옥시코돈의 제형발명에 부가적으로 혈중농도 프로파일이 '투여 후 평균 2 내지 4.5 시간대까지에서 6 내지 60ng/㎖의 옥시코돈 평균 최대혈중농도를 제공하고, 정상상태 조건을 통해 매 12시간마다 투여를 반복한 후 평균 10 내지 14시간대까지에서 3 내지 30ng/㎖의 평균 최소혈중농도'의 혈중농도 프로파일로 한정한 형태이다.

---

[4] 이는 발명자가 창안한 범위 내에서 합리적으로 특허의 보호범위를 인정하여야 하기 때문이다.

구성요소	이 사건 제1항 정정발명	비교대상발명
① 약물	옥시코돈 염 10~40mg	옥시코돈 9.2mg ※ 이 사건 발명의 실시예에 기재된 옥시코돈 염산염으로 환산시 10.26mg에 해당됨
② 서방성 물질	(a) 조절 방출 코팅으로 코팅된 구상체 또는 (b) 친수성 고분자, 소수성 고분자, 소화가능한 치환 또는 비치환 C8-C50 장쇄 탄화수소, 폴리알킬렌 글리콜, 및 이들의 혼합물로 이루어진 군으로부터 선택된 서방성 물질을 포함하며	좌동
③ 서방성 효과 투여간격	투여 후 평균 2~4.5시간대까지에서 6~60ng/㎖의 옥시코돈 평균최대혈중농도를 제공하고, 정상상태 조건을 통해 매 12시간마다 투여를 반복한 후 평균 10 내지 14시간대까지에서 3 내지 30mg/ml의 평균 최소혈중농도를 제공하는 것을 특징으로 하는 환자 경구투여용 방출억제성 옥시코돈 제형	100% 방출에 9시간 소요 방출제어 기제 중량비 증가할수록 약물방출 지연도 증가 경구투여후 5~24시간 동안 약물의 서방출 제공 가능

이 사건 특허발명						비교대상발명		
실시예 2			실시예 12			실시예		
조성	mg/정제	중량%	조성	mg/정제	중량%	조성	mg/정제	중량%
옥시코돈-HCl	10.0	8	옥시코돈-HCl	10	9.1	옥시코돈	9.2	3.27
락토스	71.25	57	락토오스	30	27.27	락토오스	200	71.17

Eudragit* RSPM	15.0	12	Eudragit L-100-55	30	27.27	Eudragit E30D	11.2	3.99
스테아릴 알코올	25.0	20	세토스테아릴 알코올	30	27.27	스테아릴 알코올	50.0	17.79
스테아린산 마그네슘	1.25	2	하이드록시 에틸 셀룰로오즈	10	9.1	스테아린산	5.3	1.89
탈크	2.5	1				탈크	5.3	1.89
총량	125	100	총량	110	100	총량	281.0	100

* Eudragit은 일반적으로 경구형 제형(정제, 캅셀제 등)의 기제, 당의제, 부형제, 코팅제 등의 첨가제로 널리 사용되는 아크릴과 메타크릴산 에스터로 공중합된 생체적합성 고분자이며 장용제제나 서방화제로 사용되기로 한다.

그런데 옥시코돈은 오피오이드 진통제가 결합하는 오피오이드 수용체의 여러 하위타입 중 μ-오피오이드 수용체 작용제로 작용하는 약물로써 흡수가 신속한 약물이므로 용출속도가 흡수 속도와 거의 비슷하게 되고, 서방성 부형제로 인해 약물의 방출속도가 늦어지면 흡수속도도 당연히 늦어지게 된다. 따라서 옥시코돈은 약물의 체내흡수에서 용출속도가 율속단계이므로 늦어진 용출속도가 서방성 제제의 소실속도에 반영되는 상태가 되는 특징이 있다.

용출시험은 약물의 혈중농도와 약효 발현을 예측하기 위하여 시간에 따라 제형으로부터 방출되는 약물의 양을 시험관내에서 측정하는 시험으로서, 비교대상발명의 정제B와 이 사건 특허발명의 실시예 12가 거의 유사한 용출프로파일을 나타내므로,[5] 혈중농도 프로파일도 유사할 것으로 보인다(명세서에 실시예 12의 혈중농도 프로파일은 기재되지 않고 실시예 2의 결과는 기재되어 있음).

---

5) 아래의 그림은 이 사건 특허발명의 실시예 2 및 12와 비교대상발명의 정제B의 용출률(%)을 비교한 그래프입니다.

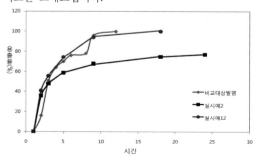

그런데 이 사건 제1항 정정발명 청구범위의 옥시코돈 함량 및 구상체 또는 서방성 매트릭스 구성성분에 관한 기재만으로는 12시간 약효 지속되는 서방성 제제의 기술구성6)이 충분히 특정되었다고 볼 수 있는지 의문이 있을 수 있다. 그러나 다양한 주지관용의 서방성 제형에 관한 기술구성을 모두 일일이 나열할 수 없으므로, ① "투여 후 평균 2 내지 4.5 시간대까지에서 6 내지 60ng/㎖의 옥시코돈 평균 최대 혈중농도를 제공하는 제형" 및 ② "정상상태 조건을 통해 매 12시간마다 투여를 반복한 후 평균 10 내지 14 시간대까지에서 3 내지 30ng/㎖의 평균 최소혈중농도를 제공하는 제형"이라는 기재를 통해 옥시코돈 제어방출 제제를 특정한 것으로 볼 여지가 있는지를 검토하여야 한다.

이 사건 특허발명의 명세서에는 다양한 서방성 제제에 관한 기술구성을 포함하는 실시예가 기재되어 있고, 이러한 부형제의 기술구성을 통해 통상의 기술자는 청구범위에 한정된 혈중농도 프로파일을 재현할 수 있을 것이다.7) 또한, 동일한 서방성 제제를 가지고도 투여주기 및 투여용량을 조절하여 청구범위에서 한정된 혈중농도 프로파일과 다른 프로파일을 재현하는 것도 가능할 것이다. 따라서 이 사건 제1항 정정발명의 권리범위가 이 사건 특허발명 이후에 개발될 수 있는 수많은 새로운 기술구성을 가진 서방성 제제에까지 미친다고 볼 수 있을지, 또한 10 내지 40mg의 옥시코돈 염으로 청구범위에서 한정된 혈중농도 프로파일을 구현할 수 있는 다양한 투여주기 및 투여용량 전체에 대하여 미친다고 볼 수 있을지는 새로운 관점에서 검토되어야 한다.

따라서 "혈중농도 프로파일"을 한정한 것 자체에 종래의 기술(종래에 인식된 혈중농도 프로파일의 범위)과는 차별되는 현저한 효과를 인정할 수 있는 기술적 가치가 있는 발명이라면, 이를 구현할 수 있는 방법이 어떠하든(서방성 부형제의 구성 또는 투여주기 및 투여용량의 한정) 그 권리범위를 인정해 줄 필요성이 있다.8) 그러

---

6) 서방성 제제의 기술구성은, 약물과 서방성 매트릭스 물질의 구성 비율, 약물 함유층과 코팅층의 배열 상태, 구성체의 조절방출 코팅층의 성분 및 두께 등이 한정되어야만 한다.

7) "용출속도"는 재현성이 있는 구성요소로 볼 수 있는 데 비해, "혈중농도"는 서방성 제제로부터의 약물의 용출속도＋개인의 약물대사 및 소실능력에 의해 결정되므로 동일한 의약제제라도 누구에게 투여되는가에 따라서 권리범위에 속하기도 하고 속하지 않을 수도 있게 되므로, 물 발명으로서의 기술적 범위가 모호해지는 문제점이 있을 수 있다. 그러나 개인에 따른 약물대사 및 소실능력이 다른 점은 모든 의약제제에 동일하게 나타나는 문제이므로, 평균적인 약물대사 및 소실능력을 일정한 기준에 의하여 확정할 수 있다면 이러한 문제는 해결될 것으로 보인다.

8) 그러나 이 사건 제1항 정정발명이 위와 같은 가치를 지닌 발명이라 하더라도, "혈중농도

나 그와 같은 가치를 인정할 수 없다면, 발명의 가치는 특정한 혈중농도 프로파일을 구현하기 위한 구체적인 기술인 서방성 부형제의 기술구성, 또는 10 내지 40mg의 옥시코돈 염으로 특정한 혈중농도 프로파일을 구현하기 위한 구체적인 투여주기 및 투여용량에만 특징이 있는 발명으로 보아야 한다. 이렇게 볼 경우 특허발명의 명세서에 기재된 서방성 부형제의 기술구성만이 발명자가 창안한 기술사상이고 따라서 이에 대하여만 권리범위를 인정해 주는 것이 바람직할 것이다.

4. 결   론

대상판결은 경구투여 후 시간에 따른 혈중농도의 범위를 물건발명의 구성으로 기재한 경우 이를 적극적으로 발명의 구성으로 인정한 판례라는 점에서 의의가 있다. 그러나 서방성 제제의 기술구성을 구체적으로 특정하는 대신 혈중농도 프로파일을 기재한 경우 발생할 수 있는 다양한 문제에 대하여 판단이 없는 점은 아쉬운 점으로 생각된다.

프로파일" 자체를 발명의 대상으로 삼을 수 있는지, 즉 "서방성 제제"라는 약물과는 유리된, 산업상 이용가능성이 없는 그야말로 치료방법 자체는 아닌지는 따로 검토되어야 한다.

20. 의약발명에 있어 투여용량 내지 투여용법의 특허대상 여부

[대법원 2015. 5. 21. 선고 2014후768 판결]

서을수(특허심판원 심판장)

Ⅰ. 사실의 개요

원고(상고인)는 '저용량의 엔테카비르 제제 및 그 용도'를 명칭으로 하는 발명을 특허 제757155호로 등록1)하였는데, 피고(피상고인)는 확인대상발명2)은 원고가 이 사건 특허의 권리범위에서 의식적으로 제외한 발명으로 자유실시기술에 해당한다고 주장하면서 소극적 권리범위확인심판을 청구하였다.

특허심판원(2013. 4. 30. 심결 2012당2418)은 인용하는 심결을 하면서, 특히 확인대상발명의 구성 중 '1.065mg/1정의 함량'(이하 '투여용량'이라 한다)은 구성요소로 본 반면, '1일 1회 투여 가능한'이라는 구성(이하 '투여용법' 내지 '투여주기'라 한다)은 투여하는 주기를 기재한 것에 불과하므로 구성요소로 볼 수 없다고 하였다. 특허법원(2014. 4. 14. 선고 2013허5759)은 심결취소소송에서 투여용량과 투여주기를 모두 확인대상발명의 구성요소로 보고 이들 구성요소들이 포함된 확인대상발명을 자유실시기술로 판단하였다.

---

1) 특허청구범위 제1항은 '담체 기질의 표면에 부착된 0.5 내지 1.0mg의 엔테카비르(entecavir)를 포함하는, B형 간염 바이러스 감염을 치료하기 위한 1일 1회 투여에 효과적인 제약 조성물'이고(이하 '이 사건 특허'라 한다), 이 사건 특허의 등록은 2021. 1. 26. 만료 예정이다.

2) 피고가 특정한 확인대상발명의 요지는 아래와 같다.
엔테카비르 일수화물이 1.065mg(엔테카비르 1mg에 해당한다)/1정(錠)의 함량으로 포함된 1일 1회 투여가능한 B형 간염 바이러스 감염 치료용 정제(錠劑)로서, 엔테카비르, 담체 및 점착성 물질인 결합제를 포함하는 분말 상태의 균일한 혼합물을 타정기로 바로 압축 성형하는 직접분말압축법, 즉 직타법으로 제조되며, 위 정제는 주성분인 엔테카비르, 담체 및 결합제가 압력에 의해 응집되어 형성된 것이고, 정제에 포함되는 성분을 과립의 형성 없이 균일하게 혼합하여 바로 타정한 정제.

II. 판 시

상고 기각.

"투여용법과 투여용량은 의료행위 그 자체가 아니라 의약이라는 물건이 효능을 온전하게 발휘하도록 하는 속성을 표현함으로써 의약이라는 물건에 새로운 의미를 부여하는 구성요소가 될 수 있다고 보아야 하고, 이와 같은 투여용법과 투여용량이라는 새로운 의약용도가 부가되어 신규성과 진보성 등의 특허요건을 갖춘 의약에 대해서는 새롭게 특허권이 부여될 수 있다. 이러한 법리는 권리범위확인심판에서 심판청구인이 심판의 대상으로 삼은 확인대상발명이 공지기술로부터 용이하게 실시할 수 있는지를 판단할 때에도 마찬가지로 적용된다. 이와 달리 … 판시한 대법원 2009. 5. 28. 선고 2007후2926 판결, 대법원 2009. 5. 28. 선고 2007후2933 판결을 비롯한 같은 취지의 판결들은 이 판결의 견해에 배치되는 범위 내에서 이를 모두 변경"

III. 해 설

1. 의약용도발명의 성격

의약은 병을 고치는데 쓰이는 약물로서, 보다 구체적으로는 사람이나 동물의 질병을 진단, 경감, 치료, 처치 또는 예방을 위해 사용되는 물질을 의미하고,[3] 의약용도발명[4]은 의약물질이 갖는 약리효과를 밝혀 해당 물질이 특정 질환에 대해 의약으로서 효능을 발휘하는 새로운 용도를 대상으로 하는 발명이다.[5]

이러한 의약용도발명이 물질발명 또는 방법발명인지와 관련해서 의견이 나뉘고 있지만, 의약용도발명은 의약적 활성을 갖는 특정 물질을 특정 질병의 예방 내지 치료로 사용하는 것에 관한 발명으로, 글자 그대로, 사용하는 방법 즉 용도발명이라고 보아야 한다. 우리 특허법 제2조는 발명의 형태를 물건의 발명, 방법의

---

3) 약사법 제2조 및 특허법 제96조 제2항 참조.

4) 의약용도발명의 상위개념으로 의약발명이 있을 수 있다. 의약발명은 의약을 발명의 구성요소로 하고, 이 의약의 용도가 직접 혹은 간접적으로 관여되는 발명의 형태로, 신약발명(화학물질 자체), 의약용도발명, 의약조성물발명, 의약의 제법발명과 2개 이상의 의약을 혼합하여 조제하는 방법발명 등이 포함된다(제약산업학 교재편찬위원회, 전게서, 220면).

5) 이 사건 대법원 대상판결 및 대법원 2004. 12. 23. 선고 2003후1550 판결 참조.

발명 및 생산하는 방법의 발명으로만 구분하고 있고 사용하는 방법의 발명인 용도발명에 대해 별도로 규정하는 바가 없다고 하더라도 사용하는 방법인 용도발명도 방법발명의 일 형태로 보는 것이 타당하다. 실제로 의약관련 특허출원을 보면 신규 화합물에 관한 물질을 청구하는 청구항과 그러한 신규 화합물의 의약으로서의 용도를 청구하는 청구항을 하나의 특허출원서에 함께 청구하는 경우가 많은데,6) 이 경우 물질을 청구하는 청구항은 물건의 발명에 관한 것이고, 용도를 청구하는 청구항은 방법발명에 관한 것으로 보아야 한다.

2. 투여 용량 및 용법의 특허 대상성 여부

의약은 병을 고치는데 쓰는 약으로서 약리작용을 통해 특정 질병의 치료 등의 효과를 나타내기 위해서는 일정 함량범위가 될 필요가 있는데, 이를 유효량(effective dose)이라 한다. 이러한 유효량을 감안해서 약효가 발휘를 될 수 있도록 사용되는 약물의 양을 약용량(dose)이라고 하고, 투여용량이 이에 해당된다.7) 투여용량은 환자의 상태를 고려해서 결정해야 하지만, 환자의 상태는 각 경우가 다르므로 통상 환자쪽 인자는 일반적인 상태로 상정하고, 약제쪽 인자인 제형 및 약물의 물리화학적, 생리학적, 약리학적 성질을 고려해서 결정한다.8)

신약을 개발하는 관점에서 보면, 전임상 시험 단계에서 신약 후보물질의 유효성을 시험관 시험과 동물 시험을 거쳐 평가하고, 이를 바탕으로 임상 시험에서 인체를 대상으로 후보물질의 의약적 유효성과 안전성을 확인하여 의약으로서 최적 투여 용량과 용법을 결정한다. 후보물질의 유효성 평가는 통상 약물용량반응 모델을 사용해서 수치로 나타내는데 주요 지표로 IC50(half maximal inhibitory concentration)과 EC50(half maximal effective concentration)이 사용된다. 전임상 시험을 통해 의약으로서 유효성이 확인된 물질은 임상 시험을 거쳐 사람을 대상으로 안전성과 유효성이 입증되어야만 비로소 의약으로 활용될 수 있는 것이고, 의약으로서 사용되기 위해서는 반드시 최적 투여 용량과 용법이 결정되어야 한다.

따라서 투여 용량과 용법은 의약이 갖추어야 할 필수사항으로 새로운 의약을 개발하는 여러 단계를 통해 인체를 대상으로 한 의약적 유효성과 안전성을 고려

---

6) 이미정, "의약 관련 특허청구범위의 기재와 해석", 특별법연구 제12권, 특별소송실무연구회, 2015, 315면.

7) 이민화, 구영순 편저, 『신약제학』, 이화여자대학교출판부, 2004, 23-28면.

8) 이민화, 구영순, 상계서, 36-39면.

하여 최적의 투여 용량과 용법이 정해진다. 투여 용량과 용법은 특정 물질이 특정 질환에 대한 의약적 유효성분으로 활용되기 위해서는 반드시 규명되어야 하는 것으로서 의약용도발명의 본질적 구성요소중 하나이므로 의약용도발명의 다른 구성요소와 더불어 특허의 대상에 포함되는 것이 마땅하다.9)

다만, 투여 용량과 용법이 의약용도발명의 본질적 구성요소 중 하나라고 하더라도 이러한 투여 용량과 용법을 의약용도발명의 특허청구범위에 필수적 구성으로 반드시 기재해야 하는 것은 아니다. 발명은 구체화된 기술적 사상으로서 해결하고자 하는 과제를 설정하고 실현가능한 구체적인 해결방법을 제시하면 되는 것이지 반드시 실제로 제품 등으로 구현되어 작동 내지 적용되는 모습까지 보여주어야 하는 것은 아니다. 즉 의약용도발명의 있어서도 임상시험을 통해 최적의 투여 용법과 용량까지 확인해서 특정 물질의 의약적 용도를 특허로 출원하는 것이 바람직한 모습이겠지만, 전임상 실험 단계에서 시험관 시험 내지 동물 시험을 통해 특정 물질이 특정 질환에 대해 유효하다는 사실을 규명하고 이를 바탕으로 의약용도발명을 특허 출원하면 충분하다 할 것이다. 이는 다른 분야의 발명과의 형평성 측면에서도 그렇고 통상적으로 임상시험에 많은 시간과 비용이 소요되는 의약분야의 특성을 고려할 때에도 전임상 시험을 통해 의약적 유용성이 규명된 정도에서 의약용도발명 성립을 인정하고 보호하는 것이 의약산업의 발전을 도모하는 바람직한 방향이라 할 것이다.

임상시험을 통해 결정되는 의약의 투여 용량과 용법은 첫 번째 의약용도발명에 포함시켜 특허출원을 할 수도 있지만, 많은 경우 첫 번째 의약용도발명 이후에 투여 용량과 용법을 특정해서 제2의 의약용도발명으로 특허 출원하는 경향이 있는데 이는 첫 번째 의약용도발명의 개량발명으로 볼 수 있다. 투여 용량과 용법이 특정된 제2의 의약용도발명의 경우 첫 번째 의약용도발명의 명세서에 전임상 시험 수준이지만 특정 물질의 의약적 용도로서 유효함량이 어느 정도 개시되어 있

---

9) 이 사건 대상판결의 다수의견 참조("의약이 부작용을 최소화하면서 효능을 온전하게 발휘하기 위해서는 약효를 발휘할 수 있는 질병을 대상으로 하여 사용하여야 할 뿐만 아니라 투여주기·투여부위나 투여경로 등과 같은 투여용법과 환자에게 투여되는 용량을 적절하게 설정할 필요가 있는데, 이러한 투여용법과 투여용량은 의약용도가 되는 대상 질병 또는 약효와 더불어 의약이 그 효능을 온전하게 발휘하도록 하는 요소로서 의미를 가진다. 이러한 투여용법과 투여용량은 의약물질이 가지는 특정의 약리효과라는 미지의 속성의 발견에 기초하여 새로운 쓰임새를 제공한다는 점에서 대상 질병 또는 약효에 관한 의약용도와 본질이 같다고 할 수 있다.")

는 경우가 대부분이므로 그 진보성을 인정받기는 쉽지가 않을 수가 있다. 그리고 임상시험을 통해 특정한 투여 용량과 용법이 이미 규명된 경우에도 추가적인 임상시험을 통해 새로운 투여 용량과 용법을 밝혀 특허 출원을 하는 경우가 있을 수 있는데, 이는 이른바 제2의 투여 용량 및 용법관련 의약용도발명으로서 첫 번째 투여 용량과 용법과 비교하여 현저한 효과가 입증되어야만 진보성이 인정받을 수 있을 것이다.

3. 투여 용량 및 용법과 의료행위의 경계

투여 용량 및 용법과 관련된 의약용도발명을 특허대상으로 포함하게 되면 이러한 투여 용량과 용법을 의료행위와 어떻게 구분하는지가 문제될 수 있다.

의료행위라 함은 의학적 전문지식을 기초로 하는 경험과 기능으로 진료, 검안, 처방, 투약 또는 외과적 시술을 시행하여 하는 질병의 예방 또는 치료행위 및 그 밖에 의료인이 행하지 아니하면 보건위생상 위해가 생길 우려가 있는 행위를 의미한다.[10] 따라서 의사가 환자 치료 등의 목적을 달성하기 위해서는 일정한 투여 용량 및 용법으로 처방 내지 투여 등의 의료행위를 해야만 한다. 일반적으로 의약은 환자의 치료 등을 목적으로 의사의 처방에 따라 필요시 약사의 조제를 거쳐 환자에게 투여되게 되는데 이 과정에서 특허받은 투여 용량 및 용법에 따라 투약이 이루어지는 경우 특허침해 문제가 발생될 수도 있다.

특허법 제2조에서 정의하고 있는 "실시"는 '물건의 발명인 경우 그 물건을 생산·사용·양도·대여 또는 수입하거나 그 물건의 양도 또는 대여의 청약을 하는 행위를 말하고', '방법의 발명인 경우에는 그 방법을 사용하는 행위'가 해당된다. 위에서 살핀 것처럼 투여 용량 및 용법에 관한 의약용도발명을 방법의 발명으로 본다면 특허받은 투여 용량 내지 용법을 사용하는 행위가 특허의 실시가 된다.[11] 환자가 특허받은 투여 용량 내지 용법으로 해당 의약을 복용하는 경우에는 상업적 실시가 아니어서 그 책임을 물을 수 없는 것은 당연하고, 다만 의사가 의료행위의 하나로 특허받은 투여 용량 내지 용법으로 처방 또는 투약 등을 하게 되면

---

10) 대법원 1999. 3. 26. 선고 98도2481 판결.
11) 특허법 제2조에서 규정하고 있는 "실시"의 정의에서 보듯이 방법의 발명에 비해 물건의 발명의 실시 범위가 더 포괄적이므로, 투여 용량 및 용법에 관한 의약용도발명을 물건의 발명으로 보게 되면 해당 특허권의 효력 범위가 방법의 발명으로 보는 것에 비해 더욱 넓어지게 된다.

해당 방법을 상업적으로 실시하는 것이어서 별도로 달리 규정하는 바가 없으면 특허침해가 될 수 있다.

그러나 의료행위의 공익적 측면을 고려하면 특허받은 투여 용량 내지 용법으로 의료행위를 한다고 하여 특허침해의 책임을 의사에게 묻기는 어려운 측면이 있다. 판례[12]와 특허청의 실무에 따르면 의료행위에 관한 발명은 산업상 이용할 수 없는 것으로 특허의 대상이 되지 않는다고 보고 있다. 그러나 의료행위에 관한 발명을 특허법에 명시적으로 규정하는 바 없이 특허청의 심사실무 내지 판례를 통해서만 산업상 이용가능성이 없음을 이유로 특허대상에서 제외하는 것은 성문법주의를 원칙으로 하는 우리 법제와 맞지도 않고 법적 안정성도 해칠 우려가 있기 때문에 바람직한 방법으로 볼 수가 없다.[13]

법의 예측가능성과 안정성을 도모하는 측면에서 보면 의료행위와 관련된 발명이더라도 특허대상이 되는 것으로 보고, 다만 의사와 병원의 의료행위인 경우에는 특허침해로 보지 않는다는 면책규정을 별도로 두는 쪽으로 입법화하는 것이 바람직하다 할 것이다. 이와 관련해서 의사와 병원의 의료행위는 특허침해대상에서 제외된다는 면책규정(Doctor/Hospital Infringement Immunity)을 별도로 두고 있는 미국 특허법을 참고해 볼 수 있다.[14] 다만 미국 특허법상 이러한 면책규정은 의료행위가 의약 조성물을 특허받은 방법으로 사용하는 경우에는 적용되지 않는다는 점에 유의할 필요가 있다.[15]

---

12) 대법원 1991. 3. 12. 선고 90후250 판결 등 참조.

13) 신혜은 교수도 비슷한 의견인 것으로 보인다(신혜은, 전게논문, 46면 참조). 참고로 의료방법발명의 보호방법에 관한 문제는 여러 의견이 있을 수 있으나(설민수, "의료행위의 특허대상성: 산업상 이용가능성의 한계를 넘어", 인권과 정의 통권 425호, 2012; 홍석경, "리서치 툴 특허의 이용에 관한 연구", 지식재산연구 제10권 제3호, 2015; 김병일, 이봉문, "의료발명의 법적 보호", 한국지식재산연구원 연구보고서, 2001; 정차호, 이은지, "의료방법발명의 영업비밀로서의 보호", 지식재산연구 제8권 제1호, 2013 등), 이 글의 주제를 벗어나는 것으로 여기에서 자세한 논의는 생략한다.

14) 35USC§287(c): Limitation on damages and other remedies; marking and notice:
   (1) With respect to a medical practitioner's performance of a medical activity that constitutes an infringement under section 271(a) or (b), the provisions of sections 281, 283, 284, and 285 shall not apply against the medical practitioner or against a related health care entity with respect to such medical activity.

15) 35USC§287(c)
   (2) For the purposes of this subsection: (F) the term "patented use of a composition of matter" does not include a claim for a method of performing a medical or surgical procedure on a body that recites the use of a composition of matter where the use of that composition of matter does not directly contribute to achievement of the objective

4. 대상판결의 의의 및 평가

대상판결은 그 간 특허 실무와 학계에서 논란이 있었던 투여용량 및 투여용법의 특허대상 여부와 관련해서 특허를 받을 수 없는 의료행위이거나, 조성물 발명에서 최종적인 물건 자체에 관한 것이 아니어서 발명의 구성요소로 볼 수 없다는 취지로 판시한 대법원의 기존 판결들을 변경하고,16) 투여용법과 투여용량을 새롭게 한 의약용도발명도 특허의 대상이 된다는 점을 명확히 하였다는 점에서 그 의미가 크다.17) 아울러 지재권 분야에서 흔치 않은 대법원의 전원합의체 판결로서 일부 대법관의 별개의견과 더불어 주심 대법관의 보충의견을 통해 특허법관련 쟁점에 대한 대법관의 여러 의견들이 적극적으로 피력되어 특허법의 주요 현안에 대한 다양한 논의를 검토하고 발전시킬 수 있는 계기가 마련되었다는 점에서도 그 의미가 있다.

그러나 대상판결은 '의약이라는 물건의 발명에서 대상 질병 또는 약효와 함께 투여용법과 투여용량을 부가하는 경우에 이러한 투여용법과 투여용량은 의료행위 그 자체가 아니라 의약이라는 물건이 효능을 온전하게 발휘하도록 하는 속성을 표현함으로써 의약이라는 물건에 새로운 의미를 부여하는 구성요소가 될 수 있다고 보아야 한다'고 하여 투여용법과 투여용량은 의료행위 그 자체가 아니라고 명확히 단언하고 있고 이러한 투여용법과 투여용량이 특정된 의약용도발명을 방법의 발명이 아닌 물건의 발명이라고 보고 있어 문제가 있다. 투여용법과 투여용량

---

of the claimed method.

16) 대법원 2009. 5. 28. 선고 2007후2926 판결, 대법원 2009. 5. 28. 선고 2007후2933 판결 등.
17) 이 사건 대상판결의 다수의견 참조("동일한 의약이라도 투여용법과 투여용량의 변경에 따라 약효의 향상이나 부작용의 감소 또는 복약 편의성의 증진 등과 같이 질병의 치료나 예방 등에 예상하지 못한 효과를 발휘할 수 있는데, 이와 같은 특정한 투여용법과 투여용량을 개발하는 데에도 의약의 대상 질병 또는 약효 자체의 개발 못지않게 상당한 비용 등이 소요된다. 따라서 이러한 투자의 결과로 완성되어 공공의 이익에 이바지할 수 있는 기술에 대하여 신규성이나 진보성 등의 심사를 거쳐 특허의 부여 여부를 결정하기에 앞서 특허로서의 보호를 원천적으로 부정하는 것은 발명을 보호·장려하고 그 이용을 도모함으로써 기술의 발전을 촉진하여 산업발전에 이바지한다는 특허법의 목적에 부합하지 아니한다. 그렇다면 의약이라는 물건의 발명에서 대상 질병 또는 약효와 함께 투여용법과 투여용량을 부가하는 경우에 이러한 투여용법과 투여용량은 의료행위 그 자체가 아니라 의약이라는 물건이 효능을 온전하게 발휘하도록 하는 속성을 표현함으로써 의약이라는 물건에 새로운 의미를 부여하는 구성요소가 될 수 있다고 보아야 하고, 이와 같은 투여용법과 투여용량이라는 새로운 의약용도가 부가되어 신규성과 진보성 등의 특허요건을 갖춘 의약에 대해서는 새롭게 특허권이 부여될 수 있다.")

이 의료행위의 일 형태에 포함된다는 점은 앞서 본 바와 같고, 투여용법과 투여용량이 특정된 것을 포함한 의료용도발명 그 자체는 물건의 발명이 아닌 방법의 발명이라는 점 또한 앞서 살핀 바가 있다. 특히 이 점과 관련해서는 "물건의 발명은 그 구성상 '시간의 경과'라는 요소를 가지고 있지 아니하다는 점에서 방법의 발명이나 물건을 생산하는 방법의 발명과 구별된다. 투여용법과 투여용량은 '특정 용량의 의약을 일정한 주기로 투여하는 방법'과 같은 '시간의 경과'라는 요소를 포함하고 있어 이를 발명의 구성요소로 보는 견해는 물건의 발명으로서의 의약용도발명의 성격과 조화되기 어렵다."라는 이 사건 대상판결의 별개의견은 충분히 경청할만한 지적이라 할 것이다.

아울러 이 사건 대상판결에서 주심 대법관의 보충의견처럼 "의약용도발명의 물건의 발명으로서의 성격에 비추어 볼 때 청구범위에 기재되어 있는 의약용도는 이미 방법으로서의 의료행위가 아니라 의약물질의 쓰임새를 제공함으로써 의약의 권리범위를 특정하는 요소로서 의미를 가질 뿐이므로 이러한 의약용도발명에 특허를 부여한다고 하여 사람을 치료하는 등의 방법으로서의 의료행위 자체에 특허를 부여하는 것이라고 볼 수는 없다. 투여용법과 투여용량에 관한 의약용도발명이 물건의 발명 형태로 청구범위가 기재되고 그 청구범위에 투여용법과 투여용량이 부가요소로 포함되더라도 이러한 투여용법과 투여용량은 여전히 사람의 치료 등에 관한 방법, 즉 의료행위라고 보는 것은 앞서 본 바와 같이 물건의 발명 형태로 특허대상성이 인정되는 의약용도발명의 본질에 부합하지 아니하는 해석이다."라고 하여 물건의 발명의 특허청구범위에 기재된 의약용도를 해당물질의 의약적 쓰임새로 권리범위를 특정하는 구성요소로 보는 태도가 제법으로 한정된 물건의 발명과 관련된 법원의 최근 판례들[18)]의 취지와 부합되는지도 의문시된다.

Ⅳ. 결 론

대상판결은 그간 논란이 있었던 투여용량 및 투여용법과 관계된 구성 또한 의약용도발명의 특허대상에 포함된다는 점을 명확히 하였다는 점에서 그 의미가 적지 않으나, 투여용량과 투여용법은 의료행위의 수행과정에서 이루어지는 경우가 많아 이를 구분하기가 쉽지 않으며, 의약용도발명, 특히 투여용법과 투여용량에

---

18) 대법원 2015. 1. 22. 선고 2011후927 판결, 대법원 2015. 2. 12. 선고 2013후1726 판결.

관한 의약용도발명은 그 속성상 물질의 발명이라기보다는 방법의 발명이라고 보는 것이 타당함에도 불구하고 이와 다른 입장에 터 잡고 있어 이에 대한 추가적인 검토와 논의가 필요할 것으로 보인다.

아울러 법적 안정성을 도모하고 법치주의 원칙을 구체화하는 측면에서 의료행위에 관한 발명을 산업상 이용가능성이 없어 특허대상에서 제외된다는 취지의 기존의 판결들은 변경이 필요한 듯 보이고, 투여용법과 투여용량과 관련된 특허의 효력이 의료행위까지 미치는 상황을 막기 위한 이른바 의사 면책규정을 입법화하는 것이 바람직하다 할 것이다. 이러한 입법에 있어 미국 특허법상의 의료행위 특허에 대한 의사면책규정을 참고할 수도 있지만, 보다 바람직하게는 우리 특허법 제96조19)에서 규정하는 약사의 조제행위에 대한 면책규정처럼 의사의 의료행위에 대한 면책규정을 별도로 두는 것이 좋을 것 같다.

또한 특허법 제2조에서 정의하고 있는 방법 발명의 실시는 그 방법을 사용하는 행위만 해당이 되어 의약용도발명을 물건의 발명이 아닌 방법의 발명으로 보게 되는 경우 자칫 의약용도발명의 가장 중요한 실시 주체인 제약회사가 면책되는 상황이 생길 수도 있으므로 특허법 제2조 제3호에서 규정하고 있는 "실시"의 유형에 "물건을 사용하는 방법"의 카테고리를 추가하는 것20)이 법의 명확성을 기하는 측면에서 바람직할 것이다.

---

19) 특허법 제96조(특허권의 효력이 미치지 아니하는 범위) ② 2 이상의 의약(사람의 질병의 진단·경감·치료·처치 또는 예방을 위하여 사용되는 물건을 말한다. 이하 같다)을 혼합함으로써 제조되는 의약의 발명 또는 2 이상의 의약을 혼합하여 의약을 제조하는 방법에 관한 특허권의 효력은 「약사법」에 의한 조제행위와 그 조제에 의한 의약에는 미치지 아니한다.
20) 이와 관련한 특허법 개정(안)으로는 아래와 같은 것을 생각해 볼 수 있을 것이다.
    제2조(정의) 제3호 라. 물건을 사용하는 방법의 발명인 경우에는 나목의 행위에 그 방법을 사용하기 위한 물건을 생산·양도·대여 또는 수입하거나 그 물건의 양도 또는 대여의 청약을 위한 행위.

21. 투여주기와 단위투여량에 특징이 있는 의약발명의 진보성 판단

[대법원 2009. 5. 28. 선고 2007후2926, 2007후2933 판결][1]

조명선(특허심판원 수석심판관)

I. 사실의 개요

이 사건 출원발명(10-2002-7013594호)은 그 명칭을 '골 흡수 억제를 위한 조성물'로 하는 의약용도에 관한 발명으로 특허협력조약에 의한 국제출원에 따른 원출원(10-2000-7000680)의 분할출원이다.[2]

이 사건 출원발명은 비스포스포네이트(bisphosphonate)라는 물질을 활성성분으로 하는 골다공증 치료용 조성물에 관한 것인데, 이 사건 출원발명의 우선권 주장일 이전부터 비스포스포네이트 계열에 속하는 여러 화합물들이 골다공증 치료에 널리 사용되어 왔고 이 사건 출원발명은 활성성분의 단위투여량(1회 투여하는 양)과 투여주기를 한정한 것에만 특징이 있는 발명으로 대상 판결의 판단대상이 된 제9항 발명 특허청구범위는 아래와 같다.

제9항.   약제학적 유효량의 비스포스포네이트 및 약제학적으로 허용되는 담체를 함유하고, 상기 비스포스포네이트는 매 3일마다 1회 내지 매 16일마다 1회의 주기성을 갖는 연속 일정에 따라 단위 투여량으로 경구투여되는 것인, 포유동물에서 골흡수 억제에 유용한 제약 조성물로, 비스포스포네이트의 단위 투여량이 알렌드론산 활성을 기준으로 약 8.75 내지 약 140mg을 함유하는 제약 조성물.

1) 본 평석이 작성된 이후, 대상판결은 대법원 2015. 5. 21. 선고 2014후768 전원합의체 판결에 의해 그 주요 판결취지가 변경되었다. 하지만 일부 대법관들은 그 변경 취지에 찬성하지 않는다는 별개 의견을 제시하였다. 이에 대상판결의 의미를 파악하고 분석하는 것은 여전히 의의가 있다고 생각하며, 본 평석이 이 주제에 관한 다양한 견해를 제공함으로써 향후 연구에 기여하기를 희망한다.

2) 판결 2007후2926 및 2007후2933은 모두 동일 출원인에 의한 '골 흡수 억제를 위한 조성물'에 관한 발명으로 그 쟁점이 같은 바, 본 평석은 2007후2933 사건의 특허발명을 토대로 작성하였다.

특허청 심사관은 비교대상발명에 동일 계열의 화합물인 알렌드로네이트를 단위투여량 40mg 또는 80mg으로 1주일에 한 번 투여하여 부작용을 줄일 수 있다는 내용이 있어서 진보성이 없다는 이유로 거절결정하였고 특허심판원도 이 사건 출원발명의 구성요소인 활성성분, 투여주기, 단위투여량은 모두 비교대상발명과 대비하여 동일한 것이거나 통상의 기술자가 용이하게 구성할 수 있다고 판단하였다. 청구인은 특허법원에 소를 제기하여 특허법원은 2007. 6. 14. 대상판결의 원심인 2006허7641을 선고하였다.

원심은, 이 사건 제9항 발명은 비교대상발명이 제시한 투여주기를 포함하고 있고, 단위투여량의 수치를 한정함에 따른 기술적 의의를 인정할 자료가 없어 통상의 기술자가 적의 선택하여 실시할 수 있는 정도로 구성상 곤란성이 없고 별다른 효과상의 차이가 없다고 하며 원고의 청구를 기각하였다.

원고는 대법원에 상고하였는데, 대법원은 아래와 같이 판단하였다.

Ⅱ. 판   시

상고 기각.

"이 사건 제9항 발명은 공지의 물질인 비스포스포네이트의 투여주기와 단위투여량을 특징으로 하는 조성물 발명인데, 이와 같은 이 사건 제9항 발명의 특징적 구성은 조성물인 의약 물질을 구성하는 부분이 아니라 의약 물질을 인간 등에게 투여하는 방법이어서 특허를 받을 수 없는 의약을 사용한 의료행위이거나, 조성물 발명에서 비교대상발명과 대비 대상이 되는 그 특허청구범위 기재에 의하여 얻어진 최종적인 물건 자체에 관한 것이 아니어서, 이 사건 특허발명의 진보성을 판단할 때 이를 고려할 수 없다."

Ⅲ. 해   설

1. 의약발명의 구성요소

의약발명은 어떤 특정물질이 갖고 있는 미지의 속성의 발견에 기초하여 해당 물질의 새로운 의약용도를 제공하는 것으로 소위 '용도발명'이라는 카테고리로 특허를 받게 되는데, 이때 물질은 최종 물건인 의약의 활성성분으로 사용되는 것을 의미한다. 통상적인 의약용도발명의 특허청구범위는 원칙적으로 물건의 형식으로 기재하여야 하는데 전형적으로 '유효성분 X를 함유하는 질병 Y 치료 또는 예방용 약제학적 조성물'과 같은 형식을 취하게 된다.3) 이때 활성물질 X의 질병 Y에 대한 최초의 의약용도발명이 출원된 이후에도 동일 유효성분에 대하여 의약에 적용하는 새로운 형태를 찾은 경우 지속적으로 X를 활성성분으로 하는 의약용도발명이 출원되는 경우가 흔히 발생한다.4) 여기에는 활성물질 X로 치료할 수 있는 대상 질병 자체가 완전히 새로운 경우(new indication)뿐만 아니라 동일한 성분 X를 기존에 사용하던 것과 동일한 용도 Y에 대해서 사용하면서도 제형을 달리했다든지, 투여량이나 투여경로(경구투여, 주사제, 흡입제 등), 투여시점, 체내에서의 약물 동력학적 데이터 등을 새롭게 한정한 경우까지 다양한 경우가 포함되는데, 특히 최근에는 이와 같은 특허출원이 늘어나고 있는 추세이며 진보성 판단 시 이들을 어떻게 취급해야 할 것인지가 종종 문제가 되고 있다.5)

2. 의료행위와 산업상 이용가능성

사람을 대상으로는 하는 치료, 수술 또는 진단과 같은 소위 의료행위에 해당하는 발명들은 특허법 제29조 제1항 본문에서 규정한 "산업상 이용가능한 발명"이 아니라는 이유로 특허를 허여하지 않고 있다. 이는, 그러한 방법에 독점적 지위를 부여하는 경우 의사의 환자의 치료, 진단, 질병 예방행위를 제한하게 되고 결국 인간의 존엄이라는 절대적 가치에 반하기 때문이라 하겠다.6) 이러한 실무는

---

3) 특허청, 산업부문별 심사기준 의약분야편 중 5.2. 특허청구범위의 기재 참조.

4) 실무적으로 어떤 발명에서 물질 X의 최초 의약용도가 밝혀진 경우는 제1의약용도(1st medical use)로, 그 이후에 동일물질에 대한 의약용도가 밝혀진 경우에 대하여는 제2의약용도(2nd medical use)로 칭하기도 하나 우리 특허법이나 심사기준에서는 이러한 용어를 규정하고 있지는 않다.

5) 이민정 외, "효과·특성·용도 한정 발명의 특허요건 판단기준 연구", 화학·생명 특허심사쟁점연구 제3편(특허청 화학생명공학심사국 2008), 393-453면.

6) 특허법 제29조 제1항은 '산업상 이용할 수 있는 발명'으로서 신규성, 진보성이 있는 것은 특허를 받을 수 있도록 규정하고 있는 바, 인간을 수술하거나, 치료하거나, 또는 진단하는 방법의 발명은 산업상 이용가능성이 없는 것이어서 특허의 대상이 될 수 없고(대법원 1991. 3. 12. 선고 90후250 판결 참조), 사람을 치료하는 방법에는 치료를 위한 예비적 처치방법이나 건강상태를 유지하기 위하여 처치를 하는 방법이 모두 포함된다. 그와 같은 방법에 대하여 특허를 부여하지 아니하는 주된 이유는, 인간의 생명이나 건강을 유지, 회복하기 위한 방법에 관하여 배타적, 독점적 지위를 부여함으로써 치료, 진단, 질병 예방행위를 자유로이 할 수 없도록 하는 것은, 특허제도의 목적에 우선하는 인간의 존엄이라는 절대적 가치에 반하기 때문이다(특허법원 2006. 6. 23. 선고 2004허71442 판결).

비단 우리나라만이 아니고 일본과 유럽도 마찬가지인데 유럽은 이러한 사항을 유럽특허협약에 명확히 규정하고 있다.7) 미국의 경우는 의료행위의 특허대상 여부에 대해 별도의 규정을 두고 있고 실무적으로 특허받을 수 있는 발명으로 취급하지만, 의사의 의료행위는 침해대상에서 제외된다는 면책규정(35 USC 287(c)(1))을 두어 실질적인 권리행사는 제한된다.

　　치료, 수술, 진단방법을 청구하는 발명은 이처럼 특허가 허여되지 않고 있고 실무 또한 비교적 확립되어 있다고 하겠으나,8) 의약조성물이라는 물건의 형식을 취한 의약용도발명에서 선행기술과 대비되는 특징적인 구성이 단지 이들 의료행위에 해당하는 경우, 특허성 판단 시 이들을 구성요소로 볼 수 있을 것인지가 종종 문제가 되어 왔는데 대상 판결은 이의 판단기준을 제시한 것에 의미가 있다고 하겠다. 최근, 일본과 유럽에서도 이러한 사례들에 대한 판단기준을 새롭게 하는 변화가 있었기에 이들을 먼저 살펴본다.

3. 의약의 제2용도발명에 관한 최근 변화된 외국 실무

가. 일본의 첨단의료분야 기술보호전략에 따른 의약심사기준 개정

　　일본은 "지적재산추진계획 2009"의 하나로 첨단분야 발명의 특허보호방안을 제시하는 연구를 수행하였고 2009. 5. 29. 그 결과보고서가 발표되었다.9) 이 보고서는 그동안 특허대상에서 제외되어 왔던 新용법, 용량에 관한 의약발명 특허, 부

---

7) 유럽은 사람뿐만 아니라 동물을 대상으로 한 의료행위도 같이 취급하는데, 종래의 유럽특허협약(EPC)에는 특허받을 수 있는 발명을 규정하는 Article 52(4)에서 그 관련 내용을 규정하고 있었으나 2007년 12월에 발효된 EPC 2000에서는 특허 제외대상을 규정하는 Article 53에 그 내용을 신설 규정으로 추가함으로써 이러한 의료행위 방법은 특허받을 수 없는 것임을 명확히 하였다.

8) 의료행위 중 '진단'에 관해서는 최근 유전자치료방법, 재생의료방법, 최첨단기계를 이용한 소위 신개념의 진단방법이 늘어나면서 진단방법발명을 무조건 산업상 이용가능성이 없는 것으로 보는 것에 대해 문제점이 많이 지적되었고, 최근에는 청구하는 방법의 단계 중에서 의사의 직접적인 임상적 판단이 개입되는 경우에만 산업상 이용가능성이 없는 것으로 보는 등 그 해석 및 실무에 변화를 가져오고 있다. 특허청도 그러한 점을 반영하여 치료위생분야에 대한 심사기준을 2004. 12. 개정한 바 있다(신원혜, "의료관련행위발명에 대한 국내외 판단기준 비교연구: 진단방법을 중심으로", 화학·생명특허 심사쟁점연구 제1편, 특허청 화학생명공학심사국, 2007, 1-58면 참조).

9) 총리실 산하에 의사, 연구자, 법학자, 경제학자, 산업계, 변호사, 변리사, 공익대표 등 폭넓은 분야의 위원으로 구성된 『첨단의료분야 특허검토위원회』를 두고 첨단의료분야 연구자의 의견 및 국내외의 특허취득의 실태에 관련한 구체적 사례를 조사하고 선진 제국에서의 특허보호동향, 국민의 생명 및 건강을 포함한 공공의 이익을 충분히 고려하여 첨단의료기술의 성과가 직접적으로 환자에게 이익이 되는 것에 가장 큰 목적을 두고 검토하였다.

작용이나 생활의 질을 극적으로 개선한 용법, 용량의 쇄신에 의해 전문가의 예측을 뛰어 넘는 효과를 내는 의약발명을 새롭게 특허대상에 포함할 것을 제안하였다. 이들 발명을 보호하는 수단(카테고리)으로 방법발명을 택한다면 복용(즉, 실시)하는 자가 환자 자신이어서 '업으로서 실시된 발명'이라고 보기 어려워 산업상 이용 가능한 발명으로 인정하기 어렵게 되므로 이들을 물건발명의 형식으로 보호할 것을 제안하였다. 보고서 내용을 반영하여 2009년 11월 개정한 의약분야심사기준은 특정의 용법 및 용량으로 특정의 질병에서 현저한 효과를 보인 경우의 진보성 판단기준을 예시를 통하여 구체적으로 설명하고 있다.10)

나. 유럽특허청 확대심판부의 투여용법 관련 판단(G02/08)

G02/08 사건은 선행기술과 대비하여 특허청구범위에 "취침 전에 하루에 한 번"이라는 투여시기를 한정한 점에만 차이가 있는 의약용도발명의 특허성 판단에 관한 것으로, 이와 같은 소위 투여용법(dosage regime)과 관련된 표현이 신규성을 규정한 Art.54(5)11)의 "선행기술에 언급되지 않았던 어떠한 특정한 용도(any specific use)"에 해당하는 가를 판단한 사건이다.

확대심판부는, 만일 어떤 새로운 발명이 기존의 것과 다르고 개선된 의료방법에 관한 것이라면, 설사 기존에 특정 질병에 대해 알려진 치료법(의약, 치료방법

---

10) [사례 4] 제1항. 30~40μg/kg 체중의 화합물 A를 인체에 3개월에 한번 경구투여로 사용하는 것을 특징으로 하는, 화합물 A를 포함하는 천식 치료약. [해설] : 천식치료에 대한 화합물 A의 용법 및 용량은 종래 알려진 용법 및 용량과 상이하여, 청구항 1의 의약발명은 신규성을 갖고, 상기와 같은 현저한 효과에 의해 진보성도 있음.
   [사례 5] 제1항. 한번 투여에 체중 1kg 당 100~120μg의 화합물 A가 인체의 뇌 특정부위 Z에 투여되는 것을 특징으로 하는, 화합물 A를 유효성분으로 포함하는 난소암 치료제. [해설] 난소암 치료을 위한 화합물 A의 용법 및 용량으로, 본 발명의 용법 및 용량(뇌내의 특정부위 Z에의 투여)은 종래 용법 및 용량(정맥 투여)와 상이하므로, 청구항 제1항은 신규성이 있고, 화합물 Z의 투여에 의해 뇌 내의 특정부위 Z에의 투여된 것에 의해 간독성과 같은 부작용 감소 및 정맥 투여법에 비해 암조직 축소와 같은 현저한 효과를 나타내므로 진보성이 있음.
11) Article 54 EPC. (4)Paragraphs 2 and 3 shall not exclude the patentability of any substance or composition, comprised in the state of the art, for use in a method referred to in Article 53(c), provided that its use for any such method is not comprised in the state of the art.(제1의약용도)
   (5) Paragraphs 2 and 3 shall also not exclude the patentability of any substance or composition referred to in paragraph 4 for **any specific use** in any a method referred to in Article 53(c), provided that such use is not comprised in the state of the art(제2의약용도).

등)이 있다고 해도 이런 새로운 발명이 특허를 받는 것이 Art. 54(5) 규정에 의해 배제되지 않으며, 만일 이때에 투여용법만이 유일하게 선행기술에 개시되지 않은 구성요소라 해도 특허대상에서 배제되지는 않는다고 판단하였다. 유럽특허청의 이전의 심결에서는 "취침 전에 하루에 한번"과 같은 표현은 유럽특허협약에서 특허 대상에서 배제하는 의료행위에 해당하므로 신규성을 판단하기 위한 구성으로 보지 않는 것이 일반적인 실무였다.12) 확대심판부는, 특허청구범위의 투여용법은 선행기술과는 다른 기술적인 가르침과 의미있는 효과를 수반해야 하며 그로 인해서 단순한 선택의 범위를 벗어난다면 진보성 판단 시 이를 고려할 수 있다고 판단하였다.13)

4. 본 사례의 설명

이 사건 제9항 발명은 '비스포스포네이트를 활성성분으로 하는 골다공증 치료용 조성물'이라는 공지된 의약용도발명에 부가적으로 비스포스포네이트의 투여주기가 매 3일마다 1회 내지 매 16일마다 1회의 주기성을 갖는다는 것과 단위투여량을 한정한 형태이다. 비스포스포네이트는 골세포에 대한 친화력이 높아 골다공증 치료제로 각광받는 약물이지만 식도 자극에 따른 부작용이 심하고 복용수칙이 까다로운 것이 문제가 되어 왔다.14) 까다로운 복용수칙 때문에 환자들이 치료를 포기하는 경우가 많았는데, 원고는 이 사건 특허발명이 투여간격을 넓히고도 동일한 효과를 낼 수 있음을 밝힌 점에서 진보성이 인정되어야 한다고 주장한 것이다.

하지만, 대상 판결은 이와 같은 투여주기와 단위투여량이라는 특징적 구성은 조성물인 의약 물질을 구성하는 부분이 아니라 의약 물질을 인간 등에게 투여하는 방법이어서 특허를 받을 수 없는 의약을 사용한 의료행위이거나, 조성물 발명

---

12) T317/95, T584/97 등.

13) 확대심판부는, 이와 같이 판단하는 경우 이미 기존에 동일한 질병을 치료하기 위해 사용해 오고 있던 약품에 대해서 투여용법만 바꾼 발명에 또 다시 특허권을 허여하여 결국 특허권을 연장해주는 결과가 될 수 있다는 이 기술분야의 종사자들의 우려를 확대심판부가 무시한 것이 아니며, dosage regime이 유일한 신규사항이라 해도 신규성 및 진보성에 관한 법률체계가 일반적으로 적용되어야 한다고 판단하였다고 설명하며, 동일한 사안에 대해 영국법원에서는 이 결정과 같은 취지의 결론에 도달했으나 스위스 법원은 반대의 결론을 내렸고 독일법원은 회의적이라는 내용도 언급하고 있다.

14) 이 약물은 식도에 심각한 자극이나 염증을 유발할 수 있는 강한 산성 화합물이어서 위장관에 신속하게 도달하기 위한 특정 복용수칙을 따라야 한다. 즉, 최소 2시간 이상의 공복을 유지한 후 복용해야 하고, 복용 후에도 일정 기간 동안 누워서는 안되고 순수한 물 이외에는 음식이나 음료를 복용할 수 없다.

에서 비교대상발명과 대비 대상이 되는 그 특허청구범위 기재에 의하여 얻어진 최종적인 물건 자체에 관한 것이 아니어서, 이 사건 제9항 발명의 진보성을 판단할 때 이를 고려할 수 없다고 하며 이를 제외한 나머지 구성들만으로 특허성을 판단하였고 대비 결과 비교대상발명의 구성과 큰 차이가 없고, 이 사건 기술분야에서 요구하고 있는 기술적 과제의 해결과도 관련이 없어서 진보성이 부정된다고 판단하였다. 즉, 원심에서는 이러한 부분을 구성요소로 보고 비교대상발명과 구성을 대비한 후에 진보성을 부정한 반면, 대상판결은 이러한 구성들 자체는 비교대상발명과의 대비에서 고려대상이 아니라고 보고 이들을 제외하고 비교대상발명과 구성을 대비한 것이다. 그 이후 쟁점이 유사한 특허법원 사건들은 대상 판결을 따르고 있다.15)

　　이 사건 출원발명과 같이 투여주기를 변화시켜 환자의 복약 순응성을 높인다든지, 약물주입 부위를 한정하여 신속한 효과를 거둔다든지, 투여시간 조절로 약효증대를 가져오는 기술들은 환자의 성공적 치료와 직결되는 문제로서 이들을 개발하는 것에는 많은 시간과 경비가 요구되고 이들 연구에 대한 인센티브가 요구되는 것임에는 틀림없다. 하지만, 청구하는 의약조성물의 다른 구성요소는 변화시키지 않고 단지 투여주기를 바꾼다든지, 약을 주입하는 위치나 투여시점(공복 시, 또는 아침에 눈뜨자마자 등)을 특정하는 것은 그러한 목적을 달성하기 위해서 청구하는 물건(의약조성물)에 기술적으로 새로이 더한 것은 없고 단지 용법만 달리 한 것으로, 그러한 용법은 의사 또는 환자가 기존의 제품(또는 특허)을 처방, 시술, 또는 복용 등의 의료행위를 행함으로써 구현되는 것이지 그 물건에 의해 구현되는 것이 아니다. 만일 이런 방법적인 사항을 물건발명의 특징적 구성으로 인정한다면 특허성 판단은 물론 권리범위 해석에 있어서도 물건발명의 권리범위에 그의 사용방법까지 포함시켜야 하는 문제가 발생하게 된다. 만일 의사가 늘 처방해오던 의약품을 특허발명에 기재된 투여주기대로 복용토록 한 것이 침해라고 한다면 그 실시 주체가 환자이거나 의사가 되는데 환자에 대해서는 업으로서 실시한 것이 아니므로 침해주장을 할 수 없고 그렇다고 의사의 행위를 침해로 본다면 결국 의사의 진료행위를 제한하는 것이 되어 이는 의료행위를 산업상 이용가능성이 있는 발명으로 보지 않는 논리와도 충돌하게 될 것이다. 그렇다고 권리범위 해석에서

---

15) 특허법원 2009. 7. 17. 선고 2008허8075 판결, 특허법원 2010. 7. 14. 선고 2009허3084 판결, 특허법원 2011. 5. 13. 선고 2010허5499 판결 등.

방법적인 부분을 배제한다면 결국은 선행 특허의 권리범위와 동일한 권리범위를 다시 인정하는 것이 되므로 이는 특허권 존속기간의 부당한 연장을 초래하게 된다.

이런 점들을 고려하여 볼 때에 대상 판결은 의료행위에 관련한 특징만이 선행기술과 차이가 있는 발명들에 대한 특허성 판단 기준을 제시한 점에 의의가 있다고 하겠다. 다만, 단위투여량에 있어서는 이것이 최종적인 물건 자체의 구성이 되는 경우도 있으며 그 경우에는 진보성을 판단할 때에 이를 고려할 수 있다고 하겠고 실제로 실무에서도 그런 사례들이 종종 나타난다. 예를 들어 기존에 사용해왔던 단위투여량보다 현저하게 낮은 용량을 함유하여 부작용을 감소시킨 의약조성물이라면 최종 물건에 그러한 구성이 반영되는 것이므로 진보성이 인정될 수 있다고 하겠다.16)

IV. 결   론

신약개발이 쉽지 않은 만큼 종래 사용되던 약품을 변형한 출원이 늘어나면서 그 특허청구범위 기재 패턴도 매우 다양화되어 가고 있다. 대상 판결은 의약의 용도발명에서 선행기술과 구분되는 유일한 특징이 투여주기와 단위투여량이라는 의료행위에 해당하는 경우에는 이를 진보성 판단시 고려하지 않는다는 기준을 제시한 점에서 의미가 있다. 투여주기를 새로 찾는 것은 상당한 노력과 투자를 필요로 하고 그 결과물이 보호할 의의가 있다는 점은 인정하지만 특허법에서 물건이라는 형태를 통해 보호받으려면 그 물건에 부가된 새로운 기술적인 의의가 있어야 할 것이다. 대상 판결은 최근의 일본이나 유럽의 움직임과는 다소 차이가 있는데 각 국별로 앞으로 어떠한 논리로 이런 형태의 발명들을 취급해 나갈지 주목해서 지켜볼 일이다.

---

16) 특허 등록번호 769786호는 당뇨병치료제로 알려진 약제들의 복합제제인데 선행기술과 비교되는 저용량으로 한정하여 특허등록된 바 있다.

22. 진보성과 상업적 성공

[대법원 2005. 11. 10. 선고 2004후3546 등록무효(실) 사건]

김기영 (서울동부지방법원 부장판사)

Ⅰ. 사실의 개요

X(피심판청구인, 피고, 상고인)는 1991. 2. 12. 출원하여 1994. 4. 11. 등록받은 명칭을 '흡착용 자석장치'로 하는 등록번호 제79578호 고안(이하 '이 사건 등록고안'이라 한다)의 실용신안권자인데, Y(심판청구인, 원고, 피상고인)는 X를 상대로 이 사건 등록고안은 그 출원 전에 국내에 반포된 간행물에 게재된 고안들(이하 '간행물 게재 고안들'이라 한다)로부터 그 기술분야에서 통상의 지식을 가진 자가 극히 용이하게 고안할 수 있는 것이어서 진보성이 없으므로 그 등록이 무효로 되어야 한다고 주장하며 이 사건 등록고안에 대하여 특허심판원 2002당3293호로 등록무효심판을 청구하였다.

특허심판원은 2004. 3. 29. 이 사건 등록고안은 간행물 게재 고안들에 없는 구성을 포함하고 있으므로 그 진보성이 있다고 판단하여 Y의 심판청구를 기각하였고, 이에 대하여 Y가 특허법원에 2004허2444호로 심결취소소송을 제기하자 특허법원은 이 사건 등록고안은 간행물 게재 고안들로부터 이 기술분야에서 통상의 지식을 가진 자가 극히 용이하게 고안할 수 있는 것이어서 진보성이 없다고 판단하여 특허심판원의 심결을 취소하는 판결(이하 '원심'이라 한다)을 하였다.

이에 대하여 다시 X가 이 사건 등록고안은 간행물 게재 고안들로부터 극히 용이하게 고안할 수 없는 것이고 또 이 사건 등록고안은 자력흡착기 최초로 수입 대체를 이룬 제품이며, 국내 판매는 물론 해외에서의 판매액만 하더라도 1997년 처음 수출을 시작하여 300만 달러 이상을 미국과 일본 등에 수출하였고, 계속하여 주문을 받고 있으므로 상업적으로 크게 성공한 것인바, 원심은 실용신안법상의 고안의 창작성의 정도와 그 진보성에 관한 법리를 오해함으로써 판결결과에 영향을 미친 위법이 있다고 주장하며1) 대법원에 상고하였고, 이에 대하여 대법원은 아래와 같이 판시하였다.

Ⅱ. 판   시

상고기각.

원심이 이 사건 등록고안을 간행물 게재 고안들과 대비한 다음 그 진보성이 없다고 판단하는 과정에 법리오해나 심리미진의 위법을 발견할 수 없고, 이 사건 등록고안이 상업적으로 성공하였으므로 진보성이 인정되어야 한다는 주장은 피고가 원심에서 주장한 바 없어 원심판결에 대한 적법한 상고이유가 될 수 없을 뿐만 아니라, 고안품이 상업적으로 성공하였다는 점은 진보성을 인정하는 하나의 자료로 참고할 수는 있지만, 상업적 성공 자체만으로 진보성이 인정된다고 할 수는 없고, 등록고안의 진보성에 대한 판단은 우선적으로 명세서에 기재된 내용 즉, 고안의 목적, 구성 및 효과를 토대로 선행 공지기술에 기하여 당해 기술분야에서 통상의 지식을 가진 자가 이를 극히 용이하게 고안할 수 있는지 여부에 따라 판단되어야 하는 것이므로, 상업적 성공이 있다는 이유만으로 고안의 진보성을 인정할 수는 없는 것이다.2)

Ⅲ. 해   설

1. 문제의 소재3)

특허법은 특허출원 전에 그 발명이 속하는 기술분야에서 통상의 지식을 가진 자가 공지·공용·간행물 게재·전기통신회선으로 공중이 이용가능하게 된 발명에 의하여 용이하게 발명할 수 있는 것일 때에는 특허를 받을 수 없다고 하여(특허법 제29조 제2항) 진보성을 규정하고 있고,4) 이에 비추어 진보성은 그 발명이 속하는

---

1) 박성수, "진보성 판단과 청구범위의 해석 및 상업적 성공─도면으로부터 유출할 수 있는 사항을 근거로 진보성을 인정할 수 있는지 여부와 독립항과 종속항의 구분, 그리고 상업적 성공으로 진보성을 인정할 수 있는지 여부", 대법원 판례해설 통권 제59호, 법원도서관(2006. 7), 274면 참조.
2) 그 외 실용신안의 등록청구범위의 해석 등에 관하여도 판시를 하였으나, 이는 이 글의 논점을 벗어나는 것이므로 설시하지 아니한다.
3) 대상판결은 실용신안에 관한 것이나 이하에서는 특허발명을 중심으로 설명하기로 한다.

기술분야에서 통상의 지식을 가진 전문가를 기준으로, 문제가 된 발명의 목적, 구성 및 효과를 당해 발명이 속하는 기술분야의 선행기술과 비교하여 구성의 곤란성, 효과의 현저성 및 목적의 특이성이 있는지 여부를 중심으로 판단하는 것으로 이해되고 있다.5)

한편 발명의 진보성이 위와 같은 구성의 곤란성, 효과의 현저성 및 목적의 특이성이라는 세 가지 요소를 중심으로 이루어진다고 해도 이러한 요소들만으로는 진보성의 판단이 객관화되기 어려운바, 국내외 판례 및 문헌에서 그러한 객관성의 결여라는 문제를 해결하기 위하여 고려될 수 있는 보다 객관적인 자료로서 발명 제품이나 방법이 상업적으로 성공했는지 여부(commercial success), 오랜 기간의 필요와 실패(long felt need-failure of others), 실시허락(license)과 경업자의 묵인 (acquiescence), 침해자들의 모방과 칭찬의 언동, 거의 동시에 이루어진 동일·유사 발명 등이 거론되고 있다.6)

그런데 위와 같은 '객관적 요소'들은 특허법 등에 진보성 판단을 위한 자료로서 규정되어 있지 아니하므로, 이들이 발명의 진보성 판단에 있어서 차지하는 지위 즉, 위와 같은 요소들이 발명의 진보성 여부를 판단할 수 있는 자료가 될 수 있는지 여부, 소송당사자가 위와 같은 요소들을 들어 발명의 진보성 여부에 관한 주장을 하는 경우 특허심판원 또는 법원이 선행기술과 문제된 발명의 목적, 구성 및 효과에 대한 대비결과 여부에 불구하고 그러한 주장에 관하여 반드시 판단을 하여야 하는지 여부 및 그러한 요소에 대한 입증책임 및 입증내용 등이 문제될 수 있는바, 이하 위와 같은 요소들 중 소송에서 가장 많이 등장하는 요소인 상업적 성공을 중심으로 논하여 보기로 한다.

---

4) 실용신안법 제4조 제2항은 "실용신안등록출원 전에 그 고안이 속하는 기술분야에서 통상의 지식을 가진 사람이 제1항 각 호의 어느 하나에 해당하는 고안에 의하여 극히 쉽게 고안할 수 있으면 그 고안에 대해서는 제1항에도 불구하고 실용신안등록을 받을 수 없다"고 규정하고 있다.

5) 특허법원 지적재산소송실무연구회, 지적재산소송실무 제3판, 박영사(2014), 177-178면; 정상조·박준석, 지적재산권법, 홍문사(2011), 103면 참조.

6) 정상조·박준석, 위 책 109-110면: 조영선, 특허법 제3판, 박영사(2011), 173-181면 참조; 조영선, "발명의 진보성판단에 관한 연구", 사법논집 제37집, 법원도서관(2004), 137-139면 참조.

2. 관련 판례 및 학설의 검토

가. 우리나라

(1) 판   례

우선 상업적 성공이 진보성 판단에 있어 차지하는 위치에 관하여 우리 판례는, 상업적 성공을 발명의 진보성 판단의 유력한 근거로 삼은 듯이 보이는 경우[7]도 있으나, 대부분의 경우 상업적 성공은 진보성을 인정하는 하나의 자료로 참고할 수는 있지만, 상업적 성공 자체만으로 진보성이 인정된다고 할 수는 없다고 판시하고 있다.[8]

상업적 성공을 진보성 판단의 유력한 자료로 본 듯한 판례들도 모두 우선 발명과 선행기술의 목적·구성·효과를 대비 한 후 발명의 진보성이 있다는 점을 보강하는 자료로 상업적 성공이 있다는 점을 부가적으로(이는 대법원 1996. 10. 11. 선고 96후559 판결 및 대법원 1995. 11. 28. 선고 94후1817 판결에서 "더욱이"라는 표현을 사용하고 있는 점에 의해서도 뒷받침 된다) 판단한 점에 비추어, 우리 판례들은 모두 상업적 성공만으로 발명의 진보성의 존재를 인정할 수는 없고 진보성의 존재를 보강하는 2차적 자료에 해당한다는 태도를 취하고 있는 것으로 보인다.[9]

한편, 소송당사자가 상업적 성공이 있으므로 진보성이 있다는 주장을 하는 경우 법원이 이 주장에 관하여 반드시 참작하여야 하는지 여부와 관련하여 대법원의 판례 중에는 "특허발명이 상업적으로 성공을 하였다는 점은 진보성을 인정하

7) 대법원 1996. 10. 11. 선고, 96후559 판결. 이 사건에서 대법원은 "본건 발명은 종래의 우황청심환제를 액제로 조제함으로써 구급환자나 유아, 소아가 간편하게 복용할 수 있고, 또한 약효가 신속하게 나타나도록 하려고 함에 그 목적이 있고, 위 기술적 구성요소들 각각은 그 출원 전에 공지되어 있는 것들이기는 하나 위 각 구성요소들을 결합하여 우황청심액제를 제조하는 구성 자체는 공지된 것이라고 볼 자료가 없으며, 복용의 간편함과 효과의 신속성 등의 작용효과는 우황청심환제 자체가 가지는 작용효과와는 다른 것이라 할 것이고, 더욱이 액제로 된 본건 발명이 환제에 대하여 상업적으로 성공을 거두고 있는 것으로 인정된다. 그렇다면 본건 발명은 공지된 선행기술로부터 예측되는 효과 이상의 현저하게 향상·진보된 새로운 작용효과가 있는 것으로 인정되어 그 발명이 속하는 기술의 분야에서 통상의 지식을 가진 자가 용이하게 발명할 수 없는 것으로서 진보성이 인정된다"고 판시하였다. 그 외 같은 취지로 판시한 것으로 대법원 1995. 11. 28. 선고, 94후1817 판결 및 특허법원 2003. 9. 4. 선고 2002허8424 판결(김치냉장고 사건)이 있다.
8) 이 사건 대상판결 및 대법원 2005. 10. 28. 선고 2004후3065 판결; 대법원 2004. 11. 26. 선고 2002후1775 판결; 대법원 2004. 11. 12. 선고 2003후1512 판결; 대법원 2003. 3. 28. 선고 2001후3194 판결; 특허법원 2016. 11. 18. 선고 2016허2300 판결(상고).
9) 특허법원 지적재산소송실무연구회, 앞의 책, 177-178면; 정상조·박준석, 앞의 책, 109면; 조영선, 앞의 책, 177쪽; 박성수, 앞의 글, 282-283면 참조.

는 하나의 자료로 참고할 수 있지만, 이 사건 특허발명의 명세서를 토대로 한 기술적 검토 결과 이 사건 특허발명이 선행기술보다 진보된 것으로 인정되지 아니하는 이 사건에서, 설령 피고들이 이 사건 특허발명의 실시에 의하여 상업적으로 성공을 거두었다고 하더라도 그 점만으로 이 사건 특허발명의 진보성을 인정할 수는 없으므로, 원심이 이 사건 특허발명의 진보성을 판단함에 있어서 이 사건 특허발명의 실시에 의하여 상업적으로 성공을 거두었는지 여부 등을 참작하지 아니한 것에 상고이유의 주장과 같은 위법이 있다고 할 수 없다"고 판시하여10) 선행기술과의 기술적 검토결과 진보성이 인정되지 않는 경우에는 상업적 성공 여부에 관한 판단을 할 필요가 없다는 취지로 판단한 예가 있으나, 기술적 검토 결과 진보성이 있다고 인정되는 경우에 상업적 성공 여부에 관하여도 판단하여야 하는지 아니면 판단할 필요가 없는지에 관하여 판단한 예는 찾기 어렵다(다만 대법원 1996. 10. 11. 선고 96후559 판결 및 대법원 1995. 11. 28. 선고 94후1817 판결 등에서 볼 수 있는 바와 같이 기술적 검토 결과 진보성이 있다고 인정하는 경우에는 대부분 그 판단을 보강하는 의미에서 상업적 성공이 있다는 점에 관하여도 판단하고 있다).

나아가 상업적 성공 여부에 관한 판단자료, 입증내용 및 입증책임에 관하여 명확히 판시한 판례를 찾기는 어려우나, 판례 중에는 "어떤 발명이 상업적으로 성공하였다 하더라도 그것이 그 발명의 기술적 우월성에만 터잡은 것이라고 단정할 수 없고 발명자 또는 그 실시자의 영업적 능력 등에 기한 것일 수도 있을 뿐만 아니라 …"라고 판시하여,11) 상업적 성공이 발명의 기술적 우월성에 터잡은 것이라는 점을 입증할 필요가 있다는 취지로 판단한 사례들이 있다.

(2) 학   설

상업적 성공이 진보성 판단과 관련하여 차지하는 위치에 관하여는 발명 제품의 상업적 성공이라는 사실만으로 그 진보성의 존재를 인정할 수는 없으나 진보성의 존재를 추정케 하는 2차적 자료에 해당된다고 볼 수 있다는 견해가 일반적인 것으로 보이나,12) 이를 좀 더 적극적으로 활용할 필요가 있다는 견해도 있다.13) 상업적 성공 여부를 판단하는 자료와 관련해서는 법원이 상업적 성공을 진

---

10) 대법원 2004. 11. 12. 선고 2003후1512 판결.
11) 대법원 2003. 10. 10. 선고 2002후2846 판결; 대법원 2003. 3. 28. 선고 2002후482 판결; 대법원 2002. 12. 27. 선고 2002후314 판결 등 참조.
12) 정상조·박준석, 앞의 책, 109면; 박성수, 앞의 글, 282면 참조.
13) 강경태, "진보성 판단에 있어서 현저한 작용효과", 특허판례연구 개정판, 한국특허법학회

보성 판단의 참고자료로 활용하고자 하는 경우 단순히 판매총액에 관한 자료만으로는 부족하고 발명제품의 시장점유율 및 그 증가비율 등에 관한 자료도 함께 참고해야 한다는 견해가 있으며,14) 상업적 성공의 입증내용 및 입증책임과 관련해서는 상업적 성공이 청구항에 기재된 발명의 기술적인 특징에 의한 것으로서 판매기술, 선전·광고기술 등 발명의 기술적 특징 이외의 요인에 의한 것이 아니라는 사실을 출원인이 주장·입증하여야 한다는 견해15)가 있다.

나. 미국에서의 판례 및 논의

미국 대법원은 Graham v. Deere 사건에서 어떠한 문제의 해결에 대한 오랜 기대 및 그러한 해결책에 대한 다른 사람들의 실패, 상업적 성공, 승인(다른 사람들이 발명을 유효한 것으로 받아들이고 허가를 받거나 사용하지 않는 것) 등과 같은 2차적 고려사항(secondary considerations)은 발명의 진보성을 나타내는 징표로 볼 수 있다("may have relevance")는 취지로 판시하여16) 진보성 판단에 있어서 더 객관적인 기준을 찾으려는 하나의 노력의 토대를 마련하였다.17)

그런데 미국 연방항소법원(Court of Appeals for Federal Circuit, CAFC)은 2차적 고려요소를 그야말로 '2차적'인 요소로 본 대법원의 태도에서 더 나아가 이를 진보성 판단에 있어서 고려하여야 할 다른 요소들(위 Graham 사건에서 정립된 선행기술의 영역과 내용, 선행기술과 문제된 클레임 사이의 차이, 관련 기술분야에서 통상의 기술을 가진 자의 수준과 같은 three-part test)과 마찬가지의 중요성을 가지는 4번째 요소로까지 그 지위를 격상시켰다.18) 즉, CAFC는 위와 같은 요소들은 법원이 선행기술을 살펴본 후에도 진보성 여부를 판단하지 못할 때뿐만 아니라 진보성 판단을 위한 전체 증거의 부분이라는 측면에서 고려되어야 한다고 판시하였다.

(2012), 251면.

14) 정상조·박준석, 앞의 책, 109-110면.

15) 윤선희, 특허법, 법문사, 165쪽; 조영선, 앞의 책, 175면 참조.

16) Graham v. John Deere Co., 383 U.S. 1.

17) Martin J. Adelman et al., Cases and Materials on Patent Law, Thomson West, 2003, 358-359면.

18) Stratoflex, Inc. v. Aeroquip Corp., 713 F.2d 1530 (Fed. Cir. 1983); Pentec, Inc. v. Graphic Controls Corp, 776 F.2d 309 (Fed. Cir. 1985); Ryko Mfg. Co. v. Nu-Star, Inc., 950 F.2d 714 (Fed. Cir. 1991); W.L. Gore & Associates v. Garlock, Inc., 721 F.2d 1540 (Fed. Cir. 1983); Vandenberg v. Dairy Equip. Co., 740 F.2d 1560 (Fed. Cir. 1984); 조영선, 앞의 책, 174-175면 주 157) 참조.

다만, CAFC는 이러한 요소들을 진보성 판단 자료로 삼기 위해서는 발명자 또는 특허권자는 발명과 그러한 요소 사이에 연관(nexus)성이 있음, 예를 들어 상업적 성공이 혁신적 기술의 결과이고 효과적인 마케팅 전략이나 선행기술을 사용한 유사 제품의 일반적 인기 때문이 아니라는 점을 보여야 한다고 판시하였다.19)

위와 같은 CAFC의 태도에 관하여는, 과연 어떠한 경우에 발명과 상업적 성공 사이에 '연관'(nexus)이 있다고 볼 수 있는지 불명확하고, 개인 또는 소규모의 발명가들은 상업적 성공을 하고 또 이에 대하여 입증하기 어려운 반면, 큰 자본력을 가진 대기업들은 연구 및 발명보다는 자본력이 약한 발명가들의 발명을 복제하는 데 열을 올린 다음 소송에서는 발명가들이 상업적으로 성공하지 못하였거나 이를 입증하지 못하였다는 점을 이용하여 발명의 진보성 전체를 부정하는 무기로 삼을 수 있으며, 그러한 결과 개별 발명가들의 발명 의욕을 감소시키는 결과를 가져올 수도 있고, 결과적으로 진보성 판단이 상업적 성공이라는 요소에 의하여 대체되는 결과가 초래될 수도 있다는 비판이 있어 왔다.20)

한편, CAFC는 종래 진보성(자명성)의 문제를 좀 더 통일적이고 일관성 있게 해결하기 위하여 복수의 선행기술의 결합으로 이루어진 발명의 진보성을 판단함에 있어 '선행기술의 가르침(teachings)을 결합할 동기 또는 시사를 가지고 있다는 점이 드러나야만 자명한 것으로 된다'라고 하는 "가르침(teaching), 시사(suggestion) 또는 동기(motivation)" 기준(소위 'TSM test')을 채용하였고, 이러한 CAFC의 기준이 상당히 오랜 기간 동안 진보성 여부를 판단하는 기준으로 자리잡고 있었다.21) 그런데, 연방대법원은 2007. 4. 30. KSR 판결에서22) CAFC가 채용한 TSM test가 연방대법원이 Graham 사건 등에서 설정한 진보성의 판단방법이 반드시 배치되는 것은 아니고 또 유용한 것이기는 하나, 그것이 지나치게 경직되거나 형식적으로 운용되어서는 안 되고, 선행기술을 결합할 동기나 암시가 선행기술문헌에 명시적으로 제시되어 있지 않더라도 통상의 기술자의 상식에 비추어 선행기술을 용이하

19) 위 판례들 참조. 다만, CAFC는 발명이 상업적 성공을 거둔 경우 그러한 "연관"관계는 추정된다고 판시하기도 하였다. 위 Ryko Mfg. Co. v. Nu-Star, Inc. 판결 및 Brown & Williamson Tobacco Corp. v. Philip Morris Inc., 229 F.3d 1120, 1130 (Fed. Cir. 2000) 참조.
20) Reed W. L. Marcy, "Patent Law's Nonboviousness Requirment: The Effect of Inconsistent Standard Regarding Commercial Success on the Individual Inventor", 19 Hastings Comm. & Ent. L.J. 199 (Fall 1996) 참조.
21) 조영선, 앞의 책, 144면 참조.
22) KSR International Co. v. Teleflex Inc. et al., 127 S.Ct. 1727(2007).

게 결합할 수 있는지 여부에 따라 융통성 있게 진보성 유무를 판단하여야 한다는 취지로 판시하였다.23) 이 판결의 의하여 진보성 유무 판단을 위한 통일적이고 일관성 있는 기준이 다소 모호해짐에 따라 진보성 판단에 있어 법적 안정성과 예측 가능성을 담보하기 위하여 상업적 성공 등 객관적 지표(objective indicia)의 역할이 더 중요해지게 되었다 한다.24)

다. 일본의 판례 및 학설

일본에서도 발명의 진보성을 판단하는 보강자료로서 상업적 성공 및 발명의 불실시 등이 거론되고 있다.25) 즉 발명 제품의 판매가 종래 제품을 누르고 상업적 성공을 이룩하고 있는 경우 또는 이에 준하는 경우(예컨대 종래 제품보다 우수하다는 칭찬을 사용자로부터 받는다든가 모방품이 많이 나돌고 있다는 사실이 있는 경우) 그 발명에 진보성이 있다는 점이 뒷받침 될 수 있으나 그 성공이 발명의 특징에 기인하는 것이 아니라는 등 그밖에 진보성을 부정할 분명한 이유가 있는 때에는 그러하지 아니하다는 것이다.26)

일본의 판례 중에는 상업적 성공을 진보성 판단의 자료로 참고한 판결27)과 그렇지 않은 판결28)이 있다.

3. 대상판결의 의의

일반적으로 상업적 성공은 발명의 진보성에 관한 객관적인 기준을 찾으려는 노력의 하나로 간주되나, 이는 발명의 기술적 요소가 아닌 마케팅 기법 등에 의하여 좌우되는 경우도 많아, 이를 지나치게 강조하는 경우 진보성 판단이 발명의 기술적 요소가 아닌 다른 요소에 의하여 대체되는 결과가 초래될 수도 있다. 이러한

---

23) 위 판결, 1741면 참조.
24) 조영선, 앞의 책, 179면 주 165) 참조.
25) 吉藤幸朔 저, YOU ME 특허법률사무소 역, 특허법개설(제13판), 대광서림(2005), 152면 참조.
26) 같은 책, 153면.
27) 東京高判 昭37. 9. 18 取消集 昭36~37년 373면(精紡機事件, 여러 저명 방적회사가 고안품을 칭찬하고 있는 것을 참작하여 고안의 진보성 인정), 위 책에서 재인용.
28) 東京高判 昭47. 2. 29 取消集 昭47년 203면(문여닫이용 레일사건, 본건 사안의 실시품이 시판후 즉시 많은 수요를 불러 시판수요의 태반을 차지했다는 주장이 진실일지라도, 진보성이 없다고 판단되는 이상, 그와 같은 사정은 진보성의 판단을 좌우하기에 충분치 않다); 最高判 昭50. 4. 18 取消集 昭50년 415면(電氣火爐事件, 신제품이 종래제품을 구축하는 요인에는 제품의 경제성, 디자인, 판매방법, 경제상황의 변동 등 여러 가지가 있으며 한마디로 신제품이 우수하다는 것에만 따른다고 단정할 수 없다고 판시). 위 책에서 재인용.

고려 아래 종래 우리 판례는 대체로 특허발명이 선행기술에 비하여 목적의 특이성·구성의 곤란성·효과의 현저성이 있는 경우 발명의 진보성을 인정한 다음 그러한 판단의 설득력을 높이기 위하여 상업적 성공을 진보성 판단의 2차적 요소로서 활용하는 태도를 취하여 왔으며, 대상판결은 그러한 종래의 판례의 태도를 따른 것이라 할 것이다.

23. 진보성 판단에 있어서 기술분야

[대법원 2001. 6. 12. 선고 98후2726 판결]

김승조(법무법인 율촌 변리사, 전 특허심판원 심판관)

Ⅰ. 사실의 개요

X(원고, 상고인)는 발명의 명칭이 '세라믹 필타의 제조방법 및 장치'인 이 사건 특허발명의 특허권자이다. Y(피고, 피상고인)는 X를 상대로 이 사건 특허발명이 진보성이 없다는 등의 이유로 등록무효심판을 청구하였고, 특허심판원은 이 사건 특허발명의 청구항 1[1] 및 3은[2] 진보성이 없어 무효라는 심결을 하였고, 이에 X는 특허법원에 불복하였다.

원심인 특허법원은 (1) 발명의 진보성을 판단하는 경우에는 신규성을 판단하는 경우와는 달리 모든 기술분야가 아닌 당해 발명이 속하는 기술분야의 기술을 인용례로 하여 당해 발명과의 용이추고성을 대비하는 작업을 하게 되어 당해 발명이 속하는 기술분야와 다른 분야의 기술을 인용례로 하여 진보성이 없다고 판단하는 것은 원칙적으로 허용되지 않으며, 다만 예외적으로 당업자가 용이하게 실시할 수 있는 공지기술의 전용 내지 용도변경이라는 이유로 진보성을 부정하는 경우에는 다른 기술분야의 기술을 인용례로 하는 것도 가능하고, (2) 당해 발명이 속하는 기술분야란 원칙적으로 당해 발명이 이용되는 산업분야를 말하는 것이나, 그 발명의 작업효과 혹은 발명의 구성의 전부 또는 일부가 가지는 성질기능으로부터 파악되는 기술분야도 포함된다고 보는 것이어서, 이것은 명세서에 기재된 발

---

1) 청구항 1. 미세한 입도로 분쇄한 세라믹 조성물 분말에 점결재를 용해한 수용액 10∼30%를 혼합하여 습윤성의 분말로 반건식법에 의한 프레스성형에 의하여 미소성 세라믹필타를 얻은 다음 산화분위기에서 900∼1300℃ 온도로 소성함을 특징으로 하는 세라믹필타의 제조방법.
2) 청구항 3. 지대상에 습윤성 분말의 원료조성물이 충진되는 성형공(11)을 갖춘 암금형(10)을 고정하고 위로부터 숫금형(20)을 압하시켜 미소성 세라믹 필타(30)를 압형케 한 다음 이를 하측의 피스톤을 상승작동시켜 전기의 미소성 세라믹 필타를 발취케 구성한 것을 특징으로 하는 세라믹 필타의 제조장치.

명의 명칭에 구애되지 아니하고 그 발명의 목적, 구성 및 효과를 종합하여 발명의 실체를 파악한 후 객관적으로 판단해야 한다고 하면서, 이 사건 특허발명과 비교대상발명들은 그 기술분야가 동일하거나 매우 친근하여 통상의 기술자라면 비교대상발명들을 이 사건 특허발명에 전용 내지 용도변경함에 별 어려움이 없어서 비교대상발명들은 이 사건 특허발명의 진보성 판단의 자료로 삼을 수 있고, 구성 및 작용효과를 대비해 보건대 이 사건 특허발명의 청구항 1, 3은 비교대상발명들에 의해 진보성이 없다고 하면서 X의 청구를 기각하였다.

Ⅱ. 판 시

상고 기각.

원심은, 이 사건 특허발명은 정수기 또는 산업용 폐수처리를 위한 여과성 및 강도가 우수한 세라믹필터의 제조방법 및 제조장치에 관한 것이고, 비교대상발명 1은 산화소성을 통한 도자기의 제조방법에 관한 것이며, 비교대상발명 2는 종래의 다공질 자기에 비하여 매우 큰 기공율과 높은 기계적 강도를 갖는 다공질 실리카 자기의 제조방법에 관한 것이고, 비교대상발명 3은 반건식 프레스 가압성형법에 의한 요업제품의 제조방법과 그 프레스 성형장치에 관한 것인 바, 이 사건 특허발명과 비교대상발명 2는 목적과 용도가 거의 동일하여 그 기술분야가 동일하고, 또 이 사건 특허발명과 비교대상발명 1, 3은 발명의 주 구성요소로서 비금속 무기재료를 사용하고, 제품을 생산하기 위하여 비금속 무기재료를 성형하고 소성하는 기본 공정을 거쳐야 한다는 점과 발명의 목적에 보다 강도가 우수한 제품을 생산하는 것이 포함되어 있다는 점에서 공통점이 있으며, 요업이란 도자기 제조만을 의미하는 것이 아니라 유리, 내화재 등 여러 분야를 포함하는 것으로서 내화재의 경우 세라믹필터와 마찬가지로 내부의 기공이 제품의 품질에 영향을 미치고 도자기의 경우에도 표면의 피복물질을 제외한 내부의 세라믹 조성물은 필터의 기능을 할 수 있다는 점을 고려하면, 이 사건 특허발명과 비교대상발명 1, 3은 그 기술분야가 동일하거나 매우 친근하여 통상의 기술자라면 비교대상발명 1, 3을 이 사건 특허발명에 전용 내지 용도변경함에 별 어려움이 없다 할 것이므로, 결국 비교대상발명들을 이 사건 특허발명의 진보성 판단의 자료로 삼을 수 있다고 판단하였다.

기록에 비추어 살펴보면, 원심의 위와 같은 사실인정과 판단은 정당하고, 거기에 상고이유로 주장하는 바와 같은 발명의 신규성 및 진보성 판단을 그르친 위법이 없다.

Ⅲ. 해 설

1. 진보성 판단에 있어서 기술분야

진보성 판단과 관련해서 특허법 제29조 제2항은 "특허출원 전에 그 발명이 속하는 기술분야에서 통상의 지식을 가진 자가 제1항 각호의 1에 규정된 발명에 의하여 용이하게 발명할 수 있는 것일 때에는 그 발명에 대하여 제1항의 규정에 불구하고 특허를 받을 수 없다"라고 규정하고 있다.

신규성을 판단하는 경우에는 출원발명 내지 특허발명이 속하는 기술분야에 제한되는 일 없이 모든 기술분야에 걸쳐 특허법 제29조 제1항 각호의 1에 규정된 발명 중 적어도 하나의 선행기술을 선택하여 동일성에 대한 대비 판단을 하는데 비하여, 진보성 판단에 있어서는 '그 발명이 속하는 기술분야에서 통상의 지식을 가진 자'를 전제로 하고 있으므로 대비의 대상이 되는 선행기술은 판단대상인 발명과 동일한 기술분야이어야 한다. 이런 점으로 인해 기술분야가 동일해야 한다는 요건을 가진 진보성 판단에 대한 기준이 신규성 판단의 기준보다 엄격한 측면도 있다.

미국에 있어서도 특허법 제103조(a)의3) 비자명성(nonobviousness) 판단과 관련한 선행기술은 당해 출원과 동일하거나 유사한 기술(analogous art)이어야 한다. 유사한 기술이란 출원인이 발명을 하기 위해 노력했던 분야의 기술 또는 당해 발명자가 관계했던 특정 기술적 문제에 타당하게 적합한 기술을 말한다.

---

3) 35 U.S.C. 103(a): "A patent may not be obtained though the invention is not identically disclosed or described as set forth in section 102 of this title, if the differences between the subject matter sought to be patented and the prior art are such that the subject matter as a whole would have been obvious at the time the invention was made to a person having ordinary skill in the art to which said subject matter pertains. Patentability shall not be negatived by the manner in which the invention was made."

2. '그 발명이 속하는 기술분야'

가. 기술분야의 의의

'그 발명이 속하는 기술분야'란 원칙적으로 출원발명이 이용되는 산업분야를 말하는 것이나 이에 국한되지 않고, 발명의 목적, 구성 및 효과를 종합하여 객관적으로 파악하는 것으로서 그 발명의 작용효과 혹은 구성의 전부 또는 일부가 가지는 성질기능으로부터 파악되는 기술분야도 포함된다.4)

따라서 기술분야를 판단함에 있어서 출원인이 명세서에 기재하는 발명의 명칭에 따라 직접적으로 표시된 기술분야에 구애됨이 없이 그 발명의 목적, 구성 및 효과면에서 객관적으로 판단하는 것이 필요하고,5) 또한 진보성 판단에 있어서 기술분야가 동일하여야 한다는 것은 기술분야의 완전한 동일을 의미하는 것은 아니고 인접한 기술분야도 같은 기술분야로 보아야 할 것이다.

통상 특허심사관은 자신이 심사하는 기술분야가 정해져 있고, 이러한 기술분야는 국제특허분류(IPC: International Patent Classification)로 정의되어 있어서 특허심사를 하는데 있어서 선행기술에 대한 조사도 이러한 국제특허분류를 중심으로 이루어지고 있다. 따라서 국제특허분류를 기술분야를 정하는 유력한 기준으로 정할 수도 있겠으나, 이를 획일적으로 적용하는 것은 적절하지 않을 것이다. 판례도 같은 취지이다.6)

기술분야의 개념은 해당 기술의 특성과 발전 정도에 따라 판단할 것이어서, 첨단기술분야의 경우에는 범용기술 내지 전통기술분야에 비해 그 범위가 보다 세분화 될 것이고, 한편 기술의 융합에 따라 서로 다른 기술분야로 취급받던 영역이 유사한 기술분야로 인정되는 경우도 있을 것이다.

나. 전   용

전용(application, analogous use)이라는 것은 어떤 분야에서 알려져 있는 방법,

4) 대법원 2003. 4. 25. 선고 2002후987 판결; 대법원 1994. 12. 27. 선고 93후1896 판결.
5) 吉藤幸朔, 特許法槪說(제13판, 유미 특허법률사무소 역), 134면.
6) 대법원 1993. 5. 11. 선고 92후1387 판결에서 "실용신안에서의 고안은 기술적 창작이라는 무형의 소산을 대상으로 하고 있기 때문에 그 권리범위가 대상물품과 동일 또는 유사한 것에 한정되지도 아니하는 것이어서(당원 1991. 11. 26. 선고 91후332 판결 참조) 본건고안과 인용고안이 국제특허분류표상 분류번호가 다른 물건이라 하더라도 본건고안이 진보성이 없다면 그 실용신안등록은 무효라 할 것"이라고 판시하고 있다.

장치, 화합물 등을 본질적인 변경을 가하지 않고 다른 분야에 적용한 경우를 말한다. 치환과 일견 유사하나 치환은 공지의 기술적 구성 중 특정의 요소를 다른 요소로 바꾸는 것임에 반해, 전용은 종래 어떤 분야에서 알려져 있었던 기술적 구성을 다른 분야에 적용하는 경우이다.[7]

　판례도 진보성 판단은 출원발명의 기술분야와 동일한 비교대상발명에 의해 이루어져야지 다른 기술분야로 진보성을 부인하는 것은 원칙적으로 허용되지 않지만, 통상의 기술자가 용이하게 할 수 있는 다른 기술분야의 공지기술의 전용 내지 용도변경의 경우에는 다른 기술분야의 기술을 비교대상발명으로 하는 것도 가능하다고 한다.[8]

　그런데 작용효과의 차이가 크면 진보성이 있다고 판단될 가능성이 있는 치환의 경우와는 달리, 전용의 경우는 작용효과에 차이가 있어도 당연하기 때문에 진보성이 인정되기 어렵다. 따라서 전용의 경우에는 어떤 분야에서부터 다른 분야에의 적용에 임하여 어떤 곤란성이 있었는가, 전용에 임하여 그 기술적 구성에 어떤 변경이 행해졌는가가 진보성 판단의 초점이 되어야 할 것이다.[9]

　미국에서는 선행기술이 유사한 기술이 되기 위한 조건으로 (1) 선행기술이 출원발명과 노력하고자 하는 분야가 같은지, (2) 만일 선행기술이 출원발명과 노력하는 분야가 같지 않다면, 선행기술이 출원발명이 가지는 특별한 문제와 합리적인 관련이 있는지에 의해 결정된다.[10] 따라서 선행기술이 발명의 기술분야와 관련성(analogous)을 가지는지를 판단하기 위해서는 같은 노력분야(same field of endeavor)

7) 竹田和彦, 特許の知識 理論と實際(第6版), 148면.
8) 특허법원 1999. 8. 27. 선고 98허11133 판결(상고기각)은 "당해 고안이 속하는 기술분야라 함은 원칙적으로 당해 고안이 이용되는 산업분야를 말하는 것이나, 그 고안의 구성의 전부 또는 일부가 가지는 성질이나 기능으로부터 파악되는 기술분야도 포함된다고 할 것이므로, 실용신안 명세서에 기재된 고안의 명칭에만 구애되지 아니하고 그 고안의 목적, 기술적 구성 및 효과를 종합적으로 고려하여 고안의 실체를 파악한 후 기술사상을 공통으로 하는가에 의하여 판단되어야 한다. 다만 당업자가 용이하게 할 수 있는 공지기술의 전용 내지 용도변경이라는 이유로 진보성을 부정하는 경우에는 다른 기술분야의 기술을 인용례로 하는 것도 가능할 것이고, 특히 다른 기술분야의 공지기술을 전용함으로써 구성한 발명으로 양 기술분야에 친근성이 있고 그 전용에 의하여 얻은 효과에 현저성이 없는 경우에는 그 발명은 진보성이 없다 할 것이다"라고 판시하고 있다.
9) 竹田和彦, 앞의 책, 149면.
10) In re Clay, 966 F.2d 656, 23 U.S.P.Q.2d 1058 (Fed. Cir. 1992) ("Two criteria have evolved for determining whether prior art is analogous: (1) whether the art is from the same field of endeavor, regardless of the problem addressed, and (2) if the reference is not within the field of the inventor's endeavor, whether the reference still is reasonably pertinent to the particular problem with which the inventor is involved.").

또는 같은 문제해결분야인지 여부를 판단해야 한다.11) 이는 기술적 구성 또는 추상적인 아이디어가 비슷하다고 해서 전혀 기술분야가 다른 선행기술 또는 출원인이 해결하고자 했던 문제의 해결에 적합성이 없는 기술을 선행기술로 인용하여 거절할 수 없다는 것을 의미한다.

3. 관련 판례의 검토

기술분야가 동일하거나 유사하여 진보성의 대비판단이 가능하다는 판례는, ① 태권도 가격 훈련용 수동 타게트에 관한 등록고안과 플라스틱 음료병용 배트 손잡이와 라켓의 그립에 관한 비교대상고안들은 동일한 기술분야를 가진다고 본 사례,12) ② 경운기용 양수기 재치대에 관한 비교대상고안은 트랙터용 쟁기에 관한 등록고안과 인접한 기술분야를 가진다고 본 사례,13) ③ 천정등용 갓에 관한 특허발명과 일반적인 프레스 금형기술, 자동차의 펜더 패널에 관한 비교대상발명들에 대해 양 발명은 모두 금속성형 분야 중 판상 소재를 소성가공하는 분야에 관한 기술이고, 단지 위 기술을 이용하여 제작되는 최종 물건만 다를 뿐이어서 동일한 기술분야를 가진다고 본 사례,14) ④ 비닐하우스 개폐기의 감속장치에 관한 등록고안과 워엄을 이용한 요동 운동기구에 관한 비교대상고안에 대해 양 고안은 결국 모터를 이용하여 만들어진 동력을 감속장치를 통하여 감속시킨 후 축이나 요동편에 그 감속된 동력을 전달하여 왕복운동이나 회전운동을 일으킨다는 점에서 그 기술분야가 흡사한 것으로 기술 전용에 각별한 어려움이 없다고 본 사례,15) ⑤ 비닐하우스용 직류모터의 전원개폐장치에 관한 등록고안과 자동차의 정속주행장치에 이용되는 엑셀구동용 모터의 제어회로에 관한 비교대상고안은 IPC 분류나 고안의 명칭에 따른 기술분야는 다르지만, 극성변환스위치를 가진 전원공급부와 직류모터 사이에 리미트스위치와 다이오드를 각각 병렬로 연결하여 직류모터를 제어한다는 점에서 양 고안은 기술사상을 공통으로 하고 있어 그 기술분야는 같다고 본 사례,16) ⑥ 베어링 관련 기술은 롤러와 같은 회전체를 지지하는 구성이

---

11) 기술분야가 유사한 예로서는, 커피의 제분기(mill)를 보리의 분쇄에 전용한다든지, 아이스크림 제조기를 고기의 냉동에 전용한다든지 하는 경우가 있다.
12) 대법원 2007. 4. 26. 선고 2007후388 판결.
13) 대법원 2001. 9. 18. 선고 99후2501 판결.
14) 특허법원 2006. 6. 21. 선고 2005허5501 판결(심리불속행 상고기각).
15) 특허법원 1998. 9. 18. 선고 98허1945 판결(확정).
16) 특허법원 1999. 4. 9. 선고 98허6438 판결(확정).

있는 기계장치를 이용하는 기술분야에서 일반적으로 사용하는 기술이기 때문에
양공급장치와 같은 섬유기계분야와 기술분야가 동일하다고 본 사례17) 등이 있다.

반면에 기술분야가 다르기 때문에 진보성 판단의 자료로 삼을 수 없다는 판
례는, ① 완충재용 복합형 실리콘겔재인 특허발명과 단열재용 실리콘계 고무재료
인 비교대상발명은 기술분야가 다르다고 본 사례,18) ② 적도선면의 지도필름 양
면 끝이 내향으로 접합된 지구의에 관한 등록고안과 포장지에 의하여 포장하는
관용기술에 대해, 지구의를 생산하는 기술과 포장기술분야는 그 기술분야가 상이
하다고 본 사례를19) 들 수 있다.

미국의 사례로서는, ① 냉동어육을 조각내기 위한 고정대와 보석용 원석 등을 가
공하는 고정대와 관련한 기술은 유사한 기술이라고 본 사례,20) ② 오동작으로 인해
일정한 수준 이상으로 펄스를 출력하면 제동기가 그 펄스의 출력을 방지시키는 급상
승 제동수단을 포함한 심장 박동 보조기와 심장보조기에 관한 것은 아니지만 고전력
고주파에서 사용되는 펄스공급원으로부터 펄스의 급상승을 방지하는 회로가 나타난
선행기술은 심장보조기 설계분야에서 통상의 기술자가 박동수 제한이라는 문제에 직
면했다면 다른 사람들이 출력율을 제한하는 문제를 어떻게 해결했는지 살펴보려고 했
을 것이므로 선행기술은 유사기술에 해당한다고 본 사례,21) ③ 타이어의 펑크를 밀봉
하는 기술과 동물의 귀에 부착하는 식별용 태그와 관련된 기술은 유사한 기술이 아니
라고 본 사례,22) ④ 적절한 벌집용 체결구를 제공하여야 하는 문제와 관련되는 기술
분야는 양봉에 관한 분야가 아니라 기계적인 체결구와 관련된 분야라고 본 사례를23)
들 수 있다.

---

17) 대법원 2008. 7. 10. 선고 2006후2059 판결.
18) 대법원 1992. 5. 12. 선고 91후1298 판결. 이 사건에서 대법원은 "완충재는 충격을 완화하
   기 위한 것이고, 단열재는 열의 전도를 막는 것이라는 점에 비추어 일반적으로 기술분야를
   같이 한다고 할 수 없으므로 단열재의 기술분야에서 공지의 기술이라도 완충재의 기술분야에
   서 공지라고 할 수 없고, 본원발명의 제조원료나 제조공정이 공지된 인용발명의 그것과 일부
   유사하거나 동일한 점이 있다고 하더라도 본원발명이 그 제조원료의 구성비나 공정상의 첨가
   물에 있어 인용발명과 다르고 또 그로 인하여 경제성과 완제품의 품질이 인용발명보다 현저
   하게 향상 진보된 경우에는 진보성이 있다고 할 것이다."라고 판시하였다.
19) 특허법원 2001. 7. 12. 선고 2000허8291 판결(확정).
20) *International Glass Co. v. United States*, 408 F.2d 395, 159 USPQ 434 (Ct. Cl. 1969).
21) *Medtronic, Inc. v. Cardiac Pacemaker*, 721 F.2d 1563, 220 USPQ 97 (Fed. Cir. 1983).
22) *Ex parte Murphy*, 217 USPQ 479 (Bd. App. 1976).
23) *In re Grout*, 377 F.2d 1019, 153 USPQ 742 (CCPA 1967).

4. 대상 판결의 검토

이 사건 특허발명은 세라믹 필터에 관한 것으로, 세라믹은 열처리 공정을 거쳐 얻어지는 비금속 무기재료를 말하며 도자기, 유리, 시멘트 등이 대표적이고, 세라믹 필터는 세라믹 조성물을 필터 형상으로 성형하고 다시 이를 소성하는 것으로, 정수기에서 여과용 필터로서 사용될 수 있으며 이 경우 기공의 크기, 기공율 및 여과기능이 중요한 요소이다. 이 사건 특허발명의 청구항 1은 점결제를 용해한 수용액을 혼합하여 반건식법에 의한 프레스 성형에 의해 세라믹 필터를 제조하는 방법이고, 청구항 3은 세라믹 필터의 제조장치이다. 비교대상발명 1은 산화소성을 통한 도자기의 제조방법에 관한 것이고, 비교대상발명 2는 다공질 실리카 자기의 제조방법에 관한 것이고, 비교대상발명 3은 반건식 프레스 가압성형법에 의한 요업제품의 제조방법과 그 프레스 성형장치에 관한 것이다.

원고는 일반적인 용기를 제작하기 위한 요업공정에 관한 비교대상발명들과 음료수를 여과하기 위한 정수기용 필터를 제조하기 위한 이 사건 특허발명은 그 목적 및 작용효과가 완전히 상이하여 그 기술분야가 상이하므로 이 사건 특허발명이 채택한 기술들이 요업공정에서는 공지의 기술이라 하더라도 이를 정수기용 세라믹 필터의 제조공법에 도입하는 것은 용이한 것이 아니라는 취지로 주장하였으나, 대상 판결에서는 이 사건 특허발명과 비교대상발명 1, 3은 발명의 용도가 필터와 도자기라는 차이만 있을 뿐, 비금속 무기재료를 성형하고 소성하는 공정을 통해 제품이 생산된다는 점에서 공통점이 있으며, 요업에는 세라믹 필터를 포함할 수 있으므로 비교대상발명 1, 3은 이 사건 특허발명과 동일한 기술분야를 가지거나 이 사건 특허발명에 전용할 수 있는 것이라고 판시하였다.

대상 판결은 진보성 판단에 있어서의 기술분야는 특허발명의 명칭이나 청구의 대상에 국한하지 말고 발명의 목적, 구성 및 효과를 종합적으로 판단하면서 발명이 해결하고자 하는 과제와의 관련성을 통해 파악하여야 한다는 기준을 명백하게 제시한다는 점에서 의의가 있다고 할 것이다.

24. 진보성이 인정되는 청구항을 인용하는 항의 진보성 판단

[특허법원 2005. 3. 11. 선고 2004허3423 판결]

김관식(한남대학교 법학부 교수, 전 대법원 재판연구관)

I. 사실의 개요

원고는 "잉크 카트리지의 잉크 재충전구"에 관한 실용신안권자로서, 그 청구항 1은 "…… 그 중앙에 잉크카트리지(10)의 잉크주머니(20) 내부의 공기를 빼기 위한 관통홀(14b)가 구비되는 것을 특징으로 하는 잉크카트리지의 잉크재충전구"로 되어 있고, 청구항 2는, "제1항에 있어서, 상기 패드(14)의 관통홀(14b)에 잉크분사노즐(10a)이 건조되는 것을 방지하기 위해 차단커버(13)가 구비됨을 특징으로 하는 잉크카트리지의 잉크재충전구", 청구항 3은, "제1항에 있어서, 상기 패드는 잉크분사노즐이 건조되는 것을 방지하기 위해 관통홀(14b)이 밀폐된 상태로 형성됨을 특징으로 하는 잉크카트리지의 잉크재충전구"로 되어 있다.

피고는 원고를 상대로 비교대상고안 1, 2를 들어 이 사건 등록실용신안은 진보성 미비를 근거로 등록이 무효로 되어야 한다고 주장하면서 실용신안등록무효심판을 청구하여 인용심결이 내려졌는데(2003당41), 이에 대하여 원고는 심결취소소송에서 청구항 1항의 진보성이 인정되고 청구항 2-3항은 청구항 1항의 종속항이므로 당연히 진보성이 인정되어야 한다고 주장하였다.

II. 판 시

일부 취소.

청구항 제2항은, "이 사건 제1항 고안의 구성요소를 그대로 포함하면서 패드(14)의 관통홀(14b)에 차단커버(13)를 구비한 구성을 부가한 종속항인바, 이 사건

제1항 고안이 비교대상고안 1, 2로부터 신규성 또는 진보성이 있다는 점은 위에서 본 바와 같은 이상 이 사건 제2항 고안은 당연히 신규성 또는 진보성이 있다."

청구항 제3항은, "이 사건 제1항 고안을 인용하는 형식으로 기재되어 있어 형식상으로는 이 사건 제1항 고안의 모든 구성요소를 그대로 포함하는 것처럼 보이나, 이 사건 제3항 고안의 청구항에는 '상기 패드는 잉크분사노즐이 건조되는 것을 방지하기 위해 관통홀(14b)이 밀폐된 상태로 형성됨을 특징으로 하는 잉크 카트리지의 잉크재충전구'라고 기재되어 있고, 이 사건 제1항 고안의 '관통홀(14b)'은 잉크 카트리지(10)의 잉크주머니(20) 내부의 공기를 빼기 위하여 패드(14)의 중앙에 형성된 구멍에 불과하므로, 이 사건 제3항 고안에서 관통홀(14b)이 밀폐된 상태로 형성된 구성은 실질적으로는 관통홀(14b)이 없는 구성과 동일한 것으로 보아야 할 것이고, 그에 따라 이 사건 제3항 고안은 이 사건 제1항 고안의 '밀착부(14a)와 관통홀(14b)이 형성된 패드(14)' 구성을 '관통홀(14b)이 없이 밀착부(14a)만 형성된 패드(14)' 구성으로 치환한 것으로 해석하여야 할 것이다. … 따라서, 이 사건 제3항 고안은 비교대상고안 2로부터 용이하게 고안할 수 있는 것으로서 진보성이 없다고 할 것이다."

Ⅲ. 해   설

1. 청구항의 기재형식

특허법 제42조 제4항에는 "특허청구범위에는 보호를 받고자 하는 사항, 즉 청구항을 1 또는 2 이상 기재하여야 한다"고 하여, 우리나라에서는 특허청구범위의 기재에 있어 다항제를 채택하고 있음을 명확하게 하고 있다. 또한, 특허법 시행령 제5조(특허청구범위의 기재방법) 제1항에는 "법 제42조 제8항에 따른 특허청구범위의 청구항(이하 '청구항'이라 한다)을 기재할 때에는 독립청구항(이하 '독립항'이라 한다)을 기재하여야 하며, 그 독립항을 한정하거나 부가하여 구체화하는 종속청구항(이하 '종속항'이라 한다)을 기재할 수 있다. 이 경우 필요한 때에는 그 종속항을 한정하거나 부가하여 구체화하는 다른 종속항을 기재할 수 있다"고 하여, 복수의 청구항을 기재할 때에는 독립항과 종속항으로 기재할 수 있음을 명시하고 있다.

2. 종속항의 의의

그런데, 종속항을 규정하는 부분인, "독립항을 한정하거나 부가하여 구체화하는 종속청구항을 기재할 수 있다"의 의미를 해석함에는 '독립항을 한정하거나 부가하여 구체화하는'의 부분의 성격을 두고 다음과 같이 복수의 해석이 가능하다. 즉, 이 부분을 적법한 종속청구항의 기재를 내용적으로 한정하는 의미로 해석할 수도 있고(한정해석), 종속청구항의 의미를 서술적으로 설명하는 것으로(서술적 해석) 즉, 종속청구항을 정의하는 것으로도 해석이 가능하다.

한정해석에 의하면 청구항의 기재는 독립항과 종속항이 가능함을 전제로, 종속항의 기재시에는 모든 종속항의 형식이 인정되는 것이 아니라, 독립항을 한정하거나 부가하여 구체화하도록 기재되어야 함을 요구하게 된다. 여기서, 독립항과 종속항의 의미는 별도로 명시적으로 정의하고 있지는 않으나, 독립항은 다른 항의 인용 없이 모든 구성을 기재한 형식으로 작성한 것이고, 종속항은 다른 항을 인용하는 형식으로 작성한 항을 의미하는 것으로 해석된다.1)

반면에, 서술적 해석에 의하면, 종속항은 독립항을 한정하거나 부가하여 구체화하는 항을 의미한다. 따라서, 인용 등의 형식을 불문하고 독립항을 한정하거나 부가하여 구체화하지 않으면 종속항이 될 수 없고 결국 독립항이 된다.

이와 같은 종속항의 의미에 관한 양자의 해석에는 각기 장단점이 존재하고, 국제적으로도 그 운용의 방식이 통일되어 있지 않다.

3. 일본에서의 청구항 형식 구별의 변천

일본에서는 특허제도의 창설 후 다항제를 운영하였으나, 1921년(大正 10년)법에서 단항제로 바꾸었으며, 1975년(昭和 50년)법에서 다항제로 다시 회귀한 바 있다. 그 후 1985년(昭和 60년)법에 이르기까지 청구항의 형식을, 그 발명의 구성에 없어서는 아니 되는 사항을 기재한 필수요건항과, 그 발명의 실시태양을 기술한 실시태양으로 대별하였다.2) 필수요건항은 다른 항을 인용하지 않는 형식으로 기술해야 하므로3) 독립형식 청구항으로 불리고 실시태양항은 다른 청구항을 인용하

---

1) 이와 같이 종속항을 다른 청구항을 인용하는 항으로 파악하는 문헌은 한국에서는 많지 않으나, 김원준, 특허법(박영사, 2001), 282면에서는 종속항을 인용항으로 이해하고 있다.

2) 吉藤幸朔, 特許法槪說(대광서림, 유미특허법률사무소 역, 2000), 325-326면.

3) 昭和 60년 일본특허법 시행규칙 제24조의2 (특허청구범위의 기재).

는 소위 종속형식 청구항으로 기재하도록 되어 있었다.4) 따라서, 일본법에서 종속형식 청구항은 곧 실시태양항으로서 인용형식을 갖추고 있으며, 내용적으로 종속형식 청구항은 필수요건항의 하나의 실시 태양을 기술한 것으로 독립형식항에 기술적 한정을 부가하여 기재한 것이므로5) 종속형식항은 독립형식항의 권리범위에 속하게 되며, 독립형식항의 신규성 또는 진보성이 인정되면, 종속형식항의 신규성 또는 진보성도 당연히 인정된다.

그러나, 본격적으로 다항제를 도입하였다고 평가되는 1987년(昭和 62년) 법 이후에는, 청구항의 형식과 관련하여 독립항, 종속항 등의 구분을 두지 않고 단지 '다른 청구항을 인용할 때에는 청구항에 붙인 번호에 의한다'고만 규정하여6) 청구항의 인용을 자유롭게 허용하고 있다. 이에 따라, 일본에서는 종전의 종속형식 청구항뿐만 아니라, 타청구항의 구성요건을 치환하는 형식, 다른 카테고리의 청구항을 인용하는 형식이 허용되며,7) 허용되지 않는 것은, 뒤에 기재된 청구항을 인용하는 것과, 번호에 의하지 않고 인용하는 것뿐이다. 따라서, 인용되는 청구항의 신규성 또는 진보성의 여부가 인용하는 청구항의 신규성 또는 진보성 판단에 영향을 미치지 않는다.

이와 같은 체제에서는 청구항의 내용에 무관하게 상호 인용을 광범위하게 허용함으로써, 중복서술의 번잡함을 해소할 수 있고 출원인의 청구항 작성의 자유를

제8호 : 발명의 구성에 빠뜨릴 수가 없는 사항(저자 주: 필수요건항)은, 특허청구의 범위에 기재된 다른 발명의 구성에 빠뜨릴 수가 없는 사항 또는 그 발명의 실시태양(저자 주: 실시태양항) 혹은 다른 발명의 실시태양을 인용하여 기재해서는 아니 되고, 발명의 실시태양은, 특허청구의 범위에 기재된 다른 발명의 구성에 빠뜨릴 수가 없는 사항 또는 다른 발명의 실시태양을 인용하여 기재해서는 아니 된다.

4) 昭和 60년 일본특허법 시행규칙 제24조의2 (특허청구범위의 기재)
제2호 : 발명의 실시태양은, 특허 청구범위에 기재된 발명의 구성에 빠뜨릴 수가 없는 사항 또는 그 발명의 다른 실시태양을 인용하고, 또한, 이것을 기술적으로 한정하여 구체화하는 것으로서 기재해야 한다.

5) 昭和 60년 일본특허법 시행규칙 제24조의2 (특허청구범위의 기재)
제4호 : 발명의 실시태양(저자 주: 실시태양항)을 기재하는 경우에 있어서, 1의 발명의 구성에 빠뜨릴 수가 없는 사항(저자 주: 필수요건항) 및 그 발명의 1 또는 2 이상의 실시태양 또는 그 발명의 2 이상의 실시태양을 인용해 기재할 때는, 이것들을 택일적으로 인용하고, 또한, 이것들에 동일한 기술적 한정을 부가하여 기재해야 한다.

6) 昭和 62년 일본특허법 시행규칙 제24조의2 (특허청구범위의 기재).
그 후의 특허법의 개정이 있어 조문의 위치는 일부 조정이 있으나, 내용은 동일하다. 昭和 62년, 平成 2년, 平成 5년 법에서는 일본 특허법 시행규칙 제24조의2에, 平成 6년, 平成 8년, 平成 10년 법 등에서는 시행규칙 제24조의3에 규정되어 있다.

7) 日本 特許庁, 特許·實用新案審査基準(2001), 11면.

보장하는 장점이 있으나, 청구항 상호간의 권리의 광협관계가 인용관계로부터 용이하게 파악되지 않는 단점이 있다.

4. 미국에서의 구별

미국특허법 제112조에는 "청구항은 독립형식 또는 종속형식으로 기술할 수 있다"고 하여 청구항을 독립형식항과 종속형식항으로 대별하고 있다. 종속형식항이 적법하게 인정되기 위해서는 선행항을 인용하고, 추가 한정하여야 하며, 또한 그 실체적 내용과 관련해서는 종속형식항은 인용되는 항의 모든 한정을 인용에 의하여 포함되는 것으로 해석되어야 한다. 종속형식항이 인용되는 모든 항의 한정을 포함하고 있는지의 여부 판단은 침해테스트를 이용한다.8) 비록 종속형식을 갖추고 있으나, 종속되는 항의 모든 한정이 포함되지 않는 것으로 인정되면 이 청구항은 부적법한 청구항으로 인정하여 삭제 혹은 독립항으로 재작성이 요구된다.9) 따라서, 적법한 인용형식 청구항은 인용되는 청구항의 모든 한정을 포함하고 있게 되며, 인용형식을 취하고 있으나 인용되는 청구항의 모든 특징을 포함하고 있지 아니한, 소위 인용형식의 독립항 혹은 실질적 독립항 등은 허용되지 않는다. 이와 같은 미국식 운용방식에서는 인용되는 항의 신규성 또는 진보성이 인정되면 인용하는 항의 신규성 또는 진보성은 항상 인정되는 등, 외양적인 인용형식의 상호관계만으로도 권리 상호간의 관계의 파악이 용이하게 되는 장점이 있다. 한편, PCT 하에서도 청구항의 구별과 그 형식적 기재형식 및 내용적 해석이 대체로 미국의 규정과 유사하고,10) 종속형식항은 선행항의 모든 특징을 인용형식으로 포함하는

---

8) *U.S.P.T.O. MANUAL OF PATENT EXAMINING PROCEDURE*, 2010, 608.01(n). 인용되는 항의 침해 없이 인용항의 침해가 가능한 경우, 이러한 인용항은 부적법한 종속항으로 판단된다.

9) *U.S.P.T.O. MANUAL OF PATENT EXAMINING PROCEDURE*, 2010, 608.01(n) Dependent claim(s) II. TREATMENT OF IMPROPER DEPENDENT CLAIMS lines 15-20. 다만 이는 거절이유로 되지 아니한다. Ex parte Porter, 25 USPQ2d 1144, 1147 (Bd. of Pat. App. & Inter. 1992). 이러한 점은 우리나라에서 청구항 기재형식을 규정하는 종전의 §42-⑤ (현 §42-⑧) 위반이, 무효심판 및 종전의 이의신청 사유에서 제외되어 있는 점과 그 취지가 유사하다고 볼 수 있다.

10) PCT Rule 6 The Claims 6.4 Dependent Claims

(a) Any claim which includes all the features of one or more other claims (claim in dependent form, hereinafter referred to as "dependent claim") shall do so by reference, if possible at the beginning, to the other claim or claims and shall then state the additional features claimed.

(b) Any dependent claim shall be construed as including all the limitations contained

항으로 기술하여야 하므로 종속형식항은 인용형식항과 실질적으로 동일하게 되는 점에서 미국에서와 매우 유사하다.

5. 한국에서의 변천

우리나라에서는 원래 단항제의 기재형식을 취하였으나, 1980년 5월 4일 파리 조약에 가입하면서 1981년 9월 1일부터 다항제를 도입하여 운용하여 특허법 제42조 제4항에 "특허청구범위에는 보호를 받고자 하는 사항을 기재한 항(청구항)이 1 또는 2 이상 있어야 하며"로 규정하여 다항제를 천명하였고, 이에 따라 상기의 시행령 규정이 신설되었다. 1981. 7. 30.의 특허법시행령 제2조 제1항[11])에는 청구항을 독립 특허청구의 범위(독립항)와 종속 특허청구의 범위(종속항)로 구분하고, 발명의 구성에 없어서는 아니 되는 사항 중 보호받고자 하는 사항을 독립항으로, 그 독립항을 기술적으로 한정하고 구체화하는 사항을 종속항으로 기재할 수 있다고 하고 있으며, 이는 일본의 필수구성항과 실시태양항에 대응하는 것으로 볼 수 있다. 이때의 종속항은 독립항을 기술적으로 한정하고 구체화한 것이므로 독립항의 진보성이 인정되면, 종속항의 진보성도 당연히 인정될 것이다.

그 후 1990. 8. 28.의 시행령에서는 현재와 유사하게 청구항의 기재시에는 독립청구항(독립항)을 기재하고, 그 독립항을 한정하거나 부가하여 구체화하는 종속청구항(종속항)을 기재할 수 있다고 규정하였으나, 종속항은 그 종속항이 속하는 독립항 또는 그 독립항의 다른 종속항 중에서 인용하도록 제한을 가하여 일본의 필수구성항과 실시태양항의 성격을 여전히 띠고 있다. 이러한 제한은 1999. 6. 30. 개정 시행령 이후 삭제되어 종속항의 타 독립항 또는 타 독립항에 속한 종속항의 인용이 자유롭게 허용되어 현재에 이르고 있다.

그런데 시행령상의 그 독립항을 한정하거나 부가하여 구체화하는 종속청구항의 해석과 관련해서는, 적법한 종속항 기재 형식을 한정하는 것으로 해석한 결과로 보이는 것도 있고, 종속항의 정의 규정으로 해석한 결과로 보이는 것도 있어 왔다. 이러한 혼재된 성격의 일면은, 소위 인용형식의 독립항이라는 개념은 인정하면서도(이는 서술적 해석의 결과이다), 구성요소를 대체하는 형식의 청구항을 종

---

in the claim to which it refers.

11) 이는 1983. 11. 5. 시행령에서는 동일하게 유지되고, 1987. 7. 1. 시행령에서는 제2조의3으로 이동하였으나, 내용은 동일하다.

전에 불허한 점12)(이는 한정해석의 결과이다)에서도 일부 나타난다. 만일 구성요소를 대체하는 형식의 청구항에 대하여 서술적 해석을 적용하면, 그 기재는 허용되며 다만 종속항이 아닌 독립항으로 구분될 뿐이다.13)

　시행령의 규정을 적법한 종속항의 내용을 한정하는 취지로 해석하는 한정해석을 따르면, 종속항 즉 인용항 중에서 다른 항을 부가·한정하는 항만이 허용되며, 다른 항을 부가·한정하지 아니하는 인용항은 부적법한 종속항으로서 허용되지 않게 되므로 모든 인용항은 종속항이 된다. 따라서 청구범위에서 인용관계만의 파악으로 청구항 상호간의 권리관계의 파악이 용이하게 되는 장점이 있고, 종속항은 독립항의 모든 한정을 포함하고 있으므로 독립항의 신규성·진보성이 인정되면 종속항의 신규성·진보성도 인정된다. 반면에 이를 종속항의 정의규정으로 해석하는 서술적 해석을 따르면, 인용형식을 띠고 있으나 인용되는 항을 부가·한정하지 않는 청구항 예를 들어, 구성요소를 대체하는 형식의 청구항 및 구성요소를 삭제하는 형식의 청구항은 그 기재가 허용되지 않는 것은 아니나, 종속항으로 인정될 수 없으므로 독립항(소위 인용형식 독립항)으로 인정되게 된다.14) 즉 인용형식의 항이 모두 종속항이 되는 것은 아니어서, 종속항과 인용항은 별도의 개념이 된다.15) 이 때의 종속항은 부가·한정에 의하여 독립항의 모든 한정을 포함하는 항을 의미하므로, 독립항의 신규성·진보성이 인정되면 당연히 종속항의 신규성·진보성도 인정된다.16) 하지만, 이와 같은 해석에서 종속항인지의 여부 판단을 위해서는 청구항의 실체적 내용을 파악하여야 하므로, 한정해석에서와는 달리 단순한 형식적인 인용관계로부터 청구항 상호간의 권리 관계를 파악할 수는 없게 된다.

　판례 등에서는 대체로 종속항의 판단시 인용하고 있는 항의 내용이 인용되는 항의 내용을 실체적으로 한정 또는 부가하고 있는지의 여부를 기준으로 삼고 있어 서술적 해석을 따르고 있다.17)

---

12) 예를 들어, 특허청, 특허·실용신안 심사지침서(1998), 32면.
13) 이러한 혼재된 청구항 해석의 특징 및 기원 등에 대해서는, 김관식, "독립항과 종속항의 구별에 관한 小考", 지식재산 21(특허청, 2001), 73-85면 참조.
14) 인용형식 독립항이라는 개념은 일본과 구미(歐美) 등에서는 찾기 어려운 개념이다.
15) 이와 같은 청구항 형식의 구분은 국제적으로 그 예를 찾기 힘든 독특한 것이다.
16) 대법원 1995. 9. 5. 선고 94후1657 판결 : 특허청구범위 제2항 이하가 선행되는 독립항인 특허청구범위 제1항의 전체 특징을 포함한 종속항들로서 독립항에 진보성이 인정되는 이상 그 종속항인 특허청구범위 제2항 이하에도 당연히 진보성이 인정된다.
17) 대법원 1995. 9. 5. 선고 94후1657 판결, 1998. 4. 10. 선고 96후1040 판결, 1998. 11. 5. 선고 98허5022 판결 등.

6. 본 사건에서의 판단

본 사건에서는, 청구항 1항의 신규성 및 진보성을 인정한 후, 청구항 1을 인용하고 있는 청구항 2항은 1항의 종속항으로 인정하여 청구항 1항이 진보성이 긍정되므로 따라서 진보성이 인정된다고 하였으나, 청구항 3항에 대해서는 비록 형식적으로는 청구항 1을 인용하고 한정하는 종속항의 외양을 띠고 있으나, 내용적으로 해석하면 인용되는 청구항의 일부구성인 '밀착부(14a)와 관통홀(14b)이 형성된 패드(14)'를 '밀착부(14a)만 형성된 패드(14)'로 치환한 것이고, 결국 독립항 구성의 하나인 '관통홀(14b)'이 삭제된 구성을 취하고 있어 본 청구항은 독립항인 1항의 종속항이 될 수 없다고 판단하여 서술적 해석을 취하는 것을 명확히 하고 있다. 만일 한정해석을 따른다면, 청구항 3은 청구항 1을 부가 또는 한정한 것이 아니므로 부적법한 종속항으로 판단하여야 할 것이다.

Ⅳ. 결   론

인용항의 기재를 미국에서와 같이 인용되는 항의 부가 또는 한정하는 경우로 한정하여 인용항 상호간의 권리파악을 용이하게 하도록 할 것인지, 아니면 일본에서와 같이 인용을 자유롭게 허용하여 청구항 기재의 편의를 도모할지는 각각 장단점이 있으므로 선택의 문제로 볼 수 있다.

본 판결은 이러한 점에서 인용항의 형식을 띠고 있더라도 인용되는 항을 부가 한정하지 아니하는 항의 존재를 인정하고, 인용되는 항의 진보성이 인정되는 경우에도 인용하는 항의 진보성이 인정되지 아니할 수 있다고 하여, 특허법 시행령 제5조 제1항을 '종속항의 정의규정'으로 보는 해석(서술적 해석)을 취하는 점을 명확하게 한 것에 그 의의가 있다.[18]

---

18) 이러한 해석이 바람직하다는 것에, 이헌, "독립항과 종속항의 구별", 특허소송연구 제7집 (특허법원, 2017. 2), 8면 참조.

25. 발명의 진보성 판단과 기술적 과제

[특허법원 2014. 1. 28. 선고 2013허1313 판결][1]
이헌(대법원 재판연구관)

I. 사실의 개요

원고는 2008. 1. 11. 명칭을 '취성재료용 스크라이빙 휠 및 이를 이용한 스크라이브 방법, 스크라이브 장치 및 스크라이브 공구'로 하는 발명을 특허출원하였다(이하 '이 사건 출원발명'이라 한다).

특허청 심사관은 2012. 1. 27. 이 사건 출원발명은 통상의 기술자가 비교대상발명 1 및 비교대상발명 2에 의하여 용이하게 발명할 수 있어 진보성이 부정된다는 이유로 특허거절결정을 하였다.

원고는 2012. 2. 24. 특허심판원에 위 특허거절결정에 대한 불복심판(2012원1881)을 청구하였고, 2012. 3. 23. 명세서를 보정하여 이 사건 출원발명에 관한 재심사를 청구하였는데, 특허청 심사관은 2012. 4. 3. 위와 같이 보정된 이 사건 출원발명을 재심사하여도 거절결정의 이유를 번복할 만한 사항을 발견할 수 없다는 이유로 위 특허거절결정을 유지하였다.

특허심판원은 2012. 12. 14. 이 사건 출원발명의 청구항 6은 통상의 기술자가 비교대상발명 2에 의하여 용이하게 발명할 수 있는 것이어서 진보성이 부정된다는 이유로 원고의 위 심판청구를 기각하는 이 사건 심결을 하였다. 이에 불복하여 원고는 2013. 2. 15. 특허법원에 이 사건 심결의 취소를 구하는 소를 제기하였다.

II. 판   시

심결 취소.

---

1) 2014. 2. 9. 상고기간 도과로 확정되었다.

"구성 3에서 '홈의 원주방향의 길이를 돌기의 원주방향의 길이보다 짧게 한 것'은 스크라이브 동작 시 고침투효과를 억제하면서 먹힘을 좋게 하는 스크라이빙 휠을 제공하고자 하는 청구항 6의 기술적 과제를 해결하기 위해 채택된 수단에 해당한다고 할 것이다. 그런데 비교대상발명 1, 2에는 '홈의 원주방향의 길이를 돌기의 원주방향의 길이보다 짧게 한 것'에 관한 구체적인 개시가 없을 뿐만 아니라, 앞서 '목적 대비' 부분에서 본 바와 같이 비교대상발명 1, 2에는 스크라이브 동작 시 고침투효과를 억제하면서 먹힘을 좋게 하는 스크라이빙 휠을 제공하고자 하는 기술적 과제에 관한 기재나 암시도 없다고 할 것이므로, 구성 3의 '홈의 원주방향의 길이를 돌기의 원주방향의 길이보다 짧게 한 것'이라는 구성이 비교대상발명 1, 2로부터 용이하게 도출될 수 있는 것이라고 볼 수 없고, 그 효과 역시 비교대상발명 1, 2로부터 예측될 수 없다고 할 것이다."

Ⅲ. 해   설

1. 들어가는 말

발명은 당면한 기술적 과제를 해결하는 과정에서 태어나게 된다. 따라서 어떤 발명의 기술적 의미를 이해하거나 그 발명이 선행발명으로부터 쉽게 도출될 수 있는지 등을 판단함에 있어서 그 발명이 해결하고자 하는 기술적 과제는 중요하게 고려되어야 한다.

선행발명과 특허발명의 기술적 과제가 공통된 경우에 그것은 통상의 기술자가 선행발명에 의하여 특허발명을 쉽게 발명할 수 있는 유력한 근거가 된다.[2] 반면, 특허발명과 유사한 구성이 선행발명에 개시되어 있다고 하더라도 기술적 과제 내지 발상 자체가 크게 다르다면 특허발명에 이르도록 하는 동기 등은 원칙적으로 부정된다고 보아야 할 것이다. 물론, 선행발명에 특허발명의 기술적 과제가 명시적으로 나타나 있지 않더라도 특허발명의 기술적 과제가 통상의 기술자 입장에서 자명한 과제인지, 출원 당시의 기술상식, 기술흐름 등에 비추어 선행발명에도 내재된 것이거나 쉽게 생각할 수 있는 과제인지를 나아가 살필 필요는 있을 것이다.[3]

---

2) 특허청, 특허·실용신안 심사기준(2016), 3308면.
3) 특허청, 특허·실용신안 심사기준(2016), 3309면.

2. 유   럽

유럽특허청(EPO)은 발명의 진보성 판단과 관련하여 과제 해결 접근법 (problem-and-solution approach)을 사용한다. 이는 3단계로 이루어져 있는데, ① 가장 근접한 선행기술(the closest prior art)을 결정하고, ② 해결되어야 할 객관적인 기술적 과제(objective technical problem)를 설정하며, ③ '가장 근접한 선행기술'과 '객관적인 기술적 과제'를 출발점으로 놓고 볼 때, 해당 발명이 기술자에게 자명한 것인지 여부를 판단하게 된다.4)

과제 해결 접근법의 맥락에서 기술적 과제는, 해당 발명이 가장 근접한 선행기술을 넘는 기술적 효과를 제공하기 위하여 가장 근접한 선행기술을 수정하고 변경하는 목표와 작업을 의미한다. 따라서 해당 발명과 가장 근접한 선행기술 및 그들 상호간의 차이점(해당 발명의 두드러진 특징)을 살펴보고, 그 차이점으로부터 야기되는 기술적 효과를 정립한 다음, 기술적 과제를 설정하게 된다.5)

기술적 과제는 객관적으로 설정되어야 하므로, 출원인이 그 출원 당시 문제로 제시한 것이 아닐 수 있다. 객관적인 기술적 과제는 객관적으로 정립된 사실에 근거하는 것이므로, 출원인이 출원 당시에 실제로 인식하고 있던 것과는 다를 수 있고, 그러한 경우 출원인이 제시한 과제는 재설정(reformulation)이 필요할 수 있으며, 이러한 재설정을 통해 기술적 과제는 당초 출원인이 의도했던 것보다 더 한정될 수 있다.6)

이러한 과제 해결 접근법은, 통상의 기술자가 해결하여야 하는 과제의 해결책을 찾아나가는 과정에 따라 진보성 판단을 하여야 함을 강조하는 것으로 보이고, 이러한 점에서 볼 때 '과제'에 초점을 맞추고 있는 판단 방법이라고 할 수 있다.7)

3. 일   본

일본의 심사기준에 의하면, 인용발명과 청구항에 기재된 발명의 과제가 공통

---

4) EPO Guidelines for Examination, Part G Chapter Ⅶ. 5.
5) EPO Guidelines for Examination, Part G Chapter Ⅶ. 5.2.
6) T 87/08, T 33/93.
7) 최승재, "결합발명의 진보성 심리 및 판단 방법에 개선을 위한 연구", 특별법연구 제12권, 사법발전재단(2015), 385면.

된 경우, 그것은 통상의 기술자가 인용발명에 의하여 청구항에 기재된 발명을 용이하게 발명할 수 있다는 유력한 근거가 된다.8) 그런데 일본의 심사기준에는 이러한 과제의 공통성 외에 기술분야의 관련성, 기능·작용의 공통성, 인용발명 내용 중의 시사, 설계사항 등과 같이 진보성 부정을 위한 논리가 다양하게 제시되어 있고, 과제의 공통성에 특별히 강조점을 두고 있지는 않다. 더욱이 종래 일본의 실무에서는 기술분야의 관련성 정도만으로 결합의 용이성을 인정하여 결과적으로 진보성이 쉽게 부정되는 경향이 있었다고 한다.9)

그런데 2005년 일본 지적재산고등재판소가 설립된 이후, 발명의 진보성 판단과 관련하여 기술적 과제의 중요성을 강조하는 판결이 다수 선고되었다. 대표적으로 知財高裁 2009. 1. 28. 판결[平成20(行ケ)10096]에서는 "특허법 제29조 제2항이 정하는 요건(진보성)의 충족 여부 즉, 통상의 기술자가 선행기술에 기초해 출원발명을 용이하게 상도할 수 있었는지 여부는 선행기술로부터 출발하여 출원발명의 특징점(출원발명과 선행기술의 차이점)에 도달하는 것이 용이한 것인지를 기준으로 판단한다. 그런데 출원발명의 특징점은 해당 발명이 목적으로 하는 과제를 해결하기 위한 것이기 때문에, 용이상도성 여부를 객관적으로 판단하기 위해서는 해당 발명의 특징점을 정확하게 파악하는 것 즉, 해당 발명이 목적으로 하는 과제를 정확하게 파악하는 것이 필요불가결하다. 그리고 용이상도성 여부의 판단 과정에 있어서 사후 분석적 또는 비논리적 사고는 배제되어야 하나, 이를 위해서는 해당 발명이 목적으로 하는 '과제'를 파악함에 있어 무의식적으로 '해결 수단' 또는 '해결 결과'의 요소가 혼입되지 않도록 유의하는 것이 필요하다."라고 판시하였다. 이러한 법리에 기초하여 양 발명의 기술적 과제가 서로 달라 (비록 기술분야의 관련성이 있을지라도) 인용발명으로부터 특허발명(출원발명)의 도출이 어렵다고 판단한 사례가 다수 있다.10)

---

8) 일본 특허 심사기준 제2부 제2장 2.5. (2) Ⅱ.

9) 최승재, 앞의 논문, 407-408면.

10) 知財高裁 2008. 12. 25. 판결[平成20(行ケ)10130], 知財高裁 2009. 3. 25. 판결[平成20(行ケ)10261], 知財高裁 2009. 3. 25. 판결[平成20(行ケ)10153], 知財高裁 2011. 1. 31. 판결[平成22(行ケ)10075] 등.

4. 이 사건의 검토

(1) 이 사건 출원발명의 기술적 과제 및 과제 해결수단

종래의 칼날인 N칼날[11]은 스크라이브 동작 시 먹힘이 좋지 않고,[12] 크로스 절단 시 교점 건너뛰기가 발생하는 등의 문제가 있어 이를 해결하기 위해 원주능선을 따라 원주방향으로 다수의 홈과 돌기가 교대로 형성된 고침투[13] 칼날인 P칼날이 이용되었는데, P칼날 역시 FPD(Flat Panel Display) 패널의 제조 시 요구되는 단면강도(斷面強度)의 품질기준을 확보하기 어렵고, 기판에 깊은 수직크랙이 형성되어 기판의 이송 중 단재(端材)가 낙하하는 등의 문제가 있었다.

이 사건 출원발명은 스크라이브 동작 시 고침투효과를 억제하면서도[14] 먹힘을 좋게 하는[15] 스크라이빙 휠을 제공하는 것을 그 기술적 과제로 하고, 그 과제의 해결과 관련하여 원주능선을 따라 원주방향으로 다수의 홈과 돌기를 교대로 형성하되, 홈의 원주방향의 길이를 돌기의 원주방향의 길이보다 짧게 하는 구성(구성 3)을 채택하고 있다(구성 3을 제외한 나머지 구성들이 비교대상발명 2에 개시되어 있다는 점에 대해서는 당사자 사이에 다툼이 없다).

(2) 비교대상발명 1의 기술적 과제 및 과제 해결수단

종래의 기판절단방법에서는 기판의 표리를 반전시키기 위한 반전공정 및 기판을 절단하기 위한 브레이크 공정이 필요하였기 때문에 기판절단장치의 구조가 복잡해지고, 설치 면적이 커지게 되는 문제가 있었다.

비교대상발명 1은 별도의 반전공정 및 브레이크 공정 없이 기판을 절단할 수 있도록 하는 기판절단방법을 제공하는 것을 그 기술적 과제로 하고, 그 과제의 해

---

11) 원주능선에 홈과 돌기가 형성되지 않은 칼날을 말한다.
12) 칼날이 기판 표면에서 미끄러져 휠의 전동 직후에 스크라이브 라인의 형성이 시작되지 않는 현상을 말한다.
13) 스크라이브 라인의 형성에 의하여 기판의 표면으로부터 기판의 두께 방향으로 수직크랙을 확산시키는 스크라이빙 휠의 성질을 '침투효과'라고 한다.
14) 높은 침투효과를 갖는 P칼날의 경우 단면강도의 품질기준을 확보하기 어렵고, 기판에 깊은 수직크랙이 형성되어 기판의 이송 중 단재가 낙하하는 문제가 있는데, 청구항 6에서 고침투효과를 억제하고자 하는 것은 위와 같은 단면강도 향상 및 기판의 이송 중 단재 낙하 방지라는 과제와 관련되어 있다.
15) 기판 표면에 대한 먹힘이 좋은 칼날을 사용할 경우 교점 건너뛰기가 발생하기 어렵다고 할 것이므로, 청구항 6에서 먹힘을 좋게 하고자 하는 것은 교점 건너뛰기 방지라는 과제와도 관련되어 있다.

결과 관련하여 기판 표면에 주 스크라이브 라인을 형성한 후 그 인접부에 보조 스크라이브 라인을 추가로 형성하는 구성을 채택하고 있다.16)

(3) 비교대상발명 2의 기술적 과제 및 과제 해결수단

능선부의 전체 둘레에 걸쳐 정밀한 요철이 형성된 종래의 커터 휠(P칼날)은 깊은 수직크랙을 얻을 수 있다는 장점은 있으나, 능선부에 요철을 가공하기 위하여 장시간이 필요해 가공성에 문제가 있을 뿐만 아니라, 기판에 깊은 수직크랙이 형성되어 기판의 반송 중 기판의 일방이 스크라이브 장치에 남겨지거나 낙하하는 문제가 있었다.

비교대상발명 2는 가공성이 우수하면서도 기판의 반송 중 기판의 일방이 스크라이브 장치에 남겨지거나 낙하하는 것을 방지할 수 있도록 한 커터 휠 및 이를 이용한 스크라이브 방법을 제공하는 것을 그 기술적 과제로 하고, 그 과제의 해결과 관련하여 능선부의 전체 둘레의 일부에만 홈부를 형성하되, 전체 둘레 길이에 대한 홈부의 비율을 조절하는 구성을 채택하고 있다.

(4) 구성 3의 용이 도출 여부

이 사건 출원발명의 구성 3에서 '홈의 원주방향의 길이를 돌기의 원주방향의 길이보다 짧게 한 것'은 스크라이브 동작 시 고침투효과를 억제하면서도 먹힘을 좋게 하는 스크라이빙 휠을 제공하고자 하는 이 사건 출원발명의 기술적 과제를 해결하기 위해 채택된 수단에 해당한다. 그런데 비교대상발명 1, 2에는 '홈의 원주방향의 길이를 돌기의 원주방향의 길이보다 짧게 한 것'에 관한 구체적인 개시가 없을 뿐만 아니라, 비교대상발명 1, 2에는 스크라이브 동작 시 고침투효과를 억제하면서 먹힘을 좋게 하는 스크라이빙 휠을 제공하고자 하는 기술적 과제에 관한 기재나 암시도 없다고 할 것이므로, 구성 3의 '홈의 원주방향의 길이를 돌기의 원주방향의 길이보다 짧게 한 것'이라는 구성이 비교대상발명 1, 2로부터 용이하게 도출될 수 있는 것이라고 볼 수 없고, 그 효과 역시 비교대상발명 1, 2로부터 예측될 수 없다.

(5) 도면의 도시 내용으로부터 구성 3의 용이 도출 여부

피고는, 비교대상발명 2의 도면 4에는 홈의 원주방향의 길이가 돌기의 원주방

---

16) '발명의 설명'에는 주 스크라이브 라인에 대하여 0.5~1.0mm 간격을 두고 형성하는 것이 바람직하다고 기재되어 있다.

향의 길이보다 짧게 형성된 구성이 도시되어 있을 뿐만 아니라, 비교대상발명 1의 도면 2에도 위와 같은 구성이 도시되어 있으므로, 통상의 기술자라면 비록 비교대상발명 1, 2의 명세서에 명시적인 기재가 없다고 하더라도 위 각 도면에 도시된 내용으로부터 홈의 원주방향의 길이를 돌기의 원주방향의 길이보다 짧게 하는 구성을 용이하게 도출할 수 있다는 취지로 주장하였으나, 법원은 아래와 같은 이유로 위 주장을 받아들이지 아니하였다.

우선, 비교대상발명 2의 도면 4만으로는 홈의 원주방향의 길이가 돌기의 원주방향의 길이보다 짧게 형성된 것이 명확하게 나타나 있다고 보기 어려울 뿐만 아니라, 비교대상발명 2의 커터 휠이 스크라이브 동작 시 깊은 수직크랙을 얻기 위해 사용되는 것임을 감안하면, 통상의 기술자가 도면 4에 도시된 내용으로부터 홈의 원주방향의 길이를 돌기의 원주방향의 길이보다 짧게 형성하여 고침투효과를 억제하면서 먹힘을 좋게 하고자 하는 기술적 사상을 쉽게 파악하기는 어려울 것으로 보인다.

또한, 비교대상발명 1의 도면 2에는 홈의 원주방향의 길이가 돌기의 원주방향의 길이보다 짧게 형성된 것처럼 도시되어 있으나, 비교대상발명 1의 커터 휠이 스크라이브 동작 시 깊은 수직크랙을 형성하여 머더 글래스기판을 확실하게 절단할 수 있도록 하기 위해 사용되는 것임을 감안하면, 통상의 기술자가 도면 2에 도시된 내용으로부터 홈의 원주방향의 길이를 돌기의 원주방향의 길이보다 짧게 형성하여 고침투효과를 억제하면서 먹힘을 좋게 하고자 하는 기술적 사상을 쉽게 파악하기는 어려울 것으로 보인다.

Ⅳ. 결   론

이 사건에서 판단이 어려운 점은 이 사건 출원발명과 비교대상발명 2의 각 기술적 과제를 어떻게 평가할 것인지에 관한 것이었다. 즉, 이 사건 출원발명은 종래의 칼날인 N칼날이 가지고 있던 문제점(먹힘이 좋지 않고 교점 건너뛰기가 발생하는 것)과 고침투 칼날인 P칼날이 가지고 있던 문제점(단면강도의 품질기준을 확보하기 어렵고 기판의 이송 중 단재가 낙하하는 것)을 동시에 개선하기 위한 것을 기술적 과제로 하고 있는데, 비교대상발명 2 역시 고침투 칼날인 P칼날을 기본적으로 사용하면서도 그로 인한 문제점 중 하나인 기판의 이송 중 단재가 낙하하는 것을

방지하고자 하는 것이므로, 양 발명의 기술적 과제를 추상화하여 상위개념화하게
되면, 기술적 과제 상호간에 공통성이 있다고 판단될 여지도 있었기 때문이다. 그
러나 법원은 심리를 통해 양 발명의 기술적 과제가 상이하다고 판단하였다. 즉,
양 발명의 명세서에 기재된 내용 등을 종합하여 볼 때 비교대상발명 2에는 단면
강도 향상을 포함한 이 사건 출원발명의 기술적 과제가 개시 내지 암시되어 있다
고 볼 수 없고, 비교대상발명 2에 제시된 구성에 의하여 단면강도 향상이라는 기
술적 과제가 해결될 수 있다고 보기도 어려우며, 제출된 증거를 통해 알 수 있는
해당 기술분야의 발전경향이나 해당 업계의 요구 등에 비추어 보더라도 비교대상
발명 2와 이 사건 출원발명은 해결하고자 하는 과제를 달리 하는 것으로서 서로
다른 발전단계에 속한 기술이라고 보았다.

　또한, 대상 판결에서 주목할 점은 비교대상발명의 구성을 확정하거나 해석함
에 있어서 비교대상발명 전체의 교시를 기준으로 판단한 점이다. 발명의 진보성을
판단함에 있어, 비교대상발명 자체만을 두고 판단할 때에 구체적으로 개시된 것으
로 해석되지 않는 구성을 특허발명에 개시된 구성과 임의적으로 대응시켜 특허발
명과 같은 방식으로 작동될 것이라고 해석하여 단정하면 안 된다. 이 사건에서 피
고는 비교대상발명들의 도면에 홈의 원주방향의 길이가 돌기의 원주방향의 길이
보다 짧게 형성된 구성이 도시되어 있었다고 주장하였으나, 법원은 비교대상발명
들의 기술적 과제를 비롯한 전체적인 교시 내용을 참작할 때 그와 같은 구성이
개시되었다고 볼 수 없다는 취지로 판시하였다.

　나아가 이 사건의 심리 과정에서는 기술지도(특허 맵)가 증거로 제출되었는데,
이러한 기술지도는 해당 기술분야의 발전경향 등을 검토하고, 해당 발명이 어느
단계에서 출원된 것인지를 심리할 필요가 있을 때에 적절한 증거방법이 될 수 있
다고 생각한다. 아직까지 특허소송에서 기술지도(특허 맵)가 활용된 예가 거의 없
었는데, 좀 더 활용 사례가 늘어나 그에 대한 연구가 진척될 수 있기를 기대해 본다.

26. 유기화합물 발명의 진보성 판단

[대법원 2010. 7. 22. 선고 2008후3551 판결]

김종석(김·장 법률사무소 변호사)

Ⅰ. 사안의 개요

1. 사건의 경위

원고는 2002. 8. 26. 명칭이 "유기 제품들을 마킹하거나 태깅하기 위한 방향족 에스테르"인 발명을 출원하였다.[1] 특허청 심사관은 2005. 3. 19. 이 사건 출원발명에 대하여 거절결정하였고, 특허심판원은 2007. 5. 28. 이 사건 제6항 발명이 진보성이 부정된다는 이유로 심판청구를 기각하였다. 특허법원은 2008. 8. 22. 이 사건 제6항 발명은 진보성이 부정되지 않는다는 이유로 심결을 취소하였고, 대법원도 2010. 7. 22. 특허법원과 같은 이유로 상고를 기각하였다.

2. 특허청구범위(2005. 8. 19.자 보정서에 의하여 보정된 것)

청구항 6. 하기 화학식 Ⅲ 또는 Ⅴ로 표시되는 화합물(단, 페놀프탈레인 디부티레이트 및 페놀프탈레인 디아세테이트는 제외)

〈화학식 Ⅲ〉　　　　　　　〈화학식 Ⅴ〉

---

1) 이 사건 출원발명은 석유제품 등의 품질등급 또는 세금 납부 여부 등을 쉽게 확인할 수 있도록 석유제품 등을 포함하는 유기제품들을 식별(marking 또는 tagging)하는데 유용한 마커(marker) 화합물에 관한 것이다.

여기서, R^1은 1 내지 12개의 탄소 원자를 갖는 직쇄 또는 분지쇄 알킬기를 나타내고; R^2는 화학식 $C(O)R^4$의 기를 나타내고; X^2-X^5는 수소 원자를 나타내고; X^6-X^{17}는 각각 독립적으로 수소 원자 또는 1 내지 6개의 탄소 원자들을 갖는 알킬기를 나타낸다.

3. 비교대상발명(1997. 9. 30. 반포된, 미국 특허 제5,672,182호 공보에 게재)

<식 Ⅱ>의 화학식에서 에스테르기 대신에 히드록시기(OH)를 갖는 화합물은 플루오레슨이라고 불리는 물질로서, 플루오레슨의 히드록시기를 에스테르화한 결과 마커로서의 색상 발현에는 문제가 없으면서도 물로 분배되는 경향을 줄이거나 제거할 수 있으며, 플루오레슨 자체의 연한 노란색을 제거할 수 있는 <식 Ⅱ>의 화합물들을 석유제품 마커로서 개발하게 되었고, <식 Ⅲ> 및 <식 Ⅳ>로 표시되는 화합물들이 마커로서 유용하다고 기재되어 있다.

〈플루오레슨〉

〈식 Ⅱ〉   〈식 Ⅲ〉   〈식 Ⅳ〉

여기서 R_1은 탄소수 1 내지 18개의 알킬 또는 아릴기, R_2, R_3, R_4, R_5는 수소, 염소, 브롬, 탄소수 1 내지 12의 알킬, R_6은 수소, 염소, 브롬, R_7은 탄소수 1 내지 8의 알킬 또는 알콕시, R_8, R_9는 수소, 알킬 또는 알콕시, R_{10}은 수소, 브롬, 염소를 나타낸다.

4. 원심 판결의 요지

이 사건 제6항 발명의 에스테르 화합물은 프탈레인 화합물을 에스테르화한 것이고, 비교대상발명의 <식 II> 화합물은 플루오레슨 화합물을 에스테르화한 것으로서 에스테르화시킨 대상화합물이 다르다. 비교대상발명의 플루오레슨은 마커로서 사용될 수 없었는데 플루오레슨을 에스테르화시켜 <식 II> 화합물로 제조함으로써 이러한 문제를 해결할 수 있었다. 반면, 비교대상발명의 히드록시 화합물은 이러한 단점을 갖고 있지 않아 그 자체로 마커로 사용할 수 있으므로, 통상의 기술자로서는 비교대상발명으로부터 히드록시 화합물을 플루오레슨과 같이 에스테르화시키고자 하는 동기를 발견하는 것이 용이하다고 할 수 없다. 이 사건 제6항 발명은 비교대상발명의 화합물에 비하여 공용매의 양을 줄일 수 있고, 고농도의 환경에서도 석출이 되지 않는 효과가 있으므로, 비교대상발명에 비해 현저한 효과를 인정할 수 있다.

II. 대상판결의 요지

이 사건 제6항 발명의 화학식 III의 화합물은 R1 또는 R2 위치에서 벤젠 고리에 결합되는 작용기가 에스테르기(-COO)를 형성하는 반면, 비교대상발명의 <식 III>의 화합물은 같은 위치에 결합되는 작용기가 히드록시기(-OH)를 형성하는 점에서 차이가 있다. 또한 비교대상발명에는 플루오레슨의 히드록시기를 에스테르화하여 <식 II>의 화합물들을 석유 제품 마커로서 개발하게 되었다는 기재가 있을 뿐 다음과 같은 사정들 즉, ① 이 사건 제6항 발명의 화학식 III의 화합물은 프탈레인 화합물을 에스테르화한 것인 반면, 비교대상발명의 <식 II>의 화합물은 플루오레슨 화합물을 에스테르화한 것으로서 에스테르화시킨 대상화합물이 다른 점, ② 비교대상발명의 <식 II>의 화합물은 물과 석유 사이에서 쉽게 분배되는 성질 때문에 마커로서 사용될 수 없는 플루오레슨 화합물을 에스테르화한 것인데 반해, 비교대상발명의 <식 III>의 화합물은 그 자체로 마커로 사용할 수 있는 점, ③ 석유 제품에 대한 용해도를 높이기 위한 방법에는 공용매를 추가하는 방법과 마커 화합물의 말단에 붙어있는 히드록시기를 비극성화하는 방법 등이 있고, 비극성화 방법에는 에스테르화 이외에도 에테르화, 아세틸화, 헤미아세탈화 등 여러 가지 방법이 있는데, 비교대상발명에는 위 <식 Ⅲ> 화합물 중 하나인 디몰프탈레인의 석유 제품에 대한 용해도를 개선하기 위한 방법으로 비양성자성 용매 등의 공용매를 첨가하는 것이 유리하다고만 기재되어 있는 점, ④ 화학물질에 관한 발명은 다른 분야의 발명과 달리 직접적인 실험과 확인·분석을 통하지 않은 채 화학분야의 이론 및 상식만으로 당연히 화학반응의 결과를 예측하는 것이 용이하지 않은 점 등에 비추어 볼 때, 비교대상발명에서 <식 Ⅲ> 화합물을 에스테르화시킬 동기가 있다거나 그에 대한 시사가 있다고 할 수 없다. 따라서 통상의 기술자가 비교대상발명의 <식 Ⅲ> 화합물로부터 이 사건 제6항 발명의 화학식 Ⅲ의 화합물을 용이하게 도출해 낼 수 있다고 단정할 수 없다. 이 사건 출원 명세서에는 이 사건 제6항 발명의 화학식 Ⅲ의 화합물은 비교대상발명의 <식 Ⅲ> 화합물에 비하여 석유 제품에 대하여 우수한 용해도, 안정성 및 저항성을 갖는다고 명시되어 있고, 위와 같은 작용효과가 인정된다. 이 사건 제6항 발명의 화학식 Ⅲ, Ⅴ(벤젠 고리 대신에 나프탈렌 고리가 결합되어 있는 점에서만 차이가 있음)의 화합물은 비교대상발명에 비하여 진보성이 부정되지 않는다.

Ⅲ. 해　설

1. 유기화합물 발명의 특성

이 사건 출원발명은 화학분야 중에서도 '유기화합물'[2] 분야에 속하는 발명으로, 새로운 유기화합물 발명의 본질은 유용한 유기화합물질을 처음으로 제조한 것에 있다. 화합물 발명은 그 구성이 화학물질 자체이며, 실제로 화합물은 그 화학구조가 유사하거나 또는 화학식이 동일하고 광학적 구조만 다른 경우 등과 같이 매우 유사한 구조의 화합물이라고 하더라도 전혀 다른 화학적 성질을 발현하는 경우가 흔히 나타나므로 화합물의 화학 구조에 의해 효과의 예측이 쉽지 않은 특징이 있다.

---

[2] 화학물질이란 화학반응에 의해 제조될 수 있는 물질을 말하고, 그 중 탄소와 수소 및 비금속원소(산소, 질소, 염소 등)로 구성된 화합물을 유기화합물이라고 한다. 특허법상 물질특허의 대상이 되는 화학물질은 화학적 제조방법에 의해 제조되는 단일 화합물로서, 여러 화합물이 혼합된 조성물이나 단일의 유기화합물이 반복 결합된 고분자 화합물의 경우는 물질발명으로 보지 않는다(민경만, '화학물질발명의 진보성 판단에 관한 고찰, 인하대학교 법학연구, 제13집 제2호).

화학적 합성에 의하여 새로운 물질을 발명해 내는 유기화합물 발명에는 원칙적으로 신규성이 있고, 또한 유용한 신규 물질의 창제, 즉 무(無)에서 유(有)를 달성하였다는 점에서 진보성도 인정된다. 따라서 특허 명세서에 통상의 기술자가 발명의 존재(유기화합물의 특정 구조) 및 효과를 이해할 수 있을 정도로 구체적인 실험예가 기재되어 있다면 당연히 특허가 부여되어야 하는 것이고, 명세서 기재불비의 사유를 제외하고는 유기화합물 발명의 특허를 무력화하는 것은 매우 어려운 것으로 인식되어 있다.3)

2. 특허청의 심사기준

특허청의 "유·무기화합물 관련 발명에 대한 심사기준"에는 화합물 발명의 진보성 판단기준을 다음과 같이 기재하고 있다.

> 화합물 발명은 ① 화합물의 화학 구조 및 ② 화합물이 가지는 특유의 효과의 두 가지 특성에 의하여 판단한다. 화합물 발명과 같이 물건의 구성에 의한 효과의 예측이 쉽지 않은 기술분야의 경우에는 인용발명과 비교되는 더 나은 효과를 갖는다는 것이 진보성을 인정하기 위한 중요한 사실이 된다. 공지된 화합물과 단순히 구조가 유사하다는 이유로 화합물의 진보성을 부정하여서는 안되며, 예측하지 못한 효과(결과, 특성, 용도)를 고려하여 진보성을 판단하여야 한다.
>   인용발명의 화학구조와는 상이한 구조를 지닌 화합물 발명은 진보성이 인정되며, 예상치 못하거나 독특한 특성을 지닌 화합물 발명은, 화학구조가 인용발명과 유사하다 하더라도 진보성이 있다. 그리고 청구항에 기재된 발명이 인용발명과 비교되는 유리한 효과를 갖고 있어도 통상의 기술자가 청구항에 기재된 발명을 용이하게 생각해 낼 수 있다는 것이 충분히 논리적으로 인정되었을 때는 진보성이 부정될 수 있다.

나아가 유기화합물분야 심사기준에는 다음과 같은 진보성 판단기준을 제시하고 있다.

> 유기화합물 발명의 진보성은 ① 화합물의 화학 구조 ② 유기화합물의 성질 또는 용도의 두 가지 면에서 특이성을 바탕으로 해서 판단한다.

---

3) 유영선, 의약발명의 유형별 특허요건의 비교·분석, 특허소송연구 제6집(2013), 143면.

공지 유기화합물의 화학구조와 상이한 구조를 지닌 화합물 발명은 구성의 곤란성이 있어서 진보성이 인정된다. 또한 공지 유기화합물과 화학구조가 유사하더라도 공지 유기화합물로부터 예상하지 못하거나 독특한 특성을 지난 화합물 발명은 진보성이 인정된다. 반면에 ① 공지의 유기화합물과 화학구조가 유사한 화학물질로서 신규반응을 바탕으로 한 처리수단에 의해서만 제조할 수 있는 유기화합물, ② 유기화합물의 제조에 유추적용하기가 곤란한 공지의 반응을 전제로 한 처리수단에 의해서만 제조가능한 유기화합물, ③ 화학구조가 유사한 공지의 유기화합물로 예측가능한 성질을 갖는 유기화합물은 각 진보성이 없는 것으로 본다.4)

3. 일본의 판단 기준

일본 특허청의 심사기준과 실무의 운용예도 우리나라와 다르지 않다. 특허청의 운용기준은 먼저 ① 당해 화학물질의 화학구조, ② 화학물질의 성질 또는 용도의 2가지 면에서 그 진보성을 판단하는 것으로 하고 있다. 그리고 화학구조가 공지의 화학물질과 현저하게 다른 것인 때에는 그것만으로 진보성이 있는 것으로 하고, 화학구조가 공지의 것과 유사한 경우에는 예측가능하지 않는 특유한 성질을 가지는 때에 진보성을 인정한다. 게다가 성질이 구조유사의 공지화합물로부터 예측 가능한 경우에 있어서도 그 성질의 정도가 현저하게 우수하면 마찬가지로 진보성을 인정한다고 하고 있다.5)

4. 사   례

구조 자체가 신규한 화합물에 대하여 무효성을 다투었던 사례는 많지 않고(대법원까지 다루어진 사례는 드물다), 거절결정과 관련된 대법원과 특허법원의 판결예는 다음과 같다.

가. 대법원 판례(대법원 1993. 3. 23. 선고 91후349 판결)

양자의 일반식 화합물은 모두 그 기본환 골격 및 각 위치의 치환기가 동일하고 또 출원발명의 목적물인 일반식의 화합물 역시 비교대상발명의 중간물질의 일반식과 동일하고 그 반응기전도 양자 동일성의 범주내의 것이고 출원발명의 생성

---

4) 조영선, '발명의 진보성 판단에 관한 연구', 사법논집 37집(2005년), 법원도서관.
5) 竹田和彦, 특허의 지식(제8판), 역자 김관식 외 4인, 도서출판 에이제이디자인기획, 192면.

물질이 비교대상발명의 생성물질에 비하여 그 작용효과가 현저하게 향상 진보된 것이라고 볼 수 없어서 진보성이 부정된다.

나. 특허법원 판례

(1) 특허법원 2008. 1. 17. 선고 2007허2261 판결(확정)

제1항 발명의 화합물은 비교대상발명의 화합물 구조 자체에 변형을 준 것으로 화학구조가 비교대상발명과 현저히 다르므로 용이하게 도출할 수 없고, 하부식 도괄략근의 기초압력의 증가 효과가 있으므로 비교대상발명에 의하여 진보성이 부정되지 않는다.

(2) 특허법원 2006. 11. 1. 선고 2005허10145 판결(확정)

화학물질 발명의 진보성에 관하여 "화학물질 발명의 진보성은 화학구조에 있어서의 특이성과 성질 또는 용도 면에서의 특이성을 기초로 하여 판단하여야 할 것이며, 공지 화학물질의 화학구조와 현저히 다른 화학구조를 갖는 화학물질의 발명인 경우, 공지 화학물질과 화학구조는 유사하더라도 공지 화학물질로부터 예측할 수 없는 특유한 성질을 갖는 화학물질의 발명인 경우, 화학구조가 유사한 공지 화학물질로부터 예측 가능한 성질을 갖는 화학물질이라도 그 성질의 정도가 현저히 우수한 화학물질의 발명인 경우는 당해 기술분야에서 통상의 지식을 가진 자가 용이하게 발명할 수 없는 것으로 보아 진보성을 인정하여야 할 것이나, 이를 충족하지 못한다면 진보성을 인정받을 수 없다 할 것이다"라는 판단기준을 제시하고 있다.

5. 유기화합물 발명의 진보성 판단 기준

유기화합물 발명의 진보성도 다른 발명과 마찬가지로 일반적으로 구성의 곤란성과 효과의 현저성을 고려하여 판단한다. 화학발명의 경우에는 효과에 무게를 두어 발명의 진보성을 판단하는 것이 통상적이라는 이유로 유기화합물 발명의 경우에도 효과의 현저성 여부를 반드시 검토하여야 하는 견해가 있을 수 있다. 그러나 유기화합물의 효과의 현저성 여부는 화학구조가 유사한 경우에 판단이 필요한 사항으로서, 현저히 상이한 화학구조로 인한 구성의 곤란성이 인정되는 경우에는 효과의 현저성 여부는 검토할 필요 없이 진보성이 부정되지 않는다고 보는 것이 타당하다고 생각한다.6) 여기서 구성의 곤란성은 비교대상발명과 1:1로 대비하여 비교대상발명과 유사한 구조를 가지는지, 아니면 유사의 범주를 넘어서는 상이한 구조를 가지는지에 따라 결정된다. 어느 정도가 구조적으로 유사한 지에 대하여는 해당 화합물 발명이 속하는 기술분야의 특성을 고려하여 판단하여야 하므로 일률적으로 규정하는 것은 어려우며, 학술적인 기준이 마련되어 있는 것도 아니다.

유기화합물 발명의 경우에도 일반적인 결합발명과 같이 복수의 선행문헌에 기재된 구성들을 결합하여 진보성을 부정할 수 있다는 견해가 있을 수 있다. 유기화합물은 탄소, 수소 및 비금속 원소(산소, 질소, 염소, 불소 등)와 같은 자연계에게 존재하는 원자들로 구성되는데, 각각의 원자나 특정의 기능을 갖는 원자단(관능기)은 새로운 것이 있을 수 없고, 다만 원자 및 원자단들의 결합 및 배열 방식에 따라 서로 다른 유기화합물로서 존재하게 되는 것이며, 화합물을 구성하는 모든 원자가 유기적으로 결합되어 하나의 화합물을 형성하는 것이다.

따라서 유기화합물 발명은 기계장치 발명이나 조성물 발명과는 달리, 화합물을 구성하는 모든 원자가 유기적으로 결합되어 하나의 화합물을 형성하는 것이므로 하나의 화합물을 각 구성요소나 구성성분으로 나누어 생각할 수 없다고 보아야 할 것이다. 즉, 신규의 유기화합물 발명은 본질적으로 결합발명으로 볼 수 없으므로, 선행 화합물의 구성들을 결합하여 해당 화합물 발명과 대비할 수 없고, 선행 화합물과 대상 화합물을 1:1로 대비하여 양자가 구조적으로 유사하여 구성의 곤란성이 부정되는 것인지, 아니면 구조적으로 유사한 범위를 넘어 구성의 곤란성이 인정되는 것인지 판단하는 것이 원칙이다.

6. 대상판결 검토

(1) 구성의 곤란성

이 사건 제6항 발명의 화학식 Ⅲ으로 표시되는 화합물은 프탈레인 화합물을 에스테르화한 것인 반면, 비교대상발명의 <식 Ⅱ>의 화합물은 플루오레슨 화합물을 에스테르화한 것으로서 에스테르화시킨 대상화합물이 다르다. 그 기본 모핵 구조에 있어서 양 발명의 화합물 모두 프탈라이드(⬡⬡) 구조를 공유하기는 하나,

---

6) 특허법원 2015. 9. 10. 선고 2015허932 판결(미확정)에서도 특허발명의 화합물이 비교대상 발명들로부터 용이하게 도출할 수 없어서 진보성이 부정되지 않는다고 판단하고 있고, 효과의 현저성 여부에 관하여는 판단하지 않고 있다.

비교대상발명의 <식 Ⅱ>의 화합물은 크산텐 구조(◯◯◯)를 갖는 반면, 이 사건 제6항 발명의 화학식 Ⅲ으로 표시되는 화합물은 벤젠으로 이루어져 있어서 그 구조가 상이하다. 또한 비교대상발명의 플루오레슨은 물과 석유 사이에서 쉽게 분배되는 성질 때문에 마커로서 사용될 수 없었는데 이를 에스테르화시켜 비교대상발명의 <식 Ⅱ> 화합물로 제조함으로써 이러한 문제를 해결할 수 있었다. 한편, 비교대상발명의 <식 Ⅲ>의 화합물은 이러한 단점을 갖고 있지 않아 그 자체로 마커로 사용할 수 있었으므로, 비교대상발명의 <식 Ⅲ>의 화합물을 에스테르화하고자 하는 동기가 있다거나 그에 대한 시사가 있다고 할 수 없다. 결국 통상의 기술자가 이미 마커로 사용되고 있는 비교대상발명의 <식 Ⅲ>의 화합물을 플루오레슨과 같이 에스테르화시키고자 하는 것을 생각해 내는 것이 용이하다고 단정할 수 없다고 하여 구성의 곤란성을 인정하고 있다. 유기화합물 발명의 경우에는 다른 발명보다 더 선행문헌에서 특허발명에 이를 수 있다는 시사나 암시 등이 있는지 여부를 중요한 진보성 판단 인자로 삼고 있음을 알 수 있다.

(2) 효과의 현저성

이 사건 제6항 발명의 화학식 Ⅲ으로 표시되는 화합물(에스테르화 화합물)은 비교대상발명의 <식 Ⅲ>으로 표시되는 화합물(에스테르화되지 않은 대응 화합물)에 비하여 현저하게 우수한 석유제품에 대한 용해도, 안정성 등을 가진다. 이 사건 제6항 발명의 화합물은 물보다 석유제품에 더 잘 용해되어 물층으로 유실되지 않으므로 그 물층에서 색의 변화가 관찰되지 않는 점을 볼 때, 이 사건 제6항 발명의 화합물은 비교대상발명의 화합물에 비하여 물로 유실되는 것에 대한 뛰어난 저항성을 가진다. 결국 이 사건 제6항 발명의 화합물인 크레졸 프탈레인 디부티레이트 에스테르 화합물은 비교대상발명의 화합물인 크레졸 프탈레인 화합물에 비하여 현저하게 뛰어난 용해도, 안정성 및 저항성을 가진다. 이 사건 출원발명은 의약용도 발명이 아닌 화합물 발명이므로 이 사건 특허 명세서의 명시적인 기재를 토대로 추후 제출된 실험 데이터를 참작하여 진보성을 판단하고 있다.

Ⅳ. 대상판결의 의의

유기화합물 발명의 본질은 유용한 유기화학물질의 창제에 있는 것으로 유용한 유기화합물을 제공한 이상 이를 무효로 하기는 쉽지 않으므로 이에 대하여는 출원이 거절된 사례도 적고, 등록된 이후 이에 대해 무효심판을 제기한 경우도 적어 실제로 판단된 사례가 많지 않다. 대법원 판결 중에는 유기화합물 발명의 진보성에 관하여 판단한 사례가 극히 적은 가운데, 대상판결은 유기화합물 발명의 진보성에 관하여 대법원에서 하나의 판단기준을 제시한 점에서 의의가 있다. 유기화합물 발명은 다른 분야의 발명과 달리 효과 예측이 용이하지 않은 점을 재차 확인하였으며, 공지 화합물에 어떠한 치환기가 존재한다고 하더라도 특별한 동기나 시사가 없는 한 이 치환기를 다른 화합물에 용이하게 적용할 수 없다고 보았고, 또한 공지 화합물을 변형시키는 방법이 여러 가지가 있는 경우, 그 중 하나를 택하는 것은 용이하지 않다고 판단하였다. 특히 대상판결의 경우에는 하나의 선행문헌 내에 밀접하게 관련된 복수의 화합물이 개시되어 있음에도 진보성이 부정되지 않는다고 판단하였다.

대상판결은 유기화합물 발명의 경우에는 선행문헌에 특허발명과 비교대상발명의 차이점을 극복하고 이를 도입할 만한 시사나 암시가 없는 한 화합물 발명의 특수성, 즉 화합물질에 관한 발명은 다른 분야의 발명과 달리 직접적인 실험과 확인·분석을 통하지 않은 채 화학분야의 이론 및 상식만으로 당연히 화학반응의 결과를 예측하는 것이 쉽지 않기 때문에 진보성을 쉽게 부정할 수 없다는 점을 다시 한 번 확인시켜 준 점에서 의의가 있다. 다만 유기화합물 발명의 진보성 판단에 관하여 구체적인 기준을 제시하지 않은 점은 아쉬움으로 남고, 앞으로 대법원에서 이에 관한 명확한 기준이 제시되기를 기대해 본다.

27. 의약 용도발명의 진보성 판단기준
- 약리기전이 규명되지 않은 선행기술의 취급방법을 중심으로 -

[특허법원 2012. 7. 18. 선고 2011허5182 판결, 확정]
곽부규(법무법인 광장 변호사, 전 특허법원 판사)

Ⅰ. 사건의 개요

특허심판원은 2011. 4. 26. 2009당803호로 원고의 특허발명의 진보성이 부정된다는 심결을 하였고, 반면에 특허법원은 원고의 특허발명은 선행기술 1, 2, 3에 의하여 진보성이 부정되지 않는다고 판결하였다(이하 '대상 판결'이라 한다).1)

원고의 특허발명은 '탈리도마이드'의 원치 않는 맥관2)형성을 억제하는 효과3)에 관한 용도발명이고, 선행기술 1은 TNF-α가 맥관형성을 촉진한다는 내용의 학술문헌(1987년)이며, 선행기술 2는 탈리도마이드가 TNF-α를 억제하는 효과가 있다는 내용의 논문(1991년)이고, 선행기술 3은 TNF-α가 신생혈관생장 유도제라는 내용의 논문(1987년)이다.

Ⅱ. 판   시

1. 피고의 주장

선행기술 2로부터 탈리도마이드가 TNF-α를 억제하는 효과가 있음을 알 수 있고(①단계), 선행기술 1로부터 TNF-α가 맥관형성을 촉진한다는 사실을 알 수 있으므로(②단계), 탈리도마이드의 맥관형성 억제제로서의 용도는 쉽게 도출할 수 있다.

---

1) 다만 다른 선행기술들에 의하여 신규성 또는 진보성이 부정되어, 결국 위 심결의 결론은 유지되었다.
2) 맥관(脈管)은 혈관을 말한다.
3) 맥관형성을 억제함으로써 궁극적으로는 종양의 성장을 억제할 수 있다는 것이다.

탈리도마이드	① →	TNF-α 억제	② →	맥관형성 억제

2. 대상 판결의 요지

대상 판결은 주로 TNF-α가 맥관형성을 촉진한다는 ②단계가 명확한 사실인지 여부에 초점이 맞춰졌다. 특허법원은, 선행기술 1, 3에 TNF-α가 맥관형성을 촉진한다는 내용이 개시되어 있음에도 불구하고, 선행기술 1, 3과 배치되는 연구결과들(염증성 맥관형성에 TNF-α의 발현이 필수적이지 않다는 내용, TNF-α에 의한 맥관형성 작용이 저농도에서는 관찰되지만 고농도에서는 관찰되지 않는다는 내용 등)이 다른 문헌들에 공존하고 있고, 선행기술 1, 3의 전체적인 내용 자체도 TNF-α가 맥관형성을 촉진한다는 가설을 통상의 기술자가 명확한 과학적 사실로 받아들일 정도는 아니므로(예컨대, 선행기술 1에는 TNF-α가 '생체 내'에서는 강력한 맥관형성 자극제임에도 '시험관 내'에서는 내피세포증식을 억제하여 종양괴사작용을 보인 것과는 상반된 것이어서 그 작용이 다소 역설적이라고 하면서, TNF-α가 어떻게 종양괴사와 맥관형성 촉진기능을 동시에 보이는지는 향후 연구과제라고 한 내용 등), 선행기술들에는 특허발명을 도출할 만한 동기나 암시가 제시되어 있지 않아 그 진보성을 부정할 수 없다고 판시하였다.

Ⅲ. 해   설

1. 의약 용도발명의 특징

대부분의 의약 용도발명은, ① 어떤 물질의 특정 약리활성을 찾아내고, ② 그 약리활성에 의해 발휘되는 의약용도를 찾아내는 두 단계 과정에 의해 이루어진다.

특정물질 (신규 또는 공지)	① →	약리활성 (예: ACE 억제)	② →	의약용도 (예: 고혈압 치료)

어떤 발명은 ①단계와 ②단계를 모두 최초로 발견하는 경우가 있는가 하면, ①단계나 ②단계 중 어느 하나는 이미 밝혀져 있고 다른 하나를 처음으로 찾아내는 경우도 있다. 가장 보편적인 형태는 특정 약리활성과 의약용도의 관계(②)가 이미 알려져 있어서 특정물질이 그 특정 약리활성을 갖는 것(①)만을 찾아내어 의

약 용도발명을 완성하는 경우라고 한다.4)

이하에서는, 위 ①, ②단계 모두 완전히 규명되지 않은 상태의 문헌이 선행기술인 경우를 중심으로 몇 가지 문제점을 짚어보고자 한다.

2. 배치되는 다른 자료가 있는 경우, 선행기술을 그대로 대비할 수 있는지

선행기술과 배치되는 내용이 선행기술이 담긴 문헌이 아닌 다른 문헌에 포함되어 있는 경우에 배치되는 내용을 배제한 채 선행기술만으로 특허발명과 대비할 수 있는지에 관한 문제이다.

가. 특허법 제29조 제2항의 진보성 요건은, '통상의 기술자'가 공지된 발명, 즉 '선행기술'에 의하여 용이하게 발명할 수 있는지 여부이다.

'통상의 기술자'에 관하여 특허청 심사기준(3부 3장 3.2.)은5) "출원 전의 해당 기술분야의 기술상식을 보유하고 있고, 출원발명의 과제와 관련되는 출원전의 기술수준에 있는 모든 것을 입수하여 자신의 지식으로 할 수 있는 자로서, 실험, 분석, 제조 등을 포함하는 연구 또는 개발을 위하여 통상의 수단을 이용할 수 있으며, 공지의 재료 중에서 적합한 재료를 선택하거나 수치범위를 최적화(最適化)하거나 균등물(均等物)로 치환하는 등 통상의 창작능력을 발휘할 수 있는 특허법상의 상상의 인물"이라고 규정하고 있다.

나. 한편, 통상의 기술자가 참조하는 '선행기술'에 관하여 다음과 같은 의문이 제기될 수 있다. 특허발명의 무효를 주장하는 자가 선행기술 A와 B를 제시하면서,6) 해당 특허발명은 선행기술 A와 B에 의하여 진보성이 부정된다고 주장하는 반면에, 특허권자는 선행기술 A와는 배치되는 증거 a1, a2 등을 제시하면서 선행기술 A의 신뢰성을 탄핵하는 상황을 예로 들어보자. 논자에 따라서는 특허청 심사기준(3부 3장 5.2.)에 '가장 가까운 인용발명'을 '선택'하여 대비하도록 제시되어 있으므로, ① 주장·입증책임이 있는 자가 제시하는 선행기술들이 특허발명과 가장 근접하면 이를 선택하여 대비하면 족할 뿐, 선행기술들과 배치되는 증거들을 함께 고려할 필요가 없다고 하거나, ② 통상의 기술자는 다수의 선행기술들 중 해

---

4) 김영, "특허의 적극적 요건 및 명세서 기재요건으로서의 발명의 효과", 특허소송연구 제2집 (특허법원, 2001), 122.

5) 2016. 11. 21. 개정된 것. 이하 같다.

6) 진보성 결여사유는 이를 주장하는 자에게 입증책임이 있으므로[권택수, 요건사실 특허법 (진원사, 2010), 61-62], 특허발명의 무효를 주장하는 자가 선행기술들을 제시해야 한다.

당 특허발명과 가장 근접한 선행기술들을 선택할 능력이 있다고 주장할 수 있다. 그리고 다음과 같은 대법원 판례를 제시하면서, 선택된 선행기술이 비록 오류나 배치되는 내용이 있는 경우라도 그 선행기술 내용 그대로 특허발명과 대비하면 충분하다고 주장할 수도 있다. 즉 대법원은 "발명의 신규성 또는 진보성 판단에 제공되는 대비발명은 그 기술적 구성 전체가 명확하게 표현된 것뿐만 아니라, 미완성 발명 또는 자료의 부족으로 표현이 불충분하거나 일부 내용에 오류가 있다고 하더라도 그 기술분야에서 통상의 지식을 가진 자가 발명의 출원 당시 기술상식을 참작하여 기술내용을 용이하게 파악할 수 있다면 선행기술이 될 수 있다."라고 판시한 바 있다.[7]

　　그러나 위 판결은, 통상의 기술자가 그러한 오류 내용을 쉽게 파악하고 이를 바로잡아 특허발명과 대비할 수 있다는 것이므로, 위 판결을 근거로 배치되는 다른 자료들(a1, a2)이 있음에도 이를 고려하지 않은 채 선행기술(A, B)의 내용만으로 특허발명과 대비하는 것은 허용되기 어렵다. 특허청 심사기준(3부 3장 8.)은 "선행기술문헌이 그 선행기술을 참작하지 않도록 가르친다면, 즉 통상의 기술자로 하여금 출원발명에 이르지 못하도록 저해한다면 그 선행기술이 출원발명과 유사하더라도 그 선행기술문헌에 의해 당해 출원발명의 진보성이 부정되지 않는다."라고 설명하고 있는바, 위 선행기술문헌은 선행기술이 실린 당해 문헌을 의미하는 것으로 보이기는 하나, 통상의 기술자가 당해 특허발명에 근접한 내용만을 취사선택하여 대비하는 것을 금지하는 취지라고 해석된다는 점에서, 선행기술과 배치되는 내용은 그 선행기술이 실린 당해 문헌뿐만 아니라 별개의 자료에 개시되어 있는 것도 포함된다고 할 수 있다.

　　다. 미국에서는 선행기술과 배치되는 자료가 있는 경우, 각각의 자료의 중요도를 참작하여 고려하고 있고,[8] 미국 특허청 심사기준(§2145 X. D. 3.)에도[9] "선행기술은 전체적으로 고려되어야 하고 통용되는 지식에 배치되는 진행(proceeding)은 비자명성의 증거이다."라고 기재되어 있으며, 아래에서 언급하는 *Eli Silly* 사건을 보면 발명의 진보성 판단에 있어서 각각의 선행기술에 기재된 사실이 아니라 선행기술 및 이에 배치되는 증거들을 전체적으로 고려하여 당해 특허발명과 대비

---

7) 대법원 2008. 11. 27. 선고 2006후1957 판결.

8) Lance Leonard Barry, 「*Teaching a Way is not Teaching Away*」, Journal of the Patent and Trademark Office Society(Vol. 79), Issue 12(1997. 12), 870.

9) 2015. 7. 개정한 제9판에 의한다.

하고 있다. 또한 유럽특허청 항고심판소(EPO Boards of Appeal) 결정도, "본래부터 개연성이 결여되었거나 다른 자료가 해당 기술내용이 오류라는 것을 증명하였기 때문에 그 기술이 명백히 잘못된 것이라면, 그 기술이 반포되었을지라도 그것은 선행기술이 될 수 없다"고 판단하고 있어,10) 선행기술의 내용이 다른 자료에 의하여 배척될 수 있음을 인정한다.

　　라. 요약하면, 통상의 기술자는 입증책임자가 제시하는 선행기술들 뿐만 아니라 특허발명의 출원 당시 참조할 수 있었던 모든 자료들을 전체적으로 종합하여 당해 특허발명와 대비할 수 있다고 할 것이다. 대상 판결도 선행기술들과 배치되는 연구자료 및 논문들을 함께 고려하였다.

3. 선행기술의 규명 정도와 그 취급

　　가. 일반적으로 선행기술 A와 B의 결합에 의한 결합발명에 있어서는 선행기술 A와 B의 결합이 용이한가에 의해 진보성 유무가 결정된다.11) 그런데 어떤 물질의 특정 약리활성을 찾아내고(①단계), 그 약리활성에 의해 발휘되는 의약용도를 찾아내는(②단계) 의약 용도발명에서는 ①단계를 도출하는 선행기술 A와 ②단계를 도출하는 선행기술 B가 얼마나 규명되었고 어느 정도 명확한가에 따라 진보성 유무가 결정되는 경우가 많다.12)

　　나. 앞서 살펴본 바와 같이, 의약 용도발명에서는 선행기술들뿐만 아니라 선행기술들에 배치되는 자료들이 공존하고 있는 경우가 많다. 통상의 기술자가 이들을 전체적으로 검토한다는 것은 양측의 대립되는 가설들을 비교형량하여 어느 한

---

　10) T 0412/91 Alloy Steel Powder v. KAWASAKI (1996. 2. 27.). 한동수, "진보성 판단에 제공되는 선행기술의 자격", Law & technology 제5권 제2호(서울대학교 기술과법센터), 2009에서 재인용.

　11) 대법원은 결합발명에 관하여, "여러 선행기술문헌을 인용하여 특허발명의 진보성을 판단함에 있어서는 그 인용되는 기술을 조합 또는 결합하면 당해 특허발명에 이를 수 있다는 암시·동기 등이 선행기술문헌에 제시되어 있거나, 그렇지 않더라도 당해 특허발명의 출원 당시의 기술수준, 기술상식, 해당 기술분야의 기본적 과제, 발전경향, 해당 업계의 요구 등에 비추어 보아 그 기술분야에 통상의 지식을 가진 자가 용이하게 그와 같은 결합에 이를 수 있다고 인정할 수 있는 경우에는 당해 특허발명의 진보성은 부정된다."라고 판시하였다(대법원 2007. 9. 6. 선고 2005후3284 판결).

　12) 한편, 의약 용도발명의 진보성 판단에 관하여 특허청 심사기준(9부 2장 1.1.)에는, "의약 용도발명에 있어서 약리효과가 출원 당시의 기술수준으로 보아 유효활성물질의 화학구조나 또는 조성물의 조성 성분상으로부터 용이하게 유추할 수 없는 정도의 발명이거나 또는 선행기술에 기재된 약리기전으로부터 당업자가 용이하게 추론할 수 없는 정도의 현저한 효과가 있는 경우에는 진보성이 있다고 본다."라고 기재되어 있다.

쪽을 특허발명과 대비되는 선행기술로 채택하거나, 채택한 선행기술의 신뢰성을 적절히 측정하여 특허발명과 대비할 수 있다는 의미로 파악된다. 배치되는 자료가 많은 경우 설령 선행기술을 특허발명과 대비할 수 있다고 하더라도 선행기술이 교시하는 방향으로 발명에 나아가는 동기는 약할 수밖에 없을 것이다.

다. 앞의 예에서, ①단계를 도출하는 선행기술 A와 ②단계를 도출하는 선행기술 B를 결합하는 경우 진보성의 강약은 다음과 같이 도식화 할 수 있다.

선행기술 A	선행기술 B	진보성
확실한 사실 (배치되는 자료의 신뢰성 낮음)	확실한 사실 (배치되는 자료의 신뢰성 낮음)	약 ↑
불확실한 사실 (배치되는 자료의 신뢰성 높음)	불확실한 사실 (배치되는 자료의 신뢰성 높음)	↓ 강

과학적으로 확실한 사실들의 접합에 의한 경우에는 진보성을 부정하기가 용이할 것이고,[13] 반대로 선행기술들의 확실성이 낮은 경우에는 진보성이 거의 부정되지 않을 것이다. 대상 판결의 경우 선행기술 A는 비교적 확실한 사실에 해당하나 선행기술 B는 다소 불확실한 사실인 경우에 해당하는 것 같다(대상 판결의 판결문 상으로는 ①단계에 관한 선행기술에 대한 반증이 나타나 있지 않다).

라. 미국과 우리나라의 판단사례를 통하여 구체적으로 검토해 본다.

(1) 먼저, 미국 New Jersey 지방법원의 Eli Silly 판결을 검토한다.[14]

이 판결에서는 주로 ②단계의 자명성에 판시내용이 집중되어 있다. 자명하다

---

13) 특허청 심사기준(3부 3장 7.)에는, "주지관용기술을 다른 선행기술 문헌과 결합하는 것은 통상 용이하다고 본다. 다만, 결합되는 기술적 특징이 당해 기술분야에서 주지관용기술이라고 하더라도 다른 기술적 특징과의 유기적인 결합에 의해 더 나은 효과를 주는 경우에는 그 결합은 자명하다고 할 수 없다."라고 기재되어 있는데, 의약 용도발명에서 완전히 규명된 과학적 사실들은 주지관용기술에 해당될 여지가 많을 것으로 예상된다.

14) Eli Silly and Company v. Actavis Elizabeth LLC et al, 731 F.Supp.2d 348 (D. New Jersey, 2010). 이 사건에 관하여 위 법원은 진보성을 인정하면서도 실시가능성이나 실용성이 없다는 이유로 특허를 무효로 판단하였다.

15) 주의력결핍 과잉행동장애를 말한다.

는 증거로는, NE 재흡수 차단에 의해 DMI는 ADHD 치료에 효과가 있다는 GASTFRIEND 논문(1985), NE 재흡수 억제제인 desipramine이 ADHD 치료에 효과가 있다는 DONNELLY 논문(1986) 및 SPENCER 논문(1993) 등이 제시되었다. 반면에 위 논문들의 신빙성을 탄핵하는 증거로는, NE 수치를 증가시키는 mianserin이 실제로 ADHD에 효과적이지 않음이 밝혀졌다는 LANGER 논문(1984), NE 수치를 감소시키는 것으로 여겨졌던 clonidine은 ADHD 치료에 효과적임이 밝혀졌다는 HUNT 논문(1985), NE 재흡수 여부가 단독적으로 ADHD 치료에 영향을 미친다고 할 수 없다는 ZAMETKIN AND RAPOPORT 논문(1987) 및 NE 억제의 효과에 대한 불확실성을 보여주는 MEFFORD AND POTTER(1989), DIEDERMAN(1989), MCCRACKEN(1991), SHENKER(1992) 등의 논문이 제시되었다.

위 법원은 ADHD 치료에 있어서 NE 재흡수 억제의 역할에 관해 일치된 인식이 존재하지 않는다는 등의 이유를 들며, 당해 특허발명의 기술적 사상은 자명하지 않다고 판단하였다.

(2) 다음으로, 특허법원 2013. 10. 10. 선고 2012허9839 등 병합사건(상고기각)을 검토한다.[16]

| 프레가발린 | ① → | GABA레벨 상승 | ② → | 진통 작용 |

이 판결에 의하면, ①단계를 도출하는 선행기술로 제출된 특허명세서 자체에 ①단계의 도출과 배치되는 내용이 함께 기재되어 있고 ①단계와 배치되는 내용의 다른 자료들도 있어, 통상의 기술자는 위 선행기술 전체로부터 ①단계를 확실한 사실로 인식하지 않을 것이라고 하였다. 즉, 통상의 기술자는 프레가발린이 GABA레벨을 상승시킨다는 선행기술의 특허명세서의 기재 부분만을 그대로 받아들여 프레가발린의 진통 작용을 도출하는 것은 용이하지 않다는 것이다.

(3) 미국과 우리나라의 판결들을 검토해 보면, 특허발명의 진보성을 부정하기 위한 선행기술보다 선행기술의 신뢰성을 탄핵하기 위하여 제시된 자료들이 더 우세한 듯하다. 대상 판결에서도 선행기술의 내용이 '열세'였던 듯한데, 다만 그 표현에 있어서는 "TNF-α가 맥관형성을 촉진한다는 가설을 통상의 기술자가 명확한

---

16) 이 사건의 쟁점은 매우 많으나, 여기에서는 판결문에 기재된 내용 중 일부를 추출하여 단순화하였다.

과학적 사실로 받아들일 정도는 아니다."라는 것이어서 단순히 '우세'한 정도의 가설이 선행기술인 경우에는 어떠할지는 좀 더 지켜볼 필요가 있다. 마찬가지로 위 미국 판결에서도 "ADHD 치료에 있어서 NE 재흡수 억제의 역할에 관해 일치된 인식이 존재하지 않는다."라고 하여, 마치 선행기술의 내용에 관한 일치된 인식이 존재하여야 진보성이 부정되는 것처럼 표현되어 있는데, 선행기술의 내용이 단순히 '우세'한 정도인 경우에는 진보성이 부정되지 않는 것인지 의문이고, 이러한 점들에 관해서는 좀 더 많은 연구와 검토가 필요할 것 같다.

Ⅳ. 결   론

지금까지 의약 용도발명에 있어서 선행기술과 선행기술에 배치되는 내용의 증거들과의 관계, 선행기술의 신뢰성 문제 등을 구체적인 판단사례를 통해 검토해 보았다. 더 많은 판단사례를 조사하여 체계적인 판단기준을 제시하지 못한 아쉬움은 남지만, 의약 용도발명의 경우 실제 사례에서는 명세서의 기재불비 또는 신규성에 관한 다툼에 의해 결론이 나는 경우가 많았고, 진보성 판단까지 나아간 사안은 상대적으로 적었다.

의약 용도발명의 특수한 성격을 참작하여 진보성을 판단해야 함은 앞서 언급한 바와 같다. 아울러 의약 제품은, 수많은 기술과 특허가 모여 만들어지는 스마트폰, 전자제품, 자동차 등 다른 완제품들과는 달리, 하나의 발명에 전적으로 의존하여 제조되는 경우가 많고, 특허만료 후 반년 간 특정 제너릭(generic) 메이커에 의한 독점판매 기간이 경과하면 다른 제너릭 업체들도 시장에 진입해 과당 경쟁으로 이어져 궁극적으로 채산성이 맞지 않게 되고 이로 인해 선발 제조업체가 특허만료 제품 브랜드를 중견 제조업체 등에 매각하는 것도 쉽게 볼 수 있는 현상이라는 점에서,[17] 상업적 성공 등의 2차적 고려사항도 발명의 유용성을 판단하는데 적절히 고려될 수 있을 것이라고 생각된다.

---

17) 유영선, "의약발명의 유형별 특허요건의 비교·분석", 특허소송연구 제6집(특허법원, 2013), 141.

28. 특허발명의 진보성 결여 증명책임

[대법원 2016. 1. 14. 선고 2013후2873, 2013후2880 병합 판결]

정차호(성균관대학교 법학전문대학원 교수)

Ⅰ. 대상 판결의 개요

1. 대상 특허발명

대상 특허발명은 명칭을 "통증 치료용 이소부틸가바 및 그의 유도체"로 하는 프레가발린의 통증치료에 관한 용도발명인데, 이 글의 전개에 있어서 발명의 기술적 내용이 무관하므로 그 기술에 대한 소개는 생략한다.

2. 특허심판원 심결(이하 '대상 심결')[1]

한미약품 등이 대상 특허를 대상으로 청구한 특허무효심판에서 심판원은 특허발명이 선행기술 4 내지 7의 결합에 의해서 용이하게 도출될 수 없는 것이어서 진보성이 부정될 수 없다고 판단하였다.[2]

3. 특허법원 판결

후속 심결취소소송에서 원고들(무효심판 청구인)이 진보성 결여를 주장하였고, 특허법원은 선행기술로부터 특허발명의 진통효과를 도출하는 것이 쉽지 않다고 판단하고(판결문 8면), 그 외 원고들의 여러 주장에 대해 "받아들이기 어렵다"거나 (10면, 13면 등), "단정하기는 어렵다"고(12면) 한 후, 결론적으로 해당 선행기술로부터 대상 발명을 도출하는 것이 쉽지 않았을 것으로 판단하고(15면), 대상 발명의 진보성이 부정되지 않는다고 본 후(20면), 특허심판원의 심결이 적법하다고 결론내렸다(20-21면).

---

1) 특허심판원 2012. 10. 31. 2011당1157, 1369, 490, 1318, 3024, 2836, 2127 병합 심결 및 2012. 11. 6. 2012당170 심결.

2) 대상 심결, 심결문, 37면.

4. 대법원 판결

> "제시된 선행문헌을 근거로 어떤 발명의 진보성이 부정되는지를 판단하기 위해서는 진보성 부정의 근거가 될 수 있는 일부 기재만이 아니라 그 선행문헌 전체에 의하여 그 발명이 속하는 기술분야에서 통상의 지식을 가진 사람(이하 '통상의 기술자'라고 한다)이 합리적으로 인식할 수 있는 사항을 기초로 대비 판단하여야 한다. 그리고 위 일부 기재 부분과 배치되거나 이를 불확실하게 하는 다른 선행문헌이 제시된 경우에는 그 내용까지도 종합적으로 고려하여 통상의 기술자가 해당 발명을 용이하게 도출할 수 있는지를 판단하여야 한다."

대법원은 위와 같이 관련 법리를 설시한 후(판결문 2면), 선행기술로부터 특허발명의 진통효과를 도출하는 것이 쉽지 않다고 판단하고(3면, 5면), 원심의 판단이 정당하다고 보았다(5면).

Ⅱ. 특허발명의 진보성 결여 증명책임

1. 진보성 결여 증명책임 개요

발명자는 특허를 받을 수 있는 권리를 원시적으로 취득하고[3] 그가 그 권리에 근거하여 특허출원을 하면 해당 출원발명의 진보성 결여에 대하여는 심사관이 증명하여야 한다.[4] 즉, 출원발명의 진보성 '충족'에 대하여 출원인이 증명하는 것이 아니라 진보성 '결여'에 대하여 심사관이 증명하여야 한다.[5] 해당 출원발명이 특허된 후의 특허발명에 대하여는 특허무효심판 청구인이 진보성 결여를 증명하여

---

[3] 특허법 제33조 제1항("발명을 한 사람 또는 그 승계인은 이 법에서 정하는 바에 따라 특허를 받을 수 있는 권리를 가진다.").

[4] 신혜은, "최근 진보성 관련 판례동향 및 객관적 판단기준을 위한 제안", 「법학논총」 제30권 제3호, 전남대학교 법학연구소, 2010, 191-192면("특허출원에 대하여, 심사관은 거절의 이유를 발견하지 못한 때에는 특허결정을 하여야 하기 때문에(특허법 제66조) 거절이유로서의 진보성을 결한 것이라는 사실은 심사관(소송에 있어서는 특허청장 또는 무효심판청구인)이 이를 주장·입증하여야 한다."); 정차호, 「특허법의 진보성」, 박영사, 2014, 144면("일반적으로, 특허법 제62조가 규정하는 거절이유에 대하여는 심사관이 주장, 증명책임을 부담한다.").

[5] 미국도 유사한 법리를 운영한다. John R. Thomas, *Collusion and Collective Action in the Patent System: A Proposal for Patent Bounties*, 2001 U. Ill. L. Rev. 305, 325 (2001) ("Long-established practice places the burden of persuasion and initial burden of production upon examiners to generate rejections.").

야 한다.6) 행정청(특허청 심사관)의 행정행위(특허결정)을 신뢰한 특허권자의 신뢰이익을 보호하여야 하므로 특허는 쉽게 무효되지 않도록 할 필요가 있다.7) 진보성이 권리장애사실이라는 점에서도 그 요건사실의 효과를 다투는 무효심판 청구인에게 증명책임을 부담케 하는 것이 타당하다.8)

우리 대법원도 간혹 진보성 결여 증명책임에 입각한 설시를 하고 있다. 대법원 2007. 8. 24. 선고 2006후138 판결은 "원심 판시의 비교대상발명 1의 위 구성으로부터 통상의 기술자라면 마땅히 위 구성요소 4를 생각해낼 수밖에 없을 것이라는 사정을 인정할 아무런 증거가 없는 이 사건에서, 이 사건 특허발명의 명세서에서 개시된 내용을 알고 있음을 전제로 하여 사후적으로 판단하지 않는 한, … 용이하게 발명할 수 있다고는 할 수 없을 것인데, …"라고 판시하면서 진보성을 다투는 자가 진보성 결여를 증명할 책임이 있음을 설시하고 있다. 또, 명확하지는 않지만, 진보성 결여 증명책임 법리를 설시한 다른 판례도 있다. 대법원 2007. 9. 6. 선고 2005후3284 판결 또한 "여러 선행기술문헌을 인용하여 특허발명의 진보성을 판단함에 있어서는 그 인용되는 기술을 조합 또는 결합하면 당해 특허발명에 이를 수 있다는 암시·동기 등이 선행기술문헌에 제시되어 있거나, 그렇지 않더라도 당해 특허발명의 출원 당시의 기술수준, 기술상식, 해당 기술분야의 기본적 과제, 발전경향, 해당 업계의 요구 등에 비추어 보아 그 기술분야에 통상의 지식을 가진 자가 용이하게 그와 같은 결합에 이를 수 있다고 인정할 수 있는 경우에는 당해

---

6) 정차호, "특별행정심판인 특허무효심판에서의 무효사유증명책임", 「헌법판례연구」 제13권, 박영사, 2013, 153-154면("앞에서 살펴본 바와 같이, 심사 단계에서 심사관이 거절이유를 증명할 책임을 부담하는데, 등록 후 무효심판 단계에서는 무효심판 청구인이 무효사유를 주장, 증명할 책임을 부담하여야 함은 당연하고, 나아가 그 단계에서는 그러한 필요성이 다음과 같은 이유로 더 높아진다. 첫째, 특허결정이라는 행정처분을 신뢰한 특허권자의 신뢰이익을 보호할 필요성이 있다. 둘째, 특허가 등록됨으로 인하여 그를 기초로 다른 법률관계가 발생하게 되는 바 그러한 법률관계의 안정성을 도모할 필요가 있다. 셋째, 전문행정기관인 특허청의 전문성을 인정할 필요성이 있다. 넷째, 특허등록된 재산권에 대하여 그 등록은 적법한 것으로 추정이 된다. 다섯째, 행정처분인 특허를 무효시키기 위해서는, 행정법 이론에 따르면, 그 행정처분의 하자가 중대하고 명백한 것이어야 한다.").

7) 심연주·허인, "특허유효성 추정 규정 도입에 관한 소고", 「과학기술법연구」 제20집 제2호, 한남대학교 과학기술법연구원, 2014, 184면("어떠한 발명이 특허청 심사를 통해 등록이 되면 그 특허는 행정청의 행정행위 즉 심사관의 결정을 존중하여야 하고, 또한 행정청의 행정행위를 신뢰한 특허권자의 신뢰이익을 보호하여야 하므로 특허권은 쉽게 무효가 되지 않도록 할 필요성이 있기 때문이다.").

8) 대법원 1985. 5. 14. 선고 84누786 판결("입증책임은 당사자에게 분배되는 것이 원칙이고 실체법상 법률효과의 발생에 장애가 되는 규정 즉, 권리장애규정의 요건사실에 관하여는 그 효과를 다투는 당사자에게 입증책임이 돌아가는 것").

특허발명의 진보성은 부정된다"고 판시한 바 있다. 하지만, 우리 대법원이 그러한 증명책임을 엄격하게 적용하지 않고 그 스스로 진보성 결여 여부에 대하여 판단하는 사례가 일반적이라고 생각한다.

특허유효추정에 따른 증명책임의 법리는 다른 국가에서도 유사하게 적용된다. 미국 특허법 제282조는 특허는 유효한 것으로 추정되며, 무효를 주장하는 자가 무효를 증명할 책임을 부담한다고 명시적으로 규정한다.9) 지방법원 절차에서 특허 무효를 주장하는 경우 그 주장하는 자는 해당 특허가 무효임을 명백한 증거로 증명하여야 한다.10)11) 그 후 연방관할항소법원(CAFC)이 지방법원의 판단에 오류가 있었는지 여부를 판단한다.12) 독일에서도 특허유효가 추정되며,13) 영국에서도 그러하다.14)15) 필자는 이처럼 당연하고 확고한 법리가 우리나라 실무에서는 외면당

---

9) 35 U.S.C. § 282 (2006) ("A patent shall be presumed valid. The burden of establishing invalidity of a patent or any claim thereof shall rest on the party asserting such invalidity.").

10) Schumer v. Lab. Computer Sys., Inc., 308 F.3d 1304, 1315 (Fed. Cir. 2002) ("To overcome th[e] presumption of validity, the party challenging a patent must prove facts supporting a determination of invalidity by clear and convincing evidence."). Novartis Pharm. Corp. v. Watson Labs., Inc., 611 F.App'x 988, 993 (Fed. Cir. 2015) ("The [district] court therefore held that Watson failed to prove obviousness by clear and convincing evidence.").

11) 미국의 특허유효추정원칙에 관한 전반적인 설명은 다음 글 참고: Etan S. Chatlynne, *The Burden of Establishing Patent Invalidity: Maintaining A Heightened Evidentiary Standard Despite Increasing "Verbal Variances"*, 31 Cardozo L. Rev. 297 (2009).

12) Novartis Pharm., 611 F.App'x at 995 ("We agree with Novartis that the district court did not err in concluding that Watson failed to prove that the asserted claims are invalid as obvious."); at 997 ("In view of the foregoing, we therefore affirm the district court's holding that Watson failed to prove by clear and convincing evidence that the asserted claims of Novartis's '023 and' 031 patents are invalid as obvious.").

13) CIPA, *European Patents Handbook*, Sweet & Maxwell, 2016, at 30.10 ("In principle, patent proprietors are permitted to threaten proceedings and, as long as a disputed patent has not been declared invalid, reliance can be placed on the presumption of patent validity and that its use by a third party is an act of infringement (Grisser AG v Traber AG (1984) 15 I.I.C. 655).").

14) Vilhelm Schröder, *Pay-for-delay settlements in the EU: did the Commission go too far?*, E.I.P.R. 2016, 38(12), 726, 728 ("Now, it should be noted that all patents are 'potentially invalid', but the presumption of validity instructs treating them as valid until otherwise proven.").

15) Generics (UK) v Commission, (General Court Sept. 8, 2016), para. 105 ("Whilst patents are indeed presumed valid until they are expressly revoked or invalidated by a competent authority or court, that presumption of validity cannot be equated with a presumption of unlawfulness of generic products validly placed on the market which the holder of a patent considers to be infringing.").

하고 있다는 점을 대상 판결을 통하여 비판하고자 한다.

2. 증명책임의 수준(level)

특허발명의 진보성 결여를 증명할 책임을 특허무효를 주장하는 자가 부담한다는 법리는 다른 나라에서도 유사하게 운용된다. 그러나, 그 증명의 정도(level)는 동일하지 않다. 영국에서는 무효(revocation)를 주장하는 자가 무효사유를 증명할 책임을 부담하고, 그 자가 증명우위의 원칙에 따라(on the balance of probabilities) 무효사유를 증명하지 못하는 경우 그 청구는 기각된다.16) 그러한 증명책임에 따라 청구인은 무효사유의 상세(details)를 적시하여야 한다.17) 미국에서도 당연히 무효를 주장하는 자가 무효임을 증명할 책임을 부담하는데, 다만 침해소송 법원에서 무효를 주장하는 경우에는 <u>명백한(clear and convincing)</u> 증거로 증명하게 하여 증명책임의 수준(level)을 높이고 있다. 이처럼 무효를 명백한 증거로 증명하게 하는 사례는 대만에서도 발견되며, 최근 대만 최고행정법원이 미국의 이러한 명백한 증거 법리를 따르는 판결을 한 바 있다.18) 요약하면, 특허무효를 주장하는 자가 '명백한' 증거에 따라 증명하도록 하는 사례는 미국, 대만에서 발견되고 그 외의 국가에서는 일반 증명우위의 원칙에 따라 증명하도록 요구한다.

3. 증명책임 = 용이도출 여부에 대한 명확한 논증의 제시 책임

청구인이 특허발명의 진보성과 관련하여 증명책임을 부담한다는 점은 사실 선행기술로부터 해당 특허발명을 도출하는 것이 용이하였다는 점에 대하여 명확히 설명하여야 하는 책임을 말할 것이다. 예를 들어, 미국의 *PersonalWeb* 사건을 살펴본다. Apple이 PersonalWeb이 보유한 특허를 대상으로 특허무효심판(IPR)을 청구한 사건에서, 특허심판원은 통상의 기술자가 제시된 2개의 선행기술을 결합할 동기(motivation)가 존재하였다고 판단하였다. 심결취소소송에서 CAFC는 심판원이 결합의 동기를 적절히 설명하는데 실패하였다고 판단하며 사건을 심판원으로 환

---

16) CIPA, supra, p. 800 ("An applicant for revocation bears the onus of proof. The application for revocationtherefore be dismissed if he applicant fails, on the balance of probabilities, to discharge that onus …").

17) Id. ("… the particulars must specify details of the matter in the state of the art on which the party relies.").

18) 대만 最高行政法院 2016年(中華民國 105年) 6月 24日 判決 105年度判字第333號.

송하였다.19) 환송된 사건에서 청구인은 통상의 기술자가 두 선행기술을 결합하였
을 개연성에 대하여 <u>명확한 논증(explicit reasoning)</u>을 제시하여야 한다.20) 만약,
그러한 명확한 논증을 제시하지 못하는 경우 청구인은 증명책임을 다하지 못한
것이 되고 청구는 기각된다. 심판원이 명확한 논증을 스스로 만들어 내기 위하여
노력할 필요가 없다. 심판원은 단순히 청구인이 제시한 논증이 명확한지 여부에
대하여 판단하고, 그러하지 못하면 청구인이 증명책임을 다하지 못하였다고 판단
하면 된다.

4. 특허무효심판에서의 증명책임 및 심판부의 판단의 대상

특허무효심판에서 특허발명의 진보성 결여에 대하여 무효심판 청구인이 증명
책임을 부담하므로, 심판원은 청구인이 그 증명책임을 다하는데 성공하였는지 여
부를 판단하여야 한다. 즉, 심판원이 진보성 결여 여부를 직접 판단하는 것이 아
니라 청구인이 증명책임을 다하였는지 여부를 판단하는 것이다. 그러므로, 심판부
가 ① 특허발명의 진보성을 판단한다, ② 특허발명의 "유효성을 판단한다",21) ③
특허발명이 진보성을 충족한다고 판단한다, ④ 특허발명이 진보성을 결여하였다고
판단한다, ⑤ 특허발명을 용이하게 도출할 수 있는지를 판단한다22) 등의 표현은
모두 부적절한 것이다.

우리 특허심판원은 이러한 증명책임 법리를 (모른다기보다는) 외면하고 있고,
그래서, 심판원이 직접 진보성 결여 여부를 판단하는 잘못된 실무가 운영되고 있
다. 대상 심결에서도 심판원이 특허발명의 진보성이 부정되지 않는다고 직접 판단
하였다.23)

---

19) PersonalWeb Techs., LLC v. Apple, Inc., (Fed. Cir. 2017) (Before <u>Taranto</u>, Chen, and
   Stoll, J.).
20) *In re* Van Os, 844 F.3d 1359, 1361 (Fed. Cir. 2017) ("Since KSR, we have repeatedly
   explained that obviousness findings 'grounded in 'common sense' must contain <u>explicit</u>
   <u>and clear reasoning</u> providing some rational underpinning why common sense compels
   a finding of obviousness.'").
21) 심연주·허인, 앞의 논문, 214면("우리나라는 특허유효성 판단과 침해판단을 이원화하여 특
   허유효성 판단은 특허심판원의 심판절차를 통해 진행되고 …").
22) 대상 판결, 판결문 2면.
23) 대상 심결, 심결문, 37면("이 사건 제1항 정정발명은 인용발명 4 내지 7의 결합에 의해서
   용이하게 도출될 수 없는 것이라고 하겠다. 따라서 이 사건 제1항 정정발명은 인용발명 4 내
   지 7의 결합에 의해서도 진보성이 부정될 수 없고 …").

5. 진보성 증명책임 관련 심결취소소송에서의 특허법원의 판단의 대상

특허법 제186조 제6항이 "심판을 청구할 수 있는 사항에 관한 소는 심결에 대한 것이 아니면 제기할 수 없다"고 규정한다. 동 규정에 따라, 심결취소소송에서 특허법원은 심결의 타당함 여부에 대하여 판단하게 된다.24) 즉, 무효심판 청구인이 진보성 결여에 대한 증명책임을 다하였는지 여부에 대하여 해당 심판부가 제대로 판단하였는지 여부를 판단하게 되는 것이다. 이런 견지에서 심결취소소송에서도 무효심판 청구인이 (원고이든 피고이든 불문하고) 여전히 진보성 결여를 증명할 책임을 부담한다.25) 심결취소소송에서 특허법원이 특허심판원의 심결이 타당한지 여부를 판단하기 위해서는 그 심결은 판단의 논리를 충분히 명확하게 설명하여야 할 것이다.26)

우리 특허법원은 특허심판원의 심결이 옳았었는지 여부를 판단하지 않고, 대상 특허발명이 진보성을 결여하였는지 여부에 대하여 직접 판단하여 특허법 제186조 제6항을 위반하고 있다. 대상 사건에서도 특허법원은 선행기술로부터 특허발명의 진통효과를 도출하는 것이 쉽지 않다고 판단하고(판결문 8면), 결론적으로 해당 선행기술로부터 대상 발명을 도출하는 것이 쉽지 않았을 것으로 판단하고(15면), 대상 발명의 진보성이 부정되지 않는다고 본 후(20면), 특허심판원의 심결이 적법하다고 결론내렸다(20-21면). 형식적으로 마지막에서 특허심판원의 심결이 적법하다고 결론을 내렸으나 진보성 결여 여부에 대하여 직접 판단한 후 결과적으로 진보성이 부정되지 않는다는 결론이 서로 동일하다는 이유로 심결이 적법하다고 판단하였다. 즉, 심결의 내용이 옳았는지 여부를 판단한 것이 아니라 심결의 결론이 타당하였는지 여부를 판단한 것이다. 이러한 법리는 특허법 제186조 제6

---

24) 노갑식, "심결취소소송에 있어서의 주장·입증책임(소송유형별 검토)",「특허소송연구」제4집, 특허법원, 2008, 1면("심결은 행정청인 특허심판원의 처분에 해당하므로 심결취소소송은 행정처분인 심결의 취소를 구하는 행정소송에 해당한다.").

25) 심결취소소송에서 무효를 주장하는 자가 권리장애사실을 증명하여야 한다. 노갑식, 앞의 논문, 7면("심결취소소송에서의 입증책임의 분배 역시 통설, 판례의 입장인 법률요건분류설에 따르면 권리의 존재를 주장하는 자가 권리발생사실을 입증하여야 하고, 권리의 무효나 부존재를 주장하는 자가 권리장애사실을 입증하여야 한다.").

26) *In re* Lee, 277 F.3d 1338, 1343 (Fed. Cir. 2002) ("For judicial review to be meaningfully achieved within these strictures, the agency tribunal must present a full and reasoned explanation of its decision. The agency tribunal must set forth its findings and the grounds thereof, as supported by the agency record, and explain its application of the law to the found facts.").

항에 반하는 것이다. 동 규정은 <u>심결</u>의 결론이 '결과적으로' 타당하였는지 여부를 판단하라고 요구하는 것이 아니라 심결의 내용 및 실체가 타당하였는지 여부를 판단하라고 요구하는 것이다.27)

Ⅲ. 결   론

이 글은 특허무효심판에서 청구인이 대상 특허발명의 진보성 결여에 대하여 증명책임을 부담한다는 사실을 환기, 강조한다. 특허무효심판 및 후속 심결취소소송에서 특허발명의 진보성을 심판원 또는 법원이 인정하는 것이 아니다.28) 심판 단계에서는 무효심판 청구인이 발명의 진보성 결여를 제대로 증명하였는지 여부를 심판관이 판단하는 것이고, 특허법원 단계에서는 심결의 판단, 즉, 무효심판 청구인이 발명의 진보성 결여를 제대로 증명하였지 여부에 대한 심판원의 판단의 타당함에 대하여 판단하는 것이다. 대상 사건에서 특허심판원, 특허법원, 대법원은 대상 특허발명이 선행기술로부터 용이하게 도출할 수 있는지 여부를 직접 판단하고 그 후 그 판단에 따라 진보성이 부정되는지에 대하여 결론을 내렸는데, 그러한 실무가 증명책임 법리를 외면하고 있다고 생각된다. 대상 심결, 대상 특허법원 판결, 대상 대법원 판결도 대상 특허발명의 진보성을 직접 판단하는 오류를 범하고 있다.

---

27) 확정 심결에 일사부재리 효과를 인정하기 위해서는 심결에서 다루어진 심결물과 후속 심결취소소송에서 다루어진 소송물이 동일하여야 한다.

28) 대법원 2008. 5. 29. 선고 2006후3052 판결(특허무효)("특허등록된 발명이 공지공용의 기존 기술과 주지관용의 기술을 수집 종합하여 이루어진 데에 그 특징이 있는 것인 경우에 있어서는 이를 종합하는 데 각별한 곤란성이 있다거나, 이로 인한 작용효과가 공지된 선행기술로부터 예측되는 효과 이상의 새로운 상승효과가 있다고 볼 수 있는 경우가 아니면 그 발명의 <u>진보성은 인정될 수 없다</u>고 볼 것이고(대법원 2001. 7. 13. 선고 99후1522 판결 참조) …"); 대법원 1997. 5. 30. 선고 96후221 판결(특허무효)("특허발명이 공지공용의 기존 기술을 수집 종합하고 이를 개량하여 이루어진 경우에 있어서, 이를 종합하는 데 각별한 곤란성이 있다거나 이로 인한 작용효과가 공지된 선행기술로부터 예측되는 효과 이상의 새로운 상승효과가 있다고 인정되고, 그 분야에서 통상의 지식을 가진 자가 선행기술에 의하여 용이하게 발명할 수 없다고 보여지는 경우 또는 새로운 기술적 방법을 추가하는 경우가 아니면 그 발명의 <u>진보성은 인정될 수 없는 것</u>이고(대법원 1996. 7. 26. 선고 95후1197 판결 참조), 그러한 발명은 비록 등록이 되었다 하더라도 그 등록은 무효라고 할 것이다."); 특허법원 2009. 10. 16. 선고 2009허351 판결(특허무효)("결국, 이 사건 제8항 발명은 비교대상발명 1과 기술분야 및 목적이 동일하고, 그 구성요소들이 위 비교대상발명과 공지기술로부터 용이하게 도출될 수 있으며, 구성요소들의 결합에 기술적 곤란성이 없고, 그 효과도 일반적으로 예상되는 정도에 그치므로 <u>진보성이 인정되지 아니한다</u>.").

Ⅲ. 특허출원

29. 신규성 의제를 위한 자기공지 예외규정 적용취지 기재 누락의 출원후 보정

[대법원 2011. 6. 9. 선고 2010후2353 판결]

최승재(세종대학교 법학부 교수, 대한변협 법제연구원장 변호사)

I. 사안의 개요

이 사건 특허출원 제2006-0056030호[변전소 내 부분방전 측정이 가능한 IEC61850 기반의 디지털 변전 시스템]의 출원일자는 2006. 6. 21.이다. 출원인은 "한전케이디엔 주식회사", 발명자는 소외 1, 2, 3은 이 사건 출원발명의 내용과 관련된 연구결과를 2006. 5. 26.부터 같은 달 27.까지 개최된 2006년 대한전기학회 전기설비전문위원회 춘계학술대회에서 "IEC61850 기반 디지털 변전시스템에서의 PDMS 적용방안에 관한 연구"[1]라는 제목으로 논문 발표를 하고 위 논문은 위 일자경 발간된 2006년 대한전기학회 전기설비전문위원회 춘계학술대회 논문집에 게재되었다.

한편 원고(한전케이디엔 주식회사)는 그의 종업원인 위 발명자들로부터 특허를 받을 권리를 승계하여 2006. 6. 21. 특허청에 이 사건 출원발명에 대한 특허를 출원하였다. 그 출원서에는 '공지 예외 적용대상 출원'이라는 취지가 명시되어 있지 않았다. 원고는 위 출원일 다음날인 2006. 6. 22. 특허청에 "공지 예외적용대상 증명서류 제출서"라는 제목의 문서를 제출하는데 위 문서에는 '이 사건 출원발명이 2006. 5. 26. 간행물 발표에 의해 공개되었다'는 내용과 '특허법 제30조 제2항의 규정에 의하여 증명서류를 제출한다'는 취지가 기재되어 있고, 첨부서류로 위 논문이 첨부되어 있었다.

이에 대하여 특허청 심사관은 2007. 7. 10. 원고에게 이 사건 출원에 대한 공지 예외 적용 주장을 인정할 수 없다는 내용의 '공지예외적용주장불인정예고통지'

---

1) 2006년 대한전기학회 전기설비전문위원회 춘계학술대회 논문집(2006. 5. 26.) 78-82면.

를 하였다. 그 통지서에는 '출원인은 이 특허를 2006. 6. 21. 출원하였으며 출원당시 공지 예외의 적용을 주장하거나 이에 갈음할 수 있는 행위를 한 바는 없다. 그런데 상기 출원일의 다음날인 2006. 6. 22. 공지예외적용주장대상 증명서류제출서를 갑자기 제출하였다. 출원인은 이러한 서류의 제출을 통하여 이 출원에 대하여 공지예외의 적용을 주장하려고 한 것으로 보인다. 그러나 특허법 제30조 제2항의 규정에 따르면 공지예외를 주장하는 자는 그 취지를 기재한 서면을 특허출원과 동시에 특허청장에게 제출하여야 한다. 그렇다면 상기 공지예외적용주장대상증명서류제출서의 제출은 이 출원에 대한 공지예외적용주장은 될 수 없다'는 이유가 기재되어 있었다. 2008. 9. 29. 심사관은 자기공지를 이유로 하여 거절결정을 하였다. 출원인은 특허심판원에서 거절결정을 다투었으나 특허심판원은 2009. 11. 27. 2008원11430 결정에서 거절결정불복심판청구를 기각하였다.

이에 이 사건 출원인은 특허법원에 심결취소소송을 제시하고 특허법원은 신규성 의제에 대한 특허법 제30조 제1항의 취지를 감안하면 자기공지 예외규정 적용 취지 기재의 누락을 출원후 보정 가능하다고 판단하여 특허심판원의 심결을 취소하였다. 특허법원은 ① 특허 출원시 자기공지 예외규정 적용 취지 기재는 그 취지를 명확하게 인식하도록 함으로써 심사의 편의를 도모하기 위한 것이고, ② 자기공지 행위일로부터 6개월 내에는 공지예외효력을 부여하도록 한 이상 6개월 기간 내에 보정하더라도 제3자의 권리에 부당한 영향을 미치지 않을 것이며 ③ 만약 형식적 하자로 인해 보정이 불가하다면 출원발명의 실체적 내용과 관계없이 심각한 불이익을 받게 될 것이다. ④ 특허법은 물론이고 특허법 시행령과 시행규칙 어디에도 자기공지에 의한 공지 예외 규정을 적용받고자 하는 취지를 출원 이후 보정할 수 없다고 명시적으로 금지하고 있지 않고 있다는 점 등을 이유로 들었다.2)

Ⅱ. 판시(=파기 환송)

특허법 제30조 제2항의 문언3) 및 취지, 특허법 제30조에서 정하는 공지 예외

---

2) 특허법원 2010. 7. 16. 선고 2009허9518 판결.
3) 구 특허법 제30조 제2항(법률 제11962호, 2013. 7. 30. 개정 2014. 1. 31.부터 시행) "제1항 제1호의 규정을 적용받고자 하는 자는 특허출원서에 그 취지를 기재하여 출원하고, 이를 증명할 수 있는 서류를 특허출원일부터 30일 이내에 특허청장에게 제출하여야 한다.<개정

적용의 주장은 출원과는 별개의 절차이므로 특허출원서에 그 취지의 기재가 없으면 그 주장이 없는 통상의 출원에 해당하고 따라서 그 주장에 관한 절차 자체가 존재하지 아니하여서 출원 후 그에 관한 보정은 허용될 수 없는 점 등에 비추어 보면 특허법 제30조 제1항 제1호의 자기공지 예외 규정에 해당 한다는 취지가 특허출원서에 기재되어 있지 아니한 채 출원된 경우에는 자기공지 예외 규정의 효과를 받을 수 없는 것이고 같은 조 제2항 전단에 규정된 절차를 아예 이행하지 아니하였음에도 불구하고 그 절차의 보정에 의하여 위 제1호의 적용을 받게 될 수는 없다.

Ⅲ. 해   설

1. 신규성 의제

발명자가 스스로 자신이 발명한 기술을 공지한 경우에도 자기공지로서 신규성을 인정받을 수 없어 특허로 등록될 수 없다. 그러나 우리나라를 비롯한 각국은 일정한 경우에는 6개월(한국과 일본), 1년(미국)의 유예기간을 정하여 그 기간내에 특허출원이 이루어지면 그러한 경우에는 신규성을 상실하지 않은 것으로 의제하는 규정을 두고 있다(강학상 신규성 의제 규정).

특허법 제30조 제1항은 시험, 간행물에의 발표, 대통령령이 정하는 전기통신회선을 통한 발표, 산업자원부령이 정하는 학술단체에서의 서면발표, 박람회 출품 등으로 인한 발명의 공개에 신규성 상실의 예외를 인정한 취지는 그와 같은 방식의 공개에 관하여는 일정한 절차적 요건 아래에서 신규성을 인정하여 특허로 보호함으로써 산업기술의 개발을 용이하게 하고 그로 인한 산업의 발전을 도모하는 한편 일반 공중의 신뢰를 보호하고 예측가능성을 담보하자고 하는 규정이다. 따라서 박람회 출품의 경우 공지의 예외에 해당하는 것은 어디까지나 박람회 출품행위 및 그와 밀접불가분한 행위에 한정될 뿐 박람회 출품과 직접적인 관련 없이 불특정다수인을 상대로 이루어진 상업적 판매행위에까지 공지의 예외를 인정할 수는 없다.4)

2006. 3. 3. >"

4) 특허법원 2009. 10. 16. 선고 2009허351 판결(마법천자문 사건). 이 사건은 대법원 2009. 3. 11. 선고 2009후4087 판결로 심리불속행 기각되었다.

다만 특허법 제30조의 신규성 의제는 신규성을 의제하는 것이지 출원에 있어서도 선원의 지위를 부여하는 것은 아니므로 만일 논문 등을 발표한 이후 타인이 이를 특허로 출원하는 경우에는 논문을 발표한 자는 신규성은 의제되지만, 특허법 제36조의 선원주의에 위배되어 특허를 받을 수 없고 먼저 특허를 출원한 자는 출원에 앞서 공개된 논문으로 인해서 특허법 제29조(신규성)의 요건을 충족하지 못해서 역시 특허를 받을 수 없다.

2006년 특허법 개정전에는 신규성 상실 사유를 제한적으로 열거하고 있었으나 2006년 특허출원인의 자유로운 연구결과 공개를 촉진하여 연구활동의 활성화 및 기술축적을 지원할 수 있도록 하기 위하여 자기의 의사에 따라서 또는 자기의 의사에 반하여 특허출원 전 6월 이내에 특허출원인이 행한 모든 공개행위를 예외규정의 적용대상이 되도록 개정되었다.5) 다만 이 6월의 유예기간은 우리나라와 미국간의 자유무역협정(협정문 제18.8조 제7항)의 체결 및 발효로 인하여 각 당사국은 공지행위가 특허출원인으로부터 기인하여 실시 또는 승인된 경우 공지행위가 당사국 역에서 출원일 이전 12월 이내에 발생한 경우와 같은 공지행위에 대해서는 발명의 신규성 또는 진보성 여부를 결정하는 선행기술 정보에서 제외하기로 합의하고,6) 2011. 12. 2. 같은 내용으로 특허법이 개정되면서 공지예외 적용기간이 12개월로 연장되었다.7)

2. 비교법적 고찰

가. 미   국

신규성의제 제도는 국가별로 상이하다. 미국은 1986년부터 신규성의제 제도를 국제적으로 통일해야 한다는 주장을 하였다. 2011년 미국 특허개혁법(America Invents Act)에서도 1년의 유예기간은 유지되었다.

---

5) 송영식·이상정·김병일, 지적재산권법, 세창출판사(2011), 68면.
6) 7. Each Party shall disregard information contained in public disclosures used to determine if an invention is novel or has an inventive step if the public disclosure: (a) was made or authorized by, or derived from, the patent applicant, and (b) occurred within 12 months prior to the date of filing of the application in the territory of the Party.
7) 특허법 제30조(공지 등이 되지 아니한 발명으로 보는 경우) ① 특허를 받을 수 있는 권리를 가진 자의 발명이 다음 각 호의 어느 하나에 해당하게 된 경우 그 날부터 **12개월** 이내에 특허출원을 하면 그 특허출원된 발명에 대하여 제29조 제1항 또는 제2항을 적용할 때에는 그 발명은 같은 조 제1항 각 호의 어느 하나에 해당하지 아니한 것으로 본다.

특허부여(patented), 간행물로 반포(described in a printed publication), 공용(in public use) 및 판매(on sale)되는 경우 1년의 유예기간(grace period)이 문제된다. 유예기간을 인정하는 취지는 ① 공중의 이익을 위해서는 발명의 내용이 빨리 공개 전파되는 것이 바람직하다는 점, ② 발명자의 이익을 위해서는 출원여부를 결정하기 위한 충분한 시간을 주는 것이 바람직하다는 점, ③ 양자의 이익을 조화하기 위해서는 일정한 기간(1년)을 정해서 균형을 도모할 필요가 있다는 점이 있다.[8]

미국은 특허신청인이 제102조(b)에 규정된 기준일과 출원신청일 사이의 1년간의 유예기간 동안은 제102조(b)에 의한 권리상실 없이 발명이 특허로 등록될 수 있고 출판된 발행물에 기재될 수 있고 공용이나 판매가 가능하다, 규정된 4가지 법정제한사유(statutory bar) 중 하나가 발생할 경우 이때부터 1년간을 기산하며 발명자는 이 기간 이내에 발명에 대한 권리를 주장하는 신청서를 제출하여야 하고 만일 1년의 유예기간이 도과하면 특허권은 제102조(b)에 의하여 특허로 등록할 수 있는 구권리를 상실한다.[9]

나. 유 럽

유럽특허조약(European Patent Convention, EPC) 제55조에 의하면 명백한 남용(evident abuse)과 공식적으로 인정된 국제박람회에서 전시된 경우에 한하여 비자기적용개시(non-prejudicial disclosures)규정이 적용된다. 이 규정에 따라 6개월에 한정되어 명백한 남용 등의 경우에만 신규성의제가 적용된다.[10] 유럽에서는 신규성 의제에 대하여 1958년 조약 개정논의가 실패한 이후 스트라스부르그협약 체결 당사국들은 발명자가 자신의 발명을 국내·외에서 공개하는 위험을 방지해야 한다는 취지에서 발명의 공개가 파리조약에서 인정하고 있는 국제박람회 또는 출원인에게 불이익을 주는 명백한 남용으로부터 유래하는 경우로 신규성을 의제하도록 적용대상을 제한했다.[11] 이러한 유럽의 신규성의제 인정범위는 미국에 비하여 매우 협소하다.

---

8) 최승재, 미국특허법, 법문사(2011), 119면.
9) 최승재, 미국특허법, 법문사(2011), 119-121면.
10) 유럽특허조약에 대해서는 박영규, "신규성 의제에 관한 고찰", 창작과 권리 제50호(2008년 봄호), 28-29면.
11) 박영규, 위의 논문, 29-30면.

3. 자기공지 예외규정 적용취지 기재 누락의 출원후 보정 허용여부

가. 대법원의 논리

대법원은 공지 예외 적용 주장의 경우 특허출원절차에 법령상 반드시 요구되는 것이 아니라 출원인의 이익을 위해 원칙에 대한 예외로서 존재하는 제도이며 이미 신규성이 상실되었지만 법이 정하는 절차적 실체적 요건을 모두 갖춘 경우에 한하여 공지되지 않은 것으로 간주하는 제도이므로 출원인으로서는 이러한 이익을 향유하기 위해서는 법에 정하는 요건을 충족해야 한다고 보았다. 따라서 출원인이 제30조 제1항 제1호의 이익을 향유하기 위해서는 제30조 제2항에 따라 출원당시에 신규성 의제를 원용하려는 취지의 기재를 하여야 한다고 해석하였다.

이런 관점에서 법문상 요구되고 있는 절차를 전혀 이행한 바 없는 출원인에게 절차적인 규정이라는 이유만으로 절차 보정을 허용하는 것은 법문에도 반하고 절차 보정 제도의 취지와도 부합하지 않는 것으로 아무런 절차도 행해지지 않은 경우에는 보정의 대상이 존재하지 않는 것이기 때문에 절차의 보정은 허용될 수 없다고 판단한 대법원의 태도는 이해된다. 이런 대법원의 시각에 의하면, 특허법 제30조를 근거로 신규성 상실의 예외 규정을 적용받기 위해서는 반드시 출원 시 그 취지를 기재 서면을 제출하거나 또는 특허출원서에 그 취지를 기재하여야 하며 이 사건과 같이 출원서의 특이사항보정에 의해 그 취지 기재를 추가하는 것은 허용되지 않는다.

나. 검 토

비록 절차적으로 공지예외를 원용하려는 취지의 기재를 하지 않았다고 하더라도 실질적으로 6개월 이내의 기간이면 보정을 하는 방식으로 허용하는 특허법원의 태도가 타당하다고 본다. ① 특허법 제30조는 취지가 실체적인 형량판단을 통하여 논문 등에 의한 공개에 의한 이익과 조속한 출원을 통한 권리화에 의한 이익간의 균형을 도모하려고 하는 것이며, ② 앞서 본 바와 같이 이와 같이 본다고 하더라도 제3자의 이익을 해하는 것은 없다고 판단되기 때문이다.

대법원은 특허청의 심사관행의 근거가 되는 제30조 제2항의 문언상 출원시에 취지기재를 하여 특허청에 알려야 한다는 보고 있다. 그러나 이는 특허청의 행정상의 편의를 도모하고자 함에 취지가 있는 것으로 이런 목적으로 취지미기재의 법적 효과로 권리상실이라는 효과를 부여하는 것은 발명자에게 지나치게 가혹한 해석이라고 생각된다. 특히 이 사건과 같이 출원대리인을 통하여 이루어진 경우 대리인이 서류를 누락하고 서류를 제출하지 않음으로 그 효과로 출원인이 권리를 상실하게 되는 것은 비록 이 문제가 대법원의 판단과 같이 대리인과 출원인 간의 내부적인 문제이기는 하지만 보정을 불허함으로서 출원인은 대리인에게 손해배상 소송을 제기한다고 하더라도 권리상실로 인하여 원래 취득하고자 하던 권리는 궁극적으로 취득할 수 없게 된다는 점에서 출원인에게 가혹한 법률판단이다. 출원대리인의 실수로 특허법 제30조 제1항 제1호 규정의 적용을 받고자 한다는 취지의 기재를 출원 서에 누락한 채 특허출원서를 제출하다고 하여 권리상실이라는 효과를 주는 것은 출원인의 잘못의 크기와 그로 인한 효과의 중함이 서로 균형 잡힌 결론이 아니다. 또 공지 예외 적용대상 출원을 하기 위해서는 6월 이내에 특허출원해야 한다는 해석을 6월 이내의 기간 이 아니라 특허출원시 동시에 기재해야 한다는 것으로 해석한 대법원의 판단의 타당성은 의문이다.

특허법원의 판단과 같이 자기공지 행위일로부터 6개월 내에는 공지 예외 효력을 부여하도록 한 이상 기재가 누락되어 6개월 기간 내에 보정하더라도 제3자의 권리에 부당한 향을 미치지 않는다. 또 특허법 제30조 제2항의 공지 예외 적용대상 출원을 증명할 수 있는 서류제출 가능 기간인 특허 출원일로부터 30일 이내에는 자기공지 예외 규정의 취지기재를 출원 이후 보정할 수 있도록 하는 것이 제30조 제1항의 신규성의제의 입법취지에는 부합하는 해석으로 보인다.

4. 대법원 판결 이후의 전개

이 사건 대법원 판결과 관련하여 특허청은 법 개정을 통해서 제도개선을 하였다. 특허법 외에 디자인보호법 제36조(신규성 상실의 예외) 등의 경우에도 같은 취지로 개정되었다. 2014. 6. 11. 전문개정된 특허법 제30조 제2항은 "제1항 제1호를 적용받으려는 자는 특허출원서에 그 취지를 적어 출원하여야 하고, 이를 증명할 수 있는 서류를 산업통상자원부령으로 정하는 방법에 따라 특허출원일부터 30일 이내에 특허청장에게 제출하여야 한다"고 규정하였고, 산업통상자원부령인 특허법 시행규칙 제20조의2(공지예외적용대상증명서류의 제출)는 단서에서 특허출원과 동시에 그 증명서류를 제출하는 때에는 출원서에 증명서류제출의 취지를 기재함으로써 그 제출서에 갈음할 수 있다고 규정하면서 제3항을 신설하여 제2항의 규정에도 불구하고 일정한 요건 하에 신규성 예외의 상실을 보완할 수 있도록 규정하였다.

〈신규조문대비표〉

구 특허법 제30조 (2006년 이 사건 당시 시행)	현행 특허법 (2016년 8월 현재. 2016. 6. 30. 시행)
제30조 (공지 등이 되지 아니한 발명으로 보는 경우 <개정 2001. 2. 3.>) ① 특허를 받을 수 있는 권리를 가진 자의 발명이 다음 각 호의 어느 하나에 해당하는 경우에는 그날부터 6월이내에 특허출원을 하면 그 특허출원된 발명에 대하여 제29조 제1항 또는 제2항의 규정을 적용함에 있어서는 그 발명은 제29조 제1항 각 호의 어느 하나에 해당하지 아니한 것으로 본다. <개정 1993. 12. 10., 2001. 2. 3., 2006. 3. 3.> 1. 특허를 받을 수 있는 권리를 가진 자에 의하여 그 발명이 제29조 제1항 각 호의 어느 하나에 해당하게 된 경우. 다만, 조약 또는 법률에 따라 국내 또는 국외에서 출원공개되거나 등록공고된 경우를 제외한다. 2. 특허를 받을 수 있는 권리를 가진 자의 의사에 반하여 그 발명이 제29조 제1항 각호의 1에 해당하게 된 경우 3. 삭제 <2006. 3. 3.> ② 제1항 제1호의 규정을 적용받고자 하는 자는 특허출원서에 그 취지를 기재하여 출원하고, 이를 증명할 수 있는 서류를 특허출원일부터 30일 이내에 특허청장에게 제출하여야 한다. <개정 2006. 3. 3.>	제30조(공지 등이 되지 아니한 발명으로 보는 경우) ① 특허를 받을 수 있는 권리를 가진 자의 발명이 다음 각 호의 어느 하나에 해당하게 된 경우 그 날부터 12개월 이내에 특허출원을 하면 그 특허출원된 발명에 대하여 제29조 제1항 또는 제2항을 적용할 때에는 그 발명은 같은 조 제1항 각 호의 어느 하나에 해당하지 아니한 것으로 본다. 1. 특허를 받을 수 있는 권리를 가진 자에 의하여 그 발명이 제29조 제1항 각 호의 어느 하나에 해당하게 된 경우. 다만, 조약 또는 법률에 따라 국내 또는 국외에서 출원공개되거나 등록공고된 경우는 제외한다. 2. 특허를 받을 수 있는 권리를 가진 자의 의사에 반하여 그 발명이 제29조 제1항 각 호의 어느 하나에 해당하게 된 경우 ② 제1항 제1호를 적용받으려는 자는 특허출원서에 그 취지를 적어 출원하여야 하고, 이를 증명할 수 있는 서류를 산업통상자원부령으로 정하는 방법에 따라 특허출원일부터 30일 이내에 특허청장에게 제출하여야 한다. ③ 제2항에도 불구하고 산업통상자원부령으로 정하는 보완수수료를 납부한 경

| | 우에는 다음 각 호의 어느 하나에 해당하는 기간에 제1항 제1호를 적용받으려는 취지를 적은 서류 또는 이를 증명할 수 있는 서류를 제출할 수 있다. <신설 2015. 1. 28.>
1. 제47조 제1항에 따라 보정할 수 있는 기간
2. 제66조에 따른 특허결정 또는 제176조 제1항에 따른 특허거절결정 취소심결(특허등록을 결정한 심결에 한정하되, 재심심결을 포함한다)의 등본을 송달받은 날부터 3개월 이내의 기간. 다만, 제79조에 따른 설정등록을 받으려는 날이 3개월보다 짧은 경우에는 그 날까지의 기간[전문개정 2014. 6. 11.] |

30. 선택발명과 명세서 기재불비

[대법원 2007. 9. 6. 선고 2005후3338 판결]

강춘원(특허심판원 심판장)

Ⅰ. 사실의 개요

특허 제33727호(이하 '이 사건 특허')의 특허청구범위 제11항, 제12항, 제16항 및 제21항은 신규성 및 진보성이 인정되지 아니하고, 명세서 기재불비에도 해당한다는 이유로 무효심판이 청구되었다. 이 사건 특허의 제11항 내지 제16항은 화합물을 청구하는 것이고, 제21항은 의약조성물을 청구하는 것인데, 특허권자는 심판계속 중에 제16항을 제외한 나머지 청구항들을 포기하였다. 특허심판원은 이 사건 제16항 발명은 신규성 및 진보성이 인정되고, 명세서 기재불비에도 해당하지 아니하므로, 이 사건 특허는 무효가 아니라고 심결하였다.

심결취소소송에서 특허법원은 선행발명에 비하여 이질적인 효과를 가지는 선택발명의 경우에는 그 이질적인 효과의 구체적 내용을 기재하고, 동질이면서 현저한 효과를 가지는 선택발명의 경우에는 선행발명에 비하여 우수한 효과를 객관적으로 인식할 수 있는 적어도 하나의 구체적 대비결과를 명세서에 제시함으로써, 자신이 선택발명의 출원 당시에 실제로 발명의 완성에 이르렀음을 통상의 기술자가 알 수 있도록 해야 한다고 봄이 상당하다고 하면서, 이 사건 제16항 발명은 선택발명에 해당하는 것이어서 '매우 우수한 테스토스테론-5α-환원효소 억제제로서 유용하다'는 기재만으로는 이 사건 특허의 명세서가 선택발명으로서의 효과를 적법하게 기재된 것이라 할 수 없는 것이므로, 이 사건 제16항 발명의 진보성 유무를 포함한 원, 피고의 나머지 주장에 나아가 살펴볼 필요 없이, 이 사건 제16항 발명은 선택발명으로서 발명의 상세한 설명에 효과의 기재가 불충분하여 명세서 기재요건을 충족하지 못한 것으로서 구 특허법(1986. 12. 31. 법률 제3891호로 개정되기 전의 것, 이하 같다) 제8조 제3항 및 제69조 제1항 제1호에 따라 그 등록이 무효로 되어야 한다고 판결하였다.

이에 불복하여 제기된 상고에 대하여 대법원은 아래와 같이 판시하였다.

Ⅱ. 판   시

상고 기각.

"이 사건 제16항 발명은 상위개념의 화합물인 원심 판시 비교대상발명의 하위개념에 해당하는 '17β(N-t-부틸카바모일)-4-아자-안드로스트-1-엔-3-온'으로 이루어진 선택발명인데, 이 사건 특허발명의 상세한 설명에는 이 사건 특허발명이 테스토스테론-5α-환원효소 억제 효과를 가진 선행발명인 비교대상발명에 비하여 '매우 우수하다'는 점만을 대비하여 기재하고 있을 뿐임을 알 수 있는바, 이와 같은 기재만으로는 통상의 기술자가 이 사건 제16항 발명이 비교대상발명에 비하여 질적으로 다른 또는 양적으로 현저한 효과를 가진다는 사실을 이해할 수 있을 정도로 명확하고 충분하게 기재하였다고 할 수 없다.

따라서 원심이 이 사건 특허발명의 명세서에 비교대상발명의 실시예에 비하여 테스토스테론-5α-환원효소 억제효과가 현저하게 우수하다고 볼 수 있는 적어도 하나의 대비결과를 정량적인 수치로 기재할 것을 요구하였음은 적절하지 아니하지만, 이 사건 제16항 발명이 선택발명으로서의 명세서 기재요건을 충족하지 못하였다고 한 판단은 결론에 있어서 타당하므로, 거기에 상고이유로 주장하는 바와 같은 판결 결과에 영향을 미친 특허발명의 명세서 기재 요건에 대한 법리오해의 위법은 없다."

Ⅲ. 해   설

1. 구 특허법 제8조 제3항의 의의와 발명의 공개

구 특허법 제8조 제3항은[1] 특허를 받기 위해서는 특허출원한 발명을 공개하여야 한다는 특허제도의 기본 원칙을 관철하기 위하여 발명의 상세한 설명의 기재정도 및 기재방식을 규정한 것인데, 기재정도로서 통상의 기술자가 용이하게 실시할 수 있을 정도, 기재방식으로서 발명의 목적·구성·작용 및 효과를 기재하여

---

1) 현행 특허법 제42조 제3항 제1호에 해당한다.

야 한다고 규정한 것이다. 그런데 구 특허법 제8조 제3항의 규정에 따라서 출원인
이 발명의 상세한 설명에 공개하여야 하는 발명은 '특허청구범위에 기재된 발명'
이므로, 특허청구범위에 기재된 발명이 어떠한 발명인지 여부에 따라서 구 특허법
제8조 제3항의 요건을 충족시키는 발명의 상세한 설명에 기재정도 또는 기재방식
이 달라질 수 있는 것이다.

　　일반적으로 이 사건 제16항 발명과 같은 화합물 발명의 경우에는 최초 출원
명세서에 그 화합물의 화학구조식, 제조방법, 유용성 등을 기재하는 것이 요구되
고,2) 의약의 용도발명의 경우에는 그 출원 전에 명세서 기재의 약리효과를 나타
내는 약리기전이 명확히 밝혀진 경우와 같은 특별한 사정이 있지 아니한 이상, 최
초 출원 명세서에 특정 물질이 그와 같은 약리효과가 있다는 것을 약리데이터 등
으로 나타낸 실험예로 기재하거나 또는 이에 대신할 수 있을 정도로 구체적으로
기재하여야 한다.

2. 발명의 종류에 따른 구 특허법 제8조 제3항의 적용

　　이 사건은 물건의 발명으로서 선택발명에 해당하는 이 사건 특허발명의 상세
한 설명이 구 특허법 제8조 제3항의 요건을 충족하는 것인지 여부가 문제가 된
사건인데, 본 판결은 이 사건 특허발명이 선택발명에 해당하므로, 이 사건 특허발
명의 상세한 설명에는 이 사건 특허발명이 선행발명과 구별되는 현저한 효과가
있다는 것을 통상의 기술자가 선택발명으로서의 효과를 이해할 수 있을 정도로
명확하고 충분하게 기재하여야만 구 특허법 제8조 제3항의 요건을 충족하는 것이
라고 판단하였다. 즉, 본 판결은 이 사건 특허발명이 선택발명이라는 전제에서 그
러한 발명의 종류에 적합한 형태로 발명의 상세한 설명이 기재되지 아니하였다는
이유로 이 사건 특허발명이 구 특허법 제8조 제3항의 요건을 충족하지 못한 것이
라고 판단한 것인데, 과연 물건의 발명으로서 선택발명에 해당하는 이 사건 특허
발명에 대하여 물건의 발명으로서 발명의 공개 이외에 추가로 선택발명으로서 발
명의 공개가 반드시 요구되는 것인지 여부에 대하여 의문이 있다.

---

　　2) 화학물질의 제조공정이 특히 복잡하다거나 유력한 부반응을 수반하는 등의 이유로 제조방
　　　법에 관한 기재만으로는 그 화학물질이 제조되었는지 여부가 의심스러운 경우에는 NMR데이
　　　터, 융점, 비점 등의 확인자료가 기재되어야 할 것이고, 그렇지 아니한 경우에는 이들 확인자
　　　료가 필수적으로 기재되어야 하는 것은 아니라 할 것이다(특허법원 2002. 9. 12. 선고 2001허
　　　5213 판결, 2002. 10. 8. 확정).

우리 특허법 제2조 제3호는 발명의 종류를 물건의 발명, 방법의 발명, 물건을 생산하는 방법의 발명으로 구분하고 있고, 이 사건 제16항 발명은 '17β (N-t-부틸카바모일)-4-아자-안드로스트-1-엔-3-온인 화합물'이므로, 이 사건 제16항 발명은 특허청구범위에 기재된 바에 의하면 단지 물건의 발명에 해당할 뿐이고, 이 사건 제16항 발명이 선택발명에 해당되는 것인지 여부는 선행기술과 대비해 보아야만 비로소 알 수 있는 것이다.3)

일반적으로 특허발명의 신규성 및 진보성은 그 특허발명과 선행기술과의 대비에 의하여 판단하는 것인데 비하여, 그 특허발명이 명세서 기재불비에 해당하는지 여부는 그 특허발명의 명세서 자체를 대상으로 판단하여야 하는 것임에도 불구하고, 그 특허발명을 선행기술과 대비한 결과 그 특허발명이 선택발명에 해당한다고 하여 특허청구범위의 기재로부터 파악되는 발명이 아니라 선행기술과 대비하여 판단되는 발명인 선택발명의 현저한 효과를 최초 출원 당시의 발명의 상세한 설명에 반드시 기재하여야만 구 특허법 제8조 제3항의 요건을 충족하는 것이라는 판단논리는 타당하지 아니한 것으로 보인다.

오히려 발명의 상세한 설명이 구 특허법 제8조 제3항의 요건을 충족하는 것인지 여부는 '특허청구범위로부터 파악되는 발명'을 통상의 기술자가 특수한 지식을 부가하지 않고서도 정확하게 이해할 수 있고, 동시에 재현할 수 있는 정도로 발명의 상세한 설명이 기재되어 있는지 여부에 의하여 판단하면 충분한 것이고, '선행발명과의 대비에 의해서만 파악될 수 있는 선택발명'으로서의 현저한 효과가 인정되는지 여부는 그 발명의 진보성이 인정되는지 여부를 판단할 때 검토하면 되는 것이다.

특허청구범위에서 물건의 발명을 청구하는 경우에 발명의 종류에 따라서 상세한 설명에 기재하여야 하는 내용과 이에 대한 구 특허법 제8조 제3항의 적용에 관하여 다음과 같은 사례들을 생각해 볼 수 있다.

---

3) 이 사건 특허의 경우와 같이 선행발명과 당해 발명이 모두 같은 발명자에 의한 것으로서 발명자가 당해 발명이 선택발명에 해당한다는 것을 출원 당시에 이미 알고 있는 경우도 있으나, 보통의 경우에는 배경기술 또는 선행기술과의 대비에 의해서만 비로소 당해 발명이 선택발명에 해당하는지 여부를 알 수 있는 것이다.

	선행발명	선택발명	수치한정발명	제2의약 용도발명
발명의 상세한 설명	물질 A의 화학구조식, 제조방법 및 항암 효과	<설명 ①> 선택발명의 현저한 효과 기재 없음	<설명 ③> 수치한정의 현저한 효과 기재 없음	<설명 ⑤> 당뇨병 약리효과 기재 없음
		<설명 ②> 선택발명의 현저한 효과 기재	<설명 ④> 수치한정의 현저한 효과 기재	<설명 ⑥> 당뇨병 약리효과 기재
특허 청구범위	물질 A	물질 a	입자크기가 1~5㎛ 인 물질 A	물질 A가 유효성분 인 당뇨병치료제

　본 판결의 판단논리에 의하면, 위 표에서 선택발명, 수치한정발명 및 제2 의약용도 발명의 경우에 설명 ②, ④, ⑥과 같이 발명의 상세한 설명을 기재하여야만, 구 특허법 제8조 제3항의 요건을 충족하는 것으로 된다(사실, 수치한정발명과 제2 의약 용도발명은 선택발명의 구체적 유형들이라고 할 수 있다).

　그러나 위 표에서 선택발명은 '물질 a'를 청구하는 것일 뿐이지, '선택발명인 물질 a'를 청구하는 것은 아니므로, 발명의 상세한 설명에 '물질 a'의 화학구조식, 제조방법, 정성적 효과(산업적 유용성을 확인할 수 있는 정도) 등을 기재하면 충분한 것이고, '물질 a'가 선택발명으로서 현저한 효과가 있는지 여부를 확인할 수 있는 정량적 효과가 반드시 최초 출원 명세서에 기재되어 있어야 하는 것은 아니라고 생각된다.

　또한, 수치한정 발명의 경우에도 선택발명의 경우와 다르지 아니하다.

　다만, 위 표에서 제2 의약 용도발명의 경우에는 특허청구범위에서 물질 A의 새로운 의약용도를 청구하는 것이므로, 물질 A가 그러한 의약용도가 있다는 것을 설명 ⑥과 같이 약리효과 데이터를 최초 출원 명세서에서 반드시 개시하여야 하는 것이다. 의약용도를 통상의 기술자가 이해할 수 있도록 약리효과 데이터로 기재하지 아니하는 것은 물질 A를 청구하면서 그 화학구조식을 개시하지 않은 것과 마찬가지이기 때문이다(의약용도에 대한 기재요건은 위 표에서와 같은 제2 의약용도가 아닌 최초의 의약용도인 경우에도 마찬가지이다).

3. 맺음말

본 판결은 판단기준으로서 대법원 2003. 4. 25. 선고 2001후2740 판결(이하 '2740 판례')을 인용하고 있는데, 2740 판례는 선택발명의 명세서 기재불비를 정면으로 다룬 판례가 아니라 선택발명의 신규성 및 진보성 판단을 다룬 판례로서 발명의 효과와 관련하여 제시된 판단기준은 선택발명의 진보성 판단을 위한 효과의 현저성 인정 여부에 관한 것이다. 그런데 본 판결은 명세서 기재요건을 충족하기위한 필요적 기재요건과 진보성을 인정받기 위한 현저한 효과의 입증요건이 분명히 그 목적과 판단방법이 서로 다른 것임에도 불구하고, 이를 구별하지 못한 것이 아닌지 의문이 든다.

또한, 본 판결의 원심인 특허법원 2004허6521 판결은 선택발명의 효과에 대한 명세서 기재와 관련하여 2가지 서로 다른 판단논리가 있다고 전제하고, 이 사건 특허발명의 경우에는 선행발명과 효과를 대비한 실험 데이터까지 포함되어 있어야만 명세서 기재요건을 갖춘 것이라는 엄격한 입장으로서 그 입장이나마 명확한데 비하여, 본 판결은 선행발명과의 대비결과를 정량적인 수치로 기재할 것까지요구할 필요는 없지만, 선행발명에 비하여 질적으로 다른 또는 양적으로 현저한효과를 가진다는 사실을 이해할 수 있을 정도로 명확하고 충분하게 기재하여야한다는 입장으로서 그 판단기준도 조금 모호하다.

이러한 문제는 본 판결에서 선택발명의 명세서 기재불비에 관하여 구체적 판단기준을 제시하면서 정면으로 다루지 못하고, 선택발명의 진보성 판단을 다룬 2740 판례의 판단기준 중 '선택발명의 상세한 설명에는 선행발명에 비하여 위와같은 효과가 있음을 명확히 기재하면 충분하고'라는 문언만을 단순히 차용하여 판단한 것이 아닌가라는 의문도 든다.

필자의 소견으로는 이 사건 특허발명은 명세서 기재불비가 아니라 진보성이 인정되지 아니한다는 이유로 무효되었어야 할 것이라고 생각한다.

비록 이 사건 특허발명이 탈모증 치료제로서 대단한 상업적 성공을 거둔 것은 사실이지만, 선택발명의 효과의 현저성은 최초 출원 명세서에 기재된 효과의 범위 내에서만 주장할 수 있는 것이고, 이 사건 특허발명의 최초 출원 명세서에는 단지 '매우 우수한 환원효소 억제효과'가 있다고만 기재되어 있을 뿐, 이 사건 특허발명 화합물이 선택발명으로서 현저한 작용효과를 나타내는 기술구성(용량을 낮추어 부작용을 줄이고 발모효과만 발현)에 대해서는 전혀 기재된 바가 없으며, 단지 '환원효소 억제효과'만으로 판단한다면 이 사건 특허발명이 선행발명에 비하여 현저한 효과를 가진다고 인정되지도 않기 때문이다.

31. 수치한정발명과 명세서에의 효과의 기재

[대법원 2007. 11. 16. 선고 2007후1299 거절결정(특) 사건]

박정희(법무법인 태평양 변호사)

Ⅰ. 사실의 개요

X(원고, 상고인, 심판청구인)가 명칭을 "불가사의한 돼지의 질병과 관련된 바이러스 물질"로 하여 출원한 이 사건 출원발명에 대하여 특허청 심사관은 2004. 12. 28. 이 사건 출원발명이 그 출원 전에 반포된 간행물에 게재된 비교대상발명에 의하여 진보성이 부정된다는 이유로 거절결정을 하였다.

X가 위 거절결정에 불복하여 제기한 불복심판에서 특허심판원은 2006. 1. 31. 이 사건 제3항 발명은 비교대상발명과 ATCC-VR2332 바이러스를 원숭이 신장세포인 MA-104 배양물에 통과시켜서 PRRS 바이러스 백신을 만드는 점에서 같고, 다만 그 계대배양 횟수에 있어서만 차이가 있으나, 이 사건 출원발명의 명세서에 그 계대배양 횟수를 70회 이상으로 한정함에 따른 임계적 의의를 인정할 만한 기재가 없을 뿐만 아니라, 이 사건 제10항 발명에서는 그 계대배양 횟수를 50회 이상으로 한정하고 있어서, 이 사건 제3항 발명에서 한정한 계대배양 횟수의 임계적 의의를 인정할 수 없으므로, 비교대상발명에 의하여 이 사건 제3항 발명의 진보성이 부정되며, 어느 하나의 청구항이라도 거절이유가 있을 때에는 그 특허출원 전부가 거절되어야 할 것이어서 특허청의 원결정이 정당하다는 이유로, X의 청구를 기각하는 이 사건 심결을 하였다.

이에 대하여 X가 특허법원에 제기한 심결취소소송이 원심인데, 원심도 2007. 2. 7. 이 사건 심결과 같은 이유로 이 사건 제3항 발명에 나타난 수치한정에 임계적 의의가 인정되지 않는다며 X의 청구를 기각하였다.

이에 불복하여 X가 계대배양 횟수를 70회 이상으로 한정함에 따른 효과가 이 사건 출원발명의 명세서에 기재되어 있지 않은 것은 인정하지만, 통상의 기술자라면 쉽게 이를 알 수 있어서 이 사건 제3항 발명의 진보성이 부정되지 않는다는 취지의 주장 등을 하면서 제기한 상고에 대하여 대법원은 아래와 같이 판시하였다.

Ⅱ. 판 시

상고 기각.

"어떠한 출원발명이 그 출원 전에 공지된 발명이 가지는 구성요소의 범위를 수치로서 한정하여 표현한 경우에는 그 출원발명에 진보성을 인정할 수 있는 다른 구성요소가 부가되어 있어서 그 출원발명에서의 수치한정이 보충적인 사항에 불과한 것이 아닌 이상, 그 한정된 수치범위 내외에서 이질적이거나 현저한 효과의 차이가 생기지 않는다면 그 출원발명은 그 기술분야에서 통상의 지식을 가진 사람이 통상적이고 반복적인 실험을 통하여 적절히 선택할 수 있는 정도의 단순한 수치한정에 불과하여 진보성이 부정된다고 할 것이고(대법원 1993. 2. 12. 선고 92다40563 판결, 2005. 4. 15. 선고 2004후448 판결 등 참조), 그 출원발명이 공지된 발명과 과제가 공통되고 수치한정의 유무에서만 차이가 있는 경우에는 그 출원발명의 명세서에 한정된 수치를 채용함에 따른 현저한 효과 등이 기재되어 있지 않다면 특별한 사정이 없는 한 그와 같이 한정한 수치범위 내외에서 현저한 효과의 차이가 생긴다고 보기 어렵다(대법원 1994. 5. 13. 선고 93후657 판결, 2005. 4. 15. 선고 2004후448 판결 등 참조)."

Ⅲ. 해 설

1. 수치한정발명의 분류

발명을 특정하기 위한 사항을 수치범위에 의하여 수량적으로 표현한 발명을 이른바, 수치한정발명이라고 하는데, 이러한 수치한정발명이 공지된 발명이 가지는 구성요소의 범위를 수치로서 한정하여 표현하는 방식으로는, 공지된 발명의 연장선상에 있고 수치한정의 유무에서만 차이가 있는 경우(이른바 임계적 의의, 즉 같은 종류의 효과에서의 현저한 작용효과의 차이가 요구되는 경우), 공지된 발명과 수치범위가 중복되지 않고 과제가 다르며 유리한 효과가 이질적인 경우(현저한 작용효과의 차이는 요구되지는 않으나, 이질적 효과가 요구되는 경우) 및 공지된 발명에 진보성을 인정할 수 있는 새로운 구성요소를 부가하여 공지된 발명에 나와 있는 구성요소에 대한 수치한정이 보충적인 경우(이질적이거나 현저한 작용효과의 차이가 요구되지 않는 경우) 등이 있다.1)

2. 수치한정발명의 진보성 판단기준

수치한정발명의 진보성 판단과 관련하여 대법원은, "특허등록된 발명이 공지된 발명의 구성요건을 이루는 요소들의 수치를 한정함으로써 이를 수량적으로 표현한 것인 경우에 있어서도, 그것이 그 기술분야에서 통상의 지식을 가진 자가 적절히 선택하여 실시할 수 있는 정도의 단순한 수치 한정으로서, 그러한 한정된 수치범위 내외에서 이질적이거나 현저한 작용효과의 차이가 생기지 않는 것이라면 위 특허발명도 역시 진보성의 요건을 결하여 무효라고 보아야 할 것이다"라고 판시한 바 있다.2)

위 대법원 판례는 위에서 분류한 수치한정발명의 형태 중 첫 번째와 두 번째의 경우에 관하여 설시한 것이어서, 세 번째의 경우에는 이러한 판단기준이 적용될 수 없는데, 세 번째의 경우도 공지된 발명의 구성요소에 대한 수치한정이 포함되어 있는 이상, 이를 수치한정발명이 아니라고 보기는 어려우므로, 이를 구분하여 설시하였어야 하지 않았을까 한다.

3. 수치한정에 따른 효과의 명세서에의 기재 필요 여부

가. 관련 대법원 판례 등

대법원 2005. 4. 15. 선고 2004후448 판결은, "이 사건 특허발명의 명세서에는 '종전의 염화비닐수지 등의 성형재료의 비적합한 배합으로 성형된 고무신의 계절별 온도차에 의한 강도변화로 제 사용을 다하지 못한 문제점을 개선하기 위하여 필수 구성요소를 소정량 혼합하여 고무신을 성형한다'는 정도의 기재만이 있는바, 이 정도의 기재만으로는 이 사건 특허발명의 수치한정과 작용효과 사이에 어느 정도 인과관계가 있음을 추정할 수 있을 뿐 그 수치한정한 범위 전체에서 구성의 곤란성 및 효과의 각별한 현저성이 있다고 보기 어렵다고 할 것이므로, 원심이 이

---

1) 吉藤辛朔 著, 熊谷健一 補訂, 特許法槪說(第13版, 대광서림, 유미 특허법률사무소 역), 158-161면.
2) 대법원 2005. 4. 15. 선고 2004후448 판결, 대법원 1993. 2. 12. 선고 92다40563 판결, 대법원 2001. 7. 13. 선고 99후1522 판결 등도 같은 취지이다.

사건 특허발명은 그 수치한정에 임계적 의의가 없어 그 진보성이 인정되지 아니한다고 한 판단은 정당한 것으로 수긍이 가고"라고 판시하여 수치한정발명이 진보성을 인정받기 위해서는 수치한정에 따른 효과가 명세서에 기재되어 있어야 함을 전제로 판단을 한 바 있다.

그 외 대법원 2005. 3. 11. 선고 2003후2294 판결은 "이 사건 특허발명의 명세서 어디에도 위 수치범위에 따른 임계적 효과를 인정할 만한 기재가 없어"라고, 대법원 2004. 6. 24. 선고 2003후1772 판결은 "이 사건 특허발명의 명세서에는 위와 같은 수치한정으로 인한 효과에 대해 기재된 바도 없다"라고, 대법원 1994. 5. 13. 선고 93후657 판결은 "그 중 수치한정에 대하여는 그 명세서의 상세한 설명에 특히 12배 이하로 한정함에 대한 아무런 기술적 설명이 없는 점으로 보아"라고 각 판단한 원심을 수긍함으로써, 수치한정발명이 진보성을 인정받기 위해서는 수치한정에 따른 효과가 명세서에 기재되어 있어야 한다고 하고 있고, 우리나라의 실무나 일본의 학설 및 판례도 이와 마찬가지 입장이다.3)

나. 수치한정발명의 분류에 따른 구분

위에서 든 대법원 판례에 의할 경우, 공지된 발명이 가지는 구성요소의 범위를 수치로서 한정하여 표현한 수치한정발명의 세 가지 경우 중 첫 번째의 경우인 공지된 발명의 연장선상에 있고 수치한정의 유무에서만 차이가 있는 경우에는 진보성이 부정되지 않기 위하여 그 명세서에 임계적 의의를 인정할 수 있는 현저한 작용효과가 기재되어 있어야 함은 명백하다.

두 번째의 경우인 공지된 발명과 수치범위가 중복되지 않고 과제가 다르며 유리한 효과가 이질적인 경우에까지 진보성이 부정되지 않기 위하여 그 명세서에 이질적인 효과가 기재되어 있어야 하는지는 첫 번째의 경우처럼 명확한 것은 아니나, 공지된 발명과 그 과제와 목적이 다르다고 하더라도 수치범위 이외에서는 그 구성에서 차이가 없다면, 첫 번째의 경우와 달리 보아야 할 필요는 없을 것이다.4) 세 번째의 경우는 공지된 발명에 나와 있는 구성요소에 대한 수치한정이 보

---

3) 특허법원 지적재산소송실무연구회, 지적재산소송실무 제3판(박영사), 182-185면; 中山信弘 編著, 注解 特許法(上卷)(第 3 版, 靑林書院), 250-253面; 竹田 稔 監修, 特許審查·審判の法理 と課題(發明協會), 309-312面 등.

4) 같은 취지, 吉藤辛朔, 앞의 책, 162면; 위 책에서는 이질적인 효과가 있는 경우와 동질의 효과에서 임계적 의의가 있는 경우 모두를 현저한 효과가 있는 경우로 보고 있으나, 우리 대

충적인 경우이므로, 진보성이 부정되지 않기 위하여 수치한정에 따른 효과가 명세서에 기재되어 있을 필요가 없음은 당연하다.

다. 수치한정의 효과를 기재하여야 함의 의미

이와 같이 공지된 발명이 가지는 구성요소의 범위를 수치로서 한정하여 표현한 수치한정발명의 분류 중 첫 번째와 두 번째의 경우에 해당하는 경우에는 명세서에 한정된 수치를 채용함에 따른 현저한 효과나 이질적인 효과가 기재되어 있지 않다면 그와 같이 한정한 수치범위 내외에서 현저한 효과나 이질적인 효과의 차이가 생긴다고 보기 어려우므로, 그 특허발명의 진보성이 부정될 것이다.

여기에서 기재될 것이 요구되는 한정된 수치범위 내외에서 현저한 효과나 이질적인 효과의 차이는 공지된 발명과의 관계에서 현저한 효과나 이질적인 효과의 차이가 있음을 실험데이터 등에 의하여 명백히 알 수 있는 정도의 기재이어야 하고, 단순히 현저한 효과나 이질적인 효과의 차이가 있다는 기재만으로는 수치한정의 효과가 기재되어 있다고 볼 수는 없다.

대상 판결에서는 한정된 수치범위 내외에서 현저한 효과나 이질적인 효과의 차이가 기재되어 있지 않아도 진보성이 부정되지 않는 예외적인 경우를 상정하여 특별한 사정이 없는 한이라는 표현을 사용하고는 있으나, 그와 같은 예외적인 경우를 인정할 수 있는 경우에는 거의 없을 것으로 보인다.

4. 맺으면서

이 사건 출원발명은 비교대상발명과 비교하여 다른 구성은 모두 같고, 계대배양 횟수에서만 차이가 있어서, 위에서 든 수치한정발명의 분류 중 첫 번째의 경우에 해당하는 전형적인 경우이다. 대상 판결은 이와 같은 경우에 진보성이 부정되지 않기 위해서는 그 명세서에 임계적 의의를 인정할 수 있는 현저한 효과가 기재되어 있어야 함을 일반론으로 최초로 밝힌 대법원 판례라는 점에서 의의가 있고, 그 법리는 위에서 든 수치한정발명의 분류 중 두 번째의 경우에도 적용될 수 있을 것이다.

법원 판례는 현저한 효과와 이질적인 효과라는 용어를 구분하여 사용하고 있다.

32. 성질 또는 특성 등에 의하여 물건을 특정한 발명의 신규성 및 진보성

[대법원 2004. 4. 28. 선고 2002후2207 판결]

강춘원(특허심판원 심판장)

I. 사실의 개요

특허출원 제1991-6896호(이하 '이 사건 출원발명')에 대하여 특허청은 이 사건 출원발명이 비교대상발명에 의하여 진보성이 인정되지 아니하므로, 특허를 받을 수 없다는 이유로 거절결정을 하였다.

이에 불복하여 청구된 거절결정불복심판에서 특허심판원은 효과로 한정한 기술구성을 제외한 이 사건 출원발명의 기술구성은 비교대상발명과 종래기술로부터 용이하게 발명할 수 있는 것이므로, 이 사건 출원발명은 진보성이 인정되지 아니한다고 심결하였다.

심결취소소송에서 특허법원은 이 사건 출원발명에서 효과로 한정한 기술구성은 인광체 입자를 봉입함으로써 생기는 효과 또는 그 물리적 특성을 나타내는 것에 지나지 않는 것으로서 발명의 내용을 구체적으로 한정하는 기술구성이라 할 수 없는 것이므로, 그러한 기술구성은 비교대상발명과 그 구성의 차이를 대비할 필요도 없고, 특허청구범위에 구성으로 기재되어 있지 않은 것과 마찬가지로 보아야 한다고 하였다. 또한, 두 발명의 구성이 매우 유사하고 구성에 별다른 차이가 없는 발명은 특단의 사정이 없는 한 그 효과도 유사한 것이며, 비교대상발명이 이 사건 출원발명에 비하여 효과가 현저하게 떨어진다고 볼 만한 증거도 없어서 이 사건 출원발명과 비교대상발명은 효과에서 차이가 없는 것이므로, 이 사건 출원발명은 진보성이 인정되지 아니한다고 판결하였다.

이에 불복하여 제기된 상고에 대하여 대법원은 아래와 같이 판시하였다.

Ⅱ. 판 시

파기 환송.

"이 사건 출원발명 제1항의 제2구성은 발명의 대상인 인광체 입자의 성질 또는 특성을 표현하고 있기는 하지만 제1구성을 한정하면서 발명을 특정하고 있는 사항이라고 봄이 상당하므로, 이 사건 출원발명 제1항의 진보성을 판단함에 있어서 간행물에 실린 발명과 대비하여야 할 구성에 해당한다.

이 사건 출원발명 제1항의 제2구성을 그 전체 구성에 포함하여 간행물에 실린 발명과 대비하여 볼 때, 간행물에 실린 발명에는 이에 직접 해당하는 구성이 나타나 있지 아니할 뿐만 아니라, 달리 이 사건 출원발명 제1항의 제2구성과 동일·유사한 것으로 환산할 수 있는 성질 또는 특성이나 이 사건 출원발명의 상세한 설명에 기재된 실시례와 동일·유사한 구체적 실시 형태가 기재되어 있지도 아니하여, 그 제2구성과 실질적으로 동일·유사하다고 볼 수 있는 사항이 없다. 또한, 위에서 본 이 사건 출원발명의 명세서의 내용에 의하면 이 사건 출원발명 제1항의 초기 발광 명도 및 내습성에 관한 특성을 도출하는 제조방법의 한 가지 특징은 그 제조 과정 중 화학 증착 공정의 온도 범위를 약 25℃ 내지 170℃로 한정한 것이라고 보이는데, 간행물에 실린 발명의 명세서에는 인광물질 입자와 피막용 물질이 반응하는 반응관 내에 있는 산화가스 입구의 영역을 약 400℃ 이상으로 유지하고 있다고 기재되어 있어 그 부근의 온도에서 화학 증착 공정이 이루어진다고 할 수 있으므로, 그 공정 온도가 이 사건 출원발명의 명세서에 있는 위 공정 온도 범위와 다르고 오히려 같은 명세서에서 종래 기술의 공정 온도로 기재된 200~500℃에 속하는 이상, 간행물에 실린 발명에 의해서는 위와 같은 특성이 있는 이 사건 출원발명 제1항의 봉입된 인광체 입자를 얻을 수 있다고 단정할 수도 없다.

나아가 두 발명의 작용효과를 보더라도, 간행물에 실린 발명의 명세서에는 피복된 인광체 입자를 사용한 형광램프가 피복되지 않은 인광체 입자를 사용한 것에 비하여 사용시간이 대폭 늘어난 효과가 있다는 점이 기재되어 있을 뿐, 간행물에 실린 발명이 습도가 높은 조건에서 전기발광성 인광체 입자의 발광 명도의 감쇠 속도를 억제하는 등의 이 사건 출원발명 제1항과 같은 효과를 거둘 수 있다고 볼만한 사항은 나타나 있지 아니하다.

그렇다면, 이 사건 출원발명 제1항은 전체적으로 볼 때 간행물에 실린 발명과 기술적 구성 및 작용효과가 상이하므로, 그 발명에 속하는 분야에서 통상의 지식을 가진 사람이 간행물에 실린 발명에 의해서는 용이하게 발명할 수 있다고 할 수 없다."

Ⅲ. 해   설

1. 특허청구범위와 발명의 기술구성

이 사건 출원발명의 출원 당시 구 특허법 제97조에1) 따르면 발명의 보호범위는 특허청구범위에 기재된 사항에 의하여 결정된다. 한편, 발명의 기술구성은 발명을 구성하는 기술적 요소를 의미하는 것으로서 발명의 보호범위를 파악하는 구체적 수단으로 사용되는 것이므로, 발명의 기술구성은 발명의 보호범위와 마찬가지로 특허청구범위에 기재된 사항에 의하여 파악하여야 한다.

그런데 물건 또는 장치의 발명에서 그 기술구성을 물건의 물리적인 구조나 구체적인 수단으로서 기재한다면, 특허청구범위에 기재된 사항은 당연히 발명의 기술구성에 해당한다고 할 것이지만, 성질·특성·작용·기능·용도 등으로 발명을 한정하는 경우에 그러한 한정사항이 과연 발명의 기술구성에 해당하는 것인지 여부가 문제가 된다.

그러나 특허청구범위에는 보호받고자 하는 사항을 기재한 청구항을 기재하여야 하고(구 특허법 제42조 제4항), 그 청구항은 발명의 구성에 없어서는 아니되는 사항만으로 기재되어야 하는 것이므로(구 특허법 제42조 제4항 제3호), 특허청구범위에 기재된 사항은 기본적으로 출원인이 보호받고자 하는 사항을 기재한 것으로서 출원인이 발명의 기술구성을 구체적으로 한정한 사항으로 보아야 할 것이다. 결국, 청구항에 기재된 사항이 물건의 물리적인 구조나 구체적인 수단이 아니라 단지 성질·특성 등으로 한정한 사항이라는 이유만으로 발명의 기술구성이 아니라고 할 수는 없다. 청구항에 기재되어 발명을 한정한 사항을 발명의 기술구성으로 보고 선행기술과 대비하여 그러한 한정사항에 의하여 당해 발명이 선행기술과 기술적으로 구별될 수 있는 것인지 여부에 따라서 신규성 또는 진보성을 구체적으

---

1) "특허발명의 보호범위는 특허청구범위에 기재된 사항에 의하여 정하여진다"(1990. 1. 13. 법률 제4207호로 전문 개정된 법, 이하 같다).

로 판단하면 되는 것이다.

2. 본 사례의 검토

이 사건 출원발명의 특허청구범위 제1항(이하 '이 사건 제1항 발명')은 2개의 기술구성으로 이루어진 것인데,2) 특허심판원은 이 사건 제1항 발명의 진보성 판단에서 그 실체적 기술구성인 인광체 입자만을 대상으로 하여야 할 것이고, 효과에 관한 사항인 제2구성을 기술구성의 일부로 파악할 수 없다고 판단하였다. 그 이유는 봉입된 인광체 입자 자체의 효과로 권리를 청구하는 이 사건 제1항 발명은 이 사건 출원발명 이후에 개발될 수 있는 다른 봉입방법에 의하여 제조된 인광체 입자도 포함하는 것이므로, 실제 발명한 내용보다 훨씬 넓은 범위의 권리를 청구하는 것으로서 허용될 수 없기 때문이라고 하였다.

그러나 특허심판원이 판단한 바와 같이 이 사건 제1항 발명이 효과로 발명을 한정한 것에 의하여 실제 발명한 내용보다 훨씬 넓은 범위의 권리를 청구하는 것이라면, 발명의 상세한 설명에 의하여 뒷받침되지 아니한다는 이유 등과 같은 다른 거절이유로 출원을 거절할 수 있을 수는 있는 것이지만, 단지 그러한 이유만으로 출원인이 보호받고자 하는 사항으로서 특허청구범위에 기재한 사항인 효과에 관한 사항을 기술구성이 아니라고 판단한 것은 잘못된 것이다.

또한, 특허법원은 제2구성은 인광체 입자를 봉입함으로서 생기는 효과 또는 그 물리적 특성을 나타내는 것에 지나지 않는 것으로서 이러한 사항은 특허청구범위에 기재되어 있더라도 발명의 내용을 구체적으로 한정하는 기술구성이라 할 수 없다고 판단하였다. 더 나아가 그러한 기술구성은 비교대상발명과 그 기술구성의 차이를 대비할 필요도 없는 것이고, 특허청구범위에 기술구성으로 기재되어 있지 않은 것과 마찬가지로 보아야 한다고 판단하였다.

결국, 특허법원도 효과로 한정한 제2구성을 기본적으로는 기술구성의 하나로서 보았지만, 실제적으로는 발명의 내용을 한정하는 기술구성이 아니라고 판단하

---

2) "거의 투명한 연속상의 산화물 피복층 내에 본질적으로 완전히 봉입되고, 습도-가속된 감쇠에 민감한 전기발광성 인광체 입자를 포함하는 구성"(이하 '제1구성')과 "상기 봉입된 인광체 입자는 피복되지 않은 인광체 입자의 초기 전기발광 명도와 같거나 그 명도의 약 50% 이상인 초기 전기발광 명도를 가지며, 상대습도 95% 이상의 환경에서 100시간 작동시킨 후 보유되는 발광 명도의 백분율이, 작동온도, 전압 및 진동수가 거의 같은 상태에서 100시간 작동시킨 후 보유되는 고유한 명도의 약 70% 이상인 것을 특징으로 하는 봉입된 전기발광성 인광체 입자인 구성"(이하 '제2구성').

여 제2구성을 제외한 상태에서 비교대상발명과 대비하여 진보성을 판단하였다.

그런데 제1구성의 내용 중의 '습도-가속된 감쇠에 민감한' 또는 '전기발광성'이라는 것은 인광체 입자의 성질 또는 특성을 한정한 표현이므로, 제2구성에 대한 특허법원의 판단방법에 따른다면 이러한 표현들도 모두 발명의 내용을 구체적으로 한정하는 기술구성이 아닌 것으로 보아야 할 것이다. 그러나 특허법원 판결에서 이러한 표현들은 모두 제1구성을 구체적으로 한정한 기술구성으로 보고 판단하였다는 점에 비추어 보면, 제2구성이 물건으로부터 생기는 효과 또는 물리적 특성으로 한정하였다는 것을 이유로 발명의 내용을 한정한 기술구성이 아니라는 특허법원의 판단은 일관성이 결여되어 수긍하기 어렵다.

이에 비하여 대법원은 이 사건 제1항 발명에서 청구하는 인광체 입자는 구조에 의해서 특정하는 것이 곤란하고, 구조만으로 특정하려 할 때 종래의 인광체 입자와 기술적으로 구별하기 어려우며, 제1구성만으로는 이 사건 제1항 발명이 목적으로 하는 초기 발광 명도와 발광 명도의 지속성이 아울러 높은 인광체 입자를 얻을 수 있다고 볼 수도 없다는 점과 제2구성 역시 원고가 이 사건 출원발명을 출원하면서 보호를 받고자 하는 사항으로서 제1구성과 함께 그 특허청구범위에 기재한 사항임이 명백하다는 점을 들어 제2구성은 발명의 대상인 인광체 입자의 성질 또는 특성을 표현하고 있기는 하지만 제1구성을 한정하면서 발명을 특정하고 있는 사항이라고 봄이 상당하므로, 이 사건 제1항 발명의 진보성을 판단함에 있어 비교대상발명과 대비하여야 할 기술구성에 해당한다고 판단하였다.

대법원은 제2구성이 그 자체로서 이 사건 제1항 발명을 특정하는 기술적 의의를 가지는 것이므로, 제2구성은 발명의 내용을 특정하는 사항으로 봄이 상당하다고 하였으나, 일단 출원인이 특허청구범위에 기재한 사항은 원칙적으로 발명의 내용을 특정하는 기술구성으로 보아야 할 것이고, 그러한 기술구성을 가진 발명을 선행기술과 대비하여 선행기술과 구별되는 기술적 의의가 있는 것인지 여부를 고려하여 그 발명의 신규성 및 진보성을 판단하면 충분하다고 생각한다.3)

──────────

3) 예를 들면, 물질 A와 물질 A의 의약용도(당뇨병 치료제)도 공지된 상태에서 물질 A의 항암성이라는 새로운 특성을 발견하여 '항암성을 가진 물질 A'를 청구한 발명이 출원된 경우에 '항암성을 가진'이라는 성질로 특정한 사항은 출원발명의 기술구성으로 인정하고, 그러한 기술구성으로 특정되었다고 하더라도, '항암성을 가진 물질 A'는 특성의 한정이 없는 물질 A의 부분집합에 해당하는 것이므로, 신규성이 없다고 판단하면 된다. 다른 예로서, 'J형상의 낚시용 후크'가 공지된 상태에서 'J형상의 크레인용 후크'를 청구하는 발명이 출원된 경우에 출원발명의 '크레인용'이라는 용도한정을 기술구성으로 인정하고, 선행기술인 낚시용 후크와 대비

3. 맺 음 말

이 사건 출원발명은 이 기술분야에 이미 알려진 인광체 입자에서 초기 발광 명도와 발광 명도의 지속성 등의 효과만을 한정한 것인데, 이 사건 출원발명의 상세한 설명의 기재에 의하면 그러한 효과는 단지 공지된 제조방법의 일부를 변경한 것에 의하여 달성되는 것이다.

그렇다면 이 사건 출원발명의 특허청구범위에서 인광체 입자의 새로운 제조방법을 청구하는 것이 이 사건 출원발명의 발명자가 실제로 발명한 것에 부합되는 것이라고 할 수도 있다.

그러나 출원이 거절되거나 무효될 수 있는 위험을 무릅쓰고, 자신이 실제로 한 발명보다 넓은 범위의 특허청구범위로 출원하는 것은 출원인의 선택사항이고, 이에 대하여 적절한 거절이유를 통지하여야 하는 것은 특허청 심사관의 역할이다.

만약 이 사례에서 특허청구범위가 발명의 상세한 설명에서 뒷받침되지 아니한다고 거절되었거나, 다른 제조방법으로 제조된 인광체 입자에 의하여 초기 발광 명도와 발광 명도의 지속성이 달성되었다는 기재가 있는 선행기술을 근거로 신규성 또는 진보성을 부정한 것이었다면, 이 사건 출원발명에 대한 심사결과의 최종 결론이 달라질 수도 있었을 것이다.

본 판결은 대법원 2002. 6. 28. 선고 2001후2658 판결과 함께 성질 또는 특성 등에 의하여 물건을 특정하려고 하는 기재를 포함하는 발명의 신규성 및 진보성을 판단하는데 특허청구범위에 기재된 성질 또는 특성이 발명의 내용을 한정하는 사항인 이상, 이를 발명의 구성에서 제외하고 선행기술과 대비할 수 없다는 점을 명확히 한 판결로서 그 의의가 있다.

하여 '크레인용'이라는 기술구성은 크레인에 사용하기에 특히 적합한 크기 또는 강도를 포함하는 특정한 구조를 가지는 후크를 특정하는 것이라 할 수 있으므로, 선행기술에 의하여 신규성 및 진보성이 부정되지 아니한다고 판단하면 된다.

33. 복합제제 의약 용도발명의 명세서 기재불비와 진보성

[대법원 2003. 10. 10. 선고 2002후2846 판결]

강춘원(특허심판원 심판장)

I. 사실의 개요

특허출원 제1994-702093호(이하 '이 사건 출원발명')에 대하여 특허청은 이 사건 출원발명이 미완성발명에 해당하고, 비교대상발명으로부터 통상의 기술자가 용이하게 발명할 수 있는 것일 뿐 아니라, 이 사건 출원발명의 상세한 설명이 통상의 기술자가 용이하게 실시할 수 있을 정도로 기재되지 아니하였다는 이유로 거절결정을 하였다.

이에 불복하여 청구된 거절결정불복심판에서 특허심판원은 이 사건 출원발명의 명세서에는 약리효과에 관한 기재가 없이 단순히 효과가 있다고만 기재되어 있을 뿐이어서 명세서 기재불비에 해당하고, 비교대상발명에 포르모테롤과 부데소나이드를 병용투여할 수 있음이 공지되어 있을 뿐만 아니라 이 사건 출원발명의 명세서에는 이 사건 출원발명의 효과를 입증할 수 있는 약리효과에 관하여 전혀 기재된 바 없으므로, 진보성도 인정되지 아니한다고 심결하였다.

심결취소소송에서 특허법원은 이 사건 출원발명의 상세한 설명이 통상의 기술자가 출원 당시의 기술수준으로 보아 특별한 지식을 부가하지 않고서도 이 사건 출원발명의 약리효과가 있다는 것을 명확하게 이해하고 이를 반복 재현할 수 있도록 기재되었다고 볼 수 없어 명세서 기재불비에 해당할 뿐만 아니라 이 사건 출원발명의 진보성도 인정되지 아니한다고 판결하였다.

이에 불복하여 제기된 상고에 대하여 대법원은 아래와 같이 판시하였다.

Ⅱ. 판   시

상고 기각.

"이 사건 출원발명의 우선권 주장일 이전에 반포된 간행물인 'Annals of Allergy Vol. 63'(이하 '간행물 1'이라고 한다)에는 천식 등과 같은 호흡기 질환의 병리학적 원인이기도 평활근의 수축과 기도의 염증에 기인하는 것이므로, 그 치료를 위해서는 기관지 확장제인 β2-효능제와 소염제를 동시에 사용하는 것이 필요하다고 기재되어 있고, 이 사건 출원발명의 우선권 주장일 이전에 반포된 간행물인 'Lung(1990), Suppl.'(이하 '간행물 2'라고 한다)에는 성인 천식에 있어 '첫번째로 사용되는 약물요법'으로 β2-효능제와 소염제인 스테로이드의 복합요법을 사용하는 경향이 있다고 기재되어 있으며, 이 사건 출원발명의 상세한 설명에서 언급하고 있는 유럽특허출원공개 제416950호와 유럽특허출원공개 제416951호는 β2-효능제와 소염제인 스테로이드 중 일부를 선택한 복합제제이고, 간행물 1에는 β2-효능제의 일종인 살부타몰과 소염제의 일종인 BDP의 복합제제가 공지되어 있으므로, 이 사건 출원발명의 출원 우선일 이전에 이 사건 출원발명이 속하는 기술분야에서 β2-효능제와 소염제의 복합요법이 기관지 확장작용과 소염작용이라는 약리활성에 의해 천식 등의 호흡기 질환치료 용도로서 사용됨은 이미 알려져 있었고, 다음으로, 간행물 1에는 이 사건 출원발명의 첫번째 활성성분인 포르모테롤이 β2-효능제의 예시로서, 이 사건 출원발명의 두번째 활성성분인 부데소나이드가 소염제인 스테로이드의 예시로서 각 기재되어 있으므로, 이 사건 출원발명은 그 우선일 이전에 약리기전이 밝혀져 있었다고 봄이 상당하다. 앞에서 본 법리에 비추어 볼 때, 이 사건 출원발명은 이 기술분야에서 통상의 지식을 가진 자의 반복 재현성을 위해 객관적 약리데이터 또는 이에 대신할 수 있을 정도의 구체적 기재까지는 필요하지 않은 발명이고, 기록에 의하면, 이 사건 출원발명은 그 상세한 설명에 이 사건 출원발명의 구성에 의해 달성되는 특유의 효과 및 유효량, 투여방법 및 제제화에 관한 사항을 기재하고 있으므로, 이 사건 출원발명의 상세한 설명은 그 명세서의 기재요건에 위배한 것이라고 할 수 없음에도 불구하고, 이와 달리 판단한 원심에는 특허법 제42조 제3항에 관한 법리를 오해한 위법이 있고, 이를 지적하는 상고이유 제1점의 주장은 이유 있다. … (중략) …

이 사건 제8항 발명의 효과와 관련하여, 부데소나이드를 단독으로 사용할 때

보다 고용량의 부데소나이드와 포르모테롤의 복합제제를 사용할 때 효과가 크고, 부데소나이드(160μg)와 포르모테롤(4.5μg)의 복합제제가 살메테롤(50μg)과 플루티카손 프로피오네이트(250μg)의 복합제제보다 최대호기량이 크고, 신속한 효과가 있음이 인정되기는 하지만, 간행물 1, 2에 포르모테롤을 포함하는 β2-효능제와 부데소나이드를 포함하는 소염제를 병용하는 복합제제에 관한 기술내용이 개시되어 있고, 이 사건 제8항 발명이 그 청구범위에서 포르모테롤과 부데소나이드의 배합비를 특정한 수치로 한정해 놓고 있지도 아니하므로, 이 사건 제8항 발명은 그 예상 가능한 모든 배합비에서 위 간행물들에 기재된 발명보다 현저한 효과가 있음이 인정되어야만 특허받을 수 있음에도 불구하고, 원고가 제출한 증거만으로는 간행물 1에 기재된 발명에 비하여 이 사건 제8항 발명이 어느 정도의 현저한 효과가 있는지를 알 수 없을 뿐만 아니라, 이 사건 제8항 발명이 그 명세서에서 이 사건 출원발명의 바람직한 포르모테롤 대 부데소나이드의 배합비라고 기재한 것(1:4 내지 1:70) 이외의 다른 모든 배합비에서도 현저한 효과가 있음을 인정하거나 이를 추인할 수 있는 자료도 없으므로, 원심이 위와 같이 인정, 판단한 것은 정당하고 거기에 상고이유에서 지적하는 바와 같이 특허법 제29조 제2항에 관한 법리를 오해한 위법이 없다."

Ⅲ. 해   설

1. 약리기전이 공지된 복합제제 의약 용도발명과 약리효과 데이터

특허법 제42조 제3항은 특허출원한 발명을 공개하여야 한다는 특허제도의 기본 원칙을 관철하기 위하여 통상의 기술자가 그 발명을 쉽게 실시할 수 있도록 명확하고 상세하게 적을 것을 규정하고 있다. 그런데 기계장치 등에 관한 발명은 발명의 구성으로부터 그 작용과 효과를 명확하게 이해하고 용이하게 재현할 수 있는 경우가 많지만, 이른바 실험의 과학이라고 하는 화학발명의 경우에는 예측가능성 내지 실현가능성이 현저히 부족하여 실험데이터가 제시된 실험예가 기재되지 않으면 통상의 기술자가 그 발명의 효과를 명확하게 이해하고 용이하게 재현할 수 있다고 보기 어려워 완성된 발명으로 보기 어려운 경우가 많고, 특히 약리효과의 기재가 요구되는 의약의 용도발명에 있어서는 그 출원 전에 명세서 기재의 약리효과를 나타내는 약리기전이 명확히 밝혀진 경우와 같은 특별한 사정이 있지 않은 이상, 특정 물질에 그와 같은 약리효과가 있다는 것을 약리데이터 등이 나타난 시험예로 기재하거나 또는 이에 대신할 수 있을 정도로 구체적으로 기재하여야만 비로소 발명이 완성되었다고 볼 수 있는 동시에 명세서의 기재요건을 충족하였다고 볼 수 있다. 또한, 이와 같이 시험예의 기재가 필요함에도 불구하고 최초 명세서에 그 기재가 없던 것을 보정하는 것은 명세서에 기재된 사항의 범위를 벗어난 것으로서 허용되지 않는다.1)2)

이러한 판단기준은 복합제제에 관한 의약 용도발명의 경우에도 동일하게 적용되므로, 이 사건 출원발명의 경우에는 포르모테롤과 부데소나이드를 유효성분으로 하는 복합제제가 의약용도로서 호흡기 질환 치료효과가 있다는 것을 발명의 상세한 설명에 약리데이터 등의 시험예로 기재하여야 하는 것이 원칙이다. 그러나 본 판결은 이 사건 출원발명은 일반적인 의약 용도발명의 경우와 달리 2958 판결 등에서 말하는 특별한 사정이 있다고 인정한 것이다.

즉, 이 사건 출원발명의 의약용도(약리효과)는 호흡기 질환 치료제이고, 제1성분인 포르모테롤의 약리활성은 β2수용체에 작용하여 기관지를 확장시키는 것이며, 제2성분인 부데소나이드의 약리활성은 염증을 치료하는 것인데, 이 사건 출원발명의 약리효과(호흡기 질환 치료)를 나타내는 약리기전(기관지 확장작용과 염증 치료작용의 상승작용)이 공지된 선행문헌인 간행물 1, 2에 기재되어 있으므로, 이 사건 출원발명은 약리효과를 나타내는 약리기전이 명확히 밝혀진 경우에 해당한다고 인정한 것이다.

더욱이 이 사건 출원발명의 상세한 설명에는 이 사건 출원발명의 구성에 의해 달성되는 특유의 효과 및 유효량, 투여방법 및 제제화에 관한 사항 등 의약 용도발명인 이 사건 출원발명의 기술적 구성을 통상의 기술자가 명확하게 알 수 있도록 기재되어 있으므로, 본 판결은 이 사건 출원발명의 상세한 설명이 특허법 제42조 제3항에 위배되지 아니한다고 판단한 것이다.

2958 판결 등에서 말하는 특별한 사정이 있다고 인정한 본 판결과 달리, 온단세트론과 덱사메타손을 유효성분으로 하는 제토제에 관한 발명에 대하여 온단

---

1) 대법원 2001. 11. 30. 선고 2000후2958, 2000후2965, 2000후2972, 2000후2989, 2000후2996, 2000후3005, 2001후65 판결 참조(이하 '2958 판결 등').

2) 2958 판결 등에서는 약리효과 데이터가 기재되지 않는 경우 미완성 발명에 해당한다고 판시하고 있으나, 그러한 경우에 미완성발명에는 해당하지 아니하고, 단지 명세서 기재불비로만 보아야 한다는 판결(특허법원 2001. 7. 20. 선고 2000허7038, 확정)도 있다.

세트론과 덱사메타손을 병행투여한 경우 온단세트론의 제토 효과보다 상승된 제토 효과를 가지는 약리기전이 밝혀지지 아니하였고, 온단세트론의 제토 특성은 덱사메타손과 함께 투여하였을 때 증강됨을 알게 되었다는 명세서 기재내용을 약리데이터에 대신할 수 있을 정도의 구체적 기재라 할 수 없다고 판결한 사례가 있고(대법원 2001. 11. 13. 선고 99후2396 판결), 암로디핀과 아토르바스타틴을 유효성분으로 하는 치료적 배합물에 관한 발명에 대하여 암로디핀의 약리기전과 아토르바스타틴의 약리기전이 개별적으로 공지되었다거나, 암로디핀과 스타틴 계열의 다른 약물인 로바스타틴을 병용하는 경우에 동맥경화증 등의 질환에 효과가 있다는 사실이 공지되었다는 사정만으로는 암로디핀과 아토르바스타틴의 배합물에 관한 약리기전이 명확하게 밝혀졌다고 할 수 없다고 판결한 사례도 있다(대법원 2007. 3. 30. 선고 2005후1417 판결). 또한, '탁솔 또는 탁소테르'와 '독소루비신 및 시클로포스파미드'의 복합제제에 관한 발명과 '탁소테르 또는 이의 유도체'와 '시스플라틴 또는 카르보플라틴 백금배위 복합체'의 복합제제에 관한 발명에 대해서도 위 2개의 대법원 판결과 같은 취지로 판결한 사례가 있다(대법원 2007. 7. 26. 선고 2006후2523, 2006후2530 판결).

2. 선택발명인 복합제제 의약 용도발명의 진보성

본 판결은 이 사건 출원발명과 간행물 1, 2에 기재된 발명이 기관지 확장제와 소염제를 병용하여 호흡기 질환을 치료하는 것으로서 발명의 목적에 공통점이 있고, 이 사건 출원발명의 유효성분인 포르모테롤 및 부데소나이드는 간행물 1에 직접 개시되어 있으며, 간행물 2에도 포르모테롤 및 부데소나이드의 상위개념인 스테로이드가 개시되어 있을 뿐만 아니라, 이들 두 가지 구성성분으로 이루어진 복합제제도 간행물 1, 2에 공지되어 있어서 기술구성의 곤란성이 없고, 명세서에 기재된 이 사건 출원발명의 효과도 포르모테롤 및 부데소나이드의 병용투여에 관한 간행물 1, 2에 기재된 발명으로부터 예측할 수 있는 것 이상의 현저한 것이라고 볼 수도 없으므로, 이 사건 출원발명은 진보성이 인정되지 아니한다는 원심의 판단이 정당하다고 하였다.

더 나아가 본 판결은 대법원 2003. 4. 25. 선고 2001후2740 판결을[3] 인용하면

---

3) 선택발명의 진보성이 인정되기 위해서는 선택발명에 포함되는 하위개념의 일부가 아니라 하위개념에 속하는 모두가 선행발명이 갖는 효과와 질적으로 다른 효과를 갖고 있거나, 질적

서, 간행물 1, 2에 이 사건 출원발명의 2개의 유효성분, 의약용도 및 병용하는 복합제제에 관한 기술내용이 개시되어 있고, 이 사건 출원발명이 2개 유효성분의 특정 배합비를 수치로 한정한 것도 아니므로, 이 사건 출원발명은 모든 배합비에서 위 간행물들에 기재된 발명보다 현저한 효과가 있어야만 선택발명으로서 진보성이 인정되는 것이지만, 제출된 증거만으로는 선행기술에 기재된 발명에 비하여 이 사건 출원발명이 모든 배합비에서 현저한 효과가 있다고 인정할 수 없으므로, 원심의 판단이 정당하다고 하였다.

결국, 본 판결은 이 사건 출원발명의 본질을 선택발명으로 보고,[4] 2001후2740 판결에서 제시한 선택발명의 진보성 판단기준을 적용하여 이 사건 출원발명의 진보성이 인정되지 아니한다고 판단한 것이다.

만약 이 사건 출원발명이 포르모테롤과 부데소나이드의 배합비를 특정한 수치범위로 한정하였고, 그러한 수치범위에서 선행기술에 비하여 현저한 작용효과를 나타낸다는 것이 입증되었다면 진보성이 인정될 수도 있었겠지만, 복합제제에서 단지 유효성분의 배합비를 구체적으로 특정하였다고 하여 언제나 진보성이 인정되는 것은 아니다. 실로스타졸과 은행잎추출물을 50:20 또는 50:40의 중량비로 함유한 항혈전 약제조성물의 진보성 판단에서 그러한 약제조성물은 이미 항혈전 용도로 병용처방 빈도가 높았던 두 개의 약물을 그와 같은 의약용도를 가지는 하나의 조성물로 구성한 것에 불과하여 진보성이 인정되지 아니한다고 한 판결이 그러한 사례이다(대법원 2014. 2. 13. 선고 2013후75 판결).

유효성분의 배합비 이외에 다른 기술구성을 추가로 포함하는 복합제제 관련 발명이 출원되어 특허등록되고 있는데,[5] 특히 유효성분 및 의약용도 뿐만 아니라 제제학적 기술구성을 포함하고 그러한 기술구성에 의한 현저한 작용효과로 인하여 진보성이 인정되어 특허되었다는 점에 주목할 필요가 있다.

인 차이가 없더라도 양적으로 현저한 차이가 있어야 한다는 판단기준을 제시한 판례이다.
4) 기관지확장제와 스테로이드계 소염제를 병용하여 호흡기질환을 치료하는 것은 간행물 1, 2에 의하여 공지된 것인데, 여러 가지 유효성분들 중에서 이 사건 출원발명은 기관지확장제중에서 포르모테롤, 소염제중에서 부데노사이드를 각각 선택한 선택발명이라고 본 것이다.
5) 클로피도그렐 및 아스피린의 복합제제(특허 제1502588호), 심혈관계 질환치료용 경구투여제제(특허 제0870396호).

34. 구성요소를 생략하거나 치환한 형식의 종속항을 독립항으로 보아야 할 것인지에 관한 검토

[대법원 2005. 11. 10. 선고 2004후3546 등록무효(실)]

홍정표(국민대학교 교수)

I. 사실의 개요

X(원고, 피상고인)는 명칭이 "흡착용자석장치"인 실용신안등록 제79578호(출원일 1991. 2. 12., 등록일 1994. 4. 11., 이하 '이 사건 등록고안'이라1) 한다)가 그 출원 전에 반포된 간행물 및 주지관용기술에 의해 이 분야에 통상의 지식을 가진 자(이하 '통상의 기술자'라 한다)가 극히 용이하게 고안할 수 있는 것이라는 이유로 등록무효심판을 청구하였다.

특허심판원은 위 심판청구에 대하여, 이 사건 등록고안의 실용신안등록청구범위 제1항 고안(이하 '이 사건 제1항 고안'이라 한다)은 비교대상발명과 대비하여 진보성이 있고, 이 사건 등록고안의 실용신안등록청구범위 제2항 고안(이하 '이 사건 제2항 고안'이라 한다)은 종속항이 아니라 인용하는 형식으로 기재된 독립항으로서 역시 진보성이 있는 것이고, 이 사건 등록고안의 실용신안등록청구범위 제3항 내

---

1) 청구범위는 다음과 같다.
  1. 후 자극 부재(1), (1'), (1")의 좌우 측면에는 일정 간격으로 다수의 나사공(5)을 형성하고 이 나사공(5)과 대접되는 좌우 덮개판(3)에는 깔대기형 통공(3')을 뚫림하여 통공(3')으로 체결볼트(6)을 끼움하여 체결할 때 체결볼트(6)의 나사부(6')는 상기한 나사홈(5)에 나사 조임되고 체결볼트(6)의 두부(6")는 상기한 깔대 기형 통공(3')에 걸림된 상태에서 용접된 용접부(7)가 됨으로써 공실 내에 장입된 영구 자석편(13), (13')이 밀폐되게 한 흡착용 자석장치.
  2. 제1항에 있어서, 전후 자극 부재(1), (1'), (1"), (1‴)의 좌우 측면에 일정 간격으로 다수의 홈(5')과 대접되는 좌우 덮개판(3)의 깔대기형 통공(3')이 용접용재에 의해 메워진 용접부(7")가 되게 한 흡착용 자석장치.
  3. 제1항에 있어서 전후 자극 부재(1), (1'), (1"), (1‴)의 좌우 측면에 상하부에 홈(5')에 대접되는 좌우 덮개판(3)의 상하부에는 "ㄷ"형 홈(3")을 형성하여 이 홈(5", 5'의 오기로 보인다), (3")부위가 용접용재에 의해 메워진 용접부(7‴)로 되게 한 흡착용 자석장치.
  4 - 5. (생략)

지 제5항 고안(이하 각각 '이 사건 제3항 내지 제5항 고안'이라 한다)은 이 사건 제1
항 고안을 한정하거나 부가하여 구체화하고 있는 종속항으로서 진보성이 있다고
판단하여 2004. 3. 29. 기각심결을 하였고,2) 이에 대한 심결취소소송에서 특허법원
은 이 사건 제1항 고안은 통상의 기술자가 비교대상고안으로부터 용이하게 설계
변경할 수 있는 것이어서 진보성이 없는 것이고, 이 사건 제2항 내지 제5항 고안
은 이건 제1항 고안을 한정하는 종속항의 형식으로 이 사건 제1항 고안에서 체결
볼트만 없는 것이므로, 역시 진보성이 없다고 판단하여 2004. 11. 25. 특허심판원
의 심결을 취소하는 판결을 선고하였다.

　이에 대하여 원고가 불복하여 상고를 제기하였는바, 대법원은 다음과 같이 판
시하였다.

Ⅱ. 판　　시

　기각 판결.

　"실용신안의 등록청구범위에 있어서 다른 청구항을 인용하지 않는 청구항이
독립항이 되고 다른 독립항이나 종속항을 인용하여 이를 한정하거나 부가하여 구
체화하는 청구항이 종속항이 되는 것이 원칙이지만, 독립항과 종속항의 구분은 단
지 청구항의 문언이 나타내고 있는 기재형식에 의해서만 판단할 것은 아니므로(대
법원 1998. 4. 10. 선고 96후1040 판결 참조), 인용하고 있는 청구항의 구성 일부를
생략하거나 다른 구성으로 바꾼 청구항은 이를 독립항으로 보아야 할 것이고, 이
사건에 있어 이 사건 제2항 내지 제5항 고안은 기재형식에 있어서는 '제1항에 있
어서'라는 표현을 사용하여 마치 이 사건 제1항 고안의 종속항인 양 기재되어 있
으나 내용에 있어서는 이 사건 제1항 고안의 체결볼트로 체결하는 구성을 생략하
고 있으므로 이를 독립항으로 보아야 한다는 상고이유의 주장은 수긍이 된다. 그
러나 원심판결 이유에 의하면 원심은, 이 사건 제2항 내지 제5항 고안을 위와 같
은 법리에 따라 독립항으로 해석하여 진보성 유무를 판단한 것이므로 거기에 상
고이유에서 주장하는 법리오해 등의 위법이 없다."

---

2) 특허심판원 2004. 3. 29.자 2002당3293 심결.

Ⅲ. 해　설

1. 들어가는 말

그간 대법원의 입장은 원칙적으로 특허권의 권리범위는 특허청구범위에 기재된 사항에 의하여 정하여지는 것이므로, 발명이 특허를 받을 수 있는지 여부를 판단함에 있어 청구범위의 기재만으로 권리범위가 명백하게 되는 경우에는 청구범위의 기재 자체만을 기초로 하여야 할 것이지 발명의 상세한 설명이나 도면 등 다른 기재에 의하여 청구범위를 보완하여 제한 해석하는 것은 허용되지 않는다는 것이고, 다만 특허청구범위의 의미가 명확히 이해될 수 없거나 그 기재가 오기임이 명확한 경우,3) 명세서에서 특정 용어를 정의하여 사용하고 있는 경우,4) 특허청구범위가 발명의 상세한 설명에 의하여 뒷받침되지 아니하는 경우5) 및 종속항이 인용하고 있는 청구항의 구성 일부를 생략하거나 다른 구성으로 치환한 경우6) 등에 있어서는 발명의 상세한 설명 및 도면 등의 기재를 참고하여 청구범위를 달리 해석한 대법원 판례들이 있다.

2. 종속형식의 청구항을 독립항으로 본 이 사건 이전의 판결들

대법원 1995. 8. 11. 선고 94다5564 판결은 명칭을 '콘크리트 건조물 벽면의 보강장치'로 하고 인용형식으로 기재된 실용신안등록 제48593호의 청구범위 제2항은 제1항의 종속항이 아닌 독립항이고, 이를 수입하여 사용 판매하는 피고의 행동은 실용신안권을 침해하는 것이라고 판결한 원심(서울고등법원 1993. 12. 14. 선고 93나25402 판결)을 지지하였다.7)

대법원 1998. 4. 10. 선고 96후1040 판결은8) "실용신안권의 권리범위 내지 실질적 보호범위는 실용신안 등록출원서에 첨부한 명세서의 청구범위에 기재된 사

---

3) 대법원 2001. 9. 7. 선고 99후734 판결[등록무효(특)] 등 참조.
4) 대법원 1998. 12. 22. 선고 97후990 판결[등록무효(특)].
5) 대법원 1998. 5. 22. 선고 96후1088 판결[권리범위확인(특)].
6) 대법원 1998. 4. 10. 선고 96후1040 판결[권리범위확인(실)].
7) 이 사건에서 청구항 제2항을 독립항이 아니라 종속항으로 보게 되면, 피고의 부착시이트는 청구항 제1항에 기재된 부착시이트의 튜우브부가 원판부의 중심부로부터 직교되게 돌출된 짧은 부분 및 그 부분과 일정 각도를 이루며 이어지는 긴 부분으로 나뉘어지는 구성요소를 결여하고 있으므로, 침해가 성립하지 아니한다.
8) 이 판결과 앞서 언급한 대법원 94다5564 판결에서의 등록고안은 실용신안등록 제48593호로서 같다. 대법원 94다5564 판결은 침해사건, 이 판결은 등록무효 사건에 관한 것이다.

항에 의하여 정하여지는 것이 원칙이고 (……) 그러한 청구범위의 문언을 해석함에 있어서는 당해 기술분야에서 통상적으로 인식되는 용어의 의미에 따라야 할 것이고, 그 의미가 불명확하거나 문언 그대로의 해석이 명세서의 다른 기재에 비추어 보아 명백히 불합리한 경우에는 출원된 기술사상의 내용과 명세서의 다른 기재 및 출원인의 의사와 제3자에 대한 법적안정성을 두루 참작하여 정의와 형평의 원칙에 따라 합리적으로 해석하여야 할 것이다.

이 사건에 돌아와 기록에 의하여 보건대, 이 사건 등록고안의 청구범위 제1항과 제2항은9) 그 목적이나 작용효과가 명백히 서로 다르고, 그 제2항에서는 '제1항에 있어서'라는 표현을 사용하고 있기는 하나, 부착시이트와는 별개의 장치인 자동약액주입기에 관한 청구범위 제3항과 제4항에서도 '제1항에 있어서'라는 표현을 사용하고 있는 점, 제2항의 '제1항에 있어서'라는 표현은 제1항에서 말하는 절곡된 부착시이트를 한정하는 것이 아니라 제1항이 전제부분인 '…… 건조물 벽면의 보강장치에 있어서'까지를 의미하는 것으로 해석한다면 전체적인 의미가 명확해진다는 점을 고려하여 정의와 형평의 원칙에 따라 합리적으로 해석한다면 이 사건 등록고안의 청구범위 제2항은 제1항과는 다른 독립된 권리를 의미하는 독립항이라 할 것이다. 그럼에도 불구하고 원심이 이 사건 등록고안의 청구범위에 기재된 형식적인 문언에만 집착하여 이 사건 등록고안의 청구범위 제2항이 제1항의 종속항이라고 판단한 것은 청구범위의 해석에 관한 법리를 오해한 위법이 있다"고 판시

---

9) 이 사건 등록고안의 청구범위는 다음과 같다.
　1. 콘크리트 건조물 벽면의 크랙상에 부착하기 위한 원판부(3)와 튜우브부(2)로 구성된 부착 시이트(1)와 상기 부착 시이트(1)의 튜우브부(2)에 주입 노즐(11)에 의해 착탈이 가능한 자동 약액 주입기(10)로 구성되며, 상기 자동 약액 주입기(10)가 주입 노즐(11), 주입 노즐(11)에 나사 식으로 장착되는 벨로우즈형의 약액 캡슈울(20), 약액 캡슈울(20) 내에 충전된 약액에 대하여 추력을 가하기 위한 코일 스프링(24), 코일스프링(24)의 전단부에 고정된 원판부(25), 약액 캡슈울(20)과 코일 스프링(24)을 수용하기 위한 케이스(27), 케이스(27)의 전단부와 후단부에 나사식으로 연결된 캡(28, 29) 및 원판부(25)에 그 일단부가 직결되어 그 타단부에 매달려 있는 링(40)을 당김으로써 코일 스프링(24)을 압축시키기 위한 레버(36)로 구성되는 콘크리트 건조물 벽면의 보강 장치에 있어서, 상기 부착 시이트(1)의 튜우브부(2)가 원판부(3)의 중심부로부터 직교되게 돌출된 짧은 부분(4)과 그 부분(4)과 약 30° 내지 70°(그 중에서도 약 55°가 가장 바람직함)의 각도를 이루며 이어지는 긴 부분(5)으로 구성되는 것을 특징으로 하는 콘크리트 건조물 벽면의 보강 장치.
　2. 제1항에 있어서, 상기부착 시이트(1)의 원판부(3)의 저면에 3개 이상의 동심의 원환돌조(7)를 형성함으로서 그 사이에 2개 이상의 요홈부(8)가 형성되는 것을 특징으로 하는 콘크리트 건조물 벽면의 보강 장치.
　3 - 4. (생략)

하였다.

특허법원 2002. 5. 3. 선고 2001허5091 판결은 "문언 기재의 형식상, 이 사건 특허발명 제3항은 첫머리에 '제2항에 있어서'라고 기재하고 있지만, 이 사건 특허 발명 제3항의 전체적인 체제는 이 사건 특허발명 제2항의 여러 공정 중에서 (b) 공정과 (c) 공정만을 다른 내용으로 대체하고 있는 것으로 볼 수 있다. 만일 이 사건 특허발명 제3항을 이 사건 특허발명 제2항 발명을 한정하거나 부가하여 구 체화하는 종속항으로 해석한다면, 이 사건 특허발명 제3항의 (b), (c) 공정이 이 사건 특허발명 제2항의 (b), (c) 공정에 부가됨으로써 유사한 공정을 두 번 반복하 는 결과가 된다"고 전제한 뒤, 이 사건 특허발명 제3항을 독립항으로 보아 그 (b), (c) 공정이 이 사건 특허발명 제2항의 (b), (c) 공정을 대체한 것이고, 나머지 공정 은 제2항의 (d), (e) 공정을 그대로 인용한 것으로 보는 것이 명세서 전체 및 도면 의 기재에 비추어 보아 합리적이고 출원인의 의사와도 부합하며, 그와 같이 해석 하더라도 특허청구범위의 해석에 관한 법적 안정성이나 제3자의 이익을 부당하게 해친다고 할 수 없다"고 판단하였다.

3. 국내외 관련 법규

가. 우리나라 특허법시행령

특허법시행령 제5조 제1항은 "법 제42조 제8항에 따른 특허청구범위의 청구 항을 기재할 때에는 독립청구항(독립항)을 기재하고, 그 독립항을 한정하거나 부가 하여 구체화하는 종속청구항(종속항)으로 기재할 수 있다. 이 경우 필요한 때에는 그 종속항을 한정하거나 부가하여 구체화하는 다른 종속항을 기재할 수 있다"고 하여, 종속항은 독립항 또는 다른 종속항을 한정하거나(소위 '내적 부가'), 부가하여 구체화하는(소위 '외적 부가') 경우의 어느 하나에 해당하여야 하는바, 인용되는 청 구항의 일부 구성요소를 삭제하거나 다른 구성요소로 치환하는 종속항은 원칙적 으로 허용되지 아니한다. 이에 따라 어느 청구항이 신규성 또는 진보성이 있으면 이 청구항을 인용하고 있는 종속항은 당연히 신규성 및 진보성이 있고, 권리범위 확인심판에서 확인대상발명이 어느 청구항의 권리범위에 속하지 아니하면 그 청 구항을 인용하고 있는 종속항의 권리범위에는 당연히 속하지 아니한다.

한편 특허청의 특허·실용신안 심사기준10)(구 심사지침서)는 "독립항을 형식적

---

10) 2417-2418면. 특허청은 1998년 제정되어 여러 차례 개정되었던 특허·실용신안 심사지침

으로 인용하고 있다 하더라도 독립항을 한정하거나 부가하지 않는 경우(예: 청구항 ○에 있어서 A의 구성요소를 B로 치환한 물건)에는 종속항이라고 할 수 없다"고 기재하고 있다. 또한 "독립항은 다른 청구항을 인용하지 않은 형식, 즉 독립형식으로 기재한다. 다만, 독립항이라도 동일한 사항의 중복 기재를 피하기 위하여 발명이 명확하게 파악될 수 있는 범위 내에서 다른 청구항을 인용하는 형식으로 기재할 수 있다"고 하면서 예로서, "청구항 ○의 방법으로 제조된 물건, 청구항 ○의 물건을 제조하는 … 방법, 청구항 ○의 방법으로 제조된 물건을 이용하여 … 하는 방법, 청구항 ○의 장치로 제조된 물건"을 들고 있다.

위의 예에서 보듯이 다른 청구항을 인용하는 형식의 독립항은 인용되는 청구항과 인용하는 청구항의 카테고리가 달라지는 경우 등 매우 제한적인 경우에 허용된다.

나. 미국, 일본 등 제 외국의 운용 현황

미국은 특허법 제112조에서 "종속형식의 청구항은 앞서 언급한 청구항을 인용하면서 청구된 주제의 한정사항을 더 특정하여야 한다. 종속형식의 청구항은 그것이 인용하고 있는 청구항의 모든 한정사항을 포함한 것으로 해석된다"고[11] 규정하고 있어서, 인용되는 청구항이 특허성이 있다면 통상 그 종속항도 선행기술을 극복하여 특허받을 수 있고,[12] 인용되는 청구항을 침해하지 아니하면 당연히 그 종속항도 침해하지 아니한다.

EPC에서도, 다른 청구항의 모든 특징을 포함하고 있는 청구항(종속항)은 그 청구항을 인용하면서 보호받고자 하는 추가적인 특징들을 기재하여야 한다고 규정하고 있다.[13]

서를 2014. 7. 심사기준으로 예규화하며 '특허·실용신안 심사기준'으로 명칭변경하였다.

11) 원문은 "A claim in dependent form shall contain a reference to a claim previously set forth and then specify a further limitation of the subject matter claimed. A claim in dependent form shall be construed to incorporate by reference all the limitations of the claim to which it refers"이다.

12) *In re Fine*, 837 F.2d 1071, 5 USPQ2d 1596 (Fed. Cir. 1988) ("Dependent claims are nonobvious under section 103 if the independent claims from which they depend are nonobvious."); *Hartness International Inc. v. Simplimatic Engineering Co.*, 819 F.2d 1100, 2 USPQ2d 1826 (Fed. Cir. 1987); *In re Johnson*, 589 F.2d 1070, 200 USPQ 199 (CCPA 1978). D.S. Chisum, *Element of U.S. Patent Law* (2nd ed.), p. 210, note 49에서 재인용.

13) Any Claim which includes all the features of any other claim(dependent claim) shall

한편 일본은 청구항의 기재에 있어서, 다른 청구항을 인용하지 않고 자기완결적으로 기재한 형식(독립형식청구항)과 다른 청구항의 기재를 인용한 형식(인용형식청구항)으로 나누고, 인용형식 청구항은 그 성격에 따라 크게 인용되는 청구항의 기술적 사항을 한정하거나 구체화하는 것(내적 부가), 인용되는 청구항의 기술적 사항에 타 기술적 사항을 부가함에 의해 대상기술을 한정하는 것(외적 부가) 및 인용되는 청구항의 기술적 사항을 치환하는 경우 등을 모두 허용하고 있어서,14) 우리나라와 미국·EPO 등의 독립항·종속항 개념과는 차이가 있다.15)

4. 이 사건 대상 판결에 대하여

이 사건 제1항 고안과 제2항 고안을 대비하여 보면, 이 사건 제1항 고안은 전후 자극 부재(1), (1'), (1")의 좌우 측면에는 일정 간격으로 다수의 나사공(5)을 형성하고 이 나사공(5)과 대접되는 좌우 덮개판(3)에는 깔대기형 통공(3')을 뚫림하여 통공(3')으로 체결볼트(6)을 끼움하여 체결할 때 …… 흡착용 자석장치에 관한 것인데 대하여, 이 사건 제2항 고안은 '제1항에 있어서, 전후 자극 부재(1), (1'), (1"), (1''')의 좌우 측면에 일정 간격으로 다수의 홈(5')과 대접되는 좌우 덮개판(3)의 깔대기형 통공(3')이 용접용재에 의해 메워진 용접부(7")가 되게 한 흡착용 자석장치'에 관한 것이어서, 이 사건 제2항 고안은 이 사건 제1항 고안의 보울트 결합을 용접에 의한 결합으로 치환한 것이라 하겠는데, 대법원은 "이 사건에 있어 이 사건 제2항 내지 제5항 고안은 기재형식에 있어서는 '제1항에 있어서'라는 표현을 사용하여 이 사건 제1항 고안의 종속항인 양 기재되어 있으나 내용에 있어서는 이 사건 제1항 고안의 체결볼트로 체결하는 구성을 생략하고 있으므로 이를 독립항으로 보아야 한다"고 전제하면서, 원심인 특허법원 판결은 이 사건 제2항

---

contain, if possible at the beginning, a reference to the other claim and then state the additional features which it is desired to protect. EPC Rule 43(4).

14) 일본 특허·실용신안 심사기준(핸드북) 제2부(명세서 및 특허청구의범위) 제2장 2202(청구항의 기재형식-독립형식과 인용형식.

15) 독립형식청구항은 독립항에 해당하나, 인용형식청구항은 독립항과 종속항을 모두 포함한다. 그러나 이와 같이 인용형식청구항에 치환 등을 허용하는 독립형식·인용형식청구항 기재방식은 "독립항이 신규성 또는 진보성이 있으면 이를 인용하고 있는 종속항은 당연히 신규성 및 진보성이 있고, 권리범위확인심판(침해)에서 확인대상발명이 어느 청구항의 권리범위에 속하지 아니하면 그 청구항을 인용하고 있는 종속항의 권리범위에 당연히 속하지 아니한다"는 독립항·종속항 관계가 성립하지 아니하므로, 특허청구범위 해석과 특허요건·침해 판단에 어려움을 줄 수 있다고 판단된다.

내지 제5항 고안이 독립항인지 종속항인지에 대하여 명확히 언급하지 않았음에도
원심판결이 이 사건 제2항 내지 제5항 고안을 위와 같은 법리에 따라 독립항으로
해석하여 진보성 유무를 판단하였다고 보았다.

5. 맺 음 말

이 사건 대상 판결은 '제○항에 있어서'라는 문구가 사용되었다는 것이 당해
청구항을 종속항 또는 독립항으로 해석하는 결정적 요소가 아니고, 종속형식의 청
구항이 인용하고 있는 청구항을 한정하거나 또는 부가하여 구체화하는 경우가 아
니라 구성요소를 생략하거나 치환한 경우에 있어서는 이를 종속항이 아닌 독립항
으로 보아야 함을 명확히 한 것이다.

이 사건 대상판결에서 보는 바와 같은 청구범위 해석상의 혼란을 방지하고,
신규성, 진보성이나 권리범위확인(특허침해)에서의 독립항과 종속항의 관계를 유지
하기 위해서 특허청의 심사단계에서부터 '제○항에 있어서'라는 문구를 사용하여
종속형식으로 기재되는 청구항은 독립항을 한정하거나 부가하여 구체화하는 경우
에 한정하고, 원칙적으로 구성요소를 생략하거나 치환한 경우에는 허용하지 않는
것이 중요하다고 하겠다.

35. 1특허출원범위에 대한 고찰

[특허법원 1999. 1. 14. 선고 98허5145 판결 거절사정불복(확정)]

홍정표(국민대학교 교수)

I. 사실의 개요

X(원고)는 명칭이 "산업폐기물을 이용한 발포세라믹의 제조방법"인 특허출원 제94-11997호(출원일 1994. 5. 28., 이하 '이 사건 출원발명'이라[1] 한다)의 출원인인데, 심사관은 이 사건 출원발명이 ① 선행기술로부터 이 분야에 통상의 지식을 가진 자가 용이하게 발명할 수 있는 것이고, ② 발명의 상세한 설명 및 특허청구범위의 기재가 불비하며, ③ 특허청구범위 제2항 내지 제7항은 각각 산업폐기물의 조성 성분과 조성비율이 서로 상이하여 하나의 총괄적 발명의 개념을 형성하는 1군의 발명의 개념에 포함되지 아니한다는 이유로 거절결정을 하였고, X는 거절결정의

---

1) 청구범위는 다음과 같다.
  1. 발포세라믹을 형성함에 있어서, 점판암 분말, 불석미랍자물, 플라이 에쉬, 마사분진, 오니, 석분, 장석, 폐유약, 알루미늄재(AL ash), 납석, 점토, 탄화규소, 도석, 백토 등의 기초재 구성 요소를 적절하게 추출하여 혼합한 뒤 이러한 혼합구성물에 일정 비율의 수분(물)을 첨가하고 이 혼합물을 재차 벽돌용 소지 등으로 제조된 사각체함에 넣어 1100℃∼1450℃의 온도 범위 내에서 소성·발포하여 발포세라믹으로 제조함을 특징으로 하는 산업폐기물을 이용한 발포세라믹의 제조방법.
  2. 제1항에 있어서, 산업폐기물인 점판암 분말(50∼400 매쉬 정도 되는 것) 40∼80%, 100 매쉬 이상되는 불석입자 10∼40%, 이미 잘게 분쇄되어져 있는 장석 3∼15%와 납석 1∼8%, 폐유약 1∼5%, 점토 2∼12%, 탄화규소 0.05∼0.9%를 혼합하고, 이 혼합물(100%)에 재차 5∼15% 정도의 수분(물)을 첨가한 후, 이를 사각체함에 투입·요적함과 아울러 사각체함을 소성로에 넣은 뒤 1100℃∼1450℃의 온도범위 내에서 소성발포하여 발포세라믹을 제조함을 특징으로 하는 산업 폐기물을 이용한 발포세라믹의 제조방법.
  3. 제1항에 있어서, 산업폐기물인 요업공정에서 사용하고 남은 오니 20∼50%, 장석 300매쉬 이상의 것으로 25∼55%, 불석미립자물 10∼30%, 도석 300 매쉬 이상의 것으로 1∼5%, 백토 200 매쉬 이상의 것으로 3∼9%, 폐유약 1∼5%, 탄화규소(Sic) 0.05∼0.9%를 혼합하되, 이 혼합물(100)%에 재차 5∼15% 정도의 수분을 첨가고 이를 사각체함에 요적한 후 소성로에 넣어 1100℃∼1450℃의 온도범위 내에서 소성·발포하여 발포세라믹을 제조함을 특징으로 하는 산업폐기물을 이용한 발포세라믹의 제조방법.
  4-7. (생략)

취소 및 이 사건 출원발명의 특허를 구하는 심판청구를 하였다.

특허심판원은 위 심판청구에 대하여, 특허청구범위 제2항 내지 제7항이 독립항인 특허청구범위 제1항을 인용하고는 있으나, 발명의 구성요소인 구성물질 및 구성비율이 독립항과 종속항 사이에 각각 상이하여 독립항으로 보아야 하고, 결국 제2항 내지 제7항은 6개의 제조방법에 관한 발명을 1출원으로 한 것인바, 특허법 제45조 제1항에 위배된다고 판단하여, 1998. 3. 31. 기각심결을[2] 하였다.

이에 대하여 원고가 불복하여 특허법원에 소를 제기하였는바, 특허법원은 다음과 같이 판시하였다.

II. 판   시

기각 판결.

"이 사건 출원발명의 특허청구범위 제2항 내지 제7항은 외형적으로 독립항인 특허청구범위 제1항을 인용하는 종속항의 형식을 갖추고 있으나, 그 내용은 제1항에 기재된 14가지 원료성분중 일부인 7 내지 8가지의 원료성분만을 선택, 혼합하여 목적물인 발포세라믹을 제조하는 것이어서, 이는 독립항인 제1항에서 인용하는 모든 구성요소를 포함하고 동시에 이를 더 한정하거나 부가하여 구체화하였다고 할 수 없으므로, 제2항 내지 제7항은 종속항이 아니라 독립항이라 할 것이다.

독립항인 특허청구범위 제2항 내지 제7항을 하나로 출원하기 위해서는 이들이 "하나의 총괄적 발명의 개념을 형성하는 1군의 발명"에 해당하여야 하고, 하나의 총괄적 발명의 개념을 형성하는 1군의 발명에 해당되는가의 여부는 "각 청구항에 기재된 발명들 사이에 하나 또는 둘 이상의 동일하거나 대응하는 특별한 기술적인 특징들이 관련된 기술관계가 존재하는가에 달려 있고, 특별한 기술적인 특징이란 각 발명에서 전체적으로 보아 선행기술과 구별되는 개량부분을 말한다.

이 사건 출원발명과 인용발명을 대비하여 보면, 양 발명은 산업폐기물을 원료로 건축용 벽돌을 제조하고자 하는 것이어서 발명의 목적 및 효과가 동일하고, 구성성분도 산업폐기물류와 점토 등인 점에서는 차이가 없으며, 제조공정도 소성공정만으로 이루어져 있고 소성온도도 상당부분 중첩되어 있는바, 이 사건 출원발명이 진보성이 있다고 볼 수 있는 이유는, 인용발명은 구성성분을 포괄적으로 산업

---

2) 97항원569호.

폐기물과 점토로 기재하고 있음에 대하여 이 사건 출원발명은 산업폐기물중 특정의 성분을 구체적으로 선택하고 있기 때문이므로, 이 사건 출원발명의 특허청구범위 제1항 내지 제7항에 있어서 선행기술과 구별되는 개량부분인 기술적인 특징은 결국 구체적으로 특정되어 있는 구성성분과 그 혼합비율이라 할 것이다.

이 사건 출원발명의 특허청구범위 제1항 내지 제7항은 인용발명에 기재되어 있는 내용인 산업폐기물과 점토를 사용한다는 점에서만 동일할 뿐이고, 각 청구항의 구성성분이 전혀 다르고 그 혼합비율도 상이한바, 선행기술과 구별되는 개량부분인 기술적인 특징이 동일하거나 대응한다고 할 수 없다.

따라서 이 사건 출원발명의 제2항 내지 제7항은 '하나의 총괄적 발명의 개념을 형성하는 1군의 발명'에 해당하지 않는 별개의 발명이다.”

Ⅲ. 해   설

1. 들어가는 말

1특허출원의 범위란 하나의 출원서로 출원할 수 있는 발명의 범위를 말하며, 이것은 PCT·EPC에서의 '발명의 단일성(Unity of Invention)'과 같은 개념이라 할 수 있다.3) 1특허출원 범위의 규정(특허법 제45조)은 상호 기술적으로 밀접한 관계에 있는 발명들에 대하여 그들을 하나의 출원으로 출원할 수 있도록 함으로서 출원인, 제3자 및 특허청의 편의를 도모하고자 하는 데 그 취지가 있다.

그러므로 이 규정을 해석함에 있어서 출원료나 특허관리면에서의 유리함 때문에 가능한 한 여러 발명을 하나의 출원서에 포함시키고자 하는 출원인과 이것을 허용할 경우 타인의 권리에 대한 감시, 선행기술 자료로서의 이용 또는 심사에 대한 부담 때문에 불이익을 받을 수 있는 제3자 및 특허청과의 균형을 도모함이 필요하다.

2. 이 사건 이후의 판결들

특허법원 2001. 8. 31. 선고 2001허1402호 판결은 “특허법 제45조 소정의 1군의

---

3) 파리조약에도 단일성 위반을 이유로 특허출원을 거절할 수 있는 근거규정이 있다. Paris Convention for the Protection of Industrial Property Art. 4. F. (No country of the Union may refuse a priority or a patent application … , provided that, in both cases, there is unity of invention within the meaning of the law of the country).

발명이란, … 산업상 이용분야 및 해결과제가 동일한 경우이거나 산업상 이용분야 및 발명의 구성요건의 주요부가 동일한 경우 등과 같이 상호 관련된 복수의 발명을 1특허출원으로 가능하게 하는 것을 말한다.

　　이 사건 출원발명 제1항은 2가지 이상의 업종을 입점시켜 층별로 배치시킨 다층건물에 관한 것이고, 제7항은 '피부영향제' 자체에 관한 것이 아니라 '피부영향제'를 물에 타서 이용한다는 피부영향제의 이용방법에 관한 것이며, 제22항은 목욕통의 구조에 관한 것이고, 제40항은 스포츠복에 관한 것으로서, 이 청구항들은 서로 기술적인 관련성이 없으며, 각각의 산업상 이용분야와 해결하고자 하는 기술적 과제가 전혀 다르다. 따라서 이 사건 출원발명은 1군의 발명에 포함될 수 없어 1특허출원으로 할 수 없는 것이므로 특허받을 수 없는 것이다"고 판결하였다.

3. 국내외 관련 법규

가. 우리나라 특허법 및 특허법시행령

　　특허법 제45조는 '하나의 총괄적 발명의 개념을 형성하는 1군의 발명'에 대하여 1특허출원으로 할 수 있다고 규정하고 있고, 특허법시행령 제6조는 "법 제45조의 규정에 의한 1군에 발명에 해당하기 위해서는 청구된 발명간에 기술적 상호관련성이 있을 것(제1항), 청구된 발명들이 동일하거나 상응하는 기술적 특징을 가지고 있을 것. 이 경우 기술적 특징은 발명 전체로 보아 선행기술에 비하여 개선된 것이어야 한다(제2항)"고 규정하고 있다.4)

---

4) 위 특허법시행령은 2001. 7. 1.부터 시행된 것이고, 그 이전의 구 특허법시행령 제6조의 규정은 아래와 같다.
　① 법 제45조 제2항의 규정에 의한 1특허출원의 요건은 다음 각호의 1에 해당하여야 한다.
　　1. 물건 또는 방법에 관한 1독립항을 기재한 출원
　　2. 물건에 관한 1독립항을 기재한 경우에 다음 각목의 독립항을 선택하여 기재하거나 모두 기재한 출원
　　가. 그 물건을 생산하는 방법에 관한 1독립항
　　나. 그 물건을 사용하는 방법에 관한 1독립항
　　다. 그 물건을 취급하는 방법에 관한 1독립항
　　라. 그 물건을 생산하는 기계·기구·장치 기타의 물건에 관한 1독립항
　　마. 그 물건의 특정 성질만을 이용하는 물건에 관한 1독립항
　　바. 그 물건을 취급하는 물건에 관한 1독립항
　　3. 방법에 관한 1독립항을 기재한 경우에 그 방법의 실시에 직접 사용하는 기계·기구·장치 기타의 물건에 관한 1독립항을 기재한 출원
　② 제1항 각호의 경우에 1독립항으로 포괄하여 기재할 수 없을 때에는 법 제45조 제1항의 규정에 의한 1군의 발명에 해당되는 경우에 한하여 2 이상의 독립항으로 기재할 수 있다.
　구 특허법시행령 제6조는 모법(특허법 제45조)으로부터 1군의 발명의 구체적인 요건을 정

1특허출원범위에 관한 우리나라 특허법의 위와 같은 규정은 PCT나 EPC의 규정과 일치한다.

나. PCT(EPC), 일본, 미국 등 제 외국의 운용 현황

PCT에서는 시행규칙 제13조(Unity of Invention)에서 「국제출원은 하나의 발명 또는 하나의 총괄적인 발명의 개념을 형성하는 1군의 발명이어야 한다. 하나의 총괄적인 발명의 개념을 형성하는 1군의 발명은 "발명들 사이에 하나 또는 둘 이상의 동일하거나 대응하는 '특별한 기술적 특징'이 관련된 기술관계"가 존재할 때 만족된다. '특별한 기술적 특징'이란 "각 발명이 전체적으로 보아 선행기술에 행하는 기여"로 정의된다」고 규정하고 있다.5)

PCT 시행세칙(Administrative instructions)에서는 단일성을 만족하는 서로 다른 카테고리를 갖는 청구항의 예로 (i) 물에 관한 1독립항, 그 물을 생산하는데 '특별히 적합한' 방법에 관한 1독립항, 그 물의 사용에 관한 1독립항에 관한 출원, (ii) 방법에 관한 1독립항, 그 방법을 실행하기 위해 '특별히 고안된' 장치나 수단에 관한 1독립항에 관한 출원, (iii) 물에 관한 1독립항, 그 물의 생산에 '특별히 적합한' 방법에 관한 1독립항, 그 방법을 실행하기 위해 '특별히 고안된' 장치나 수단에 관한 1독립항에 관한 출원을 예로 들고 있다. 또한 마쿠쉬 방식으로 기재된 청구항에 있어서는 각 택일적 사항들이 '유사한 성질'을 갖는 경우에 단일성의 요건을 만족하고, 중간체와 최종생성물 사이에는 기본 화학구조가 동일하거나, 또는 화학적 구조가 기술적으로 밀접한 상관관계에 있는 경우 단일성의 요건을 만족한다고 해설하고 있다.6) EPC는 법 제82조와 시행규칙 제44조에서 단일성의 범위에 관해 규정하고 있는데 그 표현은 PCT와 동일하다.

하도록 위임받고서, 제2항에서 단순히 모법의 인용("1군의 발명에 해당되는 경우에 한하여"라 기재)에 그치고 있는 점이 문제점으로 지적되어 왔었다.

5) The international application shall relate to one invention or to a group of inventions so linked to form a single general inventive concept. Where a group of inventions is claimed in one and the same international application, the requirement of unity of invention referred to in Rule 13.1 shall be fulfilled only when there is a technical relationship among those inventions involving one or more of the "same or corresponding special technical features." The expression "special technical features" shall mean those technical features that define a contribution which each of the claimed inventions, considered as a whole, makes over the prior art. PCT Regulation §13.

6) 자세한 사항은 PCT Administrative Instruction Annex B를 참고할 것. 우리나라 특허·실용신안 심사기준의 내용도 거의 같다.

일본의 경우 구 특허법(昭和 62년 개정법) 제37조에서는 하나의 특정발명을 선정하고, 이 특정발명과 산업상 이용분야와 해결하고자 하는 과제가 동일한 발명(제1호) 및 그 특정발명과 산업상 이용분야와 청구항에 기재된 사항의 주요부가 동일한 발명(제2호)의 경우 1특허출원으로 할 수 있었다.[7] 또한 특정발명이 물의 발명인 경우에 있어서, 그 물을 생산하는 방법의 발명, 그 물을 사용하는 방법의 발명, 그 물을 취급하는 방법의 발명, 그 물을 생산하는 기계, 기구, 장치 기타 물의 발명, 그 물의 특정의 성질만을 이용한 물의 발명과 그 물을 취급하는 물의 발명(제3호), 그 특정발명이 방법의 발명인 경우에 있어서, 그 방법의 발명을 실시하는 데 직접 사용되는 기계, 기구, 장치 기타 물의 발명(제4호)의 경우 1특허출원으로 할 수 있도록 규정하고 있었다.[8]

그런데, 2003년 특허법 개정에 의해 제37조는 "2 이상의 발명에 있어서, 경제산업성령에서 정한 기술적 관계를 가짐에 의해 발명의 단일성 요건을 만족하는 1군의 발명에 해당되는 경우, 하나의 특허출원으로 할 수 있다"고 개정되었고, 특허법시행규칙 제25조의8에서는 특허법 제37조에서 규정한 '기술적 관계'를 "2 이상의 발명이 동일 내지 대응하는 특별한 기술적 특징을 가짐에 의해, 이 발명들이 하나의 일반적 발명개념을 형성하는 연관을 갖는 기술적 관계"라 규정하고 있다. 또한 특별한 기술적 특징은 "발명이 선행기술에 대하여 공헌을 명시하는 기술적 특징이고(제2호), 제1항에 규정한 기술적 관계와 관련하여 2 이상의 발명이 별개의 청구항에 기재되었거나 하나의 청구항에 택일적 형식으로 기재되었는지에 관계없이 그 판단을 한다(제3호)"고 하여 PCT 시행규칙 제13조의 내용과 실질적으로 동일하다.[9]

---

7) 제37조 제1호나 제2호는 특정발명과 카테고리가 동일한 경우에 관한 것이다.

8) 이와 같이 일본이 구 특허법(昭和 62년 개정법) 제37조를 PCT나 EPC와 달리 규정한 이유는 '단일의 일반적 발명개념을 형성한다'는 것이 극히 애매하기 때문이라고 한다. 그러나 실무적으로는 일본과 PCT(EPC)의 1출원범위에는 거의 차이가 없다는 것이 일본 특허청의 입장이었다.

9) 일본 특허법시행규칙 제25조의8 원문은 아래와 같다.

特許法第三十七条の経済産業省令で定める技術の関係とは、二以上の発明が同一の又は対応する特別な技術的特徴を有していることにより、これらの発明が単一の一般的発明概念を形成するように連関している技術的関係をいう。

2. 前項に規定する特別な技術的特徴とは、発明の先行技術に対する貢献を明示する技術的特徴をいう。

3. 第一項に規定する技術的関係については、二以上の発明が別個の請求項に記載されているか単一の請求項に択一的な形式によって記載されているかどうかにかかわらず、そ

미국에서는 "Restriction & election of species"와 "Unity of invention"의 개념이 병존하고 있는데, 전자는 PCT의 국내이행단계 출원 이외의 국내출원에, 후자는 PCT출원의 국제조사와 국제예비심사 및 PCT출원의 국내이행단계 출원에 적용된다. 미국 특허법 제121조에서는 independent(독립적)10)와 distinct(별개인)11) 발명이 1출원에 청구된 경우, 특허청장은 하나의 발명으로 한정하라는 요구를 할 수 있다고 규정하고 있다. 발명들이 independent한 경우 한정요구는 통상 적절하나, independent 하지는 않고 distinct한 발명들 사이의 한정 요구는 경우에 따라 적절할 수도 적절하지 않을 수도 있다.12)

한정요구(requirement for restriction)를 하기 위해서는 (1) 발명들이 independent 또는 distinct하여야 하고, (2) 그대로 심사와 서치하기에 심사관에게 심각한 부담(serious burden)이 있어야 한다.13)

4. 이 사건 대상 판결에 대하여

이 사건 판결은 2001. 7. 1. 특허법시행령이 개정되기 이전임에도, 특허법 제45조의 규정이 PCT 시행규칙 제13조의 앞부분과 같은 점 등을 고려하여, 우리의 1출원범위를 PCT 시행규칙과 동일하게 해석한 점에 특징이 있다. 즉 "하나의 총괄적 발명의 개념을 형성하는 1군의 발명에 해당하는가의 여부는 '각 청구항에 기재된 발명들 사이에 하나 또는 둘 이상의 동일하거나 대응하는 특별한 기술적인 특징들이 관련된 기술관계가 존재하는가(즉 기술적으로 밀접한 관계가 존재하는가)'에 달려 있고, 특별한 기술적인 특징이란 각 발명에서 전체적으로 보아 선행기술과 구별되는 개량부분을 말한다"고 하면서, "이건 출원발명 제2항 내지 제7항에서 사용되는 구성성분들(예를 들어, 오니, 미사분진, 플라이애쉬, 알루미늄재)은 동일한 산업분야에서 배출되는 것도 아니고 상호간에 서로 대체성을 가지는 것도 아니며 유사한 물질이라고 할 수 없으며, 중복되는 구성성분도 일정한 양으로 사용되는

の有無を判断するものとする。

10) "Independent" 하다는 것은 2 이상의 발명이 서로 개시된 관계를 갖지 않는 경우, 즉 디자인, 작용, 효과에 있어서 서로 연관성이 없는 경우를 말한다. 예를 들면, 방법과 그 방법을 실시하는 데 사용될 수 없는 장치가 1출원으로 출원된 경우가 해당된다. MPEP §802.01.

11) "Distinct" 하다는 것은 청구된 발명들이 디자인, 작용, 효과 중 적어도 어느 하나에 있어서 관련성이 없는 경우 등이 해당될 수 있다. 구체적인 내용은 MPEP §802, 806을 참고할 것.

12) MPEP §806.

13) 심각한 부담이 없다면 independent 또는 distinct하더라도 그대로 심사한다. MPEP §803.

것이 아니라 다른 구성성분에 따라 혼합비율이 다양함(예를 들어, 장석의 혼합비율은 제2항에서는 3~15%, 제3항에서는 25~55%, 제4항에서는 30~60%, 제5항 및 제6항에서는 10~40%)을 알 수 있으므로, 특허청구범위 제2항 내지 제7항은 선행기술과 구별되는 개량부분인 기술적인 특징이 동일하거나 대응한다고 할 수 없다(특별한 기술적인 특징이 대응되는 경우로는 특정구조의 볼트와 너트 사이와 같은 서브컴비네이션 청구항과 서브컴비네이션 청구항 사이를 들 수 있는데, 이 건 출원발명의 특허청구범위 제2항 내지 제7항은 위와 같은 관계에 있지 않다)"고 판단하였다.

5. 맺음말

1특허출원 범위에 관한 특허법 제45조의 취지는 기술적으로 관련이 있는 여러 발명을 각 독립항으로 하여 한 번에 출원할 수 있도록 하여 출원인, 제3자 및 특허청의 편의를 도모하고자 하는 것이다. 1특허출원 범위의 위반은 거절사유는 되나, 이의신청이나 무효사유는 해당되지 아니한다.

우리나라의 1특허출원범위는 특허법 제45조와 2001년 개정된 동법시행령 제6조에 따라 PCT(EPC)규정과 같으며, 일본도 2003년 PCT(EPC)와 동일하게 특허법을 개정하였다. 이것이 국제적 조화의 면에서 뿐 아니라 특허청 심사관들의 심사에 있어서도 편리한 점이 많다. 우리나라가 국내출원에 대하여 다른 심사기준을 가지고 있다면 PCT 출원에는 PCT 규정을 적용하고 기타 국내출원에는 다른 심사기준을 적용하여야 하는 불편함이 있다.

심사실무에 있어서 1특허출원범위 위반의 거절이유통지는, 심사착수 단계에서도 이루어지지만, 심사관이 선행기술 검색 후 하위개념 발명들을 묶어 주던 상위개념 발명의 신규성 또는 진보성을 부정하게 될 때, 하위개념 발명들 사이에 '선행기술과 구별되는 특별한 기술적 특징'이 없어지게 되어 1출원범위에 위반되는 경우에도 발생한다.

36. 신규사항 추가금지

[대법원 2007. 2. 8. 선고 2005후3130 판결]
김승조(법무법인 율촌 변리사, 전 특허심판원 심판관)

I. 사실의 개요

X(원고, 상고인)는 발명의 명칭이 '전철기용 텅레일부 융설장치'인 이 사건 특허발명의 특허권자이다. Y(피고, 피상고인)는 X를 상대로 이 사건 특허발명이 특허법 제42조 제3항의 규정에 위배될 뿐만 아니라 특허출원 계속 중 보정된 사항이 신규사항에 해당하여 특허법 제47조 제2항의 규정에 위배된다는 등의 이유로 등록무효심판을 청구하였고, 특허심판원은 이 사건 특허발명은 우선권 주장일(2000. 8. 4)을 고려할 때 2001. 2. 3. 개정된 특허법(2001. 7. 1. 시행)의 적용 대상이 아니어서 특허법 제47조 제2항의 규정에 위배되지는 않지만, 이 사건 특허발명의 상세한 설명의 기재는 특허법 제42조 제3항의 규정에 위배된다는 심결을 하였고, 이에 X는 특허법원에 불복하였다.

원심인 특허법원은 (1) 특허법 제54조 제1항에 의한 우선권 주장을 수반한 출원일의 소급효는 특허법 제29조 및 제36조의 적용에 있어서만 제한적으로 인정되는 것이어서 이 사건 특허발명에 대한 출원보정의 적법 여부를 판단함에 있어서는 우선권 주장일이 아니라 대한민국에서의 특허출원일을 기준으로 하여야 하므로, 이 사건 심결은 위와 같은 법리를 오인하여 구 특허법 제47조 제1항을 적용한 잘못이 있고, (2) 특허 출원에 대한 보정은 특허출원서에 최초로 첨부된 명세서 또는 도면에 기재된 사항의 범위 안에서만 이를 할 수 있고 신규사항의 추가는 금지되는바, 보정이 신규사항의 추가에 해당하지 않기 위해서는 보정된 내용이 특허출원서에 최초로 첨부된 명세서 또는 도면의 기재에 비추어 당업자에게 자명한 사항, 즉 그 사항 자체를 직접적으로 표현하는 기재는 없으나 최초 명세서 등의 내용으로 보아 당업자가 기재되어 있었던 것으로 인정할 수 있는 사항이어야 하고, (3) 이 사건 특허발명의 보정은 추상적 상위개념에 속하는 최초 명세서의 내용을 하위개념에 속하는 구체적 구성요소를 동원하여 한정한 것으로서, 그 내용이 당업자에게 자명하다 볼 수 없으므로 신규사항의 추가에 해당한다는 등의 이유로 특허심판원의 심결을 정당하다고 판시하였다.

Ⅱ. 판　시

상고 기각.

특허법 제47조 제2항은 "명세서 또는 도면의 보정은 특허출원서에 최초로 첨부된 명세서 또는 도면에 기재된 사항의 범위 안에서 이를 할 수 있다"는 취지로 규정하고 있는바, 여기에서 최초로 첨부된 명세서 또는 도면(이하 '최초 명세서 등'이라 한다)에 기재된 사항이란 최초 명세서 등에 명시적으로 기재되어 있는 사항이거나 또는 명시적인 기재가 없더라도 그 발명이 속하는 기술분야에서 통상의 지식을 가진 자라면 출원시의 기술상식에 비추어 보아 보정된 사항이 최초 명세서 등에 기재되어 있는 것과 마찬가지라고 이해할 수 있는 사항이어야 한다.

명칭을 '전철기용 텅레일부 융설장치'로 하는 이 사건 특허발명의 특허출원서에 최초로 첨부된 명세서에는 눈 감지 센서와 관련하여 "텅레일과 고정레일 사이에 존재하는 눈을 감지할 수 있는 센서(또는 눈을 감지하기 위한 인디케이터)"라는 기재만이 있을 뿐이었다가 최후 보정에 이르러 "눈감지센서는 리액턴스 방식으로 작동되는 센서로서 한 쌍의 금속성판 사이에 눈이 존재하면 유전율의 변화로 한 쌍의 금속성판으로 형성된 평행판 축전기의 정전용량이 변하게 되고, 이에 따른 교류회로의 전류변화 값을 측정하는 것"이라는 취지의 기재가 추가되었는데, 이는 특허출원서에 최초로 첨부된 명세서에 기재된 범위를 벗어난 것으로서 신규사항의 추가에 해당하여 특허법 제47조 제2항에 위배된다.

Ⅲ. 해　설

1. 특허법의 개정

2001. 2. 3. 특허법 개정으로 인해 종래의 요지변경에 관한 규정은1) 특허법 제

---

1) 구 특허법 제48조(요지변경)는 "출원공고 결정 등본의 송달 전에 특허출원서에 최초로 첨

47조 제2항 "명세서 또는 도면의 보정은 특허출원서에 최초로 첨부된 명세서 또는 도면에 기재된 사항의 범위 안에서 이를 할 수 있다"라는 신규사항 추가금지에 관한 규정으로 개정되었다.

보정이나 정정이 적법한지의 판단 기준을 요지변경에서 신규사항 추가로 보다 엄격하게 개정한 취지에 대해서는 제도의 국제적 조화를 고려하면서 신속한 권리부여, 출원을 취급함에 있어서 공정성의 담보, 출원인과 제3자 사이의 균형의 확보 등을 도모하는 관점에서 보정 범위의 적정화를 기한 것이라고 설명하고 있다.[2]

신규사항 추가가 금지되는 경우는 특허법 제47조 제1항에 규정된 소위 최초 거절이유, 최후거절이유 및 거절결정에 대한 불복심판에 따르는 보정, 특허법 제133조의2 및 동법 제136조에서 규정하고 있는 특허무효심판절차에서의 특허의 정정 및 정정심판의 청구이고,[3] 보정이나 정정된 사항이 신규사항 추가에 해당하는 경우에는 보정각하(특허법 제51조 제1항), 거절결정(특허법 제62조 제5호), 무효(특허법 제133조 제1항 제6호), 무효심판절차에서 정정청구에 대한 불인정(특허법 제133조의2 제4항), 정정의 불인정(특허법 제136조 제2항) 및 정정의 무효심판(특허법 제137조 제1항) 등의 사유가 된다.

2. 요지변경과 신규사항 추가

요지변경이란 출원서에 기재된 내용 중 발명의 요지라는 부분을 따로 추출하여 이 요지가 보정을 통해 변경되었는지를 살피고자 하는 것으로, 판례는 "요지의 변경이라 함은 최초 출원명세서 또는 도면에 기재된 사항의 범위를 벗어나 특허청구범위를 증가·감소 또는 변경하는 것을 말한다 할 것이고, 또한 최초 출원명세서 또는 도면에 기재된 사항에는 명시적으로 기재된 사항뿐만 아니라 출원시에 있어서 그 기술분야에서 통상의 지식을 가진 자라면 그 명세서에 기재되어 있는 기술 내용으로 보아 기재하고 있었다고 인정할 수 있을 정도로 자명한 사항도 포

___

부된 명세서 또는 도면에 기재된 사항의 범위 안에서 특허청구범위를 증가·감소 또는 변경하는 보정은 그 요지를 변경하지 아니하는 것으로 본다"라고 규정하고 있다.

2) 吉藤幸朔, 特許法槪說(제13판, 유미 특허법률사무소 역), 361면.

3) 신규사항의 추가 여부에 대한 판단기준이 되는 명세서 또는 도면은 특허법 제47조 제1항의 보정의 경우에는 '특허출원서에 최초로 첨부된 명세서 또는 도면'인 반면에, 특허법 제133조의 2의 정정청구 및 특허법 제136조의 정정심판의 경우에는 '특허발명의 명세서 또는 도면'이 되는 것에 주의할 필요가 있다.

함된다"라고 판시하여4) 최초 출원 명세서 등에 기재되어 있지 않은 사항이라 해도 통상의 기술자에게 자명한 정도라면 요지변경이 아니라고 인정하고 있다.5)

반면에 신규사항 추가는 특허출원서에 최초로 첨부된 명세서 또는 도면에 기재된 사항의 범위를 벗어나는 사항을 추가하는 것으로, 요지변경 제도에서는 특허청구범위를 실질적으로 변경시키지 않는 기술내용을 상세한 설명에 추가하는 것이 가능하나, 신규사항 추가금지 제도에서는 특허청구범위를 실질적으로 변경시키지 않아야 함은 물론, 상세한 설명도 보정 전후에 실질적으로 변경되지 않아야 한다는 점이 추가되는 것이어서 보정의 허용범위가 상대적으로 좁다고 할 수 있다.

3. 신규사항 추가 여부에 대한 판단기준

신규사항 추가 여부는 특허출원서에 최초로 첨부된 명세서 또는 도면에 기재된 사항의 범위를 벗어나는지 여부에 달려 있는데, 여기서 '특허출원서에 최초로 첨부된 명세서 또는 도면에 기재된 사항'의 의미가 문제가 된다. 특히 문제가 되는 것은 명세서 또는 도면에 실제로 기재되어 있지는 않지만, 기재되어 있는 것으로 볼 수 있는 사항을 어느 정도까지 인정할지의 기준에 관한 것이다. 이러한 신규사항 추가의 판단기준은 명세서 등에 실제로 기재되어 있는 사항 이외에 (1) 통상의 기술자가 최초로 첨부된 명세서 또는 도면의 기재로 자명하게 도출할 수 있는 범위 이내의 사항이라는 견해와,6) (2) 통상의 기술자가 직접적이고 일의적으로 도출할 수 있는 사항이라는 견해로7) 나누어 볼 수 있다.

특허청의 심사지침서는 특허출원서에 최초로 첨부된 명세서 또는 도면에 기재된 사항의 범위를 벗어나는 사항을 신규사항이라 하면서, (1) 당업자가 특허출원서에 최초로 첨부된 명세서 또는 도면에 기재된 사항에 의하여 판단한 결과 자명한 사항은 신규사항이 아니고, (2) 여기서 자명한 사항이란 그 사항 자체를 직

4) 대법원 2003. 2. 28. 선고 2001후638 판결, 2002. 9. 27. 선고 2000후2781 판결, 1997. 11. 14. 선고 96후2265 판결.

5) 특허청, 특허·실용신안 심사지침서(2006), 4208면 이하.

6) 황종환, 특허법, 한빛지적소유권센터(2004), 375면; 천효남, 특허법 제8판, 법경사(2002), 325면.

7) 박성수, "특허출원 명세서의 보정에 관한 소고: 요지변경금지와 신규사항추가금지에 대한 검토", 사법논집 제36집(법원행정처), 2003년, 131면; 한규현, "명세서의 보정과 신규사항의 추가금지(2007. 2. 8. 선고 2005후3130 판결 : 공2007상, 513)", 대법원 판례해설 제70호(법원도서관), 2007년, 107면; 中山信弘 편저, 주해 특허법(상) 제3판 청림서원(2005), 145-146면; 吉藤幸朔, 앞의 책, 362면.

접적으로 표현하는 기재는 없으나 당업자가 최초 명세서 등의 기재내용으로 보아 기재되어 있었던 것으로 인정할 수 있는 사항이라고 한다.8)

일본의 경우, 1993년 개정된 특허법을9) 통해 보정의 범위와 관련하여 종래의 요지변경 금지를 신규사항 추가 금지로 개정하였고, 이에 대한 실무운용으로 일본 특허청은 "명세서 또는 도면에 기재된 사항의 범위 내"라는 것을 "명세서 또는 도면에 실제로 기재되어 있는 사항뿐 아니라 그 사항으로부터 당업자가 직접적 및 일의적으로 도출하는 사항을 의미한다"는 심사기준을 가지고 시행해 오다가, 보정 제한의 운용의 탄력화에 대한 요청에 부응하여10) 2003년 10월 심사기준을 개정하면서 직접적 및 일의적으로 도출하는 사항을 자명한 사항으로 개정하였다.11)

일본의 개정된 심사기준에서 신규사항 추가의 기본적 고려사항을 보면, (1) '최초 명세서 등에 기재된 사항'의 범위를 벗어난 내용을 포함하는 보정(신규 사항을 포함하는 보정)은 허용되지 않고, (2) '최초 명세서 등에 기재된 사항'이란 '최초 명세서 등에 명시적으로 기재된 사항'만이 아니고 명시적으로 기재되어 있지 않아도 '최초 명세서 등의 기재로부터 자명한 사항'도 포함되고, (3) 보정된 사항이 '최초 명세서 등의 기재로부터 자명한 사항'이라고 할 수 있기 위해서는 최초 명세서 등에 기재되어 있지 않더라도 이를 접한 당업자라면 출원시의 기술상식에 비추어 그 의미인 것이 분명하고, 그 사항이 최초 명세서 등에 기재되어 있는 것과 다름 없다고 이해할 수 있는 사항이어야 하고, (4) 주지·관용기술에 대해서도 그 기술 자체가 주지·관용기술인 것만으로 이를 추가하는 보정은 허용되지 않으며, 보정이 허용되는 것은 최초 명세서 등의 기재로부터 자명한 사항이라고 할 수 있는 경우 즉, 최초 명세서 등으로부터 당업자가 그 사항이 최초 명세서 등에 기재되어 있는 것과 다름없다고 이해할 수 있는 경우로 한정되고, (5) 당업자가 최초 명세서 등의 복수의 기재(예를 들면, 발명이 해결하려는 과제에 대한 기재와 발명의 구체적인 예의 기재, 명세서의 기재와 도면의 기재)로부터 자명한 사항이라고 할 수 있는 경우도 있다는 것을 그 내용으로 포함하고 있다.12)

---

8) 특허청, 위 심사지침서(2006), 4226면.
9) 일본 특허법 제17조의2 제3항은 "…… 명세서, 특허청구범위 또는 도면에 대하여 보정할 때는 …… 출원서에 최초로 첨부된 명세서, 특허청구범위 또는 도면(……)에 기재된 사항의 범위 내에서 하여야 한다"라고 규정하고 있다.
10) 中山信弘 외 편, 特許判例百選 3판(박영사, 비교특허판례연구회 역), 285면.
11) 일본특허청, 특허실용신안심사기준(2007), 제Ⅲ부 제1장 신규사항.
12) 위 일본의 심사지침서는 신규사항 추가와 관련하여, "명세서에 특정 탄성 지지체에 대해서

미국의 경우 특허법 제132조 (a)에 "어떠한 보정도 발명의 개시에 신규사항 (new matter)을 추가해서는 안 된다"고 규정하고 있고,13) 신규사항인지의 여부에 대해서 엄격한 기준을 가지고 있지만, 미국의 경우 신규사항에 대해서는 일부계속 (CIP: Continuation In Part) 출원제도를 이용할 수 있다는14) 점에서 우리나라 특허 법의 신규사항 추가금지와 단순 비교할 수는 없을 것이다.

유럽의 경우, 유럽특허조약(EPC) 제123조 제2항에 의하면 출원시의 명세서의 내용을 넘어서는 사항을 추가하는 보정을 할 수 없고,15) 유럽특허청(EPO)의 심사 가이드 라인에서는 보정된 사항이 최초 명세서 등으로부터 직접적이고 명확하게 (directly and unambiguously) 도출하는 것이 가능하냐에 의해 신규사항의 추가인 지에 대해 판단하는 것으로 되어 있는데,16) 예컨대 고무 조성물과 관련된 출원에 최초 출원서에 기재되어 있지 않은 첨가제를 포함시키는 보정을 한다면, 이러한 보정은 통상 신규사항의 추가에 해당되어 거절되는 것으로 보고 있어 다소 엄격 하다고 할 수 있다.17)

는 개시되어 있지 않고, 탄성 지지체를 갖춘 장치가 기재되어 있으나, 도면의 기재 및 기술상 식으로부터 당업자가 '탄성 지지체'는 당연히 '코일 스프링'을 의미하고 있는 것으로 이해할 수 있는 경우에는 '탄성 지지체'를 '코일 스프링'으로 보정하는 것이 허용된다"라는 예를 들고 있다.

13) 다만, 미국 특허법 제132조 (a)는 보정을 통해 상세한 설명에 신규사항이 추가되면서 청구 범위에 영향을 미치지 않은 경우에 거절(objection)하는 근거규정이고, 보정을 통해 청구범위 나 상세한 설명에 신규사항이 추가되어 청구범위에 영향을 미친 경우에는 특허법 제112조 제1절 거절(rejection)의 근거 규정으로 하고 있다.
14) 일부계속 출원의 경우 모출원과 공통된 부분만이 모출원일로 소급된다.
15) A European patent application or a European patent may not be amended in such a way that it contains subject-matter which extends beyond the content of the application as filed.
16) EPO Guidelines for Examination, Part C, Ch. Ⅵ. 5.3.1 "An amendment should be regarded as introducing subject-matter which extends beyond the content of the application as filed, and therefore unallowable, if the overall change in the content of the application (whether by way of addition, alteration or excision) results in the skilled person being presented with information which is not directly and unambiguously derivable from that previously presented by the application, even when account is taken of matter which is implicit to a person skilled in the art. At least where the amendment is by way of addition, the test for its allowability normally corresponds to the test for novelty given in IV, 7.2 (see T 201/83, OJ 10/1984, 481)."
17) 위 EPO 심사기준 5.3.2.

4. 대상 판결의 검토

이 사건 특허발명은 텅레일(분기점에서 길을 바꿀 수 있도록 된 레일)과 고정레일 사이에 눈감지센서를 둠으로써 전철기에 제거할 필요가 있을 정도로 쌓인 눈만을 제거하여 전철기 전열장치의 에너지 소모를 줄이는 효과를 갖는 텅레일 융설장치에 관한 것인데, 이 사건 특허발명의 최초 출원서에는 눈 감지센서와 관련하여 "텅레일과 고정레일 사이에 눈 감지센서(또는 눈을 감지하기 위한 인디케이터)가 존재한다"는 기재만이 있을 뿐이었다가, 보정을 통해 "눈 감지센서는 리액턴스 방식으로 작동되는 센서로서 한 쌍의 금속성판 사이에 눈이 존재하면 유전율의 변화로 한 쌍의 금속성판으로 형성된 평행판 축전기의 정전용량이 변하게 되고, 이에 따른 교류회로의 전류변화 값을 측정하는 것"이라는 취지의 기재가 추가되었다. 쟁점은 '눈 감지센서'를 리액턴스 방식으로 작동되는 센서로 한정하여 보정한 것이 신규사항 추가인지의 여부이다. 특허법원의 판결에서 적절하게 지적하였듯이, 눈의 존재를 감지하는 센서로는 눈의 존재에 의하여 비롯된 유전율의 변화를 감지하는 것 외에도, 습도, 압력, 열량 등 여러 종류를 상정할 수 있으므로, 최초 명세서에 기재된 '눈 감지센서'라는 기재만으로 그것이 통상의 기술자 사이에서 유전율의 변화로 눈을 감지하는 센서로 자명하게 인식된다고 볼 수는 없고, 통상의 기술자를 상정할 때도 일반적인 센서 분야가 아니라 이 사건 특허발명의 기술분야인 '전철기용 텅레일부 융설장치'에서의 통상의 기술자를 상정하여야 할 것이다(다만, 요약서는 명세서 또는 도면에 포함되지 않음에도 불구하고, 특허법원은 정정사항에서 요약서가 정정된 부분까지 고려하여 신규사항 추가 여부를 살핀 것은 적절하지 않다고 본다).

대상 판결은 "최초로 첨부된 명세서 또는 도면(이하 '최초 명세서 등'이라 한다)에 기재된 사항이란 최초 명세서 등에 명시적으로 기재되어 있는 사항이거나 또는 명시적인 기재가 없더라도 그 발명이 속하는 기술분야에서 통상의 지식을 가진 자라면 출원시의 기술상식에 비추어 보아 보정된 사항이 최초 명세서 등에 기재되어 있는 것과 마찬가지라고 이해할 수 있는 사항이어야 한다"라고 하여, 종래 요지변경과 관련한 판례에서 "명세서에 기재되어 있는 기술 내용으로 보아 기재하고 있었다고 인정할 수 있을 정도로 자명한 사항"이라고 하는 표현을 "최초 명세서 등에 기재되어 있는 것과 마찬가지로 이해할 수 있는 사항"으로 바꾸어 표현하고 있다.

　대상 판결에서 "최초 명세서 등에 기재되어 있는 것과 마찬가지로 이해할 수 있는 사항"이라는 것이 자명하게 도출할 수 있는 범위 이내의 사항을 의미하는 것인지, 아니면 일의적 및 직접적으로 도출할 수 있는 범위 이내의 사항을 의미하는 것인지 명확하지 않다.[18) 이에 따라, 종래 요지변경에서의 판단기준과 신규사항 추가금지의 판단기준이 어떻게 구별되는가에 대해 대상판결이 명확하게 새로운 판단기준을 제시하지 못하는 아쉬움이 있다. 하지만, 대상 판결이 신규사항 추가와 관련한 첫 대법원 판결이라는 점에서는 의의가 있는 것이어서 어느 정도의 보정이 자명한 사항인지에 대해 앞으로 보다 많은 판례의 축적을 기대해 본다.

---

18) 한규현, 앞의 논문 107면 및 110면에서는 주지관용기술을 추가하는 경우에 일본특허청의 심사기준은 일의적 및 직접적으로 도출할 수 있는 범위 이내의 사항을 요구하는 입장에 보다 가깝다고 하면서, 대상판결이 외국의 판단기준과 유사하게 다소 엄격한 잣대를 제시하고 있다고 한다. 그러나 일본의 실무가 주지관용기술을 추가하는 경우에는 특별히 자명하다는 기준보다 엄격한 판단기준을 제시한다고 보기 어렵고, 대상판결에서 원심인 특허법원이 "보정된 내용이 특허출원서에 최초로 첨부된 명세서 또는 도면의 기재에 비추어 당업자에게 자명한 사항, 즉 그 사항 자체를 직접적으로 표현하는 기재는 없으나 최초 명세서 등의 내용으로 보아 당업자가 기재되어 있었던 것으로 인정할 수 있는 사항"이라고 판시한 것을 그대로 지지하고 있고, 나아가 대상판결의 판단기준인 "최초 명세서 등에 기재되어 있는 것과 마찬가지로 이해할 수 있는 사항"과 특허청 심사지침서의 판단기준인 "최초 명세서 등의 기재내용으로 보아 기재되어 있었던 것으로 인정할 수 있는 사항"이 표현상 명확하게 구별된다고 보기 어렵다는 점을 종합하여 보면, 대상판결이 특허청의 심사지침서와 명확하게 다른 판단기준을 제시하고 있다고 보기는 어렵다.

37. 물건의 발명의 실시가능 요건에 있어서 발명의 효과의 재현 정도[1]

[대법원 2016. 5. 26. 선고 2014후2061 판결]

최승재(세종대학교 법학부 교수, 대한변협 법제연구원장 변호사)

Ⅰ. 쟁 점

이 사건에서 기재불비 여부가 문제된 특허는 '일정 소량의 시료를 빠르게 도입할 수 있는 시료도입부를 구비한 바이오센서'로 하는 이 사건 특허발명(특허등록번호 제475634호)이다. 이 특허의 특허청구범위 제1항(이하 '이 사건 제1항 발명'이라 한다)은 '시료도입 통로부와 통기부가 교차 형성되고, 시료도입 통로부와 통기부가 만나는 지점에 돌출부가 형성된 구조를 갖는 시료도입부를 구비한 전기화학적 바이오센서'이다. 이 사건 제1항 특허발명의 특허청구범위에 기재된 "<u>시료도입 통로부와 통기부가 만나는 지점에 돌출부가 형성된</u>"이라는 부분은 종속항인 이 사건 제3항 내지 제16항 특허발명에서 직·간접적으로 인용하고 있다.

위와 같은 돌출부와 관련된 특허청구범위의 기재가 발명의 상세한 설명에 의하여 뒷받침되지 않았거나, 돌출부와 관련된 발명의 상세한 설명이 그 발명이 속하는 기술분야에서 통상의 지식을 가진 자(이하 '통상의 기술자'라고 한다)가 용이하게 실시할 수 있을 정도로 기재되어 있지 않았는지 여부가 대상판결에서 쟁점이다.

Ⅱ. 사건의 경과

1. 특허법원의 판단

특허법원은 이 사건 제1항, 제3항 내지 제16항 특허발명은 명세서의 기재불

---

1) 이 원고는 특허법학회 발표를 위해서 준비된 것으로 이외의 목적으로 인용, 복제, 배포, 전송 등을 하지 말아주십시오.

비가 있으므로, 원고의 나머지 주장에 관하여 더 나아가 살필 필요 없이 그 등록
이 무효로 되어야 한다고 판단하였다. 즉 특허법원은 위 청구항 및 이를 직·간접
적으로 인용하고 있는 나머지 청구항에 대하여 통상의 기술자가 용이하게 실시할
수 있을 정도로 그 발명의 목적·구성 및 효과가 기재되지 않았거나(구 특허법 제
42조 제3항) 특허청구범위가 상세한 설명에 의하여 뒷받침되지 않았다(구 특허법
제42조 제4항 제1호)는 이유로 이 사건 특허발명은 명세서의 기재불비가 있다고 판
단하였다.

2. 대법원의 판단

가. 구 특허법 제42조 제3항의 기재요건 충족 여부

(1) 먼저 통상의 기술자가 발명의 상세한 설명의 기재로부터 물건 자체를 생
산하고 이를 사용할 수 있는지에 관하여 본다.

(가) 이와 관련된 발명의 상세한 설명은 ㉠ 돌출부의 위치를 '시료도입 통로
부와 통기부가 만나는 지점'으로 하면서, '도 1에 도시한 바와 같이 시료도입 통로
부의 연장선상에 형성될 수 있으나 이들에 한정되는 것은 아니며, 예를 들면, 시
료도입 통로부 및 통기부와 동일한 각도를 이루며 형성될 수도 있다'고 기재하고
있고, ㉡ 시료도입 통로부와 통기부의 교차 모양 및 이들의 제조방법을 명시하고
있으며, ㉢ 그 사용방법에 대하여도 '시료도입 통로부의 말단 부분을 시료와 접촉
시키면 모세관 현상에 의해 시료가 시료도입 통로부로 도입된다. 시료도입 통로부
를 모두 채운 시료는 돌출부로 공급되고, 다시 통기부로 공급된다'고 기재하고 있
다. 그리고 도 1에 시료도입 통로부, 통기부 및 시료도입 통로부의 연장선상에 돌
출부가 형성된 형태가 도시되어 있다.

(나) 비록 위의 기재 내용에 돌출부의 크기와 형상에 대해서는 구체적인 기재
가 없으나, 통상의 기술자가 위의 기재와 도 1을 참고로 필요에 따라 적절히 그
위치와 크기 및 형상을 선택하여 돌출부를 생산하고 사용하는 데에 지장은 없어
보인다.

(2) 다음으로 돌출부에 의해 발휘되는 효과를 통상의 기술자가 충분히 예측할
수 있는지에 관하여 본다.

(가) 이에 관한 발명의 상세한 설명의 기재를 보면, ㉠ '상기한 돌출부는 시
료도입 통로부와 통기부가 만나는 지점에서 약간의 여유공간을 제공함으로써 시

료도입 통로부가 꺾어지는 구석부위(또는 교차점 부위)에서 발생할 수 있는 에어포켓 현상을 최소화하는 역할을 수행한다. 시료도입 통로부가 꺾어지는 구석부위(또는 교차점 부위)는 전극과 접촉하는 부분으로서, 이곳에 에어포켓이 발생하면 정확한 측정이 불가능한 문제점을 안게 된다', ⓛ '돌출부를 추가로 설치함으로써 시료도입 통로부와 통기부가 교차하는 부위에서의 에어포켓 현상을 방지할 수 있게 된다'고 기재되어 있다.

(나) 기록에 의하면 '에어포켓 현상'은 액체 배관의 도중에 불필요한 공기가 체류하는 현상을 가리키는 용어로서 배관이 꺾인 부위에서 발생하기 쉽다는 점이 이미 이 사건 특허발명의 출원 전에 널리 알려져 있었음을 알 수 있다. 따라서 통상의 기술자라면 누구나 위와 같은 에어포켓 현상의 의미 및 발생 위치 등을 이해할 수 있을 것으로 보인다.

(다) 통상의 기술자는 위와 같은 발명의 상세한 설명의 기재 등에 의하여 이 사건 제1항 발명이 시료도입 통로부와 통기부가 교차하는 부위에서의 급격한 유동 변화를 완화시킬 수 있는 여유공간인 '돌출부'를 통하여 에어포켓 현상을 최소화 또는 완화시키는 효과를 발휘한다는 것도 충분히 예측할 수 있을 것으로 보인다.

(라) 또한 통로부와 통기부가 교차하는 부위에 여유공간인 돌출부를 마련함으로써 에어포켓 현상이 완화될 수 있는 이상 에어포켓 현상이 완전히 사라지지는 않는다고 하더라도 그로 인한 측정의 부정확성은 돌출부가 없을 때와 비교하여 낮아진다고 볼 수 있다.

(3) <u>위와 같이 의 기술자가 발명의 상세한 설명에 기재된 사항에 의하여 이 사건 제1항 발명에 기재된 물건을 생산·사용할 수 있고 그 효과의 발생을 충분히 예측할 수 있는 이상, 발명의 상세한 설명에서 에어포켓 현상의 원인이나 돌출부를 통하여 위 현상이 완화될 수 있는지에 대한 이론적 근거까지 구체적으로 밝히지 않았더라도 구 특허법 제42조 제3항에서 규정한 기재요건은 충족되었다고 볼 수 있다.</u>

나. 구 특허법 제42조 제4항 제1호의 기재요건 충족 여부

한편, 앞서 본 사정에 의하면 출원 당시의 기술수준을 기준으로 하여 통상의 기술자의 입장에서 이 사건 제1항 발명에 기재된 사항과 대응되는 사항이 발명의 상세한 설명에 기재되어 있고, 발명의 상세한 설명에 개시된 내용을 특허청구범위에 기재된 범위까지 확장할 수 있다고 볼 수 있다. 따라서 특허청구범위가 발명의 상세한 설명에 의하여 뒷받침되지 않았다고 볼 수 없으므로, 구 특허법 제42조 제4항 제1호에서 규정한 기재요건 위반도 없다.

Ⅲ. 평   석

1. 특허법 제42조 제3항 및 제4항 기존 판례 및 법리

가. 특허법 제42조 제3항의 (용이)실시가능요건의 충족여부

구 특허법 제42조 제3항은 "발명의 상세한 설명에는 통상의 기술자가 용이하게 실시할 수 있을 정도로 그 발명의 목적·구성 및 효과를 기재하여야 한다"고 규정하고 있는바, 그 뜻은 특허출원된 발명의 내용을 제3자가 명세서만으로 쉽게 알 수 있도록 공개하여 특허권으로 보호받고자 하는 기술적 내용과 범위를 명확하게 하기 위한 것이므로 통상의 기술자가 당해 발명을 명세서 기재에 의하여 출원시의 기술수준으로 보아 과도한 실험이나 특수한 지식을 부가하지 않고서도 정확하게 이해할 수 있고 동시에 재현할 수 있는 정도를 말하는 것이다.[2]

나. 특허법 제42조 제4항 제1호의 뒷받침 요건(supporting requirement)의 충족여부

구 특허법(2007. 1. 3. 법률 제8197호로 개정되기 전의 것, 이하 같다) 제42조 제4항 제1호는 "특허청구범위가 상세한 설명에 의하여 뒷받침될 것"을 요구하고 있는바, 그 의미는 청구항은 특허출원 당시의 기술 수준을 기준으로 하여 통상의 기술자의 입장에서 볼 때 그 특허청구범위와 발명의 상세한 설명의 각 내용이 일치하여 그 명세서만으로 특허청구범위에 속한 기술구성이나 그 결합 및 작용효과를 일목요연하게 이해할 수 있어야 한다는 것이다.[3]

한편, 특허출원서에 첨부된 명세서에 기재된 '발명의 상세한 설명'에 기재하지 아니한 사항을 특허청구범위에 기재하여 특허를 받게 되면 공개하지 아니한 발명에 대하여 특허권이 부여되는 부당한 결과가 되므로, 구 특허법 제42조 제4항 제1호는 이와 같은 부당한 결과를 방지하기 위한 규정이라 할 것이어서, 특허청구범위가 발명의 상세한 설명에 의하여 뒷받침되고 있는지 여부는 그 발명이 속하는

---

2) 대법원 2005. 11. 25. 선고 2004후3362 판결, 대법원 2011. 10. 13. 선고 2010후2582 판결 등.
3) 대법원 2006. 5. 11. 선고 2004후1120 판결, 대법원 2011. 10. 13. 선고 2010후2582 판결 등.

기술분야에서 통상의 지식을 가진 자의 입장에서 특허청구범위에 기재된 발명과 대응되는 사항이 발명의 상세한 설명에 기재되어 있는지 여부에 의하여 판단하여야 하는바, 출원시의 기술상식에 비추어 보더라도 발명의 상세한 설명에 개시된 내용을 특허청구범위에 기재된 발명의 범위까지 확장 내지 일반화할 수 없는 경우에는 그 특허청구범위는 발명의 상세한 설명에 의하여 뒷받침된다고 볼 수 없다.4)

2014년 퀄컴판결에서 대법원은 "구 특허법 제42조 제4항 제1호는 특허청구범위에 보호받고자 하는 사항을 기재한 청구항이 발명의 상세한 설명에 의하여 뒷받침될 것을 규정하고 있는데, 이는 특허출원서에 첨부된 명세서의 발명의 상세한 설명에 기재되지 아니한 사항이 청구항에 기재됨으로써 출원자가 공개하지 아니한 발명에 대하여 특허권이 부여되는 부당한 결과를 막으려는 데에 취지가 있다. 따라서 구 특허법 제42조 제4항 제1호가 정한 위와 같은 명세서 기재요건을 충족하는지는 위 규정 취지에 맞게 특허출원 당시의 기술수준을 기준으로 하여 통상의 기술자의 입장에서 특허청구범위에 기재된 발명과 대응되는 사항이 발명의 상세한 설명에 기재되어 있는지에 의하여 판단하여야 하므로, 특허출원 당시의 기술수준에 비추어 발명의 상세한 설명에 개시된 내용을 특허청구범위에 기재된 발명의 범위까지 확장 또는 일반화할 수 있다면 그 특허청구범위는 발명의 상세한 설명에 의하여 뒷받침된다고 볼 수 있다"는 법리를 설시하였다.5)

이와 비교하여 미국의 경우, 연방항소법원(CAFC)은 Ariad v. Eli Lilly 판결에서 기재요건(*Written Description Requirement*)은 용이실시요건(*enablement requirement*)과는 다른 별도의 요건이고 최초 청구항에도 적용된다는 것, 그리고 이 요건의 판단기준은 '보유심사(possession test)'라고 판시하였다.6) 이 판결에서 연방항소법원은 미국 특허법 제112조의 첫 문단은 기재요건이라고 하는 용이실시요건과는 구별되는 요건으로서, 두 요건은 그 적용범위 및 목적에서 서로 다르다고 판시하였다. 연방항소법원이 기재요건과 관련하여 제시한 판단기준인 '보유심사'란 청구

---

4) 대법원 2006. 5. 11. 선고 2004후1120 판결.

5) 대법원 2006. 5. 11. 선고 2004후1120 판결, 대법원 2014. 9. 4. 선고 2012후832 판결(퀄컴판결) 등.

6) Ariad Pharmaceuticals, Inc. v. Eli Lilly and Co., 598 F.3d 1336, 1341 (Fed. Cir. 2010)(en banc). 관련하여 MPEP 2161에서도 미국 특허법 제112조의 기재요건, 용이실시요건과 최적실시예 요건(Best Mode requirement)의 차이에 대해서 설명하고 있다.

항에 기재된 발명이 출원일을 기준으로 하여 발명자에 의해 소유되고 있던 내용인지를 통상의 기술자가 합리적으로 인지할 수 있는가를 보아야 한다는 기준이다.[7] 우리 대법원은 연방항소법원과 같은 기준을 제시하지는 않고, 통상의 기술자의 관점에서 특허청구범위와 발명의 상세한 설명이 일치하는지를 판단기준으로 하고 있다고 볼 수 있다. 그러나 결론적으로는 청구항이 기능 또는 결론만 표현되어 있는 경우, 구체적으로 기술되어 있지 않은 실시예, 발명자가 실제로 발명하지 않은 발명, 그리고 미래 기술 등 광범위한 청구항을 통한 특허권 획득의 위험을 공통적으로 방지하려는 기능은 동일하게 수행하고 있다.

2. 대법원 판결의 의의 및 전망

대법원은 구 특허법(2007. 1. 3. 법률 제8197호로 개정되기 전의 것, 이하 같다) 제42조 제3항은 발명의 상세한 설명에는 통상의 기술자가 용이하게 실시할 수 있을 정도로 그 발명의 목적·구성 및 효과를 기재하여야 한다고 규정하고 있는데, 이는 특허출원된 발명의 내용을 제3자가 명세서만으로 쉽게 알 수 있도록 공개하여 특허권으로 보호받고자 하는 기술적 내용과 범위를 명확하게 하기 위한 것이라는 기존의 판결을 기초로 하면서,[8] "'물건의 발명'의 경우 그 발명의 '실시'라고 함은 그 물건을 생산, 사용하는 등의 행위를 말하므로, 물건의 발명에서 통상의 기술자가 특허출원 당시의 기술수준으로 보아 과도한 실험이나 특수한 지식을 부가하지 않고서도 발명의 상세한 설명에 기재된 사항에 의하여 물건 자체를 생산하고 이를 사용할 수 있고, 구체적인 실험 등으로 증명이 되어 있지 않더라도 특허출원 당시의 기술수준으로 보아 통상의 기술자가 발명의 효과의 발생을 충분히 예측할 수 있다면, 위 조항에서 정한 기재요건을 충족한다고 볼 수 있다"고 하여 물건의 발명의 경우 통상의 기술자의 예측가능성을 고려하여 기재요건을 판단하여야 한다는 판시를 추가하였다.

대상판결은 대법원이 명시적으로 지적한 것과 같이 명세서 기재요건 중 물건의 발명에 있어서의 특허법 제42조 제3항의 (용이)실시가능요건의 충족여부의 관련하여 의미를 가진다. 대법원은 대상판결에서 퀄컴판결을 재확인하면서 제42조

---

7) 관련하여 상세는 Krista Stone, WRITTEN DESCRIPTION AFTER ARIAD V. ELI LILLY: 35 USC §112'S THIRD WHEEL, 11 J. High Tech. L. 191 (2010) 참조.

8) 대법원 2011. 10. 13. 선고 2010후2582 판결, 대법원 2015. 9. 24. 선고 2013후525 판결 등.

제4항 제1호의 뒷받침 요건은 규정 취지를 달리하는 특허법 제42조 제3항 제1호가 정한 것처럼 발명의 상세한 설명에 통상의 기술자가 그 발명을 쉽게 실시할수 있도록 명확하고 상세하게 기재되어 있는지 여부에 의하여 판단하여서는 아니된다고 하여 양자를 구별한 바 있다.9)

대상판결은 이런 구별에서 나아가, 그렇다면 제4항 제1호와 구별되는 제42조 제3항 제1호의 판단기준은 무엇인가에 대해서 판시하고 있다. 이와 같은 기준은 합리적인 것으로 보인다. 대상판결의 경우 ① 돌출부의 생산을 위해서 발명의 상세한 설명에 돌출부의 크기 및 형상에 대한 구체적인 기재가 없지만 통상의 기술자라면 발명의 상세한 설명에 기재되어 있는 제조방법과 사용방법 및 도1를 참고하여 돌출부를 생산할 수 있다고 보인다면 이는 대법원의 기준에 의한 과도한 실험이나 특수한 지식을 부가하지 않고서도 발명의 상세한 설명에 기재된 사항에 의하여 물건 자체를 생산하고 이를 사용할 수 있는 경우라고 할 것이다. 또 ② 돌출부의 효과의 경우 물건의 발명의 실시가능요건에 있어서 발명의 효과의 재현정도는 사안의 경우 통상의 기술자가 이 사건 제1항 발명이 시료도입 통로부와 통기부가 교차는 부위에서의 급격한 유동변화를 완화시킬 수 있는 여유공간인 '돌출부'를 통하여 에어포켓 현상을 최소화 또는 완화시키는 효과를 한다는 것을 충분히 예측할 수 있다고 볼 수 있다. 특허명세서는 학술적인 논문이 아니므로 현상의 완화라는 효과의 발생으로 족한 것이지 왜 그런 효과가 발생하는지에 대한 이론적인 근거까지 기재하여야 하는 것은 아니라는 것은 타당한 결론이다.

다만 이런 대법원의 기준에 의하더라도, 여전히 실무상의 과제가 있을 것으로 본다. 대법원은 물건의 발명의 경우 통상의 기술자의 발명의 효과에 대한 예측가능성을 그 기준으로 제시하고 있는바, 이런 기준은 결국 통상의 기술자 관점에서의 실험의 과도성이나 특수한 지식의 부과여부라는 문제로 귀결될 것으로 본다. 이런 점에서 대법원의 판시는 미국 법원의 판례의 태도와 궤를 같이 하는 것으로 보이는바,10) 실험의 과도성과 관련된 미국 법원의 고려요소들(Undue Experimentation

---

9) 대법원 2014. 9. 4. 선고 2012후832 판결(이 사건의 원심은 명칭을 '높은 데이터 레이트 인터페이스'로 하는 이 사건 출원발명의 특허청구범위 제8항에 기재된 '<u>전송된 펄스의 위상이 결정되도록 하는 코드</u>'라는 구성에 대응되는 사항이 발명의 상세한 설명에 동일하게 기재되어 있어서 위 구성이 발명의 상세한 설명에 의하여 뒷받침되므로 특허법 제42조 제4항 제1호에 반하는 기재불비가 있다고 할 수 없다고 판단하였고 대법원은 이런 원심의 결론을 유지하였다).

10) 미국 판례의 흐름에 대한 기본문헌으로 최승재, 「미국특허법」, 법문사(2010) 제3장 제4절

Requirement)이 향후 과도성 판단에 참고가 될 수 있을 것으로 보인다.11) 이 경우 실험에서의 예측가능성은 제시된 실험과 다른 실험과의 연관성(correlation)이 문제가 되는 등 여러 가지 국면에서 통상의 기술자의 합리적 예견가능성의 판단이 문제가 될 것이다.12)

참조.

11) (A) The breadth of the claims; (B) The nature of the invention; (C) The state of the prior art; (D) The level of one of ordinary skill; (E) The level of predictability in the art; (F) The amount of direction provided by the inventor; (G) The existence of working examples; and (H) The quantity of experimentation needed to make or use the invention based on the content of the disclosure{*In re Wands*, 858 F.2d 731, 737, 8 USPQ2d 1400, 1404 (Fed. Cir. 1988)}.

12) 시험관실험(in vitro utility)과 생체실험(in vivo activity)과의 관계에서 이 양자의 관계에 대한 상관성을 증명하지 않았다고 하더라도 강력한 상관성에 대한 기재불비가 용이실시요건을 충족시키지 못하게 하는 것은 아니라는 판결로 Cross v. Iizuka, 753 F.2d 1040, 1050, 224 USPQ 739, 747 (Fed. Cir. 1985)(Based upon the relevant evidence as a whole, there is a reasonable correlation between the disclosed in vitro utility and an in vivo activity, and therefore a rigorous correlation is not necessary where the disclosure of pharmacological activity is reasonable based upon the probative evidence).

38. 비아그라 의약 용도발명의 명세서 기재요건
- TRIPs 협정 등의 측면에서 -

박창수(김·장 법률사무소 변호사)

I. 사안의 개요

1. 발명에 이른 경위

본 사안은 "임포텐스 치료용 피라졸로피미리디논"(실데나필, 비아그라의 유효성분)에 관한 특허의 등록무효에 관한 것이다.[1] 원고는 1989년경 실데나필을 합성하는데 성공했고, 1991년 협심증 환자를 대상으로 임상 1상 시험을 실시하였다. 그런데 건강한 지원자들로부터 부작용으로 '자발적 발기' 현상이 보고되었다. 원고는 이것을 결정적 단서로 어떻게 경구투여로도 예상치 않게 발기가 유발되었는지를 연구하던 중, 인간 음경 해면체에 있는 PDE 효소 3가지 중 PDE V 효소가 주도적으로 존재하는 것을 발견하고 실데나필을 포함하는 PDE V 억제 화합물에 대하여 1999. 2. 20. 국내에 이 사건 특허를 출원하였다.

2. 소송의 경과

2011.경부터 국내 제약회사들이 무효심판을 제기하였고 원고는 무효심판 중에 정정청구를 하여 정정된 청구항 5항만 남겨두었다.

특허심판원은 정정의 적법성은 인정하였으나, 이 사건 특허는 실데나필의 의약 용도발명으로서, 우선일 전에 실데나필의 약리기전이 명확히 공지되었다고 볼 증거가 부족하고, 명세서에 실데나필의 발기성 기능장해에 대한 약리효과의 구체적 실험에 의한 정량적 기재나 이를 대신할 정도의 구체적인 기재가 없어서 상세한 설명에 약리효과의 기재불비가 있다는 등의 이유로 무효로 심결하였다.

원고는 특허법원에 심결취소소송을 제기하였으나 기각되자 대법원에 상고하

---

[1] 등록번호 제262926호, 우선권 주장일 1993. 6. 9. 제출원일 1994. 5. 13. 등록일 2000. 5. 9.

였다. 대법원은 2015. 4. 23. 선고 2013후730 판결(이하 '대상 판결'이라 한다)로 이 사건 특허의 우선일 전에 실데나필의 발기치료의 약리효과에 대한 약리기전이 명확히 밝혀졌다고 볼 증거가 부족하므로, 명세서의 상세한 설명에 약리효과를 확인할 수 있도록 약리데이터 등이 나타난 시험예 또는 이를 대신할 수 있을 정도의 구체적인 기재가 있어야 함에도 그것이 흠결되었다고 보아 특허법 제42조 제3항의 명세서 기재요건에 위배되어 무효라고 판단하고 상고 기각하였다.

II. 해   설

1. 의약의 용도발명의 의의

의약의 용도발명은 특허법에 명문의 규정은 없음에도 대부분의 국가가 인정하고 있으나 기재요건은 우리나라와 입장을 달리하고 있다. 의약 용도발명은 신규 물질 또는 공지 물질의 최초 의약용도에 기인하는 제1 의약용도 발명과 의약용도가 이미 알려진 물질의 새로운 적응증 등의 발견에 기인하는 제2 의약용도 발명으로 대별된다.[2]

2. 문제의 소재

대법원은 2001. 11. 30. 선고 2001후65 판결 이후로 의약의 용도발명의 약리효과에 엄격한 명세서 기재요건을 요구하고 있다. 그러나 약리기전이 어느 정도 알려졌어야 '명확히' 알려진 것인지에 대한 기준이 일단 명확하지 않고, 약리데이터가 어느 정도로 기재되어 있어야 구체적 기재에 해당하는지 가이드라인도 명확하지 않다. 나아가, 의약 용도발명의 약리효과를 약리데이터 등의 정량적 기재를 요구한 것은 실질적으로 대법원 2001. 11. 30. 선고 2001후65 판결 이후부터인데, 그 이전에 출원되어 등록된 특허에 대해서도 이를 소급 적용하는 것이 법치주의에 부합하는가 하는 것이다. 이 사건 특허의 출원 당시 구 특허법[3] 42조 3항이나 시행령, 시행규칙은 발명의 효과에 정량적 기재를 요구하는 내용은 없고,[4] 이 사건 특허의 출원 직후에 선고된 대법원 판결(대법원 1996. 7. 30. 선고 95후1326 판결

---

2) 의약용도발명의 특허청구범위에 기재되어 있는 약리기전의 의미, 박태일, Law & tech-nology 제10권 제5호(2014. 9) 92면, 서울대학교 기술과법센터 2014.
3) 법률 제6024호로 1999. 9. 7. 일부 개정되기 전의 것.
4) 지금 특허법과 시행령, 시행규칙도 마찬가지이다.

및 1996. 10. 11.선고 96후559 판결)도 '약리효과에 대한 기재가 있으면 되고 실험데이터나 시험성적표의 기재는 명세서의 필수적 기재요건은 아니다'고 하고 있었기 때문이다.

3. 의약의 용도발명의 명세서 기재요건에 관한 각국 입장

가. 일 본

일본 특허청 심사지침서는 의약 용도발명의 경우 수치적으로 표현된 데이터나 그와 동일시할 만한 객관적 기재를 요구하는 것이 원칙이나, 상세한 설명에 약리효과가 충분히 기재되어 있다면 출원 도중 실험데이터의 추가 제출이 가능하다고 적고 있고, 약리효과를 수치 데이터로 기재하기 곤란한 때에는 의사와 같은 사람들의 '객관적 관찰 결과 등의 기재'가 있으면 약리효과의 기재가 있는 것으로 인정하고 있다.5)

나. 유 럽

유럽은 심사지침서에서 의약 용도발명의 약리데이터에 대한 구체적인 명세서 기재요건을 요구하고 있지 않고, 유럽 법원 역시 의약 용도를 기능적 구성요소로 간주하는 결과, T801/06 판결은 "약리효과의 입증은 명확하게 해당 효과를 나타낼 수 있다면 어느 종류의 데이터로도 가능하다"고 하면서,6) 실제 실험이 수행되지 않았다는 이유만으로는 명세서가 충분히 기재되어 있지 않다고 볼 수는 없다"고 하였다.

다. 미 국

미국 심사지침서도 약리효과에 대한 기재와 의약 용도의 "합리적인 상관관계는 통계적인 데이터뿐만이 아니라 주장, 의견, 논문 등으로도 입증이 가능하며, 출원인이 반드시 통계적인 확실성이나 임상실험에서 성공했다는 증거자료를 제출해

---

5) 예컨대, 편두통과 같이 뇌 MRI나 CT촬영으로도 뚜렷한 작용부위나 치료의 정도를 확인하기 어렵거나, 실험대상자마다 주관적으로 느끼는 정도가 다른 경우, 약리효과를 수치적으로 정량화하기 어려울 수 있다. 이때에는 대상자의 행동을 관찰하거나 심리적으로 느끼는 만족도 등을 객관적으로 관찰한 결과를 기재함으로써 약리효과를 기재하는 수밖에 없을 것이다.

6) "a claimed therapeutic effect may be proven by any kind of data as long as they clearly and unambiguously reflect the therapeutic effect"

야 될 필요는 없다"7)고 기재하고 있다(MPEP 2107.03(i)). 미국 연방순회법원도 "우
선권이 문제되지 않는다면 출원 전 또는 후에 얻은 데이터를 제출할 수 있다"8)고
하여 임상시험에 관한 데이터 없이 등록되어도 무효라고 볼 수 없다고 하였다(Eli
Lilly & Co. v. Actavis Elizabeth LLC, 435 Fed. Appx. 917, 924 (Fed. Cir. 2011)).

4. 의약의 용도발명의 약리효과에 대한 명세서 기재요건의 변천 경과

가. 종전 대법원 판결

의약의 용도발명의 약리효과에 대한 기재요건에 관한 초기의 대법원 판결로
1996. 7. 30. 선고 95후1326 판결 및 1996. 10. 11. 선고 96후559 판결이 있다.9) 대
법원 1996. 7. 30. 선고 95후1326 판결은, 『특허 출원 명세서에 있어서 당해 기술
분야에서 통상의 지식을 가진 자가 그 내용을 명확하게 이해하고 인식하여 재현
할 수만 있다면 그 효과를 확증하기에 충분한 실험 데이터가 기재되어 있지 않다
고 하여도 그 명세서의 기재는 적법하며 의약품의 발명에 있어서는 그 약리효과
에 대한 기재가 있으면 충분하고 그에 대한 실험 데이터나 시험 성적표의 기재는
명세서의 필수적 기재요건은 아니다』고 하였다.

위 대법원 판결은 우선일 전에 약리기전이 알려진 것과 무관하게 명세서에
약리효과에 관한 기재가 있으면 충분하고, 실험 데이터나 시험 성적표의 기재는
필수적 기재요건이 아니라고 한 다음, 소송 도중에 시험성적표를 진술서 형식으로
제출한 것을 허용하였다. 대법원 1996. 10. 11. 선고 96후559 판결도 '실험데이터나
시험성적표의 기재는 명세서의 필수적 기재요건은 아니고, 다만 통상의 지식을 가
진 자가 출원 당시의 기술 수준으로 보아 명세서에 기재된 용도(효과)가 나타나는
지 극히 의심스러운 경우에만 비로소 별도의 시험성적표나 실험데이터 등의 제출
을 요구할 수 있다'고 하여 같은 취지로 판단하였다.

---

7) "a reasonable correlation between the claimed use and the activity of a compound can
be established using "statistically relevant data…, arguments or reasoning, documentary
evidence…, or any combination thereof"

8) "When priority is not at issue, generally the applicant may provide data obtained
either before or after the patent application was filed"

9) 그 이전에 1996. 6. 14. 선고 94후869 판결이 있으나, 이는 의약발명의 특허청구범위가 상세
한 설명에 의하여 뒷받침되는지 여부가 다투어진 사건이다.

나. 2001년 이후 대법원 판결

대법원 2001. 11. 30. 선고 2001후65 판결부터 대상 판결에 이르기까지, 의약 용도발명의 최초 출원 명세서에 약리효과의 엄격한 기재요건을 요구하는 판결이 뒤따르기 시작하였다.10) 가장 앞서는 대법원 2001. 11. 30. 선고 2001후65 판결은 "실험데이터가 제시된 실험예가 기재되지 않으면 당업자가 <u>그 발명의 효과를 명 확하게 이해하고 용이하게 재현할 수 있다고 보기 어려워</u> 완성된 발명으로 보기 어려운 경우가 많고, … <u>약리효과가 있다는 것을 약리데이터 등이 나타난 실험예 로 기재하거나 또는 이에 대신할 수 있을 정도로 구체적으로 기재하여야만 비로 소 발명이 완성되었다고 볼 수 있는 동시에 명세서의 기재요건을 충족하였다고 볼 수 있을 것</u>"이라고 하여 약리효과를 '약리데이터에 의한 실험결과를 정량적으 로 기재'할 것을 요구하기 시작하였다.

5. 대법원 판결의 타당성 여부

의약의 용도발명이 인간을 적용 대상으로 하는 점에서 신중한 측면이 있다는 측면이 약리효과의 명세서 기재요건을 요구하는 근거라고 생각하지만, 판결 이유 를 살펴보면 타당한지 우려되는 면이 있다.

의약의 용도발명을 출원하는 시점은, 1차 및 2차 약효검색(기초약리시험)과 간 단한 동물실험(in vivo 또는 in vitro)을 거치고 나서 출원이 이루어지는 것이 보통 이므로,11) 이 단계에서 얻어지는 정보들은 초보적인 것으로 의약으로서 실시가능 성을 명확히 예측할 수 있는 중요한 약리데이터라고 보기는 어렵다. 따라서 약리 데이터가 나타난 정량적 기재가 있다 하여 그것만으로는 통상의 기술자가 해당 화합물이 인간을 대상으로 얼마나 약리효과를 발휘할지 명확히 알기 어려우므로 약리데이터를 통한 기술내용의 공개가 현실적으로 큰 중요성이 없고,12) '용이하게 반복 실시가 어렵기 때문에 약리효과를 정량적 약리데이터로 적어야 한다'는 이유 도 우리나라 통상의 기술자의 수준을 다른 나라보다 낮게 보는 것이어서 타당하

---

10) 판례중심 특허법, 윤태식, 진원사 2013, 409면.

11) 의약의 용도발명에 있어서의 약리효과와 명세서의 보정, 강동세 4면, 정보법 판례백선 I, 박영사 2006.

12) 약리데이터의 정량적 수치 기재가 없더라도, 의약의 용도발명의 명세서에 약리효과나 실험 의 배경정보가 전혀 기재되지 아니한 경우가 아니라면, 통상의 기술자가 명세서에 적혀 있는 투여량, 투여대상, 투여용량 등을 토대로 명세서의 실험내용 및 거기에 적힌 효과를 이해하 고, 이를 용이하게 반복재현 즉, 실시하는 것은 어려움이 전혀 없다.

지 않다.

대법원은 사안은 다르지만, 일반 화합물 발명에서는 명세서에 효과를 정량적으로 기재하지 않더라도 기재요건의 불비로 보지 않고, 효과가 의심스러우면 정성적 기재로부터 유추할 수 있는 범위 내의 추가 데이터를 통한 효과의 입증 기회를 부여하고 있는바, 의약의 용도발명도 일반 화학발명과 마찬가지로 그 효과에 대하여 추론할 수 있는 기재가 명세서에 있다면 그 범위에서 추가로 입증이 가능하다고 보아야 하지 않을까 생각한다.13)

6. 소결론 ─ 의약 용도발명의 약리효과 이해의 판단기준 ─

출원일 전에 약리기전의 일부가 알려져 있고, 특허 명세서에 나머지가 설명되어 있다든가 약리효과의 메커니즘을 연구한 내용이 적혀 있으면 통상의 기술자가 기술상식과 명세서 내용을 종합하면 약리효과를 이해할 수 있는 경우도 있다. 그러나 대상 판결에 의하면, 출원일 전에 약리기전이 '명확히 알려져 있지 않다'고 인정되는 순간, 위와 같은 사정은 고려 없이, 명세서에 약리데이터의 기재가 없으면 기재불비가 되고 만다. 그러나 약리효과에 대한 통상의 기술자의 이해는, '모 아니면 도'의 방식으로 전부 이해하거나 하나도 이해하지 못하는 성질의 것이라고는 보기 어렵다.14) 따라서 의약의 용도발명을 명세서에 '약리데이터의 정량적 기재가 있는지 여부'를 기준으로 특허성을 판단하는 것은 타당하지 않고, 수치한정 발명에서 '한정된 수치범위'역시 의약의 용도발명의 '용도'와 마찬가지로 구성요소인데도, 임계적 의의(동질의 현저한 효과)를 정량적 데이터로 적지 않더라도 기재불비의 측면보다 효과의 입증(진보성)의 문제로 다루고 있는 것과도 부합하지 않

---

13) 일본 지적재산고등재판소는 최초 명세서에 발명의 효과를 기재하지 않으면 출원 후에 한 보충실험 결과를 전혀 참작하지 못하게 하는 것이 타당한가에 관하여「발명의 효과」를 출원 후에 보충한 실험 결과 등을 고려하는 것이 허용되지 않는 것은 … 당초 명세서에 "발명의 효과"에 관한 아무런 기재가 없는 경우에만 그러하고, 통상의 기술자가 "발명의 효과"를 인식할 만한 기재가 있거나 이를 추론할 수 있는 기재가 있는 경우에는 기재의 범위를 넘지 않는 출원 후에 보충한 실험 결과 등을 참작할 수 있게 하는 것이 바람직하며, 허용되는지 여부는 위에서 공평의 관점에 서서 판단해야 한다 … 출원 후에 보충한 실험 결과 등을 참작했다고 하여 출원인과 제3자와의 형평을 해치는 경우라고 말할 수는 없다」라고 판결하고 있다 (일본 지재고재 2010. 7. 15. 선고 평성21(行ケ)10238호 판결).

14) 새로운 질병은 진단 기준이나 치료 효과를 확인할 객관적 방법이 미확립된 경우도 있다. 예를 들어 ADHD(과잉행동장애)라는 질병도 최근에 기준이 만들어졌으나 치료제 개발은 이전부터 시도되어 왔는데 이런 경우 어떤 약리데이터를 기재해야 객관적으로 약리효과를 뒷받침하는 정량적 데이터인지 논란이 있게 된다.

는다.

대상 판결의 입장이 유지될 경우, 다른 나라는 명세서에 약리효과 기재를 요구하지 아니하기 때문에 외국에서 우선권 출원된 후 PCT 출원을 거쳐 국내 출원하게 되는 대부분의 의약의 용도발명에서 만약 우선권 출원 단계부터 약리효과를 정량적으로 기재하지 아니한 출원인에게는 (약리데이터의 보정도 허용되지 않기 때문에) 회복할 수 없는 피해를 초래하게 된다.15)

Ⅲ. 대법원 판결의 소급 적용의 문제와 대상 판결의 의의

특허법과 시행령 및 시행규칙을 통틀어 명세서 기재요건을 법규로 정하고 있는 것은 '미생물을 이용한 발명' 뿐이다(특허법 시행령 제2조, 제3조). 특허청 심사지침서나 유형별 심사기준에 의약의 용도발명의 약리효과 기재에 대한 지침이 있으나 법원을 기속하는 효력은 없다. 따라서 법령의 근거 없이 의약 용도발명에만 특별히 기재요건을 요구하는 것은 법적 안정성 측면에서 바람직하지 않다는 문제가 있다.

대법원은 종전과 법률견해를 달리 변경할 경우, 일반 공중의 신뢰와 이미 형성된 수많은 법률관계의 효력 보호 및 법적 안정성을 이유로 판결의 소급 적용을 제한하고 있다. 종중과 관련된 사건 및 형사성공보수금에 대한 전원합의체 판결에서, '변경된 견해를 소급하여 적용한다면, 종래 대법원판례를 신뢰하여 형성된 수많은 법률관계의 효력을 일시에 좌우하게 되고, 이는 법적 안정성과 신의성실의 원칙에 기초한 당사자의 신뢰보호를 내용으로 하는 법치주의의 원리에도 반하게 되는 것이므로, 변경된 대법원의 견해는 해당 판결 선고 이후에 새로이 성립되는 법률관계에 대하여만 적용된다'고 판시하고 있다(대법원 2005. 7. 21. 선고 2012다89399 전원합의체 판결 및 대법원 2015. 7. 23. 선고 2015다200111 전원합의체 판결).

그런데 의약특허는 공법 및 사법상의 수많은 법률관계를 형성하여 발전시킨다. 예를 들어, 의약 특허가 등록되면 매년 연차료 납부 및 전용실시권이나 통상실시권의 등록이나 특허권 존속기간 연장신청(또는 연장출원) 등의 새로운 공법상의 법률관계가 파생하고, 식품의약품안전처와 의약품 특허-허가 연계 등의 공법적

---

15) 출원일 전에 약리기전이 '명확히 알려졌는지'는 최종적으로 법원이 판단하는 것이어서 출원 당시에 출원인이 판단할 영역도 아니기 때문이다.

법률관계도 파생된다. 나아가 사업화를 위한 많은 물적, 인적 투자가 이루어지며 타 제약업체에 실시권을 허여하거나 제3자가 실시권을 받아서 사업을 하는 등 다양한 법률관계가 형성된다. 그러므로 대법원이 종래의 1996. 7. 30. 선고 95후1326 판결 및 1996. 10. 11. 선고 96후559 판결에서 밝힌 약리효과의 명세서 기재요건에 대하여 견해를 바꾸어, 2001. 11. 30. 선고 2001후65 판결 이후부터 약리데이터가 나타난 실험예로 정량적 기재를 요구하는 것으로 변경하고자 하였다면 종전 판례 당시에 이미 출원되어 등록된 특허에 대하여는 소급 적용을 제한하였어야 타당하다고 본다.16)

정리하면, 대상 판결은 2001년 이후의 의약 용도발명의 약리효과 기재에 관한 대법원 판결의 판시를 이어오고 있는 것으로서, 발명의 효과 기재에 관한 일반 원칙이나 다른 나라의 기준과 부합하지 않는 측면이 분명히 있고, PCT 제도의 운용과도 충돌을 빚는 측면이 있다고 생각한다. 또한 대법원이 최근에 전원합의체 판결로서 법적안정성을 위하여 판결의 소급효를 일정 부분 제한하고 있는 것을 고려하면 위 판결도 그와 같이 하였어야 타당하지 않았을까 생각한다.

---

16) 과거 특허법원 2006. 12. 7. 선고 2005허5556 판결은, 의약의 용도발명의 약리효과가 명세서에 약리데이터로 기재가 없다는 이유로 등록 거절된 사안에 대한 판결에서, 특허청이 약리효과를 약리데이터로 기재하지 않아도 된다는 공적 견해를 표명한 바 없다거나, 또는 당시까지 수십 건의 특허가 약리데이터의 기재 없이 등록되었다 하더라도 그러한 실무가 확립되었다고 볼 증거가 부족하다는 이유로 법원이 법률해석을 변경하여 이미 등록된 특허에 대해서 소급 적용하여 무효로 함에 아무런 문제가 없다고 판시하였으나(원고가 상고하였으나, 대법원은 심리불속행으로 기각하였다), 그러나 약리효과로서 반드시 약리데이터의 기재를 요구하는 해석이 헌법이나 TRIPs 협정의 원칙에 위반하는지 여부라든가 법원이 특허법에 없는 새로운 요건을 창설하여 일반 국민(출원인)의 권리를 제한하는 것이 타당한지 여부가 깊이 있게 다루어진 바 없어서 특허법원 및 그 상고심은 이러한 사정을 명백히 간과한 것이라 생각된다. 무엇보다 위 특허법원 판결은 그 후 선고된 대법원 전원합의체 판결의 취지와 명백히 배치된다고 보아야 할 것이다.

39. 우선권 주장 인정의 전제로서 발명의
동일성 판단

[대법원 2015. 1. 15. 선고 2012후2999 사건(등록무효)]

김관식(한남대학교 법학부 교수, 전 대법원 재판연구관)

I. 사실의 개요

이 사건에서는 국내우선권주장이 인정되어 등록된 특허에 대하여 우선권주장이 인정될 수 없음을 이유로 특허무효심판이 청구되어, '우선권주장을 수반하는 출원'의 발명 중에서 특허요건 판단을 위하여 인정되는 출원일이 '우선권주장의 기초가 된 출원'의 출원일로 소급되는 발명의 범위 확정, 달리 말하면 우선권주장 인정을 위한 전제로서 선출원 발명과 후출원 발명의 동일성 판단 기준이 쟁점이 된 사건이다.

이 사건 특허권자는 2009. 4. 29. '정유량 자동제어장치'에 관하여 특허출원을 한 후(특허출원번호 제10-2009-37729호, 이하 '선출원') 이를 근거로 특허법 제55조 제1항 소정의 국내우선권 주장을 하면서 2009. 8. 19. '난방부하를 고려한 정유량 자동제어장치'에 관하여 특허출원을 하여 특허등록을 받았다(특허 제948844호).

이에 대하여 심판청구인은 이 사건 제1항 발명의 '난방부하를 고려한 최적유량값'에 관한 기술적 개념 및 이 사건 제5항 발명의 '난방부하 계산방법'에 관한 내용이 선출원 명세서 또는 도면에 나타나 있지 아니하므로, 특허법 제29조의 적용에 있어 특허요건 판단일이 선출원의 출원일(이하 '우선일')로 소급되지 아니하고, 이에 따라 후출원 이전에 공개된 비교대상발명1, 2에 의하여 진보성이 인정되지 아니한다는 점을 들어 특허무효를 주장하였다.

특허심판원(2011당1341)에서는 이 사건 제1항의 '난방부하를 고려한 최적유량값을 계산하는 내용'이 선출원의 출원서에 최초로 첨부된 명세서 또는 도면에 기재되어 있지 않고, 제5항은 제1항의 종속항으로 제1항의 구성요소를 모두 포함하고 있으며 제5항에 추가되어 있는 '난방부하 계산방법'에 관한 내용도 선출원의 명세서 또는 도면에 전혀 나타나 있지 않다는 점을 들어, 결국 특허법 제29조 제2 항 적용시 출원일 소급을 부정하고 인용발명 1, 2에 의하여 진보성이 부정된다고 판단하였다. 이에 특허권자가 심결취소의 소를 제기하였으나 특허법원(2012허 1491)에서도 동일한 취지로 판단하여 원고의 청구를 기각하였고, 이에 원고가 상고하였다.

Ⅱ. 판   시

상고 기각.

"이와 같은 국내 우선권 제도에 의하여 실제 특허출원일보다 앞서 우선권 주장일에 특허출원된 것으로 보아 그 특허요건을 심사함으로써 우선권 주장일과 우선권 주장을 수반하는 특허출원일 사이에 특허출원을 한 사람 등 제3자의 이익을 부당하게 침해하는 결과가 일어날 수 있음은 특허법 제47조 제1항의 규정에 의한 명세서 또는 도면의 보정이 받아들여져 그 효과가 출원 시로 소급하는 경우와 별다른 차이가 없으므로, 이러한 보정의 경우와 같은 관점에서, 우선권 주장일에 특허출원된 것으로 보아 특허요건을 심사하는 발명의 범위를 제한할 필요가 있다. 따라서 특허법 제55조 제3항에 따라 특허요건 적용의 기준일이 우선권 주장일로 소급하는 발명은 특허법 제47조 제2항과 마찬가지로 우선권 주장을 수반하는 특허출원된 발명 가운데 우선권 주장의 기초가 된 선출원의 최초 명세서 등에 기재된 사항의 범위 안에 있는 것으로 한정된다고 봄이 타당하다.

그리고 여기서 '우선권 주장의 기초가 된 선출원의 최초 명세서 등에 기재된 사항'이란, 우선권 주장의 기초가 된 선출원의 최초 명세서 등에 명시적으로 기재되어 있는 사항이거나 또는 명시적인 기재가 없더라도 그 발명이 속하는 기술분야에서 통상의 지식을 가진 사람(이하 '통상의 기술자'라 한다)이라면 우선권 주장일 당시의 기술상식에 비추어 보아 우선권 주장을 수반하는 특허출원된 발명이 선출원의 최초 명세서 등에 기재되어 있는 것과 마찬가지라고 이해할 수 있는 사항이어야 한다(대법원 2007. 2. 8. 선고 2005후3130 판결, 대법원 2014. 4. 30. 선고 2011후 767 판결 참조)."

Ⅲ. 해 설[1]

1. 우선권의 의의

하나의 발명에 대하여 특허출원을 한 후에 이와 동일한 발명을 출원하는 경우에 일정한 조건하에서 후출원에 대하여 선출원의 일정한 지위를 부여하는 경우가 있다. 이러한 출원을 일반적으로 우선권 주장 출원이라고 한다. 현재 우리나라에서 인정되는 우선권의 종류로는 우리나라 특허법 제54조 소정의 '조약에 의한 우선권 주장'과 동법 제55조 소정의 '특허출원에 의한 우선권 주장'이 있다.

조약우선권은 출원인이 발명을 국제적으로 보호받기 위해서는 특허권의 속지주의 원칙에 의하여 특허권을 향유하고자 하는 개별 국가마다 특허출원을 하여야 하는데 국가별 공간적 차이에 의하여 각 국가에서의 출원일에는 일정한 시간적 간격이 생길 수밖에 없는 점을 고려하여, 일정한 조건 하에서 조약 동맹국에 출원한 출원일을 최초 동맹국 출원일로 실질적으로 소급하는 이익을 부여하는 것이다.[2] 그런데 절차적인 조건을 제외한 실체적인 조건에 관하여, 단순히 우선권 주장이 있다는 사실만으로 출원일을 소급하는 것은 당연히 부당하므로 우선권 주장을 인정하기 위하여 전제로서 우선권 주장의 기초가 되는 발명과 우선권 주장을 수반하는 발명 사이의 관계를 확정할 필요가 있고, 이는 결국 현행 특허법 제54조 제1항(… 당사국에 특허출원한 후 '동일한 발명'을 대한민국에 특허출원하여 …) 및 제55조 제3항(… 선출원의 출원서에 최초로 첨부된 명세서 또는 도면에 기재된 발명과 '같은 발명'에 관하여 …)으로 규정되어 있는 발명의 '동일성'의 범위를 우선권 주장 인정의 전제로서 확정하는 것에 다름 아니다.

조약우선권 주장의 양태로는 일반적으로 복합우선과 부분우선으로 구분하는데, 복합우선에는 하나의 출원에 관하여 복수의 우선권을 주장하는 경우를 말하고, 부분우선의 경우에는 하나 혹은 하나 이상의 우선권을 주장하는 출원에서 우선권 주장의 기초가 되는 출원에 포함되지 않는 하나 혹은 그 이상의 발명을 포함하는 것을 말한다. 부분우선의 경우에는 우선권 주장의 기초가 되는 선출원에

---

[1] 본 장의 1-2절은 필자에 의한, 김관식, "특허법상 우선권 주장이 있는 경우에 있어서 발명의 동일성 판단 기준", 과학기술법연구 제20집 제1호(2014), 3-42면의 내용을 기초로 일부 수정, 보완한 것이다.

[2] 吉藤幸朔 著 雄谷建一 補訂(YOU ME 특허법률사무소 역), 특허법개설 제13판, 대광서림(2000), 404면 각주1 및 831면; 渋谷達紀, 特許法, 発明推進協会(2012), 275頁.

포함되지 않았던 구성요소에 대해서는 후출원일을 기준으로 특허요건 등을 판단하게 된다.3) 이때 구성요소가 원출원에 포함되어 있는지의 여부는 청구항을 기준으로 판단하는 것이 아니고, 원출원 명세서 전체를 기준으로 파악하여야 하므로, 비록 후출원의 구성요소가 선출원 발명의 특허청구범위에는 기재되어 있지 않더라도 발명의 상세한 설명이나 도면 등에 기재되어 있다면 우선권이 거부되지 않는다.4) 따라서 조약우선권 주장이 있는 경우 상기와 같은 출원일 소급의 이익을 받기 위해서는 후출원 발명의 '모든 구성요소가 명세서의 기재에 의하여 파악되는 선출원발명에 포함되어 있는 것'으로 인정되어야 한다.5)

국내우선권 제도의 도입취지로는 일반적으로 아래와 같은 점을 들고 있다. 즉 첫째로, 조약에 의한 우선권 주장은 외국에 출원된 것에만 적용되므로 외국인은 파리조약상의 우선권을 주장하면서 복수의 발명에 대하여 이를 하나로 묶어서 출원하거나 원래 출원에 포함되지 아니한 내용을 추가하여 국내에 출원하는 것이 가능함에 반하여 이러한 혜택을 내국인은 누릴 수 없고 이에 따른 내·외국인 차별의 문제를 해소하기 위하여 파리조약에 의한 우선권 제도를 국내의 선출원에 기초하여 인정하는 것이고,6) 둘째로, 최초의 기본적인 발명에 대하여 이루어진 개량발명 등에 대하여 하나의 출원으로 묶어서 특허출원할 수 있게 하여 기술개발의 성과를 포괄적으로 빠짐없는 형태로 특허권으로 보호받는 것이 가능하도록 하

---

3) Paris Convention for the Protection of Industrial Property, Article 4 F. No country of the Union may refuse a priority or a patent application on the ground that the applicant claims multiple priorities, even if they originate in different countries, or on the ground that an application claiming one or more priorities contains one or more elements that were not included in the application or applications whose priority is claimed, provided that, in both cases, there is unity of invention within the meaning of the law of the country. With respect to **the elements not included in the application** or applications whose priority is claimed, **the filing of the subsequent application** shall give rise to a right of priority under ordinary conditions. 한편 전반부의 취지는 그 후반부의 내용과 연관하여 보면, 이른바 복합우선권이나 부분우선권이 있는 경우에 우선권주장을 항상 인정하여 출원일을 소급하여야 한다는 취지가 아니라, 복합우선권이나 부분우선권을 주장하고 있다는 점만으로 그 우선권 주장이나 우선권 주장을 수반하는 출원 자체를 거절할 수는 없다는 취지로 해석하여야 한다.

4) Paris Convention Article 4 H. Priority may not be refused on the ground that certain elements of the invention for which priority is claimed do not appear among the claims formulated in the application in the country of origin, provided that **the application documents as a whole** specifically disclose such elements.

5) 그 구체적인 판단 기준을 설정하는 것이 대상 판결 및 본고의 주제이다.

6) 吉藤幸朔, 위의 책, 405면; 竹田和彦 저(김관식 외 4인 역), 特許의 知識 제8판, 도서출판 에이제이 디자인기획(2011), 305면.

기 위한 것이라는 점을 들고 있다.7) 한편 이러한 취지를 구분하여 국내우선권 제
도의 도입취지는 개량발명의 보호를 위한 것이 근본적인 취지이므로 공간상의 제
약을 완화하기 위한 파리조약상의 도입취지와 근본적으로 상이하다는 주장도 있
으나,8) 조약상의 우선권 주장에서도 선출원과 완전히 동일한 출원에 대해서만 후
출원을 할 것을 요구하지는 않고 원출원의 복수의 출원에 대한 우선권 주장을 인
정하거나, 부분 우선권을 인정하는 취지 등에 비추어 보면 조약상의 우선권 주장
에서도 개량발명의 출원을 염두에 두고 있는 것으로 볼 수 있으며, 국내우선권 주
장 인정의 결과로서 파리조약 우선권 인정에 따른 내외국인 차별의 문제가 해소
되는 효과가 발생한다는 점은 부정할 수 없을 것이므로,9) 결국 국내우선권 제도
의 도입취지로 양자를 구분할 실익은 없을 것이다.

국내우선권 주장의 유형으로는 일반적으로 기존 출원에서 실시례를 추가하여
국내우선권을 주장하면서 출원하는 실시례 보충형과, 기존 출원의 상위개념을 추
출하여 종래 출원의 내용에 보충하여 출원하는 상위개념 추출형 및 물건과 방법
의 발명, 방법과 그 방법의 실시에 직접 사용하는 기계 등과 같이 출원의 단일성
요건을 이용하는 유형 등으로 구분하기도 한다.10)

미국의 경우 우리나라와 일본에서의 국내우선권 제도에 상응하는 제도로는
부분계속출원(Continuation-In-Part, CIP 출원)을 들 수 있다. 부분계속출원은 일정한
경우 선출원 즉 모출원의 출원일의 소급적용을 받을 수 있는 출원인 연속출원
(Continuing Application)의 일종으로서11) 후출원 중에서 선출원과 동일한 것으로
평가되는 발명에 대해서는 특허요건 판단시의 판단 기준일이 선출원일로 소급되
는 점에서는 국내우선권 제도와 동일하다. 그런데 우리나라와 일본 등에서의 국내
우선권 주장이 있는 출원에 대하여 특허권 존속기간은 후출원일을 기준으로 산정
되는 것12)에 반하여 미국의 부분계속출원에서는 선출원의 발명과 동일한지의 여

---

7) 吉藤幸朔, 위의 책, 405면.
8) 위의 책, 404면.
9) 위의 책, 406면.
10) 위의 책, 410면; 竹田和彦, 앞의 책, 306면.
11) 미국특허법상 연속출원(Continuing Application)에는 위에서 기술한 부분계속출원 이외에
    도, 계속출원(Continuation Application)과 분할출원(Divisional Application)이 있다. Janice
    M. Mueller, Patent Law 4th ed., Wolters Kluwer(2013), pp. 66-68.
12) 吉藤幸朔, 앞의 책, 409면; 특허청, 특허·실용신안 심사지침서(2011), 6404면; 이경란·임병
    웅, 이지특허법 제11판, 한빛지적소유권센터(2013), 44면.

부와 관계없이 선출원일을 기준으로 산정되는 점13)에서 매우 중요한 차이가 있다. 이러한 차이는 한국과 일본에서는 국내우선권 주장을 파리조약우선권 주장의 인정에 따른 내외국인 차별을 해소하기 위하여 도입된 제도로 이해하여 파리조약에 의한 우선권 주장시 특허권 존속기간 계산시 소급되지 않는 점14)과 마찬가지로 출원일의 소급 적용을 출원인의 이익에 부합하는 경우로 제한하고 있는 반면에, 미국에서 부분계속출원(Continuation-In-Part)은 계속출원(Continuation Application) 및 분할출원(Divisional Application)과 마찬가지로 연속출원(Continuing Application)의 일종으로 되어 있어15) 원출원에 대한 일종의 보정으로 보는 점에 기인하는 것으로 볼 수 있다.

2. 우선권 주장 인정을 위한 전제로서의 발명의 동일성 판단

우선권 주장 인정여부 판단시 발명의 동일성 인정여부가 쟁점이 된 우리나라의 사례16)로는, 재조합 DNA의 인트론 부위에서 차이가 나는 경우에 조약 우선권의 인정여부가 쟁점이 된 이른바 에리스로포이에틴 사건(대법원 2002. 9. 6. 선고 2000후2248 판결), 성분비가 연속적으로 변화할 수 있는 화합물 반도체에서 특정 구성비의 화합물 반도체가 개시되어 있는지의 여부가 쟁점이 된 이른바 화합물 반도체사건(특허심판원 2008. 7. 23.자 2007당3480 심결), 패들타입 교반기의 기초출원에 대하여 일반적인 교반기에 관한 후출원에 대한 국내 우선권 주장의 인정 여부가 쟁점이 된 이른바 패들타입 교반기 사건(특허법원 2009. 7. 1. 선고 2008허7706 판결)을 들 수 있다.

에리스로포이에틴 사건에서는 우선권 주장의 기초가 되는 미국 특허출원 제 688,622호의 DNA 염기서열과 특허발명의 DNA 염기서열과 일부17)에서 차이가 있었다. 그런데 특허발명은 DNA 염기서열 전체에 대한 것이 아니라 EPO를 코딩

---

13) Janice M. Mueller, *op. cit.*, p.71.
14) Paris Convention, Article 4bis (5). Patents obtained with the benefit of priority shall, in the various countries of the Union, have a duration equal to that which they would have, had they been applied for or granted without the benefit of priority.
15) Janice M. Mueller, *op. cit.*, p.68.
16) 기타 외국 사례는 김관식, 전게논문 참조.
17) 구체적으로는 형질 발현에 관계되는 exon 부분은 차이가 없고, 형질발현과 무관한 intron 부분에 해당하는 염기서열 1번(기초 출원에만 존재)과 염기서열 340번(특허발명에만 존재)에서 차이가 있었다.

하는 특정한 재조합 DNA에 관한 발명이라는 점을 고려하면 비록 문언적인 구성에 일부 차이는 있으나 그 효과의 면에서 차이가 없을 것으로 예상된다는 점에서 실질적인 구성의 차이라고는 인정될 수 없고, 이러한 점에서 기초 출원의 발명과 후출원 발명에 대하여 우선권 주장 인정의 전제로서 발명의 동일성을 인정한 판례의 태도는 타당하다고 생각된다.

화합물 반도체 사건에서는 InGaN 활성층과 GaAlN 클래드층으로 구성되는 이중헤테로접합 구조의 화합물반도체에 관한 특허발명에 대하여, 클래드 층으로 GaN와 InGaAlN가 선행출원에 개시된 경우 우선권주장 인정여부가 문제가 되었는데 심결에서는 GaN, InGaN, GaAlN의 기재를 구분하여 사용하고 있고, 조성이 달라지는 화합물에 대해서는 $In_xGa_{1-x}N(0<x<0.5)$, $Ga_{1-b}Al_bN(0\leqq b<1)$ 등 아래 첨자를 사용하고 있다는 점, InGaAlN를 GaN를 포함하는 용어가 아니라 GaN에 대비되는 용어로 사용하고 있는 점 등을 들어 InGaAlN는 In, Ga, Al, N의 네가지 원소를 모두 포함하는 4원계 화합물로 해석하여야 하므로 GaAlN는 개시된 것으로 볼 수 없다고 하여 결국 우선권주장을 인정하지 아니하였으나, 이러한 결론에는 의문의 여지가 있다.[18]

하위개념 발명에 대한 상위개념 발명의 동일성 여부가 문제가 된 사례에 대하여 특허법원에서는 패들타입교반기 사건에서 국내우선권 주장을 불인정한 바가 있는데, 그 이유로는 우선권 주장을 인정하기 위해서는 선출원의 명세서 또는 도면에 기재되어 있는 발명에 한하며, 요지가 변경되었거나 신규사항이 추가된 경우에는 우선권이 인정되지 아니한다는 점을 들어, 하위개념 발명에 대하여 상위개념 발명은 동일하지 않다고 판단하고 있다. 특히 상위개념 발명과 하위개념 발명의 동일성 판단 방법에 관하여, 신규성, 선출원 판단시의 기준과 다른 기준을 적용하는 이유에 대하여 법원에서는 각 제도의 취지와 목적이 다름을 들고 있을 뿐으로 명확한 근거를 제시하고 있지는 않다.

그런데 하위개념에 대하여 상위개념 발명의 동일 여부를 판단할 때와 같이 하위개념 발명이 개시된 경우 이에 대한 상위개념 발명에 대하여 권리를 부여하는 것은 개시된 발명에 비하여 더욱 넓은 범위의 발명에 대하여 권리가 부여되는 결과를 초래하므로 동일성의 판단을 엄격히 하여야 할 것이라는 점, 기초출원에 개시되어 있지 아니한 후출원 발명에 대하여 우선권 주장을 인정하여 출원일을

18) 김관식, 전게논문, 13면 이하 참조.

소급적용하는 것은 기초출원 이후의 인용발명에 의하여 특허요건 충족 미비로 특허받을 수 없는 후출원 발명이 특허되는 부당한 결과를 초래할 수 있다는 점, 특허출원 이후에 이를 근거로 출원을 하면서 일정 요건을 충족하면 출원일의 소급의 이익이 발생하며 더구나 보정이 적법하게 이루어진 경우는 특허요건 판단시뿐만 아니라 특허권존속기간 계산의 기준일과 같이 출원일의 소급이 출원인에게는 불리하게 작용하는 경우에도 일률적으로 원래의 출원일로 소급되어 적용되지만, 우선권 주장이 인정될 때에는 출원일이 일률적으로 소급되는 것이 아니라 출원인에게 소급이 유리하게 적용되는 경우 예를 들어 신규성, 진보성, 선원성 등의 특허요건 판단시에는 출원일이 소급되지만, 출원일의 소급이 출원인에게 불리하게 작용하는 경우 예를 들어 특허권존속기간의 산정시에는 출원일을 소급하지 않고 우선권 주장 출원의 실제 출원일을 기준으로 특허권 존속기간을 산정하는 점 등을 감안하면, 우선권 주장인정 여부 판단을 위한 전제로서 발명의 동일성 판단 기준은 보정의 허용범위보다 넓어질 수는 없다고 생각된다.

　한편 유럽특허조약(European Patent Convention) 제87조(1)에는 "동맹국 일국에의 출원과 '동일한 발명'을 출원하는 경우에는 우선권을 주장할 수 있다"고 규정되어 있다.[19] 어느 일국의 출원에 대하여 우선권이 인정되기 위한 '발명의 동일성' 판단 기준으로, 통상의 기술자가 보통의 일반적인 지식을 사용하여 그 청구항의 주제를 원출원 전체로부터 '직접적이고 일의적으로(directly and unambiguously) 도출할 수 있는지의 여부'의 기준을 채택하고 있는데,[20] 명시적 개시뿐만 아니라 묵시적 개시도 포함되나, 상위개념의 개시는 하위개념의 발명의 개시로 인정되지 않는다.[21] 이러한 개시는 통상의 기술자가 용이하게 실시할 수 있는 정도의 개시이어야 하고 이를 충족하지 못하는 경우에는 우선권은 인정되지 않는다.[22]

　지금까지의 논의를 종합하면 우선권 주장 인정을 전제로 하는 발명의 동일성 판단시에는 명세서의 보정 허용 여부의 판단 기준으로서 특허 법리로서 이미 정

---

19) EPC Article 87(1).

20) Gerald Paterson, ELEMENTS OF THE EUROPEAN PATENT SYSTEM The Law and Practice of the European Patent Convention, Yushodo Press(1995), p. 332. 이를 신규성과 동일한 기준으로서 채택하고 있다고 하고 있다. Id.("I relation to the question of disclosure, the same principles have often been applied as are applied in relation to novelty: that is, is the subject-matter of the claim directly and unambiguously derived from the disclosure in the priority document?").

21) Id. at 333-334.

22) Id. at 336.

립되어 있는 신규사항(New Matter) 추가 금지의 엄격한 동일성의 판단 기준을 채택하는 것이 적합할 것으로 생각된다.23) 이러한 기준에 의하면 하위개념 발명에 대하여 상위개념 발명의 동일성은 부정될 것이고, 이는 신규성 혹은 선원성 판단시 하위개념 발명에 대하여 상위개념 발명의 동일성을 인정하는 통설적인 견해와는 상이한 결과이다.24)

한편 파리조약 우선권 인정 여부 판단시 동일성의 기준으로, '신규사항 추가 금지'의 판단기준에 더하여, '통상의 기술자에게 발명적 노력없이 유추할 수 있는 경우' 및 '명백한 균등 영역'까지 동일성의 영역을 인정하고, 구성 및 효과의 차이가 있는 경우에 비로소 우선권 주장을 부정하여야 한다는 주장이 있는데,25) 이는 발명의 신규성 판단 기준을 넘어 진보성 판단 기준과 일견 유사한 기준으로 보이는데 이러한 기준에 의하면 우선권 주장의 인정 범위를 지나치게 확장할 우려가 있을 것으로 생각된다.

우선권 주장시 발명의 동일성 판단을 엄격하게 하여 하위개념의 선출원에 대한 상위개념 추출형의 우선권 주장에 대하여 우선권이 인정되지 아니하는 경우, 우선권 주장의 실익에 대하여 다소 의문이 생길 여지가 있다. 그런데 우선권 주장 특허출원시 현재의 다항제하에서 특허청구범위에는 선출원과 동일한 발명뿐만 아니라, 보정에 의해서는 신규사항 추가를 이유로 허용되지 아니할 우려가 있는 개량 발명에 대해서도 신규사항 추가에 따른 거절이유 발생의 위험부담 없이 자유롭게 기재할 수 있는 장점이 있으며,26) 우선권 주장 출원시 선출원의 범위를 벗어나는 개량 발명에 대하여 우선권 주장이 인정되지 아니하더라도,27) 선출원과

---

23) 같은 취지, 廣瀬隆行, 前揭論文, 9頁; 黑田敏朗, "29条の2における発明の同一性の判断 [知的財産高等裁判所 平成21. 11. 11 判決]", 知財管理 Vol. 60 No. 11(2010), 1868頁("우선권이 적법하게 인정될 수 있는 범위는 …… 신규사항의 예에 의하는 것으로 한다."). 우리나라 특허법상의 표현으로는 "특허출원서에 최초로 첨부된 명세서 또는 도면에 기재된 사항의 범위 안"인지의 여부로 된다. 특허법 제47조 제2항.

24) 하위개념 발명에 대하여 상위개념 발명에 대하여 진보성의 문제는 별론(別論)으로 하고 원칙적으로 신규성은 인정되어야 한다는 주장 및 그 근거는, 김관식, 발명의 동일성에 관한 연구, 서울대학교 대학원 법학박사학위논문(2013)의 제2장 제2절 '신규성 판단시 발명의 동일성 판단' 항목 참조.

25) 박영규, 특허법상 조약우선권제도에 관한 고찰, 비교사법 제11권 제2호(2004), 647면; 박영규, 개량발명 보호를 위한 우선권제도의 역할, 법조 632권(2009), 346-347면.

26) 적법한 보정의 범위(특허법 제47조 제2항)를 넘어서는 보정은 그 자체로 거절이유가 된다. 특허법 제62조 제5호 참조.

27) 우선권 제도의 취지 중의 하나로 개량발명의 보호를 두고 있으나, 복합우선권이나 부분우선권을 주장하는 경우에 항상 우선권이 인정되어 출원일이 우선일로 소급되는 것은 아니다.

동일한 후출원 발명에 대하여 우선권 주장이 인정되면28) 특허권 존속기간이 실질
적으로 1년 연장되는 효과가 발생하므로 우선권 주장인정을 전술한 바와 같이 엄
격하게 하더라도 우선권 주장 출원은 존속기간 연장의 측면에서도 그 실익은 여
전히 존재하게 된다.29)

3. 대상판결에서의 판단

대상판결에서는 우선권 주장을 수반하는 특허출원의 발명 중 특허법 제55조
제3항에 따른 특허요건 적용의 기준일이 우선권 주장일로 소급하는 발명은 우선
권 주장의 기초가 된 선출원의 최초 명세서 등에 명시적으로 기재되어 있는 사항
이거나 또는 명시적인 기재가 없더라도 통상의 기술자에게 우선권 주장일 당시의
기술상식에 비추어 보아 선출원의 최초 명세서 등에 기재되어 있는 것과 마찬가
지라고 이해할 수 있는 사항의 범위 안에 있는 것으로 한정하였는데,30) 그 이유
로는 우선권 주장을 인정하여 특허요건 판단시 우선권 주장일에 특허출원된 것으

부분우선의 경우 우선권주장의 기초가 되는 출원에 포함되어 있지 아니한 발명의 구성요소
(element)에 대해서는 후출원을 기준으로 우선일이 인정된다. 각주 3)의 파리협약 제4조F 후
단부 참조. 또한 우선권 주장의 기초가 되는 복수의 발명이 후출원에서 '일체불가분의 것'으
로 결합되어 '하나의 발명'을 구성하는 것으로 된 경우에는 복합우선권이나 부분우선권이 인
정되지 아니할 수 있다. 渋谷達紀, 前揭書, 278頁; 東京高判 昭和 61.11.27. 判決 昭和58年(行
ケ)第54号(無体財集18卷3号 432頁).

28) 국내우선권 주장의 경우, 선출원은 일정한 기간(1년 3개월)이 경과하면 취하한 것으로 간
주되므로(특허법 제56조 제1항), 선출원에 기재된 발명은 빠짐없이 후출원에 기재하여야 개
량발명 뿐만 아니라 원래의 기초발명에 대하여 보호를 받을 수 있고, 이를 게을리 하면 불의
의 손해를 입을 수 있다.

29) 같은 취지, 廣瀬隆行, 前揭論文, 15頁.

30) 한편 이와 같은 판시에 대하여, 최초 출원에서 보정이 가능한 범위는 통상의 기술자를 기
준으로 하여 최초 기재와 마찬가지까지이고, 그 범위 내라면 최초출원의 효과가 유지되므로,
다시 그로부터 최초 기재와 마찬가지인 경우까지 우선권을 인정하면 우선권의 범위가 '마찬
가지의 마찬가지로'까지 넓어질 염려가 있다는 견해가 있으나(박성수, 우선권이 인정되는 범
위, 사단법인 한국특허법학회 2005년 4월 정기학회 발표문, 2015, 6면), 예를 들어 보정의 경
우 보정이 가능한 범위는 최초 명세서(A)를 기준으로 판단하고 적법한 보정(A')에 대해서는
원 출원의 출원시에 출원된 것으로 소급하여 보게 되지만, 이러한 출원일의 소급에도 불구하
고 보정된 명세서(A')에 대한 후속 보정의 기준은 보정된 명세서(A')가 아닌 최초 출원 명세
서(A)를 기준으로 하는 점(예를 들어, 특허청, 특허·실용신안 심사기준(2014), 4202면 참조)
과 마찬가지로, 우선권 주장시 우선권 주장 인정의 기준이 되는 명세서 등은 출원서에 최초
로 첨부된 명세서 등이므로, 우려하듯이 우선권의 인정범위가 누적적으로 확대되지는 않을
것으로 예상된다. 또한 국내우선권 주장의 기초가 되는 출원이 조약우선권이나 국내우선권주
장을 수반하는 경우에는 국내우선권 주장에 따른 출원일 소급의 이익을 부여하지 않아(특허
법 제55조 제5항) 누적적으로 우선권 주장이 인정될 수는 없으므로, 우선권이 인정되는 범위
가 누적적으로 확대될 우려는 없을 것이다.

로 보아 특허요건을 심사하여 우선권 주장일과 우선권 주장을 수반하는 특허출원일 사이에 특허출원을 한 사람 등 제3자의 이익을 부당하게 침해할 수 있다는 점이 '보정'에 의하여 그 효과가 출원시로 소급하는 점과 차이가 없다는 점을 들고 있다.

4. 대상판결의 의의

대상판결은 우선권주장을 수반하는 출원의 발명 중에서 특허요건 판단을 위하여 인정되는 출원일이 우선권주장의 기초가 된 출원의 출원일로 소급되는 발명의 범위, 달리 말하면 우선권주장 인정을 위한 전제로서 선출원 발명과 후출원 발명의 동일성 판단 기준을 명확하게 제시하고 그 논거를 밝힌 점에 중요한 의의가 있다고 생각된다.

40. 우선권주장 불인정에 대한 거절이유 통지

[대법원 2011. 9. 8. 선고 2009후2371 판결]
유영선(김·장 법률사무소 변호사, 前 서울고등법원 고법판사)

I. 사실의 개요

1. 거절결정까지의 경과

- 2003. 4. 11. 선출원발명 출원
- 2003. 7. 12. 비교대상발명 1 공지
- 2004. 2. 26. 이 사건 출원발명 출원(선출원발명을 기초로 국내 우선권주장)

2003. 4. 11. ● 이 사건 선출원발명의 출원일
2003. 7. 12. ● 비교대상발명 1의 공고일
2004. 2. 26. ● 이 사건 출원발명의 출원일

- 2005. 10. 28.자 및 2006. 4. 21.자 의견제출통지(거절이유를 통지하면서 비교대상발명 1을 선행기술로 들지 않음)
- 2006. 7. 20. 의견서 및 명세서 등 보정서 제출
- 2006. 11. 17. 의견제출통지(비교대상발명 1 등에 의하여 진보성이 부정됨을 거절이유로 통지하면서, <u>이 사건 출원발명의 우선권주장 인정 여부에 관해서는 아무런 언급을 하지 않음)</u>
- 2007. 4. 16. 원고의 의견서 및 명세서 등 보정서 제출[이 사건 출원발명은 우선권주장으로 그 출원일이 선출원발명의 출원일(2003. 4. 11)로 소급하므로, 그 후에 공지된 비교대상발명 1로 진보성을 부정할 수 없다는 의견 제출]
- 2007. 5. 31. 거절결정(이 사건 출원발명은 선출원발명에 비하여 <u>청구범위에 새로운 구성요소가 추가되어 있어서 우선권주장이 인정되지 않고,</u> 비교대상발명 1 등에 의하여 진보성이 부정됨)

2. 거절결정 이후의 절차

- 원고 2007. 6. 28. 거절결정 불복심판 청구

- 특허심판원 2008. 5. 16.자 심결: 심판청구 기각(청구항 3 진보성 부정)[1]
- 특허법원 2009. 7. 1. 선고 2008허7706 판결: 심결유지[청구항 1은 비교대상발명 1(청구항 1은 선출원발명과 동일하지 않아 우선권주장이 인정되지 아니하므로 비교대상발명 1은 선행기술이 됨)에 의하여 진보성이 부정됨]

    * 특허청이 2006. 11. 17.자 의견제출통지에서 우선권주장 인정 여부에 관하여 언급을 하지 않고 거절결정을 한 것이 구 특허법(2007. 1. 3. 법률 제8197호로 개정되기 전의 것, 이하 같다) 제63조 본문의 거절이유통지 규정을 위반한 것인지에 관하여는 아무런 판단을 하지 않음.

Ⅱ. 판   시

파기환송.

"구 특허법 제63조 본문에 의하면, 심사관은 제62조의 규정에 의하여 특허거절결정을 하고자 할 때에는 그 특허출원인에게 거절이유를 통지하고 기간을 정하여 의견서를 제출할 수 있는 기회를 주어야 한다고 규정하고 있는바, 출원발명에 대하여 우선권주장의 불인정으로 인하여 거절이유가 생긴 경우에는 우선권주장의 불인정은 거절이유의 일부를 구성하는 것이므로, 우선권주장이 인정되지 아니한다는 취지 및 그 이유가 포함된 거절이유를 통지하지 않은 채 우선권주장의 불인정으로 인하여 생긴 거절이유를 들어 특허거절결정을 하는 것은 위 법 제63조 본문에 위반되어 위법하다. 그리고 거절이유 통지에 위와 같은 우선권주장 불인정에 관한 이유가 포함되어 있었는지 여부는 출원인에게 실질적으로 의견서 제출 및 보정의 기회를 부여하였다고 볼 수 있을 정도로 그 취지와 이유가 명시되었는지의 관점에서 판단되어야 한다."

---

1) 비교대상발명 1은 진보성 부정의 근거로 삼지 않았고, 따라서 우선권주장의 당부 및 거절이유 통지에서 절차위반 여부에 대해서도 판단할 필요가 없었다.

Ⅲ. 해   설

1. 우선권제도

가. 의   의2)

우선권제도는 파리협약의 근간을 이루는 매우 중요한 제도로서, 이는 지리적인 격리, 언어 및 제도의 차이 등으로 인하여 발명자가 제1국에 출원하는 것과 동시에 다른 나라에 출원하는 것은 매우 어려우므로, 제1국에서의 출원을 기초로 제2국에서 적법하게 우선권을 주장하면서 출원하면 그 출원에 대하여 신규성, 진보성 및 선출원의 규정을 적용함에 있어 제1국의 출원일을 제2국에서도 출원일로 보아 발명자를 보호하고자 하는 제도이다. 우리나라에는 조약에 의한 우선권제도(구 특허법 제54조)로 입법되어 있다.

한편 국내출원에는 이와 같은 제도가 없어 내외국인이 불평등한 상태에 있다는 지적에 의해, 1990년 개정법에서 파리조약에 의한 우선권제도와 대응되는 제도를 국내출원에 도입한 것이 국내 우선권제도(구 특허법 제55조)이다. 이에 따라 내국인의 경우에도, 선출원을 구체화하거나 개량하거나 신규사항을 추가하는 발명을 한 경우에 이들 발명에 대한 보호의 길이 넓어져 내외국인 사이의 불평등이 해소되었다.

나. 우리나라의 우선권주장 심사 실무3)

국내 우선권주장이 있는 출원이나 국내 우선권주장에 관한 보정서가 접수되면 출원서 및 보정서에 의하여 우선권주장 방식의 적합 여부를 심사하여 우선권주장의 부적합 사항을 발견하지 못한 경우에는 선행기술 조사를 실시한다.

선행기술 조사결과 선출원과 후출원 사이에 특허법 제29조(신규성, 진보성 등) 또는 제36조(선출원)에 관련된 선행기술이 존재하는 경우 발명별로 선출원과 후출원 발명의 동일성 여부를 판단하여 동일한 발명에 대하여는 특허요건 판단시 출원일을 선출원일로 소급하여 심사하고 동일성이 인정되지 않는 발명에 대하여는 출원일을 소급할 수 없는 이유를 거절이유와 함께 기재하여 거절이유를 통지한다.

즉, 우선권주장이 방식심사를 통과한 경우에는, 그 우선권주장의 효력 유무의

---

2) 정상조·박성수 공편, 특허법 주해 I(박영사, 2010), 691면, 698-699면(홍정표 집필 부분).
3) 특허·실용신안 심사지침서, 특허청(2011), 6308, 6406-6407면.

판단은 실체심사의 일부가 되어, 만일 선출원일과 후출원일 사이에 선행기술이 존재하고 선출원과 후출원 발명의 동일성이 부정되어 우선권주장이 인정되지 않을 경우에는 거절이유가 존재하게 되므로, 그 거절이유 통지시 우선권에 대한 심사관의 판단을 함께 통지하고 있다.4) 조약 우선권주장 심사의 경우도 마찬가지이다.

다. 외국의 우선권주장 심사 실무

(1) 일본의 심사기준

일본 특허청의 특허실용신안 심사기준에는 "파리조약에 의한 우선권주장을 수반한 출원의 심사에 있어서, 당해 출원에 관한 발명에 대하여 우선권주장의 효과가 인정되지 않기 때문에 거절이유가 생긴 경우에는 거절이유를 통지할 때 청구항을 특정하여 우선권주장의 효과가 인정되지 않는다는 취지 및 그 이유를 기재한다. 거절이유통지에 대하여 의견서가 제출되거나, 또는 명세서, 특허청구범위나 도면의 보정이 이루어진 경우에는, 다시 우선권주장의 효과의 유무에 대하여 판단한다"고 규정하고 있다.5)

(2) 미국과 유럽의 심사기준

미국 특허청의 심사지침서에도 일본과 마찬가지로, 우선권이 부정되는 경우에는 그 비교대상발명을 근거로 거절하면서 그 이유를 설명하도록 하고 있다.

유럽 특허청 심사지침서에도 심사관은 우선권주장이 적법한지 검토하여 그 검토결과 및 이에 따라 문제되는 비교대상발명이 선행기술이 되는지 여부를 출원인에게 통지하여야 한다고 하고 있다.

2. 구 특허법 제63조의 거절이유 통지 제도

가. 규정 취지

구 특허법 제63조 본문은 "심사관은 제62조의 규정에 의하여 특허거절결정을 하고자 할 때에는 그 특허출원인에게 거절이유를 통지하고 기간을 정하여 의견서를 제출할 수 있는 기회를 주어야 한다"고 규정하고 있다. 위 규정의 취지는, 특

---

4) 이와 같이 거절이유에 흡수되어 통지되고 거절이유와 별도의 독립적인 통지절차를 취하지는 아니하는 것이 심사 실무이다.
5) 제Ⅳ부 제1장 5.2.에서 「우선권주장의 효과가 인정되지 않기 때문에 거절이유가 생긴 출원의 취급」 부분 참조.

허받을 수 있는 발명에 해당하는지 여부의 판단에는 고도의 전문지식을 요하는 것으로 심사관이라 하여 그와 같은 지식을 두루 갖출 수는 없으므로 이로 인한 과오를 예방하고, 또 출원인에게 설명하여 선출원주의 제도에서 야기되기 쉬운 과오를 보정할 기회도 주지 않고 곧바로 거절결정을 함은 출원인에게 지나치게 가혹하다는데 있다.6)

이러한 규정 취지에 비추어 위 규정은 강행규정으로 해석되므로, 거절이유를 통지하지 아니하고 거절결정을 한 경우, 거절이유를 통지하였더라도 거절이유에 대한 의견서 제출의 기회를 주지 않고 거절결정을 한 경우, 그리고 거절이유는 통지하였더라도 그것이 거절결정의 이유와 달라서 결과적으로 거절결정의 이유로 된 사항에 대하여는 의견제출의 기회를 주지 않게 된 경우 등은 본조에 위배된 거절결정으로 위법하게 된다.7)

나. 거절이유의 적시 방법

거절이유의 통지는, 구 특허법 제62조 각호에 규정된 거절이유 중 어느 것에 해당하는지만 아니라, 구체적인 거절이유, 예를 들어 신규성 또는 진보성이 부정되는 경우에는 그 근거가 되는 선행기술을 구체적으로 적시해야 한다. 따라서 거절이유 통지에서 표시한 거절이유와 다른 이유로 거절결정을 하기 위해서는 그 새로운 이유에 대하여 다시 거절이유 통지를 함으로써 출원인에게 의견제출의 기회를 부여하여야 한다.8)

심결의 이유, 거절결정의 이유는 거절이유 통지서 기재의 이유와 문자 그대로 모두 일치할 필요는 없고, 그 주지(主旨)에 있어서 거절이유 통지서에 기재된 이유와 부합하면 된다. 즉, 거절이유통지서가 어느 정도 추상적이거나 개괄적으로 기재되어 있다고 하더라도 통상의 기술자가 전체적으로 그 취지를 이해할 수 있을 정도로 기재하면 충분하다.9)

여기서 '주지(主旨)에 있어서 부합한다'는 의미가 무엇인지 문제된다. 이에 대하여는 거절결정 이유가 되는 처분 요건사실에 해당하는 주요사실을 중심으로 파악할 수밖에 없다고 보아 원칙적으로 심결이유에서 거절결정의 이유와 다른 법조

---

6) 대법원 2000. 1. 14. 선고 97후3494 판결 등.
7) 대법원 1994. 2. 8. 선고 93후1582 판결, 대법원 2003. 10. 10. 선고 2001후2757 판결 등.
8) 대법원 2003. 10. 10. 선고 2001후2757 판결 등.
9) 대법원 2008. 12. 24. 선고 2007후265 판결 등.

문을 적용하는 경우에는 새로운 거절이유에 해당한다고 보아야 하고, 같은 법조문을 적용하는 경우에는 그 법조문에 주요사실이 다른 처분 요건사실이 여러 개 규정되어 있는 경우가 아니라면 새로운 거절이유가 아니라고 보아야 한다는 견해도 있을 수 있다. 그러나 같은 호에 해당한다고 하더라도 그 처분의 근거가 되는 사실에 상당히 차이가 있는 경우에까지 모두 새로운 거절이유가 아니라고 볼 수는 없다. 결국 구체적 사안에서 새로운 거절이유로서 새롭게 거절이유를 통지하는 것이 필요한지 여부는 실질적으로 의견진술의 기회, 보정의 기회가 부여되었는지 여부라는 관점에서 결정하는 것이 적정하다.10) 일본 知財高裁 2010. 11. 8. 선고 平22(行ケ)10068 판결도 "거절사정 불복심판 절차에 있어서 거절이유를 통지하지 않는 것이 절차상 위법이 되는지 여부는 절차의 과정, 거절의 이유의 내용 등을 참조하고, 거절이유의 통지를 하지 않은 것이 출원인의 의견서의 제출 및 보정의 기회를 빼앗는 결과로 되는지의 관점에서 판단해야 한다"고 같은 취지로 판시하였다.

3. 우선권주장 불인정통지

가. 문제의 소재

우리 구 특허법의 규정상 특허청장이 독립된 우선권주장 불인정 통지를 할 필요는 없고, 다만 우선권주장 인정 여부는 특허결정 또는 특허거절결정 절차에 흡수하여 판단하면 족하다. 그리고 우선권주장의 불인정은 구 특허법 제62조가 거절이유로 직접 규정하고 있지도 아니하다. 여기서, 특허청 심사관이 심사과정에서 우선권주장의 불인정을 특별히 통지할 필요가 없고, 우선권주장의 불인정이 '거절이유'에 해당하지 않는 이상 이를 통지하지 않고 거절결정을 하였더라도 구 특허법 제63조 위반이 아니며, 특허청 심사실무가 그러한 통지를 하고 있다고 하더라도 그것은 은혜적인 것에 불과하다는 견해가 있을 수 있다.

이와 같은 견해에 입각하면 우선권주장 불인정 통지 없이 한 거절결정도 적법하게 되므로, 이 사건에서 원심이 우선권주장 불인정 통지 없이 한 거절결정이 구 특허법 제63조에 위반되는지에 대해서는 아무런 판단을 하지 않았다고 하더라도 위법은 없게 된다.11)

---

10) 中山信弘 編著, 注解 特許法 下卷(靑林書院, 2000년), 1330면; 권택수, "새로운 거절이유에 해당되어 특허출원인에게 의견서 제출기회를 부여할 필요가 있는지 여부의 판단기준", 대법원판례해설 43호(법원도서관), 2003년 7월, 5-6면, 8면.
11) 이 사건 제1항 발명은 비교대상발명 1과 거의 동일하여 그 진보성이 부정됨은 명백하였다.

이러한 논의의 핵심은 결국 '우선권주장 불인정'을 구 특허법 제63조가 말하는 거절이유로 포섭할 수 있는지 여부에 있다.

나. 검   토

우선권주장의 불인정으로 인하여, 우선권주장의 기초가 되는 선출원발명의 출원일 이후이면서 출원발명의 출원일 이전에 공지된 비교대상발명(intervening reference)을 선행기술로 삼아 출원발명의 진보성이 부정된다는 이유로 거절결정을 하는 경우에는, 비교대상발명이 선행기술이 된다는 점, 즉 우선권주장이 인정되지 않아 그 출원일이 우선권주장의 기초가 되는 선출원일로 소급되지 않는 관계로 비교대상발명을 출원발명의 출원일 이전에 공지된 것으로 볼 수 있다는 점이 포함되어야만 그 거절이유가 완성되는 것이므로, 이때에는 우선권주장의 불인정이 거절이유의 일부를 구성하게 된다고 보아야 한다. 앞서 살펴본 것과 같이 거절이유는 구체적으로 적시해야 하므로, 우선권주장 불인정으로 거절이유가 생기는 경우에는 그러한 거절이유가 생기는 이유에 대해서까지 구체적으로 적시하여 거절이유를 통지하지 않으면 안 될 것이다.

> **[진보성이 없다는 거절이유의 구성]**
>
> 거절이유(비교대상발명에 의해 진보성이 부정됨) = 비교대상발명이 선행기술임[비교대상발명의 공지일이 출원발명의 출원일보다 앞섬(즉, 우선권주장 불인정으로 출원일이 선출원발명의 출원일로 소급하지 않음)] + 용이도출

구 특허법 제63조 규정의 취지에 비추어 보더라도 그렇다.

우선, 우선권주장과 관련한 심사관의 판단(방식심사 및 동일성 여부 판단의 실체 심사)에 과오가 있을 수 있으므로 출원인이 의견서 제출을 통하여 그 과오를 시정할 필요가 있음은 다른 거절이유와 마찬가지이다. 또한, 심사관이 출원인에게 우선권주장이 인정되지 않는 이유를 설명하여 선출원주의에서 야기되기 쉬운 과오를 보정할 기회를 주지 않고 곧바로 거절결정을 하는 것은 지나치게 가혹하다. 동일성이 없어 우선권주장이 인정되지 않는 경우 그 이유를 통지받은 출원인으로서는 동일성이 인정되도록 출원발명을 보정하는 간단한 방법을 통하여 그 출원일을 선출원발명의 출원일로 소급시켜 그 사이에 공지된 문헌들을 선행기술에서 제

외시킬 수 있기 때문이다.

이와 달리 해석한다면, 출원인으로서는 i) 심사관이 우선권주장이 있다는 것 자체를 간과한 것인지, ii) 우선권주장이 인정되지 않는 이유가 방식심사와 실체심사 중 어느 것을 통과하지 못한 것인지, iii) 실체심사를 통과하지 못하였다면 출원발명의 여러 청구항 중 도대체 어느 청구항이 그런 것인지, 나아가 iv) 특정 청구항 중 어느 개별 구성과 관련하여 그런 것인지 등을 전혀 알 수 없는 상태에서 거절결정을 받게 된다. 즉, 출원인으로서는 그 대처방법에 관하여 미궁에 빠져 실질적으로 의견서 제출 및 보정의 기회를 부여받지 못하는 결과로 되고 마는 것이다.12) 우리나라를 비롯한 일본, 미국, 유럽 특허청의 심사실무에서 우선권주장 불인정의 취지 및 그 이유를 통지하도록 하고 있는 이유도 위와 같은 고려에 기인한 것으로 보인다.

다만, 우선권주장 인정 여부는 우선권주장 출원과 그 기초가 되는 선출원 사이에 선행기술이 존재하는 경우에만 문제로 되고, 우선권주장 불인정으로 인하여 거절이유가 발생하는 경우에만 거절이유로 함께 통지하면 충분하다. 그렇지 않은 경우까지 우선권주장 인정 여부를 통지할 필요는 없을 것이다.13)

4. 대상판결의 의의

대상판결은 앞서 검토한 것과 같은 이론적, 정책적 근거를 바탕으로 하여, 우선권주장의 불인정으로 인하여 거절이유가 생긴 경우에는 우선권주장이 인정되지 아니한다는 취지 및 그 이유가 포함된 거절이유를 통지하지 않은 채 우선권주장의 불인정으로 인하여 생긴 거절이유를 들어 특허거절결정을 하는 것은 구 특허법 제63조 본문에 위반되어 위법하다고 최초로 설시한 판결이다. 이는 기존에 우리나라와 미국, 일본, 유럽에서 일반적으로 통용되던 우선권주장 관련 심사 실무를 법리적으로 뒷받침하여 출원인의 의견서 제출 및 보정의 기회를 실질적으로 보장하고자 한 판결로서 의미가 크다.

---

12) 실제로 대상판결의 사안에서 출원인은 심사관이 우선권주장이 있다는 것 자체를 간과한 것으로 보고 대응하였기 때문에, 원심 준비절차에서 공방하기 전까지는 우선권주장이 인정되지 않는다고 본 이유를 전혀 알아채지 못하였다.
13) "특허청 심사관의 분할출원 불인정통지는 항고소송의 대상이 되는 행정처분이 아니라고 한 원심판단은 정당하다"고 판시한 대법원 1996. 4. 9. 선고 95누13098 판결에 비추어, 우선권 불인정통지에 대해 항고소송으로는 다투지 못할 것이다.

41. 청구범위 전제부 구성요소

[대법원 2017. 1. 19. 선고 2013후37 전원합의체 판결]

최승재(세종대학교 법학부 교수, 대한변협 법제연구원장 변호사)

Ⅰ. 사실관계

이 사건 등록고안은 각종 산업폐수처리장 등에서 집수조에 유입되기 전에 폐수 속에 함유하고 있는 찌꺼기와 부유물 등을 걸러내는 스크린장치(체가름장치)에 관한 것으로, 구성4가 핵심적으로 다투어졌다. 실용신안권자가 그 출원과정에서 의견서를 통하여 착오로 그 내용이 공지기술이라고 밝히면서 청구범위 전제부로 돌리는 보정을 하였다. 즉 심사관으로부터 이 사건 등록고안의 진보성 흠결이라는 거절이유를 받은 후, 구성 1 내지 4를 전제부 형식으로 보정하면서 종래에 알려진 구성을 공지로 인정하여 전제부 형식으로 바꾸어 기재한다는 의견서를 제출한 것이다.

그런데 실제로는 전제부로 보정한 구성은 의견서 제출 당시에만 공개되었을 뿐 이 사건 등록고안의 출원 당시에는 공개되지 않았던 선출원 고안을 착오로 출원 당시 공지된 기술로 오해한 것이었다. 이처럼 출원인이 자진하여 전제부로 보정하면서 스스로 공지기술로 인정한 상황에서, 그 전제부를 공지기술로 인정할 수 있는지 여부가 이 사건의 쟁점이다. 이 사건에서 상고이유의 요지는 출원경과에 의하면 전제부 구성은 공지로 간주하여야 하며, 전제부 구성을 근거로 진보성을 인정하는 것은 잘못이라는 것이다. 이 쟁점에 대해서는 종래 청구범위의 전제부에 기재한 구성요소를 공지기술로 간주하여야 한다는 선례1)가 있었다.

---

1) 대법원 2005. 12. 23. 선고 2004후2031 판결 등 이 사건 대법원 판결에 의해서 변경된 판결들.

Ⅱ. 대법원 판결의 요지

1. 특허발명의 신규성 또는 진보성 판단과 관련하여 해당 특허발명의 구성요소가 출원 전에 공지된 것인지는 사실인정의 문제이고, 그 공지사실에 관한 증명책임은 신규성 또는 진보성이 부정된다고 주장하는 당사자에게 있다. 따라서 권리자가 자백하거나 법원에 현저한 사실로서 증명을 필요로 하지 않는 경우가 아니라면, 그 공지사실은 증거에 의하여 증명되어야 하는 것이 원칙이다.

2. <u>청구범위의 전제부 기재는 청구항의 문맥을 매끄럽게 하는 의미에서 발명을 요약하거나 기술분야를 기재하거나 발명이 적용되는 대상물품을 한정하는 등 그 목적이나 내용이 다양하므로, 어떠한 구성요소가 전제부에 기재되었다는 사정만으로 공지성을 인정할 근거는 되지 못한다.</u>

3. 전제부 기재 구성요소가 명세서에 배경기술 또는 종래기술로 기재될 수도 있는데, 출원인이 명세서에 기재하는 배경기술 또는 종래기술은 출원발명의 기술적 의의를 이해하는 데 도움이 되고 선행기술 조사 및 심사에 유용한 기존의 기술이기는 하나 출원 전 공지되었음을 요건으로 하는 개념은 아니다. 따라서 명세서에 배경기술 또는 종래기술로 기재되어 있다고 하여 그 자체로 공지기술로 볼 수도 없다.

4. 그렇다면 <u>명세서의 전체적인 기재와 출원경과를 종합적으로 고려하여 출원인이 일정한 구성요소는 단순히 배경기술 또는 종래기술인 정도를 넘어서 공지기술이라는 취지로 청구범위의 전제부에 기재하였음을 인정할 수 있는 경우에만 별도의 증거 없이도 전제부 기재 구성요소를 출원 전 공지된 것이라고 사실상 추정함이 타당하다.</u>

5. 그러나 이러한 추정이 절대적인 것은 아니므로 출원인이 실제로는 출원 당시 아직 공개되지 아니한 선출원발명이나 출원인의 회사 내부에만 알려져 있었던 기술을 착오로 공지된 것으로 잘못 기재하였음이 밝혀지는 경우와 같이 특별한 사정이 있는 때에는 추정이 번복될 수 있다.

6. 이와 달리 출원인이 청구범위의 전제부에 기재한 구성요소나 명세서에 종래기술로 기재한 사항은 출원 전에 공지된 것으로 본다는 취지로 판시한 대법원 2005. 12. 23. 선고 2004후2031 판결을 비롯한 같은 취지의 판결들은 이 판결의 견해에 배치되는 범위 내에서 이를 모두 변경하기로 한다.

Ⅲ. 해　설

1. 쟁　점

대부분의 발명은 기존 기술을 극복하는 과정에서 이루어진다. 종래 기술이 가지고 있는 기술적 과제를 찾아내고 그 기술적 과제를 극복하게 되면 그러한 개선 (improvement thereof)이 발명이 된다.2) 이 경우 이를 명세서로 작성하여야 하는 출원인은 종래기술과의 차이를 부각시켜야 할 것이다. 이를 위해서 쉽게 생각할 수 있는 방법이 기존기술을 명세서에 적시하고 난 뒤에 그 기존기술이 가지는 기술적 과제를 제시하고 본건 발명이 어떻게 그 기술적 과제를 해결하였는지를 기술하는 순서로 청구항을 작성하는 것이다. 이런 방식을 취하게 되면 출원인이 기존에 존재하였던 과제해결의 대상이 되는 종래기술(prior art)을 특정하여야 하는데, 이런 특정이 종래기술로서 청구항의 해석에서 제한으로 기능하게 되는지 여부가 쟁점이 된다.

2. 종래 판례의 태도

이 사건에서 변경 대상이 된 대법원 2005. 12. 23. 선고 2004후2031 판결은 "구 실용신안법(2001. 2. 3. 법률 제6412호로 개정되기 전의 것, 이하 같다) 제5조 제1항은 실용신안등록출원 전에 국내에서 공지되었거나 공연히 실시된 고안(제1호) 및 실용신안등록출원 전에 국내 또는 국외에서 반포된 간행물에 기재된 고안(제2호)은 등록을 받을 수 없음을, 제2항은 실용신안등록출원 전에 그 고안이 속하는 기술분야에서 통상의 지식을 가진 자가 위 제1항 각 호의 1에 해당하는 고안에 의하여 극히 용이하게 고안할 수 있는 고안은 실용신안등록을 받을 수 없다고 규정하고 있으므로, 같은 법 제9조 제2항에 따라 실용신안등록출원서에 첨부한 명세서에 종래기술을 기재하는 경우에는 출원된 고안의 출원 이전에 그 기술분야에서 알려진 기술에 비하여 출원된 고안이 신규성과 진보성이 있음을 나타내기 위한 것이라고 할 것이어서, 그 종래기술은 특별한 사정이 없는 한 출원된 고안의 신규성 또는 진보성이 부정되는지 여부를 판단함에 있어서 같은 법 제5조 제1항 각

---

2) 미국 특허법 제101조는 바로 이런 취지를 규정하고 있다. "Whoever invents or discovers any new and useful process, machine, manufacture, or composition of matter, or any new and useful improvement thereof, may obtain a patent therefor, subject to the conditions and requirements of this title." 35 U.S.C. §101.

호에 열거한 고안들 중 하나로 보아야 할 것이다"3)라고 하여 전제부의 기재를 특별한 사정이 없는 한 종래기술로 보도록 하고 있었다. 이런 태도는 뒤에서 보는 것과 같이 미국 판례의 태도와 거의 유사한 것으로 보인다.

3. 청구항 작성시 전제부의 의의

(1) 전제부의 기능4)

실무상 청구항을 작성함에 있어서 전제부(preamble), 연결문(transition phrase), 본문(body)으로 작성하는 것이 통례이다.5) 흔히 이 유형의 청구항을 젭슨형 청구항(Jepson type claim)이라고 한다.6) 특허청구항의 작성에 있어 전제부, 연결부, 본문의 3가지 부분으로 구성된 전체의 청구항이 통상 하나의 문장으로 구성되어 해석을 어렵게 하기도 한다. 우선 전제부(preamble)는 청구범위를 제한하는 역할을 한다.7) 둘째 전제부에 기재된 특허대상은 공지인 것으로 추정된다는 것이다.8)

전제부는 청구항에서 발명의 일반적 성질을 나타낸다.9) 종종 전제부는 단순

---

3) 이 판결은 2006년 주요 판결의 하나로 소개된 바 있다. 한동수, "2006년 특허법원 특허·실용신안 판결 정리(2005. 11. 1.~2006. 12. 31. 선고)", 특허소송연구 4집(2008. 12), 609-670면. 이 판결에 대한 판례평석으로는 박성수, "실용신안 명세서에 종래기술로 기재한 기술은 특별한 사정이 없는 한 출원 전 공지기술로 보아야 하는지", 대법원판례해설 59호(2005 하반기)(2006. 7), 197-220면.

4) 젭슨 형식의 청구항의 기재방식에 대해서는 최승재, "특허청구항의 연결부의 의미와 기재 불비 여부 – 대법원 2007후1442판결에 대한 평석 –", 경영법률 제21집 제2호(2011년 1월) 817-848면 참조.

5) 이에 대해서 미국 법원은 In re Jepson, 1917 Comm. Dec. 62, 243 O.G. 525 (Ass't Comm'r Pat. 1917) 사건에서 미국 특허청(당시는 Patent Office Board)이 이러한 청구항을 승인하면서 젭슨형 청구항이란 용어가 등장하게 되었다. 만일 다음과 같이 청구항이 기재되어 있다면, 이 청구항에서 **the improvement comprising** 앞부분이 전제부에 해당한다. In a staple cartridge insertable within a surgical stapler and containing staples and comprising an elongated body including one or more longitudinal slots for slidably receiving one or more longitudinal pusher bars comprising a firing mechanism of said surgical stapler, and a plurality of drivers engageable by said pusher bars for ejecting the staples from the cartridge, said staple cartridge releasably fastened to a said surgical stapler, **the improvement comprising** a lockout mechanism connected to said longitudinal slots for preventing said pusher bars from passing more than one time through said longitudinal slots.

6) 이에 대한 추가적인 논의는 조현래, "젭슨 청구항의 해석", 법학논고(제36집) 경북대학교 법학연구원(2011) 93-100면.

7) Pentec, Inc. v. Graphic Controls Corp., 776 F.2d 309, 227 USPQ 766 (Fed. Cir. 1985).

8) In re Fout, 675 F.2d 297, 231 USPQ 532 (CCPA 1982).

9) 37 C.F.R. 1.75(e) Where the nature of the case admits, as in the case of an improvement, any independent claim should contain in the following order:

히 장치(apparatus), 제조물(articles of manufacture), 조성물(composition of matter), 방법(method)과 같은 미국 특허법 제101조에서 규정하는 특허의 대상(subject matter of patent)을 적시하는 것에 그치기도 한다. 그러나 실무상 많은 경우에는 단순한 발명의 유형을 적시하는 것에서 그치지 않고 상세하게 기술한다.

문제는 전제부에서 적시하는 특허의 대상의 어느 유형이 청구항의 해석에 있어서 의미를 제한하는 역할을 하는가에 있다. 청구항의 본문에서 열거되는 발명의 구성요소는 발명을 정의하고, 청구항의 권리범위를 한정하는 역할을 한다. 이와 달리 전제부는 단순히 특허가 목적으로 하는 바를 나타내는 것에 그치는 경우에는 전제부를 청구항을 제한하는 요소로 이해하여야 하는 것은 아니라고 할 것이다. 요컨대 전제부에 기재되었다는 점만으로 제한으로 볼 것인지 여부가 결정되어야 하는 것은 아니라고 보아야 한다. 이런 판단은 증거법의 기본이론의 시각에서도 마찬가지다. 공지기술이라고 하더라도 이런 공지기술 인정은 사실인정의 문제이고 이런 사실인정은 증거에 의한 증명이 되어야 함이 원칙이다. 특허발명의 신규성 또는 진보성 판단과 관련하여 해당 특허발명의 구성요소가 출원 전에 공지된 것인지의 사실인정의 문제에 있어서, 그 공지사실에 관한 증명책임은 신규성 또는 진보성이 부정된다고 주장하는 당사자에게 있다. 따라서 권리자가 자백하거나 법원에 현저한 사실로서 증명을 필요로 하지 않는 경우가 아니라면 그 공지사실은 증거에 의하여 증명되어야 한다. 그리고 이때의 증명은 간접사실들을 통해서 일응의 추정을 하도록 하는 방법에 의할 수 있다.

따라서 문언침해 여부를 판단함에 있어서 전제부의 문언은 침해여부가 문제가 되는 기술의 침해여부를 판단함에 있어서 고려되지 않음이 원칙이지만, 경우에 따라서는 청구항의 해석에 고려하여야 하는 경우가 있다는 것이 미국 연방항소법원의 판단이다.[10] 만일 전제부가 청구항의 해석에 있어서 청구항에 기재한 문언의 의미를 구체화하고, 명확하게 하는 경우라면 이때는 전제부를 고려하는 것이

---

(1) A preamble comprising a general description of all the elements or steps of the claimed combination which are conventional or known,

(2) A phrase such as "wherein the improvement comprises," and

(3) Those elements, steps, and/or relationships which constitute that portion of the claimed combination which the applicant considers as the new or improved portion.

10) Catalina Marketing Int'l v. Cool-savings.com Inc., 289 F3d. 801, 62 USPQ2d 1781 (Fed Cir. 2002).

옳다.11)

(2) 전제부 기재와 종래기술 추정

젭슨형 청구항에서 전제기술로 기재하는 것은 종래기술이라고 출원인이 스스로 인정한 것으로 볼 수 있으므로 일응 전제부에 존재하는 기술은 종래기술이라고 추정할 수 있다. 물론 이러한 추정은 복멸이 불가능한 것은 아니며 미국 특허법 제102조에서의 선행기술(종래기술)이 아니면 발명자 자신의 발명임을 입증하면 추정을 번복할 수 있다.12)

미국 특허청 심사관은 젭슨형 청구항을 심사하는 경우 전제부에 기재된 타인의 기술들은 출원인이 자인하는 종래기술로 보고 당해 출원이 미국 특허법 제103조의 관점에서 진보성을 구비하고 있는지 여부를 판단하면 된다. 만일 출원인이 젭슨형 청구항으로 작성하지 않았다면 심사관은 선행기술에서 위와 같은 결합에 대한 동기(motivation) 등이 있는지도 심사를 하여야 하지만 젭슨형 청구항의 경우에는 심사관은 이런 심사를 할 필요가 없다.13)

우리 출원실무에서도 청구범위에 '~에 있어서(전제부) ~로 이루어지는 것을 특징으로 하는 발명(특징부)'과 같은 청구항 기재형식이 널리 활용되고 있다.14) 그리고 이 경우 일반적으로 명세서에는 배경기술 또는 종래기술이 기재된다.

4. 비교법적 고찰

가. 미   국

(1) 복멸가능한 추정으로서의 전제부 기재

청구항, 특히 독립항을 어떻게 기재할 것인가에 대해서 특허법이 강제하는 방식은 없다. 바로 이런 점에서 만일 출원인이 젭슨형 청구항으로 출원하기로 한 이상 젭슨형 청구항에 종래기술로 기재한 것은 종래기술이라고 보는 것이 통상적인

---

11) John M. Romary & Aire M. Michelsohn, *Patent Claim Interpretation after Markman: How The Federal Circuit Interprets Claims*, 46 Am. U. L. Rev. 1888, 1926 (1997).

12) Reading & Bates Construction Co. v. Baker Energy Resoruces Crop., 748 F.2d 645, 223 USPQ 1168 (Fed. Cir. 1984).

13) 최승재, 전게논문, 821면.

14) '~에 있어서'라는 기재가 있는 경우라도 후단부에 발명의 명칭과 함께 용도나 목적 등 발명의 일반적인 성질을 남겨두고 나머지 부분을 전제부인 '~에 있어서'에 기재할 수도 있다. 이런 경우에는 전제부는 전제부와 후단부를 합한 것이라고 할 것이다(조현래, "특허청구항 전제부의 해석—대상판결 특허법원 2007. 4. 26. 선고 2006허9142 판결—", 부산대학교 법학연구 제55집 제3호(2014. 8), 183-207면).

출원인의 의사에 부합하는 합리적인 해석으로 볼 수 있다.15) 미국의 Rule 75(e)가 특허출원의 성질상 허용되는 범위에서 개량발명의 경우 독립항(independent claim)은 종래기술 또는 공지기술의 모든 요소 또는 스텝을 포함하는 전제부(preamble)로서 "wherein the improvement comprises"를 사용하도록 함으로서 당해 특허발명에서 선행기술부분과 개량부분을 구분하여 기술하는 것이 장려되고 있다.

미국 법원은 출원과정에서 출원인이 다른 사람의 기술(work of another)을 선행기술이라고 특정한 것은 미국 특허법 제102조 및 제103조에 의한 신규성 및 진보성 판단에서 자백(admission)이라고 보아야 한다고 본다.16) 반면 발명자 자신의 기술(work of the same inventive entity)은 출원과정에서 이를 선행기술이라고 자인하였다고 하더라도 이는 자백으로 볼 수 없다. 왜냐하면 이를 밝히는 것과 무관하게 발명자는 자신의 기술을 알고 있기 때문이다.17) 다만 단순히 정보개시서(INFORMATION DISCLOSURE STATEMENT)에 특정한 특허의 존재를 언급한 정도로는 자백으로 볼 수 없다.18)

앞서 언급한 젭슨형 청구항의 경우 전제부에 선행기술이라고 적시한 것은 자백으로 보아야 할 것이라는 것이지만19) 여기서 자백은 자백의 구속력을 가지는 우리 법에서의 자백이 아니라 복멸가능한 추정이다.20) 이와 같은 추정을 자인한

---

15) 미국 특허심사기준(Manual of Patent Examining Procedure) 2129[R-08.2012]에서는 "젭슨형으로 청구항을 작성하는 것은 전제부에 기재된 사항이 다른 이의 종래기술로 암묵적으로 자인하는 것으로 본다(Drafting a claim in Jepson format is taken as an implied admission that the subject matter of the preamble is the prior art work of another)"라고 규정하고 있다.

16) Riverwood Int'l Corp. v. R.A. Jones & Co., 324 F.3d 1346, 1354, 66 USPQ2d 1331, 1337 (Fed. Cir. 2003); Constant v. Advanced Micro-Devices Inc., 848 F.2d 1560, 1570, 7 USPQ2d 1057, 1063 (Fed. Cir. 1988).

17) Reading & Bates Construction Co. v. Baker Energy Resources Corp., 748 F.2d 645, 650, 223 USPQ 1168, 1172 (Fed. Cir. 1984) ("[W]here the inventor continues to improve upon his own work product, his foundational work product should not, without a statutory basis, be treated as prior art solely because he admits knowledge of his own work. It is common sense that an inventor, regardless of an admission, has knowledge of his own work.").

18) Riverwood Int'l Corp. v. R.A. Jones & Co., 324 F.3d 1346, 1354-55, 66 USPQ2d 1331, 1337-38 (Fed Cir. 2003) (listing of applicant's own prior patent in an IDS does not make it available as prior art absent a statutory basis).

19) In re Fout, 675 F.2d 297, 301, 213 USPQ 532, 534 (CCPA 1982) (··· preamble of Jepson-type claim to be admitted prior art where applicant's specification credited another as the inventor of the subject matter of the preamble).

20) In re Ehrreich, 590 F.2d 902, 909-910, 200 USPQ 504, 510 (CCPA 1979) (holding

선행기술의 원칙(admitted prior art doctrine)이라고 한다.

(2) 관련 판결

2008년 미국 법원은 유연한 샤프트를 가진 휴대용 스크류 드라이버(a portable screwdriver with a flexible shaft)에 대한 특허 청구항 해석(Eazypower's patent)을 하면서 이 사건 청구항은 젭슨형 청구항이지만 전제부는 제한문구로 해석되지 않는다고 보았다.21) 법원은 젭슨형 청구항은 유럽에서 자주 쓰이는 청구항 작성양식으로 미국에서는 잘 사용되지 않는 양식이라고 하면서, 전제부에 기재된 선행기술(종래기술)과 본문(the body of the claim)에 기재된 종래기술로부터의 개량은 비교함에 있어서 젭슨형 청구항에 있어서 전제부에 기재된 종래기술은 청구항 해석에서 제한으로 이해되어야 하는 것으로 이는 복멸이 가능한 추정이라고 보아야 한다는 법리를 설시하였다. 이런 법리에 의할 때 대상 사건의 경우 이 사건에서 Eazypower는 추정을 복멸하였다고 보아야 할 것이므로 전제부 기재의 선행기술은 제한으로 해석되어서는 안 된다고 보았다.

나. 일　　본

일본에서도 '있어서(あって)'라는 표현을 사용함으로써 종래기술을 전제부분에 기술하는 방식인 2부형식의 청구항(二部形式の請求項)인 젭슨형 청구항(ジェプソン・クレーム)을 취하는 명세서가 사용된다. 일본에서는 이 특허출원의 유형은 전반부에 공지사항을 기술하고 후반부에 발명의 특징부분(개량부)를 기술하는 방법을 취하는 이를 2분형식의 청구항이라고 한다. 일반적으로 이 방식을 취하는 특허출원인은 발명의 최근접문헌을 특정하여 필요한 사항을 모두 전반부에 기재하고 개량점을 후반부에 기재하는 방식을 취한다.

실무상 이와 같은 형식으로 청구항을 작성하는 경우 전제부(前段部) 해석에 의하여 불이익을 받은 위험이 있다고 이해되고 있다. 즉 특허출원인이 완전히 공지되지 않은 기술을 전제부에 기재하는 경우 이러한 전제부 기재가 출원인이 이미 이런 기술을 알고 있었다고 추정될 위험이 있다.

---

preamble not to be admitted prior art where applicant explained that the Jepson format was used to avoid a double patenting rejection in a co-pending application and the examiner cited no art showing the subject matter of the preamble).

21) Eazypower Corp. v. Jore Corp., No. 04 C 6372, 2008 WL 3849921 (N.D. Ill. Aug. 14, 2008).

다. 유   럽

미국의 경우와 달리 유럽특허출원의 경우는 적절한 이유가 없는 경우를 제외하고 종래기술부분과 특징부분을 구분하는 젭슨형 청구항이 요구된다.22) 젭슨형 청구항의 경우 진보성 판단을 위한 최근접 종래기술(the closest prior art)이 심사과정에서 명확하게 되는 경우가 많지만 조사, 심사의 결과를 가지고 그 최근접 종래기술에 대응하는 부분을 종래기술부분으로서 보정하는 것도 가능하다.23)

5. 사건의 의의와 시사점

가. 출원인이 공지기술이라는 취지로 전제부에 기재된 구성요소의 취급

아무리 전제부에 출원인이 기재한 사항이라고 해서 그 사실만으로 바로 종래기술이 되는 것은 아니며, 종래기술인지 여부는 사실인정의 문제이므로 말을 보고 사슴이라고 한다고 해서 말이 규정에 의해서 사슴이 될 수는 없다. 그러나 당해 기술을 잘 알고 있는 출원인이 스스로 젭슨형 청구항을 작성하면서 전제부에 종래기술이라고 기재한 것은 규범적으로 무의미한 것으로 볼 수는 없다.

한편 특허심사 과정이 특허청의 심사관에 의한 거절이유통지와 출원인의 대응이라는 일련의 절차를 통해서 이루어진다는 점을 감안하면 출원과정에서 명세서나 보정서 또는 의견서 등에 의하여 출원된 발명의 일부 구성요소가 출원 전에 공지된 것이라는 취지가 드러나는 경우에 이를 토대로 해서 심사절차가 이루어지도록 할 필요도 있다.

그렇다면 젭슨형 청구항에서의 전제부의 해석은 출원인의 기재라는 하나의 요소와 특허심사과정의 특지이라는 다른 요소를 종합적으로 고려하여 판단하여야 한다. 이런 점에서 명세서의 전체적인 기재와 출원경과를 종합적으로 고려하여 일정한 구성요소는 단순히 배경기술 또는 종래기술인 정도를 넘어서 공지기술이라는 취지로 청구범위의 전제부에 기재하였음을 인정할 수 있는 경우에는 별도의 증거 없이도 전제부 기재 구성요소를 출원 전에 공지된 것으로 사실상 추정하는 것이 타당하다. 그리고 이러한 판단은 주요 국가의 법원의 판단이라고 할 수 있다. 이를 통해서 출원인이 실제로 전제부에 종래기술로 기재한 이상 종래기술로

---

22) Rule 43 of EPC(European Patent Convention).

23) Jochen Höhfeld, 田中紫乃, 歐洲特許出願においてすべきこと,すべきでないことこと, パテント Vol. 66 No. 4.(2013), 18頁.

추정을 하되, 출원인이 출원 당시 아직 공개되지 아니한 선출원발명이나 출원인의
회사 내부에만 알려져 있었던 기술을 착오로 공지된 것으로 잘못 기재하였음이
밝혀지는 경우와 같이 특별한 사실이 있는 때에는 추정이 번복되는 것으로 이해
하는 것은 타당한 해석론이라고 본다. 이런 법리는 특허에서는 물론 대상 판결에
서 문제가 된 실용신안이라고 해서 달라질 것은 아니라고 본다.

나. 시 사 점

출원인이 출원과정에서 젭슨형 청구항의 전제부에 기재하는 종래기술은 실제
로 종래기술이 기재되어야 하며 이는 출원인의 책임이다. 그러나 오류가 발생하였
음에도 이를 시정할 수 있는 기회가 제공되지 않는다고 한다면 이 역시도 잘못된
법리를 제공하는 것이다. 이런 점을 적절하게 조화한 것이 전제부 기재를 통해서
추정을 하고 추정을 복멸하도록 하는 방안이라고 생각된다. 그리고 이 접근법이
바로 대법원이 취한 접근법이라고 생각된다. 다만 일정한 경우에는 묵시적 자인이
라고 볼 정도의 경우도 분명히 존재하고, 특별한 사정의 증명을 쉽게 인정하는 것
은 출원실무에서 종래기술로 기술하는 것은 쉽게 생각하도록 할 여지도 있다. 또
실제로는 추정을 복멸하는 것은 실무에서는 쉽지는 않을 것으로 생각된다. 이런
점을 감안하여 대상판결에도 불구하고 출원실무에서 젭슨형 청구항을 사용하는
경우 종래기술로 기술하는 것은 신중하게 하여야 한다.

Ⅳ. 특 허 권

42. 물건을 생산하는 방법 발명의 효력범위

[대법원 2004. 10. 14. 선고 2003후2164 판결]

김상은(김·장 변리사, 전 특허청 정밀화학심사과 과장)

I. 사실의 개요

Y(피고, 상고인)는 '주름이 형성된 고신축성 의류의 제조방법'이라는 명칭의 발명에 관하여, 1999. 4. 16. 출원하여 2001. 5. 28. 등록번호 제297963호로 등록된 발명의 권리자로서, X(원고, 피상고인)가 실시하는 확인대상발명(발명의 명칭 : 주름이 형성된 신축성 의류)이 위 특허발명의 권리범위에 속한다는 취지의 적극적 권리범위확인심판을 청구하였다.

특허심판원은, 양 발명은 발명의 표현형식이 '물의 발명'과 '물건을 생산하는 방법 발명'으로 차이가 있을 뿐, 서로 동일한 발명이라는 이유로 Y의 심판청구를 인용하는 심결을 하였고, 이에 불복하여 X가 제기한 심결취소소송에 대해 특허법원은 이 사건 특허발명은 '물건을 생산하는 방법 발명'인데 비하여, 확인대상발명은 그 권리범위가 상이한 '물건의 발명'이므로, 이 사건 권리범위확인심판은 특허발명과 대비할 수 없는 발명을 확인대상발명으로 하여 심판을 청구한 것이어서 부적법하므로 각하하여야 하는 것임에도, 이와 결론을 달리한 이 사건 심결은 위법하다는 취지로 판단하여 심결을 취소하였다.

이에 Y가 특허법원의 판결에 대해 '물건을 생산하는 방법의 발명'의 효력범위는 그 방법에 의해 생산된 물건에까지 미친다고 주장하면서 제기한 상고에 대하여 대법원은 아래와 같이 판시하였다.

II. 판   시

파기 환송.

1. 특허법 제94조에 의하면, 특허권자는 업(業)으로서 그 특허발명을 실시할 권리를 독점하고, 그 중 물건을 생산하는 방법의 발명은 그 방법을 사용하는 행위 이외에도 그 방법에 의하여 생산된 물건에까지 특허권의 효력이 미친다 할 것이어서(특허법 제2조 제3호 나·다 목 참조), 특정한 생산방법에 의하여 생산한 물건을 확인대상발명으로 특정하여 특허권의 보호범위에 속하는지의 확인을 구할 수 있다.

2. 이 사건 특허발명은 '물건을 생산하는 방법의 발명'이고, Y가 이 사건 심판절차에서 특정한 확인대상발명은 '주름이 형성된 신축성 의류'라는 물건의 발명이기는 하지만, 그 설명서에는 물건의 생산방법이 구체적으로 기재되어 있어, 특허발명의 생산방법과 대비하여 그 차이점을 판단하기에 충분하다.

3. 그렇다면, 원심으로서는 이 사건 특허발명과 생산방법에 의해 특정되어 있는 물건의 발명인 확인대상발명을 대비하여 그 권리범위의 귀속 여부를 판단하여야 함에도 양 발명의 종류가 다르다는 이유만으로 대비할 수 없다고 판단한 원심판결은 특허권의 효력범위에 대한 법리를 오해한 위법이 있다.

Ⅲ. 해　설

1. 특허권의 효력범위의 일반적 고찰

특허발명의 효력[1]은 특허법 제94조에서 규정하고 있는 바와 같이, 특허권자가 업으로서 그 특허발명을 실시할 권리를 독점하는 것인데, 같은 법 제2조에서 발명을 3개의 유형으로 구분하고,[2] 그 발명의 유형에 따라 '실시' 행위를 달리 정

---

1) 특허권의 효력을 적극적 효력과 소극적 효력으로 구분하고, 전자는 특허권자가 독점적으로 실시할 수 있는 효력을 말하며 그 미치는 범위를 효력범위라 하며, 후자는 타인의 실시를 배제할 수 잇는 효력을 말하며 그 미치는 범위를 보호범위(또는 권리범위)라 하기도 하는데, 양자는 기본적으로 일치하는 것으로 보고 있다(竹田和彦, 特許の知識 理論と實際(제6판, 명현문화사, 김관식외 4명 번역, 2002) 437면, 中山信弘, 工業所有權法(上) 特許法(법문사, 한일지재권연구회역, 2001) 378-379면, 吉藤幸朔, 特許法 槪說(제13판, 유미특허법률사무소 번역, 2000) 548-549면).

2) 특허법 제2조에서 구분하는 발명의 유형은 출원인이 특허청구범위에 기재한 카테고리(또는 표현형식)에 기초하여야 한다는 것에는 이론의 여지가 없는 것으로 보인다(이하 필자도 발명의 종류, 유형, 카테고리, 표현형식 등을 같은 의미로 사용한다).
이에 관한 판결로는 東京高裁 昭52. 10. 5. 선고된 'OF 케이블 제조방법' 사건이 있는데, "본건 발명 및 비고대상고안의 청구항 말미의 '제조방법', '제조장치'라고 하는 기재는 양자의 기술적 사상에 있어서 실질적 동일성을 인정하는데 방해하는 것은 아니고, 기술적 사상을 방법의 측면으로부터, 장치의 측면으로부터 각각을 취하고 있는 것에 지나지 않는 것으로 해석하는 것이 타당하며, 특허권 침해의 각 요건을 결정하기 위해 설계된 방법의 발명과 물의 발

의하고 있는 것은 발명의 유형에 따라 특허권의 효력에 차이를 두기 위한 것임이 분명하다.

어느 특허발명의 유형이 물건이라면, 어떠한 임의의 방법에 의해 제조되는 것인지 여부에 관련 없이 특허발명의 물건과 동일한 물건에는 효력범위가 미치는 것이고, 어느 특허발명의 유형이 방법이라면, 당해 특허발명의 본래의 목적을 달성하거나 작용효과를 나타내도록 사용하는 행위에 그 효력범위가 미친다.

다만, 물건을 생산하는 방법의 발명인 경우에는 그 생산방법을 사용하여 만들어진 물건에까지 특허권의 효력이 확장되므로 특허발명과 같은 제조방법에 의해 생산되는 물건에도 특허발명의 효력범위가 미치게 될 것일 뿐, 그 제조방법에 상관없이 특허발명의 목적물과 동일한 모든 물건에까지 특허발명의 효력범위가 미치는 것이 아님은 물론이다.

따라서 물건의 발명과 방법의 발명(물건을 생산한 방법의 발명 포함)은 그 효력범위가 전혀 상이한 별개의 발명이 아니라, 그 카테고리(또는 표현형식)의 차이에 기인하여 효력범위에 광협(廣狹)의 차이가 있는 것에 지나지 않는다.

2. 특허권의 효력범위와 권리범위확인심판

권리범위확인심판에서 당해 특허발명의 효력이 확인대상발명에 미치는 것인지 여부의 판단은 단순히 당해 특허발명의 구성요소 전부가 확인대상발명에 포함되어 있는지를 확인하는 것이 아니라, 어느 확인대상발명의 실시행위가 특허발명의 유형에 따라 특허법 제2조에서 정의하고 있는 실시행위 중 적어도 어느 하나

명과의 개념상의 구별은 소위 선원주의의 적용상 선출원에 있어서 발명의 동일성 판단의 기준과는 무관한 것이다"라고 판시하였다.

또한, 日本 最高裁 平11. 7. 16. 선고된 '생리활성물질 측정방법' 사건(특허발명 : 단순 방법 발명, 확인대상발명 : 물을 생산하는 방법의 발명)이 있는데, "방법의 발명과 물을 생산하는 방법의 발명은 명문상 확연히 구별되고, 부여되는 특허권의 효력도 명확히 다르기 때문에, 방법의 발명과 물을 생산하는 방법의 발명을 동일시할 수 없고, 따라서 방법의 발명에 관한 특허권에 물을 생산하는 발명에 관한 특허권과 같은 효력을 인정할 수 없다. 그리고 당해 발명이 어느 쪽의 발명에 해당하는가는 우선, 출원서에 첨부된 명세서의 특허청구범위의 기재에 기초해서 판정해야 하는 것인데, 이 사건 특허청구범위의 말미에는 '측정법'이라고 기재되어 있기 때문에, 이 사건 발명은 물을 생산하는 방법의 발명의 아니고, 방법의 발명인 것이 명확하다"고 판시하였다(이 사건은 양 발명의 효력을 동일시할 수는 없지만, 확인대상발명은 그 발명을 실시함에 있어, 이 건 특허발명을 사용하고 있으므로 그 부분에 있어서는 침해의 금지를 청구할 수 있다고 결론되었다)(神谷巖, "物を生産する方法の發明" 發明 Vol. 97. No. 3. 98-99면).

에 해당하는지를 구체적으로 확인하여야 하는 것이다.3)

3. 대상 판결의 구체적 검토

이 사건 권리범위확인심판에 있어, 이 사건 특허발명은 '주름이 형성된 고신축성 의류의 제조방법' 발명, 즉 물건을 생산하는 방법의 발명인데 비하여, 확인대상발명은 '주름이 형성된 신축성 의류'라는 물건의 발명이나, 그 설명서에는 위 물건의 제조방법이 구체적으로 기재되어 있다.

이 사건 특허발명의 효력은 그 방법의 사용뿐 아니라, 특허발명의 방법에 의해 생산된 물건에까지 미치는 것이므로, 확인대상발명의 '주름이 형성된 신축성 의류'가 이 사건 특허발명과 동일한 생산방법에 의해 생산된 것이라면, 이 사건 특허발명의 권리범위에 속하는 것이다.

이에 따라 대상 판결은 확인대상발명이 물건의 발명이라 하더라도, 그 설명서 및 도면에 이 사건 특허발명의 물건을 생산하는 방법의 발명과 대비할 수 있을 정도로 그 물건의 생산방법이 구체적으로 기재되어 있는 이상, 이 사건 특허발명의 효력이 확인대상발명에 미치는 것인지 여부를 판단할 수 있다고 판시한 것은 적절하다.

이에 비해 원심 판결은 당해 특허발명의 효력이 확인대상발명에 미치는 것인지 여부를 판단함에 있어, 당해 특허발명의 구성요소 전부가 확인대상발명에 포함되어 있는지를 확인하는 것에 그치고, 양 발명의 카테고리가 상이하므로 당해 특허발명의 구성요소 전부가 확인대상발명에 포함되어 있는지를 확인할 수 없다는 취지로 판단한 것으로 보인다.

또한, 특허심판원의 심결은 양 발명이 카테고리에 차이가 있기는 하나, 사실상 서로 동일한 발명이라는 이유로 X의 심판청구를 인용하는 심결을 하여, 원심 판결과 특허권의 효력범위에 대한 법리 차이를 보이고 있기는 하나, 이 또한 특허

---

3) 물론 대부분의 경우에 특허발명의 효력이 확인대상발명에 미치는지 여부를 판단함에 있어서는 당해 특허발명의 구성요소 전부가 확인대상발명에 포함되어 있는지 여부를 확인하는 것이 선결과제일 것이다(특허법 제127조(침해로 보는 행위)에서 규정하고 있는 간접침해는 별론으로 한다).

또한, 확인대상발명을 특정하기 위해서는 그 설명서 및 도면에 확인대상발명의 구성을 단순히 기재하는 것에 거치는 것이 아니라 그 실시행위까지 구체적으로 특정하여야 하는 것인지에 대한 의문이 있을 수 있으나, 실시행위는 당사자의 주장(부인, 항변 등)에 의해 심판청구의 이익 유무로 판단하면 될 것으로 생각된다.

권의 효력범위에 대한 법리를 오해한 것으로 보인다.

특허발명의 효력범위를 판단함에 있어서는 출원인이 특허청구범위에 기재한 표현형식에 기초하여야 하는 것이므로, 양 발명의 카테고리가 다르더라도 발명의 실체에 의거 효력범위의 귀속 여부를 판단할 수 있다는 특허심판원의 심결은 발명의 기술적 사상의 동일성과 발명의 효력범위에 대한 법리를 오해한 것, 즉 발명의 기술적 사상이 동일한 경우, 발명의 카테고리에 상관없이 발명의 효력범위도 동일하다고 오해한 것으로 적절치 않은 것이다.

발명에 따라서는 기술적 사상은 동일하나 물의 발명과 방법의 발명 어느 것으로도 표현할 수 있는 경우가 있다. 예를 들어, 특정 화합물이 의약으로서의 활성이 있음을 발견한 경우, 이를 ① 물질 X로 되는 의약, ② 물질 X로 되는 Y 질병 치료제, ③ Y 질병 치료제의 제조를 위한 물질 X의 사용방법, ④ 공정 A~E로 되는, 물질 X를 유효성분으로 하는 Y 질병 치료제의 제조방법 등으로 표현할 수 있는 등, 통상 하나의 기술적 사상을 언어의 선택에 의해 다면적으로 표현할 수 있다. 이 중 어떠한 발명을 청구하느냐 하는 것은 그 당시의 특허제도 및 실무, 발명의 종류에 따른 특허권의 효력범위 등을 고려하여 출원인이 결정할 사항이다.

위와 같이 표현된 발명들은 그 기술적인 사상의 측면에서는 동일한 것이므로 선·후원 간의 동일성을 따질 때는 실질적으로 동일한 것으로 취급될 수 있지만 (④의 경우는 제조방법상의 특징이 구성요소에 포함되어 있기 때문에 다소의 의문이 있을 수 있다. 하지만, 적어도 ①, ②, ③의 경우는 실질적으로 동일성의 범주에 포함되는 것으로 볼 여지는 충분하다), 그 카테고리의 표현 형식과 발명의 구성에 있어서 구체적인 표현에 차이가 있음에 따라 그 특허권의 효력범위에 있어서는 전혀 동일하지 않게 된다는 점 즉, 그 효력범위의 광협(廣狹)에 있어 차이가 있다는 점은 말할 나위가 없다.4)

한편, 원심 판결에서는 물건의 생산방법 발명인 이 사건 특허발명과 물건의 발명인 확인대상발명의 권리범위를 대비할 수 없다는 근거로 대법원 2002. 8. 13. 선고 2001후508 판결을 제시하고 있는데, 위 대법원 판결에서 '물건의 발명과 방법의 발명은 그 특허의 효력범위가 상이하다.'라는 판시는 양 발명의 효력범위가 전혀 달라 대비할 수 없다는 것이 아니라, 그 효력범위에 광협의 차이가 있다는

---

4) 용도 특허의 표현형식, 특허요건 판단수법, 효력 및 다른 특허와의 상호관계에 대해서는 성기문, "用途發明에 대한 小考" 특허소송연구 제2집(특허법원, 2001) 361-374면.

것으로 해석하는 것이 적절하고, 물건의 발명과 방법의 발명은 그 효력범위에 광협의 차이가 있다는 것과 그 효력범위의 속부를 판단하는 것은 별개의 사안이므로, 원심 판결은 대법원 2001후508 판결의 취지를 곡해한 것으로 이해된다.

Ⅳ. 결　론

특허발명의 보호범위는 특허청구범위에 기재된 사항에 의하여 정해지는 것으로 특허법 제97조에서 명확히 규정하고 있으므로, 이에 대한 논란은 그다지 발생하지 않는다.

그러나 권리범위확인심판에서 특허발명의 효력이 미치는 범위는 확인대상발명의 특정과 연계되어 권리범위확인심판에 있어 중요한 쟁점의 하나로 그간 다수의 판례에서 다툼이 되어 왔었다.

특히 '물건의 발명과 방법의 발명은 그 특허의 효력범위가 상이하다.'(대법원 2002. 8. 13. 선고 2001후508 판결)라는 취지의 판결이 선고된 이후, 위 대법원 판결을 근거로 물건 발명과 방법 발명은 그 자체로서 대비가 불가하다는 입장에 있는 특허법원의 판결이 다수 선고되었고, 이에 비해 대비가 가능하다는 입장에 있는 특허법원의 판결도 선고되는 등, 동일 사안에 대해 판례가 혼재되어 있었다.

이에 대해 위 대상 판결은 물건 발명과 방법 발명의 권리를 대비할 수 있는지 여부에 대해, 그 카테고리의 차이에 관계없이, 특허법 제2조, 제94조에서 규정하는 특허권의 효력범위에 의거 확인대상발명의 특정 정도에 따라 권리범위를 대비할 수 있음을 명확히 하였다는 점에 의의가 있다.

43. '제조방법이 기재된 물건발명 청구항(Product by Process Claim)'의 특허청구범위 해석

[대법원 2015. 1. 22. 선고 2011후927 전원합의체 판결]

유영선(김·장 법률사무소 변호사, 前 서울고등법원 고법판사)

I. 사실의 개요

가. 명칭을 '폴리비닐알코올계 중합체 필름 및 편광필름'으로 하는 특허발명에 대하여 진보성 부정을 이유로 등록무효심판을 청구한 사건이다. 이 사건 특허발명 중 청구항 9(이하 '이 사건 제9항 발명'이라 하고, 다른 청구항도 같은 방식으로 표시한다)는 아래와 같이 기재되어 있다.[1] 즉, 특허청구범위가 전체적으로 '편광필름'이라는 물건으로 기재되어 있으면서 그 제조방법의 기재를 포함하고 있는 발명으로서,[2] 이른바 '제조방법이 기재된 물건발명(Product by Process Claim, 이하 'PbP 청구항'이라고 한다)'에 해당한다.

> 【청구항 9】 일축연신에 사용되는 PVA계 중합체 필름이, 1 이상 100 미만의 중량 욕조비의 30~90℃의 온수에서 세정하여 수득되는 팁 상태의 PVA계 중합체를 함유하고, …… PVA계 중합체 필름을, 4~8배의 연신 배율로 일축연신하는 공정, 염색하는 공정 및 고정처리하는 공정을 포함하는 공정으로부터 제조되는 편광필름.

나. 특허법원은 등록무효로 판단한 심결과 달리 방법발명인 이 사건 제6, 7항 발명은 진보성이 부정되지 않고,[3] 그 제조방법을 그대로 포함하고 있는 이 사건

---

1) 심결취소소송 계속 중 원고가 별도로 정정심판을 청구하여 인용된 것이다. 정정심결로써 청구항 6, 7, 9, 10만 남게 되었다(청구항 10은 청구항 9의 종속항, 청구항 6, 7은 청구항 9 기재 제조방법 자체를 청구한 방법발명인데, 그 기재는 생략한다).
2) 밑줄 부분이 제조방법의 기재에 해당한다.
3) '편광필름의 제조공정 전에 팁(tip) 상태의 PVA 원료를 물로 세정하여 PVA 필름의 제조과정에서 용출되기 쉬운 PVA를 미리 일정 범위 내로 제거함으로써, 그 용출된 PVA로 인한 결점이 적은 편광필름을 높은 수율로 얻을 수 있다'는 기술사상이 비교대상발명들에는 전혀 개

제9, 10항 발명도 진보성이 부정되지 않는다고 판결하였다(2008허6239).

　　다. 피고(심판청구인)는 진보성이 부정된다고 주장하면서 상고를 제기하였다. 특히 이 사건 제9, 10항 발명의 경우 특허법원이 그 제조방법의 구성을 고려하여 진보성을 판단한 것은 잘못이라고 주장하였다.

Ⅱ. 판　　시

　　이 사건 제9, 10항 발명 부분은 파기환송, 이 사건 제6, 7항 발명 부분은 상고기각.

　　"특허법 제2조 제3호는 발명을 '물건의 발명', '방법의 발명', '물건을 생산하는 방법의 발명'으로 구분하고 있는바, 특허청구범위가 전체적으로 물건으로 기재되어 있으면서 그 제조방법의 기재를 포함하고 있는 발명(이하 '제조방법이 기재된 물건발명'이라고 한다)의 경우 제조방법이 기재되어 있다고 하더라도 발명의 대상은 그 제조방법이 아니라 최종적으로 얻어지는 물건 자체이므로 위와 같은 발명의 유형 중 '물건의 발명'에 해당한다. 물건의 발명에 관한 특허청구범위는 발명의 대상인 물건의 구성을 특정하는 방식으로 기재되어야 하는 것이므로, 물건의 발명의 특허청구범위에 기재된 제조방법은 최종 생산물인 물건의 구조나 성질 등을 특정하는 하나의 수단으로서 그 의미를 가질 뿐이다.

　　따라서 제조방법이 기재된 물건발명의 특허요건을 판단함에 있어서 그 기술적 구성을 제조방법 자체로 한정하여 파악할 것이 아니라 제조방법의 기재를 포함하여 특허청구범위의 모든 기재에 의하여 특정되는 구조나 성질 등을 가지는 물건으로 파악하여 출원 전에 공지된 선행기술과 비교하여 신규성, 진보성 등이 있는지 여부를 살펴야 한다.

　　한편 생명공학 분야나 고분자, 혼합물, 금속 등의 화학 분야 등에서의 물건의 발명 중에는 어떠한 제조방법에 의하여 얻어진 물건을 구조나 성질 등으로 직접적으로 특정하는 것이 불가능하거나 곤란하여 제조방법에 의해서만 물건을 특정할 수밖에 없는 사정이 있을 수 있지만, 이러한 사정에 의하여 제조방법이 기재된 물건발명이라고 하더라도 그 본질이 '물건의 발명'이라는 점과 특허청구범위에 기재된 제조방법이 물건의 구조나 성질 등을 특정하는 수단에 불과하다는 점은 마

───────────────

시 또는 암시되어 있지 아니함을 그 이유로 들었다.

찬가지이므로, 이러한 발명과 그와 같은 사정은 없지만 제조방법이 기재된 물건발명을 구분하여 그 기재된 제조방법의 의미를 달리 해석할 것은 아니다.

······ 원심은 ······ 제조방법에 관한 발명의 진보성이 부정되지 않는다는 이유만으로 곧바로 그 제조방법이 기재된 물건의 발명인 이 사건 제9, 10항 발명의 진보성도 부정되지 않는다고 판단하였으니, ······ 위법이 있다."

Ⅲ. 해 설

1. PbP 청구항의 의의

대상판결의 정의에 따르면, PbP 청구항이란 '특허청구범위가 전체적으로 물건으로 기재되어 있으면서 그 제조방법의 기재를 포함하고 있는 발명'을 말한다.4) 물건의 발명의 특허청구범위에는 물건의 구조나 특성 등을 기재하여야 하는데, 그보다는 제조방법을 기재하는 것이 출원자에게 더 편하면서 통상의 기술자가 더 쉽게 이해할 수 있는 경우가 있다. 또한, 생명공학 분야나 고분자, 혼합물, 금속 등의 화학 분야 등에서는 어떠한 제조방법에 의하여 얻어진 물건을 구조나 성질 등으로 직접적으로 특정하는 것이 불가능하거나 곤란하여 제조방법에 의해서만 물건을 특정할 수밖에 없는 경우가 있을 수 있다. 이에 물건의 발명에 대해 그 물건의 제조방법에 의하여 특정되는 청구항의 기재, 즉 PbP 청구항도 허용하게 되었다.5)

2. PbP 청구항의 해석론 일반6)

가. 동일성설

PbP 청구항도 물건의 청구항인 이상, 물건으로서 동일성이 있다면 기재된 제조방법과 다른 방법으로 생산된 물건까지를 발명의 기술적 구성에 포함시키는 견해이다. PbP 청구항에 기재된 제조방법은 어디까지나 물건을 특정하기 위한 수단

---

4) 예를 들어 '~방법으로 제조된 물건', '제조방법 P에 의하여 제조된 단백질 X', '~장치로 제조된 물건'이라고 표현된다.
5) 윤태식, "제조방법 기재 물건 청구항의 청구범위 해석과 관련된 쟁점", 특별법연구 11권(사법발전재단), 2014년 2월, 397-398면.
6) 최성준, "Product by Process Claim에 관하여", 민사재판의 제문제 19권(한국사법행정학회), 2010년, 660-661면; 윤태식, 앞의 논문, 410-411면 참조.

에 불과하다는 점을 그 근거로 든다.

이에 대해서는, ① 출원인이 기술적 구성요소로 기재한 제법한정을 임의적으로 배제시킬 근거가 미약하고 특허청구범위 해석이론에도 벗어난다, ② 자신의 발명의 구조적인 특성들을 기술할 수 없는 특허권자가 그렇게 할 수 있는 특허권자와 같은 수준의 보호를 받아 발명의 내용을 공개한 만큼 권리를 부여하는 특허법의 기본 원리에도 반한다, ③ 제조방법에 따라 제조된 최종 결과물이 어떤 구조나 특성을 갖는지 명확하게 알 수 없는 그 기술적 구성이 불명확해지고 특허성이나 권리범위 판단 자체가 어려워질 수 있다는 등 비판이 있다.

나. 한 정 설

특허청구범위의 기술적 구성은 특허청구범위의 기재에 근거하여 해석되어야 한다는 점을 들어, 기재된 '제조방법에 의해 제조된' 물건으로 발명의 기술적 구성이 한정된다는 견해이다.

이에 대해서는, ① 신규 화합물의 경우 하나의 제조방법을 찾아내고 그 유용성을 밝혀내어도 '물질(물건)'로서 특허가 가능한데, 단지 기술상 이유로 제법으로 한정하였다는 이유만으로 물건이 아닌 제조방법만으로 한정하여 해석하는 것은 형평에 어긋난다, ② 권리부여 단계에서 공지된 물건이 제조방법으로 한정되었다는 이유만으로 특허가 부여될 가능성이 있는 문제점이 있다, ③ 결국 제조방법의 발명과 같아져 청구범위 해석으로 발명의 본질을 바꾸는 것이 되어 부당하다는 등의 비판이 있다.

3. 각 국의 해석론

가. 특허부여 단계에서의 해석론

(1) 미   국

미국 특허청의 심사기준은 동일성설을 취하고,[7] 미국 연방항소법원(CAFC)도 *In re Thorpe* 판결,[8] *In re Marosi* 판결[9] 등도 같은 입장을 취하고 있다.

---

7) USPTO MPEP, "2113 Product-by-Process Claims" 참조.
8) In re Thorpe, 777 F.2d 695 (Fed. Cir. 1985).
9) In re Marosi, 710 F.2d 798 (Fed. Cir. 1983).

(2) 유　럽

유럽 특허청의 심사가이드라인은 동일성설을 취하고,10) 유럽 특허심판원도 T 205/83 결정(OJ 1985, 363) 등에서 동일성설을 취하고 있다.

(3) 일　본

일본 특허청의 심사기준은 동일성설을 취하고 있고, 하급심 판례도 동일성설을 취하여 왔다.

그런데 知財高裁 2012. 1. 27. 선고 平22(ネ)10043 大合議 판결에서는 "① 진정 PbP11)의 경우 그 발명의 요지는 특허청구범위에 기재된 제조방법으로 한정되지 않고 '物' 일반에 미친다고 해야 하나, ② 부진정 PbP의 경우 그 발명의 요지는 기재된 '제조방법에 의해 제조된 物'로 한정하여 인정되어야 한다"고 판시하였다.12) 그러나 이 판결은 대상판결 선고 이후인 2015. 6. 5.에 선고된 最高裁 平24(受)2658 판결에 의하여 파기되었다. 위 最高裁 판결은 특허부여(발명의 요지 인정) 단계에서 동일성설을 취하였다.13)

(4) 우리나라

우리나라 특허청 심사지침서는 동일성설을 취해 오고 있다.14)

대법원은 대상판결 이전까지는 진정 PbP의 경우에는 제조방법을 고려하고(한정설), 부진정 PbP의 경우에는 제조방법을 고려하지 아니한다(동일성설)는 취지로 설시해 오고 있었다.15) 이에 대해서는 "그 제조방법에 의해서만 물건을 특정할 수밖에 없는 등의 특별한 사정이 없는 이상"이라는 제한을 둔 판시 내용에는 문제가 있다고 비판하는 견해가 많았다.16)

---

10) Guidelines for Examination in the European Patent Office, Part F-Chapter IV 15, "4.12 Product-by-process claim" 참조.

11) 物의 구조 또는 특성에 의해 직접적으로 특정하는 것이 출원시에 불가능 또는 곤란하다는 사정이 존재하는 PbP 청구항을 말한다.

12) 이 판결의 구체적인 내용은, 設樂隆一·石神有五, "プロダクト·バイ·プロセス·クレームの 解釋", 特許判例百選 第4版(中山信弘 외 3인 編, 2012), 130-131면 참조.

13) 뒤에서 살펴보듯이, 最高裁는 같은 날 선고한 平24(受)1204 판결에서 특허침해 단계(기술적 범위 해석)에서도 이와 마찬가지로 동일성설을 취하였다.

14) 특허청, 특허·실용신안 심사지침서(2011), 3315면.

15) 대법원 2006. 6. 29. 선고 2004후3416 판결 등.

16) 윤태식, 앞의 논문, 428-430면; 최성준, 앞의 논문, 688면 등.

나. 특허침해 단계에서의 해석론

(1) 미   국

미국 연방항소법원(CAFC)의 판결은 동일성설을 취한 판결17)과 한정설을 취한 판결18)로 나누어져 있었으나, *Abbott v. Sandoz* 전원합의체 판결19)에서 특허침해 단계에서는 특허부여 단계와는 달리 한정설을 취함을 명백히 하였다.

(2) 독   일

독일 연방대법원은 원칙적으로 동일성설을 취하면서, 그 청구항에 기재된 제조방법이 최종 생산물에 미치는 특별한 작용효과가 보호범위를 정함에 있어 고려되어야 한다는 입장을 취하고 있다.20)

(3) 일   본

最高裁 1998. 11. 10. 선고 平10(オ)1579 판결은 동일성설을 취하였는데, 하급심 판례들의 경우 동일성설을 취한 것이 대부분이고 한정설을 취한 것은 소수에 불과하였다.21)

그런데 知財高裁 2012. 1. 27. 선고 平22(ネ)10043 大合議 판결에서는 앞서 특허부여 단계에서 본 것과 마찬가지로 진정 PbP의 경우는 동일성설을 취하고 부진정 PbP의 경우는 한정설을 취하였다. 그러나 이 판결은 앞서 最高裁 平24(受)2658 판결과 같은 날 선고된 平24(受)1204 판결에 의하여 파기되었다. 위 最高裁 판결은 특허침해(기술적 범위 해석) 단계에서 동일성설을 취하였다.22)

(4) 우리나라

특허법원 2006. 11. 1. 선고 2005허10947 판결, 특허법원 2006. 6. 21. 선고 2005허6580 판결, 특허법원 2013. 6. 21. 선고 2012허11139 판결 등에서는 한정설을 취한 바 있다.

---

17) Scripps Clinic & Research Foundation v. Gegentech, Inc., 927 F.2d 1565 (Fed. Cir. 1991).

18) Atlantic Thermoplastics Co., Inc. v. Faytex Corp., 970 F.2d 834 (Fed. Cir. 1992).

19) Abbott Laboratories v. Sandoz, Inc., 566 F.3d 1282 (Fed. Cir. 2009).

20) 윤태식, 앞의 논문, 418면.

21) 윤태식, 앞의 논문, 420-421면.

22) 다만, PbP 청구항을 폭넓게 용인하는 취지의 대상판결과 달리, 이 最高裁 판결은 부진정 PbP는 '명세서 기재 요건 위반'으로 허용하지 아니한다는 설시를 하여 많은 논란이 되고 있다. 이러한 最高裁 판결의 태도는 현재의 특허 실무를 완전히 뒤집는 것이어서 많은 문제점을 야기할 것으로 생각된다.

학설은 ① 특허성 판단 시에는 동일성설을 취하고, 침해 판단 시에는 동일성설을 원칙으로 하되 예외를 인정하는 견해, ② 특허성 판단 시에는 동일성설, 침해 판단 시에는 한정설을 취하는 견해, ③ 특허성 및 침해 판단 모두 한정설을 취하는 견해 등으로 나누어져 있다.23)

4. 검   토

가. 대상판결의 검토24)

대상판결은 특허부여 단계에서 진정 PbP와 부진정 PbP를 구분하지 않고 모두 동일성설을 취하면서, 기존의 대법원판례를 변경하였다.

PbP 청구항은 본질적으로 '물건의 발명'이라는 점을 고려할 때, 미국, 유럽, 일본 등의 판례와 실무가 취하고 있는 동일성설을 취함이 바람직하다. 물건을 명확하게 알 수 없는 경우 문제가 있다는 동일성설에 대한 비판은, 미국이나 유럽의 실무에서 보듯이 출원인이나 특허권자에게 공지된 물건과의 차이를 증명하도록 함으로써 해결할 수 있을 것이다.

한편, 진정 PbP와 부진정 PbP로 나누어 다르게 해석하는 것은, i) 이들 발명이 모두 '물건의 발명'인 점에서 차이가 없음에도 그 특허청구범위 해석을 달리 할 근거가 없는 점, ii) 知財高裁 大合議 판결에서와 같이 부진정 PbP 청구항에 대해 한정설을 취하는 경우 방법발명과 같아짐에도 방법발명의 형태가 아닌 PbP 청구항의 형태를 인정할 필요가 있는지 의문인 점, iii) 진정 PbP와 부진정 PbP 사이에 특허청구범위의 해석이 완전히 달라짐에도, 실제 사례에서 양자를 구분하는 것이 매우 어려운 사례가 많아 혼란이 불가피한 점, iv) 미국, 유럽에서는 채택하지 않는 일본 知財高裁의 독자적인 견해에 불과한 점 등에 비추어 채택할 바가 못 된다.

나. 특허침해 단계에 대한 대법원 2015. 2. 12. 선고 2013후1726 판결

대상판결 선고 이후 그 후속 판결로서 특허침해 단계에서의 PbP 청구항의 해석에 관한 대법원 2015. 2. 12. 선고 2013후1726 판결이 선고되었다. 즉, 대상판결

---

23) 그 구체적인 내용에 대해서는, 최성준, 앞의 논문, 680-687면 참조.
24) 이에 대한 자세한 평석은, 유영선, "'제조방법이 기재된 물건발명 청구항(Product by Process Claim)'의 특허청구범위 해석", 산업재산권 48호(한국산업재산권법학회), 2015년 참조.

의 법리를 그대로 인용한 후 "제조방법이 기재된 물건발명에 대한 위와 같은 특허청구범위의 해석방법은 특허침해소송이나 권리범위확인심판 등 특허침해 단계에서 그 특허발명의 권리범위에 속하는지 여부를 판단하면서도 마찬가지로 적용되어야 할 것이다. 다만 이러한 해석방법에 의하여 도출되는 특허발명의 권리범위가 명세서의 전체적인 기재에 의하여 파악되는 발명의 실체에 비추어 지나치게 넓다는 등의 명백히 불합리한 사정이 있는 경우에는 그 권리범위를 특허청구범위에 기재된 제조방법의 범위 내로 한정할 수 있다"고 판시하였다.

특허청구범위의 해석을 특허부여 단계와 특허침해 단계에서 다르게 하여야 할 근거가 없으므로, 둘 다 동일성설을 취함이 타당하다. 다만, 이와 같은 기술적 구성의 확정을 기초로, 특허발명의 구체적인 권리범위(보호범위)를 적정하게 설정하여 특허침해 여부를 판단할 것이 요구된다. 예를 들어, 앞서의 *Atlantic v. Faytex* 판결에서, 그 명세서에 "그와 같은 제조방법에 의한 현저한 작용효과(ex 탄성재의 결합이 견고해짐)를 강조하면서, 그러한 '제조방법'에 의한 신발 깔창이 아니고서는 자신의 의도한 기술내용을 달성할 수 없고, 따라서 그 '제조방법'의 탁월성에 발명의 본질이 있다"는 취지의 기재가 되어 있다면, 명세서의 기재에 따를 때 발명의 실체는 '그 제조방법 자체'로 보이므로, 이에 상응하게 '제조방법'의 범위 내에서만 특허권이라는 독점권을 부여하는 것이 특허법 원리와 실질적 정의에 부합한다고 할 수 있다.

위 대법원 2013후1726 판결이 설시한 법리는 이와 같은 의미를 담고 있다고 볼 수 있다.

5. 대상판결의 의의

PbP 청구항의 해석 문제는 세계적으로 논란이 되고 있는 것으로서, 미국 CAFC와 일본 知財高裁에서도 전원합의체 판결에 의해 정리한 어렵고도 중요한 문제이다. 대상판결과 그에 이어 나온 후속판결은 이러한 문제에 대해 대법원판결로 우리나라의 독자적인 법리를 정립하였다는 점에서 큰 의미를 가진다. 특히 대상판결은 특허 실체법에 관한 최초의 대법원 전원합의체 판결이라는 점에서 더욱 그 의미가 크다.

44. 특허청구범위 해석의 이중적 기준
– 특허성 및 권리범위 판단에 있어 특허청구범위 해석 기준의 차이 –

[대법원 2004. 12. 9. 선고 2003후496 판결]

김상은(김·장 변리사, 전 특허청 정밀화학심사과 과장)

I. 사실의 개요

X(피고, 피상고인)는 '떡소층으로부터 떡층으로의 수분이동을 억제하여 떡의 보존성을 높이기 위한 떡'으로서, 「초콜릿 코팅된 외피 (1), 떡(2) 및 떡소가 크림(3)으로 이루어진 3중 구조의 떡」(참고도 참조)(등록번호 제213858호)에 대한 특허권자 인데, Y(원고, 상고인)가 이 사건 특허발명이 신규성 및 진보성이 결여되었다는 이유로 무효심판을 청구하였으 나, 특허심판원은 위 심판청구를 기각하였다.

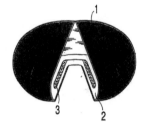

< 참고도 >

이에 불복한 Y는 심결취소소송을 제기하면서, 특허 청구범위의 '크림'에 대해 상세한 설명에는 '보존성이 우수한 크림류'라고 기재되 어 있으나, 통상 크림의 수분함량은 40~80% 정도로서 25% 내외인 떡층의 수분 함량보다 높아서, 목적달성이 불가능하거나 상세한 설명에 뒷받침되지 않는다고 주장하였다.

특허법원은 '크림'이라는 단어는 물리적 성상을 나타내는 총괄적 표현이기는 하지만, 발명의 상세한 설명의 기재에 기초하여, 이 사건 특허발명의 '크림'은 보 존성이 우수한 크림으로서 수분 함량이 팥소의 수분함량인 29.8%보다 낮은 크림 이라고 한정 해석하였다.

이에 불복한 Y가 제기한 상고에 대하여 대법원은 아래와 같이 판시하였다.

Ⅱ. 판   시

일부 파기 환송.

1. 이 사건 특허발명의 특허청구범위 제1, 2, 4, 5항에는 모두 떡소로서 '크림'을 이용하거나 '크림'을 주입한다고만 기재되어 있을 뿐, 이를 특별히 한정하는 기재는 없는데, 이 사건 특허발명의 상세한 설명 기재의 '크림'은 수분 함량이 적어도 떡보다 낮아서 떡으로 수분 이행을 초래하지 아니하는 '크림'만을 떡소로 하는 떡의 구성 및 효과를 설명하고 있다.

2. 이 사건 특허발명의 기술분야와 같은 떡류를 포함한 과자류에서 '크림'이라고 함은 '수분함량과 관계없이 우유에서 분리한 지방분 또는 이것을 원료로 하여 다른 재료를 배합한 식품'을 의미함을 알 수 있고, 팥소보다 수분 함량이 많은 크림은 떡소로 사용하지 않는다는 것이 당해 분야의 기술상식이라고 볼 만한 사정도 없으므로, 특허청구범위 제1, 2, 4, 5항에 기재된 '크림'은 수분 함량과 관계없이 우유에서 분리한 지방분 또는 여기에 다른 재료를 배합한 식품이라는 의미로 통상의 기술자에게 명확히 이해되는 용어에 해당한다.

3. 그럼에도 불구하고 이 사건 특허발명의 상세한 설명의 기재를 참조하여 특허청구범위 기재의 '크림'을 보존성이 우수한 크림으로서 수분 함량이 팥소의 수분함량인 29.8%보다 낮은 크림이라고 한정 해석한 것은 특허청구범위의 해석 및 명세서의 기재요건에 관한 법리를 오해한 위법이 있다.

Ⅲ. 해   설

1. 문제의 소재

특허성 판단의 전제로서 발명의 기술내용의 확정과 특허발명의 보호범위의 확정은 적용하는 양태가 특허 전·후로서 상이하기는 하지만 모두 「특허청구범위」라는 동일한 것에 기초하는 것이 원칙이나, 특허청구범위에 기재된 용어의 의미 등에 대한 설명이 발명의 상세한 설명이나 도면에서 행해지고 있기 때문에 특허청구범위를 해석함에 있어서는 합리적인 범위 내에서 이들을 보완적으로 참작하는 것도 필요함은 당연하다.[1]

---

1) 高橋英樹 著, "發明の要旨と特許發明の技術的範圍", パテント Vol. 56, No.5 (2003), 37면.

그런데 특허성 판단의 전제로서 발명의 기술내용의 확정과 특허발명의 보호범위를 확정함에 있어 특허청구범위를 해석하는 기준 또한 같은 것인가에 대해서는 이견이 있는 것 같고, 특히 발명의 상세한 설명의 참작, 즉 특허청구범위 기재 이외의 사항을 특허청구범위 해석에 어떻게 도입하는가에 대해서는 다소간의 기준이 다른 것으로 보인다.

2. 특허성 및 보호범위 판단에 있어 특허청구범위 해석 기준의 차이

특허성 판단의 전제로서 발명의 기술내용의 확정은 특허법 제42조 제4항 본문에서 규정하고 있는 바와 같이 출원인의 희망사항, 즉 '보호 받고자 하는 사항'을 확정하는 것인데 비하여, 특허발명의 보호범위는 출원인의 희망사항 중에서 발명을 공개하는 대가로서 보호 해줄 만한 가치가 있는 사항, 즉 '보호 해주어야 하는 사항'을 확정한다는 점에서 기본적 차이가 있다.

특허청구범위를 해석함에 있어, '보호 받고자 하는 사항'과 '보호 해주어야 하는 사항'의 확정 기준의 차이의 일부는 이 사건 특허발명의 무효여부에 대한 위 대상 판결과 특허권 침해금지에 대한 대법원 2005. 2. 25. 선고 2004다29194 판결에서 엿볼 수 있다.

위 대상 판결은 특허성 판단의 전제로서 '보호 받고자 하는 사항'을 확정함에 있어, 이 사건 제1, 2, 4, 5항 발명에 기재된 '크림'이라는 용어와 관련하여, 특허청구범위 기재의 '크림'은 ① 통상의 기술자가 명확히 이해할 수 있는 용어이고, ② 그 기재가 요기임이 발명의 상세한 설명의 기재에 비추어 보아 명확하다고 할 수 없기 때문에, 명세서의 다른 기재에 의해 제한 해석할 수는 없다는 전제하에서, 이 사건 제1, 2, 4, 5항 발명에서 '보호 받고자 하는 사항'은 명세서 기재요건의 위배 및 진보성 결여라는 거절이유가 있다는 취지로 판단한 것이다.

이에 대해 이 사건 특허발명에 대한 특허권 침해여부를 판단함에 있어서는 '침해품은 이 사건 특허발명의 특허청구범위 중에서 발명의 상세한 설명에 의하여 뒷받침되는 제3, 6항의 권리범위에 미친다'는 취지로 판단하여,[2] 이 사건 특허발명의 특허청구범위에서 '보호 해주어야 하는 사항'인 특허발명의 보호범위를 확정함에 있어서는 발명의 상세한 설명에 뒷받침되지 않는 이 사건 제1, 2, 4, 5항 발명을 제외하였다.[3]

---

2) 대법원 2005. 2. 25. 선고 2004다29194 판결.

이 사건 특허발명의 무효여부에 대한 위 대상 판결과 특허권 침해여부에 대
한 2004다29194 판결로부터 확인할 수 있는 것은 '보호 받고자 하는 사항'과 '보
호 해주어야 하는 사항'을 확정함에 있어 모두 발명의 상세한 설명의 기재를 참작
할 수 있으나, '보호 받고자 하는 사항'의 확정단계에서는 발명의 상세한 설명의
참작의 원인이 특허청구범위 기재 자체에 있는데 비하여, '보호 해주어야 하는 사
항'의 확정단계에서는 그 원인이 특허청구범위 기재에는 존재하지 않는 경우에도
발명의 상세한 설명이 원칙적으로 참작되어야 한다는 것이다.

보호 받고자 하는 사항의 확정은 위 대상 판결에서 판시한 바와 같이 ① 통
상의 기술자가 특허청구범위에 기재의 기술적 의의가 명확하게 이해될 수 없는
경우, ② 그 기재가 오기임이 발명의 상세한 설명의 기재에 비추어 보아 명확한
경우 등과 같이 특단의 사정이 있는 경우에 한해 예외적으로 발명의 상세한 설명
을 참작하는 것이고,4) 위와 같은 특단의 사정이 있어 발명의 상세한 설명을 참작
한다 하더라도 이는 어디까지나 — 발명의 상세한 설명이나 도면에 기재된 사항에
의거 발명을 제한 해석하는 것이 아니라 — 발명의 상세한 설명이나 도면의 기재
에 의거 특허청구범위 기재의 의미를 해석하는 것일 뿐이다.5)

이에 대해 특허발명의 보호범위의 확정은 출원인이 보호 받고자 하는 사항
중에서 보호 해주어야 하는 사항의 확정이므로 특허청구범위가 문언적으로는 명

---

3) 이 사건 제1, 2, 4, 5항 발명은 '보호 받고자 하는 사항'은 명확하나, '보호 해주어야 하는
사항'이 없는 것이어서 그 제체로서 보호범위에서 제외한 것인지, 발명의 상세한 설명에 기재
된 사항을 도입하여 보호범위를 해석한 결과 이 사건 제1, 2, 4, 5항 발명의 보호범위와 제3,
6항 발명의 보호범위와 같은 것이어서 이와 같이 판단한 것인지는 명확하지는 않다(이 사건
제3, 6항 발명은 '크림'을 수분함량이 2% 내외인 '땅콩 크림'으로 한정한 것인데, 발명의 상세
한 설명에는 떡소로 땅콩 크림을 사용한 결과 떡소로 팥을 사용하는 통상적인 팥에 비해 보
존성 등이 좋다는 취지의 실시예만이 기재되어 있어, 발명의 상세한 기재된 사항을 도입하여
나머지 청구항의 보호범위를 해석하면 제3, 6항 발명의 보호범위와 같은 것으로 볼 여지가
충분하다).

4) 본 대상 판결에서 발명의 상세한 설명을 참작하는 기준으로 들고 있는 것은, 특허발명의
보호범위 즉, '보호 해주어야 하는 사항'의 확정에도 그대로 적용할 수 있다는 것에는 이견이
있지만, 특허성 판단의 전제로서 '보호 받고자 하는 사항'의 확정에 적용할 수 있다는 것에는
이견이 없는 것 같다(吉藤幸朔, 特許法概說(제13판, 유미특허법률사무소 번역, 2000) 331-
332면, 竹田和彦, 特許の知識 理論と實際(제6판, 명현문화사, 김관식외 4명 번역, 2002)
172-174면, 특허청, 심사지침서(2011) 3208면 이하 기재).

5) 부연하면, 특허성 판단의 전제로서 발명의 기술내용을 확정에 있어 발명의 상세한 설명을
참작하여 특허청구범위에 기재된 발명을 실제 발명자가 발명한 사항으로 제한 해석한다거나,
발명의 목적이나 효과를 달성할 수 있는 완성된 발명으로만 한정 해석한다는 취지가 아니라,
발명의 상세한 설명이나 도면의 기재에 의거 당해 발명에서 사용되는 용어, 기술내용 등을
이해한 상태에서 특허청구범위를 해석하여야 한다는 것에 지나지 않는다.

확하다 하더라도, 특허청구범위를 문언 그대로 해석하는 것이 발명의 상세한 설명, 도면 등 명세서의 다른 기재에 비추어 보아 명백히 불합리한 때에는 발명의 상세한 설명이나 도면에만 기재된 구성이라 하더라도 특허청구범위 해석에 이를 도입하여 한정 해석할 수 있다는 것이다.[6]

3. '보호 받고자 하는 사항'과 '보호 해주어야 하는 사항'의 관계

특허청구범위의 기재에 의거 출원인이 '보호받고자 하는 사항'과 출원인이 보호받고자 하는 사항 중에서 특허법의 목적에 의거 '보호 해주어야 하는 사항'에는 차이가 있을 수 있고, 이와 같은 차이를 궁극적으로 제거하기 위한 수단으로 특허법은 심사제도를 두고 있다.

그러나 특허심사가 완벽하지 않을 수도 있으므로 특허법은 무효심판제도를 두고 있고, 특허발명의 보호범위를 확정함에 있어 특허를 무효로 할 수 있는 사유, 즉 출원인이 '보호받고자 하는 사항'과 출원인이 보호받고자 하는 사항 중에서 특허법의 목적에 의거 '보호 해주어야 하는 사항'에는 차이가 존재한다 하더라도 다른 절차에서 그 전제로서 특허가 당연 무효라고 판단할 수 없는 사정이 있으므로 여러 가지 특허청구범위를 해석하는 기준들이 있는 것이다.

〈특허무효 사유와 보호범위의 해석기준의 대응관계 예시〉

		특허성 판단단계	보호범위 확정단계
특허청구범위해석	권리가 불명	ㅇ 특허법 제29조 제1항 본문 위배	ㅇ 보호범위 불인정[7]
	불특허대상	ㅇ 특허법 제42조 제4항 제2호 위배	
	공지기술	ㅇ 특허법 제29조 제1항 위배	ㅇ 공지기술 제외설[8]
	특허청구범위가 넓은 경우	ㅇ 특허법 제42조 제4항 제1호 위배	ㅇ 발명의 상세한 설명 참작[9]

---

6) 같은 취지의 판결로는 대법원 1998. 5. 22. 선고 96후1088 판결, 1998. 4. 10. 선고 96후1040 판결 등이 있다.

7) 대법원 1985. 3. 26. 선고 83후106 판결, 1983. 1. 18. 선고 82후36 판결, 특허법원 2000. 12. 12. 선고 99허1539 판결.

8) 대법원 1997. 11. 11. 선고 96후1750 판결, 1997. 10. 10. 선고 97후1191 판결.

9) 대법원 1998. 5. 22. 선고 96후1088 판결.

특허발명의 보호범위를 해석함에 있어, 특허청구범위의 기재를 축소 해석하거나10) 특허청구범위의 기재를 넘어서 확장 해석하는 경우도 있지만,11) 그 출발점은 특허청구범위에 기재된 사항이기 때문에, 원칙으로서는 특허성 판단의 전제로서 발명의 기술내용의 확정과 특허발명의 보호범위의 확정은 일치한다고 생각하는 것이 합당하다. 그렇지 않으면 실체 심사의 의의가 몰각되고 특허발명의 보호범위의 예측성, 명확성이 상실되어버리기 때문이다.12)

그러므로 특허청이 가지는 실체 심사의 의의를 고양하고, 보호범위의 예측성을 증대하며, 특허제도의 법적 안정성을 확보하기 위해서는 심사단계에서 발명자가 창작한 발명으로서 특허요건을 구비한 발명만을 특허 허여하는 노력이 부단하게 요구된다 하겠다.

Ⅳ. 결   론

특허청구범위를 해석함에 있어, 특히 발명이 상세한 설명의 참작과 관련하여 특허성 판단의 전제로서 발명의 기술내용의 확정과 특허발명의 보호범위의 확정 기준이 다른 것인지 여부에 대해 실무에서 일부 혼선이 초래되고 있는데, 이 사건 특허발명에 대한 위 대상 판결과 특허권 침해금지에 대한 관련 대법원 판결은 특허청구범위 해석에 있어 발명의 상세한 설명을 어떻게 참작하여야 하는지에 대한 입증을 분명히 보여주는 사례라고 할 것이다.

---

10) '출원경과 참작의 원칙'이 적용되는 경우가 이에 해당할 수 있다.
11) '균등론'이 적용되는 경우가 이에 해당할 수 있다.
12) 竹田 稔 監修, 特許審査·審判の法理と課題(社團法人 發明協會, 2002) 189-200면.

45. 특허침해 여부 판단에서 공지된 구성요소를 제외하여야 하는지

[대법원 2006. 11. 9. 선고 2005후1127 권리범위확인(실) 사건]

박정희(법무법인 태평양 변호사)

I. 사실의 개요

X(피심판청구인, 피고, 상고인)는 1992. 4. 14. 출원하여 1995. 9. 15. 등록받은 명칭을 "소형타이머의 다이얼 손잡이구"로 하는 등록번호 제90362호 고안의 실용신안권자인데, Y(심판청구인, 원고, 피상고인)는 X를 상대로 자신의 확인대상고안에 이 사건 등록고안의 전제부 구성이 없어서 확인대상고안이 이 사건 등록고안의 권리범위에 속하지 않는다고 주장하며 특허심판원에 2003당1281호로 소극적 권리범위확인심판을 청구하였다.

특허심판원은 2004. 6. 30. 확인대상고안에 없는 이 사건 등록고안의 전제부 구성은 확인대상고안이 이 사건 등록고안의 권리범위에 속하는지 여부에 영향을 미칠 수 없다며 Y의 심판청구를 기각하였고, 이에 대하여 Y가 특허법원에 2004허4518호로 제기한 심결취소소송이 대상 판결의 원심이다.

원심은 2005. 3. 31. 고안의 구성에 없어서는 아니 되는 사항의 하나로 등록청구범위에 기재하였음에도 권리행사의 단계에서 그 사항은 당해 고안의 구성요소 중 비교적 중요하지 않은 사항이라고 하여 이를 무시하는 것은 사실상 등록청구범위의 확장적 변경을 사후에 인정하는 것이 되어 허용될 수 없다며, X가 이 사건 등록고안의 출원 전에 공지공용된 구성요소이어서 확인대상고안이 이 사건 등록고안의 권리범위에 속하는지 여부를 판단함에 있어서 제외하여야 한다고 주장한 이 사건 등록고안의 전제부 구성을 포함하여 이 사건 등록고안과 확인대상고안을 비교한 다음, 확인대상고안에는 이 사건 등록고안의 전제부 구성이 없어서 이 사건 등록고안의 권리범위에 속하지 않는다며 Y의 청구를 받아들여 특허심판원의 심결을 취소하였다.

이에 불복하여 X가 원심에서와 같이 이 사건 등록고안의 출원 전에 공지공용된 구성요소를 제외하고 권리범위를 판단하여야 한다고 주장을 하면서 제기한 상고에 대하여 대법원은 아래와 같이 판시하였다.

Ⅱ. 판　시

상고 기각.

"등록실용신안의 보호범위는 실용신안등록청구범위에 기재된 사항에 의하여 정하여지고, 그 실용신안등록청구범위에 보호를 받고자 하는 사항을 기재한 항은 고안의 구성에 없어서는 아니 되는 사항만으로 기재하여야 하므로, 실용신안등록청구범위에 기재한 사항은 특별한 사정이 없는 한 고안의 필수적 구성요소로 보아야 하고(실용신안법 제9조 제4항, 제42조; 특허법 제97조 참조), 한편 등록실용신안의 청구항을 복수의 구성요소로 구성한 경우에는 그 각 구성요소가 유기적으로 결합한 전체로서의 기술사상을 보호하는 것이지 각 구성요소를 독립하여 보호하는 것은 아니므로, 등록고안의 유기적으로 결합한 구성요소 중 일부가 공지되었다고 하더라도 확인대상고안이 등록고안의 권리범위에 속하는지 여부를 판단함에 있어서 그 공지된 부분을 제외하고 판단하여서는 아니 된다.1)

원심판결 이유를 위 법리와 기록에 비추어 살펴보면, 원심이 …… 피고가 공지된 부분이라고 주장하는 이 사건 등록고안의 …… 구성을 제외하지 않고 …… 판단하였음은 정당하다."

Ⅲ. 해　설2)

1. 문제의 소재

구 특허법(2007. 1. 3. 법률 제8197호로 개정되기 전의 것) 제42조 제4항 제3호는 특허청구범위의 기재요건으로 발명의 구성에 없어서는 아니 되는 사항만으로

---

1) 대법원 2001. 6. 15. 선고 2000후617 판결의 판단 부분에도 같은 취지의 판시가 있다.
2) 대상 판결은 실용신안에 대한 권리범위확인사건이나, 아래에서는 특허발명의 침해를 중심으로 설명한다.

기재될 것을,3) 특허법 제97조는 특허발명의 보호범위에 관하여 특허발명의 보호범위는 특허청구범위에 기재된 사항에 의하여 정하여짐을 각 규정하고 있으므로, 특허청구범위에 기재한 사항은 특별한 사정이 없는 한 특허발명의 필수적 구성요소로 보아야 함은 의문의 여지가 없다.

따라서 확인대상발명이 특허발명을 침해하는지 여부를 판단할 때 특허발명의 구성요소 중 일부 공지된 부분이 있다고 하더라도 그 부분을 제외하고 침해 여부를 판단하여서는 아니 됨은 우리 특허법의 해석상 당연하고, 이와 달리 공지된 구성요소를 제외하는 경우, 예를 들어 A+B+C+D의 구성요소로 이루어진 특허발명의 구성요소 중 일부인 A 구성요소가 공지되었다고 하여 이를 제외하고 침해 여부를 판단하게 된다면, 확인대상발명이 B+C+D의 구성요소를 가지고 있는 경우에는 구성요소 A가 없어도 특허발명을 침해하는 것이 되어 특허발명의 보호범위가 그 특허청구범위에 기재된 것보다 넓어지게 되는데 이러한 결과가 타당하다고 할 수는 없다.4)

그럼에도, 실무상 이러한 주장이 자주 제기되고 있고, 일부 하급심의 경우에는 이러한 주장을 받아들여 공지된 구성요소를 제외하고 침해 여부를 판단하는 경우도 있는데, 이는 아래에서 보는 바와 같이 일부 대법원 판례가 일반론으로 그와 같은 취지의 판시를 한 바 있기 때문에 초래된 결과이다.

2. 공지된 구성요소를 제외하고 침해 여부를 판단한 대법원 판례들

권리범위 판단의 일반론으로, "어느 발명이 특허발명의 권리범위에 속하는지를 판단하기 위하여는 먼저 특허발명의 특허청구범위를 기준으로 그 권리범위를 확정하여야 하고, 이를 확정함에 있어서는 공지공용의 기술은 그것이 신규의 기술과 유기적으로 결합된 것이 아니면 권리범위에서 제외하여야 한다"라고 판시한 대법원 판례가 다수 있고,5) 실무상 일부 구성요소가 공지된 경우 이를 제외하고

---

3) 현행 특허법에서 제42조 제4항 제3호가 삭제되었으나, 그렇다고 하더라도 특허청구범위에 기재된 사항을 필수적 구성요소로 보아야 함은 변함이 없다.

4) 특허법원 지적재산소송실무연구회, 지적재산소송실무 제3판(박영사), 238면 각주 62)도 같은 취지이다.

5) 대법원 2001. 3. 27. 선고 2000후1016 판결, 대법원 1997. 11. 28. 선고 97후266 판결, 대법원 1997. 11. 11. 선고 96후1750 판결, 대법원 1997. 7. 22. 선고 96후1989 판결, 대법원 1996. 11. 26. 선고 95후1777 판결, 대법원 1996. 11. 26. 선고 96후870 판결, 대법원 1996. 11. 12. 선고 96다22815 판결, 대법원 1996. 2. 23. 선고 94후1176 판결, 대법원 1990. 9. 28. 선고 89후1851 판결 등.

침해 여부를 판단할지에 관하여 혼돈을 가져온 것은 이러한 대법원 판례들의 일반론 때문이다.

　이러한 일반론을 설시한 대법원 판례들은 대법원 1983. 7. 26. 선고 81후56 전원합의체 판결6) 등의 "등록된 특허의 일부에 그 발명의 기술적 효과발생에 유기적으로 결합된 것이 아닌 공지사유가 포함되어 있는 경우 그 공지부분에까지 권리범위가 확장되는 것은 아닌 이상"이라는 판시를 잘못 이해하고 따른 것으로 보이는데, 위 전원합의체 판결은 특허발명이 전부 공지되어 신규성이 없는 경우에 관한 사안이고, 그 판시도 특허발명에 공지사유가 포함되어 있는 경우 그 부분에까지 특허발명의 권리범위를 확장하는 것을 막기 위한 것이어서 공지된 구성요소를 제외하고 권리범위에 속하는지 여부를 판단하여야 한다는 취지로 이해하여서는 아니 된다.

　다만, 특허발명의 특허청구범위가 일부 구성요소를 선택적으로 기재하고 있는 경우에는 그 선택적으로 기재되어 있는 특허발명 중 일부가 공지되어 신규성이 없을 수가 있는데, 그와 같이 신규성이 없는 특허발명의 권리범위를 인정할 수 없으므로, 공지공용의 기술을 권리범위에서 제외하는 대법원 판례들의 일반론이 이러한 경우를 판시한 것으로 볼 수도 있으나, 그 경우에도 공지되어 신규성이 없는 특허발명은 그 권리범위를 인정할 수 없어서 확인대상발명이 그 권리범위에 속하지 않는 것이지, 그 공지된 부분을 특허발명의 권리범위에서 제외하는 것은 아니므로, 권리범위에서 제외한다는 표현은 적절하지 않다.

3. 맺으면서

　우리 특허법의 해석상 특허침해 여부를 판단할 때 특허발명의 구성요소 중 일부 공지된 부분이 있는 경우에도 그 부분을 제외하고 침해 여부를 판단하여서는 아니 됨은 의문의 여지가 없다. 그럼에도, 실무에서 혼선이 초래되고 있는 것은 일부 대법원 판례들이 기존의 대법원 판례를 잘못 이해하고 일반론을 전개함에 따른 것인데, 대상 판결은 우리 대법원이 특허발명의 일부 구성요소가 공지된 경우에 그 부분을 제외하고 침해 여부를 판단할지에 관하여 어떠한 입장을 취하고 있는지를 분명하게 보여주는 사례라고 할 것이다.

---

6) 대법원 1991. 9. 24. 선고 90후2409 판결, 대법원 1990. 8. 28. 선고 89후2120 판결, 대법원 1988. 1. 19. 선고 87후68 판결, 대법원 1987. 9. 8. 선고 86후99 판결, 대법원 1986. 7. 22. 선고 85후50, 55 판결, 대법원 1984. 7. 10. 선고 81후60 판결 등도 유사한 취지이다.

46. 공지기술과 자유실시기술의 항변

[대법원 2001. 10. 30. 선고 99후710 권리범위확인(특)]

김태현(대구고등법원 고법판사)

I. 사실의 개요

1. 사건의 경과

X(피심판청구인, 원고, 상고인)는 명칭을 "전자동 고압멸균 소독기의 멸균 제어방법"으로 하는 특허발명(출원일 : 1993. 2. 24)의 특허권자이다.

Y(심판청구인, 피고, 피상고인)는 확인대상발명(명칭 : 고압증기 멸균기)이 그 출원 전에 공지된 기술을 그대로 실시하는 것이어서, 특허발명의 권리범위에 속하지 아니한다는 소극적 권리범위확인심판을 청구하였다.

특허청과 특허법원에서 모두 '확인대상발명은 공지기술인 비교대상발명과 동일 범주이거나 그로부터 용이하게 실시할 수 있으므로 특허발명과 대비할 필요도 없이 그 권리범위에 속하지 아니한다'고 Y의 청구가 인용되자(특허청 1998. 2. 28.자 97당179호 심결 → 특허법원 1999. 2. 25. 선고 98허4722 판결), X가 상고하였다.

2. 이 사건 특허발명의 요지

이 사건 특허발명은 종래의 수동설정에 의한 고압멸균소독기를 이용한 의료기구 등의 멸균 방식을 마이크로프로세서를 이용하여 자동적으로 수행하는 일련의 8개 과정으로 이루어진 것을 특징으로 하는 전자동 고압멸균소독기의 멸균제어방법인데, 비교대상발명들은 자동프로그램에 의하여 멸균소독작업을 달성하는 멸균소독기에 관한 기술을 개시하고 있었다.

Ⅱ. 판   시

상고 기각.

1. 특허발명과 대비되는 발명이 공지의 기술만으로 이루어지거나 그 기술분야에서 통상의 지식을 가진 자가 공지기술로부터 용이하게 실시할 수 있는 경우에는 특허발명과 대비할 필요 없이 특허발명의 권리범위에 속하지 않게 된다.

2. 원심이, 확인대상발명은 비교대상발명들과 대비하여 볼 때, 목적의 특이성을 인정하기 어렵고, 제1 내지 8과정까지의 일련의 과정이 마이크로프로세서를 이용하여 자동적으로 수행되는 멸균소독과정도 기본적으로 동일하거나 비교대상발명들로부터 용이하게 발명할 수 있는 것이므로, 특허발명과 대비할 필요 없이 그 권리범위에 속하지 아니한다고 판단한 것은 정당하다.

Ⅲ. 해   설

1. 문제의 제기

특허권의 보호범위 내지 그 침해와 관련하여 우리나라는, 특허발명의 보호범위를 확인하는 절차로서 특허심판원과 특허법원의 관할로 하고 있는 권리범위확인심판(특허법 제135조) 및 침해금지, 손해배상, 신용회복조치 등을 구하는 절차로서 일반법원의 관할로 하고 있는 가처분, 본안소송(특허법 제126조, 제128조, 제131조; 민법 제750조) 등의 제도를 두고 있다.

위와 같은 소송절차에서 특허권자는 상대방에 대하여 등록된 특허권에 기한 권리를 주장하게 되는데, 그 등록된 특허권에 무효·취소 사유 등 하자가 있는 경우에 이를 어떻게 취급할 것인가가 문제된다. 우선, 상대방은 특허무효심판(특허법 제133조)이나 특허이의신청(2006. 3. 3. 법률 제7871호로 개정되기 전의 특허법 제69조) 절차를 통하여 특허를 무효·취소시키는 방법으로 위 하자를 바로잡을 수 있고, 위와 같은 특허 등록 및 그 무효·취소 여부는 특허청의 권한에 속하는 것으로 되어 있다. 그러나 사권인 특허권의 보호범위의 확정은 사법권에 속하는바, 하자 있는 특허발명의 보호범위나 침해 여부가 문제된 경우 위와 같은 특허청의 절차를 통한 무효·취소가 확정되지 아니한 상태라는 이유만으로 특허권 본래의 효력을 인정한다는 것은, 신규하고 진보성이 있는 발명에 대하여 독점권을 부여한다는 특허 제도의 본질에 맞지 않는 측면이 있다.

　이러한 배경하에서 하자 있는 특허, 특히 공지기술로 인하여 신규성과 진보성이 부정되는 특허발명에 대하여는 별도의 무효심판 등을 거침이 없이 당해 권리범위확인이나 침해 관련 쟁송절차에서 그 보호범위를 부정할 수 있는 방어수단을 강구하게 되었는바,1) 특허발명 자체의 보호범위에서 공지기술을 제외하는 방법이나 특허발명에 대한 판단 없이 확인대상발명이나 침해품이 공지기술이라는 이유로 침해를 부정하는 방법이 그것이다.

2. 특허발명의 보호범위와 공지기술의 취급

가. 공지기술 참작 내지 제외의 원칙

　특허권의 효력이 미치는 범위를 특허발명의 보호범위라 하고, 이는 특허청구범위에 기재된 사항에 의하여 정하여진다(특허법 제97조). 따라서 그 보호범위를 정하기 위하여는 청구범위에 기재된 기술적 사항을 해석하여야 하는데, 원래 특허발명은 출원 당시의 기술수준을 배경으로 생겨난 기술적 사상의 창작이므로 청구범위를 해석함에 있어서는 출원 당시의 기술적 수준을 참작하는 것이 필요하다.2)

　'공지기술 참작의 원칙'은 위와 같이 특허청구범위에 기재된 기술적 사항을 해석하는 방법으로 출발한 것이지만, 그 실익은 이를 통하여 청구범위에 문언상 포함된 공지기술을 특허발명의 보호범위에서 제외시킨다는 '공지기술 제외의 원칙'에 있다. 위와 같이 공지기술 참작의 원칙과 공지기술 제외의 원칙을 표리의 관계3) 내지 사실상 동일 선상에 있는 원칙으로 파악하는 것이 통설이다.4)

1) 그 공격·방어 수단에 관한 자세한 내용은, 이두형, "특허권 침해 관련 법적 공격·방어수단에 관한 고찰", 사법논집 제43집(법원도서관, 2006), 605면 이하 참조.
2) 성기문, "특허발명의 보호범위와 제 침해에 관한 실무적 고찰", 사법논집 제41집(법원도서관, 2005), 442면; 박성수, "특허청구범위의 해석에 관한 소고", 사법논집 제39집(법원도서관, 2004), 628면; 오승종, "특허청구범위의 해석", 사법논집 제28집(법원도서관, 1997), 254면; 이수완, "특허청구범위의 해석", 특허소송연구 제2집(특허법원, 2001), 162면; 設樂隆一, "特許發明の技術的範圍の解釋と公知技術について", 知的財産法の理論と實務 1(2007), 126면.
3) 사법연수원, 특허법(2007), 398면.
4) 송영식·이상정·황종환 공저, 지적소유권법(상)(제9판, 육법사, 2005), 388면; 윤선희, 특허법(제3판, 법문사, 2007), 759면; 中山信弘, 特許法(법문사, 2001), 405면; 竹田 稔, 知的財産權侵害要論(特許編)(第5版, 2007), 95면; 吉藤幸朔, 特許法槪說(제13판, 대광서림, 2005), 558면; 성기문, "공지부분이 포함된 특허 및 의장을 둘러싼 실무상의 제문제", 특허소송연구 제2집(특허법원, 2001), 209면; 강동세, "특허발명과 대비되는 발명이 공지기술로부터 용이하게 실시할 수 있는 경우, 특허발명의 권리범위에 속하는지 여부", 대법원판례해설 제39호(법원도서관, 2001년 상반기), 370면; 이수완, "특허의 무효와 침해", 특허소송연구 제1집(특허법원,

나. 특허발명에서의 공지기술 제외

먼저, 주의하여야 할 점은 특허청구범위의 보호범위에서 제외되는 대상인 공지기술은 개개의 구성요소가 결합된 하나의 발명 단위가 공지된 '공지발명'을 말하는 것이지, 그 발명 단위를 이루는 개개의 '구성요소'가 공지되었을 뿐인 경우는 포함되지 않는다.5)

당초, '이미 특허청의 심사를 거쳐 등록된 특허발명은 그에 관한 무효심결이 확정되기 전까지는 공지기술을 보호범위에서 제외할 수 없다'는 것이 종래 일본의 통설·판례이었고,6) 대법원도 같은 취지의 판결을 하고 있었다.7)

그러나 앞서 본 바와 같이 권리범위확인심판이나 침해 관련 소송에서 하자 있는 권리에 대한 방어수단으로서 청구범위에서 공지기술을 제외하여야 할 필요성이 대두됨에 따라 그 제외 방법을 강구하게 되었다. 그리하여 무효심결의 확정이 없는 한 형식적으로는 등록된 권리를 유효한 것으로 취급하면서도 실질적으로는 그 보호범위에서 공지기술을 제외하는 방법으로, ① 실시예나 청구항에 기재된 문언만으로 보호범위를 최대한 좁게 한정 해석하는 '한정해석설', ② 그러한 권리의 행사는 권리남용에 해당하므로 허용되지 않는다는 '권리남용설', ③ 공지기술을 제외하는 정정이 있기까지는 권리범위를 확정할 수 없다는 '기술적 범위 확정 불능설' 등이 제기되었다.8)

판례도, 대법원 1964. 10. 22. 선고 63후45 전원합의체 판결에서 일부 공지의 경우에 공지기술 제외설을 채용한 후, 대법원 1983. 7. 26. 선고 81후56 전원합의체 판결에 이르러서는 전부 공지인 경우까지 같은 법리를 따름으로써 공지기술 제외의 원칙이 확립되었다.

다. 특허발명 외에서의 공지기술 제외

이 방법은 특허청구범위와 관계없이 권리범위확인심판에서의 확인대상발명이

1999), 101면 등.

5) 대법원 2001. 6. 15. 선고 2000후617 판결 등. 즉, 개개의 구성요소 A, B, C가 결합된 하나의 발명 단위(A+B+C) 또는 그 하위 개념의 발명 단위(a+B+C, 혹은 a'+B+C 등)가 전체로서 공지라는 의미이지, 전부 결합되기 전의 구성요소 단위인 A, B, C 및 A+B 등이 공지인 경우는 포함되지 않는다.

6) 성기문, 앞의 논문, 201면.

7) 대법원 1962. 11. 1. 선고 62다404 판결 등.

8) 자세한 내용은, 성기문, 앞의 논문, 209면 이하 참조.

나 침해 관련 소송에서의 침해품이 공지기술 또는 자유실시기술이라는 이유로 특허권의 보호범위에 속하지 않는다고 하거나 침해를 부정함으로써, 결과적으로 특허발명의 보호범위에서 공지기술을 제외하는 것이다. 이는 독일 학설인 '자유로운 기술수준의 항변(Einrede des freien Standes der Technik)'에서 유래되어 일본의 일부 판결에 수용된 것으로 통상 '자유실시기술의 항변(공지기술의 항변)'이라고 하는바, 무효심결이 확정되지 아니한 특허발명의 청구범위를 판단대상으로 하지 아니함으로써 특허발명의 유효성이나 특허청과 법원의 권한 분배의 논의와 무관하게 하자 있는 특허권의 효력을 부정할 수 있는 장점이 있다.

판례도, 대법원 1997. 11. 11. 선고 96후1750 판결 등에서 확인대상발명이 신규성이 부정되는 의미의 공지기술만으로 이루어진 경우에 이 항변을 인정하고 있었다.

3. 공지기술에 의한 진보성 판단의 가부

가. 진보성 판단의 필요성과 문제점

위와 같이 특허발명의 보호범위에서 공지기술을 제외하는 방법은 대부분 신규성이 부정되는 경우에 관한 것인바, 공지기술로부터 용이하게 발명할 수 있어 진보성이 부정되는 경우까지 같은 방법을 적용할 수 있을지가 문제된다.

이것은 공지기술에 의하여 진보성이 부정되는 발명도 그 실질적 가치대로 보호범위를 좁혀야 할 필요성은 있지만, 진보성 판단은 신규성 판단에 비하여 한층 어렵고 미묘하여 전문성을 갖춘 특허청 및 특허법원이 아닌 다수의 일반법원에 과중한 부담을 지우게 될 뿐만 아니라 심판과 판결 또는 다수 법원의 판결 사이에 결론이 달라지는 문제와 행정행위의 공정력 이론 및 행정부와 사법부의 권한 분배론 문제 등이 복잡하게 얽혀 있기 때문이다.

나. 등록권리 자체에 대한 진보성 판단

판례는 당초, 무효심판절차 외의 다른 쟁송절차에서는 신규성 외에 진보성 판단까지 할 수 없다고 한 소수의 결정9)과 진보성 판단도 할 수 있다고 한 다수의 판결10)로 입장이 나누어져 있다가, 대법원 1998. 10. 27. 선고 97후2095 판결에서

---

9) 대법원 1992. 6. 2.자 91마540 결정.
10) 대법원 1991. 10. 25. 선고 90후2225 판결, 1997. 7. 22. 선고 96후1699 판결, 1998. 2. 13. 선

사실상 부정설로 입장을 바꾼 뒤로는 대체로 진보성 판단을 할 수 없다는 취지로 판시하였다.11) 다만, 대법원 2004. 10. 28. 선고 2000다69194 판결의 방론에서 "무효사유가 있는 것이 명백한 특허권의 행사는 권리남용에 해당하여 허용되지 아니한다"고 하여 침해소송에서 진보성 판단이 가능한 여지를 남겨놓았다가, 대법원 2012. 1. 19. 선고 2010다95390 전원합의체 판결에 이르러, "특허발명에 대한 무효심결이 확정되기 전이라고 하더라도 특허발명의 진보성이 부정되어 그 특허가 특허무효심판에 의하여 무효로 될 것임이 명백한 경우에는 그 특허권에 기초한 침해금지 또는 손해배상 등의 청구는 특별한 사정이 없는 한 권리남용에 해당하여 허용되지 아니한다고 보아야 하고, 특허권침해소송을 담당하는 법원으로서도 특허권자의 그러한 청구가 권리남용에 해당한다는 항변이 있는 경우, 그 당부를 살피기 위한 전제로서 특허발명의 진보성 여부에 대하여 심리·판단할 수 있다고 할 것이다"고 판시하여, 침해소송에서 일정한 범위 내에서 진보성 판단을 할 수 있다고 하였다.

학설은 대체로 긍정설을 취하고 있다.12)

한편, 일본은 最高裁 平成 12. 4. 11. 제3 소법정 판결(소위 '킬비' 사건)이 권리남용설에 입각하여 침해법원의 무효사유(진보성) 판단을 허용하였고, 2004. 6. 19. 특허법 제104조의3(특허권자 등의 권리행사의 제한)을 신설하여 입법적으로 이를 뒷받침하였다(판례의 '명백성' 요건은 삭제함).

다. 등록권리 외에서의 진보성 판단

위와 같이 일반 쟁송절차에서 특허청구범위의 진보성 판단을 할 수 있는지에 관하여는 논란이 있지만, 등록권리 자체가 아닌 확인대상발명이나 침해품을 대상으로 한 진보성 판단에는 대체로 긍정적이다.13) 이는 등록권리 자체에 관하여는

고 97후686 판결 등.
11) 대법원 2001. 3. 23. 선고 98다7209 판결, 2004. 4. 27. 선고 2002후2037 판결 등.
12) 최성준, "무효사유가 명백한 특허권에 기초한 금지청구 등이 권리남용에 해당하는지 여부", 정보법 판례백선(I)(박영사, 2006), 133-134면; 이수완, 앞의 논문, 117-119면; 이한주, "특허침해소송에 있어 무효사유의 판단", 사법논집 제41집(법원도서관, 2005), 595면; 박정희, "특허침해소송 등에서 당해 특허의 무효사유에 대하여 심리판단할 수 있는지 여부", 지식재산 21 제91호(특허청, 2005), 8면 등.
13) 유영일, "등록의장과 대비되는 의장이 창작성이 인정되지 아니하는 경우 등록의장의 권리범위에 속하지 아니하는지 여부", 정보법 판례백선(I)(박영사, 2006), 320면; 강동세, 앞의 논문, 372면 등.

판단하지 않기 때문에 무효심판절차과의 관계나 특허청과의 권한배분 문제 등으로부터 자유로운 상태에서 발명의 실질적 가치를 판단함으로써, 소송경제를 도모함과 아울러 권리 속부나 침해 여부에 관한 구체적 타당성 있는 결론을 도출할 수 있기 때문이다.

판례도, 대법원 1997. 7. 22. 선고 96후1699 판결에서, 심판청구인의 주장에 따라 확인대상발명의 진보성 여부를 판단하여야 한다는 취지의 설시를 하였고, 대법원 2000. 7. 28. 선고 97후2200 판결에서는 균등침해의 소극적 요건으로 진보성 판단을 포함한 자유실시기술의 항변을 인정한 바 있다.

한편, 위와 같은 진보성 판단에 따른 자유실시기술의 항변이 성립하는 범위는 등록권리의 종류에 따라 실질적으로 보호되어야 할 범위 밖에서만 성립한다. 그 보호범위 내의 영역에서는 등록권리의 독점·배타권이 작용하므로 일반인이 자유롭게 이를 실시할 수 없기 때문이다. 따라서 특허권에 대하여는 공지기술로부터 '용이하게' 발명할 수 있는 범위, 실용신안권에 대하여는 공지기술로부터 '극히 용이하게' 고안할 수 있는 범위,14) 디자인권에 대하여는 공지디자인 또는 주지의 형상 등으로부터 '용이하게' 창작할 수 있는 범위가15) 판단대상이 될 수 있을 것이다.

라. 특허무효 항변 등의 인정 필요성

앞서 본 논의들은 모두 특허무효 항변이 도입되지 않음에 따른 후회방법으로 무효사유를 판단하는 것에 불과하다. 공지기술과 관계가 없는 모인출원, 선원의 존재, 조약 위반 등의 무효사유가 있는 특허에 대하여는 위와 같은 우회방법으로 해결할 수 없다.16) 향후 모든 소송절차에서 특허발명의 무효사유를 일반적으로 판단할 수 있는 방법으로서 '특허무효의 항변(당연무효설)' 등이 입법화되어야 할 것이다.17)

---

14) 대법원 2006. 5. 25. 선고 2004후2918 판결 등.
15) 대법원 2004. 4. 27. 선고 2002후2037 판결 등.
16) 성기문, 앞의 논문, 459면.
17) 中山信弘, 앞의 책, 416면; 최성준, 앞의 논문, 136면; 이두형, 앞의 논문, 635면; 이한주, 앞의 논문, 600면; 박정희, 앞의 논문, 11면 등 참조.

47. 자유기술의 판단대상과 확인대상발명

[대법원 2008. 7. 11. 선고 2008후64 판결]
김상은(김·장 변리사, 전 특허청 정밀화학심사과 과장)

I. 사실의 개요

Y(피고, 피상고인)는 '절첩식 계첨대 이동수단'이라는 명칭의 고안에 관하여, 2003. 11. 14. 출원하여 2004. 1. 26. 등록번호 제340635호로 등록된 고안의 권리자로서, X(원고, 상고인)가 실시하는 확인대상고안(고안의 명칭 : 접철식 계첨대 이동수단)이 위 등록고안의 권리범위에 속한다는 취지의 적극적 권리범위확인심판을 청구하였다.

특허심판원은 X의 청구를 인용하였고, 이에 X가 확인대상고안은 자유기술이라는 주장을 부가하여 특허법원에 심결취소소송을 제기하였으나, 특허법원은 확인대상고안의 가위식 링크구조[1]는 비교대상고안들에 개시 및 암시되어 있지 아니하므로, 확인대상고안은 자유기술이 아니고 이 사건 등록고안과 구성 및 효과가 동일하다는 취지로 X의 청구를 기각하였다.

이에 X가 확인대상고안이 자유기술인지 여부는 이 사건 등록고안과 무관한 구성인 가위식 링크구조는 제외하고, 이 사건 등록고안과 대응되는 구성이 자유기술인지를 판단하여야 한다고 주장하면서 제기한 상고에 대하여 대법원은 아래와 같이 판시하였다.

II. 판   시

상고기각.

1. 확인대상고안이 자유기술인지를 판단할 때에는 확인대상고안을 등록고안

---

1) 확인대상고안에서 가위식 링크구조를 제외한 나머지 구성들은 선행기술에 공지된 것이거나 이로부터 극히 용이하게 고안할 수 있는 것이었다.

의 청구범위에 기재된 구성과 대응되는 구성으로 한정하여 파악할 것은 아니고, 심판청구인이 특정한 확인대상고안의 구성 전체를 가지고 그 해당 여부를 판단하여야 한다(대법원 2001. 10. 30. 선고 99후710 판결, 1990. 10. 16. 선고 89후568 판결 등 참조2)).

2. 위와 같은 법리와 기록에 비추어 살펴보면, 원심이 '가위식 링크구조'에 관한 구성을 포함하는 것으로 특정된 확인대상고안을 비교대상고안들과 대비하여, 확인대상고안의 '가위식 링크구조'는 비교대상고안들에 나타나 있지 아니하여, 확인대상고안은 자유기술에 해당하지 않는다는 취지로 판단한 것은 정당하다.

Ⅲ. 해　　설

1. 권리범위확인심판에서 자유기술항변의 의의

자유기술의 항변은 권리범위확인심판에서 특허권의 효력이 미치는 범위를 대상물과의 관계에서 구체적으로 확정하는 과정에서, 실질적으로 무효화될 개연성이 높은데도 불구하고 형식적으로는 유효한 권리로 취급되는 특허권에 기초한 권리행사를 저지하는 하나의 대항권이라는 개념으로 발전하여 왔다.

그 동안 권리범위확인심판에서는 등록된 권리가 전부 공지인 경우 이를 권리범위에서 제외한다는 이른바 '공지기술제외설'을 허용하고 있을 뿐,3) 권리남용의 항변이 허용되지 않는다는 판례가 확립됨에 따라,4) 권리범위확인심판과 무효심판이 병합하여 계류 중인 경우 무효심판이 진보성 차원에서 논하여질 때 권리범위확인심판과 무효심판의 결론이 상호 모순되는 문제점이 대두되게 된다. 즉 권리는 진보성이 없어서 무효가 되는데, 권리범위에는 속하게 되는 극단적인 모순이 나오

---

2) 법원 2001. 10. 30. 선고 99후710 판결, 1990. 10. 16. 선고 89후568 판결은 자유기술의 항변을 허용한다는 취지의 판례로 이해되므로, 대상 판결의 판단근거를 위 판례들이 직접적으로 제시하는 것으로 생각되지는 않는다.

3) 공지기술제외설을 판시한 판례로는 전원합의체 판결인 대법원 1983. 7. 26. 선고 81후56 판결이 있는데, 위 판결에서는 "이 사건 특허가 출원 당시 그 전부가 공지·공용인 것인 경우에는 그 일부가 공지·공용의 경우와는 달리 그 무효심결이 확정되기까지는 그 권리가 인정되어야 한다는 전제 아래 확인대상발명이 이건 특허의 권리범위에 속한다고 본 원심결은 특허권의 권리범위를 오해한 위법을 범하였다 할 것이다"고 판시하였다.

4) 특허발명의 진보성이 없는 경우, 권리범위확인심판에서 권리범위를 부정할 수 있는지에 대해 일부 논란이 있었으나, 대법원 2014. 3. 20. 선고 2012후4162 전원합의체 판결에서 그 논란에 종지부를 찍었다.

게 되는 것이다.

자유기술의 항변은 구체적으로는 무효심판의 심결 확정을 기다려야 하는 사정이 있는 경우에 타당하고 신속한 분쟁해결을 도모하기 위한 수단으로서 분쟁의 해결, 조정에 기여할 때 그 존재의의가 있는 것이라 생각된다.

2. 대상 판결의 검토

가. 권리남용의 항변의 배척과 자유기술의 항변의 허용이라는 관점

자유기술의 항변이 권리남용의 항변을 허용하지 않는 것에 대해 비권리자의 대항권으로 발전된 것이라는 점에서, 대상 판결을 살펴본다.

어느 특허발명의 특허청구범위가 'A+B+C+D'로 이루어져 있다면, 당해 특허발명의 권리범위는 'A+B+C+D'와 동일한 발명 또는 이와 균등한 발명에까지만 미치는 것이므로, 권리범위확인심판에서 판단되어야 할 핵심은 'A+B+C+D'로 이루어진 발명이 보호할 만한 가치가 있는가이다.

'A+B+C+D'로 이루어진 특허발명이 진보성이 없어 무효심판에 의해 무효된다면, 이는 누구나 자유롭게 실시할 수 있는 말하자면 만인공유의 재산이 되는 것이다.

만약 'A+B+C+D'로 이루어진 발명이 자유기술이라면, 필요에 따라 'A+B+C+D'에 다른 구성을 부가해서 실시하는 경우도 방해받지 않아야 함은 당연하다.[5]

따라서 당해 권리범위확인심판에서 'A+B+C+D'로 이루어진 발명이 더 이상 보호할 만한 가치가 없는 것으로 판단된 이상, 'A+B+C+D'에 다른 구성을 부가해서 실시하는 경우, 즉 자유기술의 이용을 제한할 아무런 이유가 없는 것으로 생각된다.

그런데 대상 판결에 따르면, 확인대상발명이 'A+B+C+D'로 특정된 경우는 자유기술로 판단되는 것인데 비하여, 확인대상발명이 'A+B+C+D+E'로 특정되어 자유기술을 이용하는 경우는 자유기술로 판단되지 않는 불합리가 발생한다.

한편 ① 자유기술의 본래적 의미는 특허권 자체를 부정하는 것이 아니라, 특허권과의 대비 이전 단계에서 확인대상발명이 특허권의 독점배타권이 미칠 수 없는 만인 공유의 영역에 속하는지를 판단하는 것이라는 점, ② 발명의 진보성 판단

---

[5] 'A+B+C+D'에 다른 구성을 부가한 별도의 특허권이 있는 경우는 별론으로 한다.

의 대상이 되는 발명의 파악방법 등의 관점에서 자유기술의 판단대상은 그 기술적 구성 전체로서 파악하여야 한다는 주장도 있다.6)

먼저 ① 자유기술의 본래의 의미라는 관점에서 보면, 권리범위확인심판에서 자유기술의 항변을 허용하는 것은 권리남용의 항변의 배척에 대한 해결책으로 제시된 것으로 보는 것이 타당하다.

따라서 확인대상발명이 자유기술이라는 것은 실질적으로 대상 특허발명이 자유기술이라는 판단을 우회적으로 제시하는 것과 다를 바 없는 것인데, 굳이 확인대상발명이 대상 특허발명에 없는 구성을 부가하고 있다는 이유로, 그 전체로서 자유기술인지를 판단할 실익은 없는 것으로 보인다.

다음으로 ② 발명의 진보성 판단의 대상이 되는 것은 각 구성요소가 유기적으로 결합된 전체로서의 발명이기는 하나, 확인대상발명이 자유기술인지를 판단하는 것은 특허출원된 발명의 진보성을 판단하는 것과 동일시할 수는 없는 것으로 생각된다.

물론 현재 심사실무 및 판례가 확인대상발명이 진보성이 없는 경우 자유기술이라고 판단하고는 있지만, 권리범위확인심판에서 판단되어야 할 핵심은 대상 특허발명이 보호할 만한 가치가 있고, 나아가 확인대상발명이 대상 특허발명의 권리범위에 속하는지 여부를 판단하는 수단의 하나로서 확인대상발명이 자유기술인지를 판단하는 것이다.

확인대상발명의 구성 중에서 당해 특허발명의 대응되는 구성요소가 자유기술인지가 판단되면 확인대상발명에 나머지 구성이 부가되어 있다 하더라도, 확인대상발명은 자유기술을 이용하는 경우에 해당하므로 당연히 자유기술로 판단되어야 할 것이기 때문이다.

나. 확인대상고안의 특정과 자유기술의 항변이라는 관점

확인대상고안의 특정이라는 관점에서, 대상 판결을 살펴본다.

확인대상발명 특정 정도와 관련하여, 확립된 심사실무 및 판례의 태도는 '당해 특허발명과 서로 대비하여 그 차이점을 판단할 수 있을 정도로 구체적으로 특정되어야 하고, 그 특정을 위해서는 대상물의 구체적인 구성을 전부 기재할 필요는 없고 특허발명의 구성요건에 대응되는 부분의 구성을 기재하면 족하다'는 것

---

6) 한동수, "확인대상고안의 기술구성을 파악하는 방법", 지식재산 21(특허청, 2008. 10), 3-10면.

이다.7)

어느 특허발명의 권리범위에 확인대상발명이 속하는지 여부의 판단은 특허발명의 특허청구범위에 기재된 각 구성요소와 구성요소간의 유기적 결합관계가 확인대상발명에 그대로 포함되어 있는지 여부로 귀결될 뿐이다.8)

즉, 특허발명의 특허청구범위가 'A+B+C+D'로 이루어져 있는 경우, 실시 또는 실시하려고 하는 대상물의 구체적 구성에 상관없이 확인대상발명은 ① 'A+B+C+D에 대응되는 구성'으로만 특정해도 되고, ② 'A+B+C+D에 대응되는 구성+대상물의 나머지 구체적 구성'으로 특정해도 확인대상발명의 특정과 관련해서는 아무런 문제가 없다.

그런데 대상 판결에 따르면, 확인대상발명의 특정 정도에 따라 자유기술의 판단대상이 달라지고, 결과적으로 결론에도 영향을 미칠 수 있다.

위와 같은 사정에서, ① 확인대상발명이 'A+B+C+D에 대응되는 구성'으로만 특정된 경우, 자유기술의 판단대상은 'A+B+C+D에 대응되는 구성'인데 비하여, ② 확인대상발명이 'A+B+C+D에 대응되는 구성+대상물의 나머지 구체적 구성'으로 특정된 경우, 자유기술의 판단대상도 'A+B+C+D에 대응되는 구성+대상물의 나머지 구체적 구성'으로 되어 권리범위확인심판의 결론이 달라질 수 있는 불합리가 있다.9)

다. 권리범위확인심판의 효력은 구체적 사안에 한정된다는 관점

권리범위확인심판에서 어느 확인대상발명이 자유기술이라는 심결 또는 자유기술이 아니라는 심결이 확정된다 하더라도, 이는 당해 특허발명과 확인대상발명의 구체적 사안에만 미친다.

그러므로 어느 특허발명과의 관계에서 확인대상발명이 자유기술이라는 심결이 확정된다 하더라도, 통상 대상 특허발명이 달라지면 확인대상발명은 대상 특허발명의 특허청구범위에 대응되는 구성요소로 다시 특정되어야 하므로, 결론 또한

---

7) 대법원 1994. 5. 24. 선고 93후381 판결, 2001. 8. 21. 선고 99후2389 판결 등 다수.

8) 확인대상발명에서 특허발명의 대응되는 구성요소가 권리범위에 속한다면, 확인대상발명에 다른 구성을 부가하는 경우에도 특허발명의 이용이라는 점에서 동일한 결론에 도달하기 때문인데, 이는 자유기술에 다른 구성요소를 부가하는 경우에도 자유기술이라는 결론과 다를 바 없다.

9) 같은 견해로는, 이영창, '자유기술기술이 되어야 하는 확인대상발명' 지식재산 21(특허청, 2009. 7) 참조.

달라질 수 있다.

따라서 확인대상발명이 자유기술인지를 판단함에 있어 특허발명의 대응되는 구성에 부가된 구성까지 대상으로 하는 것은 실무적으로 실익이 없는 것으로 보인다.

Ⅳ. 결   론

실제 대상물과 관계없이 확인대상발명이 어떻게 특정되느냐에 따라 그 권리범위의 속부가 달라진다면, 권리범위확인심판이 당해 특허권의 효력이 미치는 범위를 대상물과의 관계에서 구체적으로 확정하는 것이라는 본래의 목적을 달성하는 것은 어렵다고 생각된다.

그러므로 자유기술의 항변 의의, 특허청구범위의 해석 원칙 및 확인대상발명의 특정과 관련한 심사실무 및 판례에 비추어 볼 때, 자유기술의 판단대상은 당해 특허발명의 권리범위가 미칠 수 있는 확인대상발명의 대응구성이 되는 것이 합리적일 뿐 아니라, 동일한 실시물에 대하여 확인대상발명을 어떻게 특정 하느냐에 따라 결과가 달라지는 불합리를 방지할 수 있는 것으로 생각된다.

대상 판결이 권리범위확인심판에서 자유기술에 해당하는지 여부를 판단함에 있어 확인대상고안을 구성 전체로 파악할 것인지, 그와 대비되는 특허발명의 대응되는 구성으로 한정하여 파악할 것인지에 대한 그 동안의 논란에 결론을 제시한 점에서는 의의가 있으나, 동일한 대상물이라 하더라도 확인대상발명의 특정을 어떻게 하느냐에 따라 결론이 달라지는 또 다른 논란거리를 야기한 점에서는 아쉬움이 있다.

48. 특허침해소송에서의 진보성 판단[1]

[대법원 2012. 1. 19. 선고 2010다95390 전원합의체 판결]

박원규(서울중앙지방법원 부장판사, 전 특허법원 판사)

I. 사실의 개요

X(원고, 상고인)는 1999. 10. 18. 출원하여 2004. 11. 5. 등록번호 제457429호 특허받은 '드럼세탁기의 구동부 구조'(이하 '제1 특허발명'이라 함) 및 2004. 1. 6. 출원하여 2004. 5. 24. 등록번호 제434303호로 특허받은 '세탁기의 구동부 지지구조'(이하 '제2 특허발명'이라 함)의 특허권자이다. X는 Y(피고, 피상고인)가 제1 특허발명 중 청구항 5, 10, 31 및 제2 특허발명 중 청구항 1을 침해하는 제품을 생산, 판매함으로써 위 각 청구항 발명에 관한 X의 특허권을 침해하였다고 주장하면서, Y를 상대로 특허권 침해행위의 금지와 침해물품의 폐기 및 손해배상을 청구하는 소를 제기하였다.

제1심 법원은 제1 특허발명 중 청구항 5, 10, 31 및 제2 특허발명 중 청구항 1이 모두 진보성이 있다고 인정한 다음 Y의 실시제품은 제1 특허발명 중 청구항 5, 10 및 제2 특허발명 중 청구항 1의 구성요소를 모두 포함하여 그에 관한 X의 특허권을 침해하였다는 이유로, X의 특허권 침해행위의 금지와 침해물품의 폐기 청구를 전부 인용하고 손배배상청구를 일부 인용하는 판결을 하였다.[2] X와 Y는 모두 제1심 법원의 판결에 불복하여 항소하였다.

항소심 법원은 X가 주장하는 위 각 청구항 발명은 모두 진보성이 없어 그 특허에 무효사유가 있음이 명백하고, 이와 같이 무효사유가 있는 특허권에 기초한 X 청구는 권리남용에 해당하여 허용될 수 없다는 이유로, 제1심 판결 중 Y 패소부분을 취소하고, 그 부분에 대한 원고의 청구(항소심에서 추가된 부분[3] 포함)를 기

---

1) 이 글은 拙稿 "특허침해소송에서의 진보성 판단과 권리남용이론", 청연논총 제9집(사법연수원), 2012, 115-142면을 요약·정리한 것이다.
2) 서울중앙지방법원 2009. 10. 14. 선고 2007가합63206 판결.

각하는 판결을 하였다.[4) X는 위 판결에 불복하여 상고하였다.

Ⅱ. 판   시

파기 환송.

특허발명에 대한 무효심결이 확정되기 전이라고 하더라도 특허발명의 진보성이 부정되어 그 특허가 특허무효심판에 의하여 무효로 될 것임이 명백한 경우에는 그 특허권에 기초한 침해금지 또는 손해배상 등의 청구는 특별한 사정이 없는 한 권리남용에 해당하여 허용되지 아니한다고 보아야 하고, 특허권침해소송을 담당하는 법원으로서도 특허권자의 그러한 청구가 권리남용에 해당한다는 항변이 있는 경우 그 당부를 살피기 위한 전제로서 특허발명의 진보성 여부에 대하여 심리·판단할 수 있다.

제1 특허발명 중 청구항 31은 그 특허가 특허무효심판에 의하여 진보성 없음을 이유로 무효로 될 것임이 명백한 경우에 해당하지 아니하므로 X의 청구가 권리남용에 해당한다고 볼 수 없다.

Ⅲ. 해   설

1. 대상판결의 의의

우리나라는 특허침해와 특허무효를 분리하여 판단하는 법체계를 채택하여, 특허침해소송은 일반법원이 담당하도록 하는 한편, 등록된 특허는 특허심판원의 무효심판절차를 통해서만 무효로 할 수 있게 하고 있다(특허법 제133조). 그 때문에 특허침해소송에서 특허권자의 상대방이 당해 특허의 무효사유를 주장하는 경우, 일반법원이 그 무효사유에 대하여 심리·판단하여 특허침해를 부정할 수 있는지 여부가 논란이 되어 왔다.

이에 관하여 학설은, 특허청과 일반법원 사이의 권한분배의 원칙이나 행정행위의 공정력을 이유로 일반법원의 무효판단을 부정하는 견해(무효판단 부정설), 구

---

3) X는 항소심에서 Y의 실시제품이 종전에 주장한 청구항 이외에도 제1 특허발명 중 청구항 28과 제2 특허발명 중 청구항 2에 관한 특허를 침해하였다고 주장하였다.

4) 서울고등법원 2010. 9. 29. 선고 2009나112741 판결.

체적 타당성과 소송경제 등을 이유로 일반법원의 무효판단을 허용하는 견해(무효판단 긍정설),5) 권한분배의 원칙, 행정행위의 공정력과의 충돌을 회피하기 위해 당해 특허의 무효사유에 대하여 직접 판단하지 아니하면서도 사실상 무효사유가 있는 특허에 대한 침해를 부정할 수 있는 법리를 모색하는 견해(자유실시기술 항변설) 등으로 나뉘어 있었다.6)

이에 관하여 대법원은, 침해의 대상이 된 특허의 무효사유를 구분하여 각각의 무효사유마다 별개의 법리를 적용하여 이러한 문제를 해결하는 입장을 취해 왔다. 대법원은 신규성 없는 특허의 경우에는 공지기술제외설의 입장을 취함으로써 특허침해를 부정하였고,7) 기재불비인 특허의 경우에는 기술적 범위 특정 불능설의 입장을 취함으로써 특허침해를 부정하였다.8) 또한, 대법원은 진보성 없는 특허의 경우에는 일반법원의 진보성 판단을 허용하지 아니하되,9) 자유실시기술 항변설을 채택함으로써 특허침해를 부정하였다.10)

그러던 중 대법원은 2004. 10. 28. 선고 2000다69194 판결에서, "특허의 무효심결이 확정되기 이전이라고 하더라도 특허권침해소송을 심리하는 법원은 특허에 무효사유가 있는 것이 명백한지 여부에 대하여 판단할 수 있고, 심리한 결과 당해 특허에 무효사유가 있는 것이 분명한 때에는 그 특허권에 기초한 금지와 손해배상 등의 청구는 특별한 사정이 없는 한 권리남용에 해당하여 허용되지 아니한다."

---

5) 후술하는 권리남용설은 무효판단 긍정설의 범주에 속하는 것으로 볼 수 있다.

6) 이러한 학설들에 관하여는, 곽민섭, "권리범위확인소송에서 특허무효사유의 판단 및 선출원 규정에 있어서 발명의 동일성 판단", 특허소송연구 5집(특허법원, 2010. 12.), 268-269면; 김태현, "권리범위확인심판의 본질과 진보성 판단의 가부", 특허소송연구 4집(특허법원, 2008. 12.), 234-241면; 이한주, "특허침해소송에 있어 무효사유의 판단", 사법논집 41집(법원도서관, 2005. 12.), 550-563면; 정상조, 박성수 공편, 특허법주해 Ⅱ(박영사, 2010. 3.), 26-44면 등 참조.

7) 대법원 1983. 7. 26. 선고 81후56 전원합의체 판결.

8) 대법원 2002. 6. 14. 선고 2000후235 판결.

9) 대법원 1992. 6. 2.자 91마540 결정, 대법원 2001. 3. 23. 선고 98다7209 판결(각 대상판결에 의하여 변경됨).

10) 대법원 2001. 10. 30. 선고 99후710 판결.

자유실시기술 항변설은 실시기술에 대한 판단을 통해서 간접적으로 특허발명의 진보성을 판단하는 효과를 얻을 수 있었기 때문에 실무상 많이 활용되어 왔으나 진보성 없는 특허권의 행사를 완전히 저지하지 못하는 단점이 있다. 예를 들어, 특허발명은 필수적 구성요소 A와 B로 이루어졌는데 진보성이 없고, 실시기술은 A와 B를 포함하면서 기술적 특이성이 있는 별개의 구성요소인 C를 포함하여 진보성이 있는 경우, 실시기술은 특허발명의 필수적 구성요소를 모두 포함하여 그 특허의 권리범위에 속하지만, 자유실시기술 항변은 배척되므로, 결국 실시기술은 특허침해에 해당하게 된다.

라고 하여 권리남용설의 입장에서 특허침해소송에서 일반법원의 당해 특허에 대한 무효사유 판단을 허용하는 판시를 하였다.[11]

그런데 이러한 대법원의 판시는 당해 사건의 해결과는 직접적인 관련이 없이 방론으로 설시된 것이었고 기존의 대법원 판례의 태도와도 배치되는 것이었기 때문에 위 판결의 취지를 어떻게 이해할 것인지에 대해 학계와 실무계에서 많은 논란이 있었고,[12] 시간이 흐름에 따라 대법원이 전원합의체 판결로서 이 문제에 관한 입장을 정리해야 한다는 요구가 점점 강해졌다.

이에 대법원은 전원합의체 판결인 대상판결로써 특허침해소송에서 일반법원의 특허발명에 대한 진보성 판단을 허용하고, 그에 대한 이론적 근거로 '권리남용이론'을 채택함을 명확히 함으로써 이러한 논란에 대하여 종지부를 찍었다.[13] 대상판결은 대법원 2000다69194 판결과 위 판결 이후 정착단계에 이른 하급심의 실무례를 승인한 것이라는 의미도 갖는다.

2. 권리남용의 성립요건

가. 객관적 요건

대상판결에 따르면, 특허권자의 침해금지 등 청구가 권리남용에 해당하기 위해서는 ① 특허발명의 진보성이 결여될 것(이하 '진보성 요건'이라 한다)과 ② 그 특허가 특허무효심판에 의하여 무효로 될 것임이 명백할 것(이하 '명백성 요건'이라 한다)이라는 두 가지 객관적 요건이 구비되어야 한다.

(1) 진보성 요건

대상판결이 특허침해소송에서 일반법원이 판단할 수 있는 특허무효사유를 '진보성 결여'만으로 한정하고 있는지에 관해서는 논란의 여지가 있으나, 대상판결이 특허무효사유 중 진보성 결여에 대해서만 언급하고 있는 점, 권리남용이론은 일반조항에 기초한 법리로서 다른 구제수단이 없는 예외적, 특수적 상황에서만 적용되어야 한다는 점에 비추어 보면, 대상판결은 특허침해소송에서 일반법원이 판단할

---

11) 동 판결의 의미 관하여는, 조영선, 특허법(개정판, 박영사, 2009), 390-394; 최성준, "무효사유가 명백한 특허권에 기초한 금지청구 등이 권리남용에 해당하는지 여부", 정보법판례백선 I(박영사, 2006), 129-136면; 이한주, 앞의 논문, 574-575면 등 참조.

12) 김태현, 앞의 논문, 247면; 이한주, 앞의 논문, 588면.

13) 한편, 대법원은 특허법 또는 실용신안법이 규정하고 있는 권리범위확인심판에서는 특허발명 또는 등록실용신안의 진보성 여부를 심리·판단할 수 없다고 보고 있다(대법원 2014. 3. 20. 선고 2012후4162 전원합의체 판결).

수 있는 특허무효사유를 '진보성 결여'만으로 한정하고 있는 것으로 해석함이 타당하다.14)

(2) 명백성 요건15)

명백성 요건에 대한 판단은 판단주체인 법관이 갖는 심증의 정도에 관한 문제로 귀착된다.16) 대상판결은 '특허가 특허무효심판에 의하여 무효로 될 것이라는 점'17)이 '인정'될 것을 넘어 '명백'하여야 한다고 판시하고 있으므로, 이 경우 요구되는 법관의 심증 정도는 민사소송에서 통상 요구되는 심증의 정도보다 높은 '확실'한 정도에 이르러야 한다고 봄이 타당하다. 따라서 "그 특허가 특허무효심판에 의하여 무효로 될 것임이 명백한 경우"라고 함은 당해 특허발명이 진보성이 결여된 것에 그치지 않고, 더 나아가 특허무효심판에 의하여 무효로 될 것임이 확실한 경우를 의미하는 것으로 해석해야 할 것이다.18)

또한 명백성 요건의 충족 여부는 일반법원이 개개의 특허침해사건마다 당해 특허가 속한 기술분야와 당해 특허의 내용, 상대방이 주장·입증한 선행기술의 내용, 정정심판의 청구 여부와 그 내용 등 여러 사정을 종합적으로 고려하여 구체적, 개별적으로 판단하여야 한다.19)

한편, 대상판결이 권리남용이론의 적용요건으로, 특허가 특허무효심판에 의하여 무효로 될 것임이 '인정'될 것을 넘어 '명백'할 것까지 요구한 것이 타당한 것인지에 관해서는 향후 많은 논란이 있을 것으로 예상된다.20)

---

14) 따라서 신규성 없는 특허의 경우에는 공지기술제외설의 입장에서, 기재불비인 특허의 경우에는 기술적 범위 특정 불능설의 입장에서 특허침해를 부정하여야 할 것이다.

15) 하자 있는 행정행위의 무효에 관한 중대·명백설이 요구하는 '외견상 명백성'은 행정행위의 하자가 외부적으로 명백한 것, 즉 행정행위의 하자가 구체적인 사실관계가 법률관계에 대해 조사할 필요 없이 명백한 것(예컨대, 명백한 무권한, 명문의 중요한 절차규정 위반, 문서상의 중요한 기재사항의 결여, 처분대상에 대한 명백한 오인 등)을 의미하므로 대상판결이 요구하는 '명백성'과는 전혀 다르다.

16) 일본의 학설도 킬비 판결이 판시한 '명백성'의 의미를 대체로 법관이 가지는 심증의 정도에 관한 문제 해석하는 것으로 보인다[牧野利秋, 毛利峰子(김철환 譯), "무효이유가 존재하는 것이 명백한 특허권에 기한 청구와 권리남용-킬비 사건-", 특허판례백선(제3판), 박영사(2005. 9. 5.), 509면; 田村善之, "無效となることが明らかな特許權の行使と權利濫用—半導體裝置事件", ジュリスト1202호(2010. 6. 10.), 272면].

17) 대상판결이 명백성 판단의 대상을 '특허 자체에 무효사유가 있을 것'이 아니라 '특허가 특허무효심판에 의하여 무효로 될 것'으로 삼은 것은 킬비 판결의 명백성 요건에 관한 일본의 해석론과 입법을 고려한 결과로 보인다. 이에 관해서는 박원규, 앞의 논문, 130-131면 참조.

18) 대상판결은 특허무효심판이 실제로 청구되어 계속되고 있을 것을 요구하지는 아니한다.

19) 竹田 念, 앞의 책, 275면.

20) 일본의 킬비 판결[最高裁, 2000. 4. 11. 선고 1998년 10(オ) 제364호 채무부존재확인청구사

그러나 대상판결이 권리남용이론의 적용요건으로 특허가 특허무효심판에 의하여 무효로 될 것임이 '인정'될 것을 넘어 '명백'할 것까지 요구한 것은 당해 특허발명의 진보성 여부가 확실하지 않은 경우 일반법원으로 하여금 이에 대한 판단을 유보할 수 있게 함으로써, 일반법원이 특허침해소송에서의 진보성 판단과 관련하여 겪게 될 부담을 덜어주고, 특허침해소송을 관할하는 일반법원과 심결취소소송을 관할하는 특허법원이 당해 특허발명의 진보성에 대하여 서로 다른 판단을 할 가능성을 낮출 수 있다는 점에서 실무상 긍정적인 의미를 갖는다 할 것이다.[21)]

이와 같은 명백성 요건의 실무상 의미는 특허침해소송을 담당하는 일반법원의 심리능력 및 특허침해소송과 특허무효심결 취소소송의 관할 집중 문제와 관련이 있다. '명백성'의 의미를 판단주체인 법관이 갖는 심증의 정도에 관한 문제로 이해하면, 일반법원의 심리능력이 향상될수록 법관이 확실한 정도의 심증을 가지고 판단할 수 있는 경우가 늘어날 것이고, 또한 장래 특허침해소송과 특허무효심결 취소소송의 관할 집중이 이루어진다면 특허침해소송을 관할하는 일반법원과 심결취소소송을 관할하는 특허법원이 당해 특허발명의 진보성에 대하여 서로 다른 판단을 하는 문제도 해소될 것이기 때문이다.

따라서 일반법원의 심리능력이 충분히 강화되고, 특허침해소송과 특허무효심결 취소소송의 관할이 집중되면 대상판결의 명백성 요건이 갖는 실무상 의미는 미약하게 될 것이다.[22)]

나. 주관적 요건

대상판결은 특허권자의 침해금지 등 청구가 권리남용에 해당하기 위해서 주

건 판결(民集 54권 4호 1368면)]과 그로부터 영향을 받은 대법원 2000다69194 판결의 명백성 요건에 관해서는, 어떠한 경우에 그러한 요건이 갖추어졌다고 볼 수 있는지가 분명하지 않고 단순 무효와의 구별이 쉬운 것도 아니라는 비판이 있었고, 이러한 비판은 대상판결의 명백성 요건에 대해서도 가해질 것으로 보인다.

21) 이에 관해서는 박원규, 앞의 논문, 132-134면 참조.
22) 이러한 경우, 특허가 특허무효심판에 의하여 무효로 될 것임이 '인정'되는 경우와 그것이 '명백'한 경우를 구분할 실익이 없게 될 것이다. 2005. 4. 1. 시행된 일본 특허법 제104조의3이 "특허권 또는 전용실시권 침해에 관한 소송에 있어서, 당해 특허가 특허무효심판에 의하여 무효로 되어야 할 것이라고 <u>인정되는</u> 때에는 특허권자 또는 전용실시권자는 상대방에 대하여 그 권리를 행사할 수 없다."라고 규정하여 킬비 판결의 '명백성 요건'을 채택하지 아니한 것도, 같은 날 시행된 지적재산고등재판소 설치법 제2조에 의하여 심결취소소송과 특허침해소송의 항소심에 대한 관할이 집중됨으로써 '명백성 요건'을 존치할 실익이 없어졌기 때문인 것으로 보인다.

관적 요건이 필요한지 여부에 관해서 명시적으로 판시하고 있지 아니하다.

이에 대해 우리나라의 학설은 대체로 특허권자의 침해금지 등 청구가 권리남용에 해당하기 위해서 주관적 요건은 필요하지 않다고 보고 있다.23)

그러나 민법상 권리남용이 객관적 요건과 함께 주관적 요건을 요구하고 있으므로, 사적 재산권의 행사에 관한 권리남용 법리를 통일적으로 해석하고 대상판결의 권리남용이론이 실정법에 근거한 것이라는 법리상의 장점을 유지할 수 있도록 한다는 점에서 볼 때 대상판결의 권리남용이론도 객관적 요건과 함께 주관적 요건을 요구하는 것으로 해석하는 것이 타당할 것으로 생각된다. 다만, 대상판결의 권리남용이론을 적용하기 위한 주관적 요건은 민법상 권리남용이 요구하는 주관적 요건보다 완화되어야 할 것이다.

따라서 대상판결의 권리남용이론을 적용하기 위한 주관적 요건으로서 민법상 권리남용의 주관적 요건인 '권리행사의 목적이 오직 상대방에게 고통을 주고 손해를 입히려는 데 있을 뿐 행사하는 사람에게 아무런 이익이 없을 것'까지 요구되는 것은 아니고, '특허권자가 자신의 권리행사가 특허제도의 목적과 기능을 일탈하는 것임을 인식'하고 있었음이 인정된다면 주관적 요건은 충족된 것으로 보아야 할 것이다.24) 또한, 이와 같이 완화된 주관적 요건은 객관적 요건에 의하여 추인될 수 있다.

다. 특별한 사정의 부존재

대상판결은 "특허권에 기초한 침해금지 또는 손해배상 등의 청구는 특별한 사정이 없는 한 권리남용에 해당하여 허용되지 아니한다"라고 판시함으로써, 앞서 본 객관적, 주관적 요건이 입증되더라도 '특별한 사정'이 있는 경우에는 특허권자의 권리행사가 권리남용에 해당하지 아니하는 것으로 본다.

여기서 '특별한 사정'은 정정심판제도를 염두에 둔 것인바,25) 특허침해소송에서 권리남용의 전제가 된 특허발명에 진보성이 없어 그 특허가 (정정되지 아니한다면) 특허무효심판에 의하여 무효로 될 것임이 명백하더라도, ① 특허권자가 정정

---

23) 정상조, 박성수 공편, 특허법주해 Ⅱ(박영사, 2010), 38면; 박정희, 앞의 논문, 449면; 이한주, 앞의 논문, 597면.

24) 이에 대한 근거에 관해서는, 박원규, 앞의 논문, 135-137면 참조.

25) 일본 최고재판소는 킬비 판결에서 권리남용이 인정되지 아니하는 "특단의 사정"으로 정정심판이 청구되어 있는 경우를 예시하고 있다[牧野利秋, 毛利峰子(김철환 譯), 앞의 논문, 509면].

심판을 청구하여 그 심판이 계속 중이고, ② 그 정정심판이 받아들여져 특허권이
유지될 것으로 확실히 예측되며, ③ 상대방의 실시기술이 정정심판에 의하여 정정
될 특허청구범위의 권리범위에 속하여 특허침해에 해당할 것으로 인정되는 경우
에는, 특허권자의 권리행사는 권리남용에 해당하지 아니하는 것으로 보아야 할 것
이다. 이와 같은 특별한 사정에 관한 주장은 상대방의 권리남용 항변에 대한 특허
권자의 재항변에 해당하므로,26) 특별한 사정에 관하여 주장하는 특허권자는 당해
특허에 관하여 정정심판을 청구하여 그 심판이 계속 중인 사실과 정정심판청구
내용을 주장·입증할 책임이 있다.

Ⅳ. 결   론

대상판결은 일반법원이 특허침해사건에서 당해 특허발명의 진보성을 판단할
수 있는지 여부에 관하여 서로 다른 입장을 나타냈던 대법원 판례들을 정리하고,
진보성 판단을 허용하는 이론적 근거로서 '권리남용이론'을 채택함을 명확히 하였
다는 점에서 중요한 의의를 갖는다.27)

다만, 대상판결의 권리남용이론은 일반조항에 기초한 법리로서 성문법체계를
채택하고 있는 우리나라에서는 그 적용에 신중을 기할 수밖에 없고, 대상판결도
권리남용이론이 적용되기 위한 요건으로서 진보성 요건 이외에 명백성 요건을 요
구하여 그 적용범위를 제한하고 있기 때문에, 특허침해소송에서 일반법원의 진보
성 판단을 허용하기 위한 법리로서 한계를 지닌다.

따라서 특허침해소송에서 일반법원의 진보성 판단 문제는 특허침해소송과 심
결취소소송의 관할 집중 문제와 더불어 입법적으로 해결함이 바람직하다고 생각
된다.

---

26) 高部眞規子(설범식 譯), "정정청구가 긍정되더라도 무효이유가 명백한 경우의 처리", 특허
   판례백선(제3판, 박영사, 2005), 518-519면.
27) 대법원은 실용신안권침해사건에 있어서도 동일한 법리가 적용됨을 명확히 하였다(대법원
   2012. 7. 12. 선고 2010다42082 판결).

49. 일부 구성요소의 생략과 특허침해

[대법원 2005. 9. 30. 선고 2004후3553 판결]
김철환(법무법인 율촌 변호사, 전 특허법원 판사)

I. 사실의 개요

X(원고, 상고인)는 1983. 2. 17. 고안의 명칭을 "천연옥을 배설한 침구"로 하는 실용신안고안(이하 '이 사건 등록고안'이라 한다)의 실용신안권자이고, Y(피고, 피상고인)는 확인대상고안의 실시자이다.

Y는 X를 상대로, 이 사건 등록고안은 공지기술이거나 공지기술로부터 용이하게 고안할 수 있는 것이고 또 확인대상고안은 이 사건 등록고안의 기술적 요지를 포함하고 있지 아니하고 일부 구성도 상이하므로 확인대상고안은 이 사건 등록고안의 권리범위에 속하지 않는다는 소극적 권리범위확인심판을 청구하였는데, 특허심판원은 이 사건 등록고안이 공지되었다고 볼 수 없지만 확인대상고안에는 이 사건 등록고안의 전제부인 '합성수지원단(1)과 특수솜(3)간에 게르마늄, 맥반석 등의 바이오세라믹층(2)이 적층된 물침대에 관한 구성'(이하 '전제부 구성'이라 한다)이 포함되어 있지 아니하고 그로 인하여 물침대에 따른 작용효과도 없다는 이유로, X의 심판청구를 인용하여 확인대상고안은 이 사건 등록고안의 권리범위에 속하지 아니한다는 심결을 하였다.

X는 위 심결에 불복하여, 이 사건 등록고안의 전제부 구성은 출원인이 의식적으로 공지기술로 밝히고 있어 이 사건 등록고안의 기술적 구성요소가 될 수 없을 뿐만 아니라, 전제부 구성은 원적외선 방출과는 전혀 관계가 없는 중요하지 않은 구성요소로서 이를 생략하더라도 이 사건 등록고안의 기술적 목적을 달성할 수 있으므로, 이를 생략한 확인대상고안은 이 사건 등록고안의 권리범위에 속한다고 주장하면서, 특허법원에 심결취소소송을 제기하였으나, 특허법원도 확인대상고안에는 이 사건 등록고안의 전제부 구성이 결여되어 있고 이 사건 등록고안의 다

른 구성도 확인대상고안의 대응 구성과 상이하므로, 확인대상고안은 이 사건 등록
고안의 권리범위에 속하지 않는다는 이유로 원고의 청구를 기각하는 판결을 선고
하였고, 이에 X가 다시 불복하여 대법원에 상고하자, 대법원은 아래와 같이 판시
(이하 '대상 판결'이라 한다)하였다.

Ⅱ. 판   시

상고 기각.

"등록고안의 등록청구범위의 청구항이 복수의 구성요소로 되어 있는 경우에
는 그 각 구성요소가 유기적으로 결합된 전체로서의 기술사상이 보호되는 것이지,
각 구성요소가 독립하여 보호되는 것은 아니므로, 등록고안과 대비되는 확인대상
고안이 등록고안의 등록청구범위의 청구항에 기재된 필수적 구성요소들 중의 일
부만을 갖추고 있고 나머지 구성요소가 결여된 경우에는 원칙적으로 그 확인대상고
안은 등록고안의 권리범위에 속하지 아니하고(대법원 2001. 9. 7. 선고 99후1584 판결
참조), 등록고안의 등록청구범위의 청구항에 기재된 구성요소는 모두 그 등록고안의
구성에 없어서는 아니 되는 필수적 구성요소로 보아야 하므로(실용신안법 제9조 제4
항 제3호, 제42조; 특허법 제97조), 구성요소 중 일부를 권리행사의 단계에서 등록고
안에서 비교적 중요하지 않은 사항이라고 하여 무시하는 것은 사실상 등록청구범위
의 확장적 변경을 사후에 인정하는 것이 되어 허용될 수 없다. 위와 같은 법리와 기
록에 비추어 살펴보면, 원심의 사실인정과 판단은 정당하고, 거기에 상고이유의 주
장과 같이 등록고안의 등록청구범위 해석 및 권리범위에 관한 법리를 오해하거나
심리를 미진한 등의 위법이 없다."

Ⅲ. 해   설

1. 문제의 제기

대상 판결의 쟁점은 확인대상고안이 등록고안의 등록청구범위의 구성요소들
중 일부를 결여하고 있는 경우에도 확인대상고안이 등록고안의 권리범위에 속한
다고 볼 수 있는지 여부이다. 즉 구성요소의 일부를 생략하여 실시하는 생략발명
또는 생략고안도 등록된 특허나 고안의 권리범위에 속하게 되는지 여부이다. 또한

대상 판결은 등록고안의 청구항에 기재된 구성요소 중 일부를 필수적 구성요소가 아니라고 해석할 수 있는지 여부, 즉 청구범위의 해석방법에 관하여도 판시하고 있는데, 이는 특허발명과 확인대상발명을 대비하기에 앞서 우선 특허발명의 보호범위를 어느 정도로 보아야 하느냐를 판단하는 문제로서, 생략발명이 특허침해가 되는지 여부와도 직접 관련된 문제라고 할 것이다.

생략발명은 확인대상발명이 특허발명의 구성요소 중 비교적 중요성이 낮은 구성요소를 생략하여 특허발명의 작용효과보다 열악하거나 동일한 효과를 가져오는 것을 말하고, 불완전이용발명은 이러한 생략발명에 다시 일정한 구성요소를 부가한 경우를 말한다. 생략발명이나 불완전이용발명도 특허침해를 구성하는 경우가 있다는 주장이 실무상 권리자에 의해 자주 제기된다.

2. 생략발명 및 불완전이용발명의 인정 여부

가. 생략발명 및 불완전이용발명의 의의

대상 판결의 소송 진행 중에 실용신안권리자인 X는 등록고안의 전제부 구성은 원적외선 방출과는 전혀 관계가 없는 중요하지 않은 구성요소로서 이를 생략하더라도 이 사건 등록고안의 기술적 목적을 달성할 수 있으므로 전제부 구성이 생략된 확인대상고안은 등록고안의 권리범위에 속한다고 주장함으로써, 생략발명에 의한 침해를 주장하였다. 이와 같이 생략발명이나 불완전이용발명이 특허침해를 구성하는지는 소송실무에서 자주 문제된다.

특허발명의 구성요소 중 비교적 중요성이 낮은 구성요소를 생략하여 특허발명의 작용효과보다 열악하거나 동일한 효과를 가져오는 생략발명과 여기에 일정한 구성요소를 더 부가한 불완전이용발명은 모두 특허발명의 구성요소 일부가 결여되었다는 점에서 모든 구성요소를 포함하는 문언침해 또는 구성요소의 치환 내지 변경이 있는 균등침해에는 해당하지 않는다. 그럼에도 불구하고 생략발명이나 불완전이용발명이 특허침해의 근거로서 종종 거론되는 이유는 많은 경우에 특허발명의 모방을 시도하는 자는 특허발명을 그대로 실시하거나 일부 구성요소의 단순치환을 시도하는 것보다는 구성요소의 일부를 생략하는 방법으로 특허침해를 회피하려는 경향이 강하기 때문이다.

나. 학   설

(1) 긍 정 설

본질적으로 중요하지 않은 요소만 생략한 채 그 특허발명의 기술적 사상을 그대로 이용하는 경우에 특허침해로 되지 않는다면 특허권자의 보호에 소홀하고 침해자는 부당한 이득을 얻게 되므로 특허침해를 긍정하여야 한다는 견해로서, 일본의 통설이라고 한다.[1] 특허침해로 인정되기 위한 구체적 요건은 학설마다 차이가 있는데, 吉藤幸朔 교수는 불완전이용발명이 성립되기 위해서는 ① 특허발명과 동일한 기술사상에 기한 것으로서 특허청구범위 가운데 비교적 중요도가 낮은 요소가 생략될 것, ② 그 구성요소가 이미 공지되어 있어 생략하는 것이 매우 용이할 것, ③ 생략에 의하여 특허발명보다 효과가 열등한 것이 명백할 것, ④ 생략에 의해서도 특허발명의 종래 기술에 비하여는 작용효과가 특히 뛰어날 것을 필요로 한다고 보고 있다.[2]

(2) 부 정 설

특허청구범위에 기재된 구성요소는 모두 필수적 구성요소로 보아야 하는데, 이들 구성요소를 다시 중요한 요소와 중요하지 않은 요소로 나누어 특허침해를 판단하는 것은 특허청구범위 기준의 원칙에 맞지 아니하고 법적 안정성을 저해하는 결과가 된다는 이유로 특허침해를 부정하는 견해이다.[3]

다. 우리나라 판례

(1) 특허법원

생략발명 및 불완전이용의 법리에 관하여 특허법원의 판결을 보면, 대체로 두 가지 입장이 있다. 첫 번째는, 특허침해의 한 유형으로서의 생략발명 및 불완전이용의 법리 자체를 인정하지 않는 입장이고, 두 번째는, 생략발명 및 불완전이용발명이라도 일정한 요건 하에 특허침해로 될 수도 있다는 입장이다. 후자의 입장을 취한 특허법원 판결들도 그러한 법리만 제시하였을 뿐 그 법리를 적용하여 특허침해가 된다고 판단한 경우는 없다.

---

1) 竹田稔, 知的財産權侵害要論(特許·意匠·商標編 第4版, 發明協會), 162面.
2) 吉藤幸朔, 앞의 책, 604면.
3) 竹田稔, 앞의 책, 163面; 오승종, "특허청구범위의 해석", 사법논집 제28집, 270면; 홍광식, "特許權等 侵害의 諸類型", 지적소유권에 관한 제문제(상), 재판자료 제56집, 297면 등.

생략발명 및 불완전이용의 법리 자체를 인정할 수 없다고 한 사례로는 특허
법원 2000. 9. 1. 선고 2000허860 판결(확정), 특허법원 1999. 12. 16. 선고 98허
3019 판결(확정), 특허법원 1999. 6. 3. 선고 98허8632 판결(확정)이 있다. 위 특허
법원 2000. 9. 1. 선고 2000허860 판결(확정)은, 확인대상고안이 등록고안과의 저촉
관계를 회피하기 위하여 등록고안의 구성요소 중 비교적 중요하지 않은 구성을
생략한 경우에 성립하는 불완전이용에 해당하여 이 사건 등록고안의 권리범위에
속하는지 여부에 관하여 보건대, 실용신안법은 실용신안 등록청구범위의 청구항은
고안의 구성에 없어서는 아니 되는 사항만으로 기재하도록 규정하고 있고(실용신
안법 제8조 제4항 제3호), 고안의 구성에 없어서는 아니되는 사항으로서 어떠한 사
항을 등록청구범위에 기재할 것인지는 출원인의 자유에 맡겨져 있으며, 출원인은
출원 후에도 출원공고결정등본의 송달 전에는 출원서에 최초로 첨부한 명세서 또
는 도면에 기재된 사항의 범위 내에서 등록청구범위를 증가 감소 또는 변경하는
보정을 할 수 있으나, 출원공고결정등본 송달 후에는 등록청구범위의 확장적 변경
이 허용되지 않는 점{구 실용신안법(1997. 4. 10. 법률 제5330호로 개정되기 이전의 것)
제11조에 의하여 준용되는 구 특허법(1997. 4. 10. 법률 제5329호로 개정되기 이전의 것)
제47 내지 50조}, 등록고안의 기술적 범위는 그러한 등록청구범위에 기재된 사항
에 의하여 정해지는 점(실용신안법 제29조에 의하여 준용되는 특허법 제97조) 등에
비추어 볼 때, 고안의 구성에 없어서는 아니되는 사항의 하나로 등록청구범위에
기재하였음에도 권리행사의 단계에서 그 사항은 당해 고안의 구성요소 중 비교적
중요하지 않은 사항이라고 하여 이를 무시하는 것은 사실상 등록청구범위의 확장
적 변경을 사후에 인정하는 것이 되어 허용될 수 없다 할 것이고, 따라서 생략된
구성요소가 그 등록고안에 있어서 중요한지 여부, 이를 생략하는 것이 용이한지
여부 등 이른바 불완전이용관계의 성립 여부를 살필 필요 없이 이 사건 등록고안
의 등록청구범위에 기재된 구성요소의 일부를 생략한 확인대상고안은 그 등록고
안의 권리범위에 속한다고 할 수 없다고 판시하였다.

반대로 생략발명이나 불완전이용의 법리를 인정한 사례로는 특허법원 2004.
9. 23. 선고 2004허1236 판결(상고), 1999. 12. 23. 선고 98허8014 판결(확정), 1999.
8. 26. 선고 99허2389 판결(확정), 1998. 12. 18. 선고 98허5312 판결(확정), 1998.
11. 26. 선고 98허1747 판결(확정)이 있다. 위 특허법원 2004. 9. 23. 선고 2004허
1236 판결(상고)은, "하나의 청구항에 복수의 구성요소를 기재하고 있는 경우 그

중 하나라도 결여하면 원칙적으로 그 청구항의 권리범위에 속하지 않게 되고 복수의 구성요소 각각에 독립된 보호범위를 주장하는 것은 허용되지 아니하며, 어느 발명이 특허발명의 권리범위를 벗어나기 위하여 특허발명의 구성요소 중 일부를 의도적으로 생략한 것에 불과하기 때문에 그 특허발명의 권리범위에 속하는 것으로 보는 이른바 생략발명이나 불완전이용발명에 해당한다고 하려면, 특허발명과 동일한 기술사상을 가지고 있으면서 등록청구범위 중 비교적 중요하지 아니한 구성요소를 생략하고 그와 같은 생략에 의하여서도 당해 특허발명이 목적으로 하는 특별한 작용효과를 발휘할 수 있는 경우이어야 하며, 특허발명의 필수적 구성요소를 결여함으로써 특허발명이 목적으로 하는 주된 작용효과를 발휘할 수 없는 경우에는 이에 해당한다고 할 수 없다"고 판시하였다.

(2) 대 법 원

생략발명 및 불완전이용의 법리를 명시적으로 인정하였다고 볼 만한 대법원 판결은 찾기 어렵고, 다만 당해 기술분야에서 통상의 지식을 가진 자가 용이하게 구성요소를 생략할 수 있는 것이고, 그러한 생략에도 불구하고 작용효과에 별다른 차이가 없다는 이유로, 양 발명을 동일성이 있는 발명으로 보아 특허침해가 된다고 판시한 경우(대법원 1998. 1. 23. 선고 97후2330 판결, 1997. 4. 11. 선고 96후146 판결)가 있다. 그러나 최근의 일련의 대법원 판결들은 특허발명의 청구항이 복수의 구성요소로 되어 있는 경우에는 그 각 구성요소가 유기적으로 결합된 전체로서의 기술사상이 보호되는 것이지, 각 구성요소가 독립하여 보호되는 것은 아니므로, 특허발명과 대비되는 확인대상발명이 특허발명의 청구항에 기재된 필수적 구성요소들 중의 일부만을 갖추고 있고 나머지 구성요소가 결여된 경우에는 원칙적으로 그 확인대상발명은 특허발명의 권리범위에 속하지 아니한다고 판시하고 있는바(대법원 2001. 9. 7. 선고 99후1584 판결, 2001. 8. 21. 선고 99후2372 판결, 2001. 6. 15. 선고 2000후617 판결, 2001. 6. 1. 선고 98후2856 판결, 2000. 11. 14. 선고 98후2351 판결), 이러한 최근의 일련의 대법원 판결들의 태도에 충실한다면, 생략발명이나 불완전이용발명은 특허침해로 인정될 여지가 없게 될 것이다.

(3) 미국의 판례

미국에서는 주변한정주의를 배경으로 특허청구범위에 기재된 구성요소의 전부를 실시하는 경우만을 특허침해로 보는 구성요소 완비의 원칙(all elements rule)

이 탄생하여 확립되어 있어 구성요소가 결여된 생략발명이나 불완전이용발명은 특허침해로 되지 않는다고 보고 있다. 미국 연방대법원은 1883년 *Fay* 사건에서[4] 특허청구범위에 기재된 구성요소 하나하나는 발명자에 의하여 필요한 요소로 특정된 것이므로 법원이 그러한 요소 중 일부를 불필요하다고 판단할 수는 없다고 하였다.

(4) 일본의 판례

일본 하급심의 판례 역시 생략발명이나 불완전이용발명에 대하여 종전부터 두 가지 상반된 입장이 있었다.[5] 오사카지방재판소의 블록완구사건 판결(오사카地裁 1968. 5. 17. 선고 판결)은 "제3자가 실용신안의 고안의 작용효과를 저하시키는 이외에 다른 우수한 작용효과를 수반하지 않고, 전적으로 권리침해의 책임을 면하기 위하여 비교적 중요성이 적은 사항을 생략한 기술을 사용하여 등록실용신안의 실시품에 유사한 것을 제조할 때에는 그 행위는 고안의 구성요건에 오히려 유해적 사항을 부가하여 그 기술사상을 사용하고 있는 것에 지나지 않고, 고안의 보호범위를 침해하는 것으로 봄이 상당하다"라고 판시하여 특허침해를 긍정하였다. 반면 최근에 선고된 동경지방재판소의 도어손잡이레버사건 판결(東京地裁 1983. 2. 26. 선고 판결)은 "필수적 구성요소라고 주장하여 명세서에 기재하고 특허심사 및 공고를 거쳐 등록이 된 후에 권리를 행사하는 단계에서 돌연히 그 구성요소를 결여하더라도 특허발명의 보호범위에 포함된다고 주장하는 것은 공개된 공보에 객관적으로 공시된 청구범위의 기재를 일부를 무시하는 것이 되어 허용되지 아니하고 이는 특허법 제79조 등 규정의 취지를 몰각하게 되는 것이 되므로 불완전이용론은 현행법상 채용할 가치가 없다"고 판시하여 그 이론 자체를 부정하였다.

라. 검 토

대상 판결은 생략발명이나 불완전이용발명의 법리에 관하여 명시적인 판단을 함이 없이 확인대상고안이 등록고안의 등록청구범위의 청구항에 기재된 필수적 구성요소들 중의 일부만을 갖추고 있고 나머지 구성요소가 결여된 경우에는 원칙적으로 확인대상고안은 등록고안의 권리범위에 속하지 아니한다고 판시하고 있을 뿐이므로, 원칙에 대한 예외가 인정되는지 만일 인정된다면 그 요건은 어떤지에

---

4) *Fay v. Cordesman*, 109 U.S. 408.
5) 자세한 것은 吉藤幸朔, 앞의 책, 605面 이하 참조.

관하여는 아무런 언급이 없다. 결국 생략발명이나 불완전이용발명의 법리를 특허
침해의 한 유형으로서 인정하는지 여부에 관하여는 장차 대법원 판결을 통하여
입장이 정리될 필요가 있음은 물론이다.

그러나 특허법은 특허청구범위에 기재된 모든 구성요소가 필수적 구성요소인
것을 전제로 명세서를 작성하도록 요구하고 있고, 최근의 대법원 판례도 가능한
한 이와 같은 특허법의 취지를 충실히 반영하여 특허청구범위를 해석하고 있다는
사실에 유의할 필요가 있다. 그리고 실무상 생략발명이나 불완전이용발명인지 여
부를 판단함에 있어서는 외견상 구성요소의 생략이 있는 것처럼 보이더라도 그
생략된 구성요소의 기능, 방식 및 효과를 다른 요소에서 실질적으로 수행되고 있
는 경우에는 구성요소의 치환 내지 변경으로 볼 수 있어 균등론을 적용하는 것이
가능하므로 주의할 필요가 있다.

그리고 외견상 구성요소의 생략으로 보이더라도 청구항의 구성요소의 단위를
크게 파악할 경우 구성요소의 생략이 아니라 치환으로 평가할 수 있는 경우도 있
다. 이러한 청구항 구성요소의 파악은 매우 어려운 작업이고 또 그 과정에서 구성
요소간의 유기적인 결합관계가 유실될 위험성도 있다. 생각건대, 특허법은 특허청
구범위에는 발명의 구성에 없어서는 아니 되는 사항만으로 기재될 것을 요구하고
있으므로, 발명의 구성요소는 원칙적으로 특허청구범위에 기재된 문언을 기준으로
하되, 각 구성요소의 단위는 최소한 발명 전체의 작용효과에 직접 기여하기 위하
여 독자적으로 수행하고 있는 어떤 기능 또는 작용을 보유할 정도는 되어야 할
것이고, 그와 같이 독자적인 기능을 수행하고 있는지 여부는 특허청구범위의 해석
에 관한 일반 원칙(발명의 상세한 설명의 참작, 공지기술의 참작, 출원경과 등의 참작)
에 따라 합리적으로 판단할 수밖에 없을 것이다.[6]

---

6) 김철환, "省略發明과 不完全利用論에 관한 小考", 특허소송연구 제3집, 92면.

50. 균등론에서의 과제의 해결원리 동일 여부

[특허법원 2009. 7. 24. 선고 2008허12142 판결(심리불속행 상고기각)]

박태일(대전지방법원 부장판사, 전 대법원 재판연구관)

I. 사실의 개요

1. 이 사건 심결의 경위

아래 제2의 이 사건 특허발명의 권리자인 피고들은 2007. 9. 11. 아래 제3의 확인대상발명의 실시자인 원고를 상대로 특허심판원에 확인대상발명이 이 사건 제6항 발명 등의 권리범위에 속한다는 확인을 구하는 적극적 권리범위확인심판을 청구하였고, 특허심판원은 이를 인용하였다.

2. 이 사건 특허발명

이 사건 특허발명(특허 제165591호)은 명칭이 '한영 혼용 입력장치에 적용되는 한영 자동 전환 방법'으로서 특허청구범위 중 본 평석의 논의대상은 다음과 같다 (나머지 청구항 기재 생략).

청구항 1. 한영 혼용 입력 장치에 적용되는 한영 자동 전환 방법에 있어서, 분리자가 입력될 때까지 입력된 키에 상응하는 어절을 생성하는 제1단계; 상기 제1단계에 의해 생성된 어절에 대하여 한영 모드의 판정을 수행하는 제2단계; 및 상기 제2단계에서 판정된 결과에 따라 상기 어절의 문자 표현을 전환하는 제3단계를 포함하여 이루어지는 것을 특징으로 하는 한영 자동전환 방법.[1]

청구항 6. 제1항에 있어서, 상기 제1단계는, 입력 문자열에 상응하는 한글어절과 영문어절을 각각 생성하는 것을 특징으로 하는 한영 자동 전환 방법.

3. 확인대상발명

컴퓨터 워드프로세서, 엑셀, 파워포인트, 이메일 문서편집기, 검색어 입력기

---

1) 본 평석 대상 판결 당시 선출원주의 위반으로 무효 확정된 청구항이었다(특허심판원 2000 당1293호, 특허법원 2002허970호, 대법원 2003후2089호 사건).

등과 같은 문자입력장치에서 주로 이용되는 한영 자동 전환 방법에 관한 것으로서 구체적인 구성은 아래 표와 같다.

A 단계	A01	키 입력에 따른 어절 생성	
B 단계	B01	입력 모드 판정	어절의 한영판정
	B13	어절의 영문 판정	
	B15	대응 한글 어절 생성	
	B17	어절의 한글 판정	
	B23	어절의 한글 판정	
	B25	대응 영문 어절 생성	
	B27	어절의 영문 판정	
C 단계	C11	조사 분리	
	C21		
D 단계	D11	단어의 영문 판정	
	D21		
E 단계	E11, E21	어절을 영문으로 표출	
	E13, E23	어절을 [영문 단어 + 한글 조사]로 표출	
	E15, E25	어절을 한글로 표출	

Ⅱ. 판   시

심결취소.

"이 사건 제6항 발명 출원 전의 선행기술은, 입력된 문자를 음소 단위로 판단하거나 혹은 어절 단위로 판단하더라도 한글모드로 입력되는 어절에 대해서만 한영 판정을 수행하였으나, 이 사건 제6항 발명은 어절 단위로 판단하되 입력되는 어절이 한글이거나 영문이거나 모두 한영 판정을 수행하고, 입력모드에 상관없이 입력된 키에 상응하는 한글어절과 영문어절을 각각 생성한 다음 양 어절 모두에 대하여 판정하는 차이가 있다. 이러한 사정에 비추어 보면, 이 사건 제6항 발명은, 에디터, 워드프로세서 등의 취급시와 같이, 데이터 또는 명령어 입력으로서 한글과 영문을 혼용하여 입력할 필요가 있는 경우에, 한글모드와 영문모드의 구분 없이 입력되는 문자열을 어절별로 판별하여 전환하는 한영 자동 전환 방법을 제공하려는 과제를 해결하기 위하여, '입력된 어절 전체에 대해 한영 판정을 하고, 그 결과에 따라 자동변환을 하되, 입력모드에 상관없이, 분리자가 입력될 때까지 입력된 키에 상응하는 한글어절과 영문어절을 각각 생성한 다음 양 어절 모두에 대하여 한글인지 또는 영문인지를 판정하도록 한 해결원리'에 기초한 것이고, '입력모드에 상관없이, 분리자가 입력될 때까지 입력된 키에 상응하는 한글어절과 영문어절을 각각 생성'하는 이 사건 제6항 발명의 제1단계 구성은, 이러한 과제의 해결원리에 기초하여 선택된 특유의 해결수단이라고 할 것이다. 그런데 확인대상발명은 이 사건 제6항 발명의 제1단계 구성과는 달리 '우선 입력되는 문자키 값에 상응하는 어절문자열만을 생성하여 입력모드의 조건에 맞는지 여부를 검사하는 구성'을 채택함으로써, 확인대상발명에서는 입력모드별로 해당 입력모드의 문자(한글 또는 영문)조건에 만족하는지 여부를 먼저 검사한 후, 여기에 만족하면 대응모드문자열 추가 생성 없이 판정을 종료하고, 입력모드의 조건에 불만족하는 경우에만 대응모드문자열을 추가로 생성하여 추가 생성된 어절에 대해서도 판정을 수행하게 된다. 결국, 확인대상발명은 이 사건 제6항 발명의 '입력된 어절 전체에 대해 한영 판정을 하고, 그 결과에 따라 자동변환을 하되, 입력모드에 상관없이, 분리자가 입력될 때까지 입력된 키에 상응하는 한글어절과 영문어절을 각각 생성한 다음 양 어절 모두에 대하여 한글인지 또는 영문인지를 판정하도록 한 해결원리를 따르고 있지 않아 양 발명의 과제의 해결원리가 동일하다고 볼 수 없다."

Ⅲ. 해　설

1. 균등침해의 성립요건

특허법원 탄생 전 대법원은, 특허발명의 일정 요소가 대응 요소로 치환된 경우에 작용, 방법, 결과의 면에서 분석하는 등의 방법으로 이를 '균등물'이라고 하거나(대법원 1990. 3. 23. 선고 89후773 판결 등), 작용효과의 면에서 분석하여 일정한 구조의 차이를 '단순한 설계 변경', '단순한 형상의 변경', '부품의 위치 변경', '공정의 순서 변경', '조성물의 성분비율 변경', '부품의 상하좌우 등 방향의 변경' 등에 불과하여 피고의 실시형태가 원고의 특허발명과 실질적으로 동일하다고 함으로써(대법원 1991. 3. 12. 선고 90후823 판결 등), 피고의 실시형태가 특허발명의 권리범위에 속하여 침해가 된다는 결론을 내린 경우가 상당히 있었는데, 이러한 대법원 판결들의 태도는 균등론을 전면적으로 활용하고 있지는 않지만 개별적인 사건에서 이를 제한적인 형태로 사용하여 왔다고 볼 수 있을 것이다.2) 그러다가 특허법원 설립 후 특허법원 1998. 9. 17. 선고 98허2160 판결(확정)에서 최초로 균등론이 명시적으로 적용된 판결이 내려졌고, 이후 대법원에서도 대법원 2000. 7. 28. 선고 97후2200 판결을 통해 정면으로 균등론의 적용을 긍정하게 되었다.3)

대법원 2000. 7. 28. 선고 97후2200 판결은, "① 양 발명의 기술적 사상 내지 과제의 해결원리가 공통하거나 동일하고, ② (가)호 발명의 치환된 구성요소가 특허발명의 구성요소와 실질적으로 동일한 작용효과를 나타내며, ③ 또 그와 같이 치환하는 것 자체가 그 발명이 속하는 기술분야에서 통상의 지식을 가진 자이면 당연히 용이하게 도출해 낼 수 있는 정도로 자명한 경우에는, ④ (가)호 발명이 당해 특허발명의 출원시에 이미 공지된 기술이거나 그로부터 당업자가 용이하게 도출해 낼 수 있는 것이 아니고, ⑤ 나아가 당해 특허발명의 출원절차를 통하여 (가)호 발명의 치환된 구성요소가 특허청구의 범위로부터 의식적으로 제외되는 등의 특단의 사정이 없는 한, (가)호 발명의 치환된 구성요소는 특허발명의 그것과 균등물이라고 보아야 한다."라고 균등침해의 성립요건을 밝히고 있다.4) 그런데 그 후 균등론을 적용한 대법원 판결들은 일치하여 위 97후2200 판결의 ①과 ② 요건을 약간 변형하여, 즉, 위 ①에 관하여는 '기술적 사상'이라는 표현을 없애고 '양 발명에 있어서의 과제의 해결원리가 동일하고'로, 위 ②에 관하여는 '목적'을 추가

---

2) 최성준, "균등론의 적용요건", 정보법 판례백선 Ⅰ(박영사, 2006), 6-7면.
3) 박성수, "진보성과 균등론에 관한 소고", 특허소송연구 제3집(특허법원), 2005년, 14면.
4) 위 97후2200 판결과 비교되는 일본의 최고재판소 판결로 1998. 2. 24. 선고된 ボールスプ ライン軸受 사건 판결[最高裁 1998. 2. 24. 宣告 平成6(オ) 1083号 判決, 판결 전문은 http://www.courts.go.jp/hanrei/pdf/D1A36F798EA8CC1449256A8500311D97.pdf (2010. 2. 18. 방문) 참조]이 있다. 이 판결은 일본 최고재판소가 최초로 균등론을 적극적으로 인정한 것으로서, 균등적용의 적극적 요건으로 ① 차이가 특허발명의 본질적 부분이 아닐 것, ② 치환가능성 (작용효과의 동일성), ③ 침해시에 있어서의 치환용이성(용이상도성)을 들고 있고, 소극적 요건으로서 ④ 대상제품이 출원시의 공지사실과 동일 또는 당업자가 공지기술로부터 그 출원시에 용이하게 추고할 수 있는 것이 아닐 것(자유기술의 항변), ⑤ 출원경위에 있어서 의식적 제외 등의 특단의 사정이 없을 것을 들고 있다[권택수, "균등론의 적용요건(2000. 7. 28. 선고 97후2200 판결)", 대법원판례해설 제35호(법원도서관), 2001년, 903-904면]. 위 최고재판소 판결이 치환용이성 판단의 기준시를 침해시로 명시한 것에 비하여, 위 97후2200 판결은 치환자명성의 판단기준시점에 대하여 학설상 출원시설과 침해시설의 다툼이 있고, 국내 산업의 보호라는 측면도 아울러 고려하여 신중하게 결정하여야 한다는 점에서 그 판단을 유보하였다(권택수, 앞의 논문, 911쪽 참조).

하여 '치환에 의하더라도 특허발명에서와 같은 목적을 달성할 수 있고 실질적으로 동일한 작용효과를 나타내며'로 판시하고 있다(대법원 2001. 6. 12. 선고 98후2016 판결, 2005. 2. 25. 선고 2004다29194 판결 등).5)6)

2. 과제의 해결원리 동일성 요건의 의미

균등침해 성립요건 가운데 첫 번째 요건인 '과제의 해결원리가 동일할 것', 즉 과제의 해결원리 동일성 요건은 다소 추상적 개념이기는 하지만, 일응 위 97후2200 판결의 판시에 비추어 볼 때, 양 발명의 전체적 목적과 효과가 동일하고 구성의 중요 부분이 동일하다는 것을 의미한다고 볼 수 있다.7) 그러나 위 요건이 구체적으로 어떠한 의미를 가지는 것인지, 다른 요건, 특히 두 번째 요건인 '치환에 의하더라도 특허발명에서와 같은 목적을 달성할 수 있고 실질적으로 동일한 작용효과를 나타낼 것'과 구별되는 독자적 의미를 갖는 요건이라고 보아야 할 것인지에 관하여 논란의 여지가 있다.

이와 관련하여, 우선, 위 97후2200 판결이 제시한 ①의 요건인 '기술적 사상 내지 과제의 해결원리가 공통하거나 동일할 것'에 대하여는, 전체적으로 우리 판례를 조감하면, 상당수의 권리범위확인 사건에서 이미 '기술적 구성의 핵심적인 부분'(대법원 1993. 3. 23. 선고 92후1509 판결), '고안에서 특징으로 하는 바'(대법원 1997. 11. 14. 선고 96후1002 판결), '등록고안의 핵심적인 기술사상'(대법원 1996. 11. 26. 선고 96후870 판결)이 동일하다는 전제를 명시하고, 치환되거나 변화된 구성요

---

5) 최성준, "한국 법원에서의 균등론", LAW & TECHNOLOGY 제2권 제5호(서울대학교기술과법센터), 2006년, 121-122면. 위 논문은 위와 같은 변경 이유에 관하여, 위 97후2200 판결이 '기술적 사상의 공통 또는 동일'을 균등침해의 요건으로 한 것은 우리나라가 과거에 특허청구범위의 해석에 관하여 취하였던 중심한정주의적 사고방식과 깊은 관련이 있는 것으로 보이는데, 이제는 대법원 판결이나 특허청의 실무가 구성요소 대비 방식을 받아들이고 주변한정주의의 기초를 마련하였기 때문에 '기술적 사상의 공통 또는 동일'을 균등침해의 요건으로 하는 것이 중심한정주의로 보일 여지가 있음을 우려하였기 때문이 아닐까 짐작한다고 설명하고, 또한, 그 밖에 위 대법원 판결들은 ③에 관하여도 '당연히 용이하게 도출해 낼 수 있는 정도'에서 '당연히'를 없앴는데 그것이 특별한 의미를 갖는지는 불분명하다고 한다.
6) 결국, 우리 대법원 판례에 의하여 정립된 균등침해 성립요건은 ① 과제의 해결원리가 동일할 것, ② 치환에 의하더라도 특허발명에서와 같은 목적을 달성할 수 있고 실질적으로 동일한 작용효과를 나타낼 것, ③ 치환하는 것이 그 발명이 속하는 기술분야에서 통상의 지식을 가진 자가 용이하게 생각해 낼 수 있을 정도로 자명할 것, ④ 피고가 실시하는 발명이 특허발명의 출원시에 이미 공지된 기술 내지 공지기술로부터 그 분야에서 통상의 지식을 가진 자가 용이하게 발명할 수 있었던 기술에 해당하지 않을 것, ⑤ 출원절차를 통하여 치환된 구성요소가 특허청구범위로부터 의식적으로 제외된 것에 해당하지 않을 것 등 5가지이다.
7) 조영선, 특허법(제3판, 박영사, 2011), 363-364면.

소의 실질적 의미가 크지 않다고 하여 균등을 인정한 사례들이 있어왔으므로, 균등론에 관한 ①의 요건은 새롭게 추가된 것이라기보다는 종전에 우리 판례가 취해 오던 입장을 약간 정리하여 놓은 것에 불과하며, 우리가 과거에 특허청구범위의 해석과 관련하여 취하던 중심한정주의적 사고방식과도 깊은 관련이 있는 것으로 보이므로, ①의 요건을 결코 가볍게 취급할 수는 없다고 할 것이나, 그것이 남용되어 균등의 대상과 범위가 너무 좁아진다면 이는 결코 바람직한 것은 아니라고 하면서, 이미 우리 특허법이 다항제를 수용하고, 발명의 구성에 없어서는 아니되는 사항만으로 특허청구범위를 기재하도록 함으로써 구성요건 대등의 원칙을 받아들이고, 주변한정주의의 기초를 마련하였기 때문에 장기적으로는 ①의 요건을 따로 명시하지 않고 ②의 요건에 포섭시켜서 운영하는 방안도 생각해 볼 수 있다는 견해가 있다.8) 또한, 위 97후2200 판결에서 말하는 '기술적 사상 내지 과제의 해결원리가 공통하거나 동일할 것'이라는 요건은, 일본 최고재판소의 ボールスプライン軸受 사건 판결에서 말하는 '치환된 구성요소가 비본질적 부분일 것'과 같은 의미를 갖는다고 볼 수 있는데,9) 위 일본 최고재판소 판결의 '치환된 구성요소가 비본질적 부분일 것'이라는 요건에 대하여는, 특허청구범위의 모든 구성요소는 중요하고 필수적인 것이라는 명제와 모순될 뿐만 아니라, 구성요소 중에서 다시 본질적 부분인가 아닌가를 판별하지 않고도 다른 성립요건의 적용에 의하여 얼마든지 균등 여부를 판단할 수 있으므로, 본질적 부분도 그것과 균등수단이 있을 수 있다는 점을 배제할 수 없다고 할 것이어서, 적합하지 않은 요건이라는 지적도 있다.10) 우리 대법원이 위 97후2200 판결 이후 위 ①의 요건을 '과제의 해결원리가 동일할 것'으로 바꾸어 현재는 '기술적 사상의 동일성'이라는 표현을 사용하지 않고 있기는 하지만, 과제의 해결원리 동일성 요건에 대해서도 위와 같은 비판적 견해의 기본적인 태도는 그대로 적용될 수 있다고 본다.

---

8) 유영일, "특허소송에서의 균등론의 체계적 발전방향", 특허소송연구 제2집(특허법원), 2001년, 296-298면.

9) 위 일본 최고재판소 판결에 대한 평석에서, 특허발명의 본질적 부분이란 명세서의 특허청구범위에 기재된 특허발명의 구성 중에 특허발명 특유의 과제해결을 위한 수단의 기초가 되는 기술적 사상의 중핵적, 특징적인 부분을 말하고, 명세서의 발명의 상세한 설명에 기재되어 있는 종래기술의 문제점, 과제를 해결하기 위한 수단, 특허발명의 목적, 효과 등의 기재에 기초하여 양 발명의 상위점이 본질적 부분에 해당하는 것인가 여부의 판단을 할 수 있을 것이라고 설명되어 있다[高部眞規子(김철환 역), "균등성립의 요건", 특허판례백선(박영사, 2005), 459-460면].

10) 이수완, "특허청구범위의 해석", 특허소송연구 제2집(특허법원), 2001년, 167면.

한편, '과제의 해결원리가 동일할 것'(과제의 해결원리 동일성) 및 '치환에 의하더라도 특허발명에서와 같은 목적을 달성할 수 있고 실질적으로 동일한 작용효과를 나타낼 것'(치환가능성)이라는 두 요건은 모두 선행기술과의 관계에서 발명의 실질적 가치를 객관적으로 탐구하여 확인대상발명이 그 안에 포함되어 있는지를 검토하는 것이라는 점에서 동질의 요건이라고 볼 수는 있지만, 과제의 해결원리 동일성은 '해결수단'에 역점을 두는 것이고, 치환가능성은 '목적, 작용효과'라고 하는 결과에 주목하는 것으로 역점의 대상이 다를 뿐만 아니라, 실제 일본에서도 균등론 판단시 약 7할 정도가 과제의 해결원리 동일성에 대응되는 '치환된 구성요소가 비본질적 부분일 것'의 요건을 충족하지 못했다는 이유로 균등의 성립을 부정함으로써 그 실천적 의의가 증명된 바도 있다고 하면서, 과제의 해결원리 동일성이 치환가능성과는 구별되는 독자적인 요건임을 강조하는 입장도 있다.11)

무엇보다도 우리 대법원 판례상 과제의 해결원리 동일성은 치환가능성과는 분명하게 구분되어 균등침해의 요건으로 설시되고 있으므로, 과제의 해결원리 동일성을 치환가능성 요건과는 별개로 독자적인 균등침해 성립요건으로 보아야 할 것이다. 즉, 과제의 해결원리가 상이하다는 이유만으로도 균등침해가 부정될 수 있다고 본다. 다만, 위 97후2200 판결의 ①의 요건에 관한 비판적 견해가 지적한 바와 같이 과제의 해결원리가 동일한 범위를 지나치게 좁게 볼 경우에는 균등의 대상과 범위가 너무 좁아져 자칫 균등론을 무의미하게 만들 여지도 없지 않으므로, 과제의 해결원리가 동일한지 여부를 어떻게 판단할 것인지가 중요하다. 이와 관련하여, 최근 대법원 2009. 6. 25. 선고 2007후3806 판결은, '양 발명에서 과제의 해결원리가 동일하다는 것은 확인대상발명에서 치환된 구성이 특허발명의 비본질적인 부분이어서 확인대상발명이 특허발명의 특징적 구성을 가지는 것을 의미하고, 특허발명의 특징적 구성을 파악함에 있어서는 특허청구범위에 기재된 구성의 일부를 형식적으로 추출할 것이 아니라 명세서의 발명의 상세한 설명의 기재와 출원 당시의 공지기술 등을 참작하여 선행기술과 대비하여 볼 때 특허발명에 특

---

11) 한동수, "특허침해 등 관련 대법원 주요 사례", 제10회 지적재산권법연구회 정기세미나 자료집(법원 지적재산권법연구회, 2009), 8면. 한편 竹田和彦 著, 김관식·김동엽·오세준·이두희·임동우 역, 특허의 지식(제8판, 에이제이디자인기획, 2011), 531면도 일본 최고재판소의 ボールスプライン軸受 사건 판결 이후 2002. 7. 31.까지의 하급심 판결을 분석한 결과 균등의 성립을 인정한 것이 10건, 부정한 것이 110건(다만 동일 사건 1심, 항소심도 각각 1건으로 계산함)이었는데, 부정례 중 압도적 다수인 71건은 '차이가 특허발명의 본질적 부분이 아닐 것'이라는 요건의 불충족을 이유로 들고 있다고 한다.

유한 해결수단이 기초하고 있는 과제의 해결원리가 무엇인가를 실질적으로 탐구하여 판단하여야 한다'고 판시하여, 과제의 해결원리 동일성의 구체적 의미를 밝히고 그 판단 방법을 제시하고 있어 주목된다.

3. 이 사건에의 적용

대상 판결은 이 사건 제6항 발명과 확인대상발명을 대비하면서, 위 2007후3806 판결이 제시한 과제의 해결원리 동일성 여부 판단 방법을 참조하여, 이 사건 제6항 발명 출원 전의 관련 선행기술을 확정하고, 선행기술과 대비한 이 사건 제6항 발명의 특징적 구성을 확인한 다음, 이를 토대로 하여 이 사건 제6항 발명의 '입력모드에 상관없이, 분리자가 입력될 때까지 입력된 키에 상응하는 한글어절과 영문어절을 각각 생성'하는 제1단계 구성이 이 사건 제6항 발명의 본질적인 부분인데, 확인대상발명은 이 사건 제6항 발명의 제1단계 구성과는 달리 '우선 입력되는 문자키 값에 상응하는 어절문자열만을 생성하여 입력모드의 조건에 맞는지 여부를 검사하는 구성'을 채택하고 있어, 양 발명의 과제의 해결원리가 동일하다고 볼 수 없다는 취지로 판시함으로써 균등침해를 부정하였다.

Ⅳ. 결   론

대상 판결은 과제의 해결원리 동일성이 치환가능성과는 별개로 균등침해의 요건으로서 중요하다는 점, 따라서 과제의 해결원리가 상이하다는 이유만으로도 균등침해가 부정될 수 있다는 점을 전제로 하여, 명세서의 발명의 상세한 설명의 기재와 출원 당시의 공지기술 등을 참작함으로써 특허발명의 전체 구성 중 특유한 해결수단이 기초하고 있는 과제의 해결원리가 무엇인가를 실질적으로 탐구하는 시도를 한 것이다. 향후 이러한 시도가 지속되어 하급심 판결이 축적됨으로써 과제의 해결원리 동일성 여부 판단에 대한 논의가 보다 풍부해지기를 기대해본다.

51. 균등 인정의 요건

[서울고등법원 2016. 3. 24.자 2015라20318 결정(재항고)]

유영선(김·장 법률사무소 변호사, 前 서울고등법원 고법판사)

Ⅰ. 사실의 개요

가. 채권자는 명칭을 '구이김 자동 절단 및 수납장치'로 하는 이 사건 특허발명의 특허권자이다. 이 사건 특허발명은 8개의 구성요소로 되어 있다.1) 채권자는 다른 구성은 모두 동일하고 구성 7만을 변경한 제품을 생산·판매한 X 회사를 상대로 특허권침해금지 등을 청구하여 균등침해를 인정받아 확정되었다(대법원 2014. 7. 24. 선고 2013다14361 판결, 이하 '선행사건'이라 한다).2)

나. 그러자 채무자는 다시, 위 변경 이외에 구성 6(가이드케이스)3)도 아래와 같이 변경한 제품(이하 '채무자 실시제품'이라 한다)을 생산판매하였다. 즉, 구성 6의 가이드케이스는 수평 방향으로 그 둘레가 막혀 있는 '상자 형태'로 되어 있음에 비하여, 채무자 실시제품에서는 구이김이 투입되는 곳에 형성되는 '회동푸셔', 그 맞은편에 설치된 4개의 수직봉 형상의 '스토퍼', 가압절판이 상사점(上死點)에서 끼워져 모이게 하는 '중간판 내측의 사각케이스 형상의 중공', 가압절판에 부착된 가압봉을 안쪽으로 잡아 모으는 '복원스프링' 구성을 가지는 것으로 변경하였다.

다. 이에 채권자는 채무자 실시제품의 생산판매 금지 등을 구하는 가처분을 신청하였다. 제1심은 채무자 실시제품에 구성 6이 없다는 이유로 특허침해를 부정

---

1) 구성 1(프레임), 구성 2(절단용 실린더유닛), 구성 3(승강판), 구성 4(가압절판), 구성 5(가압봉), 구성 6(가이드케이스), 구성 7(격자형의 절단날), 구성 8(포장용기 이송유닛)을 포함하여 이루어진 '구이김 자동 절단 및 수납장치'이다.

2) 가이드케이스의 하부에 고정 배치되고 아래로 갈수록 그 두께가 선형적으로 넓어지는 '격자형 부재' 및 같은 위치에 고정 배치되는 '격자형 칼날'이 일체로 형성되어 있는 구성 7에 비하여, X 회사의 실시제품에서는 '격자형 칼날'과 '격자형 부재'가 분리되어 있는 점만 차이가 있었다.

3) '수직 방향으로는 승강하는 가압절판을 수용할 수 있는 공간이 형성되어 있고 수평 방향으로는 그 둘레가 막혀 있는 상자 형태'로서 가압절판이 수평 방향으로 이탈하거나 흔들리는 것을 억제함으로써 가압절판의 안정적인 승강 작동을 유지해 주는 작용효과를 가진다.

하였다(수원지방법원 안산지원 2015. 4. 24.자 2014카합10056 결정). 이에 채권자가 항고하였는데, 본 평석의 대상인 서울고등법원 2016. 3. 24.자 2015라20318 결정(이하 '대상결정'이라 한다)에서는 채무자 실시제품의 '회동푸셔＋스토퍼＋중간판 내측의 사각케이스 형상의 중공' 구성(이하 '실시제품 대응구성'이라 한다)이 구성 6과 균등하다며 특허침해를 긍정하였다.4)

라. 대상결정의 가처분결정에 대하여 채무자가 가처분이의를 신청하였으나, 서울고등법원은 같은 이유로 가처분결정을 인가하였다(서울고등법원 2016. 7. 13.자 2016카합23 결정). 이에 채무자가 재항고하여 이 글 작성 당시 대법원 2016마5698호로 소송 계속 중이다.

Ⅱ. 판   시

아래와 같은 법리를 설시한 후, 이러한 법리에 의할 때 실시제품 대응구성은 구성 6과 균등한 구성이라면서 특허침해를 긍정.5)

1. 특허권침해소송에서 균등 판단은 기본적으로 특허발명의 구성과 상대방 제품 등의 변경된 구성을 대비·판단하는 것이다(즉, 구성 대 구성 대비). 다만, 균등 판단의 궁극적인 목적인 '적절한 특허권침해 판단'을 위해서는, 대비·판단의 대상이 되는 각각의 구성을 특허발명이나 상대방 제품 등에서 형식적으로 분리해 낼 것이 아니라, 특허발명이나 상대방 제품 등의 전체적인 맥락에서 각각의 구성이 가지는 기술적 의미나 작용효과를 실질적으로 탐구해 보아야 한다.

2. 균등한지 문제되는 구성 이외에 상대방 제품 등에 그대로 포함되어 있는 구성들과 관련하여서는 과제해결원리가 달라지지 않음이 일반적이기 때문에, 그 각각의 과제해결원리 모두를 심리 대상으로 하여 균등 판단을 하게 되면 불필요한 심리의 번잡을 초래한다. 이에 따라 실무상, 균등한지 문제되는 구성이 특허발명이나 상대방 제품 등의 과제해결원리와 관련하여 어떠한 기술적 의미를 갖는지 탐색하는 데에 심리가 집중된다. 따라서 균등한지 문제되는 구성이 서로 같지 아니한 다른 사건에서 규명된 '특허발명의 과제해결원리'에 기초해서만 당해 사건에

---

4) 다만, 채무자 실시제품의 '복원스프링'은 구성 6과 균등하다고 볼 수 없다고 하였다.
5) 구성 7의 경우에는 선행사건에서의 대법원 판시와 같은 이유로 균등한 구성이라고 판단하였다.

서 문제되는 구성의 균등 여부를 판단하는 것은 옳지 않다.

　3. 균등한지 문제되는 구성이 특허발명의 과제 해결에 아무런 역할을 하지 않는 경우도 상정할 수 있다. 이러한 경우에는 그 구성을 생략한 기술(소위 '생략발명'으로 불린다)에서도 발명의 과제해결원리는 동일하게 유지될 것이므로, 그 구성의 생략에 의하더라도 실질적으로 동일한 작용효과를 나타내고, 그 구성의 생략이 통상의 기술자라면 누구나 쉽게 생각해 낼 수 있다는 나머지 요건들을 충족한다면, 균등한 구성으로 봄이 논리적이라고 할 것이다.

　4. 균등 판단은 신규성이나 진보성 등의 특허요건 판단의 문제와는 달리 특허발명의 권리범위를 정하는 문제라는 점에 비추어 보면, 특허발명의 과제해결원리를 파악하기 위하여 '공지기술을 참작한다는 것'은, 명세서의 발명의 상세한 설명의 기재에 의하여 특허발명의 기술사상의 핵심을 파악하되 다만 그 과정에서 공지기술을 보충적으로 고려한다는 의미 정도로 이해해야지, 공지기술의 경우는 모두 특허발명의 기술사상의 핵심에서 제외하는 방식으로 그 과제의 해결원리를 파악한다는 의미로 이해해서는 아니 된다.

　5. '실질적으로 동일한 작용효과' 요건을 살펴보면, 완전하게 동일한 작용효과를 나타낼 것까지 요구하는 것은 아니고 특허발명의 기술사상의 핵심을 구현할 수 있는 정도의 작용효과를 나타낸다면 위 요건이 충족된다고 할 것이다. 따라서 구성의 변경에 의하더라도 상대방 제품 등이 그 과제 해결을 위한 본질적인 작용효과의 면에서 특허발명과 질적으로 다르거나 양적으로 현저한 차이가 없다면 실질적으로 동일한 작용효과를 나타낸다고 보아야 하고, 기술사상의 핵심과 관련 없는 관용적 기술수단을 채택함에 따른 부수적인 효과의 차이를 들어 실질적인 작용효과에 차이가 있다고 보아서는 아니 된다.

　6. '구성의 변경이 통상의 기술자라면 누구나 쉽게 생각해 낼 수 있는 정도인지 여부'는, 명세서의 기재에 의하여 파악되는 특허발명의 실체에 기초한 권리범위 설정의 관점에서 독자적으로 판단되어야 하는데, 상대방 제품 등의 제조·사용 등이 있었던 시점을 기준으로 하여, 통상의 기술자에게 그 변경된 부분이 특허청구범위에 기재되어 있는 것과 마찬가지로 인식될 수 있거나 통상의 기술자가 별다른 기술적인 노력 없이 그러한 구성의 변경을 채택할 수 있는 경우라면 위 요건을 충족한다고 보아야 한다.

Ⅲ. 해   설

1. 평석의 방향

대법원은 특허권의 균등침해 성립 요건에 관한 확립된 법리를 설시해 오고 있다.6) 그런데 그 의미를 둘러싸고 여전히 논란이 계속되고 있는 것으로 보이고, 또한 균등의 구체적인 적용 국면에 들어가 보면 대법원이 아직 명확한 입장을 밝히지 아니한 부분도 있다. 대상결정은 이런 와중에 나온 것으로서 균등 인정의 요건에 관한 여러 가지 구체적인 법리들을 상세히 설시하였다. 본 평석에서는 주로 긍정적인 입장에서 대상결정의 설시 법리들을 차례로 분석해 본다.

2. 대상결정의 설시 법리 분석

가. 1 판시 ― 구성 대 구성 대비

대법원판례들7)을 보면, 균등에 관한 법리를 전개하기 전에 "특허권을 침해한다고 할 수 있기 위해서는 특허발명의 특허청구범위에 기재된 각 구성요소와 그 구성요소 간의 유기적 결합관계가 그대로 포함되어 있어야 한다"고 하여, 구성요소 완비의 원칙(All Elements Rule)을 선언하고 있다. 그런 다음에 "확인대상발명(대상제품)에서 특허발명의 특허청구범위에 기재된 구성 중 변경된 부분이 있는 경우에도, …… 확인대상발명(대상제품)은 특허발명의 특허청구범위에 기재된 구성과 균등한 것으로서"라고 설시함으로써 균등 판단의 대상이 구성요소임을 분명히 하고 있다.

그런데 대법원이 설시한 법리 중 "특허발명과 과제의 해결원리가 동일", "특허발명에서와 실질적으로 동일한 작용효과"와 같은 표현들을 들어, 대법원이 균등관계 판단의 대상을 '발명 대 발명'으로 보고 있다고 비판하는 견해도 있다. 그러나 대법원이 사용한 위 표현들은 아래와 같은 의미로 보이므로, 이를 들어 균등의 대비 대상을 '발명' 대 '발명'으로 보고 있다고 해석하는 것은 어려울 것이다.

'구성'의 균등 여부를 판단한다고 해서 그 '구성'의 의미를 '발명 전체'의 맥락을 떠나서 파악해서는 곤란하다. 발명으로부터 분리된 '구성' 자체만의 '과제의 해

---

6) 법리를 다듬은 가장 최근의 판결인 대법원 2014. 7. 24. 선고 2013다14361 판결 등 참조. 본 평석에서는 위 판결이 설시한 적극적 요건 세 가지를 제1요건(과제해결원리 동일성), 제2요건(작용효과 동일성), 제3요건(변경자명성)이라고 칭한다.

7) 대법원 2009. 6. 25. 선고 2007후3806 판결, 대법원 2011. 9. 29. 선고 2010다65818 판결 등.

결원리'나 '작용효과'라는 개념을 상정하는 것은 명세서의 기재에 의해 파악된 발명을 기초로 하여 운용되는 특허제도의 관점에서 볼 때 부적절하고 무용하기 때문이다. 만일 이와 같이 '분리된 구성' 자체의 개념을 토대로 균등을 판단하면 균등을 항상 부정할 수밖에 없는 이상한 결론에 이르게 된다.8) 즉, 대비·판단의 대상이 되는 각각의 구성은 그것이 적용된 기술에 따라 실질적으로 동일한 기술적 의미나 작용효과를 가질 수도 있고 서로 다른 기술적 의미나 작용효과를 가질 수도 있으므로, 이 점에서 특허발명이나 대상제품 등의 전체적인 맥락에서 각각의 구성이 가지는 기술적 의미나 작용효과를 실질적으로 탐구해 볼 필요가 있는 것이다.9) 이러한 판단 방법은 균등 판단의 대상을 '구성 대 구성'으로 보고 있는 일본과 미국에서도 마찬가지인 것으로 보인다.10)

나. 2 판시 ― 균등이 문제되는 구성에 따른 심리 대상 과제해결원리

A＋B＋X로 구성된 특허발명의 권리범위에 A＋B＋X'로 된 상대방 제품 등이 포함되는지가 문제되는 사안이 있다고 가정해 보자. 이 사안에서는 X' 구성이 X 구성과 균등한지가 쟁점이 될 것인데, 제1요건을 심리할 때 X 구성이 X' 구성으로 변경되었음에도 특허발명에서와 과제해결원리가 동일하게 유지되고 있는지를 심리하게 될 것이다. 만약 A＋B'＋X'로 된 상대방 제품 등이 위 특허발명의 권리범위에 속하는지 문제된다고 가정해 보자. 그러면 제1요건을 심리할 때, B 구성이 B' 구성으로, X 구성이 X' 구성으로 변경되었음에도 특허발명에서와 과제해결원리가 동일하게 유지되고 있는지를 심리하게 될 것이다.

위 두 가지 사례에서 심리 대상이 되는 과제해결원리는 서로 달라지는 것이 보통일 것이다. 대상결정의 사안으로 돌아와 보면, 선행사건에서 구성 7의 변경에도 불구하고 과제해결원리의 동일성이 긍정되었지만, 대상결정의 사안에서는 구성 7뿐만 아니라 구성 6도 변경되었으므로, 이와 같은 추가적인 구성의 변경에도 불구하고 과제해결원리의 동일성이 유지되는지를 살펴보아야 한다. 그렇지 않고 변

---

8) 예를 들어, '나사와 못' 또는 '진공관과 트랜지스터'를 그 구성 자체로 대비하면 그 기술적 의미가 항상 다를 수밖에 없을 것이다.

9) 예를 들어, '나사와 못' 또는 '진공관과 트랜지스터'는 A 기술에서는 실질적으로 동일한 기술적 의미나 작용효과를 가지지만, B 기술에서는 서로 다른 기술적 의미나 작용효과를 가질 수 있다.

10) 김동준, "균등침해 판단에 있어서 과제해결원리의 동일성", 특허소송연구 6집, 특허법원 (2013. 6), 429면.

경된 구성과 무관하게 과제해결원리를 항상 동일하게 파악한다면, 어느 한 구성의
변경에도 불구하고 균등하다는 판단을 한번 받기만 하면 그 이후 다른 구성들을
아무리 변경하더라도 과제해결원리는 항상 동일하게 유지되는 것으로 판단해야
한다는 이상한 결론에 도달하게 된다. 이런 견지에서 대상결정은, 채무자 실시제
품에서는 구성 6이 실시제품 대응구성으로 변경되었음에도, '각각의 가압절판이
수평 방향으로 이탈하거나 흔들려 격자형 부재에 정확하게 출입하지 못하는 문제
점'의 해결을 위하여 '가압절판의 승강 작동을 안정적으로 안내'하는 역할을 동일
하게 수행하므로, 그 해결수단이 기초하고 있는 기술사상의 핵심에서 차이가 없어
과제의 해결원리가 동일하다고 판단하였다.

다. 3 판시 ― 생략발명의 균등침해 인정 여부

A+B+X로 구성된 특허발명의 권리범위에 A+B로 된 상대방 제품 등이 포
함되는지가 문제되는데, X라는 구성요소는 주지·관용기술로서 그 부가로 인하여
새로운 효과가 발생하지 않는 정도라고 가정해 보자. 대법원은 "기술적 구성에 차
이가 과제해결을 위한 구체적 수단에서 주지·관용기술의 부가·삭제·변경 등에
지나지 아니하여 새로운 효과가 발생하지 않는 정도의 미세한 차이에 불과하다면
두 발명은 서로 실질적으로 동일하다"고 판시해 오고 있다.[11] 이를 침해국면으로
전환해 보면, 위 예에서 실질적으로 동일한 발명인 이상 특허침해가 긍정되어야
한다.

이러한 판단은 구성요소 완비의 원칙과 어떻게 조화를 이룰 수 있을까? 위 원
칙에서 말하는 구성요소는 기술적 특징을 가지는 '유의미한' 구성을 의미한다고
보면 될 것이다. 그런데 우리의 실무를 보면 무의미한 구성요소 역시 구성요소로
파악하는 예가 흔하다.[12] 이러한 실무 하에서는 특허침해 판단에서의 오류를 피
하기 위해 생략발명의 개념을 인정할 필요가 있다고 생각한다.[13] 굳이 생략발명
이라는 용어에 거부감이 있다면, 위 예에서 'B+X'의 대응구성을 'B'로 파악한 다
음 특허침해를 긍정할 수도 있을 것이다.[14]

---

11) 대법원 2011. 4. 28. 선고 2010후2179 판결 등.
12) 위 대법원 2010후2179 판결에서도 구성요소로 파악하고 있음이 분명하다.
13) 생략발명의 특허침해를 인정할 것인지에 관해 찬반 양론이 있는데, 자세한 것은 특허법원
　　지적재산소송 실무연구회, 지적재산소송실무(제3판), 박영사(2014), 407-412면 참조.
14) 구성요소를 어느 정도 단위로 파악하느냐에 따라 동일한 사안에 대하여 '치환'으로 볼 수

라. 4 판시 ― 과제해결원리 파악을 위한 공지기술 참작

과제해결원리의 파악을 위해 공지기술 등을 참작하라는 대법원의 판시와 관련하여, 선행 공지기술을 모두 특허발명의 과제해결원리에서 제외하는 식으로 판단해서는 곤란하다. 이렇게 판단하면 균등에서 과제해결원리 판단을 신규성 또는 진보성 판단과 통합시켜 버리는 문제점이 있고, 신규성 또는 진보성이 부정되는 특허발명에는 과제해결원리가 없다는 이상한 결론에 이르게 된다. 과제해결원리의 파악은 명세서의 기재를 토대로 그 특허발명이 의도하는 기술사상의 핵심이 무엇인지 탐구하는 과정이다. 따라서 공지기술은 명세서에 기재되어 있는 것으로 한정될 필요는 없지만, 명세서의 기재로부터 특허발명에 고유한 기술사상의 핵심을 파악하는 데 보충적인 역할을 하는 정도로 이해해야 한다.

마. 5 판시 ― 실질적으로 동일한 작용효과

제2요건과 관련하여, 대법원 2009. 6. 25. 선고 2007후3806 판결에서는 "작용효과가 실질적으로 동일하다고 인정할 수 있으려면 치환에 의하더라도 그 본질적 작용효과에서 현저한 차이가 없어야 한다"고 설시한 바 있고, 대법원 2014. 7. 24. 선고 2013다14361 판결에서는 "기술사상의 핵심과 관련 없는 관용적 기술수단을 채택함에 따른 부수적인 차이를 들어 실질적인 작용효과에 차이가 있다고 볼 수 없다."고도 설시한 바 있다. 대상결정의 5 판시는 이러한 대법원판결들의 설시 내용을 흡수한 것으로 보인다.

한편, 제2요건과 관련하여 침해제품 등이 특허발명과 완전히 동일한 작용효과를 발휘할 것까지는 요구되는 것은 아니고 침해제품 등의 효과가 더욱 크거나 넓어도 좋고 더욱 작거나 좁아도 좋으며 실질적으로 동일한 작용효과라면 족하고 보는 것이 일반적이고, 또한 특허발명 특유의 작용효과에 있어서 동일하다는 것을 의미한다.15) 대상결정의 경우, 실시제품 대응구성에 의하여 가압절판의 승강 작동을 안정적으로 안내하는 작용효과가 이 사건 특허발명에서와 동일하다고까지 볼 수는 없음에도, 가압절판의 자중(自重), 가압봉, 격자형 부재의 경사면을 따른 승강 등에 의해 구성 6 없이도 어느 정도는 가압절판의 안정적인 승강이 가능하다

있고 '생략'으로 볼 수도 있게 된다[김철환, "생략발명과 불완전이용론에 관한 소고", 특허소송연구3집, 특허법원(2005. 12), 93면].

15) 정택수, "균등침해의 적극요건", 사법 30호, 사법발전재단(2014), 381-382면.

는 점을 고려할 때 채무자 실시제품에서 질적으로 다르거나 양적으로 현저한 작용효과의 차이가 나타난다고 보기 어렵다는 이유를 들어 제2요건이 충족된다고 판단하였다. 위 견해를 받아들인 것으로 해석된다.

바. 6 판시 — 통상의 기술자라면 누구나 쉽게 생각해 낼 수 있는 정도

제3요건과 관련하여, ① 그 판단의 기준시점을 언제로 볼 것인지, ② 진보성 판단과의 관계는 어떠한지 문제된다.[16] 대상결정은 ① 쟁점에 관해서는 침해시설을 취하였고, ② 쟁점에 관하여는 진보성과 그 판단의 관점을 달리 하고 서로 관련이 없는 것이라고 하였다.

그 판단기준으로 대상결정은 "통상의 기술자에게 그 변경된 부분이 특허청구범위에 기재되어 있는 것과 마찬가지로 인식될 수 있거나 통상의 기술자가 별다른 기술적인 노력 없이 그러한 구성의 변경을 채택할 수 있는지 여부"를 제시하였다. 그런 후 구성 6과 같은 상자 형태의 가이드케이스 중 2면이 제거된 형태인 '회동푸셔와 스토퍼'를 두고 그 위쪽에 '사각케이스 형상의 중공이 그 내측에 형성된 중간판'을 별도로 배치하는 구성으로 변경하는 것은 통상의 기술자가 별다른 기술적인 노력 없이 쉽게 생각해 낼 수 있는 것으로 보았다.

한편, 대상결정은 채무자 실시제품에서 '복원스프링' 구성에 대해서도 균등 여부를 판단하였는데, 제1요건과 제2요건은 충족하나 제3요건은 충족하지 못하여 균등한 구성으로 볼 수 없다고 하였다. 제1요건을 부정하여 균등을 부정하는 판례가 대부분이라는 점에서 대상결정은 연구 가치가 큰 희귀한 판례이다.

Ⅳ. 대상결정의 의의

특허침해소송에서 진보성과 균등 판단은 가장 많이 문제된다는 점을 고려할 때, 균등에 관한 법리를 정치하게 확립하는 것은 매우 중요한 일이다. 특히 IP 허브 코트를 지향하는 우리의 현 상황과 그 동안 우리가 특허소송과 관련하여 쌓아온 학문적, 실무적 역량에 비추어 보면, 이제는 외국의 법리를 참고는 하되 이를 모방하는 데에서 탈피하여 합리적이고 유용한 우리의 독자적인 법리를 연구, 발전시켜 나갈 때가 되었다고 생각한다. 최근에 균등의 법리를 최종적으로 다듬은 대

---

16) 이에 대해 좀 더 자세한 것은, 정택수(주 15), 384-385면 참조.

법원 2014. 7. 24. 선고 2012후1132 판결 및 2013다14361 판결 이후로 학계 및 실무계에서 균등론에 관한 논의가 어느 때보다 활발해지고 있는 것은 매우 반가운 일이다. 대상결정은 균등에 관한 여러 가지 법리를 상세히 설시한 후, 이러한 법리를 구체적인 사안에 어떻게 적용할 것인지 그 구체적인 사례를 제시하고 있다는 점에서 많은 의미를 가지고 있다고 생각한다.

52. 균등침해 요건 중 과제해결원리 동일성 판단 방법

[특허법원 2015. 8. 21. 선고 2015허215 판결(확정)]

김동준(충남대학교 법학전문대학원 교수)

I. 사안의 개요

이 사건 등록고안은 명칭을 "싱크대의 인출식 수도전 샤워헤드 복귀용 무게추"로 하는 고안으로 피고가 실용신안권자이다. 원고는 2014. 5. 23. 특허심판원에 피고를 상대로, 이 사건 확인대상고안은 이 사건 등록고안의 권리범위에 속하지 않는다는 확인을 구하는 소극적 권리범위확인심판을 청구하였고, 특허심판원은 2014. 12. 3. 이 사건 확인대상고안이 자유실시기술에 해당하지 않고, 이 사건 등록고안의 구성을 동일하거나 균등한 형태로 모두 포함하고 있어 그 권리범위에 속한다는 이유로 원고의 소극적 권리범위확인 심판청구를 기각하는 이 사건 심결을 하였다(2014당1196호).[1]

원고는 특허법원에 이 사건 심결의 취소를 구하는 소를 제기하였는데, 확인대상고안이 이 사건 등록고안과 동일 또는 균등한 구성을 모두 포함하고 있는지 여부(특히 등록고안의 구성요소 3과 확인대상고안의 대응 구성요소가 균등관계에 있는지 여부)가 쟁점이다.[2]

---

1) 이 사건 심결은 ① 확인대상고안은 비교대상고안들로부터 통상의 기술자가 극히 용이하게 고안할 수 없는 것으로 그 진보성이 부정되지 아니하므로 자유실시기술에 해당하지 않는다고 한 다음, ② 확인대상고안은 전제부 구성 및 구성 1, 3, 4와 실질적으로 동일한 구성을 구비하고 있고, 구성 2(대상판결의 구성요소 3에 해당함)와 균등한 구성을 구비하고 있으므로, 확인대상고안은 이 사건 제1항 고안의 권리범위에 속한다고 판단하고 있다. 나아가 심결은 확인대상고안이 이 사건 제2항(구성 5 부가), 제3항(구성 6 부가) 및 제4항(구성 7 부가)의 권리범위에도 속한다고 판단하고 있다(확인대상고안은 구성 5 및 구성 6과는 균등한 대응구성을, 구성 7과는 동일한 대응구성을 구비하고 있다고 봄).
2) 이 사건 심결에서는 이 사건 제1항 고안의 구성을 전제부 및 구성 1부터 구성 4로 분설하고 있는데, 심결의 '전제부'는 대상판결의 '구성요소 1'에, 심결의 '구성 1'부터 '구성 4'는 대상판결의 '구성요소 2'부터 '구성요소 5'에 각각 대응된다.

Ⅱ. 판　시

심결 취소.

"등록고안과 대비되는 확인대상고안이 등록고안의 권리범위에 속한다고 할 수 있기 위해서는 등록고안의 청구범위에 기재된 각 구성요소와 그 구성요소 간의 유기적 결합관계가 확인대상고안에 그대로 포함되어 있어야 한다. 한편 등록고안의 청구범위에 기재된 구성요소가 확인대상고안에서 다른 구성요소로 변경된 경우라도, 등록고안의 구성요소와 확인대상고안의 변경된 구성요소가 과제해결원리가 동일하고, 실질적으로 동일한 작용효과를 나타내며, 그와 같은 변경이 그 고안이 속하는 기술분야에서 통상의 기술자라면 누구나 극히 쉽게 생각해 낼 수 있는 정도에 지나지 않는 경우에 해당하면, 특별한 사정이 없는 한 양 고안의 대응 구성요소는 균등하다고 보아야 한다. 그리고 여기서 '등록고안의 구성요소의 과제해결원리'를 파악함에 있어서는 등록고안의 청구범위에 기재된 구성요소의 일부를 형식적으로 추출할 것이 아니라, 명세서에 기재된 고안의 설명, 출원 경과, 출원 당시의 공지기술 등을 참작하여 구성요소로 구현된 기술수단이 기초하고 있는 기술사상의 핵심이 무엇인가를 실질적으로 탐구하여 판단하여야 한다."

특허법원은 위와 같은 판단기준을 제시한 다음, 이 사건 제1항 고안의 구성요소 3과 이 사건 확인대상고안의 대응 구성요소는 과제해결원리가 동일하지 않고, 실질적으로 동일한 작용효과를 나타내지도 않으므로 나머지 균등 요건에 관하여 더 나아가 살필 필요 없이 균등관계에 있다고 할 수 없고, 따라서 이 사건 확인대상고안은 이 사건 제1항 고안 구성요소를 모두 포함하고 있지 않으므로, 그 권리범위에 속하지 않는다고 판시하였다.3)

Ⅲ. 해　설

1. 서　론

이른바 '균등침해'가 성립하기 위한 다섯 가지 요건은 대법원 판결에 의해 확립되어 있다.4) 이러한 균등침해 성립요건 다섯 가지가 모두 중요하지만 그 중 실

---

3) 특허법원 2015. 8. 21. 선고 2015허215 판결(상고 미제기로 확정, 이하 '대상판결'이라 함).
4) 대법원 2014. 5. 29. 선고 2012후498 판결 등("확인대상발명에서 특허발명의 특허청구범위

무에서 많이 다투어지는 것이 제1요건인 '과제해결원리 동일성'이다. 과제해결원리 동일성에 대해서는 대법원 2009. 6. 25. 선고 2007후3806 판결과 대법원 2014. 7. 24. 선고 2012후1132/2013다14361 판결에서 구체적 기준이 제시된 바 있는데, 이하 '과제해결원리 동일성' 요건에 대해 살펴본다.5)

2. 과제해결원리 동일성 판단방법

제1요건의 의의에 대해 그 판단방법을 최초로 구체화한 대법원 2007후3806 판결에 따르면, '과제의 해결원리가 동일하다'는 것은 확인대상발명6)에서 치환된

에 기재된 구성 중 치환 내지 변경된 부분이 있는 경우에도, ① 양 발명에서 과제의 해결원리가 동일하고, ② 그러한 치환에 의하더라도 특허발명에서와 같은 목적을 달성할 수 있고 실질적으로 동일한 작용효과를 나타내며, ③ 그와 같이 치환하는 것이 발명이 속하는 기술분야에서 통상의 지식을 가진 자(이하 '통상의 기술자'라 한다)라면 누구나 쉽게 생각해 낼 수 있는 정도로 자명하다면, ④ 확인대상발명이 특허발명의 출원 시 이미 공지된 기술과 동일한 기술 또는 통상의 기술자가 공지기술로부터 쉽게 발명할 수 있었던 기술에 해당하거나, ⑤ 특허발명의 출원절차를 통하여 확인대상발명의 치환된 구성이 특허청구범위로부터 의식적으로 제외된 것에 해당하는 등의 특별한 사정이 없는 한, 확인대상발명은 전체적으로 특허발명의 특허청구범위에 기재된 구성과 균등한 것으로서 여전히 특허발명의 권리범위에 속한다고 보아야 한다."). 각 요건에 붙인 번호는 필자가 부가한 것이며, 이 글에서는 다섯 가지 요건을 약칭하여 ①은 과제해결원리 동일성(또는 제1요건), ②는 작용효과 동일성(또는 제2요건), ③은 치환자명성(또는 제3요건), ④는 자유실시기술의 배제(또는 제4요건), ⑤는 출원경과금반언(또는 제5요건)이라 한다.

5) 이하 '해설' 부분은 필자의 2014. 10. 특허법원 발표자료인 '균등침해요건 중 과제해결원리 동일성 판단방법'(해당 발표자료는 산업재산권 제44호(한국지식재산학회, 2014. 8. 31. 발간) 39-95면에 같은 제목으로 게재된 논문에, 해당 논문의 검토 대상에 포함하지 못한 대법원 2014. 7. 24. 선고 2013다14361 판결과 대법원 2014. 7. 24. 선고 2012후1132 판결에 대한 검토를 추가하여 수정한 것임)의 내용을 중심으로 정리한 것이다. 우리나라 균등론에 직접적인 영향을 준 일본의 균등론과, 일본의 균등론에 직·간접적인 영향을 준 독일의 균등론에 있어서 '과제해결원리 동일성' 요건과 대응하는 요건의 구체적 판단방법에 대해서는 김동준, 위의 논문 참조. 한편, 미국의 경우 일본이나 독일과 달리 균등판단의 유일한 기준 없이 사안에 따라 기능·방법·결과의 3요소 동일성 테스트(FWR 테스트) 혹은 비실질적 차이 테스트(ID 테스트)가 적용되고 있어 '과제해결원리 동일성' 요건과 비교검토의 대상으로 삼기에 곤란한 점이 있다. 다만, 과제해결원리 동일성 요건과 직접적 대응관계가 성립하지는 않지만 어느 정도 관련성이 있는 것으로 볼 수 있는 미국의 FWR 테스트(특히 '방법' 요소)와의 비교검토는 김동준, 「특허균등침해론」, 법문사, 2012, 327-337면 참조.

6) 특허권의 권리범위에 속하는지 여부 판단 시 특허발명과 대비대상이 되는 것을 권리범위확인사건에서는 '확인대상발명'으로, 가처분 사건에서는 '채무자의 장치'로, 특허권 침해금지청구나 손해배상청구 사건(이하 '침해사건'이라 한다)에서는 '피고실시제품 등', '침해대상제품 등'으로 부르는데 권리범위확인사건 판결을 평석 대상으로 하는 이 글에서는 '확인대상발명'이라는 용어를 사용한다. 한편, 이 사건의 경우 실용신안권에 대한 것이어서 '확인대상발명'이 아니라 '확인대상고안'이 판단대상이지만 이 글 '해설'에서는 편의상 '확인대상발명'으로 용어를 통일한다.

구성이 특허발명의 비본질적인 부분이어서 확인대상발명이 특허발명의 특징적 구
성을 가지는 것을 의미하고, 특허발명의 특징적 구성을 파악할 때에는 특허청구범
위에 기재된 구성의 일부를 형식적으로 추출할 것이 아니라 명세서의 발명에 관
한 상세한 설명의 기재와 출원 당시 공지기술 등을 참작하여 선행기술과 대비하
여 볼 때 특허발명에 특유한 해결수단이 기초하고 있는 과제의 해결원리가 무엇
인가를 실질적으로 탐구하여 판단하여야 한다.[7] 한편, 2014. 7. 선고된 대법원
2013다14361 판결과 대법원 2012후1132 판결에서는 대법원 2007후3806 판결과
대법원 2010다65818 판결을 인용하면서도 "특허발명에 특유한 해결수단이 기초하
고 있는 과제의 해결원리가 무엇인가를 실질적으로 탐구하여 판단하여야 한다"고
하는 대신 "특허발명에 특유한 해결수단이 기초하고 있는 기술사상의 핵심이 무
엇인가를 실질적으로 탐구하여 판단하여야 한다"고 하여 일부 표현을 달리 하고
있다.

3. 구성요소의 균등 v. 발명 전체의 균등

특허권 침해판단에 있어서 구성요소 완비의 원칙(All Elements Rule or All
Limitations Rule)은 확립된 법리로 문언침해 판단에서도 균등침해 판단에서도 동일
하게 적용된다.[8] 미국,[9] 일본,[10] 독일[11]도 마찬가지 상황이다.[12] 이처럼 침해 판

---

7) 대법원 2014. 7. 24. 선고 2013다14361 판결; 대법원 2014. 7. 24. 선고 2012후1132 판결; 대
 법원 2014. 5. 29. 선고 2012후498 판결; 대법원 2012. 6. 28. 선고 2012도3583 판결; 대법원
 2012. 6. 14. 선고 2012후443 판결; 대법원 2011. 9. 29. 선고 2010다65818 판결; 대법원 2011.
 7. 28. 선고 2010후67 판결; 대법원 2011. 5. 26. 선고 2010다75839 판결; 대법원 2010. 5. 27.
 선고 2010후296 판결; 대법원 2009. 12. 24. 선고 2007다66422 판결; 대법원 2009. 10. 15. 선
 고 2009다46712 판결; 대법원 2009. 6. 25. 선고 2007후3806 판결 등.
8) 특허법원 지적재산소송 실무연구회, 「지적재산소송실무(제3판)」, 박영사(2014), 383면. 최
 근의 대법원 판결을 예로 들면, 대법원 2014. 5. 29. 선고 2012후498 판결에서는 "특허발명과
 대비되는 확인대상발명이 특허발명의 권리범위에 속한다고 할 수 있기 위해서는 특허발명의
 특허청구범위에 기재된 각 구성요소와 그 구성요소 간의 유기적 결합관계가 확인대상발명에
 그대로 포함되어 있어야 한다"고 한 다음, "결국 확인대상발명은 이 사건 제1항 발명의 <u>각
 구성요소와 동일하거나 균등한 구성을 모두 가지고 있고</u>, 그 구성요소 간의 유기적 결합관계
 도 그대로 포함하고 있으므로, 이 사건 제1항 발명의 권리범위에 속한다고 할 것이다"라고
 판시하여 균등침해 판단에 있어서 구성요소 완비의 원칙을 적용하고 있다. 대법원 2010. 9.
 30.자 2010마183 결정("결국 채무자 실시제품은 이 사건 제1항 발명의 <u>각 구성요소와 동일하
 거나 균등한 구성을 모두 가지고 있고</u>, 그 구성요소 간의 유기적 결합관계도 그대로 포함하
 고 있으므로, 이 사건 제1항 발명에 대한 채권자의 전용실시권을 침해한다고 할 것")도 마찬
 가지이다.
9) Janice M. Mueller, *Patent Law*, Fourth Edition, Wolters Kluwer Law & Business, 2013,
 p.96 ("In summary, the all-element rule requires that in order to find that an accused

단은 피고실시제품이 특허발명의 모든 구성요소를 문언 그대로 또는 균등한 형태로 구비하고 있는지를 판단하는 것이므로 균등판단의 대상은 어디까지나 특허발명의 특정한 구성요소와 피고실시제품의 대응구성인 것이다.13) 균등론을 명시적으로 인정한 대법원 97후2200 판결을 포함하여 다수의 대법원 판결에서는 균등론의 다섯 가지 요건을 충족하면 특허발명의 구성요소와 확인대상발명의 대응구성은 균등물이라는 점을 분명히 하고 있었는데,14) 최근의 대법원 판결에서는 실제

---

device infringes a particular asserted claim of a patent, <u>every element</u> (more properly, every limitation) recited in that claim must be met (i.e. matched) <u>either literally or equivalently</u> in the accused device.").

10) 中山信弘·小泉直樹 編, 「新·注解 特許法」, 青林書院, 2011, 1087-88頁 ("따라서 이호물건의 구성이 특허청구범위의 기재를 분설한 구성요건의 하나라도 만족하지 않는 경우에는 해당 이호물건은 해당 특허발명의 기술적 범위에 속하지 않게 된다. …… 따라서 특허청구범위의 기재문언대로의 구성은 아니라도 실질적으로 동일하다고 평가되는 구성에 대해서는 특허권의 보호범위의 확장을 하고자 하는 것이 균등론이다.").

11) A. Harguth & S. Carlson, *Patents in Germany and Europe: Procurement, Enforcement and Defense*, Kluwer Law International, 2011, p. 185 ("If <u>a feature</u> of the asserted claim is neither fulfilled <u>in identical nor equivalent form</u> by the accused embodiment, then there is no infringement.").

12) 중심한정주의·주변한정주의와 균등론의 관계 및 주요국의 균등침해 성립요건에 대해서는 김동준, 앞의 책, 16-19면, 280-284면 참조.

13) 대법원은 균등관계 판단의 대상을 '발명 대 발명'으로 보고 있으며, 이처럼 균등관계의 적용 대상을 발명 대 발명으로 보게 되면, 균등관계의 인정범위가 지나치게 넓어질 염려가 있으므로 미국과 같이 구성요소 대 구성요소로 적용대상을 한정하는 것도 검토해 볼 필요가 있다는 견해로는 강경태, "균등침해판단에서 구성의 구분과 과제의 해결원리 ─ 서울고등법원 2012. 4. 19. 선고 2011나45820 판결에 대한 판례평석 ─", Law & Technology(제9권 제1호), 서울대학교 기술과법센터, 2013, 122-123면. 한편, 해당 판례해설(122면)에서는 '발명 전체의 과제해결원리'와 '구성요소의 과제해결원리'의 차이 및 제1요건을 '기술적 사상의 동일'로 해석하는지 아니면 '중요하고 본질적인 부분이 아닐 것'으로 해석하는지에 따른 차이 등에 대해서도 자전거 발명의 예를 들어 설명하고 있다.

14) 대법원 2000. 7. 28. 선고 97후2200 판결((가)호 발명의 치환된 <u>구성요소</u>는 특허발명의 그것과 균등물이라고 보아야 할 것); 대법원 2001. 6. 15. 선고 98후836 판결((가)호 발명의 치환된 <u>구성요소</u>는 특허발명의 대응되는 <u>구성요소</u>와 균등관계에 있는 것); 대법원 2001. 8. 21. 선고 98후522 판결((가)호 발명의 치환된 <u>구성요소</u>는 특허발명의 대응되는 <u>구성요소</u>와 균등관계에 있는 것); 대법원 2002. 8. 23. 선고 2000후3517 판결((가)호 발명의 치환된 <u>구성요소</u>는 특허발명의 대응되는 <u>구성요소</u>와 균등관계에 있는 것); 대법원 2005. 2. 25. 선고 2004다29194 판결(대비되는 발명의 치환된 <u>구성요소</u>는 특허발명의 대응되는 <u>구성요소</u>와 균등관계에 있는 것); 대법원 2009. 5. 14. 선고 2007후5116 판결(원심이 … 확인대상발명이 이 사건 특허발명의 특허청구범위 제4항 내지 제8항의 <u>각 구성과 동일하거나 균등한 구성</u>을 구비하고 있어 그 권리범위에 속한다는 취지로 판단하였음은 정당); 대법원 2008. 11. 27. 선고 2008후2404 판결(확인대상발명에는 이 사건 제1항 발명의 '승강판이 승강하는 구성'이나 <u>이와 균등한 구성이 없어서</u> 나머지 구성에 대하여 살펴볼 필요 없이 이 사건 제1항 발명 및 그 종속항인 이 사건 제2항 발명의 권리범위에 속하지 않는다고 할 것); 대법원 2005. 11. 25. 선고 2004후3478 판결(확인대상발명의 구성 가, 다는 이 사건 특허발명의 구성 1, 3과 각 동일하

로는 특허발명의 특정한 구성요소와 확인대상발명의 대응구성 사이의 균등 여부를 판단하면서도 판시에 있어서는 균등론의 다섯 가지 요건을 충족하면 "확인대상발명은 전체적으로 특허발명의 특허청구범위에 기재된 구성과 균등한 것"이라고 하여 균등판단의 대상이 발명 전체인 것으로 오해할 여지가 있다.15) 물론 확

___

지 아니하고, 과제해결의 원리도 달라 나아가 서로 치환이 가능한지 혹은 치환이 용이한지 여부에 대하여 판단할 것도 없이, 확인대상발명은 이 사건 특허발명의 균등의 범위에도 속하지 아니 한다고 할 것); 대법원 2003. 10. 24. 선고 2002후1102 판결((가)호 고안의 치환된 구성요소는 등록고안의 대응되는 구성요소와 균등관계에 있는 것); 대법원 2001. 9. 7. 선고 2001후393 판결((가)호 고안의 치환된 구성요소는 등록고안의 대응되는 구성요소와 균등관계에 있는 것); 대법원 2002. 9. 6. 선고 2001후171 판결((가)호 발명의 치환된 구성요소는 특허발명의 대응되는 구성요소와 균등관계에 있는 것); 대법원 2002. 8. 23. 선고 2000후3517 판결((가)호 발명의 치환된 구성요소는 특허발명의 대응되는 구성요소와 균등관계에 있는 것); 대법원 2001. 8. 21. 선고 99후2372 판결(특허발명의 청구항이 일정한 범위의 수치로 한정한 것을 구성요소의 하나로 하고 있는 경우에는 그 범위 밖의 수치가 균등한 구성요소에 해당한다는 등의 특별한 사정이 없는 한 특허발명의 청구항에서 한정한 범위 밖의 수치를 구성요소로 하는 (가)호 발명은 원칙적으로 특허발명의 권리범위에 속하지 아니한다 할 것).

15) 대법원 2009. 6. 25. 선고 2007후3806 판결(확인대상발명은 전체적으로 특허발명의 특허청구범위에 기재된 구성과 균등한 것); 대법원 2012. 6. 14. 선고 2012후443 판결(확인대상발명은 특허발명의 구성과 실질적으로 동일한 것); 대법원 2014. 5. 29. 선고 2012후498 판결(확인대상발명은 전체적으로 특허발명의 특허청구범위에 기재된 구성과 균등한 것); 대법원 2011. 7. 28. 선고 2010후67 판결(확인대상발명은 전체적으로 특허발명의 특허청구범위에 기재된 구성과 균등한 것); 대법원 2010. 9. 30.자 2010마183 결정(침해대상제품 등은 전체적으로 특허발명의 특허청구범위에 기재된 구성과 균등한 것); 대법원 2009. 10. 15. 선고 2009다46712 판결(침해대상제품 등은 전체적으로 특허발명의 특허청구범위에 기재된 구성과 균등한 것); 대법원 2010. 5. 27. 선고 2010후296 판결(확인대상발명은 전체적으로 특허발명의 특허청구범위에 기재된 구성과 균등한 것); 대법원 2009. 12. 24. 선고 2007다66422 판결(대상제품은 전체적으로 특허발명의 특허청구범위에 기재된 구성과 균등한 것); 대법원 2011. 5. 26. 선고 2010다75839 판결(대상제품은 전체적으로 특허발명의 특허청구범위에 기재된 구성과 균등한 것); 대법원 2011. 9. 29. 선고 2010다65818 판결(침해대상제품 등은 전체적으로 특허발명의 특허청구범위에 기재된 구성과 균등한 것); 대법원 2012. 6. 28. 선고 2012도3583 판결(침해대상제품 등이 전체적으로 특허발명의 특허청구범위에 기재된 구성과 균등한 것); 대법원 2014. 7. 24. 선고 2013다14361(침해제품 등은 특허발명의 특허청구범위에 기재된 구성과 균등한 것); 대법원 2014. 7. 24. 선고 2012후1132 판결(확인대상발명은 특허발명의 특허청구범위에 기재된 구성과 균등한 것). 97후2200 판결과 달리 처음 위와 같은 판시를 한 대법원 판결이 어떤 것인지 분명하지는 않지만 위에서 소개한 판결들 다수에서는 2007후3806 판결이 인용되고 있다. 한편, 2007후3806 판결은 위 판시와 관련하여 구성요소별 균등판단을 분명히 한 97후2200 판결과 2004다29194 판결을 인용하고 있어 위 판시가 나오게 된 배경을 정확히는 알 수 없다. 다만, 위 판결들 중 2012후443 판결과 2012도3583 판결(2012후443 사건과 동일한 내용의 형사사건 판결)은 발명 대 발명의 대비에 가깝고, 2009다46712 판결도 명확하지는 않지만 발명 대 발명의 대비에 가까운 것으로 보인다. 한편, (특허발명의) 구성 대 (확인대상발명의) 구성 대비의 경우도 2007후3806 판결은 1:1이 아니라 2:2로 대비하고 있고, 2010후296 판결은 2:1로, 2010다65818 판결은 2:2 또는 5:2로 대비하고 있다. 한편, 최근 관련사건에 대해 동일자로 선고된 2013다14361 판결(침해사건)과 2012후1132 판결(권리범위확인사건)의 경우 공통적으로 위에서 언급한 바와 같이 "침해제품 등(또는 확인대상발명)은 특

인대상발명의 대응구성이 문언상 동일하지 않은 특허발명의 구성요소와 균등관계
가 성립하므로(구성요소의 균등) 결과적으로 균등론에 의한 침해가 성립한다(발명
전체의 균등)는 의미로 선해할 수도 있지만 97후2200 판결처럼 판시상으로도 균등
판단의 대상이 구성요소임을 분명히 하는 것이 바람직하다고 본다.

구성요소완비의 원칙에 따를 경우 균등 판단은 구성요소별로 이루어져야 하
므로 균등침해의 각 요건도 역시 구성요소별로 판단되어야 한다.16) 제1요건 판단
과 관련하여 실무상 혼란이 생긴 이유를 추측해 보면, 대법원이 제1요건을 '양 발
명에서 과제의 해결원리가 동일'할 것으로 표현하고 있기 때문으로 생각된다.17)
위 문구만 따로 떼어 생각하면 특허발명과 확인대상발명을 전체로서 대비하여 과
제해결원리가 동일하면 제1요건이 충족된다는 의미로 볼 수도 있다. 하지만 앞서
언급한 구성요소 완비 원칙의 맥락에서 제1요건을 파악하면, 특허발명이 $X(a1 + b1 + c1)$이고 확인대상발명이 $Y(a1 + b1 + c2)$인 경우 구성 $c1$이 $c2$로 치환된 발명
Y가 여전히 발명 X와 동일한 기술사상으로 볼 수 있다면 $c1$과 $c2$는 제1요건을 충

허발명의 특허청구범위에 기재된 구성과 균등한 것"이라고 하고 있지만, 침해사건의 원심
(2013다14361의 원심)인 서울고등법원 2013. 1. 16. 선고 2012나38362 판결은 "대비되는 발명
의 치환된 구성요소는 특허발명의 대응되는 구성요소와 균등관계에 있는 것(대법원 2005. 2.
25. 선고 2004다29194 판결 인용)"이라고 하고 있는 반면, 권리범위확인사건의 원심(2012후
1132의 원심)인 특허법원 2012. 2. 24. 선고 2011허9740 판결은 "확인대상발명은 전체적으로
특허발명의 특허청구범위에 기재된 구성과 균등한 것(대법원 2000. 7. 28. 선고 97후2200 판
결 및 대법원 2005. 2. 25. 선고 2004다29194 판결 인용)"이라고 하여 차이를 보이고 있다.

16) 미국 연방대법원의 Warner-Jenkinson 판결에서 균등론은 발명 전체(invention as a
whole)가 아닌 청구범위의 개별 구성요소(individual elements of the claim)에 적용되어야
한다고 강조하고 있고(Warner-Jenkinson Co., Inc. v. Hilton Davis Chemical Co., 520 U.S.
17, 29-30 (1997)), 유럽특허조약(EPC) 제69조의 해석에 관한 의정서도 균등론은 구성요소별
로 적용됨을 분명히 하고 있다(Protocol on the Interpretation of Article 69 EPC, Article 2
Equivalents).

17) 또 다른 이유를 생각해 보면, 특허발명과 확인대상발명이 둘 이상의 구성요소에서 차이가
있는 경우도 있지만 하나의 구성요소에서만 차이가 있는 경우가 흔한데, 이러한 경우 균등
여부를 '발명 대 발명'으로 대비하는 것과 '구성 대 구성'으로 대비하는 것이 결론에 있어 차
이가 없는 것처럼 생각되기 때문이다. 예를 들면, 종래기술이 $a1 + b1$, 특허발명이 $X(a1 + b1 + c1)$이고 확인대상발명이 $Y1(a1 + b1 + c2)$, $Y2(a1 + b2 + c1)$, 또는 $Y3(a2 + b1 + c1)$인 경
우이다. 물론 이 경우 특허발명과 확인대상발명에서 차이가 있는 구성이 $c1$과 $c2$인 경우(즉,
선행기술과 차별되는 구성과 관련하여 균등 판단이 문제되는 경우)에는 구성 대 구성인
$c1{:}c2$의 균등판단과 발명 대 발명인 $X{:}Y1$의 균등 판단이 결론에 있어 차이가 없을 수 있다.
하지만 특허발명과 확인대상발명에서 차이가 있는 구성이 $b1$과 $b2$이거나 혹은 $a1$과 $a2$인 경
우(즉, 선행기술과 차별되는 구성 외의 구성과 관련하여 균등 판단이 문제되는 경우)에는,
$b1{:}b2$의 균등판단과 $X{:}Y2$의 균등판단 혹은 $a1{:}a2$의 균등판단과 $X{:}Y3$의 균등판단이 결론에
있어 차이가 있을 수 있다. 이 역시 균등판단을 발명 대 발명이 아니라 구성 대 구성으로 해
야 하는 또 하나의 이유일 것이다.

족한다는 것으로 이해된다. 이처럼 c1과 c2의 균등 여부를 구성요소 독자적 관점에서 판단하지 않고 발명에 대입하여 발명 전체의 관점에서 파악하는 이유는, 동일한 기술적 구성이라도 맥락에 따라 균등물에 해당할 수도, 해당하지 않을 수도 있기 때문이다.18) 즉, c1과 c2를 독자적 관점에서 대비하는 것이 아니라, a1 및 b1과 유기적으로 결합된 발명 전체의 관점에서 대비하여 과제해결원리의 동일성을 파악하는 것이 제1요건의 의의라고 생각된다.

4. 대상판결의 의의

대상판결은, 균등침해 성립 요건을 충족하면 "양 고안의 대응 구성요소는 균등하다고 보아야 한다"고 판시하여 균등 판단의 대상이 발명 전체가 아닌 구성요소임을 분명히 하고 있고, 과제해결원리 동일성 요건에 대해서도 "등록고안의 구성요소와 확인대상고안의 변경된 구성요소가 과제해결원리가 동일하고", "구성요소로 구현된 기술수단이 기초하고 있는 기술사상의 핵심"이라고 하여 그 판단대상이 발명 전체가 아니라 구성요소임을 분명히 하고 있다.19)

이와 같은 대상판결의 판단방법이 종래 대법원 판결의 주류적 입장과 다르다고 볼 수는 없고,20) 앞서 언급한 것처럼 종래 대법원 판결의 판시도 구성요소 완비 원칙의 맥락에서 파악하면 대상판결의 판시와 같은 의미로 이해할 수도 있을 것이다. 다만, 대법원이 제1요건을 '양 발명에서 과제의 해결원리가 동일'할 것으로 표현하고 있기 때문에 제1요건 판단과 관련하여 실무상 혼란이 생기는 것을 방지할 수 있다는 점에서 대상판결의 의의를 찾을 수 있을 것이다.21)

---

18) 예를 들면, '볼트'와 '리벳'은 진동이 크게 문제되지 않는 발명에서는 균등한 구성으로 볼 수도 있지만, 진동이 문제되는 발명에서는 균등한 구성으로 인정되지 않을 수 있다.

19) 종래 대법원 2012후1132 판결 등에서는 균등침해 성립요건을 충족하면 "확인대상발명은 특허발명의 특허청구범위에 기재된 구성과 균등한 것"이라고 하고 있고, 과제해결원리 동일성 요건과 관련하여서도 "양 발명에서 과제의 해결원리가 동일한지", "특허발명에 특유한 해결수단이 기초하고 있는 기술사상의 핵심"이라고 판시하고 있다.

20) 3건의 대법원 판결례에 대한 자세한 소개는 김동준, "균등침해 요건 중 과제해결원리 동일성 판단 방법", 2015 Top 10 특허판례 세미나 자료집, 한국특허법학회, 2016. 2, 135-157면 참조.

21) 대상판결 이후 특허법원 2015. 9. 11. 선고 2014허7516 판결에서도 대상판결과 마찬가지의 판시를 하고 있는데, 이 판결도 대상판결과 마찬가지로 상고 없이 확정되었다. 두 판결 모두 상고 없이 확정되어 위 판시내용에 대해 대법원의 판단을 받지는 못했다.

53. 출원경과 금반언의 원칙에 대한 고찰

[대법원 2006. 12. 7. 선고 2005후3192 권리범위확인(특)]

홍정표(국민대학교 교수)

Ⅰ. 사실의 개요

X(피고, 피상고인)는 "금속판에 무늬를 구현하는 방법"에 관한 자신의 발명의 명칭을 "자외선 경화형 도료를 이용한 마감 코팅방법"으로 하는 특허 제405377호(출원일 2002. 1. 23, 등록일 2003. 11. 1, 이하 '이 사건 특허발명'이라 한다)의 권리범위에 속하지 아니한다는 심결을 구하는 소극적 권리범위 확인심판을 청구하였다.

특허심판원은 위 심판청구에 대하여, 이 사건 특허발명과 확인대상발명은 특징적인 구성 및 작용효과가 상이하므로, 확인대상발명은 이 사건 특허발명의 권리범위에 속하지 아니한다고 심결하였고,1) 이에 대한 심결취소소송에서 특허법원은 출원인이 선행기술로부터 용이하게 발명할 수 있다는 거절이유통지를 받은 후 선행기술과의 관계를 고려하여 청구범위를 축소한다고 주장하면서 청구범위를 축소하는 보정서를 제출함으로써, 보정 후의 청구항 1에서 한정한 투명수지의 재질과 자외선 경화형 도료의 도포방법을 제외한 나머지 투명수지의 재질과 자외선 경화형 도료의 도포방법은 이 사건 특허발명의 청구범위에서 의식적으로 제외되었다고 할 것이므로, 확인대상발명은 이 사건 특허발명의 권리범위에 속하지 않는다고 판단하여 2005. 10. 21. 원고의 청구를 기각하는 판결을 선고하였다.

이에 대하여 원고가 불복하여 상고를 제기하였는바, 대법원은 다음과 같이 판시하였다.

---

1) 특허심판원 2004. 12. 30.자 2004당490 심결.

Ⅱ. 판   시

기각 판결.

"원고가 명칭을 '자외선 경화형 도료를 이용한 마감 코팅방법'으로 하는 이 사건 특허발명을 당초 4개의 청구항으로 출원하였다가, 특허청 심사관으로부터 공개특허공보 제1986-2708호에 게재된 발명으로부터 용이하게 발명할 수 있다는 이유로 거절이유통지를 받게 되자, 의견서 및 보정서를 제출하면서 위 공개특허공보에 게재된 발명과의 관계를 고려하여 청구범위를 축소하는 보정을 한다고 주장하면서 종속항인 보정 전의 청구항 2, 3, 4에 있던 구성을 청구항 1에 포함시키고 그 종속항을 모두 삭제하였고, 그 결과 보정 전의 청구항 1에서는 이 사건 특허발명의 투명수지층에 사용하는 '투명수지의 재질'과 '자외선 경화형 도료의 도포방법'에 대하여 아무런 한정이 없었으나, 보정 후의 청구항 1에서는 '투명수지층의 재질'이 '폴리에스테르계 또는 에폭시 폴리에스테르계'로, '자외선 경화형 도료의 도포방법'이 '커튼코팅방법'으로 각 한정되게 된 사실이 인정되므로, 보정 후의 청구항 1에서 한정한 투명수지의 재질과 자외선 경화형 도료의 도포방법을 제외한 나머지 투명수지의 재질과 자외선 경화형 도료의 도포방법은 이 사건 특허발명의 청구범위에서 의식적으로 제외되었다고 할 것이고, 따라서 이 사건 특허발명의 구성에서 제외된 투명수지층의 재질과 자외선 경화형 도료의 도포방법을 채택하고 있는 확인대상발명은 이 사건 특허발명과 균등한 구성을 갖고 있는 것이라고 할 수 없어 그 권리범위에 속하지 않는다."

Ⅲ. 해   설

1. 들어가는 말

출원경과[2] 금반언의 원칙(Prosecution history estoppel)은[3] 선행기술(prior art)

---

[2] 여기서 출원경과는 원출원(original application)뿐 아니라, 모(母)출원(parent application), 재발행특허(reissue) 및 재심사(reexamination)에 관한 모든 출원경과를 포함한다. See Donald S. Chisum, *Elements of United States Patent Law* 474 (2nd ed., 2000).

[3] File wrapper estoppel이라고도 하나, 1980년대 초 이래 CAFC는 prosecution history estoppel이라는 용어를 선호하여 사용하고 있다. McCarthy's Desk Encyclopedia of Intellectual Property 171 (2nd ed., 1996).

과 함께 균등론을 제한하는 원칙으로 작용한다. 출원경과 금반언의 원칙에 따르면, 특허권자는 자신의 말을 뒤집을 수 없다(estopped). 즉 특허출원인이 특허받을 때까지의 심사 과정에서 행한 행위나 진술 때문에 특정한 균등범위를 주장하는 것이 금지되는 것이다.[4]

균등론과 마찬가지로 출원경과 금반언의 원칙은 미국에서 발전되어 온 것으로서 그 기원은 1800년대 말로 거슬러 올라가게 되는데,[5] 출원경과 금반언의 원칙의 기원이라 할 수 있는 일련의 판례가 이 시기(1890년 전후)에 집중적으로 나온 것은 확장기능을 본질로 하는 균등론에 대한 억제의 필요성과 주변한정주의로의 전환이 중요한 계기가 되었다. 이에 따른 심사경과를 중시하는 경향과 전통적 형평법에서의 금반언(estoppel)의 개념이 결합되어, 출원경과 금반언의 원칙이 탄생한 것이다.[6]

출원경과 금반언의 원칙에 관한 이론적 근거 중 주요한 것들로는, (1) 전통적인 금반언(estoppel)의 원칙, (2) 포기설(abandonment and disclaimer), (3) 행정절차권 용진(用盡)설(exhaustion of administrative remedies), (4) 심사과정의 공시기능중시설 등을 들 수 있다.[7]

출원경과 금반언의 원칙은 우리나라에서 대법원의 균등론 판단기준 중 "확인대상발명의 치환된 구성요소가 특허청구범위로부터 의식적으로 제외되었는지"라는 소극적 판단 요건에 해당한다. 실제 특허침해소송에서 출원경과 금반언의 원칙이 적용되는가의 여부가 침해판단의 주요 쟁점이 되는 경우는 상당히 많다.

2. 출원경과 금반언의 원칙에 관한 주요 쟁점들

가. 출원경과 금반언의 적용대상

출원경과 금반언의 적용대상에 관해서는, (1) 전통적인 금반언(Classic estoppel), 즉 출원인이 선행기술에 근거한 거절이유에 대응하여 청구범위를 수정, 취소 또는

---

4) C. Bruce Hamburg, *The Doctrine of Equivalents in the U.S.* (1998).

5) See John W. Schlicher, *The Law, History, and Policy of Prosecution History Estoppel in Patent Actions in the U.S. Supreme Court-Implications for Festo* (part I), 84 J. Pat. & Trademark Off. Soc'y 581, 593 (stating that the basis of prosecution history estoppel was set forth in Leggett); *Leggett v. Avery*, 101 U.S. 256, 259-60 (1879). See also *Roemer v. Peddie*, 132 U.S. 313 (1889).

6) ヘンリ-幸田(Henry Koda), 美國特許訴訟(侵害論)(1984), 144面.

7) See *Id.* at 416-19.

부가한 경우, (2) 자백에 의한 금반언(Estoppel by admission), 즉 출원인이나 대리인이 특허를 받기 위하여 청구범위를 축소하면서 심사관에 대하여 행한 의견, (3) 선행기술과 관련 없는 금반언(Non-art estoppel), 즉 형식적 이유의 거절이유에 대응하여 청구범위가 수정, 취소된 경우 등 3가지 경우로 나누어 볼 수 있다.[8]

현대 출원경과 금반언의 원칙의 출발점이라 할 수 있는 *Exhibit Supply Co. v. Ace Patents Corp.*[9] 사건에서 전통적인 금반언의 원칙이 인정되고, 1,[10] 3,[11] 4[12] 순회항소법원, 관세특허 항소법원(the Court of Customs and Patent Appeals)[13] 등에서 자백에 의한 금반언의 원칙이 인정되었으나, 1순회항소법원[14] 및 관세 특허 항소법원의[15] 일부 사건을 제외하면 대부분의 경우 선행기술과 관련이 없는 금반언은 받아들여지지 아니하였다.[16]

CAFC의 탄생 이후, *Hughes Aircraft Co. v. United States,*[17] *Schenk v. Nortron Corp.*[18] 등에서 전통적인 금반언의 원칙을, *Standard Oil Co. v. American Cyanamid Co.,*[19] *Townsend Eng'r Co. v. HiTex Co.*[20] 등에서 자백에 의한 금반언의 원칙은 일관되게 받아들여졌으나, 선행기술과 관련이 없는 금반언은 부정되어 왔다.[21]

Exhibit Supply Co. 사건 이후 출원경과 금반언의 원칙을 처음으로 다룬 판례인 *Warner-Jenkinson Co. v. Hilton Davis Chemical Co.*[22] 사건에서 연방 대법원

---

8) Paul J. Otterstedt, *Unwrapping File Wrapper Estoppel in the Federal Circuit: A New Economic Policy Approach,* 67 St. John's L. Rev. 405, 408 (1993).

9) 315 U.S. 126 (1942).

10) See *Progressive Eng'g, Inc. v. Machinecraft, Inc.,* 273 F.2d 593, 598 (1st Cir. 1959).

11) See *Westinghouse Elec. Corp. v. Hanovia Chem. & Mfg.,* 179 F.2d 293, 296-97 (3rd Cir. 1949).

12) See *Duplan Corp. v. Deering Milliken Research Corp.,* 594 F.2d 979 (4th Cir. 1979).

13) See *Coleco Indus. v. United States Int'l Trade Comm'n,* 573 F.2d 1247, 1257-58 (C.C.P.A. 1978).

14) See *Borg-Warner Corp. v. Paragon Gear Works, Inc.,* 355 F.2d 400, 406 (1st Cir. 1965), (embracing non-art estoppel), cert. dismissed, 384 U.S. 935 (1966).

15) See *Coleco Indus. v. United States Int'l Trade Comm'n,* 573 F.2d at 1258 (endorsing non-art estoppel by implication).

16) Otterstedt, supra note 8, at 409.

17) 717 F.2d 1351, 1362 (Fed. Cir. 1983).

18) 713 F.2d 782, 786 (Fed. Cir. 1983).

19) 774 F.2d 448, 452 (Fed. Cir. 1985).

20) 829 F.2d 1086, 1090-91 (Fed. Cir. 1987).

21) Otterstedt, supra note 8, at 410.

은 보정의 이유가 불분명한 경우에는 특허권자가 그 보정 이유를 입증할 책임이 있으며, 이유가 설명되지 않는 보정은 특허성(patentability)과 관련된 실질적 이유가 있었다고 추정할 수밖에 없어 금반언의 원칙이 적용된다고 판결하였다.23)

나. 절대적인 금반언(absolute bar approach)과 상대적인 금반언(flexible bar approach)

출원경과 금반언의 원칙을 적용하는 경우 그 적용범위가 어느 정도이어야 하는가에 관한 것인데, 판례는 출원경과 금반언의 원칙을 좁게 적용하여 대체로 거절이유로 인용된 선행기술에 기재된 범위로 한정하는 견해{flexible or liberal (bar) approach}와 출원경과 금반언의 원칙을 넓게 적용하여 보정에 의하여 감축된 범위 전체에 대하여 권리를 포기한 것으로 보는 견해{absolute or complete or strict (bar) approach}가 대립하여 왔다.

초기 연방 대법원 판례들은 상대적인 금반언에 가까웠으나,24) *Exhibit Supply Co.* 사건에서는 절대적인 금반언으로 돌아섰고, CAFC가 창설된 이후 *Hughes Aircraft Co. v. United States* 사건을25) 비롯한 다수의 사건에서 상대적인 금반언의 원칙(flexible bar approach)이 채택되었으나, *Kinzenbaw v. Deere & Co.*26) 사건에서는 절대적인 금반언(absolute bar approach)을 채택하였다.27)

3. Festo Corp. v. Shoketsu Kinzoku Kokyo Co.28) 판결

미국 연방 대법원은 Winans 사건에서부터 균등론의 역사를 추적해 가면서 아래와 같이 판결하였다.

① '금반언의 원칙'은 선행기술을 회피하기 위한 경우뿐 아니라 모든 법정 특허요건을 만족시키기 위하여 행해진 특허청구범위의 보정에 적용된다.

---

22) 520 U.S. 17(1997).
23) *Id.* at 33.
24) See *Hurlbut v. Schillinger*, 130 U.S. 456 (1889).
25) Depending on the nature and purpose of an amendment, it may have a limiting effect within a spectrum ranging from great to small to zero. 717 F.2d at 1363.
26) 741 F.2d 383 (Fed. Cir. 1984).
27) C. Alan Fu, *Patent: Prosecution History Estoppel, Festo Corp. v. Shoketsu Kinzoku Kogyo Kabushiki Co.*, 18 Berkeley Tech. L. J. 117, 121-22.
28) 535 U.S. 722(2002), 122 S. Ct. 1831.

종래 금반언에 관한 판례들이 대부분 선행기술을 회피하기 위한 보정과 관련된 것이었지만, 선행기술을 회피하기 위한 보정뿐 아니라 다른 특허요건을 위한 보정에도 출원경과 금반언의 원칙은 적용된다.29) §112 보정이 필수적이었고 특허의 범위를 감축한 것이라면, 그것이 설령 단지 보다 나은 설명을 위한 경우라도 출원경과 금반언의 원칙은 적용된다.30)

② 보정에 관한 금반언의 원칙의 적용은 절대적인 금반언(absolute bar approach)이 아닌 상대적인 금반언(flexible bar approach)에 따른다.

청구범위가 보정에 의해 감축되었다고 하여 보정시 예측하지 못하였고, 정당하게 포기된 것으로 해석되는 범위를 넘는 균등물을 포기하였다고 볼 이유가 없으며, 보정을 한 이유와 오직 미미한 관계를 갖는 부분에 대하여 균등론을 주장하는 것을 막을 이유도 없다. 이와 같은 판단은 선판례(precedents)들과 일치하며, 특허청의 심사관행에 의해서도 지지받고 있다.31)

그러나 보정은 모든 균등물을 포기한 것으로 추정되며, 특허권자는 그 분야에 통상의 지식을 가진 자가 문제의 균등물을 포함하여 청구범위를 작성하는 것이 합리적으로 보아 기대될 수 없었다는 것을 보여 줌에 의해 이러한 추정을 뒤집을 수 있다.32)

4. 이 사건 이전의 우리나라 판례들

가. 전통적인 금반언에 관한 판례

대법원 2002. 6. 14. 선고 2000후2712 판결은 출원경과 금반언의 원칙을 적용한 최초의 대법원 판례로서, 선행기술에 의해 진보성이 없다는 거절이유 통지를 받은 후, 인용참증과 저촉되는 부분을 공지의 기술로 하여 청구범위를 축소한정한다는 의견서를 제출하면서 청구항 제1항과 제2항을 결합하여 하나의 항으로 만드는 보정을 한 사건에서, "전제부의 기재사항인 '등받이와 보조받침을 직접 연결하여 연계동작을 하는 연결레버를 안내부가 안내하도록 하는 구성'은 공지의 기술로

---

29) 122 S. Ct. 1839.
30) Id. at 1840.
31) Id. at 1840-41.
32) 연방 대법원은 추정을 번복할 수 있는 사례로 (1) 균등물이 예측불가능한 것이었거나, (2) 보정과 균등물이 오직 미미한 관련성(tangential relation)만을 가지거나, (3) 특허권자가 균등물을 포함하여 보정하는 것이 합리적으로 보아 기대할 수 없는 것이라는 다른 이유가 있는 경우를 제시하였다. Id. at 1842.

한정한 것이라고 하겠고, 특징부에서 위 안내부를 '한 쌍의 롤러'로 한정한 것은 출원인이 이와 균등관계에 있는 구성에 대해서는 그 권리범위를 주장하지 않겠다는 취지로 볼 것이다"고 판시하였다.[33]

대법원 2002. 9. 6. 선고 2001후171 판결은 "특허청구범위 제1항의 보정은 인용발명에 비하여 신규성과 진보성이 없다는 이의신청에 대응하여 행하여진 것으로서 (……) 인용발명에는 보정에 의하여 추가된 DNA 서열과 직접 연관지을 만한 내용이 나타나 있지도 않은 사실이 인정되므로, 원고가 청구범위 제1항에 DNA 서열의 기재를 추가하여 보정을 함에 있어서 추가된 DNA 서열과 균등관계에 있는 것을 자신의 권리범위에서 제외할 의도였다고 단정하기 어렵다"고 판결하였다.

대법원 2008. 4. 10. 선고 2006다35308 판결은, 특허출원인이 특허청 심사관으로부터 기재불비 및 진보성 흠결을 이유로 한 거절이유통지를 받고서, 거절결정을 피하기 위하여 원출원의 특허청구범위를 한정하는 보정을 하면서 원출원발명중 일부를 별개의 발명으로 분할출원한 사안에서, 분할출원된 발명을 보정된 발명의 보호범위로부터 의식적으로 제외된 것으로 판단하였다.

대법원 2004. 11. 26. 선고 2002후2105 판결, 2007. 2. 8. 선고 2005후1011 판결은 감축정정에 대하여도 출원경과 금반언의 원칙이 적용되어야 함을 보여준다. 한편, 대법원 2009. 7. 9. 선고 2007후4182 판결은 감축정정한 부분에 대하여 출원경과금반언의 원칙을 적용하지 아니하고 권리범위에 속한다고 판단한 원심(2007허3776 판결)을 지지하였다.

나. 자백에 의한 금반언에 관한 판결

특허법원 2002. 7. 26. 선고 2002허635 판결(확정)은 "원고는 이 사건 특허발명 제1항의 진보성이 선행 기술에 의하여 부정되는 것을 피하기 위하여 그 구성 중 '중앙 써레판의 양끝에 트랙터(1)의 전방으로 90°회동할 수 있도록 연결된 외측 써레판'이 '유압실린더(10)를 이용하여 써레판(중앙 써레판)을 승강시키면 자동으로 접히거나 펴질 수 있도록 된 써레판(외측 써레판)'을 의미하는 것이라고 한정하여 주장함으로써 외측 써레판의 회동방식 중에서 수동식이나 유압실린더에 의한 방식을 의식적으로 제외한 것으로 봄이 상당하다"고 판시하여 출원인이 제출

---

33) 대법원 2003. 12. 12. 선고 2002후2181 판결도 유사한 사안에서 같은 취지로 판단하였다.

한 의견서에 근거하여 출원경과 금반언의 원칙을 적용하였다.

다. 선행기술과 관련이 없는 금반언

특허법원 2001. 6. 22. 선고 2000허6158 판결(확정)은 "출원한 발명이 신규성, 진보성을 구비하지 못한 경우뿐만 아니라 그 특허출원서에 첨부한 명세서가 구 특허법 제8조 제3항 및 제4항 소정의 기재요건을 구비하지 못한 경우는 모두 거 절사정의 사유가 되거나 (……) ㈎호 발명의 치환된 구성요소가 특허발명의 특허 청구범위로부터 의식적으로 제외된 경우 균등물로 볼 수 없다는 소극적 요건을 특허성과 관련되고, 선행 기술에 의하여 부정되는 것을 회피하기 위한 보정에 한 정하여 적용하여야 할 논리적 필연성은 없다"고 판시하였다.

5. 맺 음 말

우리나라에서 선행기술을 회피하기 위하여 보정(또는 정정)된 부분에 대하여 출원경과 금반언의 원칙을 적용한 전통적인 금반언(Classic estoppel) 사례는 대법 원 2002. 6. 14. 선고 2000후2712 판결 이래 계속 이어지고 있으며, 이 사건 대상 판결도 이에 해당한다.

출원인이 심사과정에서 의견서 등에 의해 주장한 내용은 대법원 판례에서 출 원경과 금반언의 원칙을 뒷받침하는 내용으로 자주 언급되고 있고, 선행기술과 관 련이 없는 보정에 대한 금반언(Non-art estoppel)과 관련하여서 이를 명백히 인정 한 대법원 판례는 없으나, 미국의 *Festo* 판결에서 보듯 특허를 받기 위해 필요한 보정이었다면 굳이 선행기술을 회피하기 위한 보정에만 출원경과 금반언의 원칙 을 적용할 이유는 없어 보인다.

상대적인 금반언(flexible bar approach)과 절대적인 금반언(absolute bar approach) 과 관련하여서는 판례가 어느 쪽이라고 단정할 수 없고 대법원이 이를 사안별로 접 근하고 있는 것이 아닌가 생각된다.

균등론이나 출원경과 금반언의 원칙이 주로 미국에서 발전된 이론이지만, 우 리나라에서도 그 적용이 확대되어지는 추세이므로, 출원인들은 최초 특허출원할 때 관련 분야의 선행기술에 대한 정확한 검색을 기초로 하여 적정한 범위로 특허 청구범위를 작성하는 것이 중요하며, 출원과정에서 의견서, 보정서 등의 제출시 금반언을 형성하지 않도록 하는 세심한 주의가 필요하다고 하겠다.

54. 특허발명의 시험적 실시와 특허권 침해

[서울남부지법 2001. 6. 15. 선고 2001카합1074 결정]

강춘원(특허심판원 심판장)

I. 사실의 개요

X(가처분 신청인)는 특허 제24130호(이하 '이 사건 특허')의 특허권자인데, Y(가처분 피신청인)는 이 사건 특허의 특허권 존속기간이 만료된 이후에 이 사건 특허의 디페노코나졸 약제를 제조하여 판매할 목적으로 농약관리법 제8조 소정의 농약제조 품목등록을 받기 위한 요건인 각종 시험의 성적서를 얻기 위하여 디페노코나졸 약제 등을 제조한 후, 이를 이용하여 신청외 주식회사 미성의 기업부설연구소 등의 시험연구기관에 그 약효 및 약해 시험을 의뢰하였다. 농약관리법에 따른 농약등록에 필요한 약효 및 약해 시험결과를 얻어내기 위해서는 약 2년여의 기간이 소요된다.

이에 X는 Y가 농약관리법에 따른 농약제조 품목등록에 필요한 시험결과를 얻어내기 위하여 이 사건 특허의 디페노코나졸 약제를 제조하고, 또한 이를 시험연구기관에 약효 및 약해 시험을 의뢰한 것은 이 사건 특허의 권리를 침해한 것이라고 주장하면서 특허권 침해금지 가처분을 신청하였다.

II. 판 시

기각 결정.

"신청인은 피신청인이 위와 같이 이 사건 디페노코나졸 약제를 제조하여 시험연구기관에 그 시험을 의뢰하는 등의 방법으로 신청인의 위 특허를 침해하고 있다고 주장한다.

살펴건대, 피신청인이 신청인의 위 특허존속기간 만료 후에 위 약제를 상품화할 목적으로 농약관리법 제8조 소정의 시험성적서를 얻기 위하여 위 약제를 제조하여 각종 시험연구기관에 그 시험을 의뢰하고 있는 사실은 위에서 본 바와 같으나, 나아가 피신청인의 이러한 제조, 시험의뢰 행위가 특허권 침해행위에 포함되는지 여부에 관하여 보건대, 특허법 제96조 제1항 제1호는 '연구 또는 시험을 하기 위한 특허발명의 실시'에 관하여는 특허권의 효력이 미치지 아니한다고 규정하고 있는바, 제3자가 특허권의 존속기간 만료 후에 특허발명인 농약품과 유효성분 등을 동일하게 만든 농약품을 제조, 판매할 목적으로 농약관리법 제8조 소정의 제조품목등록을 위하여 특허권의 존속기간 중에 특허발명의 기술적 범위에 속하는 화학물질 또는 의약품을 생산하고 그것을 사용하여 위 등록신청서에 첨부할 시험성적서를 얻기에 필요한 시험을 의뢰하는 것은 위 특허법 제96조 제1항 제1호에서 규정하고 있는 '연구 또는 시험을 하기 위한 특허발명'에 해당하여 특허권의 침해가 되지 않는다고 봄이 상당하다고 할 것이고, 따라서 피신청인의 위와 같은 약제의 제작 및 시험의뢰행위는 신청인의 특허권을 침해한 것으로 되지 않는다고 할 것이므로 결국 신청인의 위 주장은 이유 없다."

Ⅲ. 해   설

1. 특허발명의 시험적 실시와 특허권 침해

특허법 제94조는 '특허권자는 업으로서 그 특허발명을 실시할 권리를 독점한다'고 규정하고 있으므로, 제3자가 업으로서 특허발명을 실시한다면, 이는 특허권 침해가 된다. 그러나 특허법에는 '업으로서의 실시'에 대하여 구체적으로 정의하고 있지 아니하므로, 본 사례와 같은 경우가 특허권 침해인지 여부를 판단하기 위해서는 '업으로서'에 대한 해석이 문제가 된다.

특허법 제94조의 '업으로서'의 해석방법에 대한 여러 가지 학설이 있지만, '업으로서'는 개인적 또는 가정적 실시를 제외한 산업적 실시로서 영리 또는 사업의 목적으로 실시하는 것으로 보는 것이 통설이고, 이러한 해석에 따르면 기업인 Y의 실시는 분명히 사업적 실시에 해당하고, 설령 그 목적이 특허권 존속기간이 만료된 이후에 농약제품의 제조 판매를 전제로 한다고 할지라도 결국은 영리를 목적으로 하는 기업의 업무에 속하는 것으로서 '업으로서 실시'에 해당되므로, Y의 실시는 X의 특허권을 침해한 것으로 귀결된다.

본 사례에 적용된 구 특허법1) 제96조는 특허권의 효력이 미치지 않는 경우에 대하여 구체적으로 규정하고 있는데, 그 중 하나로서 '연구 또는 시험을 하기 위한 특허발명의 실시'에는 특허권의 효력이 미치지 않는 것으로 규정하고 있다. 따라서 본 사례에서 Y의 실시가 최종적으로 특허권의 침해에 해당하는지 여부는 Y의 실시가 구 특허법 제96조 제1항 제1호의 '연구 또는 시험을 하기 위한 특허발명의 실시'에 해당하는지 여부에 따라 달라질 수 있다.

결국, 구 특허법 제96조 제1항 제1호의 '연구 또는 시험'의 범위를 어느 정도까지 인정할 수 있는지 여부에 따라 Y의 특허권 침해 여부가 달라진다.

일본의 학설은 연구 또는 시험 목적으로 허용될 수 있는 실시형태로서 특허발명의 기능·특허성·경제성 등의 조사, 특허발명을 개량 또는 발전시키기 위한 경우 등이 제시되고 있으나, 영리를 목적으로 하는 시험적 실시는 '연구 또는 시험을 하기 위한 특허발명의 실시'에 해당하지 않는다고 하였다.2)

또한, 과거 미국의 판례도 시험적 실시의 예외에 대한 법리에서 그 시험이 특허발명 명세서의 기재가 진실하고 정확한 것인지 여부를 확인하기 위한 시험이거나, 영리의 목적이 아닌 것이라고 하는 두 가지 요건을 만족하는 경우에 한하여 특허권 침해에 해당되지 않는다고 보았다.3)

그런데 본 사례에서 실시된 디페노코나졸 약제의 제조와 그 약제에 대한 약효 및 약해 시험의 목적은 분명히 영리를 목적으로 하는 기업의 업무로 실시된 것으로서 일본의 학설 또는 미국의 판례 등에서 말하는 일반적인 연구 또는 시험의 영역에 속하는 것이라 할 수 없으므로, 본 사례에 대하여 구 특허법 제96조 제1항 제1호에 대한 일반적 법률 해석에 기초해서 판단한다면, 명백히 이 사건 특허의 권리를 침해한 것이라 할 수밖에 없다.

2. Y의 실시를 특허권 침해가 아닌 것으로 하여야 하는 이유

의약 및 농약분야의 특허발명은 다른 기술분야와 달리 약사법 또는 농약관리

---

1) 법률 제9985호로 2010. 1. 27. 일부 개정되기 전의 법, 이하 같다. 2010년 개정법은 특허권의 효력이 미치지 않는 범위에 「약사법」에 따른 의약품의 품목허가나 품목신고 및 「농약관리법」에 따른 농약의 등록을 위한 연구 또는 시험이 포함된다는 것을 명확히 규정하였다.

2) 染野啓子, "試驗·研究における特許發明の實施", AIPPI Jounal, 33(3), 1995.

3) *Whittemore v. Cutter*, 29 F. Cas 1120(C. C. D. Mass. 1813)(No. 17,600) 및 *Sawin v. Guild*, 21 F. Cas. 554 (C. C. D. Mass. 1813)(No. 12,391).

430 IV. 특 허 권

법 등에 따라 허가 또는 등록(이하 '허가 등')을 받지 않으면 그 특허발명을 실시할 수 없고, 허가 등을 받기 위한 임상시험 등에 약 3년 내지 5년의 기간이 소요되기 때문에 특허를 받았다고 하여 곧바로 그 특허발명을 실시할 수 없다. 이러한 사정은 그 특허발명의 존속기간이 만료된 후에 제3자가 그 특허발명을 실시하는 경우(X의 특허권 존속기간 만료 후 Y가 그 농약을 제조 판매하는 경우)에도 마찬가지로 적용되어 관련 시험에 상당한 시험기간이 소요된다.4)

따라서 특허권 존속기간 만료 후 제3자의 실시를 위한 허가 등을 받기 위한 시험을 특허권 존속기간 중에 실시한 것을 특허권 침해로 본다면, 제3자는 그 특허권의 존속기간이 만료된 이후에 허가 등을 받기 위한 시험을 실시하여야 하기 때문에 제3자가 수행하는 시험의 실시기간만큼 그 특허권의 존속기간이 실질적으로 연장되는 결과를 초래하게 된다.

더욱이 특허권자는 특허법 제89조에 따라 허가 또는 등록을 받기 위하여 필요한 임상시험 등에 소요되는 기간에 대하여 5년 이내의 범위에서 특허권 존속기간을 연장할 수 있으므로, 제3자에게도 그에 상응하는 동등한 혜택을 줄 필요성이 있다는 점도 고려하면, 특허권의 존속기간이 만료된 이후에 판매할 목적으로 제3자가 허가 등을 받기 위한 시험을 특허권 존속기간 중에 실시하더라도 그러한 시험을 특허권 침해가 아닌 것으로 하여야 할 필요가 있다.

3. 외국의 입법례 및 판례

본 사례와 같은 특허발명의 시험적 실시와 특허권 침해의 문제가 처음으로 제기되었던 나라는 미국인데, 미국 특허법에는 본 사례와 같은 경우는 특허권 침해가 아니라고 규정한 이른바 Bolar Provision(이하 '볼라 규정')이 존재한다.5)

볼라 규정은 특허발명의 시험적 실시가 특허권 침해에 해당한다는 CAFC의 판결이6) 나온 이후에 그 판결의 결과와 정반대로 입법된 특이한 사례로서 특허권

---

4) 제네릭의약품은 생물학적동등성시험 또는 비교용출시험에 약 6개월 내지 1년의 기간이 소요되고, 본 사례와 같은 제네릭농약의 약효 및 약해시험에는 약 2년여의 기간이 소요된다.

5) 미국 특허법 제271조(e)(1)은 제네릭의약품 등의 허가를 받기 위한 정보의 제출을 위하여 특허발명을 실시하는 것은 특허 침해 행위가 아니라고 규정되어 있다. 한편, 미국 특허법 제 271조(e)(2)는 제네릭의약품 허가를 신청하는 행위를 특허권 침해라고 규정하고 있는데, 제네릭의약품 허가신청 자체를 침해라고 규정한 점은 다른 국가에서는 전혀 입법례가 없는 미국 특허법만의 특이한 규정이다.

6) Roche Products, Inc. v. Bolar Pharmaceutical Co., 733 F.2d 858, 221 USPQ 937 (Fed. Cir. 1984). Roche의 특허권 존속기간 중 Bolar는 특허 의약품을 특허권 만료 후 판매할 목

자와 제네릭의약품 제조업자 사이의 논쟁과 타협의 결과라고 할 수 있다.

유럽특허조약 및 많은 유럽 국가의 특허법에는 우리 특허법 제96조와 유사한 특허권의 효력제한 규정이 존재하였는데, 그러한 효력제한 규정의 해석 및 적용에 있어서 유럽 각국 법원은 제네릭의약품 제조업자의 시험이 기술의 진보 또는 기술의 풍부화에 기여하고, 특허권자에게 실질적인 피해를 주지 않는 경우에만 특허권 침해가 아닌 것으로 판결하였다.7)

그러나 유럽 국가들은 유럽연합 훈령의 변경에8) 따라 각국 특허법에 볼라 규정과 유사한 내용을 추가하였는데,9) 제네릭의약품 제조업자의 허가신청을 특허권 침해로 간주하는 내용은 없고, 단지 제네릭의약품 제조업자가 제네릭의약품 허가 신청을 위해 실시한 시험은 특허권 침해가 아니라고만 규정하고 있는 점에서 미국 특허법의 볼라 규정과 다르다.

일본에서는 특허권자인 Synthelabo가 일본 제네릭의약품 제조업자의 시험적 사용에 대하여 富山地方裁判所에 최초로 특허침해 소송을 제기한 이후, 약 5년간 일본 전국의 地方裁判所에 유사한 소송이 많이 제기되었고, 地方裁判所마다 침해 여부에 대한 판단이 서로 달라 많은 논란이 있었으나,10) 1999. 4. 16. 일본 最高裁判所 판결에11) 의하여 그러한 논란은 종식되었고, 그 판결이후에는 제네릭의약품 제조업자의 시험은 특허권 침해가 아닌 것으로 판결하고 있다.

그러나 일본 특허법에는 미국의 볼라 규정과 같은 내용이 없으며, 1999년 最高裁判所 판결과 같이 특허권의 효력제한 규정 중 연구 또는 시험을 위한 특허발

적으로 FDA허가를 받기 위한 자료를 위한 임상시험을 실시한 사건인데, 미국 CAFC는 Bolar 의 실시는 시험적 실시에 해당하지 아니하므로, Roche의 특허권을 침해한 것이라고 판결하였다.

7) 영국 항소심 몬산토 제초제 사건(1985. 6. 11.), 독일 대법원 Ethofumesate 사건(1989. 2. 21.), 오스트리아 대법원 Atenolol 사건(1992. 12. 18.), 독일 대법원 γ-Interferon 사건(1995. 7. 11. 임상시험 I 사건)과 EPO 사건(1997. 4. 17. 임상시험 II 사건) 중에서 단지 독일 대법원의 임상시험 I, II 사건만 침해가 아니라고 판단(특허침해재판의 조류, 일본 발명협회 2002. 575-579면에서 재인용).

8) EU Directive 2001/83/EC를 수정한 EU Directive 2004/27/EC Article 10(6).

9) The Bolar provision: a safe harbour in Europe for biosimilars, Euralex Issue 172, (2006. 7.) 영국 특허법 제60조 제5항 (2005. 10. 30. 시행), 독일 특허법 제11조 제2b항/독일 의약품법 제3조 (2005. 9. 6. 시행), 프랑스 특허법 제L.613.5조 d)항, 이탈리아 지재권법 제68조 제1항 (2005. 3. 4. 시행), 벨기에 의약품법 제6bis조 제1항 (2006. 5. 26. 시행).

10) 名古屋地方裁判所의 판결들은 특허권 침해라고 판단한 반면에 東京地方裁判所와 大阪地方裁判所의 판결들은 연구 또는 시험에 해당하여 특허권 침해가 아니라고 판단하였다.

11) 最高裁判所 1999. 4. 16. 平10(受)153 판결.

명의 실시 허용범위를 폭넓게 해석하여 제네릭의약품 제조업자가 실시하는 제네릭의약품 허가를 위한 시험은 특허권 침해가 아닌 것으로 판단하고 있다.

외국의 사례를 종합하면, 대다수의 국가에서는 의약 또는 농약 특허의 존속기간 중에 해당 특허권의 존속기간이 만료된 후 실시하기 위한 허가 등을 받기 위한 시험은 특허권 침해가 아닌 것으로 하고 있다. 다만, 구체적 방법으로서 미국 특허법의 볼라 규정 또는 우리 특허법 제96조와 같이 특허법에 특허권 침해가 아닌 것으로 규정하는 방법과 일본 最高裁判所 판결과 같이 연구 또는 시험적 실시의 예외 규정을 폭넓게 해석하는 방법이 있다.

4. 맺 음 말

본 결정이 이루어질 당시의 우리 특허법에는 미국 특허법의 볼라 규정과 같은 내용이 없었기 때문에 구 특허법 제96조 제1항 제1호의 확대해석을 통하여 본 사례가 특허권 침해가 아닌 것으로 판단한 것으로 보인다.[12] 본 사례와 유사한 판단을 한 판결로서 특허법원 2008. 12. 30. 선고 2008허4936 및 2008허4943 판결(확정)이 있는데, 특허법원은 제네릭의약품 제조업자가 제네릭의약품 허가를 받기 위하여 생물학적동등성시험을 하기 위한 시험약을 제조한 행위는 구 특허법 제96조 제1항 제1호의 연구 또는 시험을 하기 위하여 특허발명을 실시하는 경우에 해당하여 특허권 침해가 아니라고 판결하였다.

우리 특허청은 2010. 1. 27. 법률 제9985호로 특허법을 개정하여 약사법에 따른 의약품의 품목허가·품목신고 및 농약관리법에 따른 농약의 등록을 위한 연구 또는 시험이 특허권의 효력이 미치지 아니하는 연구 또는 시험에 포함된다는 점을 특허법 제96조 제1항 제1호에 명확하게 규정하였는데, 이는 1999년 最高裁判所 판결에 따라 특허권의 효력제한 규정의[13] 확대해석을 통하여 본 사례와 같은 문제를 해결하고 있는 일본 특허청의 실무와 차이가 있다.

---

12) 특허제도가 궁극적으로 국가 산업발전을 위한 것이라는 특허법 제1조의 해석에 터잡아 제96조 제1항 제1호를 합목적적으로 폭넓게 해석하고, 특허법에 의하여 보호되는 사익과 다른 법에 의하여 보호되는 공익과의 비교형량에 의하여 판단한 것으로 보인다.

13) 일본 특허법 제69조 제1항.

55. 이용관계에 대한 판단

[대법원 2007. 2. 8. 선고 2005후1011 판결]
김승조(법무법인 율촌 변리사, 전 특허심판원 심판관)

Ⅰ. 사실의 개요

X(원고, 피상고인)는 발명의 명칭이 '도비용 드로잉 장치'인 이 사건 특허발명의 특허권자이다. Y(피고, 상고인)는 X를 상대로 피고의 확인대상발명은 이 사건 특허발명의 권리범위에 속하지 아니한다는 소극적 권리범위확인심판을 청구하였고, 특허심판원은 이 사건 특허발명과 확인대상발명은 그 구성과 작용효과에 차이가 있다는 이유로 피고의 심판청구를 인용하는 심결을 하였고, 이에 X는 특허법원에 불복하였다.

원심인 특허법원은 이 사건 특허발명과 확인대상발명은 케이블의 연결구성에 일부 차이가 있으나, 양 발명의 케이블 연결구성은 그 작동경로 및 과제의 해결원리가 동일하고, 작용효과에 별다른 차이가 없으며, 또한 단일의 케이블로 작동레버에 고정하여 연결하는 구성을 3개의 케이블로 분할하여 각 작동레버에 연결·고정하는 구성으로 치환하는 것은 일반적인 기계장치분야에서 통상의 지식을 가진 자가 용이하게 생각해 낼 수 있을 정도로 자명하므로 위 양 구성은 균등관계에 있다 할 것이고, 한편 확인대상발명은 케이블의 진동방지를 위하여 잭레버(41)와 제1 작동레버(30) 사이에 상·하부 가이드롤러(52, 51)를 구비한 지지간(50) 등 이 사건 특허발명에는 없는 구성을 포함하고 있으나 이러한 구성은 확인대상발명이 이 사건 특허발명과 동일하거나 균등관계에 있는 구성요소를 전부 포함하면서 그에 추가적으로 가지고 있는 것에 불과하므로, 확인대상발명은 이 사건 특허발명의 요지를 그대로 포함하면서 위의 사항들을 추가한 이용발명에 해당하는 것이어서 이 사건 특허발명의 권리범위에 속한다는 취지로 판단하였다.

Ⅱ. 판   시

파기 환송.

1. 확인대상발명이 특허발명을 이용하는 관계에 있는 경우에는 확인대상발명은 특허발명의 권리범위에 속하게 되지만, 확인대상발명이 특허발명과 이용관계에 있다고 하기 위해서는 확인대상발명이 특허발명의 기술적 구성에 새로운 기술적 요소를 부가하는 것으로서 확인대상발명이 특허발명의 요지를 전부 포함하고 이를 그대로 이용하되, 확인대상발명 내에 특허발명이 발명으로서의 일체성을 유지하는 경우이어야 하며, 이는 특허발명과 동일한 발명뿐만 아니라 균등한 발명을 이용하는 경우도 마찬가지이다(대법원 2001. 8. 21. 선고 98후522 판결 참조).

2. 기록에 의하여 이 사건 특허발명의 구성과 확인대상발명의 구성을 대비해 보면, 케이블 연결구성에 있어 이 사건 특허발명은 케이블에 의해 록킹부재와 제1 레버를 연결함에 있어 가이드 풀리 등의 사용을 배제하고 직접 연결한 것임에 비하여, 확인대상발명은 케이블(42)에 의해 잭레버(41)와 제1 작동레버(30)를 연결함에 있어 상·하부 가이드롤러(52, 51) 사이를 경유하여 연결한 것이라는 점에서 차이가 있고, 이 사건 특허발명의 위와 같은 케이블 연결구성은 별도의 가이드 풀리를 갖지 않아 구조가 간단하고 케이블의 피로가 저감된다는 것을 기술적 특징으로 하는 것인바, 확인대상발명의 위와 같은 케이블 연결구성은 잭레버(41)와 제1 작동레버(30) 사이에 가이드 풀리와 같은 작용을 하는 상·하부 가이드롤러(52, 51)를 구비한 지지간(50) 구성을 채택한 것으로, 확인대상발명 내에 이 사건 특허발명의 케이블 연결구성이 발명으로서의 일체성을 유치한 채 그대로 이용되고 있다고 볼 수 없다.

그리고 이 사건 특허발명은 그 명세서에 '단일의 연결용 케이블(6)에 의해 록킹부재(3a), 제1 레버(4), 제2 레버(4') 및 복귀 스프링세트(7)를 연속적으로 연결한 구성을 채택함으로써 케이블을 굴곡시켜 진행방향을 변화시키는 가이드 풀리를 사용하지 않은 것'을 기술적 목적으로 한다는 취지로 기재하고 있고, 이의신청심사과정에서 특허권자인 원고는 이 사건 특허발명의 청구범위 중 "중간부분은 제1 레버(4)를 지나서 제2 레버(4')로 연장되어"라는 부분을 "중간부분은 직접 제1레버(4)에 고정되어 안내되고 수평하게 연장되며 제2레버(4')에 고정되고 안내되어"로 정정함으로써 이 사건 특허발명의 청구범위에서 가이드 풀리를 사용하는 구성을 의식적으로 제외하였음을 알 수 있는바, 그렇다면 확인대상발명의 '케이블을 상·하부 가이드롤러(52, 51)로 안내하여 제1작동레버(30)에 고정하는 구성'은 이 사건 특허발명의 출원 및 이의신청과정에서 의식적으로 제외된 것이므로, 이제 와서 확인대상발명의 위 구성이 이 사건 특허발명의 '케이블을 직접 제1레버(4)에 고정하는 구성'의 균등구성이라는 주장은 금반언의 원칙상 허용될 수 없다고 할 것이다(대법원 2004. 11. 26. 선고 2002후2105 판결 참조).

3. 그렇다면 확인대상발명은 이 사건 특허발명이나 이 사건 특허발명과 균등한 발명을 이용하는 관계에 있다고 볼 수 없음에도 불구하고 이와 달리 판단한 원심판결에는 확인대상발명의 기술적 구성을 잘못 파악하였거나 이용관계에 관한 법리 및 특허청구범위해석에 관한 법리를 오해한 위법이 있다고 할 것이고, 이는 판결 결과에 영향을 미쳤음이 분명하다. 이 점을 지적하는 상고이유는 이유 있다.

Ⅲ. 해   설

1. 이용발명의 의의

이용발명이라 함은 선행발명이 특허되어 있는 경우 그것을 이용하여 새로운 기술적 요소를 덧붙여 특허성이 인정되어 독립의 특허로 된 발명을 말한다.[1]

이용발명에 관한 규정으로는 특허법 제98조를[2] 들 수 있으나, 동 조항은 구체적으로 이용관계를 규정하고 있는 것은 아니어서 이용관계의 개념에 대해서는 학설 및 판례에 의하여 그 기준을 찾아보아야 할 것이다.

이용발명의 개념에 대해서는 주요부설, 개량확장설, 그대로설, 실시불가피설 등이 있으나, 이용발명이란 선행발명의 구성요소에 새로운 기술적 요소를 부가한 것으로서 그 실시가 당연히 선행발명의 실시를 수반하는 것이므로 선행발명의 특허요지를 전부 포함하고 이를 그대로 이용한 것이어야 한다는 그대로설이 통설

---

[1] 특허를 받지 않은 발명에 대해서도 이용발명이라고 하는 경우도 있다.

[2] 특허법 제98조(타인의 특허발명등과의 관계)는 "특허권자·전용실시권자 또는 통상실시권자는 특허발명이 그 특허발명의 특허출원일 전에 출원된 타인의 특허발명·등록실용신안 또는 등록디자인이나 이와 유사한 디자인을 이용하거나 특허권이 그 특허발명의 특허출원일 전에 출원된 타인의 디자인권 또는 상표권과 저촉되는 경우에는 그 특허권자·실용신안권자·디자인권자 또는 상표권자의 허락을 얻지 아니하고는 자기의 특허발명을 업으로서 실시할 수 없다"라고 규정하고 있다.

이다.3)

판례도 "선행발명과 후발명이 특허법 소정의 이용관계에 있는 경우에는 후발
명은 선행발명의 권리범위에 속하게 되고, 이러한 이용관계는 후발명이 선행발명
의 기술적 구성에 새로운 기술적 요소를 가하는 것으로서 후발명이 선행특허발명
의 요지를 전부 포함하고 이를 그대로 이용하게 되면 성립된다"라고 하여 그대로
설의 입장을 취하고 있다.4)

2. 이용발명의 성립요건

우리 판례는 이용발명을 '특허발명의 기술적 구성에 새로운 기술적 요소를 부
가하는 것'으로 보면서, '후 발명 내에 선행특허발명이 발명으로서의 일체성을 유
지하는 경우에 성립'한다는 요건을 추가하고 있고, 나아가 선행특허발명과 동일한
발명뿐만 아니라 균등한 발명을 이용하는 경우도 마찬가지로 이용발명에 해당한
다고 판시하고 있다.5)

요컨대 우리 판례는 후발명이 선행특허발명과 이용관계에 있기 위해서는 ①
후발명이 선행발명의 구성요소 또는 그 균등물을 그대로 포함할 것, ② 선행발명
이 후발명 내에서 발명으로서의 일체성을 가진 형태로 존재할 것이라는 2가지 요
건이 만족되어야 하는 것으로 보고 있다.

3. 특허법 제98조의 의의

특허법 제98조는 특허권자는 특허발명이 그 특허발명의 출원 전에 출원된 타
인의 특허발명 등을 이용하는 경우에는 그 특허권자의 허락을 얻지 아니하고는
자기의 특허발명을 업으로 실시할 수 없다고 규정하고 있다. 이 조항에 의하면 이
용발명이라는 개념을 가진 발명이 존재한다는 점, 이용발명은 선행특허발명의 보
호범위에 속한다는 점, 이용발명이라는 개념은 등록권리간의 권한조정을 규율하는
측면이 있다는 점을 알 수 있다.

이러한 규정이 이용발명의 성립요건을 규정한 것인지 아니면 당연한 사리를

---

3) 이인철, "이용발명에 관한 연구", 특허법의 제문제(상)(한빛지적소유권센터, 1993), 149면.
4) 대법원 1991. 11. 26. 선고 90후1499 판결, 1992. 10. 27. 선고 92다8330 판결, 1995. 12. 5.
  선고 92후1660 판결.
5) 같은 취지로, 대법원 2001. 8. 21. 선고 98후522 판결, 2001. 9. 7. 선고 2001후393 판결,
  2003. 2. 11. 선고 2002후1027 판결, 2005. 7. 14. 선고 2003후1451 판결.

규정한 것인지 여부에 대하여 특허권의 본질론에서 유래하는 이론대립이 있지만, 통설의 입장은 특허권의 본질을 배타권으로 보아 동 조항은 확인적 규정에 불과하다고 본다.6)

그런데, 우리 판례는 구성요소의 부가가 있는 경우에 대한 권리범위확인심판 사건이나 침해사건에 있어서 후발명이 특허등록된 권리가 아닌 경우에도 특허법 제98조의 이용관계의 개념을 도입하여 판단하고 있다.

이용관계는 기본적으로 선행특허발명의 구성에 새로운 구성을 부가한 것으로서 선행특허권의 권리범위에 속하는 침해의 문제이며, 이용발명인지의 여부는 선행발명에 새로운 요소를 부가한 경우로 파악하고 있는 점에서 각국의 특허법은 공통된 견해를 가지고 있다. 다만 우리나라에서는 선행 특허권자에게 유리하게 이용발명의 특허권자는 선행특허권자의 허락이 없는 한 이용발명을 실시할 수 없는 것으로 함과 동시에 특허법 제138조 제1항에 이용발명의 특허권자에게 통상실시권 허여의 심판을 청구할 수 있도록 하여 양자간의 이용관계를 조정하고 있을 뿐이다.7)

4. 이용관계에 의한 침해의 인정 여부

구성요소의 부가가 있는 후발명이 특허발명의 권리범위에 속하는 것인지 또는 침해인지 여부를 판단하는 경우에, 부가된 구성요소로 인해 특허성을 얻어 특허법 제98조에 해당하는 이용발명이 되는 경우를 이용침해라 하고, 부가된 구성요소에도 불구하고 기본발명과 구별되는 별개의 특허로 되지 못하는 경우에는 이용발명이 아닌 동일발명으로서 특허침해가 되는 것으로 구별하는 것이 일반적인 실무이다.8)

판례도 구성요소의 부가가 있는 경우에 대한 권리범위확인심판 사건이나 침해사건에 있어서 후발명의 특허등록 여부와 상관없이 특허법 제98조의 이용관계의 개념을 도입하여, 이용관계에 있으면 특허발명의 권리범위에 속한다고 판단하거나 침해로 판단하고 있다.

그런데, 후발명에 구성요소의 부가가 있는 경우에 굳이 특허법 제98조의 이용

---

6) 강동세, "이용발명에 관한 연구", 특허소송연구 제1집, 51면.
7) 이인철, 앞의 논문, 154면.
8) 특허법원, 지적재산소송실무(2006), 233면. 그러나 이렇게 구별하는 실무에 대해서는 뒤에서 보는 바와 같이 의문이다.

관계라는 개념을 도입하여 판단할 필요가 있는지에 대해서는 의문이다.9)

우선, 특허법 제98조의 이용관계는 선행특허발명과 후행특허발명의 관계이지만,10) 권리범위확인심판 사건이나 침해사건에서 판단의 대상이 되는 것은 확인대상발명이라고 하는 구체적인 실시행위이지 확인대상발명에 부여된 특허발명이 아니라는 점이다.11)

다음으로, 후발명이 선행특허발명의 요지를 전부 포함하고 이를 그대로 이용하되, 후발명 내에서 선행특허발명이 발명으로서의 일체성을 유지하는 경우에 이용관계가 성립되고, 이용관계가 성립되면 특허발명의 권리범위 내지 보호범위에 속한다는 판단 프로세스는 일반적인 권리범위확인사건이나 침해사건에서 판단하는 것과 하등 다를 바가 없다는 점이다. 만일 '선행특허발명의 요지가 후발명에 포함되는 것'이 아니라면 당연히 속하지 않으며 침해가 아니고, 선행특허발명의 일체성을 파괴하는 방법으로 부가가 이루어져 '선행특허발명이 발명으로서의 일체성을 유지하는 경우'가 아니라는 것은 선행특허발명의 구성요소는 후발명의 대응되는 구성요소와 상이하다는 것에 다름 아니다.

그렇다면 특허발명의 구성요소에 새로운 구성이 부가된 후발명에 대해서 별도로 이용관계라는 개념을 도입하여 마치 구성요소가 부가된 경우에는 일반적인 권리범위확인사건이나 침해사건에서의 판단과 다르다는 오해를 불러일으키는 것보다는, 일반적인 권리범위 또는 보호범위에 대한 판단 프로세스를 통하는 것이 훨씬 간명하다 할 것이다.12)

---

9) 같은 취지로 竹田和彦, 特許の知識 理論と實際(第6版), 476面.

10) '이용'이라는 용어의 개념과 관련하여 특허법 제98조를 제외하고는 찾아볼 수 없고, 특허법 제98조를 특허발명간의 권한 조정의 기능을 하는 조항이라고 본다면, 특허법 제98조를 등록되지 않은 후발명에까지 확장하여 볼 근거에 대한 검토 없이 막연히 동 조항을 일반적인 권리범위확인사건이나 침해사건에서 판단 근거로 삼는 것에는 문제가 있다.

11) 이런 점에서 대법원 2005. 7. 14. 선고 2003후1451 판결에서 확인대상발명은 등록된 권리와 달라 권리 대 권리의 적극적 권리범위확인심판이 아니라고 하면서도, "피고 실시발명은 이용발명에 해당하여 이 사건 특허발명의 권리범위에 속한다"라고 하는 원심 특허법원의 판결을 그대로 지지하였는데, 확인대상발명이 등록된 권리가 아니라고 하면서 등록된 특허발명을 전제로 하는 '이용발명'이라는 용어를 사용하는 것은 결론의 당부를 떠나 자연스럽지 못하다.

12) 대법원 2005. 7. 14. 선고 2003후1451 판결에서도 이 사건 특허발명의 구성요건 1, 2가 확인대상발명의 대응 구성요건과 동일하다고 판단을 한 후, "㉮호 발명에는 이 사건 특허발명에는 그 구성이 없는 '개폐문(3)의 저수측 둘레에 고정된 패킹(3b)', '수중보의 벽체(1) 및 바닥에 설치된 문틀(15)', '저항판(6)에 형성된 수류홀(9)' 및 '개폐문(3)의 저수측 측선단부에 상, 하로 고정된 이물질유입방지판(7)'을 구비하고 있으므로 이 사건 특허발명과 ㉮호 발명은 상호 동일하지 아니하다. 그러나 ㉮호 발명은 이 사건 특허발명의 구성요소 모두를 포함하고

특허법 제98조의 이용관계의 개념은 특허발명의 권리범위 또는 보호범위에 대한 판단에서 적용되기 보다는 실시권에 관한 문제나, 특허등록된 확인대상발명에 대한 적극적 권리범위확인심판 청구가 확인의 이익이 있는지 여부와 관련해서 적용되는 것이 타당할 것이다.

5. 대상 판결의 검토

대상 판결에서 ① 특허발명은 록킹부재와 제1 레버를 가이드 풀리 등을 사용하지 않고 직접 연결한 케이블 연결구조이고 확인대상발명은 록킹부재에 해당하는 잭레버와 제1 작동레버를 상·하부 가이드롤러(52, 51) 사이를 경유하여 연결한 구조라는 점에서 차이가 있다고 하면서, 확인대상발명은 가이드 풀리와 같은 작용을 하는 상·하부 가이드롤러(52, 51)를 구비한 지지간(50) 구성을 채택하여서, 특허발명의 케이블 연결구성이 확인대상발명 내에서 발명으로서의 일체성을 유치한 채 그대로 이용되고 있다고 볼 수 없고, ② 특허발명은 가이드 풀리를 사용하는 구성을 의식적으로 제외하였으므로 확인대상발명의 가이드 풀리를 사용하는 구성을 특허발명의 케이블을 직접 제1 레버에 고정하는 구성과 균등하다는 주장을 허용할 수 없다는 이유로 확인대상발명이 특허발명의 권리범위에 속하지 않는다고 판시하였다.

대상 판결에서 이용관계라는 개념을 도입했을 때는 확인대상발명에 구성요소의 부가가 있는 것으로 본다는 것이 전제된 것인데, 이용관계를 부인한 것이 확인대상발명에 가이드 풀리에 해당하는 구성을 부가한 것으로 인해 특허발명이 확인대상발명 내에서 발명으로서의 일체성을 상실한 것 때문인지, 아니면 특허발명의 구성이 그대로 이용되고 있지 않아서인지 확실하지 않는데, 사견으로는 특허발명의 구성은 가이드 풀리가 없는 케이블 연결구조이고, 확인대상발명의 대응구성은 가이드 풀리가 부가된 구성이라기보다는 가이드 풀리가 다른 구성과 분리될 수 없는 구성으로서, 양 발명의 대응구성은 다르다고 판단하는 것이 오히려 합당하지 않나 싶다.

이를 그대로 이용하면서 새로운 기술적 구성을 부가한 것이므로, 결국 ㈎호 발명은 이 사건 특허발명을 이용한 이용발명에 해당한다 할 것이어서 이 사건 특허발명의 권리범위에 속한다"라고 판시한 원심 특허법원의 판결을 지지하였는데, 이미 특허발명의 구성요소가 확인대상발명의 대응 구성요소와 동일하다는 판단을 하였음에도 불구하고 군이 "부가된 구성요소가 있어 이용발명이다"라는 판단을 더한 이유를 알 수 없다. 이는 사족에 불과하다.

다만 대상 판결은 기계장치에 구성요소를 부가하였음에도 이용관계를 부인하
는 사례로서 의미가 있다 할 것이다.13)

---

13) 화학분야에 대한 이용발명을 기계장치와 같은 분야에 대한 이용발명과 달리 보는 견해가
   있는데, 대상 판결에서 보는 바와 같이 기계장치 분야에서도 구성요소의 부가로 인해 발명의
   일체성을 잃어버리는 경우를 배제할 수 없기 때문에, 기술분야에 따라 이용관계에 대한 판단
   을 달리하는 것은 적합하지 않고, 단지 구성요소의 부가로 인해 특허발명의 구성에 대응하는
   구성요소가 변질되었는지 즉, 특허발명이 발명의 일체성을 잃어버렸는지 여부에만 초점을 맞
   출 일이다.

56. 권리남용항변과 명백성 요건

[대법원 2012. 1. 19. 선고 2010다95390 전원합의체 판결]

김태현(대구고등법원 고법판사)

Ⅰ. 사실의 개요

X(원고, 상고인)는 등록번호 제457429호로 특허받은 '드럼세탁기의 구동부 구조'1)에 관한 특허권자로서, 세탁기 생산판매업자인 Y(피고, 피상고인)를 상대로, 특허권 침해행위의 금지와 침해물품의 폐기 및 손해배상을 청구하는 소를 제기하였다. 제1심 법원2)은 위 특허의 진보성이 부정되지 않는다고 하였으나, 제2심 법원3)은 X의 위 특허권 전부가 진보성이 부정되므로 특허무효사유가 있음이 명백하고, 이와 같이 무효사유가 있는 특허권에 기초한 X의 특허침해금지 등 청구는 권리남용에 해당하여 허용될 수 없다는 이유로, Y의 항소를 받아들여 X의 청구를 모두 기각하였다. 이에 X가 상고하였다.

Ⅱ. 판   시

파기 환송.

특허발명에 대한 무효심결이 확정되기 전이라고 하더라도 특허발명의 진보성이 부정되어 그 특허가 특허무효심판에 의하여 무효로 될 것임이 명백한 경우에는 그 특허권에 기초한 침해금지 또는 손해배상 등의 청구는 특별한 사정이 없는 한 권리남용에 해당하여 허용되지 아니한다고 보아야 하고, 특허권침해소송을 담

---

1) 드럼세탁기의 모터와 드럼을 연결시키는 축의 길이를 짧게 하고, 터브 밖으로 드러나 진동하는 베어링하우징을 서포터로 밀착시켜 잡아줌으로써 진동과 소음을 줄이는 발명이다.
2) 서울중앙지방법원 2009. 10. 14. 선고 2007가합63206 판결.
3) 서울고등법원 2010. 9. 29. 선고 2009나112741 판결.

당하는 법원으로서도 특허권자의 그러한 청구가 권리남용에 해당한다는 항변이 있는 경우 그 당부를 살피기 위한 전제로서 특허발명의 진보성 여부에 대하여 심리·판단할 수 있다.

그러나 X의 특허발명(청구범위 제31항)은 전체로 볼 때 선행기술에 의하여 진보성이 부정되어 그 특허가 무효로 될 것임이 명백하다고 할 수 없으므로, X의 이 사건 청구는 권리남용에 해당하지 아니한다.

Ⅲ. 해 설

1. 문제의 소재

특허권은 행정청의 특허 설정·등록이라는 행정행위에 의하여 발생하지만, 권리 자체는 사적 재산권이라는 점에서 일반적인 행정행위나 권리들과 차이가 있다. 이에 우리나라는 특허권 자체의 성립 및 무효에 관하여는 특허청 및 특허법원 관할의 특허무효심판 절차를(무효쟁송절차), 특허권의 행사 또는 침해에 관하여는 일반법원 관할의 침해금지, 손해배상, 신용회복조치 등의 절차를(침해쟁송절차) 통하여 해결하는 이른바 이원적 체계(double track system)를 채택하고 있다.

따라서 침해법원에서 특허권의 하자가 발견된 경우 별도의 무효쟁송절차를 거침이 없이 특허권의 효력을 부정할 수 있는 수단을 강구하게 되었는데,[4] 특허 침해법원에서 진보성까지 판단할 수 있는지가 최대 문제로 남아 있었다. 이에 관하여 대법원 2004. 10. 28. 선고 2000다69194 판결이 그 방론에서 일본 최고재판소 2000. 4. 11. 선고 平10(才) 第364号(이른바 '킬비 판결')와 같이, "특허에 무효사유가 있는 것이 명백한 경우 특허권자의 침해금지 등 청구는 권리남용에 해당하여 허용되지 아니한다"고 설시하였고, 이는 기존 판례와 배치되는 것이어서 그 취지에 대하여 학계와 실무계에서 많은 논란이 있었다.

대상판결은, 권리남용항변의 성립요건으로 '특허발명의 진보성이 부정되어 특허무효심판에 의하여 무효로 될 것임이 명백한 경우'(이른바 '명백성 요건')라고 판시하여, 위 명백성 요건을 어떻게 해석하고 적용할 것인지에 관한 문제를 남겨 두었다. 특히 일본이 위 킬비 판결에서 요구하던 '특허에 무효이유가 존재하는 것이

---

4) 성기문, "특허발명의 보호범위와 제 침해에 관한 실무적 고찰", 사법논집 제41집(2005), 413 이하 참조.

명백한 경우'라는 명백성 요건을 2004년(시행일은 2005. 4. 1.) 개정 특허법 제104조
의3 제1항에서 '특허가 특허무효심판에 의하여 무효로 될 것이라고 인정되는 때'
로 삭제한 후여서 더욱 논란이 된다.

따라서 이하에서 위 명백성 요건의 필요성 여부 및 그 의미 등에 관하여, 앞
서 진행된 일본에서의 논의를 참고하여 살펴보고자 한다.5)

2. 명백성 요건의 필요성 여부

가. 일본에서의 전개과정

킬비 판결에서 명백성 요건이 등장한 이유는, "공정력을 가진 특허결정이라는
행정처분에서 유래하는 특허권에 기한 청구를 배척하기 위하여 필요한 요건으로
위치부여 되었는데, 비록 무효이유가 존재하는 것이 명백한 특허권의 행사는 형평
을 잃은 것이지만, 단지 특허등록요건을 흠결하였다는 이유만으로 권한 있는 행정
청의 판단을 경유하지 않고 특허권의 행사를 허용하지 않는 것은 역으로 특허권
자에게 불이익하기 때문에 필요하다"고 설명되었다.6)

그러나 위 판결 이후 일본에서는 명백성의 의미('심증의 정도'의 문제인지 등)에
관한 학설의 혼란이 있고, 실무상으로도 명백성 요건이 경시되어 단순한 무효의
인정과 별반 차이가 없었으며(즉, "일응의 무효이유의 존재는 인정되지만, 명백하다고
는 말할 수 없다"는 이유로, 권리남용의 주장을 인정하지 아니한 판단사례는 보이지 않
았다고 한다), "명백성이 인정되는지 아닌지의 예측이 곤란하여 결국 무효심판까지
청구할 수밖에 없는 부담이 있으므로 위 요건을 삭제하여 달라"는 산업계의 요구
까지 있게 되자, 개정 특허법은 위 명백성 요건을 삭제하기에 이르렀다.7)

---

5) 대상판결의 쟁점 전체에 대한 평석은, 김태현, "특허침해소송에서 진보성 판단 문제", 재판
  과 판례 제21집, 대구판례연구회(2012), 504면 이하 참조.
6) 高部眞規子(킬비 판결시 최고재 조사관), "無效理由ガ存在することが明らかな特許權に基
  づく差止め等の請求と權利の濫用, 法曹時報 54권 5호(2002. 5.), 252-254면.
  그리고 그 의미를 3가지로 설명하였다. 첫째, 무효사유가 존재함에 관한 명백성을 의미하는
  것이므로 행정행위의 당연무효 요건으로서 중대·명백성에서 말하는 '명백성'(행정행위의 하
  자가 외부적으로 명백한 것)과는 다르다. 둘째, 단지 무효사유가 존재한다는 것보다 심증의
  정도가 높은 것이 요구된다는 의미로 해석된다. 셋째, 일반적으로 권리남용이론의 적용에는
  개별적 사정이 고려되지만 그것을 고려하지 아니하고 특허에 무효사유의 존재가 명백하기만
  하면 권리남용에 해당된다는 것으로 '권리행사자의 가해의사'라는 주관적 요소를 요구하지 않
  은 것이다.
7) 설범식, "일본 지적재산권 소송제도의 개혁 동향", 특허소송연구 3집(2005. 12.), 379면; 淸
  水節, "無效의 抗辯", LP Series 3 知的財産關係訴訟(飯村敏明, 設樂隆一 編著), 靑林書院

나. 우리나라에서의 논의

우리나라에서도 위 2000다69194 판결 이후 위와 같은 일본에서의 논의 전개 과정의 연장선에서 '명백성 요건'에 관한 찬반 논의가 진행되었다.

(1) 우선 긍정설은, 단순히 무효사유가 있는 경우와 명백히 무효사유가 있는 경우를 구분하지 아니하면 행정청의 무효심판권을 지나치게 흔들 뿐 아니라, 침해 쟁송과 무효쟁송의 심판결과가 달라질 경우 추가적인 분쟁과 혼란이 발생함으로 써 소송경제를 도모하고자 한 본래의 취지가 무색해질 수 있다는 견해,8) double track에서의 판단차이가 사전에 발생하지 않도록 가능한 한 판단루트를 일원화하 기 위하여 필요하다는 견해9) 등이 있다.

(2) 이에 대하여 부정설의 주요 논거는,10) "① 진보성 없음이 '인정'된다면 보 호가치가 없는 발명이므로 그 특허권 행사를 용인하는 것은 부당하다. ② 신규성 등의 사유에 적용하는 공지기술 제외설 등에는 명백성을 요구하지 않으면서 진보 성에 대하여만 명백성을 요구하는 것은 전체적인 논리체계에 맞지 않다. ③ 일본 에서 이미 검증이 끝난 요건을 그대로 답습하는 것은 바람직하지 않다. ④ 침해쟁 송에서만 명백성을 요구하여 무효쟁송과 다른 기준을 설정하면 판단기준의 불통 일로 인하여 문제가 발생한다. ⑤ 우리 특허소송제도의 경쟁력을 높이기 위해서는 특허소송절차를 간편하게 할 필요가 있다. ⑥ 진보성이 '부정되는 경우'와 '부정됨 이 명백한 경우'를 구별하는 것은 현실적으로 불가능하고, 침해소송에서 쟁점이 명백성 여부로 이동하여 무용하고 불필요한 심리의 낭비를 초래한다. ⑦ 침해법원 의 심리능력이 향상되고 항소심의 관할집중이 이루어지면 실익이 없다"는 등이다.

(2008), 124-127면.

8) 권영준, "특허권 남용의 법리와 그 관련 문제", 산업재산권 제36호(2011), 한국산업재산권 법학회, 198면.

9) 이경홍, "특허침해소송에서의 무효판단 운용에 관한 연구-일본과의 비교를 통하여", 지식재 산 21(2009. 4.), 68면.

10) 유영선, "침해소송법원에서 진보성의 심리·판단 가능 여부", 사법 제21호(2012. 9.), 사법발 전재단, 434면; 박정희, "특허침해소송 등에서의 당해 특허의 무효사유에 대한 심리판단", 특 허판례연구(개정판)(2012), 박영사, 523면; 박원규, "특허침해소송에서의 진보성 판단과 권리 남용이론", 淸硏論叢(제9집), 사법연수원(2012), 135면; 최승재, "특허무효항변에 대한 소고", 변호사 40집(2010. 1.), 서울지방변호사회, 219면; 안원모, "무효사유가 존재하는 특허권의 행 사와 권리남용의 항변", 산업재산권 27호(2008), 230면 등 참조.

다. 사 견

사권에 내재되어 있는 공공성 또는 사회성[11]이나 형평의 이념 등을 감안하면 특허권이 형식상 유효하게 존속하고 있다고 하더라도 진보성이 부정되는 하자가 발견되었다면 특허권의 행사를 허용해서는 안 될 필요성이 큰 점, 권한분배의 측면에서 보더라도, 종래 킬비 판결이나 위 2000다69194 판결은 무효심판의 결과를 기준으로 하지 아니한 채 '특허에 무효사유가 존재하는 것이 명백한 때'라고 하였지만, 대상판결은 일본 개정 특허법과 같이 '특허무효심판에 의하여 무효로 될 것'을 기준으로 하여 무효쟁송 절차를 고려하고 있기 때문에 명백성 요건까지 추가하지 않더라도 이미 권한분배의 원칙이 반영되었다고 보이는 점, 명백성 요건을 탄생시킨 일본에서 이미 검증이 끝나 폐기된 점, 침해법원의 심리능력이나 double track의 판단결과가 달라지는 문제 등은 개선되어야 할 현실적인 문제일 뿐 권리남용론의 적용을 제한할 법리상의 근거는 될 수 없는 점 등을 종합하면, 향후 명백성 요건은 별다른 기능을 하지 못할 가능성이 높고, 대상판결에서 일본 개정 특허법과 같이 무효심판의 결과를 기준으로 한 이상 궁극적으로 명백성 요건을 폐기하는 것이 타당하다고 생각한다.

3. 명백성 요건의 의미와 판단기준

그러나 명백성 요건의 필요성 여부에 관한 논의와는 달리 대법원 전원합의체 판결을 통하여 명백성 요건을 유지한 이상은 실무에서 이를 소홀히 할 수는 없고, 그 의미와 판단기준을 규명할 필요가 있다.

가. 일본에서의 논의와 실무

킬비 판결에서 명백성 요건(특허에 무효사유가 존재하는 것이 명백한 때)이 등장한 후 개정 특허법에서 이 요건이 삭제될 때까지 명백성 요건의 의미에 관하여 다음과 같은 견해들이 있었다.[12]

---

11) 곽윤직 편집대표, 민법주해 I, 박영사(2002), 183면.
12) 아래 내용은, 山本雅久, "特許侵害訴訟における權利濫用の抗辯", パテント 57巻 8号(2004. 8.), 68면 이하를 정리한 것이다. 한편, 竹田稔, 知的財産權侵害要論(第5版), 發明協會(2007), 324면은, 침해법원의 통상 심증보다 높은 수준의 심증을 요구하는 설과 이러한 심증의 구분 자체가 현실적이지 않고 오히려 침해소송과 무효심판의 판단이 달라지게 하는 문제가 있을 뿐이라고 반대하는 설의 대립이 있다고 한다.

(1) 통상의 무효인정 심증보다 높은 수준의 심증을 얻는 것이 필요하다는 견해 : 단순히 무효이유가 존재하는 것보다는 높은 심증이 요구되는 것으로 해석해야 한다거나,13) 침해소송 담당재판부가 무효이유의 존재를 인정하는 정도의 심증은 아니고, 이를 넘어 무효심판절차에서도 무효로 될 것이 확실히 예견될 정도의 심증이 필요하다고 한다.14)

(2) 통상의 무효인정 심증으로 족하다는 견해 : 통상의 사실인정과 같이 무효이유에 해당하는 사실에 대하여 확신을 가지는 심증이 형성되면 명백성의 요건은 충족된다고 한다.15)

(3) 심증 정도의 문제와는 관계없이 무효심판절차에서 무효로 되는 것이 확실히 예견되는지를 기준으로 판단하여야 한다는 견해 : '명백성'은 심증의 정도에 관한 문제가 아니라 권리남용에 해당하기 위한 요건의 해석 문제인데, 그 해석은 킬비 판결이 결론에 이르는 전제로 설시하고 있는 '무효심판청구가 된 경우에 무효심결의 확정에 의하여 당해 특허가 무효로 되는 것이 확실히 예견된 경우인지'를 판단기준으로 하는 것이 타당하다고 한다.16)

(4) 그 밖에, 소송경제에 반하는 결과로 되는지의 관점에서 보는 견해,17) 분쟁의 조기해결을 도모하는 경우인지의 관점에서 보는 견해,18) 장래 정정으로 유효화할 수 있는 경우인지의 관점에서 보는 견해19) 등이 있었다.

나. 명백성 요건의 해석

대상판결에서 말하는 '명백성'은 무효사유가 존재함에 관한 명백성을 의미하는 것으로 행정행위의 당연무효 요건으로서 중대·명백성에서 말하는 '명백성'(행정행위의 하자가 외부적으로 명백한 것)과는 다르다는 점에 관하여는 이론이 없지만, 그 구체적인 의미에 관한 본격적인 논의는 별로 없다. 다만, "이는 심증의 정도를

---

13) 高部眞規子 전 최고재 조사관.
14) 田村善之 교수.
15) 牧野利秋 전 동경고재 재판장, 大野聖二 변호사, 辰巳直彦 교수.
16) 竹田稔 전 동경고재 재판장, 山本雅久 변리사.
17) 飯村敏明 지재고재 판사(침해소송에서 무효 심증을 가진 경우 무효심결의 결과를 기다릴 것 없이 판결하더라도 그 판결이 상급심에서 바뀔 가능성이 거의 없는지의 관점에서 판단)
18) 近藤惠嗣 변호사(침해법원이 양 당사자의 주장을 종합적으로 판단하여 무효 여부를 판단함으로써 분쟁의 조기해결을 도모하는 경우인지의 관점에서 판단).
19) 高林龍 교수(무효주장의 형태를 장래 정정으로써 권리를 유효화하는 것이 가능한지의 관점에서 판단).

말하는 것으로 그리 중시할 필요는 없고, 권리남용설을 채택함에 따른 상징적인 개념 요소 정도로만 이해함이 타당하다"는 견해,[20] "무효사유가 단지 존재한다는 것보다 심증의 정도가 높은 것으로, 무효심판청구가 제기된다면 당해 특허가 무효로 될 것이 확실하게 예견된다고 판단되는 경우로 보는 견해가 타당하다"는 견해[21]와 "심증의 정도에 관한 문제로 귀착되는데, 민사소송에서 통상 요구되는 심증의 정도보다 높은 '확실'한 정도에 이르러야 한다"는 견해[22]가 제시되어 있다.

넓게 보아 '명백하다', '명백하지 않다'는 것은 판단의 문제로 결국 심증의 영역에 속하는 것인 점에서 위 견해들은 수긍할 만하다. 다만, 대상판결에서 명백성은 특허침해소송에서 권리남용항변의 성립을 좌우하는 요건으로 자리잡은 이상, 단순히 판단주체가 가지는 심증의 문제로 한정하여 해석할 것인지는 의문이다. 즉, 명백성은 판단주체의 주관적인 판단에 맡기는 심증 정도의 문제에 그치는 것이 아니라, 항변성립요건의 하나로서 그 의미나 판단기준이 객관적으로 해석되고 적용될 수 있도록 의미 부여를 하는 것이 바람직하다.

따라서 명백성을 심증 정도의 문제로 한정하지 않고, 권리남용론이 무효심판 절차의 존재를 의식하여 등장한 배경까지 고려하여 해석한 위 일본에서의 (3) 견해와 같은 의미로 보는 것이 어떨까 싶다.

다. 명백성 요건의 구체적인 판단기준

권리남용항변의 성립요건인 명백성을 판단할 수 있는 객관적인 기준을 어떻게 설정할지는 어려운 문제이다. 우리나라에서 이에 관한 본격적인 논의가 이루어지지 않고 있으므로, 비록 명백성이 인정되는 범위를 너무 좁게 설정한 견해이긴 하지만, 당시 일본에서 제시된 한 판단기준을 참고삼아 소개하고자 한다.[23]

(1) 제1기준

침해법원에서 권리남용항변을 심리할 때에 이미 무효쟁송의 심결취소소송 판결까지 선고된 경우는 그 결과에 따라 명백성 여부를 판단한다. 심결취소소송에서 진보성이 부정되었다면 명백성 요건이 충족되었다고 보고, 진보성이 부정되지 않

---

20) 유영선, 앞의 논문, 434면.
21) 김기영·김병국 공저, 특허와 침해, 육법사(2012), 176면.
22) 박원규, 앞의 논문, 131면.
23) 山本雅久, "特許侵害訴訟における權利濫用の抗辯", パテント 57卷 8号(2004. 8.), 77면.

았다면 명백성 요건은 충족되지 않은 것으로 본다.

아직 심결취소소송의 판단이 이루어지지 않았다면 아래의 제2기준에 따라 판단한다.

(2) 제2기준

통상의 기술자가 발휘할 수 있는 '통상의 창작능력의 범위 내인가'를 기준으로 명백성 여부를 판단한다.24) 즉 상대적으로 심리·판단이 용이하고 특허청의 심사기준에서도 원칙적으로 진보성이 부정되는 것으로 보는 '통상의 창작능력 범위 내'라면,25) 침해쟁송과 무효쟁송의 진보성 판단결과가 달라질 가능성이 매우 낮으므로 '무효심결로써 무효로 되는 것이 확실히 예견되는 경우'라고 판단할 수 있다. 그러나 나머지의 경우에는 판단자에 따라 미묘한 차이가 있을 수밖에 없으므로 쉽게 '무효심결로써 무효로 되는 것이 확실히 예견되는 경우'라고 단정할 수 없다.

Ⅳ. 결   론

대법원이 전원합의체 판결로써 침해법원에서의 진보성 판단 가부에 관한 그동안의 논란을 종식시킨 점에서 대상판결의 의미가 크다. 다만, 이미 일본에서 검증이 끝난 명백성 요건을 존치한 점에 관하여는 논란의 여지가 있을 것으로 보인다. 그렇지만 명백성 요건이 존치된 이상 실무에서 이를 소홀히 할 수는 없고, 그 의미와 판단기준을 규명할 필요가 있을 것이다. 이러한 문제를 개선할 입법이나 대상판결의 내용을 보완할 후속 판례의 집적을 기대한다.

---

24) 우리나라 특허심사지침서(2011. 1.) 3303-3310면에 있는 '진보성 판단방법' 참조.
25) 심사기준은 그 유형으로, 공지의 재료 중에서 가장 적합한 재료의 선택, 수치범위의 최적화, 균등물에 의한 치환, 단순한 설계변경, 일부 구성요소의 생략 및 단순한 용도의 변경 등을 예시하고 있다.

57. 복수주체에 의해 수행되는 BM특허의 침해

[2006. 7. 10. 선고 2005라726 특허권침해금지가처분]

이금욱(김·장 변리사)

Ⅰ. 사실의 개요

신청인이자 항고인인 X(특허권자)는 발명의 명칭이 '단문메시지서비스를 이용한 통합메일서비스 방법 및 그 장치'인 이 사건 특허발명에 대하여 특허권침해금지가처분신청을 하였고, 이에 대해 피신청인이자 피항고인인 Y는 확인대상발명은 이 사건 특허발명과 상이하므로 권리범위에 속하지 아니할 뿐만 아니라, **확인대상발명을 실시하는 주체는 피신청인이 아니라 이동통신사들로 보아야 하기 때문에 피신청인을 상대로 확인대상발명의 금지를 구할 수는 없다**(※이 글의 주요 논의 사항)고 주장하였다.

서울중앙지방법원은 2005카합789로 심리한 결과 신청인의 주장을 기각하는 결정을 하였고, 이에 신청인이자 항고인인 X는 서울고등법원에 불복하는 소를 제기하였다.

Ⅱ. 판   시

제1심 결정 취소[1]

"확인대상발명은 제1항 발명의 모든 구성요소를 동일하게 포함하고 있어 이 사건 제1항 발명의 권리범위에 속한다고 할 것이며, ~ 피신청인은 매월 이동통신사로부터 과금대행 수수료를 공제한 나머지 대부분의 SMS MO(Mobile Origination) 서비스 이용료를 수령하여 그 중 방송사 등 제휴 고객사에게 일부 수익을 배분하고 나머지를 피신청인의 수익으로 취하고 있는 점 등에 비추어 보면, **피신청인은**

---

1) 대상결정은 대법원에 상고되지 않아 확정되었음.

SMS MO 서비스를 주도적으로 기획, 구성하여 이동통신사, 방송사 등과 협력하여 위 서비스를 제공하면서 그에 따른 경제적 이익을 향유하고, 위 서비스 사업의 성패에 관한 위험부담을 지고 있으며, 이에 비하여 이동통신사는 **SMS MO** 서비스 이용자와 피신청인 사이에 데이터 전달역할과 위 이용자에 대한 과금 대행 역할을 수행할 뿐이고, 방송사는 단지 위 서비스의 협력자에 불과하다 할 것이므로, 결국 확인대상발명을 실시하고 있는 주체는 피신청인이라 할 것이다. 따라서 피신청인은 확인대상발명을 실시하여 신청인의 특허권을 침해하고 있다 할 것이므로, 신청인은 피신청인에 대하여 특허권 침해금지를 청구할 권한이 있다. ~ 그렇다면, 신청인의 주위적 가처분 신청은 이유 있어 이를 인용하여야 할 것인바, 제1심 결정은 이와 결론을 달리하여 부당하므로, 제1심결정을 취소하고 ~ 이 사건 특허발명 침해금지의 가처분을 명하기로 하여 주문과 같이 결정한다.”

Ⅲ. 해   설

1. 이 사건의 분석

가. 이 사건 특허발명2)의 요지

본 발명은 단문메시지서비스(Short Message Service, 이하에서 ‘SMS’라 함)를 이용하여 통신상대자들이 연결되어 있는 망의 유무선 여부에 상관없이 메일전송이 가능토록 하는 통합메일서비스 방법 및 그 장치에 관한 것이다.

이 사건 특허발명의 청구항 1의 통합메일서비스 방법3)은 ① **ID**를 가상적으로 부여하는 단계; ② 가상 **ID**와 각 상대자의 고유 **ID**를 변환하는 단계; 및 ③ 데이터 변환 단계를 포함하는 것을 특징으로 한다.

---

2) 등록번호 267,538(1998. 8. 18. 출원, 2000. 7. 5. 등록)
3) 무선통신망을 통한 SMS와 인터넷, PSTN, PSDN을 통한 메일 시스템 및 타 무선통신망을 통한 SMS을 연결하는 통합메일서비스 방법에 있어서, 타 무선통신망의 상대자 또는 유선상의 통신 상대자에게 무선통신망에서 사용되는 **ID**를 가상적으로 부여하는 단계; 무선통신단말기를 통하여 타 무선통신망의 상대자 또는 유선상의 통신 상대자와 SMS 메시지를 송수신하는 경우, 상기한 가상 **ID**와 각 상대자의 고유 **ID**를 변환하는 단계; 및 SMS를 유선망에서 사용되는 전자 우편 형태의 데이터로 변환하거나, 전자 우편을 SMS 형태의 데이터로 변환하는 데이터 변환 단계를 포함하는 것을 특징으로 하는 통합메일서비스 방법.

나. 확인대상발명의 요지

이동통신의 SMS 시스템과 방송을 연동하는 SMS MO(Mobile Origination)서비스에 관한 것으로, 방송을 시청하는 중에 시청자가 직접 자신의 휴대폰을 이용하여 SMS를 작성하여 전송하게 하면 그 내용이 TV 화면상에 보여주도록 함으로써, 방송에 직접 참여하도록 하는 것이다.

확인대상발명을 이루는 구성은 다음과 같은 순차적인 단계로 구성되어 있다. ① **SMS MO** 서비스를 제공하고자 하는 사업자가 이동통신사로부터 휴대전화 가입자가 SMS를 전송할 특정수신번호를 할당받는다. ② 방송에 참여하고자 하는 휴대전화 가입자가 특정수신번호를 수신번호로 하여 SMS를 작성하여 이동통신사로 전송한다. ③ 휴대전화 가입자가 전송한 SMS를 수신한 이동통신사의 **SMSC(SMS Center)**[4]는 특정수신번호에 해당하는 방송용 SMS MO 서비스시스템(MO서버)으로 SMS를 소정의 통신프로토콜로 변환하여 전송한다. ④ **MO**서버는 수신한 SMS를 시스템 내부에서 데이터 포맷을 변환하는 등의 처리를 하여 이를 DB에 저장하고 방송국 서버로 전송한다. ⑤ **방송국서버**는 SMS를 방송화면에 자막으로 전송한다.

다. 이 사건 특허발명의 청구항 1과 확인대상발명의 대비

이 사건 특허발명의 청구항 1의 ① **ID**를 가상적으로 부여하는 단계; ② 가상 **ID**와 각 상대자의 고유 **ID**를 변환하는 단계; 및 ③ 데이터 변환 단계는 각기 확인대상발명의 ①, ③, ④단계에 대응된다고 판단되었으며 실질적으로 유사하다고 사료된다.

그런데 피청구인은 SMS MO 서비스시스템(MO서버)의 사업자로서, 확인대상발명의 전 프로세스와 관련은 있지만, 모든 단계를 자신이 주체적으로 실시하고 있는 것은 아니다. 즉 이 사건 특허발명의 <u>청구항 1의 단계②에 대응되는 확인대상발명의 단계③은 이동통신사의 **SMSC(SMS Center)**가 실시하는 것</u>이며, 그 이외에도 확인대상발명의 단계②의 주체는 휴대전화 가입자이고, 확인대상발명의 단계⑤의 주체는 **방송국서버**라고 볼 수 있다.

---

4) 단문메시지(SMS)의 저장 및 전달기능을 수행하는 서비스센터.

라. 이 사건에서의 판단

이 사건에서 재판부는 "피신청인은 **SMS MO** 서비스를 주도적으로 기획, 구성하여 이동통신사, 방송사 등과 협력하여 위 서비스를 제공하면서 그에 따른 경제적 이익을 향유하고, 위 서비스 사업의 성패에 관한 위험부담을 지고 있으며, 이에 비하여 이동통신사는 **SMS MO** 서비스 이용자와 피신청인 사이에 데이터 전달역할과 위 이용자에 대한 과금 대행 역할을 수행할 뿐이고, 방송사는 단지 위 서비스의 협력자에 불과하다 할 것이므로, 결국 확인대상발명을 실시하고 있는 주체는 피신청인이라 할 것이다."라고 설시하며, 복수의 실시주체 중 서비스를 주도적으로 기획, 구성하고 이익을 얻는 자가 특허실시의 주체로 볼 수 있다고 판단하였다.

2. 복수주체에 의해 수행되는 BM특허⁵⁾의 침해이슈

가. 문제의 제기

이 사건에서 피신청인은 확인대상발명의 전부를 실시하고 있는 것은 아니지만, 확인대상발명을 실시하고 있는 복수의 주체들 중에서 주도적으로 실시하는 주체이기 때문에 신청인의 특허를 침해하는 것으로 판단되었다. 전통적인 특허침해 판단방법⁶⁾에 의하면, 피신청인이 특허발명에 대응되는 확인대상발명의 구성 중 일부만을 실시할 뿐 모든 단계를 실시하지 않는다면 비침해에 해당될 것이나, 이 사건의 경우에는 이를 침해로 판단한 것이다.

즉 일반적인 장치 청구항과는 달리, **BM특허의 경우에는 하나의 클레임을 실시하기 위해서는 복수의 주체에 의해서만 실시되어야 되는 특수성이 있는 경우가 많은데**, 이 사건에서는 이러한 특수성을 감안하여 복수의 실시자 중에서 주도적인 실시자를 침해자로 판단한 것이다. 이러한 판단방법이 일견 이상해 보일 수 있지만, **BM특허의 보호를 위해서는 보다 적절한 침해판단방법일 수도 있기에 이러한 이슈에 대하여 좀 더 자세히 살펴본다.**

나. BM특허의 특수성

BM특허가 특허제도 하에서 보호받아야 되는 지에 대하여는 그 동안 많은 논

---

5) Business Method 특허.
6) 구성요건 완비의 원칙(All Element Rule).

란이 있어 왔으나, 현재까지 정립된 기준으로는 추상적인 아이디어가 아닌 하드웨어와 결합된 발명의 경우에는 특허성을 인정해주어야 한다는 것이다. 이러한 특허들의 대표적인 형태는 서버들간의 상호작용에 의해 이루어지는 방법발명들이고, 요즘 지속적으로 확대되고 있는 전자상거래와 관련된 발명들이 여기에 해당된다.

이러한 방법발명들의 특징은 서버들간에 이루어지는 과정을 청구하고 있기에, 실행주체가 복수 개인 경우가 흔히 있다. 이러한 특허들은 인간의 개량된 아이디어와 직접 관련된 것들이 많아서, 진보성의 거절이유를 극복하지 못하여 거절되거나, 등록 후에도 결국 무효되는 비율이 다른 분야의 특허들에 비해 상당히 높은 편이다. 그러나 이러한 거절 또는 무효이유를 어렵게 극복하고 특허가 유지된 것들 중에서도 침해문제가 발생하여 해당 특허관련 침해소송을 제기하고자 할 때, 실제로는 이를 입증하기 곤란한 문제가 발생하곤 하였다.

클레임이 복수의 주체자를 포함하고 있어 어느 일방 당사자도 클레임의 전부를 실시하는 것은 아니기 때문에 직접침해가 성립하지 않는 것이다. 현 특허제도 내에서 달리 적용할 수 있는 규정이 있는지를 살펴보기 위해 간접침해규정7)을 살펴보면, '특허가 **방법의 발명인 경우에는 그 방법의 실시에만 사용하는 물건**을 생산·양도·대여 또는 수입하거나 그 물건의 양도 또는 대여의 청약을 하는 행위'만이 대상이 되므로, BM특허의 경우엔 이러한 물건으로 서버(컴퓨터)가 해당될 수 있으나, 이러한 서버가 그 방법의 실시에만 사용되는 경우는 거의 없으므로 간접침해 규정에 의하여 보호받을 수는 없다고 보인다.

따라서 복수 주체의 실행을 포함하는 BM특허의 경우 침해행위로부터 보호받기가 상당히 어렵고, 심하게 표현하면 특허권만 있을 뿐 행사하지 못하는 유명무실한 특허에 불과하기 때문에, 이러한 특허를 보호해 주기 위해서는 이 사건에서와 같이 복수의 주체자 중에서 주도적으로 실시한 자에게 침해를 물어야 한다는 것이 대상판례의 정신으로 사료된다.

다. 국내에서의 논의

국내에서도 이러한 이슈에 대한 다양한 논의들이 있었고, 검색한 범위내에서

---

7) 제127조(침해로 보는 행위) 다음 각호의 1에 해당하는 행위를 업으로서 하는 경우에는 특허권 또는 전용실시권을 침해한 것으로 본다.

2. 특허가 **방법의 발명인 경우에는 그 방법의 실시에만 사용하는 물건**을 생산·양도·대여 또는 수입하거나 그 물건의 양도 또는 대여의 청약을 하는 행위

는 '소프트웨어관련발명에서의 간접침해문제와 복수주체에 의한 특허권침해8)'라는
논문이 이 주제와 밀접한 관련이 있으며, 앞서 제기된 것으로 추정된다. 이 논문
의 요지는 '현행규정만으로는 소프트웨어관련발명의 실효성에 문제가 있으므로,
이러한 문제의 해소방안으로 간접침해성립의 요건을 개정하여, 특히 주관적 요건
을 도입9)하여, 구제의 범위를 확대하여야 한다'는 것이다. 이 논문의 경우 BM특허
에서 발생하는 복수주체의 문제를 인식하고 그 개선방안을 제기하였다는 점에 의
의가 있으나, 그 개선방안이 과연 실효성이 있을 지에 대해서는 의문으로 남는다.

다음으로 주목할 만한 논문은 '복수 주체가 관여하는 전자상거래 관련 특허발
명의 보호방안에 관한 연구10)'이다. 이 글에서는 복수주체와 관련된 발명의 경우
간접침해의 '에만'의 요건을 충족시키기 어렵고, 민법상 공동불법행위의 책임도 지
울 수 없는 것으로 보이므로,11) 미국의 BMC판례12)에서도 명시한 대위책임
(vicarious liability)13)에 대해서 우리 특허법의 손해배상책임 규정의 특칙14)으로 규
정하는 입법론을 제시하기도 하였다. 또한 이 논문에서는 복수주체 형태로 작성되
는 BM특허를 단일주체에 의한 형식으로 작성하는 실무적인 방안(작성사례)을 제
시하여 줌으로써, 이러한 문제는 청구범위를 작성하는 대리인에 의해서도 미연에
방지할 수 있다는 점을 강조하기도 하였다.

또 하나 주목할 만한 논문은 '복수주체에 의한 특허침해의 법률문제15)'라는
글이다. 이 논문에서는 복수주체에 의한 특허침해에 대한 입장을 크게 3가지로 나
누고,16)

---

8) 표호건, 창작과권리 통권32호(2003 가을) pp.105-118.
9) 미국의 간접침해규정인 미국특허법 제271조(b)와 유사.
10) 이해영, 석사학위논문, 연세대학교(2008년 6월).
11) 공동불법행위의 책임을 묻기 위해서는 각자의 불법행위로 타인에게 손해를 가했어야 하는
   데, 복수주체자에 의한 특허침해의 경우 어느 누구도 특허발명의 전부를 실시하지 않았기 때
   문에 이를 적용하기 어렵다고 봄.
12) BMC Resources, Inc. v. Paymentech L.P., 498 F. 3d 1373(Fed. Cir. 2007).
13) 복수주체간에 고용 계약관계이거나 지시·감독(Direct or Control)관계일 경우 타인의 행위
   에 대해 그 책임 당사자에게 책임을 부과할 수 있다는 이론.
14) 특허법 제128조(손해액의 추정등) 규정 참조.
15) 조영선, 법조 제57권 제10호 통권 제625호(2008년 10월) pp.208-254.
16) 조영선, 앞의 논문 pp.221-222, 아래 표 참조.

① 구성요소완비의 원칙을 강조하여 단일 침해자가 전 구성요소를 실시해야만 침해가 성립한다는 입장(상기 BMC판례도 이 범주에 해당된다고 봄),

② 침해자들 사이에 주관적인 의사공동 등은 필요치 않고, 침해의 구성요소가 객관적 관련공동성을 가지고 있으면 전체로서 침해를 구성하는데 문제가 없다는 입장(On Demand 판례17)에서 CAFC의 입장18)은 여기에 해당된다고 봄),

③ 침해자 사이에 주관적 공동실행이라는 의사와 객관적 공동실행의 사실이 존재하는 등 형법상 공동정범에 유사한 결합관계가 있어야 한다거나, 각 침해자가 침해에 대한 공모까지는 하지 않더라도 모두가 자신들이 공동하여 실행하는 시스템의 전체 구성, 처리에 대한 인식은 공유하고 있어야 한다는 입장(주관적 공동설)

저자는 "특허 공동침해의 성립성을 판단하는 단계나 복수의 침해자 사이에서 공동불법행위 성립여부를 판단하는 단계에서 일관적인 기준으로 삼아야 할 것은 복수인 사이의 '주관적 공동성'이다."라는 입장19)을 밝힌 특징이 있다. 즉, 저자는 '제1입장만을 강조하면 복수주체에 의한 BM특허의 경우 권리자 보호에 큰 문제점이 있으며, 그렇다고 제2입장을 취할 경우 구성요건완비의 원칙(All Element Rule)이라고 하는 특허법의 기본원리에 반할 뿐만 아니라 특허법 체계와도 정합성을 잃게 되므로, 이러한 대안으로 <u>제1입장과 제2입장 사이의 합리적인 영역에서 복수인이 일부의 구성요소를 분담하는 행위를 공동침해로 규명하는 노력이 필요한데, 그 과정에서 핵심적 요건이 되는 것은 당사자 사이의 주관적 공동관계라고 보아야 한다20)</u>'고 주장하며, 제3입장을 지지하고 있는 것으로 보인다.

최근에 개시된 논문으로는 '특허침해에 있어서 공동불법행위 책임에 관한 고찰21)'이 있다. 이 글에서는 공동불법행위 판단에 대한 제안으로 5가지를 제시22)하고 있는데, 제1안의 구성요건완비원칙 적용을 원칙으로 한다는 것과, 제4, 5안의 하나의 주체가 구성요소의 일부나 전부를 다른 주체에게 실시하도록 지시하는 경우엔 지시한 주체에게 책임을 지워야 한다는 것은 기존의 방안들과 유사하나,

---

17) On Demand Machine Co. v. Ingram Industries, Inc., 442 F.3d 1331(Fed. Cir. 2006).
18) 복수의 주체자에 의해 침해가 이루어질 경우 관련자 전원이 공동침해자로서 연대하여 책임을 부담하며, 이러한 경우 하나의 공정을 실시한 자도 공동침해자에 해당한다는 견해.
19) 조영선, 앞의 논문 pp.252-253.
20) 조영선, 앞의 논문 pp.249-250.
21) 김수철, 지식재산연구 제7권 제1호(2012. 3).
22) 김수철, 앞의 논문 pp.22-23.

제2안에서 하나의 주체가 특허발명의 비본질적 구성요소를 실시하는 경우, 본질적 구성요소만을 실시하는 자에게 불완전 이용침해의 기준을 적용하여 단독의 특허침해를 인정하자는 것과, 제3안에서 복수의 주체가 모두 특허발명의 본질적 구성요소를 분담하여 실시하는 경우에는 특허출원인의 청구항 작성에 관한 책임을 반영하여 특허침해를 부정하여야 한다는 것은 흥미로운 제안이라고 생각된다. 그러나 제2안의 경우 불완전이용침해가 특허법상 확립된 이론으로 보기 어려운 측면이 있다. 제3안의 경우 이 글에서 논의하고 있는 복수주체에 의한 BM특허들은 이 범주에 해당되는 경우가 많이 있을 것으로 보이는데, 모두 본인의 청구항 작성 과실문제로 보호를 해줄 수 없다는 것으로 이해된다.

라. 미국에서의 논의

이러한 주제에 대해 최근 미국에서 논의된 사항들을 시간에 따라 간단히 정리[23]해보면, **BMC 판례**[24] 이전에는 CAFC의 경우 구성요건완비의 원칙에 충실하여 복수주체에 의한 특허침해의 경우 침해로 보지 않았으나, **ON Demand**[25] 판례에서 상기 각주에서 제시한 바와 같이, 복수의 주체자에 의해 침해가 이루어질 경우 관련자 전원이 공동침해자로서 연대하여 책임을 부담하며, 이러한 경우 하나의 공정을 실시한 자도 공동침해자에 해당한다는 의견이 제시되기도 하였다.

그러나 최근 **BMC 판례**에서는 "일부 구성요소가 제3의 당사자에 의하여 실시된 경우, 침해당사자가 계약 등을 통하여 실질적으로 제3의 당사자를 지시 내지 통제(**direct or control**)하는 관계에 있는 경우에만 예외적으로 직접침해와 같이 취급된다"는 견해를 밝힘으로써, 구성요건완비의 원칙에 보다 근접한 의견을 제시하였다. 그리고 그 이후에 제시된 **Munication판례**[26]에서도 비침해로 결정하면서 이를 보다 명확히 확인하는 수준의 의견[27]을 제시하였다.

---

23) 이러한 판례흐름에 대해서는, 이미 이에 대하여 잘 정리한 글[강태욱, 복수주체의 특허침해행위—미국 특허법 상 공동침해책임의 인정 법리를 중심으로—, Law & Technology 제7권 제6호(2011.11)]을 재인용하였으며, 주요 부분에 대해서는 원문을 확인하여 정리하였음.
24) BMC Resources, Inc. v. Paymentech L.P., 498 F. 3d 1373(Fed. Cir. 2007).
25) On Demand Machine Co. v. Ingram Industries, Inc., 442 F.3d 1331(Fed. Cir. 2006).
26) Munication, Inc. v. Thomson et al., 532 F.3d 1318(Fed. Cir. 2008).
27) 복수주체들의 행위에 의하여 방법발명을 실시할 경우, 한 당사자가 전체과정을 '지시 내지 통제'하여 모든 단계가 관리될 때에만 직접침해가 성립한다. 단지 합리적인 범위 내에서의 협력만으로는 어느 주체에 의해서도 직접침해는 성립하지 않는다.

그 후 **Akamai** 판례[28]) 및 **McKesson** 판례[29])에서도 **BMC** 판례와 같은 이유로 비침해로 판단하였으나, CAFC는 이를 전원재판부로 회부하여 "만약 개별주체가 하나의 방법발명의 서로 다른 단계를 각기 실시한다면, 어떠한 상황 하에서 이 청구항은 직접 침해될 수 있으며 각각의 주체는 어느 정도의 책임이 있는가?(If separate entities each perform separate steps of a method claim, under what circumstances would that claim be directly infringed and to what extent would each of the parties be liable?)라는 주제에 대하여 의견을 제시하도록 하고, 이에 대해 심리를 진행하고 있다.[30])

마. 정   리

전통적인 특허침해판단방법인 구성요건완비의 원칙에 의한다면, 어느 한 주체가 특허발명의 모든 단계(구성)를 실시하지 않는다면 특허를 침해하였다고 볼 수 없다. 즉 특허발명이 복수의 주체에 의해 실시되어져야 한다면 어느 쪽도 특허를 침해한 것이라고 볼 수 없는 것이다. 장치나 제조방법에 대해 청구하는 기존의 특허들에서는 이러한 문제가 발생하지 않았으나, 복수의 주체들(서버들)간에 이루어지는 방법발명인 BM특허의 경우 이와 같은 문제가 발생하게 되었다. 그러나 이러한 특허들에 대해 기존의 구성요건완비의 원칙만을 엄격하게 적용할 경우, 특허는 존재하지만 침해주장을 할 수 없는 불합리한 면이 있을 수 있기에, 지금까지 살펴본 바와 같이 국내외에서 다양한 논의들이 있었다.

이러한 문제를 해결하기 위해 제기된 국내의 방안들은 크게 3가지로 분류할 수 있다. 첫째 간접침해규정이나 손해배상규정 등을 개정함으로서 이를 해결하고자 하는 방안, <u>둘째 복수의 주체 중 어느 하나의 주체만을 침해자로 판단하는 방안(① 지시 통제관계인 경우, ② 하나의 주체가 특허발명의 비본질적 구성요소를 실시하는 경우)</u>, 셋째 복수의 주체 모두를 침해로 판단하는 방안(③ 침해자 사이에 주관적 공동실행이라는 의사와 객관적 공동실행의 사실이 존재하는 경우, ④ 침해의 구성요

---

28) Akamai Technologies, Inc. v. Limelight Networks, Inc., 629 F.3d 1311(Fed. Cir. 2010).
29) McKesson Technologies Inc. v. Epic Systems Corp. 2011 WL 2173401 (Fed. Cir. 2011).
30) 아래의 Finnegan의 news 페이지 및 CAFC의 사건관련 홈페이지에서 이의 경과를 확인할 수 있으며 2012. 8. 10. 현재까지 결과가 발표되지 않았다.
   http://www.finnegan.com/IPUpdateAkamaiTechnologiesIncvLimelightNetworksIncNews/
   http://www.cafc.uscourts.gov/opinions-orders/0/all/2009-1372

소가 객관적 관련공동성을 가지고 있으면서 전체로서 침해를 구성하는 경우)으로 나눌 수 있다. 첫째 방안은 입법에 의한 방안이고, 둘째 방안은 구성요건 완비의 원칙 틀 내에서의 방안이고, 셋째 방안은 공동불법행위의 성립인정과 관련되어 있다. 어떠한 방안이 보다 적절할지에 대해서는 향후에도 지속적인 논의가 있을 것으로 예상된다.

미국의 경우, CAFC에서는 BMC 판례이후 복수주체간에 ① 지시 통제관계인 경우 이외에는 비침해로 꾸준히 판단하고 있었다. 이러한 경향에 대해 CAFC 판사들간에도 문제인식이 있었고 이 사안에 대하여 조만간 전원합의체에서 결정이 내려질 예정이므로, 이러한 논란에 종지부를 찍을 것으로 전망된다. 특히 이 결정에서 BMC 판례의 경향을 고수할지, 이를 넘어 허용의 범위를 좀 더 완화할지, 아니면 새로운 판단방법을 제시할 것인지, 상당히 궁금한 상황이다.31)

Ⅳ. 결   론

대상판결에 대해 재판부에서 판단한 방법은, 두 번째로 분류한 '복수의 주체 중 하나의 주체만을 침해자로 판단하는 방안'의 범주에 포함된다고 볼 수 있으나, 예시된 두 가지 방안(① 지시 통제관계인 경우, ② 하나의 주체가 특허발명의 비본질적 구성요소를 실시하는 경우)에 해당되지는 않는 것 같다. 피신청인과 이동통신사는 협력관계일 뿐 지시·통제의 관계라고 볼 수 없고, 이동통신사가 실시하는 단계도 비본질적 구성이라고 볼 수는 없기 때문이다.

즉 대상판결에서의 판단방법은 "복수의 실시주체 중 서비스를 주도적으로 기

---

31) 이 글은 2012. 8. 10. 작성되어, 2012. 8. 18. 발표되었다.
　그 이후 미국에서 진행된 Akamai Technologies, Inc. v. Limelight Networks, Inc. 사건의 현황을 추가로 정리하면(https://en.wikipedia.org/wiki/Akamai_Techs.,_Inc._v._Limelight_Networks,_Inc. 사이트 등 참조), CAFC 전원합의체에서는 직접침해가 성립하지 않는다 하더라도 유도침해에 해당된다고 판단하였고, 이에 대해 대법원(Supreme Court)에서는 2014. 6. 유도침해가 성립하기 위해서는 직접침해가 있어야 하는데, 이 건에서는 직접침해는 해당되지 않으므로 유도침해로 판단한 결과에 하자가 있다고 하여 CAFC 판결을 파기 환송시켰다. 그 후 CAFC는 이를 다시 심리하여 피고(Limelight Networks)는 비록 자신이 특허권의 해당 행위를 직접 실시하지는 않았다 하더라도 고객이 이를 수행할 수 있도록 미리 고지해 놓았으므로 고객의 행위는 피고의 행위로 간주할 수 있어 직접침해에 해당된다고 2015. 8월에 판결하였다. 이에 대해 피고는 대법원에 상고하였으나, 2016.4월에 상고가 불허되었고, 최종적으로 2016. 7월에 메사츄세츠 지방법원은 피고는 $51M의 손해배상금을 원고(Akamai)에게 지불하라는 판결을 내림으로써, 결과적으로 이 사건은 침해로 판단되었다(2016. 12. 27. 추가함).

획, 구성하고 이익을 얻는 자가 특허실시의 주체로 볼 수 있다"는 것인데, 지금까지 논의된 방안들과는 다소 차이가 있는 것으로 보인다. 대상판결과 같이 복수의 실시주체들 중에서 주도적으로 실시한 자를 침해자로 보는 것이 나름 합리적인 방안이라고 생각되는 이유는, BM특허의 경우 복수의 주체자 중 어느 하나가 그 발명의 목적 내에서 주도적으로 실시하는 경우가 흔히 있을 수 있기 때문이다. 그러나 이 방안도 구성요건완비의 원칙의 틀을 벗어나는 면이 있어 현실적으로나 법리적으로 적합한 방안이 될 수 있을지에 대해서는 의문이 있다.

결론적으로, 대상판결의 경우 BM특허의 보호를 위해서는 합리적인 측면이 있다고 생각되지만, 현실적으로 주된 판단방법으로 인정되기는 어렵다고 사료된다. 그렇지만 **대상판결은 계속적으로 변화하고 있는 기술발전의 흐름에서 기존의 판단방식을 넘어 새로운 방안을 제시해주었다는 데에 나름 그 의의가 있다.**

조만간 판단이 내려질 미국 CAFC 전원합의체 판결에서 이와 같은 판단방법이 제시될 확률이 높다고 보이지는 않지만, BM특허의 경우 이러한 판단방법도 고려해볼 만한 것이라고 사료되며, 복수주체에 의한 특허침해와 관련된 논문들에서도 대상판결에 대해서는 검토되고 있지 않아 이를 소개하게 되었다.[32]

---

32) 이 글은 2012. 8. 10. 작성되어, 2012. 8. 18. 발표되었으므로 우선 그 당시 발표내용은 그대로 싣고, 그 이후의 미국에서의 진행상황을 고려해서 다시 저자의 의견을 각주 내에 추가해 보면, 대상판결은 미국에서의 해당 사건의 최종판결(2016. 7. 1)이 있기 전 근 10년 전인 2006년 7월에 선고되었는데, **결론적으로 유사한 이슈에 대해 상당히 유사한 결론으로 종결되었다고 생각된다.** 비록 각 개별사건 마다의 기초사실과 구체적인 이슈가 다를 수 있지만, 지금까지 살펴본 바로는 이러한 복수주체의 이슈와 관련하여 미국에서도 오랜 시간 동안 그토록 많은 논쟁이 있었지만 결국은 대상판결의 이유 및 결론과 거의 유사하게 매듭지어진 것으로 보여, 이 판결의 선견성에 경의를 표하면서 글을 마친다(2016. 12. 27. 추가함).

58. 조성물 발명의 권리범위 해석 및 이용관계

[대법원 2011. 12. 8. 선고 2011다69206 특허권침해금지 등]

김상은(김·장 변리사, 전 특허청 정밀화학심사과 과장)

I. 사실의 개요

X(원고, 상고인)는 '숙취해소용 천연차 및 그 제조방법'이라는 발명을 1997. 3. 19. 출원하여 1998. 12. 5. 제181, 168호로 등록받은 발명의 권리자로서, Y(피고, 피상고인)가 34가지의 물질을 혼합하여 제조·판매하고 있는 숙취 해소용 액상추출차(이하 '피고제품'이라 한다)가 위 특허발명을 침해한다고 주장하면서 침해행위의 금지와 침해물품의 폐기 및 손해배상을 청구하는 소를 제기하였다.[1]

1심 법원은, 피고제품은 오리나무 추출물 9%, 마가목 추출물 9%를 각 포함하는 숙취해소용 천연차로서 위 각 추출물의 상대중량비율이 50중량% 대 50중량%이므로, 이 사건 제1항 발명의 범위에 포함된다는 이유로 X의 청구를 인용하였고, 이에 Y는 피고제품은 ① 이 사건 제1항 발명의 구성성분 이외에도 다른 물질을 더 함유하고 있으므로, 이 사건 제1항 발명의 기술사상을 모두 포함한다고 할 수 없고, ② 이 사건 제1항 발명의 청구항에 기재된 '중량%'는 상대비가 아닌 전체 조성물에서 차지하는 각 성분의 절대비를 의미하는 것이어서 그 성분비도 상이하므로, 이 사건 제1항 발명을 침해하지 않는다는 이유로 항소하였다.

항소심 법원은 피고제품에는 이 사건 제1항 발명이 발명으로서의 일체성을 그대로 유지하고 있다는 점을 인정하기에 부족하다는 이유로 Y의 청구를 인용하

---

1) 이 사건 제1항 발명과 피고제품을 대비하면 다음과 같다. 피고제품에서, 가장 많은 함량이 9%이고, 적게는 0.002% 포함되는 성분도 있다.

이 사건 제1항 발명	피고제품
오리나무 추출물 10~80중량%와 마가목 추출물 20~90중량%로 구성된, 숙취해소용 천연차	오리나무 추출물 : 9%, 마가목 추출물 9%
	32가지의 서로 다른 물질

였다.

이에 X가 피고제품의 전제 조성에서 오리나무 추출물과 마가목 추출물이 차지하는 비율이 낮기는 하나 피고제품이 숙취해소 효과를 가지는 것인 이상, 피고제품은 이 사건 제1항 발명의 이용발명이라고 주장하면서 제기한 상고에 대하여 대법원은 아래와 같이 판시하였다.

Ⅱ. 판   시

상고기각.

피고제품에 각 9%씩 포함되어 있는 오리나무 추출물과 마가목 추출물은 전체 조성물에서 차지하는 비중이 크지 않고, 위 2가지 물질이 피고제품에 추가되어 있는 다른 32가지의 물질과 어떠한 상대적 화학반응을 하는지 알 수 있는 자료가 없으며, 설령 피고 실시제품이 이 사건 제1항 발명과 같은 숙취해소 효과가 있다고 하더라도, 상대적 비중이 낮은 오리나무 추출물과 마가목 추출물이 다른 물질의 감쇄작용에 의하여 숙취해소 효과를 상실하고 추가된 다른 물질의 작용에 의하여 그러한 효과가 발현되었을 가능성을 배제할 수 없다.

그러므로 피고제품에 포함된 위 2가지 추출물이 이 사건 제1항 발명이 가지는 숙취해소 효과를 그대로 지니고 있어 발명으로서의 일체성을 유지하고 있다고 볼 수 없으므로, 피고제품이 이 사건 제1항 발명과 이용관계에 있지 않다는 취지로 판단한 원심판단은 정당하다.

Ⅲ. 해   설

1. 이용발명의 개념 및 성립요건

이용발명은 '사상상 이용발명'과 '실시상 이용발명'으로 구분되는데, 사상상 이용발명이란 이용의 개념을 자기의 발명을 실시하기 위해서는 필연적으로 타인의 특허발명의 명세서에 개시된 기술사상을 이용하는 것으로 이해하는 입장으로서, 그대로설, 상위개념보호설, 주요부설, 개량확장설 등이 있다.

이에 비해, 실시상 이용발명이란 선행발명과 후발명의 카테고리 또는 목적은 다르지만 후발명을 실시하려고 하면 선행발명을 실시하여야만 되는 관계에 있는 경우로서 실시불가피설이 있다. 특허법 제98조,2) 동법 제138조의 취지3) 등에 비추어 볼 때 이용의 개념을 사상상의 이용발명만으로 한정하는 것은 부당하고, 또한 이용의 문제가 본래 침해의 한 형태로서 논하여져 왔다는 연혁상의 점 등을 고려하면, 이용발명에 실시상의 이용발명도 포함되는 것으로 파악하는 것이 합리적이다.4)

우리나라의 판례는 "이용관계는 후발명이 선행발명의 특허요지에 새로운 기술적 요소를 가하는 것으로서 후발명이 선행발명의 요지를 전부 포함하고 이를 그대로 이용하게 되면 성립된다"고 하여 소위 그대로설의 입장을 취하고 있다.5)

2. 조성물 발명의 의의 및 형태

조성물은 '2종 이상의 성분이 전체로서 균질하게 존재하고, 하나의 물질로 파악되는 것'이다.6) 예를 들면, 조성물의 구성성분이 A, B, C라고 하면, 많은 경우 A, B, C 각 성분이 변화하지 않고 전체로서 균질하게 그대로 존재하는 것으로 취급된다. 그러나 성분 A, B, C를 조합하면 성분 A와 B가 반응해서 별개의 물질 D가 생성되거나, 성분 A의 전부 또는 일부가 분해해서 분해물 A′가 생성되는 것 등에 의해 조성물 제조시의 원료조성과 판매시나 사용시의 성분조성 즉, 생산조성이 다른 경우도 종종 있다.

조성물 발명에 관한 심사기준에는 특허청구범위에 '조성물의 조성은 대상이 되는 조성물 그 자체의 조성에 따라서 표시하여야 하며 조성물 그 자체의 조성 파악이 곤란한 경우에는 원료조성에 따라서 표시해도 좋지만 원료조성과 생산조성이 상위하면(주로 상태변화를 수반하는 조성물의 경우에 해당한다), 그 상태변화 또는 프로세스 등에 관한 사항을 병기하여 그 불비를 보충할 필요가 있다'고 규정하

---

2) 특허법 제98조에는, 후발명이 선행발명을 이용하는 관계에 있는 때에는 선원 특허권자의 허락이 없이는 '실시'할 수 없다고 하여 발명의 실시를 대상으로 규정하고 있다.

3) 특허법 제138조에는 후발명이 동법 제98조의 관계에 있을 때, 후원 특허권자는 '통상실시권 허여의 심판'을 청구할 수 있다고 규정하고 있는데, 이는 선행발명과 이용관계에 있는 후발명을 침해라고 하여 실시를 금한다면 기술의 진보 및 산업의 발달을 목적으로 하는 특허제도의 취지에 반하므로 이용발명의 실시를 보장하기 위한 것이다.

4) 이인철, '利用發明에 대한 硏究', 知的財産權論文集 Ⅰ '特許法의 諸問題(上)'(1993) 148-149면, 吉藤幸朔 著, 特許法 槪說 第13版 YOU ME 特許法律事務所 譯 509-510면, 竹田和彦 著, 特許の知識 理論と實際 第6版, 도서출판 명현 譯 475-477면 참조.

5) 대법원 2001. 8. 21. 선고 98후522 판결, 2004. 8. 31.자 2002마2768 결정 등 참조.

6) 특허청 화학분야산업부문별 심사실무가이드 '고분자분야' 5면 참조.

고 있다.7)

조성물 발명은 시간의 경과에 따라 예상과 다른 조성변화를 수반할 수도 있으므로, 조성물 발명을 적절하게 보호받기 위해서는 특허청구범위 작성을 다각도(예 : open claim, 원료조성과 생산조성을 별도의 청구항으로 동시에 기재 등)로 기재하는 것이 중요하다.

이 사건 제1항 발명은 '오리나무추출물 10~80중량%와 마가목추출물 20~90중량%로 구성된, 숙취해소용 천연차'로 기재되어 있어, 생산조성으로 특정되어 있는 용도한정 조성물 발명이라 할 수 있다.

3. 대상판결의 검토

가. 용도 한정 조성물 발명에서의 이용관계 판단

이용관계는 ① 후발명이 선행발명의 기술적 구성에 새로운 기술적 요소가 부가되어 있고, ② 후발명 내에 선행발명이 발명으로서의 일체성을 유지하는 경우에 성립한다.8)

먼저 ① 후발명이 선행발명의 기술적 구성에 새로운 기술적 요소가 부가되어 있는지 여부는 후발명에서 선행발명의 기술적 구성 모두를 가지고 있는지 여부가 판단기준이 된다.

그러므로 대상판결의 사안과 같이, 특허발명이 생산조성으로 기재되어 있는 경우, 피고제품의 생산조성에서 이 사건 제1항 발명의 구성성분이 그대로 검출된다면 첫 번째 요건은 만족하는 것이다. 설령 후발명에서 추가된 성분끼리 또는 추가된 성분과 선행발명의 구성성분이 서로 화학반응을 하더라도, 후발명에서 선행발명의 구성성분이 그대로 검출된다면 특별한 사정이 없는 이상, 첫 번째 요건은 만족한다고 할 수 있다.9)

---

7) 특허청 화학분야산업부문별 심사실무가이드 '고분자분야' 24면 참조(위 심사기준은 고분자 분야에 관한 것이지만, 고분자조성물분야를 포함하는 일반적인 조성물발명의 심사기준으로 확장해도 무리가 없는 것으로 생각된다).

8) 대법원 2001. 8. 21. 선고 98후522 판결, 1995. 12. 5. 선고 92후1660 판결 등 참조.

9) 후발명의 원료조성이 생산조성으로 특정된 선행발명의 구성성분을 포함하는 경우, 우선 후발명의 제조행위 자체는 선행발명의 구성성분을 포함하므로, 첫 번째 요건을 만족하는 것이다. 그러나, 후발명에서 추가된 성분과 선행발명의 구성성분이 서로 화학반응을 하여, 후발명의 판매시 또는 사용과정에서 선행발명의 구성성분이 더 이상 검출되지 않는다거나, 선행발명의 구성성분이 검출되더라도 불순물로 취급될 수 있는 정도로만 검출된다면 첫 번째 요건을 만족하는 것으로 판단할 수는 없을 것으로 생각된다.

그러나 조성물 발명에서, ② 후발명 내에 선행발명이 발명으로서의 일체성을 유지하는지를 판단하는 기준은 명확하지는 않으나, 용도를 한정한 조성물 발명은 그 용도 또한 구성을 이루는 것이므로, 새로운 성분이 추가된 후발명이 '선행발명 과 같은 용도(또는 같은 종류의 작용효과)를 가지는지 여부'가 발명으로서의 일체성 을 유지하는지에 관한 판단기준이 되어야 할 것이고, 후발명과 선행발명이 동일한 용도 내에서 효과의 고저는 판단기준이 되어서는 안 된다.10)

효과의 고저는 진보성 판단, 균등 판단 등에서는 고려되어야 하지만, 이용관 계는 선행발명이 공지되어 있는 상태에서, 새로운 성분을 부가하는 것이고, 새로 운 성분이 부가된 이상, 그로 인한 효과에 변동(긍정적 효과 또는 부정적 효과)이 있는 것은 자연스러운 현상이므로, 후발명에 새로운 성분이 부가되어 있더라도, 선행발명과 동일한 용도에 사용되는 것인 이상, 후발명은 선행발명의 기술적 사상 을 그대로 이용하는 것이라 할 수 있으므로, 후발명 내에 선행발명이 발명으로서 의 일체성을 유지하는 것으로 판단하는 것이 합당하다고 생각된다.

따라서 대상판결의 사안과 같이 용도한정 조성물 발명에서, 후발명 내에 선 행발명이 발명으로서의 일체성을 가지고 있는지 여부는 동일한 용도에 사용되는 지 여부 또는 동일용도에 사용될 수 있는 정도로 같은 종류의 작용효과가 발휘 되는지 여부로 판단하는 것이 합당하다고 생각된다.

나. 대상판결의 사안에서의 이용관계 검토

먼저 피고제품이 이 사건 제1항 발명의 기술적 구성 모두를 가지고 있는지를 보면, 대상판결에서 적절히 판시한 바와 같이, 피고제품은 오리나무 추출물과 마 가목 추출물을 모두 포함하고 있고, 그 조성비 또한 50% 대 50%로서 이 사건 제 1항 발명의 조성비의 범위에 포함된다.

한편, 대상판결의 원심 판결문을 보면, 이 사건 제1항 발명의 조성비가 전체 조성물에서 차지하는 절대비를 의미하는 것인지, 상대비를 의미하는 것인지도 쟁 점이었던 것으로 보이나,11) 이 사건 제1항 발명과 같이 조성비를 한정하고 있는

---

10) 후발명은 새로운 성분의 추가로 인해 선행발명이 가진 효과가 상승할 수도 있고, 선행발명 이 가지지 않은 새로운 효과가 부가될 수도 있으며, 추가 성분으로 인해 본래의 작용효과가 감소할 수도 있으나, 추가 성분에 의한 작용효과는 후발명이 선행발명과 동일용도를 가지는 이상, 이용관계에 의한 침해를 구성함에 있어 판단대상이 되어서는 안 된다고 생각된다.
11) 피고는 '이 사건 제1항 발명의 청구항에 기재된 용어 '중량'은 상대비가 아닌 전체 조성물

조성물 발명에서 청구항에 없는 새로운 성분이 추가되는 경우, 처음의 조성비에 변경이 있는 것은 당연하므로, 대상판결과 같이 상대비를 의미하는 것으로 해석하는 것이 적절한 것으로 보인다.12)

다음으로 새로운 성분이 추가된 피고제품이 이 사건 제1항 발명과 동일한 용도를 가지는지를 보면, 피고제품 또한 숙취해소 효과를 가지는 것이어서, 이 사건 제1항 발명과 같은 용도 또는 같은 종류의 작용효과를 가진다.

그러나, 대상판결은 피고제품의 전체 조성물에서 이 사건 제1항 발명의 구성성분인 마가목 추출물 및 오리나무 추출물이 차지하는 비중이 크지 않고, 이 사건 제1항 발명의 구성성분과 피고제품에 추가된 다른 물질이 화학반응을 하는지를 알 수 없다는 이유를 들어, 피고제품에서 발휘되는 숙취해소 효과가 이 사건 제1항 발명의 구성성분으로 인한 것인지, 추가된 다른 물질의 감쇄작용으로 이 사건 제1항 발명의 구성성분은 숙취해소 효과를 상실하고, 추가된 다른 물질의 작용으로 숙취해소 효과가 발현되었을 가능성도 배제할 수 없으므로, 피고제품 내에 이 사건 제1항 발명이 발명으로서의 일체성을 유지하고 있다고는 할 수 없다는 이유로 이용관계를 부정하였다.

대상판결은 피고제품이 이 사건 제1항 발명과 이용관계에 있다고 하기 위해서는, 이를 주장하는 원고가 ① 피고제품과 같이, 전체조성물에서 이 사건 제1항 발명의 구성성분이 차지하는 비중이 크지 않아도 숙취해소 효과를 가진다는 점, ② 피고제품에서 이 사건 제1항 발명의 구성성분이 가지는 효과가 상실되지 않는 점에 대한 입증을 하여야 한다는 취지로 이해된다.

먼저, 이 사건 특허발명의 상세한 설명에 기재된 실시예를 보면, 전체 조성물에서 마가목 추출물 및 오리나무 추출물이 차지하는 비중이 크지 않아도, 숙취해소 효과를 가진다는 점은 실험으로 확인된다. 예를 들어, 실시예 1에는 물 1200cc에 오리나무추출물 10g과 마가목추출물 90g을 혼합하여, 시간의 경과에 따른 알코올 분해효능을 보여주고 있다.

에서 차지하는 각 성분의 절대비를 의미하는 것으로 해석되어야 하고, 피고제품은 오리나무 추출물과 마가목 추출물을 전체 제품 중 각 9%밖에 포함하지 않아, 이 사건 제1항 발명의 추치범위 밖에 있다'는 취지로 주장하였다.

12) 이 사건 제1항 발명의 조성비를 '절대비'로 해석하는 경우, 피고제품은 전체 조성물 중에서, 오리나무 추출물과 마가목 추출물을 각각 9% 포함하고 있으므로, 이 사건 제1항 발명의 조성비 범위 밖에 있게 된다.

위 실시예 1의 조성물은 이 사건 제1항 발명에 비하여 물 1200cc가 추가된 새로운 조성물이고, 전체 조성물에서 오리나무 추출물은 0.77%, 마가목 추출물은 6.92% 정도로서 피고제품에 비해서 오리나물 추출물과 마가목 추출물이 차지하는 비중이 낮은데도 불구하고, 숙취해소 효과를 보이므로, 피고제품과 같이, 전체조성물에서 이 사건 제1항 발명의 구성성분이 차지하는 비중이 크지 않아도 숙취해소 효과를 가진다는 것은 실험에 의해 입증된 것으로 보인다.

다음으로, 피고제품에서 이 사건 제1항 발명의 구성성분이 가지는 효과가 상실되지 않는지에 대해 보면, 침해소송에서 실시제품이 특허발명과 이용관계에 있다는 입증은 이를 주장하는 자에게 있기는 하나, 피고제품의 조성물 내에서 마가목 추출물 및 오리나무 추출물의 효과가 상실되는지 여부는 현실적으로 측정하기가 곤란한 사정이 있고,13) 피고제품이 이 사건 제1항 발명에 의해 숙취해소 효과가 있는 것으로 알려져 있는 마가목 추출물 및 오리나무 추출물을 사용하는 이상, 피고제품의 조성물 내에서도 이 사건 제1항 발명의 구성성분이 숙취해소 효과를 발휘하는 것으로 추정할 수 있음에도 불구하고, 대상판결에서는 원고에게 과도한 입증을 요구한 것은 아닌지 의문이 있다.

만약, 피고제품에서 이 사건 제1항 발명의 구성성분이 피고제품의 용도인 숙취해소 효과와 관련이 없다면, 특별한 사정이 없는 이상, 이를 혼합할 이유가 없으므로, 원고는 피고제품에 이를 포함하는지 여부 및 이 사건 제1항 발명의 구성성분을 포함하는 피고제품에서 숙취해소 효과가 있는지를 입증하는 것으로 입증책임은 충분한 것은 아닌지, 피고제품에서 이 사건 제1항 발명의 구성성분이 피고제품이 목적하는 숙취해소 효과와 관련이 없다는 특별한 사정은 피고가 이를 입증해야 하는 것은 아닌지 의문이 든다.14)

---

13) 이 사건 제1항 발명은 추출물에 포함되어 있는 여러 가지 성분 중에서 활성성분을 특정할 수 없기 때문에 추출물 그 자체를 구성성분으로 포함하는 발명이다. 그런데, 피고제품의 조성물 내에서 마가목 추출물 및 오리나무 추출물의 효과가 상실되는지 여부를 직접적으로 확인하기 위해서는 피고제품의 조성물에서 숙취해소 효과에 관여하는 성분을 특정하여 피고제품의 조성물이 숙취해소 효과를 가지는 작용기전을 밝혀야 하나, 이는 추출물을 유효성분으로 하는 발명의 특성상 곤란한 것으로 생각된다.
　　또한 다른 방법으로는 이 사건 제1항 발명, 피고제품 및 피고제품에서 이 사건 제1항 발명의 구성성분을 제외한 나머지 32가지 성분으로 이루어진 조성물의 숙취해소 효과를 서로 비교하는 방법을 생각해 볼 수 있으나, 이 또한 피고제품에서 이 사건 제1항 발명의 구성성분이 가지는 효과가 상실되는지 여부는 직접적으로 확인할 수 없다.
14) 대상판결, 원심 판결 등을 보더라도, 피고가 이에 관한 주장 및/또는 입증을 한 것으로는 보이지 않는다.

나아가, 이 사건 제1항 발명의 구성성분과 피고제품에 추가된 다른 물질과의 화학반응에 대해 보면, 이 사건 제1항 발명은 '오리나무추출물 10~80중량%와 마가목추출물 20~90중량%로 구성된, 숙취해소용 천연차'로서, 생산조성으로 표현되어 있으므로,15) 피고제품에서 추가된 성분과 선행발명의 구성성분이 서로 화학반응을 하는지 여부와 상관없이, 피고제품에서 이 사건 제1항 발명의 구성성분이 그대로 검출된 이상, 이용관계의 판단에 영향을 미칠 수는 없는 것으로 생각된다.16)

따라서 이 사건 제1항 발명이 창작한 기술적 사상은 '마가목 추출물과 오리나무 추출물을 일정비율로 혼합함으로써, 숙취해소 효과를 가진다는 것'일 것이고, 피고제품 또한 새로운 성분을 부가되어 있기는 하나, 이 사건 제1항 발명의 구성성분을 그대로 포함하면서 숙취해소 효과를 가지는 것인 이상, 이 사건 제1항 발명이 창작한 기술적 사상을 그대로 이용하는 것으로 보는 것이 합당하지 않을까 생각된다.

4. 마치면서

대상판결은 이용관계를 판단함에 있어, 조성물 발명에서 '후발명 내에 선행발명이 발명으로서의 일체성을 유지하는 경우'에 판단기준을 제시한 점에서는 의의가 있으나, 제3자에게 제3의 성분을 추가함으로써 조성물 발명의 권리범위를 쉽게 벗어날 수 있다는 잘못된 신호를 제공한 것은 아닌지 하는 아쉬움이 있다.

---

15) 대상판결에서는 피고제품이 생산조성인지, 원료조성인지 명확하게 설명하고 있지는 않으나, 원심 판결문에 첨부된 피고제품을 보면 '생산조성=원료조성'으로 보인다.
16) 피고제품에서 이 사건 제1항 발명의 구성성분이 검출되더라도, 불순물로 취급할 수 있는 경우는 예외로 한다.

59. 컴퓨터프로그램의 전송과 특허권 침해

[서울고등법원 2014. 4. 10. 선고 2013나5383 판결 손해배상(기)]

김관식(한남대학교 법학부 교수, 전 대법원 재판연구관)

I. 사건의 개요

X(원고, 피항소인)[1]는 "계단식 파이프라인을 이용한 멀티미디어 데이터 병렬 처리장치"의 특허권자로 특허발명의 청구범위는 아래와 같다.[2]

> [청구항 1] 멀티미디어 데이터 병렬 처리 장치에 있어서,
> … 입출력 제어수단; … 작업 제어수단; 및 … 다수의 작업 처리수단을 포함하되, 작업 처리수단 각각은, … 하는 것을 특징으로 하는 계단식 파이프라인을 이용한 멀티미디어 데이터 병렬 처리 장치.
> [청구항 8] 제1항 내지 제5항 중 어느 한 항에 있어서, 작업 처리수단 각각은, … 데이터 처리수단을 포함하는 것을 특징으로 하는 계단식 파이프라인을 이용한 멀티미디어 데이터 병렬 처리 장치.

피고(항소인)는 인터넷 포털서비스 제공자로서 원고의 기술을 구현한 '컴퓨터 프로그램(○○팟인코더)'을 인터넷을 통하여 '전송'의 방법으로 일반인에게 제공하였는데 다운로드 횟수가 총 2,600여만 회에 이르렀다.

원고는 피고를 상대로 피고 프로그램의 인터넷 게시, 복제, 판매, 양도, 전송 등의 금지와 손해배상을 청구하는 소를 제기하여 승소하였다(서울중앙지법 2012. 11. 30. 선고 2010가합91614 판결). 이에 피고는 항소하였는데, 피고는 사용자로 하

---

1) 원고는 특허권침해에 따른 손해배상금으로 손해의 일부인 50억원을 청구하였으나 그 일부인 3억원이 인용되어 이에 대하여 항소하였으나, 본고에서는 특허권 침해금지청구 부문에 그 논의를 제한하고자 한다.
2) 한편 판결서에는 기재되어 있지 않으나, 청구항 11 내지 청구항19는 '데이터 병렬 처리 방법'에 관한 것이고, 청구항 20은 '프로그램을 기록한 컴퓨터로 읽을 수 있는 기록매체'에 관한 것이다.

여금 인터넷 페이지에서 원고의 발명을 구현한 'ㅇㅇ팟인코더 프로그램(X.264 코덱 프로그램)'을 내려받을 수 있도록 제공하였을 뿐으로, 이는 물건의 발명에 해당하는 원고 특허발명의 '실시'에 해당하지 않는다고 주장하였다.3)

II. 판   시

피고 패소부분 취소.

"특허권의 대상이 되는 발명은 특허법상으로 '물건', '방법' 및 '물건을 생산하는 방법'의 3가지 범주로 나누어지고, 각각의 범주에 대응한 발명의 실시행위가 규정되어 있다(특허법 2조 3호). 그리고 컴퓨터 프로그램은 특허법상 발명의 범주가 아니고 컴퓨터 프로그램 그 자체를 청구항으로 하여 특허를 받을 수도 없다. 컴퓨터 프로그램은 발명의 실시를 위한 수단의 일부이고, 프로그램이 실행가능하게 설치된 컴퓨터를 탑재한 장치의 제조, 판매 등이 물건 발명의 실시이고, 또 컴퓨터를 동작시키는 프로그램을 실행하는 공정이 방법발명의 실시이다. 따라서 프로그램 자체의 제작, 판매는 일반적으로는 물건발명의 실시에 해당하지 아니하고, '컴퓨터 관련 발명 심사기준'에서 물건발명의 하나로 인정하고 있는 '프로그램 또는 구조를 가진 데이터를 기록한 컴퓨터로 읽을 수 있는 매체'를 물건발명의 청구항으로 하는 경우(이른바 매체 청구항인 발명)에 프로그램을 기록한 컴퓨터로 읽을 수 있는 기록매체의 제조, 판매 등의 행위는 매체청구항인 발명의 실시행위에 해당될 수 있는 것에 불과하다고 해석하여야 한다.

이 사건에서 보면, 원고의 특허발명은 해당 컴퓨터 프로그램과 협동하여 동작하는 멀티미디어 데이터 병렬 처리 장치에 관한 특허임이 청구항의 기재에 비추어 분명하므로 이는 해당 프로그램에 의한 정보처리가 하드웨어를 이용하여 구체적으로 실현되고 있는 방법발명이나 그 동작방법 및 해당 프로그램을 기록한 컴퓨터로 읽을 수 있는 매체발명이 아닐 뿐만 아니라 해당 프로그램 그 자체에 관한 발명도 아니고, 해당 프로그램과 협동하여 동작하는 정보처리장치에 관한 물건

---

3) 한편 피고는 2011. 9. 27. 원고를 상대로 특허심판원에 진보성이 없음을 이유로 특허무효심판을 청구하였으나 심판청구가 기각되었으나(2011당2356), 특허법원에서 심결취소판결(2013허1023)을 받았고, 이에 원고가 상고하였는데, 대법원에서는 2013. 12. 26. 법률에 따라 판결법원을 구성하지 않은 위법이 있다는 이유로 특허법원 판결을 파기하고 사건을 특허법원으로 환송하여(2013후2385) 특허법원에 사건이 계속되어 있었다(2014허188).

의 발명에 해당한다. 그리고 피고가 해당 프로그램과 협동하여 동작하는 정보처리
장치가 아니라 프로그램 그 자체인 ○○팻인코더 프로그램을 웹 사이트에서 전기
통신회선을 통하여 사람들이 내려받을 수 있도록 제공한 것만으로는 정보처리장
치에 해당하는 물건 발명의 실시행위에 해당한다고 볼 수 없다."

Ⅲ. 해   설

1. 서   론

컴퓨터프로그램 관련 발명이 특허법상의 특허의 대상이 되는지에 대해서는
오랫동안 논의가 되어 왔으나, 현재는 일률적으로 그 성립성을 부정하지는 않고
일정한 경우에는 특허의 대상으로 인정하고 있다. 한편 발명의 성립성이 인정되는
경우에, 특허청구범위에서 특허발명으로 청구하는 발명의 구체적인 형태로는 특허
법상 '물건'의 발명으로서는 특정한 컴퓨터프로그램을 구현하여 구동하는 정보처
리 '장치', 컴퓨터프로그램이 저장된 컴퓨터가 해독할 수 있는 '기록매체'가 일반적
으로 허용되고, 특허법상 방법 발명으로서 컴퓨터프로그램의 작동 단계를 기술한
'방법'의 청구항은 실무상 허용되어 널리 등록되고 있으나, '컴퓨터프로그램'을 청
구하는 것은 실무에서 허용되지 않고 이를 청구하는 경우에는 특허청의 심사단계
에서 특허등록이 거절되어 왔다.

'컴퓨터프로그램' 청구항을 인정하여야 한다는 주장의 논거 중의 하나로는, 현
재와 같이 컴퓨터프로그램이 온라인으로 유통되는 시기에 이른바 '장치'와 '매체'
및 '방법' 청구항만으로는 특허발명의 실시의 유형에 인터넷을 통한 프로그램의
'전송' 행위가 포섭되지 않기 때문에, 특허권자의 권리를 실효적으로 보호하기 위
해서 '컴퓨터프로그램' 청구항의 기재를 허용하여야 한다고 주장한다.4) 반면에 기
존의 법체제만으로도 충분히 보호가 가능하므로 특허법상 '물건'으로 보기 힘든
'컴퓨터프로그램'의 유형을 신규로 인정할 필요가 없다고 주장하는 견해도 찾아
볼 수 있다.5)

---

4) 대표적으로 특허법의 소관부서인 특허청과 김관식, "컴퓨터프로그램의 특허법상 보호에 관
한 특허법 제2조 개정시안의 법적 의의 및 과제", 충남법학연구 vol. 23 no.1(2012), 549-
582면; 김관식, 특허법과 저작권법의 조화를 통한 창조적 소프트웨어 기업 보호방안 연구, 특
허청(2013) 등이 있다.
5) 대표적으로 저작권법의 소관부서인 문화체육관광부와 이에 대체적으로 동조하는 견해로,

본 판결에서는 컴퓨터프로그램의 '전송' 행위는 컴퓨터프로그램을 구현한 '장치'의 실시에 해당하지 않는다는 점을 명확하게 하여, 결국 장치에 관하여 특허되었다 하더라도 피고의 프로그램의 '전송' 행위는 장치발명의 실시행위에 해당하지 않아 결국 '장치'에 관한 특허권을 침해하지 않는다는 점을 명확하게 밝힌 것이다.

한편 '컴퓨터프로그램' 형식의 청구항이 특허된다면 피고의 프로그램 '전송' 행위에 대하여 특허권 침해가 될 여지가 있는데, 대상 판결에서는 '컴퓨터프로그램'을 직접 청구하는 형식의 청구항은 허용되지 않는다고 밝히고 있어,6) 대상판결의 태도에 의한다면 특허권자가 '컴퓨터프로그램' 형식의 청구항으로 특허받을 수 있는 여지는 없게 되어, 결국 전송행위에 대하여 특허권자의 특허권을 행사할 수 있는 여지는 없게 된다. 이러한 결과는 동일한 프로그램이 매체에 담겨서 양도가 되면 특허권 침해가 되는데 반하여, 인터넷 등의 정보통신회선을 통하여 전송이 되는 행위는 특허권 침해를 구성하지 아니하게 되며, 이는 현재의 인터넷 환경 등을 고려하면 불합리한 결론으로 볼 수 있다.

2. '컴퓨터프로그램' 청구항의 적법여부

'컴퓨터프로그램' 청구항은 종래 일본에서 물건인지 방법인지 그 카테고리가 불명확하다는 이유를 들어 일본 특허법 소정의 기재불비에 해당한다고 판단한 바 있고, 우리나라의 실무에서도 동일한 이유로 '컴퓨터프로그램'을 청구하는 청구항은 그 기재된 발명의 내용이 불명확하여 결국 특허법 제42조 제4항 제2호 소정의 규정을 위반한 것으로 판단하여 거절결정을 한 바 있다.7) 본 판결도 컴퓨터프로그램 청구항의 기재를 허용하지 않는 점을 명확히 하고 있다. 그런데 이러한 판시에는 아래와 같은 점에서 의문이 있다.

민법상 물건의 정의와 관련하여, 일본 민법 제85조에서는 물건[物]을 유체물로만 정의하고 있을 뿐인데,8) 이에 반하여 우리나라 민법 제98조에서는 물건으로

정진근, "SW특허제도의 본질과 저작권제도에 미치는 영향에 관한 소고", 특허청 세미나 발표문(2015. 7. 8)이 있다.

6) 다만 그 이유가 명확하게 설시되어 있지는 않다.

7) 특허청, 컴퓨터 관련 발명 심사기준, 2005. 4, 6면. 한편 2014. 7. 1. 이후 출원분에 대해서 '매체에 저장된 컴퓨터프로그램'에 한하여 그 기재를 허용하고 있다. 특허청, 컴퓨터관련발명 심사기준, 2014. 7, 2-3면.

8) 일본 民法 第八十五条 本法ニ於テ物トハ有体物ヲ謂フ(제85조 본 법에서 물건이라는 것은 유체물을 말한다).

서 유체물뿐만 아니라 전기 기타 관리가능한 자연력과 같이 일정한 무체물에 대해서도 그 물건성을 인정하고 있는 점에서 중요한 차이가 있다.9) 다만 일본에서는 일찍이 1903년(明治 36년) 대심원(大審院) 판결에서 전기를 무단히 탈취한 행위에 대하여 이를 형법 제366조의 '절도'행위로 규율할 수 있음을 명확하게 한 바 있고,10) 이어서 1937년(昭和 12년) 최고재판소 판결11)에서는 전기 요금 채권에 대하여 이를 '물건'의 대가채권에 준하는 것으로 보아 산물, 상품의 단기소멸시효(2년)의 대상으로 판단한 바도 있다. 결국 일본의 경우 민법 규정상 전기 등 무체물에 대하여 이를 물건으로 보는 명시적인 조항은 없으나, 최고법원의 판례에 의하여 물건으로 포섭하고 있음을 알 수 있다.12) 한편 1986년(昭和 61년) 최고재판소13)에서는, "바다는 원래 배타적 이용가능성이 없는 공용물로서 특정인의 배타적 지배가 허용되지 않아 소유권의 객체인 토지[물건]가 될 수 없으나, 어느 구역이 바닷물로 침수된 경우, 소유권이 당연히 소멸한다고 볼 수는 없고, 인간에 의하여 지배이용이 가능하고 다른 해면과 구별되어 인식된다면, 소유권의 개체로서의 토지[물건]가 된다"고 판시하여, 애초에 물건이 될 수 없는 바닷물의 경우에도 이에 대하여 관리가능성이 인정된다면 물건으로 볼 수 있다는 취지로 판단한 바도 있다. 결국 일본 민법 조문 상으로는 물건을 유체물로만 한정하고 있으나, 판례에 의하여 전기 또는 바닷물 등도 물건의 범위에 포섭하여 인정하고 있는데, 그 판단의 취지를 보면 전기, 바닷물의 경우에도 이에 대한 관리의 가능성이 인정된다면 민법상의 물건에 포섭될 수 있다는 태도임을 알 수 있다. 일본에서의 학설상으로도 민법상 유체물을 물리학적인 개념(고체, 액체, 기체)으로 보는 것보다는 법률상의 배타적 지배의 가능성으로 해석하는 것이 타당하다는 유력한 견해를 찾아볼 수 있다.14) 이와 같은 점에 비추어 보면, 독자적인 거래의 대상이 널리 되고 있는 컴퓨터프로그램을 민법상의 물건으로 인정하지 못할 이유는 없다고 생각된

---

9) 한편 일본 민법 제85조 제3항에서는 무기명채권은 동산으로 본다는 규정이 있다.

10) 大判明36年(1903년)5月21日　大審院刑事判決録(刑録)9輯874頁("他人ノ所持スル電流ヲ不法ニ奪取シテ之ヲ自己ノ所持内ニ置キタル者ハ刑法第三百六十六條ニ所謂**他人ノ所有物ヲ竊取シタルモノトス**").

11) 大判昭12年(1937년)6月29日　最高裁判所民事判例集(民集)16卷1014頁(전기 요금채권은 물건의 대가채권에 준함).

12) 우리나라 민법에서 일본에서와 달리, 전기 등 관리가능한 자연력을 물건에 포섭한 것은 이러한 일본에서의 판례의 태도를 염두에 두었기 때문일 것으로 추정된다.

13) 最高裁昭61年(1986年)12月16日　昭和55年行(ツ)147事件.

14) 我妻栄·有泉享·川井健, 民法1 総則 物権法 第三版, 勁草書房, 2012, 109頁.

다. 더욱이 특허법상 물건과 방법 발명의 구분은 특허발명의 대상이 아니라 특허
권자가 가지는 독점권의 범위와 관련된 특허발명의 '실시' 범위의 정의 규정에 불
과한 점,15) 특허발명의 실시의 범위특허법상 물건의 발명과 방법의 발명의 개념
은 특허법 상의 고유의 개념으로 볼 여지도 있다는 점,16) 현실적으로도 컴퓨터프
로그램이 매체와 독립하여 독자적인 거래의 대상이 되고 있다는 점을 고려하면,
더욱 컴퓨터프로그램 청구항을 특허법상의 물건의 발명으로 인정하여야 할 것으
로 생각된다.17) 제외국에서의 사정도 마찬가지이다.

　독일의 경우에는 2001. 10. 17. 연방대법원의 '결함있는 문자열 검색방법(Suche
fehlerhafter Zeichenketten) 사건'18)에서 컴퓨터의 단순한 사용이 아닌 특정한 사용
이라면 원칙적으로 특허가 가능하며, 이러한 특정성은 구체적인 기술적 문제를 풀
거나 기술적 특징(technical character)을 보유하고 있다면 인정된다는 취지로 판결
하여, 방법(Verfahren), 컴퓨터시스템(Computersystem)에 더하여 쟁점이 되었던 디
지털저장매체(Digitales Speichermedium)에 더하여 컴퓨터프로그램 제품(Computer-
Programm-Produkt) 및 컴퓨터프로그램(Computer-Programm) 형식 청구항의 적법성
을 인정한 바 있다.

　일본의 경우에도 종전에는 전술한 바와 같이 '컴퓨터프로그램'을 청구하는 형

---

15) 한편 미국의 경우 특허권자가 누리는 배타적인 권리의 내용으로 물건(product)발명과 방법
　　(process)발명을 구분하지 않고 있다. 35 U.S.C. 154(a)(1) 참조.
16) 우리나라와 일본의 경우, 민법상 물건과 특허법상 물건으로 동일한 용어(일본의 경우 '物',
　　우리나라의 경우 '물건')를 사용하고 있으나, 우리나라와 일본에 지대한 영향을 미친바 있는
　　독일의 경우, 민법상 물건은 'Sachen'으로, 특허법상 물건은 'Erzeugnis'로 서로 달리 사용하
　　고 있다는 점은 이와 같은 주장을 뒷받침하는 강력한 방증으로 볼 수 있다. Bürgerliches
　　Gesetzbuch (BGB) § 90 Begriff der Sache) Sachen im Sinne des Gesetzes sind nur
　　körperliche Gegenstände(본법에서 의미하는 물건은 유체물만이다). 및 Patentgesetz §9 　Das
　　Patent hat die Wirkung, dass allein der Patentinhaber befugt ist, die patentierte Erfindung
　　im Rahmen des geltenden Rechts zu benutzen. Jedem Dritten ist es verboten, ohne seine
　　Zustimmung
　　　1. ein Erzeugnis, das Gegenstand des Patents ist(a product, which is the object of the
　　patent), herzustellen, anzubieten, in Verkehr zu bringen oder zu gebrauchen oder zu
　　den genannten Zwecken entweder einzuführen oder zu besitzen; (이하 생략) 참조.
17) 같은 취지로, 정태호·이희백, "컴퓨터프로그램의 특허법상 물건성 인정의 필요성에 대한
　　고찰", 원광법학 29권 2호(2013), 187면 이하. 한편 네트워크를 타고 전달되는 디지털 신호가
　　물리적으로 전기신호이므로 물건으로 볼 수 있다는 견해로, 오병철, "디지털정보거래의 성립
　　에 관한 연구", 한국법제연구원(2001), 16면; 정보에 대하여 그 관리가능 여부를 판단기준으
　　로 삼아 현행 물건의 정의에 포함시킬 수 있다는 의견으로는, 배대헌, "거래대상으로서 디지
　　털 정보와 '물건' 개념 확대에 관한 검토", 상사판례연구 14집(2003), 301면 이하 참조.
18) B.G.H. X ZB 16/00, 17. Oktober 2001.

식의 청구항을 기재불비를 이유로 불허하였으나, 2001년 심사지침서의 개정으로 실무에서 '컴퓨터프로그램'을 청구하는 형식의 청구항을 허용하였고, 2002년에는 이러한 실무를 반영하여 특허법의 개정으로 특허법상 물건[物]에 '컴퓨터프로그램'이 포함됨을 명시적으로 밝힌 바 있으며,[19] 이러한 개정의 이유로 "네트워크화에 대응하기 위한 점"을 들고 있다. 현재는 물건의 발명으로서 매체 형식 청구항을 인정하는 것과 더불어, 컴퓨터프로그램 또는 컴퓨터프로그램 제품을 청구하는 형식의 청구항도 다수 등록되어 있다.[20]

미국의 경우에는 컴퓨터프로그램 관련 발명에 대하여 종전에는 성립성을 부정한 때도 있으나[21] 점차 일정한 경우에는 그 성립성을 인정하게 되었고, 청구항의 기재 형식으로는 *In re* Lowry 사건[22]과 *In re* Beauregard 사건[23]을 거치면서 현재 널리 인정되는 프로그램이 저장된 매체(media) 형식이 등장하게 되었다. 현재에는 computer program product 혹은 computer program을 청구하는 형식의 청구항도 그 기재가 허용되어 다수 등록되어 있다.[24]

3. 판결의 의의 및 향후 과제

본 판결은 '컴퓨터프로그램'을 청구하는 형식의 특허 청구항은 허용되지 않는다는 점과, 인터넷을 통하여 컴퓨터프로그램을 '전송'하는 행위는, 컴퓨터프로그램을 구현한 '장치' 발명의 실시행위에 해당하지 않고 따라서 '장치'의 형태로 기재

---

19) 일본 特許法 第2条 第3項 第1号 참조.
20) 예를 들어, 일본 특허공보 특허 제5152114호(등록 2012. 12. 14, 발행 2013. 2. 27)
   【請求項13】ホワイト画素を含んだ色コーディングの色フィルターを有する撮像素子からの出力信号の処理をコンピューター上で実行するようにコンピューター可読形式で記述された**コンピューター・プログラムであって** … 、補正対象画素におけるクロストーク量の評価値を算出する、**コンピュー ター・プログラム。**
21) 대표적인 사건으로는 현재의 디지털 컴퓨터에 필수적으로 사용되는 BCD(Binary Coded Decimal, 이진화십진수)를 순수한 이진수로 변환하는 방법에 관한 출원발명에 대하여 특허대상 적격성을 부정한 Gottchalk v. Benson 409 U.S. 63 (1972) 사건을 들 수 있다.
22) 32 F.3d 1579 (Fed. Cir. 1994).
23) 53 F.3d 1583 (Fed. Cir. 1995).
24) 예를 들어, 미국 특허공보 제8,607,356호 (등록일 2013. 12. 10) [발명의 명칭] Detecting a phishing entity in a virtual universe
   [청구항 15] *A computer program product* for detecting a phishing entity in a virtual universe, comprising: computer usable program code embodied in a non-transitory computer readable medium, which when executed by a computer system causes the computer system to: identify … ; and compare … .

된 컴퓨터프로그램 관련 발명의 특허권 침해가 되지 않는다는 점을 명확하게 밝힌 최초의 사례이다.

한편 이 사건 이후의 서울고등법원 2015. 10. 8. 선고 2015나2014387 사건에서는 특허된 물건(이동통신단말) 발명에 대한 간접침해 여부를 판단하기 위한 전제로, PC 사용자에게 전송되는 피고의 앱 프로그램을 특허된 이동통신단말의 생산에 사용되는 '물건'으로 인정한 점이 주목된다. 다만 컴퓨터프로그램의 물건성 인정의 근거로 특허청 실무에서 2014. 7. 1. 이후 출원되는 것으로 "하드웨어와 결합하여 특정 과제를 해결하기 위하여 매체에 저장된 컴퓨터프로그램"의 형식으로 기재된 청구항을 허용하고 있다는 점을 들고 있을 뿐이어서(판결서 10면의 각주 4) 물건성 인정의 법리적 근거가 명확하지는 않다고 생각된다.

현재 우리나라에서는 제외국과 달리 실무상 '컴퓨터프로그램' 형식의 청구항을 인정하고 있지 않으나, 종전 우리와 유사한 실무를 취한 적이 있는 일본의 경우 특허법의 개정에 의하여 '컴퓨터프로그램'이 특허법상 물건의 범주에 포함됨을 명확하게 하여 컴퓨터프로그램을 특허청구범위에 기재할 수 있도록 하고 있고, 미국 및 독일, 영국 등 제외국의 사례에서도 'computer program',[25] 'computer program product' 형식의 청구항의 기재를 허용하고 있는 점에 비추어 보면, 우리나라에서도 '컴퓨터프로그램'을 청구하는 형식의 청구범위 기재를 해석 혹은 법률의 개정 등에 의하여 명확하게 허용하여, 온라인으로 컴퓨터프로그램이 널리 거래되는 현실에서 특허권자의 권리를 실효적으로 보호할 필요가 있다.

---

25) 예를 들어, 미국 특허공보 특허 제8606039호(등록일 2013. 12. 10) [발명의 명칭] Information processing apparatus, control method for the same, and ***computer program***
　[청구항 1] An information processing apparatus comprising: …
　[청구항 8] A control method for an information processing apparatus comprising: …
　[청구항 9] ***A computer program*** stored in a non-transitory computer-readable storage medium for causing a computer to function as the information processing apparatus according to claim 1.

60. 특허권 공유관계의 해소와 공유물분할청구권의 행사시 분할방법

[대법원 2014. 8. 20. 선고 2013다41578 판결]

차상육(경북대학교 법학전문대학원 교수)

Ⅰ. 사실의 개요

X(원고, 피상고인)와 Y(피고, 상고인)는 6개의 특허권과 2개의 디자인권(이하 '이 사건 특허권 등'이라 함)을 각 1/2 또는 1/3의 지분비율에 따라 공유하고 있었다. 원고가 피고와 사이에 이 사건 특허권 등을 공유하게 된 경위는 이 사건 특허권 등에 대하여 발명자 내지 창작자인 망인의 지분을 협의분할에 의한 상속으로 취득한 것이다. 원고 X는 이 사건 특허권 등의 공유자로서 특허권 등의 등록령 제26조 제2항, 민법 제269조 제2항에 따라 이 사건 특허권 등의 경매에 의한 대금분할을 청구하는 것이라고 주장하였다. 이에 대하여 피고 Y는 이 사건 특허권 등 공유의 법적 성질은 합유이므로 그 분할을 청구할 수 없고, 합유자의 지위는 일신전속적이므로 망인의 지분은 원고에게 상속되지 않고 잔존 합유자인 피고들에게 귀속한다고 주장하였다.

1심 판결은 원고 X의 청구, 즉 이 사건 특허권 등에 대하여 경매에 의한 대금분할청구를 인용하였다. 이어 원심판결도 피고 Y의 항소를 기각하였다. 이에 대해 Y는 특허권 등의 공유자의 분할청구에 대한 법리를 오해하는 등의 위법이 있다는 이유로 대법원에 상고하였으나, 상고기각되었다.

Ⅱ. 판   시

특허법(2014. 6. 11. 법률 12753호로 개정되기 전의 것) 제99조 제2항 및 제4항의 규정 취지는, 공유자 외의 제3자가 특허권 지분을 양도받거나 그에 관한 실시권을 설정받을 경우 제3자가 투입하는 자본의 규모·기술 및 능력 등에 따라 경제적 효과가 현저하게 달라지게 되어 다른 공유자 지분의 경제적 가치에도 상당한 변동을 가져올 수 있는 특허권의 공유관계의 특수성을 고려하여, 다른 공유자의 동의 없는 지분의 양도 및 실시권 설정 등을 금지한다는 데에 있다.

그렇다면 특허권의 공유자 상호 간에 이해관계가 대립되는 경우 등에 공유관계를 해소하기 위한 수단으로서 각 공유자에게 민법상의 공유물분할청구권을 인정하더라도 공유자 이외의 제3자에 의하여 다른 공유자 지분의 경제적 가치에 위와 같은 변동이 발생한다고 보기 어려워서 특허법 제99조 제2항 및 제4항에 반하지 아니하고, 달리 분할청구를 금지하는 특허법 규정도 없으므로, 특허권의 공유관계에 민법상 공유물분할청구에 관한 규정이 적용될 수 있다. 다만 특허권은 발명실시에 대한 독점권으로서 그 대상은 형체가 없을 뿐만 아니라 각 공유자에게 특허권을 부여하는 방식의 현물분할을 인정하면 하나의 특허권이 사실상 내용이 동일한 복수의 특허권으로 증가하는 부당한 결과를 초래하게 되므로, 특허권의 성질상 그러한 현물분할은 허용되지 아니한다고 봄이 상당하다. 그리고 위와 같은 법리는 디자인권의 경우에도 마찬가지로 적용된다.

Ⅲ. 해   설

1. 서   언

우리 특허법은 제99조 제2항 내지 제4항에서 특허권 공유자의 자유로운 실시권을 보장하고 있는 한편, 공유 특허권의 행사에 대하여는 입법정책적으로 지분양도와 전용실시권 및 통상실시권의 설정에 있어서 공유자 전원의 동의를 얻어야 하는 방법으로 공유특허권 행사에 제한을 가하고 있다. 그런데 최근 우리나라에서도 기업과 기업 사이, 기업과 대학(산학협력단), 기업과 정부 및 연구소 사이에 공동연구계약도 실제로 증가하고 있고 이에 따라 공유특허권자도 증가하는 추세에 있다. 이러한 공유특허권자 중 대학이나 연구소 등과 같이 자기실시를 바라지 않거나 실시능력 조차 없는 경우, 그렇지 않고 공유특허권의 실시를 통해 이익을 향수하는 다른 공유특허권자와 대비할 때 공유지분의 경제적 가치에 변동이 생기지 않도록 어떻게 보상하여야 하는가 하는 과제가 등장하고 있다.[1] 왜냐하면 자유로

---

1) 윤기승, "공유자 중 1인의 실시와 그 이익분배의 책임", 『법학연구』 제21권 제1호, 충남대

운 자기실시를 허용하더라도 공유특허권자 사이에서는 실시의사 내지 실시능력에
따라 공유특허권자 사이에 지분의 경제적 가치가 사실상 달라지게 되기 때문이다.
대상판결은 특허법의 다른 규정이나 특허의 본질에 반하는 등의 특별한 사정이
없는 한 공유에 관한 민법의 일반규정이 공유에도 적용된다는 견해를 취함으로써
특허권공유의 법적성질에 대해 종래의 태도2)를 변경하여 공유설로 사실상 변경한
점에서도 그 의의를 찾을 수 있다.3) 다만 이 글에서는 대상판결의 판시내용 중
특히 공유 특허권에 대한 분할청구권 행사시 구체적인 분할방법에 대한 쟁점에
한하여 심층적으로 검토하기로 한다.

2. 지분권자의 공유물분할청구권의 행사와 분할방법

(1) 문제제기

대상판결처럼 특허권의 공유관계에 민법상 공유물분할청구에 관한 규정이 적
용되는지 여부의 점에 관하여 적극적인 태도를 취한다 할지라도, 그 구체적인 분
할방법이 문제된다. 특허권은 발명의 실시의 독점권이라는 성격에서 현물분할은
곤란하다는 것이 대상판결의 취지이다. 그런데 대법원 태도와 같이 경매에 의한
대금분할을 인정하면 특허관련 기업 실무상 문제점은 없는지, 그 극복방안은 무엇
인지를 신중히 고려해 보아야 한다.

(2) 공유물 분할방법에 관한 비교법적 고찰4)

1) 독   일

독일특허법에선 특허권공유에 관한 규정이 없으므로, 결국 특허권의 공동소유
에 관한 일반규정인 독일민법(Bürgerliches Gesetzbuch, BGB) 제741조~753조가 적

학교, 2010. 6, 257면 참조.
2) 대법원 1999. 3. 26. 선고 97다41295 판결. "특허권의 공유관계가 합유에 준하는 성질"을 가
   진다고 판시한 종래의 이 대법원 판결을 지지하는 견해도 있다(정상조·박성수 공편, 『특허법
   주해 Ⅰ』, 박영사, 2010, 1224-1225면(박정희 집필부분)).
3) 차상육, "특허권 공유관계의 법적성격과 공유물분할청구권 행사시 구체적 행사방법", 『지식
   재산정책』 제22호, 한국지식재산연구원, 2015. 3, 172면.
4) クリストファー・ヒース(Christopher Heath)/ 立花 市子(訳), "欧州の法における共有特
   許権者の地位について", 『知的財産法政策学研究』 Vol. 16, 2008, 10-17頁; 권태복, "공유특허
   권의 실시와 이전에 관한 쟁점과 제언", 『법학논총』 제29집 제2호, 전남대학교 법학연구소,
   2009, 101-105면; 조영선, "특허권 공유의 법률관계-특허법 제99조의 해석론과 입법론", 『법
   조』 제654호, 법조협회, 2011. 3, 53-63면; 신혜은, "특허권의 공유에 관한 비교법적 고찰 및
   실무상 유의점", 『산업재산권』 제23호, 한국산업재산권법학회, 2007, 320-330면.

용된다. 즉, 민법상 공유물분할과 같이, 공유특허권자는 각 지분권에 기하여 언제
라도 공동소유관계의 해소 즉 공유물의 분할을 청구할 수 있다(제749조 제1항). 공
유물분할청구권이 약정에 의하여 영구적으로 또는 일시적으로 배제된 경우 즉 공
유물분할금지특약이 있는 경우라도 중대한 사유가 있는 때에는 그 해소청구 즉 공
유물분할청구를 할 수 있다(제749조 제2항). 이러한 제749조 제1항 및 제2항에 반
하여 공유물분할청구권을 배제하거나 제한하는 약정은 무효이다(제749조 제3항).5)
공유자 중 1인 등이 사망한 경우에 있어서 일시적인 공유물분할금지특약이 있는
경우, 그 약정으로 지분권자들의 공유물분할청구권을 일시적으로 배제한 경우라도
그 약정이 의심스러운 때에는 지분권자 1인의 사망에 의하여 효력을 상실한다(제
750조).6) 공유물분할청구권의 영구적 또는 일시적 배제하는 약정은 특정승계인에
대하여 그의 이익으로 또는 불이익으로 효력이 있다(제751조).7) 즉, 공유물분할금
지약정은 지분의 양수인에게 승계됨을 독일민법상 명문의 규정에 의하여 분명히
하고 있다.

나아가 공유물분할청구권을 행사한 경우 그 분할방법은, 우선 공동의 목적물
또는 수개의 공동의 목적물의 가치가 감소됨이 없이 지분권자의 지분에 상응하는
동종의 부분으로 분할되는 경우에는 현물분할이 원칙이지만(제752조 제1문),8) 특

---

5) BGB § 749 (Aufhebungsanspruch);
   (1) Jeder Teilhaber kann jederzeit die Aufhebung der Gemeinschaft verlangen.
   (2) Wird das Recht, die Aufhebung zu verlangen, durch Vereinbarung für immer
   oder auf Zeit ausgeschlossen, so kann die Aufhebung gleichwohl verlangt werden,
   wenn ein wichtiger Grund vorliegt. Unter der gleichen Voraussetzung kann, wenn eine
   Kündigungsfrist bestimmt wird, die Aufhebung ohne Einhaltung der Frist verlangt
   werden.
   (3) Eine Vereinbarung, durch welche das Recht, die Aufhebung zu verlangen, diesen
   Vorschriften zuwider ausgeschlossen oder beschränkt wird, ist nichtig.
   [https://dejure.org/gesetze/BGB/749.html]
6) BGB § 750 (Ausschluss der Aufhebung im Todesfall);
   Haben die Teilhaber das Recht, die Aufhebung der Gemeinschaft zu verlangen, auf
   Zeit ausgeschlossen, so tritt die Vereinbarung im Zweifel mit dem Tode eines Teilhabers
   außer Kraft.
7) BGB § 751 (Ausschluss der Aufhebung und Sondernachfolger);
   Haben die Teilhaber das Recht, die Aufhebung der Gemeinschaft zu verlangen, für
   immer oder auf Zeit ausgeschlossen oder eine Kündigungsfrist bestimmt, so wirkt die
   Vereinbarung auch für und gegen die Sondernachfolger. Hat ein Gläubiger die Pfändung
   des Anteils eines Teilhabers erwirkt, so kann er ohne Rücksicht auf die Vereinbarung
   die Aufhebung der Gemeinschaft verlangen, sofern der Schuldtitel nicht bloß vorläufig
   vollstreckbar ist.
8) BGB § 752 (Teilung in Natur);

허권과 같이 성질상 현물로 분할 수 없거나 그 분할로 인하여 가치가 감소될 염려가 있는 경우에는 강제경매에 의하여 매각하고, 그 매각에 의한 대금을 분할할 수 있다(제753조 제1항 제1문).9) 다만 제3자에의 양도가 허용되지 않는 경우에는 공유물의 지분권자 사이에서 경매하여야 한다(제753조 제1항 제2문). 이와 달리 공유물의 매각시도가 성공하지 못한 경우에는 각 지분권자는 그 반복을 청구할 수 있으나, 재차 시도가 성공하지 못하면 청구자는 그 비용을 부담하여야 한다(제753조 제2항).

2) 프 랑 스

프랑스 민법 제815조는 원칙상 공유물분할을 언제든지 인정하고 있다. 환가처분(licitation)은 현물분할이 쉽지 않고 또 가치감소 등 손실 없이 할 수 있는 경우에만 할 수 있다(프랑스 민법 제826조~827조, 제1686조). 그런데 프랑스 지적재산권법(Code de la propriété intellectuelle) 제613-30조는 특허권공유에 대해서는 프랑스 민법 제815조를 적용하지 않는다고 규정하고 있다.10) 이 규정에 따르면 프랑스 지적재산권법에서는 원칙상 공유특허권의 분할을 인정하지 않는다고 해석할 수 있다. 또 제613-32조에서는 제613-29조11)12) 내지 제613-31조는 반대 규정이

Die Aufhebung der Gemeinschaft erfolgt durch Teilung in Natur, wenn der gemeinschaftliche Gegenstand oder, falls mehrere Gegenstände gemeinschaftlich sind, diese sich ohne Verminderung des Wertes in gleichartige, den Anteilen der Teilhaber entsprechende Teile zerlegen lassen. Die Verteilung gleicher Teile unter die Teilhaber geschieht durch das Los.

9) BGB § 753 (Teilung durch Verkauf);

(1) Ist die Teilung in Natur ausgeschlossen, so erfolgt die Aufhebung der Gemeinschaft durch Verkauf des gemeinschaftlichen Gegenstands nach den Vorschriften über den Pfandverkauf, bei Grundstücken durch Zwangsversteigerung und durch Teilung des Erlöses. Ist die Veräußerung an einen Dritten unstatthaft, so ist der Gegenstand unter den Teilhabern zu versteigern.

(2) Hat der Versuch, den Gegenstand zu verkaufen, keinen Erfolg, so kann jeder Teilhaber die Wiederholung verlangen; er hat jedoch die Kosten zu tragen, wenn der wiederholte Versuch misslingt.

10) Article L613-30,

"Les articles 815 et suivants, les articles 1873-1 et suivants, ainsi que les articles 883 et suivants du code civil ne sont pas applicables à la copropriété d'une demande de brevet ou d'un brevet."

(민법전 제815조, 제1873-1조 및 제883조 이하의 제규정은 특허의 출원 또는 특허의 공동소유에는 적용되지 않는다). [https://www.legifrance.gouv.fr/affichCode.do?cidTexte=LEGITEXT000006069414&dateTexte=20160121]

11) 프랑스 지적재산권법에서는 스스로 발명을 실시하지 않거나 또는 실시허락을 하지 않고 있

없는 경우에 적용할 수 있다고 규정하고 있다. 즉 특허권 공유(Copropriété des brevets)에 관한 제규정(제613-29조 내지 제613-31조)은 임의규정으로서, 각 공유자는 공유물분할에 대하여 프랑스 지적재산권법의 규정과 달리 약정할 수 있는 것이다(제613-32조의 반대해석).13) 이러한 프랑스 지적재산권법의 제규정에 따르면 결국 프랑스에서는 특약이 없는 한 공유특허권의 분할청구를 원칙상 허용하지 않는다. 다만, 이러한 제규정의 임의규정의 성격상 당사자간의 약정에 의해 공유물분할을 할 수 있다고 해석할 수 있다.

3) 미 국

미국특허법 제262조14)에 의하면 특허권 공유에 대하여 규정하고 있다. 이 규

는 다른 공유자에게 형평상 보상하는 것을, 각 공유자의 실시 또는 비독점적 실시허락의 조건으로 하고 있다(L613-29조(a)(c)). 그리고 비독점적 실시허락의 경우에는 다른 공유자에게 실시허락계획의 통지 및 일정가격으로 자기의 지분의 양도제안 및 통보를 의무화하고, 이러한 통지에 따라 3개월 이내에 다른 공유자는 그 지분을 매수하는 것을 조건으로 비독점적 실시허락에 반대할 수 있다고 규정하고 있다(L613-29조(c)). 즉 지분양도시 다른 공유특허권자는 불분할(indivision) 상태를 유지하기 위해 우선매수권(droit de préemption)을 가진다. 프랑스 특허법상 우선매수권의 연혁적 고찰과 의미에 대해서는 麻生 典, "フランスにおける特許権の共有", 『法学研究』 88卷 6号, 2015. 6, 39頁, 44-45頁 및 50頁 참조.

12) Article L613-29,

La copropriété d'une demande de brevet ou d'un brevet est régie par les dispositions suivantes :

a) Chacun des copropriétaires peut exploiter l'invention à son profit, sauf à indemniser équitablement les autres copropriétaires qui n'exploitent pas personnellement l'invention ou qui n'ont pas concédé de licences d'exploitation. A défaut d'accord amiable, cette indemnité est fixée par le tribunal de grande instance.

c) Chacun des copropriétaires peut concéder à un tiers une licence d'exploitation non exclusive à son profit, sauf à indemniser équitablement les autres copropriétaires qui n'exploitent pas personnellement l'invention ou qui n'ont pas concédé de licence d'exploitation. A défaut d'accord amiable, cette indemnité est fixée par le tribunal de grande instance.

Toutefois, le projet de concession doit être notifié aux autres copropriétaires accompagné d'une offre de cession de la quote-part à un prix déterminé.

Dans un délai de trois mois suivant cette notification, l'un quelconque des copropriétaires peut s'opposer à la concession de licence à la condition d'acquérir la quote-part de celui qui désire accorder la licence.

13) Article L613-32,

"Les dispositions des articles L. 613-29 à L. 613-31 s'appliquent en l'absence de stipulations contraires.

Les copropriétaires peuvent y déroger à tout moment par un règlement de copropriété."

(제613-31조 내지 제613-29조는 반대 규정이 없는 경우에 적용할 수 있다. 공동소유자는 공동소유계약에 의해 언제든지 훼손할 수 있다).

정에서는 당사자간에 반대특약이 없는 한 각 공유자는 다른 공유자의 동의와 승낙 없이 자유롭게 특허발명을 실시할 수 있다. 예컨대 특허에 포함된 다수의 청구항 중 단 하나의 청구항에 관한 발명의 완성에 조금이라도 기여한 자라 하더라도, 공동발명자로서 기재되어야 하고, 명시적 합의가 없는 한 그 특허의 실시권을 제3자에게 허락하고 이 실시권에 관하여 얻은 이익을 자기의 것으로 할 수 있다.15) 한편 제262조 반대해석으로 특허권의 공동소유의 경우 당사자간 특약이 있는 경우에는 그 약정을 적용하게 된다. 그 이외의 특허권 공유의 법률관계는 보통법(common law)과 판례에 따라 정해진다. 결국 반대특약이 없는 한 공유자 일방은 다른 공유자의 동의 없이 자신의 지분을 제3자에게 양도할 수 있고, 각 공유자는 다른 공유자의 동의 없이 통상실시권을 설정할 수 있다.16)

　　공유특허권의 분할청구에 따른 분할방법에 대해서는 유체물의 분할청구의 경우를 성질에 반하지 않는 한도내에서 준용할 수 있다고 보여진다. 즉 미국법상 공유특허권의 분할청구에 따른 분할방법을 살펴보면, 그 분할청구권은 법원에 대하여 행사할 수 있고, 이에 따라 법원은 성질상 허용되지 않는 현물분할(現物分割)을 제외하고, 공유자 중 1인이 공유물에 대하여 단독소유권을 취득하고 다른 공유자는 그 자로부터 자기의 지분에 상당한 가액의 지급을 받는 방법인 가격배상(價格賠償)에 의한 분할 또는 공유물을 제3자에게 매각하여 그 대금을 공유지분에 따라 분할하는 대금분할(代金分割) 등의 방법을 선택할 수 있다고 해석된다.

　　4) 일　　본17)
　　우리 특허법 제99조 제2항 내지 제4항과 거의 동일한 일본 특허법 제73조18)

---

14) 35 U.S.C. § 262 (Joint owners)
　　"In the absence of any agreement to the contrary, each of the joint owners of a patent may make, use, offer to sell, or sell the patented invention within the United States, or import the patented invention into the United States, without the consent of and without accounting to the other owners." [http://codes.lp.findlaw.com/uscode/35/III/26/262]

15) Ethicon Inc. v. United States Surgical Corp., 135 F.3d 1456, 1468, 45 U.S.P.Q.2d (BNA) 1545 (Fed. Cir. 1998), cert, denied 525 U.S. 923 (1998).

16) Schering Corp. v. Roussel-UCLAF S.A., 104 F.3d 341, 344. 41 U.S.P.Q.2d (BNA) 1359 (Fed. Cir 1997).

17) 일본의 특허법은 제73조에 특허권의 공유에 관하여 규정하고 있다. 각 공유자는 자유롭게 실시할 수 있지만(제73조 제2항), 실시허락 또는 지분양도에 관해서는 다른 공유자의 동의를 얻는 것을 조건으로 한다(제73조 제2항).

18) (共有に係る特許權)

에 규정되지 않은 사항들은 공유에 관한 일반규정인 일본 민법 제249조~제264조
가 적용된다. 따라서 공유특허의 분할청구는 일본민법의 공유규정을 적용할 수 있
으며, 현물분할의 방법은 채택할 수 없지만, 공유물분할방법 중 특허권의 매각을
통한 대금분할이나 가액배상에 의한 분할청구를 인정하는 것이 일본의 통설적 견
해이다.19) 즉, 공유물분할을 허용하더라도 구체적 분할방법에 대하여 일본의 통설
은 공유물분할청구는 일본특허법에 특별한 규정은 없지만 특허권의 공유지분권도
재산권인 점, 자유양도의 금지는 특허권 그 자체의 특수성에 유래한 것인 점, 공
유자간에 인적신뢰관계에 의한 것이 아닌 점, 공유관계를 이탈할 수 없는 것은 불
합리한 점 등에 이유로 대금분할이나 가격배상에 의한 분할 청구를 인정하는 것
이 통설이라고 한다. 나아가 구체적 사안에 따라서는 특허권의 지역에 따른 분할
을 하거나, 실시태양에 따른 분할을 하는 경우, 또는 특허청구범위마다 분할을 하
는 것 등을 고려할 수 없는 것은 아니지만 현실적이지 않다는 주장도 있다.20) 결
국 일본은 우리나라와 마찬가지로 일본 민법상 공유물분할청구를 원칙상 특허권
공유의 경우에도 허용하며, 약정에 의하여 5년간 공유물분할청구도 할 수 있으며
갱신할 수도 있다.

(3) 분할방법에 대한 국내의 학설 및 검토

국내의 다수설은 공유특허권에 대한 분할청구권을 인정하면서 그 분할방법으
로서 현물분할은 불가하지만, 경매에 의한 대금분할이나 가격배상에 의한 분할방
법을 인정하고 있다.21) 즉, 학설 중에는 특허권의 공유지분은 재산권이고 또한 단
체적 제약을 받아야 하는 것이 아니므로 공유관계에서 이탈할 수 없다는 것은 불
합리하므로, 대금분할이나 가격배상에 의한 분할청구를 인정하더라도 무방하다는

　　第七十三条 特許権が共有に係るときは、各共有者は、他の共有者の同意を得なければ、そ
の持分を譲渡し、又はその持分を目的として質権を設定することができない。
　　2 特許権が共有に係るときは、各共有者は、契約で別段の定をした場合を除き、他の共有
者の同意を得ないでその特許発明の実施をすることができる。
　　3 特許権が共有に係るときは、各共有者は、他の共有者の同意を得なければ、その特許権
について専用実施権を設定し、又は他人に通常実施権を許諾することができない。
　　[http://law.e-gov.go.jp/htmldata/S34/S34HO121.html].
19) 中山信弘・小泉直樹 編, 『新・注解 特許法』[上卷], 靑林書院, 2011, 73頁(森崎博之＝根本浩
　　執筆部分); 中山信弘, 『特許法』, 弘文堂, 2010, 291頁.
20) 中山信弘, 『特許法』第2版, 有斐閣, 2012, 305頁.
21) 염호준, "공유 특허권에 대한 분할청구권 인정 여부 및 그 분할방법", 한국정보법학회 편, 『정
　　보법 판례백선Ⅱ』, 박영사, 2016, 37면.

주장이 있으며,22) 또 특허권의 공유관계를 해소를 위하여 공유자 사이에 합의가 이루어지지 아니한 경우 공유자는 공유물의 분할을 청구할 수 있으나(민법 제268조 제1항), 특허권은 현물의 분할이 있을 수 없으므로 이를 매각하여(협의가 성립하지 아니하면 법원의 판결에 따른 경매에 의한다) 그 대금을 나누어 갖는 대금분할방법에 의한다(민법 제269조)는 견해도 주장되는 바, 그 주장요지는 앞서 견해와 같은 취지로 보인다.23) 한편, 공유특허권에 대한 분할청구권 자체를 부인하는 소수설도 있다. 즉 "특허권의 공유관계가 합유에 준하는 성질"을 가진다고 판시한 종래의 대법원 판결24)을 지지하면서, 공유특허권의 각 지분권자의 분할청구권을 인정하지 않는 견해이다. 이 견해는 공유자가 특허권의 지분에 대하여 분할을 청구할 수 있는가는 특허법에 관한 특별한 규정이 없으므로, 특허권의 공유관계의 성질을 공유에 준하는 것으로 보는가, 합유에 준하는 것으로 보는가에 따라 달라질 것인데, 대법원 판례가 특허권의 공유관계의 성질을 합유에 준하는 것으로 보고 있으므로, 분할청구권은 인정되지 않는다고 주장한다.25)

생각건대, 대상판결의 판시내용처럼 공유특허권에 대한 분할청구권 자체를 부인하는 소수설은 대법원이 특허권의 공유관계가 합유에 준하는 성질을 가진다고 판시한 종래의 대법원 판결을 사실상 변경하여 공유설을 취함으로써 더 이상 입론의 여지는 어렵다고 보여진다.

3. 경매에 의한 대금분할방법의 문제점과 개선방안

경매에 의한 대금분할방법은 최악의 경우 경매로써 그 특허권이 시장에서 경쟁자인 제3자에게 매각되면 대금분할의 상대당사자(피고)는 갑자기 특허권자의 지위에서 특허침해자로 되는 경우도 발생하므로 문제점이 없지 않다.26) 예를 들어 삼성전자와 카이스트가 공유하는 특허가 경매절차를 통하여 삼성전자의 경쟁사인

---

22) 박성호, "2014년 지적재산법 중요 판례", 『인권과 정의』 통권 448호, 대한변호사협회, 2015. 3, 448면; 中山信弘, 전게서(2012), 305-306頁.
23) 송영식·이상정·황종환·이대희·김병일·박영규·신재호, 『송영식 지적소유권법』 제2판, 육법사, 2013, 462면.
24) 대법원 1999. 3. 26. 선고 97다41295 판결.
25) 정상조·박성수 공편, 전게서, 1227-1228면(박정희 집필부분).
26) 김지수, "공유 특허의 공유물분할청구권 인정 여부—대법원 2014. 8. 20.선고 2013다41578 판결-", 한국특허법학회 정기공개세미나, 「2014 TOP 10 특허판례 세미나」, 한국특허법학회, 2015. 3, 36면.

애플에게 이전되는 경우 삼성전자가 겪게 될 곤란함의 정도는 쉽게 예상이 되므로 대상 판결과 같이 공유특허권의 경매절차를 통한 분할이 가능하게 됨으로써 이러한 상황하에서는 실무상 문제점을 극복하기 위한 입법적 해결이 필요하게 된다는 주장27)은 대상판결에 따른 실무에서 야기될 문제점을 제대로 지적하고 있어 설득력이 있다.

위와 같은 문제점에 대한 개선방안으로서 우선, 현물분할 방법 중 하나로 미국의 입법례처럼 공유물을 공유자 중 일부의 소유로 하되 현물을 소유하게 되는 공유자로 하여금 다른 공유자에 대하여 그 지분을 적정하고 합리적인 가격을 배상시키는 이른바 보상분할의 방법을 고려할 수 있다는 견해28)가 있다. 이러한 방법은 종래 우리 법원29)에서도 취하고 있었던 방법 중 하나이다. 즉, 공유관계의 발생원인과 공유지분의 비율 및 분할된 경우의 경제적 가치, 분할 방법에 관한 공유자의 희망 등의 사정을 종합적으로 고려하여 당해 공유물을 특정한 자에게 취득시키는 것이 상당하다고 인정되고, 다른 공유자에게는 그 지분의 가격을 취득시키는 것이 공유자 간의 실질적인 공평을 해치지 않는다고 인정되는 특별한 사정이 있는 때에는 공유물을 공유자 중의 1인의 단독소유 또는 수인의 공유로 하되 현물을 소유하게 되는 공유자로 하여금 다른 공유자에 대하여 그 지분의 적정하고도 합리적인 가격을 배상시키는 방법에 의한 분할도 현물분할의 하나로 허용된다 할 것이다.30)

또 보상분할방법에 있어서 공유물분할을 주장하는 당사자가 동의하지 않거나 동의를 거부하는 경우 공유자에 대한 지분매수청구권이나 특허실시로 인한 이익의 분급방안도 고려할 수 있다는 주장이 있다.31) 같은 취지에서 입법론으로 경매에 의한 대금분할의 경우 다른 공유자들의 우선매수권 제도를 도입하자는 견해도 있다.32) 다만, 이러한 입법론은 공유물분할판결에 기하여 공유물 전부를 경매에

---

27) 정차호, "공유 특허의 공유물분할청구권 인정 여부" 토론문, 한국특허법학회 정기공개세미나, 「2014 TOP 10 특허판례 세미나」, 한국특허법학회, 2015. 3, 44면.

28) 김지수, 앞의 글, 36면.

29) 서울중앙지방법원 2004. 10. 15. 선고 2003가합8005 판결.

30) 대법원 2004. 10. 14. 선고 2004다30583 판결.

31) 노갑식, "공유 특허의 공유물분할청구권 인정 여부" 토론문, 한국특허법학회 정기공개세미나, 「2014 TOP 10 특허판례 세미나」, 한국특허법학회, 2015. 3, 42면.

32) 한지영, "공유 특허의 분할청구에 관한 비교법적 고찰", 『산업재산권』 제47호, 한국지식재산학회, 2015. 8, 78면.

붙여 그 매득금을 분배하기 위한 환가의 경우에는 공유물의 지분경매에 있어 다른 공유자에 대한 경매신청통지와 다른 공유자의 우선매수권을 규정한 민사소송법 제649조, 제650조는 적용이 없다는 우리 대법원 판결의 취지와 상반된다는 점이 문제된다.33) 나아가 프랑스 방식의 우선매수권제도의 도입론에 대해서는 법정에서 적절한 공유지분의 인수가격을 결정하여야 하는데, 여기서는 공유지분의 가치평가, 대리인 비용, 분쟁기간의 장기화 등 공유자들이 부담해야 될 사항들도 많다는 비판적 시각도 없지 않다.34)

한편 입법론으로서 프랑스의 입법태도와 같이 공유물분할금지특칙의 신설을 주장하는 견해35)가 있으나, 신뢰관계가 틀어진 공유자들이 공유관계에서 이탈할 수 있도록 하여 이해관계를 조정하는 것이야말로 공유자의 권리를 본질적으로 제한하지 않는다는 점에서 이러한 입법론은 신중히 검토해야 할 것으로 사료된다.36) 굳이 입법론처럼 공유물분할금지특칙의 신설을 하지 않더라도, 민법 제268조의 명문의 규정상 5년간 분할금지약정이 가능하고 또 같은 규정이 1회에 한하여 갱신이 허용되는 것으로 명시적으로 한정한 것도 아니며, 계속적 갱신절차를 거침으로써 공유특허의 당사간 계약에 의해 공유물분할금지특칙의 신설과 같은 효과는 언제든지 얻을 수 있기 때문이다. 생각건대 앞으로 대상판결에 따른 실무에서 야기될 문제점 즉 경매에 의한 대금분할방법이 초래할 실무적 어려움은 비교법적 고찰을 통하여 우리나라에 적합한 최적의 방안을 찾아야 하며 향후 남겨진 과제라고 사료된다.

나아가 2015년 특허법 제99조의 개정안37)에서는 특허권의 공유자가 계약으로 약정한 경우를 제외하고는 다른 공유자의 동의 없이 특정인에게 자신의 지분 전부를 양도하거나, 그 지분의 전부를 목적으로 하는 질권을 설정할 수 있도록 하되, 이러한 약정은 특허원부에 등록한 경우에 한하여 제3자에게 대항할 수 있도록 하고, 민법 제268조 제1항의 기간을 초과하는 분할금지약정을 체결할 수 있도록 하였다. 다만 이 특허법 개정안에 대한 비판론38)을 보면, 분할금지약정의 경우 기

---

33) 대법원 1991. 12. 16.자 91마239 결정[부동산경락허가결정].
34) 김지수, 앞의 글, 39면.
35) 김지수, 앞의 글, 39-40면.
36) 同旨, 노갑식, 앞의 글, 42-43면.
37) 2015. 8. 10.자 제1916353호 특허법 일부개정법률안(정부안). 2015. 11. 23.자로 폐지되었다.
38) 염호준, 앞의 글, 40면.

간의 상한이 없으므로 사실상 특허권 존속기간 동안 분할을 금지하는 특약도 유효하게 되는데, 지분양도가 용이하지 않을 경우 상대적으로 협상력이 부족한 공유자로서는 해당 특허를 활용하는 것이 더욱 곤란하게 될 수 있고, 특허권 존속기간 동안 분할을 금지하는 약정은 사적 재산권의 행사에 대한 과도한 제약으로서, 특히 상대적으로 우월한 지위에 있는 공유자에 의한 계약관행으로 정착될 우려가 있다는 점에서 신중한 검토가 필요하다고 주장한다.

생각건대, 2015년 특허법 개정안은 사실상 특허권 존속기간 동안 분할을 금지하는 특약도 유효하게 됨으로써 그러한 합의는 공서양속에 반하게 될 우려가 있다는 점, 독일의 경우에도 공유물분할청구권을 배제하거나 제한하는 약정은 무효라고 한 점(제749조 제3항) 등에 비추어 보면, 결국 2015년 특허법 개정안은 공유자간의 이익조정에서 가장 적합한 형평성을 지향하기 어렵다는 점에 비추어 비판론이 더 타당하지만, 향후 입법적 개선 과제로서 남아 있다.

61. 공유 특허의 공유물분할청구권 인정 여부

[대법원 2014. 8. 20. 선고 2013다41578 공유물 분할]

김지수(국가지식재산위원회 지식재산진흥관)

I. 사실의 개요

X(원고, 개인, 피상고인)와 Y(피고, 2개 주식회사, 상고인)는 6개의 특허권과 2개의 디자인권(이하 '이 사건 특허권 등'이라 한다)을 각 1/2 또는 1/3의 지분비율에 따라 공유하고 있고, 원고가 이 사건 특허권 등을 공유하게 된 원인은 협의분할에 의한 상속으로 이 사건 특허권 등에 대한 망인(기록에 따르면 이 사건 특허권 등의 발명자(창작자)이기도 하다)의 지분을 취득하였기 때문이다.

X는 이 사건 특허권 등의 공유자로서 특허권 등의 등록령 제26조 제2항,[1] 민법 제269조 제2항에 따라 이 사건 특허권 등의 경매에 의한 대금분할을 청구하는 것이라고 주장하였고, Y는 특허권 및 디자인권(이하 '특허권 등'이라 한다) 공유의 법적 성질이 합유이므로 그 분할을 청구할 수 없고, 합유자의 지위는 일신전속적이므로 망인의 지분은 원고에게 상속되지 않고 잔존 합유자인 피고들에게 귀속된다고 주장하였다. 1심 판결은 X의 청구를 인용하였고, 2심 판결도 Y의 항소를 기각하였다. 이에 대하여 Y는 특허권 등의 공유자의 분할청구에 대한 법리를 오해하는 등의 위법이 있다는 이유로 대법원에 상고하였다.

II. 판 시

상고 기각.

1. (특허권의 성질이 합유인지 공유인지 여부) 특허권이 공유인 경우에 각 공유

---

[1] 등록원부에 공유 특허에 대한 특별 약정을 적을 수 있다고 규정한 조항으로, 4호에는 민법 제268조 제1항 단서에 따른 약정, 즉, 공유물의 분할청구를 5년내에는 아니할 것으로 하는 약정을 의미한다.

자는 다른 공유자의 동의를 얻지 아니하면 그 지분을 양도하거나 그 지분을 목적
으로 하는 질권을 설정할 수 없고 또한 그 특허권에 대하여 전용실시권을 설정하
거나 통상실시권을 허락할 수 없는 등[특허법(2014. 6. 11. 법률 12753호로 개정되기
전의 것. 이하 같다) 제99조 제2항, 제4항 참조] 그 권리의 행사에 일정한 제약을 받
아 그 범위에서는 합유와 유사한 성질을 가진다. 그러나 일반적으로는 특허권의
공유자들이 반드시 공동 목적이나 동업관계를 기초로 조합체를 형성하여 특허권
을 보유한다고 볼 수 없을 뿐만 아니라 특허법에 특허권의 공유를 합유관계로 본
다는 등의 명문의 규정도 없는 이상, 특허법의 다른 규정이나 특허의 본질에 반하
지 아니하는 등의 특별한 사정이 없는 한 공유에 관한 민법의 일반규정이 특허권
의 공유에도 적용된다고 할 것이다(상표권의 공유에 관한 대법원 2004. 12. 9. 선고
2002후567 판결 등 참조)

　2. (공유 특허권 등의 공유물분할청구권 인정 여부) 그런데 앞에서 본 특허법 제
99조 제2항 및 제4항의 규정 취지는, 공유자 외의 제3자가 특허권 지분을 양도받
거나 그에 관한 실시권을 설정받을 경우 그 제3자가 투입하는 자본의 규모·기술
및 능력 등에 따라 그 경제적 효과가 현저하게 달라지게 되어 다른 공유자 지분
의 경제적 가치에도 상당한 변동을 가져올 수 있는 특허권의 공유관계의 특수성
을 고려하여, 다른 공유자의 동의 없는 지분의 양도 및 실시권 설정 등을 금지한
다는 데에 있다. 그렇다면 특허권의 공유자 상호간에 이해관계가 대립되는 경우
등에 그 공유관계를 해소하기 위한 수단으로서 각 공유자에게 민법상의 공유물분
할청구권을 인정하더라도 공유자 이외의 제3자에 의하여 다른 공유자 지분의 경
제적 가치에 위와 같은 변동이 발생한다고 보기 어려워서 위 특허법 제99조 제2
항 및 제4항에 반하지 아니하고, 달리 분할청구를 금지하는 특허법 규정도 없으므
로, 특허권의 공유관계에 민법상 공유물분할청구에 관한 규정이 적용될 수 있다.
다만 특허권은 발명실시에 대한 독점권으로서 그 대상은 형체가 없을 뿐만 아니
라 각 공유자에게 특허권을 부여하는 방식의 현물분할을 인정하면 하나의 특허권
이 사실상 내용이 동일한 복수의 특허권으로 증가하는 부당한 결과를 초래하게
되므로, 특허권의 성질상 그러한 현물분할은 허용되지 아니한다고 봄이 상당하다.
그리고 위와 같은 법리는 디자인권의 경우에도 마찬가지로 적용된다고 할 것이다.
이러한 법리에 비추어 보면, 원심이 그 판시 각 특허권 및 디자인권2)의 공유자인

---

2) 디자인보호법에서 공유디자인권에 대한 규정은 특허법에서 공유특허권에 대한 규정과 동일

원고의 분할청구를 받아들여, 이 사건 특허권 등에 대하여 경매에 의한 대금분할
을 명한 것은 정당하다.

Ⅲ. 해   설

1. 들어가는 말

특허권은 재산권의 일종이므로 당연히 그 권리자는 그 권리에 기초한 처분,
사용 등에 의한 이익을 기대할 수 있어야 하고, 향유하여야 한다. 그런데 특허권
은 무체재산권이어서 점유가 불가능하여 어느 공유자의 실시는 다른 공유자의 실
시를 방해하지 않는 비경합성(non-rivalry)과 비배타성을 갖는 특징이 있어 특허법
은 공유 특허권에 대해 입법 정책적으로 권리행사에 제한을 가하고 있다.[3] 즉, 특
허권이 정보재인 무체재산권의 특징이 있으므로 공유 특허권 중 일부분의 지분만
을 갖더라도 그 특허발명의 실시는 100%의 지분을 가진 자와 같은 것이 될 수밖
에 없어 이를 법적으로 명시[4][5]함과 동시에, 공유 특허발명의 실시는 일반적인 유
체물의 사용의 경우와 다르게 어느 한 공유자의 자본력, 기술력, 마케팅 능력 등
에 따라 다른 공유자 지분의 경제적 가치도 변동을 가져오게 되므로 지분 양도,
질권 설정 및 통상실시권 허락에 제한을 가하고 있는 것이다.[6][7]

한편, 특허권의 공유관계는 공동발명에 의하여 원시적으로 발생하거나 공유지
분에 대한 양도나 강제집행, 상속, 회사의 합병으로 인한 포괄승계 등에 의해 발
생하며,[8] 사회적인 특허활동의 증가로 인하여 특허청에 등록된 공유 특허의 절대

하고 많은 경우 두 권리의 속성이 유사하므로 이 논문에서는 공유디자인권에 대해서는 따로
다루지 않는다.

3) 신혜은, "특허권의 공유에 관한 비교법적 고찰 및 실무상 유의점", 한국산업재산권법논집
통권 제23호(2007년 8월), 344면.

4) 특허법 제99조 ③ 특허권이 공유인 경우에는 각 공유자는 계약으로 특별히 약정한 경우를
제외하고는 다른 공유자의 동의를 얻지 아니하고 그 특허발명을 자신이 실시할 수 있다.

5) 특허청, 조문별 특허법해설(2007), 247면.

6) 특허법 제99조 ② 특허권이 공유인 경우에는 각 공유자는 다른 공유자의 동의를 얻지 아니
하면 그 지분을 양도하거나 그 지분을 목적으로 하는 질권을 설정할 수 없다. ④ 특허권이
공유인 경우에는 각 공유자는 다른 공유자의 동의를 얻지 아니하면 그 특허권에 대하여 전용
실시권을 설정하거나 통상실시권을 허락할 수 없다.

7) 특허청, 앞의 책, 246-247면.

8) 조영선, "특허권 공유의 법률관계 : 특허법 제99조의 해석론과 입법론", 법조협회, 제60권
제3호 통권 제654호(2011년 3월), 46면.

건수가 갈수록 증가하고 있는바,9) 현행 특허법이 실시능력이 있는 공유자와 실시
능력이 없는 공유자 사이에 형평의 원칙에 반하고, 특허발명의 이용 활성화 차원
에서 걸림돌이 될 수 있어 개선이 필요하다는 의견이 많아지고 있으며,10)11)12)13)
대학의 산학협력단, 공공연구소를 중심으로도 이에 대한 문제 제기가 꾸준히 이어
지고 있다.

대상판결은 이러한 사회적 요구가 많은 가운데서 나온 판결로서, 이하에서는
공유 특허권에 대한 외국의 입법례들을 정리하여 보고, 대상판결의 의미를 살펴보
고자 한다.

2. 외국의 입법례

가. 미   국

미국 특허법상 공유 특허권에 대한 규정은 제262조만14) 있으며, 동조는 당사
자간에 특별한 약정이 없는 한 각 공유자는 다른 공유자의 동의를 얻지 않고 자
유롭게 특허발명을 실시할 수 있다고 규정하고 있다. 따라서 공유 특허권을 둘러
싼 다른 문제들은 보통법의 원칙 및 판례에 따라 정해지게 되며, 이에 따르면 반
대되는 약정이 없는 한 공유자 일방은 다른 공유자의 동의 없이도 자신의 지분을
제3자에게 양도할 수 있고, 통상실시권을 설정할 수 있다.15)16) 또한, 특허권 분할

---

9) 특허청, "지식재산기반 창조경제 구현을 위한 특허법 전면개정방안 연구"(2014. 11), 29면.

〈국내 등록특허 중 공유특허의 현황〉

연도	2009	2010	2011	2012	2013
전체특허	56,732	68,843	94,721	113,467	127,330
공유특허	5,648	7,394	9,288	11,008	12,652
비율(%)	10	10.7	9.8	9.7	9.9

10) 신혜은, 앞의 글, 344면.
11) 조영선, 앞의 글, 80면.
12) 윤기승, "공유자 중 1인의 실시와 그 이익분배의 책임", 충남대학교 법학연구 제21권 제1호
(2010년 6월), 288-290면.
13) 권태복, "공유특허권의 실시와 이전에 관한 쟁점과 제언", 2009년 법학연구소 추계학술대
회(전남대학교 법학연구소, 2009년), 117-118면.
14) 35 U.S.C. § 262(Joint owner) In the absence of any agreement to the contrary, each of
the joint owners of a patent may make, use, offer to sell, or sell the patented invention
within the United States, or import the patented invention into the United States, without
the consent of and without accounting to the other owners.
15) Robert P. Merges and Lawrence A. Locke, "Co-Ownership of Patents: A Comparative
and Economic View", 72 J. Pat. & Trademark Off. Soc'y(1990), 587, 588면.
16) 전용실시권 설정의 경우, 특허권자라 하더라도 설정 후에는 실시를 하지 못하는 성격이 있

청구에 관한 명시적인 판례는 찾아보기 힘들고, 다른 나라들처럼 유체물에 대해서는 법원에 공유물의 분할을 청구할 수 있으며, 법원은 공유물 분할의 방법으로 현물분할 외에도 공유자 중 일부에게 지분을 집중시키고 나머지에게 그 대금을 지급케 하는 보상분할,17) 그리고 공유물을 제3자에게 강제 매각하여 그 대금을 공유지분에 따라 배분하는 대금분할을 적절히 선택할 수 있다고 한다.18) 다만, 특허권의 공동소유에서 당사자 사이에 특별 약정이 있는 경우에는 그 약정이 우선한다.19)

나. 영　국

같은 영미법계임에도 불구하고, 영국 특허법은 공유 특허권에 대하여 미국과 다른 원칙을 자세히 규정하고 있다. 즉 영국 특허법 제36조 (2)는 특허권이 공유인 경우, 다른 약정이 없는 한, 각 공유자는 다른 공유자의 동의 없이 특허발명을 실시할 수 있고, 그로 인한 이익을 다른 공유자에게 배분할 의무가 없다고 규정하고 있으며, 같은 법 제36조 (3)은 공유자는 다른 공유자의 동의 없이 실시권을 설정하거나 지분을 양도하거나 질권설정을 하지 못하도록 규정하고 있다. 또한, 영국 특허법은 다른 나라 법에서는 찾아 볼 수 없는 조문이 있는데, 영국 특허법 제37조 (1)(c)에는, 특허 허여후 이해관계인은 지분의 양도나 실시권 설정에 대하여 영국 지식재산권 청장(Comptroller)에게 적절한 처분을 구할 수 있다고 규정하고 있다.

다. 독　일

독일 특허법에는 특허권 공유에 대하여 아무런 규정이 없으므로 공동소유에 관한 일반 규정인 독일 민법 제741조 이하가 적용된다. 독일의 통설과 판례는 다른 나라와 마찬가지로 특허권의 지분권자는 자유롭게 자기실시를 행할 권리가 있는 것으로 하고 있다. 지분의 양도 및 실시권 설정과 관해서는, 일반적으로 각 공

어 모든 공유자의 동의가 있어야 하는 것은 모든 나라에서 당연하므로 이하에서는 통상실시권 허락만을 다룬다.

17) 이 글에서는 가격배상과 같은 의미로 사용한다.

18) http://nationalparalegal.edu/public_documents/courseware_asp_files/realProperty/ConcurrentOwnership/RightsDutiesofCoTenants.sap.

19) Robert P. Merges and Lawrence A. Locke, 앞의 글, 587면.

유자는 다른 공유자의 동의 없이 자신의 지분을 제3자에게 처분할 수 있다고 보지만, 제3자에게 실시권을 설정할 때에는 적어도 지분 과반수의 동의가 필요한 것으로 본다고 한다. 그 이유는 새로운 실시권자가 생길 때마다 당해 특허발명을 합법적으로 실시할 수 있는 주체의 수가 증가하여 다른 지분권자의 이익을 해할 수 있기 때문이라고 한다.[20]

한편, 공유특허권자는 민법상 공유물 분할처럼 공유특허의 분할을 청구할 수 있고, 이 경우 제3자에 매각하여 그 대금을 배분하는 형태로 분할이 이루어지는 것이 보통이나, 특별한 약정, 즉, 미국처럼 분할금지나 그 조건 등에 관하여 당사자간 약정이 있으면 그 약정이 우선이다.[21] 비실시 공유자는 실시 공유자의 관계에서 이익분배 내지는 이익공유에 대하여 이러한 공유물 분할 청구권을 유력한 협상 수단으로 활용할 수 있다는 견해도 있다.[22]

라. 프 랑 스

프랑스 지식재산권법(L 613-29)은 공유 특허권에 대하여 주요국들과 다른 특징을 많이 가지고 있다. 공유특허의 경우, 공유자는 각자 실시할 수 있기는 하나, 그 실시로 인하여 얻는 이익을 실시하지 않거나 제3자에게 실시권을 허락하지 아니한 다른 공유자에게 이익을 배분하도록 명시하고 있다. 또한, 각 공유자는 제3자에게 지분을 양도하거나 통상실시권 허락을 할 수 있지만, 다른 공유자에게 이를 통지하여 3개월까지 기다려야 하며, 통지를 받은 다른 공유자는 우선매수권을 행사할 수 있다. 공유자 사이에 이익배분액 또는 우선매수권에 따른 매수 가격에 대하여 합의가 성립되지 않으면 법원이 이를 정하도록 하고 있다.[23]

또한, 프랑스 지식재산권법(L 613-30)은 원칙적으로 공유물의 분할을 언제든지 인정한 민법 제815조가 특허공유에 관해서는 적용되지 않는다고 규정하여, 결과적으로 프랑스법에서는 공유특허권의 분할청구를 원칙적으로 허용하지 않지만, 다시 프랑스 지식재산권법(L 613-32)은 각 공유자가 공유물의 분할 등에 대하여 지

---

20) Christopher Heath, "欧州の法における共有特許権者の地位について", 知的財産法政策学研究, vol.16 (2007), 12면(특허청, 앞의 글 36면 재인용).

21) Klett/Sontag/Wilske, Intellectual Property Law in Germany, Verlag C.H. Beck München 1 Auflage, 2008, Part Ⅰ. Chapter Ⅰ. C. 3.(특허청, 앞의 글 48면 재인용)

22) http://www.maiwald.de/assets/Uploads/032006Huenges.pdf.(특허청, 앞의 글, 48면 재인용)

23) 조영선, 앞의 글 58-60면.

식재산권법의 규정과 달리 약정할 수 있다고 규정하고 있어, 최종적으로는 당사자 간의 약정이 법규정보다 우선함을 법에 명시하고 있는 것으로 귀결된다.[24]

마. 중   국

중국 전리법 제15조 제1항은 공유자간에 별도의 약정이 있는 경우 그 약정에 따르되, 약정이 없는 경우 공유자는 단독으로 실시하거나 통상실시권을 허락할 수 있으며, 통상실시권 허락의 경우 취득한 실시료는 공유자간에 분배를 하여야 하고, 같은법 같은조 제2항은 제1항의 규정을 제외하고는 공유의 특허권의 행사는 공유자 전원의 동의를 얻어야 한다고 규정하고 있다. 이를 정리해보면, 중국법에서 공유특허권의 경우 복수의 통상실시권도 각 공유자가 자유롭게 설정할 수 있되 그 이익은 공유자간에 나누어야 하는 한편, 지분의 양도, 담보 설정 등에는 다른 공유자의 동의가 필수이나, 이와 다른 약정도 가능함을 법에 명시하고 있는 특징이 있다.[25]

한편, 중국계약법 제2절(기술개발계약) 제340조(공동개발에 의한 특허출원권의 귀속) 제1항은 당사자 일방이 공유하는 특허출원권을 양도하는 때에는 다른 각 당사자는 동일한 조건에서 우선적으로 양수할 권리가 있다고 규정하여, 특허출원전 또는 특허출원중에는 당사자 사이에 협의가 성립되지 않더라도 일단은 다른 당사자에게 우선매수권이 있는 것으로는 보이나, 여기에서 더 나아가 등록 후에 공유특허권자 사이에 협의가 성립되지 않는 경우에 분할청구권이 인정되는지 여부는 불확실하다.

바. 일   본

일본 특허법에서 공유특허권을 규율하고 있는 제77조는 우리나라 특허법 제99조와 거의 유사하다. 공유특허의 경우 공유자는 다른 공유자의 동의를 얻지 아니하고 그 지분을 양도하거나 질권설정할 수 없으며, 통상실시권 허락을 할 수 없다. 일본 특허법 제77조에 규정되지 않은 사항들은 일본 민법이 적용되는바, 공유특허의 분할청구는 일반적인 민법의 공유 규정이 적용되어 가능하며, 공유물 분할의 방법들 가운데 특허권의 매각을 통한 대금분할이나 가액배상이 가능하다는 것

---

24) 특허청, 앞의 연구보고서 49면.
25) 특허청, 앞의 연구보고서 34면.

이 통설이다.26)

3. 대상판결의 검토

대상판결은 먼저 특허권의 성질이 합유인지 공유인지 여부에 관하여, 특허권이 공유인 경우에 각 공유자는 다른 공유자의 동의를 얻지 아니하면 그 지분을 양도하거나 질권을 설정할 수 없고, 그 특허권에 대하여 전용실시권을 설정하거나 통상실시권을 허락할 수 없는 등 그 권리의 행사에 일정한 제약을 받아 합유와 유사한 성질을 가지는 면이 있기는 하나, 일반적으로 특허권의 공유자들이 반드시 공동 목적이나 동업관계를 기초로 조합체를 형성하여 특허권을 보유한다고 볼 수 없으므로, 특허법의 다른 규정이나 특허의 본질에 반하지 아니하는 한 민법의 일반규정이 특허권의 공유에도 적용된다고 하였다.

민법상 공동소유는 하나의 물건을 2인 이상의 다수인이 공동으로 소유하는 것을 말하고, 우리 민법은 공동소유의 형태를 크게 공유, 합유, 총유의 세 가지로 규정하고 있으며, 이러한 공동소유의 형태는 하나의 물건에 대한 공동소유자 상호 간의 인적 결합의 정도에 따라 분류된다. 즉, 공동의 목적이 없이 우연히 결합된 것은 공유, 일정한 사업 등 공동의 목적을 위하여 결합하였으나 그 결합체가 단체로서의 성질을 가지지 못하고 조합을 이루고 있으면 합유, 법인이 아닌 사단으로 결합되어 있으면 총유라고 보는 견해가 일반적이다.27)

공유특허권의 성질에 관하여, 특허법상 공동발명의 출원,28) 특허 받을 권리의 양도,29) 공유특허권의 지분양도, 질권설정, 실시권 설정,30) 심판을 청구하거나 피청구인을 특정할 때 공유자 전원을 요구하고 있고,31) 이는 민법상 합유32)33)와 유사한 것이므로 특허권이 전체적으로 준합유의 성질을 가진다는 견해도 있다.34)35)

---

26) 中山信弘, 特許法(第二版), 弘文堂(2012), 305면.
27) 김형배 외 2인, 민법학 강의(제12판), 신조사(2013) 631면.
28) 특허법 제33조 제2항, 특허권 존속기간 연장등록출원의 경우에는 특허법 제90조 제3항.
29) 특허법 제37조 제3항.
30) 특허법 제99조 제2항, 제4항.
31) 특허법 제139조 제2항, 제3항.
32) 민법 제272조(합유물의 처분, 변경과 보존) 합유물을 처분 또는 변경함에는 합유자 전원의 동의가 있어야 한다. 그러나 보존행위는 각자가 할 수 있다.
33) 민법 제273조(합유지분의 처분과 합유물의 분할금지) ① 합유자는 전원의 동의없이 합유물에 대한 지분을 처분하지 못한다. ② 합유자는 합유물의 분할을 청구하지 못한다.

496 Ⅳ. 특 허 권

그러나 특허출원 절차, 심판절차에서 공유권리자 전원의 참여를 요구하는 것은 동일한 대상물에 대하여 권리자 전원에게 '권리관계의 합일 확정'이 필요하다는 절차의 특수성에 기인한 것으로 보이고,36) 공유특허권의 권리행사에 대하여 제한을 가한 특허법 제99조 제2항 및 제4항은, 위에서 본 바와 같이 나라별로 상당한 차이를 보이고 있는 점을 보더라도, 정보재인 특허권의 특수성으로 인한 당사자 사이의 갈등을 미연에 방지하기 위한 정책적 선택에 지나지 않는 것으로 보인다.

또한, 공유물에 대해 공유나 합유를 결정하는 것은 위와 같은 규정들보다는 공동소유자간의 인적결합이 어떤 관계인가를 살펴야 하는 것이 우선이라 할 것인데, 기업과 기업, 기업과 연구기관, 개인과 개인 등으로 예상할 수 있는 공유특허권자 사이에 반드시 공동의 목표를 가진 조합관계가 있다고 보는 것은 경험적으로 맞지 않을 뿐만 아니라, 오히려, 특허법 제99조 제3항은 각 공유자가 각자 특허발명을 실시할 권리를 명시하여 공유특허권자 사이는 경쟁관계에 있을 수도 있음을 명시하고 있으므로 특허권의 공동소유는 합유보다 공유로 보아야 할 것이다.

이에 덧붙여 앞서 주요국의 사례를 보더라도 특허법상에 특별한 규정이 없으면 모두 민법상의 일반 공유물 이론에 근거하여 문제들을 해결하고 있고, 상표 사건에 대한 것이기는 하나 대법원은 일찍이 상표권의 공유자가 그 상표권의 효력에 관한 심판에서 패소한 경우에 공유자의 1인이라도 심결의 취소를 구할 수 있다고 하면서 상표권의 공유에도 상표법의 다른 규정이나 그 본질에 반하지 아니하는 범위 내에서는 민법상의 공유의 규정이 적용될 수 있다고 설시한 바 있다.37) 따라서 대상 판결에서 특별한 사정이 없는 한 공유에 관한 민법의 일반규정이 특허권의 공유에도 적용된다고 설시한 것은 어느 모로 보나 타당한 것으로 생각된다.

다음으로, 대상판결은 공유 특허권 등의 공유물분할청구권 인정 여부에 대하여 특허권의 공유자 상호간에 이해관계가 대립되는 경우 등에 그 공유관계를 해소하기 위한 수단으로서 각 공유자에게 민법상의 공유물분할청구권을 인정하더라도 공유자 이외의 제3자에 의하여 다른 공유자 지분의 경제적 가치에 위와 같은 변동이 발생한다고 보기 어려워서 특허법 제99조 제2항 및 제4항에 반하지 아니

---

34) 이인종, 특허법개론, 21세기법경사(2004), 471면.
35) 정상조, 박성수 공편, 특허법 주해 Ⅰ, 박영사(2010), 1224-1228면, 박정희 집필 부분.
36) 조영선, 앞의 글, 66면.
37) 대법원 2004. 12. 9. 선고 2002후567 판결.

하고, 달리 분할청구를 금지하는 특허법 규정도 없으므로, 특허권의 공유관계에 민법상 공유물분할청구에 관한 규정이 적용될 수 있고, 각 공유자에게 특허권을 부여하는 방식의 현물분할을 인정하면 하나의 특허권이 사실상 내용이 동일한 복수의 특허권으로 증가하는 부당한 결과를 초래하게 되므로, 현물분할은 허용되지 아니하고 경매에 의한 대금분할을 명한 것은 정당하다고 판시하였다.

앞에서 본 바와 같이 특별한 사정이 없는 한 공유특허권에 대하여 공유에 관한 민법의 일반규정이 적용되므로, 논리귀결적으로 상대방과 협의가 성립되지 않는 경우 공동소유관계를 벗어나기 위하여 지분권자에게 공유특허권의 공유물분할청구권이 인정되는 것이 당연하고 그 분할 방법에는 무체재산권인 특허권의 속성이 반영되어야 할 것이다. 그리고 민법 제269조는 분할의 협의가 성립되지 아니하고 현물로 분할할 수 없거나 분할로 인하여 현저히 그 가액이 감손될 염려가 있는 때에는[38] 법원은 경매를 통한 대금분할을 명할 수 있다고 규정하고 있는바, 특허권은 무체물에 대한 권리이어서 지분비율대로 나누기에는 부적당하므로 대상판결은 민법 제269조의 규정을 충실히 따른 판결로서 일견 타당해 보이기는 하다. 그러나 대상판결에서 이 부분 설시는 다음과 같은 의문점이 든다. 만약 이 사건의 특허발명이 실제로 피고에 의하여 실시되고 있거나 실시될 예정에 있는 사정이 있고, 대금분할을 위한 경매에 의하여 특허권이 제3자에게 매각되면, 최악의 경우에는 피고는 갑자기 특허권자에서 특허침해자가 되는 경우도 발생하게 되므로, 특허법 제99조 제3항에 의거 타공유자의 동의 없이 정당하게 특허발명을 실시할 수 있는 권한을 가진 피고의 권리가 심각하게 침해되는 결과가 초래되는 문제점이 있는 것으로 보인다. 또한, 기록상 원·피고가 주장하지 않은 사정이 있는 것으로 보이기는 하나, 판례는[39] 현물분할 방법 중 하나로 공유물을 공유자 중 일부의 소유로 하되 현물을 소유하게 되는 공유자로 하여금 다른 공유자에 대하여 그 지분을 적정하고도 합리적인 가격을 배상시키는 소위, 보상분할의 방법도 허용된다고 하고 있으므로 이를 재판과정에서 고려해 볼 수도 있었을 것으로 보인다.

---

38) 판례는 '현물을 분할할 수 없다'는 요건은 이를 물리적으로 엄격히 해석할 것이 아니고, 공유물의 성질, 위치나 면적, 이용상황, 분할 후의 사용가치 등에 비추어 보아 현물분할을 하는 것이 곤란하거나 부적당한 경우를 포함한다 할 것이고, '현물로 분할을 하게 되면 현저히 그 가액이 감손될 염려가 있는 경우'라는 것도 공유자의 한 사람이라도 현물분할에 의하여 단독으로 소유하게 될 부분의 가액이 분할 전의 소유지분 가액보다 현저하게 감손될 염려가 있는 경우도 포함된다'고 한다(대법원 2009. 9. 10. 선고 2009다40219 판결 등).

39) 대법원 2004. 10. 14. 선고 2004다30583.

상표 사건에 관한 하급심 판례40)이기는 하나, 공유인 서비스표권의 경매에 의한 대금분할을 청구한 사건에서, 피고가 서비스표권을 계속 사용할 필요성이 있는 점, 피고가 지정 서비스업을 포기할 의사가 보이지 아니하는 점, 피고가 사정상 경매절차에서 반드시 경락받기 위하여 과도한 부담이 예상되는 점, 경매절차에서 제3자가 서비스표권을 경락받을 가능성을 배제할 수 없는 점, 널리 알려진 서비스표권을 제3자가 경락받아 사용하면 해당 서비표권의 등록이 취소되거나 제3자의 해당 서비스표권의 사용이 부정경쟁행위에 해당할 가능성이 있다는 등의 이유로 서비스표권의 대금분할청구는 인정할 수 없고, 이 사건에서 가장 합리적인 분할방법은 피고가 원고의 지분에 대하여 대가를 지불하는 보상분할로 보이나 원고가 대금분할만을 주장하므로 기각한다고 설시한 사례도 있다.

4. 대상판결의 의의

대상판결은 공유 특허권이 민법상 어떤 성질을 갖는 것인가를 명확히 해줌과 동시에 특허권의 과실을 제대로 향유할 수 없는 실시능력이 부족한 공유자에게 특허에 대한 공유물분할청구권을 인정하여 주었다는 점에서 매우 의미가 있는 판례이다. 현실적으로 공유 특허권에 대해서는 앞으로 풀어야 할 여러 가지 법률적 난제들이 잠복해 있고, 이들 주제들은 서로 복잡하게 얽혀 있기도 하다. 앞으로 기술의 융복합이 가속화되고 있고, 국내는 물론 국외의 여러 연구 주체들 사이의 공동기술개발이 증가하여 공유특허가 많아질 것으로 보이므로, 향후 공유 특허권에 대해서는 더욱 활발한 사회적 논의와 연구가 필요할 것으로 생각된다.

---

40) 서울중앙지방법원 2004. 10. 15. 선고 2003가합8005 판결.

62. 특허청구범위 해석에 관한 최근 대법원 판례의 동향

[대법원 2011. 2. 10. 선고 2010후2377 판결]

박병민(수원지법 판사)

I. 사실의 개요

원고는 명칭을 '유기 전계발광 표시장치 및 그 제조방법'으로 하는 발명(출원번호 제10-2007-22557호)의 출원인으로, 특허청 심사관은 이 사건 출원발명이 비교대상발명1)에 의하여 진보성이 부정된다는 이유로 거절결정을 하였고, 이에 원고가 거절결정 불복심판을 청구함과 동시에 명세서를 보정하였으나, 그 심사전치 및 특허심판원 또한 같은 이유로 위 거절결정을 유지하였다.

이에 원고가 심결취소의 소를 제기하였는데, 특허법원은 이 사건 제1항 보정발명의 구성 5에는 그 기능이 상반된 '반사막과 투과막'이 모두 기재되어 있어 그 기술적 범위를 확정할 수 없다는 이유로 발명의 상세한 설명 등의 기재에 의하여 구성 5가 '반사막'만을 의미하는 것으로 제한 해석한 다음, 구성 5는 비교대상발명에 개시되지 않았다는 이유로 진보성이 부정되지 않는다고 판단하면서 이 사건 심결을 취소하였다. 이에 피고(특허청장)가 상고하였다.

II. 판   시

파기환송.

법리 : 특허발명의 보호범위는 특허청구범위에 기재된 사항에 의하여 정하여지는 것이 원칙이고, 다만 그 기재만으로 특허발명의 기술적 구성을 알 수 없거나

---

1) 2004. 10. 7.자 국내 공개특허공보(제2004-85010호) 게재, "발광소자, 표시장치 및 발광 표시장치".

알 수는 있더라도 기술적 범위를 확정할 수 없는 경우에는 명세서의 다른 기재에 의한 보충을 할 수는 있으나, 그 경우에도 명세서의 다른 기재에 의하여 특허청구범위의 확장 해석은 허용되지 아니함은 물론 특허청구범위의 기재만으로 기술적 범위가 명백한 경우에는 명세서의 다른 기재에 의하여 특허청구범위의 기재를 제한 해석할 수 없다2)(이하 '이 사건 법리'라고 한다).

판단 : 이 사건 출원발명의 구성 5 중 '반사막 또는 투과막'은 금속의 광 반사율에 따라 상대적으로 결정되는 것이므로 광 반사율에 아무런 한정이 없는 구성 5에 '반사막 또는 투과막'이라고 기재되어 있다고 하여 구성 5의 기술적 범위를 확정하기 어렵다고 할 수는 없다. 따라서 구성 5는 그 기재 자체로 기술적 범위가 명백하다고 할 것이므로 구성 5가 그 기재와 달리 '투과막'을 제외한 '반사막'만을 의미하는 것으로 제한되지는 않는다. 그런데 비교대상발명에는 구성 5의 대응구성이 모두 나타나 있고, 그 작용효과 또한 비교대상발명으로부터 예측가능한 정도로서 현저하다고 할 수 없으므로, 이 사건 제1항 보정발명의 진보성은 부정된다.

Ⅲ. 해   설

1. 특허청구범위의 해석방법에 관한 논란—일원적인가 이원적인가?

특허제도는 공개된 발명에 일정 기간 독점권을 부여함으로써 발명자에게 기술발전의 동기(incentive)를 부여하고, 그 공개된 발명이 보다 새롭고 유익한 발명의 밑바탕이 되게 하여 산업발전, 나아가 인류문명의 발전에 기여하도록 하기 위하여 마련된 것이다. 위와 같은 특허제도의 목적에 비추어 특허발명의 독점권이 어디까지 미칠지 명확히 하여야 하고, 이는 발명자가 스스로 결정할 문제이며, 특허권을 부여할지 여부를 심사하는 과정에 있어서도 발명자의 그와 같은 의사가 반영된 범위 내에서 특허법 소정의 특허요건 구비 여부를 판단하여야 할 것이다.

같은 취지에서 특허법 제42조는 특허출원인이 '특허발명으로서 보호를 받고자 하는 사항'을 기재한 특허청구범위를 특허출원서에 첨부하는 명세서에 반드시 기재하도록 규정하고 있고, 특허법 제97조는 "특허발명의 보호범위는 특허청구범위에 기재된 사항에 의하여 정하여진다"라고 규정하고 있다. 그 결과 특허청구범위의 해석 방법은 특허청구범위 기재 자체의 문언해석이 중심을 이루어야 하고, 이

---

2) 대법원 2004. 10. 28. 선고 2003후2447 판결의 법리를 참조한 것이다.

점에 대하여는 별다른 의문이 없는 것으로 보인다.

다만, 특허청구범위에 기재된 사항은 명세서의 일부로서 '발명의 상세한 설명에 의하여 뒷받침될 것'이 요구되고(특허법 제42조 제4항 제1호), 특허청구범위의 기재만으로는 발명의 구성을 제대로 파악하기 어렵기 때문에 특허청구범위의 해석에 있어 공지기술 등 출원 당시의 기술수준에 입각하여 발명의 상세한 설명 및 도면 등을 종합적으로 고려할 필요가 있으므로, 특허청구범위의 해석에 있어 발명의 상세한 설명 및 도면의 기재 내용도 참작되어야 할 것이다.3)

그런데 특허청구범위의 해석 방법에 관하여 특허성(patentability) 여부의 판단 국면과 침해(infringement) 여부의 판단 국면을 달리 파악하는 견해가 적지 않은 것으로 보이는데,4) 특허성 판단시에는 특허청구범위에 기재된 용어가 포함할 수 있는 구성 전부 또는 비교적 넓은 범위로 확정하고, 침해 여부 판단시에는 실시예나 발명의 상세한 설명에 기재된 구성과 같이 비교적 좁은 범위로 확정하는 해석방법, 또는 특허성 판단에 있어서는 특허청구범위의 기재만으로 발명의 구성을 확정하고, 권리범위확인 내지 침해사건의 판단에 있어서는 발명의 상세한 설명을 참작하여 확정하는 해석방법이 그것이다.5) 이를 이른바 '이원적 해석방법'이라고 부른다. 반면 특허청구범위의 해석은 특허성 여부 판단시나 침해 여부 판단시 어느 때에 있어서도 일관되어야 한다는 '일원적 해석론'에 관한 주장도 만만치 않은 것으로 보인다.6) 그리고 특허청구범위의 해석에 관한 대법원 판례의 입장이 어느 견해에 서 있는 것인지에 대하여도 그 견해가 분분하다.7)

3) 특허법원 지적재산소송실무연구회, 지적재산 소송실무(전면개정판), 박영사(2010년), 213, 214면 참조.
4) 가령 牧野利秋, "특허청구범위의 해석에 대하여", 특허소송연구 제1집, 특허법원(2000); 이수완, "특허청구범위의 해석", 특허소송연구 제2집, 특허법원(2001); 한규현, "발명의 요지와 보호범위의 판단방법", 특허소송연구 제4집, 특허법원(2008); 박성수, "특허청구범위의 해석에 관한 소고", 사법논집 제39집(2004), 법원도서관; 권택수, 요건사실 특허법, 진원사(2010), 92면 이하; 조영선, 특허법(제3판), 박영사(2011), 332면 이하 등.
5) 이러한 견해는 특허청구범위의 해석에 있어 특허성 여부 판단시에는 '발명의 요지'를 확정한다고 하고, 침해 여부 판단시에는 '보호범위'를 확정한다고 한다.
6) 특허법원 지적재산소송실무연구회, 앞의 책, 227면 이하; 강경태, "특허청구범위 해석론의 재검토", 특허소송연구 제4집, 특허법원(2008); 장완호, "청구범위 해석의 이중성에 관한 고찰", 특허법원 개원 10주년 기념논문집, 339면 이하; 정상조·박성수 共編, 특허법 주해 I, 박영사(2010), 1142면 이하(한규현 부장판사 집필 부분-한규현 부장판사는 각주 4에 소개된 글에 나타난 견해를 수정한 것으로 보인다) 등.
7) 권택수, 앞의 책, 93면 이하에는 대법원 판례가 이원적 해석방법에 따르고 있다고 서술하고 있는 반면, 장완호, 앞의 글에서는 특허청구범위 해석에 관한 대법원 판결례들을 분석한 후

2. 특허청구범위 해석에 관한 대법원 판결의 원론적·주류적 입장[8]

특허청구범위의 해석과 관련하여 대법원의 주류적인 판례는 "특허권의 권리범위 내지 실질적 보호범위는 특허출원서에 첨부한 명세서의 청구범위에 기재된 사항에 의하여 정하여지는 것이 원칙이고, 다만 그 기재만으로 특허의 기술적 구성을 알 수 없거나 알 수 있더라도 기술적 범위를 확정할 수 없는 경우에는 명세서의 다른 기재에 의한 보충을 할 수가 있다"는 입장을 취하고 있다.[9] 대법원 판례는 나아가 "명세서의 다른 기재에 의한 보충을 할 수 있는 경우에도 명세서의 다른 기재에 의하여 특허청구범위의 확장 해석이 허용되지 아니함은 물론 청구범위의 기재만으로 기술적 범위가 명백한 경우에 명세서의 다른 기재에 의하여 청구범위의 기재를 제한 해석할 수는 없다"는 태도를 취하고 있다.[10] 그리고 대법원 2007. 11. 29. 선고 2006후1902 판결은 "특허청구범위에 기재된 사항의 해석은 그 문언의 일반적인 의미내용을 기초로 하면서도 발명의 상세한 설명 및 도면 등을 참작하여 그 문언에 의하여 표현하고자 하는 기술적 의의를 고찰한 다음 객관적·합리적으로 하여야 한다"라고 판시함으로써, '특허청구범위의 기재만으로 특허의 기술구성을 알 수 없거나 기술적 범위를 확정할 수 없는 경우' 이외에도 발명의 상세한 설명 등은 원칙적으로 참작되어야 함을 밝히고 있다.

한편, 대법원 2003. 7. 11. 선고 2001후2856 판결[11] 등은 "청구범위에 포함되는 것으로 문언적으로 해석되는 것 중 일부가 발명의 상세한 설명의 기재에 의하여 뒷받침되고 있지 않거나 출원인이 그 중 일부를 특허권의 권리범위에서 의식적으로 제외하고 있다고 보이는 경우 등과 같이 청구범위를 문언 그대로 해석하는 것이 명세서의 다른 기재에 비추어 보아 명백히 불합리할 때에는, 출원된 기술사상의 내용과 명세서의 다른 기재 및 출원인의 의사와 제3자에 대한 법적 안정성을 두루 참작하여 특허권의 권리범위를 제한 해석하는 것이 가능하다"라고 판시하고 있기도 하다.

대법원이 특허성 판단과 침해 판단을 구분하여 특허청구범위의 해석기준을 달리하고 있는 것으로 보이지는 않는다고 서술하고 있다(조영선, 앞의 책, 331면도 같다).

8) 정상조·박성수 共編, 앞의 책 1112면 이하 주로 참조.

9) 대법원 2002. 4. 12. 선고 99후2150 판결 외 다수.

10) 대법원 1996. 12. 6. 선고 95후1050 판결, 대법원 2006. 10. 13. 선고 2004후776 판결 외 다수.

11) 같은 취지로 대법원 2008. 10. 23. 선고 2007후2186 판결, 대법원 2008. 2. 28. 선고 2005다 77350, 77367 판결 등이 있다.

이상의 대법원 판결들을 종합하여 보면, 대법원 판례는 "특허발명의 보호범위는 특허청구범위에 기재된 사항에 의하여 정하여지고, 특별한 사정이 없는 한 이를 제한하거나 확장할 수 없다. 특허청구범위에 기재된 문언은 발명의 상세한 설명 또는 도면 등을 참작하여 해석하되, 발명의 상세한 설명 또는 도면에 의하여 특허청구범위에 기재된 문언을 제한하거나 확장하여 해석할 수는 없다. 다만, 특허청구범위를 문언 그대로 해석하는 것이 명세서의 다른 기재에 비추어 보아 명백히 불합리할 때에는 특허청구범위를 제한할 수 있는 특별한 사정이 인정된다"라는 취지로 정리할 수 있을 것이다. 그리고 대법원의 이러한 입장이 특허청구범위의 해석에 관한 '문언해석의 원칙' 및 '발명의 상세한 설명 등 참작의 원칙'에서 벗어나 있다고 보이지는 않는다.

3. 대상판결이 가지는 의의

그런데, 대법원이 대상판결 사안과 같이 출원발명 또는 특허발명의 등록요건 구비 여부가 문제되는 사건의 특허청구범위 해석과 관련하여, 위와 같은 주류적 판시가 아닌 "특허의 요건을 판단하기 위한 발명의 기술구성은 특별한 사정이 없는 한 특허청구범위의 기재를 기초로 확정하여야 하며, 발명의 상세한 설명이나 도면 등 다른 기재에 의하여 특허청구범위를 제한 해석하는 것은 허용되지 않는다"라는 법리12)(이하 '제1법리'라고 한다)를 설시하거나 "특허권의 권리범위는 특허출원서에 첨부한 명세서의 특허청구범위에 기재된 사항에 의하여 정하여지는 것이므로, 발명이 특허를 받을 수 없는 사유가 있는지 여부를 판단함에 있어서 특허청구범위의 기재만으로 권리범위가 명백하게 되는 경우에는 특허청구범위의 기재 자체만을 기초로 하여야 할 것이지 발명의 상세한 설명이나 도면 등 다른 기재에 의하여 특허청구범위를 제한 해석하는 것은 허용되지 않는다"라는 법리13)(이하 '제2법리'라고 한다)를 설시한 판례들도 왕왕 발견된다.

특히 제1법리는 대법원이 특허청구범위의 이원적 해석론을 채택하고 있다는 인상을 강하게 심어주는 판시에 해당하고,14) 제2법리 역시 '특허권의 권리범위는 …'

---

12) 대법원 2006. 10. 13. 선고 2004후776 판결, 대법원 2007. 6. 14. 선고 2007후807 판결, 대법원 2010. 1. 28. 선고 2007후3752 판결 등
13) 대법원 2001. 9. 7. 선고 99후734 판결, 대법원 2009. 7. 9. 선고 2008후3360 판결, 2010. 6. 24. 선고 2008후4202 판결 등
14) 제1법리를 설시한 대법원 2007. 6. 14. 선고 2007후807 판결의 판례해설[김운호, "특허의 요

이라는 표현이 모두(冒頭)에 등장하고 있어 다소 완화되어 있기는 하지만 그 또한
이원론적 해석방법의 사정범위 안에 있는 것으로 보인다.15)

위와 같은 제1, 2법리가 비교적 최근에 선고된 판결들에 의하여 설시되어 왔
다는 점에서 대상 판결 이전 대법원이 이원적 해석론의 경향에 있었다는 점을 부
인하기는 어렵다. 그러한 상황에서 대상판결은 이 사건 출원발명의 특허성 여부에
관한 특허청구범위의 해석과 관련하여 원론적인 입장인 이 사건 법리를 설시하였
다는 점에서 시사하는 바가 크다. 더욱이 이 사건 법리는 비교적 오래 전에 설시
된 대법원 2004. 10. 28. 선고 2003후2447 판결16)의 법리를 참조하였다는 점에서
더욱 그러하다.

대상판결의 선고 이후 대상판결을 참조판결로 하여 이 사건 법리를 그대로
인용한 판결들이 연이어 선고되었는데,17) 이에 비추어 최근 대법원의 입장은 특허
청구범위의 이원적 해석방법을 전제한 것으로 보이는 제1, 2법리의 설시를 지양
(止揚)하고, 원칙적으로 특허요건 판단시와 침해 여부 판단시 사이에 방법론상 차
이가 없는 일원적 해석방법을 지향(志向)하고 있는 것으로 이해된다.18)

Ⅳ. 결   론

대상판결은 특허청구범위 해석과 관련하여 오해의 소지가 있는 기존 법리들
을 정리하고, 특허청구범위 해석의 통일성 확보라는 측면에서 새로운 가능성을 열
어 보인 것에 의미가 있다.

특허청구범위 해석론에 관하여 보다 일관되고 정치한 법률구성에 관한 연구가

건을 판단하기 위한 발명의 기술구성의 확정 방법", 대법원 판례해설 70호(2008 상반기), 법
원도서관] 역시 이원적 해석론에 근거하여 위 판결의 취지를 설명하고 있다.

15) 제2법리는 '특허청구범위의 기재만으로 권리범위가 명백하지 않다면 특허요건 판단시 제한
해석이 가능하다'라는 취지로 읽힐 염려가 있어 법리 자체에도 문제가 있는 것으로 보인다.

16) 특허요건인 진보성 유무가 쟁점이 된 등록무효 사건으로서 위 2003후2377 판결은 원심이
특허청구범위의 구성요소를 발명의 상세한 설명을 통하여 한정해석한 것이 위법하다는 이유
로 파기하였다.

17) 대법원 2011. 6. 10. 선고 2010후3486 판결, 대법원 2011. 7. 14. 선고 2010후1107 판결, 대
법원 2011. 8. 25. 선고 2010후3639 판결, 대법원 2012. 3. 29. 선고 2010후2605 판결, 대법원
2014. 1. 16. 선고 2013후778 판결 등

18) 이 사건 법리를 인용한 대법원 2014. 1. 16. 선고 2013후778 판결의 판례해설[박태일, "특허
청구범위의 해석방법" 대법원 판례해설 100호(2014 상반기), 법원도서관, 267, 268면 참조]에
도 대상판결의 의의에 대해 같은 취지로 기재되어 있다.

활발히 이루어지기를 바람과 동시에 특허청구범위의 해석이 구체적 사건에서 어떻게 작동하는지 보다 실증적이고 구체적인 연구 성과도 나타나기를 기대해 본다.

63. 허가 등에 따른 특허권 존속기간 연장등록에 의해 연장된 특허권의 권리범위

[특허법원 2013. 9. 5. 선고 2013허2828 판결]

신혜은(충북대학교 법학전문대학원 교수)

Ⅰ. 사건의 개요

원고(심판청구인)는 "1-비페닐메틸이미다졸유도체, 그의 제조방법 및 그의 치료적 용도"에 관한 특허권자이다.

원고(심판청구인)는 2012. 3. 14. 특허심판원에 피고(피심판청구인)를 상대로, 확인대상발명이 이 사건 제1항, 제5항 내지 제8항, 제10항 및 제34항 특허발명의 권리범위에 속한다는 확인을 구하는 권리범위확인심판(이하, '이 사건 심판')을 청구하였는데 원고가 위 심판청구와 별도로 2012. 7. 9. 청구한 정정심판에 의해 권리범위 확인심판의 대상이 되는 제5항 내지 제8항과 제10항이 삭제되고, 제1항 및 제35항이 각각 정정되었는바, 원고는 해당 부분에 대한 권리범위확인심판 청구를 취하하였다. 이 사건 심판에서 쟁점이 된 것은 확인대상발명이 이 사건 제1항 및 제34항의 권리범위에 속하는지 여부이다.1)

정정 후의 이 사건 제1항 발명의 특허청구범위는 '올메사탄' 및 '올메사탄 메독소밀'의 2개 화합물이다. 원고의 특허는 1992. 2. 21. 출원되어 1997. 10. 30. 등록된 것으로 원존속기간은 2012. 2. 21. 만료되나, 존속기간연장등록의 출원(2005원8294) 및 등록결정에 의하여 제1항 발명의 존속기간이 2013. 9. 15.까지 연장되었다.

특허심판원은 「특허권의 존속기간이 연장된 특허권의 효력은 '그 연장등록의 이유가 된 허가 등의 대상물건의 실시에 한정되는 것'이고, 존속기간이 연장되는

---

1) 심판에서 쟁점이 된 것은 이 사건 권리범위확인심판은 (1) 확인의 이익이 없어 부적법하다, (2) 확인대상발명이 이 사건 제1항 및 제34항의 권리범위에 속하는지의 2가지이나 (1)번 쟁점은 본 평석의 주제를 벗어난 것이어서 본 평석에서는 다루지 않는다.

실시의 대상인 대상물건이란 위 특허법 제95조의 "연장등록의 이유가 된 허가 등의 대상물건에 관한 그 특허발명의 실시"라는 기재로부터 '특허발명의 실시의 대상물건', 즉 통상의 물건에 해당하는 '실시의 대상물건'이라 할 것인바, 결국 특허권의 존속기간이 연장되는 특허권의 효력은 '연장등록의 이유가 된 허가 등의 실시의 대상물건'에 한정되는 것」이라고 하면서 「이 사건 제1항 발명의 특허청구범위에 기재된 화학식 1의 화합물인 '올메사탄'과 '올메사탄 메독소밀' 중에서 '연장등록의 이유가 된 허가 등의 실시의 대상물건'은 존속기간연장등록의 출원서 및 의약품 허가 또는 등록 정보에 공통적으로 개시하고 있는 '올메사탄 메독소밀'로 한정된다」고 판단하였다.[2]

결론적으로 특허심판원은 이 사건 제1항 정정발명 중에서 특허법 제95조 규정에 의하여 존속기간이 연장된 발명은 '올메사탄 메독소밀'로 한정되므로, 확인대상발명은 이 사건 제1항 정정발명 및 이를 이용하는 발명인 이 사건 제34항 정정발명의 권리범위에 속하지 않는다는 이유로 원고의 심판청구를 기각하는 심결을 하였다. 원고는 이에 불복하여 특허법원에 심결취소소송을 제기하였다.

II. 판   시

원고의 청구를 기각.

「이 사건 제1항 정정발명은 '식(Ⅰ)의 화합물 및 약제학적으로 허용가능한 그의 염 및 에스테르'이고 이 사건 제34항 정정발명은 '제1항에 기재된 식(Ⅰ)의 화합물 및 약제학적으로 허용 가능한 그의 염 및 에스테르에서 선택된 고혈압 방지제의 유효량과 약제학적으로 허용 가능한 캐리어 또는 희석제가 혼합되어 이루어진 고혈압의 치료 또는 예방용 약제학적 조성물'이다. 그런데 위 식(Ⅰ)의 화합물은 그 구조식 중 R5a가 수소 원자인 경우에는 '올메사탄'이 되고, R5a가 (5-메틸-2-옥소-1,3-디옥솔렌-4-일)메틸기인 경우에는 '올메사탄 메독소밀'이 된다. … 원고는 약사법에 의한 의약품 제조품목허가를 받기 위해 '올메사탄 메독소밀'에 대해 필요한 활성·안전성 등의 시험을 행하였고 그로 인해 이 사건 정정발명을 실시할 수 없었던 기간에 대하여 존속기간을 연장받기 위하여 특허권 존속기간연장등록출원을 하였음을 알 수 있다. 그러므로 이 사건에서 구 특허법 제95조의 '연장등

---

2) 특허심판원 2013. 2. 25. 선고 2012당768 심결.

록의 이유가 된 허가 등의 대상물건'은 원고가 약사법 제26조 제1항에 의한 의약품제조 품목허가를 받기 위해 필요한 활성·안전성 등의 시험을 실시하였던 '올메사탄 메독소밀'로 보는 것이 타당하다. … 특허권 존속기간 연장등록의 효력은 이 사건 제1항, 제34항 정정발명 중 '올메사탄 메독소밀'과 관련된 발명에 대해서만 미친다.」

Ⅲ. 해   설

1. 들어가며

특허권 존속기간 연장등록 제도는 1987년에 우리나라가 물질특허제도를 도입하면서 함께 도입한 제도이다.3) 제도를 도입한 후 거의 30년이 지났지만 2007년까지는 물질특허의 존속기간들이 아직 만료되지 않아서 출원 자체가 많지 않았고, 그 이후로도 실제로 연장등록이 된 의약품과 관련한 분쟁이 발생한 경우는 매우 드물었다. 대상판결은 특허법 제95조(허가 등에 따른 존속기간이 연장된 경우의 특허권의 효력)에서 규정하는 '그 연장등록의 이유가 된 허가 등의 대상물건'이 의미하는 바를 처음으로 판시한 특허법원 판결이다.

이 사건 판결에서 쟁점이 된 것은 특허권 존속기간의 연장이 이루어진 '대상물건'은 '치료활성을 나타내는 유효성분'을 의미하는지 또는 '실제로 연장등록을 받은 특정 유효성분'을 의미하는지에 관한 것이다.4) 선행하는 국내 사례가 존재하지 않으므로 해당 제도의 취지와 외국의 사례를 살펴본 후 대상판결에 대해 분석하고자 한다.

2. 특허권 존속기간 연장등록 제도의 취지

의약품 개발에는 막대한 시간과 비용이 소모되므로 특허권자에게 그에 대한 충분한 보상을 함으로써 개발비용의 회수와 새로운 연구를 위한 투자라는 선순환이 일어날 수 있도록 할 필요가 있다. 그런데 의약이나 농약과 관련된 특허발명을

---

3) 법률 제3891호 1986. 12. 31. 공포, 1987. 7. 1. 시행.
4) 심판 단계에서는 출원단계에서의 보정에서 '올메사탄 실렉세틸'을 제외하였다는 것을 이유로 금반언에 대해서도 다투어졌으나, 특허법원은 이에 대해서는 별도의 판단을 하지 않고 양 발명은 이용관계에 있지 않으므로 확인대상발명은 이 사건 특허권의 권리범위에 속하지 않는다고 판시하였다.

실시하기 위해서는 약사법 등에 의한 허가 또는 등록을 받아야 하므로 타분야 발명과 비교해 존속기간이 실질적으로 단축되는 문제점이 제기되어 왔다.5) 특허권 존속기간연장제도는 특허권자가 존속기간 중 일정한 사유로 인하여 해당 발명을 실시하지 못한 경우에 그 실시하지 못한 기간만큼 존속기간을 연장시켜 주는 제도를 말한다. 즉, 의약품이나 농약 관련 특허발명에서 타분야 발명과 비교해 존속기간이 실질적으로 단축되는 문제를 존속기간 연장등록 제도를 통해 일정한 범위 내에서 연장해 줌으로써 의약품 개발에 대한 충분한 인센티브로 작동될 수 있도록 하는 것이다.

3. 외국사례의 검토

(1) 미   국

신약허가를 위한 유효성·안전성 실험으로 인해 특허발명을 실시할 수 없었던 경우에는 새로운 유효성분(active ingredient)에 대해서만 1회에 한해 존속기간의 연장을 허용하고 있다.

미국 특허법 제156조(b)에 따르면, 존속기간이 연장된 특허권의 권리범위는 제품(product) 청구항의 경우 그 제품을 위하여 허가된 용도로 권리범위가 한정된다.6) 한편 동법 제156조(f)에 따르면, 제품은 유효성분(active ingredient)의 유리형태뿐 아니라 그 유효성분의 염과 에스테르를 포함하고, 단일제제뿐 아니라 다른 유효성분과 조합되는 복합제제로 사용되는 것도 모두 포함하는 것을 의미하므로 결국 미국 특허법 규정에 따르면 존속기간이 연장된 특허권의 권리범위는 허가를 받은 유효성분(유리형태, 염 및 에스테르)의 허가된 용도에 관한 실시에까지 미치게 된다.

(2) 유   럽

유럽연합은 특허권 존속기간 연장등록출원을 통해 존속기간의 연장을 인정하

---

5) 이봉문·임정훈, "특허권존속기간연장등록제도가 제약산업에 미치는 영향", 창작과 권리, 세
  창출판사, 2003년 봄호, 2-3면.
6) 35USC156
  (b) Except as provided in subsection (d)(5)(F), the rights derived from any patent
  the term of which is extended under this section shall during the period during which
  the term of the patent is extended—
  (1) in the case of a patent which claims a product, be limited to any use approved
  for the product—

는 미국, 일본 및 우리나라와 달리 특허권의 존속기간은 출원일로부터 20년이 경과하면 만료하는 것으로 하고, 의약품 허가 등의 이유로 실시할 수 없었던 기간에 대해서는 추가보호증명서(Supplementary Protection Certificate, 이하 'SPC')를 부여하는 형태로 제도를 운영하고 있다.[7]

　유럽의 실무는 SPC를 수여받기 위해서는 해당 제품(product)에 대하여 이전에 SPC를 받은 사실이 없어야 하고(유럽연합규정 제469/2009호 제3조(c)), 제품(product)은 유효성분 또는 유효성분의 조합을 의미한다(유럽연합규정 제469/2009호 제1조)는 문언의 의미를 엄격히 해석하여, 공지의 물질에 대해서는 어떠한 획기적인 제형의 변화가 있거나[8] 새로운 용도를 개발하더라도 이를 기초로 SPC를 수여받을 수는 없는 것으로 하고 있다.[9]

　한편 SPC에 의해 부여되는 특허권의 범위는 원특허권의 전체범위에 걸친 것이 아니라 "기본 특허에 의해 부여된 보호범위의 제한 내에서", "상응하는 의약품으로서 시장 판매 허가를 받은 제품(product)" 및 "SPC 만료일까지 허가된 의약품으로서의 제품의 용도"로 한정된다.[10] 그런데 동규정 제1조에서는 제품(product)을 "의약품(medicinal product)의 유효성분 또는 유효성분의 조합(active ingredient or combination of active ingredients of a medicinal product)"이라고만 정의하고 있어서 유효성분을 어떻게 정의하는지에 따라 SPC에 의한 보호범위가 달라질 수 있다.

　유럽사법재판소는 "제품(product)을 특정 염의 형태로만 제한하여 해석하게 되면 특허권자의 개발의욕을 고취시킨다는 SPC 제도의 취지에 맞지 않는다"는 점 등을 들어 "특정치료효과를 갖는 유리염기 형태의 화합물에 관한 물질특허에 대

---

7) 용어와 기간의 계산방법 등은 상이하나 허가 등을 위하여 소요되는 기간으로 인해 실제로 특허발명을 실시할 수 없었던 기간만큼 추가보호를 위한 증명서를 부여한다는 점에서 허가등에 따른 특허권 존속기간 연장제도와 그 취지나 효과는 동일하다.

8) 유럽사법재판소 2006. 5. 4. 선고 C-431/04 Massachusetts Institute of Technology 판결. ("어떤 유효성분에 대해 이미 의약품으로 허가를 받은 바가 있다면 새로운 제형특허에 대해서는 존속기간을 연장받을 수 없다.")

9) 유럽사법재판소 2007. 4. 17. 선고 C-202/05 Yissum 결정("물질의 제2의약용도는 유럽연합규정 제1조(b)에서 정의하는 제품(product)에 포함되지 않는다 … 따라서 어떤 유효성분에 대해 이미 의약품으로 허가를 받은 바가 있다면 해당 유효성분의 제2의약용도발명에 대해서는 존속기간을 연장받을 수 없다.")

10) Article 4 (Subject matter of protection) Within the limits of the protection conferred by the basic patent, the protection conferred by a certificate shall extend only to the product covered by the authorisation to place the corresponding medicinal product on the market and for any use of the product as a medicinal product that has been authorised before the expiry of the certificate.

해 연장된 특허권의 효력은 의약품 허가를 받은 특정한 유효성분 그 자체뿐만 아니라 기본특허에 의해 보호되는 그의 염 및 에스테르에도 미친다"고 판시한 바 있다.11)

(3) 일   본

일본 특허법은 유효성, 안전성 확보를 위해 법률의 규정에 따른 허가 등을 받아야 하고 이로 인해 특허발명을 실시할 수 없었던 때에는 5년의 한도에서 특허권의 존속기간을 연장해 준다는 점에서 기본적인 틀은 우리법과 유사하다.12) 그러나 구체적인 연장등록 허용범위는 우리나라 제도와 매우 다르게 운용되고 있다. 현행 일본의 심사실무에 따르면 대상물건은 의약품의 유효성분에 한정되지 않고 '의약품의 성분, 분량 및 구조에 의해 특정된 물건'으로 해석되므로, 유효성분과 효능·효과가 과거의 승인과 동일하더라도 새로운 제제에 대해 별도의 승인을 얻을 수 있으면 해당 승인에 기초하여 제제특허의 연장등록이 인정된다.13)

일본 특허법 제68조의2에 따르면, 존속기간이 연장된 특허권의 효력은 그 연장등록의 이유가 된 처분의 대상이 된 물건(그 처분에서 그 물건이 사용되는 특정용도가 정해져 있는 경우에는 그 용도로 사용되는 그 물건)에 대한 해당 특허발명의 실시 이외의 행위에는 미치지 아니한다. 일본 지식재산고등재판소는 "대상이 된 물건"의 범위를 매우 좁게 해석하여 "유효성분뿐 아니라 의약품의 구성을 객관적으로 특정하는 성분 또한 연장된 특허권의 효력을 제한하는 요소가 된다고 한다."14)

4. 대상판결의 분석

대상판결은 「원고는 약사법에 의한 의약품 제조품목허가를 받기 위해 '올메사탄 메독소밀'에 대해 필요한 활성·안전성 등의 시험을 행하였고 그로 인해 이 사건 발명을 실시할 수 없었던 기간에 대하여 존속기간을 연장받기 위하여 특허권

---

11) 유럽사법재판소 1999. 9. 16. 선고 C-392/97 Farmitalia 판결.
12) 특허권의 존속기간은 특허출원일로부터 20년이 되는 때에 종료하나(일본 특허법 제67조 제1항) 그 특허발명의 실시에 대하여 안전성의 확보 등을 목적으로 하는 법률의 규정에 의한 허가 그 밖의 처분으로서 해당 처분의 목적, 절차 등에 비추어 해당 처분을 정확하게 시행하기에는 상당한 기간을 요하는 것으로서 정령에서 정하는 것을 받을 필요가 있어 그 특허발명을 실시할 수 없는 기간이 있는 때에는 5년을 한도로 하여 연장등록의 출원에 의해 이를 연장할 수 있다(제67조 제2항). 한편, 존속기간 연장등록을 받기 위해서는 그 특허발명의 실시에 제67조 제2항의 정령에서 정하는 처분을 받을 필요가 있어야 한다(제67조의3 제1호).
13) 일본 특허청, 「特許権の存続期間の延長」に関するＱ＆Ａ(平成28年3月23日).
14) 平成26年 5月30日 知財高裁判決 平25 (行ケ) 10195号.

존속기간연장등록 출원을 하였음을 알 수 있다. 그러므로 이 사건에서 구 특허법 제95조의 '연장등록의 이유가 된 허가 등의 대상물건'은 원고가 약사법 제26조 제1항에 의한 의약품제조 품목허가를 받기 위해 필요한 활성·안전성 등의 시험을 실시하였던 '올메사탄 메독소밀'로 보는 것이 타당하다」고 판시하고 있다.

특허권은 출원후 20년간만 존속할 수 있고, 특허권 존속기간 연장제도는 그에 대한 예외인바, 예외규정은 엄격하게 적용되어야 한다는 해석원칙에 따른다면 위와 같은 특허법원의 판단은 특허법의 문언해석에 보다 충실한 것이라고 할 수 있다. 존속기간이 연장된 특허권의 효력에 관한 특허법 제95조에는 "특허권의 존속기간이 연장된 특허권의 효력은 그 연장등록의 이유가 된 허가 등의 대상물건(그 허가 등에 있어 물건이 특정의 용도가 정하여져 있는 경우에는 그 용도에 사용되는 물건)에 관한 그 특허발명의 실시외의 행위에는 미치지 아니한다."라고 규정하고 있으므로, 특허권의 존속기간이 연장된 특허권의 효력은 '그 연장등록의 이유가 된 허가 등의 대상물건의 실시에 한정되는 것'이고, 존속기간이 연장되는 실시의 대상인 대상물건이란 위 특허법 제95조의 "연장등록의 이유가 된 허가 등의 대상물건에 관한 그 특허발명의 실시"라는 기재로부터 '특허발명의 실시의 대상물건', 즉 통상의 물건에 해당하는 '실시의 대상물건'이라 할 것인바, 결국 특허권의 존속기간이 연장되는 특허권의 효력은 '연장등록의 이유가 된 허가 등의 실시의 대상물건'에 한정되는 것으로 볼 수 있기 때문이다.15)

다만 위와 같이 해석하는 것은 미국, 유럽 등 다른 나라 제도와의 정합성, 특허권의 존속기간 연장등록을 인정하는 제도적 취지 및 개정된 특허법 시행령 제7조에 비추어볼 때 재고의 여지가 있다. 미국과 유럽의 경우에는 새로운 유효성분에 대해 1회에 한해서만 존속기간의 연장을 허용하는 반면 연장된 특허권의 효력이 미치는 범위는 유효성분의 유리형태뿐 아니라 그 염 및 에스테르에도 미치는 것으로 해석하고 있다. 한편 일본의 경우에는 대상물건을 허가받은 의약품으로서의 유효성분뿐 아니라 기타 보조성분까지도 모두 포함하는 것으로 좁게 해석하는데 이는 유효성분과 효능·효과가 동일한 경우에도 새로운 제제에 대해 별도의 연장등록을 인정하는 일본연장 등록제도의 특수성에 기인하는 것으로 판단되고, 현행 우리나라 법의 해석론으로 받아들이기는 어렵다는 것이 필자의 사견이다.

---

15) 특허심판원 2013. 2. 25. 선고 2012당768 심결문 참조.

Ⅳ. 마 치 며

대상판결은 존속기간이 연장된 특허권의 권리범위와 관련하여, "대상물건"의 범위에 대해 판단한 최초의 특허법원 판결이다. 그럼에도 불구하고 대법원에 상고되지 않고 그대로 확정되어서 지금까지 대법원 판결이 한건도 존재하지 않는 아쉬움이 있다.

특허권은 원칙적으로 출원일로부터 20년간만 존속할 수 있는 것인데, 활성 및 안전성 시험으로 인하여 장기간 소요되는 의약관련 발명의 경우에는 타기술분야와의 형평성을 고려하여 존속기간 연장등록제도를 도입하였다. 이와 같은 동제도의 취지와 특허법의 목적을 고려하면 존속기간의 연장은 단지 타법령에 의한 허가를 받을 필요가 있었다고 항상 허용되는 것은 아니고 특허권자의 이익, 사용자의 이익, 일반 공중의 이익을 고려하여 가장 형평에 맞으면서도 특허법의 목적을 달성할 수 있는 방향으로 제도를 설계하고 법을 해석해나갈 필요가 있다. 아울러 존속기간 연장등록의 허용범위는 일정 측면 우리나라 제약산업이 처한 현실을 고려하여 정책적으로 판단할 필요도 있다고 생각된다. 이 경우에는 단순히 존속기간 연장등록의 허용범위가 미치는 영향뿐 아니라 연장된 특허권의 권리범위에 대한 부분도 고려되어야 한다. 연장등록 허용범위를 엄격하게 판단하는 경우에는 연장된 특허권의 권리범위는 그만큼 넓어질 수 있을 것이고, 연장등록을 널리 허용하는 경우에는 연장된 특허권의 권리범위는 한정 해석될 수밖에 없을 것이기 때문이다. 이는 큰 발명은 크게 작은 발명은 작게 해석한다는 특허권 권리범위 해석의 일반원칙을 고려해 보더라도 당연하다.

구법하에서는 특허권 존속기간 연장제도의 대상이 되는 특허발명에 대하여 명확하게 규정하고 있지 않아서 심사·심판에서 일부 혼란이 발생했었다.[16] 그러나 2013년 특허법 시행령 개정으로 인해 대상물건은 '약효를 나타내는 활성부분의 화학구조가 새로운 물질'이라는 점이 명확하게 되었고,[17] 2014년 특허법 개정[18]

16) 특허법원 2016. 1. 29. 선고 2015허1256 판결 참조(1999년부터 2007년까지의 존속기간 연장등록 출원에 대해서는 신약 및 자료제출의약품에 대해 모두 등록을 인정하였고, 2008년부터 2011년까지의 존속기간 연장등록의 출원은 자료제출의약품에 대해 등록 또는 거절이 혼재하며, 2012년 이후에는 자료제출의약품에 대해 등록이 모두 거절되었다).
17) 대통령령 제24491호 일부개정 2013. 4. 3.
18) 법률 제12753호 일부개정 2014. 6. 11.

에 따라 하나의 특허권에 대한 존속기간연장은 1회에 한한다는 점이 명확해졌다. 향후 위와 같은 점들을 반영하여 우리나라 산업현실에 맞으면서도 국제적으로 정합성을 이룰 수 있도록 연장된 특허권의 권리범위에 대한 판례의 축적이 이루어질 수 있기를 기대한다.

Ⅴ. 특허권자의 보호

64. 특허권자의 가처분신청 및 금지청구와 권리남용

[대법원 2007. 2. 22. 선고 2005다39099 상표권침해금지등 사건]
최종수정: 김병국(대전지법 논산지원 판사)
최초작성: 김기영(서울동부지방법원 부장판사)

Ⅰ. 사실의 개요

원고(항소인, 상고인) 앨트웰 주식회사(변경 전 상호, 주식회사 삼왕인터내셔널)는 섬유제품, 식품 등의 수출입업, 의류 통신판매업, 수질개선활성화장치 판매업 등을 영위하는 법인이고, 피고(피항소인, 피상고인)는 일본 회사인 가부시키가이샤 에이.시.에무(ACM)가 출자하여 국내에 설립한 정수기 제조, 수입 및 판매 등에 종사하는 법인이다.

원고는 지정상품을 상품류구분 제11류의 가정용정수기 등으로 하는 상표등록번호 제0278229호("ACM 兀 WATER"), 제0458110호("   "), 제0556649호("에이씨엠파이워터")의 상표권자로서, www.altwell.co.kr 웹사이트를 통하여 원고가 제조하는 '앨트파이 정수기' 등을 판매하고 있다. 한편, 피고는 재단법인 한국인터넷정보센터에 'www.acmbnb.com'(이하 '이 사건 도메인이름'이라 한다)이라는 도메인이름을 등록하고, 이 사건 도메인이름으로 웹사이트를 개설하여 운영하고 있다.

원고는, 피고가 원고의 각 등록상표 중 'π WATER', 'π WATERSYSTEM', '파이워터' 등 식별력이 없는 부가적인 문자를 제외한 나머지 부분인 'ACM'과 동일, 유사한 이 사건 도메인이름을 사용하여 웹사이트를 운영하면서 원고의 각 등록상표의 지정상품과 동일한 정수기에 관한 영업을 하고 있는 것은 원고의 각 상표권을 침해하는 것이라는 등의 주장을 하며 서울중앙지방법원 2004가합11136호로 피고에 대하여 이 사건 도메인이름의 등록말소 및 원고의 각 등록상표의 주요부분인 'ACM', 'ACM B&B', '에이씨엠'이란 문자를 도메인이름 또는 전자우편주소로 사용하거나 인터넷 웹사이트에서 사용하는 것의 금지(사용금지) 등을 구하였고, 이에 대하여 피고는 원고가 소외 ACM의 상품과 혼동을 일으키게 하여 이익을 얻을 목적 내지 소외 ACM의 국내 진출을 막기 위한 부정한 목적으로 이 사건 각 등록 상표를 출원한 것이므로 원고의 각 상표권 행사는 상표권의 남용으로서 적법한 권리 행사라고 볼 수 없다는 등의 주장을 하며 원고 청구의 기각을 구하였다.

서울중앙지방법원은 원고의 사용금지청구는 권리남용으로서 허용될 수 없는 것이라고 보아 원고의 청구를 기각하였고, 원고가 서울고등법원에 2004나72336호로 항소하였으나 같은 이유로 그 항소가 기각되었으며, 이에 원고가 다시 상표권 남용에 관한 법리오해 등을 이유로 대법원에 상고하였으나, 대법원은 아래와 같이 판시하였다.

Ⅱ. 판   시

상고기각.

상표권자가 당해 상표를 출원·등록하게 된 목적과 경위, 상표권을 행사하기에 이른 구체적·개별적 사정 등에 비추어, 상대방에 대한 상표권의 행사가 상표 사용자의 업무상의 신용유지와 수요자의 이익보호를 목적으로 하는 상표제도의 목적이나 기능을 일탈하여 공정한 경쟁질서와 상거래 질서를 어지럽히고 수요자 사이에 혼동을 초래하거나 상대방에 대한 관계에서 신의성실의 원칙에 위배되는 등 법적으로 보호받을 만한 가치가 없다고 인정되는 경우에는, 그 상표권의 행사는 설령 권리행사의 외형을 갖추었다 하더라도 등록상표에 관한 권리를 남용하는 것으로서 허용될 수 없고, 상표권의 행사를 제한하는 위와 같은 근거에 비추어 볼 때 상표권 행사의 목적이 오직 상대방에게 고통을 주고 손해를 입히려는 데 있을 뿐 이를 행사하는 사람에게는 아무런 이익이 없어야 한다는 주관적 요건을 반드시 필요로 하는 것은 아니다(대법원 2007. 1. 25. 선고 2005다67223 판결 참조).

원심이 확정한 사실관계 및 기록에 의하면, … 원고는 위 ACM사의 국내 총판대리점 관계에 있던 회사로서 위 ACM사가 국내에 상표등록을 하고 있지 않음을 기화로 이 사건 등록상표들을 출원·등록해 놓았다가, 위 ACM사와의 총판대리점관계가 종료된 후, 이 사건 등록상표들을 실제 상품에 사용하지도 아니하면서 위 ACM사의 국내 출자 법인인 피고를 상대로 이 사건 등록상표권을 행사하여 그동안 피고가 정당하게 사용해 오던 'ACM'이나 이를 포함한 표장을 피고의 인터넷 도메인 이름 또는 전자우편주소로 사용하거나 피고의 인터넷 홈페이지에서 사용하는 것을 금지해달라고 청구하는 것임을 알 수 있는바, 이는 상표사용자의 업무상의 신용유지와 수요자의 이익보호를 목적으로 하는 상표제도의 목적이나 기능을 일탈하여 공정한 경쟁질서와 상거래 질서를 어지럽히고 상대방에 대한 관계에서 신의성실의 원칙에 위배되는 행위이어서 법적으로 보호받을 만한 가치가 없다고 인정되므로, 비록 원고의 이 사건 상표권 행사가 권리행사라는 외형을 갖추었다 하더라도 이 사건 등록상표권을 남용하는 것으로서 허용될 수 없다.

Ⅲ. 해   설

1. 문제의 제기

특허제도는 발명을 보호·장려하고 그 이용을 도모함으로써 기술의 발전을 촉진하고 산업발전에 이바지함을 목적으로 하는 제도이고, 그러한 목적의 실현을 위하여 특허권자는 일정한 기간 독점적으로 특허발명을 실시할 권리를 가지며, 그러한 권리를 침해한 자에 대하여는 금지청구나 손해배상청구 등을 할 수 있다.[1]

종래 특허제도에 관한 논의는, 혁신(innovation)을 촉진하고 산업발전에 이바지한다는 특허제도의 순기능에 대한 신뢰를 바탕으로, 주로 특허대상의 확대 가능성 및 특허권자의 보호에 중점을 두고 이루어져 왔으나, 미국의 Blackberry[2]나 eBay[3] 사건에서 볼 수 있는 바와 같이 특허기술을 상품화할 생각은 없으면서 오로지 특허권을 선점하여 보상을 받을 목적만으로 특허권을 취득한 자(특허괴물, patent troll[4])가, 많은 투자를 하여 발명을 완성한 발명자에 대하여 특허권 침해

---

[1] 특허법 제1조, 제88조, 제94조, 제126조 및 제128조.
[2] NTP, Inc. v. Research in Motion, Inc. 397 F. Supp. 2d 785, 788-789 (E.D. Va. 2005) (원고가 특허기술을 사용하지도 않으면서 "Blackberry"의 제조자인 피고를 위협하여 $612.5 million를 받아내는 것으로 종결).
[3] eBay Inc. v. MercExchange, L.L.C., 547 U.S. 388 (2006) (eBay사가 MercExchange사의 영업방법특허를 침해했다는 이유로 제소된 사건으로, 연방대법원은 영구적 금지명령을 인용하기 위해서는 전통적인 형평법상의 4요소를 고려하여 판단하라는 원칙적 기준을 준수하라는 취지로 판시하였다).
[4] 특허괴물은 다의적인 개념이기는 하나, 특허받은 발명을 사용하지 않고 다른 사람에게 이를 사용허락(licensing)하거나 침해에 대한 소를 제기함으로써 이익을 취하려는 특허권자를 말한다. David B. Conrad, "Mining the Patent Thicket: The Supreme Court's Rejection of the Automatic Injunction Rule in Ebay v. Mercexchange," 26 Rev. Litig. 119, 120면; 정연덕, 특허괴물(patent troll)에 대한 법적 문제점(Legal issues on patent troll), LAW &

로 인한 손해배상이나 금지청구를 함으로써 오히려 진정한 발명을 위하여 노력하는 사람들의 발명의욕을 저하시키고 이에 따라 산업경쟁력을 약화시킬 수 있다는 우려의 목소리가 커짐에 따라 특허권의 남용을 규제하고 특허 괴물의 횡포를 저지할 수 있는 방안에 대한 관심이 고조되고 있다.

이러한 상황 아래에서 특허제도 본래의 목적을 달성하기 위하여 특허를 효과적으로 보호함과 동시에 그 남용을 방지하기 위하여 금지청구나 손해배상청구를 통한 특허권자의 권리행사에 대하여 법원이 어떠한 방향으로 또 어떠한 요소를 고려하여 결정하여야 할 것인지에 관하여 살펴볼 필요가 있다.

한편, 연구대상판결이 상표권에 기한 금지청구에 관한 것이기는 하나, 특허법 제126조가 특허권자의 금지청구권 등에 관하여 규정하고 있고, 이러한 규정은 상표법 제65조를 비롯하여 지적재산권에 관한 모든 법에 규정되어 있으므로, 연구대상판결은 특허법에 있어서의 금지청구와 권리남용에 관한 논의를 전개하는 데 있어서 기초가 될 수 있다 할 것이다. 이하 미국 및 우리나라에서의 이와 관련한 논의에 관하여 차례로 살펴보기로 한다.

2. 미국의 경우

미국 특허법 제154조는 특허권자가 제3자의 실시를 배척할 수 있는 권리가 있음을 규정하고 있고, 제283조는 "특허사건에 대하여 관할권을 가지는 법원은 형평의 원리에 따라 특허에 의하여 보호되는 권리의 위반을 방지하기 위하여 법원이 상당하다고 판단하는 내용으로 침해금지명령을 내릴 수 있다."라고 규정하여 침해금지명령의 발령에 있어 형평의 원리를 고려할 것을 규정하고 있다. 위 제154조와 제283조의 관계에 관하여는, (i) 침해금지권은 특허권의 본질에 해당한다고 보아야 하므로 제154조의 우월적 지위를 인정하고 제283조를 어느 정도 무시하여 특별한 사정이 없는 한 침해금지를 명하여야 한다는 견해와, (ii) 제283조의 존재의의도 같이 고려하여 침해금지권을 명령함에 있어서 돌이킬 수 없는 손해, 공익 등 다른 형평법적 요소도 같이 고려하여야 한다는 견해가 있을 수 있다 한다.[5)]

TECHNOLOGY, 서울대학교 기술과법센터, 제3권 제1호, 82면; 정차호, 특허의 침해금지권에 관한 eBay 판결: 특허권의 몰락?, 지식재산21, 2006. 7. 59면; 조영선, 특허법 제3판, 박영사 (2011), 509면 참조.

5) 정차호, 앞의 논문, 58면.

미국에서는 일반적으로 금지명령을 잠정가처분적 금지명령(Temporary Re-straining Order: TRO), 가처분적 금지명령(Preliminary Injunction), 영구적 금지명령(Permanent Injunction)으로 나누고 있는데,6) 전통적으로 금지명령을 발하기 위해서는 원고가 ① 본안에서의 합리적인 승소 가능성, ② 회복할 수 없는 손해(irreparable harm)를 입을 것, ③ 원고와 피고 사이의 불이익을 고려(balance of the hardship)할 때 형평법상의 구제수단이 요구되고, ④ 금지명령으로 인하여 공공의 이익(the public interest)이 저해되지 않는다는 점을 증명하여야 하였다.7)

연방항소법원이 설립되기 전의 미국 법원은 특허권에 기한 가처분적 금지명령을 발함에 있어 매우 신중한 태도를 보여 신청인이 본안소송에서 승소할 개연성이 매우 높고 특허권의 침해로 인하여 회복할 수 없는 손해를 입었다는 점에 대한 매우 강한 증명, 즉 의문의 여지가 없거나(beyond question) 합리적 의심이 없을(without reasonable doubt) 정도의 증명을 특허권자에게 요구하였고, 그 결과 문제가 된 특허가 이전에 다른 관련소송에서 무효가 아닌 것으로 이미 선언된 경우를 제외하고는 특허권자가 본안소송 이전에 법원으로부터 이러한 금지명령을 얻는 것은 거의 불가능하였다.8) 그러나 연방항소법원의 설치 이후 특허소송에서도 일반 민사소송과 같이 가처분 명령의 요건인 명백한 증명(clear showing 또는 clear and convincing evidence)만 있으면 충분하다는 실무가 형성되었다.9) 나아가 최근에는 가처분적 금지명령의 발령요건이 더욱 완화되어 첫째 요건인 승소 가능성이 큰 것으로 판정되면 둘째 요건인 회복할 수 없는 손해의 존재는 사실상 추정되거나 증명책임이 대폭 경감되고 셋째 요건인 고통의 형평이 신청인에게 매우 유리한 쪽으로 기울면 첫 번째 요건인 승소가능성은 무시되지 않을(better than negligible) 정도의 증명으로 충분하다는 취지의 판단도 나왔는데,10) 이에 대하여

---

6) 시기적으로 볼 때 잠정가처분적 금지명령은 가처분적 금지명령 신청에 대한 심문을 열기 전까지 현상을 유지하는데 그 목적이 있는 제도이고, 가처분적 금지명령은 본안소송의 사실심리 전에 내려질 수 있으며, 영구적 금지명령은 본안소송의 사실심리 이후에 발하여진다. 정연덕, 앞의 논문, 85면.

7) Ranbaxy Pharm., Inc. v. Apotex, Inc., 350 F.3d 1235, 1239 (Fed. Cir. 2003); Reebok Int'l Ltd. v. J. Baker, Inc., 32 F.3d 1552, 1555 (Fed. Cir. 1994); Rosemount, Inc. v. Int'l Trade Comm'n, 910 F.2d 819, 821 (Fed. Cir. 1990)

8) 장성원, 미국특허재판제도―특허권자의 손해배상 및 금지명령을 중심으로, 재판자료 73집, 법원도서관 96. 12, 569면.

9) 위 같은 곳.

10) 위 같은 글, 571면.

는 학계뿐만 아니라 항소법원 내에서도 원칙론, 즉 4가지 요소를 모두 고려하여야
한다는 기준으로부터 너무 멀어졌다는 취지의 비판도 제기되고 있다.11)

한편, 영구적 금지명령과 관련하여 미국 연방항소법원은 1985년 이후 특허침
해소송에서 특허가 유효하고 침해되었다면, 공중 보건(public health)에 영향을 미
치는 것과 같이 예외적인 상황이 아니면 영구적 금지명령을 내려왔고,12) 이러한
경향에 대하여는 의약계와 소프트웨어 산업분야가 서로 다른 입장을 취하여 왔다.
즉, 의약 및 생명공학 분야에서는 보통 하나의 특허기술로 이루어진 의약의 보호
를 위하여 금지명령이 쉽게 발령되어야 한다고 하면서 이러한 경향에 찬성하는
입장에 서 있지만, 수십~수백만 개의 코드로 이루어지고 따라서 수많은 특허기술
이 관련되어 있을 가능성이 있는 소프트웨어나 IT 산업분야에서는 이러한 경향에
반대하면서 특허제도의 개혁을 주장하여 왔다.13)

그러한 가운데, 미국 연방대법원은 앞의 EBAY v. MERCEXCHANGE 사건14)
에서 미국 특허법 제283조에서 형평의 원리에 따를 것을 규정하고 있고, 특허법
제261조15)가 특허권이 사유재산권의 성격을 가지고 있다고 규정하고 있는 점에
비추어 금지명령을 내리기 위해서는 전통적인 형평법의 원리에 따른 4가지 요소
를 고려하여 판단하여야 한다고 하여 연방항소법원의 판결을 파기하였는데, 위 4
가지 요소는 ① 원고가 회복할 수 없는 손해(irreparable injury)를 겪었을 것, ②
손해배상과 같은 법상 가용한 다른 구제수단으로는 위 손해를 전보하는데 충분하
지 않을 것, ③ 원고와 피고 사이의 불이익을 고려(balance of the hardship)할 때

11) Kimberly-Clark Worldwide, Inc. v. First Quality Baby Products, LLC, 2010-1382,(Fed. Cir. 2013) (precedential order denying rehearing en banc) 결정에서 O'MALLEY, Newman 판사의 반대의견; Steven J. Lee, Recent Trends in Patent Litigation under the Hatch-Waxman Act, 878 PLI/PAT 991, 1031; 비판의 취지는 항소법원이 다른 4개의 형평법적 요소를 등한시한 채, 쟁점이 된 청구항의 등록유지되지 않을 가능성(vulnerability)의 심리에만 지나치게 몰두하였다는 것이다(this court has "focused the preliminary injunction calculus on the 'vulnerability' of the patent claims to the challenger's defenses, rather than on a balancing of all four of the equitable factors …").
12) 정연덕, 앞의 논문, 85-86면; David B. Conrad, 앞의 논문, 121면.
13) Doug Harvey, "Reinvening the U.S. Patent System: A Discussion of Patent Reform through an Analysis of the Proposed Patent Reform Act of 2005," 38 Tex. Tech L. Rev. 1133, 1155-1156 참조.
14) eBay Inc. v. MercExchange, L.L.C., 547 U.S. 388 (2006).
15) 35 U.S.C. 261. Ownership; assignment
Subject to the provisions of this title [35 USC § §1 et seq.], patents shall have the attributes of personal property.

형평법상의 구제수단이 요구될 것, 및 ④ 금지명령으로 인해 공중의 이익이 저해받지 않을 것 등이다. 위 4가지 요건은 가처분 금지명령에서 요구되는 앞서 본 4가지 요건과는 약간의 차이가 있는데, 본안 승소의 가능성이 요구되지 않는 대신, 위 ② 요건이 추가되었다. 위 판결로써 미국 법원들이 영구적 금지명령을 발함에 있어 좀 더 신중을 기하는 계기가 마련되었다고 한다.16)17) 이 판결 이후로 침해금지명령을 얻어내는데 더욱 어려워질 것으로 예측되었고 실제로 침해금지명령의 비율은 약간 감소하기는 하였으나, 여전히 원고(특허권자) 승소 사건에서 침해금지명령이 발령되는 비율은 낮지 않다고 한다.18)

3. 우리나라의 경우

가. 가처분에 있어서의 형평법적 요소의 고려

우리나라에서는 특허권에 대한 침해가 현재 행하여져 금지청구권을 소송물로 하는 본안소송의 확정판결을 기다려서는 특허권의 독점성이 파괴되고 권리자가 본래의 권리내용을 향유할 수 없는 위험에 빠진 경우 권리자는 이 위험의 제거, 방지를 위하여 금지청구권을 피보전권리로 하여 침해의 정지, 예방을 명하는 특허권침해금지가처분을 신청할 수 있는데, 이는 금지청구권에 기하여 가처분채무자의 특허권 침해행위의 금지를 명하는 것을 내용으로 하는 만족적 가처분이며 민사집행법 제300조 제2항의 임시의 지위를 정하는 가처분에 속하고, 따라서 특히 계속되는 권리관계에 끼칠 현저한 손해를 피하거나 급박한 위험을 막기 위하여, 또는

---

16) 위 대법원 판결에 따라 미국동부지방법원은 Mercechange사의 형평법상의 4가지 요소를 고려한 후 금지명령청구를 기각하였고[MERCEXCHANGE, L.L.C. v. EBAY, INC., 500 F. Supp.2d 556 (E.D. Virgina, July 27, 2007)], z4 Technologies. Inc. v. Microsoft Corp. 사건 [2006 WL 1676893 (E.D. Tex., June 14, 2006)]에서도 같은 취지로 원고의 금지명령청구를 기각하였다.

17) 이 사건에서 연방대법원은 다른 중요한 판단을 하였는데, 1심 법원이 (i) 원고가 해당 특허를 실시허락 하고자 하는 의사가 있었고, (ii) 원고가 해당 특허발명을 상업적으로 실시하고 있지 않았다는 점을 들어 원고가 금지명령이 발령되지 않더라도 회복할 수 없는 손해 (irreparable harm)를 입지 않을 것이라고 판단한 것은 전통적인 형평법상의 원칙을 지나치게 확장하는 것이라고 판시하면서, 대학의 연구원 또는 개인 발명가의 경우 직접 실시하는 것보다 실시허락계약을 체결하는 것을 더 선호할 수 있으며 특허권자가 실시를 하여야 할 의무는 없다고 판시하였다. 한편 이 사건에서 Kenedy 대법관은 동의의견(concurring opinion)에서 해당 특허의 잠재적인 불확실성 및 유효성에 대한 의심이 형평에 관한 4가지 요소의 판단에 영향을 미칠 수 있다는 견해를 피력하였다.

18) 대법원 사법정책연구원, 미국 특허쟁송실무에 관한 연구 106면, 사법정책연구원 연구총서, 2016. 11. 18. 2010.~2013.까지 침해금지명령이 발령되는 비율이 66~68% 정도이다.

그 밖의 필요한 이유가 있을 경우에 하여야 한다.19)

특허권침해금지가처분에 의하여 명하여지는 부작위의무는 가처분 채무자의 실시행위 그 자체이며 그 실시행위는 가처분 채무자의 입장에서는 막대한 자본이 투하된 사업일 경우가 많고, 가처분에 의하여 그 사업에 치명적인 손해를 입힐 확률이 높으므로, 가처분 채무자에 대한 영향이 크지 않고 주로 가처분 채권자의 권리행사에 중점을 두어 행하여지는 출입금지, 방해금지 등의 다른 가처분보다 고도의 보전의 필요성이 요구된다.20) 즉 일반사건의 경우에는 많은 경우에 채권자와 채무자 사이에 어떠한 거래를 전제로 분쟁이 있게 되므로 분쟁의 경위를 주장 소명하는 사이에 자연히 보전의 필요성도 밝혀지게 되나 특허사건의 권리침해는 채권자와 채무자 사이에 아무런 거래관계가 없는 경우가 대부분이므로 별도로 보전의 필요성을 판단하여야 하고, 이는 결국 가처분 명령이 거부되는 경우 가처분 채권자가 입을 불이익과 가처분 명령이 발해지는 경우 가처분 채무자가 입을 불이익을 당사자의 형평을 고려하여 자유재량에 따라 합목적적으로 판단하여야 함을 의미한다.21) 나아가 이러한 판단에 있어서는 특허발명의 실시품이 갖는 고객획득능력의 고저, 즉 채무자 상품과의 품질의 차이, 동종상품의 유무, 경업의 정도 및 이들이 채권자 또는 채무자의 영업에서 차지하는 비율, 그 이익률, 손해배상능력의 유무 등이 함께 고려되어야 할 것이고,22) 특허제도가 발명을 보호·장려하고 그 이용을 도모함으로써 기술의 발전을 촉진하고 산업발전에 이바지함을 목적으로 하는 제도이고, 따라서 특허의 부여 및 침해금지청구나 손해배상청구를 포함한 특허권의 행사는 이러한 목적에 부합하도록 또 이러한 목적의 한계 내에서 행사되어야 할 것이라는 점 또한 고려되어야 할 것이다.23)

나. 금지청구에 있어서 형평법적 요소의 고려 가능성

우리나라 특허법 제126조 제1항은 "특허권자 또는 전용실시권자는 자기의 권

---

19) 민사집행법 제300조 제2항.
20) 김주형, 특허권 등 침해에 대한 금지청구권, 재판자료 제56집, 법원도서관, 344-345면.
21) 위 같은 글, 345면.
22) 송영식 외 2인, 지적소유권법 제8판 상, 육법사, 2003, 460면.
23) 위 같은 책, 같은 면 주 319) 참조. 나아가 Ebay 사건에서의 1심 법원 또는 Kenedy 대법관의 동의의견에서 제시된 바와 같이 채권자가 특허발명을 실시하고 있지 아니한 경우, 특허권이 무효로 될 개연성이 많은 경우 등에는 그러한 점을 고려하여 보전의 필요성을 엄격히 판단하는 것도 생각해볼 필요가 있다.

리를 침해한 자 또는 침해할 우려가 있는 자에 대하여 그 침해의 금지 또는 예방
을 청구할 수 있다."라고 규정하고 있고,[24] 이러한 금지명령을 발함에 있어 미국
법에서와 같이 형평법적 요소를 고려하여야 하는지 여부에 관하여 아무런 언급이
없다.[25] 금지청구의 인용 여부에 있어 가처분에 있어서와 같은 형평법적 요소를
고려할 수 있는가와 관련하여, 가처분이 본안에 나아가 판단하기 전에 하는 임시
적 처분인데 반하여 금지청구는 본안에 나아가 심리하여 침해가 있다는 점을 인
정한 후 하는 처분이므로 금지청구의 인용 여부 결정에 있어 가처분에서와 같은
형법법적 요소를 완전히 고려하기는 일응 어려울 것으로 생각된다.

  그러나 특허권도 사권의 일종이고 특허법에 그 권리의 행사 등에 관하여 특
별한 규정이 없는 경우 민법이 보충적으로 적용될 수 있으므로, 특허권의 행사가
남용에 해당하는지 여부에 관하여도 민법 제2조의 신의성실의 원칙 또는 권리남
용금지의 원칙이 적용될 수 있다 할 것이다.[26] 우리 대법원도 연구대상판결을 비
롯하여 비록 상표에 관한 사건이기는 하지만, 2007. 1. 25. 선고 2005다67223 판
결, 2006. 2. 24.자 2004마101 결정 등에서 이러한 신의성실의 원칙 및 권리남용
원칙을 적용하여 판결하고 있다.

  일반적으로 위와 같은 민법상의 권리남용금지의 원칙을 적용하기 위해서는
(i) 행사할 권리가 존재하여야 하고, (ii) 원칙적으로 권리의 행사라고 볼 수 있는
행위가 있어야 하며, (iii) 권리 행사자의 이익과 그로 인하여 침해되는 상대방의
이익 사이에 불균형이 있어야 한다는 객관적 요건에 관하여는 견해의 대립이 없
으나, (iv) 권리자가 자기에게 정당한 이익이 없음에도 오직 상대방을 해하거나 고
통을 가할 목적으로 권리를 행사하여야 한다는 주관적 요건이 요구되는지에 관해

---

24) 여기서 '침해할 우려'라 함은 일반적으로 현실의 침해에는 이르지 않았지만 침해발생의 개
   연성이 극히 큰 것을 의미하고, 이러한 우려를 정형화하여 법에 의하여 침해로 의제한 것이
   특허법 제127조의 간접침해이다. 침해할 우려의 판단기준에 관하여는 침해할 우려를 객관적
   으로 해석하고 침해의 준비행위가 완성된 때에 침해의 우려가 있다는 설(객관설)과 침해품을
   제조, 판매할 의도, 즉 침해의 의도가 인정될 때 침해의 우려가 있다고 해석하는 설(주관설)
   이 대립하고 있다. 김주형, 특허권 등 침해에 대한 금지청구권, 재판자료 제56집, 법원도서관,
   341-342면.
25) 이는 가처분과 관련하여 민사집행법 제300조 제2항에서 "가처분은 다툼이 있는 권리관계
   에 대하여 임시의 지위를 정하기 위하여도 할 수 있다. 이 경우 가처분은 특히 계속하는 권
   리관계에 끼칠 현저한 손해를 피하거나 급박한 위험을 막기 위하여, 또는 그 밖의 필요한 이
   유가 있을 경우에 하여야 한다."고 규정하여 미국의 형평법적 요소와 유사한 요소를 요구하
   고 있는 것과 다르다.
26) 정차호, 앞의 논문, 71-72면.

서는 학설과 판례 사이에 견해의 대립이 있다.27) 위 요건들을 특허사건에 적용할 경우, 우선 위 (i), (ii)의 요건은 특허권자가 금지청구를 하면 쉽게 인정되는 것이 므로 그 요건 충족에 있어 별다른 문제가 없을 것이므로, 문제가 되는 것은 위 (iii) 및 (iv) 요건이다. 권리남용과 관련한 대법원의 전통적인 입장은 '권리행사가 권리의 남용에 해당한다고 할 수 있으려면, 주관적으로는 그 권리행사의 목적이 오직 상대방에게 고통을 주고 손해를 입히려는 데 있을 뿐 행사하는 사람에게 아 무런 이익이 없어야 하고, 객관적으로는 그 권리행사가 사회질서에 반한다고 볼 수 있어야 한다'로서,28) 원칙적으로 주관적 요건이 요구된다는 입장이다.

다만, 예외적으로 대법원에서 주관적 요건을 요구하지 않은 경우가 나타났는 데, 상표와 관련하여서는 대상판결이 대표적이고, 특허와 관련하여서도 진보성 없 는 특허발명에 기한 권리행사에서도 이러한 판단이 나타났다. 즉 대법원은 '특허 발명에 대한 무효심결이 확정되기 전이라고 하더라도 특허발명의 진보성이 부정 되어 특허가 특허무효심판에 의하여 무효로 될 것임이 명백한 경우에는 특허권에 기초한 침해금지 또는 손해배상 등의 청구는 특별한 사정이 없는 한 권리남용에 해당하여 허용되지 아니한다고 보아야 한다'고 판단하여(대법원 2012. 1. 19. 선고 2010다95390 전원합의체 판결), 주관적 요건을 요구하지 않았다.29) 이를 종합하여 보면, 우리 판례는 권리행사가 권리남용으로 판단되기 위해서는 원칙적으로 주관 적 요건이 필요하지만, 대상판결이나 무효사유가 있음이 명백한 특허권 행사 등의 경우에는 예외적으로 주관적 요건을 요구하지 않는 입장을 취하였다고 정리할 수 있을 것이다.

권리남용이 성립하기 위하여 원칙적으로 주관적 요소가 필요하지만, 예외적으 로는 필요하지 않는 이유에 관하여서는 다음과 같은 점이 고려되지 않았을까 생 각해 본다. 즉 일반 민사소송은 분쟁의 범위가 원, 피고 쌍방에서만 그치고, 그러 한 권리행사가 재산권 제도의 취지나 본질에 취지에 반하는지 여부와는 크게 관 련이 없는 반면, 대상판결이나 위에서 설명한 특허에 기한 권리행사 사건은 지적

---

27) 학설은 일치하여 가해의사라고 하는 주관적 요건은 단지 객관적 요건에 부수하여 권리남용 의 성립을 강화하는 부차적 요소에 지나지 않는 것으로 보아야 하고 주관적 요건이 없는 경 우에도 권리남용의 성립은 가능하다고 보고 있다. 곽윤직 대표편집, 민법주해[1], 박영사, 1996, 195면.
28) 대법원 2013. 4. 25. 선고 2012다115243 판결.
29) 지적재산권 사건이기는 하나 위 2004마101 결정에서는 주관적 요건이 필요한 것처럼 판시 하였다.

재산권 사건으로서 비록 소송의 당사자는 원, 피고 쌍방이기는 하나 지적재산권의 독점적 및 대세적 효력으로 인하여 잠재적으로는 분쟁이 무제한적으로 확대될 수 있고, 그러한 부당한 권리행사를 허용하는 것은 상표제도나 특허제도의 취지에 반한다는 것이다.30)

객관적 요건인 권리 행사자의 이익과 그로 인하여 침해되는 상대방의 이익 사이에 불균형이 있는지 여부를 판단함에 있어서는 법원이 상당한 재량을 발휘할 수 있고,31) 이러한 재량권의 행사 여하에 따라서는 가처분에 있어서 고려되는 형평법적 요소를 어느 정도는 고려할 수 있을 것으로 생각되고,32) 이때 특허제도의

---

30) 권리남용인지 여부가 쟁점으로 된 사건은 아니나, 특허권자와 그 특허의 유효성을 다투는 상대방 사이에서 합의한 경우 그 합의가 공정거래법 위반인지 여부가 문제된 사건에서, 대법원은 '특허권의 정당한 행사라고 인정되지 아니하는 행위란 행위의 외형상 특허권의 행사로 보이더라도 그 실질이 특허제도의 취지를 벗어나 제도의 본질적 목적에 반하는 경우를 의미하고, 여기에 해당하는지는 특허법의 목적과 취지, 당해 특허권의 내용과 아울러 당해 행위가 공정하고 자유로운 경쟁에 미치는 영향 등 제반 사정을 함께 고려하여 판단하여야 한다. 따라서 의약품의 특허권자가 자신의 특허권을 침해할 가능성이 있는 의약품의 제조·판매를 시도하면서 그 특허의 효력이나 권리범위를 다투는 자에게 그 행위를 포기 또는 연기하는 대가로 일정한 경제적 이익을 제공하기로 하고 특허 관련 분쟁을 종결하는 합의를 한 경우, 그 합의가 '특허권의 정당한 행사라고 인정되지 아니하는 행위'에 해당하는지는 특허권자가 그 합의를 통하여 자신의 독점적 이익의 일부를 상대방에게 제공하는 대신 자신의 독점적 지위를 유지함으로써 공정하고 자유로운 경쟁에 영향을 미치는지에 따라 개별적으로 판단하여야 하고, 이를 위하여는 합의의 경위와 내용, 합의의 대상이 된 기간, 합의에서 대가로 제공하기로 한 경제적 이익의 규모, 특허분쟁에 관련된 비용이나 예상이익, 그 밖에 합의에서 정한 대가를 정당화할 수 있는 사유의 유무 등을 종합적으로 고려하여야 한다'고 판시하여(대법원 2014. 2. 27. 선고 2012두24498 판결), 특허제도의 취지에 반하는 특허권의 행사는 특허권의 정당한 행사가 아니고 따라서 그러한 권리행사는 공정거래법의 적용을 받는다고 판단하였다. 어떠한 권리행사가 정당화 될 수 있는지 여부를 판단함에 있어서 특허제도의 본질을 고려한다는 점에서 대상판결이나 위의 무효사유 있는 특허에 기한 권리행사 판결과 상응하는 바가 있다.

31) 불균형 유무의 판단은 양자의 이익을 단순히 양적으로 비교하는 것으로 그치는 것이 아니고 각개 권리의 보호이익과 구체적 사건에 있어서의 여러 사정을 종합적으로 고려하여 비교형량할 것이 요구된다. 곽윤직 대표편집, 앞의 책, 195면. 나아가 이러한 객관적 요건에 속하는 경우는 정당한 이익이 없는 권리행사, 부당한 이익의 획득을 위한 권리행사, 수인의 한도를 넘은 손해를 입히는 권리행사, 친족간의 부당한 권리행사 등으로 분류할 수 있다. 위 같은 책, 195-201면.

32) 일본 최고재판소는 우리 특허법 제126조 제1항에 대응하는 일본 특허법 제100조 제2항에서 말하는 "침해의 예방에 필요한 행위"는 "특허발명의 내용, 현재 행하여지거나 또는 장래에 행하여질 염려가 있는 침해행위의 태양 내지 특허권자가 행사하는 금지청구권의 구체적 내용 등에 비추어 금지청구권의 행사를 실효 있게 하는 것이지만, 동시에 그것이 금지청구권의 실현을 위하여 필요한 범위 내의 것이라는 것을 요한다."라고 판시하였다. 最高裁 1999. 7. 16. 제2소법정 판결[1998년(才) 제604호 특허권침해예방청구사건], 民集 53권 (6), 957면, 비교특허판례연구회 역, 中山信弘 외 편, 특허판례백선 제3판, 2005, 549면에서 재인용.

존재근거 및 목적 등도 고려할 수 있을 것이다. 앞의 전원합의체 판결에서도 대법원33)은 '… 진보성이 없어 본래 공중에게 개방되어야 하는 기술에 대하여 잘못하여 특허등록이 이루어져 있음에도 별다른 제한 없이 그 기술을 당해 특허권자에게 독점시킨다면 공공의 이익을 부당하게 훼손할 뿐만 아니라 특허법의 입법목적에도 정면으로 배치된다. 또한 특허권도 사적 재산권의 하나인 이상 특허발명의 실질적 가치에 부응하여 정의와 공평의 이념에 맞게 행사되어야 할 것인데, 진보성이 없어 보호할 가치가 없는 발명에 대하여 형식적으로 특허등록이 되어 있음을 기화로 발명을 실시하는 자를 상대로 침해금지 또는 손해배상 등을 청구할 수 있도록 용인하는 것은 특허권자에게 부당한 이익을 주고 발명을 실시하는 자에게는 불합리한 고통이나 손해를 줄 뿐이므로 실질적 정의와 당사자들 사이의 형평에도 어긋난다…'고 판단하여 진보성 없는 특허발명에 기한 권리행사를 권리남용으로 판단하는 근거가 특허제도의 존재근거와 형평적 고려에 있음을 밝힌 바 있다.

4. 대상판결의 의의

최근 진보성 흠결의 무효사유가 있음이 명백한 특허발명에 기한 권리행사가 권리남용이므로 허용되어서는 안된다거나, 특허권의 행사라고 하더라도 제도의 취지에 비추어 정당한 행사가 아닌 경우라면 공정거래법 적용의 대상이 된다고 한 대법원 판례 등에서 알 수 있는 바와 같이, 본질적으로 독점권의 속성을 가지는 지적재산권에 대하여 그 권리행사가 그 제도의 취지나 본질에 반하는 경우 권리구제를 하지 않는 경우가 점차 늘어나고 있고 그 범위도 점차 넓어지고 있다. 이는 독점권인 지적재산권의 남용으로 인한 폐해를 방지하기 위한 의미 있는 발전이라고 할 수 있다.

대상판결은 비록 상표권에 관한 사건이기는 하나, 독점적 권리인 상표권자의 권리행사에 대하여 민법상의 권리남용의 항변이 인정될 수 있다는 점과 권리남용이 되기 위한 요건으로서 주관적 요건은 필요하지 않다는 점을 확인한 데 의의가 있다. 또한 그러한 권리행사가 권리남용으로 되는 이유가 신의칙에 반할 뿐만 아니라, 상표제도의 근본적 취지에 반한다는 점을 명확히 하였다는 점은 주목할 만하다.

---

33) 대법원 2012. 1. 19. 선고 2010다95390 전원합의체 판결.

65. 반제품 수출의 간접침해 여부[1]

[대법원 2015. 7. 23. 선고 2014다42110 판결]

최승재(세종대학교 법학부 교수, 대한변협 법제연구원장 변호사)

Ⅰ. 사실관계

원고 甲은 이 사건 대상 물건(N95, N96)의 특허권자이고, 피고 乙는 N95 완성품, N95 및 N96의 각 반제품을 생산하여 수출하는 자이다. 이 사건 대상 물건인 N95 및 N96은 '양방향 멀티슬라이드 휴대단말기'이며 이러한 물건의 특허발명 특허권자인 甲은 휴대전화 단말기를 생산 및 수출한 乙 주식회사를 상대로 乙 회사의 제품이 甲의 특허권의 보호범위에 속한다고 주장하면서 특허권 침해에 따른 손해배상을 청구하였다.

구체적으로 살펴보면 피고 乙은 N95 완성품을 국내에서 생산하여 수출함과 동시에 N95 및 N96의 각 반제품을 국내에서 제작하여 해외에 수출하고 해외에서 나머지 부분을 조립하여 N95 및 N96의 완성품을 생산하고 있다. 원고 甲은 이러한 피고의 행위가 원고의 특허권을 직접 또는 간접으로 침해한다면서 손해배상을 청구하였다. 이 사건 피고 乙이 N95 완성품을 국내에서 생산하여 수출한 행위에 대하여 원심법원은 원고의 해당 특허권이 진보성이 결여되었다고 보아 원고의 청구를 권리남용으로 배척하고 대법원은 이 부분을 파기 환송하였다.

---

1) 필자는 간접침해에 대해서 다음의 2편의 선행연구를 하였다. 미국법상 주관적 요건의 의미에 대해서 최승재, "특허간접침해의 성립여부와 주관적 요건의 판단", 정보법학 제15권 제2호, 한국정보법학회, 2011 및 우리 특허법상 전용물침해에 대해서 최승재, "특허간접침해의 판단과 상업적, 경제적 용도의 의미", 특허법원 특허소송실무연구 2014.

Ⅱ. 판결의 요지

1. 원심판결(서울고등법원 2014. 5. 29. 선고 2013나70790 판결)의 요지

서울고등법원은 원고의 피고에 대한 손해배상청구에서 피고가 N95 및 N96의 각 반제품을 국내에서 생산하여 해외에 수출한 행위는 원고의 특허권을 직접 또는 간접적으로 침해하지 않는다고 판시하였다.

구체적으로 살펴보면 피고가 N95 및 N96의 각 반제품을 국내에서 제작하여 해외에 수출한 행위는 원고의 특허권 청구범위 제1항 및 제2항의 구성요소 일부를 갖추지 못하였다고 보아 반제품의 생산만으로 특허권의 직접침해를 구성하지 않는다고 하였다. 그리고 특허권의 간접침해에 해당하는지 여부에 관하여는 '특허가 물건의 발명인 경우 그 물건의 생산에만 사용하는 물건을 생산·양도·대여 또는 수입하거나 그 물건의 양도 또는 대여의 청약을 하는 행위를 업으로서 하는 경우에는 특허권 또는 전용실시권을 침해한 것으로 본다'는 규정(특허법 제127조 제1호)의 해석에 있어서 그 물건의 「생산」의 의미를 국내에서의 생산으로만 한정하여 해석하여 생산이 국외에서 일어나는 경우에는 그 전단계의 행위가 국내에서 일어나더라도 특허권의 간접침해가 성립할 수 없다고 하였다. 따라서 피고가 N95 및 N96의 각 반제품을 제작하여 수출하고 해외에서 완성품을 생산한 행위는 동법의 '간접침해'로 볼 수 없다고 판시하였다.

2. 대법원 판결의 요지

가. 반제품의 수출행위가 특허권의 직접침해인지 여부

대법원은 피고가 생산하여 수출한 N95와 N96의 각 반제품은 명칭을 '양방향 멀티슬라이드 휴대단말기'로 하는 이 사건 특허발명의 청구범위 제1항(이하 '이 사건 제1항 발명'이라고 한다) 및 제2항(이하 '이 사건 제2항 발명'이라고 한다)의 구성요소 일부를 갖추고 있지 아니하여 이를 생산하는 행위는 이 사건 제1항 및 제2항 발명의 각 특허권에 대한 직접침해로 되지 아니한다고 판단하였다.

나. 반제품의 수출행위가 특허권의 간접침해인지 여부

대법원은 '특허가 물건의 발명인 경우 그 물건의 생산에만 사용하는 물건을 생산·양도·대여 또는 수입하거나 그 물건의 양도 또는 대여의 청약을 하는 행위를 업으로서 하는 경우에는 특허권 또는 전용실시권을 침해한 것으로 본다'는 특허법 제127조 제1호 이른바 간접침해 규정에 관하여 이는 발명의 모든 구성요소를 가진 물건을 실시한 것이 아니고 그 전 단계에 있는 행위를 하였더라도 발명의 모든 구성요소를 가진 물건을 실시하게 될 개연성이 큰 경우에는 장래의 특허권 침해에 대한 권리 구제의 실효성을 높이기 위하여 일정한 요건 아래 이를 특허권의 침해로 간주하려는 취지라고 판시하였다.

그리고 동 조항을 해석함에 있어서 여기서 말하는 '생산'이란 발명의 구성요소 일부를 결여한 물건을 사용하여 발명의 모든 구성요소를 가진 물건을 새로 만들어내는 모든 행위를 의미하는 개념으로서, 공업적 생산에 한하지 아니하고 가공·조립 등의 행위도 포함한다고 판시하였다.

그런데 간접침해 제도는 어디까지나 특허권이 부당하게 확장되지 아니하는 범위에서 그 실효성을 확보하고자 하는 것으로 특허권의 속지주의 원칙상 물건의 발명에 관한 특허권자가 그 물건에 대하여 가지는 독점적인 생산·사용·양도·대여 또는 수입 등의 특허실시에 관한 권리는 특허권이 등록된 국가의 영역 내에서만 그 효력이 미치는 점을 고려하면, 특허법 제127조 제1호의 '그 물건의 생산에만 사용하는 물건'에서 말하는 '생산'이란 국내에서의 생산을 의미한다고 봄이 타당하다. 따라서 이러한 생산이 국외에서 일어나는 경우에는 그 전 단계의 행위가 국내에서 이루어지더라도 간접침해가 성립할 수 없다고 판시하였다.

결국 피고가 국내에서 생산하여 수출한 N95와 N96의 각 반제품은 모두 국외에서 완성품으로 생산되었으므로 이 사건 제1항 및 제2항 발명의 각 특허권에 대하여 특허법 제127조 제1호에 정한 간접침해 제품에 해당하지 아니한다고 판단하여 원심과 동일한 취지로 판결하였다.

특히 이 사건에서 <u>전용품 생산의 장소적 제한이 국내로 한정되는지 여부</u>가 쟁점이 되었다. 이에 대해서 대법원은 법리적으로 중요한 설시를 하였다. 간접침해를 구성하는 행위태양으로서의 생산이 이루어지는 장소적인 제한과 관련하여, 대법원은 "간접침해 제도는 어디까지나 특허권이 부당하게 확장되지 아니하는 범위에서 그 실효성을 확보하고자 하는 것이다. 그런데 특허권의 속지주의 원칙상 물건의 발명에 관한 특허권자가 그 물건에 대하여 가지는 독점적인 생산·사용·양도·대여 또는 수입 등의 특허실시에 관한 권리는 특허권이 등록된 국가의 영역 내에서만 효력이 미치는 점을 고려하면, <u>특허법 제127조 제1호의 '그 물건의 생산</u>

에만 사용하는 물건'에서 말하는 '생산'이란 국내에서의 생산을 의미한다고 봄이 타당하다"고 보았다. 이런 법리에 따라서 대법원은 생산이 국외에서 일어나는 경우에는 그 전 단계의 행위가 국내에서 이루어지더라도 간접침해가 성립할 수 없다고 보았다.

Ⅲ. 반제품 수출의 간접침해 여부

1. 특허법 제127조의 규정형식

간접침해는 발명의 모든 구성요소를 가진 물건을 실시한 것이 아니고 그 전 단계에 있는 행위를 하였더라도 발명의 모든 구성요소를 가진 물건을 실시하게 될 개연성이 큰 경우에는 장래의 특허권 침해에 대한 권리 구제의 실효성을 높이기 위하여 일정한 요건 아래 이를 특허권의 침해로 간주하려는 입법취지를 가지고 있는 조항이다. 간접침해 제도는 특허권이 부당하게 확장되지 아니하는 범위에서 그 실효성을 확보하는 양자의 균형이 실무상 중요하다.

특허법 제127조 제1호는 이른바 간접침해에 관하여 "특허가 물건의 발명인 경우 그 물건의 생산에만 사용하는 물건을 생산·양도·대여 또는 수입하거나 그 물건의 양도 또는 대여의 청약을 하는 행위를 업으로서 하는 경우에는 특허권 또는 전용실시권을 침해한 것으로 본다"고 규정하고 있다.

우리 특허법은 일본이나 미국에 비하여 전용물 침해("-에만" 요건)를 요구하고 있어서 간접침해의 인정범위가 좁다는 특징이 있다. 이러한 태도는 일본의 구법과 같은 태도(소위 "のみ" 요건)로서 일본법은 전용물침해 이외에도 다른 유형의 간접침해를 입법하였다. 그러나 우리는 여전히 전용물침해만을 인정하고 있어 특허의 간접침해는 인정되기 어렵다.

이러한 간접침해에 관하여 특허법은 '특허가 물건의 발명인 경우 그 물건의 생산에만 사용하는 물건을 생산·양도·대여 또는 수입하거나 그 물건의 양도 또는 대여의 청약을 하는 행위'로 정의하고(특허법 제127조 제1호), '방법의 발명인 경우에는 그 방법의 실시에만 사용하는 물건을 생산·양도·대여 또는 수입하거나 그 물건의 양도 또는 대여의 청약을 하는 행위'로 규정하고 있다(특허법 제127조 제2호). 다만 본 판례는 특허발명이 물건에 대한 것이므로 이하에서는 특허발명이 물건인 경우 간접침해의 성립요건을 중심으로 보기로 한다.

2. 특허의 간접침해에 관한 비교법적 고찰

가. 미 국

미국 특허법 제271조 (a)항에서 직접침해를 규정하고 있다.[2] 그리고 (b)항에서 제3자의 직접 침해를 적극적으로 유도하는 유도 침해를, (c)항에서 특허 침해에 사용되는 것을 알고 특허발명의 중요부분을 구성하고 직접 침해에 사용을 위해 특별히 제조 또는 개조된 물건의 판매 등을 하는 기여 침해를 규정하는 것을 비롯하여, 이 사건과 관련이 가장 높은 부품 수출에 의한 침해를 (f)항에서 규정하는 등 다양한 예비적 침해 행위를 제재하는 규정을 두고 있다.[3]

미국은 특허권의 직접침해가 아닌 그 전단계의 일부 행위를 별도의 침해로 보는 간접침해를 규정하고 있는데 이는 다양한 사례에서 초기 공동불법행위책임으로 규율하여 오던 것을 판례를 통해 간접침해 법리를 구성하고 법률에 명시한 것이다. 구체적으로 살펴보면 미국 특허법은 제271조 (b)항에서 "특허권 침해를 적극적으로 유인하는 자는 그 침해자로서 책임을 진다"고 규정하고, 제217조 (c)항에서는 "특허 받은 발명의 중요한 부분을 구성하는 특허 받은 기계, 제조물, 조합물 혹은 조성물의 부품을 판매하거나 특허 받은 방법의 실시에 사용되는 재료나 장치를 판매하는 자가 그러한 것들이 특히 특허권 침해에 사용될 수 있도록 제조되거나 혹은 적합한 것임을 알고 있으며 위 부품 등이 실질적으로 특허권 침해를 구성하지 않는 다용도의 기초상품이 아닌 경우에 위 판매자는 기여침해자로서의 책임을 진다"는 규정을 두고 있다.

미국 특허법 제217조 (c)항은 침해를 의도하지는 않더라도 침해자가 자신의 행위가 침해를 야기한다는 사실을 인지한 경우에 기여침해를 구성하는 것으로 규정하였다고 볼 수 있으나 (b)항은 법률규정 자체에서 유도침해가 성립하기 위한 침해 혐의자의 인지 또는 의도의 정도가 명확하게 나와 있지 않은 상황이고[4] 이

---

2) 미국 특허법 제271조(a)만으로는 특허침해는 미국 내 침해를 의미한다. Rotec Indus., Inc. v. Mitsubishi Corp., 215 F.3d 1246, 1251 (Fed. Cir. 2000); Ortho Pharm. Corp. v. Genetics Inst., Inc., 52 F.3d 1026, 1033 (Fed. Cir. 1995).

3) 미국 특허법 제271조(f)는 미국 판례에서 일부 부품이 해외에서 생산되거나 반제품 상태로 생산되어 해외에서 조립되는 등의 경우와 같은 방식으로 특허침해가 발생하자 이에 대한 대응을 위해서 의회가 입법한 조문이다. Deepsouth Packing Co. v. Laitram Corp., 406 U.S. 518 (1972) 판결에서 미국연방대법원은 미국 내에서 대부분의 주요 부품을 생산하고는 간단한 절단과 조립만을 해외에서 하도록 한 사건에서 특허침해를 인정하지 않았다.

4) 최승재, "특허간접침해의 성립여부와 주관적 요건의 판단", 정보법학 제15권 제2호, 한국정

러한 부분에 대하여 미국 대법원은 Global Tech v. SEB 판결에서 유도침해의 고의의 의미에 대하여 실제적인 인식뿐만 아니라 정황증거에 기초하여 의도적으로 존재하는 특허침해의 위험을 무시한 경우에도 고의침해가 인정하는 것으로 해석하였다.5)

이처럼 미국 특허법은 우리 특허법과는 달리 '물건의 생산에만 사용하는' 전용성 요건을 두고 있지 않으며 특허권 침해에 사용될 수 있도록 제조되거나 알고 있는 경우에 특허권 침해를 구성하는 주관적 요건을 두고 있다. 따라서 우리 판례와 달리 특허발명의 일부 구성품을 제작하여 수출하는 행위도 특허권 침해에 사용될 수 있는 것으로 포섭하여 특허권 간접침해에 해당한다고 판단할 수 있는 법률이 갖추어져 있다고 볼 수 있다.

원래 미국 특허법도 역외에서의 특허권침해에 대해서는 규율하지 않고 있다가,6) 특허법 개정을 통해서 이런 부분도 침해가 되었다. 미국의 경우에는 입법적으로 이 사건과 같은 사실관계가 간접침해를 구성하도록 되어 있으므로 별다른 문제가 없다. 미국 특허법 제271조(f)의 입법에 따라서 미국으로 또는 미국으로부터 특허부품을 제공받아(supplying in or from the United States), 부품을 해외에서 조립하는 행위는 특허침해로 간주되었다.7) 미국 특허법 제271조(f)(1)은 공급된 부품들(the supplied components)은 특허발명의 모든 또는 주요한 부품(all or a substantial portion of the components of the patented invention)으로서 미국 밖에서의 조합을 위한 것이어야 한다고 보고 있다. 반대로 미국 특허법 제271조(f)(2)는 공급된 부품(the supplied components)은 특허발명에 사용되기 위해서 특별히 제조되거나 특별히 변형된(especially made or especially adapted) 것으로 범용품(a staple article of commerce)이어서는 안된다고 한다.

나. 독   일

독일 특허법 제10조 제1항에 의하면, "특허권자의 동의를 얻지 않고 특허법의

보법학회, 2011, 17면.

5) 최승재, 앞의 논문, 27면.

6) "Our patent system makes no claim to extraterritorial effect; 'these acts of Congress do not, and were not intended to, operate beyond the limits of the United States'". Id. at 531 (citing Brown v. Duchesne, 19 How. 183, 195, 15 L.Ed. 595 (1856)).

7) Kastenmier, "Section-By-Section Analysis of H.R. 6286, Patent Law Amendments Act of 1984," Congressional Record of October 1, 1984 at H10525 to H10529.

효력범위 내에서 특허 받은 발명을 사용할 정당한 권한을 가지지 않은 제3자가 이 발명의 <u>본질적 요소에 관련된 수단</u>을 특허법의 효력범위 내에서 발명을 이용할 목적으로 제공하거나 공급하는 것을 금지하는 효력을 가진다"고 규정하고 있다. 또 동법 제10조 제3항은 직접침해가 성립하지 않더라도 비영업적인 목적을 위하여 하는 사적 행위, 실험을 위한 사용 등 일정한 경우 그 실시자에게 특허발명 부품을 공급하는 행위도 간접침해가 성립하는 것으로 규정하고 있다.

다. 일   본

일본은 제정법에서는 특허의 간접침해에 관한 규정을 두지 않고 민법상 공동불법행위로 규율하여 오다가 1959년 특허법에서 간접침해 규정을 신설하였다. 최초의 간접침해 규정은 '특허가 물건의 발명인 경우 업으로서 그 물건의 생산에만 사용하는 물건을 생산, 양도, 대여 또는 양도나 대여의 청약을 하는 행위'(제1호), '특허가 방법의 발명인 경우 업으로서 그 발명의 실시에만 사용하는 물건을 생산, 양도, 대여, 수입 또는 양도나 대여의 청약을 하는 행위'(제2호)로 규정하였다.

이처럼 일본은 간접침해 규정을 도입하면서 목적이나 인식 등 주관적 요건을 배제하고 침해자의 객관적 행위만으로 간접침해가 성립될 수 있도록 규정하였고 '생산 또는 실시에만' 사용하는 것으로 명시하여 전용성을 요건으로 함을 알 수 있다. 우리 특허법은 일본의 이러한 특허법상 간접침해 규정을 수용하여 현재에 이르고 있다고 볼 수 있다.[8]

일본에서는 간접침해의 적용대상이 너무 좁아서 특허권 보호에 흠결이 생긴다는 지적을 받아왔고 이에 2002년 개정법에서 '특허가 물건의 발명인 경우, 그 물건의 생산에 이용되는 물건이고 그 발명에 의한 과제의 해결에 불가결한 것에 관하여 그 발명이 특허발명인 것 및 그 물건이 그 발명의 실시에 사용된다는 것을 알면서, 업으로서 그 생산, 양도 등이나 수입 또는 양도 등의 청약을 하는 행위'도 간접침해로 규정하였다.[9] 그 외에도 2006년 개정법에서는 양도등의 전단계인 양도 목적의 소지행위도 간접침해로 구성하였다.

따라서 현재 일본 특허법은 간접침해 규정에 주관적 요건을 정하고 '-에만' 사

---

8) 강명수, "특허법상 간접침해에 관한 연구", 한양대학교 대학원 박사학위 논문, 2014, 35-44면 참조.

9) 특허가 방법의 발명인 경우에도 마찬가지로 간접침해 규정 신설.

용되는 전용성 요건을 삭제하여 현재의 우리 특허법과는 다르게 규정되어 있다. 현행 일본 특허법 제101조(침해로 보는 행위)는 "특허가 물의 발명인 경우에는 업으로서 그 물의 생산<u>에만</u> 사용하는 물을 생산, 양도, 대여 혹은 수입하거나 또는 그 양도 혹은 대여의 청약을 하는 행위(1호)" 뿐만 아니라 "특허가 물의 발명인 경우에는 그 물의 생산에 사용하는 물(일본 국내에서 널리 일반적으로 유통되는 것을 제외)에 있어서 그 발명에 의한 과제의 해결에 불가결한 것이고, 그 발명이 특허발명이고 또한 그 물이 그 발명의 실시에 사용되는 것을 알면서도, 업으로서 그 생산, 양도 등 혹은 수입 또는 양도 등의 청약을 하는 행위(2호)", "특허가 물의 발명인 경우에는 그 물을 업으로서 양도 등 또는 수출을 위하여 소지하는 행위(3호)" 등을 간접침해의 태양으로 규정하고 있다.

일본 구 특허법은 우리 특허법 제127조와 같은 조문형식을 가지고 있다고 2002년 개정을 통해서 현재와 같은 모습을 가지게 되었다. 당시 일본 법원은 "에만(のみ)" 요건을 엄격하게 해석하여 다수의 판례에서 간접침해를 부정하였고, 그 결과 특허권자의 보호에 미흡하다는 비판을 받았다. 이에 미국 및 독일특허법과 같은 방향으로의 개정의 필요성이 제기되었다. 그 결과 2002년 일본 특허법은 현행 특허법 제101조 제2호 내지 제5호 규정을 신설하였고(2002년 개정 당시에는 2호 내지 4호였음), 과제해결을 위하여 불가결한 것에 대해서 특허발명에 사용되는 것을 알고 생산, 양도 등을 행하는 것도 간접침해행위로 정하였다.

한편 일본 동경지방재판소는 2007년 2월 27일 선고 판결10)에서 특허법 제101조는 특허권의 효력을 부당하게 확장하지 않는 범위에서 그 실효성을 확보하기 위한 관점에서 특허권침해의 효력대상을 그 생산, 양도 등의 경우에는 당해 특허발명의 침해행위(실시행위)를 유발할 개연성이 극히 높은 물건의 생산, 양도 등에 한정하여 확장하는 취지를 규정하고 있다고 해석된다고 하면서 <u>법문상의 그 물의 생산에만 사용되는 물건(1호)에서 말하는 "생산"은 일본국내에서의 생산을 말하는 것으로 해석하여야 한다</u>고 본 바 있다.

---

10) 判夕 1253号241頁.

3. 판례상 「생산」의 의미에 관한 해석

가. 간접침해물을 특허발명의 생산에만 사용하고 업으로서 생산·양도·대여 또는 수입하거나 청약할 것

현행 특허법은 특별히 간접침해물이 특허발명의 생산에만 사용되는 물건일 것을 요구한다. 명문으로 '-에만' 사용하는 물건으로 규정하고 있으므로 간접침해의 인정범위는 협소하다고 할 수 있다. 미국과 일본은 모두 이러한 전용성 요건을 별도로 두고 있지 않아 우리와 달리 특허권의 간접침해를 인정하는 범위가 넓다고 볼 수 있다.

간접침해물이 특허발명의 생산에만 사용된다는 점에 대한 입증책임은 간접침해를 주장하는 특허권자가 부담하게 된다.[11] 이처럼 우리나라 간접침해 규정은 간접침해물의 전용성에 대하여 엄격히 요구하고 있으므로 침해 이외의 용도를 입증하는 것으로 간접침해의 책임을 쉽게 회피할 수 있다는 비판이 있다.[12]

또한 특허권의 간접침해가 성립하기 위한 요건으로 권한 없는 자가 간접침해를 업으로서 실시하여야 한다. 특허권자는 업으로서 그 특허발명을 실시할 권리를 독점한다(특허법 제94조). 따라서 업으로서의 실시행위가 아닌 경우에는 특허권 침해의 책임을 부담하지 않는다. 마찬가지로 간접침해도 업으로서 하는 경우에만 책임을 부담하는 것이 마땅하여 특허법은 이러한 내용을 규정하고 있다.

나. 대법원 2009. 9. 10. 선고 2007후3356 판결

간접침해는 발명의 모든 구성요소를 가진 물건을 실시한 것이 아니고 그 전단계에 있는 행위를 하였더라도 발명의 모든 구성요소를 가진 물건을 실시하게 될 개연성이 큰 경우에는 장래의 특허권 침해에 대한 권리 구제의 실효성을 높이기 위하여 일정한 요건 아래 이를 특허권의 침해로 간주하려는 입법취지를 가지고 있는 조항인데, 간접침해 성립요건을 전용품으로 제한하는 특허법 제127조의 이런 태도는 실무상으로 간접침해 주장을 어렵게 한다. 한편 전용품이라도 간접침해를 인정받기 위해서는 각 침해행위의 의미에 대한 판단의 중요성이 크다.

---

11) 대법원 2001. 1. 30. 선고, 98후2580 판결.
12) 문선영, "특허권 간접침해 규정의 문제점과 개선방안", 경북대학교 법학연구원 법학논고 제45집, 2014, 557면.

대법원은 이 사건 판결에서 우리 특허법 제127조의 문언과 취지에 비추어 볼 때, 여기서 말하는 '생산'이란 발명의 구성요소 일부를 결여한 물건을 사용하여 발명의 모든 구성요소를 가진 물건을 새로 만들어내는 모든 행위를 의미하는 개념으로서, 공업적 생산에 한하지 아니하고 가공·조립 등의 행위도 포함한다고 봄으로써 침해행위의 한 태양으로서 생산의 의미를 정립하였다는 점에서 의의가 있다.

간접침해 제도는 특허권이 부당하게 확장되지 아니하는 범위에서 그 실효성을 확보하고자 하는 양자의 균형이 실무상 중요하다. 이점에 대해서는 특허권의 속지주의 원칙상 물건의 발명에 관한 특허권자가 그 물건에 대하여 가지는 독점적인 생산 등의 특허실시에 관한 권리는 특허권이 등록된 국가의 영역 내에서만 그 효력이 미치는 것이므로, 특허법 제127조 제1호의 '그 물건의 생산에만 사용하는 물건'에서 말하는 '생산' 역시 국내에서의 생산만을 의미한다고 보아야 하고, 이러한 생산이 국외에서 일어나는 경우에는 그 전단계의 행위가 국내에서 이루어지더라도 간접침해가 성립할 수 없다는 대법원 2015. 7. 23. 선고 2014다42110 판결을 이 판결과 같이 보는 것이 필요할 것으로 본다.

Ⅳ. 판결의 시사점

대법원은 이 사건에서 특허권이 미치는 범위를 고려하여 간접침해 규정의 '생산' 의미를 국내로 제한하여 해석하였다. 그러나 이 사건에서 특허권자의 보호를 위해서 피고가 N95, N96의 각 반제품을 생산하여 외국으로 수출한 행위를 원고의 특허권을 침해하는 것으로 포섭하기 위한 해석을 할 필요성이 있었던 것으로 보인다.

그럼에도 대법원 2015. 7. 23. 선고 2014다42110 판결은 특허권의 속지주의 원칙상 물건의 발명에 관한 특허권자가 그 물건에 대하여 가지는 독점적인 생산 등의 특허실시에 관한 권리는 특허권이 등록된 국가의 영역 내에서만 그 효력이 미치는 것이므로, 특허법 제127조 제1호의 '그 물건의 생산에만 사용하는 물건'에서 말하는 '생산' 역시 국내에서의 생산만을 의미한다고 보아야 하고, 이러한 생산이 국외에서 일어나는 경우에는 그 전단계의 행위가 국내에서 이루어지더라도 간접침해가 성립할 수 없다고 판단하였다. 이는 일본의 동경지방재판소 등의 하급심 판결례와 같은 것이다. 대법원이 이 사건 판결을 한 이상, 이 문제는 이제 입법의 문제가 되었다. 따라서 향후 특허법 제127조의 개정과 관련된 입법논의가 이 사건 판결과 관련하여 이루어질 필요가 있다고 본다.

66. 간접침해에서 타용도 유무의 판단기준

[대법원 2009. 9. 10. 선고 2007후3356 판결]
김관식(한남대학교 법학부 교수, 전 대법원 재판연구관)

I. 사실의 개요

본 사건은 반도체 웨이퍼 연마용 패드를 생산하는 원고(상고인)가 반도체 웨이퍼 연마용 패드에 관한 특허권을 보유하고 있는 피고(피상고인)에 대하여, 원고가 생산하는 연마용 패드가 피고 특허권의 권리범위에 속하지 아니한다는 취지의 소극적 권리범위 확인심판을 청구한 사건으로, 이 사건 특허발명의 청구범위 제1항은 "입자를 함유하는 연마 슬러리를 연마 패드의 전체 표면에 걸쳐 함께 이동시키는 대형유동채널과 소형유동채널을 둘 다 포함하는 표면 텍스처(texture) 또는 패턴을 사용하는 동안 보유하는(여기서, 표면 텍스처는 외부 수단에 의해서만 균일한 고체 중합체 시트의 표면에 형성된다), 슬러리 입자를 흡착하거나 이동시키는 고유한 성능을 지니지 않는 균일한 고체 중합체 시트를 포함하는 개선된 연마패드"로 되어 있다. 이에 반해 확인대상발명에는 청구범위 제1항의 '소형유동채널'이 누락되어 있어 직접침해는 문제가 되지 않으나, 이 패드를 사용하여 연마작업을 수행하는 반도체 제조업체의 공정을 수행하는 과정 중에서 '소형유동채널'이 형성되어 간접침해가 문제가 되었는데, 특허심판원과 특허법원에서는 간접침해가 인정되었으나,1) 동일한 사안에 대하여 침해법원에서는 간접침해가 부정되었다.2)

간접침해가 성립하기 위해서, 물건의 발명인 경우에는 실시품이 특허발명의 '생산에만 사용되는 물건'인지의 여부가 문제가 되는데, 이는 특허발명의 생산에 해당하는가의 문제(공용성)와, 이 경우 특허발명의 생산 이외에는 다른 용도가 없는지의 문제(전용성)로 구분할 수 있다.3)

---

1) 특허심판원 2006. 3. 28.자 2005당617 심결, 특허법원 2007. 7. 13. 선고 2006허3496 판결.
2) 수원지법 2005. 9. 21.자 2005카합13 결정, 서울고법 2006. 9. 11. 선고 2005라792 판결, 서울중앙지법 2008. 6. 27.자 2007카합2665 결정.

다른 용도의 유무와 관련하여 원고(상고인, 실시자)는 "확인대상발명 제품은 국내 다이아몬드 디스크 생산업체에 판매되어 CMP공정이 아닌 Pre Wear Test 공정 및 Pre Disk Break in 공정에 사용되고 있으므로, 이 사건 특허발명 물건의 생산 이외의 다른 경제적, 상업적 용도가 있다"는 점을 들어 다른 용도가 있음을 주장하였다.

Ⅱ. 판 시

청구 기각.

"나아가 '특허물건의 생산에만 사용하는 물건'에 해당하기 위하여는 사회통념상 통용되고 승인될 수 있는 경제적, 상업적 내지 실용적인 다른 용도가 없어야 하고, 이와 달리 단순히 특허물건 이외의 물건에 사용될 이론적, 실험적 또는 일시적인 사용가능성이 있는 정도에 불과한 경우에는 간접침해의 성립을 부정할 만한 다른 용도가 있다고 할 수 없다."

Ⅲ. 해 설

1. 간접침해에서 타용도

특허법 제127조에는 "특허가 물건의 발명인 경우에는 그 물건의 생산에만 사용하는 물건을 생산·양도·대여 또는 수입하거나 그 물건의 양도 또는 대여의 청약을 하는 행위"를(제1호), "특허가 방법의 발명인 경우에는 그 방법의 실시에만[4] 사용하는 물건을 생산·양도·대여 또는 수입하거나 그 물건의 양도 또는 대여의 청약을 하는 행위"를(제2호) 업으로서 하는 경우에는 특허권 또는 전용실시권을 침해한 것으로 본다고 규정하고 있으며, 이를 일반적으로 간접침해 혹은 간주침해 또는 침해간주라고 한다.[5] 간접침해에서는 실시품이 특허물건의 생산에 사용되는

---

3) 본고에서는 확인대상발명의 사용이 특허된 물건발명의 생산에 해당하는지의 여부, 즉 공용성에 관한 문제는 논하지 않는다.

4) 여기서 방법의 실시가 일반적인 방법발명의 실시인 사용만을 의미하는지, 혹은 물건을 생산하는 방법발명에 관한 실시까지 포함하는 것인지에 대해서 논란이 있을 수 있다. 일본에서는 '실시'를 '사용'으로 개정하여 이러한 논란은 불식되었다. 일본 특허법 제101조 참조.

5) 법문상 침해간주 또는 간주침해가 바람직해 보인다. 간접침해라는 용어는 구미(歐美)에서 특허침해를 직접침해와 이에 대비되는 개념으로 간접침해로 대별하는 점에 영향을 받은 것으

지의 여부(공용성)와 그 생산 이외에 다른 용도가 없는지의 여부(전용성)가 주요한 쟁점이 된다.

2. 타용도 판단의 기준

타용도 유무의 판단시 타용도가 ① 단순히 다른 용도가 있으면 되는지, ② 단순히 다른 용도가 있다는 것만으로는 부족하고, 경제적, 상업적 내지는 실용적인 사용가능성이 있어야 하는지, ③ 이러한 가능성에 더하여, 실제로 경제적, 상업적 내지는 실용적인 사용사실이 있어야 하는지의 문제가 있다.6)

간접침해에 관한 레이저프린터 토너카트리지 사건에서,7) 특허발명은 레이저프린터의 토너카트리지와 감광드럼유니트가 현상유니트에 장착되고 현상유니트가 레이저프린터 본체에 결합되어, 각 부품의 결합에 특징이 있는 레이저프린터에 관한 것이었고, 실시자는 토너카트리지를 회수하여 토너를 충전하여 판매하였다. 이에 대하여 특허권자는 토너카트리지가 특허제품의 '생산에만' 사용되는 물건이라고 주장하였으나, 실시자는 이를 특허제품의 '사용에' 필요한 물건이라고 주장하였다. 이에 대하여 고등법원에서는 레이저프린터 본체의 수명이 긴 것에 반해, 토너의 수명이 짧아, 교체가 예정되어 있는 소모품에 불과하다는 점을 들어, 특허제품의 '사용'에 쓰이는 물건이라고 판단하였다.8)

로 보인다. 미국에서는 특허법 제271조 (b)항의 유도침해(active inducement) 및 제271조 (c)항의 기여침해(contributory infringement)를 제271조 (a)항 규정의 (직접)침해에 대비되는 개념으로 indirect infringement로 칭하고 있으며(예 : Donald S. Chisum et al., Principles of Patent Law Cases and Materials (3rd ed., Foundation Press, 2004), p. 968 및 Roger Schechter and John Thomas, Principles of Patent Law (2nd ed., Thomson West, 2004), p. 291(다만, 저자에 따라서는 제271조 (b)항을 간접침해로 제271조 (c)항을 기여침해로 구분하기도 한다. 예: Arthur R. Miller and Michael H. Davis, Intellectual Property (3rd ed., West Group, 2000), p. 134)), 영국에서도 특허침해를 direct infringement와 indirect infringement로 대별하고 있다(예: Lionel Bently and Brad Sherman, Intellectual Property Law (Oxford University Press, 2001), p. 496).

구미에서의 indirect infringement에서는 direct infringement를 전제로 하고 있어 간접침해자가 특허권을 '간접적으로' 침해하고 있다는 해석이 가능할 것이므로 이와 같은 구분이 타당해 보이나, 우리나라와 일본에서는 간접침해를 직접침해의 전제로 하고 있지 아니하므로(독립설), 법문과 달리 간접침해의 용어를 사용하는 것은 부적절하다. 한편 일본에서 일본특허법 제101조를 '침해로 보는 행위'로 약칭하는 점은 우리와 동일하며, 간주침해의 용어를 간접침해에 우선하여 사용하는 저자의 예도 있다. 竹田和彦, 特許의知識(8版, 도서출판 에이제이디자인기획, 김관식 외 4인 역, 2011), 452면.

6) 吉藤辛朔, 特許法槪說(第13版, 대광서림, YOU ME 特許法律事務所 譯, 2000), 521면.
7) 대법원 1996. 11. 27.자 96마365 결정.
8) 이와 같이 부품이 특허제품의 '생산'이 아닌 '사용'에 쓰이는 것으로 판단되는 경우에는 그

이에 반해 대법원에서는 생산의 개념으로 "특허발명을 유형화하여 발명의 결과인 물(物)을 만들어 내는 모든 행위"라고 하고, 생산에 해당되는 유형으로, 공업적 생산, 주요한 조립, 핵심적 부품의 기계본체에의 장착, 기타 주요한 수리를 들고, 다만, 범용품이나 일상적인 소모품을 만드는 행위는 생산에 해당하지 않는 유형으로 판단한 후, 본건 발명의 토너카트리지와 같은 소모품에 대해서는 ① 본질적 구성이고, ② 타용도가 없고, ③ 일반적으로 널리 쉽게 구할 수 없고, ④ 구입시에 교체가 예정되어 있고, ⑤ 특허권자가 이를 제조·판매하는 경우에는 '생산에만'의 요건을 충족하는 것으로 판단한 바 있다. 여기서 '생산'(공용성)의 요건과 '에만'(전용성)의 요건의 구별이 불명확하나, 대체로, ②의 요건을 제외한 나머지는 '생산'의 요건에 해당하고, ②의 요건은 '에만'의 요건에 해당하는 것으로 볼 수 있다. 또한 본 판결에서는 문제가 되는 토너카트리지가 특허발명에만 사용되고 있으며 다른 용도가 없다고만 판시하고, 그 사용이 경제적 또는 실용적인 사용인지의 여부에 대한 별도의 판단은 하지 않았다.[9]

일본의 경우, 벽면접착시공법 사건에서는[10] 벽면 등에 장식판을 접착제로 접착한 후 "고무 합성수지계 탄성재에 의한 기둥모양의 압착재를 중간에 구비한 못을 이용하여 고정하는 방법"에 관한 방법발명에 관한 것이었다. 여기서 기둥모양의 폴리엔화합성수지의 중간에 못을 구비한 피고 물건이[11] 특허된 방법발명의 실

물건의 생산, 양도 등의 행위는 한국에서 간접침해로 되지 않는다. 반면에 미국에서는 우리의 간접침해와 유사한 기여침해의 경우 그 전제로서 직접침해를 들고 있으므로 부품이 특허제품의 '사용'에 쓰이는 경우에도 특허제품을 정당한 권원 없이 '사용'하는 경우에는 직접침해를 구성하므로, 이때에는 부품의 공급행위에 대하여 일정한 경우 기여책임을 물을 수 있다는 점에서 차이가 있다. 이러한 사례 중의 하나로는 *Aro Mfg. Co. v. Convertible Top Replacement Co.*, 377 U.S. 476, 141 USPQ 681 (1964); 김관식, "특허제품의 변경에 따른 사용과 특허권 침해", 과학기술법연구 제14집 제2호(한남대학교 과학기술법연구원, 2009), 247면.

9) 이와 관련하여, 후술하는 일본의 올레핀 중합용 촉매 사건에서는 실시자가 다른 용도로 사용될 수 있다는 객관적 가능성이 있다는 주장을 하는 경우, 그 용도가 경제적·상업적으로 실용성이 없다는 부분에 대한 입증책임을 권리자에게 지우고 있으며, 이에 대한 입증이 없으므로 타용도를 인정하고 있다. 東京地判 昭50. 11. 10. 昭和 47(ワ)3375.

10) 大阪地判 昭54. 2. 16. 昭和 52(ワ)3654.

11) 아래는 피고 물품의 단면도인데 ①은 못, ③은 기둥 모양의 폴리엔화합성수지이다.

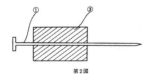

第2圖

시에만 사용하는 물건인지가 쟁점이 되었고, 피고는 자신의 못이 실내장식용으로
도 사용이 가능하고, 전기코드를 벽면에 고정시키는 용도로도 사용이 가능하므로
다른 용도가 있다고 주장하였으나, 이러한 용도로 사용하는 것으로는 종래부터 각
종 압핀과 스테플러가 각각 있고, 상기 물품을 이러한 용도로 사용하는 것은 그
기능면에서도 종래의 물품에 비해 성능이 우수하다고 볼 수 없으므로, 이와 같은
용도로 산발적으로 사용되고 있는 점을 인정할 수 있더라도 이러한 용도는 일반
적으로 통용되고 있는 용도가 아니라고 하고, 타용도로 인정받기 위해서는 실험적
또는 일시적인 사용 가능성이 있는 것만으로는 충분하지 않고, "상업적, 경제적으
로도 실용성 있는 용도로서 사회통념상 통용되어 승인된 것이고, 또한 원칙적으로
그 용도가 현재 승인된 것으로 실용화되어 있을 필요가 있다"고 하여, 타용도 유
무의 판단기준을 제시하였다.12) 이는 종전의 올레핀 중합용 촉매 사건에서13) 타
용도에 따른 사용은 "경제적, 상업적 내지 실용적인 사용이어야 하므로, 단순히 사
용 가능성이 있는 것만으로는 충분하지 않다"고 판시한 것을 재확인한 것이다.14)

타용도의 유무 판단시, 판례에서는 발명의 중요한 구성요소가 사용되지 않고
사용되는 경우도 포함시키고 있으나,15) 이에 대해서는 특허발명의 중요한 구성부
분을 사용하지 않는 극히 변칙적인 사용은 포함되지 않아야 한다는 주장도 있
다.16) 다만, 이와 같은 극히 변칙적인 사용은 경제적·상업적으로 실용적인 사용
으로 인정되기 힘들 경우가 많을 것이다.

일본에서의 타용도에 따른 사용은 원칙적으로는 실제로 사용실적이 있어 타
용도가 현실화된 경우를 의미하며, 그 이유 중의 하나로, 현실의 문제가 아닌 경
우에는 추후 현실화되었을 때 타용도로 채택하면 될 것이라는 점을 들고 있다.17)
다만, 이 경우에도 가까운 장래에 사용사실이 생길 것이 확실한 경우에는 타용도
가 현실적으로 있는 것과 동일하게 취급하여도 될 것이므로18) 그 차이는 크지 않

---

12) 竹田和彦, 特許의知識(8版, 도서출판 에이제이디자인기획, 김관식 외 4인 역, 2011), 455면;
　　大阪地判 昭54. 2. 16. 昭和 52(ワ)3654.
13) 東京地判 昭50. 11. 10. 昭和 47(ワ)3375. 올레핀(olefin)은 CnH2n의 구조식을 갖는 탄화수
　　소를 총칭하는 용어로, 알켄이라고도 한다.
14) 東京地判 昭50. 11. 10. 昭和 47(ワ)3375; 竹田和彦, 위의 책, 455면.
15) 吉藤辛朔, 特許法槪說(第13版, 대광서림, YOU ME 特許法律事務所 譯, 2000), 523면.
16) 위의 책, 522면.
17) 위의 책, 521면.
18) 위의 책, 522면.

고 결국 입증의 문제로 귀결될 것이다.[19] 한편, 일본에서는 특허법의 개정에 의하여, 발명의 실시에 적합한 것이지만 다른 용도가 있는 중성품과, 못, 나사, 트랜지스터 등 시장에서 널리 구할 수 있는 범용품에 대해서도 실시자가 악의인 경우에는 일정한 경우에 간접침해를 인정할 수 있게 되었다.[20]

　　미국 특허법 제271조(c)항에는 우리나라와 일본의 간접침해에 대응하는 기여침해(contributory infringement)가 규정되어 있으며,[21] 기여침해의 요건으로는 ① 부품이 특허발명의 주요한 부분으로 특허침해의 용도로 제작 혹은 변형되었고, ② 그 부품이 특허침해가 아닌 용도로 적합한 범용품(staple article) 혹은 상용품(commodity of commerce)이 아니고, ③ 실시자가 특허발명 및 부품이 특허침해에 사용된다는 사실을 알고 있을 것을 요하고 있다.[22] 여기에서 ②번째의 비특허침해의 용도가 있는 범용품 혹은 상용품인지의 여부가 타용도 유무판단의 기준이 된다. 비특허침해 용도의 기준으로는 '실질적인 용도(substantial use)'의 유무를 기준으로 하고 있으며, 타용도가 실질적인지의 여부는 타용도로 사용될 가능성의 정도와, 타용도로 사용될 빈도를 기준으로 판단된다.[23] 실질적인 타용도로 인정되기 곤란한 것으로는 지나친 억지나(farfetched),[24] 가공의(illusory), 이론적(theoretical), 비현실적(impractical) 실험에 지나지 않는 용도를 들 수 있다.[25][26] 여기에서 실질

---

19) 斗下弘記, 間接侵害, 新裁判実務大系 14 知的財産関係訴訟法(青林書院, 2001), 263면. 최정열, "간접침해의 성립 여부에 관한 판단기준 및 입증책임", 정보법판례백선(I)(박영사, 2006), 15면에서 재인용.

20) 일본 특허법 제101조 제2호, 동조 제5호.

21) 미국특허법상 유도침해(35 USC 271(b))는 제3자의 침해(직접침해)를 적극적으로 유도한 것을 의미하여 직접침해의 존재를 전제하고 있다는 점에서 우리나라의 간접침해와는 상이하고 오히려 우리나라 민법상 불법행위의 교사·방조와 유사하고, 미국특허법상의 기여침해(35 USC 271(c))는 특허권 침해 이외에는 용도가 없는 물품을 판매, 판매의 청약, 수입 하는 행위를 의미하여 우리나라의 간접침해와 유사하다고 볼 수 있다. 다만 미국의 기여침해는 제3자에 의한 특허권의 직접침해를 전제로 하고 있고 기여침해자가 직접침해 사실을 알고 있어야 한다는 점에서 우리나라의 간접침해와 차이가 있다.

22) Roger Schechter and John Thomas, Principles of Patent Law (2nd ed., Thomson West, 2004), p. 293; Donald S. Chisum, Elements of United States Patent Law (2nd ed., Yushodo Press Co., Ltd., 2000), p. 402.

23) 440 F.Supp.2d 1311 (M.D. Fla., 2006)., 33 USPQ2d 1641, 1648 (N.D. Cal. 1994).

24) 본 사안의 경우에는 마우스 패드로 사용하는 것을 들 수 있을 것이다.

25) Roger Schechter and John Thomas, Principles of Patent Law (2nd ed., Thomson West, 2004), p. 293.

26) Donald S. Chisum, Craig Allen Nard, Herbert F. Schwartz, Pauline Newman, F. Scott Kieff, *Principles of Patent Law Cases and Materials* (3rd ed., Foundation Press, 2004), p. 979.

적 용도는 이론적 용도(theoretical use)에 반대되는 개념으로 사용되고 있으므로,27) 단순한 가능성에 더하여 경제적·상업적으로 실용적일 것을 요구하는 일본에 비하여 타용도가 인정될 수 있는 가능성이 미국의 경우에 더 높다고도 볼 수 있으나, 범용품 혹은 상용품의 경우에는 경제적 혹은 상업적으로 실용적일 것이고, 또한, 억지나 가공의 것이 아니고, 이론적이거나 비현실적이 아니며, 실험에 지나지 않는 용도가 아니면서 사용될 가능성이 상당히 높은 경우에는 결국 경제적 혹은 상업적으로도 실용적일 것이므로 그 차이는 크지 않을 것으로 생각된다.28)

　　미국에서 실질적인 타용도의 유무가 쟁점이 된 사건의 하나로, *C. R. Bard, Inc. vs. Advanced Cardiovascular Systems* 사건을29) 들 수 있다. 원고인 Bard사의 특허는 관상동맥 형성술에 관한 것으로 혈전 등으로 폐쇄된 관상동맥 내에 미세도관(catheter)을 삽입하고 이를 부풀려서 혈액을 소통하게 하는 외과 수술방법에 관한 특허로,30) 특허방법의 내용 중에는 관상동맥 내부의 지점을 유동체로 연결시키는 것을 요하고 있다.31) 피고의 도관은 측면에 다수의 입구가 형성된 것으로 관상동맥술 중에 다수의 입구를 통하여 혈액이 순환되도록 되어 있어, 원고는 기여침해를 주장하였고, 지방법원에서는 약식재판(summary judgment)을32) 통하여 기여침해를 인정하였으나, 연방순회구항소법원에서는, 관상동맥 형성술을 요하는 혈관 협착의 40~60퍼센트가 관상동맥의 입구로부터 3센티미터 이하에 위치하고 있으므로, 이 경우에는 도관의 입구가 모두 대동맥에 위치하게 될 것이라는 피고의 주장을 인정하여, 외과의사가 도관을 사용하여 수술하는 경우에 도관의 입구가 관상동맥이 아닌 대동맥에 모두 위치하도록 하는 방법으로도 사용될 수도 있을 것이므로 배심원단이 '실질적인 타용도'를 인정할 것이라고 판단하여 타용도가 없음을 전제로 한 원판결을 파기 환송하였다.33) 여기서 피고는 미세도관의 타용도를 입증하기

---

27) Donald S. Chisum, *Elements of United States Patent Law* (2nd ed., Yushodo Press Co., Ltd., 2000), p. 402, footnote 42.

28) 한편, 이러한 차이가 실제로 존재하는지의 여부를 명확하게 판단할 수 있는 사례는 아직 보이지 않는다.

29) 911 F.2d 670, 15 USPQ2d 1540 (Fed. Cir. 1990).

30) 원래 도관에 관한 물건에 관한 발명도 출원하였으나, 선행기술에 의하여 거절되자 모두 삭제하여 결국 방법발명에 대해서만 특허되었다.

31) … fluidly connect locations within coronary artery.

32) 미국에서 사실관계는 원칙적으로 변론을 통하여 배심원단(jury)에서 확정하나, 사건의 주요한 사실에 대하여 다툼이 없어 법률문제만이 쟁점이 되는 경우에 판사가 변론절차 없이 내리는 판결을 말한다. William Burnham, *INTRODUCTION TO THE LAW AND LEGAL SYSTEM OF THE UNITED STATES* (4th ed., Thomson West, 2006), p. 237.

위하여 실시품이 타용도로 사용되고 있다는 사실을 직접적으로 증명한 것은 아니고, 혈관 협착의 위치에 대한 증거를 들어 타용도로 사용될 수도 있다는 가능성에 대하여 간접적으로 증명하였다.

3. 본 사건에서의 판단

본 사건에서 원고(상고인, 실시자)는, 현재 확인대상발명을 사용하고 있는 S반도체 제조회사 이외의 회사에서 S사와 상이한 조건에서 확인대상발명 제품을 사용하는 경우에는 소형유동채널이 형성되지 않는 공정으로도 사용이 가능하다고 주장하였으나, 법원에서는 이러한 단순한 가능성만으로는 상업적·경제적으로 인정되는 용도로 인정할 수 없다는 취지의 판단을 하여, 타용도로 인정되기 위해서는 현실적으로 이러한 공정이 사용되어 상업적·경제적인 용도가 있을 것을 요하고 있다. 법원에서는 반도체 연마용 패드의 사용시 다이아몬드 컨디셔너 등을 사용하지 않아 결국 소형유동채널이 형성되지 않도록 하는 방법에 대한 가능성 자체를 부인하지는 않았으나, 현실적으로 반도체 연마용 패드를 사용하는 공정에서 다이아몬드 컨디셔너가 업계에서 널리 사용되고 있는 점과 그 우수한 효과 등을 감안하여 확인대상발명이 실제로 반도체 제조공정에서 사용되는 경우에는 다이아몬드 컨디셔너의 사용이 불가피하므로, 다이아몬드 컨디셔너의 사용 없이 확인대상발명을 사용하는 것은 상업적·경제적으로 실용성 있는 것으로 사회 통념상 통용되거나 승인될 수 없는 것으로 판단한 것이다.

4. 이 사건 판결의 의의

본 판결은 간접침해에서 타용도 유무의 판단시 단순한 가능성만으로는 부족하고, 상업적 또는 경제적으로 실용성 있는 것으로 사회 통념상 통용되거나 승인될 수 있는 사용에 한하여 이를 인정한다는 점을 명확하게 밝힌 점에서 그 의의를 찾을 수 있다.

---

33) 911 F.2d 670, 15 USPQ2d 1540 (Fed. Cir. 1990).

67. 간접침해사건에서 자유실시기술여부 판단을 위한 확인대상발명 특정

[특허법원 2009. 1. 23. 선고 2008허4523 판결]

이금욱(김·장 변리사)

I. 사실의 개요

원고 X(특허권자)는 발명의 명칭이 '인풋 디바이스가 부가된 평판 디스플레이'인 이 사건 특허발명에 대하여 권리범위확인심판(적극)을 청구하였고, 이에 대해 피고 Y(피청구인)는 확인대상발명은 비교대상발명에 의하여 용이하게 실시할 수 있어 자유실시 기술이라는 주장을 하였으며, 특허심판원은 피고의 주장과 같이 확인대상발명은 자유실시 기술이므로 이 사건 특허발명과 대비할 필요 없이 그 권리범위에 속하지 않는다는 이유로 원고의 청구를 기각하는 심결을 하였고, 이에 원고 X는 특허법원에 불복하는 소를 제기하였다.

II. 판 시

청구기각[1]

"간접침해를 전제로 한 적극적 권리범위확인심판 절차에서 심판청구의 대상이 되는 확인대상발명이 자유실시 기술에 해당하는지 여부를 판단함에 있어서는, 피심판청구인이 실시하는 부분이 특허발명에 대응하는 제품의 일부 구성에 불과하여 그 자체만으로는 침해가 성립되지 않는 경우에도 그 실시 부분이 그 대응제품의 생산에만 사용되는 경우에는 침해로 의제되는 간접침해의 특성상, 확인대상발명을 위 실시 부분의 구성만으로 한정하여 파악할 것은 아니고, 위 실시 부분의

---

1) 대상판결에 대하여 X는 대법원에 2009. 2. 23.자로 상고하였으나, 대법원에서는 2009. 3. 10.자로 이를 각하함으로써, 대상판결은 2009. 2. 24.자로 확정됨.

<u>구성과 함께 심판청구인이 그 생산에만 사용되는 것으로 특정한 대응제품의 구성
전체를 가지고 그 해당 여부를 판단하여야 할 것이다.”</u>

Ⅲ. 해   설

1. 자유실시 기술 여부의 판단방법에 대한 고찰

가. 자유기술의 항변

(1) 이론의 기원2)

『특허권은 출원시의 기술수준을 넘은 발명에 대하여 부여되는 것이므로 침해
대상이 되는 기술이 특허발명의 출원시 공지인 기술의 실시에 불과한 경우에 그
권리행사를 인정하는 것은 특허법의 정신에 맞다고 할 수 없다. 이에 따라 종래
독일과 일본에서는 이른바 자유로운 기술수준의 항변을 인정하여 ‘침해혐의자는
자기가 실시하고 있는 기술이 공지기술인 점을 증명하면 특허발명의 청구범위와
관계없이 침해의 성립이 부정된다’고 하고 있다.3) 일본에서 자유기술의 항변설은
침해소송에서 특허의 무효를 주장할 수 없는데 따라 과도기적 이론으로서 제기된
것이다.4)』

(2) 우리 대법원 판례의 근거

필자가 검색한 판결 중에서, 자유기술의 항변과 관련된 우리 대법원의 판례로
는 1990. 10. 16.에 선고된 89후568⁵⁾ 판결이 가장 빠른 판결이었다. 이 판결에서는
확인대상발명이 특허발명의 출원 전에 신규성 및 진보성이 없는 것이라면 권리범

---

2) 자유기술의 항변이론의 기원에 기재된 내용은 특허청 발간 지식재산21(2009년 4월호)에서
“권리범위확인소송에서 특허무효사유의 판단”이라는 주제로 곽민섭 판사가 발표한 글의 211
면에 체계적으로 잘 정리되어 있어 이를 동일하게 인용한 것임.
3) 재인용, 일본의 자유기술의 항변설은 中山信弘, 註解 特許法(上卷), 靑林書院, 平成12年8月
25日, 752-754에 잘 정리되어 있다. 일본에서 자유기술의 항변은 공지기술의 항변 또는 선행
기술사용의 항변이라고도 하나, 일본에서는 권리범위확인심판 대신에 판정제도를 유지하고
있어 이러한 자유기술의 항변은 권리범위확인심판의 심결에서가 아니라 지방법원의 침해사
건에서 인정된 사례들이 있으며, 신규성과 관련된 공지기술에 대해서만 인정하는 면이 우리
의 경우엔 진보성결여도 살피고 있다는 점에서 큰 차이가 있다고 사료된다.
4) 재인용, 竹田 稔, 앞의 책, 92.
5) 권리범위확인심판은 어느 실시형태가 어떤 등록고안의 권리범위에 속하는지 여부에 대한
판단을 구하는 것이기는 하나, 위 실시형태가 위 등록고안이 출원되기 전의 공지공용의 발명
들과 그 기술구성이 동일 또는 유사할 뿐 아니라 진보적인 기술구성도 찾아볼 수 없다면 결
국 위 실시형태는 위 등록고안의 권리범위에 속하지 아니한다.

위에 속하지 않는다고 판결한 것으로 현재의 판단방법과 동일한 것으로 사료된다. 이러한 것은 2001. 10. 30.에 선고된 99후710판결6)에서 동일하게 확인대상발명이 진보성이 없는 경우에 권리범위에 속하는 것이 아니라고 판시하였고, 그 이후 대법원의 후속 판결들이 이를 인용하며 자유실시기술의 항변을 받아들이고 있다.

나. 자유기술 여부의 판단을 위한 확인대상발명 특정의 실무에서의 혼란

이러한 자유기술의 항변은 권리범위확인심판에서 침해자측이 자신의 실시발명은 특허발명의 권리범위에 속하지 않는다는 주장으로써 적극적으로 활용되고 있다. 그런데 이를 실무에서 판단하기 위해서는 비교대상발명과 대비하기 위하여 확인대상발명의 구성을 특정해야 하는데 이에 대해서 그동안 특허심판원 및 특허법원에서 실무상의 혼란이 있었다. 즉 확인대상발명의 설명서에는 특허발명의 청구범위에 기재된 대응되는 구성이외에도 부가적인 구성들을 일반적으로 포함하고 있는데, 권리범위확인심판 사건에서 확인대상발명이 자유실시 기술인지 여부를 판단하고자 할 때, 특허발명과 대응되는 구성만으로 이루어진 확인대상발명과 비교대상발명을 대비해야 할지, 아니면 특허발명과 직접 관련이 없는 구성이라 하더라도 확인대상발명의 설명서에 기재된 모든 구성을 확인대상발명으로 하여 비교대상발명과 대비해야 할지에 대해서 특허심판원뿐만이 아니라 특허법원에서도 실무관행이 통일되지 않았었다.

상기 99후710 판결에 따르면, 확인대상발명이 자유실시 기술에 해당할 경우 "특허발명과 대비할 필요가 없이 속하지 않게 되는 것"이므로, 특허발명의 구성에 대응되는 구성만으로 이루어진 확인대상발명을 대비한다는 것은 심판청구인이 특정한 확인대상발명 그 자체가 아니므로 적합하지 않다는 것이 그간 특허심판원에서 중론이긴 하였으나, 일부 심판관들은 첫째 확인대상발명에 부가적인 구성을 삽입하는 결과에 따라 속부 여부가 달라질 수 있다는 점과, 둘째 확인대상발명은 구성 위주의 청구범위 형태로 기재되어 있지 않고 자유롭게 기재된 설명서 형태로 되어 있어 확인대상발명의 설명서에 기재된 모든 구성을 비교대상발명과 대비판단하기가 실무적으로 곤란하다는 이유를 들어, 특허발명의 구성에 대응되는 구성만으로 이루어진 확인대상발명으로 특정하여 대비판단하곤 하였고, 특허법원에서

---

6) "확인대상발명은 비교대상발명과 대비하여 볼 때 용이하게 발명할 수 있으므로 이 사건 특허발명과 대비할 필요도 없이 이 사건 특허발명의 권리범위에 속하지 아니한다"는 내용임.

도 이러한 실무관행을 지지하는 판결들이 있었다.

특히 대법원에서도 이와 같은 방법으로 자유실시 기술로 판단한 사건을 결론에 있어 동일하기 때문인지 그대로 지지7)하기도 하여, 실무적인 면에서 그와 같이 특허발명과 대응되는 구성만을 확인대상발명의 구성으로 간주해서 비교대상발명과 대비판단해도 무방한 것이라는 혼동을 주는 측면도 있었다.

다. 2008후64 판결(2008. 7. 10. 선고)에서의 정리

2008. 7. 10. 선고된 2008후64 판결에서는 "권리범위확인 심판청구의 대상이 되는 확인대상고안이 공지의 기술만으로 이루어지거나 그 기술분야에서 통상의 지식을 가진 자가 공지기술로부터 극히 용이하게 실시할 수 있는지 여부를 판단할 때에는, 확인대상고안을 등록실용신안의 실용신안등록청구범위에 기재된 구성과 대응되는 구성으로 한정하여 파악할 것은 아니고, 심판청구인이 특정한 확인대상고안의 구성 전체를 가지고 그 해당 여부를 판단하여야 한다(대법원 2001. 10. 30. 선고 99후710 판결, 1990. 10. 16. 선고 89후568 판결 등 참조)."라고 설시함으로써 이러한 부분의 논란을 종식시켰다.

즉 권리범위확인심판 사건에서 확인대상발명이 자유실시 기술인지 여부를 판단하고자 할 때에는 특허발명과 직접 관련이 없는 구성이라 하더라도 확인대상발명의 설명서에 기재된 모든 구성을 확인대상발명으로 삼아 비교대상발명과 대비판단해야 한다는 점을 명확하게 제시하였다.

라. 상기 2008후64 판결의 영향

그동안 권리범위확인 사건에서는 확인대상발명과 특허발명의 속부 여부를 따질 때 특허발명에 대한 무효의 항변에서 진보성 여부의 판단을 대법원에서 인정하고 있지 않으므로 특허발명의 진보성 결여를 판단할 수 없다는 대법원의 원칙8)을 우회하기 위하여 자유실시 기술의 항변을 이용하는 측면이 강하였다.9)

---

7) 2005. 11. 10. 선고 2004후3539 판결 참조.
8) "등록실용신안의 일부 또는 전부가 출원 당시 공지공용의 것인 경우에는 실용신안등록무효의 심결유무에 관계없이 그 권리범위를 인정할 수 없으나, 이는 등록실용신안의 일부 또는 전부가 출원당시 공지공용의 기술에 비추어 새로운 것이 아니어서 이른바 신규성이 없는 경우 그렇다는 것이지, 신규성은 있으나 그 분야에서 통상의 지식을 가진 자가 선행기술에 의하여 극히 용이하게 발명할 수 있는 것이어서 이른바 진보성이 없는 경우까지 다른 절차에서 당연히 권리범위를 부정할 수는 없다(대법원 1998. 10. 27. 선고 97후2095 판결 참조).

그러나 2008후64 판결에서 확인대상발명이 자유실시 기술인지 여부를 판단하고자 할 때에는 "청구범위에 기재된 구성과 대응되는 구성으로 한정하여 파악할 것은 아니고, 심판청구인이 특정한 확인대상고안의 구성 전체를 가지고 그 해당 여부를 판단하여야 한다"는 점을 명시함으로써, 특허발명의 진보성 결여를 판단할 수 없다는 대법원의 원칙을 우회하기 위하여 자유실시 기술의 항변을 이용하는 측면이 어느 정도 줄어들 것으로 예측된다.

즉 자유실시 기술의 항변시 확인대상발명에 기재된 구성 전체와 대비해야 하도록 함으로써 이러한 항변에 의하여 권리에 속하지 않는다는 결론에 이르는 것을 보다 어렵게 함으로써, 권리범위확인 사건에서 권리범위의 속부 여부 자체를 따지기보다는 특허발명의 진보성 결여를 판단할 수 없다는 대법원의 원칙을 우회하기 위하여 주객이 전도될 정도로 자주 제기되고 있는 자유실시 기술의 항변 주장을 자제시키고, 권리범위확인 사건에서는 확인대상발명이 특허발명의 권리범위에 속하는지, 즉 권리 자체의 속부 여부를 판단하는 것에 보다 치중할 수 있게 하는 효과가 있을 것으로 예측되며, 또한 특허에 무효사유가 있다면 권리범위확인심판에서 다투기보다는 무효심판을 함께 병행하여 진행하는 경우가 향후 더 많을 것으로 예상된다.

2. 간접침해를 주장하는 사건에서 자유기술의 항변

가. 문제의 제기

간접침해를 주장하는 사건에서 간접침해 대상 자체인 물건에 대하여도 권리범위확인심판을 청구할 수 있다[9]고 사료되며, 권리범위확인심판에서 확인대상발명에 대해서는 비교대상발명과 대비할 때 신규성뿐만이 아니라 진보성이 없을 경우에도 자유실시 기술에 해당되어 권리범위에 속하지 않게 된다는 것은 대법원 판례[11]에서 인정되고 있는 주지의 사실이다.

이러한 경우 확인대상발명을 간접침해 대상 물건인 부품에 대해서로 한정해서 비교대상발명과 대비해야 할지, 또는 부품이 결합된 전체의 대상을 확인대상발명으로 삼아 이를 대비 판단해야 할지에 대해 고민할 수 있다.

---

9) 임병웅, 이지특허법(제6판), 632면.
10) 레이저 프린터에 사용되는 확인대상발명의 감광드럼카트리지가 레이저 프린터에 관한 특허발명의 권리범위에 속하는지 여부가 쟁점이었던 권리범위확인 사건인 98후2580 판결 참조.
11) 상기 99후710 판결 등 참조.

나. 고   찰

상기 대법원의 2008후64 판결에서 "권리범위확인 심판청구의 대상이 되는 확인대상고안이 공지의 기술만으로 이루어지거나 그 기술분야에서 통상의 지식을 가진 자가 공지기술로부터 극히 용이하게 실시할 수 있는지 여부를 판단할 때에는, 확인대상고안을 등록실용신안의 실용신안등록청구범위에 기재된 구성과 대응되는 구성으로 한정하여 파악할 것은 아니고, 심판청구인이 특정한 확인대상고안의 구성 전체를 가지고 그 해당 여부를 판단하여야 한다" 는 설시 내용에 따르면, 권리범위확인심판에서 자유실시 기술인지 여부를 판단하기 위해서는 확인대상발명 자체가 특허발명을 구성하는 부품이기에 실시대상인 부품 자체의 신규성 및 진보성을 살펴야 하는 것이 당연하다고 생각할 수 있다.

그러나 간접침해 사건의 경우엔 확인대상이 특허발명을 구성하는 부품이기 때문에, 그 부품 자체로는 대부분 진보성이 부인되어 자유실시 기술에 해당되므로 특허발명을 이루는 부품 자체는 특허발명의 권리범위에 속하지 않게 되어, 결과적으로 간접침해 요건에 해당되는 케이스가 거의 발생하지 않게 되는 불합리한 문제점이 발생하게 된다. 예를 들어 침해부품 B가 특허발명 A+B+C의 생산에만 사용되는 부품일 경우 간접침해에 해당되나, B가 공지기술인 B'에 비해 진보성이 없을 경우 자유실시 기술에 해당되게 되어 권리범위에 속하지 않게 되는 것이다. 자유실시 기술인지를 살필 때 침해부품 B가 신규성이 부인될 때에는 특허발명 A+B+C의 출원 이전에 B가 타 용도로 사용되었다고 볼 수 있으므로 간접침해 요건과 부합하는 면이 있으나, 진보성의 경우엔 간접침해여부를 살필 때 다음과 같은 문제점이 발생한다.

특허발명은 각 구성간의 결합에 의해 종래기술에 비해 진보성이 있는 것이지, 각 구성들 자체는 종래기술이거나 이를 약간 개량한 정도로 독립적으로 진보성이 있다고 볼 수 없는 경우가 대부분이므로[12] 간접침해 대상인 부품 자체만으로 자유실시 기술인지 여부를 살필 경우에는 대부분이 자유실시기술에 해당되어 간접침해에 해당되는 건들이 거의 존재하지 않게 되어 결과적으로 간접침해 조문이 사문화되는 불합리한 문제가 발생한다.

---

12) 독립적으로 진보성이 있다면 이 자체가 권리범위가 넓게 보호받을 수 있도록 특허발명으로 청구되었을 것이지, 다른 구성들과 결합되어 권리범위가 좁은 특허발명으로 청구될 이유는 없기 때문이다.

이러한 문제점은 우리의 대법원 판례에서 자유실시 기술인지 여부를 살필 때 진보성 결여까지를 보고 있기 때문에 발생하는 것으로, 권리범위확인 사건에서 무효의 항변의 경우와 같이 진보성결여에 대해서는 판단할 수 없고 신규성 결여만을 판단하는 것과 같이 동일한 기준으로 통일이 되었다면 이러한 문제점은 발생하지 않았을 것이다. 이러한 점은 상기 각주 3에서 제시한 일본의 경우에 그러한 이유 때문인지 자유실시 기술여부를 판단할 때 신규성결여인 공지의 기술에 대해서만 판단하였던 것으로 추측이 된다.

즉 직접침해를 다투는 권리범위확인심판에서는 상기 대법원 2008후64 판결과 같이 자유실시 기술 여부의 판단 시 확인대상발명 자체를 대비 판단할 경우 일반적으로 확인대상발명을 이루는 구성이 특허발명의 구성에 비해 더 많기 때문에 진보성의 유무를 고려하더라도 이러한 문제점은 그다지 발생할 것으로 사료되지 않지만, 대상판결과 같이 간접침해여부를 다투는 사건에서는 확인대상발명의 구성이 특허발명의 구성에 비해 더 적기 때문에 이러한 문제점은 심각하게 되어, 이와 같이 부품인 확인대상 자체만으로 자유실시 기술인지 여부를 살필 경우에는 간접침해에 해당되는 건들은 거의 존재하지 않아 간접침해 조문이 사문화되는 문제가 발생하는 것이다.

따라서 현행 대법원판례에서 자유실시기술 여부를 따질 때 신규성 결여만이 아니라 진보성 결여까지도 살피고 있는 상황에서, 이러한 문제점을 해소하기 위해서는 확인대상발명을 부품 자체만이 아니라 부품들이 결합되어 전체를 이루는 대응제품의 구성 전체에 대해서 자유실시 기술인지 여부를 살피는 것이 간접침해를 주장하는 사건에서 간접침해와 자유실시 기술 이론을 종합적으로 고려할 때 실무적으로 가장 적합하게 자유기술의 항변의 주장을 처리하는 방안이라고 사료된다.

그러나 이와 같은 판단기준에 대해, 자유실시 기술인지 여부를 따질 때는 상기 대법원 2008후64 판결과 같이 특허발명과 대비할 필요가 없이 확인대상발명 그 자체로 대비해야 하는데, 대상판례에서는 심판청구인이 제시한 확인대상발명이 아니라 대응제품의 구성 전체를 가지고 판단하므로 대법원의 기준과 일치하지 않는 방식일 뿐만 아니라, 확인대상발명의 설명란에 대응제품의 구성 전체가 제시되어 있지 않고 실시발명인 부품 자체만을 제시했을 경우, 대응제품의 구성 전체를 파악하기 위해서는 결국 특허발명의 청구범위에 기재된 구성과 대응되는 구성으로 한정하여 파악할 것이므로, 이 또한 상기 대법원의 판결과 부합하지 않는다는 문제제기를 할 수 있다.

이러한 문제제기는 법 논리적인 측면에서 제기할 만한 사항이라고 사료되나, 대상판결은 자유실시 기술이라는 주장을 적용할 때 직접침해와 관련되는 일반적인 권리범위확인사건에서 적용되는 확인대상발명의 특정 이론의 간접침해를 주장하는 사건에서 그대로 적용하는 경우 발생하는 문제점을 해결하기 위해 안출된 방안이기에, 이러한 기준들이 상기 대법원의 판결과 과연 부합되지 않는다고 보아야 할지에 대해서는 추후 더 논의해볼 만한 사항이라고 사료된다.

3. 대상 판결의 의의

권리범위확인 심판의 존재의의는 침해여부를 민사법원에서 판단 받기 전에 기술전문가들인 심판관에 의해 권리의 속부 여부를 사전에 판단 받음으로써, 당사자들 간의 불필요한 분쟁을 사전에 방지해줄 수 있을 뿐만 아니라, 침해여부를 결정하는 민사법원의 판단을 도와주는 측면이 있는 것으로, 대상판결은 간접침해라는 특수성을 고려하여 침해대상이 자유실시 기술인지 여부를 판단해야 할 경우, 대비해야할 대상을 무엇으로 할지의 기준에 대해 간접침해와 자유실시 기술의 이론, 및 이와 관련된 대법원 판례들을 종합적으로 고려하여 현실적으로 가장 적합한 판단기준을 제시하였다는 점에 그 의의가 있다고 할 수 있다.

68. 특허법 제129조의 생산방법의 추정

[대법원 2005. 10. 27. 선고 2003다37792 가처분이의사건]

박정희(법무법인 태평양 변호사)

I. 사실의 개요

X(채권자, 피상고인)는 1988. 5. 21. 출원하여 1990. 8. 29. 등록받은 명칭을 "니이들(needle) 구멍이 천공된 발열성 보온팩의 니이들장치 및 방법"으로 하는 등록번호 제35526호 발명의 특허권자인데, Y(채무자, 상고인)가 제조·판매하고 있는 제품명을 "효(孝) 즉석찜질팩 또는 즉석 찜질 보온대"로 하는 규칙적인 통기구멍이 뚫린 비통기성 수지필름이 코팅된 부직포 또는 직포(이하 채무자 제품이라 한다)가 이 사건 특허발명을 침해하였다고 주장하며 2001. 10. 23. 서울지방법원 서부지원에 2001카합905호로 특허권침해금지가처분을 신청하였다.

X는 그 가처분신청이 기각되자, 서울고등법원에 2002라62호로 항고하였고, 이에 대하여 서울고등법원은 2002. 11. 26. X의 항고를 받아들여 이 사건 가처분결정을 하였는데, 이에 대하여 Y가 서울고등법원에 2002카합1012호로 제기한 가처분이의사건이 대상 판결의 원심이다.

원심은 2003. 6. 10. 이 사건 특허발명 중 물건을 생산하는 방법의 발명(이 사건 제7, 8, 9항 발명을 말하고, 이하 이 사건 제7항 발명 등이라 한다)에 의하여 생산된 물건과 채무자 제품이 같다고 보아 생산방법의 추정에 관한 특허법 제129조를 적용하여 채무자 제품이 이 사건 제7항 발명 등에 의하여 생산된 것으로 추정한 다음, 이 사건 제7항 발명 등에 의하여 생산되는 발열성 보온팩용 직포 또는 부직포가 이 사건 특허발명의 출원 전에 공지·공용되었거나, 채무자 제품이 이 사건 제7항 발명 등이 아닌 다른 생산방법에 의하여 생산된 것을 수입하였다는 Y의 주장을 배척하고, 이 사건 가처분결정을 인가하였다.

이에 불복하여 Y가 원심에서와 같은 주장을 하면서 제기한 상고에 대하여 대법원은 아래와 같이 판시하였다.

Ⅱ. 판   시

파기 환송.

"특허법 제129조에 의하면 물건을 생산하는 방법의 발명에 관하여 특허가 된 경우에 그 물건과 동일한 물건은 그 특허된 방법에 의하여 생산된 것으로 추정하되, 다만 그 물건이 특허출원 전에 국내에서 공지되었거나 공연히 실시된 물건 또는 특허출원 전에 국내 또는 국외에서 반포된 간행물에 게재된 경우에는 그러하지 아니하다고 규정하고 있어 동일한 물건이 위 규정에 따라 생산방법의 추정을 받으려면, 그 출원 전에 공개되지 아니한 신규한 물건이라야 한다.

기록에 의하면, 이 사건 제7항 발명 등은 그 보호받고자 하는 대상을 '니이들 구멍이 천공된 발열성 보온팩의 니이들방법'으로 하고 있는데, 그 명세서의 기재에 의하면, 특허권자가 이 사건 제7항 발명 등을 이용하여 제조·생산하고자 하는 물건은 '발열성 보온팩용 직포 또는 부직포'를 대상으로 하고 있는 점을 알 수 있어 이 사건 제7항 발명 등은 물건을 생산하는 방법에 해당한다고 할 것이나, 한편, 이 사건 특허발명의 상세한 설명에는 종래의 기술로서 일정한 크기의 통기 구멍을 형성한 비통기성 필름에 통기성 직포 또는 부직포를 접착시켜 만든 발열성 보온팩용 통기성 있는 직포 또는 부직포를 만드는 방법이 자세히 기재되어 있고, 이 사건 특허발명의 목적은 위와 같은 종래기술의 문제점을 해소하기 위하여 비통기성 수지필름이 한쪽면에 열융착되어 코팅된 직포 또는 부직포에 니이들 구멍을 연속적으로 형성할 수 있음과 동시에, 니이들 구멍의 수를 자유로이 선택하여 형성할 수 있는 발열성 보온팩의 니이들 장치 및 방법을 제공함을 그 목적으로 하고 있다고 기재하고 있는 점에 비추어 볼 때, 이 사건 부직포와 같이 비통기성 수지 필름이 한쪽 면에 열융착되어 코팅된 코팅층을 갖고 통기구멍이 연속적으로 형성된 것을 주된 기술사상으로 하는 직포 또는 부직포는 이미 이 사건 특허출원 전에 공지되었거나 공연히 실시되었던 것임이 분명하므로, 이 사건 특허발명에는 특허법 제129조의 추정 규정을 적용할 수 없다."

Ⅲ. 해　설

1. 생산방법의 추정 규정의 유래와 입법취지

특허법은 제2조 제3호에서 물건의 발명과 방법의 발명 이외에 물건을 생산하는 방법의 발명에 관하여 규정하고 있고, 제129조에서는 물건을 생산하는 방법의 발명에 의하여 제조된 물건과 동일한 물건에 대하여 그 특허받은 방법에 의하여 생산된 것으로 추정하는 규정을 두고 있다.

이 규정은 종래 독일에서 물질특허 특히 화학물질에 대하여 물건의 발명으로의 특허를 허용하지 않았기 때문에 발생하였던 문제점, 즉 신규한 화학물질을 만들어도 물건의 발명으로 보호를 받을 수 없고, 방법의 발명의 보호범위는 방법의 사용 그 자체에만 미치지 그 방법에 의하여 생산된 물건에 미치지 못하여 신규한 화학물질이 보호받지 못하던 불합리를 시정하기 위해 만든 것인데, 독일 대심원의 메틸렌 블루 판결에서의 방법의 발명의 효력이 생산물에까지 미친다는 판시가 독일에서 입법화된 것으로 일본은 특허법 제104조에서[1] 같은 취지의 규정을 두고 있다.[2]

그런데 이 생산방법의 추정 규정은 물질특허제도가 허용된[3] 이후에도 삭제되지 않고 있어서 그 입법취지가 매우 불분명한데, 일본의 다수설은 특허발명이 물건의 발명인 경우는 비교적 쉽게 침해사실의 입증이 가능하지만, 방법의 발명인 경우는 침해사실의 입증이 곤란한 점에서 근거를 구하고 있고, 일부 학설은 신규한 물건의 생산방법은 그 특허방법과 같을 개연성이 높다고 하는 점에서 근거를 구하기도 한다.[4]

2. 생산방법의 추정 규정의 적용요건

(1) 특허발명이 물건을 생산하는 방법의 발명일 것

일반적으로 물건을 생산하는 방법의 발명의 경우 그 특허청구범위의 끝 부분

---

1) (生産方法の推定) 第百四条　物を生産する方法の発明について特許がされている場合において、その物が特許出願前に日本国内において公然知られた物でないときは、その物と同一の物は、その方法により生産したものと推定する。
2) 竹田和彦 編, 特許の知識(第 8 版, 도서출판 명현, 김관식 외 4명 역), 108-109면.
3) 독일은 1968년 이후, 일본은 1976년 이후, 우리나라는 1987년 이후 도입되었다.
4) 竹田和彦, 앞의 책, 492면.

이 '어떠한 물건의 제조방법'이라고 기재되고, 방법의 발명은 '어떠한 방법'이라고
기재되는 경우가 많으나, 그와 같은 문구에만 얽매일 것이 아니라, 그 특허청구범
위에 기재된 방법에 의하여 물건을 생산할 수 있는지 여부를 따져서 그 특허가
물건을 생산하는 방법의 발명인지 물건의 발명인지를 결정하여야 한다.

이 사건 제7항 발명 등의 경우 그 특허청구범위의 끝 부분이 "…… 통기구명
이 천공된 발열성 보온팩의 니이들 방법"이라고 기재되어 있어서 방법의 발명으
로 볼 여지도 있으나, 그 특허청구범위에 기재된 "비통기성 수지필름이 한쪽 면에
열융착되어 코팅된 코팅층을 갖는 직포 또는 부직포를 서플라이코일로부터 니이
들장치본체로 이동시키고, 이 니이들장치본체의 회전구동수단에 연결되어, 상·하
승강구동되는 니이들펀치로써 펀칭시키어, 직포 또는 부직포에 통기구명을 다수
형성시킨 후, 이어서 니이들 장치본체의 구동로울러 및 누름접촉로울러의 간헐적
인 구동에 의하여 통기구명이 천공된 직포 또는 부직포를 연속적으로 이동시키어,
D.C 모우터에 의하여 회전 구동되는 와인딩드럼에 와인딩시키"는 일련의 공정에
의하여 발열성 보온팩용 직포 또는 부직포라는 물건이 생산될 수 있으므로 물건
을 생산하는 방법의 발명이라고 보아야 한다. 이와 반대로 어느 특허발명의 특허
청구범위가 "물질 A를 간장에 혼합하여 간장의 곰팡이의 발생을 억제하는 간장의
제조방법"이라고 기재되어 있다면, 비록 그 특허청구범위의 끝 부분이 "간장의 제
조방법"이라고 기재되어 있다고 하더라도, 그 특허청구범위의 기재만으로는 간장
이라는 물건을 생산할 수 없으므로, 위 발명은 방법의 발명이라고 보아야 한다.5)

(2) 채무자 제품이 물건을 생산하는 방법의 발명에 의하여 생산된 물건과 동일한
물건일 것

일본의 하급심 판결 중 물건의 동일성 여부와 관련하여, "본조에서 말하는 동
일한 물건에 해당하는가 어떤가의 판단은 대상으로 된 물건이 당해 특허방법에
의해 생산된 물건으로 볼 수 있는가 아닌가에 따라 정하여지는 것이고, 당해 특허
방법에 의해 생산된 물건이라 함은 물론 당해 특허명세서의 특허청구범위에 기재
된 목적 물질을 말하지만, 대상으로 된 물건의 동일성을 판단함에 있어서는 사안
에 따라 그 명세서의 발명의 상세한 설명도 참작하여 그 물건의 구조, 성질, 효과
등을 고려하여야 하는 것으로 이해하는 것이 상당하다"라고 본 것이 있는데,6) 생

5) 특허청, 특허·실용신안심사기준(2016. 2. 11. 개정 특허청 예규 제89호), 2509면의 예 인용.
6) 中山信弘, 編著, 注解 特許法(上卷)(第3版, 靑林書院), 1162面에서 옮김.

산방법의 추정 규정이 채무자 제품을 특허권자의 특허받은 방법에 의하여 생산된 것으로 추정하기 위한 규정인 점에 비추어 보면, 이와 같은 기준에 의하여 물건의 동일성 여부를 판단하는 것이 타당해 보이고, 물건의 동일성 입증의 전제로서 채무자 제품을 특정하여야 할 책임이 특허권자에게 있음도 의문의 여지가 없다.

(3) 특허출원 전에 국내에서 공지되었거나 공연히 실시된 물건 또는 특허출원 전에 국내 또는 국외에서 반포된 간행물에 게재되거나 대통령령이 정하는 전기통신 회선을 통하여 공중이 이용 가능하게 된 물건이 아닐 것

우리 특허법은 일본 특허법과 달리 위 요건을 생산방법의 추정 규정 적용의 예외사유로 규정하고 있어서, 특허권자는 생산방법의 추정 규정의 적용을 받기 위하여 위 (1), (2) 요건을 주장·입증하면 되고, 위 예외사유에 해당함은 채무자가 주장·입증하여야 한다.

물건을 생산하는 방법의 발명에 의해 생산된 물건의 신규성 요건에 대한 우리 특허법의 이 예외 규정은 특허요건에 관한 특허법 제29조 제1항 각호와 같게 규정되어 있어서 "그 특허출원 전에 일본에서 공연히 알려진 물건"일 것을 요구하는 일본보다도 생산방법의 추정 규정이 적용될 수 있는 범위를 좁히고 있는데, 위 생산방법의 추정 예외 규정과 특허요건으로서의 신규성 규정의 내용이 같은 점에 비추어 보면, 우리 특허법의 해석상으로는 물건을 생산하는 방법의 발명에 의해 생산된 물건의 신규성 여부는 특허요건인 발명의 신규성 여부와 같게 취급하여도 될 것이다.

물건을 생산하는 방법의 발명에 의해 생산된 물건이 이 예외 규정에 해당하는지 여부는 그 특허출원일을 기준으로 판단하는데, 조약에 의한 우선권주장을 수반하는 특허출원의 경우에 그 기준일을 국내 출원일로 볼 것인지, 아니면 우선권주장일로 볼 것인지에 관하여 일본에서 학설의 대립이 있으나 통설과 판례는 우선권주장일설을 취하고 있다.[7)]

3. 생산방법의 추정의 번복

특허법 제129조에 의한 채무자 제품의 생산방법의 추정은 법률상의 사실추정인데, 이 규정에 의하여 채무자 제품은 특허받은 방법에 의하여 생산된 것으로 추

---

7) 竹田和彦, 앞의 책, 430면; 中山信弘, 앞의 책, 1164-1168面.

정되어, 결국 채무자의 물건을 생산하는 방법의 발명의 실시라는 특허침해소송에서의 요건사실의 존재가 추정되게 된다.

　채무자가 위 추정을 뒤집기 위하여 어느 정도 주장·입증을 하여야 하는가에 관하여 일본의 학설과 판례는 채무자의 실시방법의 개시의무라는 관점에서 채무자가 특허방법과 다른 실시방법을 개시하면 추정이 뒤집힌다는 견해와, 다른 실시방법을 개시하는 것만이 아니라 자신의 실시방법이 특허방법을 침해하지 않았다는 것을 주장하고 입증하지 않는 한 추정이 뒤집히지 않는다는 견해로 나뉘어 있는데,[8] 생산방법의 추정 규정에 의하여 채무자의 물건을 생산하는 방법의 발명의 실시라는 특허침해소송에서의 요건사실의 존재가 추정되는 이상, 채무자는 그 추정의 번복을 위하여 자신의 실시방법이 특허발명을 침해하지 않는다는 것, 즉 다른 생산방법에 의하여 생산됨을 주장·입증하여야 할 것이다.

4. 맺으면서

　어떤 사람이 새로운 물질을 발명한 경우 이를 그 보호가 쉬운 물건의 발명으로 특허를 받지 않고, 보호가 어려운 물건을 생산하는 방법의 발명으로만 특허를 받는다는 것은 물질특허제도를 인정하고 있는 현행 특허법 아래에서는 쉽게 상상하기 어렵고, 우리 특허법의 경우 생산방법의 추정 규정의 예외사유를 신규성이 없는 모든 물건으로 아주 폭넓게 규정하고 있어서, 새로운 물질을 발명하여 물건의 발명과 물건을 생산하는 방법의 발명 양자로 특허를 받는 경우를 제외하면, 현재 물건을 생산하는 방법의 발명으로 특허받은 대다수의 발명의 경우 그에 의해 생산된 물건의 신규성이 인정되는 경우를 발견하기가 쉽지 않다. 대상 판결은 이러한 점을 반영한 것으로 보이고, 특허침해소송 실무에서 현실적으로 이 생산방법의 추정 규정이 적용될 여지가 거의 없음을 보여주는 적절한 사례로 보인다.

---

8) 竹田和彦, 앞의 책, 432-433면; 中山信弘, 앞의 책, 1145-1151面.

69. 특허권에 기한 부당한 소의 제기로 인한 책임

[서울고등법원 2007. 12. 18. 선고 2007나32582 손해배상(기) 사건[1]]

최종수정 김병국(대전지법 논산지원 판사)
최초작성 김기영(서울동부지방법원 부장판사)

Ⅰ. 사실의 개요

   Y(피고)는 2000. 10. 5. 등록된 명칭을 '천막지붕의 보강장치'로 하는 등록번호 제207109호 고안(이하 '이 사건 등록고안'이라 한다)의 실용신안권자인데, 천막 제조·판매업에 종사하는 X(원고)를 상대로 수원지방법원 성남지원에 이 사건 등록고안의 침해를 원인으로 하는 손해배상청구의 소(2004가합58421호)를 제기하였다.[2] 위 법원은 2005. 6. 3. Y 일부승소 판결을 선고하였으나, 서울고등법원은 2005. 6. 14. X 패소부분을 취소하고 그에 해당하는 Y의 청구를 기각하는 내용의 판결을 선고하였다(2005나61272호).[3] 한편 Y는 X를 상대로 하여 이 사건 등록고안에 대한 침해를 이유로 가처분신청을 하여 2003. 12. 16. 이 사건 등록고안 또는 이와 유사한 물품에 대한 생산, 판매금지 등을 내용으로 하는 가처분결정을 받아 2003. 12. 23. 이를 집행하였고, 실용신안권 등 침해를 이유로 한 손해배상청구권을 피보전권리로 하여 2004. 7. 6. X 소유의 유체동산에 대한 가압류결정을 받았다.

   한편, X는 이 사건 등록고안에 대하여 특허심판원에 등록무효심판을 청구하여 2004. 12. 28. 심판청구기각심결(2004당350호)을 받았으나, 이에 대한 심결취소

---

1) 대법원 2008. 5. 15. 심리불속행 기각 확정(대법원2008다8126). 1심은 서울중앙지방법원 2006가합58801 사건이다.
2) Y는 X에 대하여 이 사건 등록고안의 침해를 원인으로 한 손해배상청구 외에도, 실용신안법위반을 원인으로 하는 형사고소, X의 고객에 대한 천막구입중지요청서 발송 등의 행위 등을 하였고, 연구대상판결에서는 이러한 행위로 인한 손해배상책임의 유무에 대해서도 판단하였으나, 이 글에서는 Y의 실용신안권 침해를 원인으로 한 손해배상청구 부분과, 보전처분의 부당 집행에 관하여서만 살펴보기로 한다.
3) 대상판결 선고 당시에는 위 고등법원의 판결에 대한 상고사건이 대법원 2006다46124호로 계속 중이었으나, 2008. 4. 11. 대법원은 이 사건 등록고안의 등록이 무효로 되어야 한다는 취지의 특허법원 판결이 확정되었음을 이유로 Y의 상고를 기각하는 판결을 하였다.

소송에서 특허법원은 2005. 9. 9. 이 사건 등록고안이 진보성이 없어 무효로 되어야 한다는 이유로 위 심결을 취소하는 판결(2005허988호)을 하였다.4)

이에 X는, Y가 무효인 실용신안권에 기하여 X에 대하여 부당한 손해배상청구의 소를 제기하고 가처분 및 가압류 결정을 받아 이를 집행한 것은 불법행위에 해당한다며 그로 인한 손해배상을 구하는 소를 제기하였는데, 그에 대한 판결이 바로 대상판결이다.

Ⅱ. 판   시

원고 청구 일부 인용, 일부 기각.

소제기 행위 부분5) : 법적 분쟁의 당사자가 법원에 대하여 당해 분쟁의 종국적인 해결을 구하는 것은 법치국가의 근간에 관계되는 중요한 일이므로 재판을 받을 권리는 최대한 존중되어야 하고, 제소행위나 응소행위가 불법행위가 되는가를 판단함에 있어서는 적어도 재판제도의 이용을 부당하게 제한하는 결과가 되지 아니하도록 신중하게 배려하여야 할 것이고, 따라서 법적 분쟁의 해결을 구하기 위하여 소를 제기하는 것은 원칙적으로 정당한 행위이고, 단지 제소자가 패소의 판결을 받아 확정되었다는 것만으로 바로 그 소의 제기가 불법행위였다고 단정할 수 없으나, 반면 소를 제기당한 사람 쪽에서 보면, 응소를 강요당하고 어쩔 수 없이 그를 위하여 변호사 비용을 지출하는 등의 경제적·정신적 부담을 지게 되는 까닭에 응소자에게 부당한 부담을 강요하는 결과를 가져오는 소의 제기는 위법하게 되는 경우가 있을 수 있으므로, 민사소송을 제기한 사람이 패소판결을 받아 확정된 경우에 그와 같은 소의 제기가 상대방에 대하여 위법한 행위가 되는 것은 당해 소송에 있어서 제소자가 주장한 권리 또는 법률관계가 사실적·법률적 근거가 없고, 제소자가 그와 같은 점을 알면서, 혹은 통상인이라면 그 점을 용이하게 알 수 있음에도 불구하고 소를 제기하는 등 소의 제기가 재판제도의 취지와 목적에 비추어 현저하게 상당성을 잃었다고 인정되는 경우에 한한다고 할 것인바(대법원 1999. 4. 13. 선고 98다52513 판결, 1997. 2. 28. 선고 96다32126 판결 등 참조), Y의

---

4) 대상판결 선고 당시에는 위 특허법원의 판결에 대한 상고사건이 대법원 2005후2694호로 계속 중이었으나, 2007. 7. 12. 대법원은 Y의 상고를 기각하는 판결을 하였다.

5) 서울고등법원은 이 사건 논점에 관하여서는 하급심 판결의 설시를 인용하였다.

제소행위가 이에 해당한다는 점을 인정할 아무런 증거가 없으므로 이 부분 주장은 이유 없다.

보전처분의 집행 부분 : 가압류나 가처분 등 보전처분은 법원의 재판에 의하여 집행되는 것이기는 하나, 그 실체상 청구권이 있는지 여부는 본안소송에 맡기고 단지 소명에 의하여 채권자의 책임 아래 하는 것이므로, 그 집행 후에 집행채권자가 본안소송에서 패소 확정되었다면 그 보전처분의 집행으로 인하여 채무자가 입은 손해에 대하여는 특별한 반증이 없는 한 집행채권자에게 고의 또는 과실이 있다고 추정되고, 따라서 그 부당한 집행으로 인한 손해에 대하여 이를 배상할 책임이 있다(대법원 1980. 2. 26. 선고 79다2138, 2139 판결, 대법원 2002. 9. 24. 선고 2000다46184 판결 등 참조). 나아가 보전처분의 채무자는 보전처분의 집행채권자가 본안소송에서 패소 확정되기 전이라고 하더라도 집행채권자에게 보전처분의 전제요건인 피보전권리가 존재하지 아니함을 주장·증명할 수 있고, 그와 같은 경우에도 부존재하는 피보전권리에 기해 보전처분을 집행한 집행채권자에게 고의 또는 과실이 있는 것으로 추정함이 상당한데, 이 사건의 경우 가처분, 가압류의 집행으로 인하여 Y는 X가 입은 손해에 대하여 고의 또는 과실이 있다고 추정되고, 제출된 증거만으로는 위 추정을 뒤집기에 부족하므로, Y는 X에게 부당 가압류, 가처분의 집행으로 인한 손해를 배상하여야 한다.

Ⅲ. 해   설

1. 문제의 소재[6]

모든 국민은 헌법과 법률이 정한 법관에 의하여 법률에 의한 재판을 받을 권리를 가지므로,[7] 그러한 권리는 최대한 존중되어야 하고, 대법원도 대상판결에서 인용한 판례들에서와 같이 종래 그러한 취지에서 소제기로 인한 불법행위 책임의 인정에 신중한 태도를 보여 왔다.

그런데, 현대에 들어서 새로운 기기의 등장과 그에 따른 하드웨어 및 소프트웨어 등과 관련된 기술혁신이 급속도로 진행되고 있고 그와 관련한 특허출원 역시 늘고 있다. 위 특허출원 중에는 등록요건을 갖춘 것도 있을 것이나 등록요건을

---

6) 대상판결은 실용신안에 관한 것이나 이하에서는 특허발명을 중심으로 설명하기로 한다.
7) 헌법 제27조 제1항.

갖추지 못하여 결국 무효로 되어야 하는 것도 상당수 있는데, 특허청의 심사단계에서 적절히 걸러지지 못하여 특허등록이 이루어지는 경우가 있다.

그런데 한편 특허권을 확보하였음을 기화로 하여 자신은 특허발명을 실시할 의사가 전혀 없으면서 오로지 금전적 이익만을 얻기 위하여 특허기술을 이용하여 제품을 생산하는 기업 등을 상대로 소송을 제기한 후 화해 등을 통하여 막대한 배상금을 취득하려는 사람들[8]이 등장하게 되었다.

이러한 사람들에 대한 가용한 조치의 하나로서, 등록무효사유를 가지고 있는 특허권에 기하여 특허침해소송을 제기한 행위, 즉 부당제소행위에 대하여 어떠한 법적 책임을 지울 수 있을 것인지를 살펴볼 필요가 있다. 여기에서는 이와 관련된 미국, 독일, 일본과 우리나라의 판례와 학설을 살펴봄으로써 위와 같은 특허권을 둘러싸고 일어나고 있는 새로운 현상에 대한 대응방안에 관하여 생각하는 기회를 갖고자 한다.

2. 부당제소와 관련한 판례 및 학설의 검토

가. 미   국

미국에서는 특허권을 둘러싼 부당제소의 문제는, 주로 특허취득 과정에서 사술을 쓴 자가 후에 특허침해소송 등을 제기한 경우 반독점법 위반으로서 손해배상책임을 인정할 것인가라는 관점에서 논의되어 왔다.

(1) 판   례

Walker Process Equipment, Inc., v. Food Machinery and Chemical Corporation 사건에서[9] 원고 Walker Process Equipment, Inc.('Walker')는, 피고 Food Machinery and Chemical Corporation('Food Machinery')가 그 특허출원을 하기 1년 이전에 스스로 자신의 발명을 사용하였으면서도 그 발명이 공개적으로 사용되었다는 사실을 알거나 알지 못하였다고 하면서 특허출원을 하여 특허등록을 받은 후 그러한 특허권에 기하여 원고 Walker를 상대로 특허침해소송을 제기하는 것은, 기망에 의하여 독점력을 취득하고 유지하려 하는 것으로서 셔먼법(The Sherman Act)에 위반되는 것이고, 그로 인하여 Walker가 입은 손해를 배상할 책임이 있다고 주장하였는데,[10] 1965년 연방대법원은 특허청을 속여 취득한 특허권을

---

8) 이를 흔히 Patent Troll이라 부른다.
9) 382 U.S. 172 (1965). 이하 'Walker Process Equipment Inc.'라 한다.

행사11)하는 것은, 반독점법 위반의 다른 요건을 충족하는 경우12) 독점화 또는 독점화 시도로서 셔먼법 제2조 위반이 될 수 있고, 그러한 경우 피해자는 클레이튼법(The Clayton Act) 제4조에서 규정하고 있는 3배 손해배상을 받을 수 있다고 판시하였다.13)

   그 후 이러한 Walker Process 판결의 법리는, 특허의 취득수단이 부정한 경우뿐만 아니라, 침해소송을 제기하는 것이 부적절한 경우에까지 확대되었다.14) 즉, 침해소송의 원고가, 특허기간이 만료되거나 특허가 무효사유가 있거나 집행불가능하다는 점 또는 피고의 기술이 원고의 특허의 관련 청구항을 침해하지 않는다는 것을 알면서 소를 제기한 경우에는, 침해소송의 제기는 반독점법 위반이 될 수 있다고 한다.15) 그러나 그러한 행위가 반독점법 위반이 되기 위해서는 다른 요건들을 갖추어야 하는데, 예를 들어 피고의 행위가 셔먼법 제2조의 독점화 시도로서 위법한 것이 되기 위해서 원고는, 피고에 의한 악의적인 소송제기, 관련시장을 독점화 하려는 특정적(specific) 고의, 그러한 시도의 위협적인(dangerous) 성공가능성을 '명백하고 확실한(clear and convincing)' 증거에 의하여 증명하여야 한다.16)

---

10) 같은 판결, 174면.
11) 이에는 특허실시계약의 체결 및 특허침해소송의 제기 등이 포함될 것이다.
12) 이에는 경쟁저해성 등이 포함될 것이다. Walker Process Equipment, Inc., 177-178면.
13) 같은 판결, 174면. 한편, 이 판결에서 동의의견을 쓴 Justice Harlan은 특허권자의 특허침해소송청구 등 특허권의 행사가 Sherman Act 제2조 위반을 이유로 3배의 손해배상을 청구하기 위해서는, (i) 관련된 특허권이 특허청에 대한 피고(특허권자 등 특허권 행사자)의 고의 및 기망에 의하여 취득되었거나, 만약 피고가 특허출원자가 아닌 경우에는 특허가 기망에 의하여 취득되었다는 점을 알고 이를 행사하여야 하고, (ii) Sherman Act 제2조 위반이 되기 위한 모든 요건이 충족되어야 하며, 반면 원고(반독점법 위반 사건의 원고)가, (i) 특허권이 '자명'(obviousness)하다는 등의 다른 이유로 인하여 무효라는 점만을 증명하거나, (ii) 기망에 의하여 특허가 취득되었다는 점을 밝히긴 하였으나 피고가 그러한 사실을 알고 있었다는 점을 밝히지 못하거나, (iii) 특허가 기망에 의하여 취득되었다는 점 및 피고의 고의를 증명하였으나 Sherman Act 제2조의 위반이 되기 위한 다른 요건을 증명하지 못한 경우에는, 그러한 청구가 성립될 수 없다는 의견을 표시함으로써, 이 판결이 고의적인 기망행위(deliberate fraud)에 의하여 특허를 취득한 경우에만 적용됨을 명백히 하였다. 같은 판결 179면.
14) Hovenkamp, Herbert J., "IP and Antitrust Policy: A Brief Historical Overview" (December 2005). U Iowa Legal Studies Research Paper No. 05-31 Available at SSRN: http://ssrn.com/abstract=869417, page 31; Michael J. Meurer, "Controlling Opportunistic and Anti-Competitive Intellectual Property Litigation", 44 B.C.L.Rev. 509, 538-539면 (2003).
15) Hovenkamp, Herbert J., 위 글, 31-32면.
16) Ethicon, Inc. v. Handgards, Inc. 432 F.2d 438 (9th Cir. 1970), cert. denied, 402 U.S. 919 (1971); Michael J. Meurer, "Controlling Opportunistic and Anti-Competitive

(2) 미국 특허법 제271조 (d)(3) 및 IP Guidelines

미국 특허법 제271(d)(3)항은 '특허권자가 침해나 기여침해(contributory infringe-ment) 행위에 대하여 특허권을 행사하는 것은 특허권 남용이나 특허권의 부당한 확장에 해당하지 않는다'는 취지로 규정하고 있는데,[17] 이 규정은 특허권자가 특허침해소송을 제기하는 등으로 특허권을 행사하는 것은 특허권 남용(Patent Misuse)에 해당하지 않는다는 것으로서, 앞의 판례들에서 일정한 경우 소의 제기가 반독점법 위반에 해당할 수 있다고 본 것과는 다른 태도를 보이고 있다.[18]

한편 미국의 IP Guidelines § 6은 "경쟁당국은 유효하지 않은 지적재산권의 행사에 대하여 반독점법 위반 여부를 검토할 수 있다. 특허상표청 및 저작권청에 대하여 기망(fraud)을 통하여 취득한 특허권의 행사 또는 행사시도는 셔먼법 제2조 또는 연방거래위원회법(Federal Trade Commission Act) 제5조 위반이 되기 위한 다른 모든 요건이 증명되는 경우 같은 조 위반이 될 수 있다. … 기망에는 해당하지 않는 특허상표청에서의 부당한(inequitable) 행위에 의하여 취득한 특허의 행사 또는 행사의 시도는 일정한 상황 아래에서는 연방거래위원회법 제5조 위반이 될 수 있다. 유효하지 않은 지적재산권을 행사하기 위한 객관적으로 근거가 없는 소송은 셔먼법 위반을 위한 하나의 요소가 될 수 있다.…"고 규정하고 있다.[19]

Intellectual Property Litigation", 44 B.C.L.Rev. 509, 540면 (2003); Robert J. Hoerner, "Bad Faith Enforcement of Patents-Antitrust Considerations", 55 Antitrust L.J. 421, 434-435면 (1986) 참조. 이러한 요건의 충족 여부를 판단하는 데는 소송과정, 피고의 수, 피고의 침해행위에 대하여 잘 알고 있는지 여부, 원고의 주 수입원이 소송을 통한 손해배상금인지 아닌지 등이 고려될 수 있다. Michael Paul Chu, "An Antitrust Solution to the New Wave of Predatory Patent Infringement Litigation", 33 Wm. & Mary L. Rev. 1341, 1365면 (1992). 한편, 이러한 요건의 증명이 용이하지 않기 때문에 실제로 부당한 소의 제기에 대하여 반독점법 위반을 이유로 소를 제기하여 승소하기는 어렵다는 견해도 있다. Janice M. Mueller, An Introduction to Patent Law, 301-305면 참조.

17) 35 U.S.C. § 271 (d)(3). No patent owner otherwise entitled to relief forinfringement or contributory infringement of a patent shall bedenied relief or deemed guilty of misuse or illegal extension ofthe patent right by reason of his having done one or more of the following: (이하 생략).

18) 위와 같은 규정과 반독점법 관련 판례의 괴리를 해소하기 위해 특허법 제271(d)(5)항과 유사하게, '특허권자가 특허를 악의적으로 행사하거나 특허와 관련된 시장의 특정부분을 부당하게 지배할 의도를 가지고 있고 그러한 지배를 가능하게 할 상당한 힘을 가지고 있는 경우에는 그렇지 않다'라는 내용을 추가하여야 한다는 주장이 있다. Michael Paul Chu, "An Antitrust Solution to the New Wave of Predatory Patent Infringement Litigation", 33 Wm. & Mary L. Rev. 1341, 1367면 (1992).

19) U.S. Department of Justice and the Federal Trade Commission, Antitrust Guidelines for the licensing of Intellectual Property, https://www.justice.gov/atr/antitrust-guidelines-

(3) Noerr-Pennington Doctrine 및 그 적용범위

Noerr-Pennington Doctrine은 연방대법원의 판례에 의하여 형성된[20] 원칙으로서 일정한 요건이 충족되는 경우 반독점법 위반책임으로부터 면책되게 하는 원칙인데, 이에 의하면 재판청구권을 보장하고 있는 미국 수정헌법 제1조(the First Amendment) 아래에서, 경쟁관계에 있는 자들이 다른 경쟁자를 제거함으로써 경쟁을 제한하는 결과를 가져오는 방향으로 법을 개정하기 위하여 정부에 로비를 하더라도 반독점법 위반책임으로부터 면책되고, 이러한 면책의 범위는 법원에 소를 제기하는 행위에도 확대되었다.[21]

따라서 경쟁자 배제 등의 의도를 가지고 침해자를 상대로 특허권에 기하여 소를 제기하는 행위가 이 원칙의 적용을 받아 반독점법 위반책임으로부터 면책될 것인지 여부가 문제되는데, 사해소송(Sham Litigation)은 위 원칙의 예외에 해당하여 면책되지 않는다. 연방대법원은 California Motor Transport v. Trucking Unlimited 사건에서[22] 사해소송이 되기 위해서는 경쟁자를 해할 목적으로 소를 제기하였다는 것만으로는 부족하고, 실제로 정부로부터 어떠한 행위를 얻기 위한 목적이 없는 경우 예를 들어 실제로는 소송에서 이길 의사가 없으면서 경쟁자의 사업을 지체시키기 위하여 소를 제기하였음이 인정되어야 한다고 판시하였다.[23] 나아가 연방대법원은 1993년에 Professional Real Estate Investors, Inc. v. Columbia Pictures Industries, Inc. 사건[24]에서 사해소송이 되기 위한 2가지 요소를 제시하였는데, ① 첫째로 합리적으로 소송을 하는 사람이라면 아무도 본안에서 실제로 이길 것으로 기대하지 않을 정도로 객관적으로 근거가 없는(objectively

---

licensing-intellectual-property에서 검색 가능 (2017. 1. 3. 최후 접속) § 6.

20) Eastern Railroad Presidents Conference v. Noerr Motor Freight, Inc., 365 U.S. 127 (1961) 및 United Mine Workers v. Pennington, 381 U.S. 657 (1965) 판결에 의하여 형성되고 California Motor Transport Co. v. Trucking Unlimited, 404 U.S. 508 (1972) 판결에 의하여 법원에 소를 제기하는 행위에까지 확대되었다. Wikipedia, http://en.wikipedia.org/wiki/Noerr-Pennington_doctrine (2017. 1. 3. 최후 접속)에서 검색가능.

21) 이 원리는 후에 부정경쟁(unfair competition), 불법행위적 간섭(tortious interference) 및 절차의 남용(abuse of process)에 기한 손해배상청구 등 다양한 형태의 불법행위청구에 대하여, 반독점법상 책임에 대한 면책을 인정하는 것으로 확대되었고, 특히 연방제9항소법원은 Sosa v. DirectTV, Inc., 437 F.3d 923 (9th Cir. 2006) 사건에서 소를 제기하겠다고 위협하면서 수천 통의 편지를 보내는 행위에 대해서도 면책을 인정하였다. Wikipedia, 위 같은 곳.

22) 404 U.S. 508 (1972).

23) Wikipedia, 위 같은 곳.

24) 508 U.S. 49, 113 S.Ct. 1920 (1993).

baseless) 소송이어야 하고, ② 첫째 요건이 충족된 경우에만 그러한 근거 없는 소송을 제기한 자의 주관적 동기가 경쟁자의 사업을 방해하기 위한 시도인지 여부에 관한 두 번째 요건에 대하여 심사할 수 있다고 하였다.[25]

다만, 앞에서 본 Walker Process 사건에서와 같은 기망에 의하여 취득한 특허권의 행사나, 특허가 무효임을 알면서 이를 행사하려 하는 행위는 모두 '객관적으로 근거가 없는'(objectively baseless)것으로 볼 수 있고, 그러한 점에서 Noerr-Pennington Doctrine이 특허권자의 부당한 특허권 행사에 대하여 반독점법 위반에 대한 면책을 부여하는 것은 아니다.[26]

최근 제9순회항소법원은 Microsoft v. Motorola 사건[27]에서, 이 원칙의 적용과 관련하여 의미 있는 판단을 하였다. 위 소송 이전에 Motorola가 독일에서 Microsoft를 상대로 Wifi와 관련된 기술표준에 관한 특허권 침해를 이유로 침해금지청구소송을 제기하였고, 이에 Microsoft는 침해금지명령을 발령되는 경우를 대비하여 부득이 자신의 독일 소재 배급사를 네덜란드로 이전하였는데 위 소송에서 독일 법원은 침해금지명령을 발령하였다. 그후 미국에서 Microsoft가 Motorola를 상대로 하여 Motorola의 위와 같은 소제기 행위가 Wifi와 관련된 기술표준에 관한 RAND(Reasonable and Nondicriminatory) 확약상의 의무 위반이라고 주장하면서 손해배상을 구하는 소를 제기하였고, 1심법원은 위 주장을 받아들여 위와 같은 배급사 이전비 및 위 침해소송에서 지출한 변호사 비용으로 등으로 1,400만 불의 배상을 명하였고, 그 항소심에서 제9순회항소법원은 위 하급심 판결을 지지하였다. 이 소송에서 Motorola는 자신의 독일에서의 소제기 행위가 Noerr-Pennington Doctrine에 의해 면책된다고 주장하였으나, 위 법원은 계약상 의무로 인해 어떤 소송행위를 하는 것이 제한되는 경우(이 사건에서는 RAND 약정의 존재로 인해 법원에 금지명령을 청구하는 것이 제한된다고 판단하였다)에도 그러한 소송행위를 하는 것은 위 원칙이 적용되지 않는다고 판단하였다.

나. 독일의 경우

독일 민법상 불법행위의 구성요건은 세 가지로 구분되어, BGB(Bürgerliches

---

25) Wikipedia, 위 같은 곳.
26) Herbert Hovenkamp, Federal Antitrust Policy, The Law of Competition and Its Practice (3d. ed.), Thomson West, 2005, 331면 참조.
27) Microsoft Corporation v. Motorolam Inc. No. 14-35393, 9th Cir. 2015.

Gesetzbuch) 제823조 제1항, 제2항 및 제826조에서 규정하고 있는바, 독일 대법원 (BGH, Bundesgerichtshof)은 일반적으로 소의 제기는 원고 패소로 끝났다 하더라도 바로 위법이 되는 것은 아니고, 고의로 또는 공서양속 위반으로 손해를 발생시킨 경우(BGB 제826조)에 한하여 위법이 될 수 있다는 태도를 취하고 있다.28)

한편, 학설 중에는 위와 같은 판례의 제한적 해석에 반대하면서 "① 이행소송을 제기한 자는 이행을 구하는 권리가 존재한다는 일정한 근거가 있지 않으면 안 되고, 운에 맡겨보는 식의 제소나 조잡하고 부실한 장부를 근거로 하는 것, 단지 상대방을 놀라게 하거나 곤란하게 할 목적으로 하는 것은 의무위반이며, ② 사전에 분쟁해결을 위하여 재판 외에서 아무런 노력을 하지 않고 행한 소의 제기도 의무위반이고, ③ 곤란한 법적 문제가 있을 때에는 소의 제기 전에 통상 변호사의 조언을 받는 것이 기대되고, 특히, 조세 등 특별한 영역에서는 전문변호사의 조언을 사전에 받을 것을 요하며, ④ 원고는 분쟁해결을 위하여 복수의 방법을 선택할 수 있는 경우 가장 손해가 없는 단순한 방법을 선택하여야 하고, 따라서 독촉절차로 끝날 경우에는 소를 제기해서는 안 된다"는 주장도 있다고 한다.29)

다. 일본의 학설 및 판례

일본에서는 특허권자가 본안에서 패소한 이후 특허무효심판이 확정되었다고 해서 곧바로 부당소송이 된다고 할 수는 없다는 견해가 있다.30) 그리고 판례 중에는 실용신안의 무효 확정 전에 실용신안권자가 소송을 제기하여 승소한 뒤 그 실용신안의 등록무효가 확정되자 소송의 상대방이 실용신안권자를 상대로 하여 그의 소제기가 불법행위라고 주장한 사안에서, "소송제기와 그 수행행위에 있어서는, 법률이 모든 국민에게 소권행사의 자유를 보장하고 있는 점에 비추어보더라도 가처분 등의 경우와는 달리, 단지 그 결과가 패소로 끝났다는 이유로 그것을 곧바로 부당소송, 즉 불법행위법상의 위법성이 있는 행위로 단정할 수는 없다"고 판시한 것이 있어, 우리 판례의 태도와 큰 차이가 없다.31)

---

28) 국순욱, "부당제소와 손해배상", 민사법연구 제8집(2000), 55-56면.
29) Fenn, Schadenshaftung aus unberechtiger klage oder Rechtfertigungsgrund der Inanspruchnahme eines gesetzlich eingerichteten und geregelten Verfahrens, ZHR 91, 1978, S. 345ff., 국순욱, 위 논문, 55면 주 14)에서 재인용.
30) 中山信弘, 註解 特許法 第三版(下券), 靑林書院, 2003.
31) 大板地判 昭53(1978) 12. 19. 판결; 名古屋地判 昭59(1984) 8. 31. 판결. 조영선, "특허의 무효를 둘러싼 민사상의 법률관계", 법조 55권 3호, 법조협회, 105-106면에서 재인용.

라. 우리나라의 경우

우리 대법원은 98다52513 판결[32]에서 대상판결의 요지와 같이 판시함으로써, 보전처분집행 후 본안소송에서 패소한 경우 그 집행신청인에게 고의·과실을 추정하는 것과 대비하여 불법행위책임 인정을 위하여 매우 엄격한 요건을 요구하고 있다.[33]

즉 보전처분의 경우에는 엄격한 증명이 아닌 소명에 의하여 신청인의 책임아래에서 하는 것이므로, 차후 본안소송에서 피보전권리가 없음이 밝혀진 경우 위 보전처분을 집행한 신청인에게 손해에 대한 고의 또는 과실이 추정되고, 이 추정을 뒤집지 못하는 경우 손해배상책임을 면할 수 없게 된다는 것이 법원의 입장이다. 이와 달리 제소행위가 불법행위로 되기 위해서는, (i) 당해 소송에 있어서 제소자가 주장한 권리 또는 법률관계가 사실적, 법률적 근거가 없고, (ii) 제소자가 그와 같은 점을 알면서, 혹은 통상인이라면 그 점을 용이하게 알 수 있음에도 불구하고 소를 제기하는 등 소의 제기가 재판제도의 취지와 목적에 비추어 현저하게 상당성을 잃었을 것이 요구된다.

학설 중에는 '소의 제기가 재판제도의 취지와 목적에 비추어 현저하게 상당성을 잃었을 것'이라는 요건의 해당 여부를 판단함에 있어서, 독일의 경우와 같이 ① 소제기의 목적이 오로지 상대방에게 고통을 주어 손해를 입히고자 하는 것은 아닌지, ② 자신에게 그와 같은 권리가 존재하는가에 대하여 필요한 최소한의 법률적 조사를 하였는지, ③ 제소 전 상대방과의 사전교섭을 시도하였는지, ④ 권리의 존부에 관하여 변호사 등 전문가와의 상의를 한 사실이 있는지, ⑤ 피고에게 가장 손해가 적은 절차를 선택하였는지, ⑥ 소송 수행단계에서 진실의무를 이행하였는지 여부 등을 고려하여야 한다고 주장하는 견해가 있다.[34]

---

32) 대법원 1999. 4. 13. 선고 98다52513 판결[손해배상등][집47(1)민, 145; 공1999. 5. 15.(82), 874].

33) 같은 취지의 판결로 대법원 1977. 5. 10. 선고 76다2940 판결; 1982. 10. 26. 선고 81다375 판결; 1994. 9. 9. 선고 93다50116 판결; 1996. 5. 10. 선고 95다45987 판결[위자료][집44(1)민, 499; 공1996. 7. 1.(13), 1810]); 서울고등법원 2007. 4. 6. 선고 2006나63640 손해배상(기) 판결; 서울동부지방법원 2007. 6. 22. 선고 2005가합14272 손해배상(기) 판결; 전주지방법원 2009. 12. 10. 선고 2009가합3769 손해배상(기) 판결 등이 있다.

34) 국순욱, 앞의 논문, 56-58면; 조영선, 특허법 제3판, 박영사(2011), 529-530면 참조.

마. 검　토

특허권에 기초한 부당제소행위에 대한 책임의 성립요건으로서 위에서 본 외국 및 우리나라의 판례 및 학설에서 공통되는 요건을 발견할 수 있는데, 위 행위에 대하여 불법행위 또는 반독점법 위반 행위로서 손해배상책임을 지우기 위해서는, 당해 소송에 있어서 제소자가 주장한 권리 또는 법률관계가 사실적, 법률적 근거가 없고, 제소자가 그와 같은 점을 알거나 또는 통상인이라면 그 점을 용이하게 알 수 있음에도 불구하고 소를 제기할 것이 요구된다는 점이다. 따라서 특허권자가 특허출원시 출원발명에 특허를 받을 수 없는 무효사유가 있음을 알면서도 특허등록제도의 미비점을 이용하여 등록을 받은 다음 부정한 이익의 취득을 목적으로 소를 제기하는 경우 등에는 불법행위를 원인으로 하는 손해배상책임이 인정될 수 있을 것이고, 특히 그러한 행위가 부당하게 경쟁자를 배제하기 위한 것으로 인정되고 공정한 거래를 저해할 우려가 있는 경우에는 독점규제 및 공정거래에 관한 법률 제23조 제1항 제2호 위반으로서 손해배상책임이 인정될 수도 있을 것이다.

다만, 특허에 무효사유가 있는지를 판단하는 것은, 신규성, 진보성 등의 특허요건 및 특허청구범위의 해석과 같은 복잡하고 다양한 법률문제와 함께 기술의 이해 및 대비 등의 문제를 포함하고 있어 특허권자로서도 자신의 특허에 무효사유가 있다는 것을 쉽게 알기 어려운 경우가 있으므로, 이러한 경우에는 특허권자가 소 제기 전에 변리사 등 전문가의 조언을 듣기 위한 노력을 하였는지 여부, 발명에 이르게 된 경위가 기존에 있던 다른 기술을 변형한 것인지 여부 등과 같은 요소를 고려하여 그 고의·과실의 유무를 판단하여야 할 것이다.

3. 대상판결의 의의

대상판결은 무효사유가 있는 특허권에 기한 특허침해 소제기 행위는, 모든 국민이 재판을 받을 권리가 있다는 점에서 일반적으로 불법행위로 인한 손해배상책임을 인정하기가 어렵지만, 그러한 소제기가 객관적으로 근거가 없는 것으로서 고의·과실이 인정되는 경우에는 불법행위가 될 수 있다고 밝혔고, 이와 달리 보전처분의 부당집행의 경우에는 원칙적으로 집행신청인에게 고의·과실손해배상책임이 인정된다고 밝혔다. 대상판결의 설시는 기존에 확립된 대법원 판례의 입장을 충실하게 반영한 것이다.

70. 등록서비스표의 불사용(不使用)과 구 상표법 제67조 제3항 및 제67조의2에 따른 손해배상책임

[대법원 2016. 9. 30. 선고 2014다59712, 59729 판결]

정태호(원광대학교 법학전문대학원 교수)

I. 사실의 개요

원고는 유전자검사업 등을 지정서비스업으로 하여 서비스표[1] "크라운진"(이하 '이 사건 서비스표'라 한다)을 등록한 서비스표권자이다. 이 사건 소송에서 원고는 이 사건 서비스표와 유사한 표장들을 사용하여 유전자검사업을 운영하는 피고들의 행위가 원고의 서비스표권을 침해하는 행위에 해당한다고 주장하면서 피고들에 대하여 손해배상 등을 청구하였다. 그런데 이 사건 소송에서 원고 승계참가인은 원고로부터 서비스표권을 이전받아 피고들에 대한 손해배상채권을 양수하였다고 주장하면서 제1심법원에서 권리승계 참가하였고, 원고는 소송에서 탈퇴하였다.

제1심판결[2]은 원고 승계참가인의 손해배상청구를 기각하였으며, 이에 원고 승계참가인이 불복하여 항소를 제기하였다. 이와 같은 항소를 제기하면서 원고 승계참가인은 예비적으로 피고들에 대하여 구 상표법 제67조의2에 기초한 법정손해배상청구를 추가하였다.

항소심 판결인 원심판결[3]에서는 원고 승계참가인의 손해배상청구에 관한 항소를 기각하였는데, 원고 승계참가인이 항소심에서 추가한 피고들에 대한 예비적 청구(구 상표법 제67조의2에 따른 법정손해배상청구)도 기각하였다.

이러한 판결에 대하여 원고 승계참가인은 대법원에 상고를 제기하였는데, 대

---

1) 이 사건은 2016. 9. 1. 전부개정 상표법이 시행되기 이전의 구 상표법이 적용되는 것이므로, "서비스표" 및 "서비스업"이라는 표기를 그대로 사용하고 있음.

2) 서울남부지방법원 2013. 9. 26. 선고 2012가합14853, 2012가합23338(병합) 판결.

3) 서울고등법원 2014. 7. 24. 선고 2013나71687, 2013나71694(병합) 판결.

법원 판결(이하, "대상판결"이라 함)4)에서는 상고를 기각하였으며, 특히 구 상표법 제67조 제3항 및 제67조의2에 따른 손해배상책임의 존부(存否)에 관하여 이하와 같은 판시를 하였다.

II. 판   시

상고 기각.

구 상표법 제67조 제3항에 따른 손해배상책임의 존부에 관해서는 "구 상표법 (2014. 6. 11. 법률 제12751호로 개정되기 전의 것, 이하 같다) 제67조에 의하면, 상표 권자는 자기의 상표권을 고의 또는 과실로 침해한 자에 대하여 통상 받을 수 있는 상표권 사용료 상당액을 손해액으로 주장하여 배상을 청구할 수 있다. 이 규정은 손해에 관한 피해자의 주장·증명책임을 경감해 주고자 하는 것이므로, 상표권자는 권리침해의 사실과 통상 받을 수 있는 사용료를 주장·증명하면 되고 손해의 발생 사실을 구체적으로 주장·증명할 필요는 없다. 그러나 위 규정이 상표권의 침해 사실만으로 손해의 발생에 대한 법률상의 추정을 하거나 손해의 발생이 없는 것이 분명한 경우까지 손해배상의무를 인정하려는 취지는 아니므로, 침해자는 상표권자에게 손해의 발생이 있을 수 없다는 점을 주장·증명하여 손해배상책임을 면할 수 있다고 보아야 한다(대법원 2002. 10. 11. 선고 2002다33175 판결 등 참조). 한편 상표권은 특허권 등과 달리 등록되어 있는 상표를 타인이 사용하였다는 것만으로 당연히 통상 받을 수 있는 상표권 사용료 상당액이 손해로 인정되는 것은 아니고, 상표권자가 그 상표를 영업 등에 실제 사용하고 있었음에도 불구하고 상표권 침해행위가 있었다는 등 구체적 피해 발생이 전제되어야 인정될 수 있다. 따라서 상표권자가 해당 상표를 등록만 해 두고 실제 사용하지는 않았다는 등 손해 발생을 부정할 수 있는 사정을 침해자가 증명한 경우에는 손해배상책임을 인정할 수 없고, 이러한 법리는 서비스표의 경우에도 동일하게 적용된다. 원심은, 원고 승계참가인이 원고로부터 원심 판시 원고의 서비스표(이하 '이 사건 서비스표'라고 한다)를 이전등록받았으나 원고나 승계참가인 스스로는 그 서비스표를 사용하여 유전자검사 영업을 하지 않았으니, 피고 주식회사 크라운진(이하 '피고 크라운진'이라고 한다)의 이 사건 서비스표에 대한 서비스표권 침해로 인하여 원고나 승계참가

---

4) 대법원 2016. 9. 30. 선고 2014다59712, 59729(병합) 판결.

인에게 손해가 발생한 것으로 볼 수 없다는 취지로 판단하였다. 나아가 설령 승계참가인의 주장과 같이 승계참가인이 자회사인 '주식회사 친자확인'을 통해 이 사건 서비스표를 사용하여 유전자검사 영업을 한 것으로 본다고 하더라도, 제출된 증거만으로는 승계참가인이 이 사건 서비스표에 대한 이전등록을 마친 이후에도 여전히 피고 크라운진이 이 사건 서비스표와 유사한 원심 판시 1, 2, 3번 표장5)을 사용하여 유전자검사 영업을 하였다고 인정하기 부족하다고 보아 승계참가인의 손해배상청구를 배척하였다. 원심판결의 이유를 앞서 본 법리와 기록에 비추어 살펴보면, 원심의 위와 같은 판단은 정당하다"고 판시하였으며, 구 상표법 제67조의2에 따른 법정손해배상책임의 존부에 관해서는 "구 상표법(2014. 6. 11. 법률 제12751호로 일부개정되기 전의 것) 제67조의2 제1항은, '상표권자는 자기가 사용하고 있는 등록상표와 같거나 동일성이 있는 상표를 그 지정상품과 같거나 동일성이 있는 상품에 사용하여 자기의 상표권을 고의나 과실로 침해한 자에 대하여 손해액의 추정 등에 관한 제67조에 따른 손해배상을 청구하는 대신 5천만 원 이하의 범위에서 상당한 금액을 손해액으로 하여 배상을 청구할 수 있고, 이 경우 법원은 변론전체의 취지와 증거조사의 결과를 고려하여 상당한 손해액을 인정할 수 있다'는 취지로 규정하고 있다. 이는 위조상표의 사용 등으로 인한 상표권 침해행위가 있을 경우에 손해 액수의 증명이 곤란하더라도 일정한 한도의 법정금액을 배상받을 수 있도록 함으로써 피해자가 쉽게 권리구제를 받을 수 있도록 하는 예외적 규정이므로, 그 적용요건은 법문에 규정된 대로 엄격하게 해석하여야 한다. 따라서 상표권자가 이 규정에 의한 손해배상을 청구하려면, 상표권 침해 당시 해당 등록상표를 상표권자가 실제 사용하고 있었어야 하고, 침해자가 사용한 상표가 상표권자의 등록상표와 같거나 동일성이 있어야 하며, 동일성 요건을 갖추지 못한 경우에는 통상의 방법으로 손해를 증명하여 배상을 청구하여야지 위 규정에서 정한 법정손해배상을 청구할 수는 없고, 이러한 법리는 서비스표의 경우에도 동일하게 적용된다. 승계참가인이 예비적 청구원인으로 피고 크라운진과 피고 3을 상대로 위 구 상표법 제67조의2에 따른 법정손해배상책임을 주장한 데 대하여 원심은, 피고 크라운진이 원심 판시 1, 2, 3번 표장을 사용하여 유전자검사 영업을 하는 동안에 원고 또는 승계참가인이 이 사건 서비스표를 사용하였다고 인정할 만한 자

---

5) "CrownGene & CrownBeauty (1번 표장)", "CROWNGENE (2번 표장)" 및 "CROWNGENE(3번 표장)"임.

료가 없고, 피고 크라운진이 사용한 1, 2, 3번 표장은 이 사건 서비스표와 유사하기는 하지만 그와 동일성이 있는 서비스표에 해당한다고 단정할 수도 없다는 이유로 원고의 위 구 상표법 제67조의2에 따른 법정손해배상책임 청구를 배척하였다. 원심판결 이유를 앞서 본 법리에 비추어 살펴보면, 원심의 위와 같은 판단은 정당하다"고 판시하였다.

Ⅲ. 해   설

1. 구 상표법 제67조 제3항의 일반론

대상판결에 적용되었던 구 상표법 제67조(손해액의 추정 등) 제3항(2014. 6. 11. 법률 제12751호로 개정되기 전의 것)은 "상표권자 또는 전용사용권자가 고의 또는 과실에 의하여 자기의 상표권 또는 전용사용권을 침해한 자에 대하여 그 침해에 의하여 자기가 받은 손해의 배상을 청구하는 경우 그 등록상표의 사용에 대하여 통상 받을 수 있는 금액에 상당하는 액을 상표권자 또는 전용사용권자가 받은 손해의 액으로 하여 그 손해배상을 청구할 수 있다"고 규정하면서[6] 동법 동조 제4항에서 "제3항의 규정에 불구하고 손해의 액이 동항에 규정하는 금액을 초과하는 경우에는 그 초과액에 대하여도 손해배상을 청구할 수 있다. 이 경우 상표권 또는 전용사용권을 침해한 자에게 고의 또는 중대한 과실이 없는 때에는 법원은 손해배상의 액을 정함에 있어서 이를 참작할 수 있다."라고 규정하였다.[7]

이러한 구 상표법 제67조 제3항은 손해배상청구에서 주장입증책임을 감경하는 취지의 규정이므로, 상표권자는 손해발생에 관하여 주장입증할 필요가 없고, 권리침해의 사실과 통상받을 수 있는 금액을 초과한 손해가 입증되면 그 초과액에 대하여도 손해배상을 청구할 수 있는 것이다.[8]

특허법에서도 해당 규정과 동일한 규정이 있어서,[9] 해당 규정의 해석에 관해서는 특허법에서의 해석을 참고할 필요가 있는데, 특허법에서는 해당 규정에 대응

---

6) 이것은 2016. 9. 1. 시행 전부개정 상표법에서 제110조 제4항으로 개정되었다.
7) 이것은 2016. 9. 1. 시행 전부개정 상표법에서 제110조 제5항으로 개정되었다.
8) 송영식 외 6인, 송영식 지적소유권법(하)(제2판, 육법사, 2013), 293면.
9) 대상판결에 적용되던 당시(2014. 6. 11. 이전)의 구 특허법에서는 제128조 제3항이었으나, 현행 특허법에서는 제128조 제5항에 해당하며, "등록상표의 사용"이 아니라, "특허발명의 실시"라고 되어 있는 것에서만 차이가 있다고 하겠다.

하는 특허법 제128조 제5항10)을 "실시료 상당액"이라고 언급하고 있다.11) 여기서 특허법에서의 "통상 받을 수 있는 금액에 상당하는 액(額)"은 기존의 통설적인 해석에 따르면 일반적으로 타인에게 실시허락(통상실시권의 설정)을 하였더라면 받을 수 있는 금액을 의미하며,12)13) 현실적으로 통상실시권이 설정되어 있지 않을 경우에는 그 특허발명에 대하여 통상실시권이 설정되어 있다고 가정하면 받을 수 있는 실시료에 상당한 액으로 보고 동종기술에 대한 실시료의 일반적 기준 등을 고려할 수 있다고 본다.14)

이상과 같은 특허법상의 해석은 상표법에서도 학설상 그대로 받아들이고 있어 상표법상 "사용료 상당액"도 통상사용권을 설정할 경우 받을 수 있는 사용료에 상당하는 금액을 말한다고 종래의 통설상 해석하고 있으며,15) 현실적으로 통상사용권이 설정되어 있지 않을 경우에는 만약 그 상표권에 대해서 침해가 발생할 때에 통상사용권이 설정되어 있다면 받을 수 있는 사용료에 상당한 액이라고 본다.16)

2. 등록상표17)의 불사용(不使用)과 사용료 상당액에 관한 손해배상책임의 존부18)

우리나라의 기존의 다수설적인 견해(통설적인 견해라고 하는 의견도 있음.19) 과

---

10) 제1항에 따라 손해배상을 청구하는 경우 그 특허발명의 실시에 대하여 통상적으로 받을 수 있는 금액을 특허권자 또는 전용실시권자가 입은 손해액으로 하여 손해배상을 청구할 수 있다.

11) 송영식 외 6인, 앞의 책, 293면; 정차호·장태미, 특허법의 손해배상론(동방문화사, 2016), 126면.

12) 정차호·장태미, 위의 책, 127면; 이상경, 지적재산권소송법(육법사, 1998), 310면.

13) 그런데 이러한 종래의 통설에 대해서 실시료 상당액은 '통상실시료'의 의미로 해석할 것이 아니라 당사자 간의 개별 구체적 사정을 모두 고려하여 침해자가 정상적인 실시권설정계약자와 비교하여 같거나 유리한 지위에 놓이지 않도록 '통상실시료'보다 무거운 '상당한' 금액의 배상을 명하는 방향으로 해석되어야 한다는 비판적인 견해가 최근에 유력하게 대두되고 있으며, 그 근거로 대법원 2006. 4. 27. 선고 2003다15006 판결을 들고 있기도 하다[조영선, 특허법(제4판, 박영사), 2013, 510-511면].

14) 조영선, 위의 책, 510면; 정차호·장태미, 앞의 책, 127면.

15) 최성우, 주제별상표법(한빛지적소유권센터, 2000), 469면.

16) 송영식 외 6인, 앞의 책, 293면.

17) 대상판결은 '등록서비스표'에 관한 것이지만, 이하에서는 포괄적인 개념인 '등록상표'라는 용어로 표기하여 관련 이론을 다루도록 하겠다.

18) 미국의 경우에는 연방상표법상 사용주의를 취하고 있어 상표를 사용하여야 실제로 최종적인 상표등록이 이루어진다고 볼 수 있고, 특히 연방상표법상의 규정인 15 U.S.C. §1127에 의해 등록상표를 사용하지 않는 경우 등록상표의 포기로도 간주되므로, 등록상표의 불사용과 손해배상책임의 존부를 우리나라 사례와 비교하여 적용할 실익이 없다. 한편, 이와 관련하여 일본에서의 해석 동향은 우리나라의 학설 및 판례와 비슷한 동향을 보이고 있기도 하며, 중국에서는 현행 상표법 제64조 제1항에서 등록상표를 사용하지 않는 경우에 손해배상책임을 인정하지 않는다는 규정을 두고 있다.

거에는 통설적인 견해라고 볼 수 있었으나, 최근에는 이와는 다른 해석으로서 등록상표의 불사용인 경우에도 최저한의 사용료 상당액을 손해액으로 인정하여야 한다는 견해들이 유력하게 대두되어20) 이것은 다수설적인 견해라고 하는 것이 타당하다고 보임)는 등록상표의 불사용과 구 상표법 제67조 제3항에 따른 손해배상책임에 관하여 상표권과 특허권의 차이를 철저하게 구별하여 특허권의 보호대상인 발명은 실시가 되지 않더라도 그 자체의 창작적 가치를 인정하여 특허권 침해로 인한 최저한의 손해배상책임을 인정할 수 있다고 보는 반면에,21) 상표는 그 자체에 창작적 및 재산적 가치가 인정되지 않으므로 상표의 사용에 따른 업무상의 신용에 의해서만 그 실제적인 재산적 가치가 형성되어 손해발생책임이 인정될 수 있다고 해석하고 있다.22)

그리고 이러한 기존의 다수설적인 견해에 따라 기존의 대법원 판례 및 대상판결도 역시 사용료 상당액의 손해배상은 상표권자의 등록상표에 대한 사용이 있는 경우에 한하므로, 침해자가 국내에서 상표권자의 등록상표에 대한 사용이 없음을 근거로 하여 손해의 발생이 없음을 주장, 입증할 경우 사용료 상당액의 손해배상책임이 인정되지 않는다고 일관되게 판시하고 있다.23)

3. 구 상표법 제67조의2의 일반론

대상판결에 적용되었던 구 상표법 제67조의2(법정손해배상의 청구) 제1항(2014. 6. 11. 법률 제12751호로 개정되기 전의 것)은 "상표권자 또는 전용사용권자는 자기가 사용하고 있는 등록상표와 같거나 동일성이 있는 상표를 그 지정상품과 같거나 동일성이 있는 상품에 사용하여 자기의 상표권 또는 전용사용권을 고의나 과실로 침해한 자에 대하여 구 상표법 제67조(손해액의 추정 등)에 따른 손해배상을 청구하는 대신 5천만원 이하의 범위에서 상당한 금액을 손해액으로 하여 배상을

---

19) 조영선, "불사용 상표에 대한 침해와 손해배상", 인권과 정의 제437호(대한변호사회), 2013. 11, 7면; 박종태, INSIGHT＋상표법(제10판, 한빛지적소유권센터, 2016), 613면.

20) 조영선, 위의 논문, 7면 및 9면; 김상중, "지적재산권 침해로 인한 손해배상책임 : 손해배상법의 현대적 발전경향의 관점에서", 재산법연구 제31권 제3호(한국재산법학회), 2014. 11, 269면; 정차호·장태미, 앞의 책, 129면.

21) 조영선, 앞의 논문, 10면; 정차호·장태미, 앞의 책, 127면.

22) 김병일, "상표권 침해로 인한 손해배상", 창작과 권리 제15호(세창출판사), 1999. 6, 93면; 김상중, 앞의 논문, 267-268면.

23) 기존의 대법원 판례로서는 대법원 2002. 10. 11. 선고 2002다33175 판결, 대법원 2004. 7. 22. 선고 2003다62910 판결, 대법원 2008. 3. 27. 선고 2005다75002 판결 등 참조.

청구할 수 있다. 이 경우 법원은 변론전체의 취지와 증거조사의 결과를 고려하여 상당한 손해액을 인정할 수 있다"고 규정하고 있으며, 동법 동조 제2항에서는 "제1항 전단에 해당하는 침해행위에 대하여 제67조에 따라 손해배상을 청구한 상표권자 또는 전용사용권자는 법원이 변론을 종결할 때까지 그 청구를 제1항에 따른 청구로 변경할 수 있다."라고 규정하고 있다.24)

이와 같은 '법정손해배상제도(Statutory damages)'란, 민사소송에서 원고가 실제 손해액 등을 입증하지 않은 경우에도 사전에 법령에서 정한 일정한 금액(또는 일정한 범위의 금액)을 원고의 선택에 따라 법원이 손해액으로 인정할 수 있도록 하는 제도이다.25) 즉, 각 국가의 법령마다 그 내용에 약간의 차이가 있으나 대체로 원고가 청구를 기반으로 실손해(actual damage)의 배상에 갈음하거나 그에 덧붙여, 법원이 일정한 침해 단위당 일정 금액(하한) 이상 일정 금액(상한) 이하의 범위의 배상액을 정하여 배상을 명할 수 있도록 하는 제도를 말한다.26) 우리나라의 해당 규정은 한·미 FTA 협정 제18.10조 제6항27)을 국내법에 반영하기 위해 도입한 것으로서28) 일정 금액(상한) 이하(5천만원 이하)의 범위의 배상액을 정하고 있다.

4. 등록상표의 불사용(不使用)과 법정손해배상책임의 존부

우리나라의 구 상표법 제67조의2 제1항의 문구상으로 '자기가 사용하고 있는 등록상표'라고 되어 있으므로 법정손해배상의 청구는 사용 중인 등록상표에 기초하여서만 할 수 있다고 해석해야 할 것이다. 그리고 불사용 등록상표에 기초한 손해배상책임에 관한 기존의 대법원 판례 및 다수설적인 견해에 따를 경우 손해액

---

24) 이것은 2016. 9. 1. 시행 전부개정 상표법에서 제111조로 개정되었다.

25) 법정손해배상제도는 실제 발생한 손해와 관계없이 침해사실만 입증되면 법정손해의 상, 하한의 범위 내에서 법원이 정당하다고 인정하는 금액을 엄격한 증거조사없이 법원이 재량으로 결정하는 것이다[이종구, "한미 FTA의 이행에 따른 미국의 법정손해배상제도의 도입과 그 한계", 산업재산권 제23호(한국산업재산권법학회, 2007. 8), 636면].

26) 김원오, "상표법상 법정손해배상제도의 위상정립과 입법론적 과제", 지식재산연구 제11권 제1호(한국지식재산연구원, 2016. 3), 3면.

27) 민사 사법절차에서, 각 당사국은 최소한 저작권 또는 저작인접권에 의하여 보호되는 저작물·음반 및 실연에 대하여, 그리고 상표위조의 경우에, 권리자의 선택에 따라 이용가능한 법정손해배상액을 수립하거나 유지한다. 법정손해배상액은 장래의 침해를 억제하고 침해로부터 야기된 피해를 권리자에게 완전히 보상하기에 충분한 액수이어야 한다.

28) 정태호, "개정 상표법의 주요 문제점들에 대한 고찰", 산업재산권 제38호(한국산업재산권법학회, 2012. 8), 204면.

의 추정과 손해발생의 추정은 다르다는 전제하에서 불사용 상표의 경우 영업상 손해가 발생하지 않는다고 해석되고 있으므로, 이러한 해석을 법정손해배상액의 산정에도 적용하여 볼 때에도 법정손해배상책임을 인정할 수 없을 것이다.29)

결국 대상판결은 구 상표법 제67조의2 제1항에서의 '자기가 사용하고 있는 등록상표'라는 법문을 엄격하게 해석하여 그대로 적용한 것이라고 볼 수 있으며,30) 기존의 대법원 판례 및 다수설적인 견해에서의 손해배상책임의 존부에 관한 해석 논리에도 부합하는 것이라고 볼 수 있다.

Ⅳ. 결   론

대상판결은 등록상표의 불사용에 따른 사용료 상당액에 관한 손해배상책임의 존부와 관련해서는 기존의 대법원 판례의 판단 법리와 다수설적인 견해를 그대로 적용한 것으로서 기존에 유지되어 온 상표에 대한 본질론적인 해석에 충실한 것이라고 볼 수 있으며, 추가적으로 법정손해배상책임의 인정 요건에 관한 사안을 다룬 최초의 대법원 판례로서 그 중요한 의의를 가진다고 볼 수 있다.

---

29) 김원오, "상표법상 법정손해배상 청구요건과 손해배상액의 결정", 법학연구 제47집(전북대학교 법학연구소, 2016. 2), 555면.
30) 이외에도 대상판결에서는 해당 규정의 법문을 그대로 적용하여 침해자가 사용한 상표가 상표권자의 등록상표와 같거나 동일성이 인정되지 않는다는 점도 그 판단의 근거로 들고 있다.

71. 침해자의 이익에 따른 손해액의 추정과
기여도의 고려

[대법원 2014. 7. 24. 선고 2013다18806 판결]
노갑식(변호사, 전 부산지방법원 부장판사)

Ⅰ. 사실의 개요

원고는 각종 광학기계기구 등의 제조, 판매업을 영위하는 일본국적의 회사로서, 1995. 3. 27. 일본에서 '처리 카트리지, 전자사진 화상형성장치, 구동력 전달부재 및 전자사진 감광드럼'의 발명에 관하여 특허출원을 한 뒤, 위 발명을 이용한 감광드럼과 이를 장착한 카트리지를 포함한 레이저빔 프린터를 개발, 생산하여 수출함과 아울러, 1996. 3. 27. 우리나라 특허청에도 동일한 발명에 관하여 특허출원을 하여 2000. 3. 13. 위 발명에 관하여 특허번호 제258609호로 특허등록을 마쳤다(이하 '이 사건 특허'라 한다).

이 사건 특허는 전자사진 화상형성방식(電子寫眞 畵像形成方式)으로 기록매체에 화상을 형성하는 데 사용되는 '감광드럼(感光drum)', 주조립체(主組立體)와 감광드럼 및 현상롤러(現像roller) 사이의 '구동력 전달부재(驅動力 傳達部材)', 위 감광드럼을 포함하여 화상형성장치에 착탈 가능하게 장착되는 '처리 카트리지', 위 처리 카트리지를 장착한 레이저빔 프린터 등 '전자사진 화상형성장치'에 관한 것이다.

피고는 레이저 프린터(전자사진 화상형성장치)에 사용되는 전자사진 감광드럼(이하 '이 사건 실시제품'이라 한다)을 제조·판매하고 있는데,[1] 이 사건 특허의 구성을 갖추고 있다.

원고는 이 사건 실시제품이 이 사건 특허를 침해하는 것이라고 주장하면서 그 침해의 금지와 그로 인한 손해배상을 청구하는 소를 제기하여 전부승소의 제1

---

[1] 다만, 피고의 감광드럼 중 비원형 돌출부는 직접 생산하는 것이 아니라, 대만의 제조업체로부터 공급을 받아 감광드럼에 끼워서 판매하거나 또는 조립되지 않은 상태로 함께 판매하여 구매자로 하여금 조립하여 사용하도록 하고 있다.

심 판결(침해금지 및 15억여 원 상당의 손해배상)을 선고받았고, 이에 불복한 피고의 항소 및 상고가 기각되어 제1심 판결이 확정되었다.

이 글에서는 특허침해 관련부분을 제외하고, 그 손해배상청구 부분에 한정하여 살펴본다.

Ⅱ. 판   시

1. 제1심 판결(수원지방법원 2012. 5. 24. 선고 2010가합17614호 판결)

원고전부승소.

제1심은 "특허법 제128조 제2항은 특허권자가 고의 또는 과실에 의하여 자기의 특허권을 침해한 자에 대하여 그 침해에 의하여 자기가 받은 손해의 배상을 청구하는 경우 권리를 침해한 자가 그 침해행위에 의하여 이익을 받은 때에는 그 이익의 액을 특허권자가 받은 손해의 액으로 추정한다고 규정하고 있는바, 원고가 구하는 바에 따라 위 규정에서 정한 대로 피고가 이 사건 특허권 침해행위로 인하여 얻은 이익액을 산정하여 이를 원고의 손해액으로 추정하기로 한다. 이 사건의 경우 특허법 제128조 제2항에 따른 손해액 입증이 사안의 성질상 극히 곤란한 경우에 해당하여, 특허법 제128조 제5항에 따라 변론 전체의 취지와 증거조사의 결과에 기초하여 상당한 손해액을 인정할 수 있다고 할 것인데, 피고의 이 사건 실시제품의 판매에 따른 피고의 영업이익률은 표준소득률과 별 차이가 없을 것으로 보이므로 원고의 주장대로 소득세법상 소득금액 추계방식에 따라 피고의 이익액을 산정하기로 한다"고 설시하면서 침해행위자의 배상액을 산정함에 있어 법인세와 같은 고정비용을 공제하는 방식을 취한다면, 상대방인 특허권자로서는 침해가 없었더라면 얻을 수 있었을 이익을 충분히 전보받지 못하는 결과가 되어 형평에 반한다는 이유로 법인세율에 해당하는 부분은 이익액에서 감액되어야 한다는 피고의 주장을 배척하였다.

나아가 '당해 특허의 핵심기술은 감광드럼의 구동력 전달부재 중 한쪽 끝의 축 중앙부에 형성된 비틀린 돌출부라고 할 것인데, 감광드럼에 구동력 전달 기어를 부착하여 판매할 경우 그 단가는 3,574원, 감광드럼 자체만을 판매할 경우 그 단가는 3,094원으로, 피고의 실시제품의 판매가격 중 비틀린 돌출부만의 가격비율은 13.4% 정도에 불과하므로, 원고의 손해액을 산정함에 있어 이 사건 실시제품에 대한 이 사건 특허의 기여율 13.4%를 고려하여야 한다'는 피고의 주장에 관하여 "침해자가 침해한 특허기술이 침해자의 판매이익의 발생 및 증가에 일부만 기여한 한편, 침해자의 자본, 영업능력, 상표, 기업 신용 등의 요소가 이에 기여하였다는 등 특별한 사정이 인정되는 경우, 손해배상액을 침해된 특허기술의 기여도 한도로 제한할 여지가 있을 수 있으나, 한편 다음과 같은 사정 즉, '감광드럼의 일단부에 마련된 비틀린 돌출부가 주조립체 기어의 비틀린 구멍과 맞물려 회전함으로써 감광드럼의 축 방향 위치의 고정을 통한 회전속도의 정확성·균일성이 개선되고, 구동력이 확실하게 전달되며, 카트리지의 위치 정렬 및 인쇄화질이 개선된다'는 당해 특허의 핵심적인 기술이 피고의 실시제품에 그대로 구현되어 있는 점, 피고가 생산·판매한 감광드럼은 기어를 부착하지 않은 상태로는 프린터의 부품으로 기능할 수 없고, 기어가 부착되지 않는 상태의 감광드럼 자체만으로는 아무런 효용가치가 없는 것으로 보이는 점, 피고의 자본, 영업능력 등의 요소가 실시(침해)제품의 판매이익 발생 및 증가에 기여하였다는 사정을 인정할 만한 별다른 자료가 없는 점 등을 종합하여 보면, 피고의 주장과 같이 침해행위로 인한 피고의 이익액을 기어 부분의 가격이 감광드럼 전체의 가격에서 차지하는 비율에 따라 제한한 범위로 원고의 손해액이 한정된다고 보기는 어렵다"고 판단하였다.

2. 항소심판결(서울고등법원 2013. 1. 17. 선고 2012나54302 판결)

항소기각.

항소심은 제1심판결의 대부분을 인용하면서, "피고가 주장하는 피고 회사의 순이익률은 2007년 1.1%, 2008년 -3.0%, 2009년 12.3%, 2010년 12%로서, 피고 스스로 생산과 수출이 본 궤도에 오르지 않아 경영상 어려웠던 시기로 주장하는 2007년 및 2008년을 제외하면 표준소득률과 큰 차이가 없고, 피고 회사의 특수한 사정으로 순이익률이 현저하게 낮게 나온 시기의 이익률을 기준으로 원고의 손해를 추정할 수 없음은 명백하다"고 설시하고, "특허의 실시(침해)에는 '생산'이 포함되므로, 피고가 국내에서 이 사건 실시제품을 생산한 이상 이를 원고가 특허권을 보유하지 않은 국가로 수출하였다 하더라도 이 사건 특허에 대한 침해가 성립하고, 피고의 이 사건 실시제품은, 원고의 이 사건 특허제품이 장착된 정품 카트리지의 호환용으로서 이 사건 특허의 구성 중 하나인 '비틀린 구멍'을 구비한 화상형성장치에만 사용될 수 있으므로, 이 사건 실시제품이 수출되는 곳에는 이 사건 특허제품 역시 판매되고 있다고 보아야 하므로 피고가 국내에서 이 사건 실시제품을 생산하여 원고가 특허권을 보유하지 않는 국가에 수출하는 경우에도 원고는 이로 인하여 손해를 입는 것으로 볼 수 있다"고 판단하였다.

3. 이 사건 대상판결

상고기각.

대법원은 "2007. 12. 3.부터 2010. 11. 26.까지 기어를 부착한 이 사건 실시제품의 해외수출분 판매가격의 합계액 15,644,427,386원에 2007년부터 2010년까지 '컴퓨터 및 그 주변기기'에 대한 국세청 고시 단순경비율인 90%를 제외한 표준소득률 10%를 곱한 금액을 이 사건 특허권 침해행위로 인하여 피고가 얻은 이익액으로 보고, 위 금액을 기어 부분의 가격이 감광드럼 전체의 가격에서 차지하는 비율에 따라 제한한 범위로 한정하지 아니하고서 그 전액을 기초로 이 사건 손해배상액을 정하여야 한다"고 판단한 원심의 결론은 정당하다고 판시하였다.

Ⅲ. 해   설

1. 특허침해로 인한 손해액 산정의 여러 가지 방식

특허법 규정에 의하면, 특허침해로 인한 손해액 산정의 방식으로는 ① 침해자의 판매수량에 따른 손해액의 산정(특허법 128조 1항), ② 침해자의 이익에 따른 손해액의 추정(특허법 128조 2항), ③ 실시료 상당의 손해액 인정(특허법 128조 3항), ④ 입증곤란의 경우 상당한 손해액의 인정(특허법 128조 5항) 등이 있다. 두 번째 방식인 침해자의 이익에 따른 손해액의 추정 방식에 의하여 손해배상액을 산정할 경우에 침해자의 이익이 정확하게 얼마인지를 산정하는 것이 증거 등의 부족으로 입증이 곤란할 경우 네 번째 방식인 특허법 128조 5항의 규정을 보충적으로 적용하여 특허침해로 인한 손해액을 산정하는 방식이 있는데 이 사건 대상판결의 제1심도 그와 같은 방식으로 손해액을 산정하였다.

2. 침해자가 받은 이익

침해자가 받은 이익이 권리자의 손해로 추정되지만 그 이익이 얼마인지는 권리자가 입증하여야 한다. 침해자가 받은 이익의 개념에 관하여는 총이익설, 순이익설, 한계이익설로 나누어진다. 총이익이란 총 판매가격에서 총 지출비용을 뺀 금액을 말하고, 순이익이란 총이익에서 업무상 지출된 비용(일반 관리비, 발송운송비, 광고선전비 등의 제경비)을 공제한 금액을 말하는데, 순이익을 산정하는 방법으로는 민법상 손해배상청구의 경우와 같이 '총판매량×1개당 이익' 또는 '1개월당 매출액×기간×이익률'에 의하는 방법이 있고, 보통 후자의 방법을 따르고 있으며, 총이익설과 순이익설의 커다란 차이는 매출액으로부터 공제해야 될 비용 중에 일반관리비를 포함시킬지 여부에 있다고 한다.[2]

일본에서의 학설 논의를 보면, 침해자의 이익에 관하여 종래 ① 권리자가 손해배상으로 청구할 수 있는 것은 일실이익 상당의 순이익이라는 전제 아래 권리자가 침해자의 순이익을 입증하여야 한다는 순이익설, ② 권리자가 침해자의 총이익(조이익)을 입증하면 손해액의 추정이 가능하고, 공제되어야할 비용액의 입증책임을 사실상 침해자에게 부담시켜야 한다는 총이익설(조이익설)이 논의되다가 1998년 일본 특허법의 개정 이후 ③ 종래의 다수설 및 주류적 판결례의 입장이던 순이익설을 기본으로 하여 침해행위에 의하여 얻은 매상액으로부터 제조원가, 판매원가 외에 침해자가 침해행위로 제조, 판매를 한 것에 직접 필요하였던 제경비를 공제한 액으로 해석하는 견해와 ④ 침해자의 비용을 공제할지 여부는 권리자에 의하여 추가적으로 필요한 비용이었는지 여부에 의하여 결정하여야 한다는 한계이익설이 논의되고 있는데, 위 일본 특허법 개정시에 도입된 제102조 제1항의 해석론에서의 이익을 한계이익으로 보아야 한다는 관점에서 침해자의 이익을 권리자의 관점이 아니라 침해자의 관점에서 바라보는 위 ③의 견해가 지지를 얻고 있는 듯하다.[3]

생각건대, 침해자가 침해행위로 인한 침해품의 생산, 판매에 추가적으로 들어가지 않는 비용인 일반관리비, 인건비(추가로 소요되는 인건비는 제외), 감가상각비 등은 침해자의 이익을 계산함에 있어서 산입하지 않아야 할 것이고 추가로 들어가는 비용인지 여부의 판단은 권리자의 관점이 아니라 침해자의 관점에서 판단하

---

2) 김재국, 앞의 논문 474-475.
3) 鎌田 薫(카마다 카오루), "특허법 제102조 제2항에서 말하는 이익의 의미", 中山信弘 외 2인 편, 비교특허판례연구회 역 특허판례백선 제3판(2004), 576-579.
　　三寸量一(미무라 료우이치), "특허법 제102조 제2항에서 말하는 이익의 의미", 中山信弘 외 3인 편, 사단법인 한국특허법학회 역 특허판례백선 제4판(2012), 551.
　　中山信弘, 小泉直樹 編, 新注解 特許法(下卷), 靑林書院, 2011, 1639 이하.

여야 할 것이다.4)

침해자의 총매출액에서 침해된 특허를 이용한 제품이나 그 관련제품의 매출액이 차지하는 비율에 따른 매출총이익에서 같은 비율에 따른 판매 및 일반관리비를 공제하되, 그 특허를 이용한 매출과 관계없이 고정적으로 지출되는 임원급여와 감가상각비를 공제하지 아니한 판결례가 있다.5)

대법원은 상표권 침해 사건에서 상표권자 혹은 전용사용권자로서는 침해자가 상표권 침해행위로 인하여 얻은 수익에서 상표권 침해로 인하여 추가로 들어간 비용을 공제한 금액을 손해액으로 삼아 손해배상을 청구할 수 있다고 판시하여 한계이익설과 입장을 같이 하는 듯하다.6)

3. 구체적인 이익산정방식

특허침해행위로 인한 수입액에서 그에 상응하는 비용을 공제하는 방법으로 특허법 제128조 제2항에 의한 특허권자의 손해액을 산정함에 있어서 그 비용산출의 계산방식은 주요사실에 해당한다고 할 수 없으므로 자백의 대상이 되지 아니하여 법원이 이에 구속되지 아니한다.7) 따라서 법원은 당사자들의 주장에 구애받지 않고 적정한 비용산출방식을 채용하여야 하고, 그 방식이 합리성을 잃은 것이어서는 아니 된다.

판결례에 나타난 방식으로는 ① 이익에서 비용을 공제하는 방식8)9) ② 표준소득률에 의한 방식10)11)12)13)14) ③ 소득금액추계 방식15) ④ 권리자의 소득률을

---

4) 위 대법원 96다43119 판결은 순이익설의 입장에 선 것으로 보이는데, 최근의 하급심판결례 중에 순이익이라는 개념을 사용한 판결로는 광주지방법원 2011. 8. 25. 선고 2009가합3205 판결(항소심에서 특허발명에 진보성이 없다는 이유로 원고 청구 기각되고 상고 기각됨).

5) 서울중앙지방법원 2004. 2. 13. 선고 2002가합30683 판결(항소취하로 확정).

6) 대법원 2008. 3. 27. 선고 2005다75002 판결.

7) 대법원 2006. 10. 12. 선고 2006다1831 판결.

8) 위 서울중앙지방법원 2002가합30683 판결.

9) 서울중앙지방법원 2012. 9. 11. 선고 2010가합131161 판결(확정).

10) 이 사건 대상판결의 제1심인 수원지방법원 2010가합17614 판결.

11) 서울중앙지방법원 2013. 8. 16. 선고 2012가합68830 판결(항소심에서 피고의 매출액이 증가하고 이익률을 10%로 하여 손해배상액이 증가된 판결이 선고되었는데 그 항소심 판결이 확정됨).

12) 인천지방법원 2013. 11. 1. 선고 2010가합3113 판결(항소).

13) 서울중앙지방법원 2013. 8. 23. 선고 2012가합76619 판결(항소심에서 조정성립).

14) 서울중앙지방법원 2010. 11. 12. 선고 2010가합34123 판결(항소기각), 한국제약협회장에 대한 사실조회 결과로 의약품 매출액을 인정한 사례로는 서울중앙지방법원 2009. 10. 7. 선고

피고의 소득률로 추정하는 방식이16) 있고, 침해자가 실시료로 받은 금액을 침해자의 이익으로 본 사례도17) 있다.

4. 침해제품의 일부만이 당해 특허권 침해에 해당하는 경우의 기여도 산정

침해제품 전부가 특허권을 침해한 경우보다는 침해제품의 일부에 특허권이 실시되거나 하나의 제품에 문제가 된 특허권 외에 여러 건의 특허권이나 실용신안권, 디자인권이 적용되는 경우도 통상적일 것이다. 그와 같은 경우 침해제품의 판매로 인한 이익 전부를 권리자의 손해로 추정할 것인지가 문제에 관하여 전체이익설과 기여도설이 있다.18)19)

이 부분과 관련하여 전체 이익을 손해로 본 판결례가 이 사건 대상판결의 제1심이다. 제1심은 침해자인 피고의 '당해 특허의 핵심기술은 감광드럼의 구동력 전달부재 중 한쪽 끝의 축 중앙부에 형성된 비틀린 돌출부라고 할 것인데, 감광드럼에 구동력 전달 기어를 부착하여 판매할 경우 그 단가는 3,574원, 감광드럼 자체만을 판매할 경우 그 단가는 3,094원으로, 피고의 실시제품의 판매가격 중 비틀린 돌출부만의 가격비율은 13.4% 정도에 불과하므로, 원고의 손해액을 산정함에 있어 이 사건 실시제품에 대한 이 사건 특허의 기여율 13.4%를 고려하여야 한다'는 주장에 관하여 "침해자가 침해한 특허기술이 침해자의 판매이익의 발생 및 증가에 일부만 기여한 한편, 침해자의 자본, 영업능력, 상표, 기업 신용 등의 요소가 이에 기여하였다는 등 특별한 사정이 인정되는 경우, 손해배상액을 침해된 특허기술의 기여도 한도로 제한할 여지가 있을 수 있으나, 한편 다음과 같은 사정 즉, '감광드럼의 일단부에 마련된 비틀린 돌출부가 주조립체 기어의 비틀린 구멍과 맞물려 회전함으로써 감광드럼의 축 방향 위치의 고정을 통한 회전속도의 정확성·균일성이 개선되고, 구동력이 확실하게 전달되며, 카트리지의 위치 정렬 및 인쇄화질이 개선된다'는 당해 특허의 핵심적인 기술이 피고의 실시제품에 그대로 구현되어 있는 점, 피고가 생산·판매한 감광드럼은 기어를 부착하지 않은 상태로는

2007가합33960 판결(항소심에서 조정성립).
15) 수원지방법원 2010. 4. 22. 선고 2008가합23845 판결(항소심에서 조정성립).
16) 의정부지방법원 고양지원 2012. 9. 14. 선고 2011가합11443 판결(확정).
17) 서울중앙지방법원 2012. 1. 20. 선고 2011나45179 판결(확정).
18) 기여도를 산정하여야 함을 전제로 한 판결로는 대법원 2003. 3. 11. 선고 2000다48272 판결.
19) 김재국, 앞의 논문, 478.

프린터의 부품으로 기능할 수 없고, 기어가 부착되지 않는 상태의 감광드럼 자체만으로는 아무런 효용가치가 없는 것으로 보이는 점, 피고의 자본, 영업능력 등의 요소가 실시(침해)제품의 판매이익 발생 및 증가에 기여하였다는 사정을 인정할 만한 별다른 자료가 없는 점 등을 종합하여 보면, 피고의 주장과 같이 침해행위로 인한 피고의 이익액을 기어 부분의 가격이 감광드럼 전체의 가격에서 차지하는 비율에 따라 제한한 범위로 원고의 손해액이 한정된다고 보기는 어렵다"고 판단하였다.

특허발명이 침해제품의 일부에 실시된 경우에 여러 가지 사정을 참작하여 기여도를 산정하여야 한다고 한 판결례[20]도 있는데, 그 판결은 특허발명이 드럼세탁기의 여러 구성부분 중 구동부에 관한 것이고, 침해품의 판매에는 침해자의 브랜드가치, 마케팅 등 다른 사정도 기여한 점, 권리자와 침해자의 드럼세탁기 시장 점유율이 40% 정도로 유력한 경쟁자가 있는 점 등을 고려하여 특허발명의 기여도를 20%로 산정한 사례이다.[21]

---

20) 서울중앙지방법원 2009. 10. 14. 선고 2007가합63206 판결(드럼세탁기 판결, 확정).
21) 위 서울중앙지방법원 2007가합63206 판결(드럼세탁기 판결), 이 판결 외 기여도를 산정하여야 한다고 본 판결로 서울중앙지방법원 2012. 8. 31. 선고 2011가합13369 판결(항소)(반도체장비 판결).

72. 문언침해시 자유실시기술항변의 허용여부

[특허법원 2016. 1. 15. 선고 2015허4019 사건(권리범위확인(특))]1)

김관식(한남대학교 법학부 교수, 전 대법원 재판연구관)

I. 사실의 개요

이 사건에서 원고는 발명의 명칭을 고강도 패널로 하는 특허발명의 특허권자로 피고들을 상대로, 이 사건 확인대상발명이 원고의 이 사건 제1, 3항 발명의 권리범위에 속한다는 확인을 구하는 권리범위확인심판(2014당1715호)를 청구하였는데, 특허심판원은 2015. 5. 22. 이 사건 확인대상발명 중 이 사건 제1, 3항 발명에 대응되는 구성요소만으로 특정된 것은 그 기술분야에서 통상의 지식을 가진 사람('이하' 통상의 기술자라 한다)이 비교대상발명 3으로부터 쉽게 실시할 수 있는 이른바 자유실시기술에 해당하여 이 사건 제1, 3항 발명의 권리범위에 속하지 않는다는 이유로 원고의 위 심판청구를 기각하였다.

이에 원고는 ① 이 사건확인대상발명은 이 사건 제1, 3항 발명의 구성을 모두 포함하고 있어 그 권리범위에 속한다. ② 비교대상발명 3은 이 사건 특허발명의 출원 전에 공지되지 않았다. ③ 이 사건 확인대상발명은 통상의 기술자가 비교대상발명 1, 2, 3으로부터 쉽게 실시할 수 있는 자유실시기술이 아니다. ④ 따라서 이와 결론을 달리하는 이 사건 심결은 위법하여 취소되어야 한다고 주장하면서 소를 제기하였다.

II. 판 시

심결 일부 취소.

"피고들은 이 사건 확인대상발명이 이 사건 제1항 발명에 대응되는 구성만으

---

1) 본 사건은 2016. 5. 23. 상고되었다.

로나 구성 전체로나 통상의 기술자가 비교대상발명 1 또는 비교대상발명 3으로부터 쉽게 실시할 수 있거나 비교대상발명 1, 2를 결합하여 쉽게 실시할 수 있는 자유실시기술에 해당하여 이 사건 제1항 발명의 권리범위에 속하지 않는다고 주장한다.

살피건대, … 자유실시기술의 법리는 특허발명이 애당초 특허를 받을 수 없었던 부분까지 균등론을 적용하여 권리범위를 확장하는 것을 제한하기 위한 것이므로, 확인대상발명이 특허발명의 청구범위에 기재된 구성 전부를 그대로 포함하고 있어 특허발명의 권리범위를 문언 침해하는 경우에는 적용되지 않는다.

이 사건에서는 앞서 본 바와 같이 이 사건 확인대상발명이 이 사건 제1항 발명의 구성을 모두 그대로 포함하여 그 권리범위를 문언 침해하고 있어서 자유실시기술의 법리가 적용될 수 없으므로, 피고들의 위 주장은 이유 없다."

Ⅲ. 해   설

1. 문제의 소재

특허권자가 자신의 특허발명을 실시하고 있는 자에 대하여 권리범위확인심판을 청구하거나 특허침해의 소를 제기한 경우에, 상대방은 자신이 실시하고 있는 물건 또는 방법이 특허권자의 특허청구범위에 속하는지의 여부에 관계없이, 자신이 실시하고 있는 확인대상발명이 특허발명의 출원전에 공지된 발명과 동일하거나 이로부터 통상의 기술자가 용이하게 발명할 수 있는 것이라는 취지의 주장을 하는 경우가 있다. 이러한 주장을 공지기술의 항변 혹은 자유실시기술의 항변으로 강학상 칭하며, 우리나라에서는 적극적 권리범위심판에 관한 다수의 판례에서 이러한 항변을 인정하고 있다.

그런데 대상판결에서는 자유실시기술의 항변은 균등침해의 여부를 판단할 때, 특허권자의 권리를 적절하게 제한하기 위하여 도입된 것에 지나지 않고, 본 사건에서 확인대상발명은 특허발명을 문언침해하고 있으므로 자유실시기술의 항변은 허용되지 않는다고 판단한 것으로 기존의 판례 태도와는 상이한 것이다.

2. 종래의 논의

자유실시기술의 항변은 일반적으로 독일의 '자유로운 기술수준의 항변(Einrede

des freien Standes der Technik)'에서 유래한 것으로 보고 있다.2) 독일에서는 일반
법원에서의 특허침해소송에서는 특허가 무효라는 취지의 주장이 허용되지 않아,
신규성 진보성이 결여된 이른바 결함특허(Fehlpatent)에 대하여 특허무효의 판결이
있기 전에 피고를 구제하기 위한 수단으로 자유실시기술의 항변이 많은 지지를
받고 있었다. 판례에서는 제척기간이 존재하던 때로부터 자유로운 기술수준의 항
변에 대해서는 부정적이었으나,3) 그 후 뒤셀도르프 지방법원에서 처음 인정되었
고,4) 독일연방대법원의 저명한 Formstein 판결5)에서 특허발명을 균등침해하는
확인대상발명이 기술수준에 비추어 보아 특허될 수 없는 발명이라는 항변을 인정
하여 이른바 자유실시기술의 항변을 진보성의 영역까지 명시적으로 인정하였다.6)

  일본에서도 청구범위의 기술적범위를 해석할 때, 발명이 전부 공지인 경우에,
기술적 범위에서 공지사실을 제외하여 해석하는 설(공지기술제외설, 대표적인 일본
의 사건으로 이른바 아이스 모나카 사건 大審判 昭9. 10. 20)과, 권리범위를 청구범위
에 기재된 문자대로 가장 좁게 해석하는 설(최협의설, 혹은 실시례한정설)과 더불어,
자유기술(공지기술)의 항변을 인정하는 설로 구분하여 설명하고 있다.7) 자유기술
의 항변을 독일에서의 '자유로운 기술수준의 항변'을 채용한 것으로 보고 있는
데,8) 긍정설에서는 공지기술을 포함하는 일정한 영역은 본래 누구나 자유롭게 이
용할 수 있어야 한다는 특허법의 기본원리로부터 유도되는 것이며, 종전의 부정적
인 견해는 특허무효의 항변이 허용되지 않았다는 점을 이유로 하고 있고, 무효의
항변이 인정되는 현재에는 그 실익은 별론(別論)으로 하더라도 자유기술의 항변을
부정하여야 하는 이유는 현재는 찾아볼 수 없다고 하고 있다.9)

  미국의 경우 자유실시기술의 항변에 대응하는 것으로, 선행기술(prior art)에

---

2) 吉藤幸朔·熊谷健一 저, YOUME 특허법률사무소 역, 特許法槪説 第13版, 대광서림, 2000,
   610면; 竹田和彦, 特許の知識[第8版], ダイヤモンド社, 2006, 449頁; 竹田和彦저, 김관식 외
   4인 역, 特許의 知識[第8版], 도서출판에이제이디자인기획, 2011년, 543면.
3) 다만 이때에도 청구항의 한정해석에 의하여 구체적 타당성을 확보하였다. 상게서.
4) Düsseldorf OLG von 30. März 1962, GRUR 1962, 586.
5) BGH vom 29, Apr. 1988, GRUR 1986, 803.
6) BGH vom 29, Apr. 1988, GRUR 1986, 805-806.
7) 竹田和彦, 特許の知識[第8版], ダイヤモンド社, 2006, 449頁; 竹田和彦저, 김관식 외 4인
   역, 特許의 知識[第8版], 도서출판에이제이디자인기획, 2011년, 543면.
8) 상게서.
9) 牧野 知彦, "侵害訴訟における無效の抗弁と自由技術の抗弁", 知財管理 Vol. 58 No. 4
   (2008), 476頁. 한편 부정설의 예로, 大瀬戸 豪志, "特許侵害訴訟における自由技術の抗弁",
   パテント Vol. 46 No. 7(1993), 21頁.

근거한 비침해의 항변은 균등침해 판단에서만 허용되고, 문언침해의 경우에는 허용되지 않는데,10) 그 이유로는 특허무효를 위한 입증의 정도인 '명확하고 설득력 있는 증거(clear and convincing evidence)'와 선행기술의 실시의 입증을 위한 입증의 정도인 '우월한 증거(preponderance of evidence)'가 상이하므로, 입증책임이 더 강한 특허무효의 주장을 우회하기 위하여 선행기술의 실시를 주장하는 것은 허용되지 않는다는 점을 들고 있다.11)

중국의 경우에는 특허침해소송에서는 특허무효의 항변을 할 수 없고, 우리나라의 특허청 특허심판원에 대응하는 중국 지식산권국 특허복심위원회(专利复审委员会)에 별도 무효선고청구를 하여야 한다(중국 특허법 제45조). 이와 같이 특허침해소송에서 무효의 항변은 허용되지 않으나, 자유기술의 항변에 대응하는 현유기술(現有技術)12)의 항변이 가능하며(중국 특허법 제62조), 확인대상발명이 공지기술과 동일하거나 균등한 범위(실질적 동일)까지 현유기술의 항변이 허용된다.13)

우리나라의 경우 권리범위확인심판에서 자유실시기술의 항변은 확인대상발명이 '공지의 기술만으로 이루어진 경우'뿐만 아니라,14) 확인대상발명이 '당업자가 공지기술로부터 용이하게 실시할 수 있는 경우'까지 포함하여 인정하고 있다.15) 이는 공지기술에 대하여 진보성이 인정되지 않는 영역까지 확장하여 자유실시기술의 항변을 인정한 것으로 해석되며, 실무에서 자유실시기술의 항변이 적극활용되고 있다.16)

그런데 이와 같은 판례의 경향에 대해서는 최근 일부 비판적인 견해가 등장하고 있는데, 그 주된 논거 중의 하나로 자유실시기술의 항변을 인정한 독일의 Formstein 판결이 균등침해에 관한 것임을 들면서,17) 균등침해가 아닌 문언침해

---

10) Janice M. Mueller, Patent Law 4th ed., Wolters Kluwer, 2013, p. 155; Tate Access Floors v. Interface Architectural Resources, 279 F.3d 1357(Fed. Cir., 2002) at 1365.

11) Id. at 1367.

12) 중국 특허법 제22조 제5항에는 "본 법에서 말하는 현유기술은, 출원일 전에 국내외에서 공중에게 알려져 있는 기술을 말한다"고 되어 있다.

13) 河野 英仁, "中国における現有技術の抗弁 ～現有技術抗弁と特許請求の範囲との関係～ 中国特許判例紹介(27)", 2013, 4-5頁。http://knpt.com/contents/china/2013.08.05.pdf 2017. 2. 14. 최종 접속.

14) 대법원 1997. 11. 11. 선고 96후1750 판결[권리범위확인].

15) 대법원 2001. 10. 30. 선고 99후710 판결[권리범위확인(특)].

16) 김원준, "자유실시기술의 법리와 판결의 문제점", 부산대학교 법학연구 제57권 제2호(2016), 339면.

17) 위 논문, 338면.

판단시에 자유실시기술의 항변을 허용하는 것은 이러한 독일의 판례의 취지를 오해한 것이라고 보고 있다.[18] 또한 그 판단 범위와 관련하여 자유실시기술여부 판단시 그 판단 범위를 판단자의 주관이 개입하기 용이한 진보성까지 인정하는 것은 바람직하지 않고 특허권자의 보호가 약화되는 문제점이 있으므로 그 판단범위를 신규성 범위로 한정하는 것이 바람직하며,[19] 나아가 문언침해 판단시에는 신규성 범위 내에서의 자유실시기술의 항변도 허용하지 않아야 된다는 주장도 있다.[20]

3. 검   토

자유실시기술의 항변이 인정되어야 한다는 가장 주된 논거는 당해 특허출원의 시점에서 공지의 기술에 해당하는 것은 본래 누구라도 자유롭게 실시할 수 있는 즉 만인공유의 재산이라고 할 수 있으므로 누구라도 자유롭게 실시할 수 있어야 한다는 것이다.[21] 이러한 이념은 단지 추상적인 개념으로만 존재하는 것이 아니고, 이미 특허법 내에 명시적으로 구현이 되어 있다. 즉 발명자가 "자연법칙을 이용한 기술적 사상의 창작으로서 고도한 발명"을 하였다고 하더라도, 그 발명이 이미 공중에게 알려진 발명이거나 이로부터 통상의 기술자가 용이하게 발명할 수 있는 경우에는, 그 발명이 특허될 수 없다는 특허법의 규정은 이러한 이념을 특허법 내에서 명시적으로 구현하고 있는 것으로 볼 수 있다. 특허권은 사권으로서 일반 공중의 이익과 배치되는 경우에는 허용할 수 없는 것이다. 독점규제 및 공정거래에 관한 법률에는 특허권 등의 정당한 행사라고 인정되는 경우에는 공정거래법의 적용에서 제외된다는 명시적인 규정이 있음에도(동법 제59조), 특허권의 정당한 행사인지의 여부는 공정거래법 하에서 판단하는 것이므로 특허법상 특허권의 정당한 행사라고 하여도 불공정거래에 해당할 수도 있다는 것은, 특허권 등의 사권에 비하여 공중의 이익이 우선한다는 점을 명확하게 알 수 있는 좋은 사례라고

---

18) 정차호, "권리범위확인심판 및 침해소송에서의 공지기술의 항변 및 자유실시기술의 항변", 성균관법학 제27권 제3호(2015).

19) 김원준, 354-356면.

20) 정차호, 296면. 그 주된 논거로는 "확인대상발명을 특정이 명확하게 특정되어 있지 않은 공지기술과 비교하는 것보다는 청구범위로 명확하게 특정되어 있는 특허청구범위와 대비하는 것이 현명하다"는 점을 들고 있다.

21) 竹田和彦, 상게서 543면; 吉藤幸朔·熊谷健一 저, YOUME 특허법률사무소 역, 特許法槪說 第13版, 대광서림, 2000, 610면.

생각된다. 또한 이른바 균등침해의 경우에도, 침해 피의 제품이 공지의 기술이거나 이로부터 용이하게 추고할 수 있는 것이라면 특허권자의 권리가 미치지 아니하는 것으로 일반적으로 해석하고 있는데, 이는 결국 공지의 기술 및 이로부터 용이하게 발명할 수 있는 것은 공유의 재산으로 누군가에 의하여 독점권의 대상으로 할 수 없다는 이념이, 특허권자의 실효적 보호에 우선하여 적용된 것으로, 특허권자의 실효적 보호에 비하여 공공복리의 이념이 우선적으로 적용한 결과로 해석할 수 있다.22)

자유실시기술의 항변을 인정할 수 없다는 논거 중의 하나로, 이를 허용하는 것은 결국 특허무효의 항변을 인정하는 것이어서 허용될 수 없다는 논거가 다수 발견된다. 이러한 논거는 종전 독일에서 자유실시기술의 항변을 인정할 수 없는 논거로 사용된 것인데, 독일에서는 현재도 여전히 특허침해소송에서 특허무효의 항변은 허용되지 아니하므로,23) 침해소송에서 자유실시기술의 항변은 인정되지 않는다. 이는 특허권이 일단 유효하게 성립되면 특허무효심판에 의하여 무효로 확정되기 이전에 다른 침해법원 등에서 특허의 무효 여부를 판단하는 것은 허용되지 않는다는 것은 이른바 행정행위의 공정력(公定力)에 기초한 주장이다. 그런데 일찍이 일본에서는 행정행위의 무효와 취소의 법리에 기초하여, 특허권에 대한 침해소송에서도 특허권의 무효를 주장할 수 있다는 유력한 학설이 있었고,24) 그 후 2000년 저명한 일본 대법원의 이른바 킬비사건25)에서 특허무효의 항변을 허용한 바가 있다. 우리나라에서도 2012. 1. 19.의 대법원 2010다95390 판결 이래로 특허침해소송에서 특허의 무효를 주장할 수 있게 되었으므로, 자유실시기술의 항변은

---

22) 이러한 자유실시기술의 논거에 대하여, 예를 들어, 제3자의 특허출원이 공개되어 공지기술이 되고 그 후 그 출원이 특허된 경우에 그 공지기술은 특허권에 의하여 보호되므로 누구나 자유롭게 실시할 수 있는 기술이 아니므로, 이러한 논거의 논리는 옳지 않다는 주장이 있으나(정차호, 290-291면), 공지기술의 특허출원이 당해 특허발명의 출원일 이후라면, 공지기술의 특허출원은 당해 특허출원의 후원에 해당하여 특허되지 않을 것이고(특허법 제36조), 공지기술의 특허출원이 당해 특허발명의 출원일 이전이라면 당해 특허출원이 특허될 수 없으므로(특허법 제29조 제3항), 상기의 주장은 수긍하기 힘들다.

23) 松田 一弘, "特許訴訟における技術争点への各国裁判所の対応", 特許研究 No. 40 (2005), 21頁. 한편 등록실용신안에 대해서는 특허와 달리 침해소송 중에 무효주장이 허용된다. See, e.g., Thomas Kühnen(translated by Frank Perreins), Patent Litigation Proceedings in Germany 6th ed., Heymanns, 2013, p. 409.

24) 田村 善之, "特許侵害訴訟における公知技術の抗弁と当然無効の抗弁(1)", 特許研究 No. 21(1996), 4-32頁; 田村 善之, "特許侵害訴訟における公知技術の抗弁と当然無効の抗弁(2)", 特許研究 No. 22(1996), 4-23頁.

25) 最高裁 平成12年4月11日 平成10年(オ) 第364号 債務不存在確認請求事件.

결국 특허권 침해법원에서 주장이 금지된 특허무효의 항변을 인정하는 것에 다름 아니므로 허용될 수 없다는 취지의 주장은, 현재도 특허침해소송에서 특허무효의 항변을 허용하지 않는 독일과 달리, 적어도 일본과 우리나라에서는 더 이상 유효한 논거가 될 수 없다.[26)]

한편 미국의 경우 자유실시기술의 항변에 대응하는 선행기술 실시의 항변이 침해소송에서 허용되지 않는 점은 전술한 바와 같으나, 그 주된 근거는 특허권의 무효를 입증하기 위하여 요구되는 입증의 정도(clear and convincing evidence)가 선행기술 실시를 입증하기 위하여 요구되는 입증의 정도(preponderance of evidence) 보다 높다는 점을 들고 있으므로,[27)] 이와 사정을 달리하는 우리나라에서 자유실시기술의 항변을 부정하는 논거로 사용하기는 힘들 것이다.

오히려 중국에서는 자유실시기술의 항변을 현유기술(現有技術)의 항변이라는 이름으로 특허법상 명시적으로 규정하여 허용하고 있고, 판례에서도 공지기술과 동일한 발명 및 이와 균등한 발명의 범위까지 현유기술의 항변을 허용하고 있는 점이 특별히 주목된다.[28)]

자유실시기술의 항변을 불허하여야 한다는 주장의 논거 중의 하나로, 현재는 과거와 달리 특허무효의 주장이 허용된다는 점을 드는 경우가 있는데, 특허무효의 주장이 침해에 대한 항변으로 허용되지 않던 종전에 비하여 현재는 자유실시기술의 존재의의가 감소된다는 점을 부정할 수는 없다.[29)] 그런데 특허무효의 사유로는 공지기술의 항변에 대응하는 신규성, 혹은 진보성의 결여만을 그 사유로 하고 있지 않으므로, 공지기술의 항변을 허용하더라도 특허무효심판에는 여전히 독자적인 그 존재의의가 인정될 수 있다.

한편 특허무효 심판이 제기 되면, 특허권자는 이에 대응하여 자신의 특허의 무효사유를 해소하기 위하여 정정청구 혹은 특허무효심판이 계속 중이 아니라면 별도의 정정심판을 청구하는 것이 가능하고, 적법한 정정의 효력은 출원시로 소급

---

26) 같은 취지, 牧野 知彦, "侵害訴訟における無效の抗弁と自由技術の抗弁", 知財管理 Vol. 58 No. 4(2008), 476頁; 小橋 声, "特許法104條の3と公知技術の抗弁", 近畿大学法科大学院論集 4号(2008), 13頁.

27) Tate Access Floors v. Interface Architectural Resources, 279 F.3d 1357(Fed. Cir., 2002) at 1367.

28) 河野 英仁, "中国における現有技術の抗弁 ～現有技術抗弁と特許請求の範囲との関係～ 中国特許判例紹介(27)", 2013, 4頁。http://knpt.com/contents/china/2013.08.05.pdf 2017. 2. 14. 최종 접속.

29) 같은 취지, 中山信弘, 特許法 第3版, 弘文堂, 2015, 444頁.

하므로(법 제133조의2 제4항, 제136조 제8항), 정정이 확정되면 특허무효심판은 정정된 청구항을 대상으로 처음부터 다시 그 절차를 진행하게 된다.30) 그 결과 절차가 과도하게 지연되어 소송경제에 반할 우려가 있고, 더욱이 특허권자로부터 권리의 대항을 받는 실시 피의자의 입장에서는, 실질적으로 대세효를 가지는 특허권의 무효 여부보다는 자신이 실시하여 특허권자의 권리의 대항을 받고 있는 자신의 실시 제품의 실시 허용 여부가 더욱더 직접적이고 궁극적인 관심사항일 수밖에 없을 것이므로, 자유실시기술의 여부를 직접적으로 판단하는 것이 특허침해 피의자의 요구에 직접적으로 부응하는 것이 될 것이다. 특히 실시제품에 다수의 특허권이 관련되어 있는 경우라면 일회의 자유실시기술의 항변에 의하여 일거에 해결이 가능할 것이나, 무효심판에 의존한다면 관련된 모든 특허에 대하여 특허무효심판을 청구하여 각각의 특허에 대하여 서로 다른 정정청구에 일일이 대응하여야 하고, 이는 침해 피의자에게 과도한 시간적, 경제적 부담이 될 것이어서, 자유실시기술의 항변을 허용하는 편이 소송경제에도 부합할 것이다. 더욱이 특허침해소송과 특허무효심판과의 관계와는 달리, 권리범위확인심판과 특허무효심판은 동일한 기관인 특허심판원에서 이루어질 뿐만 아니라 판단주체도 권리범위확인심판과 특허무효심판에서 구분되어 있지 않고 동일한 심판부가 특허무효심판과 권리범위확인심판을 담당한다는 점을 감안하면,31) 자유실시기술의 항변에 따른 특허무효의 판단을 별도의 무효심판절차에서 하도록 하는 것은 그 판단 결과에 있어 실질적인 차이도 발생하지 않는 무의미한 절차의 지연을 강요하는 결과가 될 뿐이라고 생각된다.

　　균등침해를 인정하는 국가에서는 균등침해 성립을 위한 소극적 요건의 하나로, 침해 피의품이 통상의 기술자가 공지의 발명으로부터 용이하게 발명할 수 없었던 것이라는 요건이 있는데, 그 취지는 특허권자의 실효적 보호를 위하여 일정한 범위까지 문언적 특허청구범위의 범위를 확장하더라도, 애초에 공지기술에 해당하거나 그로부터 통상의 기술자가 용이하게 발명할 수 있는 것에 대해서는 특

---

30) 예를 들어, 특허무효심판이 대법원에 계속 중인 때에, 정정이 확정되면, 정정 전의 청구항에 기초한 심결은 결과적으로 발명(등록고안)의 요지를 잘못 인정하여 결론에 영향을 미친 위법이 있다는 점을 이유로 파기환송된다. 대법원 2001. 9. 7. 선고 99후437.

31) 특허청 특허심판원은 다수의 심판부로 구성되는데, 심판대상 권리의 종류별로(특허실용신안, 상표디자인) 구분되어 있을 뿐으로, 특허무효심판과 권리범위확인심판의 담당부서가 구분되어 있지는 않다.

허권이 부여될 수 없었던 것으로 독점배타권의 대상이 될 수 없었던 것이라는 점을 들고 있다.[32] 그런데 이러한 취지는 문언침해의 경우에도 균등침해시와 달리 적용하지 못할 이유가 없고, 만일 문언침해의 경우에 자유실시기술의 항변을 허용하지 않아야 한다면, 균등침해의 경우에는 무엇을 근거로 자유실시기술의 항변이 인정되어야 하는지 설득력 있는 이유를 발견할 수 없다.[33]

한편 자유실시기술의 항변이 허용되지 않더라도, 청구범위에서 공지기술을 제외한 것으로 해석하거나 실시례로 한정하는 등의 청구범위해석방법에 의하여 결과적으로 비침해의 구체적 타당성이 인정되는 결론을 내릴 수 있다는 반론도 가능하나, 이러한 해석은 종전에 특허무효의 명시적 혹은 실질적 주장이 허용되지 않는 상황에서 특정 사건의 구체적 타당성을 도모하기 위하여 불가피하게 사용된 것으로 현재에는 그 적용의 타당성에 한계가 있고, 나아가 이러한 해석에 의존한다면 특허청구범위의 공시적 효력이 훼손될 우려가 있고, 또한 이는 특허청구항의 한정해석을 금지하는 대법원 판례와 저촉할 우려도 있는 등 자유실시기술의 항변을 불허하여야 하는 논거로는 한계가 있다고 생각된다.

4. 대상판결의 의의

대상판결은 자유실시기술의 항변은 균등침해에 대한 항변으로서 허용될 뿐으로 문언침해의 주장에 대한 항변으로는 허용될 수 없다는 취지로 판단한 것인데, 기존에 확립된 법리와는 상이한 것이며 그 논거에 의문이 있고 향후 그 귀추가 주목된다.

---

32) Janice M. Mueller, op. cit., pp. 493-494.
33) 문언침해의 경우 자유실시기술의 항변을 허용하지 않아야 되며, 이는 균등침해의 경우에도 마찬가지라는 주장이 가능할 것이나, 이는 확립된 균등침해의 성립 요건에 반하는 주장이다.

73. 특허가 무효로 된 경우 특허실시료의 반환 여부

[대법원 2014. 11. 13. 선고 2012다42666(본소), 2012다42673(반소)
주식양도 등 및 계약무효확인 사건]
김철환(법무법인 율촌 변호사, 전 특허법원 판사)

I. 사실의 개요

원고는 2009. 4. 21. 피고들과 사이에 원고가 보유하고 있던 13개의 특허권에 관한 기술 및 앞으로 원고가 추가로 출원하여 등록받을 특허에 관한 기술[1]을 피고들에게 사용하도록 허락하고, 그 대가로 피고들은 원고에게 특허기술사용료로서 총 매출액의 3%(놀이터 관련 매출액의 경우) 또는 총 매출액의 5%(그 외 부분 매출액의 경우)를 지급하기로 하며(총 매출액은 원고의 특허기술을 사용하였는지 여부와 관련 없이 피고들에게 발생한 총 매출액을 의미하는 것임), 계약기간은 특허의 종료일까지로 하는 특허기술사용계약을 체결하였다. 그 후 피고들은 2009. 6. 4.부터 2009. 10. 19.까지 원고에게 특허기술사용료로 133,762,490원을 지급하였다.

위 특허기술사용계약의 기간 도중, 원고가 피고들에게 사용을 허락한 위 13개의 특허권 중 2개의 특허권에 대한 무효심판이 청구되어 2010. 6. 23. 및 2010. 9. 30. 특허심판원에서 위 2개의 특허권을 무효로 한다는 심결이 있었고, 그 무렵 위 심결은 모두 그대로 확정되었다.

이러한 상황에서, 원고는 피고들을 상대로 피고들이 매출정보를 매월 말일 원고에게 제대로 제공하지 않았고, 특허기술사용료를 지급하지 않을 목적으로 A라는 회사를 설립하여 원고의 특허권 등을 이용한 영업을 계속하는 등 이 사건 계약을 위반하였으므로 이미 약정된 위약벌로서 주식을 양도할 의무가 있다고 주장하면서 본소를 제기하였다. 이에 대하여 피고들은 이 사건 계약은 선량한 풍속 기타 사회질서에 반하여 무효이거나 현저하게 공정을 잃은 행위로서 민법 제104조

---

1) 제1심 판결 이유에 의하면, 원고는 이 사건 계약 후 13건의 특허 외에 15건의 특허 및 실용신안을 추가로 등록하였던 것으로 보인다.

에 의하며 무효이며, 약관규제법에도 위반되어 무효이고, 가장 중요한 2개의 특허권에 대한 무효 심결이 확정되었으므로 피고들은 착오, 기망 또는 강박을 이유로 이 사건 계약을 취소하며, 이 사건 계약을 해제한다고 하면서, 이 사건 계약의 무효 확인을 구하는 반소를 제기하였다. 제1심 법원은 원고의 계약 위반 주장을 모두 배척하고, 피고의 계약 무효 내지 취소, 해제 주장도 모두 배척하였다(본소, 반소 모두 기각).

그 후 쌍방이 항소를 하였고, 항소심 진행 도중 피고들은 반소 청구를 계약의 무효, 취소, 해제, 해지를 이유로 한 부당이득반환으로서 원고에게 이미 지급한 특허기술사용료 중 무효로 된 특허 2개의 나머지 특허들에 대한 동질성의 비율인 70%에 해당하는 93,633,743원을 구하는 것으로 교환적으로 변경하였는데, 제2심 법원은 원고의 본소 청구를 기각하고(원고의 특허기술사용료 미지급 주장에 대하여 그 문언에도 불구하고 원고 특허를 사용하여 발생한 매출에 한하여 특허기술사용료 지급의무가 있다고 해석한 후 위 주장을 배척함), 피고들의 반소 청구에 대하여 특허의 무효에 따라 후발적 이행불능이 되어 계약 해지는 인정하면서도 그 전에 이미 지급한 특허기술사용료는 법률상 원인이 없다고 할 수 없고 피고들에게 손해가 있다고 할 수도 없다는 이유로 이를 배척하였다(본소, 반소 모두 기각).

이에 대하여 쌍방이 모두 대법원 상고를 제기하였고, 특히 피고들은 반소 청구에 대한 상고이유로서 이미 원고에게 지급한 특허기술사용료 반환청구를 기각한 부분의 부당성에 대해서도 상고이유를 제출하였다. 그에 대한 판결이 바로 대상판결이다.

Ⅱ. 판   시

본소 청구 부분 파기(원고 상고 인용) 및 반소 청구 부분에 대한 피고들 상고 기각.

1. (본소 청구에 관하여) 이 사건 계약서 제4조 제3항은 특허기술사용료 지급의 기초가 되는 총 매출액은 원고의 특허기술 사용 여부와 상관없다는 것으로서 그 문언의 객관적인 의미가 명확함에도, 원심은 처분문서인 이 사건 계약서의 문언과 달리 피고가 원고의 특허기술을 사용하여 발생한 매출에 관하여만 원고에게 특허기술사용료를 지급할 의무가 있다는 전제 아래, 피고가 이 사건 계약에 따른

의무를 위반하지 아니하였다고 판단하였으니, 이는 판결 결과에 영향을 미친 위법을 범한 것이다.

    2. (반소 청구에 관하여) 특허발명 실시계약이 체결된 이후에 계약 대상인 특허가 무효로 확정되면 특허권은 특허법 제133조 제3항의 규정에 따라 같은 조 제1항 제4호의 경우를 제외하고는 처음부터 없었던 것으로 간주된다. 그러나 특허발명 실시계약에 의하여 특허권자는 실시권자의 특허발명 실시에 대하여 특허권 침해로 인한 손해배상이나 금지 등을 청구할 수 없게 될 뿐만 아니라 특허가 무효로 확정되기 이전에 존재하는 특허권의 독점적·배타적 효력에 의하여 제3자의 특허발명 실시가 금지되는 점에 비추어 보면, 특허발명 실시계약의 목적이 된 특허발명의 실시가 불가능한 경우가 아닌 한 특허무효의 소급효에도 불구하고 그와 같은 특허를 대상으로 하여 체결된 특허발명 실시계약이 계약 체결 당시부터 원시적으로 이행불능 상태에 있었다고 볼 수는 없고, 다만 특허무효가 확정되면 그때부터 특허발명 실시계약은 이행불능 상태에 빠지게 된다고 보아야 한다. 따라서 특허발명 실시계약 체결 이후에 특허가 무효로 확정되었더라도 특허발명 실시계약이 원시적으로 이행불능 상태에 있었다거나 그 밖에 특허발명 실시계약 자체에 별도의 무효사유가 없는 한 특허권자가 특허발명 실시계약에 따라 실시권자로부터 이미 지급받은 특허실시료 중 특허발명 실시계약이 유효하게 존재하는 기간에 상응하는 부분을 실시권자에게 부당이득으로 반환할 의무가 있다고 할 수 없다.2)

Ⅲ. 해   설

1. 문제의 소재

    등록된 특허발명에 대한 특허실시계약을 체결한 후 그 대상이 된 특허권이 추후 특허심판원 등에 의하여 무효로 된 경우, 이미 지급된 특허실시료를 반환하여야 하는지, 아니면 반환청구를 할 수 없는지의 문제에 관하여는 종전부터 하급심 판결 및 학설상으로 논의가 있었다. 이러한 점에 관하여 판결 및 학설이 하나로 확립되지 못한 이유는, 다른 이유도 있지만, 가장 중요한 이유는 특허법상 특

---

2) 대상판결 이유를 보면, 그 외에도 피고들의 민법 제103조의 반사회질서 법률행위 또는 민법 제104조의 불공정한 법률행위, '약관의 규제에 관한 법률' 위반에 의한 무효 주장에 대한 상고이유도 모두 배척하였고, 기망 또는 강박에 의한 취소 주장, 특허의 소급적 무효에 따른 착오 주장, 사정변경을 이유로 한 해제 주장에 관하여도 배척하였다.

허를 무효로 한다는 심결이 확정된 경우에는 그 특허권은 처음부터 없었던 것으로 본다고 규정하고 있기 때문이다(특허법 제133조 제3항 본문).

하지만, 아래에서 자세히 보는 바와 같이 그 동안 우리나라에서 이 부분에 관하여 대상판결이 선고되기 전까지는 확립된 대법원 판결이 없었고, 그에 따라 학설상 다양한 견해가 분분하였고, 하급심 판결도 나누어져 있었으며, 이점은 우리나라 뿐만 아니라, 미국 및 일본에서도 마찬가지였던 것으로 보인다. 이러한 논란은 특허권자와 실시권자가 특허실시허락을 체결함에 있어서 매우 중요한 부분으로서 만일 계약서상 그에 관한 명시적인 규정이 없는 경우 잠재적으로 분쟁의 소지가 많았고, 그러한 규정이 있더라도 그에 관한 확립된 기준이 없었기 특허권의 남용 등 공정거래법 위반인지 여부에 관해서도 의문의 소지가 있었다. 특히 일반적으로 특허실시계약은 1~2년의 단기간이 아니라 매우 장기간인 경우가 많고, 계약기간이 장기인 경우 그 사이의 시점에 특허가 무효로 확정되는 경우 계약의 효력 여부와 함께 이미 지급한 실시료 및 장래 지급할 실시료 문제의 처리와 관련해서도 분쟁의 소지가 적지 않았다.

이와 같이 특허실시계약 이후 특허가 무효로 확정된 경우에 있어서 주로 문제가 되는 것은, i) 당해 특허실시계약의 효력을 어떻게 이해할 것인지(당연 무효인지, 계약 위반일 뿐인지, 만일 계약 위반으로 보더라도, 계약해제사유가 되는지, 계약해지사유가 되는 것에 불과한 것인지 등),[3] ii) 특허가 무효로 확정되기 전까지 사이에 이미 실시권자가 특허권자에게 지급한 특허실시료를 부당이득으로 보아 그 반환을 청구할 수 있는지(부당이득반환청구권 성립 여부), iii) 특허가 무효로 확정되기 전까지 아직 미지급한 특허실시료가 있을 경우 특허권자가 그에 대하여 반환을 청구할 수 있는지 여부, iv) 특허가 무효로 확정된 이후의 특허를 실시하는 경우에 대하여도 특허실시료의 지급을 청구할 수 있는지(권리남용 해당 여부), v) 이미 지급한 일시적 고정 실시료[4]가 있을 경우 그 중 일부를 반환하여야 하는지 등이

---

3) 이에 관해서는 특허실시계약에 대하여 착오에 의한 무효 주장이 가능한지 여부에 대해서도 논의되고 있고, 대상판결도 이 부분에 관하여 의미 있는 판시를 하고 있는데, 여기서는 실시료 관련 문제를 위주로 논하기로 하므로, 그에 관한 대상판결의 판시 부분만 소개하면 아래와 같다.

"특허는 성질상 특허등록 이후에 무효로 될 가능성이 내재되어 있는 점을 감안하면, 특허발명 실시계약 체결 이후에 계약 대상인 특허의 무효가 확정되었더라도 특허의 유효성이 계약 체결의 동기로서 표시되었고 그것이 법률행위의 내용의 중요부분에 해당하는 등의 사정이 없는 한, 착오를 이유로 특허발명 실시계약을 취소할 수는 없다."

4) 특허실시의 대가인 기술료(royalty)에는 특허기술의 실시에 대한 대가를 일시에 전액 지급

다. 여기서는 위와 같은 관점에서 외국의 논의 및 기존의 논의를 살펴보고, 대상
판결의 의미를 분석하기로 한다.

2. 특허가 무효로 된 경우 특허실시료의 반환 의무에 관한 외국 및 기존의 논의

가. 일   본

일본에서는 특히 위 ii)의 부당이득반환청구에 관한 논점에 대하여, 학설상으
로는 적극설, 소극설, 절충설로 나누어져 있다.[5] 적극설은 특허권이 등록시점에
소급하여 무효로 되는 이상 실시계약도 계약의 시점부터 존재하지 않았던 것으로
되고, 기지급하였던 실시료는 본래 지급할 의무가 없이 대가를 지급하였던 것이
되므로, 실시권자가 부당이득으로서 그 반환을 청구할 수 있다는 견해이고, 소극
설은 실시계약의 목적은 특허권자가 실시권자에게 특허발명을 이용하게 하여 그
이용에 의한 이익을 실시권자에게 향수케 하고 실시권자는 특허무효의 심결이 확
정되기까지 특허발명을 실시하고 실시에 의한 이익을 향수하는 것이므로 특허무
효심결확정에 의한 특허권의 소멸이라는 효과가 발생한다고 하더라도 이와 같은
실시권자의 지위가 해하여져서는 안되는 이상 기지급실시료의 부당이득반환은 부
정되어야 하거나, 실시계약의 계속적 관계라는 점을 중심으로 하여 무효심결의 확
정에 의한 특허권의 소급적 소멸은 후발적 이행불능을 초래하여 장래에 향하여
소멸될 뿐이므로 기지급한 실시료는 법률상 원인을 흠결하여 부당이득이 되는 것
은 아니라거나, 선의의 점유자의 과실취득권에 기초하여 이미 취득한 특허권에 기
초하여 얻은 이익을 반환할 필요가 없다는 등의 견해이다. 절충설은 특약이 없는
한 특허무효의 심결확정과 동시에 특허권의 존재를 전제로 하는 실시료 등의 지
급에 관한 계약 자체가 그 존재의 기초를 잃고 이에 기초하여 지급된 실시료 기
타 대가의 교부도 모두 소급하여 법률상 원인이 없는 것으로 되며, 지급받았던 자
는 실시권자의 재산에 의한 이익을 받은 것이 되지만, 지급된 대가가 부당이득에

하는 고정 실시료(Lump sum payment)와 특허기술의 실시 정도에 비례하여 그 실적에 따라
나누어 지급하는 경상 실시료(Running royalty)의 2종류가 있는데, 여기서 문제되는 것은 바
로 전자로서 일시에 한꺼번에 지급하는 고정적 실시료이다. 왜냐하면, 고정적 실시료는 특허
실시계약 기간 전부의 특허기술의 실시에 대한 대가를 특허실시계약의 체결과 함께 한꺼번에
지급하기 때문이다.

5) 자세한 논의 및 일본 학설의 근거는, 이호천, "특허권의 무효에 따른 실시료 지급의무", 지
식재산연구 제4권 제3호(2009년 9월), 한국지식재산연구원 39면 이하 참고.

해당하는지는 이것이 실시권자에게 손실을 끼쳤는지 여부에 의하여 결정한다는 것으로서, 구체적으로 당해 특허권이 해당 기술분야에서 실질상 존중되고 있을 때에는 실시권자는 실시권에 의하여 사실상 적극적인 이익을 받고 있고 실시허락자도 계약상 의무를 부담하고 있었기 때문에 실시료 지급에 의한 손실은 없었다고 보아 부당이득은 부정되어야 하지만, 특허권이 실질상 권위가 없을 때(예컨대, 당해 특허성 또는 효력범위에 의문이 있어 특허권이 실질적으로 유명무실하거나 유력한 법정 실시권자가 있어 실시권자가 실시권에 의한 적극적인 이익을 받을 수 없었던 경우에는 특허권자는 실시권자에게 이미 지급받은 실시료 상당액의 손실을 가하였다고 할 수 있으므로 부당이득반환의무가 있다는 견해이다.

부당이득반환 여부에 관한 일본 하급심 판례로서, 동경지재 1982. 11. 29. 선고 1980년(ウ) 제2981호 부당이득청구사건 판결6)이 있으나, 사실 위 판결은 실시권자가 지급한 계약금 및 실시료는 이유의 여하를 불문하고 반환을 요하지 않는다는 취지의 약정이 있었는데 그 후 실용신안등록이 무효로 되었던 사안에서, 실시권자는 실용신안등록이 유효하게 존재하는 것을 전제로 계약을 체결하였음을 이유로 실시계약은 그 요소에 착오가 있고, 그에 따라 계약금 및 실시료 불반환 약정을 포함한 계약 전체의 무효를 주장하면서 부당이득반환을 청구한 데 대하여, 법원은 제반 사정을 이유로 위 불반환 약정을 포함한 전체 계약체결의 의사표시에 착오가 있다고 인정할 수 없음을 이유로 부당이득반환청구를 기각한 것으로서, 계약의 효력 자체에 대한 것이 쟁점이 되었으므로, 위 ii)와 같은 순수한 기지급 실시료의 반환 문제와는 다소 거리가 있다. 그 외에 일본 하급심 판결에는 기지급된 실시료에 관하여 특허가 무효로 된 경우 선의의 수익자로서 반환의무만 있다고 판시한 사례와 악의의 수익자로서 손해배상의무가 있다는 사례가 있다고 하는데,7) 위 판례는 어느 경우이든 반환의무를 인정하였다는 점에서 적극설의 입장을 취한 것으로 보인다.

나. 미   국

특허가 무효가 되기 이전까지 이미 지급된 실시료의 반환 여부에 대하여, 미

---

6) 자세한 것은, 特許判例百選[第3版] 中山信弘·相澤英孝·大渕哲也 編, 比較特許判例研究會 譯, 博英社, 617면 이하, 100번 판례해설 참조.

7) 송영식·이상정·황종환 공저, 知的所有權法(上), 620면 각주 498번 참조.

국 법원의 판결은 대체로 해당 실시료를 반환할 필요가 없다고 하고, 그 대표적인
판결로서 1997년 SGK 판결8)이 거론되고 있는데, 위 판결에서 미국 연방순회항소
법원은, 특허권자는 실시권자가 특허의 유효성을 최초로 공격한 날까지 실시계약
에서 발생한 과거의 실시료에 대하여 계약위반으로 인한 손해를 배상할 것을 청
구할 수 있으며, 특허가 판결에 의하여 무효로 된다고 하더라도, 그때까지 실시권
자는 특허권자로부터 침해소송의 위험이 없이 다른 경쟁자들을 배제하고 해당 기
술을 사업에 이용함으로써 이익을 얻었으므로, 그 과거에 지급한 실시료의 반환을
청구하는 것은 불공평하다고 보았다.9)

한편 미지급 실시료에 대하여는, 해당 특허의 무효 이후에는 실시료를 지급할
의무가 없다는 취지로 해석되는 판결로서, Lear 판결10)이 인용되고 있는데, 위 판
결이 부쟁의무조항(non attack clause)이 있더라도 실시권자가 특허의 무효를 주장
할 수 있다고 판시한 것은, 실시계약상 특허의 무효에도 불구하고 실시료를 지급
해야 한다는 명백한 규정이 존재한다고 하더라도, 실시권자는 해당 특허의 무효
이후에는 실시료를 지급할 의무가 없다는 취지로 해석된다고 한다.11) 이와 같이
특허 무효시 미지급 실시료에 관하여 미국 법원의 판결은 소송 중 합의를 한 경
우를 제외하고는 그 지급의무를 부인하고 있는 것으로 보인다고 한다.12)

다. 우리나라

우선 특허가 무효로 확정된 경우 당해 특허실시계약의 효력을 어떻게 이해할
것인지에 관하여, 학설로서, 특허가 무효로 되었다고 하여 그 특허를 대상으로 한
계약이 일률적으로 무효라고 보는 것은 타당하다고 할 수 없고, 이를 특허권의 양
도 및 전용실시권 설정계약과 통상실시권 설정계약으로 나누어 개별적으로 살펴
보아야 한다는 견해가 있다.13) 이에 따르면 특허권의 양도 및 전용실시권 설정계
약의 경우에는 특허가 소급적으로 무효가 된 경우 계약도 원시적 불능으로서 무

8) Studiengesellschaft Kohle, M.B.H. v. Shell Oil Co., 112 F. 3d 1561(Fed. Cir. 1997), 이호
  천, 앞의 논문 43면에서 재재인용.
9) 이호천, 앞의 논문, 43면.
10) Lear, Inc. v. Adkins, 395 U.S. 653, 667(1969).
11) 정차호, "특허권의 소멸과 실시료 지불의무와의 관계", 「성균관법학」, 제19권 제2호(2007.
  8) 233면.
12) 정차호, 앞의 논문, 제233면; 이호천, 앞의 논문, 42면.
13) 조영선, "특허의 무효를 둘러싼 민사상의 법률관계", 「법조」, 제594호(2006. 3) 79면 이하.

효가 되는 반면, 통상실시권 설정계약은 특허권자가 금지청구권 또는 손해배상청
구권을 행사하지 아니할 부작위 의무를 내용으로 하므로 특허가 소급적으로 무효
가 되었다고 하더라도 위 부작위 의무가 원시적 불능으로 되는 것은 아니므로, 특
허의 무효와 관계 없이 계약은 유효하고, 통상실시권자는 특허의 무효를 이유로
이미 지급한 실시료의 반환을 청구할 수 없다고 한다. 이는 실시권에 따른 특허권
자의 의무에 차이가 있음을 근거로 한 논의로서 타당성이 있으나, 한편 통상실시
권 역시 특허권의 존재를 전제로 한다는 점에서 실시권자의 실시권 외에 오로지
특허권자의 의무만에 기초한 위 견해에 다소 의문이 있다.

　　그 외에도 특허의 무효에 따른 특허실시계약의 효력에 관하여 '계약무효설'과
'계약위반설'이 대립되어 있다. 다만, 여기서 더 나아가 계약무효설을 적용할 경우
실시권자는 특허등록시부터 특허무효심결이 확정된 때까지의 특허실시료를 지급
할 필요가 없어지고 이미 지급한 특허실시료는 부당이득으로 반환을 청구할 수
있게 되고, 반면 계약위반설을 적용한다면 특허무효심결이 확정되기 이전까지의
특허실시료는 지급해야 한다는 것을 전제로 논의를 펼치는 경우가 있으나,14) 특
허의 무효에 따른 특허실시계약 자체의 효력에 관한 논의와 특허무효가 확정되기
전에 이미 지급한 실시료의 반환청구 가능 여부에 관한 논의는 구분될 필요가 있
을 것이다. 계약위반설에 따르더라도, 계약의 해제가 가능하다고 볼 것인지, 아니
면 장래에 대한 계약의 해지만 가능하다고 볼 것인지 여부에 따라 이미 지급한
실시료의 반환청구에 관한 결론이 달라질 것이기 때문이다.

　　한편 특허가 무효가 된 경우 그 특허의 무효 확정 이전에 지급한 실시료의
반환청구 가능 여부에 관하여, 실시권 설정 계약 당시 특허가 무효로 되는 경우
이미 지급한 실시료를 반환한다는 특약이 있다면 상대방으로부터 받은 실시료를
반환하여야 할 것이나, 그러한 특약이 없는 경우라면 실시료의 반환의무는 없다고
보는 것이 일반적인 견해라고 하면서, 그 근거로 비록 특허는 무효로 되었지만 실
시권자는 무효로 된 특허로부터도 보호되었고, 특허발명을 실시하여 경제적 이익
을 누렸으므로 특허권자로부터 받은 손해는 없다고 보기 때문이라고 설명하는 학
설이 있다.15) 이에 반하여, 원래 실시권자는 자유롭게 당해 발명을 실시할 수 있

---

14) 법률신문 제3699호(2008. 11. 20.자) "특허가 무효라면 특허실시계약은 어떻게 되나" 제목
　　기사.
15) 정양섭, 「특허심판: 이론과 실무」, 대광서림, 1999, 159면. 이호천, 앞의 논문 46면에서 재
　　인용.

고, 그로 인해 얻을 수 있는 정당한 이득에 대하여 지급할 필요가 없는 대가를 지급한 것이므로 법률상 원인 없이 재산상의 손실을 입은 것이어서, 이미 지급한 실시료는 부당이득의 법리에 의하여 반환해야 한다고 설명하거나,16) 특허발명이 기술적으로 실시불능인 경우에는 실시계약은 처음부터 원시적인 실시불능이므로, 이미 지급한 실시료의 반환을 구할 수 있다고 설명하는 견해17)도 있다.

우리나라의 하급심 판결로서, 서울중앙지방법원 2006. 7. 5. 선고 2005가합 62929 판결이 있는데, 위 판결은 "계약의 이행이 원시적으로 불능인 경우 그 계약은 무효이므로(민법 제535조), 급부의 대상인 권리가 계약 당시에 유효하게 존재하지 아니하다면 그 계약은 무효이고, 급부의 대상인 권리가 사후에 소급하여 무효로 되는 경우에도 계약시를 기준으로 이미 해당 급부는 이행될 수 없다는 점에서 역시 원시적인 이행불능에 해당하여 계약이 무효라고 할 것인바, 특허에 대한 전용실시권설정계약은 전용실시권설정이라는 특허권의 처분행위를 목적으로 하는 계약으로서 급부의 대상인 특허권이 유효하게 존재하지 아니하면 전용실시권설정이 법률상 불가능하게 되므로 당사자 사이의 전용실시권 설정계약은 그 이행이 원시적으로 불가능하여 무효라 할 것이고, 이러한 법리는 특허등록의 무효가 확정되어 특허권이 소멸하는 경우에도 마찬가지라 할 것이므로, 특허권이 소급하여 무효로 된 경우 무효인 전용실시권계약에 기한 사용료지급청구권도 발생할 수 없다고 할 것이다"라고 판시함으로써, 계약무효설의 입장을 따른 것으로 보인다. 다만 위 판결은 방론으로서 "이미 지급한 사용료는 부당이득이 될 것이다"라고 설시함으로써, 마치 기존에 이미 지급한 실시료에 대한 부당이득반환청구가 가능한 것처럼 보고 있다(적극설의 입장).

3. 대상판결의 분석

대상판결은 먼저 i) 당해 특허실시계약의 효력을 어떻게 이해할 것인지에 관하여, "특허발명 실시계약이 체결된 이후에 계약 대상인 특허가 무효로 확정되면 특허권은 특허법 제133조 제3항의 규정에 따라 같은 조 제1항 제4호의 경우를 제외하고는 처음부터 없었던 것으로 간주된다. 그러나 특허발명 실시계약에 의하여 특허권자는 실시권자의 특허발명 실시에 대하여 특허권 침해로 인한 손해배상이

---

16) 이종일, 「특허법」, 한빛지적소유권센터, 1999, 907면. 이호천, 앞의 논문 46면에서 재재인용.
17) 이성호, 특허소송제도와 실무개요 36면. 이호천, 앞의 논문 46면에서 재재인용.

나 금지 등을 청구할 수 없게 될 뿐만 아니라 특허가 무효로 확정되기 이전에 존재하는 특허권의 독점적·배타적 효력에 의하여 제3자의 특허발명 실시가 금지되는 점에 비추어 보면, 특허발명 실시계약의 목적이 된 특허발명의 실시가 불가능한 경우가 아닌 한 특허무효의 소급효에도 불구하고 그와 같은 특허를 대상으로 하여 체결된 특허발명 실시계약이 계약 체결 당시부터 원시적으로 이행불능 상태에 있었다고 볼 수는 없고, 다만 특허무효가 확정되면 그때부터 특허발명 실시계약은 이행불능 상태에 빠지게 된다고 보아야 한다"라고 판단함으로써, 앞서 본 서울중앙지방법원의 판결과는 달리 계약이 소급적으로 무효로 되는 것이 아니라고 판시하고 있다. 특히 대상판결의 원심판결 이유를 살펴 보면, 특허실시계약이 원시적 이행불능이 아니라 무효심결의 확정시로부터 후발적으로 이행불능의 상태에 빠진다고 판단하고서 원고의 계약해제 주장을 배척하고, 후발적 이행불능을 이유로 한 장래를 향한 계약해지권을 인정하고 있다. 이러한 점에 비추어 볼 때, 대상판결은 계약무효설이 아니라 계약위반설을 취한 것으로 보이고, 특히 계약위반의 효과로서 계약해제가 아닌 계약해지를 인정한 것으로 보인다. 특허실시계약은 물건에 대한 임대차 계약과 비교하여 볼 때 그 대상이 특허권이라는 점에서 차이가 있고, 특허권은 법률에 의해 창설된 권리로서 특허발명을 독점적으로 실시할 수 있는 적극적 효력과 타인의 무단 특허 실시를 배제할 수 있는 소극적 효력을 모두 갖는 것을 특징으로 하므로, 특허가 나중에 무효로 되었더라도 그 전까지는 실시권자는 위와 같은 특허권의 적극적 효력이나 소극적 효력의 혜택을 누렸다면 특허실시계약을 원시적 불능으로 볼 필요가 없다고 생각되고, 특히 특허실시계약은 계속적 계약의 성격을 갖는 것으로서, 특허법상 특허무효의 소급효와 민법상 특허실시계약의 효력 문제를 구분하여 파악할 필요가 있으므로, 위와 같은 대상판결의 결론은 타당하다고 생각된다.

또한 ii) 특허가 무효로 확정되기 전까지 사이에 이미 실시권자가 특허권자에게 지급한 특허실시료를 부당이득으로 보아 그 반환을 청구할 수 있는지에 관하여, 대상판결은 앞서 본 후발적 이행불능상태에 빠진다는 법률적 평가에 따른 당연한 논리적 귀결로서, "특허발명 실시계약이 원시적으로 이행불능 상태에 있었다거나 그 밖에 특허발명 실시계약 자체에 별도의 무효사유가 없는 한, 특허권자가 특허발명 실시계약에 따라 실시권자로부터 이미 지급받은 특허실시료 중 특허발명 실시계약이 유효하게 존재하는 기간에 상응하는 부분을 실시권자에게 부당이

득으로 반환할 의무가 있다고 할 수 없다"고 판시함으로써, 절충설에 가까운 입장
을 분명히 하고 있다. 생각건대, 특허실시계약의 효력과 특허무효 확정 전에 이미
지급한 실시료의 부당이득반환 여부의 문제는 반드시 논리적 관계로 연결되어 있
다기 보다는 별개로 보아야 할 필요가 있고, 특히 부당이득반환의무의 여부는 민
법상 부당이득반환의무의 발생요건(① 수익, ② 손실, ③ 인과관계, ④ 법률상의 원인
이 없을 것)을 갖추었는지에 따라 개별적으로 판단되어야 할 필요가 있다고 생각
된다. 이점에 관하여 대상판결은 "특허발명 실시계약이 원시적으로 이행불능 상태
에 있었다거나 그 밖에 특허발명 실시계약 자체에 별도의 무효사유가 없는 한"이
라는 단서를 두고 있는데, 위 단서에 해당하는 경우의 대부분이 바로 위 부당이득
반환의무의 발생요건을 흠결한 경우를 말하는 것이므로, 이점에서 대상판결의 판
시는 매우 타당하다고 생각된다. 다만, 위 단서에서 말하는 2가지 경우가 부당이
득반환의무가 발생하지 않는 모든 경우를 포괄하는 것인지에 대해서는 다소 의문
이 있다.

　　한편 iii) 특허가 무효로 확정되기 전까지 아직 미지급한 특허실시료가 있을
경우 특허권자가 그에 대하여 반환을 청구할 수 있는지 여부에 관하여, 대상판결
은 명시적으로 판시하지 않고 있다. 그러나, 대상판결 중 본소 청구에 관한 판단
부분을 살펴보면, 대상판결은 무효 확정 이전으로서 지급의무가 있었던 실시료의
지급의무가 있음을 전제에서(물론 주된 판시 취지는 처분문서의 해석에 관한 원심의
위법성이다), 피고들이 그것을 지급하지 않은 것은 계약 위반이고, 그것은 판결의
결론, 즉 본소 청구로서 피고들의 계약위반에 따른 위약금 지급의무의 발생 여부
의 판단에 영향을 미친 위법이 있다고 판시한 점에 비추어 보면, 특허가 무효로
확정되기 전까지 미지급한 특허실시료에 대해서는 지급의무가 있고 특허권자 역
시 이를 청구할 수 있다고 해석된다. 물론, 본소 청구에 대한 판단 부분은 그 문
언만 보면 특허무효에 따른 과거 미지급 실시료 지급 의무를 직접적으로 긍정하
고 있는 것은 아니라는 점에서 반론이 있을 수 있다. 그렇더라도, 결론적으로 특
허의 무효 확정 전에 이미 발생한 미지급한 실시료에 대해서는 논리적으로 당연
히 특허의 무효 확정 이후에도 지급 의무가 있다고 보아야 할 것으로 생각된다.
만일 이렇게 보지 않으면, 실시권자가 특허의 무효심판을 청구하거나 제3자에 의
한 무효심판청구가 진행 중인 경우 이미 이행기가 도래한 실시료 지급의무를 악
의적으로 연체할 수도 있기 때문이다.

그리고 iv) 특허가 무효로 확정된 이후의 특허를 실시하는 경우에 대하여도 특허실시료의 지급을 청구할 수 있는지에 관하여, 대상판결은 특허실시계약이 후발적 이행불능 상태에 빠진다고 판단하고 있는 점에 비추어 볼 때, 일응 장래에 대한 특허실시료의 지급을 구할 수 없다고 보인다. 다만, 문제는 계약해지가 이루어지지 않은 경우, 어떻게 볼 것인지의 문제가 남아 있고, 나아가 특허실시계약에서 만일 특허의 무효 여부에도 불구하고 특허실시료를 지급하여야 한다는 특약이 있는 경우 그 특약의 효력에 대한 문제는 여전히 남아 있다. 참고로, 이에 관하여는 미국에서도 실시계약상 당사자가 부쟁의무 조항 또는 기간 만료 등으로 특허의 무효에도 불구하고 실시료를 지급하기로 약정하였다고 하더라도 특허로서 보호받을 수 있는 기술은 일반의 공유재산이므로 공공의 이익을 위하여 특허 무효 이후에 실시권자가 그러한 약정의 효력을 주장하는 것은 특허권의 남용이라고 판단하고 있고(앞서 본 Lear 판결), 공정거래위원회의 「지식재산권의 부당한 행사에 대한 심사지침」에서도 "부당하게 특허권 소멸 이후의 기간까지 포함하여 실시료를 부과하는 행위"를 특허권에 관한 공정거래법 위반 행위의 하나로 열거하고 있음을 참고할 필요가 있다. 사실 이러한 공정거래법 위반 여부의 문제는 실무상 매우 중요한 문제로서, 대상판결의 사건에서는 특별히 상고이유로 주장되지 않아, 직접적인 판단이 내려지지 않았으나, 향후 공정거래법 위반 여부 및 그에 따른 위약정의 민법상 효력에 대해서는 깊이 있는 검토가 필요하다고 생각된다.

끝으로, v) 이미 지급한 일시적 고정 실시료가 있을 경우 그 중 일부를 반환하여야 하는지에 대하여 대상판결은 언급이 없으나, 이는 위 일시에 지급한 고정 실시료가 만일 특허실시계약의 기간 전체에 대한 대가로 해석된다면, 앞서 본 바에 따라 특허의 무효 확정 시점 이후의 계약기간 부분에 상응하는 실시료는 다시 반환을 청구할 수 있지 않을까 생각된다. 참고로, 이에 관하여 미국에서는, 실시료가 이미 지급이 되었다고 해도, 그 실시료가 무효가 된 이후의 실시료 몫을 포함하는 경우에는 선지급한 해당 실시료(특허가 무효로 된 이후의 실시료)에 대하여는 반환을 요청할 수 있다는 판결이 있다.[18]

---

18) C.R. Bard, 2 Inc. v. Cordis Corp., 12 U.S.P.Q.2d 1229, 1230 (D. Mass. 1989), 이호천, 앞의 논문 43면에서 재재인용.

4. 대상판결의 의의

대상판결은 특허실시허락 계약기간의 도중에 특허가 무효로 확정된 경우 그 특허실시허락 계약의 효력을 어떻게 볼 것인지 및 무효로 확정되기 전까지 이미 지급한 특허실시료를 다시 반환하여야 할 것인지 여부 등 2가지 논점에 관하여 처음으로 대법원이 명시적인 판단기준을 제시하고 그 입장을 밝힌 점에서 매우 큰 의미가 있다. 그에 따라, 향후 특허실시계약의 체결 및 그에 따른 분쟁에 있어서 중요한 기준으로 작용할 것으로 보인다.

다만, 대상판결은 특허의 무효 확정 이후 계약해지가 이루어지지 않은 경우 계약기간 만료시까지의 특허실시료를 그대로 지급하여야 하는지 및 이미 지급한 고정급 실시료의 반환 여부 등에 관하여는 명시적인 기준은 제시하고 있지 않은데, 이 부분은 대상판결의 취지를 토대로 향후 추가적인 논의가 요구된다.

74. 무권리자의 특허와 정당한 권리자의 보호

[대법원 2014. 5. 16. 선고 2012다11310 판결]

김동준(충남대학교 법학전문대학원 교수)

Ⅰ. 사건의 개요

원고 회사는 2003년경 1개의 휴대폰 단말기에 2개 이상의 전화번호를 부여하여 사용할 수 있는 이른바 '투폰 서비스' 시스템을 개발하였고, 2007. 1. 22. '투폰 서비스' 발명에 관하여 특허출원을 하여 2008. 6. 18. '다중 번호 휴대폰의 멀티유저 인터페이스 지원 방법'에 관하여 특허등록을 마쳤다. 한편, 피고 회사는 2008. 3. 6. '다중번호 서비스를 위한 다중 인터페이스를 갖는 이동통신단말기 및 그 제어방법'에 관하여 특허등록을 마쳤다(이하 '이 사건 특허'라 한다).[1)]

원고는 이 사건 특허는 무권리자 특허이며,[2)] 피고 회사는 법률상 원인 없이

---

1) 이 사건 특허(10-0813410)는 발명의 명칭을 '다중번호 서비스를 위한 다중 인터페이스를 갖는 이동통신단말기 및 그 제어방법'으로 하여 2006. 11. 1. 출원되고(발명자: 남규택, 임헌문, 이경수), 2008. 3. 6. 등록되었으며, 법인합병으로 인해 2009. 8. 25. '케이티프리텔'에서 '케이티'로 권리의 전부이전등록이 이루어졌다. 청구항 1은 다음과 같다: "다중 전화번호 서비스를 제공하는 이동통신 시스템에 접속하여 추가 전화번호를 부여받아 이동통신 서비스를 제공받는 이동통신 단말기로서, 상기 이동통신 시스템과 무선 데이터를 송/수신하는 통신부; 상기 통신부를 통하여 통화 호의 착/발신을 처리하는 제어부; 단말기의 부가 기능 데이터를 저장하는 메모리; 및 상기 이동통신 시스템에서 부여한 기본 전화번호 및 추가 전화번호에 각각 대응되어 단말기에 출력되는 화면과 단말기의 기능을 독립적으로 제어하는 다중 인터페이스를 제공하는 인터페이스부;를 포함하고, 상기 추가 전화번호에 대응하는 인터페이스는, 호 발신시 해당 호가 추가 전화번호로 발신된 것임을 상기 이동통신 시스템에서 인식할 수 있도록 착신자 전화번호에 자동으로 식별코드를 추가하는 것을 특징으로 하는 다중 인터페이스를 갖는 이동통신 단말기." 이 사건 특허에 대해서는 대상판결 선고 이후인 2014. 11. 28. 무권리자 특허임을 이유로 무효심판(2014당3053)이 청구되었지만(청구인은 이 사건 원고인 ㈜가바플러스이다), 2017. 3. 22. 심판청구가 기각되었고, 2017. 4. 20. 심결취소소송이 제기된 상태이다(2017허2666).

2) 이 사건 특허가 무권리자 특허라는 원고의 주장은 다음과 같다. 즉, 이 사건 특허발명은 원래 원고 회사의 직원인 소외 1 등이 발명한 것으로서 원고 회사가 출원할 권리를 가지고 있는데 원고 회사가 피고에게 위 발명을 기초로 한 사업을 제안하면서(원고 회사와 소외 4, 5는 '투폰 서비스' 사업을 K사(피고 회사에 흡수합병되었음)에 제안하기 위해 소외 5를 대표이사로 하여 주식회사 S를 설립하고, 위 회사의 이름으로 K사에 위 사업제안을 하였으나 무산

원고 회사가 취득해야 마땅한 이 사건 특허권을 취득하였으므로, 부당이득을 원인으로 원고에게 위 특허권을 반환(이전등록)하여야 할 의무가 있다고 주장하며 특허권이전등록을 구하는 소를 제기하였다.

1심은, 모인출원에 해당하려면 ① 발명의 동일성, ② 출처의 동일성 및 ③ 정당한 권리 없이 무단으로 출원하였을 것 등의 요건이 필요하다고 한 다음, 이 사건 특허발명과 원고 회사의 '투폰 서비스' 시스템 발명의 출처가 같다는 점이 인정되지 않는다는 이유로 원고의 청구를 기각하였다(서울중앙지방법원 2011. 4. 6. 선고 2010가합104978 판결).3)

항소심은, 설령 원고의 주장과 같이 원고가 이 사건 특허의 진정한 발명자이고 피고는 '무권리자'인 이른바 모인출원자라 할지라도, 진정한 발명자인 원고로서는 특허법에서 정한 방법에 따라 자신의 정당한 권리를 회복할 수 있으며, 진정한 발명자 또는 특허를 받을 수 있는 권리의 승계인이라 할지라도 심사절차를 통해 특허등록을 받을 수 있을 뿐이므로 특허출원조차 하지 않은 원고가 피고의 출원 및 심사절차를 통해 등록된 이 사건 특허에 대하여 직접적인 권리를 취득하거나 무권리자에 의한 출원이라는 이유로 그 등록의 직접적인 이전을 구할 수는 없다고 할 것이라고 하여 항소를 기각하였고(서울고등법원 2011. 12. 22. 선고 2011나 33513 판결),4) 원고(항소인)가 상고하였다.

됨) 발명의 내용을 알려준 것을 계기로 피고가 원고로부터 출원할 수 있는 권리를 양도받은 사실 없이 무단으로 출원하여 특허등록결정을 받았다는 것이다.

3) 구체적으로 1심은 ① 사업제안의 대상이었던 '커뮤니티 콜'에 관한 발명은 '투폰 서비스' 시스템과는 그 발명의 사상이 서로 다른 점, ② 피고 회사의 마케팅부에 근무하던 소외 6 전무가 2005년경 이 사건 특허발명을 제안하고, 피고 회사에서 연구소장, 마케팅 제휴실장 등의 업무를 맡았던 소외 8이 이 사건 특허발명 서비스를 상용화하였으며, 단말기 전략실장이던 소외 7 상무가 위 서비스에 관한 단말기를 개발하여, 피고 회사는 위 3명의 임원을 발명자로 기재하여 이 사건 특허발명을 출원하게 된 점, ③ 피고 회사는 이 사건 특허 이외에도 '복수의 전화번호를 서비스하는 이동전화 시스템 및 그 제어방법' 등 이 사건 특허발명과 유사한 여러 개의 발명에 관한 특허권을 보유하고 있는 점 등에 비추어 볼 때, 앞서 인정한 사실만으로는 피고 회사가 원고 회사로부터 '투폰 서비스' 시스템에 관한 발명사상을 지득한 후 이를 이용하여 이 사건 특허등록출원을 하였다는 점을 인정하기에 부족하다는 점을 그 이유로 들고 있다.

4) 항소심 판결문에서는 "원고도 위와 같은 절차에 따라 2010. 3. 11. 이 사건 특허와 동일한 발명에 관하여 특허출원을 한 것으로 보인다"고 하였는데, 원고는 이 사건 특허발명과 동일한 '다중번호 서비스를 위한 다중 인터페이스를 갖는 이동통신단말기 및 그 제어방법'을 발명의 명칭으로 하여 2010. 3. 11. 특허출원하였고(무권리자의 출원 후에 한 정당한 권리자의 출원임을 주장하였고, 동일자로 심사청구함), 해당 출원은 2011. 9. 19. 출원공개된 상태이며, 2017. 6. 17. 현재 심사처리보류된 것으로 보인다(2017. 6. 17. KIPRIS 검색 결과 2017. 5. 23. 심사처리보류(연기)보고서가 발송된 상태임). 청구항 1은 다음과 같다: "다중 전화번호 서비

Ⅱ. 판   시

상고 기각.

"발명을 한 자 또는 그 승계인은 특허법에서 정하는 바에 의하여 특허를 받을 수 있는 권리를 가진다(특허법 제33조 제1항 본문). 만일 이러한 정당한 권리자 아닌 자가 한 특허출원에 대하여 특허권의 설정등록이 이루어지면 특허무효사유에 해당하고(특허법 제133조 제1항 제2호), 그러한 사유로 특허를 무효로 한다는 심결이 확정된 경우 정당한 권리자는 그 특허의 등록공고가 있는 날부터 2년 이내와 심결이 확정된 날부터 30일 이내라는 기간 내에 특허출원을 함으로써 그 특허의 출원 시에 특허출원한 것으로 간주되어 구제받을 수 있다(특허법 제35조). 이처럼 특허법이 선출원주의의 일정한 예외를 인정하여 정당한 권리자를 보호하고 있는 취지에 비추어 보면, 정당한 권리자로부터 특허를 받을 수 있는 권리를 승계받은 바 없는 무권리자의 특허출원에 따라 특허권의 설정등록이 이루어졌더라도, 특허법이 정한 위와 같은 절차에 의하여 구제받을 수 있는 정당한 권리자로서는 특허법상의 구제절차에 따르지 아니하고 무권리자에 대하여 직접 특허권의 이전등록을 구할 수는 없다고 할 것이다."

(중략)

"상고이유에서 들고 있는 대법원 2004. 1. 16. 선고 2003다47218 판결은 특허를 받을 수 있는 권리를 가진 사람이 특허출원을 한 후 그 권리를 다른 사람에게 양도하고 그에 따라 양수인 명의로 출원인 명의변경이 이루어져 양수인이 특허권의 설정등록을 받았는데 그 양도계약이 무효나 취소 등의 사유로 효력을 상실하게 된 사안에서 그 특허를 받을 수 있는 권리와 설정등록이 이루어진 특허권이 동일한 발명에 관한 것이라면 양도인은 양수인에 대하여 특허권에 관하여 이전등록을 청구할 수 있다고 본 것으로서, 사안이 달라 이 사건에 원용하기에 적절하지

스를 제공하는 이동통신 시스템에 접속하여 추가 전화번호를 부여받아 이동통신 서비스를 제공받는 이동통신 단말기로서, 상기 이동통신 시스템과 무선 데이터를 송/수신하는 통신부; 상기 통신부를 통하여 통화 호의 착/발신을 처리하는 제어부; 단말기의 부가 기능 데이터를 저장하는 메모리; 및 상기 이동통신 시스템에서 부여한 기본 전화번호 및 추가 전화번호에 각각 대응되어 단말기에 출력되는 화면과 단말기의 기능을 독립적으로 제어하는 다중 인터페이스를 제공하는 인터페이스부;를 포함하고, 상기 추가 전화번호에 대응하는 인터페이스는, 호 발신시 해당 호가 추가 전화번호로 발신된 것임을 상기 이동통신 시스템에서 인식할 수 있도록 착신자 전화번호에 자동으로 식별코드를 추가하는 것을 특징으로 하는 다중 인터페이스를 갖는 이동통신 단말기."

아니하다."

Ⅲ. 해 설

1. 서 론

발명을 한 자 또는 그 승계인은 특허법에서 정하는 바에 의하여 특허를 받을 수 있는 권리를 가진다(특허법 제33조 제1항 본문). 만일 이러한 정당한 권리자 아닌 자(이하 '무권리자'라 한다)가 한 특허출원의 경우 거절이유에 해당하며(특허법 제62조 제2호), 무권리자의 특허출원이 특허로 등록된 경우 무효사유에 해당한다(특허법 제133조 제1항 제2호). 이처럼 무권리자 출원·특허를 거절·무효로 하는 것과 별도로 정당한 권리자의 보호를 위해 특허법은 일정 기간 내에 정당한 권리자가 출원한 경우 정당 권리자의 출원을 무권리자 출원 시에 출원한 것으로 보는 규정(출원일 소급효 규정)을 둠으로써 정당한 권리자를 보호하고 있다(특허법 제34조 및 제35조).5)

한편, 위와 같은 특허법상 구제 수단 외에 무권리자 출원에 대한 명의변경이나 무권리자 특허의 이전등록을 통한 정당한 권리자의 구제가 가능한지에 대해 종래 다양한 논의가 있었고 2016년 개정 특허법(2016. 2. 29. 법률 제14035호로 개정되고 2017. 3. 1.부터 시행된 것) 제99조의2에서는 특허권 이전청구제도가 도입되었는데 이하 차례대로 살펴본다.

2. 종래의 논의

가. 특허권 설정등록 전 정당한 권리자의 특허출원인 명의 회복

특허권 설정등록 전 단계에서 정당한 권리자가 특허출원인 명의를 회복하는 방법으로 구제받을 수 있는지에 대해 우리나라의 판결례는 없는 것으로 보이고, 학설은 이를 긍정하는 견해가 많다.6)

---

5) 무권리자 출원은 특허법 제36조(선출원) 제1항 내지 제3항의 규정을 적용함에 있어서는 처음부터 없었던 것으로 보므로(특허법 제36조 제5항) 무권리자 출원 후에 한 정당한 권리자의 출원이 후출원이라는 이유로 특허거절되는 것은 아니지만, 특허법 제34조 또는 제35조의 적용을 받지 않는 경우 그 출원일이 무권리자의 출원일로 소급되지 않기 때문에 무권리자의 출원일과 정당한 권리자의 출원일 사이에 공지된 선행기술이나 제3자의 특허출원으로 인하여 특허를 받지 못하게 될 가능성이 있다.
6) 조영선, 특허법(제4판), 박영사, 2013, 237면(아직 특허라는 공적 처분 및 공시가 이루어지

나. 특허권 설정등록 후 정당한 권리자로의 특허권 이전

무권리자 출원에 대해 특허권 설정등록이 이루어진 후 정당한 권리자가 특허권 이전등록을 청구할 수 있는지에 대해 학설상 긍정설7)과 부정설8)로 나뉘어 있었으며, 이전등록청구를 인정하는 입법이 필요하다는 견해9)도 있었다.

종래 하급심 판결례로는 이전등록 청구를 기각한 사례,10) 출원에서 누락된 공동발명자를 위하여 특허권의 지분이전을 명한 사례11)가 있고, 대법원 판결 중에

기 전이고, 심사절차가 아직 특허청에 계류 중이므로 출원인 명의 이전을 통한 권리구제를 도모하더라도 상대적으로 문제가 적기 때문에 이 단계에서는 정당한 권리자는 모인출원인을 상대로 출원인의 명의를 변경해 줄 것을 청구할 수 있다는 취지); 정상조·박성수 공편, 특허법주해 Ⅰ(김운호 집필부분), 박영사, 2010, 485면(① 정당한 권리자의 출원 후 무권리자로 출원인 명의가 변경된 경우, 정당한 권리자가 자신이 특허를 받을 수 있는 권리를 갖는다는 취지의 확인판결을 받아 출원인명의변경신청서에 첨부하여 명의변경을 행하는 것을 인정함이 타당하며, ② 정당한 권리자의 출원행위가 존재하지 않는 상태에서 무권리자에 의해 출원이 된 경우에도 진정한 권리자가 특허를 받을 수 있는 권리를 회복할 다른 수단이 없는 이상 이를 긍정할 수 있다는 취지); 강기중, "무권리자의 특허출원(모인출원)과 정당한 권리자의 보호", 법조 53권 5호(통권572호), 법조협회, 2004.5., 21-26면(① 정당한 권리자의 출원 후 무권리자로 출원인 명의가 변경된 경우와 ② 정당한 권리자 출원 없이 무권리자만 출원한 경우로 나누어 살펴보면서, 두 경우 모두 명의 회복이 가능하다는 취지).

7) 송영식 외 6인, 송영식 지적소유권법(상)(2판), 육법사, 2013, 411면; 정상조·박성수 공편, 앞의 책(김운호 집필부분), 487-488면.

8) 조영선, 앞의 책, 238-239면.

9) 강헌, "모인출원에서의 정당한 권리자의 이전청구에 관한 연구", 산업재산권 42호, 한국산업재산권법학회, 2013, 143면(현행 출원인 소급에 의한 구제는 기간의 제약이 있으며 명의변경을 통한 구제에 비하여 그 절차가 용이하지 못하여 정당한 권리자의 보호에 다소 미흡하므로 명의변경을 통한 구제 입법이 필요하다는 견해); 손천우, "무권리자의 특허출원(모인출원)에 대한 새로운 판단 기준", 사법논집 제58집, 법원도서관, 2015, 559면(분쟁의 조기 종식, 소송경제 등을 위해 정당한 권리자가 모인출원자를 상대로 특허권이전등록청구를 할 수 있도록 입법적으로 해결하는 것은 별론으로 하고 현행법상 부당이득반환청구는 인정되기 어렵다는 견해); 최승재, "특허법 제33조의 '발명을 한 자'의 의미", 법률신문 판례평석 기사(2012. 12. 17.)(출원일 소급제도에 의한 정당한 권리자의 구제방법은 정당한 권리자 보호에 미흡하며, 무권리자 출원의 문제는 발명하지 않은 자가 출원을 하는 경우뿐만 아니라 특허권의 승계에 대하여 다툼이 있는 경우도 있을 수 있으므로 발명자와 출원인이 다른 경우 이 문제는 권리이전소송을 통하여 권리귀속을 정하는 방식으로 해결하는 것이 궁극적인 해결방법이라는 점에서 진정한 권리자가 모인출원자 등으로부터 권리이전을 받을 수 있도록 하는 권리를 입법적으로 규정할 필요가 있다는 견해) <https://www.lawtimes.co.kr/Legal-Info/Cases-Commentary-View.aspx?serial=1043> (2015. 12. 8. 최종방문). 이러한 견해도 기본적으로는 부정설의 입장에 선 것으로 이해할 수 있을 것이다.

10) 서울지방법원 2003. 7. 25. 선고 2002가합73213 판결(확정).

11) 서울중앙지방법원 2010. 8. 11. 선고 2009가합136153 판결; 서울고등법원 2010. 12. 16. 선고 2010나87230 판결(확정). 원고, A, B가 공동발명자임에도 불구하고 A, B가 원고를 배제한 채 특허를 받을 수 있는 권리를 피고에게 양도하였고, 양수인인 피고가 그 명의로 출원하여 특허등록을 받은 사안으로, 법원은 ① 발명자의 특허를 받을 수 있는 권리라고 하는 것은 발명

는 정당한 권리자의 출원이 있은 이후 출원인이 출원인 지위를 제3자에게 양도하였으나 그 양도가 무효사유를 안고 있는 경우에 이전등록을 인정한 것이 있었다.12)

3. 대상판결 및 이후 대법원 판결의 검토

대상판결의 경우 "대법원 2003다47218 판결은 사안이 달라 이 사건에 원용하기에 적절하지 아니하다"고 함으로써 두 사안을 구별하면서 정당한 권리자의 특허권 이전등록청구가 가능한지 여부에 대해 부정적 입장을 보인 반면, 대상판결 후에 선고된 대법원 2011다77313, 77320(병합) 판결의 경우 대법원 2003다47218 판결을 인용하면서 "양도인이 특허를 받을 수 있는 권리를 양수인에게 양도하고, 그에 따라 양수인이 특허권의 설정등록을 받았으나 양도계약이 무효나 취소 등의 사유로 효력을 상실하게 된 경우 특허를 받을 수 있는 권리와 설정등록이 이루어진 특허권이 동일한 발명에 관한 것이라면", "양도인은 양수인에 대하여 특허권에 관하여 이전등록을 청구할 수 있다"고 판시하고 있다.

이와 같은 3건의 대법원 판결을 종합적으로 검토해 보면, 결국 대법원은 '정당한 권리자의 특허권 이전등록청구'에 대해 전면적으로 이를 긍정 또는 부정하기보다 사안별로 접근하여 사례형 법리를 판시한 것으로 보인다.13) 즉, '정당한 권

___

에 의하여 생기는 것으로서 반드시 특허출원을 하여야 발생하는 것이 아닌 점, ② 무권리자에 의한 특허출원이 있었으나 아직 특허등록이 되지 않은 경우, 출원을 하지 않은 정당한 권리자에게는 출원인명의변경 청구가 허용되는데, 특허등록이 된 경우에는 출원을 하지 않았다는 이유로 정당한 권리자에게 이전등록청구가 허용되지 않는 것은 불합리한 점, ③ 부당이득 반환으로서 이전등록청구가 인정되지 않을 경우 정당한 권리자를 보호할 다른 방법이 없는 점 등에 비추어 보면, 이 사건의 경우에도 비록 특허를 받을 수 있는 권리를 양도하지 않은 공동발명자가 특허출원을 하지 않았더라도 위 판례와 같이 부당이득의 반환으로서 특허등록의 이전을 청구할 수 있다 할 것이라고 하면서, 피고는 공동발명자인 원고에게 이 사건 특허권 중 원고의 이 사건 발명에 대한 기여도 부분에 상응한 30% 지분에 관한 지분이전등록 절차를 이행할 의무가 있다고 판시하였다. 한편, 서울고등법원 2010나87230 판결의 판시 중 위 ②, ③ 부분에 대해, "이미 공동발명자 중 1인 명의로 등록이 마쳐진 경우에는 특허법 제44조 규정 위반으로 제133조 제1항 제2호에 따라 등록무효심판청구를 할 수 있음에도 다른 구제방법이 없다고 본 것은 다소 납득하기 어렵고, 등록되기 전의 출원단계와 등록되어 특허권자인 단계는 엄연히 구분되어야 하고, 등록된 특허에 대해서는 특허법에 정해진 절차에 따라 그 등록의 무효를 다투는 것을 원칙으로 보아야 하며, 공동출원을 위반하였다고 하여 그 자체로 당연무효라고 볼만한 사정이 있다고 보기 어려움에도 그에 대한 아무런 설명 없이 양도계약이 무효인 경우에 적용된 위 2003다47218 판결을 근거로 특허권의 지분 자체의 부당이득반환을 인정한 것은 문제가 있다고 본다"는 비판이 있다. 손천우, 앞의 논문, 559면.
12) 대법원 2004. 1. 16. 선고 2003다47218 판결.
13) 박태일, "직무발명의 이중양도에 관한 연구", 한양대학교 대학원 박사학위논문, 2015. 8.,

리자로부터 특허를 받을 수 있는 권리를 승계받은 바 없는 무권리자'에 관한 사안
(2010다11310)에서는 '특허권 이전등록청구'를 부정하면서 2003다47218 판결의 사
안과 구별하고 있는 반면, '특허를 받을 수 있는 권리를 정당한 권리자가 양도한
경우'에 관한 사안(2011다77313, 77320(병합))에서는 종래 2003다47218 판결의 법
리를 다소 확장(즉, 정당한 권리자의 '출원 후' 양도라는 제한을 삭제함)하고 있다.14)

4. 2016년 개정 특허법

2016년 개정 특허법에서는 기존 출원일 소급제도(특허법 제34조 및 제35)에 추
가하여 민사소송을 통해 직접 무권리자로부터 권리를 이전받는 이전청구제도를
도입하고 있는데, 이하 '출원일 소급제도의 존치 필요성'에 대해 간단히 검토해 본
다.15)

외국의 입법례를 보면, 독일과 영국의 경우 이전청구제도와 함께 출원일 소급
제도도 운영하고 있는 반면, 프랑스와 일본의 경우 이전청구제도만을 운영하고 있
다. 이러한 주요국의 상황을 보면 두 제도를 병존한다고 하여 크게 문제될 것은
없고 결국 정당한 권리자의 보호와 제3자 보호의 균형을 제도 설계에 어떻게 반
영할 것인지 하는 선택의 문제라고 생각된다.

일본에서는 출원일 소급제도의 장점이 대부분 이전청구제도를 통해서도 실현
가능하며, 제3자 보호라는 관점에서 출원일 소급제도가 문제가 있다는 점 등을 고
려하여 출원일 소급제도를 다시 도입하지 않은 것으로 보인다. 특히 일본은 오래

229면(대법원 2003다47218 판결(이전등록 허용)과 대법원 2012다11310 판결(이전등록 불허)
은 모두 사례형 법리로서 해당 사안에 한정된 법리를 설시하고 있는 것이며, 대법원 2011다
77313, 77320(병합) 판결은 2003다47218 판결의 법리를 '정당한 권리자가 특허출원한 바 없
는 경우'에도 확대적용 할 수 있다는 입장을 보인 것이지만, 해당 판결이 전제하고 있는 사안
은 '특허를 받을 수 있는 권리를 정당한 권리자가 양도한 경우'이므로, 이러한 양도가 없었던
사안에 대하여까지 위 판결의 법리가 확대적용될 수는 없으며, 이는 '정당한 권리자로부터 특
허를 받을 수 있는 권리를 승계받은 바 없는 무권리자'에 관한 사안에 대하여 특허권 이전청
구를 제한하는 법리를 선언한 대법원 2012다11310 판결과의 정합성을 고려할 때 당연한 해
석이라고 보고 있음).

14) 김관식, "모인특허출원에 대한 정당한 권리자의 구제-정당한 권리자의 이전청구의 허부를
중심으로-", 과학기술법연구 제21집 제1호, 한남대학교 과학기술법연구원, 2015. 2., 27-28면
(대법원 2011다77313, 77320(병합) 판결에서는 '정당한 권리자의 출원 후 양도'라는 제한이
없는데, 종전 우리나라와 일본의 판례에 비해서는 완화된 조건 하에서 정당한 권리자의 이전
청구를 허용하고 있어 결국 정당한 권리자에 대한 실효적 보호를 강화한 것으로 볼 수 있다
는 견해).

15) 자세한 내용은 김동준, "무권리자 출원·특허와 정당한 권리자의 보호", IT와법연구 12집,
경북대학교 IT와법연구소, 2016. 2., 83-120면 참조.

전 출원일 소급제도가 폐지되었기 때문에 이를 다시 도입하는 것에 신중했던 것으로 보인다. 다만, 우리나라의 경우 특허법 제정 시부터 출원일 소급제도를 운영하여 왔고16) 사실상 정당한 권리자 구제의 유일한 수단으로 기능했다는 점과 정당한 권리자가 자신에게 보다 편리한 방법을 선택할 수 있도록 하는 장점17)이 있다는 점을 고려하면 이를 당장 폐지하기보다는 이전청구제도와 함께 존치하고 향후 운영 상황을 보면서 동 제도를 계속 유지할 것인지는 추후 검토하는 것이 바람직하다고 생각된다. 특히 제도의 운영 상황뿐 아니라18) 분쟁의 조기 종식 및 소송경제의 관점에서도 검토가 필요할 것이다.19)

---

16) 특허청, 우리나라 특허법제에 대한 연역적 고찰, 2007. 5., 215-220면 참조. 1946년 특허법(1946. 10. 15. 제정 군정법령 제91호)에서도 출원일 소급제도가 마련되어 있었고, 1961년 제정 특허법(1961. 12. 31. 제정 법률 제950호) 이래 현재까지 출원일 소급제도가 내용에 큰 변경 없이 유지되고 있다.

17) 산업통상자원위원회 전문위원 송대호, 특허법 일부개정법률안 검토보고서, 2015. 10., 29면("현행법상의 별도로 출원하는 방식과 개정안의 특허권 이전청구를 통한 방식에 각각 소요되는 비용과 시간 등을 상호 비교하여 정당한 권리자가 선택할 수 있도록 함으로써 편의를 제고할 수 있는 것임").

18) 독일과 영국 모두 출원일 소급제도가 거의 이용되지 않는 것으로 보이는데, 우리도 향후 운영 상황을 보면서 동 제도를 계속 존치할 것인지에 대해 검토해 볼 필요가 있을 것이다. 독일의 제도이용상황에 대해서는 日本国際知的財産保護協会, "特許を受ける権利を有する者の適切な権利の保護の在り方に関する調査研究報告書", 平成22年3月, 50頁("독일 특허청이 매년 발표하고 있는 연차 통계에 있어서는 특허이의신청에 의한 특허소멸 후 신출원(독일 특허법 제7조 제2항)의 이용상황에 대한 정보는 찾아볼 수 없다. 독일 특허청에도 문의하기는 했지만 통계는 없다는 것이었다. 한편, 독일 실무가와의 인터뷰에서는 일관하여 이 제도는 잘 이용되지 않는다는 답변이 돌아 왔다.")에, 영국의 제도이용상황에 대해서는 日本国際知的財産保護協会, 上揭 報告書, 87頁("이 점, 현지 대리인에 따르면, 2006년 11월말경부터 2009년 11월말경까지 최근 3년 정도에 있어서 권리부여절차에 있어서 특허청장의 신출원명령에 기초한 진정한 권리자의 신출원이 이루어진 건은 없었다고 한다.").

19) 대상판결 사안의 경우, 해당 사건의 원고가 2010. 3. 11. 무권리자의 출원 후에 한 정당한 권리자의 출원임을 주장하면서 특허출원하였고, 동일자로 심사청구하였지만, 해당 출원은 2011. 9. 19. 출원공개된 후 2017년 6월 현재까지 심사처리보류되어 있는데, 사안에 따라서는 출원일 소급제도에 의한 구제가 분쟁의 조기 해결 및 소송경제의 관점에서 문제가 있을 수 있음을 보여준다. 산업통상자원위원회 전문위원(송대호)의 검토의견에서도 이런 점을 지적하고 있다. 산업통상자원위원회 전문위원 송대호, 특허법 일부개정법률안 검토보고서, 2015. 10., 28면("현행법은 무권리자가 특허출원을 하여 특허를 받은 경우 정당한 권리자가 선택할 수 있는 방안으로는 해당 특허에 대한 무효심결을 거친 후 별도로 특허출원을 하여 심사를 받는 것 외에는 규정하고 있지 않아 권리회복에 지나치게 장기간이 소요되는 등의 불편이 있었음").

75. 정당한 권리자에 의한 특허권 이전청구의 허부[1]

[대법원 2014. 5. 16. 선고 2012다11310 판결(특허권이전등록절차이행)];
[대법원 2014. 11. 13. 선고 2011다77313 판결(특허출원인명의변경)]

김관식(한남대학교 법학부 교수, 전 대법원 재판연구관)

I. 사실의 개요

대법원 2014. 5. 16. 선고 2012다11301 판결(이하 '대상판결 1')에서 원고는 1개의 휴대폰 단말기에 2개 이상의 전화번호를 부여하여 사용하는 이른바 '투폰 서비스' 시스템을 개발하여 2008. 6. 18. 특허등록을 받았고, 피고는 유사한 서비스에 관하여 특허등록을 받았는데, 원고는 피고의 특허발명이 원고가 개발한 발명에 기초하여 피고에게 사업제안을 하면서 알려준 내용을 원고로부터 특허받을 수 있는 권리를 양도받은 사실 없이 무단으로 출원하여 등록받은 것이라고 주장하면서, 피고는 원고에게 이 사건 특허권을 반환(이전등록)하여야 한다고 주장하였다. 대상판결 1의 원심[2]에서는 원고의 주장을 배척하였고, 이에 원고가 상고하였다.

대법원 2014. 11. 13. 선고 2011다77313 판결(이하 '대상판결 2')에서 피고 1과 원고의 종업원인 피고 2가 합금에 관한 발명을 한 후, 피고 2는 원고와 맺은 직무발명에 관한 예약승계의 계약에도 불구하고 원고에게 자신의 발명을 공개하지 아니하고, 합금에 관한 발명에 대하여 특허받을 수 있는 권리를 피고 1에게 양도하였고 이에 따라 피고 1이 단독으로 특허를 획득하였다. 원고는 피고 1에게 특허권의 이전을 청구하였으나[3] 원심[4]에서는 이전청구를 기각하였고, 이에 원고가 (부

---

1) 본고는 김관식, "모인특허출원에 대한 정당한 권리자의 구제", 과학기술법연구 제21권 제1호(2015. 2.), 3-36면에 발표된 것을 일부 수정, 축약한 것이다.
2) 서울고등법원 2011. 12. 22. 선고 2011나33513 판결.
3) 대상판결과 병합된 2011다77320 사건은 손해배상청구에 관한 것이어서 본고의 논지와 일정한 차이가 있어 논의를 생략한다. 한편 본 민사사건과 관련된 형사사건으로 피고인에게 업무상배임죄는 인정하고 영업비밀누설죄는 부정한 대법원 2012. 11. 15. 선고 2012도6676 판결이 있다.
4) 서울고등법원 2011. 8. 17. 선고 2011나4577, 2011나4584(병합) 판결.

대)상고하였다.

Ⅱ. 판 시

[대상판결 1]

상고 기각.

"발명을 한 자 또는 그 승계인은 특허법에서 정하는 바에 의하여 특허를 받을 수 있는 권리를 가진다(특허법 제33조 제1항 본문). 만일 이러한 정당한 권리자 아닌 자가 한 특허출원에 대하여 특허권의 설정등록이 이루어지면 특허무효사유에 해당하고(특허법 제133조 제1항 제2호), 그러한 사유로 특허를 무효로 한다는 심결이 확정된 경우 정당한 권리자는 그 특허의 등록공고가 있는 날부터 2년 이내와 심결이 확정된 날부터 30일 이내라는 기간 내에 특허출원을 함으로써 그 특허의 출원 시에 특허출원한 것으로 간주되어 구제받을 수 있다(특허법 제35조). 이처럼 특허법이 선출원주의의 일정한 예외를 인정하여 정당한 권리자를 보호하고 있는 취지에 비추어 보면, 정당한 권리자로부터 특허를 받을 수 있는 권리를 승계받은 바 없는 무권리자의 특허출원에 따라 특허권의 설정등록이 이루어졌더라도, 특허법이 정한 위와 같은 절차에 의하여 구제받을 수 있는 정당한 권리자로서는 특허법상의 구제절차에 따르지 아니하고 무권리자에 대하여 직접 특허권의 이전등록을 구할 수는 없다."

[대상판결 2]

상고 기각.

"양도인이 특허를 받을 수 있는 권리를 양수인에게 양도하고, 그에 따라 양수인이 특허권의 설정등록을 받았으나 그 양도계약이 무효나 취소 등의 사유로 효력을 상실하게 된 경우에, 그 특허를 받을 수 있는 권리와 설정등록이 이루어진 특허권이 동일한 발명에 관한 것이라면, 그 양도계약에 의하여 양도인은 재산적 이익인 특허를 받을 수 있는 권리를 잃게 되고 양수인은 법률상 원인 없이 특허권을 얻게 되는 이익을 얻었다고 할 수 있으므로, 양도인은 양수인에 대하여 특허권에 관하여 이전등록을 청구할 수 있다(대법원 2004. 1. 16. 선고 2003다47218 판결 참조).

한편 발명진흥법 제12조 전문, 제13조 제1항, 제3항 전문, 발명진흥법 시행령

제7조가 종업원 등으로 하여금 사용자 등에게 직무발명 완성사실을 문서로 통지하도록 하고, 사용자 등이 위 통지를 받은 날부터 4개월 이내에 그 발명에 대한 권리의 승계 여부를 종업원 등에게 알리지 아니한 경우 그 승계를 포기한 것으로 간주되는 효과가 부여되는 점 등에 비추어 보면, 사용자 등이 종업원 등의 위 통지가 없음에도 다른 경위로 직무발명 완성사실을 알게 되어 직무발명 사전승계 약정 등에 따라 그 발명에 대한 권리를 승계한다는 취지를 종업원 등에게 문서로 알린 경우에는 종업원 등의 직무발명 완성사실 통지 없이도 같은 법 제13조 제2항에 따른 권리 승계의 효과가 발생한다고 보아야 한다.

그렇다면 직무발명 사전승계 약정 등의 적용을 받는 종업원 등이 직무발명을 완성하고도 그 사실을 사용자 등에게 알리지 아니한 채 그 발명에 대한 특허를 받을 수 있는 권리를 제3자의 적극 가담 아래 이중으로 양도하여 제3자가 특허권 등록까지 마친 경우에, 위 직무발명 완성사실을 알게 된 사용자 등으로서는 위 종업원 등에게 직무발명 사전승계 약정 등에 따라 권리 승계의 의사를 문서로 알림으로써 위 종업원 등에 대하여 특허권이전등록청구권을 가지게 된다고 봄이 상당하다. 그리고 위 이중양도는 민법 제103조에서 정한 반사회질서의 법률행위로서 무효라고 할 것이므로, 사용자 등은 위 특허권이전등록청구권을 피보전채권으로 하여 종업원 등의 그 제3자에 대한 특허권이전등록청구권을 대위행사할 수 있다고 할 것이다.

원고 회사는 피고 2에게 Q22 합금 발명에 대한 권리 중 피고 2 지분에 관하여 직무발명 사전승계 약정에 따른 승계 의사를 문서로 알리고, 위 발명에 대하여 피고 1 앞으로 등록된 특허권 중 피고 2 지분에 관하여 피고 1을 상대로 피고 2를 대위하여 피고 2에게 이전등록할 것을 청구하고, 동시에 피고 2를 상대로 원고 회사에게 순차 이전등록할 것을 청구할 수 있음은 별론으로 하고, 위 특허권에 관하여 직접 원고 회사에게 이전등록할 것을 청구할 수는 없다고 할 것이다."

Ⅲ. 해   설

1. 문제의 소재

발명에 대하여 특허를 받을 수 있는 권리는 원시적으로 발명자에게 발생하고 발명자로부터 특허받을 수 있는 권리를 승계한 자도 특허출원할 수 있다. 특허출원이 발명자 또는 특허받을 수 있는 권리의 승계인이 아닌 자에 의하여 이루어진 경우에는 특허받을 수 없어 거절결정이 되어야 하고 특허된 이후에는 특허무효사유가 된다. 전술한 정당한 권리자가 아닌 자에 의한 출원을 강학상 모인출원이라고 하는데, 모인출원에 의하여 특허등록이 된 경우 정당한 권리자는 모인출원이 거절되거나 무효된 이후 일정한 기간이내에 출원하면 출원일 소급의 이익을 누릴 수 있다.

그런데 정당한 권리자가 출원일 소급의 이익을 누리기 위해서는 모인출원이 거절되거나 무효된 이후에 일정한 기간 내(거절결정된 날로부터 30일, 무효심결확정일로부터 30일 및 특허등록공고일로부터 2년 이내)에 출원할 것이 요구되는데, 모인출원이 거절된 날로부터 이러한 기간이 경과되면 정당한 권리자가 출원하더라도 출원일 소급의 이익을 누릴 수 없어 타인의 출원이나 선행기술 등에 의하여 거절될 가능성이 있고, 특히 직무발명자가 사용자에게 직무발명의 사실을 알리지 않고 제3자와 공모하여 제3자의 이름으로 출원하는 경우에는 사용자는 모인출원된 사실을 알 수 있는 현실적인 방법이 존재하지 않게 되므로 출원일 소급의 이익을 누릴 수 없게 될 가능성이 높다.

모인출원이라는 점을 이유로 무효심판을 제기하는 것은 정당한 권리자에 의하여 이루어지는 경우가 많을 것이므로 무효심결확정 후 30일 이내에 정당한 권리자의 출원이 있어야 한다는 제한은 별로 문제가 되지 않을 것이나, 정당한 권리자의 출원이 특허등록 공고일로부터 2년이 경과하기 이전에 출원되어야 한다는 제한은, 모인출원이 특허등록이 되었는지의 여부를 정당한 권리자가 계속적으로 확인하는 것은 현실적으로 쉽지 않다는 점, 및 특히 후술하는 바와 같이 모인출원이 종업원 자신이 아니라 종업원으로부터 특허받을 권리를 승계한 제3자 등에 의하여 이루어지는 경우에는 정당한 권리자는 모인출원이 특허등록 되었다는 점을 현실적으로 확인할 수 있는 방법이 없다는 점에서 정당한 권리자의 권리의 회복에 상기 기간의 제한에 의하여 정당한 권리자의 권리가 실효될 가능성이 있으므로, 특별히 이 경우에는 정당한 권리자가 모인출원되어 등록된 특허권에 대하여 특허권 이전등록을 청구하는 경우에 이를 허용할 수 있는지 여부가 쟁점이 된다.

2. 권리이전 허용의 가부

가. 개   요

모인출원임에도 불구하고 일단 특허가 등록되었다면 등록된 특허권 자체를 정당한 권리자에게 이전하는 것이 직접적이고도 간편한 해결방안의 하나가 될 수 있을 것인데, 현행 특허법 상에는 등록 후 특허권 이전에 대한 명시적인 규정이 없고, 일부 판례와 학설에서는 모인출원이 특허된 경우 원칙적으로는 이전청구를 불허하고 일정한 경우에는 이를 허용할 수 있다고 하고 있을 뿐이어서 모인출원되어 등록된 특허권에 대하여 등록특허권의 이전청구가 허용되는지의 여부는 불명확한 상태이다.

나. 학설과 판례

일부의 논의에서는 특허출원 단계와 특허등록 단계로 구분한 후, 특허출원단계에서는 이미 출원인 명의변경 신청 절차가 구비되어 있으므로 이를 활용하여 정당한 출원자는 모인출원인을 상대로 '출원인명의변경 절차의 이행을 구하는 소' 혹은 '정당한 권리자에 관한 확인의 소'를 제기한 후 이를 근거로 단독으로 '출원인명의변경 신청'을 하는 방법에 의하여 정당한 권리자의 권리 확보가 가능할 것이라고 주장하는 견해가 있는데,[5] 여기에서는 정당한 권리자의 발명과 모인출원자의 발명이 일반적으로 동일하지 아니할 가능성이 있으므로 발명의 동일성 여부를 엄격하게 판단하여야 할 것이라는 견해를 표명하고 있다.[6]

일본의 경우 이른바 '음식물쓰레기처리방법 사건(生ゴミ處理裝置事件)'[7]에서는 정당한 권리자의 출원 후에 정당한 권리자의 허락 없이 양도증서가 작성되어 출원인 명의 변경이 이루어진 후 등록된 특허권에 대하여 정당한 권리자에 대한 특허권이전청구가 허용되는지의 여부가 쟁점이 되었다. 1심에서는 원고의 청구를 인용하였는데, 항소심에서는 특허청과 법원의 권한분배의 원칙에 입각하여 피고의 청구를 인용하여 원고가 상고하였다. 최고재판소에서는 특허 받을 수 있는 권리와 특허된 권리의 동일성, 정당한 권리자의 지분 상실에 따라 법률상 원인 없이 특허

---

5) 조영선, 특허법 제4판, 박영사, 2013, 237-238면.
6) 상게서, 238면.
7) 最高裁 平成13年 6月 12日 第三小法廷 判決 平成9年(オ) 第1918号.

권 지분을 획득한 점을 주요 이유로 들어, 특허권 지분의 이전 청구 신청을 받아들였다.8) 또한 일본의 이른바 '브래지어 사건(ブラジャー事件)'9)은 전술한 음식물 쓰레기 처리장치 사건(2001년) 이후의 동경지방재판소 사건(2002년)으로, 무권리자에 의하여 특허출원이 되어 등록된 특허권에 대한 이전청구의 허용여부가 쟁점이 되었다.10) 법원에서는 원고가 스스로 특허출원절차를 행하고 있지 않다는 점, 스스로 특허출원하였다면 특허발명을 획득할 기회가 있었다는 점을 들어 전술한 최고재판소 사건과는 사안을 달리한다고 하면서 이전등록 청구를 기각하였다.

다. 입법에 의한 특허권 이전 청구의 명시적 허용 사례

한편 현행 일본 특허법 제74조11)에서는 모인출원자에 의하여 등록된 등록특허의 이전청구를 명시적으로 허용하고 있다. 종전의 대법원 판례와 학설의 견해에 의하면, 정당하게 출원된 특허출원에 대한 출원인 명의의 무단변경에 대해서만 특허권의 이전청구가 허용될 뿐으로, 타인의 발명을 모인자가 출원하는 순수한 모인출원에 대해서는 이전청구가 허용되지 않는다고 해석될 여지가 있었으나, 본 조에서는 모인출원의 등록 유무를 묻지 않고 이전청구를 허용하고 있어 순수한 모인출원과 정당한 출원 이후에 명의의 무단변경에 따른 무권리자의 특허등록에 대하여 모두 특허권 이전 청구가 가능하게 되었는데, 그 이유로는 정당한 권리자가 직접 출원을 하지 않았더라도, 발명 자체의 공개에 의하여 산업발전에 기여하였다는 점을 들고 있다.12) 모인출원으로 등록된 특허권에 대하여 이전청구가 가능하므로, 비록 모인출원에 의하여 등록된 특허라 하더라도 특허권이 정당한 권리자에게 이전하여 '등록되어 있는 경우'에는 특허무효심판을 청구할 수 있는 특허무효사유에서 제외하여(일본 특허법 제123조 제2호, 제6호),13) 정당한 권리자에게 부여된 특허권이 애초에 모인출원에 의한 것이라는 점을 이유로 무효로 되는 것을 방지하고

---

8) 中山信弘외 3인 편저, 사단법인 한국특허법학회 역, 특허판례백선 제4판, 박영사, 2013, 141면 이하.

9) 東京地裁 平成 14年 7月 17日 判決 2001年(ワ)第13678号.

10) 中山信弘외 3인 편저, 상게서, 147면 이하.

11) 일본 平成23년(2011년) 개정 특허법. 등록 특허권의 이전청구를 허용한 본 조는 전술한 일본의 이른바 '음식물쓰레기 처리장치 사건(生ゴミ處理裝置事件)'에서 영향을 받은 것으로 보고 있다. 中山信弘외 3인 편저, 전게서, 144면.

12) 中山信弘, 小泉直樹 編, 新·注解 特許法[別册] 平成23年 改正特許法解說, 靑林書院, 2012, 49頁.

13) 일본 特許法 第百二十三条 참조.

있다. 한편 정당한 권리자는 선출원이 공개되어 있더라도 신규성 상실 적용의 예외 규정14)의 활용이 가능하므로 이를 활용한 특허출원이 가능하게 된다. 이 경우 모인출원에 대하여 선원의 지위를 부여하지 않으면 정당한 권리자가 다시 특허출원을 하면15) 동일한 발명에 대하여 이중의 특허가 부여될 우려가 있으므로,16) 이를 방지하기 위하여 모인출원에 대하여 선출원주의 적용을 배제하는 취지의 조문(종전 특허법 제39조 제6항)17)을 삭제하여 모인출원에 대하여 선원의 지위를 회복하였다. 이로서 정당한 권리자라 하더라도 자신의 발명에 대하여 다시 출원하는 경우에는, 모인출원에 대하여 후출원이 되므로 특허받을 수 없게 된다.

독일의 경우에도 출원된 특허에 대해서는 '특허받을 권리'를, 등록된 특허에 대해서는 '등록특허권'을 정당한 권리자에게 양도할 것을 요구할 수 있고(독일 특허법 제8조 제1항 내지 제2항), 다만 이러한 권리는 특허권 등록 공고일로부터 '2년 이내'에 소송에 의하여 제기하여야 하나(동조 제3항) 이러한 제한은 특허소유자가 특허권의 취득시 선의가 아닌 경우에는 적용되지 않는다(동조 제5항).18) 또한 등록된 특허가 모인에 의한 것이라는 점을 이유로 이의신청19)이 된 때에는 최종 결정일로부터 1년 이내에 소를 제기할 수 있다(동조 제3항)고 하여, 모인출원에 대하여 이전청구를 원칙적으로 허용하고 있다.

라. 검 토

상기 일본의 사례에서는 결국 모인출원이 정당한 권리자에 의하여 출원된 이후에 부당한 방법으로 특허권의 이전이 된 경우와 정당한 권리자의 출원 없이 모

---

14) 일본에서 정당한 권리자의 출원에 대하여 일정한 경우 소급효를 부여하는 점에서 우리와 마찬가지이나, 신규성 상실의 예외 규정의 적용시 신규성이 상실된 날로부터 6개월 이내에 출원하여야 하는 점에서 1년 이내에 출원하면 신규성 상실의 예외 규정이 적용되는 우리와 차이가 있다. 일본 特許法 第三十条 (発明の新規性の喪失の例外) 참조.

15) 이때 선출원이 공개된 경우라면, 신규성 상실 적용의 예외 규정을 활용할 수 있다.

16) 이른바 확대된 선출원의 규정은 발명자가 동일한 경우에는 적용되지 않는다. 특허법 제29조 제3항 및 일본 특허법 제29조의2 참조.

17) 종전 일본 특허법 제39조 제6항 발명자 또는 고안자가 아닌 자로서 특허 받을 권리 또는 실용신안등록 받을 권리를 승계하지 않은 자가 한 특허출원 또는 실용신안등록출원은, 제1항부터 제4항까지의 규정의 적용에 대해서는, 특허출원 또는 실용신안등록출원이 아닌 것으로 본다. 참고로 현재는 삭제된 제6항의 위치에 경합발명의 경우 출원인에게 상당한 기간을 정하여 협의의 결과를 제출하도록 명하여야 한다는 취지의 내용이 삽입되어 있다.

18) 독일 특허법 제8조 참조.

19) 특허등록 공고일로부터 '3개월 이내' 이의신청이 가능하다. 독일 특허법 제59조(1).

인출원자에 의하여 출원이 되어 등록된 경우를 구분하여 전자의 경우에는 이전청구를 허용하고 후자의 경우에는 이전청구를 부정하여 서로 달리 판단하고 있는데, 현재 일본에서는 입법에 의하여 모인출원에 대한 이전청구를 명시적으로 허용하고 있다.

동일한 취지로, 국내에서도 특허등록 후에는 특허법상 모인출원을 이유로 하는 특허무효심판 제도가 구비되어 있다는 점, '자신이 출원하지 아니한 발명'에 대하여 특허권을 부여한다는 점이 특허받을 수 있는 기대권과 대세적 권리인 특허권 사이의 대상성(代償性)에 의문이 있을 여지가 있다는 점을 들어, 등록명의의 이전청구는 허용되지 않는 것이 원칙으로 하고, 다만 예외적으로 정당한 권리자의 '출원 이후'에 특허받을 수 있는 권리의 양도에 하자가 있는 경우에는, 등록특허의 이전이 간명한 해결책일 것이므로 '등록이전'이 허용되어야 한다고 주장하는 판례와 견해가 있다.20) 또한 국내에서는 공동발명자 중에서 일부가 누락된 경우에는 정당한 권리자의 지분에 상당하는 권리의 이전청구를 허용하여야 한다는 판례와 견해도 찾아볼 수 있다.21)

3. 대상판결에서의 판단

대상판결 1에서는 모인출원인에 의하여 등록된 특허에 대하여 정당한 권리자가 특허권 이전을 청구한 경우, 정당한 권리자는 특허법 소정의 무효심판절차와 정당한 권리자로서의 출원에 의하여 권리구제를 받을 수 있다는 점22)을 이유로 특허권 이전청구를 불허하여 상고를 기각하였다.

대상판결 2에서는 이 사건 특허발명은 피고 1과 피고 2가 공동발명한 것으로 판단한 후23) 피고1의 적극적인 개입 하에서 피고 1과 피고 2가 맺은 이중 양도계약은 민법 제103조에서 정한 반사회질서의 법률행위로서 무효라는 점을 전제로, 원고의 피고 2에 대한 승계의사의 통지에 의하여 피고 2가 가지는 특허받을 수

---

20) 대법원 2004. 1. 16. 선고 2003다47218 판결; 조영선, 전게서 240면.

21) 서울중앙지법 2010. 8. 11. 선고 2009가합136153 판결; 서울고법 2010. 12. 16. 선고 2010나 87230 판결(확정). 조영선, 상게서.

22) 한편 문제가 된 모인출원에 대하여 특허 제10-0813410-0000호의 설정등록 공고일은 2008. 3. 12.이고 이에 대하여 정당한 권리자의 출원은 설정등록 공고일로부터 2년 이내인 2010. 3. 11.에 이루어졌다. 참고로 대상판결1에 의하여 이전청구가 기각된 이후인 2014. 11. 28. 특허무효심판이 2014당3053호로 청구되어 있다.

23) 대상판결 2의 원심에서는 피고 2의 단독발명으로 보았다.

있는 권리가 원고에게 승계되고, 원고는 피고 1의 특허권 중 피고 2의 지분24)에 해당하는 부분에 대해서 특허권이전청구권을 행사할 수 있다고 판단하여, 대상판결 1과 차별화하였다. 그리고 직무발명에 따른 승계의 시점과 관련하여 대상판결 2의 원심에서는 피고 2의 직무발명의 완성과 동시에 특허받을 수 있는 권리가 사용자인 원고에게 승계된다고 해석하였고(정지조건부 승계의 계약) 이는 일본에서의 다수설과 일치하는 것인데,25) 대상판결 2에서는 발명진흥법의 규정의 예를 들어 직무발명의 완성 후 발명자의 통지가 없는 경우에 사용자의 승계의사의 통지에 의하여 특허받을 수 있는 권리의 승계가 이루어지는 것으로 해석한 점(일방예약)에 중요한 차이가 있다.26) 또한 사용자가 승계의사의 통지에 따라 보유하게 되는 특허권이전청구권의 구체적 행사의 방법에 있어서는 원고가 특허권 명의자인 피고1에게 직접 특허권을 이전청구하는 것을 허용하지 않고, 피고 2를 대위하여 피고 1에게 특허권을 이전등록할 것을 청구하고 동시에 피고 2에게 원고에게 순차적인 이전등록을 청구할 것으로 요구하고 있는데, 이는 피고 1의 계약당사자가 원고가 아닌 피고 2라는 점과 원고의 계약당사자가 피고 2라는 점을 상기하면 타당한 해석으로 볼 수 있다.27)

4. 대상판결의 의의

모인출원인에 의하여 특허출원 및 등록이 이루어진 경우에, 모인출원된 발명과 정당한 권리자의 발명 사이에 동일성이 인정된다면 모인출원된 특허출원의 출원인 명의변경 및 등록된 특허의 등록명의의 이전을 허용하는 것이 소송경제적으로 보아도 간편하고 신속하게 이루어질 가능성이 있는데, 대상판결은 모인출원되어 등록된 특허에 대하여 정당한 권리자의 이전청구가 원칙적으로 허용되지 않고 특허법 소정의 정당한 출원인에 의한 절차를 이용하여야 한다는 점을 원칙으로 하면서, 이전청구가 허용되는 경우의 판단 기준을 제시한 점에서 그 의의를 찾을

---

24) 별도로 정함이 없다면 1/2이 될 것이다.

25) 中山信弘 著, 特許法 第二版, 弘文堂, 2012, 68頁.

26) 직무발명에 관한 예약승계의 법적 성격에 대해서는, 이외에도 '편무예약'이 있다. 吉藤幸朔 著, 雄谷健一 補訂, YOU ME 特許法律事務所 譯, 特許法槪說[第13版], 대광서림, 2000, 276면.

27) 부당이득반환청구에 관한 사례에서 계약 당사자가 아닌 제3자에게 부당이득의 반환을 청구하는 것을 불허하면서, 그 이유로 자기 책임 하에 체결된 계약에 따른 위험부담을 제3자에게 전가시키는 것이 되어 계약법의 기본원리에 반하는 결과를 초래할 뿐만 아니라, 수익자인 제3자가 계약 상대방에 대하여 가지는 항변권 등을 침해하게 되어 부당하기 때문이라는 점을 들고 있다. 대법원 2003. 12. 26. 선고 2001다46730 판결.

수 있다.

한편 이전청구가 허용되는 경우로 종전 대법원판례28)와 일본의 사례에서는 정당한 권리자의 '출원 후' 권리의 양도계약 등에 무효 등의 사유가 있는 경우로 한정하고 있음에 반하여 대상판결 2에서는 '정당한 권리자의 출원 후 양도'라는 제한이 없는데, 이는 입법에 의하여 정당한 권리자에 대하여 모인출원된 특허권에 대하여 이전청구권을 널리 허용하고 있는 일본의 경우와, 종전 일본과 우리나라 판례에서 '정당한 권리자의 출원후 양도'에 한하여 특허권이전청구를 허용하는 기준에 비추어 보면, 종전 우리나라와 일본의 판례에 비해서는 완화된 조건 하에서 정당한 권리자의 이전청구를 허용하고 있어 결국 정당한 권리자에 대한 실효적 보호를 강화한 것으로 볼 수 있다.

정당한 권리자의 이전청구를 불허한 대상판결 1에서는, 특허권 이전등록을 주장하는 원고의 청구를 배척하면서, 권리이전을 허용한 종전 대법원 판례(대법원 2004. 1. 16. 선고 2003다47218 판결)는 정당한 권리자가 '출원을 한 후' 권리 양도계약의 효력이 상실하게 된 점에서 차이가 있다고 하면서 차별화를 시도하고 있음에 반하여, 대상판결 2에서는 '정당한 권리자의 출원 후'의 조건을 삭제함에 따라 정당한 권리자 발명과 모인출원되어 등록된 발명 사이에 동일성 혹은 대상성(代償性)에 의문이 제기될 가능성이 없지 않다. 다만 이러한 우려는 판시에서 특허권 이전을 허용하기 위한 조건의 하나로 들고 있는 '특허를 받을 수 있는 권리'와 '설정등록이 이루어진 특허권'이 '동일한 발명'에 관한 것이어야 한다는 점을 엄격하게 해석함으로써 어느 정도 해소될 수 있을 것으로 예상된다.29)

또한 대상판결 1에서 특허권이전청구를 부정하는 근거로 정당한 권리자가 특허법 소정의 출원일 소급의 이익을 누릴 수 있다는 점을 들고 있는데, 특허권 설정등록공고일로부터 2년 이내에 특허출원이 이루어지지 않아 현실적으로 이러한 소급의 이익을 누릴 수 없는 경우에도 특허권 이전청구가 허용되는지의 여부가

---

28) 대법원 2004. 1. 6. 선고 2003다47218 판결.
29) 이전청구를 허용하는 논리의 근거로는 실체법 상의 '부당이득반환청구권'에 두고 있는 것으로 볼 수 있을 것인데, 이 경우 '특허받을 수 있는 권리'와 '특허권'이 동일하지 않은 권리임은 분명하고, 이러한 점에 따른 비판을 의식하여 권리이전을 허용한 일본 최고재판소에서도 '특허권'은 '특허받을 권리'에 대하여 '연속성을 가지고 변형된 것'으로 해석하고 있다. 最高裁 平成13年 6月 12日 第三小法廷 判決 平成9年(オ) 第1918号, 3頁. 그런데 발명자가 스스로 출원하지 않은 경우에는 발명자의 '특허받을 수 있는 권리'와 모인출원자가 출원하여 등록한 '특허권' 사이에서는 이와 같은 연속성을 인정할 여지가 상대적으로 줄어들 가능성이 높다.

판시내용 자체로는 명확하지 않다. 그런데 대상판결 1의 내용 중에서 정당한 권리자가 현실적으로 출원일 소급의 이익을 누릴 수 있는지의 여부에 대한 판단이 보이지 않으므로,30) 본 판시를, 이 사건에서는 특허권 설정등록 공고 후 2년 이내에 정당한 권리자의 특허출원이 되어 있어 정당한 권리자가 특허법 소정의 출원일 소급의 이익을 현실적으로 누릴 수 있으므로 특허권 이전청구가 허용될 수 없다는 취지를 밝힌 것으로 해석할 수는 없을 것으로 보인다.

대상판결 2에서 권리이전청구가 허용되기 위한 조건으로 무효 또는 취소가 되는 양도 계약을 전제로 하고 있으므로, 대상판결 2의 취지에 따른다면 등록된 특허권이 양도계약에 따른 것이 아닌 경우(이른바 순수한 모인출원)에는 권리이전이 원칙적으로 허용되지 않을 것으로 예상된다. 이와 같이 정당한 권리자의 출원 후 양도계약이 없는 경우에 정당한 권리자의 이전청구가 허용될 수 없는 이유로, 대상판결 1에서는 정당한 권리자가 특허법 소정의 구제절차를 활용할 수 있음을 들고 있다. 그런데 대상판결 1의 사안의 경우에는 정당한 권리자가 특허권 설정등록공고일후 2년 이내에 특허권 출원을 하고 있어 특허법 소정의 구제절차에 의한 출원일 소급의 이익을 누릴 수 있어 특허권 획득이 가능할 것이므로 이러한 대상판결 1의 판시의 내용이 타당하다고 볼 수 있으나, 특허권 설정등록공고일 후 2년 이내에 출원을 하지 않은 경우에는 이러한 소급의 이익을 누릴 수 없게 된다는 점을 상기하면, 정당한 권리자에 대해서는 모인출원특허에 대하여 일본과 독일 등 제외국의 전례와 같이 입법에 의하여 양도계약 등의 제한 없이 특허권이전청구를 허용하는 점31)에 대해서도 추후 검토가 필요할 것으로 생각된다.32)

---

30) 이에 반하여, 대상판결 1의 원심에서는 정당한 권리자의 출원이 2010. 3. 11. 이루어진 점에 대하여 언급하고 있다. 서울고등법원 2011. 12. 22. 선고 2011나33513 판결("갑 제18호증의 기재에 의하면 원고도 위와 같은 절차에 따라 2010. 3. 11. 이 사건 특허와 동일한 발명에 관하여 특허출원을 한 것으로 보인다").

31) 일본의 경우, 우리나라와 달리 정당한 권리자의 출원일 소급제도가 존재하지 않는다는 점에서 정당한 권리자에 대한 특허권이전청구를 허용하는 근거를 찾을 수 있다는 주장도 가능한데, 그렇다면 특허등록공고일로부터 2년이 경과하여 출원일 소급의 이익을 누릴 수 없게 된 경우에 한해서라도 양도계약이 없어도 특허권이전등록을 허용할 필요가 있게 된다.

32) 이러한 논의의 결과, 무권리자 출원에 의한 특허에 대하여 정당한 권리자에 의한 특허권 이전 청구를 명시적으로 허용하는 취지의 특허법 제99조의2(특허권의 이전청구)가 2016. 2. 29. 신설되어 2017. 3. 1.부터 시행하게 되었다.

Ⅵ. 심　　판

76. 변리사법 제7조에 위반한 심판대리행위의 효력

[대법원 2007. 7. 26. 선고 2005후2571 권리범위확인(특) 사건]
박정희(법무법인 태평양 변호사)

I. 사실의 개요

Z(피심판청구인)는 1993. 10. 28. 출원하여 1997. 7. 23. 등록받은 명칭을 "주먹밥 포장시트 및 주먹밥"으로 하는 이 사건 특허발명의 특허권자인데, Y(피고, 피상고인, 심판청구인)는 자신의 확인대상발명이 이 사건 특허발명의 '시트 내부로부터 외부로 연통 되는 미용착부'를 가지고 있지 않아서 그 권리범위에 속하지 않는다는 이유 등을 내세워 특허심판원에 소극적 권리범위확인심판을 청구하였고, X(원고, 상고인)는 이 사건 특허발명의 전용실시권자로서 위 심판에 특허권자를 위하여 보조참가를 하였다.

특허심판원은 2004. 10. 4. 확인대상발명이 이 사건 제1항 발명과는 미용착부가 시트내외부로 연통되는지 여부에서 차이가 있고, 이 사건 제2항 발명과는 발명의 대상이 서로 달라서 확인대상발명이 이 사건 특허발명의 권리범위에 속하지 않는다는 이유 등으로, Y의 청구를 인용하는 이 사건 심결을 하였고, 이에 대하여 특허권자의 보조참가인인 X가 특허법원에 제기한 심결취소소송이 대상 판결의 원심이다.

원심단계에서 X는, 심판청구인 Y의 대리인인 변리사 B(변호사로도 등록되어 있고, 이하 '변리사'라고 한다)와 피심판청구인 Z의 대리인인 A특허법인의 이 사건 심판절차에서의 심판대리행위가 변리사법 제7조에 위반된다는 취지의 주장을 하였는데, 원심은 이에 대하여 2005. 8. 25. 특허청장에 대한 사실조회결과에 의하면, 변리사 B는 2000. 1. 31.부터 현재까지 B법률사무소로 등록되어 있고, 그 사무실 주소가 2004. 7. 21.자로 A특허법인과 같은 빌딩으로 변경된 사실이 인정될 뿐, A특허법인의 구성원이나 소속변리사로 등록된 사실이 없으므로, 변리사 B가 A특허법인의 구성원 내지 소속변리사라고 볼 수 없다며 그 주장을 받아들이지 않은 후 X의 청구를 기각하였다.

이에 불복하여 X가 원심에서와 같은 취지의 주장을 하면서 제기한 상고에 대하여 대법원은 아래와 같이 판시하였다.

Ⅱ. 판   시

상고 기각.

"변리사법 제7조는 '변리사는 상대방의 대리인으로서 취급한 사건에 대하여는 그 업무를 행하지 못한다'라고 규정하고 있는바, 이 규정이 변리사가 동일한 사건에 대하여 일방을 대리하여 업무를 취급하였다가 타방을 대리하여 종전 당사자의 이익과 반대되는 입장에서 업무를 취급해서는 안 된다는 취지인 점에 비추어 볼 때, 동일한 변리사가 동일한 사건에서 시기를 달리하여 심판청구인과 피심판청구인을 대리하는 경우뿐만 아니라 같은 시기에 심판청구인과 피심판청구인을 동시에 대리하는 행위도 당연히 금지된다고 할 것이고, 이 규정은 변리사법 제6조의10 제1항에 의하여 특허법인의 경우에도 준용되므로, 일방 당사자의 대리인으로 특허법인이 선임된 경우에 상대방의 대리인인 변리사가 그 특허법인의 구성원 내지 소속변리사라면 변리사법 제7조에 위반하게 된다. 그리고 일방 당사자의 대리인으로 특허법인이 선임된 경우에는 상대방의 대리인인 변리사가 형식적으로 특허청장에게 그 특허법인의 소속변리사로 신고되어 있는 경우뿐만 아니라 실질적으로 그 특허법인의 소속변리사에 해당하는 경우에도 그 특허법인의 소속변리사라고 보아야 한다.

위 법리에 비추어 볼 때, 원심이 인정한, 피심판청구인 Z의 대리인인 A특허법인의 인터넷 홈페이지에 심판청구인 Y의 대리인인 변호사 B가 구성원으로 표시되어 있고, B 변호사 사무실의 안내게시판 맨 위에 A특허법인의 영문이, 그 아래에 A특허법인의 한자가, 그 아래에 '테크노리서치'가, 그 아래에 '변호사 B'가 각 기재되어 있는 사실, 변리사 B의 사무실 주소가 2004. 7. 21.자로 A특허법인과 같은 빌딩으로 변경된 사실, 피심판청구인의 대리인인 A특허법인이 심판청구인의 주장에 대하여 다투지 아니한 사실 등에다가 원심이 배척하지 아니한 증거에 의하여 인정되는 이 사건 심판청구 당시 변리사 B의 사무실 주소가 A특허법인의 사무실 주소와 같은 곳이었던 사실 등에 의하면, 비록 변리사 B가 형식적으로는 특허청장에게 A특허법인의 구성원 내지 소속변리사로 인가 내지 신고되지 않았다고 하더라도 실질적으로는 A특허법인의 소속변리사에 해당하는 것으로 보이므로, A특허법인이나 변리사 B의 특허심판원에서의 심판대리행위는 변리사법 제7조에 위반된다고 할 것이다.

그러나 한편 기록에 의하면, X나 심판청구인 Z 또는 피심판청구인 Y 본인이 이 사건 심결시까지 A특허법인이나 변리사 B의 심판대리행위에 대하여 아무런 이의를 제기한 바가 없어서, 변리사법 제7조에 위반한 A특허법인이나 변리사 B의 심판대리행위에 완전한 효력이 생겼을 뿐만 아니라, 특허법 제159조 제1항에 의하여 특허심판절차에는 직권심리주의가 적용되어 심판대리행위에 관한 위와 같은 절차상의 잘못이 심결을 취소하여야 할 중대한 잘못이라고 보기도 어려우므로, 변리사법 제7조에 위반되는 A특허법인이나 변리사 B의 특허심판원에서의 심판대리행위가 변리사로서 징계를 받을 행위에 해당하는 것은 별론으로 하고, 이러한 잘못이 이 사건 판결의 결과에 영향을 미치지는 않는다고 할 것이다."

Ⅲ. 해   설

1. 변리사법 제7조의 규정취지

변리사법 제7조의 규정이 변리사가 동일한 사건에 대하여 일방을 대리하여 업무를 취급하였다가 타방을 대리하여 종전 당사자의 이익과 반대되는 입장에서 업무를 취급해서는 안 된다는 취지이기는 하나,1) 이러한 변리사법 제7조의 규정취지에 비추어 볼 때, 동일한 변리사가 동일한 심판절차에서 심판청구인과 피심판청구인을 동시에 대리하는 행위도 당연히 금지되고, 이는 구 변리사법 제6조의10의 규정에 의하여 제7조가 준용되는 특허법인의 경우에도 마찬가지이다. 그러므로 일방 당사자의 대리인으로 특허법인이 선임된 경우 상대방의 대리인인 변리사가 그 특허법인의 구성원 내지 소속변리사라면 변리사법 제7조 위반에 해당하게 된다.

어느 변리사가 특허청장에게 특허법인의 구성원 내지 소속변리사로 신고되어 있다면 그 변리사가 그 특허법인의 구성원 내지 소속변리사임은 의문의 여지가 없으나, 실정법의 제한을 회피하거나 그 외 다른 목적으로 실질적으로는 그 특허법인의 소속변리사이면서도 특허청장에게 소속변리사로 신고하지 않는 경우가 있

---

1) 대법원 1982. 4. 27. 선고 81후51 판결.

을 수 있고, 동일한 변리사 등에 의한 심판청구인과 피심판청구인의 동시 대리행
위를 금지하고 있는 변리사법 제7조에서 규정취지에 비추어 볼 때 이러한 경우를
특허법인의 구성원 내지 소속변리사로 신고된 경우와 달리 볼 이유가 없다. 따라
서 일방 당사자의 대리인으로 특허법인이 선임된 경우 상대방 대리인인 변리사가
특허청장에게 특허법인의 소속변리사로 신고되어 있는 경우뿐만 아니라 실질적으
로 그 특허법인의 소속변리사로 볼 수 있는 경우에도 변리사법 제7조 위반에 해
당된다고 보아야 하는바, 대상 판결의 경우는 B 변리사가 A특허법인의 소속변리
사로 볼 수 있는 전형적인 사례인 것으로 보인다.

2. 변리사법 제7조 위반 심판대리행위의 효력

가. 변호사법 제31조 위반 소송행위의 효력

변리사법 제7조 위반 심판대리행위의 효력에 관하여 직접 판시한 대법원 판
례는 없고, 이와 비슷한 취지의 규정인 변호사법 제31조에 위반한 소송행위의 효
력에 관한 학설로는, 절대적 무효설(이에 반하는 행위는 절대적으로 무효라는 견해),
유효설(징계문제가 발생하는 것은 별론으로 하고 소송행위의 효력에는 영향이 없다는
견해), 무권대리설(무권대리행위로서 무효이나 추인을 하면 유효로 된다는 견해), 이의
설(원칙적으로 유효하나 이의가 있으면 무효로 된다는 견해) 등이 있는데, 대법원 판
례로 굳어진 아래의 판시들은 이의설을 따른 것으로 이해되고 있다.

변호사법 제31조 위반 소송행위의 효력이 원칙적으로 유효하다고 보고 있는
대법원 판례의 판시는 크게 두 부류로 나눌 수 있는데, 당사자가 변호사법 제31조
위반 소송행위에 관하여 아무런 이의를 제기하지 않았다면 그 소송행위는 소송법
상 완전한 효력이 생긴다는 판시가[2] 하나이고, 변호사법 제31조 제1호의 규정에
위반한 변호사의 소송행위에 대하여는 상대방 당사자가 법원에 대하여 이의를 제
기하는 경우 그 소송행위는 무효이고 그러한 이의를 받은 법원으로서는 그러한
변호사의 소송관여를 더 이상 허용하여서는 아니 될 것이지만, 다만 상대방 당사
자가 그와 같은 사실을 알았거나 알 수 있었음에도 불구하고 사실심 변론종결시
까지 아무런 이의를 제기하지 아니하였다면 그 소송행위는 소송법상 완전한 효력
이 생긴다는 판시가[3] 다른 하나이다.

---

2) 대법원 1995. 7. 28. 선고 94다44903 판결 등.
3) 대법원 2003. 5. 30. 선고 2003다15556 판결 등.

그런데 변호사법 제31조 위반 소송행위가 원칙적으로 유효하고 일정한 시기까지 이의가 있는 경우에만 무효라고 보는 이의설의 입장을 따르는 이상, 이의가 가능한 시기까지 이의를 하지 않은 당사자가 변호사법 제31조 위반 소송행위인지 여부를 알았거나 알 수 있었는지 여부를 문제 삼는 것이 큰 의미가 없고, 사실심 변론종결 이후에까지 이를 다툴 수 있도록 하는 것이 소송경제적으로 바람직하지도 않으며, 변호사법 제31조 위반 소송행위에 대하여 일정한 시기가 지나간 이후에 이의권을 행사할 수 없는 것도 민사소송법 제151조에 따른 효과로 볼 수밖에 없는데, 후자의 대법원 판례가 법문과 달리 이의권 상실 시기를 뒤로 늦추고 있는 점을 감안하면, 사실심 변론종결시까지 이의를 하지 아니한 이상, 당사자가 변호사법 제31조 위반 소송행위인지 여부를 알았거나 알 수 있었는지 여부와 관계없이 그 소송행위는 소송법상 완전한 효력이 생긴다고 보아야 한다.

나. 변리사법 제7조 위반 심판절차에 민사소송법 제151조의 유추적용 여부

행정소송법 제8조 제2항에서는 "행정소송에 관하여 이 법에 특별한 규정이 없는 사항에 대하여는 법원조직법과 민사소송법 및 민사집행법의 규정을 준용한다"라고 규정하고 있으나, 특허법이나 행정심판법에는 그 법에 특별한 규정이 없는 사항에 대하여 민사소송법의 규정을 준용한다는 규정이 없다. 그러나 특허법에서도 민사소송법 제1편 제2장 제4절의 소송대리인(제12조), 변론조서와 관련된 민사소송법 제153조, 제154조 및 제156조 내지 160조의 규정(제154조 제7항), 통역, 중복된 소제기의 금지, 소명의 방법 및 당사자신문에 관한 민사소송법 제143조, 제259조, 제299조 및 제367조의 규정(제154조 제8항), 증거조사와 증거보전에 관한 규정(제157조 제2항), 소송비용의 부담에 관한 일부 규정(제165조 제2항) 등을 준용하고 있어서, 그 성질이 반하지 않는 한 특허절차에도 민사소송법의 규정이 유추적용될 수 있다고 보아야 한다.

민사소송절차에는 기본적으로 당사자주의가 적용되는 반면에, 심판절차에는 직권심리주의가 적용되는 점 등의 심리방식에 다소 차이가 있기는 하나, 등록무효심판이나, 권리범위확인심판과 같은 당사자계 심판은 민사소송과 마찬가지로 양 당사자의 대립구조를 취하고 있고, 소송절차와 마찬가지로 심판절차에서도 절차의 안정성이 요구된다는 점 등에 비추어 보면, 변리사법 제7조 위반 심판절차에도 민사소송법 제151조가 유추적용된다고 할 것이다. 한편 특허심판원과 특허법원은 심급적 연결관계가 없어서, 당사자가 민사소송법 제151조가 유추적용되는 변리사법 제7조 위반 심판대리행위에 대하여 다툴 수 있는 시기는 심결시까지라고 할 것이므로, 당사자들이 이 사건 심결시까지 이에 대하여 다투지 않은 이 사건에서는 변리사법 제7조에 위반되는 A특허법인이나 변리사 B의 특허심판원에서의 심판대리행위는 완전한 효력이 생기게 된다.

위에서 본 바와 달리 변리사법 제7조 위반 심판대리행위에 민사소송법 제151조가 유추적용되지 않는다고 보는 경우에는 변리사법 제7조 위반 심판대리행위가 심결을 취소하여야 할 중대한 절차적 하자인지 여부가 문제로 되는바, 대법원 판례에서 심결을 취소하여야 할 중대한 하자로 보고 있는 것은 강행규정을 위반하거나, 권리범위확인심판에서 심판의 기초가 되는 확인대상발명의 특정과 관련된 것 등이어서, 설령 변리사법 제7조 위반 심판대리행위에 민사소송법 제151조가 유추적용되지 않는다고 하더라도, 변리사법 제7조를 변호사법 제31조와 달리 효력규정으로 보거나 그 위반을 달리 취급하여야 할 필요가 있다고 보기 어렵고, 심판절차에는 직권심리주의가 채택되고 있는 점 등을 감안하면, 변리사법 제7조 위반을 심결을 취소하여야 할 중대한 하자라고 할 필요성이 크다고 보이지도 않는다.

3. 맺으면서

대상 판결은 변리사법 제7조 위반 심판대리행위에 민사소송법 제151조가 유추적용된다고 보아 그에 위반된 행위에 대한 이의시기를 심결시까지로 제한한 점에 의의가 있고, 어느 변리사가 그 특허법인의 소속변리사인지 여부를 판단함에 있어서 형식적으로 이에 해당하는 경우뿐만 아니라 실질적으로 이에 해당하는 경우까지 포함된다고 본 것 또한 변리사법 제7조의 규정취지에 비추어 볼 때 지극히 당연한 판시로 보인다.

77. 특허무효심판절차에서의 정정청구와 의견서 제출 기회 부여[1]

[대법원 2012. 7. 12. 선고 2011후934 판결]

박태일(대전지방법원 부장판사, 전 대법원 재판연구관)

Ⅰ. 사실의 개요

1. 사건의 경과

피고는 특허권자인 원고를 상대로 이 사건 특허발명(등록번호 제788919호)에 대한 등록무효심판을 청구하였고, 원고는 2010. 5. 10. 이 사건 정정청구를 하였다. 특허심판원(2009당835)은 위 정정청구를 불인정하고 정정청구 전 특허청구범위에 따라 판단하여 진보성을 부정하여 등록무효로 하는 심결을 하였다. 이에 원고는 심결취소의 소를 제기하였는데, 특허법원(2010허6423)은 원고의 청구를 기각하였고, 원고는 상고를 제기하였다.

2. 이 사건 정정청구 전후의 특허청구범위[2]

가. 등록 당시 특허청구범위

【청구항 1】오폐수에 포함된 이물질을 여과하는 여과막을 구성함에 있어서, 조밀한 메시의 <u>제1여과막과</u> 상기 제1여과막에 비해 올이 굵으면서 듬성한 메시의 <u>제2여과막을 맞대기 접합</u>하여 이루어진 것을 특징으로 하는 마이크로 디스크 필터장치용 여과막.

【청구항 2】제1항에 있어서, 상기 제1여과막과 제2여과막은 초음파 접합된

---

1) 이글은 대상판결에 대한 상세한 평석인 박태일, "특허무효심판절차에서의 정정청구와 의견서 제출 기회 부여", 대법원판례해설(제94호), 법원도서관(2013), 339-381쪽의 내용을 평석주제에 한정하여 축약한 것이다.

2) 평석에 필요한 청구항 1, 2만 기재하고 나머지는 생략한다. 이하 등록 당시 특허청구범위 청구항 1을 '이 사건 제1항 발명', 이 사건 정정청구된 특허청구범위 청구항 1을 '이 사건 제1항 정정발명'과 같은 방식으로 부른다. 밑줄 등은 편의상 부기한 것이다.

것을 특징으로 하는 마이크로 디스크 필터장치용 여과막.

나. 이 사건 정정청구된 특허청구범위

【청구항 1】오폐수에 포함된 이물질을 여과하는 박막형 여과막을 구성함에 있어서, 조밀한 메시로 직조된 제1박막형 여과막과 상기 제1박막형 여과막에 비해 올이 굵으면서 듬성한 메시로 직조된 제2박막형 여과막을 상기 제1박막형 여과막의 가는 올 부분이 찢어지더라도 상기 제2박막형 여과막의 굵은 올에 의해 찢어짐의 진행을 막아주도록 **열융착 방식으로 맞대기 접합**하여 일체화시킨 것을 특징으로 하는 마이크로 디스크 필터장치용 여과막.

【청구항 2】제1항에 있어서, 상기 제1박막형 여과막과 제2박막형 여과막은 초음파 접합된 것을 특징으로 하는 마이크로 디스크 필터장치용 여과막.

다. 특허심판원 및 원심의 정정불인정 이유

절차	정정불인정 이유
정정 의견 제출 통지	이 사건 특허발명의 명세서에 비추어 볼 때, 이 사건 특허발명의 제1 및 제2 여과막은 열에 약하여 열을 가하는 열융착 방식 대신에 초음파 방법을 채택한 것이고, 열융착 방식과 초음파 방식은 그 목적이나 기술적 사상이 다른 것이어서, 이 사건 제1항 발명의 '맞대기 접합'에서 '열융착 방식으로 맞대기 접합'으로 정정한 것은 이 사건 특허발명의 명세서에 기재되지 않은 것이므로, 그 정정은 부적법하다.
심결	이 사건 특허발명의 명세서에 여과막 자체가 열에 약한 물성 때문에 열융착 방식을 채택하지 않은 것으로 기재되어 있고, 열융착 방식은 초음파 접합과는 그 목적이나 기술적 사상이 다른 것이어서, 이 사건 제1항 발명의 '맞대기 접합'을 '열융착 방식'으로 한정하는 정정은 명세서에 기재되지 않은 것이므로, 그 정정은 부적법하다.
원심 판결	이 사건 제2항 정정발명은 이 사건 제1항 정정발명의 종속항이어서 열융착 방식에 의한 맞대기 접합과 초음파 접합을 함께 사용하는 것으로 정정된 것이나, 이는 이 사건 특허발명의 명세서에서 찾아볼 수 없고, 오히려 이 사건 특허발명의 명세서에 비추어 볼 때 열융착 방식은 배제하고 있으므로, 이 사건 제2항 정정발명은 명세서에 기재되지 않은 사항이 추가된 것이어서 그 정정은 부적법하다.

Ⅱ. 판   시

상고 기각.

특허권자는 특허무효심판청구가 있는 경우 심판청구서 부본을 송달받은 날이나 직권심리 이유를 통지받은 날로부터 일정한 기간 내에, 또는 심판청구인의 증거서류 제출로 인하여 심판장이 허용한 기간 내에 특허발명의 명세서 또는 도면의 정정을 청구할 수 있고[구 특허법(2009. 1. 30. 법률 제9381호로 개정되기 전의 것, 이하 같다) 제133조의2 제1항 참조], 이러한 정정은 특허발명의 명세서 또는 도면에 기재된 사항의 범위 내에서 이를 할 수 있으며, 심판관은 정정청구가 특허발명의 명세서 또는 도면에 기재된 사항의 범위를 벗어난 것일 때에는 특허권자에게 그 이유를 통지하고 의견서를 제출할 수 있는 기회를 주어야 하는바(구 특허법 제133조의2 제4항, 제136조 제2항, 제5항 참조), 의견서 제출 기회를 부여하게 한 위 규정은 정정청구에 대한 심판의 적정을 기하고 심판제도의 신용을 유지하기 위한 공익상의 요구에 기인하는 이른바 강행규정이다. 따라서 정정청구의 적법 여부를 판단하는 특허무효심판이나 심결취소소송에서 정정의견제출통지서에 기재된 사유와 다른 별개의 사유가 아니고 주된 취지에 있어서 정정의견제출통지서에 기재된 사유와 실질적으로 동일한 사유로 정정청구를 받아들이지 않는 심결을 하거나 심결에 대한 취소청구를 기각하는 것은 허용되지만, 정정의견제출통지서를 통하여 특허권자에게 의견서 제출 기회를 부여한 바 없는 별개의 사유를 들어 정정청구를 받아들이지 않는 심결을 하거나 심결에 대한 취소청구를 기각하는 것은 위법하다.

Ⅲ. 해   설

1. 정정청구의 제한사유로서의 신규사항 추가 금지

구 특허법 제133조의2 제4항에서 준용하는 제136조 제2항은 특허발명의 명세서 또는 도면의 정정은 당해 특허발명의 명세서 또는 도면에 기재된 사항의 범위 이내에서만 할 수 있다고 규정하여 '신규사항 추가'를 금지하고 있다. 여기에서 '특허발명의 명세서 또는 도면'이라 함은 정정청구 당시의 명세서 또는 도면을 말하므로, 이미 보정이나 정정이 된 적이 있는 경우에는 보정되거나 정정된 명세서 또는 도면을 기준으로 삼아야 한다(위 제136조 제2항 본문). 다만 잘못 기재된 것을 정정하는 경우에는 정정청구 당시의 명세서 또는 도면을 기준으로 신규사항 여부를 판단하는 것이 아니라 출원서에 최초로 첨부된 명세서 또는 도면을 기준으로 판단하여야 한다(같은 항 단서).

신규사항으로 되지 않는 사항 즉 '명세서 또는 도면에 기재된 사항'의 의미에 관하여 특허법 제136조 제2항의 해석론으로 직접적으로 설시한 대법원 판결은 없었으나, 같은 취지인 특허법 제47조 제2항의 "명세서 또는 도면의 보정은 특허출원서에 최초로 첨부된 명세서 또는 도면에 기재된 사항의 범위 안에서 이를 할 수 있다"는 규정의 해석과 관련하여 대법원 2007. 2. 8. 선고 2005후3130 판결은 "특허법 제47조 제2항에서 최초로 첨부된 명세서 또는 도면(이하 '최초 명세서 등'이라 한다)에 기재된 사항이란 최초 명세서 등에 명시적으로 기재되어 있는 사항이거나 또는 명시적인 기재가 없더라도 그 발명이 속하는 기술분야에서 통상의 지식을 가진 사람이라면 출원시의 기술상식에 비추어 보아 보정된 사항이 최초 명세서 등에 기재되어 있는 것과 마찬가지라고 이해할 수 있는 사항이어야 한다."고 판시한 바 있다. 이러한 판단기준은 특허법 제136조 제2항의 해석에서도 마찬가지로 적용된다고 할 것이다.

2. 절차보장규정으로서의 의견제출기회 부여

가. 강행규정성

2006. 3. 3. 법률 제7871호로 개정되기 전의 구 특허법 하에서의 특허이의신청 절차에서의 정정과 관련하여 대법원 2003. 11. 13. 선고 2003후83 판결도 '의견서 제출 기회를 부여하게 한 규정은 정정청구에 대한 심사의 적정을 기하고 심사제도의 신용을 유지하기 위한 공익상의 요구에 기인하는 이른바 강행규정'이라고 판시한 바 있다. 위 취지는 특허무효심판절차에서의 정정에도 그대로 적용함이 타당하다.

또한 정정심판절차에서 정정이 부적법한 것으로 인정되는 경우 심판관은 특허법 제136조 제5항의 규정에 의하여 청구인에게 그 이유를 통지하고 의견서를 제출할 수 있는 기회를 부여하며, 청구인은 이 규정에 의하여 심판청구서에 첨부된 정정한 명세서 또는 도면을 보정할 수 있다(특허법 제136조 제9항). 특허법 제136조 제9항은 2001. 2. 3. 법률 제6411호 개정법에서 신설된 조항이다. 위 개정 전에는 청구인이 부적법한 정정을 보정하고자 하는 경우에 특허법 제140조 제2항의 심판청구서 보정 규정(심판청구서의 보정은 그 요지를 변경할 수 없다, 다만 청구의 이유에 대하여는 그러하지 아니하다)에 따라 보정해왔으나, 심판청구서에 첨부된 정정한 명세서 또는 도면을 심판청구서와 같이 볼 수 있는가에 대하여 해석상 논란의 소지가 있었으므로, 위 개정법에서 보정이 허용됨을 명확하게 한 것이다.3) 따라서 위와 같은 제136조 제5항, 제9항이 준용되는 특허무효심판절차에서의 정정에서도, 정정청구인이 정정청구를 한 데 대하여 심판관이 부적법하다고 인정할 때에는 정정청구인(무효심판피청구인)에게 그 이유를 통지하고 의견서를 제출할 수 있는 기회를 부여하며, 정정청구인은 정정청구서에 첨부된 정정한 명세서 또는 도면을 보정할 수 있다고 할 것이다. 이렇듯 특허무효심판철차에서의 정정제도에서 정정불인정 이유 통지는 정정청구인에게 위와 같은 "보정"의 기회를 부여한다는 점에서 보더라도 매우 큰 의미가 있다고 할 것이므로 강행규정이라고 보아야 할 것이다.4)

나. 의견제출기회 부여 여부의 판단기준

대법원 2007. 4. 27. 선고 2006후2660 판결은 "의견서 제출기회를 부여하는 구 특허법(2001. 2. 3. 법률 제6411호로 개정되기 전의 것) 제136조 제4항은 정정청구에 대한 심사의 적정을 기하고 심사제도의 신용을 유지하기 위한 공익상의 요구에 기인하는 이른바 강행규정이므로, 정정심판이나 그 심결취소소송에서 정정의견제출통지서를 통하여 심판청구인에게 의견서 제출 기회를 부여한 바 없는 사유를

---

3) 특허청(2007), 우리나라 특허법제에 대한 연혁적 고찰, 738쪽 참조.

4) 위와 같이 2001. 2. 3. 특허법 개정 전에는 정정청구에 대하여 정정불인정 이유 통지를 하더라도 정정청구인이 정정명세서 및 도면을 보정할 수 있는지 논란의 소지가 있었다. 이와 관련하여 강기중, "가. 특허이의신청절차에서 정정된 특허청구범위에 대하여 심사관 합의체가 특허취소결정을 하면서 특허권자에게 의견서 제출의 기회를 부여하지 않은 것이 위법한지 여부(적극) 나. 특허이의신청절차에서 특허권자에게 의견서 제출의 기회를 부여하지 않은 위법이 있다고 한 사례(대법원 2003. 11. 13. 선고 2003후83 판결)", 대법원판례해설(제48호), 법원도서관(2004), 265쪽은 "거절이유통지에 의한 의견서제출기회 부여의 경우에는 그 기간 내에 보정을 할 수 있는 기회가 부여되는데 비하여, 정정절차의 의견서 제출기회 부여에 있어서는, 그 기간 내에 정정을 불허가하는 이유에 대한 의견만을 제출할 수 있을 뿐 새로이 정정을 하거나 보정을 할 수는 없는 점에서, 이를 흠결하더라도 거절이유통지에 관한 규정에 비하여 당사자에게 끼치는 손해가 적다고 볼 여지가 있기는 하지만, 심판절차에서의 직권심리에 관한 의견제출기회 부여 역시 직권심리에 대한 의견만을 진술할 기회가 있음에도 판례에서 그 규정을 강행규정으로 보고 있음에 비추어 보더라도, 정정에 있어서의 의견제출기회의 부여 역시 강행규정으로 봄이 타당하다"고 설명하고 있다. 이렇듯 '보정' 허용 여부가 불명확한 상태에서도 강행규정으로 보았으니, '보정'이 허용됨이 명문의 규정상 명확해진 2001. 2. 3. 개정법 이후에는 더욱 강행규정으로 보아야 할 것이다.

들어 정정심판청구를 기각하는 심결을 하거나 심결취소청구를 기각하는 것은 위법하나, 정정의견제출통지서에 기재된 사유와 다른 별개의 새로운 사유가 아니고 주된 취지에 있어서 정정의견제출통지서에 기재된 사유와 실질적으로 동일한 사유로 정정심판을 기각하는 심결을 하거나 그 심결에 대한 취소청구를 기각하는 것은 허용된다"고 판시한 바 있다. 위 조항은 특허무효심판절차에서의 정정제도에 관하여도 준용되므로, 정정청구가 부적법하다고 판단하는 사유가 정정불인정 이유 통지된 사유와 주된 취지에서 실질적으로 동일한지 여부가 의견제출기회 부여 여부의 판단기준이 된다고 봄이 타당하다.

결국 통지된 정정불인정 이유와 정정청구를 부적법하다고 본 특허심판원 또는 특허법원의 판단 이유가 주된 취지에서 실질적으로 동일하면 강행규정인 의견제출기회 부여 규정을 준수한 것으로 되고, 그렇지 않으면 강행규정 위배로 될 것이다. 여기서 '주된 취지에서 실질적으로 동일'이 과연 어떤 의미인지 문제로 된다. 구체적 사안에서 새롭게 정정불인정 이유를 통지하는 것이 필요한지 여부는 실질적으로 의견진술의 기회가 부여되었는지 여부라는 관점에서 결정하는 것이 타당하다고 할 것인데, 정정불인정 이유를 통지한 청구항이 아닌 다른 청구항에 관한 사유를 들어 정정을 불인정한 경우에 정정의견제출서에 의해 통지된 이유와 정정불인정 이유가 주된 취지에서 실질적으로 동일한지 여부를 판단하려면, 정정청구사항이 반영된 양 청구항이 실질적으로 동일한 발명인지 여부를 검토할 필요가 있다. 정정불인정 이유 통지와 관련하여서는 참조할 만한 선례를 발견하기 어려우나, 이 점은 거절이유 통지에서도 마찬가지로 문제되는데, '새로운 거절이유'에 해당하는지 여부에 관한 대법원 판례를 보면, 대법원 2000. 1. 14. 선고 97후3494 판결은 '거절사정에서는 청구항 제39항이 인용발명에 의하여 진보성이 결여되었다는 이유를 들었으나 원심결은 청구항 제57항이 인용발명에 의하여 진보성이 결여되었다는 이유를 들었고 제39항과 제57항은 서로 다른 발명이므로 주지에 있어서 부합하지 아니한다'고 판시한 바 있다. 위 취지에 따르면 양 청구항에 대한 정정불인정 이유에 공통되는 부분이 있다고 하더라도 양 청구항이 실질적으로 동일한 발명이 아닌 경우에는 그 정정불인정 이유가 주된 취지에서 실질적으로 동일하다고 보기 어렵다고 할 것이다. 정정불인정 이유를 통지함으로써 정정청구인(특허권자)에게 의견서를 제출할 기회를 부여한다는 의미 외에도 정정청구 명세서 및 도면을 보정할 기회를 부여한다는 의미가 있다는 점까지 고려하면 더더욱 정정불인정 이유 통지된 청구항과 다른 청구항에 대한 이유로 정정을 불인정하는 것은 부적절하다고 판단된다.

3. 이 사건의 검토

원심은, 이 사건 특허발명에 대하여 이 사건 제1항 발명의 '맞대기 접합'을 이 사건 제1항 정정발명의 '열융착 방식으로 맞대기 접합'으로 정정하는 것은 특허청구범위를 감축하는 경우에 해당하나, 이 사건 제2항 정정발명은 이 사건 제1항 정정발명의 종속항으로서 이 사건 정정청구에 의하여 '초음파 접합을 하는 것'에서 '열융착 방식에 의한 맞대기 접합과 초음파 접합을 함께 사용하는 것'으로 정정되는데, 이러한 정정은 이 사건 특허발명의 명세서 또는 도면에 기재되지 않은 사항이 추가되는 결과가 되므로, 이 사건 정정청구는 받아들여질 수 없다는 취지로 판단하였다. 아울러 원심은, 심판관이 이 사건 심판절차가 계속 중이던 2010. 5. 19. 원고에게 열융착 방식은 초음파 접합과 그 목적이나 기술적 사상이 달라 이 사건 특허발명의 명세서에 기재되지 않은 것이라고 원고에게 통지한 이상, 이 사건 제2항 정정발명과 같이 이를 함께 사용하는 것이 불가능하다는 취지도 통지한 것이므로, 이 사건 정정청구에 따르면 특허청구범위 제2항에 이 사건 특허발명의 명세서에 기재되지 않은 사항이 추가되어 부적법하다는 점을 원고에게 통지하고 의견서를 제출할 기회를 준 것이라는 취지로 판단하였다.

그러나 이 사건에서 정정불인정 이유의 판단대상으로 삼은 청구항이 원심판결에서는 이 사건 제2항 정정발명인 반면에 심판관의 정정의견제출통지서에서는 이 사건 제1항 정정발명이었고, 정정불인정의 구체적인 이유도 원심판결에서는 열융착 방식과 초음파 방식을 함께 사용하는 구성이 명세서에 없어 신규사항 추가라는 취지인 반면에 심판관의 정정의견제출통지서에서는 열융착 방식을 사용하는 구성이 명세서에 없어 신규사항 추가라는 취지이므로, 결국 원심은 심판관의 정정의견제출통지서에 기재된 사유와 다른 별개의 사유를 들어 이 사건 정정청구가 받아들여질 수 없다고 판단한 것이다. 그뿐만 아니라, 특허청구범위에 있어서 다른 청구항을 인용하지 않는 청구항이 독립항이 되고 다른 독립항이나 종속항을 인용하여 이를 한정하거나 부가하여 구체화하는 청구항이 종속항이 되는 것이 원칙이지만, 독립항과 종속항의 구분은 단지 청구항의 문언이 나타내고 있는 기재형식에 의해서만 판단할 것은 아니므로, 인용하고 있는 청구항의 구성 일부를 생략하거나 다른 구성으로 바꾼 청구항은 이를 독립항으로 보아야 할 것인바(대법원 2005. 11. 10. 선고 2004후3546 판결 등 참조), 이 사건 제2항 정정발명은 그 기재형식은 "제1항에 있어서"라는 표현을 사용하여 마치 이 사건 제1항 정정발명의 종속항인 양 기재되어 있으나 그 발명의 내용은 이 사건 제1항 정정발명의 '열융착 방식으로 맞대기 접합'하는 구성을 '초음파 접합'하는 구성으로 바꾸고 있어 이를 독립항으로 보아야 한다. 결국 이 사건 제2항 정정발명은 '열융착 방식에 의한 맞대기 접합과 초음파 접합을 함께 사용하는 것'이 아니라 '초음파 접합만을 사용하는 것'을 그 발명의 구성으로 하는 것이니, 원심은 잘못된 특허청구범위 해석을 전제로 하여 이 사건 제2항 정정발명에 신규사항 추가가 있다고 판단한 것이다.

다만, 이 사건 특허발명의 명세서에는 열융착 방식을 이 사건 특허발명의 접착방식으로부터 배제하고 초음파 접합을 채택하였다는 취지가 기재되어 있는 점, 열융착 방식은 열을 가하여 접합하는 방식인 반면에 초음파 접합은 열을 가하지 않고 초음파를 가하여 접합하는 방식으로서 서로 다른 접합방식인 점 등에 비추어 보면, 이 사건 정정청구에 의하여 이 사건 제1항 발명의 '맞대기 접합'이 이 사건 제1항 정정발명의 '열융착 방식으로 맞대기 접합'으로 정정된다면, 이는 이 사건 특허발명의 명세서에서 배제되어 있었던 열융착 방식을 추가하는 정정으로서 신규사항 추가에 해당한다고 할 것이다. 따라서 이 사건 정정청구는 위와 같이 정정의견제출통지서에 기재된 사유에 의하여 살펴보면 구 특허법 제133조의2 제4항, 제136조 제2항에 위배되어 받아들여질 수 없다.

그렇다면 원심의 이 부분에 관한 이유 설시에서 부적절한 점은 있으나, 이 사건 정정청구가 받아들여질 수 없다고 판단한 것은 결론에 있어서는 정당하므로, 판결 결과에 영향을 미친 위법이 없다.

Ⅳ. 결   론

대상판결은 특허무효심판절차에서의 정정청구와 관련하여 특허심판원의 정정불인정 이유 통지 규정이 강행규정이라는 점, 다만 통지된 정정불인정 이유와 주된 취지에서 실질적으로 동일하면 정정불인정 이유 통지 절차가 이행된 것으로 본다는 점을 새로운 법리로 설시한 판결로서 그 의의가 있다.

78. 특허를 받을 권리의 공유자 중 1인의 거절결정불복심판청구

[특허법원 2007. 7. 11. 선고 2007허852 판결]

노갑식(변호사, 전 부산지방법원 부장판사)

Ⅰ. 사실의 개요

1. 출원, 심판 및 소송의 경과

원고는 2000. 7. 27. 명칭을 "연속된 영상 프레임에서의 움직임 추정을 위한 탐색방법 및 이를 실현시키기 위한 프로그램을 기록한 기록매체"로 하는 발명(출원번호 : 제2000-43348호, 이하 "출원발명"이라 한다)을 특허출원하였는데, 2005. 1. 14. 그 출원인으로서의 권리 일부를 소외 갑 주식회사(이하 "갑 회사"라고만 한다)에 양도하고 이를 특허청장에게 신고함에 따라 원고와 갑 회사가 그 특허를 받을 권리의 공유자가 되었다가, 2006. 7. 7. 갑 회사가 그 공유자로서의 지위를 소외 을 주식회사(이하 "을 회사"라고만 한다)에 양도하고 이를 특허청장에게 신고함으로써 원고와 을 회사가 이 사건 출원발명의 특허를 받을 권리의 공유자가 되었다.

특허청은 2006. 9. 29. 출원발명은 진보성이 없다는 이유로 거절결정을 하였고, 원고가 2006. 10. 27. 단독으로 특허심판원에 위 거절결정에 대한 불복심판청구를 하였는데(을 회사는 위 거절결정에 대한 불복심판청구를 하지 아니한 채, 그 불복심판청구기간을 넘겼고, 그 후인 2006. 11. 21. 특허청에 자기의 공유지분포기로 인한 출원인변경신고를 하였다), 특허심판원은 2006. 12. 21. 특허를 받을 수 있는 권리가 공유인 경우에는 특허법 제139조 제3항에 의하여 공유자 전원이 공동으로 심판청구를 하여야 함에도 불구하고, 이 사건 심판청구는 공유자 중의 1인인 원고만에 의하여 이루어졌기 때문에 부적법하고 그 흠결을 보정할 수 없다는 이유로 원고의 심판청구를 각하하였다.

원고는 2007. 1. 25. 특허법원에 심결취소소송을 제기하였고, 특허법원은

2007. 7. 11. 대상판결을 선고하였으며, 대상판결은 상고기간도과로 확정되었다.

2. 원고의 주장

가. 거절결정 불복심판청구기간 내이고 원고의 심판청구일 이전인 2006. 10. 9. 을 회사가 출원발명의 특허를 받을 권리의 공유지분을 포기함으로 인하여 민법 제267조에 의하여 을 회사의 공유지분을 원고가 승계함으로써 심판청구일 이전에 이미 원고가 출원발명에 관한 단독권리자가 되었으므로, 원고의 심판청구는 적법하다.

나. 설사 위 포기의 효력이 발생하지 아니하여 심판청구 당시 심판청구가 부적법하였다고 할지라도 심판의 심리종결 전인 2006. 11. 21. 을 회사가 특허청장에게 그 지분포기로 인한 명의변경신고를 함으로 인하여 같은 날 원고가 단독권리자가 되었으므로, 심판청구의 부적법이라는 하자가 치유되었다.

II. 판   시

청구기각.

1. 구 특허법(2001. 2. 3. 법률 제6411호로 개정되기 전의 것, 이하 같다) 제139조 제3항, 제142조에 의하면, 특허를 받을 수 있는 권리의 공유자가 그 공유인 권리에 관하여 심판을 청구하는 때에는 공유자 전원이 공동으로 청구하여야 하고, 부적법한 심판청구로서 그 흠결을 보정할 수 없는 때에는 피청구인에게 답변서 제출의 기회를 주지 아니하고 심결로써 이를 각하할 수 있다(현행법도 같은 취지로 규정하고 있다).

2. 거절결정에 관하여 특허를 받을 권리의 공유자 중 1인인 원고만이 단독으로 불복심판청구를 하였을 뿐, 다른 공유자인 을 회사는 심판청구기간 내에 불복심판청구를 하지 아니하였으므로, 원고의 심판청구는 구 특허법 제139조 제3항을 위반한 것으로 부적법하고, 을 회사가 심판청구기간 내에 불복심판청구를 하지 아니한 이상, 그 심판청구의 적법성의 흠결은 보정할 수 없는 때에 해당하므로 구 특허법 제142조에 의하여 각하될 수밖에 없다.

3. 구 특허법 제38조 제4항에 의하면, 특허출원 후에 있어서 특허를 받을 수 있는 권리의 승계는 상속 기타 일반승계의 경우를 제외하고는 명의변경신고를 하

지 아니하면 그 효력이 발생하지 아니하므로(현행법도 같은 취지로 규정하고 있다), 상속 기타 일반승계에 해당하지 않는 을 회사의 그 공유지분 포기의 효력은 이를 특허청장에게 신고한 때인 2006. 11. 21.에 이르러서야 발생하였다고 할 것이어서 원고의 위 첫 번째 주장은 이유 없다.

그리고 심결 이전인 2006. 11. 21. 포기된 을 회사의 공유지분이 원고에게 귀속되어 원고가 이 사건 출원발명에 관한 단독권리자가 되었다고 할지라도, 포기의 효력은 장래를 향하여 발생하므로, 원고는 그때부터 단독권리자가 되었을 뿐, 이 사건 심판청구 당시에 소급하여 단독권리자가 되는 것이 아니고, 또한 원고는 을 회사의 공유자로서의 지위를 승계받은 것이므로, 그 승계받은 공유자의 지위에서는 거절결정에 대한 불복심판청구기간 내에 심판청구하지 아니한 하자를 그대로 가지고 있다고 할 것이어서, 심판청구의 부적법이라는 하자가 치유되었다고 할 수 없어 원고의 위 두 번째 주장도 이유 없다.

Ⅲ. 해   설

1. 특허를 받을 권리의 공유자의 공동심판청구요건

가. 해당 법규정 및 입법취지

특허법(대상판결이 거시한 구 특허법 규정들은 현행법의 해당규정과 일부 표현이 다를 뿐 그 내용이 실질적으로 동일하므로, 이하 현행법을 기준으로 해설한다) 제139조 제2항, 제3항에 의하면, 공유인 특허권의 특허권자에 대하여 심판을 청구하는 때에는 공유자 전원을 피청구인으로 청구하여야 할 뿐 아니라, 특허권 또는 특허를 받을 수 있는 권리의 공유자가 그 공유인 권리에 관하여 심판을 청구하는 때에도 공유자 전원이 공동으로 청구하여야 한다.

이는 심판청구의 요건으로서 이를 준수하지 아니할 경우 그 심판청구는 부적법하게 되어 특허법 제142조에 따라 각하된다. 그 입법취지는 특허권 또는 특허를 받을 수 있는 권리가 공유인 경우 그 심판절차가 공유자 전원에게 합일적으로 확정되어야 할 필요가 있고, 공유자들 중에 심판청구를 원하지 아니하는 사람도 있을 수 있으므로 공유자들의 의사합치를 요구하는 정도가 아닐까 생각된다.

나. 특허를 받을 권리 등의 공유

(1) 머 리 말

특허권은 특허출원에 대한 특허청심사관의 심사를 거쳐 특허원부에 등록됨으로써 발생하는 권리이고, 그와 같이 등록되기 전의 권리 즉 특허를 받을 수 있는 권리가 특허를 받을 권리이다.

특허법에 의하면 2인 이상이 공동으로 발명한 경우 특허를 받을 수 있는 권리는 공유로 되고, 공유자 전원이 공동으로 출원하여야 하며, 이를 위반한 경우는 거절사유가 됨은 물론, 등록된 경우에도 무효사유로 된다(특허법 제33조 제2항, 제44조, 제62조, 제133조).

특허법이 특허권이나 특허를 받을 권리를 공유로 하고 있으므로 특허법에 특별한 규정이 없으면 민법의 공유에 관한 규정이 특허권 등의 공유에도 적용된다고 할 것이나, 특허법은 공유인 특허권의 실시에 있어서 지분의 제한을 받지 않도록 하고, 지분의 양도 및 지분에 대한 질권설정, 실시권의 설정에 있어서 다른 공유자의 동의를 받게 하며, 심판청구를 공동으로 하게 하는 등 특허권의 특수성에 따른 몇 가지 특칙을 두고 있다.

(2) 특허를 받을 권리 등의 공유의 성질

특허법에서 말하는 특허권이나 특허를 받을 권리의 공유란 것이 어떠한 성질을 가지는가에 관하여는 ① 특허권의 공유지분의 처분은 다른 공유자의 동의를 얻어야 한다는 특허법 제99조 제2항의 규정을 근거로 합유라고 하는 합유설, ② 특허권의 양도나 실시권설정에 제한을 받는 것은 공유자 간에 공동목적이나 단체적 제약이 있기 때문이 아니라 무체재산권의 특수성에 유래하는 것이므로 말 그대로 공유라고 하는 공유설이 있다.[1]

우리 대법원 판결 중에는 디자인권의 공유관계가 합유에 준한다(소위 준공유관계)[2]고 판시한 것이 있고, 특허권의 공유관계 역시 합유에 준한다고 판시한 것[3]이 있으나, 그 뒤 대법원은 상표권의 공유관계에 관하여 공유설의 입장을 취하였다.[4]

---

1) 특허권의 공유가 어떠한 성질을 가지는 것인가에 관한 학설의 상세한 소개에 관하여는 박정화, "특허권의 공유자 1인의 심결취소소송에서의 원고적격", 특허소송연구 제3집(2005년, 특허법원), 178면 이하 참조.
2) 대법원 1982. 6. 22. 선고 81후43 판결.
3) 대법원 1987. 12. 8. 선고 87후111 판결.
4) 대법원 2004. 12. 9. 선고 2002후567 판결.

상표법도 제54조에서 특허공유관계에 관한 특허법 제99조와 유사한 내용을 규정하고 있고, 특허권의 공유관계를 상표권의 공유관계와 다르게 볼만한 특별한 이유가 없으므로, 상표권의 공유관계에 관한 대법원의 해석은 특허권의 공유관계에도 그대로 적용될 수 있을 것으로 보인다.

한편 일본의 최고재판소는 특허권의 공유관계에 관하여 "특허권의 공유자 중 1인은 특허청에 의하여 당해 특허의 취소결정이 된 경우에 특허권의 소멸을 막는 보존행위로서 단독으로 그 취소결정의 취소소송을 제기할 수 있다"고 판시5)하여 공유설을 취하고 있는 것으로 판단된다.

다. 보존행위로서의 거절결정불복심판청구

특허를 받을 권리가 공유인 경우 그 거절결정에 관하여 불복심판을 제기하는 것은 공유의 대상인 특허를 받을 권리의 소멸을 방지하는 보존행위에 해당한다고 할 수 있으므로, 특허를 받을 권리가 공유관계인 경우 그 성질을 공유로 보든, 합유로 보든 특허법에 특별한 규정이 없으면 민법의 공유 및 합유의 보존행위에 관한 규정(민법 제265조, 제272조)에 의하여 공유자나 합유자가 각자 보존행위로서 거절결정에 관한 불복심판을 단독으로 제기할 수 있다는 것이 된다. 그러나 특허법은 위에서 본 바와 같이 공유관계인 특허권이나 특허를 받을 권리에 관한 심판을 공동으로 청구하도록 규정하고 있어서 거절결정에 관한 불복심판도 공유자 전원이 공동으로 청구하지 아니하면 부적법하다.

라. 공유자들이 거절결정불복심판을 동시에 청구하여야 하는지 여부

특허를 받을 권리의 공유자들이 거절결정에 대하여 동시에 불복심판을 청구하여야 하는 것은 아니고, 거절결정불복심판청구기간 내에 모든 공유자들이 거절결정불복심판청구를 하면 되는 것으로 해석하여야 한다. 다른 공유자들의 공유지분을 모두 승계한 공유자 1인이 심판청구기간 이내에 단독출원인으로서 심판청구를 하는 것이 적법함은 당연하고, 심판청구기간 이내에 심판청구한 공유자 1인이 심판청구기간이 도과하기 전에 심판청구하지 아니한 나머지 공유자들의 공유지분을 승계한 경우(물론 특허청에의 출원인 변경신고를 요건으로 한다)에도 그 공유자 1인의 심판청구는 적법하다고 보아야 할 것이다. 그리고 공유자들이 하나의 거절결

---

5) 최고재판소 제2소법정 2002. 3. 25. 선고 2001년(行ヒ)제154호 판결.

정에 관하여 각각 거절결정불복심판청구를 한 경우에도 그것들이 심판청구기간 내에 제기되었다면 적법하므로, 특허심판원으로서는 이를 병합하여 심리하면 될 것이다.

대법원 판결 중에 "공동출원인 중 일부만이 심판청구를 제기한 경우 그 심판의 계속 중 나머지 공동출원인을 심판청구인으로 추가하는 보정은 요지의 변경으로서 허용할 수 없음이 원칙이나, 심판청구기간이 도과되기 전이라면 나머지 공동출원인을 추가하는 보정을 허용하여 그 하자가 치유될 수 있도록 함이 당사자의 권리구제 및 소송경제면에서 타당하다"고 판시6)한 것이 있다.

2. 공유지분포기와 공동심판청구

가. 공유지분포기의 일반법리

권리의 포기는 상대방 없는 단독행위로서 법률에 특별한 규정이 없는 한, 그 의사표시만으로 효력을 발생하고, 공유자 중 1인이 자기 지분을 포기하면 포기된 지분은 다른 공유자에게 각 지분의 비율로 귀속하며(민법 제267조), 그 귀속의 효력은 소급하는 것이 아니라 장래를 향하여 발생한다.

나. 특허를 받을 권리의 공유지분포기의 효력

특허법은 특허를 받을 수 있는 권리의 승계에 관하여 특별규정을 두어 특허출원 후에 있어서 특허를 받을 수 있는 권리의 승계는 상속 기타 일반승계의 경우를 제외하고는 특허출원인 변경신고를 하지 아니하면 그 효력이 발생하지 아니하는 것으로 하고 있다(특허법 제38조 제4항).

공유지분의 포기로 인하여 다른 공유자에게 포기된 지분이 귀속하는 것은 상속 기타 일반승계가 아니라 특정승계에 해당하는 것이므로, 위 특허법 규정에 따라 특허를 받을 권리가 공유인 경우 공유자 중 1인이 포기의사를 표시함으로써 바로 권리귀속의 효력이 발생하는 것이 아니라, 그 지분 포기의 효력은 특허청에 포기로 인한 출원인변경신고를 함으로써 발생한다.

사안의 경우 을 회사가 특허청에 포기로 인한 출원인변경신고를 한 때에 을 회사의 공유지분이 원고에게 귀속되어 원고가 단독출원인의 지위를 가지게 되었다고 할 것인데, 그 때는 이미 심판청구기간이 도과되었기 때문에 원고의 심판청

---

6) 대법원 2005. 5. 27. 선고 2003후182 판결.

구는 공동심판청구요건을 갖추지 못한 것이어서 부적법하다고 할 수밖에 없다.

다. 공유지분포기로 인하여 심판청구의 부적법성이 치유되는지 여부

특허를 받을 권리의 공유자가 그 공유지분을 포기하여 이를 특허청에 신고한 경우에 그때부터 포기의 효력이 발생하여 그 지분이 다른 공유자에게 귀속되므로, 공동출원한 공유자 2인 중의 1인이 공유지분 포기로 인한 출원인변경신고를 함으로써 다른 공유자는 단독출원인이자 특허를 받을 권리의 단독권리자가 된다.

그러므로 거절결정에 대한 불복심판청구기간의 개시 이후에 단독권리자가 된 다른 공유자가 심판청구기간 이내(지분을 포기한 공유자에 대하여도 심판청구기간 이내인 경우를 말한다)에 단독으로 심판청구하는 것이 적법함은 당연하고, 그 공유자가 단독권리자가 되기 이전에 이미 단독으로 심판청구를 한 경우에는 따로 심판청구서를 보정하지 아니하여도(심판청구서의 형식적 심판청구인의 변경이 없으므로 보정할 필요도 없다) 그 심판청구는 적법하다고 할 것이다.

그런데 공유자 중에 심판청구기간이 도과할 때까지 심판청구를 하지 아니한 사람이 있는 경우에 심판청구기간이 도과함으로써 공유자 중 일부에 의한 불복심판청구는 공동심판청구요건에 위배하여 부적법하게 됨은 위에서 본 바와 같고, 공유자 중 일부의 공유지분포기로 인하여 다른 공유자에게 귀속되는 지위 내지 권리는 포기한 공동출원인이 가지고 있는 그대로의 것이므로, 심판청구기간 이내에 심판청구하지 아니한 공유자의 공유지분포기로 인하여 다른 공유자에게 귀속되는 지위 내지 권리는 심판청구기간 내에 심판청구를 하지 아니한 하자를 그대로 지닌 것이다.

또한 일부 공유자가 공유지분을 포기함으로써 그 공유지분이 다른 공유자에게 귀속되는 것은 일부 공유자가 공유지분을 다른 공유자에게 양도하는 것과 그 실질에 있어서 아무런 차이가 없으므로, 일부 공유자가 심판청구기간 이내에 심판청구를 하지 아니하여 심판청구가 부적법한 것으로 된 이상, 심판청구기간 경과 후에 심판청구하지 아니한 공유자가 그 공유지분을 포기하거나 심판청구기간 이내에 심판청구한 다른 공유자에게 그 공유지분을 양도한다고 할지라도, 그 부적법성이 치유된다고 할 수 없다. 이와 달리 그 부적법성이 치유된다고 해석하는 것은 법해석의 범위를 넘는 것일 뿐만 아니라 법적 안정성을 해치게 된다.

Ⅳ. 결   론

이상에서 살펴본 바와 같이 특허를 받을 권리의 공유자 중 일부가 거절결정불복심판청구기간 이내에 심판청구를 하지 아니한 경우 나머지 공유자가 불복심판청구를 하였다고 할지라도, 이는 공동심판청구요건을 흠결하여 부적법하고, 그 이후에 심판청구하지 아니한 공유자가 그 공유지분을 포기하거나 심판청구한 다른 공유자에게 그 공유지분을 양도한다고 할지라도 그 부적법이 치유되지 아니한다.

이와 같은 결론을 내리는 것은 현행법의 해석상 달리 해석할 수 없기 때문으로, 그와 같이 처리하는 것이 반드시 타당한지는 의문이다. 입법론으로서는 거절결정불복심판의 경우에는 공동으로 심판청구할 것을 요건으로 하지 않아야 할 것으로 생각된다. 그렇게 하더라도 심판의 합일확정의 요청에 반하는 것이 아니고, 출원단계에서 공유자들의 의사합치를 요구하는 것으로 족하며, 거절결정 불복 단계에서까지 당사자의 의사합치를 요구하는 것은 그 필요성이 적을 뿐 아니라, 특허를 받을 권리의 공유자의 권리행사를 너무 제한하는 것이기 때문이다.

79. 실시권자의 무효심판청구

[대법원 1984. 5. 29. 선고 82후30 판결]

김동준(충남대학교 법학전문대학원 교수)

Ⅰ. 사실의 개요

X(특허권자, 피심판청구인, 상고인)의 특허권에 대해 특허청으로부터 제품순판매액의 3퍼센트에 해당하는 대가의 지급을 조건으로 통상실시권을 허여받은 Y(통상실시권자, 심판청구인, 피상고인)가 X의 특허권에 대해 특허무효심판을 청구하였다.

원심결(특허청 1982. 4. 29. 1980년항고심판당제99호심결)은 Y의 무효심판청구인 적격을 인정하고 X의 특허가 무효라는 취지의 심결을 하였고, 이에 불복하여 X가 제기한 상고에 대하여 대법원은 아래와 같이 판시하였다.

Ⅱ. 판   시[1]

상고 기각.

"원심은 심판청구인이 1980. 11. 5. 특허청으로부터 이 사건 특허의 통상실시권을 허여받았다 하여도 동 허여처분에는 제품순판매액의 3퍼센트에 해당하는 대가의 지급조건이 붙어있어 통상실시권에 수반하는 의무이행을 하여야 하므로 위 실시권 허여 자체에 의하여 당사자간의 모든 이해관계가 소멸되었다고는 볼 수 없다고 판시하고 있는바, 이는 정당하다고 인정되고 소론이 들고 있는 당원 1981. 7. 28. 선고 80후77 판결은 이 사건과 사안을 달리하는 것이므로 논지를 채용할 수 없다."

---

1) 상고시 제기된 세 가지 논점(실시권자의 무효심판청구인적격 여부, 무효심판참가인에 대한 별도의 제척기간 준수요부 및 특허무효 여부) 중 실시권자의 무효심판청구인적격의 논점에 대한 판시만 소개한다.

Ⅲ. 해   설

1. 들어가는 말

특허법 제133조 제1항 및 실용신안법 제31조 제1항은 이해관계인 또는 심사관은 다음 각호의 1에 해당하는 경우에는 무효심판을 청구할 수 있다고 규정함으로써 심사관을 제외하고는 일반 제3자의 경우 이해관계가 없는 자에게는 무효심판을 청구할 수 없게 규정하고 있다.2)

이와 같은 규정의 취지는 심판청구의 난립으로 인한 특허심판원의 행정력의 낭비를 막자는 데 있는 것으로 민사소송법상의 '이익 없으면 소권 없다'는 원칙에서 유래한 것이다.3)

2. 우리 대법원 판례의 태도

이 사건의 경우에는 특허청으로부터 실시권을 허여받은 통상실시권자의 무효심판청구인적격을 인정하였으나,4) 일반적으로 실시권자가 무효심판청구의 이해관계인에 해당하는지 여부에 대해서는 판례가 일치하지 않고 있다.

가. 실시권자가 이해관계가 있다는 판례

대법원은 디자인등록무효사건에서 디자인권에 관한 실시권설정등록을 마쳤다

---

2) 구 특허법(2016. 2. 29. 법률 제14035호로 개정되기 전의 것)상 특허권의 설정등록일부터 등록공고일 후 3개월 이내에는 '누구든지' 무효심판을 청구할 수 있었지만(제33조 제1항 본문에 따른 특허를 받을 수 있는 권리를 가지지 아니하거나 제44조를 위반한 것을 이유로 하는 경우 제외), 개정 특허법(2016. 2. 29. 법률 제14035호로 개정되고 2017. 3. 1.부터 시행된 것)에서는 특허취소신청제도의 신설에 따라 기간에 관계없이 '이해관계인(제2호 본문의 경우에는 특허를 받을 수 있는 권리를 가진 자만 해당한다) 또는 심사관'만이 무효심판을 청구할 수 있는 것으로 변경되었다.
3) 이상경, "특허·상표법상 심판청구인적격으로서의 이해관계인", 인권과 정의(대한변호사회, 263호), 1998년, 73면.
4) 82후30 사건의 경우 실시권자의 무효심판청구인적격을 인정하였으나 해당 판결의 이유에서 "80후77 판결(전용실시권자의 무효심판청구인적격을 부정한 특허무효사건판결)은 이 사건과 사안을 달리하는 것이므로"라고 판시하고 있으므로 82후30 사건의 결론을 실시권자의 무효심판청구에 일반적으로 적용하기에는 무리가 있어 보인다. 즉, 80후77 사건은 허락에 의한 실시권자의 무효심판청구사건으로 특허권자와 실시권자 사이에 실시계약에 의한 법률상의 신뢰관계가 있는 반면에, 82후30 사건의 경우 특허청으로부터 실시권을 부여받은 강제실시권자에 의한 무효심판청구사건으로 특허권자와 실시권자 사이에 법률상의 신뢰관계가 없으므로 결국 82후30 판결은 무효심판청구인적격과 관련한 이해관계의 판단에 있어 허락에 의한 실시권자와 강제실시권자를 달리 취급한 것으로 보인다.

할지라도 그 사실만으로써 심판청구인이 그 등록디자인이 무효임을 심판하라고 청구할 수 있는 이해관계가 상실된다고 할 수 없다거나,5) 통상실시권을 허여받은 사실만으로는 이해관계가 상실되었다고 볼 수 없다고 판시하여6) 실시권자의 무효심판청구인적격을 인정하고 있다.

나. 실시권자는 이해관계가 없다는 판례

한편, 비슷한 시기의 다른 특허무효사건에서 대법원은 특허권자로부터 특허발명의 실시를 허락받은 자는 어느 특별한 사정이 있어서 그 특허를 무효로 하지 않으면 안 될 정당한 이유가 있는 경우는 모르되 일반적으로는 그 특허를 무효로 하여야 할 구체적인 이익이 있다고 할 수 없다고 판시하여 실시권자를 이해관계인의 범주에서 제외하고 있고,7) 실용신안등록무효사건에서도 같은 취지의 판시를 하고 있다.8)

특허 및 실용신안의 경우와 디자인의 경우를 구별할 특별한 이유가 없고 따라서 실시권자의 무효심판청구인적격에 대해 서로 모순되는 대법원 판결들이 존재한다.

3. 일본의 경우

일본에서는 1909년 법, 1921년 법을 통하여 무효심판청구는 "이해관계인 및 심사관에 한하여 이를 청구할 수 있다"고 규정하고 있었지만, 1959년 법에서 "이해관계인 및 심사관"이라는 문언을 삭제하여 무효심판청구는 법률상의 자격을 묻지 않고 누구든지 행할 수 있다고 해석할 여지도 있었으나, 통설 및 판례는 무효심판청구에도 '이익이 없으면 소권이 없다'는 소송의 원칙이 적용되어야 한다는 입장이었다.9)

실시권자와 관련하여서는 실시권자는 특허무효에 의하여 실시료의 지급을 면하게 되므로 무효심판을 청구할 이해관계가 있다는 것이 학설 및 판례의 입장이다.10) 한편 2003년 개정법은 "특허무효심판은 누구나 청구할 수 있다"는 규정을

---

5) 대법원 1980. 3. 25. 선고 79후633 판결, 1980. 5. 25. 선고 79후78 판결.
6) 대법원 1980. 5. 13. 선고 79후74 판결, 1980. 7. 22. 선고 79후75 판결.
7) 대법원 1979. 4. 10. 선고 77후49 판결, 1981. 7. 28. 선고 80후77 판결.
8) 대법원 1977. 3. 22. 선고 76후7 판결, 1983. 12. 27. 선고 82후58 판결.
9) 竹田 稔(설범식 역), "통상실시권자의 무효심판청구", 특허판례백선(박영사, 2005), 272면.

두어 제도의 공익적 성격을 분명히 하였지만(다만, 특허의 무효이유가 공동출원에 관한 규정 위반 및 모인출원처럼 권리귀속에 관한 무효이유인 경우에는 '이해관계인'에 한정되었다가, 2011년 법 개정에 의해 다시 '특허를 받을 수 있는 권리를 가진 자'로 한정됨. 2012년 4월 1일 이후 출원에 적용), 2014년 개정법(시행일 2015년 4월 1일)은 특허이의신청제도를 다시 도입하면서 무효심판청구인적격을 이해관계인으로 한정하였다(특허의 무효이유가 권리귀속에 관한 무효이유인 경우에는 '특허를 받을 수 있는 권리를 가진 자'에 한함).11)

4. 미국의 경우

미국에서 특허의 무효를 주장하는 방법으로는 특허청의 재심사(Reexamination) 등12)을 이용하는 방법, 침해소송이 개시되기 전에 특허무효확인소송(Declaratory Judgement)을 제기하는 방법 및 침해소송 중 항변(Affirmitive Defense)으로서 무효를 주장하는 방법이 있다.13)

미국에서는 과거 보통법(Common Law)상의 실시권자 금반언(Licensee Estoppel) 원칙에 의해 특허권에 대하여 실시권을 허락받은 자가 당해 특허권에 대해 무효를 주장하는 것은 형평에 어긋난다는 입장이었으나,14) 1969년 Lear v. Adkins 판결15)에 의해 실시권자 금반언(Licensee Estoppel) 원칙이 폐기되고 실시권자도 특허침해소송에 있어 당해 특허권의 무효를 주장할 수 있다는 것을 명확히 하였다.

---

10) 竹田 稔, 앞의 평석, 271-275면 참조.

11) 종전의 재판례에 있어서 이해관계에 대한 판시내용은 2014년 법개정 후의 이해관계의 개념에도 적용할 수 있다는 일본 특허청의 설명은 日本 特許庁, 無効審判における請求人適格に関する運用 참조. <http://www.jpo.go.jp/iken/pdf/mukoushinpan_141218_kekka/unyo.pdf> (2017. 6. 17. 최종방문).

12) 종래 미국의 재심사에는 사정계재심사(Ex Parte Reexamination)와 당사자계재심사(Inter Partes Reexamination)가 있었으며 사정계재심사는 누구든지 청구할 수 있고, 당사자계재심사는 특허권자를 제외한 이해관계인이 청구할 수 있었는데 실시권자는 두 경우 모두 포함되는 것으로 보았다. 당사자계재심사의 제3자는 재심사된 특허가 유효하다는 결정이 나면 이에 불복하는 심판을 BPAI(Board of Patent Appeals and Interferences)에 청구할 수 있었다(35 U.S.C. §§134, 302, 311, 37 CFR §1.913., MPEP §§2212, 2612 참조). 한편, 2011년 미국 특허법 개정으로 2012년 9월 16일부터 당사자계재심사를 대신해서 무효심판(Inter Partes review) 제도가 시행되었는데 종래 재심사가 기본적으로 심사관에 의해 이루어진 것에 비해 개정법에서 도입된 무효심판은 새로 신설된 특허심판부(Patent Trial and Appeal Board)에서 이루어진다. 또한, 신설된 이의신청(Post-Grant Review)에서도 특허의 무효를 다툴 수 있다.

13) 이은경 외 2인, 미국특허법(세창출판사, 2004), 211면.

14) Automatic Radio Manufacturing Co. v. Hazeltine Research, Inc., 339 U.S. 827 (1950).

15) Lear v. Adkins, 395 U.S. 653 (1969).

한편 *Lear v. Adkins* 사건의 경우 실시권자가 로얄티지급을 거부하고 특허무효를 주장하였으므로 확인소송법(Declaratory Judgement Act)에 의해 법원이 확인의 소를 심리할 수 있는 전제조건인 '사건 또는 분쟁(case or controversy)'이 성립하는지에 대해 논란이 없었으나, 실시권자가 계속 로얄티를 지급하면서 무효를 주장하는 경우에도 특허무효확인소송 당사자적격을 인정할 것인지에 대해 논란이 있었고, 연방순회항소법원의 *Gen-Probe, Inc. v. Vysis, Inc.* 판결16)에서 로얄티를 계속 지불하는 실시권자는 특허권자에 의해 침해소송이 제기될 염려가 없으므로 당사자 간에 '사건 또는 분쟁(case or controversy)'이 존재하지 않으므로 특허무효확인소송을 청구할 수 없다는 원칙이 정립되어 적용되고 있었다.

하지만 2007년 *MedImmune, Inc. v. Genentech, Inc.* 판결17)에서 위의 Gen-Probe 원칙이 폐기되고 실시권자의 특허무효확인소송(Declartory Judgement Suit) 청구요건이 완화되어 실시권자의 특허무효주장이 더욱 용이하게 되었다.18)

5. 우리 대법원 판례에 대한 검토

심판청구인적격으로서의 이해관계인의 개념이 민사소송에서의 '이익 없으면 소권 없다'는 원칙에서 유래한 것이라 하더라도 순수한 사권의 보호를 목적으로 하는 민사소송과 본래 무효로 되어야 할 특허의 존재로 인해 권리자 이외의 자의 행위의 자유를 제한하는 불합리를 제거하기 위한 무효심판은 그 성질을 달리하는 것이므로 민사소송에서의 소의 이익보다는 완화된 이해관계인의 개념설정이 타당할 것이다.19)

실시권자의 무효심판청구인적격을 부정하는 대법원판례들(1981. 7. 28. 선고 80후77 특허무효사건 판결 등)은 "특허권자로부터 그 특허권의 실시권을 허여받은 자

16) Gen-Probe, Inc. v. Vysis, Inc., 359 F.3d 1376 (Fed. Cir. 2004).

17) MedImmune, Inc. v. Genentech, Inc., 127 S.Ct. 764 (2007).

18) *Gen-Probe* 원칙에 의할 경우 실시권자가 해당 특허의 유효성에 의문을 갖는 경우 선택할 수 있는 옵션은 ① 특허의 유효성에 대한 의문에도 불구하고 손해를 감수하고 계속 로얄티를 지급하거나, ② 소송에서 질 경우 treble damage*와 변호사 비용을 지불해야 할 위험을 감수하면서 로얄티 지급을 중지하고 특허무효확인소송을 제기하는 것이었다. 미국 연방대법원은 이러한 불합리한 선택을 실시권자에게 강요하는 것은 타당하지 않으므로 실시권자가 이의 하에(under protest) 로얄티 지급을 계속하면서 특허무효확인소송을 청구할 수 있다고 판시하였다.
  * 고의적 침해의 경우 법원의 재량에 의해 손해배상액을 3배까지 증액할 수 있다(35 U.S.C. §284 참조).

19) 이상경, 앞의 논문, 74-77면.

는 그 허여기간 안에는 그 권리의 대항을 받을 염려가 없어 업무상 손해를 받거
나 받을 염려가 없으므로 그 기간 중에는 그 특허에 관하여 무효확인을 구할 이
해관계가 없다"라는 이유로 이해관계를 부정하고 있으나 이는 다음과 같은 이유
로 타당하지 않다고 본다.

즉, 무효인 특허발명은 본래 일반인의 자유영역(public domain)에 남겨져서
누구나 자유롭게 이용할 수 있어야 하는 발명이고 이러한 자유영역에서의 이익이
무효인 특허권에 의하여 침해된 것이므로 이러한 법률상 이익이 침해된 자는 모
두 이해관계인으로 보아야 할 것이다. 따라서 위 판결이 판시하는 바와 같이 침해
소송 등에 의해 '권리의 대항을 받을 염려'가 없다고 법률상의 이익이 침해되지
않았다고는 할 수 없는 것이다.

특히 실시권자[20])의 경우에는 특허권자에게 사용료를 지급하는 등의 불이익이
특허무효심결에 의해 해소될 수 있으므로 실시권자라는 이유만으로 당연히 이해
관계를 부정하는 것은 타당하지 않다고 생각된다. 또한 실시료의 지급의무가 없는
실시권의 경우에도 기간, 범위에 제한이 있는 때에는 무효심판을 청구할 법률상
이익이 있다는 견해[21])도 타당하다고 본다. 요약하면, 실시권자라는 이유만으로 당
연히 무효심판을 청구할 이해관계를 부정하는 것은 타당하지 않고 다만 신의칙에
반하는 특단의 사정[22])이 있는 경우에만 심판청구인적격을 부정하는 것이 타당하
다고 본다.[23])

앞에서 언급한 바와 같이, 특허 및 실용신안의 경우와 디자인의 경우를 구별
할 특별한 이유가 없고 따라서 실시권자의 무효심판청구인적격에 대해 서로 모순

---

20) 허락에 의한 실시권자냐, 법정실시권자냐, 강제실시권자냐에 상관 없이 대가를 지급하는
경우는 모두 해당된다고 봄이 타당하다.

21) 田村善之, 知的財産権法(第3版, 有斐閣, 2003), 264면; 竹田 稔, 앞의 평석, 274면에서 재인용.

22) 일본의 東京高裁 1985. 7. 30., 1984년 제7호 심결취소청구사건에서 판시된 내용으로 어떠
한 경우가 특단의 사정에 해당할 것인가는 판결에 직접 설시되어 있지 않으나, 中山信弘 교
수는 ① 무효이유가 존재하는 것을 알고 실시계약을 체결한 경우, ② 무효심판청구 후 심결
전에 청구취하의 합의가 성립하여 취하한 경우 등을 들고 있다(竹田 稔, 앞의 평석, 274면에
서 재인용).

23) 우리 대법원 판례처럼 실시권자가 이해관계인이기 때문에 또는 이해관계인이 아니기 때문
에 특허무효심판을 청구할 적격이 있느냐 없느냐 하는 관점에서 문제를 볼 것이 아니라, 일
본이나 미국의 경우처럼 실시권자가 당해 특허로부터 이익을 받으면서 무효심판을 청구하는
것이 신의칙 혹은 금반언의 법리에 반하는 것이냐 하는 관점에서 문제를 보는 것이 타당하다
고 본다(송영식, "실시권자의 특허무효심판청구", 민사판례연구 제4집(민사판례연구회), 1982
년, 259면 참조).

되는 대법원 판결들이 존재하므로 대법원 전원합의체를 통하여[24] 또는 특허법의 개정[25]을 통하여 해소되어야 할 부분이다. 참고로 2010년 8월에 선고된 4건의 특허법원 판결[26]에서 대상판결을 근거로 유상의 통상실시권자의 무효심판청구인적격을 인정하였지만 해당 사건들에 대한 상고심 진행 중 소취하로 소송이 종결되어 대법원의 판단을 받지는 못했다.

6. 실시계약상의 부쟁의무(不爭義務)조항의 유효성

일본이나 미국의 경우는 일반적으로 실시권자가 특허무효심판을 청구하거나 혹은 특허무효확인소송을 제기할 수 있으므로 실시계약상에 부쟁의무조항(계약의 대상이 되는 권리의 무효주장을 제기하지 않을 계약상의 의무를 진다는 취지의 조항)을 정하는 경우가 적지 않다. 따라서 이러한 부쟁의무조항을 어떻게 취급할 것인지가 문제된다.

가. 일   본

일본 공정거래위원회의 '지적재산의 이용에 관한 독점금지법상의 지침'은 원칙적으로 부쟁의무를 긍정하지만 무효로 되어야 할 권리의 경우에 불공정한 거래방법에 해당하는 경우도 있다고 하고 있고, 하급심 판결 중에는 부쟁의무를 부정한 것이 있으며, 학설은 ① 신의칙을 근거로 부쟁의무를 긍정하는 설, ② 부쟁의무를 부정하는 설, ③ 무효원인을 공익적 무효원인과 모인(冒認)으로 나누어 전자의 경우에만 부쟁의무를 부정하는 설 등이 있다고 한다.[27]

---

24) 이상경, 앞의 논문, 77면.

25) 무효심판청구인적격에 대한 특허법 개정 논의는 정차호 외, "지재권분야 주요국(IP5)의 특허심판제도 비교연구", 특허청 정책연구보고서, 2010, 201-214면 참조.

26) 1건의 특허와 3건의 등록실용신안을 둘러싼 동일당사자 간의 무효심판사건으로 특허법원 2010. 8. 18. 선고 2009허6564 판결, 특허법원 2010. 8. 12. 선고 2009허9525 판결, 특허법원 2010. 8. 12. 선고 2009허9532 판결 및 특허법원 2010. 8. 12. 선고 2009허9549 판결이며, 판결의 요지는 "피고가 유상으로 통상실시권을 허여받았다고 해서 이 사건 특허발명의 무효 여부에 관하여 부쟁의 합의를 하였다고까지 볼 수는 없고, 달리 이를 인정할 만한 별도의 증거도 존재하지 아니하므로, 피고로서는 이 사건 특허발명의 유효성에 의문이 있는 경우에는 실시료 지급채무를 벗어나기 위해서 이 사건 특허발명에 대한 무효심판을 청구할 법률상의 이익이 있다고 보아야 할 것"이라는 것이다. 위 4건의 사건은 각각 대법원 2010후2575, 2010후2612, 2010후2629, 2010후2636으로 상고심 진행 중 2012. 10. 18. 소취하로 소송이 종결되었다.

27) 中山信弘·小泉直樹, 新·注解特許(下)(靑林書院, 2011), 2034면. 한편, 실시권자가 무효심판을 청구한다고 하더라도 그것만으로 신의칙위반이나 금반언의 원칙에 반하는 것까지는 아니

나. 미   국

앞서 본 *Lear* 판결 이후 많은 라이선서(Licensor)들이 실시계약상에 부쟁의무
조항(no contest clause) 혹은 유효인정조항(acknowledgement of the validity)을 포
함시켜 *Lear* 판결의 영향을 피해가고자 하였으나 이러한 조항들은 법원에 의해
무효화되었다.28) 다만 2007년 *MedImmune, Inc. v. Genentech, Inc.* 판결에서 설
시된 내용29)으로부터 만일 실시계약상에 부쟁의무조항이 있었다면 실시권자가 특
허무효확인소송을 제기할 수 없었다는 취지로 해석할 여지도 없지 않지만, 연방대
법원이 이 문제에 대해 명확한 입장을 표명한 것으로 보기는 어렵다고 생각되므
로 향후 이 문제에 대한 판결의 추이를 지켜볼 필요가 있을 것이다.

우리나라의 경우 실시계약상의 부쟁의무조항의 유효성을 다룬 판결은 없는
것으로 보이고, 학설 중 원칙적으로 유효성을 인정하되 공서양속에 반하는 경우
무효이며 시장에서의 경쟁질서에 악영향을 미치는 경우 불공정거래행위에 해당할
수가 있다는 견해가 있다.30) 한편, 공정거래위원회의 '지식재산권의 부당한 행사
에 대한 심사지침'31)에서는 무효인 특허의 존속 등을 위하여 부당하게 실시권자가
관련 특허의 효력을 다투는 것을 금지하는 행위는 특허권의 정당한 행사로 보기
어렵다고 하고 있다.

며 신의칙이나 금반언은 사안별로 판단해야 하는 법리이므로 가령 실시허락자와 실시권자가
조합유사의 극히 긴밀한 관계에 있는 경우에는 무효심판청구가 신의칙에 반하는 것으로 될
것이고, 당사자 간에 명시의 부쟁계약이 있는 경우에는 계약의 효과로서 심판청구는 인정되
지 않을 것이지만 계약이 있는 경우에도 구체적인 사정에 따라 그 계약이 공서양속에 위반하
여 무효로 될 수도 있다는 견해도 있다. 中山信弘, 特許法(弘文堂, 2010), 236면.

28) Panther Pumps & Equip. Co. v. Hydrocraft, Inc., 468 F.2d 225 (7th Cir. 1972) ("We
hold that the "no contest" clause in the LEMCO license, though unenforceable under
Lear, does not constitute the kind of "misuse" of the patent which forecloses recovery of
damages from an unlicensed infringer."); Brian G. Brunsvold et. al., Drafting Patent
License Agreements, Fouth Edition, BNA (2002), p. 139 ("The decision of the Supreme
Court in Lear v. Adkins negates, on grounds of public policy, any power of a licensor
to withhold from a licensee freedom at any time to contest the validity of the licensed
patent on the basis of the facts that justify such action. It is ineffectual and inadvisable
for the licensor to require any commitment on the part of the licensee to acknowledge
or to forswear attack on the validity of a licensed patent").

29) "To begin with, it is not clear where the prohibition against challenging the validity of
the patents is to be found. It can hardly be implied from the mere promise to pay
royalties on patents." 즉, 실시계약 상에 부쟁의무조항(no contest clause)을 발견할 수 없
고, 단순한 실시료지급약정으로부터 이러한 부쟁의무를 유추할 수도 없다는 것임.

30) 조영선, 특허법(제3판, 박영사, 2011), 546면.

31) 2016. 3. 23. 개정 공정거래위원회 예규 제247호(http://www.ftc.go.kr/).

80. 특허무효심판에서의 정정청구

[특허법원 2008. 11. 21. 선고 2008허5625 판결(심리불속행기각)]

김승조(법무법인 율촌 변리사, 전 특허심판원 심판관)

Ⅰ. 사실의 개요

　　X(원고, 청구인)는 발명의 명칭이 '복합 미러 및 그 제조방법'인 이 사건 특허발명에 대하여 특허무효심판을 청구하였고, 특허권자인 Y(피고, 피청구인)는 특허무효심판절차 중에 이 사건 특허발명의 청구항 1 및 4에 대한 정정청구를 하였는데, 특허심판원은 이 사건 정정청구가 적법하다고 하면서 이를 받아들인 후, 이 사건 제3, 4, 5, 7항 정정발명은 기재불비에 해당한다는 이유로 청구를 인용하였으나, 이 사건 제1항 정정발명은 비교대상발명 1, 2 등에 의하여 진보성이 부정되지 않는다는 이유로 원고의 청구를 기각하는 심결을 하였고, 이에 X는 특허법원에 불복하였다.[1][2]

Ⅱ. 판　　시

　　심결의 일부취소.

　　이 사건 정정청구는 부적법하고, 이 사건 제1항 발명은 등록무효되어야 할 것

---

[1] 특허심판원의 심결에 대해서 Y 또한 이 사건 제3, 4, 5, 7항 정정발명에 대한 무효는 부당하다는 이유로 불복하였고, 이는 대상 판결과 같은 날 선고된 특허법원 2008. 11. 21. 선고 2008허5137 판결(이하 '관련 판결'이라 한다)에 의해 청구기각되었고, 동 판결은 이 무렵 확정되었다. 관련 판결에서는 그 주문을 원고의 청구를 기각한다고 하면서, 판단 부분의 결론에서는 "그렇다면, 이 사건 정정청구는 부적법하고, 이 사건 제3, 4, 5, 7항 발명은 등록무효되어야 할 것인바, 이 사건 심결은 이 사건 정정청구 부분에 관하여는 판단을 달리하였으나, 이 사건 제3, 4, 5, 7항 정정발명의 등록무효 부분에 관하여는 판단을 같이하여 결과적으로 해당 청구항들이 무효라는 결론에 있어서는 적법하므로, 그 취소를 구하는 원고의 이 사건 청구는 이유 없어 기각한다"라고 판시하였다.

[2] 대상판결에 대하여 Y는 대법원에 상고하였으나, 이는 대법원 2009. 3. 26. 선고 2008후5380 판결로 심리불속행기각되었다.

이며, 이와 결론을 달리한 이 사건 심결 중 위 해당 부분은 위법하므로, 그 취소를 구하는 원고의 청구는 이유 있어 인용한다.3)

Ⅲ. 해   설

1. 특허무효심판에서의 정정청구 제도의 취지 및 요건

2001. 2. 3. 특허법을 개정하면서 특허무효심판이 특허심판원에 계속되고 있는 경우에는 정정심판을 청구할 수 없는 대신에 특허무효심판절차에서 정정청구를 할 수 있도록 하였다.4) 법 개정의 취지는 통상의 정정심판이 특허무효심판에 대한 방어수단으로 청구되는 경우가 많기 때문에 하나의 절차 내에서 신속하게 심리할 수 있도록 하자는 것이다. 특허무효심판절차에서의 정정청구는 특허무효심판 청구서의 부본 송달에 따른 답변서 제출기간(특허법 제147조 제1항), 직권심리로 이루어진 특허무효이유통지에 의한 의견서 제출기간(특허법 제159조 제1항 후단) 또는 답변서 제출기간 경과 후에 청구인이 새로운 무효증거를 제출한 경우 부가되는 새로운 답변서 제출기간(특허법 제133조의2 제1항 후단)에만 허용되고, 정정청구의 실체적 요건은 특허법 제136조의 정정심판의 경우와 다르지 않다.5) 정정을 불인정하는 경우에는 피청구인에게 정정의견제출통지를 하고 기간을 정하여 의견서를 제출할 수 있는 기회를 주어야 하고(특허법 제133조의2 제4항 및 제136조 제5항), 정정청구서에 첨부된 명세서 또는 도면의 보정은 정정청구가 가능한 기간 내에6) 요지의 변경이 되지 않는 범위 내에서만 허용된다(특허법 제133조의2 제4항,

---

3) 대상판결의 주문은 "1. 특허심판원이 2008. 3. 31. 2007당290호 사건에 관하여 한 심결 중 정정 부분 및 특허 제519175호 발명의 청구범위 제1항에 대한 부분을 취소한다. 2. 소송비용은 피고가 부담한다"라고 하였다.

4) 무효심판에서의 정정청구는 종래의 보정각하결정불복심판을 폐지하면서 거절결정불복심판에서 보정각하결정을 함께 다투게 하는 것과 유사한 측면이 있다.

5) 즉, 특허무효심판절차에서의 정정청구는 ① 특허청구범위를 감축하는 경우, 잘못 기재된 것을 정정하는 경우, 분명하지 아니하게 기재된 것을 명확하게 하는 경우에만 허용되고, ② 이러한 정정은 특허발명의 명세서 또는 도면에 기재된 사항의 범위 이내에서 할 수 있고(다만 잘못된 기재를 정정하는 경우에는 출원서에 최초로 첨부된 명세서 또는 도면에 기재된 사항의 범위), ③ 특허청구범위를 실질적으로 확장하거나 변경하지 않을 것이라는 요건을 충족하여야 한다. 소위 독립특허요건이 요구되는지와 관련해서는, 특허무효심판이 청구된 청구항을 정정하는 경우에는 독립특허요건을 적용하지 아니한다(특허법 제133조의2 제5항).

6) 특허법 제133조의2 제4항은 특허법 제136조 제9항(심리종결통지 전까지 심판청구서에 첨부된 정정 명세서 또는 도면에 대한 보정을 허용)을 준용하고 있으나, 정정청구는 정정심판과 다르기 때문에 제도의 취지상 심리종결통지 전 아무 때나 정정에 대한 보정을 할 수 있는

제140조 제2항).

2. 문제의 제기

특허무효심판절차 중 정정청구가 있는 경우 특허심판원에서의 심결은 정정을 인정하는지 여부와 무효인지의 여부를 모두 포함하게 된다. 특히 문제가 되는 것은 심결취소소송에서 정정의 인정여부에 대해서는 특허심판원과 견해를 달리하면서도 무효여부에 대한 판단이 정당하다고 하면서 청구를 기각하고, 이 판결의 확정으로 심결이 확정되는 경우이다.

구체적으로 보면, ① 정정을 인정하면서 무효(또는 무효가 아님)라는 심결에 대하여 특허법원에서 정정을 인정한 것은 잘못이지만 정정 전의 내용으로 보건대 무효(또는 무효가 아님)라는 판단은 타당하여 청구를 기각하는 경우, ② 정정을 불인정하면서 무효(또는 무효가 아님)라는 심결에 대하여 특허법원에서 정정을 인정하지 않은 것은 잘못이지만 정정 후의 내용으로 보건대 무효(또는 무효가 아님)라는 판단은 타당하여 청구를 기각하는 경우를 생각해 볼 수 있다.

이러한 경우에 ① 심결의 확정과 정정의 확정의 관계는 어떠한지, ② 특허법원이 심결 중 정정을 인정한 판단에 잘못이 있다고 판단하는 경우 이를 어떻게 취급할 것인지, ③ 정정 인정여부에 대한 판단이 잘못되었다고 하면서 결론에 있어서 정당하다고 하면서 심결을 지지한 판결이 확정되어 심결이 확정된 후에 새로 제기되는 정정심판이나 정정무효심판에 일사부재리의 적용이 있는 것으로 볼 수 있는지 여부 등이 문제이다.

3. 정정청구의 법적 성격과 정정의 확정

정정부분에 대한 심결은 무효심판청구에 대한 심결취소소송이 제기되면 함께 심판의 대상으로 되고, 분리·확정되지 않는다고 보는 것이 특허법원의 실무이고,7) 판례의 태도이다.8) 특허무효심판절차에서의 정정청구는 피청구인의 항변이

것이 아니고 정정청구할 수 있는 기간 내로 제한하는 것이 합리적이고, 특허심판원의 실무 또한 그러하다.

7) 특허법원, 지적재산소송실무(2006), 152면.

8) 대법원 2008. 6. 26. 선고 2006후2912 판결은 "특허무효심판절차 또는 특허이의신청절차에서 정정청구가 있는 경우 정정의 인정 여부는 무효심판절차 또는 이의신청에 대한 결정절차에서 함께 심리되는 것이므로, 독립된 정정심판청구의 경우와 달리 정정만이 따로 확정되는 것이 아니라 무효심판의 심결이 확정되거나 이의신청에 대한 결정이 확정되는 때에 함께 확

라기보다는 무효심판에 정정심판이 병합된 것으로 보아야 하는데, 다만 단순히 병합된 것이 아니라 무효심판과 정정심판이 일체 불가분으로 결합되어 있는 형태인 것으로서 이해관계를 달리하는 상대방을 가지는 특수한 형태의 정정심판이라고 보아야 할 것이다.9) 따라서 심결 중 정정 인정 여부에 대한 부분은 특허법원에서 다룰 수 있다고 보는 것이 무효심판절차에서의 심리의 신속성과 무효심판과 정정심판의 조화를 꾀하기 위하여 특허무효심판절차에서의 정정청구제도를 도입한 기본 취지와 소송경제의 관점에서도 타당하다.10)

무효심판절차에서 정정청구가 받아들여진 경우 그 정정은 무효심판사건에 대한 심결이 확정되는 때에 동시에 확정된다고 할 것이다.11) 그런데 관련 판결에서와 같이 심결 중 정정을 인정한 것은 잘못이지만 무효라는 판단이 결론에 있어서 적법하다고 하면서 청구를 기각한 판결에 의해 심결이 확정되는 경우에도, 정정이 확정되는 것으로 볼 수 있는지가 문제이다. 이 경우 특허법 제189조의 기속력을 생각해 볼 수 있겠으나, 기속력은 기본적으로 심결 또는 결정의 취소판결이 확정되는 때에 해당하므로, 심결을 지지한 판결에 대해서는 적용할 수 없다 하겠다. 따라서 정정인정이 잘못되었다는 특허법원의 판단부분과는 무관하게 무효심결의 확정으로 정정의 확정이 있는 것으로 보아야 할 것이다.12)

정정을 인정한다는 심결이 확정이 되면 그 정정후의 명세서 또는 도면에 의하여 특허출원·출원공개·특허결정 또는 심결 및 특허권의 설정등록이 된 것으로 본다(특허법 제133조의2 제4항, 제136조 제8항).

4. 심결 중 정정청구에 대한 판단이 잘못된 경우의 취급

대상 판결에서는 심결 중 정정을 인정한 부분이 부적법하다고 하면서 정정 이전의 내용을 가지고 진보성 여부를 판단하였다. 이와 같이 심결 중 정정을 인정한 부분이 잘못이라는 특허법원의 판단이 있는 경우에 정정 이전의 내용을 가지고 판단하는 것이 적절한지, 아니면 심결에는 정정청구에 대한 판단을 잘못하여

정된다"라고 판시하고 있다.

9) 박정희, "특허무효심판절차에서의 특허의 정정", 특허소송연구 제4집(특허법원, 2008), 219면.

10) 박정희, 앞의 논문, 221면.

11) 특허법원, 앞의 책, 151면.

12) 관련 판결에서는 무효라는 심결이 확정된 것이어서 정정의 확정이 의미 없는 것일 수 있겠으나, 무효가 아니라는 심결이 확정되는 사례가 있을 수 있고, 무효심결이 확정된 경우에도 특허청은 실무상 정정공보를 게재하기 때문에, 정정의 확정은 나름대로 의미가 있다.

심리대상을 그르친 흠이 있다는 이유로 바로 심결을 취소할 수 있는지, 나아가 정정을 인정한 것이 잘못이라고 하면서 정정을 불인정하는 경우에는 정정의견제출통지를 통하여 피청구인에게 그 이유를 통지하고 상당한 기간을 정하여 의견서 및 정정 명세서 등에 대한 보정서를 제출할 수 있도록 하여야 한다는 취지로 바로 심결을 취소할 수 있는지[13])에 대해 생각해 볼 필요가 있다.

이와 직접적으로 관련되는 판례는 없는 듯 하고, 참고할 수 있는 사례로 생각해 볼 수 있는 것이 무효심결에 대한 심결취소소송이 특허법원에 계속 중일 때 정정심결이 확정되는 경우 특허법원에서 심결을 무조건 취소하여야 하는지 여부이다. 판례는 대체로 부정하고 있고,[14]) 학설도 특허법원에서는 심결취소소송의 심리범위에 제한을 두고 있지 아니하다는 점, 특허청구범위의 정정은 기본적으로 권리의 동일성을 그대로 유지하면서 권리범위만을 감축하는 것이라는 점, 대법원 계속 중 정정심결이 확정된 경우 대법원이 원심판결을 파기하여 심결을 취소하는 자판을 하지 않고 특허법원에 환송하는 것은 특허법원이 정정 후의 특허발명에 대하여 무효사유를 심리할 수 있다는 것을 전제로 하고 있는 것이라는 점, 소송경제를 고려한 실제적인 필요성 등을 이유로 부정하고 있다.[15])

판례와 학설의 입장을 고려하면 정정심결이 확정되었음에도 불구하고 특허법원은 정정 전 내용으로 판단한 심결을 바로 취소하지 않고 정정된 내용으로 심결의 위법성을 살필 수 있는 것이어서, 특허법원이 확정도 되지 않은 정정인정이 잘못되었다고 하면서 정정 전의 것으로 무효여부에 대하여 살필 수 있다고 보는 것이 타당하다고 할 것이고,[16]) 피청구인 입장에서 볼 때 특허법원이 정정을 인정하

---

13) 권리범위확인심결의 심결취소소송에서 확인대상발명의 특정에 문제가 있다고 판단하는 경우에는 특허법원이 직접 보정명령을 보낼 수 없기 때문에 "확인대상발명은 특정되지 않았음에도 불구하고 확인대상발명에 대한 보정을 명하는 등의 조치를 취하지 않은 흠이 있다"는 이유로 바로 심결을 취소하는 실무와 관련지어 생각해 볼 수 있다.

14) 특허법원 2000. 11. 16. 선고 99허7971 판결(상고기각).

15) 박성수, "무효심판 사건의 계속 중 정정심결이 확정된 경우의 심리범위", 특허판례연구 673-680면(한국특허법학회 편, 2009); 특허법원 앞의 책 153, 154면.

16) 박성수, 앞의 논문에서는 더 나아가 무효심결에 대한 심결취소소송이 특허법원에 계속 중 정정심결이 확정된 경우에 법원은 등록무효사건 판단의 선결문제로서 등록무효 판단의 대상이 정정 전인지 후인지에 대하여 판단할 수 있고, 따라서 정정심결이 무효인지 여부도 판단할 수 있다고 하면서, 그 근거로서 행정행위의 유효여부가 선결문제로 된 경우 민사사건에서 중대하고 명백한 흠이 있는 행정행위에 대해서는 선결문제로 얼마든지 행정행위를 무효로 할 수 있다는 대법원의 입장을 들고 있다. 그러나 확정된 정정심결은 정정무효심판의 확정으로만 취소되는 것임에도 불구하고 특허법원에서 확정된 정정심결의 효력에 반하는 판단을 할 수 있는지 의문이고, 그 판단의 실효성 또한 의문이다.

지 않은 이유는 정정명세서 등의 보정으로 치유될 수 있음에도 정정의견제출통지를 받지 못하여 보정의 기회가 없었다는 문제는 대상 판결과 같이 심결이 취소되는 경우에 취소판결에 대한 심결에서 바로 정정을 불인정하지 않고 정정의견제출통지를 하면 될 것이다. 다만 관련 판결에서와 같이 정정청구에 대해 판단을 달리하면서도 심결을 지지한 경우에는 심결의 확정에 의해 정정이 확정되어 특허법원에서 정정청구를 인정할 수 없다는 판단은 결과적으로 아무런 실효성이 없게 되고, 후술하는 바와 같이 심결확정 후 제기되는 정정무효심판에 일사부재리를 적용하여 심결각하하고, 이에 대하여 불복한 경우 특허법원은 일사부재리에 의해 이전에 정정이 인정될 수 없다는 종전의 판단에 반하는 판단을 하여야 하는 결과가된다.

5. 정정청구에 대한 일사부재리의 취급

특허법 제163조는 "이 법에 의한 심판의 심결이 확정된 때에는 그 사건에 대하여는 누구든지 동일사실 및 동일증거에 의하여 다시 심판을 청구할 수 없다. 다만, 확정된 심결이 각하심결인 경우에는 그러하지 아니하다"라고 하여 일사부재리에 관해 규정하고 있다. 이 때 다시 청구되는 심판은 확정된 심판과 동일하여야하는데, 여기에서 '동일심판'이라 함은 청구취지가 동일한 심판, 즉 청구의 취지의대상으로 되어 있는 권리가 동일하고, 종류가 동일한 심판이라고 해석된다. 따라서 적극적 권리범위확인심판과 소극적 권리범위확인심판, 무효심판에서의 정정과정정무효심판은 상호 일사부재리의 적용 대상이 될 수 있다고 보인다. 따라서 무효심판 절차 중에 청구된 정정을 인정하는 심결이 확정된 경우에 당해 정정의 가부판단에 대해서 일사부재리를 적용하고, 동일사실·동일증거를 근거로서 정정이부적법하다는 취지를 주장하는 정정무효심판은 청구할 수 없다.[17] 다만 정정을 인정하지 않고 특허가 유효하다는 취지의 무효심판 심결이 확정된 경우에는 후의정정심판에서는 일사부재리의 적용이 없다고 한다.[18] 그런데 정정을 인정하고 무효가 아니라는 심결에 대해 특허법원이 정정을 인정한 부분은 잘못이지만 정정

---

17) 특허심판원, 심판편람 제8판(2006), 657면.
18) 앞의 심판편람 658면. 다만, 이에 대하여 정정이 불인정되고 특허가 유효하다는 취지의 무효심판 심결이 확정된 경우에, 후에 제기되는 정정심판에서 당해 심결에서 채택한 사실·증거와 동일한 것에 반박하는 형태로 같은 내용의 정정을 청구하는 것에 대해서도 일사부재리가 적용되는 것으로 심판편람을 개정하려는 논의가 있다.

이전의 것을 보니 결론에 있어서 동일하다는 이유로 심결을 지지하고 이로 인해 심결이 확정된 이후에 동일사실·동일증거로 새로운 정정무효심판이 청구된 경우에, 특허심판원에서 확정된 심결의 효력이라는 측면을 강조하여 일사부재리를 적용하여 심결각하하는 것이 타당한지, 특히 이 심결각하에 대하여 특허법원에 불복하는 경우 특허법원에서 확정된 심결의 효력을 중시할 것인지, 아니면 종래 특허법원의 판단을 중시할 것인지가 문제이다. 정정의 확정이 오로지 정정을 인정하면서 함께한 무효심결의 확정으로 정해지는 것이라는 점에서 보면 일사부재리의 적용이 있는 것으로 새겨야 할 것이지만, 이렇게 보면 특허법원 입장에서는 종래의 판단을 스스로 번복하여야 하는 입장이 되는 것이라는 측면과 특허법원의 판단에 의하면 정정되지 말아야 함에도 불구하고 오히려 정정무효심판 청구를 제한하는 결과를 가져온다는 측면이 있다.

6. 대상 판결의 검토

대상 판결은 심리불속행기각으로 확정되었고, 이에 따라 취소판결에 대한 심결에서는 정정이 불인정된다는 것이 취소의 기본이 된 이유이므로 기속력에 의해 정정을 불인정하고, 이 사건 제1항 발명을 무효로 하면 될 것이다. 다만, 대상 판결에서는 그 주문에 심결 중 정정 부분을 이 사건 제1항 발명에 관한 부분과 함께 취소하였는데, 심결을 취소하게 되면 취소판결의 심결에서는 주문에 정정 부분을 취소한다는 기재가 없더라도 기속력에 의하여 정정을 인정하지 않는다는 심결을 한다는 점, 심결취소소송은 심결의 당부를 살피는 것이고 무효심판사건에서의 심결은 무효인지에 대한 판단임에도 불구하고 정정에 대한 판단을 별도의 소송물처럼 취급하여 주문에 정정 부분을 취소한다고 기재하는 것은 적절하지 않다는 점을 고려하면 대상 판결의 주문기재 방법은 적절치 않아 보인다. 한편, 관련 판결에서는 심결 중 정정 부분에 대한 판단이 잘못되었지만 무효에 관한 판단 부분은 문제가 없어 결과적으로 무효라는 결론에서 적법하므로 원고의 청구를 기각하였고, 판결 확정으로 심결 역시 확정되어 대상 판결과 관련 판결에 의해 대상 특허는 모두 무효가 되는 것이어서 정정의 인정 부분에 대해 심결과 판결이 상이하다 해도 별다른 문제가 없어 보인다.

그러나 대상 판결 및 관련 판결과 달리 정정을 인정하고 무효가 아니라고 한 심결에 대해 특허법원에서 정정 인정은 잘못이지만 무효가 아니라고 하는 판단이 결론에 있어서 정당하다는 이유로 청구를 기각하여 심결이 확정되는 경우나, 정정을 불인정한 판단은 잘못이지만 무효가 아니라는 판단이 정당하다는 이유로 심결이 확정되는 경우에 특허법원의 정정 인정 여부에 대한 판단은 공허해진다. 특히 후에 제기되는 정정심판이나 정정무효심판에 일사부재리가 적용되는 경우에 특허법원은 종래의 정정인정 여부에 대한 판단과 상반되는 판단을 하여야 하는 경우가 생길 수도 있다. 이러한 부분이 심결취소송과 무효심판에서의 정정청구에 대한 법리를 모두 충족시키는 과정에서 생기는 어쩔 수 없는 부분인지, 아니면 제도의 개선이 필요한지에 대해 보다 많은 연구가 요구된다.

81. 정정에 있어 특허청구범위의 변경과 확장

[대법원 2004. 12. 24. 선고 2002후413 판결]

김상은(김·장 변리사, 전 특허청 정밀화학심사과 과장)

Ⅰ. 사실의 개요

X(심판청구인, 원고, 상고인)는 '섬광감소 및 정전방지성 코팅을 가진 음극선관'이라는 명칭의 발명에 관하여, 1985. 6. 24. 출원하여 1993. 6. 7. 등록번호 제62509호로 등록된 발명의 권리자로서 정정심판을 청구하였다.

1. 특허청구범위[1]

가. 정정 전 특허청구범위

청구항 1. 유리재질의 화상 윈도우를 구비한 음극선관에 있어서, 상기 윈도우(27)가 그 화상면에 정전 방지성 섬광 감소 영상 전송 코팅(39)을 갖는데, 상기 코팅은 상기 섬광 감소 특성을 부여하고, 상기 정전 방지 특성을 상기 코팅에 부여하는 규산염 물질 및 무기 금속성 화합물로 구성되는 거친 표면(41)을 갖는 것을 특징으로 하는 섬광 감소 및 정전 방지성 규산염 코팅을 가진 음극선관.

청구항 8. 제1항에 있어서, 전기적으로 통전하는 통로를 지닌 상기 코팅(39)을 접지 전위에 연결하기 위한 접촉 수단(37)을 추가로 구비한 것을 특징으로 하는 음극선관.

나. 정정 후 특허청구범위

청구항 1. 유리 재질의 화상 윈도우를 구비한 음극선관에 있어서, 상기 윈도우(27)가 그 화상면에 정전 방지성 섬광 감소 영상 전송 코팅(39)을 갖는데, 상기

---

1) 정정 전 특허청구범위는 청구항이 11개인데, 정정심판은 청구항 제1항을 정정하고, 청구항 제2, 3, 5~8항을 삭제하며, 청구항 제4, 9항의 인용하는 청구항을 제1항으로 각 정정하는 것이다(나머지 청구항은 생략).

코팅은 상기 섬광 감소 특성을 부여하고, 상기 정전 방지 특성을 상기 코팅에 부여하는 규산염 물질 및 무기 금속성 화합물로 구성되는 거친 표면(41)을 가지며, 상기 금속성 화합물은 백금, 팔라듐, 주석 및 금으로 구성되는 군으로부터 선택되는 적어도 하나의 금속원소로 이루어지고(이하 '정정사항 1'이라 한다), 상기 금속원소는 0.005 중량 퍼센트 내지 0.020 중량 퍼센트의 범위로 상기 코팅에 존재하며(이하 '정정사항 2'이라 한다.), 상기 음극선관은 전기적 도전통로를 통해 상기 코팅을 접지 전위에 연결하는 접촉수단을 구비하는 것(이하 '정정사항 3'이라 한다)을 특징으로 하는 섬광 감소 및 정전 방지성 규산염 코팅을 갖는 음극선관.

청구항 8. 삭제

2. 특허심판원 및 특허법원의 판단

특허심판원은 청구항 제1항의 정정사항 1~3은 특허청구범위를 실질적으로 변경하거나 확장하는 것이므로 허용될 수 없다는 취지로 청구를 기각하였다.

이에 대해 특허법원은 청구항 제1항의 정정사항 1, 2는 정정전의 구성내용을 구체적으로 한정하면서 그 특허청구범위를 축소하는 정정이므로 특단의 사정이 없는 한 특허청구범위의 변경에 해당하지 아니하나, 정정사항 3의 부가는 '코팅을 접지전위에 연결하기 위한 접촉 수단의 제공'이라는 새로운 목적을 추가하는 것이므로, 특청구범위를 변경하는 것이라는 취지로 심결이 정당하다고 판단하였다.2)

Ⅱ. 판   시

파기 환송.

원심법원이 청구항 제1항의 정정사항 1, 2가 적법한 정정이라고 판단한 것은 적절하나, 정정사항 3은 정정 전의 발명의 상세한 설명에 그 기술구성이 자세히 기재되어 있던 기술적 사항일 뿐 아니라, 정정 전 청구항 제8항에 존재하고 있던 기술구성을 그 청구항만을 달리하여 청구항 제1항에 부가 감축한 것에 지나지 아니하므로, 비록 형식적으로는 청구항 제1항이 정정 전후로 달라졌다 하더라도 그 특허청구범위의 실질적인 내용은 동일하다 할 것이어서, 정정사항 3으로 인하여 정정 전후의 특허청구범위의 효력범위가 확장되거나 변경된 것은 아니다.

---

2) 특허심판원 및 특허법원은 정정사항 4의 적법여부에 대해서는 판단한 바 없다.

그러므로 정정사항 3의 적법여부를 판단함에 있어, 정정 전 청구항 제8항 및 발명의 상세한 설명 등을 참작하지 아니한 채 정정 전후의 청구항 제1항만을 비교대상으로 하여 그 특허청구범위가 실질적으로 변경되었다고 판단한 원심 판결은 정정심판의 법리를 오해하여 판결의 결과에 영향을 미친 위법이 있다.

Ⅲ. 해   설

1. 정정의 대상 및 범위

특허권자는 특허발명의 명세서 또는 도면에 불완전한 것이 있을 때, ① 특허청구범위를 감축하는 경우, ② 오기를 정정하는 경우, ③ 불명료한 기재를 석명하는 경우에 한해 정정허가심판을 청구할 수 있으나(구 특허법3) 제63조 제1항), 특허청구범위가 변경 또는 확장되는 것은 허용되지 않는다(구 특허법 제63조 제2항).

나아가 우리 특허법은 심사주의를 채택하고 있고, 정정이 소급효를 가지는 이상, 정정인용의 전제로서 특허요건의 존부의 심리는 불가결한 것인데, 특허청구범위를 감축하는 정정이 특허출원시 특허를 받을 수 없는 경우에는 허용되지 않음은 물론이다(구 특허법 제63조 제3항).

2. 특허청구범위의 확장·변경 여부의 판단수법

특허청구범위의 변경여부의 판단수법의 하나는 "구체적인 발명의 목적범위 내인지의 여부"인데, 통상 새로운 구성요소를 특허청구범위에 직렬적으로 부가하는 정정은 그 권리범위가 감축되는 한편, 부가한 만큼의 새로운 목적과 작용효과를 도출시키는 경우가 많아서 구체적인 목적 범위를 엄격하게 해석하게 되면, 부가한 만큼의 새로운 목적과 작용효과가 도출되는 대부분의 정정이 특허청구범위를 변경하는 것에 해당되어 특허청구범위를 감축하는 정정을 인정한다고 하는 구 특허법 제63조 제1항 소정의 취지가 전혀 무의미한 것으로 된다.

정정 후의 발명이 정정 전 발명의 구체적인 목적 범위 내인지 여부의 판단은 '권리자와 제3자 간의 이익의 적정한 조화라는 관점', '통상의 기술자가 당초의 명세서 및 도면 등을 전체적으로 살펴볼 때, 정정사항이 정정 전의 특허청구범위에 실질적으로 포함되어 있다고 볼만한 사정이 있는가?'라는 점에 주목하여야 할 것

---

3) 이 사건은 1990. 1. 13. 법률 제4207호로 전문개정되기 전의 특허법이 적용된다.

이다.

이를 구체적으로 판단함에 있어, 구체적인 발명의 목적범위를 일탈하여 새로운 목적과 작용효과가 부가된 것이라 함은 감축후의 발명의 목적, 효과가 ① 감축전의 명세서에 기재되어 있지 않거나 또는 명세서, 도면에서 통상의 기술자가 자명하게 도출할 수 없는 것일 것, ② 감축전의 발명의 목적, 효과에 부수적으로 수반되는 것이거나 그의 연장선상에 있다고 할 수 없는 것을 뜻한다고 해석하는 것이 타당할 것이다.4)

3. 대상 판결의 구체적 검토

청구항 제1항의 정정사항 3은 '상기 음극선관은 전기적 도전통로를 통해 상기 코팅을 접지 전위에 연결하는 접촉수단'이라는 구성을 직렬적으로 부가한 것인데, 이는 정정 전 제1항을 인용하는 형식으로 기재되어 있는 청구항 제8항에서 이미 구성요소로 하고 있던 사항이다. 즉 정정사항의 3이 부가된 청구항 제1항과 정정 전 청구항 제8항은 그 특허권의 효력이 미치는 범위에 아무런 차이가 없는 것이다.

한편, 특허법은 제정 이후 특허청구범위를 하나의 항으로 작성하는 단항제를 채택하여 오다가 1980. 12. 31. 법률 제3325호 개정에 의하여 특허청구범위를 1 또는 2 이상의 청구항으로 기재할 수 있는 다항제로 변경되었다. 이와 같이 다항제로 변경한 취지는 발명을 독립항과 종속항 등 여러 항으로 나누어 다면적으로 표현할 수 있게 함으로써 발명의 보호를 충실하게 하고, 특허권자의 권리범위와 제3자의 자유기술영역과의 한계를 명확하게 구별하여 특허분쟁이 발생하였을 때 특허침해 여부를 명확하고 신속하게 판단할 수 있도록 하기 위한 것이다.5)

청구항의 독립성은 특단의 사정이 없는 한 정정심판의 심리에 있어서도 그대로 적용되어야 할 것이므로, 정정은 각 청구항의 어느 부분에 대해서도 기술적 사항의 확장이나 변경이 있어서는 안 된다.6) 그런데 특허법에 다항제가 채택된 이후에도 특허법의 조문들을 살펴보면, 특허청구범위와 청구항은 같이 사용되고 있으면서도, 특허청구범위와 특허청구범위의 항, 즉 청구항은 엄연히 구분되어 사용되고 있으며, 특허청구범위는 단지 청구항의 집합의 개념일 뿐이다.7)

---

4) 吉藤幸朔, 앞의 책, 694면.
5) 대법원 1995. 9. 5. 선고 94후1657 판결.
6) 특허심판원, 심판편람(2006), 601면.
7) 예를 들어, 무효심판에 대한 구 특허법 69조 제2항에는 "특허청구범위의 항이 2 이상인 경

그러므로 청구항은 독립항이든 종속항이든 상호 독립되어 있고, 청구항의 집합이 특허청구범위이기는 하나, 정정허가심판에서는 청구항이란 용어 대신에 특허청구범위라는 용어를 기재하고 있고, 정정의 범위를 제한하는 것은 제3자에게 불측의 손해를 주지 않는 범위에서 특허권자를 보호하기 위한 것이라는 사정에 비추어 보면, 원심 판결과 같이 정정 후 청구항 제1항의 변경 여부를 판단함에 있어 정정 전 청구항 제1항만을 비교대상으로 삼을 필요는 없고, 특허청구범위 전체의 취지로 보아 제3자에게 불측의 손해를 주는지 여부를 판단기준으로 삼아야 할 것이다.

이 사건 소송에 있어, 정정 후 청구항 제1항은 정정 전 청구항 제8항을 정정 1, 2에 의해 정정하는 것과 실질적으로 같은 것이므로 그 특허권의 효력이 미치는 범위에 변동이 있다고는 할 수 없고, 또한 이렇게 본다 하더라도 제3자에게 불측의 손해를 입힌다고도 할 수 없다.

특허출원시 출원인은 스스로의 판단으로 특허청구범위를 자유로이 기재할 수 있고, 정정에 의해 구성요소를 직렬적으로 부가하는 것과 동일한 범주의 청구항이 그 특허청구범위 내에 이미 존재하고 있는 특허권이 부여된 이상, 그 특허청구범위의 보호범위 내에서는 특허청구범위의 감축적인 정정, 특히 그 감축정정되는 대상인 청구항의 번호가 정정 전후에 달라졌다 하더라도 그 특허청구범위를 전체로 보면 정정전의 특허청구범위가 미치는 범위의 한계가 확장되거나 변경되는 것은 아니다.

또한 설정 등록된 특허권은 특허공보를 발행함으로써, 그 보호범위를 제3자가 충분히 예측할 수 있도록 제도적인 장치를 마련하고 있으므로, 정정 전 특허청구범위 내에서의 그 청구항의 번호를 단순히 달리하는 정정에 의해서는 제3자에게 불측의 손해를 입힌다고도 할 수 없다.

그렇다면 위 대상 판결은 제3자의 권리를 침해하지 않는 범위 내에서 특허권자에게 정정에 의한 특허청구범위의 감축을 허용함으로서 발명의 보호를 도모한다는 정정심판제도의 취지에 부합하는 적절한 판결이다.

우에는 그 특허청구범위의 항마다 무효로 할 수 있다"고 규정하고 있고, 정정허가심판에 대한 구 특허법 제63조 제2항에는 "특허청구범위를 확장 또는 변경할 수 없다"라고 규정하고 있다.

Ⅳ. 결   론

위 대상 판결은 다항제를 채택하고 있는 사정에서 그 시사하는 바가 크다할 것인데, 특허청구범위의 변경 또는 확장여부는 형식적으로 정정 전·후의 청구항만을 형식적으로 대비할 수 있는 것이 아니라, 정정제도 본래의 취지에 비추어서 특허청구범위를 전체적으로 판단하여 그 정정에 의해 특허권의 효력이 미치는 범위가 변경되는지 여부, 즉 그와 같은 정정이 허용되는 경우 제3자에게 불측의 손해를 입히는지 여부로 판단하여야 한다고 판시한 점에서 의의가 있다.

그런데 위 대상 판결은 청구항 제1항의 정정사항 3이 적법하다는 이유의 하나로 정정 전의 발명의 상세한 설명에 정정사항 3에 관한 기술구성이 자세히 기재되어 있다는 이유를 들고 있기는 하나, 이는 정정사항 3이 정정 전 청구항 제8항에 이미 존재하고 있는 기술구성이라는 것을 부연하는 것에 지나지 않은 것이어서, 정정 전 발명의 상세한 설명에 기재되어 있던 구성요소이기만 하면 특허청구범위에 직렬적으로 부가하는 것을 아무런 제약 없이 허용한다거나, 특허청구범위에 기재되어 있던 구성요소이기만 하면 제한 없이 다른 청구항에 그 구성요소를 직렬적으로 부가할 수 있다는 취지는 아닌 것으로 사료되므로, 위 대상 판결의 의미를 확장 해석하는 것은 주의를 요한다.

82. 특허법상 정정의 "명확화" 요건에 대한 판단

[대법원 2016. 11. 25. 선고 2014후2184 판결]
박길채(특허법인 태평양 변리사, 법학박사)

I. 사실의 개요

원고는 피고의 특허(등록 제1103188호)에 대해 기재불비 및 진보성을 근거로 무효심판을 제기하였는데,1) 열 저장 팁이라는 구성에 대해 특허청구범위 제1항은 "하우징에 결합되고, 금속 또는 세라믹을 포함하고, 제품을 표면에 인가하기 위한 인가면을 구비하는 열 저장 팁"이라고 특정되어 있었고, 반면 다른 독립항인 제10항 및 제17항은 "열 저장 팁은 금속 또는 세라믹을 포함하고,"라고 특정되어 있었다.

한편, 무효심판의 계류중에 피고는 원고의 기재불비 주장에 대응하기 위해, 발명의 상세한 설명의 4개 문단에 대해 정정을 청구하였는데, [0008] 및 [0014] 문단만 보면 아래와 같다.2)

정정 사항	발명의 상세한 설명	2013. 4. 22. 정정청구사항
1	[0008] 몇몇 실시예에서, 열 저장 팁은 금속, 세라믹, 복합물 및/또는 가열되거나 냉각될 수 있고 소정 시간의 기간 동안 가열되거나 냉각된 상태를 보유할 수 있는 다른 재료를 저장하고 유지할 수 있는 재료를 포함할 수도 있다.	몇몇 실시예에서, 열 저장 팁은 가열되거나 냉각될 수 있고 소정 시간 동안 가열되거나 냉각된 상태를 유지할 수 있는 금속 또는 세라믹을 포함할 수 있다.

---

1) 전체적인 경과를 보면, 진보성 판단이 정정요건에 대한 판단에 영향을 미친 것으로 사료되기는 하나, 진보성 판단 부분은 본 평석의 검토대상이 아니므로, 이에 대한 내용은 생략한다.
2) 4개 문단의 정정사항중에서 정정사항 1의 [0008]은 [0012]와, 그리고 정정사항 2의 [0014]는 [0031]과 실질적으로 정정내용이 동일하므로, 나머지 문단의 정정청구사항에 대한 기재는 생략한다.

2	[0014] 그러나, 다른 실시예에서, 제품의 인가중에 열기 또는 냉기를 보유하고/보유하거나 전달할 수 있는 임의의 적절한 재료가 사용될 수도 있다. 다른 적절한 재료의 일례는 제한되지 않으면서, 금속(예컨대, 알루미늄, 티타늄, 강, 니켈, 주석, 구리, 놋쇠(brass), 이들의 합금 등), 세라믹, 고밀도 플라스틱, 복합물 등을 포함한다.	그러나, 다른 실시예에서, 제품의 인가 중에 열기 또는 냉기를 보유하고 전달할 수 있는 다른 금속(예컨대, 알루미늄, 티타늄, 강, 니켈, 주석, 구리, 놋쇠, 이들의 합금) 또는 세라믹이 사용될 수 있다.

이에 대해 특허심판원은 위와 같은 정정사항은 열 저장 팁의 재료로서 사용 가능하다고 언급하고 있는 것들 중에서 고밀도 플라스틱 및 복합물을 배제시켜, 청구항에 기재된 사항과 일치시키는 것으로, "분명하지 아니하게 기재된 것을 명확하게 하는 경우"에 해당한다고 심결하였다.3)

반면 특허법원은 발명의 상세한 설명의 발명형태 중에서 출원인이 권리화하고자 의도하는 발명만이 특허청구범위로 설정되는 것이므로, 발명의 상세한 설명에서 특허청구범위에 포함되지 아니한 일부 기개사항을 삭제하는 정정은 분명하지 아니한 기재를 명확하게 하는 경우에 해당되지 아니한다고 판시하였다.4)

Ⅱ. 판   시

대법원의 판시사항은 아래와 같다.

가. 구 특허법(2009. 1. 30. 법률 제9381호로 개정되기 전의 것) 제133조의2, 제136조 제3항의 규정 취지는 무효심판의 피청구인이 된 특허권자에게 별도의 정정심판을 청구하지 않더라도 그 무효심판절차 내에서 정정청구를 할 수 있게 해주되, 특허청구범위를 실질적으로 확장하거나 변경하는 것은 허용하지 아니하고, 제3자의 권리를 침해할 우려가 없는 범위 내에서의 특허청구범위의 감축이나, 오기를 정정하고 기재상의 불비를 해소하여 바르게 하는 오류의 정정은 허용하는 데 있다고 할 것이다. 이러한 규정 취지에 비추어 보면, 이와 같은 오류의 정정에는

---

3) 특허심판원 2013. 12. 6. 선고 2014당2848 심결.
4) 특허법원 2014. 8. 28. 선고 2014허133 판결.

특허청구범위에 관한 기재 자체가 명료하지 아니한 경우 그 의미를 명확하게 하든가 기재상의 불비를 해소하는 것 및 발명의 상세한 설명과 특허청구범위가 일치하지 아니하거나 모순이 있는 경우 이를 통일하여 모순이 없게 하는 것 등이 포함된다고 해석된다(대법원 2006. 7. 28. 선고 2004후3096 판결, 대법원 2013. 2. 28. 선고 2011후3193 판결 등 참조). 한편, 특허청구범위는 발명의 상세한 설명에 기재된 기술적 사상의 전부 또는 일부를 특허발명의 보호범위로 특정한 것이고, <u>발명의 상세한 설명에 기재된 모든 기술적 사상이 반드시 특허청구범위에 포함되어야 하는 것은 아니므로, 특별한 사정이 없는 한 특허청구범위에 기재되어 있지 아니한 사항이 발명의 상세한 설명에 포함되어 있다고 하여 발명의 상세한 설명과 특허청구범위가 일치하지 아니하거나 모순이 있는 경우라고 보기는 어렵다.</u>

나. 위 법리와 기록에 비추어 살펴본다.

(1) 명칭을 '열 저장 팁을 구비한 디스펜서'로 하는 이 사건 특허발명(특허등록번호 생략)에 대한 특허무효심판절차에서 피고는 원심 판시 정정사항 1 내지 4와 같은 내용으로 이 사건 정정청구를 하였다.

(2) 이 사건 특허발명의 특허청구범위 제1항 등에는 열 저장 팁의 재질로서 금속 또는 세라믹이 기재되어 있는데, 발명의 상세한 설명에는 열 저장 팁의 재질로서 금속 또는 세라믹뿐만 아니라, 고밀도 플라스틱, 복합물 등도 포함되는 것으로 기재되어 있다. 이 사건 정정청구는 이와 같이 열 저장 팁의 재질로서 특허청구범위에 기재되어 있지 아니한 고밀도 플라스틱, 복합물 등을 발명의 상세한 설명에서 삭제하는 것을 내용으로 한다.

(3) 그런데 <u>발명의 상세한 설명에 기재된 고밀도 플라스틱, 복합물 등은 그 기재 자체가 명료하지 아니한 것이라고 볼 수 없다. 또한, 특허청구범위에 기재되어 있지 아니한 고밀도 플라스틱, 복합물 등이 발명의 상세한 설명에 포함되어 있다고 하여 발명의 상세한 설명과 특허청구범위가 일치하지 아니하거나 모순이 있는 경우라고 보기도 어렵다.</u>

다. 이와 같은 사정과 앞서 본 법리에 비추어 원심판결 이유를 살펴보면, 원심이 이 사건 정정청구는 '분명하지 아니한 기재를 명확하게 하는 경우'에 해당하지 아니한다고 판단한 것은 정당하고, 거기에 상고이유의 주장과 같이 정정요건에 관한 법리를 오해하는 등의 잘못이 없다.

Ⅲ. 해　　설

본 판례는 실무적으로 가장 어려운 판단 중의 하나인 정정의 실체 요건의 판단에 관한 판례이다. 먼저 정정의 실체 요건에 대해 간단하게 살펴 보고, 위 판례를 검토해 보고자 한다.

1. 정정의 실체 요건

특허법상 정정의 요건은 (1) 청구범위를 감축하거나, (2) 불명확한 부분을 명확하게 하거나, (3) 잘못된 기재를 바로 잡는 것이어야 하고, 그리고 (4) 출원 명세서의 범위내에서 이루어져야 하며,[5] (5) 청구범위를 실질적으로 확장하거나 변경하는 것이 아니며, (6) 출원당시 특허받을 수 있는 것이어야 한다.

위 (1) 내지 (3)의 요건은 정정이 특허법상 법정 사유에 해당하여야 한다는 것이므로, 정정사유요건(적극요건)이라 하고, 위 (4) 내지 (6)의 요건은 정정의 속성상 제3자에게 불측의 피해를 방지하고, 절차적 편의 및 효율적 제도운영을 위해 정정청구에 일정한 제한을 가하는 것이므로, 정정제한요건(소극요건)이라고 할 수 있다.

청구범위의 감축에 해당된다는 요건과, 청구범위를 실질적으로 확장하거나 변경하지 아니하여야 한다는 요건은 외관상 유사해 보이지만, 기본적인 속성은 상당한 차이가 있다. 실질적 확장 또는 변경이라는 개념은 상당히 모호한 개념으로, 형식적 권리범위의 관점보다는 기술사상적 관점에서 발명사상이 갖는 실체적 효력범위와 직접적으로 관련되어 있다. 그렇기 때문에 위 감축요건과 확장변경금지 요건은 상호 다른 개념을 규정하고 있는 것이다. 통상 실질적 확장 및 변경을 판단함에 있어서, (1) 구성을 기준으로 형식적 권리범위의 경계를 따지는 방법, (2) 내적 한정/외적부가의 개념으로 따지는 방법 및 (3) 전체적인 관점에서 권리의 효력범위를 따지는 방법 등이 있다.[6]

위 첫 번째 방법이 감축요건과 실질적으로 동일하다. 즉 감축요건은 구성을

---

5) 등록된 명세서가 기준인데, 잘못된 기재를 정정하는 경우에는 최초 출원 명세서 및 도면의 범위내에서만 할 수 있다(2016. 2. 29. 개정된 특허법 제136조 제3항 단서조항 참조). 일본의 경우 오기 및 오역의 정정은 최초 출원 명세서 및 도면을 기준으로 한다(일본 심판편람, 일본 특허청, 제15판, 38-03, 7면).
6) 김승조, "특허청구범위의 실질적 변경"에 관한 세미나 발표자료, 2013. 7., 10-12면.

중심으로 형식적으로 살펴, 권리범위의 경계가 축소되는지 여부를 중심으로 살핀다. 따라서 위 3가지 방법중에서 첫 번째 방법으로 확장변경금지 요건을 살피게 되면, 감축요건과 확장변경금지 요건이 실질적으로 동조화되어 버리게 되므로, 위 첫 번째 방식은 가급적 삼갈 필요가 있다. 우리의 특허법원 판례에서도 상위개념에서 하위개념으로 청구범위를 형식적으로 감축하였지만, 최초 명세서에 존재하지 않던 하위개념을 추가한 경우에는 청구범위의 실질적 확장 내지 변경에 해당된다고 하여, 위 첫 번째 방법의 적용을 배제하고 있다.7)

　　한편 청구항에 기재된 구성을 보다 좁은 범위로 한정한 내적 한정과, 별도의 구성을 부가한 외적 부가를 구별하는 방법이 그동안 분석의 편의로 인하여 판단 수법으로 많이 활용되어 왔는데, 최근에는 이를 엄격히 적용하지 않고, 그 구별 자체가 확장변경을 판단하는 기준보다는 단순히 새로운 정정사항으로 인하여 발생되는 효과의 경중(輕重)을 이해하기 위한 수단으로 활용되는 경향이 있다. 내적 한정이나 외적 부가나 새로운 기재가 부가되면 그에 대한 효과가 수반되기 마련이므로, 이러한 효과가 발명의 목적에 어느 정도 비중있게 기여하는지 여부나 새로운 목적을 발생시키는지 여부로 판단할 수밖에는 없고, 이에 따라 정정의 인정 여부는 사안별로 판단되어야 하므로, 여전히 정정인정 여부의 실체적 판단이 특허법의 가장 어려운 판단중의 하나로 남아 있는 것이다.

　　반면 오류의 정정이라고 통칭되는 잘못된 기재를 바로 잡는 것과 불분명한 기재를 명확하게 하는 것에 대해서는 어느 정도 확립된 판단 수법이 있다. 대법원 2010. 4. 29. 선고 2008후1081 판결에서는 "오류의 정정에는 특허청구범위에 관한 기재 자체가 명료하지 아니한 경우 그 의미를 명확하게 하든가 기재상의 불비를 해소하는 것 및 발명의 상세한 설명과 청구의 범위가 일치하지 아니하거나 모순이 있는 경우 이를 통일하여 모순이 없는 것으로 하는 것도 포함된다고 해석된다

---

7) 특허법원 2005. 10. 13. 선고 2005허2441 판결(확정) : "정정 전의 명세서에 전혀 개시되어 있지 않고 또 그 명세서상 자명하다고 볼 수도 없는 기술적 사항을 특허청구범위에 새로 포함시키는 정정은 정정의 기회를 편승하여 새로이 발명을 만들어 내는 것으로서 특허청구범위를 실질적으로 확장하거나 변경하는 경우에 해당한다고 할 것이며, 정정 전의 특허청구범위에 기재된 상위개념을 하위개념으로 감축하는 정정의 경우 정정 전후의 특허청구범위만을 기준으로 한다면 형식적으로는 특허청구범위의 감축에 해당하더라도 만일 그 하위개념이 정정 전의 특허발명의 명세서에 전혀 개시되어 있지 않고 또 그 명세서상 자명하다고 볼 수도 없는 경우에는 그 정정은 정전 전의 상위개념 중 최초 명세서에 의해 뒷받침되지 않는 부분을 정정에 의해 추가하는 것으로서 특허청구범위를 실질적으로 확장하거나 변경하는 경우에 해당한다고 할 것이다."

(대법원 2006. 7. 28. 선고 2004후3096 판결 등 참조)"라고 설시하고 있다.

오류의 정정으로 2가지 경우를 상정하고 있는데, 위 첫 번째 경우에 해당하기 위해서는 2가지 요건을 충족하여야 한다. (1) 청구항이든 발명의 상세한 설명이든 특허청구범위와 관련되어 명료하지 아니한 기재가 존재하여야 하고, (2) 정정으로 인하여 그러한 기재의 의미가 명확하게 하는 등의 기재상의 불비가 해소되어야 한다.

또한 두 번째 경우에 해당하기 위해서는 (1) 발명의 상세한 설명과 청구범위가 일치되지 아니하거나 모순되는 사항이 존재하여야 하고, (2) 정정청구로 인하여 일치시키거나 모순이 없는 것으로 되어야 한다.8)

결국 오류의 정정은 특정한 오류가 존재하여야 하고, 정정으로 인하여 그러한 오류가 해소되어야 한다는 것인데, 오류의 구체적인 유형은 크게 ① 그 기재 자체가 불명확한 경우와 ② 기재들간의 상호 불일치하여 의미가 불명확한 경우로 나누어질 수 있다.9)

보다 구체적으로 보면 그 기재 자체가 불명확한 경우는 청구항은 물론 발명의 상세한 설명이나 도면의 기재가 그 자체로서 명확하지 아니한 것이므로, 청구항과 무관하게 발명의 상세한 설명이나 도면에 불명확한 기재가 존재하는 경우에도 해당된다고 할 것인데, 이는 특허 명세서가 기술공개서의 역할을 하는 점이 고려된 것이다.

한편 기재들간의 상호 불일치는 청구항이나 발명의 상세한 설명(도면포함) 그 자체 내에서의 상호 불일치는 물론 청구항과 발명의 상세한 설명간의 불일치도 포함하는 것인데, 정정이나 보정으로 인한 청구항간의 인용관계 불일치가 대표적인 사례이다.

위와 같은 불명확한 기재가 존재하여야 한다는 요건은 실체 판단에서 그러한 불명확한 기재가 제3자에게 자명하게 인식되어야 한다는 요건을 수반한다. 다시 말해, 이러한 오류는 출원인의 판단에 따른 주관적 오류가 아니고, 제3자가 명세서의 기재 및 당업계의 기술상식으로부터 자명하게 인지할 수 있는 객관적 오류

---

8) 위 일본 심판편람, 38-03, 4-6면을 보면, 일본의 경우도 마찬가지이다.

9) 이에 대해서 한국의 심판편람(특허청, 제11판, 520면)에서는 "발명의 목적, 구성 또는 효과가 지속적으로 불명료하게 기재된 것을 바르게 하여 그 기재내용을 명확하게 하는 경우"라고 하여, 목적, 구성 및 효과가 지속적으로 불명료하게 기재된 것을 3번째 유형으로 제시하고 있으나, 이러한 유형은 결국 위 ① 또는 ②의 유형에 해당되는 것이다.

이어야 한다는 것인데, 이와 관련되어 특허법원 2012. 6. 28. 선고 2012허436 판결에서는 일부 기재에서는 평균값으로 인식되는 기재가 있기는 하지만, 전체적으로 보았을 때, 발명의 상세한 설명은 물론 청구항에서도 중간값이라는 용어가 대부분 사용되고 있다고 하면서 평균값이라는 기재를 중간값이라는 기재로 정정하는 것을 허용하지 아니하였다.10)

위 판례에 따르면, 불명확한 기재의 존재 요건은 단순히 상호 모순된 기재가 존재하는 것만이 충분한 것이 아니라, 그러한 모순된 기재를 바탕으로 판단하여 보았을 때, 타당한 기재가 무엇인지 통상의 기술자가 자명하게 인식할 수 있어야만 이에 배치되는 기재를 불명확한 기재로 보는 것 같다.

2. 대상 판결의 의의

대상 판결에서 정정사항 1은 정정의 요건의 부합되는 것으로 판단된다. 즉 정정전 기재사항은 비문법적인 요소가 많은 문장이어서, 그 자체가 다소 불명확한 표현이고, 명세서의 다른 기재를 고려하여 볼 때, 정정후의 기재로 자명하게 인식되는 것이다.

반면, 정정사항 2가 정정의 요건에 부합되는지 여부가 문제가 된 것으로 보인다. 정정전 해당 문단들은 모두 명확하게 열 저장 팁의 재질로서 금속, 세라믹, 고밀도 플라스틱, 복합물 등을 포함한다는 의미로 해석되는 것으로, 문단 그 자체내에 불명확한 기재가 존재하는 것도 아니며, 다른 발명의 상세한 설명의 기재는 물론 청구항과도 불일치되는 기재로 보기는 어렵다.

구체적으로 발명의 상세한 설명에서는 재질로서 금속, 세라믹, 고밀도 플라스틱, 복합물 등을 언급하고 있고, 청구항에서는 금속 및 세라믹만을 언급하고 있는 바, 출원인은 발명의 상세한 설명(도면 포함)에 기재된 사항중에서 권리화하고자 하는 발명에 대해서만 청구항으로 설정하는 것이므로, 발명의 상세한 설명의 기재보다 좁은 범위로 한정되어 있다고 해서 상호 불일치한다고 볼 수는 없는 것이다.

대상 판결은 이러한 점을 명확히 하여, 대상판결은 청구항이 발명의 상세한 설명보다 좁게 기재된, 단순히 발명의 광협의 불일치하는 경우는 불명확성의 요건

---

10) 이외에도 설시 이유로서, ① 일부 평균값으로 인식되는 기재는 달리 해석될 여지도 있으며, ② 등록명세서가 아닌 최초 출원명세서나 외국의 대응 출원에 중간값이라고 기재되어 있는 점을 고려할 수는 없다는 이유도 제시되었다.

인, '청구항과 발명의 상세한 설명의 불일치'에 해당되지 아니한다고 판시한 것이다.[11]

한편, 대상 판결의 사례에서, 발명의 광협이 상호 바뀌었다고 한다면 정정은 당연히 인정되었을 것이다. 즉 발명의 상세한 설명에는 단지 금속 및 세라믹만이 개시되어 있는데, 청구항에는 금속, 세라믹, 고밀도 플라스틱 및 복합체가 기재되어 있다고 한다면, 청구항을 금속 및 세라믹으로 변경하는 정정은 청구범위의 감축에 해당되므로, 오류의 정정에 해당되는지 여부를 따질 필요 없이 허용되었을 것이다.

반면 청구항은 그대로 두고, 금속 및 세라믹만 개시된 발명의 상세한 설명의 기재를 청구항과 일치시킬 경우, 대상 판례의 취지에 의하더라도, 그러한 정정이 허용될지는 사안별로 달리 판단될 수 있다. 이 경우에는 발명의 상세한 설명의 기재가 청구항과 불일치되기는 하지만,[12] 청구항이 보다 넓게 기재되어 있는바, 통상의 기술자는 청구항이 발명의 상세한 설명의 기재보다 넓을 수는 없다는 인식을 바탕으로, 발명의 상세한 설명의 기재가 잘못된 것으로 인식할 것이다. 따라서 발명의 성격에 따라서 사례별로 이러한 정정이 인정될 가능성을 배제할 수는 없다. 다만 이 경우, 청구범위의 실질적 변경 내지 확장에 해당되는지는 별도로 살펴야 한다. 청구항의 기재사항은 변함이 없지만, 이에 대응되는 발명의 상세한 설명(또는 다른 청구항)의 기재가 변화됨으로써 발명의 새로운 목적, 효과가 발현되는 새로운 기술사상이 될 수도 있기 때문이다.

결론적으로 청구항과 발명의 상세한 설명의 불일치는 모순관계에 있는 기재와 같이 상호 그 의미가 조화되지 않는 것 등을 의미할 뿐, 발명의 광협이 다른 것은 아니라고 판시한 것이다.

특허법원의 직권심리주의와 심리무제한설에 의하여, 특허권자의 방어권이 약화되는 것을 방지하기 위하여, 그동안 정정의 요건 중에서도 청구범위의 실질적 확장, 변경 요건은 매우 엄격하게 적용하는 반면, 그 외의 실체 요건들에 대해서는 다소 유연하게 적용하여 왔던 것이 사실이다. 그러한 취지에서 특허심판원은 굳이 정정하지 않아도 명확한 기재를 좀 더 명확하게 정정하는 정도는, 청구항의

---

11) 이헌, 정정요건인 '분명하지 아니한 기재를 명확하게 하는 경우'의 판단기준, Law& Technology, 서울대 과학기술과 법센터, 제12권 제6호, 2016. 11.
12) 권리는 청구항에 기반하므로, 불일치의 판단기준은 발명의 상세한 설명이 아니라 특허 청구범위가 되어야 한다.

권리범위에 하등의 영향을 주지 않는다면 허용하는 것이 타당하다는 관점에서 심결한 것으로 보이는데, 대상 판결로 인하여 향후 이러한 관점의 심결은 불가능할 것으로 보인다.

83. 확인대상발명의 실시와 확인의 이익

[대법원 2005. 10. 14. 선고 2004후1663 판결]

김승조(법무법인 율촌 변리사, 전 특허심판원 심판관)

I. 사실의 개요

X(원고, 피상고인)는 발명의 명칭이 '실외조명등용 보호구의 성형방법'인 이 사건 특허발명의 특허권자이다. Y(피고, 상고인)는 X를 상대로 피고의 확인대상발명은 이 사건 특허발명의 권리범위에 속하지 아니한다는 소극적 권리범위확인심판을 청구하였고, 특허심판원은 이 사건 특허발명과 확인대상발명은 차이가 있다는 이유로 피고의 심판청구를 인용하는 심결을 하였고, 이에 X는 특허법원에 불복하였다.

원심인 특허법원은 특허권자가 아닌 이해관계인이 자신의 발명이 특허권의 권리범위에 속하지 아니함을 구체적으로 확정하기 위한 소극적 권리범위확인심판을 청구하기 위하여는, 자신이 현재 실시하고 있거나 장래에 실시하려고 하는 기술에 관하여 특허권자로부터 권리의 대항을 받는 등으로 법적 불안을 가지고 있는 경우에 한하여, 그리고 이러한 법적 불안을 제거하기 위하여 소극적 권리범위확인심판을 받는 것이 효과적인 수단이 되는 경우에 한하여 심판청구의 이익이 인정되어 심판청구가 가능하다고 할 것이고, 따라서 심판청구인이 심판의 대상으로 삼고 있는 확인대상발명이 자신이 현실적으로 실시하고 있는 발명과 다르다면, 설령 발명의 요지가 같아서 동일성이 있는 발명이라고 볼 수 있다 한들 확인대상발명이 특허발명의 권리범위에 속하지 않는다는 심결이 확정되어도 그 기판력은 확인대상발명에만 미치는 것이지 이와 다른 현실적으로 실시하고 있는 발명에는 미친다고 볼 수 없으므로 심판청구인이 현실적으로 실시하지 않고 실시할 계획도 없는 확인대상발명에 대한 심판청구는 확인의 이익이 없어 부적법하므로 각하되어야 한다는 이유로 특허심판원의 심결을 취소한다고 판시하였다.

Ⅱ. 판　시

상고 기각.

원심은, 피고가 원심 판시 확인대상발명이 명칭을 "실외조명등용 보호구의 성형방법"으로 하는 이 사건 특허발명(특허번호 제171223호)의 권리범위에 속하지 아니한다는 소극적 권리범확인심판을 청구하여, 특허심판원이 이 사건 특허발명과 확인대상발명은 차이가 있다는 이유로 피고의 심판청구를 인용하는 심결을 한 사실을 인정한 다음, 피고는 원심 제1차 변론준비절차에서 현재 피고가 실시하고 있는 발명은 확인대상발명이 아니라 그보다 더 진보된 유형이며 확인대상발명은 앞으로도 실시할 계획이 없음을 스스로 자인하고 있으므로{피고는 그 후 현재 실시하고 있는 발명과 확인대상발명 사이에 넥(neck) 부분에 미세한 차이가 있다는 것을 진술한 것이지 확인대상발명을 실시하지 않는다거나 앞으로도 실시할 가능성이 없다는 것은 아니며, 피고가 실제로 실시하고 있는 발명은 넥 부분에 단이 형성되고 하단의 두께보다 얇게 성형되어 있으며 이러한 내용은 공지공용의 기술에 불과한 것이므로 확인대상발명은 실질적으로 피고가 실시하고 있는 발명과 동일한 것이라고 주장하나 이를 인정할 증거가 없을 뿐 아니라, 설령 확인대상발명과 자기 자신이 실시하는 발명이 실질적으로는 크게 다를 바가 없다고 하더라도 심결의 대상은 피고가 최초에 특정한 확인대상발명에 한정된다고 할 것이다}, 피고가 제기한 이 사건 심판청구는 피고가 현재 실시하지 아니하고 있으며 장래에도 실시할 가능성이 없는 발명을 확인대상발명으로 삼아 제기한 소극적 권리범위확인심판으로서 설령 피고가 구하는 바대로의 심결을 받는다고 하더라도 피고가 실시하거나 실시하고자 하는 발명에 대하여는 아무런 효력을 가지지 아니하여 피고의 법적 불안을 해소하는 데 아무런 도움이 되지 않아 그 심판청구의 이익이 없는 부적법한 것임에도 이를 간과하고 본안에 나아가 이 사건 특허발명과 확인대상발명을 대비하여 판단한 이 사건 심결은 위법하다는 취지로 판단하였다.

특허권자가 아닌 이해관계인이 실시하거나 실시하려고 하지도 아니하는 발명을 확인대상발명으로 삼아 그 발명이 특허권의 권리범위에 속하지 아니한다는 심판청구를 하는 것은 확인의 이익이 없어 부적법하므로 각하되어야 하는 법리와 기록에 의하면, 원심의 위와 같은 인정과 판단은 정당하고 거기에 상고이유로 주장하는 바와 같은 자백법칙 위반, 판단누락 및 심리미진으로 인한 사실오인의 위법이 없다.

Ⅲ. 해   설

1. 권리범위확인사건에 있어서 확인의 이익

권리범위확인심판은 확인대상발명이라고[1] 하는 특정한 기술 실시형태가 다른 특허발명 등의 권리범위에 속하는지 여부를 판단하는 심판으로서, 특허법 제135조 제1항에 "특허권자 또는 이해관계인은 특허발명의 보호범위를 확인하기 위하여 특허권의 권리범위확인심판을 청구할 수 있다"라고 그 근거규정을 마련하고 있는데, 실무에서는 이러한 권리범위확인심판을 특허권자가 청구의 주체가 되어 타인이 실시하는 확인대상발명이 자신의 특허발명의 권리범위에 속한다는 취지의 확인을 구하는 적극적 권리범위확인심판과, 반대로 제3자가 청구의 주체가 되어 자신이 실시하거나 실시하려고 하는 확인대상발명이 어느 특허발명의 권리범위에 속하지 아니한다는 취지의 확인을 구하는 소극적 권리범위확인심판으로 나누고 있다.

권리범위확인심판은 확인대상발명이 특허발명의 권리범위에 속하는지의 여부를 확인하는 것으로 확인의 소와 유사하므로 확인의 이익이 필요하고 이것이 없으면 심판청구가 부적법하게 된다. 이러한 확인의 이익은 권리범위확인심판청구의 적법요건일 뿐 심결취소소송의 소송요건은 아니므로, 확인의 이익이 있는지 여부는 심결시를 기준으로 판단되어야 하고, 심결시에 확인의 이익이 있는 한 심결 이후 확인의 이익이 소멸하여도 심판청구가 부적법하게 된다고 볼 수 없고, 심결취소소송의 소의 이익이 없어진다고 볼 수도 없다. 심결에서 불리한 판단을 받은 이상 원칙적으로 심결의 취소를 구할 이익이 있다고 보아야 하고, 확인의 이익이 소멸하였다고 하여도 심결의 효력이 없어지거나 더 이상 무의미하게 되는 것은 아니기 때문이다.[2][3]

---

1) 실용신안의 경우는 '확인대상고안', 디자인의 경우는 '확인대상디자인', 상표의 경우는 '확인대상표장'이라 한다.

2) 김철환, "심결취소소송에서의 소의 이익", 사법논집 제39집, 568면.

3) 권리범위확인심판에 대한 심결취소소송이 확인의 이익이 있는지에 대하여 권리범위확인심판에서 다루고 있는 확인대상발명이 당해 특허발명의 권리범위에 속하는가, 아닌가는 특허침해소송 등에서 다루고 있는 확인대상발명이 당해 특허발명을 침해하였는가와 같은 내용을 적용국면을 달리하여 판단할 뿐이어서, 특허침해소송 등에서 선결문제로 판단하면 족하므로,

권리범위확인사건에서 확인의 이익이 문제가 되는 것은 확인대상발명의 실시 여부, 소멸된 권리에 대한 권리범위확인심판청구, 적극적 권리범위확인심판청구에 있어서 확인대상발명이 권리인 경우 등을 들 수 있다.

2. 확인대상발명의 실시와 확인의 이익

권리범위확인심판은 확인대상발명이 특허발명의 권리범위에 속하는지의 여부를 확인하는 것으로 실시와 전혀 무관한 확인대상발명을 대상으로 하는 것은 기본적으로 심판청구의 이익이 없다고 할 것이다. 다만 실시의 시기와 관련해서 소극적 권리범위확인심판에서는 심판청구인이 현재 실시하고 있는 것은 물론 장래에 실시하고자 하는 것도 확인의 대상이 되고, 적극적 권리범위확인심판에서는 피심판청구인이 현재 실시하고 있는 확인대상발명이 확인의 대상이 된다.4)

확인대상발명의 실시와 관련한 문제는 소극적 권리범위확인사건인지 적극적 권리범위확인사건인지에 따라 달라질 수 있는데, 문제될 수 있는 실시의 양태는 확인대상발명의 불실시 이외에도 확인대상발명의 실시 불가능,5) 확인대상발명의 일부실시,6) 확인대상발명에 다른 구성을 부가한 실시7) 등을 들 수 있을 것이다.

전혀 확인의 이익이 없다는 견해도 있다. 박정희, "권리범위확인심판의 폐지 필요성에 관한 고찰", 특허소송연구 제3집, 445면.

4) 그렇지만, 대법원 1995. 6. 29. 선고 94후2179 판결에서는 "피심판청구인이 실시하거나 실시하려고 하지도 아니하는 ㈎호 발명에 대하여 본원발명의 권리범위에 속한다는 심결이 확정된다고 하더라도 그 기판력은 ㈎호 발명에만 미치는 것이지……"라고 하여 적극적 권리범위확인심판에서 실시하려고 하는 확인대상발명도 확인의 이익이 있는 것처럼 판시하고 있다. 같은 취지로 대법원 1996. 9. 20. 선고 96후665 판결.

5) 이에 대한 대법원 판결은 없고, 특허법원 2004. 3. 12. 선고 2003허1598 판결(확정)에서는 확인대상발명이 기술적으로 판단해 볼 때 그 실시가 불가능한 것이어서 확인의 이익이 없다고 판시하였다.

6) 이에 대한 대법원 판결은 없으나, 특허법원 2007. 3. 15. 선고 2006허2486 판결(확정)은 적극적 권리범위확인심판의 심판청구인이 확인대상고안에서 표시수단의 재질을 '우레탄 혹은 에폭시수지층'과 같이 선택적으로 기재한 사건에서, "피고가 특정한 이 사건 확인대상고안은 우레탄수지와 에폭시수지를 모두 권리범위에 포함하고 있는 하나의 확인대상고안이므로, 원고가 그 구성요소를 모두 실시하고 있어야 심판의 이익이 인정된다고 할 것인데, 원고는 이 사건 확인대상고안 중 우레탄수지로 이루어진 표시수단은 실시하지 않는다고 주장함에 대하여, 피고는 원고가 이를 실시하고 있음을 입증하지 못하고 있으므로 이 사건 확인대상고안 전체에 대하여 심판의 이익이 인정될 수 없다고 할 것이다"라고 판시하고 있다.

7) 특허법원 2006. 11. 29. 선고 2006허2714 판결(심리불속행기각)에서는 실시주장고안은 확인대상고안의 구성요소를 모두 포함하고 있고, 실시주장고안에 추가된 위 구성들은 이 사건 등록고안과는 대비되는 구성요소라고 볼 수 없는 부가적 구성이므로 확인의 이익이 있다고 판시하고 있다.

그리고 확인대상발명을 실시하고 있는지가 주요 다툼이 되고 확인대상발명이
특허발명의 권리범위에 속하는지의 여부에 대해서는 다툼이 없는 경우에는 권리
범위확인의 이익이 없다고 새겨야 할 것이다.8)

가. 적극적 권리범위확인사건에서 확인대상발명의 실시

특허권자가 확인대상발명이 자신의 특허발명의 권리범위에 속한다는 내용의
적극적 권리범위확인심판을 청구한 경우, 확인대상발명과 실시주장발명의9) 동일
성이 인정되지 아니하고 피심판청구인은 실시주장발명을 실시하고 있을 뿐인 경
우, 피심판청구인이 실시하지도 않는 확인대상발명이 특허발명의 권리범위에 속한
다는 심결이 확정된다고 하더라도 그 심결은 심판청구인이 특정한 확인대상발명
에 대하여만 효력을 미칠 뿐 실제 피심판청구인이 실시하고 있는 물품에 대하여
는 아무런 효력이 없으므로, 피심판청구인이 실시하지 않고 있는 물품을 대상으로
한 적극적 권리범위확인 심판청구는 확인의 이익이 없어 부적법하고 각하되어야
한다.10)

아울러 적극적 권리범위확인심판에서 피청구인이 실제로 실시하고 있는 실시
주장발명이 확인대상발명과 사실적 관점에서 동일성이 인정되지 않는다면, 비록
그것이 균등관계에 있다는 평가를 받을 수 있다고 하더라도 그 심판청구는 부적
법하다고 보아야 한다. 침해소송에서는 항소심 단계에서도 원칙적으로 청구의 기
초의 동일성을 해하지 않는 범위 내에서 소변경이 가능하므로 상대방이 현실적으
로 실시하는 기술내용을 제대로 반영하여 판결의 대상으로 삼을 수 있지만, 특허
심판원의 권리범위확인심판과 특허법원의 심결취소소송 간에는 심급으로서의 연
결이 차단되어 있으므로 심결시까지 적법한 보정을 통하여 상대방이 실시하는 기
술내용이 확인대상발명으로서 제대로 반영되지 아니한 한 소송단계에서 이를 보
정할 수는 없는 것이다.11)

적극적 권리범위확인심판에서 피심판청구인이 확인대상발명을 과거에 실시하
였을뿐 현재는 실시하고 있지 아니한 경우에도 그것이 현재의 분쟁과 관련이 있
는 경우에는 확인의 이익이 있다고 새겨야 할 것으로 보인다.

---

8) 대법원 1991. 3. 27. 선고 90후373 판결.
9) 확인대상발명과 달리 실제로 실시하고 있다고 주장하는 발명을 말한다.
10) 대법원 2003. 6. 10. 선고 2002후2419 판결, 1996. 3. 8. 선고 94후2247 판결.
11) 특허법원, 지적재산소송실무(2006), 183면.

나. 소극적 권리범위확인사건에서 확인대상발명의 실시

소극적 권리범위확인심판에서는 심판청구인이 현재 실시하고 있지 않는 확인대상발명이라 해도 장래 이를 실시할 가능성 있는 한 확인의 이익은 있는 것이어서,[12] 비록 확인대상발명이 실시주장발명과 다르더라도 확인대상발명을 실시할 가능성이 있다면 확인의 이익은 있는 것이어서, 그간의 실무에서도 소극적 권리범위확인심판의 경우 청구인이 심판단계에서 제출한 확인대상발명의 실시 여부에 대해서는 깊이 있는 판단을 하지 않고 본안 심리를 하였다.

그러나 심판청구인이 확인대상발명을 실시할 가능성이 없이 등록발명의 권리범위를 회피하기 위한 것이라면 확인의 이익이 없다 할 것이어서,[13] 소극적 권리

---

12) 대법원 1990. 2. 9. 선고 89후1431 판결에서는 "심판청구인이 실제 사용하고 있는 것은 피심판청구인들이 주장하는 (나)호 고안임에도 불구하고, 이를 은폐하기 위하여 (가)호 고안을 조작하여 이에 대한 심판청구를 하여 온 것이라 하더라도 그 때문에 (가)호 고안의 사용가능성이 없다는 등의 이유로 심판청구인이 이해관계인이 아니라 하여 그 청구의 적법 여부가 문제될 수는 있지만 이 경우에도 그 심판대상은 (가)호 고안이라고 봄이 옳다고 하여 (가)호 고안이 이 사건 등록고안의 권리범위에 속하는지 여부를 판단하고 있는바, 원심의 이와 같은 조치는 정당한 것으로 수긍이 되고(대법원 1985. 10. 22. 선고 85후48, 49 판결 참조), 원심이 심판대상을 (가)호 고안으로 봄이 옳다고 하면서 그 판단의 근거가 된 법령의 규정을 구체적으로 적시하지 아니하였다 하여 그것만으로 원심결이 위법하다고는 볼 수 없으며, 나아가 기록에 의하면 심판청구인은 이 사건 등록고안에 의하여 생산하는 제품과 같은 제품을 생산 판매하는 자이고, (가)호 고안 역시 그 제품에 관한 것임을 알 수 있으니 심판청구인이 비록 현재 (가)호 고안을 사용하고 있지 않다 하더라도 장래 이를 사용할 가능성이 없다고 할 수 없으므로 이 사건 심판청구는 이해관계인에 의한 것으로서 적법하다고 보아야 할 것이다"라고 하여 확인대상발명이 현재 실시하고 있지 않다 해도 장래 이를 사용할 가능성이 있다면 확인의 이익은 있는 것이고, 같은 취지로 대법원 2002. 3. 9. 선고 2000후1115 판결에서 "피고는 (가)호 발명에 대하여 이 사건 권리범위확인심판을 청구할 이익이 있고, 설사 피고가 실시하고 있는 발명이 (가)호 발명과 일치하지 않는다 하더라도 (가)호 발명의 실시가능성이 전혀 없지 않는 이상 이 사건 소극적 권리범위확인심판의 대상은 심판청구인인 피고가 특정한 (가)호 발명"이라고 판시하였다.

13) 대법원 1997. 11. 14. 선고 96후2135 판결에서는 "심판청구인은 (가)호 방법에서 그러한 복잡한 공정을 채택하는 합리적인 이유나 그 작용효과상의 진보성이 있다는 주장, 입증을 하지 않고 있으므로, (가)호 방법은 이 사건 등록발명의 핵심적인 기술을 전부 사용하여 달성되거나 또는 등록발명과 본질적으로 일치하는 수단이고 그 작용효과가 실질적으로 동일한 것인데도 무용한 공정을 추가함으로써 등록발명의 권리를 회피하기 위한 것이라고 볼 여지가 충분하다 하겠다. 따라서 원심으로서는 심판청구인이 (가)호 방법을 현재 실시하고 있거나 장래에 실시할 것인지를 먼저 심리·조사해 보아야 하고, 나아가 (가)호 방법을 사용하는 데 대한 합리적인 이유와 작용효과상의 진보가 있는지를 살펴보아, 등록발명과 실질적으로 동일하면서도 그 권리를 회피하기 위한 수단은 아닌지 등을 자세히 심리해 보아야 함에도 불구하고, 원심은 이러한 점들은 심리하지 아니한 채 (가)호 방법이 등록발명과 외형상의 공정이 다르다는 점만으로 (가)호 방법은 등록발명의 권리범위에 속하지 아니한다고 하고 말았으니, 그러한 원심심결에는 소극적 권리범위 확인심판에서의 (가)호 방법의 판단에 관한 법리를 오해하고, 등록발명과 (가)호 방법의 핵심적인 내용을 제대로 살피지 아니한 심리미진의 위법이 있다고 할 것이다"라고 판시하였다.

범위확인심판에서도 심판청구인이 확인대상발명을 현재 실시하고 있거나 장래 실시할 가능성이 있는지에 대해서 명확하게 살펴서 권리범위 확인의 이익이 있는지 밝힐 필요가 있다 할 것이다.

또한 소극적 권리범위확인심판에서 확인대상발명은 실시 발명이나 실시예정 발명 모두 심판청구가 가능하기 때문에 실시 발명과 다르게 확인대상발명을 특정하여 소극적 권리범위확인심판을 청구한 후 그 심판결과를 침해소송 또는 형사소송에서 제시하여 권리범위확인심판을 오용하는 사례가 있다는 문제가 있어 왔다.

이와 관련하여 특허심판원은 소극적 권리범위확인심판제도 개선방안의 하나로서, 소극적 권리범위확인심판의 청구서에 "권리범위확인심판을 청구하는 경우 필요에 따라 특허발명과 대비되는 발명을 실시하고 있는지 여부, 특허발명과 대비되는 발명이 법원에서 침해분쟁 사건으로 계류 중인지 여부를 각각 기재하고, 이를 증명하는 서류를 첨부합니다"라고 하여14) 실시발명을 확인대상발명으로 하는 경우는 그것을 입증토록 하고, 심결문 작성시에 확인대상발명과 침해·형사 소송 사건에서 소제기대상발명과의 관련(또는 동일) 여부를 밝히도록 하고, 이러한 사항들을 심결문의 이해관계 관련 사항으로 판단하여 기재하도록 함으로써, 이러한 문제를 해결하고자 하고 있다.

3. 대상 판결의 검토

대상 판결은 소극적 권리범위확인사건에서 피고 심판청구인이 확인대상발명을 실시하고 있지 않고 앞으로도 실시할 계획이 없다는 자백을 근거로 하여 심판청구의 이익이 없는 것으로 판시하였는바, 통상 소극적 권리범위확인사건에서 확인대상발명의 실시와 관련하여 주의 깊게 살피지 않는 실무에 대해 문제를 제기하는 결과를 가져왔다는 점에서 의의가 있다.

권리범위확인심판에서 확인대상발명은 그 기재의 자유로움 때문에 확인대상발명이 특허발명의 권리범위에 속하는지의 여부에 대한 본안판단 이전에 확인대상발명의 특정 및 보정, 확인대상발명의 실시 여부와 관련한 분쟁이 적지 않았다. 그러나 본안판단 이전의 이러한 소모적인 분쟁들은 특허심판단계에서부터 보다 체계적인 확인대상발명의 기재와 그 실시 여부에 대한 명확한 입장의 표시가 있게 되면 충분히 줄일 수 있는 것이기에, 이에 맞는 특허심판제도의 개선을 기대해 본다.

14) 특허법 시행규칙 별지 제31호 서식.

84. 무효로 된 특허에 대한 정정무효심판

[대법원 2011. 6. 30. 선고 2011후620 판결]

김동준(충남대학교 법학전문대학원 교수)

I. 사실의 개요

이 사건 특허발명(특허번호 제699769)은 그 명칭을 '경사 및 위사의 연결방법으로 제직되는 블라인드'로 하는 발명으로 정정심판, 소극 및 적극 권리범위확인심판, 무효심판, 정정무효심판 등 다수의 심판이 청구되었다. 우선 특허권자인 X(피고, 피상고인)에 의해 2008. 6. 20. 정정심판이 청구되었고, 2008. 9. 19. Y(원고, 상고인)에 의해 무효심판이 청구되었으며 그 후 X에 의해 청구된 정정을 인정하는 심결[1]이 2008. 12. 22. 확정되자 2009. 2. 3. Y의 정정무효심판 청구가 있었다.

특허심판원은 2009. 9. 28. 무효심판청구와 정정무효심판청구를 모두 기각하는 심결[2]을 하였고, 이에 Y는 2009. 10. 28. 두 심결 모두에 대해 특허법원에 심결취소소송을 제기하였다. 특허법원은 2010. 5. 7. 정정무효사건에 대해 심결을 취소하였고,[3] 2010. 6. 25. 무효사건에 대해서도 심결을 취소하였다.[4]

심결이 취소된 두 사건 중 정정무효사건은 상고 없이 특허법원의 판결이 바로 확정된 후 특허심판원에서 다시 심리되어 2010. 7. 15. 특허심판원이 또 다시 청구를 기각하는 심결을 하였고,[5] Y가 이에 불복하여 2010. 8. 13. 특허법원에 심결취소소송을 제기하였으며, 무효사건은 특허법원의 판결에 대한 상고가 대법원에

---

1) 특허심판원 2008. 12. 17. 2008정82 정정사건 심결.
2) 특허심판원 2009. 9. 28. 2008당2796 무효사건 심결 및 특허심판원 2009. 9. 28. 2009당226 정정무효사건 심결 참조.
3) 특허법원 2010. 5. 7. 선고 2009허7680 판결(확정)(정정무효심판에 대한 특허심판원 2009당226호 심결 이전에 정정심판에 대한 특허심판원 2008정82호 심결에 관여함으로써 특허법 제148조 제6호의 규정에 따라 직무집행에서 제척되어야 할 심판관이 특허심판원 2009당226호 심결에 관여하여 위법하다는 이유로 심결을 취소하였다).
4) 특허법원 2010. 6. 25. 2009허7673 판결(실시가능요건 위반으로 이 사건 특허발명은 그 등록이 무효로 되어야 한다는 취지임).
5) 특허심판원 2010. 7. 15. 2010당(취소판결)67.

서 심리불속행기각6)되어 확정된 후 특허심판원의 재심리를 거쳐 2011. 2. 14. 무효심결이 확정되었다.7)

이와 같이 정정무효사건에 대한 심결취소소송이 특허법원에 계속 중 이 사건 특허발명에 대한 무효심결이 확정되자 2011. 2. 15. 특허법원은, 특허를 무효로 한다는 심결이 확정된 때에는 그 특허권은 처음부터 없었던 것으로 보므로, 무효로 된 특허의 정정을 구하는 심판은 그 정정의 대상이 없어지게 되어 그 정정을 구할 이익이 없어지는바, 원고가 정정의 무효를 구하는 이 사건 특허발명에 관하여는, 그 등록을 무효로 하는 특허심판원 2010. 12. 20.자 2010당(취소판결)154호 심결이 내려졌고, 그대로 확정되었으므로, 이 사건 특허발명은 처음부터 없었던 것으로 보아야 하고 따라서 이 사건 특허발명에 대한 원고의 정정무효심판청구를 기각한 이 사건 심결의 취소를 구할 법률상 이익이 없어졌으므로 이 사건 소는 부적법하다고 각하하였고8) 이에 Y가 불복하여 상고하였다.

Ⅱ. 판   시

상고 기각.

"이 사건 특허발명에 대한 무효심결이 확정되었으므로 이 사건 특허권은 처음부터 없었던 것으로 되었고, 따라서 이 사건 심판은 그 정정의 대상이 없어지게 된 결과 정정 자체의 무효를 구할 이익도 없어져 위법하게 되었지만, 한편 이 사건 특허발명의 특허가 무효로 된 이상 원고로서는 그 심결의 취소를 구할 법률상 이익도 없어졌다고 봄이 상당하므로 이 사건 소는 부적법하게 되었다."

"특허법 제136조 제8항에 의하여 정정심결이 확정된 때에는 정정 후의 명세서 또는 도면에 의하여 특허출원되고 이후 이에 입각하여 특허권 설정등록까지의 절차가 이루어진 것으로 간주하는 것은 무효부분을 포함하는 특허를 본래 유효로 되어야 할 범위 내에서 존속시키기 위한 것이므로, 조약에 의한 우선권 주장의 기초가 된 최초의 출원서 또는 출원공개된 출원서에 첨부한 명세서 또는 도면에 기재된 사항이 그 후 정정되었다 하더라도, 그 정정내용이 조약에 의한 우선권 주장

---

6) 대법원 2010. 11. 25. 선고 2010후2094 판결(심리불속행 상고기각).
7) 특허심판원 2010. 12. 20. 2010당(취소판결)154 무효사건 심결.
8) 특허법원 2011. 2. 15. 선고 2010허5888 판결.

의 기초가 된 발명의 내용 또는 신규성·진보성 판단에 제공되는 선행기술로서의 발명의 내용에 영향을 미칠 수 없고, 따라서 이와 다른 전제에서 특허가 무효로 된 이후에도 여전히 그 정정의 무효심판을 청구할 이익이 있다는 상고이유의 주장은 받아들일 수 없다."

Ⅲ. 해　　설

1. 들어가는 말

특허권이 설정등록된 후 특허의 무효가 다투어질 때 치유가능한 흠결을 바로잡아 특허의 무효를 방지하기 위한 특허권자의 방어수단으로 정정제도(정정심판 및 특허무효심판 중 정정청구)가 특허법에 마련되어 있는 한편, 부적법한 정정에 소급효가 부여됨으로 인한 제3자의 손해를 방지하기 위해 이해관계인 또는 심사관에 의해 청구가능한 정정무효심판제도도 동법에 마련되어 있다.

정정심판은 특허권이 설정등록된 후라면 특허무효심판이 특허심판원에 계속되고 있는 경우를 제외하고는(이 경우에는 특허무효심판절차 내에서 정정청구가 가능하다)9) 특허권이 소멸된 후에도 이를 청구할 수 있으나(특허법 제136조 제7항 본문), 심결에 의하여 특허가 무효로 된 후에는 청구할 수 없다(특허법 제136조 제7항 단서). 이 본문 규정의 취지는 유효하게 존속하였던 특허권이 존속기간의 만료, 등록료 불납 등의 사유로 소멸한 후에도 특허를 무효로 할 수 있도록 한 규정(특허법 제133조 제2항)에 대응하여 특허권자에게 정정에 의하여 특허의 무효사유를 소급적으로 해소할 수 있는 권한을 예외적으로 부여한 것이고, 위 규정의 단서 조항은 그러한 취지에서 무효심결이 확정된 경우에는 더 이상 정정을 할 수 없다는 취지를 명확히 한 것이다.10)

한편, 정정무효심판도 정정심결이 확정된 이후이면 특허권의 존속 중에는 물론 특허권의 소멸 후에도 청구할 수 있지만,11) 정정무효심판의 경우 정정심판과

---

9) 2016. 2. 29. 법률 제14035호로 개정되고 2017. 3. 1.부터 시행된 개정 특허법에서는 특허취소신청제도의 신설에 따라 '특허취소신청이 특허심판원에 계속 중인 때부터 그 결정이 확정될 때까지의 기간(다만, 특허무효심판의 심결 또는 정정의 무효심판의 심결에 대한 소가 특허법원에 계속 중인 경우에는 특허법원에서 변론이 종결(변론 없이 한 판결의 경우에는 판결의 선고를 말한다)된 날까지 정정심판을 청구할 수 있다)'에도 정정심판을 청구할 수 없도록 하고 있다.

10) 대법원 2005. 3. 11. 선고 2003후2294 판결.

달리 '심결에 의하여 특허가 무효로 된 후에는 청구할 수 없다'라는 규정을 따로
두고 있지는 않은데 이 사건에서 상고인은 특허법 제136조 제10항[12])에 규정된 정
정심결의 소급효를 근거로 특허발명이 무효가 된 후에도 정정의 당부를 다툴 이
유가 있음을 주장하고 있다.[13]) 이하에서는 정정심결의 소급효 규정의 의의에 대
한 고찰을 통해 상고인 주장의 당부를 살펴본다.

2. 정정심결의 소급효 규정의 의의

1961년 제정 특허법(1961. 12. 31. 제정 법률 제950호) 이전에는 정정의 요건에
대해서만 규정하고 있었을 뿐 정정심결의 효력에 대한 규정은 없다가, 1961년 제
정 특허법에서 처음으로 정정내용 대로 특허된 것으로 보는 소급효 규정이 생겼
고, 약간의 자구수정만 있었을 뿐 동일한 내용이 유지되다가 1990년 개정 특허법
제136조 제9항에서 지금의 형태로 개정되어 출원시점까지 소급되는 규정을 두게
되었다(이후에는 제136조 제9항에서 제8항, 다시 제10항으로의 위치이동과 출원공고제
도의 폐지 등을 반영한 개정이 이루어짐).

일본 특허법 제128조[14])도 우리나라와 동일한 규정을 두고 있다. 이처럼 우리
나라와 일본은 정정된 경우 정정의 소급효가 출원시점까지 소급하도록 하고 있는
반면, 영국의 경우 특허부여시점까지만 소급하도록 하고 있다.[15]) 영국의 이러한

---

11) 특허법 제137조 제1항("이해관계인 또는 심사관은 제132조의3 제1항, 제133조의2 제1항,
제136조 제1항 또는 이 조 제3항에 따른 특허발명의 명세서 또는 도면에 대한 정정이 다음
각 호의 어느 하나의 규정을 위반한 경우에는 정정의 무효심판을 청구할 수 있다.") 및 동법
제133조 제2항("제1항에 따른 심판은 특허권이 소멸된 후에도 청구할 수 있다.")을 준용하는
동법 제137조 제2항("제1항에 따른 심판청구에 관하여는 제133조 제2항 및 제4항을 준용한
다.") 참조.
12) "특허발명의 명세서 또는 도면에 대하여 정정을 한다는 심결이 확정되었을 때에는 그 정정
후의 명세서 또는 도면에 따라 특허출원, 출원공개, 특허결정 또는 심결 및 특허권의 설정등
록이 된 것으로 본다."
13) 상고인은 위 규정을 근거로, ① 정정심결이 확정되면 그 정정 후의 명세서 또는 도면에 의
하여 '특허출원'이 이루어진 것으로 보게 되어 대한민국 출원을 기초로 조약우선권 주장 출원
이 이루어진 경우 우선권주장의 기초가 되는 제1국 출원(대한민국 출원)의 명세서 기재내용
이 바뀌게 되며, ② 마찬가지로 정정이 확정되면 정정된 내용으로 '출원공개'된 것으로 보게
되므로 특허등록요건을 판단하는 선행기술의 내용이 변경되게 되므로 특허가 무효로 된 후에
도 정정의 당부를 다툴 이유가 있다고 주장한다.
14) 일본 특허법 제128조 : 원서에 첨부한 명세서, 특허청구범위 또는 도면의 정정을 해야 하
는 취지의 심결이 확정된 경우에는 그 정정 후의 명세서, 특허청구범위 또는 도면에 의해 특
허출원, 출원공개, 특허결정 또는 심결 및 특허권설정등록이 된 것으로 본다.
15) 영국 특허법 제27조 제3항 : An amendment of a specification of a patent under this
section shall have effect and be deemed always to have had effect from the grant of the

규정은 1990년 개정 전의 우리 특허법 규정과 유사하다.

앞서 본 바와 같이 정정심결의 소급효는 1990년 특허법 개정 시 도입된 조항인데, 1990년 특허법 개정법률안 심사보고서(1989. 12. 국회 상공위원회)에는 위 개정의 취지에 대한 설명이 전혀 기재되어 있지 않다. 다만, 특허청에서 발간한 「우리나라 특허법제에 대한 연혁적 고찰」보고서에서 "제8항은 정정청구를 받아들이는 심결이 확정된 경우의 효과에 관한 규정이다. 정정심결의 효과를 특허출원시까지 소급하는 것은 무효심판의 청구이유에 대한 판단을 특별한 경우(후발적 사유에 의한 무효의 경우)를 제외하고 특허출원시를 기준으로 하므로 정정의 효과가 특허출원 시점까지 소급되지 않는다면 정정심판은 본래의 목적을 달성할 수 없기 때문이다."라고 기술하고 있다.16)

한편 동일한 내용의 조문을 두고 있는 일본 특허법 제128조의 해석과 관련하여 東京高裁 1979. 1. 30. 1973(行ケ)第50号 판결은 "특허법 제128조에 의해 정정심판의 심결이 확정된 경우에 정정 후의 명세서 또는 도면에 의해 출원되고 이후 이것에 입각하여 특허권설정등록까지의 절차가 된 것으로 법률상 의제하는 것은 전술한 바와 같이 무효부분을 포함하는 특허를 본래 유효이어야 할 범위에서 존속시키기 위한 것이기 때문"이라고 하고 있고, 일본의 유력한 학설도 정정심판의 결과 정정을 인정하는 취지의 심결이 확정되었을 때 그 정정효과가 출원시까지 소급되는 이유를, 소급되지 않는다고 하면 특허무효에 대한 방어수단으로서의 정정심판제도의 의의가 전부 몰각된다는 데에서 찾고 있다.17)

또한, 특허심판원 심판편람은, 정정된 특허를 무효로 하는 심결이 확정된 경우에는 정정무효심판을 청구할 수 없다고 하여 정정심판과 마찬가지의 취급을 하고 있고,18) 학설도 이와 마찬가지로 보고 있다.19)

이와 같은 점들에 비추어 볼 때, 특허법 제136조 제10항에 의하여 정정심결이 확정된 때에는 정정 후의 명세서 또는 도면에 의하여 특허출원되고 이후 이에 입각하여 특허권 설정등록까지의 절차가 된 것으로 간주하는 것은 무효부분을 포함하는 특허를 본래 유효로 되어야 할 범위 내에서 존속시키기 위한 것이라고 봄

---

patent.
16) 특허청, 우리나라 특허법제에 대한 연혁적 고찰(2007), 737면.
17) 吉藤幸朔, 特許法概說(제13판, 대광서림, YOU ME 특허법률사무소 역, 2005), 688면.
18) 특허심판원, 심판편람(제12판), 2017, 595면.
19) 윤선희, 특허법(제4판), 법문사, 2017, 961면.

이 상당하다. 그렇다면 이러한 취지에 기초하여 각주 13에 소개된 상고인 주장의 타당성을 차례대로 검토해 본다.

3. 정정심결의 소급효와 조약우선권주장의 기초가 되는 출원의 내용

조약우선권주장의 기초가 되는 출원(이하 '제1국 출원'이라 한다)은 출원과정에서의 보정, 특허등록 후의 정정을 통해 명세서 기재내용에 변경이 있을 수 있는 바, 조약우선권주장출원(이하 '제2국 출원'이라 한다)을 심사하는 국가에서 이러한 내용을 고려해야 하는 것인지 여부에 대해 이 사건 원심판결[20]을 제외하고는 관련된 국내 판례는 존재하지 않는다. 한편, 일본의 경우 '최초에 출원을 한 국가(제1국)에 있어서 최초의 출원내용이 그 후 정정되었는가 아닌가는 우선권의 당부를 판단할 때 의미를 가지는 것은 아니다'라고 한 판결이 있다.[21]

생각건대, ① 국내우선권주장, 분할출원, 변경출원 등 특허요건 판단 등과 관련하여 출원일 소급효를 인정하는 제도들은 모두 '출원서에 최초로 첨부된 명세서 또는 도면에 기재된 발명'을 기준으로 하여 요건충족여부를 판단하고 있는 점, ② 제2국 출원을 심사하는 국가에서 제1국 출원의 보정·정정 등의 경과를 계속하여 파악해야 하는 것은 심사에 큰 부담이 되고, 특히 정정의 경우 특허권이 존속하는 동안, 심지어는 (우리나라와 일본의 경우에는) 특허권이 소멸한 후에도 정정이 이루어질 수 있으므로 이러한 내용을 일일이 고려하여 우선권주장 인정여부를 판단한다는 것은 거의 불가능에 가까우며 또한 조약우선권주장의 기초가 되는 출원의 내용을 보정·정정된 명세서를 기준으로 파악한다면 제1국 출원의 내용이 계속 불확정적인 상태에 있게 되는 점, ③ 제2국 출원에 대한 우선권 주장 인정 여부 판단이 이미 이루어진 후에 제1국 출원에 대한 정정이 있을 경우 그 소급효로 인해 우선권주장 인정 여부를 다시 판단해야 하는 불합리가 발생하는 점, ④ 부적법한 보정·정정이 간과되어 인정되고 그러한 보정·정정에 소급효가 인정되어 우선권주장 판단이 이루어지는 경우 우선권주장 판단 자체에 오류가 발생하는 점, ⑤ 파리조약과 각국 특허법에서 우선권주장증명서류로 제출을 요구하는 것은 제1국 출원시의 명세서와 도면 등이지 그 후 보정·정정 사항을 반영한 서류의 제출을 요

---

20) '국제출원에 대한 특허요건을 심사하는 해당 국가가, 이 사건 특허발명에 대한 우리나라 법원의 정정 유무효 판단 결과에 구속된다고 볼 근거는 없는 것'.
21) 大阪高裁 平成 6年 2月 25日 平成 3年(ネ)第2485号.

구하고 있지 않은 점, ⑥ 출원시 제출된 명세서나 도면에 기재되었다가 출원 후 보정·정정을 통해 삭제된 내용도 출원시 첨부된 명세서나 도면에 기재된 내용이라면 우선권주장의 근거가 될 수 있는데, 보정·정정 명세서를 기준으로 하는 입장에서는 이러한 점을 설명하지 못하는 점 등을 고려하면, 조약에 의한 우선권 주장의 기초가 된 최초의 출원서에 첨부한 명세서 또는 도면에 기재된 사항이 그 후 정정되었다 하더라도, 그 정정내용이 조약에 의한 우선권 주장의 기초가 된 발명의 내용에 영향을 미칠 수 없다고 해야 할 것이다.

4. 정정심결의 소급효와 출원공개의 내용

정정이 확정되면 정정된 내용으로 '출원공개'된 것으로 보게 되므로 특허등록 요건을 판단하는 선행기술의 내용이 변경되는지에 대해, 특허출원이 출원공개 또는 등록공고된 후에 명세서·도면의 정정에 의하여 청구범위가 감축, 삭제된 경우에도 그 출원공개 또는 등록공고된 사실은 부인하지 못하므로 후출원은 문헌공지를 이유로 거절되며, 특허법 제29조 제3항의 적용에 있어서도 마찬가지라는 견해가 있고,[22] 이와 반대되는 견해는 발견되지 않는다.

한편, 앞서 본 일본의 東京高裁 1979. 1. 30. 1973(行ケ)第50号 판결은 "특허법 제128조에 의해 정정심판의 심결이 확정된 경우에 정정 후의 명세서 또는 도면에 의해 출원되고 이후 이것에 입각하여 특허권설정등록까지의 절차가 된 것으로 법률상 의제하는 것은 전술한 바와 같이 무효부분을 포함하는 특허를 본래 유효이어야 할 범위에서 존속시키기 위한 것이기 때문에 이 규정은 특허공보로서 간행된 정정 전의 명세서 기재의 동법 제29조 제1항 제3호의 공지문헌으로서의 사실상의 존재까지 부정하는 것은 아니고 이것에 의하여도 제3자의 후원은 특허받지 못하는 것이다"라고 하여 같은 입장을 취하고 있다.

앞서 살펴 본 제136조 제10항의 취지에 비추어 볼 때, 출원공개된 출원서에 첨부한 명세서 또는 도면에 기재된 사항이 그 후 정정되었다 하더라도, 그 정정내용이 신규성 또는 진보성 판단에 제공되는 선행기술로서의 발명의 내용에 영향을 미칠 수 없다고 해야 할 것이다.

---

22) 윤선희, 앞의 책, 958-959면.

Ⅳ. 결   론

　　정정무효심판의 경우 정정심판과 달리 '심결에 의하여 특허가 무효로 된 후에
는 청구할 수 없다'라는 규정을 따로 두고 있지는 않지만, 특허심판원의 실무나
학설23)은 정정심판의 경우와 마찬가지로 특허가 무효로 된 경우에는 정정무효심
판도 더 이상 청구할 수 없는 것으로 보는 것이 일반적인 이해였다. 그 이유는 특
허가 무효로 된 경우 그 정정의 대상이 없어지게 된 결과 정정 자체의 무효를 구
할 이익도 없어진다는 생각에 바탕에 둔 것이라 할 것이다.

　　대상판결은 이와 같은 실무와 학설의 입장을 추인하면서 특허법 제136조 제
10항은 특허발명의 무효사유를 소급적으로 해소하기 위한 범위 내에서 의미를 갖
는 규정임을 명확히 함으로써 이미 무효로 된 특허발명과 관련하여 확정된 정정
내용이 조약에 의한 우선권 주장의 기초가 된 발명의 내용 또는 신규성·진보성
판단에 제공되는 선행기술로서의 발명의 내용에 영향을 미칠 수 없다는 점을 분
명히 하고 있다.

---

23) 윤선희, 앞의 책, 961면.

85. 권리범위확인심판에서 특허권 소진을 주장할 수 있는지 여부

[대법원 2010. 12. 9. 선고 2010후289 권리범위확인(특) 사건]

박정희(법무법인 태평양 변호사)

Ⅰ. 사실의 개요

X(심판청구인, 원고, 피상고인)는 1996. 6. 24.(우선권 주장일 1995. 6. 28.) 출원하여 1998. 11. 23. 특허등록을 받은 등록번호 제178505호 발명의 특허권자인데, Y(피심판청구인, 피고, 상고인)가 실시하고 있는 확인대상발명이 이 사건 특허발명의 특허청구범위 제1항, 제2항(이하 이 사건 제1, 2항 발명이라 한다)의 권리범위에 속한다고 주장하며 특허심판원에 2007당2791호로 적극적 권리범위확인심판을 청구하였다.

특허심판원은 2008. 10. 29. 확인대상발명이 이 사건 제1, 2항 발명과 동일 또는 균등하기는 하나, 이 사건 제1, 2항 발명의 특허권이 피고가 실시하고 있는 확인대상발명과의 관계에서 이미 소진되어 확인대상발명이 이 사건 제1, 2항 발명의 권리범위에 속하지 않는다는 이유로 X의 심판청구를 기각하였고, 이에 대하여 X가 특허법원에 2008허13299로 제기한 심결취소소송이 대상 판결의 원심이다.

원심은 2009. 12. 18. 확인대상발명이 이 사건 제1, 2항 발명과 균등하여 그 권리범위에 속하고, 방법의 발명에 대한 특허권이 공유인 경우에는 우리나라에서 그 방법의 실시에만 사용되는 물건이 양도되었다고 하더라도 그 물건이 공유자 중 일부의 소유이고 그 소유자가 아닌 다른 공유자가 그 물건의 양도에 대해서 동의를 한 바 없다면, 양수인 또는 전득자가 그 물건을 이용하여 당해 방법발명을 실시하는 것과 관련하여서는 특허권이 소진되지 않는다는 이유로[1] X의 청구를 받

---

1) 특별한 약정이 없는 한 특허권의 공유자 자신의 특허발명의 실시에는 아무런 제한이 없으므로(특허법 제99조 제3항), 공유자로부터 양수받은 특허발명을 실시한 제품의 특허권 소진을 인정하지 않는 것은, 공유자의 특허발명의 실시를 제한하는 것이어서 원심의 논리는 그대

아들여 특허심판원의 심결을 취소하였다.

이에 불복하여 Y가 이 사건 제1, 2항 발명의 특허권이 자신이 실시하고 있는 확인대상발명과의 관계에서 소진되었다는 주장 등을 하면서 제기한 상고에 대하여 대법원은 아래와 같이 판단하였다.

Ⅱ. 판   시

상고 기각.

"특허권의 적극적 권리범위확인심판은 특허발명의 보호범위를 기초로 하여 심판청구인이 그 청구에서 심판의 대상으로 삼은 확인대상발명에 대하여 특허권의 효력이 미치는가를 확인하는 권리확정을 목적으로 한 것이므로, 설령 확인대상발명의 실시와 관련된 특정한 물건과의 관계에서 특허권이 소진되었다 하더라도 그와 같은 사정은 특허권 침해소송에서 항변으로 주장함은 별론으로 하고 확인대상발명이 특허권의 권리범위에 속한다는 확인을 구하는 것과는 아무런 관련이 없다고 할 것이다. (중략)

위 법리와 기록에 비추어 살펴보면, Y가 이 사건 설비를 이용하여 확인대상발명을 실시하는 것과 관련하여 X의 이 사건 제1, 2항 발명에 대한 특허권이 소진되었는지 여부는 확인대상발명이 그 권리범위에 속한다는 확인을 구하는 것과는 아무런 관련이 없어, X의 이 사건 제1, 2항 발명에 대한 특허권이 소진되지 않았다는 원심판단의 당부는 판결 결과에 영향을 미칠 수 없는 것이므로, 이에 관한 상고이유의 주장은 더 나아가 살펴 볼 필요 없이 받아들일 수 없다."

Ⅲ. 해   설

1. 들어가는 말

권리범위확인심판은 대상 판결의 '권리범위확인심판은 특허발명의 보호범위를 기초로 하여 심판청구인이 그 청구에서 심판의 대상으로 삼은 확인대상발명에 대하여 특허권의 효력이 미치는가를 확인하는 권리확정을 목적으로'라는 판시에서 알 수 있듯이 적극적이든, 소극적이든 심판청구인이 특정한 확인대상발명과의 관

─────────────

로 따르기 어렵다.

계에서 특허발명의 효력이 미치는지 여부를 확정하기 위한 제도이다.

이와 같이 특허발명과 확인대상발명을 비교하여 특허발명의 효력이 확인대상발명에 미치는지 여부를 판단하는 것을 기본적인 목적으로 하는 권리범위확인심판에서 특허발명과 확인대상발명의 비교 이외의 다른 사정을 고려하여 특허발명의 효력이 확인대상발명에 미치는지 여부를 판단할 수 있는지 여부가 문제로 되는데, 그 중 하나인 특허권의 소진에 대하여 판시한 것이 대상 판결이다.

아래에서는 권리범위확인심판에 관한 기존의 대법원 판례에서 특허발명과 확인대상발명의 비교 이외에 어떠한 사정을 고려하여 왔는지 여부를 살펴본 다음, 특허발명의 권리제한 사유로서의 특허권의 소진에 대하여 판시한 대상 판결의 타당성 여부를 살펴본다.

2. 기존의 대법원 판례에서 고려한 사정

가. 확인대상발명의 실시

대법원은 적극적 권리범위확인심판과 관련하여서는 피심판청구인이 실시하지 않고 있는 물건을 대상으로 한 권리범위확인심판청구는 그 심결은 확정되더라도 심판청구인이 특정한 확인대상발명에 대하여만 효력이 미칠 뿐 실제 피심판청구인이 실시하고 있는 물건에 대하여는 아무런 효력이 없으므로, 확인의 이익이 없어 부적법하다고 보고 있는 반면에,2) 소극적 권리범위확인심판과 관련하여서는 심판청구인이 현재 실시하고 있지 않는 확인대상발명이라 하더라도 장래 이를 실시할 가능성이 있는 한 확인이 이익이 있다고 보고 있다.3)4)

나. 자유실시기술의 항변

권리범위확인심판의 실무에서 특허발명의 권리행사 제한 사유로 가장 많이 주장되는 것이 자유실시기술의 항변5)이었고, 이는 확인대상발명의 실시와 달리 적극적이나 소극적 권리범위확인심판에서 법리상의 차이가 없다.

---

2) 대법원 2003. 6. 10. 선고 2002후2419 판결 등.
3) 대법원 2010. 8. 19. 선고 2007후2735 판결 등.
4) 이와 같은 적극적 권리범위확인심판과 소극적 권리범위확인심판에서의 실시 여부의 차이는 소극적 권리범위확인심판이 새로운 발명을 한 자가 그것에 타인의 특허발명의 효력이 미치는지 여부를 미리 알아둠으로써 타인의 특허침해를 예방하고 또한 안심하고 그 발명을 이용하는 사업에 계속적인 투자를 할 수 있도록 하는 기능을 함에 따른 차이로 이해된다.
5) 대법원 2009. 12. 24. 선고 2009다72056 판결 등.

자유실시기술이란 권리범위확인심판 등에서 확인대상발명의 효력이 미치는지 여부가 다투어지고 있는 당해 특허발명 대신에, 당해 특허발명의 효력이 미치는지 여부가 문제로 되는 확인대상발명의 관점에서 그 확인대상발명이 그 기술분야에서 통상의 지식을 가진 사람이 용이하게 발명할 수 있다면, 그러한 확인대상발명은 당해 특허발명과 비교할 필요 없이 모든 사람이 공유하여야 하는 영역에 속하는 것이라는 이유로 특허발명의 효력이 미치지 않는다는 법리이다.

이러한 자유실시기술의 항변은 특허법에서 특허발명에 무효사유가 존재하는 경우에 특허심판원의 특허무효심판절차를 통해서만 당해 특허발명을 무효로 할 수 있도록 규정하고 있음(특허법 제133조)에 따라 권리범위확인심판 등 등록무효심판 이외의 절차에서 특허발명의 무효사유에 대하여 심리판단 할 수 없게 되자, 그 대상을 특허발명의 효력이 미치는지 여부가 문제로 되는 확인대상발명으로 바꾸어서 사실상 특허발명의 무효사유에 대하여 심리판단을 하기 위하여 발전한 이론이다.

다. 그 이외의 사유

또한 대법원은 특허발명의 명세서의 기재가 불비하여 그 기술적 범위를 특정할 수 없는 경우,[6] 특허발명의 실시가 불가능한 경우[7] 및 특허발명이 선원주의에 위반되는 경우[8] 등에는 권리범위확인심판에서 특허발명의 권리제한 사유를 판단할 수 있도록 하고 있다.

3. 특허권의 소진

가. 특허권의 소진 일반론

특허발명을 실시한 제품을 경제활동의 일환으로 그 본래의 용도대로 사용하는 행위가 '업으로서 특허발명을 실시하는 행위'에 해당한다고 하여 특허권자 등에 의하여 유통에 놓인 제품을 적법하게 취득한 자의 위와 같은 행위에까지 특허권의 효력이 미친다고 할 수는 없다. 이와 관련된 논의가 특허권의 소진이론이다.

특허권의 소진이론과 관련하여서는 우리 대법원에서 이에 관하여 명시적인

---

6) 대법원 2002. 6. 14. 선고 2000후235 판결 등.
7) 대법원 2001. 12. 27. 선고 99후1973 판결 등.
8) 대법원 2009. 9. 24. 선고 2007후2827 판결.

입장을 밝힌바 없으나, 특허권자 등이 국내에서 특허제품을 양도한 경우에 그 특허제품을 양도받은 사람의 실시에 특허권의 효력이 미친다고 볼 수는 없으므로, 특별한 사정이 없는 한 특허권의 효력이 미치지 않는다고 보아야 하고, 대상 판결도 특허권의 소진을 인정하는 전제에서 앞에서 본 바와 같은 판시를 한 것으로 보인다.9)

나. 특허권의 소진과 권리범위확인심판

특허권의 소진은 특허발명의 권리제한 사유 중 하나인데, 이를 권리범위확인심판에서 주장할 수 있는지 여부가 문제로 되고, 이는 현재 대법원에서 명확한 입장을 밝히지 않은 다른 특허발명의 권리제한 사유에 대한 선례로서의 의미도 지니게 된다. 이는 기본적으로 권리범위확인심판의 성질을 어떻게 볼 것이냐는 법리적인 문제에 귀착된다.

우리 대법원은 권리범위확인심판의 성질에 관하여 대상 판결에서 밝힌 바와 같이 "심판청구인이 그 청구에서 심판의 대상으로 삼은 확인대상발명에 대하여 특허권의 효력이 미치는가를 확인하는 권리확정을 목적"으로 한다고 밝히고 있어서, 권리범위확인심판의 성질을 특허권자와 상대방의 법률관계로서의 침해 여부를 확정하는 절차로 이해하는 경우에 비하여 특허발명의 권리제한 사유를 권리범위확인심판에서 판단할 여지는 적다.

이와 같은 우리 대법원의 권리범위확인심판의 성질에 대한 이해는, 법조문상 권리범위확인심판이 특허발명의 보호범위를 확인하는 제도인 점, 우리 법제가 권리범위확인심판과 등록무효심판, 특허침해소송을 명확하게 구분하고 있는 점, 확정된 권리범위확인 심결이 특허침해소송을 담당하는 법원을 기속할 법적 근거가 없는 점, 특허발명의 권리제한 사유는 특허침해소송에서 항변사유로 판단하면 족한 점 등에 비추어 타당한 것으로 보인다.

권리범위확인심판의 성질을 이와 같이 이해한다면 대상 판결은 지극히 당연한 법리를 확인한 것이다. 이러한 입장에서 본다면 권리범위확인심판에서 특허발명의 권리제한 사유로 가장 많이 주장되는 자유실시기술의 항변은 심판청구인이 심판의 대상으로 삼은 확인대상발명과의 관계에서 특허권의 효력이 미치는가를

---

9) 대법원 2003. 4. 11. 선고 2002도3445 판결은 상표 사건에서 상표권의 소진과 그 한계에 대하여 판시를 하였는데, 특허권에도 같은 법리가 적용될 수 있을 것으로 보인다.

확인하는 권리확정을 목적으로 하는 것이 아니라, 권리범위확인심판에서 특허발명의 무효 사유에 대하여 심리할 수 없음에 따라 나온 편법에 지나지 않으므로, 이론적으로 재검토할 필요가 있다고 보인다. 이는 민사소송에서 무효로 될 것임이 명백한 특허권에 기한 권리행사를 권리남용으로 허용하지 않는 입장으로 변경한 현행 대법원 판례 아래에서는 더욱 그러하다고 할 것이다.

그 외 우리 대법원이 인정하고 있는 권리범위확인심판에서의 특허발명의 권리제한 사유인 특허발명의 명세서의 기재가 불비하여 그 기술적 범위를 특정할 수 없는 경우, 특허발명의 실시가 불가능한 경우 및 특허발명이 선원주의에 위반되는 경우도 같은 맥락에서 이해할 수 있을 것이다.

확인대상발명의 실시의 경우에는 특허발명의 권리제한 사유가 아니어서 같은 맥락에서 접근하기는 어렵다. 실시하지 않거나 실시할 가능성이 없어서 그 심결이 확정되더라도 아무런 의미가 없는 확인대상발명을 대상으로 하는 권리범위확인심판을 인정하는 것은 무의미하므로, 기존의 대법원 판례의 입장이 타당한 것으로 보인다.

4. 맺 음 말

대상 판결은 권리범위확인심판에서 특허권 소진을 주장할 수 있는지에 관하여 권리범위확인심판의 성질에 대한 정확한 이해 아래 당연한 법리를 확인시킨 점에 의미가 있고, 나아가 기존에 대법원 판례로 나와 있는 특허발명에 등록무효사유가 있는 경우를 제외한 특허발명의 권리제한 사유에 대하여 앞으로 판례가 어떻게 형성될지에 대한 지침을 준 점에서 의미가 있는 것으로 보인다. 아울러 권리범위확인심판에서의 특허발명의 권리제한 사유로 지나치게 확대되어 인정되고 있는 특허발명의 무효사유에 대한 판단에 대하여도 반성적인 재검토의 여지를 둔 것으로 보인다.

86. 직권심리이유에 대한 의견진술의 기회 부여 여부에 대한 판단

[대법원 2006. 6. 27. 선고 2004후387 취소결정(특) 사건]

박정희(법무법인 태평양 변호사)

Ⅰ. 사실의 개요

X(심판청구인, 원고, 상고인)는 1989. 11. 17. 출원하여 1998. 3. 10. 등록받은 명칭을 "치수안정성(dimensional stability) 폴리에스테르(polyester)사의 제조방법"으로 하는 이 사건 특허발명의 특허권자인데, Y(피고 보조참가인)가 1998. 9. 30. 이 사건 특허발명에 대하여 특허이의신청을[1] 하였다.

특허청 심사관 합의체는 2001. 5. 21. 이 사건 특허발명이 진보성이 없다는 이유로 이 사건 특허발명을 취소하는 이의결정을 하였는데, 이에 불복하여 X가 특허청장을 상대로 제기한 불복심판청구사건에서 특허심판원은 2002. 12. 26. X에게 별도로 의견진술의 기회를 주지 않고 이 사건 특허발명의 발명의 상세한 설명이 기재불비여서 이 사건 특허발명에 구 특허법(1990. 1. 13. 법률 제4207호로 전문 개정되기 전의 것) 제8조 제3항에 해당하는 특허취소사유가 있다는 이유로 X의 청구를 기각하는 이 사건 심결을 하였고, 이에 대하여 X가 특허법원에 제기한 심결취소소송이 대상 판결의 원심이다.

원심은 2004. 1. 8. 이 사건 특허발명에 대한 취소결정의 기초가 된 특허이의신청절차에서 Y가 1999. 7. 20.자 이의변박서로서 이 사건 특허발명의 발명의 상세한 설명이 기재불비라는 주장을 하였고, 이에 대하여 X는 1999. 8. 27.자 이의답변

---

1) 특허이의신청제도는 2006. 3. 3. 개정 법률 제7871호로 무효심판제도에 통합되어 폐지되었는데, 특허이의신청은 3인의 심사관 합의체에 의하여 심사 · 결정하게 되고, 심사관 합의체에 의하여 심리할 수 있는 이유와 증거는 특허이의신청서에 기재된 특허이의신청의 이유와 증거, 특허이의신청인이 특허이의신청기간의 경과 후 30일 이내에 보정한 특허이의신청의 이유와 증거 및 심사관 합의체가 직권으로 심리한 이유에 한한다. 한편 특허이의신청절차에서 밟은 특허에 관한 절차는 특허취소결정에 대한 심판에서도 효력이 있다.

서로 이 사건 특허발명의 발명의 상세한 설명에 기재불비가 없다고 답변을 한 사실을 인정할 수 있어서, X로서는 이 사건 심판절차에서 직권으로 든 특허취소사유에 대하여 적법한 의견진술의 기회를 가졌다며[2] X의 청구를 기각하였다.

이에 불복하여 X가 특허심판원이 이 사건 심판절차에서 불복심판청구의 대상인 특허취소결정의 이유와 달리 이 사건 특허발명의 발명의 상세한 설명의 기재불비 여부에 대하여 직권으로 심리하면서 X에게 발명의 상세한 설명의 기재불비 여부에 대하여 의견진술의 기회를 주지 않았다고 주장을 하면서 제기한 상고에 대하여 대법원은 아래와 같이 판시하였다.

Ⅱ. 판   시

상고 기각.

"특허심판원의 심판절차에서 당사자 또는 참가인에게 직권으로 심리한 이유에 대하여 의견진술의 기회를 주도록 한 구 특허법(2001. 2. 3. 법률 제6411호로 개정되기 전의 것) 제159조 제1항의 규정은 심판의 적정을 기하여 심판제도의 신용을 유지하기 위하여 준수하지 않으면 안 된다는 공익상의 요구에 기인하는 이른바 강행규정이므로, 특허심판원이 직권으로 심리한 이유에 대하여 당사자 또는 참가인에게 의견진술의 기회를 주지 않은 채 이루어진 심결은 원칙적으로 위법하여 유지될 수 없지만, 형식적으로는 이러한 의견진술의 기회가 주어지지 아니하였어도 실질적으로는 이러한 기회가 주어졌다고 볼 수 있을 만한 특별한 사정이 있는 경우에는 심판절차에서의 직권심리에 관한 절차위반의 위법이 없다고 보아야 한다.

특허심판원이 이 사건 심판절차에서 심리를 한 이 사건 특허발명의 발명의 상세한 설명의 기재불비 여부가 특허이의신청절차에서 제출된 특허이의신청서나 적법한 보정기간 내에 제출된 보정서에 기재된 이유에 해당하지 아니함에도 특허심판원이 아무런 조치 없이 그에 대하여 심리를 하였다면 형식적으로는 직권심리 이유에 대하여 X에게 의견진술의 기회를 주지 아니한 것처럼 보이지만, Y가 특허

---

2) 원심의 판단과 달리 이 사건 특허발명의 발명의 상세한 설명의 기재불비 여부는 특허이의신청서에 기재된 특허이의신청의 이유와 증거, 특허이의신청인이 특허이의신청기간의 경과 후 30일 이내에 보정한 특허이의신청의 이유와 증거 및 심사관 합의체가 의견진술의 기회를 주고 직권으로 심리한 이유의 어디에도 해당하지 아니하고, 심판단계에서 이에 대하여 의견진술의 기회를 준 것도 아니어서 형식적으로 보면 의견진술의 기회를 준 바 없다.

이의신청절차에서 특허이의신청의 보정기간이 지난 후에 이 사건 특허발명의 발명의 상세한 설명의 기재불비 여부를 다투는 서류를 제출함으로써 특허이의신청절차와 연속선상에 있는 이 사건 심판절차에도 이 사건 특허발명의 발명의 상세한 설명의 기재불비 여부가 현출되어 있었고, X가 특허이의신청절차에서 이 사건 특허발명의 발명의 상세한 설명의 기재불비 여부에 대하여 Y의 주장에 대한 답변 형식으로 의견을 진술하였으며, 이 사건 심판절차에서 X가 이 사건 특허발명의 발명의 상세한 설명의 기재불비 여부에 대하여 새로이 의견진술의 기회를 부여받았더라도 특허이의신청절차에서와 같은 취지의 의견을 진술하는 것 이외에 정정청구 등의 다른 방어수단이 있는 것도 아니어서, 이 사건 심판절차에서 이 사건 특허발명의 발명의 상세한 설명의 기재불비를 이유로 X의 청구를 기각하더라도 X에게 예측할 수 없었던 불의의 타격을 주는 것은 아니므로, 실질적으로는 의견진술의 기회가 주어졌다고 보아야 한다."

Ⅲ. 해   설

1. 심판절차에서의 직권심리주의와 절차의 하자

특허법은 특허심판원의 심판절차에 민사소송법의 변론주의와 달리 직권심리주의를 채택하여 특허심판원으로 하여금 당사자 또는 참가인이 신청하지 아니한 이유에 대하여도 이를 심리할 수 있도록 하고 있는바(특허법 제159조 제1항),[3] 이는 특허심판원의 심결이 확정된 때에는 누구든지 동일사실 및 동일증거에 의하여 다시 심판을 청구할 수 없어서 심판의 결과가 심판의 당사자뿐만 아니라 일반 공중의 이해에도 관계되고, 이에 따라 본래 무효, 취소 또는 거절되어야 할 특허가 심판 당사자의 불충분한 주장에 의해 유지되어 제3자의 이익이 침해되는 것을 막기 위해서다.[4]

한편 특허법은 직권심리로 인하여 당사자가 받을 불의의 타격을 방지하기 위

---

3) 특허심판원의 심판절차에서는 직권심리뿐만 아니라, 직권으로 증거조사나 증거보전을 할 수도 있고, 이와 같이 직권으로 증거조사나 증거보전을 한 때에도 그 결과를 당사자·참가인 또는 이해관계인에게 송달하고 기간을 정하여 의견서를 제출할 수 있는 기회를 주어야 하는데(특허법 제157조 제1, 5항), 그 대상만 다를 뿐 직권심리주의와 법리는 유사하다.

4) 淸水 節(이회기 역), "심판에 있어서의 절차의 하자와 심결을 취소해야 하는 위법", 特許判例百選(박영사, 2005), 306면 참조. 日本 最高裁 平成 14年(2002) 9. 17. 第3 小法廷 判決[平成13年(行ヒ) 第7号 審決取消請求事件]에 대한 판례평석이다.

하여 이 경우 당사자 또는 참가인에게 기간을 정하여 그 이유에 대하여 의견을
진술할 수 있는 기회를 주도록 하고 있는바(특허법 제159조 제1항), 이는 당사자
또는 참가인이 모르는 상태에서 심리된 이유에 대하여 반론을 할 기회가 보장되
지 않은 채 특허의 무효, 취소 또는 거절이라는 심결이 내려짐으로써 당사자 또는
참가인에게 예측할 수 없었던 불의의 타격이 가하여지는 것을 막기 위해서다.5)
이와 같이 당사자 또는 참가인에게 직권으로 심리한 이유에 대하여 의견진술의
기회를 주도록 한 이 규정은 심판의 적정을 기하여 심판제도의 신용을 유지하기
위하여 준수하지 않으면 안 된다는 공익상의 요구에 기인하는 이른바 강행규정이
므로,6) 특허심판원이 직권으로 심리한 이유에 대하여 당사자 또는 참가인에게 의
견을 진술할 기회를 주지 않은 심결은 원칙적으로 위법하여 유지될 수 없다.7)

2. 문제의 제기

그러나 이 원칙을 엄격하게 유지하여 형식적인 판단에 의하여 심결을 취소한
다고 하더라도, 그 이후의 심판절차에서 단순히 직권으로 심리한 이유에 대하여
통지를 하고 다시 동일한 심결을 행하게 될 것이어서 그와 같은 형식적인 판단에
의한 심결의 취소가 소송경제상으로 바람직하지 않기 때문에 이를 일정한 범위
내에서 제한할 필요가 있고, 일본 최고재판소 2002. 9. 17. 제3 소법정 판결과8) 일
본 학설의 주류가9) 이와 같은 입장에 서 있으며, 우리 대법원도 1996. 2. 9. 선고
94후241 판결에서 일반론으로 "의견진술의 기회가 주어지지 아니하였어도 실질적
으로는 이러한 기회가 주어졌다고 볼 수 있을 만한 특별한 사정이 없는 한 위법
한 것으로서 허용되지 않는다"라고 하여 이 원칙이 제한될 수 있음을 판시한 바
있다.

3. 의견진술의 기회 부여 여부에 대한 실질적 판단

이와 관련하여 어떠한 경우가 형식적으로는 의견진술의 기회가 주어지지 아

---

5) 淸水 節, 앞의 논문, 307면 참조.
6) 대법원 1999. 6. 8. 선고 98후1143 판결 등.
7) 대법원 1990. 11. 27. 선고 90후496 판결 등.
8) 淸水 節, 앞의 논문, 309면 참조.
9) 淸水 節, 앞의 논문, 305-310면; 中山信弘 編著, 注解 特許法(下)(第3版, 靑林書院), 1539面;
　 竹田稔 監修, 特許審査·審判の法理と課題(發明協會), 583面.

니하였지만, 실질적으로는 의견진술의 기회가 주어졌다고 보이는 특별한 사정이 있는 경우인가가 문제로 되는바, 우리 대법원은 대상 판결 이전에는 위에서 든 대법원 1996. 2. 9. 선고 94후241 판결에서 "직권으로 이루어진 증거조사에 대하여 당사자 일방이 당해 사건이 아닌 관련 사건으로 인하여 그 증거의 존재 및 내용을 알고 있었다는 사정만으로는 실질적으로 당사자에게 의견진술의 기회가 주어졌다고 보기 어렵다"라고 판시하였을 뿐, 당사자가 당해 심판절차를 통해 특허심판원이 직권으로 심리한 이유에 대하여 알고 있었던 경우에 관하여 그 입장을 밝히고 있지 않았으나, 위 일본 최고재판소 판결은 특허청이 당사자가 주장하지 아니한 이유에 대하여 판단을 하였음에도 그 주장하지 아니한 이유에 관한 자료가 당해 절차에 나타나 있었고, 당사자가 주장한 이유와 사실관계의 주요 부분이 공통된다는 사정 등을 고려하여 특별한 사정이 있는 경우를 폭 넓게 인정하는 입장을 취하고 있다.[10]

특허심판원에서 직권으로 심리한 이유에 대하여 의견을 진술할 기회를 주는 것은 위에서 본 바와 같이 당사자 또는 참가인에게 예측할 수 없었던 불의의 타격이 가해지는 것을 막기 위해서다. 따라서 직권으로 심리한 이유가 당사자 또는 참가인이 관여한 심판절차에 현출되어 있고, 이것에 대한 반론의 기회가 실질적으로 부여되어 있었다고 평가할 수 있으며,[11] 새로이 의견진술의 기회가 주어졌다고 하더라도 당사자 또는 참가인에게 의견을 진술하는 것 이외에 정정청구 등의 다른 방어수단이 없는 경우 등에는 직권으로 심리를 하면서 형식적으로는 의견진술의 기회를 주지 않았다고 하더라도 당사자 또는 참가인에게 불의의 타격을 주는 것이 아니므로, 그와 같은 경우에는 특별한 사정이 있다고 보아야 할 것이다.

그와 같은 특별한 사정이 있는 경우에는 형식적으로는 직권으로 심리한 이유에 대하여 의견진술의 기회를 주지 않았다고 하더라도 실질적으로는 의견진술의 기회가 주어졌으므로, 직권심리를 하면서 의견진술의 기회를 주지 않은 절차위반의 위법이 없다고 보아야 할 것이고,[12] 위에서 든 대법원 1996. 2. 9. 선고 94후241 판결의 일반론도 같은 취지로 이해된다. 이와 달리 위에서 든 일본 최고재판소 판결은 형식적인 절차위반은 있지만 그러한 잘못이 심결을 취소해야 하는 위

---

10) 淸水 節, 앞의 논문, 305-310면 참조.
11) 淸水 節, 앞의 논문, 305-310면 참조.
12) 中山信弘, 앞의 책, 1539面도 같은 입장이다.

법에는 해당하지 않는다는 입장을 취하고 있으나,13) 우리 대법원이 심판절차에서 직권으로 심리한 이유에 대하여 의견진술의 기회를 주도록 한 특허법 제159조 제1항의 규정을 강행규정으로 이해하고 있는 이상,14) 의견진술의 기회를 주지 않은 절차위반의 위법이 없다고 이해하는 것이 타당하다.

4. 맺으면서

우리 대법원 판결들이 심판절차에서 당사자에게 의견진술의 기회를 주지 않은 절차적 하자에 대하여 심결을 취소하여야 하는 위법이라고 지나치게 엄격하게 해석하고 있는 점에 비추어 보면, 대상 판결은 일정한 요건 아래에서 이를 완화한 점에 의의가 있다. 비록 대상 판결이 폐지된 특허이의신청제도와 관련된 사례에서 나온 판시이기는 하나, 특허취소결정과 유사한 특허거절결정에 대한 불복심판절차에서는 여전히 이와 유사한 직권심리이유에 대한 의견진술의 기회 부여 여부가 문제로 되는데, 대상 판결의 취지나 일본 판례 등의 흐름에 비추어 보면, 그 범위도 보정 등의 다른 방어수단이 없는 이상, 당사자가 당해 심판절차에서 의견진술의 기회를 부여받은 바 없이 실제로 의견을 진술한 경우뿐만 아니라 당사자가 당해 심판절차에서 특허심판원이 직권으로 심리한 이유에 대하여 알고 있었거나 알 수 있었던 경우까지 의견진술의 기회를 주지 않은 절차위반의 위법이 없다고 해석하는 것이 바람직한 것으로 보인다.15)

---

13) 淸水 節, 앞의 논문, 305-310면 참조.
14) 일본의 판례는 위 규정이 강행규정인지 여부에 관하여 명시적으로 밝히고 있지 않다.
15) 대상 판결에서도 X의 특허이의신청절차에서의 이 사건 특허발명의 발명의 상세한 설명의 기재불비 여부에 대한 의견진술은 특허법 제159조 제1항의 의견진술로서의 의미가 없어서, 직권심리이유인 발명의 상세한 설명의 기재불비 여부를 X가 알고 있었음을 확인하는 의미밖에 없고, 한편, 직권증거조사 등의 경우에는 보정 등의 방어수단이 있는 것도 아니므로, 특허심판원이 직권으로 조사한 증거 등에 대하여는 당사자가 당해 심판절차에서 그 증거의 존재 및 내용을 알고 있었거나, 알 수 있었던 경우에는 의견진술의 기회를 주지 않은 절차위반의 위법이 없다고 보아야 할 것이다.

87. 특허법 제148조 제6호 소정의 심판관 제척사유 해당 여부

[특허법원 2010. 5. 7. 선고 2009허7680 판결(확정)]

박태일(대전지방법원 부장판사, 전 대법원 재판연구관)

I. 사실의 개요

등록번호 제699769호 특허의 특허권자인 피고가 정정심판(특허심판원 2008정82호)을 청구하여 정정을 인정하는 심결이 내려졌고, 원고는 위 정정을 무효로 해달라는 취지의 정정무효심판(특허심판원 2009당226호)을 청구하였으나, 청구 기각심결이 내려졌다. 그런데 위 정정심판의 주심 심판관과 정정무효심판의 주심 심판관은 동일인이었다. 이에, 원고는 정정무효심판청구 기각심결이 특허법 제148조 제6호의 심판관 제척 규정 위반으로 위법하다고 주장하면서(다른 정정무효사유 주장과 함께) 심결취소의 소를 제기하였다.

II. 판   시

심결 취소.

"정정무효심판의 심결은 실질적으로 정정을 인정한 정정심판의 심결이 적법한지 여부를 판단하는 것이므로, 정정심판을 담당했던 주심 심판관이 정정무효심판에 관여하는 것을 허용한다면 이는 자신이 내렸던 정정심결의 적법성 여부를 스스로 판단하도록 하는 결과가 되어, 심판관의 예단을 배제하여 심판의 공정성을 유지하고자 하는 특허법 제148조 제6호 규정의 취지를 몰각하게 된다고 할 것이다."

Ⅲ. 해   설

1. 심판관 제척제도의 개관

특허심판은 대부분 권리의 다툼, 즉 심판청구인과 피청구인이 특허무효를 다
툰다거나 또는 어떤 실시발명이 특허권의 권리범위에 속하는지에 대한 다툼에 관
하여 판단을 내리는 작용이므로, 심판의 공정성 보장이 필수적이다. 이에 심판관
자신 또는 심판관과 법률상의 신분관계 있는 자가 심판에 영향을 미칠 사유가 있
을 경우에는 당연히 그 심판관은 당해 심판에서 제척되도록 하고, 당사자 또는 참
가인의 제척신청에 의해서도 제척시킬 수 있도록 한 것이 심판관 제척제도이다.[1]
심판관은, '① 심판관 또는 그 배우자나 배우자이었던 자가 사건의 당사자 또는
참가인인 경우, ② 심판관이 사건의 당사자 또는 참가인의 친족의 관계가 있거나
이러한 관계가 있었던 경우, ③ 심판관이 사건의 당사자 또는 참가인의 법정대리
인 또는 이러한 관계가 있었던 경우, ④ 심판관이 사건에 대한 증인·감정인으로
된 경우 또는 감정인이었던 경우, ⑤ 심판관이 사건의 당사자 또는 참가인의 대리
인인 경우 또는 이러한 관계가 있었던 경우, ⑥ 심판관이 사건에 대하여 심사관
또는 심판관으로서 특허여부결정 또는 심결에 관여한 경우, ⑦ 심판관이 사건에
관하여 직접 이해관계를 가진 경우'의 어느 하나에 해당하는 경우에는 그 심판 관
여로부터 제척되고(특허법 제148조), 제척의 원인이 있는 때에는 당사자 또는 참가
인은 제척신청을 할 수 있으며(특허법 제149조), 제척신청을 하고자 하는 자는 신
청한 날부터 3일 이내에 그 원인을 기재한 서면을 특허심판원장에게 제출하거나
구술심리에서 구술로 소명하여야 하고(특허법 제151조), 제척신청이 있는 때에는
심판에 의하여 이를 이유를 붙인 서면으로 결정하여야 하는데, 제척신청을 당한
심판관은 그 제척심판에 관여할 수 없고 다만 의견을 진술할 수 있을 뿐이며, 위
결정에는 불복이 허용되지 않고(특허법 제152조), 제척신청이 있는 때에는 그 신청
에 대한 결정이 있을 때까지 심판절차를 중지하여야 하나 다만 긴급을 요하는 때
에는 그러하지 아니하다(특허법 제153조).

　　2010. 1. 25. 법률 제9968호로 전부개정되기 전까지 행정심판법은 제7조 제1
항에서 간략하게 심판위원의 제척사유를 정하고[2] 그 사유에 해당할 경우 심리·

---

[1] 윤선희, 특허법(제4판, 법문사, 2010), 869면.
[2] 위 규정 역시 행정심판위원회의 공정한 심리·의결을 보장하기 위한 취지에서 마련된 것이

재결에서 제척된다는 취지의 규정만을 두고 있었던 데 비하여, 특허법은 위와 같이 제148조 내지 제153조에서 상세한 제척사유와 제척신청 및 제척심판절차 등에 관하여 마치 민사소송법 제41조 이하에 가깝게 상세하고 까다로운 규정을 두고 있다. 이는, 특허청 심판소·항고심판소가 각각 존재하여 사실심 법원의 모든 역할을 담당했던 시절은 물론이려니와, 현행법 하에서도 특허심판원에 의한 심판은 형식상 행정심판의 일종이지만 행정기관인 특허청 측에 일종의 특별사법기관으로서의 지위를 인정한 것으로 특허권의 효력 등에 관한 다툼에 있어서는 실질적으로 재판의 1심 기능을 하고 있다고 볼 수 있어, 특허심판의 공정성 확보가 중요함은 두말할 나위가 없으니, 그 취지를 살리기 위한 입법태도라고 볼 수 있다.3)4)

　제척원인이 있는 심판관은 제척신청 또는 제척심판을 기다릴 것 없이 법률상 당연히 그 사건에 관하여 일체의 직무집행을 할 수 없다.5) 공익상 중대한 하자에 해당하는 사유를 법률로 정하고 이에 해당하면 당연히 직무를 행사할 수 없도록 한 제척제도의 본질상 당연한 효과라고 할 것이고, 이 점에서 제척심판은 확인적 효력을 가질 뿐이다.6) 따라서 제척의 원인이 있는 심판관이 관여한 심판은 절차상의 하자로 무효로 되어야 하므로, 이러한 사유가 존재하는 심결이나 심판청구의 각하결정에 대하여 당사자는 특허법원에 소를 제기할 수 있다. 또한, 심결이 확정된 경우에는 재심을 청구할 수 있다(특허법 제178조 제2항, 민사소송법 제451조 제1항 제2호). 나아가, 심판관의 제척원인은 직권조사사항으로서 당사자의 주장에 구애받지 않고 판단하여야 하므로, 제척사유가 존재한 심판절차에서 반대당사자가

　　라는 점에는 의문이 없다[홍준형, 행정구제법(제4판, 한울아카데미, 2001), 406면; 홍정선, 행정법특강(제10판, 박영사, 2011), 575면].

　3) 정상조·박성수 공편(박준석 집필 부분), 특허법 주해 Ⅱ(박영사, 2010), 575면.

　4) 한편, 2010. 1. 25. 법률 제9968호로 전부개정된 현행 행정심판법 제10조는 제척사유를 정하는 외에도, 제척신청 시 제출서류, 해당 위원회에 대한 의견수렴절차, 신청에 대한 결과통보절차 등을 신설하였다. 위 전부개정 전의 구법에서는 심판위원에 대한 제척신청이나 기피신청 시 제출서류, 해당 위원회에 대한 의견수렴절차, 신청에 대한 결과통보절차 등 제척·기피와 관련된 중요 사항이 대통령령에서 규정되고 있었는데 행정심판이 분쟁해결절차라는 점에서 절차적 정당성을 확보하기 위한 노력이 필요하므로, 청구인의 이해관계와 직결될 수 있는 제척·기피와 관련된 중요사항을 법률에서 직접 규정하여 청구인의 절차적 권리를 강화하고자 한 것이다[위 행정심판법 전부개정안 수석전문위원 검토보고서 27-29면 참조: http://likms.assembly.go.kr/bill/jsp/BillDetail.jsp?bill_id=ARC_N0A8M1N2J0H5Y1H6R3Z0L3Y7A6L9U6 (2011. 9. 29. 방문)].

　5) 대법원 1970. 9. 17. 선고 68후28 판결.

　6) 민사소송법상 법관의 제척에 관하여도 마찬가지로 해석한다[김상원·박우동·이시윤·이재성 공편(김능환 집필 부분), 주석 신민사소송법 Ⅰ(한국사법행정학회, 2004), 246, 247, 253면].

비록 심판관의 제척을 신청하지 않았거나 그에 관한 주장을 한 바 없었다 하더라
도, 나중에 제척사유의 존재를 들어 당해 심판절차의 심결취소를 구하는 것도 당
연히 허용된다.7)

2. 특허법 제148조 제6호의 제척사유의 의의와 적용범위 해석의 문제

특허법 제148조 제6호는 '심판관이 사건에 대하여 심사관 또는 심판관으로서
특허여부결정 또는 심결에 관여한 경우'를 제척사유로 규정하고 있다. 즉, 심판관
이 사건에 대하여 '심사관으로 특허여부결정에 관여한 경우' 및 '심판관으로서 심
결에 관여한 경우'를 제척사유로 삼고 있는 것이다. 전자는 그 의미에 별다른 의
문이 없다고 할 것이나, 후자는 과연 어느 경우까지를 상정하는 것인지 해석상 논
란의 여지가 있다.8)

대법원은 위 규정에서 '사건'이란 '현재 계속중인 당해 사건을 가리킨다.'고 판
시한 바 있고,9) 위 규정이 현재 특허심판원의 심리대상으로 된 사건에서의 공정
성 확보를 위한 것이라는 점에 비추어 보면, 위와 같은 대법원 판결의 해석은 타
당하다. 그런데 위 판결에 따라 '심판관이 사건에 대하여 심판관으로서 심결에 관
여한 경우'를 엄격하게 해석하면, '심판관이 현재 특허심판원의 심리대상으로 된
사건과 같은 사건에 대하여 심판관으로서 심결에 관여한 경우'만이 제척사유에 해
당하게 되어, 결국 '심결을 취소하는 판결이 확정되어 특허심판원이 당해 사건에
관하여 다시 심판하게 된 때에, 취소 판결 전의 원심결에 관여한 심판관이 재심결
에 관여한 경우' 정도만이 제척사유로 인정될 수 있게 된다.10)11)

---

7) 특허법원 1998. 8. 27. 선고 98허4869 판결(확정).

8) 한편 아래에서 보는 바와 같이 특허법 제148조 제6호와 같은 취지의 규정인 민사소송법 제
41조 제5호에서 '전심관여'를 '최종변론과 판결의 합의에 관여함을 의미하고 최종변론 전의
변론이나 증거조사 또는 기일지정과 같은 소송지휘상의 재판 등에 관여한 경우는 포함되지
않는다.'고 해석하는 것에 준하여, 특허법 제148조 제6호의 '관여'란 심결의 합의나 심결서의
작성 등에 깊이 있게 관여한 경우를 말한다고 해석된다[정상조·박성수 공편(박준석 집필 부
분), 앞의 책, 580면]. 이 점에 관하여는, 대법원 1980. 9. 30. 선고 78후3 판결("심판관이 심
판관여로부터 제척되는 「사정에 관여한 때」라 함은 심사관으로서 직접 사정을 담당하는 경
우를 말하는 것이므로 거절의 예고통지를 하는데 관여하였을 뿐이라면 전심의 거절사정에 관
하였다고 할 수 없다."), 특허법원 2005. 7. 8. 선고 2004허5894 판결(확정)("단지 심사관의 상
급 지휘자인 심사담당관이 심사업무의 원활하고 올바른 진행을 위하여 심사관에 대한 지휘·
감독 차원에서 특허사정서에 결재하는 행위는 심판관 제척사유에 해당하는 심판관의 관여에
해당하지 않는다.") 등을 통하여 판례로 정립되어 있다고 할 수 있다.

9) 대법원 1992. 3. 31. 선고 91후1632 판결.

10) 한편 아래에서 보는 바와 같이 특허법 제148조 제6호와 같은 취지의 규정인 민사소송법

　그러나 특허법 제148조 제6호는 종전에 특허여부결정 또는 심결에 관여함으로써 현재 심리 대상이 된 당해 사건에 관하여 예단을 가지고 있는 심판관을 당해 사건의 심리에서 배제함으로써 공정한 판단작용을 확보하고자 하는 취지의 규정이라고 할 것인데, 특허심판은 같은 권리에 대하여 다양한 심판절차가 진행될 수 있고, 그 가운데에는 두 심판이 서로 실질적으로 전심과 후심의 의미를 가지는 경우도 있을 수 있어, 특허법 제148조 제6호의 '심판관이 사건에 대하여 심판관으로서 심결에 관여한 경우'를 위와 같이 한정하여 해석하는 것은 위 규정의 취지를 충분히 살리지 못하는 결과를 초래하는 문제가 있다.

　또한, 예단을 가진 판단자의 배제를 핵심으로 하는 특허법 제148조 제6호의 취지는 민사소송법 제41조 제5호 소정의 '법관이 사건에 관하여 불복신청이 된 전심재판에 관여한 때'와 공통된다고 할 것이다. 민사소송법 제41조 제5호는 이미 사건을 하급심에서 담당하여 예단을 가진 법관을 다시 상급심 재판에 관여시킬 경우 심급제도가 무의미하게 되고, 재판의 공정을 해칠 우려가 있다는 점에서 제척사유로 규정된 것이기[12] 때문이다. 이 점에서도 특허법 제148조 제6호는 같은 권리에 대하여 실질적으로 전심과 후심의 의미를 가지는 심판절차가 진행되는 때에는, 실질적으로 전심의 성격을 갖는 심결에 관여한 심판관이 실질적으로 후심의 성격을 갖는 심결에 관여할 수 없도록 하는 근거규정으로 작용할 수 있도록 해석

제41조 제5호의 해석론으로는, 상소심에서 파기된 원하급법원의 재판은 파기 후 다시 심판하는 동일하급심과의 관계에서 전심의 재판은 아니므로, 파기 전 재판에 관여한 법관이 환송 후 재판에 관여하는 것이 위 규정에 의한 제척사유에 해당하지는 않는다[김상원·박우동·이시윤·이재성 공편(김능환 집필 부분), 앞의 책, 251, 252면]. 이와 별도로 민사소송법은 제한규정(민사소송법 제436조 제3항)을 두어 파기 전 재판에 관여한 법관이 환송 후 재판에 관여할 수 없도록 하고 있다. 다만, 위 제한규정 역시 파기 전 원하급법원의 재판에 관여함으로써 선입견을 가질 수 있는 법관을 파기 후의 심리에서 배제하고자 하는 취지[김상원·박우동·이시윤·이재성 공편(김능환 집필 부분), 주석 신민사소송법 Ⅵ(한국사법행정학회, 2004), 597면]라는 점에서 특허법 제148조 제6호와 같다고 볼 수 있다.

11) 우리 특허법상 심판관 제척제도와 유사한 규정을 두고 있는 일본 특허법 제139조 제6호는 '심판관이 사건에 대하여 불복을 신청한 사정의 심사관으로서 관여한 때'만을 제척사유로 규정하고 있다. 구법인 大正 10년법에서는 '심판관이 사건에 대하여 심판관으로서 심결에 干與한 때'도 제척사유로 규정하고 있었으나, 일본 민사소송법상 전심재판관여가 제척사유로 되지 않는 해석론에 따라, 현행 일본 특허법에서는 취소된 심결에 관여한 심판관이 재심결에 관여할 수 있도록 개정한 것이라 한다[中山信弘·小泉直樹 編(松葉榮治 執筆部分), 新·注解 特許法(下卷, 靑林書院, 2011), 2166면]. 한편, 일본 민사소송법에도 우리 민사소송법과 마찬가지로 파기환송된 원심판결 관여 재판관이 환송 후 재판에 관여할 수 없다는 규정이 있으나(제325조 제4항), 일본 특허법에 이에 대응되는 별도 규정은 없다.

12) 김상원·박우동·이시윤·이재성 공편(김능환 집필 부분), 앞의 책, 251면.

될 필요가 있다.

3. 특허법 제148조 제6호의 제척사유의 적용에 관한 기존 사례 검토

가. 적용을 인정한 사례 검토

먼저, 실용신안 출원에 대한 심사관이 권리범위확인심판에 심판관으로 관여한 사안에 관하여, 특허법원은 제척사유에 해당한다고 판단하였다.13) 또한 실용신안 출원에 대한 심사를 하여 등록결정을 한 심사관이 당해 등록고안에 대한 등록무효심판에 심판관으로 관여한 사안 역시 심판관의 채척에 관한 규정을 위반하여 위법하다고 판단하였다.14) 이 경우는 모두 '심판관이 사건에 대하여 심사관으로서 실용신안여부 결정에 관여한 경우'에 해당하므로, 문리해석상 특허법 제148조 제6호에 해당한다는 점에 별다른 의문이 없다.

다음, 디자인 거절결정 불복심판(원결정 취소 심결)에 관여한 심판관이 당해 디자인 등록무효심판에 관여한 사안에 관하여도, 특허법원은 제척사유에 해당한다고 판단하였다.15) 그런데 위에서 본 바와 같이 특허법 제148조 제6호의 '사건'이란 '현재 특허심판원에 계속 중인 당해 사건'을 의미하는 것이고,16) 거절결정 불복심판 사건은 등록무효심판 사건과의 관계에서 '현재 특허심판원에 계속 중인 당해 사건과 동일사건'이라고 볼 수는 없으므로, 양 심판에 같은 심판관이 관여한다고 하여 위 규정의 제척사유에 해당한다고 보기는 어렵다. 위 판결은, 거절결정 불복심판에서 거절결정을 취소하는 심결이 심사국 환송 후 심사관을 기속한다는 점을 고려하여,17) 거절결정 불복심판의 원결정 취소 심결이 특허여부결정과 실질적으로 하나의 절차와 같이 기능한다는 점을 염두에 두고, 제척사유를 인정한 것이라고 해석된다.18) 거절결정 불복심판이 등록무효심판과의 관계에서 실질적으로 전

---

13) 특허법원 1998. 8. 27. 선고 98허3484 판결(확정).
14) 특허법원 1998. 8. 27. 선고 98허4869 판결(확정). 위 98허3484 판결과 같은 재판부에서 같은 날 선고된 판결이다.
15) 특허법원 2000. 8. 17. 선고 2000허3463 판결(확정).
16) 위 판결에 적용되는 특허법 규정은 2001. 2. 3. 법률 제6411호로 개정되기 전의 특허법 제148조 제6호로서 "심판관이 사건에 대하여 심사관 또는 심판관으로서 사정 또는 심결에 관여한 경우"로 규정되어 있었는데, 위 규정의 '사정'은 2001. 2. 3. 개정법에서 일본식 용어 순화 차원에서 '특허여부결정, 특허이의에 대한 결정'으로 변경되었다가, 2006. 3. 3. 법률 제7871호로 개정법으로 특허이의신청제도가 폐지되면서 '특허여부결정'만 남게 된 것이니, 위 판결에 적용되는 규정과 현행법의 규정은 결국 같은 내용이다[특허청, 우리나라 특허법제에 대한 연혁적 고찰-조문별 특허법 해설(2007), 819-820면].
17) 특허법 제176조 제3항(디자인보호법 제72조의33 제3항).

심으로서의 성격을 갖는다고 보기는 어려우므로, 위 판결이 실질적으로 전·후심의 성격을 갖는 심결에 특허법 제148조 제6호를 적용한 사례라고 할 수는 없지만, 위 규정을 실질적으로 해석함으로써 형식적 해석으로 인하여 야기되는 부당한 결과를 방지하려 했다는 점에서는 같은 의의를 가진다고 할 것이다.

이 외에, 파기환송 전의 제1차 거절결정에 관여한 심사관이 환송 후의 제2차 거절결정에 다시 관여한 사안에 관하여, 대법원은 제척사유에 해당한다고 판단하였다.19)20)

나. 적용을 부정한 사례 검토

먼저, 전·후 권리범위확인심판이 별도로 제기된 사안에서 이전의 권리범위확인심판에 관여한 심판관이 후행 권리범위확인심판에 관여할 수 있다거나,21) 정정심판에 관여한 심판관이 같은 특허에 대한 무효심판에 관여하였다 하더라도 제척사유에 해당하지 않는다는 특허법원 판결이 있다.22) 이들 판결은 전후 두 심판이 서로 병존적으로 제기될 수 있는 심판으로서 전심과 후심의 의미를 가지지 않는 사안에 관한 것이므로 타당한 결론에 이른 것이라고 생각된다.

다음, 특허이의신청에 따른 취소결정 불복심판의 심결에 관여한 심판관이 이와 별도로 제기된 무효심판의 심결에 관여한 사안에서, 특허법원은 제척사유에 해

---

18) 정상조·박성수 공편(박준석 집필 부분), 앞의 책, 580면.

19) 대법원 1982. 6. 22. 선고 81후30 판결.

20) 1946. 10. 15. 군정법령 제91호로 제정된 특허법에서는 심사관 제척사유로 심판관 제척사유 가운데 제6호 규정은 제외하고 나머지 제척사유만을 준용하였으나, 1961. 12. 31. 법률 제950호로 개정된 특허법부터 1990. 1. 13. 법률 제4207호로 개정되기 전의 특허법까지는 모든 심판관 제척사유가 심사관 제척사유로 준용되도록 규정하였고, 1990. 1. 13. 개정으로 다시 제6호 규정은 준용되지 않는 것으로 변경되었다. 따라서 위 대법원 81후30 판결의 사안은 현행법으로는 심사관 제척사유에 해당하지 않게 된다. 이러한 제6호의 준용 배제에 관하여는, 심사관에게 다른 사유는 없고 단지 전에 특허여부결정에 참여했다는 것만을 이유로 들어 제척시키는 것은 효율적이지 않다는 점이 강조되어, 심판관과 달리 심사관에게는 제6호 소정의 사유는 제척사유로 하지 않는 것으로 개정되었다고 설명된다[정상조·박성수 공편(신진균 집필 부분), 특허법 주해 Ⅰ(박영사, 2010), 849면].

21) 특허법원 2004. 4. 9. 선고 2003허1857 판결(확정).

22) 특허법원 1998. 9. 3. 선고 98허1822 판결(확정). 위에서 본 특허법원 98허4869(확정). 위 98허3484 판결과 같은 재판부에서 선고된 판결이다. 이 사안에서 정정사유는 '불명료한 기재석명'으로 독립특허요건과 무관한 것이었으나, 정정심판의 내용이 독립특허요건 판단으로 무효심판의 판단과 실질적으로 중복되는 경우라 하더라도, 무효와 정정은 공격방어방법의 성격을 가져 같은 절차 내에서 판단됨이 오히려 적절한 측면이 있으므로, 심판관 제척 사유로 보지 않는 것이 타당하다(더구나 정정불허의 경우 후행 무효심판에서는 정정 전 청구범위를 심판대상으로 삼게 되어, 정정심판과 판단 대상도 달라진다고 볼 수 있다).

당하지 않는다고 판단하였다.23) 위 판결은, 특허법 제148조 제6호의 취지는 심판관이 그 사건의 선행절차에 관여한 경우 그 후행절차로서 계속되는 당해 사건의 심판에 다시 관여하는 경우에는 그 심판의 공정성을 해할 수 있다는 데에 있다는 점을 밝히면서, 등록된 특허권에 대한 이의신청에 대하여 특허취소결정 및 그 결정에 대한 불복심판 절차가 마련되어 있고, 이와 병존적으로 등록된 특허에 대한 무효심판도 제기할 수 있어, 이의신청에 따른 취소결정불복심판과 무효심판은 선·후행 관계에 있지 않으니, 제척사유로 인정되지 않는다고 구체적으로 이유를 설시하고 있다. 즉, 위 판결은 실질적으로 전심의 성격을 갖는 심결에 관여한 심판관은 특허법 제148조 제6호에 의하여, 실질적으로 후심의 성격을 갖는 심결에 관여할 수 없다는 점을 밝힌 것으로서 타당하다.

4. 이 사건에의 적용

특허법 제148조 제6호의 '사건'의 의미를 형식적으로 해석한다면 정정심판을 정정무효심판과의 관계에서 '현재 특허심판원에 계속 중인 당해 사건과 동일사건'이라고 보기 어려우나, 정정심판과 정정무효심판은 실질적으로 전심과 후심의 의미를 가지는 심판절차로서 예단을 가진 심판관의 배제를 핵심으로 하는 특허법 제148조 제6호의 취지상 동일사건에 해당한다고 보는 것이 타당하고, 따라서 정정심판의 심결에 관여한 심판관은 위 규정에 따라 정정무효심판의 심결에 관여할 수 없다고 보아야 한다.

Ⅳ. 결   론

대상판결은 특허법 제148조 제6호 소정의 심판관 제척사유의 취지가 심판관의 예단을 배제하여 심판의 공정성을 유지하고자 함에 있음에 주목하여, 정정심판의 주심 심판관이 정정무효심판의 주심 심판관으로 관여하는 것은 위 규정의 취지상 심판관 제척사유에 해당된다고 보아야 한다는 점을 최초로 밝힌 것으로서 그 의의가 있다고 하겠다.

---

23) 특허법원 2003. 8. 22. 선고 2002허4002 판결. 이 판결에 대해 상고되어 대법원 2005. 2. 18. 선고 2003후2218 판결로 상고기각되었으나, 상고심에서는 심판관 제척 여부가 다루어지지 않았다.

88. 공유인 특허권의 지분에 대한 무효심판을 청구할 수 있는지 여부

[대법원 2015. 1. 15. 선고 2012후2432 판결]

정태호(원광대학교 법학전문대학원 교수)

I. 사실의 개요

원고회사는 원고회사의 공동대표이사 중 1인인 피고 1 및 원고회사의 감사 및 전무이사 등으로 재직하다가 퇴직한 피고 2와 "메타아르세나이트 염을 함유한 항암제 조성물"을 발명의 명칭으로 하는 특허권의 공유자이며, 해당 발명의 발명자는 피고들이라고 특허등록원부에 기재되어 있다. 원고회사는 특허권의 나머지 공유자인 피고들을 상대로 이 사건 특허권 중 피고들의 지분에 대한 무효심판청구를 하였다. 해당 무효심판청구에서 원고회사는 이 사건 특허발명의 진정한 발명자인 네덜란드 회사의 대표자로부터 특허를 받을 수 있는 권리를 유일하게 승계한 반면, 피고들은 이 사건 특허발명의 발명자가 아니라고 주장하였다.

특허심판원 심결(2011. 11. 10.자 2011당2096 심결)에서는, "특허법 제133조에 규정된 바와 같이 특허의 무효심판은 특허가 특허법 제133조 제1항 각호에 해당하는 경우에 그 특허를 무효시키기 위하여 청구할 수 있는 것이지, 공유인 특허의 일부 지분권을 무효시키기 위하여 청구할 수 있는 것이 아니므로, 이 사건 심판청구는 부적법한 심판청구로서 그 흠결을 보정할 수 없는 경우에 해당하는 것이다."라는 이유로 심판청구를 각하하였다.

이러한 이 사건 심결에 대하여 원고회사는 특허법원에 심결취소소송을 제기하였는바, 특허법원 판결(2012. 6. 22. 선고 2011허11750 판결)에서는, "특허법 제133조 제1항은 같은 항 각 호의 어느 하나에 해당하는 경우에는 무효심판을 청구할 수 있다고 규정하고 있는바, 이는 이른바 제한적 열거로서 위 조항에 규정되어 있는 사유 이외에는 무효사유로 주장할 수 없다. 특허법 제133조 제1항 제2호는 제

33조 제1항 본문의 규정에 의한 특허를 받을 수 있는 권리를 가지지 아니하거나 제44조의 규정에 위반된 경우를 특허무효사유로서 규정하고 있고, 특허법 제33조 제1항 본문은 발명을 한 자 또는 그 승계인은 이 법에서 정하는 바에 의하여 특허를 받을 수 있는 권리를 가진다고 규정하고 있으며, 같은 조 제2항은 2인 이상이 공동으로 발명한 때에는 특허를 받을 수 있는 권리는 공유로 한다고 규정하고 있다. 위 각 규정으로부터 특허권의 공유자 중 일부를 상대로 그 지분권만의 무효심판을 청구할 수 있는지에 관하여 살핀다. 1. 특허법은 제133조 제1항에서 특허청구범위의 청구항이 2 이상인 때에는 청구항마다 무효심판을 청구할 수 있다고 규정하여 출원절차를 같이 한 총괄적 발명의 개념을 형성하는 1군의 특허발명 중 일부에 대한 무효심판청구가 가능함을 명시하면서도, 공유인 특허권의 일부 지분권에 대하여는 무효심판청구가 가능하다는 취지의 규정을 두지 않고 있다. 2. 특허법 제139조 제2항은 공유인 특허권의 특허권자에 대하여 심판을 청구하는 때에는 공유자 모두를 피심판청구인으로 하여 청구하여야 한다고 규정하고 있는바, 이는 특허권의 공유자 중 일부를 상대로 한 무효심판청구를 허용하지 않음은 물론, 공유인 특허권 중 일부 지분권에 대한 무효심판청구 역시 허용하지 않는 취지로 볼 수 있다. 3. 특허법 제44조는 제33조 제2항의 규정에 의한 특허를 받을 수 있는 권리가 공유인 경우에는 공유자 모두가 공동으로 특허출원을 하여야 한다고 규정하고 있고, 이를 어길 경우, 즉, 공유자 중 일부만이 특허출원을 한 경우에는 거절결정의 이유(특허법 제62조 제1호) 및 등록무효사유(특허법 제133조 제1항 제2호)가 되는바, 위 규정에 따르면 우리 특허법은 다수가 특허권을 공유하는 경우에도 그 특허권이 일체로서 발생, 소멸하는 것을 전제로 권리관계를 규정하고 있다고 볼 수 있다. 4. 이 사건의 경우와 같이 특허권의 공유자들 사이에서 특허를 받을 수 있는 권리의 존부에 관한 분쟁이 발생하는 경우에 있어서 특허법 제139조 제2항에도 불구하고 공유자 중 일부가 나머지 공유자를 상대방으로 하는 특허권의 지분권에 대한 무효심판청구를 허용할 경우, 무효심판이 확정된 지분권은 소급적으로 그 효력이 소멸될 뿐이고 무효심판이 확정되지 아니한 다른 지분권의 권리자에게 그 소멸된 지분권이 귀속된다고 보기 어려우며, 소멸된 지분권에 대하여는 권리자가 새로이 특허출원을 하더라도 특허법 제44조를 위배한 것이어서 거절결정이 될 수밖에 없게 되는 등 복잡한 문제가 발생한다. 위와 같은 사유로 특허법 제133조 제1항 제2호에 의하여 특허권의 일부 지분권에 대한 무효심판청구가 허용된다고 볼 수는 없다"는 것을 이유로 하여 원고회사의 이 사건 특허무효심판청구를 부적법하다고 보아 각하한 이 사건 심결은 적법하다고 판시하였다 (청구 기각).

이러한 판결에 대하여 원고회사는 대법원에 상고를 제기하면서 별도로 위헌법률심판제청을 신청하였는데(2012카허19), 해당 신청에서는 특허법 제139조 제2항이 특허권자의 지분권자 모두를 피심판청구인으로 기재할 것을 강제하여 무권리자의 지분만에 대한 무효심판 청구를 불허함으로써 '재판을 받을 권리'를 침해하므로 헌법 제27조 제1항1)에 위반되는 것이라고 주장하였다.

Ⅱ. 판   시

상고 기각.2)

"특허처분은 하나의 특허출원에 대하여 하나의 특허권을 부여하는 단일한 행정행위이므로, 설령 그러한 특허처분에 의하여 수인을 공유자로 하는 특허등록이 이루어졌다고 하더라도, 그 특허처분 자체에 대한 무효를 청구하는 제도인 특허무효심판에서 그 공유자 지분에 따라 특허를 분할하여 일부 지분만의 무효심판을 청구하는 것은 허용할 수 없다.

위 법리에 비추어 보면, 원심이 특허권의 공유자 중 일부가 다른 공유자의 지분에 대해 무효심판을 청구하는 것은 허용할 수 없으므로, 이 사건 특허무효심판청구는 부적법하다고 판단한 것은 정당하고, 거기에 상고이유의 주장과 같이 특허권의 공유자 중 일부의 지분에 대한 무효심판청구의 허용 여부에 관한 법리를 오해하는 등의 잘못이 없다."

Ⅲ. 해   설

1. 들어가는 말

특허권이 공유로 되는 경우는 일반적으로 공동발명자 등이 공동으로 출원하여 특허를 받거나 공유인 특허권의 지분(持分)을 양도함으로써 성립하며, 그 밖에

---

1) 모든 국민은 헌법과 법률이 정한 법관에 의하여 법률에 의한 재판을 받을 권리를 가진다.
2) 상고 기각과 아울러 위헌법률심판제청신청은 각하되었다.

공동상속 등에 의하여 성립할 수도 있는데, 이와 같은 특허권의 공유는 민법상의 합유와 공유를 혼합한 특허법 특유의 공동소유 형태라고 볼 수 있다.3) 이러한 특허권의 공유는 특허권의 본질에 반하지 아니하는 한 원칙적으로 민법상 공유에 해당하는 것으로 본다.4) 그런데 민법상의 공유에 관한 규정은 법령에 다른 규정이 없는 한 소유권 이외의 재산에도 준용되므로(민법 제278조), 특허권의 공유에는 우선 특허법의 공유에 관한 규정이 적용되고, 특허법에 규정이 없을 경우에 민법의 적용을 받게 된다.5)

특허권의 공유에 관해서는 다른 소유권과는 달리 특허법상 다음과 같은 특수한 규정들을 두고 있다. 즉, 계약으로 특별히 약정한 경우를 제외하고는 다른 공유자의 동의를 받지 아니하고, 자기 지분에 관계없이 그 특허발명을 제한없이 실시할 수 있고(특허법 제99조 제3항), 각 공유자는 다른 공유자 모두의 동의를 받지 않으면 그 지분을 양도하거나 그 지분을 목적으로 하는 질권을 설정할 수 없으며(특허법 제99조 제2항), 역시 다른 공유자 모두의 동의를 받지 않으면 특허권에 대하여 전용실시권을 설정하거나 통상실시권을 허락할 수도 없다(특허법 제99조 제4항).

이상과 같은 특허권의 공유에 관련된 제한은 특허법상 심판청구에서도 존재하는데, 공유인 특허권의 특허권자에 대하여 심판을 청구하는 때에는 공유자 모두를 피청구인으로 하여야 하고(특허법 제139조 제2항), 특허권의 공유자가 그 공유인 권리에 관하여 심판을 청구하는 때에는 공유자 모두가 공동으로 청구하여야 한다(특허법 제139조 제3항). 이것은 고유필수적 공동심판에 해당하는 것으로 볼 수 있어,6) 공동심판인 사이에 합일확정을 필수적으로 요하는 공동심판이라고 볼 수 있다.7) 따라서 공유자를 상대로 심판을 청구하는 경우에 공유자 모두를 피청구인으로 하여 심판청구를 하여야 하고, 공유자 중 일부만을 상대로 심판을 청구할 수 없으며, 이에 위반된 심판청구는 부적법하게 되는 것이다. 그리고 특허권의 공유자가 그 공유인 권리에 관하여 심판을 청구할 때에도 공유자 모두가 공동으로 청구하지 않으면 역시 해당 심판청구도 부적법하게 되는 것이다. 이에 대하여 대법원 판례는 그 입법취지를 '공유인 특허권에 관한 심판절차는 공유자 전원에게

---

3) 김원준, 특허법원론(박영사, 2009), 484-485면.
4) 특허법원 지적재산소송실무연구회, 지적재산소송실무(제3판, 박영사, 2014), 16면.
5) 中山信弘, 特許法(법문사, 한일지재권연구회 역, 2001), 303면.
6) 정상조·박성수 공편, 특허법주해 Ⅱ (박영사, 2010), 512면.
7) 김원준, 앞의 책, 487면.

합일적(合一的)으로 확정되어야 할 필요가 있다'는 점에서 찾고 있다.[8]

　이상과 같은 공유인 특허권에 관한 심판제도의 특성과 관련하여 이하에서는 특허권의 공유자 중 일부가 다른 공유자의 지분에 대한 무효심판을 청구할 수 있는지 여부를 살펴보도록 한다.

2. 특허무효심판의 대상으로서의 특허처분의 단일성(상고이유 관련)

　특허권은 발명의 완성, 특허출원, 출원공개, 심사관에 의한 심사, 특허결정, 특허료 납부, 특허원부에의 등록이라는 일련의 절차를 거쳐 발생한다(특허법 제87조 제1항). 특허결정으로부터 등록에 이르기까지의 일련의 처분을 강학상 '특허권 부여행위' 또는 '특허처분'이라고 한다.[9]

　특허무효심판은 특허처분에 의하여 일단 유효하게 발생한 특허권을 행정관청인 특허청의 행정처분에 의해 소급적으로 소멸하게 하는 특별한 쟁송절차이다.[10] 특허법 제133조 제1항[11])에서는 특허가 특허법상 규정된 무효사유에 해당하는 경우에 한하여 이해관계인 또는 심사관이 특허무효심판을 청구할 수 있도록 규정하고 있다. 그런데 하나의 단일한 특허처분에 의하여 하나의 특허권이 발생하므로, 특허무효심판의 대상이 되는 것도 하나의 특허처분이라고 할 수 있다. 물론 특허법 제133조 제1항 본문의 후단에서는 '청구범위의 청구항이 둘 이상인 경우에는 청구항마다 청구할 수 있다'라는 특칙을 규정하여, 예외적으로 특허처분의 단일성에 반하는 무효심판청구를 허용하고 있지만, 일부 공유자의 지분에 대한 무효심판청구에 관해서는 특허처분의 단일성에 반하는 무효심판청구를 허용한다는 취지의 특칙이 없다. 따라서 하나의 특허처분을 대상으로 하는 특허무효심판의 성질상 그 특허가 공유라고 하여 그 공유자 지분에 따라 특허를 분할하여 무효심판을 청구하는 것은 허용할 수 없는 것이다.

　참고적으로 공유인 특허권에 관하여 지분의 모인자인 甲과 지분의 피모인자

---

8) 대법원 1987. 12. 8. 선고 87후111 판결.

9) 한규현, "특허사정의 취소를 구하는 행정소송의 가부", 대법원판례해설(법원도서관) 66호(2006), 242면.

10) 송영식 외 6인 공저, 지적소유권법(상)(제2판, 육법사, 2013), 816면.

11) 제133조(특허의 무효심판) ① 이해관계인(제2호 본문의 경우에는 특허를 받을 수 있는 권리를 가진 자만 해당한다) 또는 심사관은 특허가 다음 각 호의 어느 하나에 해당하는 경우에는 무효심판을 청구할 수 있다. 이 경우 청구범위의 청구항이 둘 이상인 경우에는 청구항마다 청구할 수 있다.

인 乙 이외에 다른 공유자인 丙이 있는 사안에서, 진정한 권리자인 乙의 지분을 무권리자인 甲이 가지는 것으로 하여 甲과 丙이 공동출원하여 특허를 받은 지분의 모인(冒認)의 경우에는 지분과 같은 일부만의 무효화라고 하는 제도가 없는 이상, 甲의 지분 일부만의 무효화라고 하는 것은 있을 수 없으며, 단지 甲의 지분에 대한 乙의 이전등록청구만이 인정될 수 있다고 일본에서는 해석하고 있다.12)

3. 특허법 제139조 제2항이 헌법 제27조 제1항에 위반되는지 여부(위헌법률심판제청신청 관련)

앞서 언급한 바와 같이 공유인 특허권에 관한 심판 사건에 있어서는 공유자 모두가 심판의 청구인 또는 피청구인이 되어야 한다고 특허법 제139조 제2항 및 제3항에서 규정하고 있는데, 이는 특허권의 공유자들 사이에 그 특허권에 관한 법률관계를 합일적으로 확정하기 위하여 이른바 필수적 공동심판 관계에 있음을 정한 것이다(대법원 1987. 12. 8. 선고 87후111 판결). 이것은 민사소송법상 소송결과의 합일확정이 필요할 경우에 적용되는 고유필수적 공동소송에 근거하는 것이므로, 제도적인 취지상 해당 규정들이 위헌이라고 보기 어렵다.

그런데 이 사건 무효심판청구는 공유인 특허권의 지분에 대한 무효심판을 청구하는 것으로서, 일단 특허법 제133조 제1항이 정하고 있는 특허무효심판의 대상이 될 수 없다는 이유로 부적법하다고 볼 수 있다. 즉, 이 사건 무효심판청구는 특허법상 무효심판을 청구할 수 있는 대상도 되지 않고, 특허법상 무효사유 자체에도 해당되지 않는 것이다. 따라서 특허법 제139조 제2항의 위헌 여부는 이 사건 재판의 전제(前提)가 된다고 볼 수 없으므로, 이 사건 위헌법률심판제청신청은 재판의 전제성이 없어서 부적법하여 각하되어야 함이 타당하며, 나아가 이 사건에서 지분에 대한 무효심판청구를 허용하지 않을 경우 헌법 제27조 제1항의 '재판을 받을 권리'를 침해하는 것도 아니라고 볼 수 있다.

Ⅳ. 결   론

결국 특허처분은 하나의 특허출원에 대하여 하나의 특허권을 부여하는 단일한 행정행위이므로, 설령 그러한 특허처분에 의하여 수인(數人)을 공유자로 하는

---

12) 大渕哲也 外 4人 編著, 特許訴訟(上卷)(株式會社 民事法研究會, 2012), 124면.

특허등록이 이루어졌다고 하더라도, 그 특허처분 자체에 대한 무효를 청구하는 제도인 특허무효심판에서 그 공유자 지분에 따라 특허를 분할하여 무효심판을 청구하는 것은 허용될 수 없다고 봄이 타당하다. 따라서 이 사건 특허무효심판청구가 부적법하다고 본 대법원 판결은 정당하다고 볼 수 있다.

한편으로 특허를 받은 공유자 중 일부에 무권리자가 포함되어 출원·등록이 이루어진 경우, 구 특허법상으로는 정당한 권리자가 지분의 모인(冒認)을 이유로 하여 특허권 전체에 대한 무효심판청구만이 가능할 것이다. 그런데 2017. 3. 1. 시행 개정 특허법 제99조의2(특허권의 이전청구)13)에 따르면, 이 법 시행 이후 설정등록된 공유인 특허권일 경우에는14) 해당 특허권에 대하여 정당한 권리자가 무효심판을 청구할 필요 없이 공유인 특허권의 지분의 이전을 무권리자인 지분권자를 상대로 직접 청구할 수 있게 되었음을 참조할 필요가 있을 것이다.15)

---

13) ① 특허가 제133조 제1항 제2호 본문에 해당하는 경우에 특허를 받을 수 있는 권리를 가진 자는 법원에 해당 특허권의 이전(특허를 받을 수 있는 권리가 공유인 경우에는 그 지분의 이전을 말한다)을 청구할 수 있다. ② 제1항의 청구에 기초하여 특허권이 이전등록된 경우에는 다음 각 호의 권리는 그 특허권이 설정등록된 날부터 이전등록을 받은 자에게 있는 것으로 본다. 1. 해당 특허권, 2. 제65조 제2항에 따른 보상금 지급 청구권, 3. 제207조 제4항에 따른 보상금 지급 청구권. ③ 제1항의 청구에 따라 공유인 특허권의 지분을 이전하는 경우에는 제99조 제2항에도 불구하고 다른 공유자의 동의를 받지 아니하더라도 그 지분을 이전할 수 있다.

14) 특허법 일부개정 2016. 2. 29. [법률 제14035호, 시행 2017. 3. 1.] 부칙 제8조(특허권의 이전청구에 관한 적용례) 제99조의2의 개정규정은 이 법 시행 이후 설정등록된 무권리자의 특허권부터 적용한다.

15) 다만, 해당 개정 특허법 제133조 제1항 제2호에서는 무효사유로서 "제33조 제1항 본문에 따른 특허를 받을 수 있는 권리를 가지지 아니하거나 제44조를 위반한 경우. 다만, 제99조의2 제2항에 따라 이전등록된 경우에는 제외한다"고 규정하고 있어, 공유 특허권의 지분에 대한 이전등록이 이전청구에 의하여 이루어진 경우에는 특허권 전체에 대한 무효심판을 청구할 수 없도록 되어 있다.

89. 권리범위확인심판에서의 진보성 판단 여부

[대법원 2014. 3. 20. 선고 2012후4162 권리범위확인(실) 사건]

김기영(서울동부지방법원 부장판사)

I. 사건의 경위

피고는 2004. 10. 11. 등록된, 명칭을 '사료 운반차량용 사료 반송장치'로 하는 등록번호 제20-0365414호 고안(이하 '이 사건 등록고안'이라 한다)의 실용신안권자인데, 원고를 상대로 원고가 실시하는 '사료 운반차량용 사료 반송장치'(이하 '이 사건 확인대상고안'이라 한다)가 이 사건 등록고안의 실용신안등록청구범위 제1항과 제3항(이하 '이 사건 제1항 및 제3항 고안'이라 한다)의[1] 권리범위에 속한다고 주장하면서 특허심판원에 적극적 권리범위확인심판을 청구하였다. 특허심판원은 위 사건을 2012당215로 심리하여 2012. 6. 13. "이 사건 확인대상고안이 이 사건 등록고안 제1항 및 제3항 고안과 동일한 구성요소를 모두 포함하고 있으므로 그 권리범위에 속한다"는 이유로 피고의 심판청구를 인용하는 심결을 하였고, 이에 원고가 특허법원에 위 심결의 취소를 구하는 소를 제기하였으나 특허법원은 위 사건을 2012허6007호로 심리하여 2012. 12. 6. "확인대상고안은 이 사건 제1항 및 제3항 고안과 기술분야와 목적, 구성, 효과가 동일하여 그 권리범위에 속한다"는 이유로 원고의 청구를 기각하는 판결을 선고하였다.

원고는 특허법원에 위 심결의 취소를 청구하면서, "이 사건 제1항, 제3항 고안은 그 고안이 속하는 기술분야에서 통상의 지식을 가진 자가 비교대상고안 1, 2에[2] 의해 극히 용이하게 고안할 수 있는 것으로 진보성이 없어 무효로 되어야 하

---

1) 2012. 9. 24.자 2012정83호 심결에 의하여 정정되었고, 특허법원 판결 및 대상판결은 정정된 청구항을 기초로 한 것이다.
2) 비교대상고안 1은 이 사건 등록고안의 명세서에 종래기술로 제시된 '사료운반차량용 사료 반송장치'이고, 비교대상고안 2는 별도의 호증으로 제출한 증거에 기재된 '사료운반차량의 반송 겸용 사료 이송장치'이다.

므로 이 사건 등록고안은 그 권리범위가 인정될 수 없다"고 주장하였다.3) 이에 대해 특허법원은, "등록실용신안이 그 기술분야에서 통상의 지식을 가진 자가 공지의 고안으로부터 용이하게 고안할 수 있는 경우라 하더라도 그 등록실용신안이 무효심판절차를 거쳐 무효로 되지 않은 이상 권리범위확인심판에서 당연히 그 권리범위를 부정할 수는 없다"는 취지의 대법원 판결(대법원 2002. 12. 26. 선고 2001후2375 판결)을 인용하면서 위 주장을 배척하고, 이 사건 제1항 및 제3항 고안과 확인대상고안을 대비하여 위와 같이 판결하였다.4)

이에 원고가 이 사건 제1항 및 제3항 고안은 진보성이 없어 무효로 될 운명의 것이므로 그 권리범위가 인정될 수 없다고 주장하며 상고하였는바, 그에 대한 판결이 바로 대상판결이다.

II. 판   시

상고 기각.

[다수의견] 특허법은 특허가 일정한 사유에 해당하는 경우에 별도로 마련한 특허의 무효심판절차를 거쳐 무효로 할 수 있도록 규정하고 있으므로, 특허는 일단 등록이 되면 비록 진보성이 없어 당해 특허를 무효로 할 수 있는 사유가 있더라도 특허무효심판에 의하여 무효로 한다는 심결이 확정되지 않는 한 다른 절차에서 그 특허가 무효임을 전제로 판단할 수는 없다.

나아가 특허법이 규정하고 있는 권리범위확인심판은 심판청구인이 그 청구에서 심판의 대상으로 삼은 확인대상발명이 특허권의 효력이 미치는 객관적인 범위에 속하는지 여부를 확인하는 목적을 가진 절차이므로, 그 절차에서 특허발명의 진보성 여부까지 판단하는 것은 특허법이 권리범위확인심판 제도를 두고 있는 목적을 벗어나고 그 제도의 본질에 맞지 않다. 특허법이 심판이라는 동일한 절차 안

---

3) 원고는 확인대상고안이 특정되지 않았다는 주장을 하였고 법원도 이를 판단하여 원고의 주장을 배척하였으나, 이 부분은 이 글에서 다루려는 쟁점과 관계가 없으므로 자세히 기재하지 않는다.

4) 특허법원은 2012. 7. 18. 선고 2011허12319호 등록무효(실) 사건에서 정정 전의 이 사건 등록고안은 그 전부가 진보성이 없다는 판단을 하고 이와 결론을 달리한 심결을 취소하였으나, 이 사건 등록고안은 그 후 주 1)과 같이 정정되었다. 이와 관련하여 특허법원도 "이 사건 등록고안이 위와 같이 정정결정된 이상 그것이 위 무효심판절차를 통하여 무효로 되었다고 볼 수 없다고" 판시하였다.

에 권리범위확인심판과는 별도로 특허무효심판을 규정하여 특허발명의 진보성 여부가 문제되는 경우 특허무효심판에서 이에 관하여 심리하여 진보성이 부정되면 그 특허를 무효로 하도록 하고 있음에도 진보성 여부를 권리범위확인심판에서까지 판단할 수 있게 하는 것은 본래 특허무효심판의 기능에 속하는 것을 권리범위확인심판에 부여함으로써 특허무효심판의 기능을 상당 부분 약화시킬 우려가 있다는 점에서도 바람직하지 않다. 따라서 권리범위확인심판에서는 특허발명의 진보성이 부정된다는 이유로 그 권리범위를 부정하여서는 안 된다.

다만 대법원은 특허의 일부 또는 전부가 출원 당시 공지공용의 것인 경우까지 특허청구범위에 기재되어 있다는 이유만으로 권리범위를 인정하여 독점적·배타적인 실시권을 부여할 수는 없으므로 권리범위확인심판에서도 특허무효의 심결 유무에 관계없이 그 권리범위를 부정할 수 있다고 보고 있으나, 이러한 법리를 공지공용의 것이 아니라 그 기술분야에서 통상의 지식을 가진 자가 선행기술에 의하여 용이하게 발명할 수 있는 것뿐이어서 진보성이 부정되는 경우까지 확장할 수는 없다. 위와 같은 법리는 실용신안의 경우에도 마찬가지로 적용된다.

[대법관 신영철, 대법관 민일영의 반대의견] 특허가 진보성이 없어 무효로 될 것임이 명백함에도 권리범위확인심판을 허용하는 것은 특허권에 관한 분쟁을 실효적으로 해결하는 데 도움이 되지 아니하고 당사자로 하여금 아무런 이익이 되지 않는 심판절차에 시간과 비용을 낭비하도록 하는 결과를 초래하며, 특허발명을 보호·장려하고 이용을 도모함으로써 기술의 발전을 촉진하고 산업발전에 이바지하고자 하는 특허법의 목적을 달성하기 위하여 권리범위확인심판 제도를 마련한 취지에 부합하지 않는다.

권리범위확인심판이 특허가 유효함을 전제로 하여서만 의미를 가질 수 있는 절차이므로 심판절차에서는 특허의 진보성 여부 등 무효사유가 있는지를 선결문제로서 심리한 다음 무효사유가 부정되는 경우에 한하여 특허발명의 권리범위에 관하여 나아가 심리·판단하도록 심판구조를 바꿀 필요가 있다.

이러한 사정들을 종합적으로 고려하면, 진보성이 없다는 이유로 특허발명에 대한 무효심결이 확정되기 전이라고 하더라도 적어도 특허가 진보성이 없어 무효로 될 것임이 명백한 경우라면, 그러한 특허권을 근거로 하여 적극적 또는 소극적 권리범위확인심판을 청구할 이익이 없다고 보아야 하고, 그러한 청구는 부적법하여 각하하여야 한다. 그리고 위와 같은 법리는 실용신안의 경우에도 마찬가지로

적용된다.5)6)

Ⅲ. 해　　설

1. 문제의 소재

특허에 관한 분쟁은 크게 특허권 자체의 성립 및 효력에 관한 분쟁('무효쟁
송')과 특허권자와 제3자 사이의 권리행사 또는 침해에 관한 분쟁('침해쟁송')으로
나눌 수 있다.7) 우리나라는 특허심판원이 특허무효심판(그에 관한 심결취소소송은
특허법원) 등의 무효쟁송을 관할하고, 일반 법원이 침해금지, 손해배상 소송 등의
침해쟁송을 관할하는 2원적 체계를 취하고 있다.8) 즉 우리나라는 특허에 관한 무
효쟁송과 침해쟁송을 각 별도의 기관에서 관할하게 함으로써 특허의 무효 여부는
원칙적으로 특허무효심판절차를 통하여만 판단하도록 하고 있다.

그런데 우리 특허법은 권리범위확인심판제도를 두어 특허권의 무효 여부에
관한 것이 아닌 그 권리범위에 속하는지 여부에 관한 판단을 특허심판원(그 심결
취소소송은 특허법원)이 할 수 있도록 하고 있는데, 권리범위확인심판은 특허권 자
체의 성립 및 효력에 관한 것이 아니라 특허권자와 제3자 사이에서 특허권의 범
위를 정하는 것이라는 점에서 침해쟁송에 가깝다 할 것이다.9)

권리범위확인심판 및 그 심결취소소송 절차에서는 종종 특허권자의 상대방이
'특허발명에 신규성 또는 진보성이 없어 그 권리범위를 인정할 수 없다'라는 주장
을 하여왔다. 이러한 주장에 관하여 종래 대법원은, 신규성이 없어 권리범위를 인정
할 수 없다는 주장에 관하여는 일관되게 권리범위확인심판 절차에서 이를 심리·
판단할 수 있다는 견해를 취하여 왔으나,10) 진보성이 없어 권리범위를 인정할 수

---

5) 같은 취지에서, 대상판결은 실용신안에 관한 것이나 이하에서는 특허발명을 중심으로 설명
하기로 한다.
6) 위 다수의견에 대해서는 대법관 고영한의, 반대의견에 대해서는 대법관 신영철의 각 보충
의견이 있다.
7) 장낙원, "권리범위확인심판에서의 진보성 판단 여부(2014. 3. 20. 선고 2012후4162 전원합의
체판결: 공2014상, 977)", 대법원판례해설 제100호 2014년 상, 법원도서관(2014. 12), 338면.
8) 장낙원, 앞의 글, 338면.
9) 장낙원, 앞의 글, 338면 참조.
10) 대법원 1964. 10. 22. 선고 63후45 전원합의체 판결(일부 공지의 경우); 대법원 1983. 7. 26.
선고 81후56 전원합의체 판결(전부 공지의 경우까지 확대); 대법원 2004. 2. 27. 선고 2003도
6283 판결(형사사건에도 적용).

없다는 주장에 관하여는 심리·판단을 할 수 있다는 판례와[11] 할 수 없다는 판례
가[12] 공존하여 왔다.[13]

한편 일반 법원이 담당하는 침해금지, 손해배상 소송 등의 침해쟁송절차(이를
'침해소송절차'라 한다)에서도 특허권자의 상대방이 종종 '특허발명에 대한 무효심결
이 확정되기 전이라고 하더라도 특허발명의 신규성 또는 진보성이 부정되어 그
특허가 특허무효심판에 의하여 무효로 될 것임이 명백하므로 그 특허권에 기초한
침해금지 또는 손해배상 등의 청구는 권리남용에 해당하여 허용되지 아니한다'고
주장하여 왔고, 이와 관련하여 대법원은 신규성에 관하여는 일관되게,[14] 진보성에
관하여는 대법원 2012. 1. 19. 선고 2010다95390 전원합의체 판결을 통하여 기존
의 상반되는 판결들을 정리한 이래 그 판단이 가능하다는 견해를 보여 왔다.[15]

이와 같이 종래 대법원 판례 및 실무는 침해쟁송절차라는 점에서 같은 성격
을 갖는 권리범위확인심판절차와 침해소송절차에서, 신규성의 판단 여부에 관하여
는 같은 견해를, 진보성의 판단 여부에 관하여는 일관되지 않거나 다른 견해를 취
하여 왔다. 대상판결은 전원합의체판결로서 권리범위확인심판절차에서의 진보성
판단 여부에 관한 논의를 정리하였다 할 것인바, 이하 이에 관한 기존의 논의와
대상판결에 나타난 다수의견 및 반대의견을 통하여 대상판결의 의미에 관하여 살
펴보고자 한다.

---

11) 대법원 1991. 12. 27. 선고 90후1468, 1475 판결; 대법원 1997. 5. 30. 선고 96후238 판결.
12) 대법원 1998. 10. 27. 선고 97후2095 판결; 대법원 2001. 2. 9. 선고 98후1068 판결.
13) 위와 같이 견해를 달리하는 판결들이 공존하여 왔으나, 진보성을 판단할 수 없다고 한 대
    법원 97후2095호 판결 이후에는 진보성 판단을 긍정한 대법원 판례가 없고, 이에 따라 특허
    심판원이나 특허법원의 실무는 권리범위확인심판 사건에서 특허발명의 진보성을 부정할 수
    없다고 보는 것이 일반적이고, 대법원 2001. 10. 30. 선고 99후710 판결에서 인정된 자유실시
    기술 항변을 통하여 사건을 해결해왔다 한다. 장낙원, 앞의 글, 342, 347면.
14) 대법원 1992. 6. 2.자 91마540 결정(신규성 판단 인정, 진보성 판단 부정); 대법원 2001. 3.
    23. 선고 98다7209 판결(신규성 판단 인정, 진보성 판단 부정) 등.
15) 대법원은 그 외 특허발명의 무효사유인 기재불비(대법원 2002. 6. 14. 선고 2000후235 판결
    등), 실시불가능(대법원 2001. 12. 27. 선고 99후1973 판결) 등에 관하여 침해쟁송절차를 담당
    하는 법원이 판단할 수 있다고 하여 왔다. 자세히는 박정희, "특허침해소송 등에서의 당해 특
    허의 무효사유에 대한 심리판단", 개정판 특허판례연구, 한국특허법학회 편(박영사, 2012),
    520면.

2. 권리범위확인심판절차에서의 진보성 판단 여부에 관한 논의

가. 진보성 판단이 불가능하다는 견해와 논거

이 견해의 주요 논거는 아래와 같다.

① 절차의 준별과 행정행위의 공정력: 무효심판과 권리범위확인심판은 서로 그 성격이 다르고,16) 특허의 무효는 특허법 제133조에 열거되어 있는 무효사유를 무효심판절차를 통해 주장하여 판단되어야 하는 것이며, 행정행위의 공정력 이론상 비록 하자 있는 특허라도 무효심결이 확정되기 전까지는 유효한 것으로 취급되어야 하고, 무효심결이 확정되지 않는 한 다른 절차에서 그 특허가 무효임을 전제로 판단할 수 없다.17)

② 신규성 판단과 진보성 판단의 차이: 신규성 판단은 명백한 객관적 판단이 가능하나, 진보성 판단은 판단 과정이 복잡하고 가설적, 주관적 판단이 개입될 수 있으므로, 신규성 판단이 가능하다는 판례의 논리를 진보성 판단까지 확대할 수는 없다.18)

③ 입법례: 권리범위확인심판 제도는 오스트리아를 제외하고는 입법례를 찾아보기 힘든 제도로 장차 폐지되어야 할 제도인바, 만일 권리범위확인심판에서 특허발명의 진보성까지 판단할 수 있다고 한다면 무효심판제도보다도 더 이용될 것이고, 이는 무효심판제도를 형해화함은 물론 권리범위확인심판 제도의 폐지방향과

---

16) 대법원은, 권리범위확인심판은 단순히 특허나 실용신안 자체의 발명이나 고안의 기술적 범위를 확인하는 사실관계의 확정을 목적으로 하는 것이 아니고, 그 기술적 범위를 기초로 하여 구체적으로 문제된 실시형태와의 관계에 있어서 그 권리의 효력이 미치는 범위를 확인하는 권리관계의 확정을 목적으로 하는 것이라고 보고 있다. 대상판결의 다수의견 및 대법원 1983. 4. 12. 선고 80후65 판결; 대법원 1991. 3. 27. 선고 90후373 판결 등.

17) 대상판결의 다수의견.

18) 대상판결의 다수의견. 같은 취지에서 대법원 1983. 7. 26. 선고 81후56 전원합의체판결에서 등록된 특허의 전부가 공지공용인 경우에는 무효심결의 유무에 관계없이 그 권리범위를 인정할 수 없다고 판시한 것은, 판결 당시 구 특허법(1990. 1. 13. 법률 제4207호로 전문개정되기 전의 것) 제98조가 특허무효심판은 특허권의 설정등록일로부터 5년을 경과한 후에는 이를 청구할 수 없다는 제척기간을 두고 있었던 관계로, 공지공용사항을 내용으로 하는 권리라도 일단 등록을 받은 이상 5년의 제척기간만 도과하면 무효심판청구의 길이 막히게 되어 영구적·확정적으로 유효한 권리가 되게 되고, 이 경우 그 배타적 권리행사로 인하여 이미 동일한 기술을 실시하고 있던 자들의 피해가 클 것이므로, 이와 같이 억울하게 피해를 입게 되는 자들을 구제하기 위한 방안으로서 신규성 결여사유에 대해서만 효력을 제외한 것이고, 현행법하에서는 무효심판청구의 제척기간이 없어졌기 때문에 사정을 달리하게 되었으므로 위 판결의 적용범위가 지나치게 확장되는 것은 바람직하지 않다는 견해도 있다. 곽태철, 앞의 논문, 531-532면.

도 배치된다.19)

④ 특허침해소송과의 차이점: 특허침해소송에서는 '권리남용설'에 근거하여 진보성 판단이 허용되나 특허침해소송은 권리의 부존재나 무효가 아닌 권리행사의 제한사유를 이유로 하여 분쟁 당사자 사이의 권리관계를 판단하는 것이고 그 판결의 효력도 당사자 사이에서만 미친다. 반면, 권리범위확인심판은 특허권의 권리범위를 객관적으로 확인하는 데 그칠 뿐 특허권침해를 둘러싼 분쟁 당사자 사이의 권리관계를 최종적으로 확인해 주는 것이 아니고, 권리범위확인심판의 심결이 확정될 경우 심판의 당사자뿐만 아니라 제3자에게도 일사부재리의 효력이 미치는 대세적 효력이 있다는 점을 감안할 때, 권리범위확인심판에서 대인적인 권리행사 제한사유 중 하나인 권리남용 이론을 적용하는 것은 곤란하다.20)

⑤ 특허심판원 및 법원 심리의 부담: 특허가 진보성이 없어 특허무효심판에 의하여 무효로 될 것임이 명백한 경우에 그에 관한 권리범위확인심판 청구의 이익이 없다고 본다면, 심판청구의 이익이 있는지는 직권조사사항이므로, 모든 권리범위확인심판 및 이에 대한 불복절차에서 특허심판원이나 특허법원은 당사자의 주장과 관계없이 항상 직권으로 특허가 진보성이 없어 특허무효심판에 의하여 무효로 될 것이 명백한지 여부를 심리하여야 할 것이다. 이는 특허심판원이나 특허법원에 과도한 심리 부담을 주는 것이 되어 부적절하다. 권리범위확인심판에서 진보성 여부를 판단할 수 있도록 한다면 당사자 사이의 분쟁이 사실상 종료되는 경우도 있을 수는 있으나, 권리범위확인심판에서의 판단이 특허권침해소송이나 특허무효심판에 기속력을 미치지 못하는 이상 그 판단에 불복한 당사자가 위와 같은 별도의 절차를 통한 분쟁을 계속할 경우에는 오히려 당사자들로 하여금 분쟁해결에 도움이 되지 아니하는 무용한 절차에 시간과 노력을 낭비하도록 하는 결과를 가져올 뿐이다.21)

나. 진보성 판단이 가능하다는 견해와 논거

이 견해의 주요 논거는 아래와 같다.

① 특허제도의 목적과 형평의 이념: 기술의 발전을 촉진하여 산업발전에 이바

---

19) 장낙원, 앞의 글, 361-362면.
20) 대상판결에서 대법관 고영한의 보충의견 참조.
21) 대상판결에서 대법관 고영한의 보충의견.

지하도록 하는 특허법의 목적에 비추어 그 보호는 특허발명의 실질적 가치에 부응하여 부여되어야 하는 것이고, 특허권이 형식적으로 존재한다는 이유만으로 실질적으로 보호하지 않아도 될 특허권의 행사를 인정하는 것은 형평의 이념에 반하며, 이러한 법정신은 별도의 무효심판제도를 두고 있는 특허법 체계보다 우선한다.[22]

② 특허무효사유의 성격: 특허에 무효사유가 있더라도 특허무효심판 절차에서 무효로 한다는 심결이 확정되지 않는 한 특허가 무효로 되는 것은 아니다. 그렇다고 하여 그 특허에 대하여 예외 없이 무효사유가 없는 특허와 동일한 법적 지위나 효력을 부여하여야 하는 것은 아니다. 특허발명의 진보성이 없어 특허가 특허무효심판에 의하여 무효로 될 것임이 명백한 경우에는 그 특허권에 기초한 침해금지 등의 청구는 권리남용에 해당하여 허용되지 아니한다고 판시한 대법원 2012. 1. 19. 선고 2010다95390 전원합의체 판결이 바로 그러한 예외가 인정될 수 있음을 보여주는 예이다.[23]

③ 소송경제와 효율성: 무효심판절차가 구비되어 있다는 것만으로 다른 절차에서의 무효사유 판단을 전적으로 금지하는 것이 논리필연적인 것은 아니다. 분쟁의 1회적 해결이라는 관점에서도 침해쟁송절차에서 판단하면 되는 것을 그 권리범위를 부정하기 위하여 항상 무효심판을 중복하여 제기할 것을 요구하는 것은 소송경제에도 반한다. 특허에 무효사유가 있음이 명백함에도 이러한 사정을 특허무효심판 절차에 미루어 둔 채 확인대상발명이 그 특허의 권리범위에 속하는지 여부에 관한 심결을 하게 되면, 심판의 당사자는 물론 제3자조차 무효로 되어야 할 특허에 일정한 권리범위가 존재한다거나 특허법의 보호를 받을 수 있다는 그릇된 인식을 하고 이를 토대로 새로운 법률관계를 형성할 수 있어 바람직하지 아니하다. 또한, 특허권의 권리범위확인심판은 그 심판의 당사자 이외의 제3자에게 일사부재리의 효력이 미치므로 특허에 무효사유가 있음이 명백한지를 심리한 후에 그 권리확정에 나아감이 타당하다. 그렇지 아니하면 심판의 당사자는 물론 제3자조차 일사부재리의 효력이 미치는 범위 내에서 권리범위확인심판 청구를 봉쇄당하게 되어 일반 제3자의 이익을 해치게 된다.[24]

---

22) 대상판결의 반대의견 참조.
23) 대상판결에서의 반대의견에 대한 대법관 신영철의 보충의견.
24) 대상판결에서의 반대의견에 대한 대법관 신영철의 보충의견.

④ 특허심판원과 법원의 심리 부담에 대한 반박: 특허권의 권리범위확인심판에서 특허가 진보성이 없어 무효로 될 것이 명백한지를 살펴야 한다면 특허심판원이나 법원에 과도한 심리의 부담을 주고 당사자들로 하여금 시간과 비용을 낭비하도록 하게 된다는 것을 우려하는 견해가 있다. 그러나 심판청구의 이익의 유무는 직권조사사항이므로, 권리범위확인심판 사건에서 특허심판원이나 법원은 당사자의 주장 여부와 관계없이 언제나 특허에 무효사유가 있음이 명백한지를 심리·판단하여야 한다. 심판청구의 이익이 있는지를 심리하는 데 부담이 따른다고 하여 그 심리를 생략한 채 아무런 이익도 없는 심판청구를 허용할 수는 없으므로, 그러한 부담을 우려하여 권리범위확인심판에서는 특허의 무효사유에 관한 심리를 하는 것이 부적절하다고 하는 것은 본말이 전도되었다는 비판을 면할 수 없다. 오히려 특허무효심판과 권리범위확인심판을 준별하여 권리범위확인심판 절차에서는 특허의 무효 여부를 판단할 수 없도록 하는 것이야말로 단일한 분쟁을 여러 개의 소송사건으로 만들 수 있도록 허용하는 것으로서, 그 자체로 시간과 비용의 낭비와 당사자의 불편을 초래하고 특허심판원이나 법원의 부담을 가중시키는 것이 된다.25)

⑤ 신규성과 진보성 구별의 어려움: 신규성과 진보성은 엄격히 구별하기 어렵고, 양자 모두 기술에 관한 분석을 요하는 것은 마찬가지이며, 신규성이 없는 영역이나 진보성이 없는 영역은 다 같이 만인이 침해당할 염려 없이 자유롭게 사용할 수 있는 기술영역이므로, 권리범위의 해석에 있어서 공지기술을 고려할 때 신규성의 공지영역은 물론 진보성의 공지영역도 포함시켜야 한다. 권리범위확인심판에서 신규성은 있으나 진보성이 없는 특허발명에 대하여 무효로 판단할 수 없다는 부정적인 견해를 따를 경우, 심판제도가 왜곡되고 이를 이용하는 당사자들로부터 전반적인 불신이 초래된다. 특히, 신규성은 있으나 진보성이 없는 특허발명에 대하여 권리범위확인심판의 심결이 무효심판 심결의 확정 전에 이루어지느냐, 후에 이루어지느냐에 따라 결론이 달라지며, 양 심판이 특허청에 동시에 계속되었다가 같은 날 심결할 경우, 무효심판에서는 당연히 진보성이 없다는 이유로 그 특허발명에 대한 특허를 무효로 심결할 것이나, 권리범위확인심판에서는 무효인 특허발명을 일단 유효한 것으로 취급하여 확인대상발명과 대비 판단하지 않을 수 없게 되는 모순에 빠지게 되어, 결국 심판제도를 비롯한 특허제도 전반에 심각한 혼

25) 대상판결에서의 반대의견에 대한 대법관 신영철의 보충의견.

란과 폐해를 가져오게 된다.26)

다. 절 충 설

기본적으로 부정설의 입장에 서면서도, 권리범위확인심판과 무효심판이 동시에 심리되었다가 같은 날 심결이 내려지는 경우에는 예외적으로 권리범위확인심판에서도 특허발명의 진보성의 유무를 판단할 수 있다고 보아 무효심판과 권리범위확인심판의 판단을 일치시켜야 한다는 견해이다.27)

라. 사 견

권리범위확인심판 절차에서 특허발명의 진보성에 관하여 판단할 수 있는가는 무효쟁송, 침해쟁송 등 특허소송 절차의 전반적 구조, 각 쟁송의 성격, 심결 또는 판결의 효력, 사건 해결의 효율성 등 여러 가지 다양한 논점에 관하여 생각하고 결정하여야 하는 문제이다.

다만 이 문제에 관하여 결정을 함에 있어서는 다음과 같은 점도 고려할 필요가 있다. 즉, ① 비록 무효심판제도가 별도로 존재하고 있고 그 절차 내에서 특허발명의 진보성에 관하여 판단하기는 하나, 특허발명의 권리자 또는 상대방 모두 자신이 가지고 있는 권리에까지 분쟁이 확산되는 것을 염려하는 등의 이유로 무효심판을 청구하지 않고 좀 더 유연한 분쟁해결방법으로 권리범위확인심판 제도를 활용하는 경우도 있고, 이런 경우 무효심판절차를 통하여 진보성 판단이 가능하니 그 제도를 활용하라는 것은 공허한 논리가 될 수 있는 점, ② 현재 우리나라의 판례는 사실상 (비록 침해소송과 관련하여 '권리남용설'을 취하였음을 명백히 밝혔고,28) 권리범위확인심판의 심결과 침해소송 판결의 효력에 차이가 있다 하나) 침해소송절차에서는 특허발명의 진보성에 관하여 판단할 수 있으나 권리범위확인심판 절차에서는 진보성에 관하여 판단할 수 없다고 하고 있는바, '침해쟁송'이라는 같은 성격을 가진 두 가지 절차에서 위와 같이 차이를 둘 합리적 근거가 약해 보이는 점,29) ③ 권리범위확인심판 제도가 특허제도를 가진 대부분의 나라에는 없고

---

26) 대상판결의 반대의견 참조.

27) 권택수, "권리범위확인심판과 진보성의 판단―대법원 1988. 10. 27. 선고 97후2095 판결 평석―", 특별법연구 7권, 박영사(2005), 828면에서 인용.

28) 장낙원, 앞의 글, 347면 참조.

29) 이현석, "권리범위 확인심판에서 특허 무효사유의 판단가부에 대하여", Law & Technology

오스트리아 등 일부 국가에만 있는 제도이기는 하나, 특허발명의 권리범위에 관하여 발명·특허 및 관련 기술에 관하여 상당한 지식을 가진 많은 전문가가 있는 행정청(특허청)에서 비교적 단기간 내에 심리 및 판단한다는 장점이 있는 것이고, 일본이 권리범위확인심판제도를 폐지하면서 판정제도를 남겨둔 것도[30] 이런 점을 고려하였을 것으로 보이는 점 등이다.

3. 대상판결의 의의

대상판결은 권리범위확인심판 및 그 취소소송 절차에서 특허발명의 진보성에 관하여 판단할 수 있는가라는 문제에 관한 기존의 논의를 정리하고 '판단할 수 없다'는 방향을 제시하였다는 점에서 의미가 있다. 그러나 위 사견에서 밝힌 바와 같이 이 문제는 우리나라 특허소송제도 일반에 관한 검토를 비롯하여 좀 더 다양한 논점에 관한 검토를 거쳐 해결하여야 할 필요가 있다.

제12권 제2호(2016. 3), 서울대학교 기술과법센터, 50면 참조.
30) 장낙원, 앞의 글, 349면.

90. 특허청구범위에 약리기전을 부가한 의약발명의 정정 인정 여부

[대법원 2014. 5. 16. 선고 2012후238, 245 판결]

조명선(특허심판원 수석심판관)

Ⅰ. 사실의 개요

X(피고, 상고인, 피심판청구인)는 1996. 5. 3. 국제출원(우선권 주장일 1995. 6. 6. 등)하여 1999. 3. 18. 등록번호 제202155호로 등록받은 "알러지성 안질환을 치료하기 위한 독세핀 유도체를 함유하는 국소적 안과용 제제"라는 명칭의 이 사건 특허발명의 특허권자이다. Y(원고, 피상고인들, 심판청구인)는 X를 상대로 이 사건 특허발명은 비교대상발명들로부터 진보성이 인정되지 않으므로 무효로 되어야 한다고 주장하며 특허심판원에 2009당2210으로 등록무효심판을 청구하였다.

특허심판원은 무효심판 중의 X의 정정청구는 특허청구범위를 감축하는 것이거나 구성을 보다 명확하게 하는 정정에 해당한다는 이유로 이 사건 정정청구를 받아들인 후, 정정된 발명은 비교대상발명 1, 2와 대비하여 신규성 및 진보성이 인정된다는 이유로 무효심판 청구를 기각하는 심결을 하였다. 이에 대하여 Y가 특허법원에 2011허4769, 2011허5717(공동소송참가)로 제기한 심결취소소송이 대상판결의 원심이다.

원심은 2011. 12. 23. 이 사건 정정청구 중 정정사항 3(인간 알러지성 결막염 치료용도를 '인간 결막 비만세포를 안정화하여'라는 약리기전을 부가한 것)은 단순히 약리기전을 추가한 것이므로 특허법 제136조 제1항 제2호의 '잘못 기재된 것을 정정하는 경우'에 해당하지 않고, 약리기전이 추가되지 않더라도 활성성분의 '인간 알러지성 결막염 치료용도'를 특징으로 하는 의약용도에 관한 발명이라는 것을 명확히 알 수 있으므로 같은 항 제3호의 '분명하지 아니하게 기재된 것을 명확하게 하는 경우'에 해당한다고도 볼 수 없는바, 이 사건 정정청구는 부적법하고, 정정 전

의 이 사건 특허발명은 비교대상발명 4¹⁾로부터 신규성 및 진보성이 부정된다면서
이 사건 심결을 취소하는 판결을 하였다.

이에 불복하여 X가 제기한 상고에 대하여 대법원은 아래와 같이 판시하였다.

Ⅱ. 판   시

상고 기각.

"의약용도발명에서는 특정 물질과 그것이 가지고 있는 의약용도가 발명을 구
성한다(대법원 2009. 1. 30. 선고 2006후3564 판결 참조). 약리기전은 특정 물질에 불
가분적으로 내재된 속성에 불과하므로, 의약용도발명의 특허청구범위에 기재되는
약리기전은 특정 물질이 가지고 있는 의약용도를 특정하는 한도 내에서만 발명의
구성요소로서 의미를 가질 뿐, 약리기전 그 자체가 특허청구범위를 한정하는 구성
요소라고 볼 수 없다"

Ⅲ. 해   설

1. 이 사건 특허발명의 특허청구범위 및 정정청구 내용

가. 이 사건 제1항 발명의 특허청구범위

청구항 1. 치료학적으로 유효한 양의 11-(3-디메틸아미노프로필리덴)-6,11-디하이
드로디벤즈[b,e]옥세핀-2-아세트산(이하 '올로파타딘'이라 한다) 또는 그의 약제학적
으로 허용된 염을 함유하는, 알러지성 안질환을 치료하기 위한 국소적으로 투여할
수 있는 안과용 조성물.

나. 이 사건 제1항 정정발명의 특허청구범위(밑줄 친 부분이 정정된 내용)

청구항 1. 치료학적으로 유효한 양의 11-(3-디메틸아미노프로필리덴)-6,11-디하이
드로디벤즈[b,e]옥세핀-2-아세트산 또는 그의 약제학적으로 허용된 염을 함유하는,
<u>인간 결막 비만세포를 안정화하여 인간에서 알러지성 결막염을 치료하기 위한 국
소 투여</u> 안과용 조성물.

---

1) 심결 당시에는 제출되지 않았던 비교대상발명이다.

다. 이 사건 정정청구 내용

이 사건 정정청구 중 정정사항 1('앨러지성 안질환을 치료하기 위한'을 '인간에서 알러지성 결막염을 치료하기 위한'으로 정정)은 질환 및 대상을 한정하여 특허청구범위를 감축한 것에 해당하고, 정정사항 2('국소적으로 투여할 수 있는'을 '국소 투여'로 정정)는 투여경로를 명확히 한정하여 특허청구범위가 감축되거나 분명하지 아니한 기재를 명확하게 한 것이라는 점에서는 다툼이 없고, 다만 정정사항 3의 정정인정 여부 부분만이 쟁점이 되었다.

2. 이 사건 특허발명의 기술내용

이 사건 특허발명은 올로파타딘이라는 물질을 활성성분으로 하는 알러지성 결막염 치료용 안과용 조성물에 관한 의약용도 발명이다. 피고는 1987년에 비교대상발명 1을 통해 올로파타딘 물질 및 그의 항알러지 조성물 용도에 관한 발명을 출원한 바 있는데, 이 사건 발명은 피고가 동일성분을 '알러지성 결막염 치료용도'라는 용도로 사용하기 위한 제2의약 용도를 청구한 발명이다.

알러지 반응은 우리 몸의 방어역할을 하는 면역세포들 중 비만세포 등이 특정 외부항원을 인식하여 나타나는 일종의 과민 반응이다. 활성화된 비만세포에서 염증물질이 분비되고 작용하여 발진, 가려움증 등의 알러지 반응이 나타나는데, 이때에 분비되는 대표적 염증물질이 히스타민이다. 대부분의 항알러지 약품들은 히스타민이 그의 수용체에 결합하여 반응을 나타내는 것을 차단하는 항히스타민 효능을 갖는다.

이 사건 특허발명은, 올로파타딘이 '인간' 알러지성 안질환을 치료하기 위해 '인간 결막'의 비만세포에서 국소적으로 투여가 가능한지를 밝힌 점에 이 기술의 의의가 있다고 설명하면서, 종래에 항알러지성 비만세포 안정화 약제는 인간 결막으로부터 수득한 비만세포의 탈과립(degranulation, 비만세포로부터 히스타민 등 염증물질이 유리되는 것) 억제효과(즉, 비만세포 안정화효과)는 매우 낮았는데 이 사건 특허발명의 화합물은 항히스타민 활성뿐만 아니라 비만세포 탈과립 억제효과 또한 우수하다는 것을 효과로 제시하고 있다.

이에 이 사건의 정정사항 3은 이 사건 특허발명의 화합물이 비만세포를 안정화시켜 탈과립을 억제함으로써 결막염 유발 항원에 대한 알러지 반응을 감소시킨다는 이 약물의 약리기전을 부가하여 기재한 것이다.

3. 대상판결의 분석

가. 의약용도발명에서 특허청구범위에 기재된 '약리기전'의 의미

약리기전(pharmacological mechanism, mode of action)은 어떤 약물이 특정 용도를 나타내는 메커니즘을 의미하므로 의약용도를 기재하는 데에 이를 부가하여 기재하는 것은 그 의약용도를 다시 한번 강조하는 의미를 갖는다고 할 수 있다. 즉, 그러한 기재가 없다고 하여 그 발명의 보호범위가 달라진다고 할 수 없다. 통상 약물의 개발과정에서 특정 질병이 발생되는 여러 경로를 타겟으로 하여 이를 억제 또는 향상시키는 약물을 스크리닝하게 되고 우수한 활성을 보이는 약물을 선별한다. 그리고 나서 그 약물이 효능을 보인 특정 약리기전과 관련된 용도를 특정하여 용도발명을 청구하게 된다. 그런데 추후에 이 약물이 기존에 알려진 것과 다른 약리기전을 통해서도 동일한 질병에 효능을 보이는 내재적 성질이 있음을 발견하는 경우, 활성성분과 치료대상이 되는 질병이 동일한 이상 새로운 약리기전만이 부가된 구성으로는 선행발명으로부터 진보성을 인정받기 어려울 것이다.[2] 이에 대상 판결도 의약용도발명에서 약리기전이 갖는 의미에 대해서 먼저 살핀 후 '의약용도발명의 특허청구범위에 기재된 약리기전은 특정 물질이 갖고 있는 의약용도를 특정하는 한도 내에서만 발명의 구성요소로서 의미를 가질 뿐 약리기전 그 자체가 특허청구범위를 한정하는 구성요소라고 볼 수 없다'라고 판시한 것이라 하겠다.

나. 정정사항 3의 정정요건 인정여부

대상판결은 "올로파타딘은 그 고유한 특성으로서 '항히스타민' 약리기전과 '인간 결막 비만세포 안정화' 약리기전을 가지는 것이고, 위 두 가지 약리기전은 모두 올로파타딘에 불가분적으로 내재되어 올로파타딘이 '인간 알레르기성 결막염 치료'의 의약용도로 사용될 수 있도록 하는 속성에 불과하고 올로파타딘의 '인간 알레르기성 결막염 치료'라는 의약용도를 특정하는 이상의 의미를 갖지 아니한다"고 판시하면서 정정사항 3은 특허법 제136조 제1항 각호에 규정한 정정요건 그

---

2) 대법원은 같은 날(2014. 5. 16)에 선고한 또 다른 판결 2012후3664에서 '퍼옥시좀 증식 활성화 수용체 감마(PPARγ) 조절 유전자의 전사를 유도하는'이라는 약리기전을 부가하였을 뿐 약물 텔미사르탄의 당뇨병 예방 또는 치료라는 동일한 용도를 청구하는 발명에 대해서 같은 취지로 진보성을 부정하였다.

어디에도 해당되지 않는다고 판단하였다.

다. 대상판결에 대한 소견

대상판결은 약리기전을 부가하는 기재에 대한 의의를 판단하고 정정사항 3의 내용이 법에서 규정한 정정요건 그 어느 것에도 해당하지 않고 더욱이 특허청구범위의 감축에 해당하지 않는다는 점을 명확히 한 점에 의의가 있다. 이를 특허청구범위의 감축에 해당한다고 보려면 항알러지 활성을 통해 결막염 치료효과를 보이는 기전 중 항히스타민 작용으로 인한 결막염 치료용도는 정정에 의해서 삭제한 것이 되어야 하는데 실제로 올로파타딘이 결막염 치료용도를 나타내기 위해서는 두 기전이 모두 작용한다고 보는 것이 타당하고 그 가운데에서 비만세포 안정화 기능만 발현되도록 인위적으로 조절할 수 있는 것이 아니라 할 것이다.3)

다만, 이러한 약리기전의 부가가 정정청구 또는 정정심판 단계에서 이루어진 것이 아니고 특허출원 당시부터 특허청구범위에 기재되어 있는 경우에는 특허심사 단계에서 그러한 약리기전에 따른 의약용도가 명확히 기재되어 있는 이상 약리기전을 부가하여 기재한 것에 대하여 '청구하는 용도가 그러한 약리기전에 의해서만 나타난다는 것인지 또 다른 기전에 의해서도 나타날 수도 있다는 것인지 알 수 없다'는 등의 기재불비 취지로 거절하지는 않는 실무를 반영해본다면, 이 사건의 정정사항 3의 내용이 단순히 인간 알러지성 결막염 치료라는 용도를 강조하기 위해 부가한 정도의 의미로 볼 수는 없는 것인지 고민의 여지가 있다. 이 사건의 정정사항 1~3은 모두 하나의 청구항에 존재하는 것으로서, 다른 정정사항 1, 2는 모두 특허청구범위의 감축에 해당한다고 보고 있으므로 결국 정정사항 3을 특별히 그에 부가한 약리기전으로 감축하는 것이 아니고 특허청구범위에 변경을 가져오지 않으면서 그의 속성을 강조하는 취지라고 보면 이 사건 정정청구는 전체적으로는 이 사건 제1항 발명의 특허청구범위를 감축한 것으로 볼 여지도 있을 것이다.

그런데, 무효심판 경과 중의 정정청구 또는 정정심판청구에서의 정정청구는 이미 등록된 권리를 정정하도록 하여 제한적으로 이를 허용하는 것이므로, 별다른

---

3) 원심도 같은 취지에서 정정사항 3으로 인하여 정정된 발명을 '항히스타민 활성은 배제하고 히스타민 방출 자체를 억제하는 인간 비만세포 안정화활성만으로 인간 알러지성 결막염을 치료하는 발명'으로 오해할 소지만 생긴다고 부가 설명하고 있다.

의미 없이 약리기전을 부가 설명하는 것으로 보아 정정을 허용한다면 이러한 무의미한 정정사항의 정정심판청구로 무효심결의 확정이 늦어지게 되고 소송이 지연되는 문제가 발생한다는 점을 고려한다면, 이러한 정정청구를 인정하는 것 또한 문제가 있다고 할 것이다. 대상판결도 이러한 측면 또한 고려하여 동일한 기재 내용이라 하더라도 일단 등록되고 공시된 이후의 정정을 하는 경우에는 추가한 내용이 정정요건에 부합하는지를 정확히 판단하여야 한다는 기준에서 이러한 결론에 도달한 것으로 파악되며 타당하다고 생각된다.4)

Ⅳ. 결   론

대상판결은 의약용도발명에서 약리기전을 부가하는 기재가 갖는 의미를 명확히 함으로써 이러한 기재를 추가하는 정정청구의 인정 여부에 대해 기준을 제공한 첫 판례라고 하겠다. 특히 이러한 기재가 정정요건의 충족여부 판단에 있어서는 특허출원서에 처음부터 있었던 경우와 달리 취급될 수 있다는 점에서 정정요건 판단 시 참고하여야 할 의미있는 판례라고 하겠다.

---

4) 박태일, "의약용도발명에서 해당질병과 함께 약리기전을 부가하는 정정이 정정요건에 해당하는지 여부" 대법원 판례해설 2014 상 298면.

91. 확정 심결의 일사부재리에서 '동일 증거'의 의미

[대법원 2013. 9. 13. 선고 2012후1057 판결]

김신(전주지방법원 부장판사, 전 특허법원 판사)

I. 사실의 개요

① 원고는 2005. 3. 3. 명칭을 '정제 포장장치'로 하는 특허발명(이하 '이 사건 특허발명'이라 한다)의 진보성이 1990. 11. 1. 공개된 일본 공개실용신안공보에 실린 기술(이하 '이전 비교대상발명'이라 한다)과 원심 판시 비교대상발명 2에 의하여 부정된다는 이유 등으로 이 사건 특허발명에 대한 등록무효심판을 청구하였다. ② 이에 대하여 특허심판원은 2006. 1. 27. 이전 비교대상발명과 비교대상발명 2에는 이 사건 특허발명의 원심 판시 구성 2에 대응하는 구성이 나타나 있지 않아 이 사건 특허발명의 진보성이 부정되지 않는다는 이유 등으로 원고의 심판청구를 기각하는 심결을 하여 그 심결이 확정되었다(이하 위 심결을 '이전 확정 심결'이라 한다). ③ 그런데 원고는 다시 2010. 5. 17. 이 사건 특허발명은 원심 판시 비교대상발명 1에 의하여 그 진보성이 부정된다는 이유 등으로 다시 등록무효심판을 청구하였고(이하 '이 사건 등록무효심판청구'라 한다), 이를 기각한 심결의 취소소송절차에서 원심은 비교대상발명 1이 실려 있는 갑 제8호증은 이전 확정 심결의 증거와 다른 것으로서 그 결론을 번복할 만한 유력한 증거에 해당하므로 이 사건 등록무효심판청구는 일사부재리의 원칙에 저촉되지 아니한다는 취지로 판단하면서 심결 취소 판결을 하였다. ④ 이에 대하여 피고는 대법원에 원심 판결의 파기를 구하는 상고를 제기하였다.

Ⅱ. 판   시

상고기각.

1. 일사부재리의 원칙을 정한 구 특허법(2001. 2. 3. 법률 제6411호로 개정되기 전의 것, 이하 같다) 제163조는 "심판의 심결이 확정 등록되거나 판결이 확정된 때에는 누구든지 동일 사실 및 동일 증거에 의하여 그 심판을 청구할 수 없다"고 하여 일사부재리의 원칙을 규정하고 있으나, 확정된 심결의 결론을 번복할 만한 유력한 증거가 새로이 제출된 경우에는 위와 같은 일사부재리의 원칙에 저촉되지 아니한다.

2. 동일 사실에 의한 동일한 심판청구에 대하여 전에 확정된 심결의 증거에 대한 해석을 다르게 하는 등으로 그 심결의 기본이 된 이유와 실질적으로 저촉되는 판단을 하는 것은 구 특허법 제163조가 정한 일사부재리 원칙의 취지에 비추어 허용되지 않으나, 전에 확정된 심결의 증거를 그 심결에서 판단하지 않았던 사항에 관한 증거로 들어 판단하거나 그 증거의 선행기술을 확정된 심결의 결론을 번복할 만한 유력한 증거의 선행기술에 추가적, 보충적으로 결합하여 판단하는 경우 등과 같이 후행 심판청구에 대한 판단 내용이 확정된 심결의 기본이 된 이유와 실질적으로 저촉된다고 할 수 없는 경우에는, 확정된 심결과 그 결론이 결과적으로 달라졌다고 하더라도 일사부재리 원칙에 반한다고 할 수 없다.[1]

Ⅲ. 해   설

1. 일사부재리의 의의

특허법 제163조는 "이 법에 의한 심판의 심결이 확정된 때에는 그 사건에 대하여는 누구든지 동일 사실 및 동일 증거에 의하여 다시 심판을 청구할 수 없다. 다만, 확정된 심결이 각하심결인 경우에는 그러하지 아니하다"라고 규정하고 있는

---

[1] 원심은 기본적으로 이 사건 특허발명의 진보성이 비교대상발명 1에 의해 부정된다고 판단하고, 부가적으로 비교대상발명 1과 이전 확정 심결의 선행기술이었던 비교대상발명 2의 결합에 의해서도 진보성이 부정된다고 판단하였는데, 대상 판결은 원심의 위 부가적 판단 부분에 대하여 "'전에 확정된 심결의 증거의 선행기술을 확정된 심결의 결론을 번복할 만한 유력한 증거의 선행기술에 추가적, 보충적으로 결합하여 판단하는 경우'에는 일사부재리 원칙에 반하지 않는다"고 판시한 것이다.

데, 이를 확정 심결의 일사부재리라 한다.

2. 일사부재리의 근거

확정 심결에 일사부재리의 효력을 인정한 것은, ① 서로 모순·저촉되는 심결이 발생하는 것을 방지함으로써 확정 심결의 신뢰성과 권위를 유지하도록 하고, ② 남청구를 방지하여 동일한 심판에 대하여 특허심판원이 반복하여 다시 심판하거나 상대방이 다시 심판절차에 응하여야 하는 번거로움을 면하도록 하기 위한 것이다.

3. 일사부재리의 요건

가. 동일 사실

'동일 사실'이란 동일 권리에 대하여 동일한 원인을 이유로 하는 특정한 사실을 말한다. 따라서 같은 무효의 효과를 발생시키는 사유라도 신규성의 흠결, 진보성의 결여, 산업상 이용가능성의 결여 등은 각각 별개의 사실을 구성한다. 권리범위확인 사건에서는 확인대상발명과 이에 대비되는 특허발명에 의하여 동일 사실인지 여부가 판단되므로 그 중 하나라도 상이한 경우에는 동일 사실이라고 볼 수 없다.[2]

나. 동일 증거

이에 대하여는 아래 6항에서 자세히 검토한다.

다. 동일 심판

'동일 심판'이란 청구취지의 대상이 되어 있는 권리가 동일하고 종류가 동일한 심판을 말한다. 거절결정불복심판청구와 등록무효심판청구는 동일한 심판이 아니지만,[3] 적극적 권리범위확인심판과 소극적 권리범위확인심판은 동일한 심판으로 본다.[4]

---

2) 특허법원 2006. 11. 17. 선고 2006허1513 판결(확정) 참조.
3) 특허법원 2009. 4. 24. 선고 2009허1729 판결(대법원 심리불속행 기각으로 확정) 참조.
4) 대법원 2012. 5. 24. 선고 2012후757 판결 참조.

라. 심결 이유 중의 사실 및 증거

일사부재리의 객관적 범위를 판단함에 있어 기준이 되는 동일 사실 및 동일 증거는 확정 심결의 이유에서 거론되었던 것이어야 한다. 심결 이유 중에 다루어지지 않았던 사실 및 증거와의 관계에서는 심결의 모순·저촉이라고 하는 문제가 발생하지 않기 때문이다. 대상 판결도 "'전에 확정된 심결의 증거를 그 심결에서 판단하지 않았던 사항에 관한 증거로 들어 판단하는 경우'에는 일사부재리 원칙에 반하지 않는다"고 판시하고 있다.

4. 일사부재리의 효력

우리나라 특허법에서는 확정 심결의 일사부재리가 심결의 당사자나 그 승계인뿐만 아니라 일반 제3자에 대하여도 대세적으로 효력을 갖는다.[5) 한편 일사부재리는 심판의 적법요건이므로, 이에 위반하여 제기한 새로운 심판청구는 부적법하여 각하되어야 한다(특허법 제142조 참조).

5. 일사부재리 판단의 기준 시점

특허법 제163조에서의 심결이 확정되었는지 여부를 심판청구시를 기준으로 판단할 것인지, 심결시를 기준으로 판단할 것인지에 대하여는 많은 논란이 있었는데, 대법원은 2012. 1. 19. 선고 2009후2234 전원합의체 판결을 통해 기존의 '심판시설'에서 '심판청구시설'로 판례를 변경하였다.

6. 일사부재리에서 '동일 증거'의 의미

가. 학   설

'동일 증거'의 의미에 관하여는 다음과 같은 학설이 있는데, 그 중 형식증거설, 쟁점증거설, 증거동일성설은 협의설로 분류되고, 중요증거설, 동일법규내증거설은 광의설로 분류된다. 일반적으로 협의설을 취하면 일사부재리의 적용범위가 좁아져서 재심판의 허용 가능성이 높아지는 반면, 광의설을 취하면 일사부재리의

---

5) 이러한 일사부재리의 인적 범위 확대와 관련한 비교법적 검토를 하여 보면, 오스트리아는 1973. 10. 17. 헌법재판소의 위헌판결로 일사부재리의 대세효를 폐지하였고, 일본도 2011. 6. 8. 법률 제63호로 개정된 특허법 제167조에서 심결의 효력이 당사자와 참가인에게만 미치도록 하였다(김종석, "일사부재리 원칙의 판단기준 시점", 사법20호, 사법발전재단, 232-233면 참조).

적용범위가 넓어져서 재심판의 허용 가능성이 낮아지게 된다.

(1) **형식증거설**: 동일 증거의 의미를 문자 그대로 동일 사실을 증명하기 위한 증거가 형식상 완전히 동일한 경우를 의미한다고 보는 견해이다. 그러나 이 견해는 동일 증거의 범위를 너무 좁게 해석함으로써 재심판을 허용하는 범위가 너무 넓어져서 남청구를 방지하려는 일사부재리의 근거가 몰각될 수 있어 타당하지 않다.

(2) **쟁점증거설**: 이전 심결에서 이미 인정받은 쟁점에 관한 증거는 새로운 증거라도 동일 증거에 해당하여 재심판이 허용되지 않지만, 이전 심결에서 배척된 쟁점에 관한 증거는 그 증거가치의 경중을 묻지 아니하고 동일 증거에 해당하지 아니하여 재심판을 허용하여야 한다는 견해이다. 그러나 일반적으로 일사부재리가 문제되는 경우는 이전 심결에서 배척된 쟁점에 관하여 새로운 증거를 제출하는 경우일 것이므로, 실제에 있어서 형식증거설과 별다른 차이가 없어 역시 타당하지 않다.

(3) **증거동일성설**: 공개특허공보와 이를 실시한 제품의 설명서와 같이 설사 증거의 출처가 다르더라도 증거내용이 실질적으로 동일하다면 동일 증거라고 보는 견해이다.

(4) **중요증거설**: 동일 증거의 의미를 전의 확정 심결을 뒤집을 수 있을 정도로 중요한 증거가 아닌 것으로 보는 견해로서, 증거의 가치를 중시하여 동일 증거의 개념을 넓게 해석한다. 이에 의하면 새로운 심판청구 사건에서 새로운 증거를 부가하거나 전혀 새로운 증거를 제출하더라도 전의 확정 심결을 뒤집기 어려운 경우에는 동일 증거로 보나, 전의 확정 심결과 결론을 달리하게 되는 경우에는 동일 증거가 아니라고 보게 된다.

(5) **동일법규내증거설**: 동일 사실과 동일 증거를 서로 관련시켜서 동일 법규의 구성요건사실을 증명하기 위하여 사용되는 증거이면 증거의 내용이 다르더라도 동일 증거에 해당하여 일사부재리의 효력을 받는다고 보는 견해이다. 그러나 이 견해는 특허법 제163조가 일사부재리의 적용요건에 관하여 '동일 사실'이라고만 규정하지 아니하고 '동일 사실 및 동일 증거'라고 규정한 취지에 반하고, 재심판의 허용 가능성이 너무 낮아져서 본래 특허를 받아서는 아니 될 발명이 특허를 받은 경우 이를 무효로 할 수 있는 길을 사실상 봉쇄하는 것이므로 타당하지 않다.

나. 대법원 판례

대법원은 일관하여 "일사부재리의 원칙에 있어서 동일 증거에는 전에 확정된 심결의 증거와 동일한 증거만이 아니라 그 심결을 번복할 수 있을 정도로 유력하지 아니한 증거가 부가되는 경우도 포함하는 것이다"는 취지로 판시하여 '중요증거설'을 유지하고 있다.6)

다. 검   토

확정 심결의 일사부재리 효력은 '동일 증거'에 의한 경우에만 인정되어, 동일한 사실에 관한 동일한 심판청구라도 그것이 '동일한 증거'에 의한 것이 아닌 때에는 이를 허용하고 있다. 이는 심결이 확정되면 당사자뿐만 아니라 당해 심판절차에 직접 관여하지 아니한 일반 제3자에 대하여도 일사부재리 효력이 발생하기 때문에, 당사자가 심판의 수행을 제대로 못하여 필요한 증거를 제출하지 못함으로써 그 특허무효심판청구가 배척된 경우에도 새로운 증거를 갖추어 무효임을 충분히 입증할 수 있는 제3자의 심판청구를 봉쇄하는 것은 제3자의 이익을 해할 뿐만 아니라 특허가 부여되어서는 아니 될 발명에 특허가 부여되는 결과가 되므로, 한편으로는 모순·저촉되는 심결의 발생을 방지하고 남청구를 방지하면서 다른 한편으로는 본래 특허를 받아서는 아니 될 발명이 특허를 받은 경우에는 널리 이를 무효로 할 수 있는 길을 열어주고 있는 것이다.

따라서 확정 심결의 일사부재리에서 '동일 증거'의 의미는 일사부재리의 근거 및 특허제도의 목적 등을 고려하여 합리적으로 해석하여야 하는데, 앞서 본 바와 같이 '증거동일성설'과 '중요증거설'을 제외한 나머지 견해들은 타당하지 않다. 한편 우리나라 대법원 판례의 입장인 '중요증거설'은 다음과 같은 문제가 있다.7)

첫째, 중요증거설은 심판청구의 적법요건과 실체 판단을 혼동하고 있다. 이에 의하면 각하심결과 인용심결만 있고 기각심결은 없는 결과가 된다.

둘째, 중요증거설에 의하면 일사부재리 적용 여부의 판단이 사실상 본안 심리가 거의 종료된 시점에야 가능하므로 심판절차의 경제성이라는 측면에서 별로 도움이 되지 않는다.

---

6) 대상 판결 및 대법원 2005. 3. 11. 선고 2004후42 판결 등.

7) '중요증거설'에 대하여 비판적인 견해에 대하여는 오충진, "일사부재리의 판단기준", 특허판례연구(2012), 박영사, 909면; 권택수, "일사부재리의 원칙", 특허소송연구(1집), 162면 등 참조.

셋째, 중요증거설을 일관되게 적용하면, 전에 확정된 심결의 증거와 전혀 다른 새로운 증거를 제출한 경우에도 그 증거만으로 전의 확정 심결을 번복할 수 없는 경우에는 이를 동일 증거로 보게 되는데, 이는 특허법 제163조의 법문에 반하는 지나친 확장해석이 된다.

넷째, 일사부재리의 대세효 규정은 연혁적으로 오스트리아의 구 특허법을 수계한 일본의 구 특허법에 의해 수계되었는데, 오스트리아에서는 헌법재판소의 위헌판결로, 일본에서는 2011년 특허법 개정으로 각각 일사부재리의 대세효 규정이 폐지된 점 및 우리나라에서도 일사부재리의 대세효 규정에 대하여 입법적 재검토가 필요하다는 의견이 있는 점 등에 비추어 볼 때, 확정 심결의 일사부재리 적용 범위를 너무 넓히는 것은 바람직하지 않다.[8]

다섯째, 새로운 심판청구에서 제출된 증거가 전의 확정 심결(1차 심결)에서의 증거와 실질적으로 동일하지 않으면서 전의 확정 심결을 번복할 수 있을 정도로 유력하지 않은 경우, '증거동일성설'에 의하면 새로운 심판청구(2차 심판청구)는 일사부재리에 위반되지 않으므로 특허심판원은 본안 판단을 하여 '기각' 심결을 할 것이고, '중요증거설'에 의하면 새로운 심판청구는 일사부재리에 위반되어 특허심판원은 '각하' 심결을 할 것이다. 위와 같은 2차 심결 후 다시 심판청구인이 2차 심결에서의 증거와 실질적으로 동일한 증거를 제출한 경우, '증거동일성설'에 의하면 2차 심결인 '기각' 심결에는 일사부재리의 효력이 발생하므로 특허심판원으로서는 3차 심판청구에 대하여 본안 판단을 할 필요가 없고, 상대방도 다시 심판에 응해야 하는 번거로움을 피할 수 있어 일사부재리의 근거에 부합하는 반면에, '중요증거설'에 의하면 2차 심결인 '각하' 심결에는 일사부재리의 효력이 없으므로 특허심판원으로서는 3차 심판청구에 대하여 다시 본안 판단까지 해야 하고, 상대방도 다시 심판에 응해야 하므로 일사부재리의 근거에 반하게 된다.

그러므로 일사부재리를 규정하고 있는 특허법 제163조의 법문에 충실하고, 본안 판단에 앞서 쉽게 동일 증거 여부를 판단할 수 있는 장점이 있으며, 일사부재리가 심판청구의 적법요건이라는 점에도 부합하는 '증거동일성설'이 위와 같은 비판을 받는 '중요증거설'보다 더 타당하다고 생각한다.

물론 '증거동일성설'에 대하여도 동일성이라는 개념 자체가 불명확하다는 비판이 제기될 수 있으나, 실무상 전의 확정 심결에서 제출되었던 증거와 내용이 실

---

8) 각주 5 및 김종석, 앞의 논문, 240면 참조.

질적으로 동일하거나 동일 여부가 불명확한 증거가 제출되는 경우가 많지 않을 뿐만 아니라, 이와 같은 비판은 개별 사례의 축적 등을 통해 '실질적 동일성'의 개념을 확립해 나감으로써 충분히 극복할 수 있다.

한편 '특허권자가 그와 결탁한 자로 하여금 등록무효심판을 청구하도록 하면서, 특허발명의 진보성을 부정시킬 수 있는 유력한 비교대상발명들을 증거로 제출하도록 하되, 그 진보성을 부정시키기에 적합한 비교대상발명들의 조합을 일부러 누락시키게 하는 등 부실한 주장을 하게 함으로써 청구기각의 심결을 받아 이를 확정시킴으로써 일사부재리의 대세효에 의해 제3자가 다시 동일 증거 및 동일 사실에 의하여 심판청구를 하는 것을 원천 봉쇄하는 것'과 같은 특수한 사례에 있어서는 그 구체적 타당성 있는 해결을 위하여 '중요증거설'이 유용할 수 있다는 반론이 가능하다. 그러나 이와 같은 문제는 실제 발생할 가능성이 많지 않을 뿐만 아니라, 특허법 제159조의 직권심리나 특허법 제179조의 사해심결에 대한 불복청구 등을 통해 해결할 수 있고, 위와 같은 규정에 의한 해결이 미흡하다면 일사부재리의 대세효에 관한 위헌법률심판제청이나 입법론적인 재검토를 통해 근본적으로 해결하여야 한다고 생각한다.

Ⅳ. 결   론

대법원은 '일사부재리 판단의 기준 시점'에 관해서는 2012. 1. 19. 선고 2009후2234 전원합의체 판결을 통해 '심결시설'에 대한 비판을 수용하여 '심판청구시설'로 견해를 변경하여 일사부재리의 확대 적용을 경계하는 입장을 취하였으나, '동일 증거'의 의미에 관해서는 대상 판결을 통해 기존 대법원 견해인 '중요증거설'을 다시 한 번 확인함으로써 일사부재리를 여전히 넓게 적용하고 있다. 그러나 확정심결의 일사부재리에서 '동일 증거'의 의미에 관한 '중요증거설'에 대하여는 앞서 본 바와 같이 많은 비판이 있는 바, 경청할 만한 비판이라고 생각한다. 앞으로 이에 대한 심도 있는 연구를 기대한다.

92. 취소판결에 따른 특허무효심판에서의 정정청구

[대법원 2010. 2. 11. 선고 2009후2975 판결]

김승조(법무법인 율촌 변리사, 전 특허심판원 심판관)

Ⅰ. 사실의 개요

X(원고, 피청구인)는 발명의 명칭이 '초소형 전자 상호접속요소용 접촉팁 구조체와 그 제조방법'인 특허 제324064호(이하 '이 사건 특허발명')의 특허권자인데, Y(피고, 청구인)가 2004. 3. 19. 이 사건 특허발명에 대한 특허무효심판을 청구한 이후, 특허심판원 2004. 11. 30.자 2004당586 심결로 청구 기각, 특허법원 2006. 2. 9. 선고 2004허8749 판결로 심결 취소,[1] 대법원 2008. 4. 24. 선고 2006후688 판결로 상고 기각되어 특허심판원으로 환송되었고, 특허심판원 2008. 7. 14.자 2008당(취소판결)67호 심결로 심판청구가 인용된 후,[2] 특허법원 2009. 7. 24. 선고 2008허10993 판결로 청구 기각되고, 이에 X는 대법원에 상고하였다.[3]

---

1) 피고 Y는 특허법원에서 특허심판원에서는 제출한 적이 없는 새로운 증거를 제출하였고, 특허법원은 이 새로운 증거를 바탕으로 무효가 아니라는 심결을 취소하였다.

2) 취소판결에 따른 심판단계에서 심판관은 당사자로 하여금 취소판결의 소송절차에서 제출되었던 증거를 다시 제출하도록 통지만 하고 실제로 제출받지 아니한 채 피청구인에게 의견 제출이나 정정청구의 기회를 주지 않고 바로 심결을 하였다. 취판심결의 심결문은 "제1차 심결을 취소한 특허법원 2006. 2. 9. 선고 2004허8749 판결은 대법원 2008. 4. 24. 선고 2006후688 판결에 의하여 확정되었고, 위 취소판결이 확정된 때부터 특허심판원에 심판청구인이 이를 주장한 점을 제외하고는 양 당사자로부터 새로운 사실의 주장이나 증거제출이 없었으므로, 취소판결의 이유와 같이 이 건 특허 제324064호 발명의 특허청구범위 제1, 4, 7, 11, 14, 15, 21, 23 및 24항에 기재된 발명은 신규성 내지 진보성이 없고, 제9항에 기재된 발명은 진보성이 없는 것으로, 구 특허법(1998. 9. 23. 법률 제5576호로 개정되기 전의 것) 제29조 제1항, 제2항 및 제133조 제1항 제1호의 규정에 의하여 무효가 되어야 한다"라는 것이었다.

3) 특허권자 X의 또 다른 특허인 특허 제312872호에 대한 특허무효심판의 경우도 비슷한 과정을 거쳐 특허법원 2009. 4. 30. 선고 2008허6482 판결(이하 '관련판결'이라 한다)로 무효라는 취지의 취판 심결을 지지하였고, X는 상고하였다. 상고심인 대법원 2009. 11. 12. 선고 2009후1699 판결에서는 같은 권리에 대해 별도로 제기된 특허무효심판에서 무효라는 취지의 심결이 대법원에 의해 확정되어, 무효확정된 특허를 대상으로 판단한 심결은 위법하나 심결 취소를 구하는 이 사건 소는 법률상 이익이 없어 부적법하므로 원심판결을 파기하면서 소를 각하하였다.

Ⅱ. 판   시

상고 기각.

1. 기록에 비추어 살펴보면, 원심이 그 판시와 같은 이유로, 대법원의 상고기각 판결(2006후688)에 의해 확정된 특허법원의 취소판결(2004허8749)에 따라 다시 열린 이 사건 심판절차에서 특허심판원이 이 사건 심결이유로 "특허법원 취소판결의 기본이유와 같이 이 사건 특허발명의 특허청구범위 제1, 4, 7, 11, 14, 15, 21, 23및 24항에 기재된 발명은 신규성 내지 진보성이 없고, 제9항에 기재된 발명은 진보성이 없는 것으로 구 특허법(1998. 9. 23. 법률 제5574호로 개정되기 전의 것) 제29조 제1항, 제2항 및 제133조 제1항 제1호의 규정에 의하여 무효가 되어야 한다"라고 기재한 데에 심결 이유 기재방식에 관한 위법이 없다고 판단하였음은 정당하고, 상고이유로 주장하는 바와 같은 판결에 영향을 미친 법리오해 등의 위법이 없다.

2. 기록에 비추어 살펴보면, 원심이 그 판시와 같은 이유로, 특허심판원이 특허법원의 취소판결에 따라 다시 심판을 진행하면서 당사자로 하여금 취소판결의 소송절차에서 제출되었던 증거를 다시 제출하도록 통지하였으나 당사자로부터의 증거제출이 없어 이를 실제로 제출받지 아니한 채 이 사건 심결을 하였더라도, 그러한 사정만으로 곧바로 원고에게 증거조사결과에 대한 의견을 제출할 기회를 주지 않았다거나 증거의 제출로 인한 정정청구의 기회를 박탈한 위법이 있다고 할 수 없다는 취지로 판단하였음은 정당하고, 상고이유로 주장하는 바와 같은 판결에 영향을 미친 법리오해 등의 위법이 없다.

Ⅲ. 해   설

1. 문제의 제기

대상판결은,4) 특허심판원은 직권으로 증거조사와 심리를 할 수 있고, 이 사건에서 특허심판원이 직권으로 조사할 수 있는 증거는 특허법원의 소송절차에서 이미 당사자 사이에 충분한 공방이 이루어진 증거이고, 특허심판원은 특허법원의 취소판결에 있어서 취소의 기본이 된 이유에 그대로 기속되어야 하므로, 통상의

---

4) 대상판결의 원심인 특허법원 2009. 7. 24. 선고 2008허10993 판결을 포함하여 논의한다.

절차에서 직권으로 증거조사한 결과를 송달하고 의견제출의 기회를 주도록 하거나 무효심판청구인의 증거서류의 제출시 정정청구의 기회를 줄 수 있도록 하는 규정이 이와 같은 경우에까지 그대로 적용된다고 보기 어려워서, 특허법원의 취소판결에 따른 심판에서 당사자로 하여금 취소판결의 소송절차에서 제출되었던 증거를 다시 제출하도록 통지만 하고 실제로 제출받지 아니한 채 심결을 하였다고 하더라도, 직권 증거조사의 결과에 대한 의견을 제출할 기회를 주지 않았다거나, 증거의 제출로 인한 정정청구의 기회를 박탈한 위법이 있다고 할 수는 없다고 판시한다.

그러나 대상판결에 따르면 특허권자인 피청구인은 특허법 제133조의2 제1항이 규정하고 있는 특허무효심판절차에서의 정정청구를 할 수 있는 기회를 박탈당하는 문제가 있다.5)

2. 취소판결에 따른 심판절차

특허심판원의 심결을 취소하는 판결이 확정된 때에는 심판관은 다시 심리를 하여 심결 또는 결정을 하여야 한다.6) 이 규정은 심결취소소송에서 특허법원은 그 청구가 이유 있다고 인정한 때 스스로 특허권을 부여하거나 특허를 무효로 하는 등의 행정처분을 할 수는 없고, 사건 처리를 특허청으로 위임해야 하는 것을 명확하게 한 것으로, 심결 취소 판결의 확정으로 특허심판원이 다시 심리하는 절차에 관하여 특허법이 별도의 규정을 두고 있지 않지만, 심판이 처음 청구된 경우에 준하여 당사자에게 심리가 다시 진행된다는 사실을 알리고 주장과 증거를 제출할 수 있는 기회를 부여하는 것이 마땅하다.7)

---

5) 특허법원에서 새로 증거를 제출하는 경우에 피청구인은 정정심판을 통해 정정할 수 있는 기회를 가질 수 있다는 반론이 예상되나, 이러한 반론에 대해서는 동의하기 어렵다. 이 부분은 후술하기로 한다.

6) 특허법 제189조 제2항.

7) 특허법원 1999. 10. 14. 선고 99허4026 판결(확정). 이 사건에서 특허심판원은 적극적 권리범위확인심판청구에 대해 권리범위에 속한다는 인용심결을 하였고, 특허법원은 (가)호 발명은 피청구인이 실시하지 않는 것이어서 보정이 가능하다면 (가)호 발명의 보정을 명하는 등의 조치를 취하여야 하는데 이를 하지 않아 위법하다는 이유로 심결을 취소하였고, 취소판결에 따른 심판에서 특허심판원은 (가)호 발명이 피청구인이 실시하지 않는 것이어서 확인의 이익이 없다는 이유로 심결각하를 하였다. 이러한 취판 심결에 대한 불복 소송에서 특허법원은, 청구인에게 심판번호 및 심판관지정통지를 하지 아니하여 청구인은 그러한 내용을 알지 못해 자신의 주장과 증거(전 심판에는 제출되지 아니하였으나 특허법원에 새로 제출되었던 증거를 포함)를 제출하거나 (가)호 설명서를 보정할 기회를 부여받지 못했으므로 심결은 위

한편, 관련판결인 특허법원 2009. 4. 30. 선고 2008허6482 판결에서는 "특허심판원의 심결이 확정판결에 의하여 취소되고 이에 따라 다시 심리가 진행되는 심판절차는 종전의 심판절차가 속행되는 것일 뿐 새로운 심판절차라고 할 수 없으므로, 심판청구가 있는 경우 심판청구서 및 답변서 부본의 송달에 관한 규정인 특허법 제147조 제1항과 제2항이 위 심판절차에 적용된다고는 할 수 없다. 또한 변론주의 아래에서 준비서면의 송달에 관한 민사소송법 제273조의 규정이 직권주의가 적용되는 특허심판절차의 심판의견서에 당연히 준용된다고 볼 수도 없다"라고 하면서, 종전의 심판절차에 이어 다시 심리를 진행하는 심판관으로서는 당사자가 심판의견서를 제출한 경우에 이를 상대방에게 송달하지 않아도 특허법 제147조 제1항과 제2항의 규정에 위배되지 않는다고 판시한다.

특허심판원의 실무에 따르면, 특허법원 또는 대법원으로부터 심결이 취소 확정된 사건은 새로이 심판번호를 부여하고 심판관지정통지를 한 후 다른 심판사건의 처리절차와 동일하게 다시 진행되고, 취소의 기본이 된 이유는 그 사건에 대하여 특허심판원을 기속한다고 한다.8) 다만, 심결문 간소화에 관한 지침 제3조 제2항은, "심판관은 당사자가 특허심판원에 제출하지 아니한 새로운 주장 사실과 증거를 법원에 제출하여 심결의 취소가 확정된 경우에는 법원에 제출된 동일사실 및 동일증거를 당사자에게 다시 제출하지 않고 법원의 판결문을 인용하여 심결문을 작성한다"라고 규정하고 있다. 그러나 특허심판원 예규인 '심결문 간소화에 관한 지침'은 심결의 취소판결이 확정된 사건으로서 취소된 때부터 일방당사자 또는 쌍방의 당사자에 의하여 특허심판원에 새로운 주장 사실 및 증거 제출이 없는 심판사건에 대해 심결문을 간소하게 기재하자는 지침으로서,9) 취소판결에 따른 심판절차에서 정정청구의 기회를 새로 부여할 필요가 있는지에 대한 고민이 전혀 반영되지 않은 채 단순히 심결문의 간소화에만 초점을 맞춘 상기 지침의 제3조 제2항은 개정이 필요하다.

취소판결에 따른 심판절차는 특허법상 별도의 규정이 없이 특허심판번호를 새로 부여하여 진행하는 것을 보면, 새로운 심판의 절차 진행으로 보아야 하고, 다만 원 심판절차에서 밟았던 절차의 효력은 유지하면서10) 취소판결에 있어서 취

법하다고 판시한다.
8) 심판사무취급규정 제80조 내지 제82조; 특허심판원, 심판편람(2010), 833면.
9) 심결문 간소화에 관한 지침 제2조.
10) 예컨대, 원 심판절차에서 제출하였던 증거는 다시 제출할 필요가 없을 것이고, 답변서 제출

소의 기본이 된 이유에 기속되는 것으로 보는 것이 타당하다고 생각한다.

3. 직권심리에 있어서 의견진술의 기회 부여

특허심판에서는 심판절차의 심리와 관련해서 민사소송법의 변론주의 대신 당사자주의를 채택하여 당사자 또는 참가인이 신청하지 아니한 이유에 대하여도 이를 심리할 수 있지만, 당사자 및 참가인에게 기간을 정하여 그 이유에 대하여 의견을 진술할 수 있는 기회를 주어야 한다.[11]

대상판결에서는, 특허법원에 새로 제출한 증거는 특허심판원이 직권으로 조사할 수 있는 증거로서 특허법원의 소송절차에서 이미 당사자 사이에 충분한 공방이 이루어진 증거이므로, 별도의 의견제출의 기회를 주거나 정정청구의 기회를 줄 필요가 없다고 한다.[12] 그러나 취소판결에 따른 심판에서 특허심판원이 당사자가 특허법원에서 새로 제출한 증거를 제출하지 않았거나 제출하였음에도 별도로 상대방에게 통지하지 않고 심결하는 것이 공익적 관점에서 당사자 또는 참가인이 신청하지 아니한 이유에 대하여도 심리할 수 있는 것을 의미하는 직권심리로 볼 수 있는지 의문이고, 가사 이러한 심리가 직권심리에 따른 것이라 하더라도 직권심리에 의한 경우에는 정정청구의 기회(의견진술의 기회가 아닌)를 줄 필요가 없다고 볼 수 있는지 의문이다.

대상판결은 의견진술의 기회를 단순히 자신의 견해를 밝히는 것으로 좁게 보았지만 취소판결에 따른 특허무효심판 절차에서 의견진술의 기회는 피청구인이 단순히 자신의 의견을 밝히는 것에 그치는 것이 아니라 정정청구의 기회를 부여하는 것을 의미한다.

4. 취소판결의 기속력에 있어서 새로운 증거

특허심판원의 심결 또는 결정을 취소하는 판결이 확정되면 확정판결의 취소

기간의 경우도 새로 진행되는 것은 아니라고 보아야 할 것이다.
11) 특허법 제159조 제1항.
12) 대상판결의 경우 청구인이 특허심판원에 증거를 제출하지 않았고, 관련판결에서는 청구인이 특허법원에서만 새로 제출한 증거를 특허심판원에 제출하였지만, 특허심판원은 피청구인에게 송달하여 별도로 의견진술의 기회나 정정청구의 기회를 주지 않고 바로 심결하였다. 관련판결에서는 이러한 심결이 직권심리에 의해 문제없다고 적시한 것은 아니지만, 직권주의가 적용되는 특허심판절차에서는 심판의견서를 상대방에 대한 송달하여 그에 대한 의견을 제출할 수 있는 기회를 주지 않았다고 하여 상대방이 의견을 제시할 기회를 박탈하였다거나 위법하다고 보기는 어렵다고 판시한다.

의 기본이 된 이유는 그 사건에 대하여 특허심판원을 기속한다.13) 이와 같은 확
정판결의 효력을 기속력이라 하고, 여기서 '취소의 기본이 된 이유'는 행정소송법
상의 기속력의 객관적 범위인 '판결주문 및 그 전제로 된 요건사실의 인정과 효력
의 판단'과 같은 것으로 본다.14)

　　대상판결에서는, 취소판결에 따른 심판에서 취소판결의 결론을 번복하기에 족
한 증명력을 가진 새로운 증거의 제출이 없었으므로 취소판결의 기본이 되는 이
유에 맞게 심결의 이유를 기재하고 주문을 내려야 하고, 별도의 의견제출의 기회
를 주거나 정정청구의 기회를 줄 필요가 없다고 한다. 그러나 특허심판원에서 증
거제출의 기회를 부여하지 않았음에도 불구하고 새로운 증거의 제출이 없었으므
로 정정청구의 기회를 부여할 필요가 없다는 논리는 받아들이기 어렵고, 확정된
취소판결의 효력에 반하는 특허심판원의 심결을 막고자 하는 기속력의 문제가 어
떻게 피청구인의 의견제출의 기회 부여 및 정정청구의 기회 부여와 관련이 있는
지에 대해서는 알 수 없다. 기속력이란 확정된 취소판결의 기본이 되는 이유에 기
속된다는 것인데, '판결의 기본이 되는 이유'에 의견진술기회와 정정청구기회의 박
탈을 포함하는 것으로 볼 수는 없는 것이다.

5. 새로운 증거서류의 제출에 따른 정정청구 기회 부여

　　2001. 2. 3. 특허법 개정을 통해 특허무효심판이 특허심판원에 계속되고 있는
경우에는 정정심판을 청구할 수 없는 대신에 정정청구를 할 수 있도록 한 취지는
통상의 정정심판이 특허무효심판에 대한 방어수단으로 청구되는 경우가 많기 때
문에 하나의 절차 내에서 신속하게 심리할 수 있도록 하자는 것이다.

　　대상판결은 특허법원에서 새로 제출한 증거는 이미 충분한 공방이 이루어진
증거일 뿐만 아니라 특허심판원은 특허법원의 취소판결에 있어서 취소의 기본이
된 이유에 그대로 기속되어야 하므로 정정청구의 기회를 박탈한 위법이 없다고
판시하고 있다. 그러나 직권심리에 있어서의 의견진술 기회의 의미는 단순한 견해
표명이 아니라 정정청구의 기회를 의미하는 것이라는 점, 기속력의 문제와 정정청
구의 기회는 서로 별개의 것이라는 점 등을 고려하면 대상판결의 결론에 동의할
수 없음은 앞에서 살펴본 바와 같고, 당사자간 기회 균등의 측면에서 새로운 정정

---

13) 특허법 제189조 제2항 및 제3항.
14) 특허법원, 지적재산소송실무, 130면.

청구의 기회를 부여하는 입법취지를 고려하여 피청구인에게 정정청구의 기회를 부여하는 것이 타당하다고 생각한다.

한편, 관련판결에서는 정정청구의 기회를 부여하는 것은 심판장 재량에 해당하므로 취소판결에 따른 심판에서 청구인이 특허법원에만 제출하였던 증거를 다시 제출하였다 해도 피청구인에게 이를 송달하고 기간을 정하여 정정청구할 수 있는 기회를 주지 않았다 해도 특허법 규정에 위반되지 않는다고 판시하였다. 그러나 상기 규정을 심판장의 재량사항으로 규정한 이유는 형식적으로는 새로운 증거의 제출이지만 실질적으로는 기 제출한 증거와 동일한 경우를 배제하기 위한 것이라는 점, 정정청구의 기회 여부는 특허권의 존속 여부와 밀접한 관련이 있으므로 정정청구 기회를 부여하지 않는 것에 대해서는 제한적으로 운용되어야 한다는 점, 관련판결의 입장이 일반적인 심판절차와 달리 취소판결에 따른 심판절차에서만 심판장이 재량으로 정정청구의 기회를 주지 않아도 되는 것인지, 만일 그렇다면 그 근거는 어디에 있는지 알 수 없다는 점을 고려하면, 실질적으로 새로운 증거의 제출이 있는 경우에는 정정청구의 기회를 허용하도록 심판장의 재량은 제한되는 것으로 새겨야 할 것이다.

이 사건에서와 같이 특허법원에서 새로 제출한 증거로 인해 심결이 취소된 이후 취소판결에 따른 심판에서 정정청구의 기회를 주지 않는 것은 피청구인에게 가혹하다는 주장에 대해 특허법원 계속 중에 피청구인은 특허심판원에 정정심판을 청구할 수 있다는 반론이 가능하다. 그러나 이러한 반론은 특허무효심판절차 중에 정정청구를 할 수 있도록 정정청구 제도를 도입했음에도 정정심판을 청구하라고 강요하는 것이라는 점, 청구인이 새로운 증거를 특허법원에서 제출하여 발생한 상황임에도 불구하고 피청구인에게 새로운 절차를 다시 밟으라고 강요하는 것이 정당하지 못하다는 점, 막상 정정심판을 청구하였다 해도 특허법원이 정정심판의 결과를 기다려 절차를 중지하는 실무가 정착된 것도 아니라는 점, 권리자 입장에서 보면 특허법원에서는 정정 전 내용으로 방어하면서 정정심판 단계 또는 새로운 무효심판에서의 정정청구를 하는 단계에서 정정 후의 내용으로 방어를 해야 하는 불리한 위치에 처한다는 점, 이러한 실무가 정착되면 특허심판원 단계에서부터 모든 증거를 제출하면서 심판을 받는 것이 아니라 필요에 따라 유력한 증거를 특허법원에만 제출하여 특허심판원을 사실상 우회하여 심판절차가 필요적 심판전치가 아닌 선택적 심판전치로 되어 특허심판원의 형해화를 초래한다는 점을 종합

하여 보면 동의하기 어렵다.15)

6. 대상판결의 검토

정정제도는 무효사유를 안고 있는 특허권의 존재를 예정하고 이를 치유할 기회를 부여한다는 것에 그 존재 이유가 있다. 즉, 특허권자는 상대방이 제출한 무효 증거를 살피고 나서 정정여부를 결정할 수 있고, 이는 특허법이 보장하고 있는 것이다. 그런데 대상판결은, 특허법원에서 새로 제출된 증거에 의해 심결이 취소되고 이후 특허심판원은 특허법원의 판결 내용만으로 심결을 하여 특허심판원에서는 무효여부와 관련한 판단을 제대로 받을 기회가 없었고, 피청구인은 정정청구의 기회를 가지지 못하였음에도 불구하고 아무런 문제가 없다고 하고 있는데, 이러한 결론에는 동의하기 어렵다.

물론 확정된 특허권의 권리범위가 정정으로 인하여 변경되어, 정정 이전에 당사자가 밟았던 많은 절차가 무의미하게 되는 문제가 심각한 것 또한 사실이다. 그러나 이러한 문제의 근본 원인이 정정제도의 존재 자체로 인한 것이라고 볼 수는 없다. 이 사건에 있어서 정정청구 기회가 상실되는 것은 특허법원이 특허심판원에서 제출하지 않았던 새로운 주장과 증거를 아무런 제한 없이 받아들이는 데서 발생한 것이다. 따라서 심결취소소송에서의 심리범위 문제와 정정청구 기회 부여의 문제를 어떻게 형평을 이룰 것인가에 초점을 맞출 일이지, 이 사건에서와 같이 정정청구의 기회를 아예 박탈하는 해결방법에는 동의할 수 없다. 적절한 정정청구의 기회부여에 대한 후속 논의를 기대해 본다.

---

15) 특허법원 계속 중에 피청구인이 정정심판을 청구하고자 할 때, 청구인이나 청구인과 이해관계를 같이 하는 제3자가 또 다시 특허무효심판을 청구하면 정정심판을 할 수 없다는 문제점도 있다. 물론 이 경우에 다시 정정청구를 할 수 있지만, 이 경우에도 무효심판청구를 취하하면 정정청구도 취하한 것으로 보기 때문에 계속해서 정정심판의 기회는 생기지 않을 수 있다. 다소 작위적인 장면을 상정한 것이지만, 피청구인의 불리한 입장을 대변해 주는 또 하나의 예라고 볼 수 있다.

Ⅶ. 심결취소소송

93. 심결취소소송의 심리범위

[대법원 2002. 6. 25. 선고 2000후1290 판결]

박원규(서울중앙지방법원 부장판사, 전 특허법원 판사)

I. 사실의 개요

X는 1996. 1. 11. 출원되고 1998. 10. 29. 특허등록된 "플로어 매설용 콘센트박스"(이하 '이 사건 특허발명'이라 한다)의 특허권자이다. Y는 특허심판원에 X를 상대로 이 사건 특허발명은 그 기술분야에서 통상의 지식을 가진 사람이 비교대상발명 1, 2에 의하여 용이하게 발명할 수 있는 것이어서 진보성이 없다는 이유로 특허등록무효심판을 청구하였다. 특허심판원은 이 사건 특허발명은 진보성이 있어 그에 대한 특허등록이 무효로 될 수 없다는 이유로 Y의 심판청구를 기각하는 심결을 하였고, 이에 대하여 Y는 특허법원에 위 심결의 취소를 구하는 소를 제기하였다.

원심에서,1) Y는 특허심판원의 심결에 대한 취소소송(이하 '심결취소소송'이라 한다)절차에서 심판절차에서 비교대상발명으로 삼지 않았던 새로운 공지기술을 비교대상발명 3으로 주장·입증하면서, 이 사건 특허발명은 그 기술분야에서 통상의 지식을 가진 사람이 비교대상발명 3으로부터 용이하게 발명할 수 있는 것이어서 진보성이 없으므로 그에 대한 특허등록이 무효로 되어야 한다고 주장하였고, 원심은 Y의 주장을 받아들여 위 심결을 취소하는 판결을 하였다. 이에 X는 원심판결에 불복하여 대법원에 상고하였다.

II. 판   시

상고 기각.

---

1) 특허법원 2000. 6. 1. 선고 99허7612 판결.

대법원은, 심판은 특허심판원에서의 행정절차이고 심결은 행정처분에 해당하며 그에 대한 불복의 소송인 심결취소소송은 항고소송에 해당하여 그 소송물은 심결의 실체적·절차적 위법성 여부라 할 것이므로, 당사자는 심결에서 판단되지 않은 처분의 위법사유도 심결취소소송단계에서 주장·입증할 수 있고, 특허법원은 특별한 사정이 없는 한 제한 없이 이를 심리·판단하여 판결의 기초로 삼을 수 있으므로, 심판절차에서 주장되지 아니한 새로운 비교대상발명에 의하여 이 사건 특허발명의 진보성을 판단한 원심의 조치는 정당하다고 판시하였다.

Ⅲ. 해　설

1. 문제의 소재

심결취소소송의 심리범위는 심결취소소송에서 심결에 실체적 위법이 있는지 여부에 관하여 심리함에 있어서 심판절차에서 제기되지 아니한 새로운 위법사유의 주장이나 이를 뒷받침하는 새로운 증거의 제출을 허용할 것인지에 관한 것이다.[2] 특허법은 심결취소소송의 심리범위에 관한 규정을 두고 있지 아니하므로, 당사자가 심결취소소송에서 심판절차에서 다루어지지 아니하였던 일체의 위법사유를 주장·입증할 수 있다고 보아야 할 것인지 여부가 특허법원 개원 후 초미의 관심사로 부각되었다.[3]

아래에서는, 먼저 심결취소소송의 심리범위에 관한 종래의 학설과 특허법원의 실무를 살펴보고, 심결취소소송의 심리범위에 관하여 판단한 대상판결에 관하여 검토하기로 한다.

---

2) 심결취소소송의 소송물은 심리의 대상에 관한 문제이고, 심결취소소송의 심리범위는 심리의 대상으로 확정된 소송물에 관하여 심리함에 있어서 다룰 수 있는 주장 및 증거의 범위를 의미하므로, 소송물은 심리범위 확정의 전제가 된다. 통설과 판례는 행정처분에 대한 불복소송인 항고소송의 소송물은 행정처분의 위법성 일반이므로, 항고소송의 일종인 심결취소소송의 소송물도 심결의 위법성 일반이고, 여기에서 심결의 위법에는 절차상의 위법과 실체상의 위법이 모두 포함된다고 본다. 이에 관하여 보다 자세한 것은 강기중, "심결취소소송의 심리범위", 대법원판례해설 41호(2002. 6.) 참조.
3) 이재환, "심결취소소송의 심리범위", 정보법판례백선 Ⅰ(박영사, 2006. 4.), 708면.

2. 학   설4)

가. 무제한설

무제한설은 당사자가 심판절차에서 다루어지지 아니하였던 일체의 위법사유를 심결취소소송에서 주장·입증할 수 있고, 특허법원은 이를 채용하여 판결의 기초로 삼을 수 있다고 보는 견해이다.

무제한설은, ① 심결취소소송의 소송물을 심결에 존재하는 위법성 일반으로 보는 이상 심결취소소송에서 심판절차에서 다루어지지 아니하였던 일체의 위법사유를 주장·입증할 수 있는 것으로 해석하여야 하는 점, ② 심결취소소송의 심리범위를 심판절차에서 현실적으로 심리, 판단된 사유만으로 제한하면, 당사자는 심판절차에서 심리, 판단된 사유 이외의 다른 위법사유를 주장하고자 하는 경우 별도의 심판청구를 하여야 하는바, 이는 행정우위사상에 근거하여 헌법 제27조에 규정된 국민의 재판받을 권리를 침해하는 것이고, 소송경제에도 반하는 것인 점, ③ 특허법원은 기술전문가로 하여금 심결취소소송의 심리에 관여하고, 합의에서 의견을 진술할 수 있게 하는 기술심리관제도를 시행하고 있으므로, 비록 당사자가 심판절차에서 심리, 판단되지 아니한 새로운 사유를 심결취소소송에서 주장·입증하더라도 이에 관하여 충분히 심리할 수 있는 여건이 갖추어져 있는 점 등을 논거로 하고 있다.5)

한편, 심결취소소송의 심리범위는 소송물의 범위를 넘어설 수 없으므로,6) 무제한설에 의하더라도 당사자가 아무런 제한 없이 새로운 주장·입증을 할 수 있는 것은 아니고, 소송물의 범위 내에서 새로운 공격·방어방법을 추가할 수 있을 뿐임은 당연하다 할 것이다.

나. 제 한 설

제한설은 심결취소소송의 특수성을 고려할 때 당사자가 심결취소소송에서 주장·입증할 수 있는 사유를 심판절차에서 심리, 판단된 사유만으로 제한하여야 한다고 보는 견해이다. 제한설은 심리범위를 제한할 수 있는 근거와 범위에 따라 다

---

4) 이두형, "심결취소소송의 소송물과 심리범위", 특허소송연구 2집, 2001, 31-35면.
5) 이상경, 지적재산권소송법(육법사, 1998), 95-96면.
6) 예컨대, 등록무효심판의 심결취소소송절차에서 심판단계에서 무효심판청구의 대상으로 삼지 아니하였던 청구항에 관하여 무효를 주장할 수 없음은 당연하다.

시 아래와 같이 몇 가지 학설로 나뉜다.

(1) 실질적 증거법칙설

특허와 같이 특수한 전문기술이 필요한 행정분야에서는 심결의 사실인정이 당해 심판절차에서 제출된 실질적 증거에 기하여 이성적인 인간이 합리적으로 판단하여 도달할 수 있는 것이라고 인정되는 이상 법원은 심결의 사실인정에 구속되어야 하므로, 특별한 사정이 없는 한, 당사자가 심결취소소송에서 심결의 사실인정을 번복하기 위하여 새로운 증거를 제출하는 것은 허용될 수 없다고 보는 견해이다.

(2) 동일법조설

심결취소소송의 심리범위를 심결에서 쟁점이 된 적용법조의 범위 내로 제한하는 견해이다. 이 견해에 따르면, 당사자는 심결에서 쟁점이 되지 않았던 법조문에 규정된 사유에 관하여 주장·입증할 수 없으나, 심결에서 쟁점이 된 법조문의 범위 내에서라면 심판절차에서 심리, 판단된 사유가 아니라도 주장·입증을 할 수 있게 된다.

(3) 동일사실·동일증거설

특허소송의 소송물이 심결의 위법성 일반이라고 하더라도 심결의 실체적 위법성은 심판절차에서 심리, 판단된 사항을 넘어 존재할 수는 없는 것이고, 특허법 제186조 제6항이 심판전치주의를 채택하고 있는 것은 법원의 부담경감을 도모하려는 것 이외에 당사자에게 기술전문가인 심판관에 의하여 판단을 받을 기회를 부여하는 것에도 목적이 있으므로, 심판절차에서 심리, 판단되지 아니한 사항을 법원에서 심리, 판단할 수 있도록 하는 것은 당자사가 특허심판원에서 심판을 받을 이익을 박탈하는 결과가 되어 허용될 수 없다는 점을 근거로, 당사자가 심결취소소송에서 주장·입증할 수 있는 사유를 심판절차에서 심리, 판단된 사유만으로 제한하는 견해이다.7) 일본의 다수설과 최고재판소 판례의8) 견해이기도 하다.

---

7) 특허법원 지적재산소송실무연구회, 지적재산소송실무(제3판, 박영사, 2014), 101면.

8) 最高裁 昭和 51年 3月 10日 大法廷判決 ; 동 판결에 관한 평석으로는, 大渕哲也(김관식 역), "심결취소소송의 심리범위—메리야스 편직기 사건", 특허판례백선 제4판(박영사, 2012), 307-313면 참조.

다. 개별적 고찰설

심결취소소송의 심리범위를 심판의 종류와 성질에 따라 개별적으로 고찰하려는 견해로서, 거절결정불복심판과 정정심판 등 거절계 심판의 경우에는 특허청장이 피고로 되므로 취소소송에서 새로운 증거를 제출하더라도 피고가 기술전문가로서 충분히 대응할 수 있을 뿐만 아니라 전심판단 경유의 이익을 박탈할 염려도 없으므로 심리범위를 제한할 합리적인 이유는 없고, 당사자계 심판 중 권리범위확인심판도 사실상 당사자간 특허권의 침해를 둘러싼 민사분쟁으로 심리범위를 제한할 합리적인 이유가 없으나, 신규성과 진보성이 없음을 이유로 하는 특허무효심판의 경우에는 특허심판원과 특허법원의 기능과 권한의 합리적인 분배의 필요성과 무효심결의 대세적 효력 등을 고려하여 심리범위를 제한할 필요가 있다고 본다.9)

3. 특허법원의 실무

특허법원은 개원 이래 등록무효, 권리범위확인 사건 등 당사자계 심결취소소송의 심리범위와 거절결정불복 사건 등 거절계 심결취소소송의 심리범위를 달리 취급하여 왔다.

가. 당사자계 심결취소소송의 경우

특허법원은 권리범위확인심판의 심결에 대한 취소소송의 심리범위에 관하여, "특허법 및 이를 준용하는 실용신안법에는 특허법원의 심리범위에 관하여 아무런 규정을 두지 아니하고 있으므로 이를 해석에 의하여 보완할 수밖에 없다 할 것인데, 특허법원에는 소송의 심리에 관여하여 기술적 사항에 관하여 소송관계인에게 질문하고 재판의 합의에서 의견을 진술할 수 있는 전문기술적 지식을 갖고 있는 기술심리관제도를 채택하고 있으므로 기술적 난이도를 이유로 소송단계에서 소송관계인으로 하여금 새로운 공격방어방법을 사용하지 못하도록 제한하는 것은 국민의 정당하고 신속한 재판을 받을 권리를 침해하는 결과가 된다 할 것이고, 또한 심판은 특허청에서의 행정절차이며 심결은 행정처분에 해당하고, 그에 대한 불복의 소송인 심결취소소송은 항고소송에 해당하여 그 소송물은 심결의 실체적·절차적 위법성 여부라 할 것이어서 심결취소소송의 법원은 그 사실심리에 아무런 제

---

9) 특허법원 지적재산소송실무연구회, 앞의 책, 100면.

한 없이 스스로 심리하여 판결할 수 있다 할 것이며, 특히 이 사건과 같은 권리범위확인심판은 사실상 당사자간 실용실안권의 침해를 둘러싼 민사분쟁의 성격을 띠고 있다 할 것이므로 특허법원에서의 사실심리에 어떠한 제한을 가할 합리적인 이유가 없다"고 판결함으로써, 권리범위확인심판의 심결에 대한 취소소송의 심리범위에 관하여 제한을 두지 않음을 명확히 하였다.10)

또한, 특허법원은 등록무효심판의 심결에 대한 취소소송의 심리범위에 관해서도, 심결의 위법성 일반이 심결취소소송의 잠재적 심리범위에 해당한다거나,11) 특허법원에서는 기술에 관하여 전문지식을 갖고 있는 기술심리관이 소송의 심리에 참여하고, 국민의 신속한 재판을 받을 권리를 보장하기 위하여 필요하다는 점을12) 근거로 심결취소소송의 심리범위에 제한을 두지 아니하고 있다.

결국, 특허법원은 당사자계 심결취소소송의 심리범위에 관하여 앞서 본 무제한설의 입장을 취하고 있다 할 것이다.

나. 거절계 심결취소소송의 경우

특허법원은 거절결정불복심판 등 거절계 심결취소소송에서는 원칙적으로 피고 특허청장이 심사 및 심판절차에서 거절이유로 통지된 사유 이외의 새로운 거절사유를 주장하거나 이에 대한 증거를 제출하는 것이 허용되지 아니한다고 보고 있다.13)

특허법원은 거절계 심결취소소송의 심리범위를 제한하는 이유에 관하여, 특허법 제63조는 심사관이 같은 법 제62조의 규정에 의하여 거절결정을 하고자 할 때에는 그 특허출원인에게 거절이유를 통지하고 기간을 정하여 의견서를 제출할 기회를 주어야 한다고 규정하고 있고, 같은 법 제170조 제2항은 거절결정에 대한 심판에서 그 거절결정의 이유와 다른 거절이유를 발견한 경우에는 제63조의 규정을 준용한다고 규정하고 있으므로 "거절결정불복심판의 심결에 대한 취소소송 절차에서 특허청장이 거절이유통지에 기재되어 있지 아니한 새로운 공지기술을 들면서 거절결정 및 심결이 정당하다고 주장할 수 있다면, 출원인은 위 새로운 거절이

---

10) 특허법원 1998. 7. 3. 선고 98허768 판결; 동 판결은 심결취소소송의 심리범위에 관하여 판시한 최초의 특허법원 판결이다.
11) 특허법원 1999. 9. 14. 선고 98허2108 판결.
12) 특허법원 1999. 12. 23. 선고 99허871 판결.
13) 특허법원 1999. 7. 1. 선고 98후9871 판결, 특허법원 2001. 7. 27. 선고 2000허6752 판결 등.

유에 대하여 의견서나 보정서를 제출할 기회를 박탈당하는 결과가 되므로, 거절결정불복심판의 심결에 대한 취소소송 절차에서 새로운 거절이유의 주장 및 그 증거의 제출이 허용되지 아니"하기 때문이라고 보고 있다.[14]

이와 같은 특허법원의 태도에 대하여는, 특허법원이 거절계 심결취소소송의 심리범위에 관하여 제한설을 채택하고 있다고 보는 견해와 그렇게 볼 수 없다는 견해가 있다.

생각건대, 앞서 본 제한설은 심결취소소송의 특수성을 이유로 심결취소소송의 심리범위를 제한하려는 견해인 반면, 특허법원이 거절계 심결취소소송의 심리범위를 제한하는 것은 특허법의 규정에 의한 것이어서 심결취소소송의 특수성과는 무관하므로, 특허법원의 태도를 제한설의 한 종류로 파악하기는 어렵다고 생각된다.[15]

다. 정   리

결국, 특허법원은 심결취소소송의 심리범위에 관하여 원칙적으로 무제한설의 입장을 취하고 있고, 다만 거절계 심결취소소송의 경우에는 특허법의 규정에 의하여 특허청장이 주장·입증할 수 있는 사유를 제한하고 있다 할 것이다.

4. 대상판결에 대한 검토

가. 대상판결은 특허심판이 특허심판원에서의 행정절차이고 심결은 그 행정처분에 해당하며 그에 대한 불복의 소송인 심결취소소송은 항고소송에 해당하여 그 소송물은 심결의 실체적·절차적 위법성 여부라 할 것이므로, 당사자는 심결에서 판단되지 아니한 처분의 위법사유도 심결취소소송 단계에서 주장·입증할 수 있고, 심결취소소송을 담당하는 특허법원은 특별한 사정이 없는 한 제한 없이 이를 심리, 판단하여 판결의 기초로 삼을 수 있으며, 이와 같이 본다고 하여 심급의 이익을 해한다거나 당사자에게 예측하지 못한 불의의 손해를 입히는 것이 아니라고 판시하였다.

대상판결은 심결취소소송의 소송물과 심리범위는 일치되어야 함이 원칙이고, 상고인이 주장하는 심결취소소송의 특수성만을 이유로 심리범위를 제한할 수 없

---

14) 특허법원 2001. 7. 27. 선고 2000허6752 판결.
15) 강기중, 앞의 논문, 488면.

다는 점을 명백히 한 점에 의의가 있다.

나. 한편, 대법원은 거절결정불복심판 등 거절계 심결취소소송에서는 앞서 본 특허법원의 실무와 마찬가지로, 피고인 특허청장이 심결취소소송절차에서 심사 및 심판절차에서 거절이유로 통지된 사유 이외의 새로운 거절사유를 주장하거나 이에 대한 증거를 제출하는 것이 허용되지 아니하는 태도를 취하고 있으나, 이는 특허법이 특허출원에 대한 심사 단계에서 거절결정을 하려면 그에 앞서 출원인에게 거절이유를 통지하여 의견제출의 기회를 주어야 하고, 거절결정에 대한 특허심판원의 심판절차에서 그와 다른 사유로 거절결정이 정당하다고 하려면 먼저 그 사유에 대해 의견제출의 기회를 주어야만 이를 심결의 이유로 할 수 있도록 규정한데 따른 것이므로(특허법 제62조, 제63조, 제170조),16) 대상판결의 판시와 배치되는 것이라고 볼 수 없다.

따라서 대상판결의 판시는 원칙적으로 당사자계 심결취소소송과 거절계 심결취소소송 모두에 적용될 수 있는 것이고, 다만 특허법의 규정에 의하여 심리범위가 제한되는 경우에는 특허법의 규정이 대상판결의 판시에 우선하는 것으로 이해하여야 할 것이다.

Ⅳ. 결 론

대상판결은 심결취소소송의 심리범위에 관하여 명시적으로 판단한 최초의 대법원 판결로서 종전의 특허법원의 실무를 지지함으로써 심결취소소송의 심리범위를 둘러싼 실무상의 논란을 정리하였다는 점에서 큰 의의를 갖는다 할 것이다.

---

16) 대법원 2003. 10. 10. 선고 2001후2757 판결, 대법원 2013. 9. 26. 선고 2013후1054 판결 등.

94. 심결취소소송과 소의 이익

[대법원 2002. 2. 22. 선고 2001후2474 판결]

김철환(법무법인 율촌 변호사, 전 특허법원 판사)

I. 사실의 개요

X(원고, 상고인)는 발명의 명칭을 "7-아미노-1-사이클로프로필-4-옥소-1,4-디하이드로-나프티리딘(퀴놀린)-3-카복실산의 제조방법"으로 하는 특허발명(이하 '이 사건 특허발명'이라 한다)의 특허권자이고, Y(피고, 피상고인)는 확인대상발명인 "사이프로플록사신 모노하이드레이트의 염산 염의 제조방법"에 관한 발명의 실시자이다.

Y는 X를 상대로, 확인대상발명은 이 사건 특허발명의 권리범위에 속하지 않는다는 소극적 권리범위확인심판을 청구하였는데, 특허청 심판소는 1995. 4. 27. 이 사건 특허발명과 확인대상발명은 출발물질 및 목적물질은 동일하나 반응물질이 달라 그 구성 및 작용효과에 차이가 있으므로 확인대상발명은 이 사건 특허발명의 권리범위에 속하지 않는다는 심결을 하였다.

X는 이에 불복하여 특허청 항고심판소에 항고하였으나, 위 항고심판소도 1997. 5. 31. 마찬가지 이유로 항고를 기각하는 심결을 하였고, 이에 X는 다시 대법원에 상고하였는데, 대법원은 2000. 7. 28. 확인대상발명과 이 사건 특허발명은 상이한 발명으로 볼 수 없다는 이유로 위 항고 기각 심결을 파기하고 사건을 특허법원에 환송하였다.[1]

그런데 특허법원은 2001. 6. 22. 양 발명은 그 기술적 사상 내지 과제의 해결원리가 동일하고 확인대상발명의 반응물질은 이 사건 특허발명의 반응물질과 실질적으로 동일한 작용효과를 나타내며 그러한 치환이 그 기술분야에서 통상의 지식을 가진 자에게는 자명하기는 하지만, 이 사건 특허발명의 출원경과에 비추어 볼 때, 확인대상발명의 치환된 구성요소는 이 사건 특허발명의 청구범위로부터 의

---

1) 1995. 1. 5. 법률 제4892호로 개정된 특허법에 의하여 특허법원이 설립되면서 위 법률 시행 전에 이미 심결에 대한 항고심판이 제기된 사건은 모두 특허법원의 관할로 되었다.

식적으로 제외되었으므로 확인대상발명은 이 사건 특허발명의 속한다고 할 수 없
다는 이유로 X의 청구를 기각하였고, 이에 X는 다시 대법원에 상고하였는데, 이
사건 특허발명은 상고심 계속 중이던 2001. 9. 3. 존속기간의 만료로 소멸하였다.

Ⅱ. 판   시

파기 자판 및 소각하.

"직권으로 판단한다. 특허권의 권리범위확인심판의 청구는 현존하는 특허권의
범위를 확정하는 것을 목적으로 하는 것이므로, 일단 적법하게 발생한 특허권이라
할지라도 그 권리가 소멸되는 경우 그 소멸 이후에는 권리범위확인의 이익이 없
어진다 할 것이다(대법원 2001. 6. 15. 선고 99후1706 판결, 1996. 9. 10. 선고 94후2223
판결 등 참조). 기록에 따르니, 이 사건 특허발명(특허번호 제23468호)에 대한 권리
범위확인을 구하는 이 사건 심판(93당1488)에서 ㈎호 발명이 이 사건 특허발명의
권리범위에 속하지 아니한다는 심결이 이루어지고 그 취소를 구하는 이 사건 소
에서도 원고의 청구가 기각되었으며 원고에 의하여 상고되었던바, 상고심 계속중
인 2001. 9. 3. 이 사건 특허권은 존속기간이 만료되어 소멸하였으므로, 존속하지
않는 특허권을 대상으로 판단한 이 사건 심판의 심결은 위법한 것이라 하겠으나,
한편 이 사건 특허권이 소멸된 결과 이 사건 심판의 심결의 취소를 구할 법률상
이익도 없어졌다고 할 것이어서 이 사건 소 자체가 부적법하게 되었다. 따라서,
원심판결은 그대로 유지될 수 없으므로 원심판결을 파기하고, 이 법원이 직접 심
판하기로 하여 위와 같은 이유로 이 사건 소를 각하하며, ……"(생략)

Ⅲ. 해   설

1. 문제의 제기

대상 판결은 권리범위확인심판에 관한 심결취소소송의 진행 중 당해 특허권
이 소멸하였음을 이유로 원고로서는 더 이상 심결의 취소를 구할 법률상 이익이
없어졌다고 한 사례이다. 이러한 심결취소소송에서의 소의 이익 문제는 특허법원
이 생기기 전의 심리구조가, 당사자계 사건(정정심판 포함)의 경우 ① 특허청 심판
소, ② 특허청 항고심판소, ③ 대법원, 사정계 사건의 경우(정정심판 제외) ① 특허

청 항고심판소, ② 대법원으로 이루어져 있던 때에는 심판청구의 이익만이 문제되었을 뿐 별도로 소의 이익이 문제될 여지가 없었다. 그러나, 1998. 3. 1. 특허법원이 개원하면서 특허법원이 특허심판원의 심결 등에 대한 취소소송을 담당하는 제1심 사실심 법원이 되었고, 특허법원의 판결에 대하여는 대법원에 상고를 할 수 있도록 하여, 심결에 대하여는 ① 특허법원, ② 대법원으로 이어지는 심급구조가 새로이 정립되었고, 그에 따라 종래와 같은 심판소 및 항고심판소와 법원 사이의 직접적인 심급적 연결관계가 모두 단절되게 되어, 심결취소소송에 고유한 소의 이익이 새롭게 문제되었다.

2. 소의 이익의 요부 및 판단시점

심결취소소송에서 소의 이익이 필요한지 여부에 관하여 논란이 있을 수 있으나,2) 현행 특허법상 특허법원의 심결취소소송은 특허청의 심판과 사이에 심급적 연결을 가지지 않고 오직 특허법원과 대법원이 심급적 연결이 되어 있을 뿐이고, 심결취소소송은 기본적으로 행정소송의 일종으로서 행정소송에 있어서와 마찬가지로 원고적격 외에 별도로 소의 이익을 필요로 한다고 하는 것이 일본에서의 통설이고,3) 우리나라에서도 이에 대한 반대 견해는 없는 것으로 보인다. 따라서 원고적격을 가진 자에 의하여 심결취소소송이 제기되었더라도 심결의 취소를 구할 법률상의 이익을 없는 경우에는 그 소는 소의 이익이 없어 부적법하게 된다.4)

심결취소소송의 소의 이익의 판단시점에 관하여, 우리 대법원은 소송요건을 원칙적으로 사실심 변론종결시를 기준으로 판단하면서도, 특허무효심결에 대한 심결취소소송이 상고심에 계속 중 특허를 무효로 하는 심결이 확정되어 소멸한 경우 심결이 위법하게 되지만 그 심결의 취소를 구할 법률상 이익도 없어졌다고 보아 원심판결을 파기하고 직접 판결하여 소를 각하함으로써,5) 사실심 변론종결 이후에 발생한 사정도 함께 고려하고 있는 것으로 보인다.

---

2) 특허법 제186조 제2항은 심결취소소송의 원고가 될 수 있는 자를 당사자, 참가인 또는 당해 심판이나 재심에 참가신청을 하였으나 그 신청이 거부된 자로 한정하고 있어, 심결취소소송의 원고적격을 가지는 자는 당연히 심결취소소송에서 소의 이익이 있는가 하는 의문이 들여지도 있다.
3) 이상경, "특허심결취소소송에 관한 일고찰", 사법논집 제28집(법원도서관), 336면.
4) 예컨대, 심결에서 승소한 당사자는 심결 취소를 구할 소의 이익이 없고, 심결에서 결론적으로 승소한 당사자가 심판청구취지를 확장하기 위하여 심결취소소송을 제기하는 등의 경우에는 심결 취소를 구할 법률상의 이익이 없다.
5) 대법원 2001. 5. 8. 선고 98후1921 판결.

3. 심결취소소송의 소의 이익의 특수성

심결취소소송 역시 행정소송으로서의 항고소송의 성질을 가지고 있지만, 심결취소소송에서의 행정처분은 심결이라고 하는 준사법적 판단을 그 대상으로 하고 있고, 특허심판원의 심결은 합의체로서의 심판관이 내리는 최종적인 판단으로서, 심결이 확정되면 그 사건에 대하여는 누구든지 동일사실 및 동일증거에 의하여 다시 심판을 청구할 수 없는 일사부재리의 효력이 있고(특허법 제163조), 또 심판의 당사자뿐만 아니라 일반 제3자에게도 심결의 구속력이 미치는 대세적 효력이 있으며, 나아가 확정 심결은 재심사유가 없는 한 소멸·변경되지 않는 확정력이 있다(특허법 제178조). 따라서 심결취소소송에서의 소의 이익은 심결이 가지는 위와 같은 특수한 효력을 고려하여 과연 그 심결의 취소를 구할 법률상 이익이 있는지 여부에 의하여 판단될 필요가 있다.

심결의 효력이 그대로 존속하고 있는 한 심판절차에서 불리한 심결을 받은 당사자로서는 원칙적으로 심결취소소송으로써 당해 심결을 취소하여 자신에게 불리한 심결이 그대로 효력을 발생하고 있는 현재의 법적 상태를 그것이 없었던 상태로 되돌리는 원상회복을 청구할 수 있다고 할 것이고, 심결의 취소를 구할 소의 이익도 긍정하여야 할 것이다. 다만 예외적으로 심결의 효력이 현재 그대로 존속하고 있기는 하나, 다른 사정에 의하여 심결 자체가 더 이상 무의미하게 되거나 또는 심결을 취소하지 않고 그대로 내버려두더라도 원고에게 더 이상 법률상 불이익이 없게 된 경우, 심결을 취소하더라도 더 이상 유리한 심결을 받을 가능성이 없게 된 경우 등에는 원고가 심결취소소송으로써 자신에게 불리한 심결의 취소를 구할 법률상 이익이 없다고 하여야 할 것이다.

4. 심결취소소송에서 소의 이익이 문제되는 경우

심결취소소송에서 소의 이익이 문제되는 경우를 그 사유를 기준으로 살펴보면, (1) 등록되기 이전에 특허출원이 취하(특허출원절차를 소급적으로 종료시키는 행위) 또는 포기(특허출원절차를 장래를 향하여 종료시키는 행위)된 경우, (2) 등록된 권리가 소멸한 경우, (3) 특허권 등으로 등록된 후 특허가 정정된 경우(특허법 제136조), (4) 당사자 사이에 소송에 관한 합의가 이루어진 경우 등이 있다.

위 (2)의 경우는 다시, ① 출원 당시로 소급하여 효력이 없어진 경우{예 : 등록무효심결의 확정(특허법 제133조; 디자인보호법 제68조; 상표법 제71조), 특허이의 신청에 대한 특허취소결정(특허법 제74조), 디자인보호법 제29조의2 등}, ② 소급효 없이 장래에 향하여 소멸한 경우{예 : 특허료 불납(특허법 제81조; 의장법 제33조), 존속기간의 만료(특허법 제88조; 디자인보호법 제40조), 특허발명의 불실시로 인한 특허권의 등록취소(특허법 제116조), 권리의 포기(특허법 제120조; 상표법 제59조), 상속인의 부존재로 인한 특허권의 소멸(특허법 제124조; 상표법 제64조), 특허권의 수용(특허법 제106조), 상표등록의 취소(상표법 제73조) 등}가 있다.

5. 권리범위확인사건에서의 심결취소소송과 소의 이익

권리범위확인심판의 법적 성격에 관하여, 우리 대법원은 권리범위확인심판은 기술적 범위를 확인하는 사실관계의 확정을 목적으로 하는 것이 아니고, 그 기술적 범위를 기초하여 하여 구체적으로 문제된 실시형태와의 관계에서 있어서 권리의 효력이 미치는 여부를 확인하는 권리관계의 확정을 목적으로 하는 것으로 보고 있다.[6] 그런데, 권리범위확인심판의 법률적 성격을 이와 같이 권리관계의 확정을 목적으로 하는 것으로 보더라도, 권리범위확인심판의 심결은 법원이 하는 것이 아니라 행정청인 특허청이 하는 것이므로 그 심결의 법적 효력이 문제되는데, 이를 정면으로 판시한 대법원 판결은 없고, 학설상으로는 법적 효력이 있다고 보는 견해와 법적 효력이 없다고 보는 견해가 있고, 법적 효력이 있다고 보는 견해는 다시 형성적, 소급적, 일사부재리의 효력이 있다고 보는 견해와[7] 형성적 효력은 없고 단지 일사부재리의 효력만 있다고 보는 견해[8]가 있다. 권리범위확인심판은 단지 권리관계를 단순히 '확인'하는 것에 불과하므로 권리관계의 발생·변경·소멸이라는 형성적 효과를 인정할 여지가 없으나, 심결이 확정되면 일사부재리의 효력이 있고, 특허법 제186조도 권리범위확인심판의 심결에 대하여 심결취소소송을 제기할 수 있도록 규정함으로써 심결의 적법성에 대하여 법원의 사후적 판단을 받도록 허용하고 있으며, 특허법원 실무도 특허권 등이 존속 중인 상태에서 권리범위확인심판의 심결에 대한 취소소송이 제기된 경우 심결의 절차적·실체적 위법

---

6) 대법원 1971. 11. 23. 선고 71후18 판결.

7) 김인섭, "권리범위확인심판제도의 문제점", 사법행정(1980. 9.), 34면; 곽태철, "권리범위확인심판에 관한 연구", 재판자료 제56집(법원도서관), 512면에서 재인용.

8) 심재두, "권리범위확인심판의 고찰(완)", 월간 발명특허 제167호(1990. 1.), 31면; 곽태철, 앞의 논문, 513면에서 재인용.

성을 판단하고 있어서 그 심결이 그대로 확정되면 당사자에게 어떤 법률상 불이익을 주게 된다는 것을 전제로 하고 있는 점 등에 비추어 볼 때, 현행법상 권리범위확인심판의 심결은 행정청의 단순한 확인행위가 아니라 일사부재리의 효력을 포함하여 특허법상 인정되는 법적 효력을 가진다고 볼 것이다. 따라서 특허권 등이 유효하게 존속 중인 상태에서 특허심판원의 권리범위확인심판의 심결이 있을 때 불리한 판단을 받은 당사자는 특허법원에 심결취소소송을 제기함으로써 그 심결의 취소를 구할 수 법률상의 이익을 가진다고 볼 수밖에 없고, 현재 특허법원의 실무도 권리범위확인심판의 심결에 대한 취소소송에 대하여 심결취소를 구할 법률상의 이익이 없다는 이유로 각하하지는 않고 있다.

이와 같이 권리범위확인심판의 심결에 대하여 그 취소를 구할 소의 이익을 긍정할 경우, 소의 이익이 주로 문제되는 것은 심판단계에서 권리가 소멸하였는데 특허심판원이 이를 간과하고 심결을 한 경우 또는 소송단계에서 권리가 사후적으로 소멸한 경우이다. 권리범위확인심판의 심결취소소송에 있어서 등록된 권리가 소멸되는 경우 소의 이익이 부정되는지 여부에 관하여 학설상 긍정설,9) 부정설,10) 절충설11) 등이 있다. 우리나라 판례를 보면, 심결취소소송의 심리구조가 심판소, 항고심판소, 대법원으로 이루어져 있던 당시의 우리 대법원 판례의 주류는 특허권의 권리범위확인의 심판청구는 현존하는 특허권의 범위를 확정하는 것을 목적으로 하는 것이므로 일단 적법하게 발생한 특허권이라 할지라도 그 특허권이 소멸하였을 경우에는 그 소멸 이후에는 그 권리범위확인의 이익이 없다는 이유로, 심판절차 진행 중 소멸한 경우뿐만 아니라12) 상고심 계속 중 존속기간 만료로 소멸한 경우에도 항고심판소의 원심결을 취소한 후 자판으로 심판청구를 각하하였다.13) 위와 같은 판례는 특허청 항고심판소와 대법원이 심급적 연결관계를 가지고 있던 당시의 것으로서 엄밀히 말하면 현재 논의되는 심결취소소송에 고유한 소의 이익이 아니라 심판을 청구할 법률상 이익인 심판청구의 이익에 관한 판시라고 보아야 할 것이다. 그런데 위와 같은 종래의 판례의 태도는 심결취소소송의 심리구조가 특허법원, 대법원의 구조로 바뀐 현재에도 그대로 유지되고 있는 것으

---

9) 정인봉, 특허법 개론(법문사, 1986), 597면.
10) 곽태철, 앞의 논문, 516면.
11) 송영식 등 3인, 지적소유권법(상, 하)(육법사, 2003), 624면.
12) 대법원 1995. 3. 10. 선고 94후1091 판결.
13) 대법원 1996. 9. 10. 선고 94후2223 판결.

로 보인다. 즉, 권리범위확인사건이 상고심 계속 중 등록의장권이나 특허권에 대한 무효심결이 확정되어 소급적으로 소멸된 경우14) 뿐만 아니라, 대상 판결과 같이 상고심 계속 중 특허권이 존속기간 만료로 소멸한 경우와 같이 소급효가 없는 경우에도 심결의 취소를 구할 법률상 이익이 없어졌다고 하면서 특허법원의 판결을 파기한 후 자판으로 소를 각하하고 있다. 특허법원에서도 심결취소소송이 특허법원에 계속 중 등록된 권리가 소멸한 경우 그 소멸에 소급효가 있는지 여부를 불문하고 소의 이익을 부정하고 있는 것으로 보인다.15)

이와 달리 종전의 심리구조하에서 나온 것이기는 하지만 소의 이익을 긍정한 대법원 판례도16) 있다. 위 판례는 "상표등록취소심판의 확정으로 등록이 취소되었다 하여도 상표등록취소심판 및 판결은 상표등록무효심판의 경우와는 달리 소급효가 인정되지 않으므로 등록취소심판이 확정되기 이전에 상표권이 존속되는 기간 동안의 권리범위에 대한 확인심판을 구할 소의 이익까지 없다고 할 수는 없다"라고 판시하고 있다. 물론 현재 심리구조하에서는 상표권에 관한 권리범위확인사건에서 대법원 소송이 계속 중 등록취소로 소멸한 경우 심결의 취소를 구할 확인의 이익이 없다고 판단하고 있으므로,17) 소의 이익을 긍정한 위 대법원 판결은 그 의미가 약해 보인다.

과거 일본에서 권리범위확인심판제도가 존속하고 있을 당시의 판례를 보면, 일본의 하급심 판결은 권리범위확인심판의 심결취소소송의 계속 중 당해 등록고안에 대한 무효심결이 확정된 경우에는 소의 이익이 없다고 하였으나,18) 소급효가 없는 등록료 불납이나 존속기간의 만료로 소멸한 경우에는 소의 이익이 있다고 하였다.19)

위와 같은 우리나라 대법원 판례의 태도에 대하여는, 권리범위확인심판 사건

---

14) 대법원 2000. 7. 6. 선고 99후161 판결, 2001. 5. 8. 선고 98후1938 판결.
15) 특허법원 2003. 11. 14. 선고 2002허6732 판결(특허법원 소송 중 권리 포기), 2003. 6. 13. 선고 2002허437 판결(존속기간 만료), 2002. 7. 11. 선고 2002허1614 판결(의장의 존속기간 만료), 2002. 4. 12. 선고 2001허4890 판결(존속기간 만료), 2002. 3. 8. 선고 2001허5749 판결(존속기간 만료), 2002. 12. 13. 선고 2002허1843 판결(등록취소결정), 2002. 10. 25. 선고 2002허3320 판결(등록취소결정), 2000. 5. 4. 선고 99허8806 판결(등록료 불납), 2003. 11. 13. 선고 2003허2492 판결(상표권의 무효심결확정).
16) 대법원 1994. 3. 22. 선고 93후1117 판결.
17) 대법원 2006. 2. 9. 선고 2003후2690 판결.
18) 東京高裁 昭和 46. 6. 25. 判決(判例타임즈 266號 283面).
19) 東京高裁 昭和 28. 4. 14. 判決(行裁集 4卷 9號, 2087面), 東京高裁 昭和 39. 9. 24. 判決(行裁集 15卷 9號, 1769面).

에 있어서 특허심판원에서 심판청구가 인용되었다가 심결취소소송의 진행 중 권리가 소급효 없이 소멸한 경우(예컨대, 존속기간의 만료, 등록료 불납 등)에는, 심결취소소송의 심리구조가 종래와는 달리 특허법원이 새로이 심결취소소송의 제1심 사실심 법원이 되고 특허심판원과 심급상 단절된 현재로서는, 소의 이익을 긍정하는 것이 타당하다는 견해도 있다.[20]

6. 대상 판결의 의미

대상 판결은 특허법원이 창설된 1998. 3. 1. 이후에도 우리 대법원 판례가 심결취소소송의 계속 중 특허권이 소급효 없이 소멸한 경우에도 심결취소소송에서의 소의 이익을 부정한 대표적인 판결로서 의미를 가진다. 이러한 대상 판결의 취지는 그 후 현재까지도 계속 유지되고 있다. 실용신안권이 소멸한 경우에 관한 대법원 2003. 11. 27. 선고 2001후1563 판결, 대법원 2007. 3. 29. 선고 2006후3595 판결이 그것이다.

---

20) 김철환, "심결취소소송의 소의 이익", 사법논집 제39집(법원도서관, 2004. 12.), 527면.

95. 침해소송이 계속 중인 경우 권리범위확인심판 심결취소소송의 소의 이익

[대법원 2011. 2. 24. 선고 2008후4486 판결]

김관식(한남대학교 법학부 교수, 전 대법원 재판연구관)

I. 사실의 개요

X(피심판청구인, 피고, 피상고인)는 문자 부분이 '핫윙'으로 구성되는 상표의 상표권자인데, Y(심판청구인, 원고, 상고인)는 자신의 확인대상표장인 '핫골드윙' 상표가 피고의 등록상표와 유사하지 않으므로 그 권리범위에 속하지 않는다고 주장하면서 2007. 3. 21. 소극적 권리범위확인심판을 청구하였다. 이에 대하여 특허심판원에서는 이 사건 등록상표와 확인대상표장은 요부에 해당하는 '핫윙'을 공통적으로 가지고 있어 서로 유사한 표장에 해당하므로 확인대상표장은 이 사건 등록상표의 권리범위에 속한다는 점을 들어 Y의 청구를 기각하였고, Y는 특허법원에 심결취소소송을 제기하였다. 한편 X는 Y가 소극적 권리범위확인심판을 청구하기 전인 2006. 7. 11.에 확인대상표장이 이 사건 등록상표의 상표권을 침해하고 있다는 이유로 상표권침해금지 및 손해배상을 청구하는 소를 수원지방법원에 제기하였는데 법원에서는 청구를 기각하였고, 이에 대하여 X가 항소하여 심결취소소송의 변론종결시점에서 침해소송은 계속 중이었다.

특허법원(2008. 10. 10. 선고 2008허6406 판결)에서는 직권으로 소의 적법성에 대하여 검토한 후, "원·피고 사이에 이 사건 등록상표와 확인대상표장을 둘러싼 다툼을 해결하기 위한 가장 유효·적절한 수단인 침해금지 및 손해배상의 민사본안소송이 먼저 제기되어 이미 그 판결이 선고되었고, 그 과정에서 전문 국가기관의 공적 판단인 이 사건 심결이 먼저 내려져 위 본안판결에 고려될 수 있었던 사정까지 있었다면, 이미 계속 중인 위 본안판결의 상소절차를 통하여 분쟁을 해결하는 것이 가장 유효·적절한 수단이 될 뿐, 굳이 이 사건 소극적 권리범위확인심판의 심결취소소송을 통하여 위 분쟁해결의 중간적 수단에 불과한 이 사건 심결의 당부를 확정할 실익은 없다고 할 것이다. 따라서 이 사건 심결취소소송은 소의 이익이 없게 되었다"고 하여 결국 소의 이익을 부정하여 직권으로 소를 각하하였다.

이에 Y는 상고하였다.

Ⅱ. 판   시

파기 환송.

"권리범위확인심판 및 그 심결취소 소송은 상표법 및 특허법에 명문의 규정에 근거를 두고 있으므로 상표권이 소멸되거나 당사자 사이의 합의로 이해관계가 소멸하는 등 심결 이후의 사정에 의하여 심결을 취소할 법률상 이익이 소멸되는 특별한 사정이 없는 한 심결취소를 구할 소의 이익이 있다."

(중략) "이 사건에서 피고가 원고의 상표권 침해와 관련된 민사소송을 제기한 후 특허심판원에서 권리범위에 속한다는 심결이 내려져서 민사판결에 이 사건 심결이 고려될 수 있었고, 심결취소소송의 상고심 계속 중에 위 민사판결이 그대로 확정되었다고 하더라도 여전히 원고에게 불리한 이 사건 심결이 유효하게 존속하고 있다는 점과, 확정된 민사판결이 심결취소소송을 담당하는 법원에 대하여 기속력이 없으므로 원고는 민사판결의 확정에도 불구하고 이 사건 심결을 취소할 법률상 이익이 있고 달리 법률상 이익이 소멸되었다는 사정이 없으므로 심결취소를 구할 소의 이익이 있다."

Ⅲ. 해   설[1)]

1. 들어가는 말

권리범위확인심판의 심결에 대한 취소소송에서 소의 이익과 관련하여, 원칙적으로 이를 부정하는 견해도 있으나,[2)] 판례에서는 일정한 경우를 제외하고 원칙적

---

1) 이 부분은, 김관식, "권리범위확인심판에 대한 심결취소소송에서 소의 이익—침해소송이 계속 중인 경우를 중심으로", 창작과 권리 제63호(세창출판사, 2011), 39-67면을 축약·수정한 것이다.

2) 이상경, "특허·상표법상 심판청구인적격으로서의 이해관계인", 人權과 正義 제263호(대한

으로 소의 이익을 긍정하고 있는데, 소의 이익을 부정하는 대표적인 경우로는 권리범위확인심판의 대상이 되는 특허권에 대하여 무효심판 등이 제기되어 특허권이 무효가 되는 경우를 들 수 있다. 이때 등록된 권리에 대해서 등록무효심판이 확정되는 경우에는 무효의 효력이 소급적으로 발생하므로3) 이 경우에는 소의 이익이 당연히 인정될 수 없는 것으로 볼 수 있다. 등록료의 불납부 등을 이유로 특허권이 소멸되는 경우에는 특허권의 소멸에 대하여 소급효가 없어 권리범위확인심판의 심결에 대한 취소소송에 대하여 소의 이익이 있는지의 여부에 논란이 있을 수 있으나, 판례에서는 일관하여 권리범위확인심판의 청구는 현존하는 특허권의 범위를 확정하는 것을 목적으로 하는 것이므로, 일단 적법하게 발생한 특허권이라 할지라도 그 권리가 소멸되는 경우 소급효 유무에 관계없이 그 소멸 이후에는 권리범위확인의 이익이 없어진다고 하여 소의 이익을 부정하고 있다.4)

2. 민사침해소송이 계속 중인 경우

권리범위확인심판의 심결취소소송에서 특별히 소의 이익이 문제가 되는 경우로는 심판의 대상의 되는 특허권에 관한 침해사건 등의 사건이 심결취소소송과 동시에 계속 중인 경우를 들 수 있고 이에 대해서는 소의 이익을 부정한 사례와 소의 이익을 긍정한 사례가 혼재하고 있었다.

가. 소의 이익을 부정한 사례

이 사건의 원심(특허법원 2008. 10. 10. 선고 2008허6406 판결)에서는 권리범위확인심판의 심결이 확정되더라도 상표권의 침해여부는 민사소송에 의환 확정판결에 의하여 결정되므로 권리범위확인심판 자체로서는 침해와 관련된 분쟁의 해결에 가장 유효·적절한 수단이 되기에 한계가 있으므로 권리범위확인심판에 대하여 확인의 이익을 일반적으로 인정할 수 없다고 판시하고, 다만 침해여부에 다툼이 있을 때 전문 국가기관의 공적판단을 통하여 등록상표의 보호범위를 확인받음으로써 분쟁의 해결에 유효·적절한 수단이 될 수 있는 범위 내에서 권리범위확인심판 제도의 제도적 의의를 찾을 수 있다고 한 후, 이 사건에서는 다툼을 해결하기 위

변호사협회, 1998), 83면.
3) 특허법 제133조 제3항.
4) 특허법원 지적재산소송실무연구회, 지적재산소송실무(박영사, 2010), 53면; 한국특허법학회, 특허판례연구(박영사, 2009), 699면.

한 가장 유효·적절할 수단으로서 침해소송이 먼저 제기되어 그 판결이 선고되었고 그 과정에서 전문 국가기관의 심결이 먼저 내려져서 본안판결에 고려될 수 있었다는 사정까지 있었다는 점을 이유로 심결의 당부를 확인할 실익이 없다고 하여 소의 이익을 부정하였다.

결국 이 사건에서는 권리범위확인에 관한 심결취소의 소를 일종의 확인의 소로 보고, 확인의 소에서 소의 이익이 인정되기 위하여 필요한 확인의 이익 즉 권리 또는 법률상의 지위에 현존하는 불안·위험이 있고, 그 불안·위험을 제거함에는 확인판결을 받는 것이 가장 유효·적절한 수단이어야 하고[5] 또한 이때의 이익은 사실상 경제적 이익이 아닌 법률상의 이익이어야 한다는[6] 이른바 확인의 이익의 보충성의 요건이 충족되지 않음을 그 이유로 하여 소의 이익을 부정한 것으로 해석할 수 있다.

나. 소의 이익을 긍정한 사례

특허법원 1999. 11. 25. 선고 99허413판결에서는 소의 이익이 긍정되었는데, '무개화차의 하역장치'에 관한 이 사건 특허발명에 대하여 소극적 권리범위확인심판과 침해금지의 소가 모두 제기되어, 침해금지가 인용된(서울지방법원 1997. 11. 21. 선고 96가합3405 판결) 후 특허심판원에서는 권리범위에 속한다고 심결하였고 (특허심판원 1998. 11. 30.자 98당125 심결) 민사 항소심에서도 침해를 인정하였는데 (서울고등법원 1999. 5. 19. 선고 98나3841 판결), 그 후 특허법원에서는 권리범위에 속하지 아니한다는 취지로 판단하여 원 심결을 취소하였다(특허법원 1999. 11. 25. 선고 99허413 판결).

특허법원에서 피고는 사실심의 최종심에서 침해를 인정하였다는 점을 들어 심결취소소송에서의 소의 이익이 부정되어야 한다고 주장하였는데, 법원에서는 "권리범위확인심판을 청구하고 그 심결에 불복하여 심결의 취소를 구하는 소송을 제기하는 것은 특허법에 근거한 것으로서 심판청구의 이익이나 소의 이익을 부정할 수는 없다 할 것이고, 피고의 주장에 의하더라도 원, 피고간의 이 건 발명에 관한 특허침해소송에서 고등법원까지 판결이 있었을 뿐 대법원에 상고심이 계류

---

5) 대법원 1991. 12. 10. 선고 91다14420 판결; 李時潤, 新民事訴訟法(第5版, 博英社, 2010), 205면.
6) 대법원 1982. 12. 28. 선고 80다731·732; 李時潤, 앞의 책.

중에 있으므로 이와 같이 특허침해소송의 판결이 아직 확정되지 아니한 이상 이건 권리범위확인심판과 심결취소소송을 제기할 이익이 없다 할 수 없어 이에 관한 피고의 주장은 이유 없다"고 판시하여7) 법률에 그 근거를 둔 것이라는 점을 주된 이유로 소의 이익을 부정할 수 없다고 판단하고 있다.8) 형성의 소에 대해서는 원칙적으로 법률에 특히 규정을 두고 있는 경우에 한하여 제기할 수 있고, 법률의 규정에 의하여 소송을 제기한 경우에는 소의 이익의 원칙적으로 인정되므로9) 결국 이 사건에서는 권리범위확인심판 심결에 대한 심결취소의 소를 일종의 형성의 소로 파악한 것으로 볼 수 있다.

한편 판결에서는 소의 이익이 부정되지 아니하는 이유 중의 하나로 침해소송의 판결이 아직 확정되지 않았다는 점을 들고 있어 침해소송의 판결이 확정된 경우에는 소의 이익의 부정될 수 있는 여지도 보이나, 앞서의 2008허6406 판결에서는 침해소송의 판결 확정여부와 무관하게 소의 이익을 부정한 점에서 차이가 있다.

3. 소의 이익의 인정여부

권리범위확인심판은 확인의 성격을 갖고 있으므로10) 심결취소의 소가 비록 형식상 심결을 취소하는 형성적 효력에 관한 것이라 함에도 불구하고 대상이 되는 실체적 내용이 확인에 관한 것이므로 권리범위확인심결에 관한 취소의 소의 본질을 일종의 확인의 소로 볼 여지도 있다.11) 그러나 현행 특허법 하에서는 특허법원이 신설되기 이전과는 달리 특허심판원과 특허법원 사이에 심급적 연결이 있다고 볼 수 없어 심결취소소송은 심판과는 별개의 행정소송에 속한다고 보아야 할 것인데, 특허법상 심결취소소송은 특허심판원에서 내려진 심결의 법적 효과를 소급하여 취소하는 것에 있고 행정청의 위법한 처분의 취소에 대한 취소소송의

---

7) 특허법원 1999. 11. 25. 선고 99허413 판결.

8) 소의 이익에 대한 특허법원의 판단에 대하여 이 사건의 상고심인 99후2983 사건에서 별도의 명시적인 판단은 보이지 않는다.

9) 李時潤, 앞의 책, 208-209면.

10) 일부 견해이기는 하나 권리범위확인심판이 갖는 일사부재리효 등에 주목하여 일종의 형성의 소로 파악하는 견해도 없지 않다. 南啓榮·宋永植·金永吉·本渡諒一, 新特許法(考試界, 1991), 347면 참조.

11) 행정청의 위법한 처분에 대한 취소소송의 본질을 '확인의 소'로 보는 견해도 일부 있다. 예를 들어, 金南辰·金連泰, 行政法 I (제13판, 法文社, 2009), 665면; 韓堅愚, 현대행정법 I (제2판, 도서출판 인터벡, 2000), 776면; 석종현·송동수, 일반행정법(상)(제12판, 三英社, 2009), 851면 등 참조.

본질을 형성의 소로 파악하는 것이 통설과 판례의 입장이기도 하므로12) 그 본질을 형성의 소로 파악하는 것이 타당하다. 그런데 형성의 소에 대해서는 원칙적으로 법률에 특히 규정을 두고 있는 경우에 한하여 제기할 수 있고, 법률의 규정에 의하여 소송을 제기한 경우에는 소의 이익의 원칙적으로 인정되며,13) 다만 법률의 규정에 의하여 소를 제기하여도 소의 이익이 부정되는 경우는 이미 소송의 목적이 실현되었거나 원상회복이 불가능한 경우이다.14) 그런데 이 사건과 같은 경우에는 권리범위확인심판의 심결에 대한 심결취소의 소는 특허법상의 규정에 의한 것이고 특허권침해에 관한 분쟁이 계속 중이므로 소송의 목적이 실현된 것도 아니고, 취소의 대상이 되는 심결이 현존하고 있고 이 심결을 취소함에 아무런 장애가 있는 것도 아니므로 원상회복이 불가능한 것으로도 볼 수 없으므로, 이 사건 심결취소소송에 대해서는 소의 이익이 긍정되어야 하고, 이러한 점에서 심결취소소송이 법률의 규정에 근거를 둔 점을 주된 이유로 소의 이익을 긍정한 이 사건 판결의 결론은 매우 타당하다.

한편 심결취소소송의 본질을 확인의 소로 보는 경우에, 일반적으로 확인의 소에서는 보충성이 요구될 수 있고 보충성을 이유로 소의 이익이 부정되는 경우에는 일반적으로 확인의 소가 아닌 이행의 소 혹은 형성의 소의 형식으로 동일한 법원에서 재판하게 될 것이어서 결국 소송의 경제성이 달성될 것으로 볼 수 있겠지만, 심결에 관한 취소의 소에 대하여 확인의 소의 보충성을 근거로 소의 이익을 부정하는 경우에 이에 대한 침해소송은 특허법원이 아닌 일반법원에서 담당하게 될 것이어서 일반적인 확인의 소의 경우와는 차이가 있으므로, 특허법원과 일반 민사법원 사이에 이와 같은 보충성의 원리를 적용할 수 있는지에 대하여 의문이 있다.

또한 무효확인을 구하는 행정소송의 경우에 다른 구제수단에 의하여 분쟁이 해결되지 않는 경우에 한하여 무효확인소송이 보충적으로 인정된다는 이른바 '무효확인소송의 보충성'과 관련하여 종전의 판례에서는 보충성을 요구하였으나 이에 대해서 학계에서는 일부 비판이 있었고,15) 그 후 대법원에서는 2008. 3. 20. 전원합의체 판결16)에 의하여 행정소송법상의 확인의 소의 경우에는 이행소송 등과 같

---

12) 金南辰·金連泰, 위의 책, 664면; 韓堅愚, 위의 책, 777면; 석종현·송동수, 위의 책, 851면.
13) 李時潤, 앞의 책, 208-209면.
14) 李時潤, 앞의 책, 209면.
15) 韓堅愚, 앞의 책, 873-874면.
16) 대법원 2008. 3. 20. 선고 2007두6342 전원합의체 판결.

은 직접적인 구제수단이 있는지의 여부를 따질 필요는 없다고 하여 민사소송의 경우와는 달리 취급하여야 함을 판시한 바가 있는 점에 비추어 보면, 2008허6406 사건에서 확인을 구할 법률상의 이익의 유무를 직접적으로 판단하지 아니하고 일반법원에 제기된 민사침해사건이 있음을 이유로 심결취소소송의 소의 이익을 부정한 것은 확인에 관한 행정소송에서 보충성에 관한 판단을 부정한 대법원의 판시와도 저촉하는 것으로 보인다.

한편 민사침해사건이 법원에 계속 중임을 주된 이유로 특허심판원의 심결에 대한 특허법원에서의 심결취소소송에 대한 소의 이익을 부정하는 견해는 우리나라와 마찬가지로 권리범위확인심판 제도를 채택하고 있는 오스트리아에서 특허침해소송이 법원에 먼저 제기되어 있는 경우에는 권리범위확인심판이 각하된다는 점과 일부 유사점을 발견할 수 있으나, 오스트리아의 경우에는 권리범위확인심판 청구의 각하가 특허법상의 명시적인 규정에 의한 것이라는 점과 소의 이익의 구비 여부는 소송요건으로서 직권조사사항임에 반하여 오스트리아의 경우에는 민사침해사건이 제기되어 있음을 당사자가 '입증'하도록 하여 원칙적으로 변론주의를 채택하고 있는 점[17]에서 차이가 있다. 또한 민사침해사건이 법원에 계속 중임을 이유로 심결취소소송에 대한 소의 이익을 부정하는 판례의 견해에 의하면 특허, 상표 등의 산업재산권에 관한 심결취소소송을 전속관할하는 법원으로서의 특허법원에서 재판을 받고자하는 출원인의 재판받을 권리가 훼손될 우려도 있고, 판시에 의하면 결국 심결취소소송을 담당하는 특허법원에 비하여 결과적으로 침해사건을 담당하는 일반 민사법원에 대하여 일종의 우월성을 인정하는 결과가 되므로 부당한 것이라고 생각된다. 또한 소의 이익이 부정되는 경우에 그 요건으로서 민사침해사건에 비하여 심결이 먼저 내려져서 이러한 심결이 민사법원에서 고려될 수 있다는 점을 들고 있는데, 특허청 심결에는 민사법원에 대하여 기속력이 인정되지 않으므로 비록 심결이 먼저 내려져 있다고 하더라도 민사법원에서 심결을 고려하여야 하는 것이 법적으로 강제되는 것도 아니라는 점과, 심결이 민사법원에서 고려되었다는 사실도 아닌 '고려될 수 있었다'는 가능성에 의하여 소의 이익의 유무라는 결과에서 차이가 나게 된다는 점은, 소송요건으로서 소의 이익의 구비 여부가 결과에 미치는 중요성에 비추어 보면 수긍하기 힘들다.

---

17) 오스트리아 특허법 제163조 제3항 ... wenn der Antragsgegner nachweist (if the party opposing the petition proves) ... 참조.

한편 앞서의 2008허6406 판결에서는 침해소송의 판결 확정여부와 무관하게 소의 이익을 부정하였고, 99허413 판결에서는 침해소송의 판결이 확정된 경우에는 소의 이익의 부정될 수 있는 여지도 남겨 두었으나, 대법원에서는 상고심 중에 침해소송의 판결이 확정되었다 하더라도 소의 이익이 긍정됨을 명확하게 하였다.

4. 이 사건 판결의 의의

권리범위확인심판의 심결취소의 소는 심결의 취소라는 효력을 발생하는 점에서 형성의 소의 특성을 가지고 있다고 보아야 하고 이 경우 심결취소소송은 특허법상 명문의 규정에 근거한 것으로 원칙적으로 소의 이익을 긍정하여야 한다. 더구나 취소의 대상이 되는 권리범위확인심판이 갖는 확인의 성격에 기인하여 심결취소의 소를 확인의 소로 보는 경우에는 확인의 소에서 일반적으로 요구되는 보충성이 문제가 되나 행정소송의 경우에는 일반 민사소송의 확인의 소에서 요구되는 보충성의 원칙을 요구하지 않는 것으로 근래에 판례가 변경된 점 등에 비추어 보아도 권리범위확인심판 심결취소의 소에서 보충성의 원칙을 들어 소의 이익을 부정할 수는 없다.

이 사건 판결에서는 침해소송의 계속 여부와 관계없이 권리범위확인심판 심결취소의 소의 이익을 긍정하여 침해소송과 권리범위확인심판 심결취소소송이 중복소송에 해당하지 않음을 명확하게 하고, 간접적으로 침해소송과는 별도로 권리범위확인심판 제도의 존재 의의를 확인한 점에서 이 사건 판결의 의의를 찾을 수 있다.

96. 보정각하결정과 관련된 심결취소소송의 심리범위 및 수차례 제출된 보정서의 처리

[특허법원 2007. 7. 11. 선고 2006허9197 판결]

노갑식(변호사, 전 부산지방법원 부장판사)

Ⅰ. 사실의 개요

원고는 2003. 1. 14. 명칭을 "부동식 수력발전기"로 하는 발명을 특허출원하였다가 2004. 12. 13. 청구범위 등을 보정(그와 같이 보정된 것을 "출원발명"이라 한다)하였다.

특허청은 2005. 2. 22. 출원발명은 그 청구범위에 발명의 구성이 명확하고 간결하게 기재되어 있지 아니하고, 명세서의 상세한 설명도 통상의 기술자가 그 발명을 용이하게 실시할 수 있을 정도로 기재되어 있지 아니하여 특허를 받을 수 없다는 이유로 거절결정을 하였다.

원고가 위 거절결정에 대한 불복심판을 청구하면서 2005. 3. 16. 및 2005. 4. 6. 두 차례에 걸쳐 명세서와 도면을 각각 보정(이하 앞의 것을 "제1차 보정", 뒤의 것을 "제2차 보정"이라 한다)함으로써 심사전치절차에 회부되었는데, 특허청은 각각의 보정 후의 청구범위에 기재된 사항이 선행기술과 실질적으로 동일하여 신규성이 부정되므로, 특허출원을 한 때 특허를 받을 수 있어야 한다는 보정요건을 충족하지 못하였음을 이유로 2005. 5. 17. 제2차 보정에 대하여, 2005. 5. 18. 제1차 보정에 대하여 각각 각하결정을 하고, 위 거절결정에서와 같은 이유로 원결정을 그대로 유지하였다.

특허심판원은 특허청이 위 거절결정 및 보정각하결정들에서 든 것과 같은 이유로 위 각각의 보정각하결정과 거절결정이 적법하다고 판단하여 원고의 심판청구를 기각하는 내용의 심결을 하였고, 원고가 특허법원에 심결취소소송을 제기하였다.

Ⅱ. 판   시

청구기각.

하나의 특허출원보정 단계에 여러 차례의 보정이 있는 경우에 특별한 사정이 없는 한, 특허청으로서는 보정기간 등의 절차적 요건을 준수한 보정서 중에서 최후의 것만을 심사하여야 하고, 보정각하결정과 관련된 심결취소소송에서 특허청은 보정각하결정에서와 다른 이유를 들어 그 보정의 부적법함을 주장할 수 있다.

대상판결의 상고심(2007후3158)은 심리불속행 기각으로 종결되었다.

Ⅲ. 해   설

1. 하나의 보정 단계에 여러 차례의 보정이 있는 경우의 처리

가. 문제의 제기

특허출원인은 특허출원심사 및 심판의 경과에 따라 여러 단계에서 출원명세서를 보정할 기회를 가진다. 출원의 보정은 각 단계마다 소정의 기간이 정해져 있고, 그 기간이 단기인 경우가 많으므로, 심사관이 보정에 대한 명시적인 처분을 하기 전에 여러 차례에 걸쳐서 보정서를 제출하는 경우가 발생하는데, 이를 어떻게 처리할 것인지가 문제된다.

대상판결은 "특허출원에 대한 특허청의 심사 또는 특허거절결정에 대한 불복심판의 절차에서 특허출원인은 소정의 단계마다 일정한 요건 하에 특허출원서에 첨부된 명세서 또는 도면을 보정할 수 있도록 되어 있는바, 특별한 규정이 없는 한 같은 사람이 같은 시기에 서로 다른 내용의 복수의 특허출원의사를 갖고 있으면서 그 중 어느 하나에 특허를 부여해 달라고 요구하는 것은 1발명 1출원주의 등에 의하여 허용될 수 없는 점, 이러한 원칙의 표현으로서 서로 다른 내용의 출원명세서를 선택적으로 또는 예비적으로 결합하여 하나의 특허출원을 하는 것이 허용되지 아니하며, 보정에 있어서도 역시 이와 같이 결합하여 하나의 보정을 하는 것 또한 허용되지 아니하는 점 등을 고려하면, 하나의 근거규정에 의하여 보정이 허용되는 하나의 단계에서 출원인이 여러 차례에 걸쳐 서로 다른 내용의 보정서를 제출한 경우에는 각각의 보정취지 내지 보정내용에 비추어 뒤에 제출된 보정서가 앞에 제출된 보정서를 보충하는 것으로 보여지는 등의 특별한 사정이 없는 한, 순차로 새로운 보정서가 제출됨으로써 종전의 보정서는 철회되고 새로운 보정서만이 유효하게 남는다고 할 것이므로, 특허청으로서는 보정기간 등의 절차적 요건을 준수한 보정서 중에서 최후의 것만을 심사하여야 한다."라고 판시하고 있다.

나. 특허청의 실무

복수의 보정이 있는 경우의 처리에 관하여 특허청 심사지침[1]에는 다음과 같이 기재되어 있다. ① 보정서가 부분 보정서인 경우에는, 보정 즉 출원인이 보정을 신청한 내용은 보정을 신청한 보정항목(식별항목)별 최후 보정항목의 조합으로 결정한다. 보정명세서는 보정을 신청한 보정항목과 당초명세서 중 보정을 신청하지 않은 보정항목의 조합으로 결정한다. ② 보정서가 전면보정서인 경우에는, 보정서에 기재된 사항 중 최초명세서 등과 달라진 사항이 보정이고, 전면보정에서의 보정서가 보정명세서이다.

위 심사지침의 기재는 너무 간략하여 여러 차례의 보정이 있는 경우에 어떻게 처리할 것인지에 관하여 명확한 해답을 주지는 않으나, 복수의 보정이 보완관계인 경우 그 조합으로 보정의 내용을 결정하고, 보완관계가 아니라 서로 양립할 수 없는 경우에는 최후의 보정서로 그 내용을 결정하자는 것으로 파악될 수 있다.

다. 문제의 해결

여러 차례 보정서를 제출한 출원인의 의사는 새로운 보정서를 제출함으로써 앞에 제출한 보정서를 철회한다는 것일 수도 있고, 새로운 보정서로 앞에 제출한 보정서를 보완하는 의사일 수도 있다. 물론 심사관이 출원인의 의사가 무엇인지 확인하여 보정의 내용을 확정하는 것이 바람직하지만, 그렇지 못한 경우에는 각각의 보정서 내용 및 취지에 비추어 출원인의 의사를 판단할 수밖에 없을 것이다.

따라서 ① 복수의 보정서가 상호보완관계인 것으로 파악되는 경우에는 각각의 보정사항을 조합한 것을 보정내용으로 하여, 그 전부에 대한 적법여부를 판단하면 되고, ② 복수의 보정서가 서로 양립할 수 없는 것으로 파악되는 경우에는 최후의 보정서에 기재된 것을 보정내용으로 하여 그 적법 여부를 판단하면 되며, ③ 복수의 보정서가 일부 사항의 경우 상호보완관계이고, 나머지 사항의 경우 서

---

1) 심사지침서(특허·실용신안), 특허청(2006년 10월 전면개정판), 4217면.

로 양립할 수 없는 관계인 경우도 많을 것인데, 이와 같은 경우에는 상호보완관계
인 사항은 이를 조합하여 보정내용으로 하고, 서로 양립할 수 없는 관계인 사항은
최후의 것만을 보정내용으로 하여 그 적법여부를 판단하면 될 것이다.

　　각각의 보정내용이 상호보완관계인 경우 그 사항에 관한 앞의 보정은 철회된
것이 아니므로, 보정각하결정을 할 경우 그 판단을 요하나 복수의 보정에 대하여
각각 보정각하결정을 할 것이 아니라 각각의 보정을 일체로 취급하여 하나의 보
정각하결정을 함이 바람직하다. 복수의 보정서가 일부 사항의 경우 상호보완관계
이고 일부 사항의 경우 서로 양립할 수 없는 관계인 경우에도 마찬가지로 처리하
면 되고, 복수의 보정서가 서로 양립하지 않는 경우에는 최후의 보정서를 제외한
보정은 묵시적으로 철회된 것으로 보아야 하므로, 보정각하결정을 할 경우 최후의
보정만을 판단대상으로 삼으면 될 것이다.

　　이 사안의 경우 1차 보정은 특허청구범위 전부를 정정한 것이고, 2차 보정은
특허청구범위 전부와 도면을 정정한 것이므로, 2차 보정의 청구범위 정정은 1차
보정 전부와 서로 양립될 수 없어 1차 보정은 묵시적으로 철회되었다고 봄이 합
당하므로, 심사관으로서는 2차 보정에 관하여 보정각하결정을 함으로써 충분함에
도 불구하고, 철회되고 없는 1차 보정에 대하여도 보정각하결정을 하였음은 적절
하지 아니한 것으로 생각된다.

　　대상판결이 선고된 이후인 2013. 3. 22. 개정 특허법에서 거절이유통지에 따른
의견서 제출기간 이내에 보정을 하는 경우에는 각각의 보정절차에서 마지막 보정
전에 한 모든 보정은 취하된 것으로 본다는 조항이 신설되었다(특허법 제47조 제4항).

2. 특허청이 보정각하결정에서와 다른 이유로 보정의 부적법을 주장할 수 있는지 여부

가. 문제의 제기

　　특허청이 심결취소소송에 이르러 보정각하결정에 붙이거나 그 심판절차에서
주장하지 아니한 다른 이유를 들어 보정이 부적법함을 주장할 수 있는지는 심결
취소소송의 심리범위와도 관련되므로 심결취소소송의 심리범위에 관한 학설과 판
례를 간략히 소개한 다음, 대상판결의 이 부분 판시내용을 살펴본다.

나. 심결취소소송의 심리범위에 관한 일반론

(1) 일본의 학설과 판례2)

일본의 학설로 1) 특허심결취소소송의 경우 행정처분에 대한 항고소송과 마찬가지로 사실심리의 범위에 대한 제한이 없고, 당사자는 심결에 포함되지 않았던 일체의 위법사유를 주장·입증할 수 있고, 법원도 이를 채용하여 판결의 기초로 할 수 있으며, 새로운 증거를 포함한 일체의 증거를 제출할 수 있다는 **무제한설**, 2) 심결취소소송이 심판전치주의에 의한 소송구조라는 점에 중점을 두어 심리판단의 대상을 제한하려는 **제한설**, 3) 모든 심결에 대하여 심결취소소송의 심리범위를 일률적으로 정할 것이 아니라 심결의 종류에 따른 성질상의 차이점에 따라 개별적으로 고찰하자는 **개별적고찰설** 등이 있고, 제한설은 제한의 범위, 제한의 근거 등에 따라 ① 실질적 증거에 의한 사실인정이라고 판단되는 한 법원은 심결의 사실인정에 구속된다고 보는 **실질적증거법칙설**,3) ② 심결이 판단의 기초로 한 사항에 한하여 법원이 심리할 수 있다는 **동일법조설**, ③ 심결의 이유에서 판단이 된 주장과 증거에 한하여 법원이 심리할 수 있다는 **동일사실·동일증거설**4)로 나뉜다. 제한설 중 동일사실·동일증거설이 다수설이고, 최고재판소의 입장이라고 한다.

(2) 우리나라의 학설과 판례

1) 직권탐지주의가 적용되는 심판절차에서 모든 무효사유 내지 거절사유는 소송물로서 잠재적 심판의 대상이 되어 있고, 당사자의 입장에서 보면 모든 무효사유·거절사유의 위법성 일반이 소송물이 되며 법원의 입장에서 보면 심리범위가 된다는 **무제한설**, 2) 특허소송에 있어서 양 당사자는 청구기초의 변경이 없는 한 변론종결시까지 심결절차에서 제출하지 않았던 새로운 주장을 할 수 있고 새로운 증거도 제출할 수 있도록 하여야 하나, 새로운 주장은 심결절차에서 주장하지 못하였던 데에 정당한 이유가 없는 한, 이를 특허소송절차에서 주장할 수 없도록 하

---

2) 우리나라 및 일본의 학설, 판례의 자세한 소개는 이두형, "심결취소소송의 소송물과 심리범위", 특허소송연구 제2집(특허법원, 2001년), 21면 이하 참조.

3) 실질적 증거의 법칙이란 특수한 전문기술이 필요한 행정분야에 대하여는 행정기관이 사실인정에 관한 판단이 그 절차에서 제출된 자료에 기하여 이성적인 인간이 합리적으로 판단하여 도달할 수 있는 것이라고 인정되면 법원이 이에 구속된다는 것이다.

4) 등록무효심결의 취소소송에 있어서 특허법에 규정된 무효사유는 추상적으로 열거되고 있을 뿐, 각 무효원인은 그 성질과 내용을 달리하는 것이므로 법조문이 같다 하여도 각각 별개 독립의 무효원인으로 보아야 하고, 취소소송의 심판범위도 심판에서 다루어진 구체적인 공지기술의 범위에 한정되어야 하며, 그것을 보충하는 주장·입증은 가능하지만 심판에서 판단되지 아니한 새로운 주장 및 증거의 제출은 허용되지 아니한다는 견해이다.

고, 새로운 증거도 실기한 공격방어방법에 해당하는 경우에는 특허소송절차에서 제출할 수 없도록 하는 것이 합리적이라는 견해, 3) 특허소송의 심리범위는 당해 특허심판원의 심판절차에서 현실적으로 다투어지고 심리·판단된 특정한 무효 또는 거절이유에 관한 것, 즉 무효 또는 거절이유에 해당하는 구체적 사실에 한정하는 것이 타당하다는 동일사실·동일증거설, 4) 권리범위확인, 무효, 결정계 등 심판의 종류에 따라 심결취소송의 심리범위를 다르게 보는 개별적고찰설 등이 있다.

우리 대법원의 판결들 중에는 무제한설의 입장을 취한 것으로 보이는 판결도 있고, 제한설의 입장을 취한 것으로 보이는 판결도 있다. 대법원은 2003. 10. 24. 선고 2002후1102 판결(권리범위확인사건)과 2002. 6. 25. 선고 2000후1290 판결(등록무효사건)에서 "심결취소송은 항고소송에 해당하여 그 소송물은 심결의 실체적, 절차적 위법성 여부라 할 것이므로, 당사자는 심결에서 판단되지 않은 처분의 위법사유도 심결취소송단계에서 주장·입증할 수 있고 심결취소송의 법원은 특별한 사정이 없는 한, 제한 없이 이를 심리·판단하여 판결의 기초로 삼을 수 있다"는 취지로 판시한 바 있고, 2003. 2. 26. 선고 2001후1617 판결, 2004. 7. 22. 선고 2004후356 판결(각각 거절결정사건)에서 "거절결정불복심판청구를 기각하는 심결의 취소소송단계에서 특허청은 심결에서 판단되지 않은 것이라고 하더라도 거절결정의 이유와 다른 새로운 거절이유에 해당하지 않는 한 심결의 결론을 정당하게 하는 사유를 주장·입증할 수 있다"는 취지로 판시하였는데 이들 판결은 무제한설의 입장을 취한 것으로 보인다.

한편 대법원은 2002. 11. 26. 선고 2000후1177(거절결정사건) 판결에서 "특허청이 출원발명에 대한 최초의 거절이유통지부터 출원거절의 심결을 내릴 때까지 출원발명의 진보성을 문제 삼았을 뿐이고 출원인에게 출원발명이 신규성이 없다는 이유로 의견서제출통지를 하여 그로 하여금 명세서를 보정할 기회를 부여한 바 없는 경우, 법원이 출원발명의 요지가 신규성이 없다는 이유로 위 심결을 유지할 수 없다"는 취지로 판시하였는데, 이는 제한설의 입장을 취한 것으로 보인다.

심결취소송의 심리범위와 관련된 대법원판결들에 비추어 보면, 대법원은 원칙적으로 심결취소송의 심리범위에 관하여 무제한설의 입장을 견지하면서 그 심리범위에 제한을 두지 아니하면 출원인의 의견제출 또는 보정의 기회가 박탈되는 등 출원인의 방어권이나 절차적 이익이 보호되지 아니하는 경우에만 제한설을 취하고 있는 것으로 생각된다.

　특허, 실용신안, 디자인, 상표의 등록출원에 대하여 거절결정을 할 경우에는 심사관이 출원인에게 거절이유를 통지하여 출원인으로 하여금 의견서를 제출할 기회를 주어야 하고, 그와 같은 경우 출원인은 일정한 요건 하에 출원을 보정할 기회를 가지게 되는데(특허법 제63조, 제47조 제1항; 실용신안법 제14조, 제11조, 특허법 제47조 제1항; 디자인보호법 제63조, 제48조; 상표법 제55조 제41조), 출원인으로서는 의견 제출, 보정 등의 방법으로 거절이유를 없앨 수 있는 절호의 기회가 될 것이다.

　그런데 출원인에게 그와 같은 기회를 주는 것은 심사절차나 심판절차에서 가능하고, 심결취소소송절차에서는 불가능하므로, 심결취소소송에서 거절결정에 붙인 거절이유나 그 불복심판절차에서 거절이유를 통지하고 의견제출 기회를 주는 등 적법절차에 따라 새로 붙인 거절이유가 아닌 다른 거절이유에 의하여 심결이 결론에 있어서 정당하다는 이유로 심결이 유지된다면, 출원인의 의견제출 및 보정의 기회가 박탈되는 결과를 초래한다.

　심결취소소송에서 새로운 사유에 대한 주장·입증을 허용하더라도 출원인 등 당사자의 방어권 내지 절차적 이익이 침해되는 등의 특별한 사정이 없는 경우에는 심리범위에 제한을 두지 아니함으로써 심판절차와 소송절차를 되풀이하는 소송비경제를 방지할 필요가 있고, 위와 같은 특별한 사정이 있는 경우에는 심결취소소송의 심리범위를 제한함으로써 당사자의 방어권 등을 보호할 필요가 있다.

　그러므로 대법원의 입장은 소송경제와 당사자의 권익 보호측면에서 타당하다고 할 것이고, 특허법원의 실무도 같은 입장을 취하고 있는 것으로 생각된다.

다. 보정각하결정과 관련된 심결취소소송의 심리범위

　특허청이 심결취소소송에서 보정각하결정에서와 다른 이유로 보정의 부적법을 주장할 수 있는지 여부에 관하여 대상판결은 "특허청이 출원인의 명세서 등에 대한 보정을 각하하는 경우에는 거절결정의 경우와 달리 그 결정 이전에 출원인에게 그 이유를 통지하여 의견제출 및 보정의 기회를 주도록 하는 특허법 규정이 없고, 심결취소소송 단계에 이르러 특허청이 보정각하결정이나 심판절차에서 다루지 아니한 다른 사유를 내세워 보정이 부적법함을 주장하더라도 출원인으로서는 이에 대응하여 소송절차에서 그 심리의 방식에 따라 충분히 그 다른 사유와 관련하여 보정의 적법 여부에 관하여 다툴 수 있으므로 출원인의 방어권 또는 절차적

이익이 침해된다고 할 수 없다고 할 것이어서, 특허청은 거절결정에 대한 심결취소소송 단계에서 보정각하결정에 붙이거나 심판절차에서 다루어지지 아니한 다른 이유를 들어 보정의 부적법을 주장할 수 있다"고 판시하였다.5)

그런데 특허출원인의 절차적 이익을 보장하려는 거절이유통지제도의 취지상 보정 이전부터 이미 특허청구범위에 기재되어 있었던 사항으로서 특허출원인이 그에 대한 거절이유를 통지받지 못한 사유는 출원인의 방어권 또는 절차적 이익을 침해하는 것이므로 이를 새로운 사유로 들어 보정의 부적법을 주장할 수는 없다.6)

Ⅳ. 결   론

위에서 본 바와 같이 심결취소소송의 심리범위를 제한하지 아니하면 당사자의 방어권 또는 절차적 이익이 침해되는 경우 등의 특별한 사정이 없는 한, 심결취소소송의 심리범위는 제한되지 아니하는 것이 타당하고, 대상판결의 판시와 같이 특허청이 심결취소소송에서 보정각하결정에서와 다른 사유로 보정의 부적법을 주장하는 것을 허용하더라도 출원인의 방어권 등이 침해될 위험이 없으므로, 대상판결의 결론은 정당한 것으로 수긍할 수 있다.

---

5) 같은 취지의 판결로 특허법원 2007. 8. 31. 선고 2006허11497 판결, 2007. 9. 5. 선고 2006허10388 판결 등이 있다.
6) 대법원 2011. 9. 29. 선고 2009후2678 판결.

97. 위법한 보정각하결정과 법원의 심리범위

[대법원 2014. 7. 10. 선고 2012후3121 판결]

박종학(서울남부지방법원 부장판사)

Ⅰ. 사실의 개요

2002. 8. 8. '삼중 절첩식 유모차'라는 명칭의 출원발명에 대하여 기재불비를 이유로 거절결정이 있었고, 출원인이 심사전치보정을 하자 보정발명은 진보성이 없고 이는 보정에 따라 발생한 새로운 거절이유라는 이유로 보정각하결정을 하였다.

해당 특허심판원 심결(2011. 10. 12. 심결 2009원7898)은 보정각하결정 및 거절결정은 정당하다는 심결을 하였고, 특허법원 판결(2012. 8. 17. 선고 2011허11828 판결)은 보정발명의 진보성 없음은 보정에 따라 발생한 새로운 거절이유가 아니라는 이유로 보정각하결정은 위법하고, 나아가 보정발명은 기재불비가 없으므로 거절결정은 부당하다는 이유로 심결을 취소하였다. 대법원은 보정에 따라 새로운 거절이유가 발생한 경우에 해당하지 않는다고 판시하면서도 보정각하결정이 위법하다면 그것만을 이유로 곧바로 심결을 취소하여야 하는 것이지, 심사관 또는 특허심판원이 하지도 아니한 '보정 이후의 특허출원'에 대한 거절결정의 위법성 여부까지 스스로 심리하여 이 역시 위법한 경우에만 심결을 취소할 것은 아니라고 하여 특허법원의 심리범위를 명확히 하였다.

Ⅱ. 판　　시

상고 기각.

"[1] 심사관은 심사전치보정에 따라 새로운 거절이유가 발생한 것으로 인정하면 결정으로 보정을 각하하여야 한다. 위 규정에서 '새로운 거절이유가 발생한 것'이란 해당 보정으로 인하여 이전에 없던 거절이유가 새롭게 발생한 경우를 의미

하는 것으로서, … 보정 이후 발명에 대한 심사 결과 신규성이나 진보성 부정의
거절이유가 발견된다고 하더라도, 그러한 거절이유는 보정으로 청구항이 신설되거
나 실질적으로 신설에 준하는 정도로 변경됨에 따라 비로소 발생한 경우와 같은
특별한 사정이 없는 한 보정으로 새롭게 발생한 것이라고 할 수 없으므로, 심사관
으로서는 보정에 대한 각하결정을 하여서는 아니 되고, 위와 같은 신규성이나 진
보성 부정의 거절이유를 출원인에게 통지하여 의견제출 및 보정의 기회를 부여하
여야 한다.

　　[2] 특허거절결정에 대한 불복심판청구를 기각한 심결의 취소소송에서 법원
은 특허거절결정을 유지한 심결의 위법성 여부를 판단하는 것일 뿐 특허출원에
대하여 직접 특허결정 또는 특허거절결정을 하는 것은 아니다. 따라서 심사관이
특허출원의 보정에 대한 각하결정을 한 후 '보정 전의 특허출원'에 대하여 거절결
정을 하였고, 그에 대한 불복심판절차에서 위 보정각하결정 및 거절결정이 적법하
다는 이유로 심판청구를 기각하는 특허심판원의 심결이 있었던 경우, 심결취소소
송에서 법원은 위 보정각하결정이 위법하다면 그것만을 이유로 곧바로 심결을 취
소하여야 하는 것이지, 심사관 또는 특허심판원이 하지도 아니한 '보정 이후의 특
허출원'에 대한 거절결정의 위법성 여부까지 스스로 심리하여 이 역시 위법한 경
우에만 심결을 취소할 것은 아니다."

Ⅲ. 해   설

1. 문제의 소재

　　대상 판결은 출원발명의 청구항 기재가 불명확하여 진보성을 판단할 수 없었
는데, 보정에 의해 보정발명은 진보성이 없고 이러한 진보성 부정의 거절이유는
보정에 따라 새로운 거절이유가 발생한 것에 해당하느냐와 심결취소소송에서 법
원이 보정각하결정이 적법하다고 판단한 심결과 결론을 달리하여 보정각하결정이
위법하다고 판단한 경우 보정발명에 대한 거절결정의 위법성 여부까지 판단하여
야 하는가이다.

2. 새로운 거절이유 발생의 의미

　　2009. 1. 30. 법률 제9381호로 개정되고 2009. 7. 1.부터 시행된 특허법은 심사

전치제도1)를 폐지하고 재심사청구제도2)를 도입하였다.3) 본건 출원은 재심사청구 제도 도입 전에 출원된 것이므로 심사전치보정을 한 경우이다. 심사전치보정에 의 하여 명세서에 기재불비가 발생하거나 보정된 발명이 신규성 또는 진보성이 없어 특허를 받지 못하게 되는 경우에는 그 보정은 부적법하고, 심사관은 의견서 제출 의 기회를 주지 않고도 보정각하결정을 할 수 있다(특허법 제51조 제1항).

'보정에 따라 새로운 거절이유가 발생한 것'의 의미에 관하여, 심결과 원심판 결 및 특허청 심사기준4)은, 보정으로 인해 이전에 없던 거절이유가 새롭게 발생 한 경우를 의미하는 것으로, 보정 전에 통지되었던 거절이유들은 물론 보정 이전 의 명세서 등에 존재하였으나 통지되지 아니한 거절이유는 '새로운 거절이유'가 아니라고 한다.

대상 판결은 '새로운 거절이유가 발생한 것'이란 보정으로 인하여 청구항이 신 설되거나 실질적으로 신설에 준하는 정도로 변경됨에 따라 비로소 신규성이나 진 보성 등의 거절이유가 발생한 것을 새로운 거절이유의 의미로 판시하였다. 보정에 따라 새로운 거절이유가 발생한 것인지를 판단하기 위해서는 '보정 전의 출원발명' 과 '보정 후의 출원발명'을 대비하여 보정으로 인하여 청구항이 신설되거나 실질적 으로 신설에 준하는 정도로 변경되었는지 여부 및 그에 따라 신규성 또는 진보성 등의 거절이유가 비로소 발생한 경우에 해당하는지 여부를 살펴보아야 한다.5)

---

1) 심사전치제도는 2009. 1. 30. 법률 제9381호로 개정되기 전의 특허법에 규정된 것으로서, 특 허거절결정에 불복하는 심판의 청구가 제기되고 그 청구일부터 30일 이내에 그 청구에 관한 특허출원서에 첨부된 명세서 또는 도면에 대한 보정이 있는 때에는, 특허심판원장은 심판을 하기 전에 이를 특허청장에게 통지하고, 통지를 받은 특허청장은 심사관에게 그 청구를 다시 심사하게 하여야 하는 제도를 말한다.

2) 재심사청구제도는 2009. 1. 30. 법률 제9381호로 개정되고 2009. 7. 1.부터 시행된 특허법에 신설된 것으로서, 특허출원인이 그 특허출원에 관하여 특허거절결정등본을 송달받은 날부터 30일 이내에 그 특허출원의 명세서 또는 도면을 보정하여 해당 특허출원에 관한 재심사를 청 구할 수 있는 제도를 말한다(특허법 제67조의2). 재심사가 청구된 경우 그 특허출원에 대하 여 종전에 이루어진 특허거절결정은 취소된 것으로 본다. 따라서 재심사청구를 하면 특허거 절결정 전으로 돌아가 보정서가 제출된 통상의 심사와 마찬가지로 심사를 진행하게 된다. 재 심사 결과 특허거절결정을 받은 경우 불복심판을 청구할 수 있고 이 경우에는 명세서 등을 다시 보정할 수 없고 심사 결과만을 다투게 된다.

3) 재심사청구제도를 도입한 것은 특허거절결정을 받은 경우 심사관에게 다시 심사를 받기 위 하여 반드시 특허거절결정에 대한 불복심판을 청구하도록 하고 있어 출원인이 불가피하게 심 판청구를 하여야 하는 불편을 해소하기 위한 것이라고 한다. 윤선희, 특허법(제5판, 법문사, 2012), 570면.

4) 특허청, 특허·실용신안 심사기준(2014) 개정 예규 제81호, 4301-4302면.

5) 특허법원 2014. 10. 24. 선고 2014허1280 판결(확정), 특허법원 2015. 2. 11. 선고 2014허 3040 판결(확정), 특허법원 2015. 10. 8. 선고 2014허4678 판결(확정), 특허법원 2015. 12. 18.

보정으로 인해 새로운 거절이유가 발생하였는지 여부를 판단함에 있어서 특허법 제47조 제3항 제1호 또는 제4호에 따라 청구항을 삭제하는 보정에 의해 새로운 거절이유가 발생된 경우는 제외된다(특허법 제51조 제1항 괄호규정). 대법원은 '청구항을 삭제하는 보정'의 경우에는 청구항을 한정·부가하는 보정 등 다른 경우와 달리 그로 인하여 새로운 거절이유가 발생하더라도 위와 같은 보정의 반복에 의하여 심사관의 새로운 심사에 따른 업무량 가중 및 심사절차 지연의 문제가 생기지 아니하므로 그에 대하여 거절이유를 통지하여 보정의 기회를 다시 부여함으로써 출원인을 보호하려는 데 있다고 판시하였다.6)7)

3. 보정각하결정이 위법한 경우 심결취소소송에서 법원의 조치

특허법원 실무는 거절결정에 대한 심결취소소송 단계에서 보정각하결정에 붙이거나 심판절차에서 다루어지지 아니한 새로운 이유를 추가하여 보정의 부적법을 주장할 수 있는 것으로 보고 있다.8) 그 이유는, 특허청 심사관이 출원인의 명세서 등에 대한 보정을 각하하는 경우에는 거절결정의 경우와 달리 그 결정 이전에 출원인에게 그 이유를 통지하여 의견제출 및 보정의 기회를 주도록 하는 특허법 규정이 없고, 심결취소소송 단계에 이르러 특허청이 보정각하결정이나 심판절차에서 다루지 아니한 다른 사유를 내세워 보정이 부적법함을 주장하더라도 출원인으로서는 이에 대응하여 소송절차에서 그 심리의 방식에 따라 충분히 그 다른 사유와 관련하여 보정의 적법 여부에 관하여 다툴 수 있으므로 출원인의 방어권 또는 절차적 이익이 침해된다고 할 수 없기 때문이다.9)

또한 이러한 법리는 거절결정불복심판 단계에도 적용되어 특허심판원이 출원인인 심판청구인에게 의견진술의 기회를 주지 아니한 채 보정각하결정에 기재되지 아니한 새로운 보정각하사유를 들어 보정각하결정이 정당한 것으로 판단하였

선고 2015허2587 판결(확정).

6) 대법원 2014. 7. 10. 선고 2013후2101 판결.

7) 특허법원 2013. 7. 25. 선고 2012허11092 판결(대법원 상고 기각으로 확정)은 '청구항을 삭제하는 보정과정에서 발생한 명백한 오기의 경우'도 특허법 제51조 제1항 괄호규정의 적용범위에 포함하는 것이 조문의 문리해석 및 형평성의 관점에 부합한다는 취지로 판시하였다.

8) 특허법원 지적재산소송 실무연구회, 지적재산소송실무(제3판, 박영사, 2014), 309면.

9) 특허법원 2007. 9. 5. 선고 2006허10388 판결(대법원 심리불속행 기각으로 확정), 특허법원 2008. 4. 10. 선고 2007허8139 판결(대법원 심리불속행 기각으로 확정), 특허법원 2008. 7. 3. 선고 2007허6683 판결(확정).

다고 하더라도 그 심결을 취소하여야 할 위법이 있다고 할 수 없다.[10)]

　이와 같이 보정각하결정의 적법 여부는 심결취소소송 단계에서 폭넓게 판단할 수 있다. 보정각하결정을 한 경우 당해 보정은 없었던 것으로 되므로, 보정 전의 명세서로 당해 특허출원을 심사하게 된다. 따라서 심사관 또는 심판관은 보정 전 명세서를 기준으로 원거절이유가 해소되었는지 여부를 심사하여 원거절이유가 해소되지 못한 경우에 심사단계에서는 거절결정을, 심판단계에서는 기각심결을 하게 된다.

　심결취소소송에서 법원이 특허심판원의 심결과 달리 보정각하결정을 위법하다고 판단한 경우 그것만으로 심결을 취소하여야 하는가 아니면 보정이 적법함을 전제로 보정발명에 거절이유가 있는지 여부를 나아가 살펴보아 결론적으로 거절결정이 적법한 것인지를 판단하여야 하는지가 문제될 수 있다.

　원심판결은 보정이 적법함을 전제로 심결과 달리 보정각하결정은 위법하고 나아가 보정발명에는 기재불비가 없으므로 거절결정이 정당하지 아니하다고 판단한 다음 심결을 취소하는 내용의 판시를 하였다.

　대상 판결은, 특허거절결정에 대한 불복심판청구를 기각한 심결의 취소소송에서 법원이 특허거절결정을 유지한 심결의 위법성 여부를 판단하는 것일 뿐 특허출원에 대하여 직접 특허결정 또는 특허거절결정을 하는 것은 아니므로, 심사관이 특허출원의 보정에 대한 각하결정을 한 후 '보정 전의 특허출원'에 대하여 거절결정을 하였고, 그에 대한 불복심판절차에서 위 보정각하결정 및 거절결정이 적법하다는 이유로 심판청구를 기각하는 특허심판원의 심결이 있었던 경우, 심결취소소송에서 법원은 위 보정각하결정이 위법하다면 그것만을 이유로 곧바로 심결을 취소하여야 하는 것이지, 심사관 또는 특허심판원이 하지도 아니한 '보정 이후의 특허출원'에 대한 거절결정의 위법성 여부까지 스스로 심리하여 이 역시 위법한 경우에만 심결을 취소할 것은 아니라고 판시하였다. 이러한 대상 판결에 의하면, 원심판결은 보정각하결정이 위법하다고 판단한 이상 심결에서 판단하지 아니한 보정발명의 기재불비 여부에 관한 당부를 심리할 필요가 없었던 것이 된다.[11)]

---

10) 특허법원 2008. 11. 13. 선고 2007허13384 판결(확정).

11) 대상 판결의 취지에 따라 특허법원 2015. 2. 11. 선고 2014허3040 판결(확정)은 심사전치보정에 대하여 각하한 보정각하결정이 위법하다고 본 후 곧바로 심결을 취소하는 판결을 선고하였다.

Ⅳ. 결　　론

　　대상 판결은, 보정 이후 신규성이나 진보성 부정의 거절이유가 발견된 경우, 그러한 거절이유가 보정으로 청구항이 신설되거나 실질적으로 신설에 준하는 정도로 변경됨에 따라 비로소 발생한 경우와 같은 특별한 사정이 없는 한 보정으로 새로 발생한 것이 아니므로 신규성이나 진보성 부정의 거절이유를 출원인에게 통지하여 의견제출 및 보정의 기회를 부여하여야 한다고 판시하여 심사관이 취해야 할 조치를 밝히고 있다. 또한, 심사관이 특허출원의 보정에 대한 각하결정을 한 후 '보정 전의 특허출원'에 대하여 거절결정을 하였고, 그에 대한 불복심판절차에서 위 보정각하결정 및 거절결정이 적법하다는 이유로 심판청구를 기각하는 특허심판원의 심결이 있었던 경우, 심결취소소송에서 법원은 위 보정각하결정이 위법하다면 그것만을 이유로 곧바로 심결을 취소하여야 한다고 판시하여 심결취소소송의 법원이 보정각하결정의 적법성에 관하여 특허심판원의 심결과 결론을 달리한 경우 취하여야 할 조치를 명확히 밝히고 있다.

　　이와 같은 대상 판결의 판시로 '보정으로 인하여 새로운 거절이유가 발생한 경우'의 의미가 명확해지고, 심결취소소송에서 법원의 심리범위를 확정한 점은 특허법원의 심리 실무상 그 의의가 크다.

　　다만, 대상 판결에서 보정으로 인하여 새로운 거절이유가 발생한 것에 대하여 거절이유가 보정으로 청구항이 신설되거나 실질적으로 신설에 준하는 정도로 변경됨에 따라 비로소 발생한 경우라고 판시한 부분에 대하여는 어떠한 경우가 이에 해당하는지 그 판시 자체만으로는 불분명하므로 앞으로 구체적인 사례의 축적을 통하여 유형화 작업이 필요하다고 본다.

98. 침해소송 제기 후 청구된 소극적 권리범위확인심판에서 확인의 이익

[특허법원 2016. 1. 14. 선고 2015허6824 판결(대법원 전원합의체 회부)]

김승조(법무법인 율촌 변리사, 전 특허심판원 심판관)

Ⅰ. 사실의 개요

특허침해소송의 피고는 침해소송에 대한 제1심 변론종결 직후 침해대상물품과 동일한 확인대상발명으로 소극적 권리범위확인심판을 청구하였고, 인용 심결에 대한 취소소송에서 특허법원은 다음과 같이 판시하였다.

Ⅱ. 판 시

심결 취소.

권리범위확인심판은 심판의 대상이 되는 별도의 행정처분이 존재한다고 볼 수 없어 '행정청의 처분과 관련된' 권리구제와 무관하고, '특허발명의 보호범위'를 확인하는 작용이 특허행정의 통일을 기하는 데 직접적인 도움이 된다고 보기 어렵고, 특허발명의 보호범위를 확인해주는 한정적 기능을 수행할 뿐이다.

권리범위확인심판청구에서 확인의 이익은 권리범위확인심판제도의 특성과 역할에 부합되지 않거나, 당사자들에게 과도하고 불필요한 부담을 주는 경우에는 제한적으로 해석할 필요가 있고, 확인의 소와 마찬가지로 분쟁의 종국적인 해결 방법이 아닌 경우 확인의 이익이 없다.

① 침해소송과 동일한 대상물을 확인대상발명으로 청구한 소극적 권리범위확인심판은 침해소송에 대한 중간확인적 판단을 별도의 절차에서 구하는 것에 불과하여 분쟁의 종국적 해결이 아니고 소송경제에 비추어 유효적절하지 않다.

② 원고들과 피고 사이에 소극적 권리범위확인심판을 통해 추가적으로 제거

할 법적 지위의 불안·위험이 남아 있다고 보기 어렵다.

③ 특허권자로서 소극적 권리범위확인심판 청구로 인해 과도하고 불필요한 대응의무를 부담하는 것은 특허법의 목적에 부합된다고 볼 수 없다.

④ 소극적 권리범위확인심판을 허용하게 되면, 침해에 관한 소의 재판결과에 대한 회피수단을 묵인·용인하는 결과가 된다.

⑤ 특허권 침해금지에 관한 소를 통해 권한행사가 이루어지고 있는 중에 행정심판인 소극적 권리범위확인심판을 허용하는 것은 사법부와 행정부의 권한배분의 원칙에 반하고, 그 입법례를 찾아보기 어렵다.

⑥ 특허권 침해에 관한 소와 별개로 소극적 권리범위확인심판이 진행되는 경우, 주장·증명책임에 따라 특허권 침해에 관한 소와 심판의 결과에 모순·저촉의 위험이 있어 특허제도와 특허소송절차에 대한 신뢰를 해할 수 있다.

Ⅲ. 해   설

1. 권리범위확인심판에서 확인의 이익

권리범위확인심판은 확인대상발명이라고 하는 특정한 기술 실시형태가 특허발명의 권리범위에 속하는지 여부를 판단하는 심판으로서, 특허권자 또는 전용실시권자는 자신의 특허발명의 보호범위를 확인하기 위하여(적극적 권리범위확인심판), 이해관계인은 타인의 특허발명의 보호범위를 확인하기 위하여(소극적 권리범위확인심판) 각각 특허권의 권리범위확인심판을 청구할 수 있다.[1]

권리범위확인심판은 확인대상발명이 특허발명의 권리범위에 속하는지의 여부를 확인하는 것으로 확인의 이익이 필요하고, 만일 확인의 이익이 없으면 심판청구가 부적법하게 된다. 이러한 확인의 이익은 권리범위확인심판청구의 적법요건일 뿐 심결취소소송의 소송요건은 아니므로, 확인의 이익이 있는지 여부는 심결시를 기준으로 판단되어야 하고, 심결시에 확인의 이익이 있는 한 심결 이후 확인의 이익이 소멸하여도 심판청구가 부적법하게 된다고 볼 수 없고, 심결취소소송의 소의 이익이 없어진다고 볼 수도 없다.[2]

---

[1] 특허법 제135조(권리범위확인심판) ① 특허권자 또는 전용실시권자는 자신의 특허발명의 보호범위를 확인하기 위하여 특허권의 권리범위확인심판을 청구할 수 있다. ② 이해관계인은 타인의 특허발명의 보호범위를 확인하기 위하여 특허권의 권리범위확인심판을 청구할 수 있다.

[2] 김철환, "심결취소소송에서의 소의 이익", 사법논집 제39집(2004. 12.), 법원도서관, 568면.

2. 권리범위확인심판제도에 대한 문제의 제기

권리범위확인심판은 특허법이 명문으로 규정하고 있음에도 불구하고 폐지론과 존치론이 양립하고 있다.

폐지론은, 권리범위확인심판은 ① 행정부와 사법부의 권한분배의 원칙에 어긋나고, ② 이 제도를 도입하고 있는 입법례가 거의 없으며, ③ 침해분쟁에 있어서 중간확인적인 판단에 불과하여 확인의 이익이 있는지 의문이고, ④ 실무상 침해소송을 담당하는 법원은 권리범위확인심판의 결과를 기다리느라 소송절차가 지연되고 있으며, ⑤ 심결은 침해소송에 대한 기속력이 없고 증거방법의 하나에 불과하여 결론이 상충할 때는 무의미한 절차에 불과하다는 점 등을 근거로, 권리범위확인심판 제도를 조속히 폐지하고 일본의 판정제도와 유사한 제도로 대체하면 충분하다고 한다. 반면에 권리범위확인심판 제도는 종래부터 그 본질이나 효력의 문제에 대하여 논쟁이 계속되었으나, 적어도 이 제도는 실제로는 특허권자와 그 상대방 사이에 특허침해를 구성하는지 여부를 심판청구하여 심결의 결론에 따라 침해금지청구나 손해배상청구에 이르지 아니하고 화해가 성립하는 등 분쟁을 해결하는 형태로 이용되어 왔고, 사건 수 또한 다른 심판사건의 수에 비하여 결코 적지 않다는 사정 등에 비추어, 그 실제적 기능을 충분히 고려하여 신중하게 검토하여야 한다는 취지의 폐지 반대 주장도 있다.3)

한편, 권리범위확인심판 제도 폐지론의 연장선에서 권리범위확인심판을 가능하면 제한하여 운용하자는 접근 방식이 있는데,4)5) 대상판결과 같이 소극적 권리

---

3) 김태현, "권리범위확인심판의 본질과 진보성 판단의 가부", 특허법원 지적재산소송실무연구회, 8면; 박정희, "권리범위확인심판의 폐지 필요성에 관한 고찰", 특허소송연구 제3집(2005), 특허법원, 445면.
4) 손천우, "실시자가 특허침해의 소로 제소된 이후에 특허권자를 상대로 동일한 실시품을 확인대상발명으로 하여 청구한 소극적 권리범위확인심판의 확인의 이익", Law & Technology 제12권 제2호(2016. 3.), 서울대학교 기술과 법센터, 10면 내지 15면. 이 논문은 대법원이 권리범위확인심판에서 특허발명의 진보성 여부를 심리·판단할 수 없다고 판시한 점, 소극적 권리범위확인심판은 특허발명에 대한 진보성 판단을 허용하지 않고 있음에도 불구하고 가상의 물품인 확인대상발명에 대하여 진보성을 판단하는 것은 특허권자에게 지나친 부담을 주는 것이고 사법자원의 낭비를 가져오게 된다는 점, 권리범위확인심판은 다른 심판과 달리 심판의 대상이 되는 처분이 존재하지 아니하고 필수적 행정심판전치주의를 취할 아무런 이유가 없음에도 특허법 제186조에 의해 심결에 대한 불복의 소로 법원에서 판단하게 된 것이라는 점 등을 이유로 권리범위확인심판의 심리범위를 제한할 필요가 있다고 한다.
5) 예컨대, 권리범위확인심판에서 자유실시기술의 항변은 특허발명의 권리범위를 균등침해하는 경우에만 적용할 수 있을 뿐 문언침해하는 경우에는 적용되지 않는다는 취지의 특허법원

범위확인심판의 확인의 이익을 좁게 보고자 하는 것도 같은 맥락이다.6)

생각건대, 권리범위확인심판은 특허법상 명문으로 규정되어 존재 자체를 부정할 수는 없다는 점, 실제 많이 이용되는 제도라는 점, 침해소송과 중복되지 않는 다른 기능을 포함하고 있다는 점, 특허 전문기관인 특허심판원의 기능을 활용하는 긍정적인 측면이 있다는 점7) 등을 보건대 폐지론에 반대한다.8)

3. 침해소송 제기 후 침해대상물품과 동일한 확인대상발명으로 청구한 소극적 권리범위확인심판에서 확인의 이익

권리범위확인심판을 제한적으로 운용하자는 측에서는 침해소송 제기 후 청구한 소극적 권리범위확인심판의 확인의 이익이나 소의 이익을 부정하려 한다.

특허법원 1999. 11. 25. 선고 99허413 판결(상고기각)은, 확인의 이익이 없다는 본안 전 항변에 대해 권리범위확인심판을 청구하고 그 심결에 불복하여 심결의 취소를 구하는 소송을 제기하는 것은 특허법에 근거한 것으로서 심판청구의 이익이나 소의 이익을 부정할 수는 없다고 하였고, 상고심인 대법원은 심판청구의 이익이나 소의 이익에 관한 별도의 판시 없이 상고를 기각하였다.

한편 대법원 2011. 2. 24. 선고 2008후4486 판결에서는, 민사 본안소송 제기후 청구한 소극적 권리범위확인심판의 심결취소소송에서 소의 이익과 관련하여 "권리범위확인심판과 그 심결취소소송을 명문으로 인정하고 있는 이상, 상표에 관한 권리범위확인심판절차에서 불리한 심결을 받은 당사자가 유효하게 존속하고 있는 심결에 불복하여 심결의 취소를 구하는 것은 위 상표법의 규정에 근거한 것

2016. 1. 15. 선고 2015허4019 판결(상고) 및 특허법원 2016. 11. 24. 선고 2016허2096 판결(상고)은 권리범위확인심판의 심리범위를 제한하여야 한다는 입장이라 할 수 있다.

6) 박정희, 앞의 논문, 445면; 손천우, 앞의 논문, 19 내지 22면.

7) 손천우, 앞의 논문, 13면. 이 논문은, 권리범위확인심판에서의 판단은 침해의 금지 또는 예방을 청구하는 침해금지청구권의 존부에 대한 법률적 판단이어서 특허심사·정책 업무의 전문성과 직접적인 관련이 없고, 기술적인 이해만으로 해결될 수 없어 특허청 근무의 지식과 경험을 활용할 수 있다고 보기고 어렵고, 또한 권리범위확인심판은 특허청의 특허심사 및 정책업무와 별다른 관련이 있다고 보기 어려워 특허행정의 통일을 기하는 데에도 별다른 도움을 주기 어렵다는 이유로 권리범위확인심판에 대한 특허심판원의 판단능력과 그 의미를 다른 심판과 달리 제한적으로 보고 있다. 그러나 권리범위확인심판에서 대부분의 판단사항은 확인대상발명이 특허발명의 권리범위에 속하는지 여부에 대한 것이어서, 무효심판 등 다른 심판에 대한 판단기관으로서 특허심판원의 역할이나 능력을 부정할 수 없다면 권리범위확인심판에 대한 특허심판원의 역할이나 능력 역시 부정할 수 없다는 점에서 이해하기 어려운 주장이다.

8) 권리범위확인심판 제도의 존재를 인정하고 바람직한 실무관행을 정착시켜야 한다는 취지로, 특허법원 지적재산소송실무연구회, 지적재산소송실무, 박영사(2010), 337면 참조.

으로서 심결의 취소를 구할 소의 이익이 있다."라고 판시하였다.

이 사건은 대상판결과 비교할 때 특허발명과 등록상표라는 점을 제외하고 동일한 사안으로서 이 사건에서 특허법원과 대법원이 소의 이익과 함께 확인의 이익까지 살핀 것은 아니라는 견해도 있다.9) 그러나 특허법원은 명시적으로 "민사 본안소송의 판결이 내려지기 전에 그 권리범위의 속부를 확정할 실익이 있는 경우에 확인의 이익이 있다"라고 판시하였을 뿐 아니라, 소의 이익을 부정하는 주요 논거로 심결취소소송 제기 이전에 민사 본안소송의 판결이 선고되었고 그 판결에 심결이 고려되었다는 점을 들고 있다는 점, 대법원은 "확인의 이익 내지 소의 이익이 있다는 전제에서"라고 하면서 민사 본안 소송의 판결 이전에만 확인의 이익이 있다고 보는 것은 잘못이라 지적하고 있다는 점, 대법원 판결 후 파기환송심에서 확인의 이익에 대한 판단 없이 본안판단을 하고 있다는 점을 고려하면 모두 확인의 이익을 긍정한 것으로 보아야 할 것이다.

4. 대상판결에 대한 검토

(1) 대상판결은, 권리범위확인심판은 거절결정불복심판이나 무효심판과 달리 심판의 대상이 되는 별도의 행정처분이 존재한다고 볼 수 없어 행정청의 처분과 관련된 권리구제와 무관하고 특허발명의 보호범위를 확인하는 작용이 특허행정의 통일을 기하는 데 직접적인 도움이 된다고 보기 어렵다는 점을 지적하고 있다. 그러나 특허심판이 항상 행정처분에 대한 불복의 성격을 가져야 하는 것인지,10) 행정처분에 대한 불복으로서의 특허심판이어야 특허행정의 통일을 기할 수 있는 것인지, 특허심판의 존재 이유가 특허행정의 통일을 기하는 것인지 의문이다. 특허심판은 대체적으로 행정처분이 전제되고 있지만 그렇다고 해서 그 행정처분에 대한 불복을 항상 포함하고 있는 것은 아니다. 예컨대 정정심판은 특허결정이라는

---

9) 유영선, "권리범위확인심판에 있어서 심결취소소송의 소의 이익", Law & Technology 제4권 제5호(2008. 11.), 서울대학교 기술과 법센터, 108면; 손천우, 앞의 논문, 15면.
10) 대상판결의 판시와 달리 모든 특허심판을 행정처분에 대한 불복의 성격을 갖는 것으로 볼 수 없다는 견해로서는, 유영선, 앞의 논문, 103면 참조. 이 견해는, 거절계 사건의 경우 심결은 거절결정 등 특허청의 원처분의 적법 여부를 판단하는 것이므로 일반 행정소송에 있어서의 재결에 대응되는 것이지만, 당사자계 사건의 경우 특허청의 원처분을 상정하기 어려우므로 그 심결 자체를 원처분으로 보는 것이 타당하다고 하면서, 권리범위확인심판의 경우 심결을 원처분으로 보는 것에 의문의 여지가 없고, 등록무효심판의 경우에도 심결의 주문이 '등록결정'을 무효로 하는 것이 아니라 '등록'을 무효로 한다는 점에서 원처분을 등록결정이라 할 수 없고 무효심결 자체가 원처분으로 보는 것이 타당하다고 한다.

행정처분을 전제로 하고 있지만 그렇다고 해서 특허결정이라는 행정처분에 대한 불복의 성격을 갖는 것은 아니다. 대상판결의 논거에 의하면 정정심판 역시 권리범위확인심판과 마찬가지로 행정처분에 대한 불복이 아니어서 특허행정의 통일을 기하는데 직접적인 도움이 되지 않아 제도의 존재 이유가 없다고 보아야 할 것인데, 정정심판은 폐지되어야 할 제도로 볼 수 없다는 점에서 대상판결의 논거는 부당하다는 점을 알 수 있다.

(2) 대상판결은, 권리범위확인심판은 분쟁의 종국적 해결이 아니라는 점, 그 심결의 효력은 제한적이라는 점, 특허권 침해에 관한 소의 재판결과에 대한 사실상의 회피수단을 묵인·용인하는 결과가 된다는 점, 침해소송과 심판의 결과에 모순·저촉의 위험이 있다는 점을 들어 확인의 이익을 부정하고 있다. 그러나 ① 특허법이 침해소송이 별도로 존재함에도 불구하고 권리범위확인심판을 굳이 둔 입법취지는 침해금지청구나 손해배상청구에 이르지 아니하고 화해가 성립하는 등 분쟁을 해결하는 권리범위확인심판의 기능 등을 고려한 것이고, 실제 많이 이용되고 있는 제도라는 점, ② 권리범위확인심판은 권리관계에 관한 최종적 판단이 아니라는 점은 이 사건에서 특유한 사안이 아니라 모든 권리범위확인심판이 갖는 특징이어서 대상판결의 논거는 사실상 모든 권리범위확인심판의 확인의 이익을 부정하는 것과 다르지 않다는 점, ③ 권리범위확인심판은 그 심결의 효력이 제한적이라는 점에서 오히려 침해소송의 재판결과에 대한 회피수단이 될 수 없다는 점, ④ 관련이 있는 제도가 별개로 진행되어 모순·저촉의 위험이 있는 경우는 특허소송에서 다수 있는 것으로 이 사건에만 특유한 것이 아니라는 점에서 대상판결의 논거에 동의할 수 없다.

(3) 대상판결은, 권리범위확인심판에서 확인의 이익은 권리범위확인심판제도의 특성과 역할에 부합되지 않거나 당사자들에게 과도하고 불필요한 부담을 주는 경우에는 제한적으로 해석할 필요가 있다고 하면서, 이 사건에서 특허권자는 비용과 시간적으로 과도하고 불필요한 대응의무를 부담하고 있어 특허법의 목적에 부합된다고 볼 수 없다는 이유로 확인의 이익을 부정하고 있다. 그러나 ① 확인의 이익을 권리범위확인심판제도의 특성과 역할로부터 도출하는 것은 단지 결론에 꿰맞추기 위한 논거에 불과하다는 점, ② '권리범위확인심판제도의 특성과 역할'이나 '당사자들에게 과도하고 불필요한 부담을 주는 경우'는 모호한 판단기준이라는 점, ③ 이 사건에서 특허권자가 관계된 관련사건 중 상당수는 특허권자의 권리행

사나 이에 따른 상대방의 대응에 따라 발생한 것이어서 특허권자에게만 특히 부당하다고 볼 수 없다는 점, ④ 문제가 있는 제도 또는 없어져야 할 제도이기 때문에 가능하면 그 제도를 사용할 수 없도록 하여야 한다는 것은 개별사건에 대한 법해석기관으로서의 사법부의 역할이라 보기 어렵다는 점에서 대상판결의 논거에 동의할 수 없다.

(4) 대상판결은, 권리범위확인심판은 확인의 소와 공통점이 있다고 하면서 확인의 소는 분쟁의 종국적 해결 방법이 아닌 경우 확인의 이익이 없다고 한다. 그러나 ① 대상판결의 논거는 모든 권리범위확인심판의 확인의 이익을 부정하여 사실상 권리범위확인심판제도의 폐지를 의미한다는 점, ② 권리범위확인심판이 확인의 소와 일부 공통점을 가지고 있다 하더라도[11] 확인의 소에서 적용되는 확인의 이익의 법리는 권리범위확인심판에서는 심판의 성격에 맞게 변형되어 적용되어야 한다는 점에서,[12] 대상판결의 논거에 동의할 수 없다.

(5) 대상판결은, 소극적 권리범위확인심판을 허용하는 것은 사법부와 행정부의 권한배분의 원칙에 반하고, 그 입법례를 찾아 볼 수 없다는 점에서 확인의 이익을 부정하고 있다. 그러나 ① 대상판결이야말로 개별 사건의 해석을 통해 권리범위확인심판제도를 폐지하겠다는 사실상의 입법행위를 하고 있어 권한배분의 원칙을 어기고 있다는 점, ② 폐지론에 근거하는 확인의 이익 부정은 존속론이라는 반론에 의한 확인의 이익 긍정으로 반박이 가능하다는 점에서 대상판결의 논거는 타당하지 않다. 특허법이 규정하고 있는 제도는 법 개정에 의해 폐지될 수 있을지언정 사법부의 해석에 의해 폐지될 수는 없는 것이다.

(6) 그밖에 대상판결은, ① 앞에서 살펴본 대법원 2011. 2. 24. 선고 2008후 4486 판결에 반한다는 점,[13] ② 특허법이 인정한 심판청구의 기회를 사법부 판단

---

11) 권리범위확인심결 취소소송은 형성의 소로 보아야 한다는 취지로, 김관식, "권리범위확인심판에 대한 심결취소소송에서의 소의 이익-침해소송이 계속 중인 경우를 중심으로-", 창작과권리 제63호(2011년 여름호), 세창출판사, 55면 참조.

12) 예컨대, 확인의 소에서는 장래의 권리나 법률관계에 대한 확인의 이익은 대체로 부정되지만, 장래 실시예정인 확인대상발명을 대상으로 하는 소극적 권리범위확인심판의 확인의 이익에 대해 판례는 특허법에 명문으로 규정되지 않았음에도 불구하고 일관되게 긍정하고 있다.

13) 대상판결은 위 대법원 판결과 침해소송 제기 후에(시점의 동일), 침해대상물품과 동일한 확인대상발명으로(대상의 동일), 소극적 권리범위확인심판을 청구(심판종류의 동일)하였다는 점에서 동일한 사안이고, 따라서 대상판결은 위 대법원 판결과 함께 보면 "심결을 취소할 소의 이익은 인정되지만 심판청구할 확인의 이익은 없다"는 것이어서 부당하다는 점이 확인된다.

에 의해 박탈하는 결과를 가져오는 것이어서 청구인의 이익을 심각하게 침해한다는 점, ③ 침해대상물품과 확인대상발명의 동일성 여부의 판단이 어려울 뿐 아니라,14) 심판부는 본안판단을 마쳐 심결이 가능한 시기에 최종적으로 한 번 더 확인대상발명과 침해대상물품의 동일성 여부를 판단하여야 하므로,15) 특허심판원 업무가 과중될 우려가 있다는 점, ④ 양자의 동일성 여부만으로 심결이 취소될 수 있어 오히려 절차의 낭비가 있다는 점 등에서 문제라 할 것이다.

Ⅳ. 결   론

대상판결은 향후 소극적 권리범위확인심판제도를 상당부분 무력화하는 실무상 큰 변화를 가져오는 결론을 내리면서도, 확인의 이익을 부정하는 대부분의 논거를 "권리범위확인심판은 그 심결의 효력이 제한적이고 침해소송에 비해 분쟁의 종국적 해결이 될 수 없는 한계가 있는 제도이므로 폐지되어야 할 제도이고, 이와 같이 폐지될 제도이니 가능한 권리범위확인심판을 이용하지 못하게 확인의 이익을 제한하여야 한다."라는 권리범위확인심판 제도의 한계 내지 그 폐지론에 기대고 있다.

그러나 이와 같이 법해석을 통해 사실상 법 개정을 하는 방식에는 찬성하기 어렵다. 특허법이 명문으로 규정하고 있는 제도의 이용을 금지하고자 할 때는 충분히 합리적인 이유가 있어야 할 것이다. 더욱이 그 제도가 이미 사용자에 의해 실제로 충분히 이용되고 있는 제도라면 그 이용의 제한은 보다 신중할 필요가 있다.

마침 대상판결이 대법원 전원합의체에 회부되었으므로 합리적인 결론이 도출되기를 기대해 본다.

---

14) 예컨대 확인대상발명이 침해대상물품에 구성을 부가한 경우 양자는 동일한 것인가? 침해대상물품과 확인대상발명의 동일성 여부를 신규성 관점에서 볼 것인가, 아니면 침해여부에 대한 결론이 같다면 동일하다고 할 것인가?
15) 침해소송에서의 침해대상물품은 확인대상발명과 달리 소 계속 중 변경될 수 있고, 확인의 이익의 판단은 심결시 기준이므로, 심판청구 이전에 침해소송이 있어서 침해대상물품과 확인대상발명의 동일성 여부를 판단한 결과 상이하여 본안 판단을 하였다 하더라도, 심결시에 침해대상물품의 변경 여부를 다시 한 번 살펴야 한다.

99. 정정심판청구가 무효심결 취소소송의 심리에 미치는 영향

[대법원 2015. 1. 15. 선고 2014후1709 판결]

염호준(사법정책연구원 선임연구위원, 전 특허법원 판사)

I. 사안의 개요

(1) 피고는 명칭을 '차량의 2륜/4륜 구동절환용 클러치 구동축 제어장치'로 하는 특허발명(이하 '이 사건 특허발명'이라 한다)의 특허권자이다.

원고는 2013. 6. 5. 특허심판원에 특허권자인 피고를 상대로 하여, 이 사건 특허발명의 청구항 7(이하 '이 사건 제7항 발명'이라 한다)은 비교대상발명들에 의하여 진보성이 부정된다고 주장하며 등록무효심판(2013당1488호)을 청구하였는데, 특허심판원은 2013. 12. 30. 이 사건 제7항 발명은 위 비교대상발명들에 의해 진보성이 부정되지 않는다는 이유로 그 부분에 관한 원고의 심판청구를 기각하는 내용의 이 사건 심결을 하였다.

(2) 원고는 특허법원에 위 심결에 대한 취소의 소(2014허1082)를 제기하였는데, 특허법원에서는 2014. 7. 25. 이 사건 제7항 발명은 통상의 기술자가 비교대상발명 1에 비교대상발명 6을 결합하여 용이하게 도출할 수 있으므로 진보성이 부정된다는 이유로 원고의 청구를 인용하였다.

(3) 피고는 2014. 8. 8. 이 사건 제7항 발명은 위 비교대상발명들에 의해 진보성이 부정되지 않는다고 주장하며 대법원에 상고하였다. 한편, 피고는 2014. 9. 15. 이 사건 특허발명에 대하여 특허심판원에 별도로 정정심판청구를 하였는데(특허심판원 2014정95호), 위 정정심판청구가 받아들여질 경우에는 그 전의 특허청구범위를 기초로 한 진보성 판단은 무의미하게 되고, 원심판결이 확정되더라도 재심사유가 발생하므로 상고심에서는 위 정정심판의 결과를 기다려 판단하여야 한다고 주장하였다.

Ⅱ. 판   시

상고기각.

(1) 동일한 특허발명에 대하여 정정심판 사건이 특허심판원에 계속 중에 있다는 이유로 상고심에 계속 중인 그 특허발명에 관한 특허무효심결에 대한 취소소송의 심리를 중단하여야 하는 것은 아니므로, 이와 다른 전제에서 정정심판 사건의 결과를 기다려야 한다는 취지의 상고이유 주장은 받아들일 수 없다.

(2) 이 사건 제7항 발명은 비교대상발명 1, 6에 의하여 그 진보성이 부정되므로, 같은 취지로 판단한 원심은 정당하다.

Ⅲ. 해   설

1. 정정심판이 청구된 경우 특허무효심결 취소소송의 심리방식

가. 문제의 제기

무효심판과 정정심판은 절차적으로 독립된 별개의 제도이고, 각각 당사자계 사건과 결정계 사건으로 구조가 달라 병합하여 심리할 수 없으며, 두 청구가 있는 경우 어느 것을 먼저 처리하여야 한다는 법률상의 규정도 없다. 그러나 정정심결이 먼저 확정되면 무효심판 사건의 심판의 대상이 달라지므로 정정 후의 명세서를 기초로 다시 무효 여부를 판단하여야 하는 반면, 무효심결이 먼저 확정되면 정정심판 사건은 소의 이익이 없어 각하되는 운명에 있으므로, 두 사건 중 어느 사건이 먼저 확정되느냐에 따라 권리자 및 관계자의 이해에 중대한 영향을 미치게 된다.[1] 따라서 특허무효심결 취소소송 계속중, 특허심판원에 정정심판이 청구되거나 정정심판청구 기각심결에 대한 취소의 소가 제기된 경우의 심리방식을 살펴볼 필요가 있다.

나. 특허무효심결 취소소송과 정정기각심결 취소소송이 동시에 계속중인 경우

특허법원 실무에서는 정정심판청구 기각심결에 대한 불복사건과 특허무효 사건이 특허법원에 계속 중인 때에는 두 사건을 병행심리하여 정정사건에 대한 결

---

[1] 설범식, 무효심결의 확정이 정정사건에 미치는 영향, 특허판례연구(개정판, 2012), 한국특허법학회, 779면.

론이 정정불인정인 경우에는 두 사건의 판결선고를 같은 날 하고, 정정을 인정하는 경우에는 정정사건만을 먼저 선고하고 무효사건은 다시 추후지정하는 경우가 있다.[2]

대법원에서는 "동일한 특허발명에 대하여 특허무효심판과 정정심판이 특허심판원에 동시에 계속중인 경우에는 정정심판제도의 취지상 정정심판을 특허무효심판에 우선하여 심리·판단하는 것이 바람직하나, 그렇다고 하여 반드시 정정심판을 먼저 심리·판단하여야 하는 것은 아니고, 또 특허무효심판을 먼저 심리하는 경우에도 그 판단대상은 정정심판청구 전 특허발명이며, 이러한 법리는 특허무효심판과 정정심판의 심결에 대한 취소소송이 특허법원에 동시에 계속되어 있는 경우에도 적용된다(대법원 2002. 8. 23. 선고 2001후713 판결)."라고 판시한 바 있다.

다. 특허무효심결 취소소송 계속중 특허심판원에 정정심판이 청구된 경우

특허법원 실무에서는 정정심판사건이 특허심판원에 계속 중일 때에는, 정정심판사건의 심결이 확정될 때까지 무효심판에 대한 심결취소소송사건의 재판기일을 추후지정하여 두는 경우도 있고, 그 정정심판청구 내용을 검토하여 정정 대상이 특허발명의 요지와 무관한 것이거나 정정이 허용될 가능성이 극히 낮다고 보일 때에는 소송 지연을 피하기 위하여 무효심판에 대한 심결취소소송의 심리를 진행하는 경우도 있다.[3]

대법원에서는 "동일한 특허발명에 대하여 정정심판 사건이 특허심판원에 계속 중에 있다는 이유로 상고심에 계속 중인 그 특허발명에 관한 특허무효심결에 대한 취소소송의 심리를 중단하여야 하는 것은 아니다(대법원 2007. 11. 30. 선고 2007후3394 판결)."라고 판시한 바 있다.

라. 사안의 검토

① 재심사유가 발생할 수 있다는 피고의 주장은, 정정심판청구 전 특허청구범위를 기초로 판단한 원심판결이 그대로 확정된 다음 별건 정정심판청구가 받아들여지는 상황을 가정한 것인데, 아직 위 정정심판청구에 대한 인용심결이 내려지지 않은 상황에서는 해당 사항이 없는 주장에 불과하고, ② 특히 이 사건은 심결이

---

2) 특허법원 지적재산소송 실무연구회 편, 지적재산소송실무(제3판, 2014), 박영사, 336면.
3) 특허법원 지적재산소송 실무연구회 편, 앞의 책, 336면.

무효심판청구를 기각한 것이어서, 위 심결을 취소한 원심판결이 그대로 확정된다고 가정하더라도 곧바로 특허등록이 무효로 되는 것이 아니라, 특허심판원이 다시 특허무효 사건을 심리하여 심결취소판결의 취지에 따른 재심결을 하고 그 재심결이 확정되어야 비로소 특허등록이 무효로 되는데, 가사 심결취소판결 이후 정정심결이 내려지더라도 그러한 사정이 특허심판원의 재심리 과정에 반영될 수 있는 시간적 여유가 있다.

따라서 특허무효 상고심 계속 중 피고가 이 사건 제7항 발명에 대하여 별건 정정심판을 청구하였다고 하더라도 특허무효 사건의 상고심 심리를 중단하여야 할 합리적인 필요성을 인정하기는 어렵다고 판단된다.

2. 정정심판청구제도의 보완입법에 대한 검토

가. 정정심판청구제도 보완의 필요성

무효심판에 대항하여 권리를 방어하는 정정심판이 무효심판과는 별개의 절차로 독립되어 있는데, 그러다보니 무효심판과 정정심판 두 사건 중 어느 사건이 먼저 확정되느냐의 우연적인 사정에 따라 전혀 다른 결론이 내려질 수 있다. 2001. 2. 3. 법률 제6411호로 개정된 특허법에서는 이에 대한 보완책으로 특허무효심판이 특허심판원에 계속 중인 경우 정정심판을 청구할 수 없도록 하고, 그 대신에 무효심판절차 내에서 무효심판청구인에 대한 대항수단으로서 정정청구제도를 신설하여 무효심판 절차 내에서 정정청구가 이루어지도록 하였다. 그러나 현실적으로는 무효심판에 대한 심결 결과를 기다렸다가 무효심판청구가 기각된 경우에는 정정심판을 청구하지 아니하고, 무효심결이 나온 경우에 비로소 특허법원에 심결취소소송을 제기한 후 정정심판을 청구하는 사례가 대부분이어서, 절차 2원화의 폐단을 크게 개선시키지 못하였다.[4]

나. 정정심판청구 시기제한에 관한 개정 특허법[5] 제136조에 대한 검토

(1) 개   요

개정법 제132조의2에서 특허취소신청제도를 신설하고, 제132조의3에서 특허취소신청절차에서 정정청구가 가능하도록 하면서, 특허취소신청이 있는 경우 일정

---

4) 설범식, 앞의 논문, 780면.
5) 2016. 2. 29. 법률 제14035호로 개정된 것(2017. 3. 1.부터 시행). 이하 '개정법'이라 한다.

기간 정정심판청구 시기를 제한하는 내용으로 정정심판에 관한 제136조를 개정하였다.

(2) 제136조의 개정내용

현행법	개정안	개정법
① 특허권자는 다음 각 호의 어느 하나에 해당하는 경우에는 특허발명의 명세서 또는 도면에 대하여 정정심판을 청구할 수 있다. <u>다만, 특허의 무효심판이 특허심판원에 계속되고 있는 경우에는 그러하지 아니하다.</u> 1. 특허청구범위를 감축하는 경우 2. 잘못 기재된 것을 정정하는 경우 3. 분명하지 아니하게 기재된 것을 명확하게 하는 경우	① 특허권자는 다음 각 호의 어느 하나에 해당하는 경우에는 특허발명의 명세서 또는 도면에 대하여 정정심판을 청구할 수 있다. <단서 삭제> 1. 특허청구범위를 감축하는 경우 2. 잘못 기재된 것을 정정하는 경우 3. 분명하지 아니하게 기재된 것을 명확하게 하는 경우	① 특허권자는 다음 각 호의 어느 하나에 해당하는 경우에는 특허발명의 명세서 또는 도면에 대하여 정정심판을 청구할 수 있다. <단서 삭제> 1. 특허청구범위를 감축하는 경우 2. 잘못 기재된 것을 정정하는 경우 3. 분명하지 아니하게 기재된 것을 명확하게 하는 경우
<신설>	② 제1항에도 불구하고 다음 각 호의 어느 하나에 해당하는 기간에는 정정심판을 청구할 수 없다. <u>다만, 특허무효심판의 심결 또는 정정의 무효심판의 심결에 대한 소가 특허법원에 계속 중인 경우에는 특허법원에서 변론이 종결(변론 없이 한 판결의 경우에는 판결의 선고를 말한다)된 날까지 정정심판을 청구할 수 있다.</u>	② 제1항에도 불구하고 다음 각 호의 어느 하나에 해당하는 기간에는 정정심판을 청구할 수 없다. 1. 특허취소신청이 특허심판원에 계속 중인 때부터 그 결정이 확정될 때까지의 기간. 다만, <u>특허무효심판의 심결 또는 정정의 무효심판의 심결에 대한 소가 특허법원에 계속 중인 경우에는 특허법원에서 변론이 종결(변론</u>

	1. 특허취소신청이 특허심판원에 계속 중인 때부터 그 결정이 확정될 때까지의 기간. 2. 특허무효심판 또는 정정의 무효심판이 특허심판원에 계속 중인 때부터 그 심결이 확정될 때까지의 기간	<u>없이 한 판결의 경우에는 판결의 선고를 말한다)된 날까지 정정심판을 청구할 수 있다.</u> 2. 특허무효심판 또는 정정의 무효심판이 특허심판원에 계속 중인 기간

규정체계를 살펴보면, 현행법 제136조는 제1항 본문에서 정정심판의 허용사유를 규정하고, 제1항 단서에서 특허무효심판이 특허심판원에 계속되고 있는 경우 예외적으로 허용되지 않는다고 규정하고 있다. 그런데 개정법 제136조는 제1항에서 정정심판의 허용사유를 규정하고, 제2항에서 특허취소신청, 특허무효심판 또는 정정무효심판이 특허심판원에 계속되고 있는 경우 예외적으로 허용되지 않는다고 규정하면서, 제2항 제1호 단서에서 '특허무효심판의 심결 또는 정정의 무효심판의 심결에 대한 소가 특허법원에 계속 중인 경우에는 특허법원에서 변론이 종결(변론 없이 한 판결의 경우에는 판결의 선고를 말한다)된 날까지 정정심판을 청구할 수 있다.'라는 예외조건이 추가되었다.

다만 당초 개정안에서는 '단서 조항'이 제2항에 위치하고 있었으나, 개정법에서는 제2항 제1호로 위치가 변경되었는데, 이로 인하여 위 단서 조항의 효력이 미치는 범위를 어떻게 볼 것인지에 대한 논란의 여지가 있을 수 있다.

(3) 문제의 제기

제136조 제2항 제1호는 문언해석상 특허취소신청만 제기된 경우에는 그 결정이 확정될 때까지 정정심판을 청구할 수 없으나, 특허취소신청과 함께 별개의 특허무효심판 또는 정정무효심판(이하 '특허 등 무효심판'이라 한다)의 심결에 대한 소가 특허법원에 제기된 경우에는 변론종결시까지6) 예외적으로 정정심판을 청구할

---

6) 다만 제2항 제1호 본문에서 특허취소신청이 제기된 경우에는 '그 결정이 확정될 때까지'라고 규정하고 있으므로 '특허법원에서 변론이 종결된 날까지'가 등록무효심결 또는 정정무효심결에 대한 취소소송의 변론종결시까지인지, 또는 특허취소심결에 대한 취소소송의 변론종결시까지인지 다소 불명확해 보인다. 입법취지는 전자일 것으로 생각되나, 논란의 여지를 없애기 위하여 이를 보다 명확히 할 필요도 있다고 판단된다.

수 있다고 해석된다.

한편 제136조 제2항은 정정심판청구가 허용되지 않는 시기로, ⓐ 특허취소신청이 확정될 때까지의 기간, ⓑ 특허 등 무효심판이 특허심판원에 계속 중인 기간, ⓒ 특허 등 무효심판 또는 정정무효심판의 심결에 대한 소의 특허법원 변론종결 이후의 기간을 규정하고 있는데, 위 정정심판청구 시기제한 규정을 어떻게 조화롭게 해석할 것인지 문제된다.

(4) 견해의 대립

⑺ 제1설

특허취소신청과 특허 등 무효심판절차가 병행하여 진행되는 경우 제136조 제2항 제1호는 특허 등 무효심판절차에 적용되지 않는다고 보아, 특허 등 무효심판의 심결에 대한 소가 계속중일 때에는 특허취소신청이 진행중이더라도 정정심판을 청구할 수 있다는 견해로서, 그 논거는 다음과 같다.

1) '단서 조항'은 특허취소신청에 관한 제136조 제2항 제1호에만 규정되어 있으므로, 문언적으로 특허 등 무효심판절차에 관한 제2호에는 적용되지 않는 것으로 보아야 한다.

2) 특허 등 무효심판의 심결에 대한 취소소송에서 그 동안 정정심판이 제한 없이 허용되었는데, 후발적으로 생긴 특허취소신청제도에 의해 특허권자의 정정심판청구권이 제한되는 것은 가혹하다.

3) 특허법원의 변론종결 이후 정정심판인용 심결이 확정된 경우 대법원이 정정파기를 하게 되고, 환송된 특허법원에서는 정정된 청구항을 기준으로 다시 특허요건을 판단하는데, 판단대상이 특허취소신청제도와 다르기 때문에 모순·저촉될 우려가 없다.

⑻ 제2설

제136조 제2항 제1, 2호 모두 정정심판의 제한으로 보아, 특허취소신청만 제기된 경우에는 ⓐ만, 특허 등 무효심판만 제기된 경우에는 ⓑ만 적용되나, 특허취소신청과 특허 등 무효심판이 모두 제기된 경우에는 ⓐ, ⓑ, ⓒ의 시기 모두 정정심판의 제한규정으로 해석하여야 한다는 견해로서, 그 논거는 다음과 같다.

1) 특허취소신청절차에 대해 보면, 특허 등 무효심판의 심결에 대한 소가 특허법원에 제기된 경우에는 변론종결시까지만 정정심판청구를 허용하겠다는 것이

입법취지임은 분명해 보이므로, '특허 등 무효심판의 심결에 대한 소가 특허법원에 계속 중일 때'를 특허취소신청절차에서 정정심판청구금지의 예외규정으로 보아야 한다. 만일 이렇게 해석하지 않는다면, ① 정정심판청구를 특허취소신청절차에 따른 것과 특허 등 무효심판절차에 따른 것으로 구별할 수 없으므로, 제136조 제2항 제1호 단서에서 명문으로 금지하고 있는 규정에 따를 필요가 있고, ② 특허취소신청절차 진행 중에 정정심판이 폭넓게 허용되어 정정이 확정되면 심리대상이 변경되어 무효인 특허를 간이한 절차에 의해 취소시키도록 하는 특허취소신청제도의 신설 취지에 반하게 되며, ③ 제136조 제2항 제1호에서는 특허법원 변론종결일 이후 정정심판청구를 명시적으로 금지하고 있으나, 제2호에는 그러한 규정이 없는데, 입법의 불비와 규정 사이의 모순·저촉을 피하기 위해 명시적으로 금지하고 있는 제1호 단서 규정의 취지를 존중하여 제2호를 제한해석할 여지가 있고, ④ 특허 등 무효심판의 심결에 대한 취소소송단계에서 정정심판청구 시기를 제한하지 않음으로써 법원 판결의 효력을 회피하거나 잠탈할 수 있는 여지가 있다는 문제가 제기되어 왔는데, 특허취소결정의 취소소송단계에서도 이를 제한 없이 허용하는 것으로 해석하면, 특허취소결정에서도 이러한 문제점이 반복될 우려가 있으므로, 정정심판청구의 허용시기를 해석론으로 제한할 필요가 있다.

2) 특허취소결정에 대한 불복소송이 기각·확정되면 특허가 취소되고, 그 특허권은 처음부터 없었던 것으로 보므로(제132조의13 제3항) 등록무효심결에 대한 심결취소소송도 같은 결론이 되도록 하는 것이 바람직하다.

3) 특허 등 무효심판의 심결에 대한 소에 대한 특허법원 변론종결 이후에 정정심판이 받아들여져 대법원에서 정정파기 되더라도, 특허법원 변론종결일 이후 특허취소결정에 대해서는 정정심판이 불가능하여 정정 전 청구항에 대해 무효가 확정된다면, 어차피 해당 청구항은 무효로 된다고 볼 수 있으므로, 두 소송이 비슷한 시기에 진행되는 경우 특허 등 무효심판절차에서 정정심판청구를 허용할 실익은 크지 않다.

(다) 제3설

특허 등 무효심판의 심결에 대한 소가 특허법원에서 변론종결된 이후에는 특허취소신청이 없는 경우에도 제136조 제2항 제1호 단서를 적용 또는 유추적용하여 정정심판청구가 허용되지 않는다는 견해로서, 그 논거는 다음과 같다.

1) 만일 제1호 본문이 특허취소신청에 대한 것이므로 본문 및 단서의 구조상

그 단서 역시 특허취소신청이 있는 경우에만 적용된다고 본다면, 동일한 시기에 청구된 정정심판의 적법 여부가 특허취소신청이 있었는지 여부라는 논리적으로 큰 관련성이 없는 요소에 의해 좌우되게 된다.

　　2) 특허취소신청제도는 종래 특허이의신청제도와 마찬가지로 특허심판원의 특허취소결정에 대하여 특허청장을 피고로 하여 취소소송을 제기할 수 있고, 취소사유에 대해서는 기간을 정해 의견 제출 기회를 부여하여야 하고(132조의13 제2항), 그 기간 동안 정정청구가 가능하다(132조의3 제1항). 따라서 특허취소결정에 대한 취소소송 단계에서 정정심판을 청구할 필요성은, ① 특허취소심판에서의 정정청구 기간 동안 정정청구를 하지 못한 경우, ② 함께 진행되는 특허 등 무효심판에서 새로운 선행발명이 주장·제출되었는데 정정청구를 하지 못하였거나, 특허 등 무효심판의 심결에 대한 취소소송에서 새로운 선행발명이 주장·제출된 경우 등을 생각해볼 수 있다. 종래 특허이의신청제도는 특허무효심판과 마찬가지로 특허심판원 단계에서는 정정심판을 청구할 수 없는 것으로 규정한 반면에, 특허취소신청제도는 특허무효심판과 달리 원칙적으로 '특허취소결정 확정시까지' 정정심판을 청구할 수 없는 것으로 규정하고 있는데, 이는 위 ①의 경우 법원 단계에서 정정심판을 청구하지 못하도록 하겠다는 취지로 보인다. 다만 단서에서 특허취소신청과 함께 특허 등 무효심판의 심결에 대한 소가 특허법원에 제기된 경우에는 변론종결시까지 예외적으로 정정심판을 청구할 수 있는 것으로 하여, 위 ②의 경우에는 일정 기간 동안 정정심판청구를 가능하게 하겠다는 취지로 보이는데, 특허무효심결 취소소송에 있어서도 정정심판을 청구할 필요성은 위 ②의 경우와 다르지 않다. 따라서 특허 등 무효심판의 심결에 대한 소가 특허법원에서 변론종결된 이후에는 특허취소신청이 없는 경우에도 정정심판청구를 허용하지 않도록 하겠다는 것이 입법자의 의도라고 보는 것이 타당하다.

　(5) 검　　토
　　결국 이 규정의 해석은 특허취소신청 및 특허 등 무효심판절차가 있을 경우 어떻게 조화롭게 해석할 것인가의 문제라고 할 것인데, 경우를 간략히 나누어보면 다음 도식과 같다.

〈제1설 또는 제2설〉

사례	심판유형	정정심판청구 허용 여부(음영 기간 동안 제한됨)		
1	취소신청	확정		
	무효심판	특허심판원	특허법원	
		변론종결		
2	취소신청	확정		
	무효심판	특허심판원	특허법원	
		변론종결		
3	취소신청		?	
				확정
	무효심판	특허심판원	특허법원	?
		변론종결		

〈제3설〉

사례	심판유형	정정심판청구 허용 여부(음영 기간 동안 제한됨)		
1	취소신청	확정		
	무효심판	특허심판원	특허법원	
		변론종결		
2	취소신청	확정		
	무효심판	특허심판원	특허법원	
		변론종결		
3	취소신청			확정
	무효심판	특허심판원	특허법원	
		변론종결		

사례 1은 특허취소신청절차가 확정된 이후에 특허 등 무효심판 심결취소의 소가 제기된 경우이므로, 특허취소신청절차 확정 이후로는 양 절차가 겹치게 되는 문제는 발생하지 않는다. 따라서 제1설 및 제2설을 취할 경우 특허취소신청절차가 확정된 이후 특허 등 무효심판이 특허심판원에 계속중인 기간은 제136조 제2항 제2호가 적용되므로 정정심판청구가 허용되지 않는다. 다만 제3설을 취할 경우 특허법원에서 특허 등 무효심판 심결취소소송이 변론종결된 때로부터 특허취소신청절차가 확정될 때까지의 기간에도 정정심판청구가 허용되지 않는다(이는 사례 2, 사례 3에서도 마찬가지이다).

사례 2에서는 특허 등 무효심판 심결취소의 소가 특허법원에 제기된 때로부터 특허취소신청절차가 확정될 때까지의 기간이 문제되는데, 제1설 및 제2설을 취할 경우 제136조 제2항 제1호 단서가 적용되므로, 정정심판청구가 허용된다.

사례 3에서는 특허법원에서 특허 등 무효심판 심결취소소송이 변론종결된 때로부터 특허취소신청절차가 확정될 때까지의 기간이 문제된다. 특허취소신청절차를 중심으로 보자면 제136조 제2항 제1호 단서의 적용이 없어 제136조 제2항 제1호 본문에 의하여 정정심판청구가 제한되나, 특허 등 무효심판절차를 중심으로 보자면 제136조 제2항 제2호의 반대해석상 정정심판청구가 허용된다. 제1설에 의하면 특허 등 무효심판의 심결취소소송 계속중일 때에는 특허취소신청이 진행중이더라도 정정심판을 청구할 수 있으므로, 위 기간 동안 정정심판청구가 허용되나, 제2설에 의하면 특허 등 무효심판의 심결에 대한 소가 특허법원에 제기된 경우에는 변론종결시까지만 정정심판청구를 허용하겠다는 것이 입법취지이므로 위 기간 동안 정정심판청구는 허용되지 않는다.

제136조 제2항 제1호는 그 문언상 특허취소신청과 특허 등 무효심판절차가 병행하여 진행되는 경우를 전제로 규정된 것으로 보이므로, 제3설은 입법론으로는 별론으로 하더라도, 그와 같이 해석하기는 쉽지 않다고 판단된다. 사견으로는 제2설이 타당하다고 보인다. 정정심판청구를 특허취소신청절차에 따른 것과 특허 등 무효심판절차에 따른 것으로 구별할 수 없고, 특허취소신청과 특허 등 무효심판 심결취소소송이 동시 또는 순차적으로 진행되는 경우에는 개정법의 취지에 맞춰 양 절차를 조화롭게 해석하기 위하여 양 절차를 함께 규정하고 있는 제136조 제2항 제1호 본문 및 단서를 적용할 필요가 있을 것이다.

Ⅳ. 결   론

본 판결은 동일한 특허발명에 대하여 정정심판 사건이 특허심판원에 계속중에 있다는 이유로 상고심에 계속중인 그 특허발명에 관한 특허무효심결에 대한 취소소송의 심리를 중단하여야 하는 것은 아니라는 기존 대법원 2007. 11. 30. 선고 2007후3394 판결의 취지를 확인한 사례이다.

개정법에서는 무분별한 정정심판에 의한 무효심판 등의 분쟁 장기화를 방지하고, 무효심판 사건의 계속중 정정심판 인용으로 심판원과 법원의 무효 판단이 무력화되는 것을 방지하기 위하여 정정심판청구의 시기를 제한하는 방향으로 입법이 이루어졌으나,7) 충분한 논의나 설명 없이 당초 개정안과 달리 단서의 위치가 제136조 제2항에서 제136조 제2항 제1호로 변경됨에 따라 그 해석에 논란의 여지를 남기게 되었다. 사견으로는 단서의 위치를 정비하고, 제136조 제2항 제1호 단서의 '특허법원에서 변론이 종결된 날까지'가 등록무효심결 또는 정정무효심결에 대한 취소소송의 변론종결시까지라는 점을 명확히 하는 내용의 입법적 보완이 필요하다고 판단된다.

---

7) 특허청 특허심사제도과, 창조경제 기반강화를 위한 특허법·실용신안법 개정 설명자료 (2015. 3.), 20면.

VIII. 직무발명

100. 직무발명에 있어서의 직무해당성

[대법원 1991. 12. 27. 선고 91후1113 판결]

김철환(법무법인 율촌 변호사, 전 특허법원 판사)

I. 사실의 개요

X(심판청구인, 상고인)는 Y회사(피심판청구인, 피상고인)를 상대로 특허청 심판소에[1] Y회사의 이 사건 등록고안(실용신안등록 제44020호, 피아노 액숀의 플랜지 제조장치)의 진정한 고안자는 X 하나뿐인데 직속상사와 공동으로 되어 있고, 고안자로부터 특허받을 권리를 정당하게 양수받지 않고 Y가 무단으로 출원하여 등록받았다는 이유로 구 실용신안법 제19조 제1항 제2호에[2] 기하여 등록무효심판을 청구하였다.

Y는 이 사건 등록고안은 직무발명이므로 정당하게 출원 등록된 것이라고 주장하였고, 특허청 심판소도 'X는 Y회사에 입사하여 금형, 단파블럭가공기, 센터핀 압입기 및 치공구 제작업무에 종사하였으며, 이 사건 등록고안의 개발에 착안하여 시작품을 완성시켜 직속상사에게 보여주고 칭찬을 받았으며, 출원 후 한 달 뒤에 격려금을 받은 사실'을 인정한 후 모인출원으로 인정하지 않고, 이 사건 등록고안의 물품은 현재 또는 과거의 임무에 속하는 것으로서 성질상 사용자(법인) 등의 업무범위에 속하는 것이어서 직무발명으로 인정되므로 Y가 고안자로부터 특허받을 권리를 정당하게 양수받지 아니하고 출원등록하였다고 인정되지 않는다고 하여 X의 심판청구를 기각하였다.

이에 X는 특허청 항고심판소에, 이 사건 등록고안은 직무발명에 해당하지 않

---

1) 특허청 심판소 및 항고심판소는 법원조직법 및 특허법 등 개정으로 1998. 3. 1.부터 특허심판원으로 통합되었고, 그와 동시에 특허법원이 개원하였다.

2) 구 실용신안법(1990. 1. 13. 법률 제4209호로 전문개정되기 전의 것) 제19조 제1항 제2호는 "실용신안등록을 받을 수 있는 권리를 승계할 수 없는 자 또는 실용신안등록을 받을 수 있는 권리를 모인한 자에 대하여 실용신안이 등록된 때"를 실용신안등록의 무효사유로 규정하고 있다.

고, 고안의 대가로 보상금을 수령한 적도 없으며, 실용신안등록을 받을 권리를 양도한 적이 없다는 등의 주장을 하면서 특허청 항고심판소에 항고하였으나, 항고심판소도 모인출원으로 보이지 않고 이 사건 등록고안의 물품을 과거 X가 근무한 적이 있는 Y회사에 속한 업무의 일부에 속하는 것으로 직무발명에 속한다는 이유로 항고를 기각하였다.

X의 상고.

Ⅱ. 판　시

파기 환송.

1. 직무발명에 관한 규정인 구 특허법 제17조 제1항의 "그 발명을 하게 된 행위가 피용자 등의 현재 또는 과거의 업무에 속하는 것"이라 함은 피용자가 담당하는 직무내용과 책임범위로 보아 발명을 꾀하고 이를 수행하는 것이 당연히 예정되거나 또는 기대되는 경우를 뜻한다 할 것인바, 기록에 의하면 X는 1982. 7. 26. Y회사의 공작과 기능직 사원으로 입사하여 1987. 6. 12. Y회사를 퇴직할 때까지 동 회사 공작과 내 여러 부서에 숙련공으로 근무하면서 금형제작, 센터핀압입기제작, 치공구개발 등의 업무에 종사한 사실을 인정할 수 있고, 본건 고안은 피아노부품의 하나인 플랜지의 구멍에 붓싱을 효과적으로 감입하는 장치이므로 심판청구인이 위 근무기간 중 본건 고안과 같은 고안을 시도하여 완성하려고 노력하는 것이 일반적으로 기대된다 아니할 수 없으므로 구 실용신안법 제29조에 의하여 구 특허법 제17조의 규정을 실용신안에 준용하는 이 건에 있어 본건 고안이 직무발명에 해당한다고 판단한 원심의 조치는 적법하다.

2. 우리 실용신안법은 발명자주의를 취하기 때문에 본건 고안의 실용신안을 받을 권리는 당연히 그 고안자인 심판청구 외 정운룡 및 X라 하겠으므로 그 사용자인 Y회사가 본건 고안의 출원을 하기 위하여는 미리 그 고안자로부터 실용신안을 받을 권리를 양도받았어야 할 것이다. 그런데 이 점에 대하여 원심결은 구체적인 이유 설시도 없이 본건 고안은 고안자를 위 정운룡 및 심판청구인으로 하여 출원등록된 것으로서 모인출원으로 보여지지 아니한다고 판단하였을 뿐인바, …… (중략) …… 이와 같은 경우 원심으로서는 마땅히 X가 본건 고안의 실용신안에 관한 권리를 미리 Y회사에게 승계시켰는지 여부를 가리기 위하여 본건 고안

이 완성될 당시의 인사관리규정의 원본을 제출받는 등 이 점에 대하여 좀 더 심리를 하였어야 할 것이다.

Ⅲ. 해　설

1. 들어가는 말

　발명진흥법(2007. 4. 11. 법률 제8357호로 전부개정) 제2조 제2호는 "'직무발명'이란 종업원, 법인의 임원 또는 공무원(이하 '종업원 등'이라 한다)이 그 직무에 관하여 발명한 것이 성질상 사용자·법인 또는 국가나 지방자치단체(이하 '사용자 등'이라 한다)의 업무 범위에 속하고 그 발명을 하게 된 행위가 종업원 등의 현재 또는 과거의 직무에 속하는 발명을 말한다"라고 규정하여 직무발명의 정의를 규정하고 있고,3) 같은 법 제10조 제1항은 "직무발명에 대하여 종업원 등이 특허, 실용신안등록, 디자인등록(이하 '특허 등'이라 한다)을 받았거나 특허 등을 받을 수 있는 권리를 승계한 자가 특허 등을 받으면 사용자 등은 그 특허권, 실용신안권, 디자인권(이하 '특허권 등'이라 한다)에 대하여 통상실시권(통상실시권)을 가진다"라고 규정하여 직무발명에 대하여 특허받을 수 있는 권리는 발명자에게 원시적으로 귀속된다고 하는 '발명자주의'를 채택하고, 다만 종업원 등의 발명이 직무발명에 해당하는 경우 사용자 등에게 그 발명을 무상으로 실시할 수 있는 권리를 부여하고 있다. 한편 같은 법 제15조는 종업원 등은 계약이나 근무규정에 따라 사용자 등에게 특허 등을 받을 수 있는 권리나 특허권 등을 승계하게 하거나 전용실시권을 설정할 수 있도록 하되, 그와 같은 경우에는 정당한 보상을 받을 권리를 부여하고 있다.

　종업원 등의 발명이 직무발명에 해당하기 위해서는 위 법 규정에서 정한 바와 같이, ① 종업원 등이 행한 발명이어야 하고, ② 발명이 성질상 사용자 등의 업무범위에 속하여야 하며, ③ 발명을 하게 된 행위가 종업원 등의 현재 또는 과거의 직무에 속하는 것이어야 한다. 위 3가지 요건 중 실무상 많이 다투어지면서도 구체적인 문제에서 그 존부를 판단하기가 어려운 것은 ③의 요건이다.

---

　3) 원래 직무발명에 관한 규정은 구 특허법(2006. 3. 3. 법률 제7869호로 삭제되기 전의 것) 및 구 발명진흥법(2006. 3. 3. 법률 제7869호로 전문 개정되기 전의 것)에 산재되어 있었는데, 발명진흥법이 2006. 3. 3. 법률 제7869호로 전문 개정되면서 기존의 구 특허법 조항과 구 발명진흥법의 직무발명에 관한 규정을 통합하여 규정하고 있다.

대상 판결은 직무발명의 요건 중 ③의 요건인 "발명을 하게 된 행위가 피용자 등의 현재 또는 과거의 업무에 속하는 것"에 관하여 피용자가 담당하는 직무내용과 책임범위로 보아 발명을 꾀하고 이를 수행하는 것이 당연히 예정되거나 또는 기대되는 경우를 뜻한다고 판시함으로써 일응의 기준을 제시하고 있다.

2. 종업원 등의 직무에 속하는지에 관한 국내 학설 및 판례

위 ③의 요건에 있어서, '발명을 하게 된 행위'라 함은 발명을 하는 것이 직무인 경우(구체적인 과제를 부여받아 발명업에 종사하는 것)뿐만 아니라 널리 발명완성에 이르기까지의 행위로서 발명을 의도하였는가 아닌가에 관계없이 직무수행의 결과 생기는 모든 발명행위를 말한다.4)

주로 문제가 되는 것은 그 발명을 하게 된 행위가 '직무에 속한다'라고 볼 수 있는가에 관한 점이다. 그 구체적인 판단기준에 관하여, 기술적 사상의 제공자로서의 종업원과 자금·자재의 제공자로서의 사용자 사이의 이익조정이라는 종업원 발명제도의 취지에 비추어 이루어져야 하는 것인바, 기술자의 지위, 급여, 직종 및 기업이 그 발명완성과정에 관여한 정도 등의 사용자와 종업원 사이의 구체적 관계를 감안하여 개별적으로 판단하여야 한다고 설명하는 견해,5) 당해 종업원의 지위, 급여, 직종 등을 종합하여 판단하여야 하며 종업원 등의 직무내용 내지 직책(post)을 참고로 하여 결정함이 편리하다고 설명하는 견해6) 등이 있다.

이를 유형별로 나누어 보면, 우선 종업원 등이 발명을 하는 것 자체가 본래의 직무인 경우, 즉 사용자 등이 오로지 발명을 시킬 목적으로 그 종업원을 고용한 경우(예컨대, 회사 연구소 기타에서 시험연구 등을 행하는 것을 직무로 하는 경우가 여기에 해당한다)에는 당연히 그 발명은 종업원 등의 직무에 속하는 것으로 보아야 할 것이고, 또한 사용자 등이 처음부터 발명 목적으로 고용하지는 않았지만 후에 종업원 등에게 어떤 구체적인 발명을 하도록 명령하거나 구체적인 과제를 부여한 경우에도 그 발명이 종업원 등의 직무에 속함은 의문이 없다.7)

이와 달리, 어떤 기술적 과제를 해결할 근무의무를 부담한다고 전혀 기대되지

---

4) 송영식 외 2인, 知的所有權法(上)(제8판, 육법사), 276면.
5) 윤선희, 특허법(제3판, 법문사), 294면.
6) 송영식 외 2인, 앞의 책, 276면.
7) 윤선희, 앞의 책, 295면; 이회기, "職務發明에 대한 小考", 特許訴訟硏究 제3집(특허법원), 116면.

않는 경우, 예컨대 자동차의 운전수가 자동차부품에 관한 발명을 하거나, 혹은 경보기제조회사의 수위가 도난예방경보기를 발명한 경우와 같은 경우, 현업종업원 (공원)이 그 담당하고 있는 일의 개량에 관하여 한 경우 등의 경우에는 그 직무에 속한다고 볼 수 없고, 이 경우에는 자유발명이라고 할 것이다.8)

문제는 종업원 등이 당해 발명에 관하여 사용자 등으로부터 발명에 관한 명령을 받지 않았거나 구체적 과제도 부여받지 않고 어떤 발명을 완성한 경우 종업원 등의 발명이 과연 '직무에 속한다'라고 볼 수 있는가에 있다. 대상 판결은 이점에 관하여 "종업원 등이 담당하는 직무내용과 책임범위로 보아 발명을 꾀하고 이를 수행하는 것이 당연히 예정되거나 또는 기대되는 경우"에는 발명을 하게 된 행위가 직무에 속한다고 볼 것이라고 그 기준을 제시하고 있다.

대상 판결이 직무에 속한다고 판단하는 이유로 들고 있는 구체적 사실관계는, ㉮ X는 1982. 7. 26. Y회사의 공작과 기능직 사원으로 입사하여 1987. 6. 12. Y회사를 퇴직할 때까지 동 회사 공작과 내 여러 부서에 숙련공으로 근무하면서 금형제작, 센터핀압입기제작, 치공구개발 등의 업무에 종사한 점, ㉯ 이 사건 등록고안은 피아노 부품의 하나인 플랜지의 구멍에 붓싱을 효과적으로 감입하는 장치라는 점의 2가지이다. ㉮는 종업원이 담당하는 직무내용 및 책임범위에 관한 것이고, ㉯는 발명의 기술적 내용에 관한 것으로서, 양자 사이에 밀접한 관련성이 있다는 점을 감안하여 X가 근무기간 중 이 사건 등록고안과 같은 고안을 시도하여 완성하려고 노력하는 것이 일반적으로 기대된다고 본 것으로 생각된다.

대상 판결 외에 우리나라 대법원에서 종업원 등의 발명이 직무에 속하는지 여부가 문제된 사례는 찾기 어렵다. 다만 서울고등법원 2002. 4. 2.자 2001라207 결정에서는 "휴즈의 제조 및 판매가 피신청인의 업무범위에 속하는 사실, 신청인이 피신청인의 임원으로 재직 중 기술개발업무에 관여하면서 피신청인의 휴즈 제조에 관한 기술, 물적 인적 설비와 기술개발자금 등을 이용하여 위 초소형 휴즈를 개발한 사실"을 이유로 들어 신청인의 발명이 직무발명에 해당한다고 판단하고 있다.

3. 일본에서의 학설 및 판례

일본 특허법 제35조는 우리나라와 마찬가지로 종업원이 한 발명에 관한 모든

---

8) 김창종, "職務發明", 재판자료 제56집, 128면.

권리는 당해 종업원에게 원시적으로 귀속하고 그 중 종업원의 현재 또는 과거의 직무에 속하고 사용자의 업무범위에 속하는 발명은 직무발명이라고 칭하고 사용자는 이러한 직무발명에 대하여 당연히 무상의 통상실시권을 취득한다고 규정하고 있다.

발명을 하기에 이른 행위가 당해 종업원의 현재 또는 과거의 직무에 속하고 있어야 하는데, 여기서의 직무는 사용자로부터 구체적으로 지시된 것만이 아니고 자발적으로 연구테마를 발견해서 발명을 한 경우에도 직무발명이 되는 경우가 있을 수 있고,9) 직무인가 아닌가는 당해 종업원의 지위, 급여, 직종, 사용자의 기여의 정도 등을 종합적으로 감안해서 결정된다고 한다.10) 일반적으로 상급직이 되면 급여도 높을 것이고 직무범위를 넓게 인정하는 것도 당연하다고 한다.11) 한편 이 문제를 판단하는데 있어서 참고로 할 사항은 종업원 등의 직무내용 내지 포스트(責任範圍)로서, 종업원 등이 담당하도록 명해진 직무내용 내지 포스트에서 볼 때 발명을 시험하여 발명을 하는 것이 당연히 예정되거나 또는 기대되는 경우에는 발명을 하게 된 행위가 직무에 속한다고 할 수 있다고 한다.12) 이러한 포스트로서는 연구소의 연구원, 설계부의 설계자 등은 물론 기술개발관계담당의 임원·부장·공장장·공장의 감독기사 등이 이에 해당한다고 한다.13)

이에 관한 일본 판례를 살펴보면, 대표적으로 석회질소로 사건(最高裁 昭和 43년 12월 13일 民集 22권 13호 2972면)이14) 있는데, 이 사건에서 발명자는 회사의 상무이사 또는 전무이사로서 기술부문담당의 최고책임자의 지위에 있었고 그 지위에 의해 석회질소 생산의 향상을 도모하기 위해서 그 전제조건인 석회질소 제조로의 개량고안을 시험해 보고 그 효율을 높이도록 노력하여야 할 구체적인 임무를 가지고 있었다는 이유에서 고안을 완성한 그의 행위는 회사의 임원으로서의 임무에 속한다고 하였다.

---

9) 자발적으로 연구테마를 찾아내서 발명을 완성시킨 경우에도 그 종업원의 본래의 직무내용으로부터 객관적으로 보아 그러한 발명을 시험해 보고 완성시키는 것이 사용자와의 관계에서 일반적으로 예정되어 사용자가 편의를 공여하고 원조하는 경우는 직무발명이 된다고 한 판결로서, 大阪地裁 平成 6년 4월 28일 判時 1542호 115面(보온병 사건)이 있다.

10) 中山信弘, 工業所有權法(上) 特許法(법문사, 韓日知財權研究會 譯), 80면.

11) 中山信弘, 앞의 책, 80면, 그 예로서 最高裁 昭和 43년 12월 13일 民集 22권 13호 2972面(석회질소로 사건)을 들고 있다.

12) 吉藤幸朔, 特許法槪說(제13판, 대광서림, YOU ME 特許法律事務所 譯), 270면.

13) 吉藤幸朔, 앞의 책, 270면.

14) 日本 特許判例百選(제3판), 32번 사건.

위 판결 이후 일본 재판례는, 직무에 속하는 경우를 구체적 명령, 지시가 있는 경우에 한정하지 않는데, ① 회사의 대표이사 등 기술부문담당의 최고책임자가 회사의 업무범위에 속하는 발명을 하는 행위는 그 자의 직무에 속하고,15) ② 종업원이 자발적으로 연구테마를 찾아내서 발명을 한 경우에도 그 종업원의 본래의 직무내용으로부터 객관적으로 볼 때 그 종업원이 그와 같은 발명을 시험하여 완성하도록 노력하는 것이 사용자와의 관계에서 일반적으로 예정되고 기대되고 있고, 또 사용자가 종업원에 대하여 편의를 제공하여 개발을 원조하는 등 발명의 완성에 기여하고 있는 경우는 발명을 완성하기에 이른 행위는 종업원의 직무에 속하는데,16) ②의 재판례에서는 발명완성에 이르는 과정에서 사용자의 인적·물적 자원이 이용되었던 것이 고려되고 있는 반면, ①의 재판례에서는 이 점이 그다지 중시되고 있지 않다는 차이가 있다고 한다.17)

Ⅳ. 결   론

오늘날 발명의 대부분은 기업에서의 종업원에 이루어지는 발명이라고 할 수 있을 정도로 그 중요성이 점점 더 증가하고 있는바, 이러한 발명이 직무발명에 해당하는지 여부는 기술적 사상의 제공자로서의 종업원과 자금·자재의 제공자로서의 사용자 사이의 이익조정이라는 직무발명제도의 취지 및 직무발명에 대하여 현행법이 부여하고 있는 사용자와 종업원의 각각의 권한과 지위를 합목적적으로 종합하여 판단하여야 할 것이다. 대상 판결은 이러한 직무발명의 직무해당성에 관하여 일응의 기준을 제시하고 있기는 하지만, 구체적 사건에서 이를 적용하여 판단하는 것은 결코 간단하다고 할 수 없다. 앞으로 보다 많은 사례의 축적 및 분석을 통하여 구체적인 기준이 정립될 것이 요구된다.

---

15) 물론 회사의 이사라고 하더라도 그가 기술부문담당이 아니라면 당연히 직무발명이 되지 않는다.

16) 앞서 본 大阪地裁의 보온병 사건도 그 중 하나이다.

17) 日本 特許判例百選(제3판), 中山信弘 등 3人 編(박영사, 比較特許判例研究會 譯), 196-197면.

101. 직무발명보상금 관련 공동발명자의 판단기준 등

[대법원 2011. 7. 28. 선고 2009다75178 판결]

이규홍(서울중앙지방법원, 부장판사)

I. 사실의 개요

원고는 1994. 10.경부터 2007. 6. 1.까지 농약 등을 생산·판매하는 피고(회사)에 근무하면서 관련 발명1)을 하였고, 피고는 1997. 4. 16.경 이 사건 발명의 직무발명신고서에 공동발명자로 기재된 원고 외 4인으로부터 특허를 받을 권리를 승계 받아 특허등록을 하였다. 이에 원고는 피고에게 이 사건 발명을 이용한 제품을 생산·판매하여 얻은 수익에 관한 정당한 직무발명보상금 중 일부의 지급을 구하였다. 제1심 법원은 원고가 이 사건 발명의 공동발명자가 아니라는 이유로 청구를 기각하였으나, 항소심 법원이 공동발명자임을 인정하고 원고 청구를 일부 인용하였다.2) 원·피고 모두 상고하였다.

II. 판   시

상고기각.3)

1. 공동발명자가 되기 위해서는 발명의 완성을 위하여 실질적으로 상호 협력하는 관계가 있어야 하고, 기술적 사상의 창작행위에 실질적으로 기여하여야 한다.

---

1) 이 사건 관련 발명은 제초성 유제조성물[일반명은 피리벤족심(Pyribenzoxim)]에 대한 제1특허발명과 제초성 피리딘술포닐우레아 유도체[일반명은 플루세토설퓨론(Flucetosulfuron)]에 대한 제2 특허발명으로 구성되어 있으나, 두 발명의 주된 법적 쟁점이 유사하므로 전자(단 소멸시효기산점에 관한 다툼은 제1특허발명에만 해당한다)만을 논의의 대상으로 하여 이하 '이 사건 발명'이라 한다.

2) 서울남부지방법원 2008. 11. 21. 선고 2008가합550 판결, 서울고등법원 2009. 8. 20. 선고 2008나119134 판결. 결론의 차이는 원고의 기여 내용에 대한 사실인정의 상이함에서 비롯되었다.

3) 소멸시효 관련 쟁점은 지면의 제한으로 논의를 생략한다. 그 부분 상세는 직무발명제도 해설(한국특허법학회 편, 박영사, 2015), 295-305면(박원규 집필부분) 참조.

2. 구 특허법(2001. 2. 3. 법률 제6411호로 개정되기 전의 것, 이하 조문만 기재한다. 직무발명 관련조문은 2006년 발명진흥법으로 이전되었다) 제39조 제1항에 의하면, '사용자가 얻을 이익'이라 함은 통상실시권을 넘어 직무발명을 배타적 독점적으로 실시할 수 있는 지위를 취득함으로써 얻을 이익을 의미한다.

Ⅲ. 해   설

1. 직무발명과 공동발명의 중요성

최근 우리나라 특허출원 중 84% 정도가 직무발명이고, 직무발명의 많은 부분은 공동발명인 점4)에서 이 부분에 관한 논의의 중요성은 재론의 여지가 없다. 특히 직무발명의 성립요건5) 중 '공동발명인 직무발명'의 판단기준을 명확히 정립하는 것은 이론적으로는 특허법, 노동법 및 민법(계약법) 등의 교차영역에서의 쉽지 않은 논제이고, 실무적으로도 산업(노사)정책,6) 사회적 이익분배 등의 여러 면에서 중요성을 가지는 것임이 분명함에도 그간 법률이나 판례로 정립된 부분이 부족하였는데, 대상판결은 몇 가지 쟁점에 관하여 그간 산발적으로 존재하던 하급심과 학설의 논의를 포섭·수용하였다는 점에서 주목받을 만하다.

직무발명 성립요건을 충족하게 되면, 사용자는 그 특허권에 대해 법정의 통상실시권을 가지게 되는데, 이에 대응하여 종업원은, 직무발명에 대하여 특허를 받을 수 있는 권리 또는 직무발명에 대한 특허권을 사용자로 하여금 승계하게 하거나 전용실시권을 설정한 경우 그에 대한 정당한 (직무발명)보상금을 받을 권리를

---

4) 정차호·강이석·이문욱, "공동발명자 결정방법 및 공동발명자간 공헌도 산정방법", 중앙법학 제9집 제3호(2007. 10.), 665-666면.

5) 발명진흥법 제2조 제2호는 직무발명을 "종업원, 법인의 임원 또는 공무원(이하 "종업원등"이라 한다)이 그 직무에 관하여 발명한 것이 성질상 사용자·법인 또는 국가나 지방자치단체(이하 "사용자등"이라 한다)의 업무 범위에 속하고 그 발명을 하게 된 행위가 종업원등의 현재 또는 과거의 직무에 속하는 발명"이라고 정의하여, 그 성립요건으로 종업원 등이 그 직무에 관하여 발명한 것일 것, 그 성질상 사용자 등의 업무범위에 속할 것, 그 발명을 하게 된 행위가 종업원 등의 현재 또는 과거의 직무에 속하는 발명일 것을 요구하고 있다.

6) 민간기업의 직무발명보상실시율은 2001년도 15.6%에서 2008년도에는 36.3%로 상당한 증가세를 보이고 있다. 김준효, 아이디어스파크(양문, 2011), 144면. 특허침해 손해배상액 산정에 관하여는 현재 상태가 과소보상이라는 평가가 학술·실무계 모두 압도적인 반면, 직무발명보상금에 관하여는 그 의견이 갈리고 초점이 소송에 대한 부분보다는 기업의 자율적 심의에 따른 보상금 지급에 쏠린 경우가 많이 보인다고 한다. 설민수, "직무발명 보상금 소송의 쟁점: 산정방식과 그 구체적 산정요소를 중심으로", 사법논집 제60집(2016), 259면.

가진다. 이 사건에서는 우선 직무발명의 성립요건 중 원고가 이 사건 발명의 (공동)발명자인지 여부가 문제되었고, 다음 직무발명의 효과로써 발생하는 직무발명보상금청구권에 관한 소멸시효(논의는 생략한다)와 그 산정기준이 쟁점이 되었다. 이하 차례로 살펴본다.

2. 공동발명자의 판단기준

가. 특허법에는 구체적으로 어떠한 경우가 '공동으로 발명한 때'에 해당하는지에 대한 규정이 없지만 공동발명자가 되기 위해서는 발명의 완성을 위하여 실질적으로 상호 협력하는 관계가 있어야 하므로, 단순히 발명에 대한 기본적인 과제와 아이디어만을 제공, 연구자를 일반적으로 관리하였거나, 연구자의 지시로 데이터의 정리와 실험만을 수행, 자금·설비 등을 제공하여 발명의 완성을 후원·위탁하였을 뿐인 정도 등의 행위만으로는 공동발명자로 보기에 부족하고, 발명의 기술적 과제를 해결하기 위한 구체적인 착상을 새롭게 제시·부가·보완, 실험 등을 통하여 새로운 착상을 구체화, 발명의 목적 및 효과를 달성하기 위한 구체적인 수단과 방법의 제공 또는 구체적인 조언·지도를 통하여 발명을 가능하게 하는 등과 같이 기술적 사상의 창작행위에 실질적으로 기여하기에 이르러야 공동발명자에 해당한다고 본다.[7]

특히 이른바 실험의 과학이라고 하는 화학발명의 경우에는 당해 발명의 내용과 기술수준에 따라 차이가 있을 수는 있지만 예측가능성 내지 실현가능성이 현저히 부족하여 실험데이터가 제시된 실험예가 없으면 완성된 발명으로 보기 어려운 경우가 많이 있는데,[8] 그와 같은 경우에는 실제 실험을 통하여 발명을 구체화하고 완성하는데 실질적으로 기여하였는지 여부의 관점에서 공동발명자인지 여부를 결정해야 하는 것으로 결국 본건의 경우에는 이러한 (화학)발명자 판단과 공동발명자 판단의 각 요건이 중복하여 적용되는 사안이 될 것이다.

---

7) 이러한 법리는 미국이나 일본의 경우와 비교하여도 큰 차이를 보이지 않는 것으로 보인다. 상세는 직무발명제도 해설, 132-138면(권동주 집필부분) 참조.

8) 대법원 2001. 11. 30. 선고 2001후65 판결 참조. 미국 법원은 화학 또는 생물학 분야와 같이 발명의 예측가능성이 없는 기술분야에서 착상의 완성과 관련하여 "착상 및 구체화의 동시수행 원칙(The doctrine of simultaneous conception and reduction to practice)"을 선언하였다고 한다. 발명자가 성공적인 실험을 통하여 실제로 발명을 구현하기까지는 착상을 완성하였다고 할 수 없고, 이런 경우에는 착상과 발명의 구체화가 동시에 있어야 한다는 법리로 화학발명의 공동발명자 결정에 적용된 것이라고 한다. 유영선, "공동발명자 판단 기준 및 직무발명보상금", 대법원판례해설 90호(2011 하반기, 2012), 535면.

나. 그러므로 본건에서 원고가 위에서 본 (화학)공동발명자의 요건에 해당하
는지 여부는 당시 원고와 함께 연구를 진행하였던 핵심 연구자들의 증언 등에 의
존한 사실인정 및 그에 따른 법리포섭의 문제로 될 것이다. 구체적으로 살펴보면
우선 원고가 피고에 입사할 당시의 실질적인 업무는 직책명칭과 무관하게 제초제
'PL(Project Leader)'이었는데 이는 피고에서 특정분야의 실험적인 측면에 관여하고
제품을 개발하여 사업화할 수 있는 능력이 있는 사람이 담당하는 직위로서, 일반
관리직인 'GL(Group Leader)'과 구분되는 것이었다.

그리고 원고는 피고에 입사 당시부터 상품화제제(製劑, 약품을 그 목적에 따라
조합·성형하는 것) 개발 없이는 사업화가 불가능한 특이한 경우이던 피리벤족심
등의 제품화를 임무로 부여받았으므로, 구체적으로 이 사건 발명을 위한 실험진행
과정에서 실험결과를 분석하여 계면활성제의 사입량을 알아냈을 뿐만 아니라, 피
리벤족심 제제의 핵심적 과제인 피리벤족심의 약효, 약해의 변이 원인을 밝혀내고
제초력 및 부착력 평가에 직·간접적으로 관여하며 구체적인 지시를 하였다.

대상판결은 위와 같은 점 등에 근거하여 원고는 이 사건 발명의 실험과정에
서 착상을 구체화하거나 과제해결을 위한 구체적인 실험방법을 착안하여 부하연
구자들을 구체적으로 지도함으로써 발명을 가능하게 하였다고 보아, 공동발명자로
인정하고 있다.9)

3. '사용자가 얻을 이익액'의 의미

가. 직무발명보상금 산정의 일반론

직무발명보상금은 권리양도에 따른 대가청구권이라기보다는 직무발명과 관련
하여 사업자와 종업원의 이익 조화를 위한 일종의 인센티브적인 제도 장치로 이

---

9) 여론으로 원고가 특허출원서 발명자란에 발명자로 기재되어 있지만 공동발명자에 해당하는
지 여부는 그와 관계없이 실질적으로 정해져야 한다고 설명하는 것이 일반적[윤선희, "직무
발명에 있어서의 보상제도", 법조 54권 11호(2005. 11.), 50면]이나, 발명자란에 기재된 경우
진정한 발명자로 추정된다는 견해도 있다[김동진, "직무발명소송에 있어서 발명자의 판단기
준―서울고등법원 2007. 5. 8. 선고 2006나62159 판결(확정)―", Law & technology 제3권 제
4호(2007. 7.), 145면]. 그러나 진정한 발명자 외에 단순한 상급자 등도 공동발명자로 기재되
는 경우(대상판결의 사안에도 그런 부분이 포함되어 있다)가 적지 않은 우리 현실, 특허등록
과정에서 이루어지는 심사정도 등을 고려할 때 부동산 등기에서와 같이 법률상 권리추정력을
부여하기에는 매우 부족하고, 사실상의 추정으로는 입증책임의 전환이 이루어지지 않으므로
현재로서는 논의에 큰 실익이 없다고 볼 수 있지만 향후 관련분쟁 예방을 위한 개선 논의로
는 참조할 만하다고 본다.

해해야 하고, 결국 관련규정은 노동의 반대급부인 임금채권과 구분되는 내용을 정한 강행규정으로 이해되고 있다.

그리고 발명진흥법 제15조에 의한 보상액 산정에 있어서 고려요소는 크게 ① 사용자가 얻을 이익액, ② 발명자 보상률,10) ③ 발명자 기여율11)의 세 가지라고 설명된다. 실무에서는 실시보상이나 처분보상에 의한 정당한 보상금의 산정방식으로 발명에 따라 얻어지는 이익을 기준으로 하여 보상금액을 결정하는 소위 슬라이드 방식을 취하고 있는데 여기서는 산정의 근본이 되는 ①을 살펴본다.

나. 산정방식과 자기실시

사용자가 얻을 이익액은 당해 특허에 의하여 발생한 이익으로서 당해 특허와 상당인과관계가 있는 범위 내의 이익으로 제한되지만 승계시점에 그 발명의 승계로 인하여 사용자가 얻을 이익을 객관적으로 산정하는 것은 극히 곤란하므로, 승계 이후 실시료 수입 등 사용자가 실제로 얻은 이익을 참고자료로 하여 이를 사후적으로 산정하는 것이 합리적 평가방식이라고 인정되고 있다.

또한 사용자는 직무발명을 승계하지 않더라도 그 특허권에 대하여 무상의 통상실시권을 가지므로,12) 위의 '사용자가 얻을 이익'이라 함은 통상실시권을 넘어 직무발명을 배타적·독점적으로 실시할 수 있는 지위를 취득함으로써 얻을 이익(실시료설)을 의미하게 된다. 즉 여기서 사용자가 얻을 이익은 직무발명 자체에 의해 얻을 이익을 의미하는 것이지 수익·비용의 정산 이후에 남는 영업이익 등의 회계상 이익(영업이익설)을 의미하는 것은 아니므로 수익 비용의 정산 결과와 관계없이 직무발명 자체에 의한 이익이 있다면 사용자가 얻을 이익이 존재하는 것이다.13)

---

10) 당해 발명을 완성하는 데 발명자가 창조적으로 기여한 정도를 의미하는 것으로, 전체에서 사용자의 공헌도(사용자가 발명을 완성하는데 연구개발비, 연구설비 등을 제공하여 공헌한 정도)를 제외한 나머지를 말한다. 직무발명제도 해설, 260-273면(박태일 집필부분) 참조.

11) 발명연구자집단 중 발명자가 기여한 정도를 나타내는 비율로서 사안에 따라 연구팀의 구성, 직책, 연구기간, 노력 정도 등을 고려하여 적절하게 정하게 된다. 상세는 위의 책, 269면.

12) 즉, 그 직무발명을 양도받는 것으로 인하여 사용자가 얻을 수 있는 이익액은 특허를 받을 권리 등을 승계하여 발명실시를 배타적으로 독점할 수 있는 지위를 취득함으로써 얻을 것으로 예상되는 이익액(독점으로 인한 초과 이익액)이라고 해석할 것이다. 정상조·박성수 공편, 특허법 주해 I, 박영사(2010), 468면(조영선 집필 부분) 참조.

13) 이러한 방식에 의하였으나 이익을 부정한 사례로는 대법원 2011. 9. 8. 선고 2009다91507 판결이 있다. 한편 대상판결은 "사용자가 제조 판매하고 있는 제품이 직무발명의 권리범위에 포함되지 않더라도 그것이 직무발명 실시제품의 수요를 대체할 수 있는 제품으로서 사용자가

특히 자기실시의 경우 초과이윤 산정방식에 관하여, 원심은 이를 피고가 이 사건 발명을 배타적 독점적으로 실시 또는 보유함으로써 얻을 수 있는 매출액으로 보고, 실시허락을 가정하지 않고 직무발명 보유 회사 자신이 특허권의 배타적 실시에 의해 얻을 매출액을 전체 매출의 1/2 내지 1/3(소위 '독점권 기여율') 정도로 인정한 다음, 여기에 당해 제품의 이익률(실시료율)을 곱하여 이익액을 산정하는 방식을 택하고 있다.14)15)

Ⅳ. 결   론

대상판결은 공동발명자의 판단기준, 종업원이 받을 정당한 직무발명보상금 액

직무발명에 대한 특허권에 기해 경쟁 회사로 하여금 직무발명을 실시할 수 없게 함으로써 그 매출이 증가하였다면, 그로 인한 이익을 직무발명에 의한 사용자의 이익으로 평가할 수 있다"고 하여 이익의 범위를 넓게 인정하고 있다.

14) 대상판결을 포함하여 대부분의 우리나라 하급심 판례들도 위와 같은 방식을 따르고 있으나, 법원의 재량의 여지가 있다고 하더라도 실제 산업계에서 통용되는 실시료율에 관하여는 석명이 필요하다고 할 것이다. 그외의 구체적인 산정방법 논의는 직무발명제도 해설, 249-257면(장현진 집필부분). 개정 직무발명보상제도 해설 및 편람, 특허청(2013. 12.), 112-132면; 그리고 최근 대법원 2017. 1. 25. 선고 2014다220347 판결은 '전화번호 검색에 관한 직무발명에 특허무효사유가 있더라도 그러한 사정만으로 직무발명에 따른 독점적 이익이 전혀 없다고 할 수는 없지만 이러한 사정을 독점권 기여율을 정하는 데 참작할 수 있고, 사용자인 피고가 직무발명을 직접 실시하지 않고 있더라도 피고 제품이 직무발명 실시제품의 수요대체품에 해당하여 직무발명의 특허권에 기하여 경쟁 회사로 하여금 직무발명을 실시할 수 없게 함으로 인한 이익이 있다고 추인할 수 있으므로, 피고가 직무발명을 직접 실시하지 않은 사정만으로 보상금 지급의무를 전부 면할 수는 없으나 이는 독점권 기여율의 산정에서 고려할 수 있으며, 피고의 경쟁 회사들도 직무발명과 다른 독자적인 방법으로 전화번호를 검색하는 제품을 생산하고 있는 것으로 보이므로, 경쟁 회사들이 직무발명을 실시할 수 없게 함으로써 얻은 피고의 이익이 전혀 없다고 평가할 수는 없으나 그 액수는 상당히 적을 것으로 보이는 사정 등을 감안하여 독점권 기여율을 산정한 원심'을 수긍한 바 있다.

15) 대상판결의 원심은 피고가 이 사건 발명을 배타적·독점적으로 실시 또는 보유함으로써 얻을 수 있는 매출액은, 설사 피고가 판매하는 일부 피리벤족심 제제 제품이 이 사건 발명의 권리범위에 속하지 않는다고 하더라도 이는 이 사건 발명 실시제품의 수요를 대체할 수 있는 제품으로서 경쟁 회사가 이 사건 발명을 실시할 수 없는 결과 그 매출이 증가하였다고 볼 수 있는 점 및 이 사건 발명의 해외에 대한 독점성이 약한 점 등을 고려할 때 피리벤족심 제품에 대한 예상 총매출액의 1/4로 보고, 관련 특허발명의 실시료율이 3%로 정하여진 점 등을 참작하여 농약업계의 실시료율 3%를 이 사건 발명의 실시료율로 보아 피고가 이 사건 발명으로 인하여 얻을 이익을 계산한 다음, 피고가 2007년까지 피리벤족심에 대하여 투자한 연구개발비가 128억여 원에 이르고, 그 외 피리벤족심에 관한 물질특허 2건, 제법특허 6건을 가지고 있었으며, 기초적인 수준이기는 하였으나 원고가 입사하기 전에 이미 직원 등에 의하여 관련 연구가 진행되고 있었던 점 등을 고려하여 공동발명자들에 대한 보상률을 10%로 보아, 피고가 이 사건 발명과 관련하여 원고에게 지급해야 할 직무발명보상금 액수를 산정하였다.

수를 결정함에 있어서 고려하는 '사용자가 얻을 이익액'의 의미 등에 관하여 그간 산발적으로 존재하던 판례들과 학계의 논의 및 외국의 관련자료들을 종합하여 그 판단 내지 산정기준을 구체화하여 설시한 최초의 대법원 판결이라는 점에서 그 의미가 크다고 할 것이다.

이에 대상판결이 향후 이론적·실무적으로 그 중요성이 더욱 커질 직무발명 분야 및 공동발명분야의 연구를 위한 초석으로 기능하고, 특히 기업의 자율적 심의에 의한 보상금제도 개선과 현행 공동발명자 등재제도의 문제점 개선을 위한 계기로 작용되었으면 하며, 나아가 이를 통한 직무발명 및 공동발명 제도의 안정화로 '산업발전'이라는 특허법의 목적달성에 기여할 것을 기대한다.

102. 직무발명에 관한 섭외적 법률관계의 준거법

[대법원 2015. 1. 15. 선고 2012다4763 판결]

박영규(명지대학교 법과대학 교수)

문선영(숙명여대 법학부 교수)

I. 사실의 개요

원고는 자동차 부품 중 와이퍼를 전문으로 제조·판매하는 회사이고, 피고는 2004. 3. 25. 원고회사에 입사하여 2005. 6. 23. 퇴직한 사람으로 원고가 경기지방중소기업청의 지원을 받아 다기능 와이퍼 개발사업자로 선정되자 위 사업의 과제책임자로서 다기능 와이퍼 개발 사업을 총괄하였다. 피고는 원고회사를 퇴직한 직후인 2005. 7. 1.경 및 그로부터 4개월 가량 경과한 2005. 11. 4.경 이 사건 발명 및 고안에 관하여 자신을 단독 발명자 혹은 고안자로 하여 특허 및 실용신안 출원을 하여 등록을 받았다. 한편, 피고는 위의 국내 출원에 기초하여 우선권을 주장하면서 외국(캐나다 등)에 특허출원 혹은 실용신안출원을 하여 등록받아 현재에 이르고 있다. 이러한 상황 하에서 피고는 원고가 이 사건 특허권 등에 아무런 권리가 없음을 전제로 하여 원고의 캐나다 거래처에 "원고로부터 공급받은 제품이 피고의 캐나다 특허를 침해하는 것이므로 원고 제품의 판매를 즉시 중지하라"는 취지의 경고장을 보냈다. 이에 원고는 이 사건 발명 및 고안을 피고가 모인출원하여 특허권 및 실용신안권 등록을 받았으므로 무효사유가 존재하고, 설령 피고가 이 사건 발명 및 고안을 단독으로 창작하였다고 하더라도 이를 출판할 권리는 중기청과 원고 사이에 체결된 협약서에 따라 원고와 대한민국에 귀속되고, 그렇지 않더라도 이 사건 발명 및 고안은 피고가 직무상 창작한 결과물이므로 원고는 이를 무상으로 실시할 수 있는 법정실시권(통상실시권)을 가지고 있어 피고의 영업방해 행위는 금지되어야 한다는 취지로 소를 제기하였다. 원심 법원은 이 사건 발명 및 고안이 직무발명에 해당한다는 것을 전제로, "어떠한 특허권 및 실용신안권에 관하여 통상실시권을 가지는지 여부는 통상실시권을 발생시키는 원인관계의 존부 또는 효력 여부에 의하여 결정되고 따라서 위 원인관계인 '통상실시권 설정계약' 또는 '직무발명의 기초가 되는 고용관계'에 관한 준거법이 적용되어야 한다고 판시하면서, 원고가 이 사건 발명 및 고안 중 국내 특허권 및 실용신안권에 관하여 가지는 통상실시권은 위 특허권 및 실용신안권의 우선권에 기초하여 외국에서 출원되어 등록 또는 공개된 특허권 및 실용신안권에도 미친다"고 판시하였다.[1]

Ⅱ. 판   시

상고 기각.

"직무발명에서 특허를 받을 권리의 귀속과 승계, 사용자의 통상실시권의 취득 및 종업원의 보상금청구권에 관한 사항은 사용자와 종업원 사이의 고용관계를 기초로 한 권리의무 관계에 해당한다. 따라서 직무발명에 의하여 발생되는 권리의무는 비록 섭외적 법률관계에 관한 것이라도 그 성질상 등록이 필요한 특허권의 성립이나 유·무효 또는 취소 등에 관한 것이 아니어서, 속지주의의 원칙이나 이에 기초하여 지식재산권의 보호에 관하여 규정하고 있는 국제사법 제24조의 적용대상이라 할 수 없다. 직무발명에 대하여 각국에서 특허를 받을 권리는 하나의 고용관계에 기초하여 실질적으로 하나의 사회적 사실로 평가되는 동일한 발명으로부터 발생한 것이며, 당사자들의 이익보호 및 법적 안정성을 위하여 직무발명으로부터 비롯되는 법률관계에 대하여 고용관계 준거법 국가의 법률에 의한 통일적인 해석이 필요하다. 이러한 사정들을 종합하여 보면, 직무발명에 관한 섭외적 법률관계에 적용될 준거법은 그 발생의 기초가 된 근로계약에 관한 준거법으로서 국제사법 제28조 제1항, 제2항 등에 따라 정하여지는 법률이라고 봄이 타당하다. 그리고 이러한 법리는 실용신안에 관하여도 마찬가지로 적용된다고 할 것이다."

Ⅲ. 해   설

1. 문제의 소재

본 사건에서 한국에서 등록받은 특허권 및 실용신안권은 고용관계에 기한 직무발명으로 사용자가 무상의 통상실시권을 갖는다는 점에 대해서는 당사자 사이

---

1) 서울고등법원 2011. 12. 8. 선고 2011나20210 판결.

에 다툼이 없었다. 다만, 국내에서의 이 사건 발명 및 고안에 기초하여 캐나다에서 우선권을 주장하면서 특허 혹은 실용신안으로 등록된 경우, 이에 대하여 사용자인 원고가 통상실시권을 가지는지 여부 및 이를 어느 나라의 법에 의해 판단해야 하는가의 문제(즉, 준거법)가 다투어졌다.

2. 직무발명에 관한 섭외적 법률관계의 준거법

가. 국내외의 주요 학설

(1) 보호국법설

지식재산권에 관한 분쟁의 준거법에 대하여 속지주의 원칙에 따라 보호국법주의를 취하는 것과 연장선상에서 직무발명에 대한 법률관계의 준거법은 보호국법으로 보아야 한다는 견해이다.[2] 특허권등 산업재산권의 경우는 등록국에서만 권리로서 보호될 수 있으므로 직무발명에 대한 법률관계의 준거법을 보호가 요구되는 법인 등록국법에 의하여야 한다고 보는 견해도[3] 이와 유사한 입장이라 할수 있다.

(2) 고용관계의 준거법설

직무발명을 둘러싼 섭외적 법률관계는 사용자와 종업원 사이의 고용관계를 기초로 발생한 것이므로, 직무발명으로 인하여 성립된 특허권 등의 성립, 효력, 소멸 또는 침해를 다루는 문제와는 달리, 사용자와 종업원 사이의 고용관계의 준거법에 의해 일괄적으로 처리되어야 한다는 견해이다. 다만, 이 학설은 고용관계의 준거법을 구체적으로 어떻게 보느냐에 따라 직무발명을 둘러싼 사용자와 종업원 사이의 법률관계는 직무발명으로 발생한 특허권 등의 성립, 효력 등에 관한 문제가 아니므로 국제사법상의 일반적 계약의 준거법에 의하여야 한다는 견해와,[4] 사

---

2) A. Lucas et H. J. Lucas, Traité de La propriété littéraire et artistique, 2nd ed, (Litec, 2001) n.971, J.Raynard, Droit d'auteur et conflits de lois (Litec, 1990) n. 536(김언숙, 직무발명 및 업무상 저작물에 관한 국제사법상의 문제, 국제사법연구, 제17호, 한국국제사법학회, 2011. 12, 329면에서 재인용).

3) 西谷祐子, "職務發明と外國で特許を受ける權利について", 法學(東北大學) 第69卷 第5號, 2005, 759-760頁; 相澤英孝, "職務發明をめぐって", ジュリスト 第1265號, 2004., 5頁.

4) 山本敬三, "職務發明と契約法-契約法からみた現行特許法の意義と課題-", 民商法雜誌 第128卷 第4·5號, 2003, 522-523頁; 茶園成樹, "判批", 知財管理 第57卷 第11號, 2003, 1756頁; 最高裁 2006. 10. 17. H16(受)781号 判決(히타지제작소 사건); 이우석, 직무발명보상에 관한 국제사법적인 문제, 동아법학 제52호, 동아대학교 법학연구소, 2011. 8., 885-886면; 문선영, 직무발명에 관한 섭외적 법률관계의 준거법과 사용자의 통상실시권 효력 범위, 과학기술법 연

용자와 종업원 사이의 근로계약에 적용되는 준거법으로 정하여야 한다는 견해로[5] 나뉜다. 그밖에 직무발명에 대한 법률관계에 대하여는 사용자와 종업원 간의 고용 관계가 발생하고 유지되는 나라의 법이 일률적으로 적용되어야 한다는 견해도[6] 후자의 학설에 가까운 입장이라고 할 수 있다.

나. 해외 입법례

직무발명의 권리의무관계에 대한 준거법 규정을 가지고 있는 입법례는 주로 유럽 국가들에서 발견되는데, 오스트리아 국제사법 제34조 제2항은 종업원의 직무와 관련된 무체재산권과 관련하여 발생되는 사용자와 종업원, 종업원 상호간의 관계는 '고용관계의 준거법'에 의한다고 규정하고 있고, 영국 특허법 제43조 제2항은 종업원이 '주로 고용되어 있는 국가의 법'에 의하되, 이를 특정할 수 없는 경우에는 종업원이 속한 '사용자의 영업소 소재지 국가의 법'에 의한다고 규정하고 있다. 또한 유럽특허조약(European Patent Convention, 이하 EPC) 60(1)항 후문에 의하면, 직무발명의 경우 유럽 특허를 받을 권리는 종업원이 '주로 고용되어 있는 국가의 법'에 따라 결정되고, 이를 특정할 수 없는 경우에는 종업원이 속한 '사용자의 영업소 소재지 국가의 법'에 의한다고 규정하고 있다.

참고로, 법률은 아니지만, 미국법협회(American Law Institute, ALI)가 제안하고 있는 '국가간 지적재산분쟁에서의 재판관할, 준거법 및 재판에 관한 원칙(Intellectual Property: Principles Governing Jurisdiction, Choice of Law, And Judgements In Transnational Disputes)' §311(2)는 "등록된 권리가 당사자 간 계약이나 그밖에 선행하는 관계로 인하여 발생된 경우에는 그러한 권리의 최초 귀속은 그 계약이나 관계를 규율하는 법에 의한다"고 규정하고 있고, §313(1)(c)는 "해당 권리가 고용관계에 따라 창작된 경우 '그 관계를 규율하는 법'에 의한다"고 규정하고 있다. 또한 독일의 막스플랑크 연구소 지적재산권 그룹(The European Max

---

구 제21집 제1호, 한남대학교 과학기술법 연구원, 2015. 2., 67면; 신혜은, 직무발명에 관한 섭외적 법률관계의 관할과 준거법, 법조 Vol. 65 No. 7, 법조협회, 2016. 8., 258면.

5) 田村善之, "職務發明に關する抵觸法上の問題", 知的財産法政策學硏究 第5號, 2005, 8頁; 小泉直樹, "特許法三五條の適用範圍", 民商法雜誌 第128卷 第4·5號, 2003, 574頁; 玉井克裁, "大學職務發明制度", 知財管理 第53卷 第3號, 2003, 449頁; 김언숙, 앞의 글, 340, 346-347면; 박영규, 직무발명에 대한 준거법의 결정, 창작과 권리 제78호, 세창출판사, 2015, 56면.

6) 김동원, 외국에서 출원된 직무발명의 권리관계에 대한 준거법, LAW & TECHNOLOGY 제10권 제1호, 서울대학교 법학연구소, 2014. 1., 28-29면.

Plank Group on Conflict of Laws in Intellectual Property)이 제안하고 있는 '지식재산에 관한 국제사법 원칙(Principles on Conflict of Laws in Intellectual Property)' Article 3:503은 종업원의 노력에 의하여 발생된 지식재산권의 양도나 라이센스, 특히 사용자의 지식재산권 주장 및 종업원의 보상청구권 등에 관한 사용자 및 종업원 상호간의 의무는 양 당사자가 지정한 법에 의해 규율됨이 원칙이고(제(1)항), 당사자가 지정한 법이 없는 경우에는 종업원이 그 계약의 이행을 위해 일상적으로 노무를 제공하는 국가의 법에 의한다고 규정하고 있으며(제(2)항), (2)항의 종업원이 일상적으로 노무를 제공하는 국가의 법보다 '더욱 밀접한 관련이 있는 국가의 법'이 있는 경우에는 그 법이 적용되어야 한다고 규정하고 있다(제(3)항). 또한 한일공동제안의 '지적재산권에 관한 국제사법원칙' 제308조 제4항은 "지적재산권이 고용계약 그 외의 당사자 간에 있어서 이전부터 존재하는 관계에서 발생하고 있는 경우에는 그 계약 또는 관계의 준거법에 따른다"고 규정하고 있다.

3. 맺음말

직무발명에 기초하여 외국에 등록된 특허권 등에 대하여 사용자가 통상실시권을 가지는지 여부 및 그 판단을 어느 나라의 법에 의해 결정해야 하는지에 대해서는 국내에서 법률의 규정이나 대법원 판례가 없었고, 아울러 세계 각국의 실무도 통일되어 있지 않은 상황이었다. 본 판결은 대법원이 직무발명과 같이 고용관계에 있는 자가 직무수행과정에서 한 발명에 대한 권리의 귀속, 이전의 문제, 보상금 청구의 문제는 고용관계의 문제로서 고용관계와 가장 밀접한 관계를 가지는 고용계약의 준거법에 의해야 한다는 점을 명확히 표명하였다. 직무발명제도가 종업원과 사용자 간의 고용관계상의 이해관계의 조정을 꾀하고 발명을 장려하기 위한 제도임을 고려할 때 그 나라의 산업정책에 따라 정해진 법률에 의해 일원적으로 규율해야 하는 사항이므로 종업원과 사용자가 속하는 나라의 법률에 의해 해결되어야 한다는 점, 직무발명에 관련된 특허권에 대해 사용자가 무상의 통상실시권을 가지는지의 여부는 사용자와 종업원의 관계에 관한 고용관계의 문제라는 점, 직무발명제도는 종업원과 사용자와의 고용관계상의 이해관계의 조정을 꾀하기 위한 강행규정으로 특허법적인 의미뿐만 아니라 노동법규로서의 의미도 지니고 있다는 점을 고려할 때, 사용자가 무상의 통상실시권을 가지는지의 여부는 노동관계의 문제로서 준거법을 설정하는 것이 타당하다는 점에서 본 대법원 판결은 의의가 있다.7) 다만, 이에 대하여는 국제사법 제28조의 '근로계약'에 관한 준거법 규정은, 종속적 노동을 하는 근로자의 보호를 위해 근로자와 사용자 사이에 노무를 제공하고 이에 대해 임금을 지급하는 내용의 개별적 근로계약에 적용하기 위한 특별규정이고, 직무발명의 주체인 종업원이란 근로기준법상 근로자의 개념보다 넓은 개념이어서 직무발명으로 인한 권리관계는 위와 같은 근로관계와는 구별되는 것인 이상, 직무발명으로 인한 법률관계의 기초가 되는 고용계약도 일반 채권계약이므로 기본적으로 일반적인 계약(당사자 자치)에 관한 국제사법 제25조 및 26조가 적용되어야 할 것이라는 견해가 있음은 앞서 본 바와 같다.8)

---

7) 박영규, 앞의 글, 56면.
8) 문선영, 앞의 글, 63면(나아가, 동 견해는 국제사법 제28조를 적용할 경우 당사자 자치의 원칙을 일정한 범위 내로 제한할 수 있어서 사회, 경제적 약자인 종업원의 보호에 보다 충실할 수 있다는 장점이 있으나, 직무발명에 기초한 법률관계를 일반 계약의 준거법 규정에 의할 경우에도, 발명자인 종업원에 대해 부당히 불리한 법이 준거법으로 선택될 우려가 있는 경우에는 일반원칙에 따라 국제사법 제10조 공서조항에 의해 해당 외국법을 배척하거나, 일반 민법상의 사적 자치 제한 규정에 의해 해당 고용관계에 관한 계약의 효력을 제한하는 방법에 의하여 종업원에게 부당히 불리한 준거법이 선택되는 것을 제한할 수 있다고 설명한다).

제3판
특허판례연구

초판발행   2009년 2월 20일
개정판발행   2012년 4월 15일
제3판발행   2017년 8월 10일

편저자   한국특허법학회
펴낸이   안종만

편 집   배우리
기획/마케팅   조성호
표지디자인   김연서
제 작   우인도·고철민

펴낸곳   (주) **박영사**
             서울특별시 종로구 새문안로3길 36, 1601
             등록 1959. 3. 11. 제3070-1959-1호(倫)
전 화   02)733-6771
f a x   02)736-4818
e-mail   pys@pybook.co.kr
homepage   www.pybook.co.kr
ISBN   979-11-303-3049-5   93360